O'ZBEKCHA-KOREYSCHA LUG'AT

우즈베크어-한국어 사전

G. 미르탈리포바
박 바실리 이바노비치
엠 안또니나
R.노르무로드
김춘식
A. 이스마일로프

UZBEKISTAN-KOREAN

문예림

O‘ZBEKCHA-KOREYSCHA LUG‘AT
우즈베크어 한국어 사전

초판 1쇄 인쇄 2019년 3월 28일
초판 1쇄 발행 2019년 4월 5일

편저자 G.미르탈리포바, 박 바실리 이바노비치
엠 안또니나, R.노르무로드, 김춘식
감수자 A.이스마일로프
펴낸이 서덕일
펴낸곳 문예림

출판등록 1962.7.12 (제406-1962-1호)
주소 경기도 파주시 회동길 366 (10881)
전화 (02)499-1281~2 **팩스** (02)499-1283
전자우편 info@moonyelim.com
홈페이지 www.moonyelim.com

ISBN 978-89-7482-900-1(11790)
값 35,000원

머 리 말

우즈베키스탄의 타슈켄트국립동방학대학교에서 제일 처음으로 한국어 강의가 시작 된지도 이미 16년이 되었고 가장 뒤늦게 한국어 전공학과를 둔 사마르칸드 국립외국어 대학교도 한국학과가 설립된지 벌써 8년째 접어들고 있다. 그 동안 배출된 한국학 전문가들은 한국과 우즈베키스탄간의 경제문화교류분야에서 현저한 기여를 해오고 있다. 한-우즈벡 양국 간의 다각적 교류의 현주소는 우즈베키스탄 국어 교육체계의 중등교육을 받고 대학에 들어온 (러시아어를 구사하지 못하는) 현지 우즈벡 젊은이들을 위한 한국어교육을 촉구하고 있다. 특히 최근에 와서는 고등학교나 대학들에서 뿐만이 아니라 해마다 수백 수천 명의 우즈벡 젊은이들이 한국의 중소기업들에서 산업연수를 받기위한 한국어교육 붐이 더욱 활성화되고 있는 상황이다. 바로 이러한 시대적 배경과 현실의 요구에 충족하기위한 목적으로 본 연구진은 한-우즈벡 사전을 출간하고 뒤이어 한국어 문법. 맞춤법, 발음법 교재를 번역했으며 그 뒤를 이어 우즈벡어 한국어 사전이 나오게 되었다. 사전의 개발목적에서 말해주듯이 본 우즈벡-한국어 사전은 우즈벡어와 한국어를 체계적으로 연구하는 학생들과 교수진들을 포함한 학계, 한-우즈벡 외교통상 분야의 외교관들과 비즈니스인들, 한국의 중소기업들에서 산업연수과정에 있는 한국어권, 우즈벡어 권의 연수생들을 대상으로 하고 있으므로 사전의 표제어는 우즈벡어 사전을 기준으로 상용학술 및 기술 용어, 고유명사, 현대첨단과학 분야의 상용외래어와 특히 경제 법률 용어들을 추려서 약 3만 단어를 수록하였다.

본 사전의 특징은 다음과 같다.

1. 활용빈도가 높은 일반어 전문용어 외래어를 추려서 표제어로 선정하고 상용 한국어로 대역했다.
2. 우즈벡어 문자표기는 독립 후 점진적으로 언어생활에 도입되기 시작한 라틴문자를 채용했다.
3. 부록에는 경제, 법률용어들을 따로 첨부하여 찾기에 용이하도록 했다.

우즈벡어-한국어사전 개발에는 세계언어대학교 한국어 학과, 사마르칸드 국립외국어 대학교 한국어문학과, 타슈켄트국립동방대학교 한국어문학과, 우즈벡어문학과 교수진들과 학생, 대학원생들의 2년여에 걸쳐서 근면성실하게 꾸준한 노력의 피와 땀이 스며져있다. 사전개발에 정식 투입된 교수진들을 후원한 한국어문학과의 학생-연구원들과 원고의 교정과 컴퓨터 입력에 헌신적인 노력을 아끼지 않은 학생들에게 사의를 표한다. 끝으로 본 사전이 나올 수 있도록 물심양면으로 지원한 문예림 서덕일사장님과 관계자 여러분들에게 지면을 통해서 충심으로 감사드린다.

저희 연구진들은 한-우즈벡어 사전과 우-한국어 사전을 계속하여 보강 증편할 것을 독자 여러분들에게 약속드린다.

2019년 3월 저자 대표 김춘식

사전개발에 참고한 문헌은 다음과 같다.

1. "O‘zbek Sovet Ensiklopediyasi" bosh redaksiyasi, Redaksionnaya Kollegiya: Kim S. S., Qo'shjonov M. Q. Toshkent, 1983.
2. “O'zbekcha-ruschalug'at, S.F.Akobirov, G.N.Mixaylov, "Ozbek Sovet Ensiklo- pediyasi" bosh tariryati, Toshkent, 1988.
3. Uzbek-English Dictionary. OFSET. New York. 2004.
4. Ruscha-O'zbekcha Lug'at. O'qituvichi. Toshkent. 2002.
5. Russko-uzbekskiy slovar, A.A.Azizov, "O'qituvchi", Toshkent. 1989.
6. "Ozbek tilining kirill va lotin alifbolaridagi imlo lug'ati", T.Tog'ayev, G.Tavaldiyeva, M.Akromova, "Sharq", 2004
7. "English-Uzbek Diction", J.Bo'ronov, K.Rahmonberdiyev, Yu, A'loyev, "O'qituvchi" 1977.
8. O'zbek tilining kirill va lotin alifbolaridagi imlo lug'ati. Toshkent. Sharq. 1999.
9. Ruscha-O'zbekcha lug'at. 1-2 tom. Toshkent. 1983-1984.
10. Russian-English Dictionary. Oxford University. London. 2000.
11. 한국어 우즈벡어 사전. A. 이스마일로프, 김문욱, 김춘식, 굴쇼다, 서울. 2006.
12. 일본어 우즈벡어 사전. 백영사. 동경. 1995.
13. 국어대사전. 금성출판사. 서울. 1999.
14. 새 한-러 사전. 베델사. 서울. 2002.9.
15. 프라임 한영사전. 두산동아. 2000.

사전개발 참여자

동방학대학교 우즈벡어문과 학장 우즈벡어박사 암바르 이스마일로프.
Sharqshunoslik instituti o'zbek tili filologiyasi fakulteti dekani o‘zbek tili fan doktori Anvar Ismoilov.
동방학대학교 한국어문학과 조교수 한국어 석사 굴쇼다 미르탈리포바.
Sharqshunuslik instituti o'zbek tili filologiyasi fakulteti dotsenti koreys tili magistri Gulshoda Mirtolipava.
세계언어대학교 한국어학과 교수 언어학 박사 박 바실리 이바노비치.
Jahon Tillar inastituti koreys filologiyasi fakulteti professori filologiya dosenti Pak Vasiliy Ivanovich.
사마르칸드국립외국어대학교 한국어문학과 학과장 언어학준박사 엄안또니나
Samarqand davlat Chet Tillar Instituti koreys filologiyasi fakulteti dekani filologiya dotsenti Kim Antanina Pavlovna.
사마르칸드 국립외국어대학교 부교수 우즈벡어 석사 라슐로프 노르무로드.
Samarqand davlat chet tillar instituti dosenti o'zbek tili magistri Normurod Rasulov.
사마르칸드 국립외국어대학교 한국어문학과 대학원교수 어문학박사 김춘식.
Samarqand Davlat Chet Tillar instituti koreys filologiyasi fakulteti magistratura professori filologiya dotsenti Kim Chun Shik

우즈벡어 문자(알파벳)와 발음

대문자	소문자	문자명	한국어	비고
A	a	a	ㅏ	a
B	b	be	ㅂ	b
V	v	ve	ㅂ	v
G	g	ge	ㄱ	g
D	d	de	ㄷ	d
YE	ye	ye	ㅖ	ye,e
YO	yo	yo	ㅕ	yo
J	j	je	ㅈ	j
Z	z	ze	ㅈ	z
I	i	i	ㅣ	i
Y	y	ye	이에(반모음)	y
K	k	ka	ㄱ,ㅋ	k
L	l	el	ㄹ	l
M	m	em	ㅁ	m
N	n	en	ㄴ	n
O	o	o	ㅓ	o
P	p	pe	ㅍ	p
R	r	er	ㄹ	r
S	s	es	ㅅ,ㅆ	s
T	t	te	ㅌ,ㄸ	t
U	u	u	ㅜ	u
F	f	ef	ㅍ	f
X	x	xa	ㅎ	x
Ts	ts	tse	ㅉ	ts
Ch	ch	cha	ㅊ	ch
Sh	sh	sha	쉬	sh
‘		분절표시		
,		연음표시		
E	e	e	ㅔ	e
Yu	yu	yu	ㅠ	yu
Ya	ya	ya	ㅑ	ya
O'	o'	o'	ㅗ	o
Q	q	qa	ㄲ,ㅋ	q
G'	g'	ge	ㄱ	g
H	h	ha	ㅎ	h

O'ZBEKCHAQISQARTMALAR (약어표)

adab.	adabiot 문학
arx.	arxitkur 건축
astr.	astrologiya 천체
av.	aviastsiya 항공
b.	bog'lovchi 접속사
b.k.	bosh kelishik 주격
biokim	biokimyo 물리
biol.	biologiya 생물
bot.	botanika 식물
buxg.	buxgalteriya 회계
ch.k.	chiqish kelishigi 탈격
deng.	dengizchilik 해운
din.	diniy so'z(atama) 종교
dip.	diplomatiya 외교
el.	elektrotexnika 전기
f.	fe'l 동사
fals.	falsafa 철학
farm.	farmastsevtika 약학
fiz.	fizika 화학
fiziol.	fiziologiya 해부학
fon	fonetika 발음
fr	fransuz tili 불어
geog	geografiya 지리
geol	geologiya 지질
gr.	grekcha 그리스어
gramm	grammatika 문법
harb	harbiy atama 군용
haz	hazil so'z/ibora 농업
hol	hol 상태
ilm	ilmiy atama 화학
ing.	inglizcha 영어
iqt	iqtisodiyot 경제
isteh	istehzoli ma'noda
it.	italyancha 이태리어
j.k.	jo'nalish kelishigi 여격
kans	kanselariya 학교
kim	kimyo 화학
ko'm.	ko'makchi 후치사
ko'p	ko'plikda 복수
manf	manfiy ma'noda 산술
mat	matematika 수학
mo'g'	mo'g'ulcha 몽골어
mus	musiqa 음악
n.	nisbat(fe'l nisbati)동사 태
nem.	nemishcha 독일어
o'.p.k.	o'rin-payt kelishigi 처소격
o.	ot 명사
og'z.	og'zaki. 언어
olm.	olmosh 대명사
q.k.	qaratqich kelishigi 소유격
q.	qarang 참고
q.x.	qishloq xo'jaligi 농업
qart	qarta o'yine 카드게임
qisq	qisqartma 축약
qo'.	qo'shimcha 접미사
qur	qurilish 건설
rad	radio 라디오
rav.	ravish 부사
rus.	ruscha 러시아어
rvshd.	ravishdosh 부동사
s.olm.	so'roq olmosh 의문대명사
s.yuk.	so'roq yuklamasi 의문조사
san	san'at 예술
savdo	savdo 영업, 사업
sfd.	sifstdosh 형용동사
sh. k	shu kabilar 등등
sif,	sifat 형용사
son.	son 수사
sport	sport 스포츠
t.k.	tushum kelishigi 대격
t.yo'l.	temir yo' 기차길l
taq.s.	taqlidiy 의성어
tar	tarix 역사
teatr	teatr 극장
tex	texnika 전자
tib	tibbiyot 의학
til	tilshunoslik 언어
und.s.	undov so'z 감탄사
va h.k.	va hokazo 등등
xit.	xitoycha 중국어
yap.	yaponcha 일본어
yuk.	yuklam 조사
yur	yuridik 법
zool.	zoologiya 동물

Shartli belgilar 기호

=	sinonim 동의어
↔	antonim 반의어
/	til farqi 언어 구분
~	qo'shimcha 반복 혹은 생략

A

Aa

a 우즈벡어 알파벳 자음의 첫 글자.
aaqliy, ratsional foydalanish 이성적(합리적) 사용
abad *ot.* 영원, 무궁; 불사, 불멸; 영원성; to ~ 영구히; 끊임없이, 언제나; ~iy sen bilan yashashni hoxlayman 영원히 너와 함께 살고 싶습니다.
abadiy annuitet 종신연금
abadiy I *sif.* 영구[영원]한, 영원히 변치 않는, 불멸의; ~ qoldirmoq 영원하게 남기다; ~ shuhrat 불멸[불후]하게 하다; ~에게 영원성[불후의 명성]을 주다
abadiy II *ot.* 영원(永遠), 영구(永久), 영세(永世), 영원무궁(永遠無窮), 영세무궁, 몰세(沒世), 영속(永續); 무한(無限), 무기(無期), 영영(永永)무궁
abadiyat *ot.* 불사, 불멸(不滅), 불후(不朽), 영원, 무궁, 불후의 명성.
abadiylash *sif.* 영속시킴, 불후케 함, 영구화[보존].
abadiylashtirmoq *fe'l* 기념하다; ~의 기념식을 하다, 불멸[불후]하게 하다; Biz o'z- bek shoiri Muhammad Yusuf nomini ~chimiz. 우리는 우즈벡 시인 무함마드 유수브의 이름을 영원히 기념합니다.
abadiylik *ot.* 영구, 불사, 불멸, 불후; 무궁; 불후의 명성.
abadulabad *sif.* 영원히, 영구히; 끊임없이, 언제나.
abandon *ot.* 재산권포기
abgor *sif.* 1. 슬퍼할, 통탄할; 가엾은; 비참[빈약]한, 애처로운; 2. 파멸; 파산, 몰락; 황폐; (여자의) 타락, (건물 따위의) 무너짐; ~ bo'lmoq 몸을 망치다; 1966 - yildagi zilziladan keyin Toshkentdagi ko'p joylar bo'ldi. 1966년의 지진으로 타슈켄트의 많은 곳들은 파괴 되었습니다; ~ qilmoq 파괴시키다, 붕괴시키다, ~에게서 빼앗다, 박탈하다
abira *ot.* 증손자, 증손녀.
abiturient *ot.* 학교 졸업(예정)학생, 대학 입학 지원자; ~ paytimda koreys tili bilan qattiq shug'- ullangan edim 나는 대학입학 때 한국어를 열심히 공부했다.
abjaq: ~ bo'lmoq *fe'l* 깨뜨리다, 쪼개다, 부수다, 분쇄하다, 박살내다, 부딪다, 충돌시키다; 자신에게 상처를 입히다, 다치게 하다; abjag'ini- chiqarmoq 상처 내다, ~을 다치게 하다
abjir *sif.* 교묘한, 솜씨 좋은, 기민한, 빈틈없는, 약빠르다, 약삭빠르다, 재빠르다, 민첩하다, 급속하다, 신속하다, 솜씨 있다. Do'stim Botir juda odam. 나의 친구 바티르는 아주 약빠른 사람이다.
abjirlik *ot.* 재빠른, 신속, 민속(敏速), 기민, 약빠른, 솜씨 좋은 것, 교묘함, 능란함.
ablah I *ot.* 머저리, 바보, 멍청이, 얼뜨기
ablah II *sif.* 우둔한, 미련한, 어리석은, 아둔한, 분별없는, 바보 같은; 악당, 깡패, 불한당; Do'stim odam emas edi. 나의 친구는 우둔한 사람이 아니다.
ablahlarcha *rav.* 우둔하게, 아둔하게, 비열하게, 망종하게.
ablahlik *ot.* 어리석음, 우둔. 비열, 얼간이.
ablahona *rav.* 우둔하게, 아둔하게, 비열하게, 망종하게.
abonement mijoz *ot.* 1) 기부 청약, 기부, 응모, 가입, 구독; ~ daftarchasi 예약자 명부; 2) 정기 승차권, (연극 등의) 정기 입장권, 기간 중 내내 입장할 수 있는 입장권
abonent (a'zo) *ot.* 기부자, 가입자, 예약자, 응모자, 신청자; 구독

A

자; ~ bo'lmoq 예약[응모]하다; 구독을 예약하다, 구독하다.
abort *ot. tib.* 유산, 임신 중절, 낙태; ~ bo'lmoq 낙태시키다, 아
abzal *ot.* 1) (마차용) 마구(馬具), 장치, 장비; 작업 설비; 2) 중요하다, 중대하다; bu unchalik ~emas 이것은 그렇게 중요하지 않다.
abzs *ot.* 1) (패러그래프의 첫 줄의) 한 자 들이킴; (들이켜서 생긴) 공간, 공백, 2) (문장의) 절(節), 항(項), 단락(略: par(a)., pl. par(a)s.), (교정 따위의) 패러그래프[참조, 단락] 부호(¶)
abzats *ot.* 1) 별행. 2) (문장의) 절(節), 항(項), 단락(略: par(a)., pl. par(a)s.), (교정 따위의) 패러그래프[참조, 단락] 부호(¶); ~dan yozmoq 줄을 바꾸어 쓰다.
ada(dada, ota) *ot.* 아빠, 아버지, 파파, 부친; 의붓아버지, 양아버지, 시아버지, 장인; Mening ~mo'qituv- chi. 우리 아버지는 교사입니다.
adab (odob) *ot.* 1) 예의, 교양, 예의범절 ~ bilan 예의바르게, 공손히, 품위 있게, 우아하게; 2) 재치, 기지(機智), 꾀바름, 예민한 감각, 세련된 미적 감각, (형식적인) 정중함, 공손함; 예의바름; 정중한 말[행위]
adabiy *sif.* 문학적, 문학의, 문필의, 문예의; ~ til 문학의 용어, 문어적인; ~ faoliyat 문학 활동; ~ meros 저작권.
adabiyot *ot.* 문학, 문예, 작가 생활, 저술; Men ~ga qiziqaman 나는 문학에 관심이 있다: badiiy ~ 미문학(美文學), 순(純) 문학. 소설; 꾸민 이야기, 가공의 이야기; jahon ~i 세계문학; ~ to'garagi 문학의 고리.
adabiyotchi *ot.* 문학가(文學家), 문학인(文學人), 문학자(文學者); 문인(文人), 문필가(文筆家)
adabiyotshunos *ot.* 문학 비평가, 문학 평론가; ~ lik tarixi 문학사, 문학의 역사.
adabiyotshunoslik *ot.* 문학(개)론
adabli(odobli) *sif.* 공손한, 은근한, 예의바른, 고분고분한.
adablilik *ot.* 예의바름, 우아한, 교양 있는.
adabsiz *sif.* 예의 없는, 버릇없이 자란, 본데없는;(*qo'pol*) 무례한, 버릇없는, 실례되는
adabsizlik *sif.* 보고 배운 것이 없는. 버릇없는, 꼴사나운, 외설[음란]한, 상스러운, 부당한, 억지의, 온당치 못한; 예의에 벗어난.
adad *ot.* 1) 수, 총수, 번호, 호수, 번지; (제) ~번(보통 숫자 앞에서는 No., no.로 생략하고, # 의 기호로 표시함. 주소를 쓸 때 번지수 앞에서는 보통 No.를 쓰지 않음), 2) 날짜, 연월일, 데이트; 3) 다량, 다수, 많음; 4) 숫자, (숫자의) 자리, 계수, 계산; 값; 5) 합계(수), 총계, 총액, 양, 액(額), 6) 조각, 단편, (한 벌의 물건 중의) 일부, 부분, 부분품
adadsiz *sif.* 부수 없는, 셀 수 없는, 셀 수 없을 정도로 많은, 무수한,
adaptatsiya, moslashuv, ko'nikuv *ot* 조정
adash I *ot* (*ismdosh*) 이름이 같은 사람[것]; 딴 사람의 이름을 받은 사람; u menga ~ 그 사람은 저랑 이름이 같습니다.
adash II *sif.* (*aralash*) 뒤섞여 있는, 혼란되는, 혼동하는, 헷갈리게 하는, 잘못 아는.
adashish *ot* 잘못, 실수(失手), 틀림, 잘못된 생각, 오신(誤信).
adashmoq *fe'l* 1) (*yo'ldan*) 길을 잃다, 몰두[열중]하다, 자기 자신을 잊다; (*shundk k.m.*) 길을 잃다; 잘못하다; 타락하다; 2) (*yanglish- moq*) 잘못 생각하고 있다, 오해하고 있다; 당황하다, 얼떨떨해 하다, ~을 혼동하다; hisobdan ~ ~을 셀 수 없게 되다; ~수를 잊어버리다
adashtirmoq *fe'l* 1) (*yo'ldan*) (*shundk k.m.*) ~를 잘못된 방향으로 이끌다, 길을 잃게 하다, ~을 미혹시키다, 타락시키다, 실수시키다; 2) (*chalkashtirmoq*) 어

리둥절케하다, 혼란시키다, 당황케 하다.
addendum *ot.* 보충(補充), 추가(追加), 보유(保有), 부록
adekvatlik, aynanlik, tenglik, moslik *ot.* 적당, 타당, 합당(合當), 부대불소(不大不小), 적절(適切), 적합(適合); 지당(至當)
adib *ot.*시인, 저자, 필자, 작가, 문필가; 소설가(남자); (*muallif*) 저자, 작가, 저술가.
adiba *ot.* 시인, 여류 작가; 소설가(여자)
adiblik *ot.* 저술, 저작자임, 저술업, 원작자, (소문 따위의) 출처, 근원.
adip *ot.* 테, 테두리, 테두리 장식, 테두리(하기), 선두름; 가장자리 장식, (화단 따위의) 가장자리; ~ tikmoq 테두리를 짓다.
adiplamoq *fe'l.* 꿰매다, 테를 달다, 테두리를 두르다, 가장자리를 매만지다, ~을 정돈하다, 손질하다.
adir *ot.* 언덕, 작은 산, 구릉, 고개, 고갯길, 흙더미, 가산(假山), 흙무더기, 둥그런 언덕, 야산, 흙묻이, 작은 해구(海丘), 둔덕, 작은 언덕, 조금 높은 곳; 무덤.
adirli *sif.* 고갯길이 있는. 산이 많은, 구릉성의, 기복이 있는; 작은 산 같은.
adliya *ot.* 사법, 재판(裁判), 사법관, 재판관; ~ vazirligi 법무장관, 법무성 장관.
administrator *ot.* 관리자, 행정가, 경영자
admiral *ot.* 해군 대장, 해군 장성, (함대) 사령관, 제독; flot ~i 해군원수.
admirallik *ot.* 해군 본부, 해군사령부.
ado *ot.* (*istak, buyruq, va sh.k. haqida*) 마감, 이행, 수행, 완료, 성취, 실현; (*ish, buyruq, va sh.k. haqida*) 실행, 실시, 수행, 이행, 달성; ~ etmoq (일을) 완료하다, 성취하다, 완수하다; ~ qilmoq 끝내다, 완성하다, 마무르다, (작품 따위를) 다 쓰다; 완결하다; (목적을) 달성하다.
adolat *ot.* 1) 정의, 공정, 공평, 공명정대; 2) 사실, 진실, 정확함, 정확성, 정밀성, 방정, 단정; ~ bilan 공평하게, 공정하게, 정당하게; ~ sudini amalga oshirmoq 재판의 면제; ~ izlamoq/axtarmoq 법원에 소환하다, 재판에 출두를 명하다, haqqoniy Sud 법원,
adolatli *sif.* 공평한, 정당한, 올바른, 공정한, 공명정대한; ~ hukm 공정한 판결(결정), ~ hukm chiqarmoq 판결(선고)을 내리다.
adolatli bitim 공정한 거래
adolatli bozor bahosi 조정 가치
adolatli soliqqa tortish 공정과세
adolatparvarlik *ot.* 공정성, 공정, 공평, 공명정대, 정당(성), 옳음, 타당: ~ bilan 바르게, 공정하게, 정당하게, ~ huquqi 공평한
adolatsiz *sif.* 불공정한, 공정치 못한, 공명 정대하지 못한, 부정한, 부정직한, 부당한, 불공평한, 편파적인; bu ~ (adolatdan emas) 그것은 옳지 않다 (불공평하다)
adolatsizlik *ot.* 불공정성, 불정당성.
adovat *ot.* 증오, 적의; 불화, 반목.
adovatli *sif.* 적의 있는, 적개심에 불타는, 반대의, 호의적이 아닌, 대립적인.
adres *ot.* 받는이의 주소·성명, (편지 따위의) 겉봉, 주소; ~ stoli adres 동사무소; ~ daftari 주소 성명록, 인명부; ~ iga xat jo'natmoq 주소로 편지를 보내다: mavjud bo'lmagan ~ 주소불명, birovning adresi va ismi-sharifi 주소 설명
adresant, yuboruvchi *ot.* 발신인
adresat *ot.* 수신인, 수신자, 받는 사람, 받는 이; = oluvchi 수신인
advokat *ot.* 법률가(法律家), 변호사, 옹호자; (*sudda ishtirok etuvchi*) 법정(法廷) 변호사; = oqlovchi 변호사.
advokat xizmatidan foydalanish

A

huquqi 변호인의 조력을 받을 권리
advokat xizmatlari 변호사의 법률서비스
advokatlar kollegiyasi(*guruhi*)변호사 협회
advokatlar uyushmasi 변호사 협회
advokatura *ot.* 변호사업, 변호사의 직업, 변호인단.
adyol *ot.* 담요, 전면을 덮는 것, 이불, 피복(被覆); jun ~ 모직물(울, 양털) 담요; ~ni tikadigan odam 이불을 만드는 사람; junli ~ 모포
adyutant *ot.* 장관(將官) 전속부관.
aerodinamika (*havoning harakati*) *ot.* 기체역학, 항공역학.
aerodrom *ot.* 비행장, 공항
aeroklub *ot.* 항공 클럽, 비행의 클럽.
aeromexanika *ot.* 항공역학(航空力學: 항공기가 항공 중 공기로부터 받는 힘 및 기체 각부의 기류 상황 등을 연구하는 유체(流體) 역학의 한 분야)
aeroport *ot.* 공항
aeroportga oid tushimlar 공항세, 공항이용료
aerostat *ot.* 기구, 풍선; kuzatuvchi ~ 관측기구; erkin ~ 자유기구; boshqaruv ~조종기구.
afandi *ot.* 1) 예절바른 사람, 신사, 군자, 점잖은 사람; 2) 미스터, 군, 씨, 선생, 님, 귀하(남자의 성. 성명 또는 관직명 앞에 붙임)
affidavit *ot.* 진술서(증인이 법원에 출석할 수 없을 경우 어떤 사실관계에 대해공증사무소에서 공증을 받은 서면진술)
affidevit *ot.* 선서진술
affiks *ot. gram* 접사(接詞: 어떤 단어나 어간(語幹)에 첨가되어 새 단어를 이루게 하는 말. 접두사와 접미사로 나뉨. 접어(接語)), 접두사(接頭辭: 어떤 단어의 앞에 붙어 뜻을 첨가하여 하나의 다른 단어를 이루는 말; '맨주먹·덧버선·새색시' 등에서 '맨–'·'덧–'·'새–' 따위), 접미사(接尾辭: 어떤 단어의 뒤에 붙어 뜻을 첨가하여 한 다른 단어를 이루는 말; '선생님·군것질·기웃거리다'등에서 '–님'·'–질'·'–거리다' 따위), 덧붙이; so'z yasovchi ~ 파생어(派生語); so'z o'zgartiruvchi ~ lar 단어를 변하게 하는 접두사.
affrikat *ot.* 파찰음(破擦音: 파열과 마찰이 함께 되어 나는 자음; ㅈ·ㅉ·ㅊ 등)
afg'on I 아프간; ~ tili 아프간어.
afg'on II (*dard*) 우환(憂患); ~ chekmoq 우환이 있다.
afg'oncha *sif.* 아프간의; ~ raqs 아프간 춤; mening singlim ~raqsga tushishni biladi 제 동생은 아프간 춤을 출 줄 압니다.
afg'oniy *ot.* 아프간 사람.
afisha *ot.* 전단, 벽보, 포스터, 광고; teatr ~si (연극·흥행물 따위의) 프로(그램).
afoniya *ot.* 무성음증, 실음증.
aforistik *sif.* 격언(조)의, 격언체의, 경구적인, 경구가 풍부한.
aforizm *ot.* 금언(金言), 격언; 경구(警句).
Afrika *ot.* 아프리카
afrikalik *ot.* 아프리카 사람.
afrikancha *sif.* 아프리카의, 아프리카인의; ~ ehtiros 불과 같은 열정
afsar *ot.* 왕관, 제왕(의 자리), 왕권
afsona *ot.* 1) 전설, 설화, 전해오는 이야기; 2) 신화, 전설, 설화, 꾸며낸 이야기, 꾸며낸 일; **~viy** *sif.* 전설(상)의; 전설적인; 믿기 어려운, 터무니없는; ~ aytmoq. 전설을 이야기해 주다.
afsonachi *ot* 전설 짓는 사람.
afsonaviy *sif.* 전설적인, 전설(상)의, 신화의; 신화학(상)의, 가공의; ~ qahramon 전설적인 영웅; qahramon, ~ shaxs 전설적 인물
afsonaviylik *ot.* 전설적 성격.
afsonachi *ot.* 이야기하는 사람, 이야기를 (잘) 하는[쓰는] 사람, (단편) 작가
afsun *ot.* 마법, 마술, 요술, 주술(呪術), 마력, 매력; ~qilmoq 속이다, 유혹하다; 매혹시키다, 반하게

하다.
afsungar *ot.* 마법사, 마술사, 요술쟁이.
afsus 1) (*achinish*) 유감, 애석, 애석한 일, 유감스러운 일; 유감의 이유; ~yemoq 후회하다; 유감으로 생각하다; ~(ki)~ 유감천만이다; ~siz 아무렇게도 생각하지 않고, 태연히; ~qilmoq 유감하다, 실망하다; 2) (*achinish nidosi*) 아아!, 슬프도다!, 불쌍한 지고(슬픔·근심 등을 나타냄)!, 정말 애석한 일이다!,
afsuski *rav.* 불행하게, 운 나쁘게, 공교롭게, 유감하게도, 유감스럽지만.
afsuslamoq *fe'l.* 유감스럽다, 후회하다, 분하게 생각하다, 실망하다; (*qayg'urmoq*) 고민하다, 괴로워하다; (*biror narsadan*) 몹시 슬퍼하다, 애곡(哀哭)하다, 슬프게 하다, 비탄에 젖게 하다, ~의 마음을 아프게 하다; bormaganimga afsuslanaman 내가 가지 못하는 것이 유감스러운 일이다; Mening do'stim qilgan xatosidan afsu- slanyapti. 나의 친구는 자신의 잘못을 후회 한다; Yordam bera olmaganimdan afsusdaman. 도와 드릴 수 없는 것을 매우 유감으로 생각한다.
afsusli *sif.* 유감하게, 실망하게.
aft(*yuz, chehra*) *ot.* 얼굴, 표정, 얼굴 모습, 안면(顔面); **~idan** *rav.* 외관상으로는, 언뜻 보기에, 분명하게[히], 의심 없이; 보기에는, 아마도; ~ini burishtirmoq 얼굴을 찌푸리나, 씨푸린 얼굴을 하다, 우거지상을 짓다; uning ~iga bir qara 그의 얼굴 봐.
aft-angor *ot.* 눈(표정), 얼굴(표정), 안색.
aftidan *rav.* 1) (*ko'rinishidan*) 겉으로는, 표면적으로는, 겉으로 보기엔, 외관상, 아마 ~는 것 같다; ~u kelmaydiganga o'xshaydi 그는 아마 오지 않을 것 같았다; 2) (*shekilli*) 외관상으로는, 언뜻 보기에, 아무리 보아도, 어느 모로 보나.
afv *ot.* 용서, 허용, 관대; ~ so'rampq 용서를 빌다, 사죄하다, 사과하다; ~etmoq (*kechirmoq*) 용서하다, 너그러이 봐주다, (*rahm qilmoq*) ~에게 자비를 베풀다.
afyun (***nasha***) *ot.* 아편. 아편제(劑), 마취약; 진정제, ~ chekuvchisi 아편쟁이; ~ chekmoq 아편을 피우다.
afzal *sif.* 차라리 나은, 오히려 더 나은; ~ ko'rsatmoq (오히려) ~을 좋아하다, 차라리 ~을 택하다, 낫게 보여주다.
afzal ko'rish 선호
afzallik *ot.* 좋음, 더 좋아함, 좋아함, 편애(偏愛); bu ishning ~gi ko'p 이 일의 좋은 점이 많이 있습니다
afzallik, ustunlik 우위(優位), 이점(利點)
afg'on *ot.* 아프가니스탄 사람; ~ tili 아프가니스탄 말.
afg'oniy *ot.* 1) 아프가니스탄 인; 2) 아프가니스탄의 화폐 단위 (100 puls)
afg'oncha *sif.* 아프가니스탄 (사람)의, 파슈토어(아프가니스탄의 공용어로 인도유럽족 이란어파에 속하는 언어); ~ raqs 아프가니스탄 춤; ~gaplashmoq 아프가니스탄 말
agar(da) *rav.* 만약, 만약에, (만약) ~이면[하면], (만일) ~라고 하면, ~하면, ~면; ~비록 ~할지라도, 비록 ~라(고)하더라도; ~ taklif sizga ma'qul bo'lsa 만약 낭신의 제안이 잘 맞으면 받아들일 수 있다; ~jid- diy ishlasangiz muvaffaqiyatga erishasiz. 열심히 일하시면 성공하실 것입니다.
agent *ot.* 대리인, 대변인, 대리업자. 에이전시(통상 브로커, 딜러, 중개인 및 위탁 매매인 등이 에이전시로 불린다)
agent, vakil *ot.* 에이전트, 대리인
agentlar *ot.* 중개망
agentlik *ot.* 통신사, 출장소.

A

agentlik bitimi 에이전시 계약
agentlik mukofoti 에이전시 수수료
agentlik operatiyasi 에이전트 활동
agentlik shartnomasi 에이전시계약
agentlik shartnomasi ot. 에이전트 계약
agentlik, vakolatxona 에이전시, 대리점
agrar *sif.* 토지의, 농지의, 경작지의, 농업[농민]의.
agrar mahsulot *ot.* 농업 생산물
agrar qarzlar qayta koʻrilishi 농가 부채 조정 ‘
agregat *ot.* 종합기계, 합성기계 (여러 종류의 기계로 이루어진).
agressiv *sif.* 침략적인, 공세의; 싸우기 좋아하는, 호전적인; 싸움조의; ~ siyosat 침략정책.
agressiya *ot.* 공격, 침략, 침범.
agressor *ot.* 공격[침략]자; 침략국.
agressorlik *ot.* 침략성, 침법성
agrobiologik *sif.* 농업생물학의.
agrobiologiya *ot.* 농업생물학
agronom *ot.* 농업기사, 농업전문가; ~ boʻlib ishlamoq ishlamoq 농업기사로 일하다,
agronomik *sif.* 농업의.
agronomiya *ot.* 농업(넓은 뜻으로는 임업·목축을 포함); 농경; 농예, 농학.
agrosanoat *ot.* 농업과학기술
agrotexnik I *ot.* 농업과학 기술전문가, 농업 기술자, 기술자; 전문가.
agrotexnik II *sif.* 농약의.
agrotexnika *ot.* 농업기술, 영농기술.
ahamiyat *ot.* 관심; 중요, 중요성, 중대성; bu katta ~ga ega 그것은 아주 중요하다; byning ~iyo'q 그것은 중요하지 않다; ~ bermoq 관심을 갖다; ~ga ega 중요한
ahamiyatli *sif.* 중요한, 의의 있는.
ahamiyatsiz *ot.* 중요하지 않은, 무의미한, 하찮은, 사소한, 무가치한.
ahamiyatsizlik *ot.* 대수롭지 않음, 하찮음, 사소(한 일); 천함, 미천함; 무의미.
ahd *ot.* 1) (*kelishuv*) 협정, 조약, 결심, 결의, 조약, 약속, 협약(서); (*shartnoma*) 계약, 약정; 계약서; tinchlik ~ 평화조약; ~ qilishmoq 조약을 맺다, 계약하다; 2) (*va'da qat'iy qaror*) 맹세, 서약, 약속, 계약, 언질; ~ qilmoq 약속하다, 약정하다.
ahdlashmoq *fe'l* (조약협약 등을) 체결하다, 맺다
ahdlashuv *ot.* 조약, ~qonuniyatlari 상의 권리, ~bitimni imzolamoq ~에 조인하다, ~ ga amal qilmoq ~을 지키다, ~ buzmoq ~을 위반하다.
ahdlashuvchi *ot.* 계약자(契約者), 계약 노동자.
ahdnoma *ot.* 계약서, 조약문서
ahd-paymon *ot.* 조정(調停), 조절; 협정, 합의; ahd-paymonlashmoq 협정하다.
ahil *sif.* 우호적인, 친화적인, 평화적인, 사이좋게, 단란하게, 유쾌한, 일제히, 빠르게; ~ bo'lib yashamoq 사이좋게 살다; ~ bo'lib ishlamoq 협력하여 일하다; ahil bo'lib ishga kirishmoq 일제히 일을 시작하다.
ahillik *ot.* 우호; 친목, 친선. 우호관계.
ahilchilik *ot.* 사이가 좋은, 단란함; ~ bilan 친구답게, 친절하게; 우호적으로, 단란하게.
ahl *ot.* 1) (*bir doira, kasb odamlari*) 사람들; mehnat ~lari 근로자들, 일하는 사람들, 임금 노동자; 2) (*aholi*) 주민, 거주자, 인구, 주민수; shahar ~i 도시 사람, 시민, 읍민
ahloq tuzatish, davolash muassasasi 치료감호소(治療監護所)
ahmiyatlilik *ot.* 중요함.
ahmoq I *ot.* 바보, 어리석은 사람; 천치, 백치; ~laring ahmoqʻi 지독한 바보; ~ qil- moq 우롱하

다; ~qa chiqarmoq 바보로 보다; ~ bo'lib qolmoq 바보 취급을 당하다.
ahmoq II *sif.* 미련한, 어리석은, 바보 같은, 어리석은 것.
ahmoqchilik *ot.* 바보짓; 어리석은 행위.
ahmoqlik *ot.* 바보, 천치; ~ qilmoq 바보짓을 하다, 실수를 하다.
ahmoqona I *rav* 바보 같은, 어리석게도.
ahmoqona II *sif.* 어리석은, 우둔한, 바보 같은, 미련한, 어리석은.
aholi *ot.* 인구, 주민, 거주자, 사람들; ~ yashaydigan joy 사람들이 사는 곳, ~에 사람을 거주케 하다; ~에 살다, ~의 주민이다; qishlog ~si 시골 사람; shahar ~si 도시 주민; mamlakatdagi erkak ~si 한 나라의 남자인구; ~ni ro'yhatga olish 인구 조사; mehnat ~si 일군.
aholi jinsligi ko'rsatgichi *ot.* 인구밀도
aholi tarkibi *ot.* 인구구성
aholi yoshiga ko'ra guruhlarga bo'lish *ot.* 연령별 인구 분포
aholi zich joylashgan hudud ↔ aholi siyrak joylashgan hudud 인구밀집지역 ↔ 인구희박지역
aholining tabiiy o'sish ko'rsatgichi 인구의 자연 성장 비율
ahvol *ot.* 1) (*vaziyat*) 정세, 형세, 상태, 사태, 사정, 건강 상태, (경기자의) 컨디션; kasalning ~i 환자의 상태; Ovro'pa ~i 유럽의 정세; ijtimoiy ~ 사회정세; oilaviy ~ 가정형편; ma'naviy ~ 재정상태; qiyin ~ ga tushib qolmoq 어려운 정세에 빠지다 2) (*hol-ahvol*) 건강, 일, 용건, (일상의) 업무, 용무, 직무, 사무; ~ing qanday? 어떻게 지내십니까?, 건강은 어떻습니까?
ahvol yomonlashuvi 경기 침체
ahvol, holat, boylik, mol-dunyo 경기상태
ahvol, vaziyat, konyuktura (jami- yat hayotida biror sohada yuz bergan vaziyat) fara 경기(景氣)
ahvolning yaxshilanishi 경기회복
ahyon *rav* 가끔, 때때로, 때로는, 이따금
ahyon-ahyonda *rav* 때때로, 이따금.
ajab *sif.* (깜짝) 놀랄 만한, 놀라운, 놀랄 정도의, 어처구니 없는, 굉장한; ~ bo'bdi! 꼴 좋다!, 고소하다!
ajablanarli *sif.* 놀라운, 기적적인.
ajablanmoq *fe'l* 놀라다, 경탄하다.
ajablantirmoq *fe'l* 놀라게 하다, 깜짝 놀라게 하다, 아연케 하다, 자지러지게 하다.
ajabo *sif.* 놀랄 정도의, 어처구니 없는, 굉장한, 놀라운 일이다, 이상하다.
ajabo *rav* 놀라리만큼, 기막힐 정도로, 별스럽게, 이상[기묘, 불가사의]하게, 이상할 만큼; 진기하게; 이상하게도.
ajal *ot.* 삶의 끝, 죽음, 사망; uning ~i yetdi 그 사람의 죽음이 가깝다.
ajatovur *sif.* 놀랄만한, 경탄할 만한, 매혹적인.
ajdaho *ot. zool.* 용(龍); 큰 뱀, 날도마뱀
ajdod ot. 조상(祖上), 선조; bizning ~imiz 우리 선조; bizlarning ~larimiz 우리들의 선조
ajib *sif.* 1) 놀랄만한, 기어한, 불가사의한; 2) 이상[불가사의]한, 놀랄만한, 경탄할 만한; 훌륭한, 아주 멋진; ~ hodisa 놀라운 일/경우; ~lanadigan narsaning o'zi yo'q 전혀 놀랍지 않다; ~ muvaffaqiyat 놀라운 성공.
aji-buji (*qiyshiq*) *sif.* 솜씨 없는, 서투른, 서투른 그림을 그리는 것, 엉성한, 변변치 않은; ~ kiyim 더러운 옷; ~xat 난필, 갈겨 쓴 글; ~ qilib yozmoq 휘갈겨[흘려] 쓰다; ~ surat 서투르게 그리다

A

ajin *ot.* 주름살, (피부·천 따위의) 주름[구김](살); 쪼그랑할멈; ~ bosgan yuz 주름살 진 얼굴.
ajina *ot.* 사악한 기백.
ajiotaj, narxlarga sun'iy ta'sir 붐(boom) 벼락 경기, (도시 따위의) 급속한 발전; (가격의) 폭등
ajoyib ishchi 필수 인력, 핵심 인력
ajoyib mahsulot 일류제품
ajoyib *sif* 1) (*hayratda qoldiradigan*) 놀랄만한, 불가사의한, 의외의; 눈부신, 기어한; (*g'alati*) 이상한, 야릇한, 기묘한, 뜻밖의; 2) (*qiziq*) 흥미 있는, 재미있는, (아무에게) 흥미를 일으키게 하는; qanday ~ rasm! 얼마나 놀랄 만한 그림이야!; ~ ayol 놀랄 만한 여자.
ajoyib-g'aroyib *sif* 보통이 아닌; 이상한, 보통의, 통상의, 일상의, 평소의, 평범한, 흔히 있는.
ajoyibot *ot* 기적; 놀랄 만한 일.
ajralish *ot.* 별거, 이혼, 헤어짐, 이별, 사별, 고별
ajralishmoq *fe'l* 헤어지다: 이혼하다
ajralmas *sif.* 헤어지지 않은, 분리할 수 없는; 불가분의; 떨어질 수 없는; ~ do'stlar 친한 친구; ~ qism 분리할 수 없는 부분.
ajramoq *fe'l.* 나누다; 분리하다; 분열 시키다; 배분하다.
ajrashmoq *fe'l.* 헤어지다; 이혼하다, 갈라지다; xotini bilan ~ 아내와 이혼하다.
ajratgich *ot.* 분리하는 사람; 선광기; (액체) 분리기; 선별기, 분액기, 분액깔때기
ajratib yozish 끊어 적기, 띄어쓰기
ajratilmas juz'iy qismlar 일체형 액세서리
ajratilmaydigan huquq 양도할 수 없는 권리
ajratish *ot* 나누기, 분리하기, 배분하기
ajratma *ot* 빼기, 뺌, 공제; 차감액, 공제액
ajratmoq *fe'l* 1) (*bir-biridan*) 잘라서 떼어 놓다, 분리하다, 가르다, 나누다, 분할하다, 쪼개다; tanlagan kitoblaringni ajratib ol 그 책을 분류하여 당신이 선택했다; yoq- alashuvchilarni ~ 사람들은 싸움으로 이탈 했다; ko'krakdan ~ (*go'- dakni*) 젖을 떼다, 이유(離乳)시키다; armiya va halqni ~ 국민을 이간시키다; taqdir ularni ~di 운명이 그들을 갈라놓았다; 2) (*tarkibiy qismlarga*) (혼합체를) 원래 요소로 분해하다, 썩다, 부패하다, (성분. 요소로) 분해시키다; 3) (*odamlarni bir-biridan judo qilmoq*) 갈라지다, (아무와) 헤어지다, 손을 끊다, (~에서) 손을 떼다; 4) (*erxotinni*) 이혼하다[시키다], 이연하다[시키다], 분리[절연]하다; 5) (*tanlamoq*) 선택하다, 고르다, 선발하다, 발췌하다, 뽑다; (*odamni*) 식별하다, 구별하다; olmaning yaxshisini ~ 가장 좋은 사과를 선택했다; jihatidan ~ 색깔을 기초로 하여 식별했다; 6) (*farqiga bormoq*) 분간하다, 구별하다, 분별[식별]하다, ~을 특징짓다, ~의 차이를 나타내다; 7) (*biror maqsad bchun ayirmoq*) 할당하다, 배당하다; mablag' ~ 자금을 배당하다
ajrashmoq *fe'l* 1) 떠나다, 어딘가로 가버리다; 2) 갈리다, 분기하다, 갈라지다; (갈림길에서 어떤 방향으로) 가다
ajrim *ot* 1) (윤곽. 한계 따위의) 한정; 명확, 2) 속성, 특질, 특성; 3) 결심, 결단, 결정
ajrimlik *ot* 구별, 식별(력), 판별(력), 인식
aka *ot* 형, 오빠; ular tug'ishgan ~-uka 그들은 형제입니다; ~m Mahmud Koreya tilini mukammal biladi. 마흐무드 형은 한국어를 잘합니다.
akademik *ot* 아카데미, 과학자.
akademik erkinliklar *ot* 학문의 자유
akademiya *ot* 아카데미야; fanlar ~si 과학 아카데미;

Qishloq xo'- jalik fanlari ~si 농업과학 아카데미
akatsiya *ot* 아카시아.
akbar *sif* 1) 큰, 다수의, 상품질의, 더 높은; 2) 절망적인, 만사가 끝나서, 틀어져서, 가망이 없어
akillamoq (*vovullamoq*) *ot* (개 따위의) 캥캥 짖는[우는] 소리, (개·여우 따위가) 짖다; 짖는 듯한 소리를 내다; it ~da 개가 멍멍거립니다.
akkordeon *ot* 아코디언, 손풍금.
akkreditiv *ot* 신용장(信用狀), 엘시(L/C).
akkreditiv bo'yicha pul o'tkazish 양도 가능 신용장
akkumulyator *ot* 축전지, 배터리.
akrobat *ot* 곡예사, 서커스인.
akrobatik *sif* 곡예술의, 서커스의.
akrobatika *ot* 재주놀이, 기예(技藝), 아크로바트(acrobate), 곡예술(曲藝術), 곡예기술(曲藝技術), 서커스(circus).
aks I *ot* (*ko'rinish*) 반사, 반향, 반사열[광(光), 색], 반향음; ~ etmoq (빛. 소리. 열 따위를) 반사하다, 되튀기다; (거울 따위가 물건을) 비치다; oynda yuzim ~etdi 나의 얼굴이 거울에 비치다; ~ ettirilmoq 반사하다; 반향(反響)하다, (거울 따위가) 물건을 비추다; (*adabiyot va sh.k.da*) 반영하다, 비치다;
aks II *sif* (*qaramaqarshi*) 마주 보고 있는, 맞은편의, ~에 면하고 있는, 역(逆)의, 정반대의; ~ma'no 정반대의 의미; ~ holda 반대적으로, 딴 것의, 다른, 만약 그렇지 않다면 ~인[일지도 모르는]; ~ sado 산울림, 반향, 메아리.
aksariyat *ot* 다수, 대다수, 대부분; ~ ovoz 다수가결; ~ holatlarda 대다수 경우에, 대부분의 경우.
aksent (*sheva*) *ot* 1) 악센트, 강세; 강음, 양음(揚音), 강조, 뚜렷하게 함; ~ bilan so'zlamoq 뚜렷하게 말하다; 2) 악센트 부호(발음의 억양·곡절 표시의 `^; 시간·각도의 분초 표시의′″; 피트·인치 표시의 ′″; 변수(變數) 표시의 ′따위)
aksessuar, juz'iy qism 액세서리, 부속품
aksiga *rav* 1) (*ataylab qilgandek*) 앙갚음으로, 분풀이로, 의도하여, 고의로, 일부러; 2) (*qarama-qarshi holda*) 반대로, 거꾸로, 역으로, ~에 반하여; ~olmoq 이에 반해, 반대로, 옹고집을 부려, 완고하게.
aksincha *rav* 이에 반하여, 도리어, ~은 커녕; U hamma ishni ~ qiladi. 그 사람은 모든 일을 반대로 합니다
aksincha, -gandan ko'ra 오히려
aksioma *ot.* 자명한 이치, 원리, 원칙, 통칙; 격언, 금언; 공리(公理).
aksioner *ot.* 주주(株主), 공채[국채] 소유자; ~ lar jamiyati 합자회사, 주식회사.
aksirish *ot.* 재채기 (소리).
aksirmoq *fe'l* 재채기하다; O'zbeklar ~ ganda "sog'-bo'ling" deyish kerak 우즈벡 사람들은 ~할 땐 건강하세요라고 말해야 한다. Tumov bo'lganda ~ 코감기에 걸려 재채기하다.
aksiya (*qimmatli qog'oz*) *ot.* 주(株), 주식(株式), 자본(금), 원금(元金), 밑천; ~lar ko'tarilmoqda 주식증자, 주식이 오르다; (수[가치]가) 늘다; ~lar tushmoqda 주식을 남에게 주다, 싸게 팔다
aksiyachi *ot.* 주주(株主).
aksiyador *ot.* 주주(株主); ~ lik jamiyati.주식회사, 합자회사
aksiz (술·담배 따위의 생산·판매·소비에 대한) 물품세, (국내) 소비세, (오락·영업 등에 대한) 면허세; ~solig'inisolmoq ~에 물품세[소비세]를 부과하다
akslik *sif.* 완고한, 고집 센, 억지 센, 강퍅한, 끈질긴; ~ qilmoq 고집이 세다.
akt (*harakat, voqea, hodisa*) I

A

ot. 증명서, 법규(규정) 행동
akt (*harakat, dalolatnoma*) II *ot.* 조서, 문서; ~ tuzmoq 조서를 작성하다, 문서를 만들다.
aktiv I *sif.* 1) 열성적인, 적극적인, 활동적인. 2) (의학) 악화.
aktiv, faol (balansning daromad yozi- ladgan qismi) II 자산, 재산, (актив ↔ ассив) 자산 ↔부채
aktiv, oson qo'lga kiritiladigan daro- madlar 유동자산(流動資産)
aktivlar umumiy miqdori 총자산액
aktrisa *ot.* 배우(여자)
aktsenp haqida xabarnoma 승낙의 통지
aktsept *ot.* 승낙
aktsept krediti *ot.* 인수 신용장
aktsept muddatini belgilovchi taklif 승낙기간을 정한 계약의 청약
aktsept uchun muddat belgila-maydigan taklif 승낙기간을 정하지 아니한 계약의 청약
aktsept, rozilik *ot.* 인수(acceptance)
aktseptchi *ot.* 환, 어음의 인수인
aktseptdan voz kechish 승낙의 거절
aktseptli veksel 인수 어음
aktseptni chaqirib olish 승낙의 철회
aktsiodor, hissador *ot.* 주주(株主)
aktsiodorlar jamiyati *ot.* 주식회사
aktsiodorlar ro'yxati *ot.* 주주명부
aktsioner, aktsiyador (*hissador*) *ot* 주주
aktsiya (daromaddan hissa olish huquqini beruvchi qimmatbaho qog'oz) harakat. *ot.* 주(株), 주식(株式)
aktsiya daromadi me'yori 주식액면가와 시장가의 비율(比率)
aktsiya daromadliligi 주가와 주식 수익의 비율
aktsiya indeksi *ot.* 주가 지표
aktsiya oboroti *ot.* 주식 거래량
aktsiya olishga sertifikat 해외기업의 주식 인수증명
aktsiya paketi 주식보유량
aktsiya paketi nazorati 경영권 행사가 불가능한 정도의 지분
aktsiya ro'yxati 주식목록
aktsiya toifasi 주식의 종류
aktsiyadagi kapitali 주식액면가자본
aktsiyador huquqi 주주의 권리
aktsiyadorlar jamiyati boshqaruvi a'zosi 주식회사이사
aktsiyadorlar konversiyasi 주식전환
aktsiyadorlar majlisi 주주총회(株主總會)
aktsiyadorlar oldidagi ma'suliyat (기업의) 주주에 대한 책임
aktsiyadorlar umumiy yig'ilishda ovozga qo'yish 주주총회 투표
aktsiyadorlar umumiy yig'ilishi 주주총회
aktsiyadorlar umumiy yig'ilishi bayoni 주주총회 의사록
aktsiyadorlar yig'ilishi 주주총회
aktsiyadorlarni chaqirish tartibi 주주소집절차
aktsiyadorlik (hissadorlik) jami- yati 주식 회사, 주주로 조직된 유한 책임 회사
aktsiyadorlik jamiyati ro'yxati 주식회사 등록부
aktsiyadorlik jamiyatlari haqidagi qonun 주식회사법
aktsiyadorlik uyushmasini bosh- qarish 주식회사 경영
aktsiyadorlilik mablag'i 주식자본(株式資本)
aktsiyaga obuna bo'lish 주식청약
aktsiyalar savdosi 주식매매
aktsiyalar chayqovchiligi 주식투기
aktsiyalar control paketi 지배주
aktsiyalar portfeli 주식 포트폴리오

aktsiyalar sertifikati 주식증서
aktsiyalar sertifikati chiqarilma- yotgani haqida dalolat 주권 미발행 증서
aktsiyalar to'planishi 주식의 병합(주식의 분할권 반대로 수 개의 주식을 합하여 종래보다 소수의 주식으로 함으로써 발행 주식 총수를 감소시키는 것)
aktsiyalar tortiq qilish 주식증여
aktsiyalarga ega bo'lish 주식취득
aktsiyalarga obuna 주식모집
aktsiyalarni almashtirish 주식교환
aktsiyalarni bo'lish *ot.* 주식분할
aktsiyalarni davlat hisobiga o'tkazish 주식양도
aktsiyalarni meros olish 주식상속
aktsiyalarni qayta guruhlarga ajratish 자본과 주식 관계조정(regrouping)
aktsiz ostidagi molar 소비세 대상품목
aktsiz *ot.* 소비세, 간접세(excise)
aktual (*dolzarb*) *sif.* 현실의, 실제의, 사실의, 현행의, 현재의, 현대의, 오늘날의; ~ masala 긴급한 문제, 중요한 일.
aktuallik *ot.* 현실, 실제 사실, 현상, 실정.
aktyor *ot.* 배우, 남(배)우.
aktyorlik *ot.* 배우, 배우들, 연예인들
akula *ot. zool.* 상어(연골어강 악상어목에 속하는 고래상어·괭이상어·곱상어 등의 총칭. 몸은 원뿔 꼴, 골격은 연골임. 꼬리지느러미는 칼 모양, 거친 피부는 이빨 모양의 비늘로 덮임. 대개 태생(胎生)인데 성질이 흉포하고 민첩함. 고기는 식용, 껍질은 말려 문지르는 데 씀. 교어(鮫魚). 사어(沙魚)).
akusher *ot. tib* 산과의(産科醫)(남자), 부인과 의사, ~ayol 조산사, 산파.
akusherka (*doya*) *ot. tib* 조산사, 산파
akusherlik *ot. tib* 산부인과, 조산술, 산과학(産科學); ~ kurslari 산부인학과, 조산술과, 산과학(學)과.
akustik *sif.* 음향의, 음향(학)상의. 청각의, 청신경의, 가청음의, 음파의.
akustika *ot.* 음향, 음향(학), 난청치료
akvarel I *ot.* 수채화(법), 그림물감.
akvarel II *sif.* 수채화의, 그림물감으로; ~ bo'yoq 수채화; ~ portret 수채화의 초상[인물] 사진
akvarium *ot.* 어항, 수족관; 양어지(池); (물고기. 수초용의) 유리수조, 유리 탱크.
alag'da: ko'ngli~ 그는 염려한다, 그는 불안하다; ~bo'lmoq 걱정[근심]하다, 고민하다; 안달하다, 마음 죄게 하는, 조마조마하게 하는
alahsiramoq *fe'l* 헛소리를 하다; (미친 사람같이) 소리치다, 고함치다, 정신 착란의; 헛소리하는; 광란 상태의; 기뻐서 흥분한[어쩔 줄 모르는].
alam *ot* 1) (*azob*) 고통, 손해, 피해, 재해; ~ chekmoq/tortmoq (고통·변화 따위를) 경험하다, 입다, 받다, 괴롭히다, 괴로워하다; 2) (*ranjish*) 유감스럽게[분하게] 하다; ~qilmoq (주로 자질구레한 일로) 짜증나게 하다, 애타게 하다, 귀찮게[성가시게] 굴다; 화나게 하다; (*xafaqilmoq*) 상처 내다, ~을 다치게 하다; ~ini birovdan olmoq (감정 등을) 드러내다, 발하다, (남에게) (분노 따위를) 터뜨려내다, (감정을) 발산해 ~한 기분을 풀다; nohaq ta'nalar unga juda ~ qilidi 부당한 비난을 받아 그는 큰 상처를 받았다; menga shunisi ~ qildiki... 나는 그것으로 섭섭하게[유감으로] 여기다
alam-achchiq *ot* 심오한 고행, 금욕, 난행고행(難行苦行).
alamli *sif.* 1) (*qayg'uli*) 슬픈, 쓰라린, 애절한. 2) (*ranjitadigan*)

짜증나게 구는, 애태우는, 부아가 나는; 성가신, 귀찮은, 모욕적인, 분한, 고까운, 노여운. ~so'zlar 노여워하는 말. 3) 구슬픈, 애처로운. ~ovozda gapirdi 청승맞은 소리로 말했다.
alam-sitam *ot* 아픔, 격통, 고통, 괴로움, 고뇌, 비탄, 근심; ~ qilmoq 고통을 주다, 고생하다(괴로워하다).
alamzada *ot* 1) 괴로운 사람, 고통 받는 사람; 2) 성나게 하다; 기분을 상하게 하다; ~의 감정[정의감]을 해치다
alanga *(olov)* *ot* 1) 불길, 불꽃, 화염; rashk ~si 질투의 불길; sevgi ~si 사랑의 정화; ~olmoq 불길이 확 타오르다; ~olib yonmoq 확 달아오르다, (활활) 타오르고; 2) 화재, 불, 불꽃.
alangalanmoq *fe'l* 불길이 타오르다, 불이 붙다[댕기다]; 흥분하다; 열광적으로 환영받다.
alangalantirmoq *fe'l* 불태우다, ~에 불을 지르다; 흥분시키다, 격하게 하다
alangalantmoq *fe'l* 불태우다, ~에 불을 지르다; 흥분시키다, 격하게 하다.
alangali *sif* 불이 활활 타는, 열렬한, 불탈 듯한, 타오르는; 타는 듯한(색채 따위); (기후 등이) 염열(炎熱)의, (태양 등이) 이글거리는; 욕정에 불타는; 열렬한(애국심 따위); ~boqish 정열적인 눈길; ~hoxish 열망; ~ salom yubormoq 따뜻한 시선을 보내다.
alanglamoq *fe'l* 관찰하다, 관측하다, 잘 보다; 주시[주목]하다; 감시하다
alaxsimoq *fe'l* 1) 옆으로 빗나가다, 벗어나다; 2) 추상되다. Mavzudan ~ 주제에서 벗어나다
alban I *ot* 알바니아, 알바니아 사람, 알바니아 발.
alban II *sif.* 알바니아의; 알바니아 사람의, ~ tili 알바니아 말의. 알바니아어.
albatta *rav.* 당연히, 물론, 틀림없이, 확실히, 꼭; 의심 없이, 반드시. Bu ~ shunday. 그것은 틀림없이 그렇다.
albom *ot* 앨범, 사진첩(寫眞帖).
aldam *ot.* 속임, 기만, 협잡.
aldamchi *ot.* 거짓말쟁이.
aldamchilik *ot.* 거짓말함, 사기, 협잡; 사기행위, 부정 수단.
aldamoq *fe'l* 거짓말하다, 속이다, 기만하다, 현혹시키다; (희망을) 짓밟다, 배반하다; sharmandalarcha **~** 지독한[새빨간] 거짓말을 하다. 창피하게 거짓말하다,
aldanmoq *fe'l* 어긋나다.
aldashmoq *fe'l* 거짓말하다.
aldoqchi *ot.* 거짓말쟁이, 사기꾼.
aldoqchilik *ot.* 거짓말함, 속임수, 사기, 야바위; 책략.
aldov, zo'ravonlik va tahdid ta'sirida tuzilgan bitim 사기, 강박에 의한 의사표시
alebaster *ot.* 설화 석고; 줄마노(瑪瑙).
alfa *ot.* 알파, 제일, 처음, 그리스 알파벳의 첫 글자(A, α; 로마자의 a에 해당); ~ zarralar 알파입자(미립자, 분자); ~nurlar 알파 광선
algebra *ot.* 대수학(代數學); 대수 교과서; 대수학의 논문.
alifbe *ot.* 알파벳, 자모, 자모표; ~ kitobi 알파벳, 자모책.
alifbo = alifbe.
aliment *ot.* 자양물, 부조(扶助), 부양(비)
aliment majburiyatlari 부양의무(扶養義務)
alimentlar *ot.* 부양비, 양육비(養育費)
alishish *ot.* 교환, 주고받기
alishmoq *fe'l* 교환하다, 바꾸다; 교역하다.
alishtimoq=alishmoq.
alishtirilmoq *fe'l* 서로 바꾸다, 주고받다, 물물 교환하다, 교환하다.
aliyenatsiya *ot.* 양도, 증여
alla *ot* 자장가, 졸음이 오게 하는 노래[소리]; ~aytmoq 자장가를 부르다.

allakim *ol.* 누군가, 어떤 사람; ~bilan 어떤 사람하고, 누군가 함께; ~to'g'risida 어떤 사람에 관하여; ~ga 어떤 사람에게; ~dan olibdi 어떤 사람으로부터 받았다; ~ning 어떤 사람의.
allalamoq *fe'l* 재우다.
allamahal *ot* 늦게, 늦게까지, 밤늦도록; Yangi yil ~gacha davom etdi 설날파티는 밤늦게까지 계속했어요.
allanarsa *ol.* 무엇인가, 무언가, 어떤 것[일]; Dilafruz ~lar demoqchi edi. 딜라프루즈는 무엇인가를 말하려고 했다.
allanecha (*birqancha*) 몇몇, 몇 개; 몇 사람; 몇 마리, 얼마든지, 얼만가의, 몇 개(인가)의, 다소(多少)의, 약간[조금]의.
allanima 무언가, 어떤 것[일], 무엇인가, 무엇이든[나], 어느[어떤] 것이든.
allaqachon *rav.* 벌써, 이미, 오래 전에; ~dan beri 벌써부터.
allaqachongi *sif.* 오래의; ~xabar (*voqea*) 오래된 소식; ~do'st 친한 친구; ~do'stlik 오래 된 우정.
allaqanday *sif.* 어떤가, 알려지지 않은, 진기한, 미지의, 생소한, 낯익지 않은, 낯선, 안면이 없는.
allaqayerda *rav.* 어디에선가; (*so'roqda*) 어디에[라]도, 어디(에)나, 어디엔가..
allaqayerdan *rav.* 어딘가에(서) 부터, 어디론가 부타
allaqayerga *rav.* 어디엔가, 어디(에)나, 어디에[라]도, 조금이라도, 어느 정도라도
allaqaysi 어떤, 누가, 어떤[어느](정도의), 약간의, 조금의, 어떤 사람들, 어떤 것; 사람[사물]에 따라 (~한 사람[사물]도 있다; ~kishi sizni so'rayapti 어떤 사람이(누가) 당신을 물어요.
allavaqt (*kech payt*) *ot.* 늦게, 늦음, 너뎜, 느림, 지각; ~bo'lib qoldi 저녁이 되었다; ~gacha 늦게까지, 저녁까지; ~gacha o'tirdik 저녁까지 놀았다; ~da 저녁때; Botir ~da keldi 바티르씨는 너무 늦게 왔다.
allaqachon *rav.* 이전에는, 원래는, 옛날에는, 이전에, 일찍이, 원래, 한때; ~danberi 훨씬 (이)전에, 지금부터 훨씬 이전에.
allaqachongi *rav.* 예로부터의, 고래의, 예로부터의, 오랜 세월 동안에; ~xabar (*voqea*) 예전의 사건들; ~do'st 오랜친구; ~do'stlik 오랜 우정, 우정, 우호
allofon *ot.* 변이음
alloh *ot.* 하느님, 신; ~ biladi 누가 안담, 아무도 모른다; ~haqqi 제발; ~ga shukur 다행이다; yo ~! (놀람, 분노, 기쁨 등을 나타내는 말로) 아! 야!
alloma *ot* 박식한 사람, 학식이 있는 사람, 학문적인 사람; ~lar 지식인, 인텔리; 지식 계급.
allomorf *ot.* 이형태
almashinadigan qiymat *ot.* 전환가격
almashinmoq *fe'l* 교환하다, 바꾸다, 물물교환하다, 교역하다; ~ biror kim bilan uy ~ ~와 주거를 서로 바꾸다; shamol ~da 바람이 바뀐다; moda doimo ~da 유행은 항상 바뀐다.
almashinuv *ot.* 환전, 상호교환, 바터, 물물 교환, 교역(품)
almashish *ot.* 교환, 바뀌기, 주고받기.
almashmoq *fe'l* 교환하다, 바꾸다; 교역하다; fikr ~ 생각을 바꾸다.
almashtirish 대체
almashtirish, pul maydalash 교환, 환전
almashtirmoq *fe'l* 교환(교역)하다, 교환하다, 바꾸다, 서로 바꾸다, 주고받다; 환전(換錢)하다; kitobni suratga ~ 책을 그림과 바꾸다; ~tovarni tovarga 물물교환하다; uyni ~ 주거를 옮기다; yo'nalishni ~ 방향을 바꾸다; hayot tarzini ~ 생활양식을 바꾸다; pulni ~ 교환하다.
almashuv *ot.* 교환가능성, 전환[개종]할 수 있음; 전환[개종] 가

A

능성; 태환성(兌換性)
almashuv shartnomasi *ot.* 교환 계약
almisoq *sif.* 옛날의, 고대의, 예로부터의, 고래의; ~dan qolgan 아주 오래 된.
alohida *sif.* 따로따로의, 하나하나의, 한 사람 한 사람의. 단독(單獨)의, 독립된, 격리된, 떨어진, 분리한; uyi ~ 집세가 다르다; ~kvartira 편평한, 납작한; ~e'tibor bermoq 특별히 관심을 많이 갖다, 특별히 주의하다.
alohida guruh *ot.* 주식분할
alohida huquq 독점적 권리, 배타적 권리
alohida iqtisodiy hudud 배타적 경제수역
alohida ishchilar malakasi, ixtisosligi 노동자의 능력
alohida litsenziya egasi 전용 실시권자
alohida mol-mulk 독립된 재산
alohida shaxslar marketingi 개인 마케팅
alohida sudda ko'rishga tegishli 특별 재판적
alohida talabnoma *ot.* 독립출원
alohida turdagi molar (xizmatlar)ga aktsiz markalar *ot.* 소비세
alohidalash iqtisodi *ot.* 고립경제
alohidalik *ot.* 특색, 특수성, 기이함, 괴상함, 진묘함, 버릇, 기습(奇習).
alomat (*baho*) *ot.* 표, 기호, 부호, 지시, 지적; 표시; 암시, 신호, 군호, 기미, 징후; tenglik ~i 동등 표시호서, 기호, 부호.
alomatli *sif.* 징조 있는, 상징하는, 상징주의적인, 상징적[표상적]인, 기호의, 부호의.
alomatchoy *ot. bot.* 우엉(국화과의 두해살이풀. 높이 약 1m. 육질(肉質)의 뿌리는 식용, 열매는 이뇨약. 우방(牛蒡))
aloqa *ot.* 관계, 관련, 사이; diplomatik ~ 외교 관계; ~ni uzmoq 관계를 끊다; ~ boq'lamoq 관계하다; ~xizmati 통신 기관; ~qilmoq 관계하다; ~bo'limi 우체국, 체신 공사; 우정성(郵政省); sevgi ~si 연애 관계; signal ~ 신호 연락; telefon ~si 전화 연락; radio orqali ~ 무선에 의한 연락.
aloqa mahfiyligi 통실의 비밀(헌법상 보장되는 권리 중 하나)
aloqa tarmog'i 통신망(通信網)
Aloqa yo'llari vazirligi 철도청(鐵道廳)
aloqa yo'llarining o'tkazuvchanlik quv- vati 운하처리능력
aloqador *sif.* 관계있는, 이어진, 연락[연고, 관계] 있는, 관계하고 있는.
aloqadorlik *ot.* 관계있음, 관계, 관련; (문장의) 전후 관계, 연합, 결합, 합동, 제휴.
aloqasiz *sif.* 강제적이 아닌; 자연스러운, 무리하지 않는; 거북하지 않는.
aloqachi *ot.* 1) 통신대원; 2) 연락, 접촉, 연락원[관]; 3) 전달자, 통신원, 보도원, 공표자, 발표자.
aloy *ot. bot.* 알로에(aloe: 백합과 알로에속(屬)에 속하는 식물의 총칭. 줄기가 서는 종류와 서지 않는 종류가 있음. 잎은 칼 모양으로 길고 두터우며, 가에는 가시가 있음. 꽃은 적(赤)·황(黃)·등(橙)색의 통상화(筒狀花)가 줄기 끝에 핌. 열대 식물로서, 약용·관상용으로 재배하는데, 약 600여 종이 알려져 있음. 앨로. 노회(蘆薈)), 침향(沈香) 용설란(龍舌蘭: 용설란과의 푸른용설란. 얼룩용설란 등의 총칭; 용설란과의 상록 여러해살이풀. 멕시코 원산. 잎은 길이가 1-2m, 육질(肉質)이며 가장자리에 가시가 있고 담황색 꽃이 핌. 관상용이며, 잎의 섬유로는 바를 꼬고, 즙으로는 술을 빚음.),
alp *ot.* 장수, 힘장사, 용사.
alpinist *ot.* 등산가(登山家), 산객(山客), 등산객(登山客), 알피니스트(도 Alpinist).
alpinizm *ot.* 등산(登山), 등반(登攀), 반등(攀登), 등정(登頂).
alqissa *rav.* 이렇게, 이런 식으로, 따라서, 그러므로, 그래서, 그런 까닭에, 그에 맞게, 그 나름으로.

alternativa, muqobil ikki yo'ldan biri *ot.* 대안 (alternative)
aluminiy *ot.* 알루미늄(aluminium: 은백색의 가볍고 연한 금속 원소. 연성(延性)·전성(展性)이 풍부하며, 상온에서는 산화하지 않음. 식기· 부엌세간 등에, 특히 경합금의 주성분으로 널리씀. [13번:Al:26.98]; 늄; 양은(洋銀), 경은(輕銀))
alvasti(*ajina*) *ot.* 악마, 귀신, 사신(邪神), 악귀; 악령; 마귀, 마왕, 사탄(Satan)
alvido(*xayr*) *fe'l* 작별인사, 이별, 작별.
alvon *sif.* 빨갛다, 빨간, 적색의, 주홍의, 다[진]홍색의.
alyans, birlashma ittifoq *ot.* 동맹, 연합.
amaki *ot.* 아저씨, 작은 아버지, 삼촌.
amakivachcha *ot.* 사촌형, 사촌동생.
amal I *ot* (*lavozim, mansab*) 직무, 직책, 직위, 지위, 신분, 직(職), 직장, 근무처
amal II *ot* 준수, 준봉, 기능; 작동, 가동(稼動), 작용, 작업, 효과; (법률 등의) 효력; 영향; (약 등의) 효능, 일, 작업, 행위; ~qilmoq 작용하다, 준수하다, ~ qilinmoq 지켜지다, 률을 지키다; qoidaga ~qilmoq 규칙을 지키다; qonunga ~qilmoq 법률을 준수하다; ~dabo'lib turgan qonunlar 강력한 법률; ~ga oshir- moq 성취하다, 실행하다, (의무 따위를) 다하다, 이행하다; ~ dabo'-lmoq 쓰이고 있다, 행해지고 있다; ~ datatbiq qilmoq ~을 쓰다, 이용하다; ~ dan tushmoq 실직하다
amaldan foydalanish 직권남용(職權濫用)
amaldor *ot* 공무원, 관공리; 역원, 임원; (단체 따위의) 직원.
amaldor mansabdor 공무원.
amaldor shaxs poraxo'rligi, kor- ruptsiyasi 공직자의 부패
amalga oshiraolishning tasdig'i 실현 가능성
amalga oshirish 현실화, 판매, 소비
amaliy *sif.* 실제의, 실제상의; 실리상의, 사실주의의, 사실파의; ~mashg'ulot 실제상의 훈련, 실습; ~ faoliyat 실천 활동; ~ ish 실천사업.
amaliyot *ot* 1) 실천, 실지, 현실; 2) 직업, 업무, 일.
amaliyotchi (*tadbiqchi*) *ot* 실습생.
amaliyotchilik *ot* 실습함.
amallab (*zo'rg'a*) *rav.* 아무리 해도, 겨우, 근근히, 가까스로, 간신히.
amallamoq *fe'l* 꾀하다, 하고자 획책[도모]하다, 어떻게든 ~하다, 자초하다
amalparast *ot.* 출세주의자, 구직자, 엽관[공직 취임] 운동자.
amalparastlik *ot.* 이기주의, 자기본위.
ambulatoriya *ot.* 진료소, 시약소(施藥所); (공장·학교 등의) 의무실; (병원 따위의) 약국; ~kasali 외래환자.
Amerika *ot.* 미국, 아메리카; Shimolily ~ 북쪽의 미국, 북미.
amerikalik *ot.* 미국인; ~ayol 미국여자
amerikalik o'quvchi *ot.* 미국 학생
amfibiya *ot. zool.* 양서류동물(兩棲類動物)
amfiteatr *ot.* (옛 로마의) 원형연기장, 투기장(鬪技場); (현대의) 원형 경기장[극장]; (극장의) 계단식 관람석; (반)원형의 분지; 계단식 (수술 견학용) 교실, 계단식 좌석의 대강당.
amin(*ishonch*) *sif.* 믿음, 신뢰, 신용, 확신하고 있는, 지신이 있는, 믿고 있는; ~ bo'lmoq 믿음이 있음, 알겠어, 과연, 그렇군, 아무렴.
aminlik *ot.* 믿음, (남에 대한) 신용, 신뢰, (자기에 대한) 자신, 확신.
amir (*boshliq*) *ot.* 1) (아라비아·아프리카의) 족장(族長), 대공(大

A

公), 토후(土侯), 지휘관, 사령관; 2) 주권자, 원수, 군주, 지배자; ~i lashkar 군대의 지휘자.
amirkon *sif.* 니스; 유약(柚藥), 래커(도료의 일종); 칠(漆), 옻, 칠기(漆器); ~teri 에나멜 가죽, 칠피 구두.
amirlik *ot.* emir의 관할권, 토후국(土侯國); Buxoro amirligi 부하라의 토후국
amma *ot.* 고모, 고자매(姑姉妹), 동성(同性) 아주머니
ammavachcha *ot.* 조카, 고모의 딸, 고모의 아들.
ammiak *ot.* 암모니아(ammonia: 질소와 수소의 화합물로, 악취가 나는 무색 기체. 석탄 건류(乾溜)의 부산물로서 얻거나 공기 중의 질소를 수소와 화합시켜서 합성적으로 얻음; 질소 비료·유안(硫安) 등의 제조에 씀).
ammiakli *sif.* 암모니아가 있는; ~selitra 암모니아 니트라트, 암모니아 질산염
ammo *conj.* 그러나, 그런데, 하지만, 그렇지만, ~지만.
amnistiya(***kechirish***) *ot* 은사, 대사(大赦), 특사; umumiy ~ 대사; xususiy ~ 개인 특사; amnistiyaga tushmoq 특사를 입게 되다
amortizator *ot* (자동차. 비행기 따위의) 완충기, 완충 장치.
amortizatsiya *ot* (감채 기금에 의한 공채·사채(社債)의) 분할 상환(금); ~qilmoq (감채 기금으로) 상환하다, (부동산을) 법인에 양도하다
amortizatsiya muddati 감가상각 기간
amortizatsiya ot. 감가상각(減價償却), 분할 상환(分割償還)
amortizatsiya, yumshatish 감가상각(減價償却: 손익 계산(損益計算) 또는 자산 평가(資産評價)를 정확히 하려고 토지를 제외한 고정 자산의 소모나 손상에 따른 가치의 감소를 각 연도에 할당해서 계산하여 그 자산 가격을 감소해 가는 일.)
amortizatsiyalangan mulk 감가상각 재산
amortizatsiyani nomuntazam hisoblash uslubi 복수 감가상각
amper *ot* 암페어(프랑스의 물리학자 A. M. Ampère); ~soat 암페어 시(時)
ampermetr *ot* 전류계(電流計).
amper-soat *ot* 암페어시(ampere 時) (略: AH, amp.-hr.).
amplituda *ot* 1) 넓이, 나비, 폭; 풍부, 충분, 2) (물리) 진폭. 3) (군사) 사정거리(射程距離) 4) (수학) 편각(偏角); 5) (천체) 출몰(出沒) 방위각(천체 출몰 때 정동(正東)[정서]에서 잰 각거리).
ampula *ot* 앰풀(1회분 들이의 작은 주사액 병).
amr(***buyruq, farmon***) *ot.* 명령, 지휘; 훈령, 호령, 구령; (법원의) 지시; 명령서, (옛날의) 칙령, 포고; (*hist*) 권한, 지배, 공국 군주의 지위·지배·권력; imon ~i 신념을 같이하다.
amrimahol (***qiyin***) *sif.* 실행할 수 없는, 불가능한, ~할 수 없는, 어렵다, 힘들다.
an'ana (***odat***) *ot.* 전통(傳統), 관습(慣習), 관례(慣例), 인습(因習), 전례(傳例), 양식(様式).
an'anaviy *sif.* 전통적인.
an'anaviylik *ot.* 전통적(傳統的).
ana I *rav.* 거기[그 곳]에, 거기(에)서, 여기에(서), 여기로.
ana II 여기, 이곳, 이것, 이 물건; ~shu 여기 있는; 이것; ~vi 저것은.
ana u 저것
analitik *sif.* 분해[분석]의, 분석적[해석적]인; ~ usul 분석적인 방법, 분석법.
analiz(***tekshiruv***) *ot.* 분석, 분해, 해석, 검사; ~qilmoq 분석하다, 분해하다, (분석적으로) 검토하다, 해석하다.
analogik *sif.* 유사한, 비슷한, 닮은, 상사(相似)한, 같은.
analogiya *ot.* 유사, 비슷함, 닮음, 유추, 비론(比論), 유비(類比), 등비(等比).
ananas *ot. bot.* 파인애플, 아나나스(파인애플과의 상록 초본. 아열대 및 열대에서 재배. 잎은 선형(線形)으

로 뿌리에서 뭉쳐나며, 길이 약 1m가량이고, 여름에 자색꽃이 핌. 열매인 파인애플이 초겨울에 익음.)
anarxist *ot.* 무정부주의자; 폭력혁명가
anarxiya *ot.* 무정부; 무정부 상태, (사회적·정치적인) 무질서 상태; 무정부론; 혼란, 무질서.
anatomik *sif.* 해부의; ~teatr 시체해부실.
anatomiya *ot.* 해부학, 해부술[론]; odam ~si 인체 해부학; hayvon ~si 동물 해부학; o'simlik ~si 식물 해부학.
anavi 저기 있는, 저; ~odam mening do'stim 그 사람은 나의 친구다.
anbar *ot.* 용연향(龍涎香) (향수원료)
andak 그 사람처럼; ~ go'zal yo'qir 그 소녀처럼 예쁜 여자가 없습니다.
andava *ot.* (미장이 등의) 흙손; 모종삽.
andavalamoq *fe'l.* 미장하다, 흙손으로 바르다[섞다]; 모종삽으로 파다.
andaza (*o'lchov*) *ot.* 치수, 분량; 크기, 무게, 길이, 말수(斗數); ~ olmoq 재다, 계량[측정, 측량]하다, ~의 치수를 재다; ~ bo'yicha tikmoq 치수대로 바느질하다; ~ to'g'ri kelmayapti 치수에 맞지 않다.
anderrayter *ot.* 증권인수인
andisha (*nomus, or*) *ot.* 현명함, 지혜, 슬기로움; 분별, 슬기로운, 현명한, 총명한, 사려[분별] 있는
andishali (*or-nomusli*) *sif.* 슬기로운, 현명한, 총명한, 사려[분별] 있는. 박식[박학]의, 박식을 보여주는
andishasiz (*uyatsiz*) *sif.* 분별없는, 경솔한; 성급한, 염두에 두지 않는, 개의치 않는.
andishasizilik *sif.* 오만, 무례; 오만한[건방진]짓[말, 태도, 뻔뻔스러운, 철면피의, 염치없는; 건방진
andom (*tana, badan*) *ot.* (건물. 선박. 비행기 따위의) 뼈대, 구조; (제도의) 조직, 기구, 구성, 체제, (인간. 동물의) 체격, 골격.
andoza *ot.* 치수, 분량, 본, 본보기. ~ olmoq 본을 뜨다; ~ bo'yicha 치수에 따라.
anduh *ot.* (깊은) 슬픔, 비탄, 비통
angillamoq *fe'l* (개·여우·칠면조 따위가) 캥캥[꽥꽥]하고 울다[짖다], 새된 소리를 내다, 소리치다; it angillab qochdi 그개는 멍멍하며 달려간다; bu bola hardoim ~di 이 아이는 언제나 흐느껴 웁니다.
angina *ot.* 편도선염, 후두염.
angishvona *ot.* 골무(재봉용), 끼우는 고리[통], 쇠고리(마찰방지용).
anglab *rav.* 이해하는; 깨달음, 사려 분별이 있게, 이해가 빠른, 통찰하는, 간파하는.
anglamoq (tushunmoq) *fe'l* (뜻·원인·성질·내용 따위를) 이해하다, 알아듣다; (기술·학문·법률 따위에) 정통하다, ~의 말을 알아듣다.
anglash *ot.* 책임능력
anglashilmoq *fe'l* 틀리다, 오해하다(서로)
anglashilmovchilik *ot.* 오해(誤解), 옥생각, 곡해(曲解). ~ bo'lib 오해로 인하여.
anglashilmovchilik ta'sirida tuzil- gan bitimlar 착오에 의한 의사표시
anglashilmovchilik, anglamaslik 책임무능력
anglashmoq *fe'l* 틀리다, 오해하다.
anglatmoq *fe'l* ~의 뜻으로 말하다, ~에 관하여 말하려고 하다, 이해하게 하다, 이해시키다, 나타내다, 분명[명백]하게 하다, 알기 쉽게 하다; 해석하다; Bu nimani angla- tadi? 이것은 무슨 의미를 나타냅니까?
Angliya *ot.* 영어
angliyalik o'quvchi *ot.* 영국 학생
anglosakson huquqi *ot.* 영미법
angor *sif.* 앙고라 고양이[염소, 토끼]; ~ echki *ot. zool.* 앙고라

염소(터키 앙카라 지방 원산의 털이 비단 같고 길며, mohair라고 함, 모헤어염소.); ~mushuk 앙고라고양이(털이 긺)
angraymoq(*hayron qolmoq*) *fe'l* 놀라다, (깜짝) 놀라다, 놀라다, 아연해 하다.
angrov *sif.* 1) 멍청이. 2) 한가한 구경꾼. 3) 눈치가 무딘, 총기가 빠르지 못 한.
anhor *ot.* 작은 강, 시내, 개울; ~bo'yida dam olmoq 작은 강변에서 쉬다.
anilin I *ot.* 아닐린(aniline: 무색 유상(油狀)의 액체; 방향족(芳香族) 아민의 하나. 니트로벤젠을 환원시켜서 만든 독특한 향의 무색 액체. 햇빛 또는 공기의 작용으로 적갈색으로 변함; 염료와 의약의 원료)
anilin II *sif.* 아닐린의; ~bo'yoqlar 아닐린 물감.
aniq *sif.* 1) 정확한, 정밀한, 엄밀한, 꼼꼼한, 빈틈없는, 신중한; ~ vaqt 정확한 시간; ~fanlar 정밀한 과학; 2) 올바른, 정확한, 타당한; ~nima bo'lganini bilmayman 무슨 일이 일어날지 나는 정확하게 모른다.
aniq harakatlar 사실행위
aniq muddatda" tizimi 재고 최소화를 특징으로 하는 생산 원료 공급 및 관리 체계
aniqlamoq *fe'l.* 확실하게 하다.
aniqlash, ta'riflash, tavsif 결정(법원이 원칙적으로 절차상의 문제에 대하여 구두변론에 의거하지 않고 이유를 명하여 하는 재판이며 종국전 재판의 원칙적 형식이다. 명령은 법관이 행하는재판이며 법원이 행하는 재판이 아니다. 그 예로는 보석을 허가 또는 기각하는 결정, 구석의 취소에 관한 결정 등이 있다. 결정에 대한 불복신청은 항고에 의하는 것이 원칙이다)
aniqlik *ot.* 정확, 정밀(도)
aniqlovchi 관형어
aniqlovchi 지시관형어
aniqlovchi birikma 수식구조
aniqlovchi *ot.* 1) *gram.* 한정사(限定詞)(속성·성질을 나타내는 어구; 형용사 따위); 2) 결심, 결정; 한정; 확정, 결의; 결단(력); 3) 결정, 해결, 결의, 판결, 판례; 결정서.
aniqlovchi so'z 피수식어
anjir *ot.* 1) 무화과(*meva*); 2) (*daraxti*) 무화과나무(無花果—: 뽕나뭇과의 낙엽 활엽 관목. 정원에 심는데 높이 3m 정도, 봄·여름에 담홍색 꽃이 핌. 과실은 가을에 암자색으로 익는데 식용함)
anjom *ot.* 가구, 세간, 비품, 도구, 기구; uy ~i 가정용품, (가구·의복 등의) 비품, 장구. 도구, 공구, 연장.
anjuman(*majlis*) *ot.* 1) 회의, 모임, 회합, 집회, 집합; 2) (사교·종교 등의 특별한 목적의) 집회, 회합; (초등학교 등의) 조회(등), 총회; 3) 수집, 채집; 4) (고대 로마의) 공회(公會)용의 광장, 포럼, 공개 토론회(의 회장); (TV·라디오의) 토론 프로, (신문 등의) 토론란.
anjuman, konferentsiya *ot.* 컨퍼런스, 회의(會議: conference), 회담, 협의
anketa ot. 질문서, 질문표(조목별로 쓰인), 앙케트, 조사표, 서식(견본); (기입)용지; ~ to'ldirmoq 앙케트 용지에 기입하다; ~ ma'lumotlari 앙케트에 의하여 얻어진 조사자료, 데이터.
anketa, ma'lumotnoma, so'rovno- ma *ot.* 설문지, 질문지, 앙케트 조사표.
anneksiya ot. 부가, 합병, 부가물, 합병된 영토; ~qilmoq 부가[추가]하다.
annotatsiya *ot.* 주해(註解), 주석(註釋); ~ yozmoq (~ 에) 주를[주석]을 달다, 주석하다.
annuitet *ot.* 연금(annuity)
anod ot. *el.* (전자관. 전해조의) 양극(陽極), 애노드, (1차 전지·축전지의) 음극.
anod *sif.* 애노드의, 양극의; ~bata- reyasi 애노드(양극)의 베터리.
anonim *sif.* 무기명의, 익명의, 변명[가명]의; ~ xat 익명의 편지.
anor *ot.* *bot.* 1) 석류(의 열매·나무); ~ suvi 석류 주스; 2) 석류나무(石榴—: 석류나뭇과의 낙엽 활엽 교목. 높이 3m가량, 초여름에 짙은 주

홍색 여섯잎꽃이 피고 가을에 꽃턱이 발달한 과실인 석류가 둥글게 익음. 근피(根皮)·수피·과피는 말려서 약용함).
anorganik *sif.* 무생물의; 무기(無機)의, 무기물의; ~kimyo 무기화학
anorzor *ot.* 석류의 열매.
anoyi(*ishonuvchi*) *sif.* (남을) 쉽사리 믿는, 경솔하게 믿어 버리는, 속아 넘어가기 쉬운, 쉽게 믿는, 속기 쉬운, 호인인.
anqaymoq *fe'l.* 난처하다, 쩔쩔매다, 어쩔 줄 몰르다; ~로 깜짝 놀라보다; ~을 어이없어 말도 못 하게 하다, 아연케 하다, ~에 어이없어 다음 말을 잇지 못하다; hayron bo'lib anqayib qolmoq 깜짝 놀라서 입을 크게 벌리다.
anqov(*garang*) *ot.* 멍청이, 얼뜨기, 빙충맞이, 멍텅구리, 바보.
anqovlik *ot.* 생각이 없는 것, 분별없는 것, 속기 쉬움, 멍청함, 입을 벌리기; ~qilmoq 입을 크게 벌리다; 하품을 하다.
ansambl *ot.* 총체(總體)(예술작품 따위의); 종합적 효과. 앙상블, 떼; 그룹, 집단(集團), 단체, 모인 사람들, 동아리; ashula va raqs ~i 음악과 춤의 동아리; arxitektura ~i 건축물, 빌딩의 그룹(집단).
antartika I *ot.* 남극 (지방), 남극권(남극대륙 및 남극해).
antartika II *sif.* 남극(지방)의
antenna *ot. el.* 안테나, 공중선.
antibiotik I *ot.* 항생물질(抗生物質: 생물, 특히 곰팡이나 세균 등의 미생물에 의해서 생성되어, 다른 미생물이나 생물 세포의 기능을 저해하는 물질; 페니실린. 스트렙토마이신. 오레오마이신 등).
antibiotik II *sif.* 항생(작용)의; 항생 물질의; ~dori 항생 약, 약, 약품, 약제.
antidemping boji 반덤핑 관세
antidemping choralari 반덩핑 조치
antidempingli bojlar joriy qilish 반덩핑 관세 적용
antifashist *ot.* 반파쇼투사, 이탈리아의 파시즘 운동투사
antik(*qadimiy*) *sif.* 골동[고미술](품)의; ~ dunyo 고대의; 고대풍의; 고대 양식의.
antikvar do'kon 골동품 상점
antimonopol siyosat 독과점금지정책
antimopnopol, tanho egalikka qarshi 독점금지의
antiqa *sif.* 1) 얇은, 두껍지 않은, 드문드문한, 성긴, 조밀(稠密)하지 않은, 듬성듬성한, 희박한; ~tish 이가 듬성듬성하다; 2) 기묘한, 이상한, 뜻밖의; 묘한, 색다른, 이상야릇한; 특별한.
antiqiy(*antiqa*) 기묘한, 괴상한, 별스러운, 진기(珍奇)한, 묘한.
antisanitar *sif.* 비위생적인, 건강에 나쁜; ~iya holati 비위생적인 상태, 건강에 좋지 않은 상태; 불결한 상황.
antitsipatsiya (*oldindan aytish*) 예측
antologiya *ot.* 명시 선집, 명문집; (한 작가의) 선집.
antonim *ot.* 반대말, 반의어.
antropolog *ot.* 인류학자.
antropologik *sif.* 인류학(상)의.
antropologiya *ot.* 인류학(人類學: 인류의 문화 및 체질에 관한 여러 문제를 연구하는 학문; 체질 인류학·문화 인류학의 두 부문으로 나눔); 인간학(人間學).
antropometrik *sif.* 인체 측정학의.
antropometriya *ot.* 인체 측정학[계측법].
ang'iz *ot.* 그루터기, 짧게 깎은 머리(수염), 다박나룻
ancha *sif.* 더욱, 보다 더, 더 많이.
ancha *rav.* 1) 많게, 윤택하게, 충분하게, 풍부하게; 2) 대단히, 매우, 몹시, 무척; ~ yaxshi 아주 좋다; 3) 충분히, 필요한 만큼, (~하기에) 족할 만큼; u ~gina yaxshi kuylaydi 그녀는 노래를 상당히 잘한다.
ancha-muncha *sif.* 매우, 대단히, 실로, 꽤, 완전히, 아주, 전혀, 많으나 적으나, 다소라도, 어느 정

도.
an'ana(*odat*) *ot.* 전통, 관습, 인습; 구비(口碑), 구전, 전승(傳承); ~ gamuvofiq 전통 관습에 의하여
an'anaviy *sif.* 전통의, 전통적인; 관습의, 인습의, 전설의, 전승의 [에 의한].
an'anaviylik *ot.* 인격, 성격, 품성
apelsin *ot.* 오렌지, 등자(橙子) 감귤류(과실·나무); ~daraxti 오렌지 나무
apelyatsion bosqich 항소심(抗訴審)
apelyatsiya sudi 항소법원
apil-tapil *rav.* 급히, 바삐, 덤벙[허둥]대어; 성급히, 조급히, 서둘러, 다급하게, 허둥지둥; birorishni ~ bajarmoq 일을 성급히 처리하다.
apo-chapoq(*do'stona*) *rav.* 친구처럼, 친절하게, 친구답게, 친절히; 우호적으로; ~bo'lmoq 친구처럼 사이가 좋은.
apostrof *ot.* 아포스트로피, 생략부호, 소유격 부호, 복수 부호: 문자나 숫자의 경우; 돈호법(頓呼法; 시행(詩行) 연설 따위 도중에 그곳에 없는 사람, 의인화한 것, 관념 등을 부르기)
apparat *ot.* (한 벌의) 장치, 기계, 기구, (몸의) 기관(器官); (정치 조직의) 기구, 기관; davlat ~i 국가 기관; telefon ~i 전화기 기계; foto~ 사진기 장치, 카메라.
apparatura *ot.* (한 벌의) 장치, 기계.
appenditsit(*ko'richak*) *ot.* 충수염, 맹장염.
aprel *ot.* 4월; ~oyida 4 월에; o'tgan yili ~oyida 지난 4월에, 지난해 4월; kelasi yili ~oyida 내년 4월에, 다음 4월.
aqcha *ot.* 돈, 화폐; ~qog'oz 지폐
aqida *ot.* 믿는 것, 확신, 신념, 소신, 신앙; dini ~lar 종교(상)의 교리
aqidaparastlik *ot. fals.* 독단(론); 독단주의; 독단적인 태도; 교조(敎條)주의
aqiga *ot.* 가족에 태어난 아이 위해서 하는 연회, 주연, 파티
aqirmoq *fe'l* (짐승 따위가) 으르렁거리다, 포효하다, 고함치다, 소리지르다, 노호하다, 큰소리치다.
aql egalarining chetga ketishi 두뇌유출, 아이디어 유출.
aql *ot.* 지성, 이지, 앎, 두뇌, 지력, 지력(知力), 지성, 이지, 지능, 기지, 재치, 꾀바름, 위트; matematik ~ 수학적인 재능; o'tkir~ 예지; tezkor~ 빠른 이해력(예리한 통찰력); qisqa~ 우둔, ~tuzulishi 기질, 심적 경향, 사고방식; katta ~ egasi 두뇌가 뛰어난 사람; sog'- lom~ 바른 정신; ~bilan 정신으로; ~dan ozmoq 미치다; ~ning achishi 인심의 동요; ~ yo'nalishi 인심의 동행. (*aql*) uni o'zini ~i bor 그는 자기 자신의 생각을 고집한다; ~ni yo'qotmoq 어찌할 바를 몰라 난처해하다; ~ kirmoq 정신이 들다, 자신을 되찾다, 갈피를 잡다; biror kimsaning aql(*es-hushi*)ni joyiga keltirmoq 정도를 가르치다, 알아차리게 하다; ~ tishi 사랑니.
aqlan *rav.* 정신적으로; 마음속으로; 지적(知的)으로, 상식으로, 현명하게; ~ ish tutmoq 현명하게 행동하다.
aql-hush *ot.* 이성, 지성, 이지, 분별; 의의, 정신. ~ni yo'qotmoq 이성을 잃다, 정신이 이상해지다; ~ing joyidami sening? 너는 도대체 정신이 있는 거야?; ~ga kelmoq 분별이 있게 되다.
aql-idrokli *sif.* 지각력이 있는; 지각할 수 있는; 이해할 수 있는; 지각력을 사용하여 일하다.
aqliy *sif.* 이지의, 이지적인, 지능의, 지적인, 정신적인, 두뇌적인; ~mehnat 정신노동; ~faoliyat 정신 활동; ~qobiliyat 지능, 지력; ~dan ozish 정신 착란, 발광; aqlan zaif 지능이 뒤떨어진.
aqliy hujum *ot.* 브레인스토밍
aqliy markaz *ot.* 두뇌 센터, 싱크 탱크(think tank)

aqliy mehnat *ot.* 정신노동
aqliy mulk *ot.* 지적 소유권, 지적 재산권
aqliy mulk huquqi *ot.* 지적재산권
aqliy mulk huquqini ta'minlash 지적 재산권 보호
aqlli *sif.* 지적인, 지성을 갖춘, 지능이 있는, 이해력이 뛰어난, 영리한, 지혜 있는, 똑똑한, 머리가 좋은, 현명한, 영리한, 총명한, 어진; ~odam 현명한, 똑똑한 사람, 머리가 좋은 사람; ~ gaplarni eshitish maroqli (*maqol*) 명언은 귀에 약.
aqllilik *ot.* 분별, 재치, 민감한, 눈치[약삭]빠른, 머리가 잘 도는, 영리한.
aqlsiz *sif.* 무분별한, 어리석은, 우둔한, 바보 같은, 정신착란의, 미친; ~reja 어리석은 계획.
aqlsizlik *ot.* 우둔, 어리석음, 어리석은 정도, 무분별, 이성상실.
aql-tushuncha *ot.* 앎, 지각, 분별, 상식.
aql-zehn *ot.* 지성, 이지; 이해력, 사고력, 지능; 지혜, 총명.
aqrab *ot. zool.* 전갈(全蠍: 전갈과의 절지동물. 햇빛을 꺼려 마른 먼지·가랑잎 속에 삶. 길이 약 6cm, 몸은 머리가슴부와 배로 나뉘며, 배는 가늘고 긺. 등은 푸른빛을 띤 갈색, 배는 누른데 배 끝에 독침이 있어 독이 극렬함. 입 가까이에 집게가 있으며, 다리는 네 쌍임.), 채미충(蠆尾蟲), 채충(蠆蟲)
aqrobo *ot.* 친척, 친족, 인척.
AQShning moliya vazirligi obligatsiyalari 1979년 달러 가치 하락을 막기 위해 정부가 발행한 채권
arab *ot.* 아라비아 사람; ~tili 아라비아어; ~dunyosi 아라비아 세계
arabcha *ot.* 아라비아어; ~ raqamlar 아라비아 숫자, 신용숫자((rimcha raqamlar)).
Arabiston *ot.* 사우디 아라비아.
arabiy *rav.* 아라비아의, 아라비아 사람의.
arabshunos *ot.* 아라비아 학자, 아라비아어 연구가.
arafa *ot.* 전야, 전일(축제의), 축제일의 전날, 전날, 전날 밤, 교회의 기도, 공양식, 공양주. Yangi Yil ~si 섣달 그믐날; ~sida 어떤 일의 전날 밤의.
aralash ayb tamoyili 과실상계 원칙
aralash *sif.* 합성의, 섞인, 혼성의, 잡다한, 혼합한; ~yem-xashak 잡다한 사료를 주다; ~son 혼성의 숫자; ~qilib yubormoq 잘 섞다. 뒤섞다; ~turmush 잡혼, ~qon 혼혈.
aralashish *ot.* 방해, 훼방; 저촉(抵觸); 충돌; 사이에 듦; 개재; 조정, 중재, 간섭.
aralashma *sif.* 혼합한, 주워 모은, 혼합의; yonuvchi ~ 혼합 가스.
aralashmaslik tamoyili 불간섭의 원칙
aralashmoq *fe'l.* (둘 이상의 것을) 섞다, 혼합[혼화]하다; 첨가하다, 당황하다, 뒤범벅이되다. olomon bilan aralashib ketmoq 군중 속에 뒤섞여 들어가다.
aralash-quralash *sif.* 섞인, 혼성의, 잡다한, 이종족 간의; 남녀 혼합 [공학]의.
aralashtirmoq *fe'l.* 섞이다, 잘 섞다, 혼란[혼동]시키다, 뒤섞다, 말아 넣다, 싸다, 감싸다.
arang *rav.* 간신히, 겨우, 지금 막 ~한, 가까스로, ~하기가 무섭게, ~하자마자. u ~ nafas olyapti 그는 간신히 호흡을 하고 있다, u ~ avtobusga chiqa oldi 그는 간신히 버스를 탈 수 있었다; men ~ qutini ko'tara oldim 나는 겨우 상자를 들어 올릴 수 있었다.
araq(*aroq*) *ot.* 술, 보드카(러시아산 화주(火酒)); ~ichgan 술취한, 술을 마시다.
araqho'r *ot.* 술꾼, 술고래, 주정뱅이.
araqho'rlik *ot.* 술타령, 주정질; 폭음.
araqi *ot.* 처마, 차양.

araqxo'r *ot.* 술고래, 모주꾼, 술꾼.
araqxo'rlik *ot.* 대취(大醉), 취태(醉態), 술에 젖음, 술에 몹시 취함.
arasot *ot.* 떠듦, 소음, (쾅쾅. 쟁쟁하는) 시끄러운 소리, 북새통, 소동; 재판소(무서운 재판의 장소); ~ solmoq 혼란을 일으키다; ~ tush- moq(da qolmoq) 혼비백산하다.
arava *ot.* 수레, 2륜 짐마차[달구지], (각종) 4륜차, 왜건; 짐마차(네 바퀴로 보통 2필 이상의 말이 끄는); 장난감 4 륜차[손수레]; bir ~ o'tin 나무를 잔뜩 올려놓은 수레; qo‘l ~ 손수레; otash ~ 열차, 기차; shay- ton ~ 자전차, 자전거; ~ngni tort 떨어져라!, 떠나다, 달아나다
aravacha *ot.* 소형 수레, 그네
aravakash *ot.* 짐마차꾼, 마부; 운송인.
aravasoz *ot.* 수레를 고치한 사람.
aravasozlik *ot.* 병기공, 마부.
araz *ot.* 말다툼, 모욕; (감정 따위를) 해치기, 모욕, 무례; 명예훼손, 화냄, 기분 상함; ~ qilmoq (~에) 성내다
arazchi *sif.* 느끼기 쉬운, 성마른, 신경질적인, 다루기 힘든, 성미 까다로운; 과민한; 다루기 힘든; 위험한; 타기 쉬운, (약품 등이) 폭발성의.
arazlamoq *fe'l.* 모욕하다.
arazlashmoq *fe'l.* 말다툼하다, 모욕하다.
arbitraj bitimi *ot.* 중재조항
arbitraj boshqaruvchisi *ot.* 중재법원이 지정한 파산관재인
arbitraj chiqimlari *ot.* 중재비용
arbitraj hakamlari *ot.* 중재배심원
arbitraj kelishuvi *ot.* 중재협정
arbitraj komissiyasi *ot.* 중재위원회
arbitraj qarori *ot.* 중재판정
arbitraj qo’mitasi *ot.* 중재위원회
arbitraj sud huquqi *ot.* 중재소송법
arbitraj sudi *ot.* 중재법원
arbitrajchi *ot.* 차익을 취하는 거래업자
arbob *ot.* 전문가; (학문. 연구 따위의) 전공자; (학문. 과학 따위의) 전문지식인; 전문의(醫), 활동가, 인물, 거물; fan ~i 과학자; jamost ~ 공무의 국민; mashhur ~ 저명한 활동가; siyosat ~i 정치 인물, 정치 거물, 정객; ilm-fan ~i 학자; davlat ~i 국가 활동가.
ardoqlamoq *fe'l.* 아껴 쓰다, 소중히 하다.
ardoqli *sif.* 존경할 만한, 훌륭한, 신분이 높은; ~mehmon 신분이 높은 손님.
argentinalik *ot.* 아르헨티나 사람; ~ 아르헨티나 여자.
ari *ot.* 땅벌, 벌, 말벌; 꿀벌(*asalari*) ~ uyasi 말벌의 집; tukli ~ 뒝벌, 땅벌; qizil (***yoki*** *qovoq*) ~ 말벌; ~ uyasini buzmoq 말벌 집을 건드리다, 말벌을 선동하다.
arifmetik *sif.* 산수(상)의, 산술의; ~ progressiya 산술의 등급; ~ masala 산수(상)의 총계
arifmetika ot. 산수, 산술, 계산, 셈; ~ masalasi 계산 총계.
arillamoq *fe'l.* 부르짖다, 고함치다, 소리지르다, 외치다.
arimoq *fe'l.* 소모되다, 고갈되다, 떨어지다, 진하다, 살아지다; falokat aridi 불행이 살아졌습니다.
ariq *ot.* 관개수로, 용수로, 시내, 개울.
ariqcha *ot.* 실개천, 작은 시내, 작은 수로.
arixona *ot.* 1) 벌 집, 꿀벌통; 2) 건(축)물, 관(館); 실(室), 사무실
ariza *ot.* 요구, 요망, 요망서, 신청, 지원(서), 출원(出願); 원서, 신청서; ~bermoq 신청서를 제출하다.
ariza, bayonot *ot.* 신청, 출원, 지원.
ariza, talabnoma, da’vo *ot.* 신

청, 출원
arizachi *ot.* 신고자, 청원(탄원. 진정)자.
arjumand *sif.* 소중한, 친애하는, 친한 사이의, 사랑하는, 귀여운; farzand ~ 소중한(귀여운) 아들.
ark*(qal'a)* *ot.* (도시를 지키는) 성채, 요새, 성, 성곽, 안전 견고한 곳, 최후의 거점.
arktika *ot.* 북극지방.
arman *ot.* 아르메니아 사람; ~ayol 알메니아 여자; ~tili 알메니아어.
Armaniston *ot.* 아르메니아.
armatura *ot.* (가봉한 옷의) 입혀보기; 조립(組立), 마무리 설치; 용구(用具), 부속품; 내부 시설들.
armiya *ot.* 군대, (해·공군에 대해) 육군; 군(軍); harakatdagi ~ 출정군, 전투군; ~ ga chaqirilmoq 응소하다, 군에 입소하다; ~dan bo'sha- tish 군으로부터 면제; ishsizlar ~si 제대하다; dushman ~si 적군; doimiy ~ 상비군; ko'ngillilar ~si 의용군
armon *ot.* 실현 되지 않은 희망, 불만(족), 불평, 불만의 원인, 이루지지 않은 희망.
armonli *fe'l.* 실현될 수 없다; ~tilak 실현될 수 없던 소원.
armonsiz 유감없이; = bearmon.
armug'on *ot.* 기증품, 선물.
aro *qo'sh.* 사이, ~의 사이에(서), ~에 둘러[에워]싸여, ~의 사이[~간]에 서로; ~의 협력으로, ~이 모여(도)..
aroq *ot.* 술; ~ichmoq 술을 먹다, 술을 마시다.
aroqxo'r *ot.* 술고래.
aroqxo'rlik *ot.* 취함, 술타령.
arosat *ot.* 야단법석, 북새, 소란, 혼란.
arpa *ot.* 보리, 대맥; ~uni 대맥밀가루; 보리 분말(가루); u sizning ~ngizni xom o'rdimi 그가 끝낸 것이 너에게 어디가 나쁘단 말이냐?
arqon *ot.* 올가미밧줄(로 잡다), 밧줄, 가는 줄, 끈; ~ bilan bog'lamoq (밧)줄, 끈, 로프(길이의 단위, 20피트); ~ni tortmoq 로프를 끌어당기다; kir yoyiladigan ~ 빨랫줄; o'lchaydigan ~ 재는 줄.
arqonlamoq *fe'l.* 매여지다, 묶다, 싸매다, (끈·새끼로) 묶다, (끈·넥타이·리본 따위를)매다, 잇다; 묶어서 만들다, 포박하다; otni ~ 말의 잡아매는 밧줄[사슬].
arqoq *ot.* (피륙의) 씨실, 씨, 씨줄, 직물.
arra *ot.* 톱; qo'l ~ (한 손으로 켜는) 톱; mashina ~ 틀톱, 기계톱.
arrakash *ot.* 톱장이, 톱질한 사람.
arralamoq *fe'l.* 톱으로 켜다[자르다]; 톱으로 켜서 만들다, 톱질하다.
arralaash *ot.* 톱, 톱니 모양의 부분
arrapusht *ot.* *fiziol.* 등뼈, 척주
arslon *ot.* *zool.* 사자, 라이온; urg'ochi ~ 암사자; ~yurak 용맹[담대]한 사람, 사자왕(영국왕 Richard 1세의 별명)
artel 카르텔(Kartell: 동일 산업 부문의 기업이 자유 경쟁을 피하고 시장을 독점하여 이윤의 증대를 꾀할 목적으로 상품의 가격, 생산량 등에 대하여 협정을 맺는 것. 또는 그런 독점 형태. 기업 연합.)
arteriya *sif.* (***shundk k. m.***) 동맥; suv ~si 수로; 항로; 운하.
artezian: ~qudug'i (수맥까지) 파내려간 우물(지하수의 압력으로 물을 뿜음), 분수(噴水) 우물.; ~ suvi 분수, 땅 속의 물.
artikulyatsiya o'rni 조음위치
artikulyatsiya organlari 조음기관(調音器官: 성대(聲帶)보다 위에 있는 음성기관(音聲器官)의 총칭. 입술·이·잇몸·입친장·혀·인두(咽頭) 등.
artikulyatsiya usuli 조음방법
artilleritachi *ot.* 포병, 포수.
artilleriya ot. 포, 대포; tog' ~si 경포; og'ir ~ 중포병.
artilmoq *fe'l.* 1) 닦다, 훔치다; 닦아 없애다, (얼룩을) 빼다; 2) 말(옷 따위가 미어져) 실이 드러

나 보이다, 입어서 떨어진, 오래 입다
artist *ot.* 배우, 연예인; 연주자, 가수; opera ~i 가극(오페라) 가수; balet ~i 무용수, drama ~i 연극배우, kino ~i 영화 배우; sirk ~i 서커스 배우; estrada ~i 무대 예능인; xizmat ko'rsatgan ~ 칭찬할 만한 연예인; xalq ~i 국민 배우.
artmoq *fe'l.* 닦다, 닦아내다, 닦아 없애다, (얼룩을) 빼다; stolni ~ 책상을 닦다; kirni ~ 더러움을 닦아내다; kartoshka ~ (껍질. 피부 따위가) 벗어지다; changni ~ 먼지를 닦아내다.
aruz *ot.* 시, 시가, 운문
arvoh *ot.* 1) (영)혼, 넋; 정신, 마음; 2) (***sharpa ko'lanka***) 유령, 망령(亡靈), 사령(死靈), 원령, 요괴.
arxaik *sif.* 고풍의, 고체의, 낡은.
arxaizm *ot.* 고어, 옛말, 고문체(古文體).
arxeolog *ot.* 고고학자.
arxeologik *ot.* 고고학자의, 고고학의.
arxeologiya *ot.* 고고학.
arxipelag *ot.* 군도, 제도.
arxitektor *ot.* 건축가[사], 건축기사.
arxitektura *ot.* 건축술[학], 건축양식.
arxiv *ot.* 고문서; davlat ~i 문서보관국; ~ga topshirmoq 폐물로 하다, 폐지하다, 단념하다.
arz(***shikoyat***) *ot.* 성명, 성명서, 선언(서), 포고(문); 공표, 발표, 신고서; ~qilmoq ~을 고소하다.
arzanda(***erkatoy***) *sif.* 마음에 드는; 가장 사랑하는; 귀여운, 친애하는, 친한 사이의.
arz-hol *ot.* (세관·세무서에의) 신고(서).
arzimagan bitim 무효인 거래
arzimas *sif.* (도덕적으로) 가치없는, 존경할 가치가 없는, 하잘것 없는, 하찮은, 비열한, 쓸모없는, 열등한, 쓸데없는. ~ mol 쓸모없는 상품; ~ odam 쓸데없는 사람; ~ ish 사소한 일.
arzimoq *fe'l.* 적당한, 타당한, 지당한, 상응하는. 적당하게 하다, 어울리게 하다
arziydigan *sif.* (~을) 받을 가치가 있는, 보상받을 만한, 당연히 ~을 받아야 할, ~할 만한, (~에) 어울리는, (~하기에) 족한.
arznoma *ot.* 신청, 지원(서), 출원(出願); 신고서, 공술, (원고의) 최초 진술.
arzon *sif.* 싼, 값이 싼. 싸게 파는, 싼 것을 파는, 비용이 들지 않는, 값싼; 값에 비하여 품질이 좋은; ~narxga sotib olmoq 싸게 사다
arzon ishchi kuchi 저가의 노동력 유입
arzon kuch *ot.* 값싼 인력
arzon qilish *ot.* 가격인하
arzonchilik *ot.* 염가, 물가하락
arzonchilik *ot.* 아주 싼 값, 값싼.
arzon-garov *rav.* 싼, 싸게, 값싸게.
arzonlashgan aktsiya *ot.* 할인주
arzonlashmoq *fe'l.* 싸지다, 싸게 하다.
arzonlashtirib sotish 할인 판매
arzonlashtirmoq *fe'l.* 깎아 주다; narxini ozgina arzonlashtiring 값을 좀 깎아 주세요.
arg'amchi *ot.* 끄는 밧줄, 견인삭(索).
arg'imchoq *ot.* 그네, 그네 타기, 흔들리다; ~ uchmoq 그네를 뛰다(타다).
arg'umoq *ot.* 가볍게 뛰는[춤추는] 사람; 튀는 물건, 도약하는 사람; 도약 선수; ~ot 빠른 말
arg'uvon *ot. bot.* 린덴(참피나무속(屬)의 식물; 참피나무·보리수 따위), 심홍색(안료(顔料)
arshin *ot.* arshin(28인치); 인치(12분의 1피트, 2.54 cm; 기호 "; 略: in.)
archa *ot.* 전나무크리스마스트리, 신년 트리, 욜까; ~bayrami 새해의 장식 나무 ~ni bezamoq 크리스마스트리를 세우다; ~ni yondirmoq 크리스마스트리에 촛

불을 밝히다; ~ga taklif qilmoq 크리스마스트리에 손님을 초대하다; ~ga sovg'a qilmoq 크리스마스 선물을 하다.
archimoq *fe'l* 껍질[가죽]을 벗기다; 피부를 까지게 하다, 스쳐 허물이 벗어지게 하다, (과일 따위가) 껍질이 벗겨지다; (페인트·벽지 따위가) 벗겨지다
archmoq = **archimoq**
asab *ot.* 신경(神經), 생각, 감각(感覺); (치수(齒髓))의 신경조직; ~ga tegmoq 신경을 곤두세우고 말을 하다(행동을 하다), 신경을 건드리다; ~ sistemasi 신경 계통; ~ markazi 중추 신경; ~ tolalari 신경질.
asabbuzar *ot.* 남의 신경을 거슬리게 하는 사람.
asabiy *ot.* 신경(성)의, 신경 조직으로 된; 신경질의, 경질적인, 신경 과민한, 흥분하기 쉬운; 소심한, 겁많은, 불안한; ~ ayol 신경질적인 여자; ~ kasal 신경질 환자; ~ kasalliklar 신경병; ~tutqanoq 신경질적인 공격.
asabiyat *ot.* 신경,(치수(齒髓))의 신경조직
asabiylanmoq *fe'l.* 신경과민이 되다, 신경질을 부르다; ~을 걱정하다; ~을 기분 나쁘게 여기다; bo'lar-bo'lmasga ~ 사소한 일에 신경과민이 되다.
asabiylantirmoq *fe'l.* 신경 시키다.
asabiylashmoq = **asabiylanmoq.**
asabiylik *ot.* 신경질적인 것; 신경흥분; 침착성이 없는 것.
asad *astr.* 사자(띠).
asal *ot.* 꿀; ~oyi 허니문, 밀월, 결혼 후 처음 한 달간; ~ tosh 밀랍(蜜蠟), 황랍(黃蠟), ~dek shirin (꿀처럼) 달콤한; ~ suv 꿀물; ~ li vino 봉밀주.
asalari *ot.* 꿀벌; ona ~ 여왕벌; ~ qutisi 벌집; yovvoyi ~ 야생 꿀벌; ~kabi band 되게 바쁜 사람, ishchi ~ 일벌.
asalarichi *ot.* 양봉가.
asalarichilik *ot.* 양봉, 양봉업.
asar I = iz.
asar II *ot.* 작품, 저작; adabiy ~ 문예 작품; musiqa ~i 음악 작품; abstrakt san'at ~i 추상주의의 작품; tanlangan ~lar 작품의 선택, 극상품, 정선품; she'riy ~lar 시의, 시적인 작품
asbob(*jihoz, anjom*) I *ot.* (실험. 정밀 작업용의) 기계(器械), 기구(器具), 도구(道具), 공구, (비행기. 배 따위의) 계기(計器), 악기; jarrohlik ~lari 외과(술(術))의 기구; musiqiy ~ 악기; o'tkir ~ 예리한 물건(칼 등); o't o'chiruvchilik ~lari 소방용구.
asbob II 도구, 공구, 연장, (대패. 송곳.선반(旋盤) 따위의) 날 부분; hunarmandchilik ~lari 나이프. 포크. 스푼류(類); 공작 기계; qishloq xo'jalik ~lari (가구·의복 등의) 비품, 장구; 수단, 방법.
asbob II 소지품, 신변에 쓰는 물건; 도구, 용구; ro'zg'or ~lari 가정용품.
asbob-anjom *ot.* 채비, 장비, 설비, 비품; 의장(艤裝)(품), (특정한 활동·장사 등의) 도구 한 벌; 용품류
asbobsoz ot. 기악가, 도구[공구] 제작자.
asbobsozlik ot. 도구(공구) 제조, 연장 제조 과정
asbob-uskuna *ot.* 장비, 설비, 비품; 의장(艤裝)(품).
asfalt *ot.* 아스팔트, 지역청(地瀝靑), 토역청(土瀝靑), 아스콘; ~qilmoq 아스팔트로 깔다, 도로 포장 하다, 아스콘을 깔다
asfaltlashtirish *ot.* 포장(공사); 포도; 포장 재료, 아스팔트; 포장용 아스팔트
asil I *sif.* 본질, 본성. 원문, 원본, 원고. 원작, 진정한. 발생, 유래. kitobning ~ nusxasi 원서; rasm- ning ~ nusxasi 원독; ~ hujjat 원본.
asil II *ot.* 비싼, 귀중한, 가치가 있는, 사랑스러운, 둘도 없는; ~tosh 귀중한 보석
asilzoda *ot.* 귀족, 고상한 사람,

귀족특권계급의 사람.
asilzot *sif.* 순종의; 출신이 좋은; 계도(系圖); (순종가축의) 혈통표; (가축의) 종(種), 순종 (*hayvon to'g'ri- sida*); 순계(純系)의(*it to'g'risida*).
asimmetrik *sif.* 불균형[부조화]의, 비대칭
asimmetriya 불균형, 비대칭.
asir(***mahbus***) *ot.* 인질, 포로; (사랑 따위의) 노예, 사로잡힌 사람, 사로잡힌 자, 자유를 빼앗긴 자; kimnidir ~ qilmoq 인질로 하다, 아무로 포로로 하다.
asira(***ayol mahbus***) *ot.* 죄수, 사로잡힌, 감금된, 유폐된, 포로.
asirlik *ot.* 사로잡힌 몸((상태)), 사로잡힘, 사로잡힌 몸[기간], 감금; 속박.
askar *ot.* 병사, 군인, 싸움, 전투, 투쟁.
askarboshi *ot.* 지휘관, 군대의 리드.
askarcha *sif.* 군의, 군대의, 군사(軍事)의, 군용의; 군인의; 군인다운[같은], 육군의.
askarlik ot. 병역; 육군; (봉건시대에 차지(借地)의 대상으로서의) 군역(軍役); ~ kiyimi 군복.
askiya ot. 재치 있는 말; 재담, 익살, 명언; 경구(警句); ~ etmoq 경구하다.
askiyaboz ot. 재치 있는 사람, 약삭빠른 사람.
asl baho sharti 채무의 가치를 실물 가치, 금이나 안정적인 화폐 등과 연결시키는 계약조건
asl bahosi *ot.* 순가치*sif.*
asl I *ot.* 본질, 진수, 정수; 핵심, 요체; ~ini olganda(*aytganda*) 원리 원칙적으로 말한다, 본질적으로 말한다.
asl II *ot.* 원작, 원래의 것, 원문. 원본, 정본(正本); ~i bilan solish- tirmoq 원문과 대교하다; ~nusxa 원물(原物)의, 원본의, 원형의, 원작의, 원도(原圖)의
asl ma'no 중심적 의미
aslaha(***uskuna***) *ot.* 군비, 무기, 병기.
aslaha-ahjom *ot.* 군대·군함·비행기 따위를 포함한) 장비, 무기, 병기..
aslahalamoq *fe'l.* 무장하다, 무장시키다, ~에게 무기를 주다; (배를) 장갑하다.
aslahali(***qurolli***) *sif.* 무장한.
aslahaxona *ot.* 병기고.
aslan = **aslida.**
aslida *rav.* 실질적으로, 사실상의, 마음 속은, 실제는; 본질적으로.
asliyat *ot.* 진본, 진짜, 진품(眞品)
aslo *rav.* 1) 완전히, 아주, 전혀, 모조리, 오로지; 2) 결코 ~하지 않다, 일찍이 ~(한 적이) 없다, 언제나[한번도] ~(한 적이) 없다
asno(***vaqt***) *ot.* 1) 기간, 기(期), 시대, 동안(시간); 2) 순간, (~할) 때, 찰나, 단시간
aso *ot.* 막대기, 지팡이, 장대, 곤봉, 굽은 것[물건]; 갈고리; (불 위에 냄비를 거는) 만능 갈고리; (양치는 목동의) 손잡이가 구부러진 지팡이; (주교의) 홀장(笏杖)
asorat *ot.* 영향(력), 작용(력), 감화(력); ~ ida bo'lmoq 영향을 받다.
asos mablag' 기본 자본(core equity)
asos material *ot.* 원재료
asos *ot.* 1) 기초, 기부(基部), 저부(底部); 토대, 기반; bozor va boshaqruv ~lari 기본금, 유지 기금; shu ~da yoki shuning ~ida 즉석[현장]에서; ~soluvchi 창립[설립]자, 발기인; tashkilotga ~solindi 조직 창시자; 2) 원리, 원칙; 근본, 기본, 기초, 근본 방침; ~qidirib topmoq ~의 진상을 규명하다; xo'- jalik ~i 경제의 기초; ~da yotmoq ~의 근저에 있다; ~ga ~lanib ~을 근거로 하여, ~에 기초하여; ximiya ~lari 화학 원론; fe'l ~i 동사의 어간.
asosan *rav.* 주로, 흔히, 대개, 대체로, 대부분, 본질적으로.
asoschi *ot.* 창건자, 창립자.
asosiy *sif.* 주요한, 주된, 주요한;

제1의; 중요한, 본질적인; ~qonun 기초 법률(법)
asosiy bitim *ot.* 연방차원에서 노사관계를 규율하는 협정서
asosiy fondlar *ot.* 자본자산
asosiy foyda qobiliyati *ot.* 기준 수익률
asosiy mablag'ga sarf qilish *ot.* 고정자본투자
asosiy mablag'lar *ot.* 고정자산(固定資産)
asosiy qarzdor *ot.* 주채무자
asosiy shakl *ot.* 기본형태
asosiy tuzulish *ot.* 기본구조
asosiy ustun *ot.* 지배적 접사
asosiy va yordamchi fe'llar *ot.* 본동사와 조동사
asosiy xaridor *ot.* 주요 고객
asosiy yo'l, magistral *ot.* 주요 도로, 파이프라인
asosiy yuklar porti *ot.* 일반화물 처리항구
asosiy, bazis narhi *ot.* 기준 가격
asosiy, bosh, eng muhim *ot.* 주요한
asosiy, muhim buyum, narsa *ot.* 주물
asoslamoq *fe'l.* ~의 기초[근거]를 형성하다, ~에 근거하다.
asosli *sif.* 확실한 근거가 있는, 충분한 기초 훈련을 받은, 근거가 충분한, (충분한) 이유가 있는.
asossiz *sif.* 근거 없는, 사실무근한; 기초가 없는.
asossiz boyish 부당이득(不當利得)
asossiz talab 근거 없는 요구
asotir esk. *kit.* 신화, 꾸며낸 이야기.
asoschi *ot.* 창립[설립]자, 발기인; 기금 기부자; (학파·종파 등의) 창시자, 발명자, 발명가; 고안자
asov *ot.* (말 따위가) 나아가기를 싫어하는, 고집 센; 다루기 힘든, 난폭한; 말 안 듣는, 반항적인; 침착하지 못한, 마음이 들뜬, 야만적인, 야생의; ~ot 야생말, 길들여지지 않은 말; ~daryo 제어할 수 없는 물길; ~hayvonlar 야수, 들짐승.
asovlashmoq *fe'l.* 날뛰다, 멋대로 행동하다, 거칠어지다; (동식물이) 야생하다
aspirant ot. 대학원 학생, 연구(과)생, 대학원 과정
aspirantura *ot.* 연구원(硏究員), 준박사 과정
aspirin *ot. farm.* 아스피린 1정(錠), 아스피린(aspirin: 본디 '아세틸살리실산'의 독일어 상품명; 흰 결정성 가루로 해열·진통제로 씀)
asqatmoq *fe'l.* 쓸모있다, 쓸만하다, 필요하다, 유용하다.
asr *ot.* 1 세기, 백 년, 시대(의 사람들); 세대(의 사람들); ~dayoq 1 세기에는 이미; o'rta ~ 중세시대; bizning ~mizda 현대에; oltin ~ 황금시대; bonza(tosh) ~i 전동기(석기) 시대; 19chi ~ 19세기.
asrab olingan bola huquqlari 입양아의 권리
asramoq *fe'l.* 1) 기르다, 키우다, 육성하다; bolani ~ 아이를 키우다; 2) 먹여 살리다, 부양하다, 계속하다, 유지하다; ko'z qora chig'idek ~ 눈동자와 같이 지키다; 3) 양자[양녀]로 삼다(***boqib olmoq, bola qilib olmoq***).
asrandi *ot.* 양아들, 양딸.
asrdosh *ot.* (우리와 동시대인) 현대, 현대[근대]인; 현대적 사상[감각]을 가진 사람, 동시대인, 동시대[동연대]의 사람; 동기생.
asriy *kit.* 세기적(인), 오래 묵은. ~ qoloqlik 세기적 난 후성; ~ urfodatlar 오랜 전통.
asror *kit.*: sir~ 비밀(秘密), 기밀, 신비(神秘); tabiatning sir--~i 자연의 신비.
assalom *ot.* 안녕; ~u allaykum 안녕하십니까?
assambleya *ot.* (사교. 종교 등의 특별한 목적의) 집회, 회합; (초등학교 등의) 조회(등), 집합(하기), 모임, 회의, 총회, 야회 Birlashgan Millatlar Tashkilotining Bosh ~si 유엔총

회.
assimetriya *ot.* 불균형(不均衡), 부조화(不調和), 비대칭(非對稱)
assistant *ot.* 조수, 보조원, 조교.
assortiment, navlar *ot.* 선별복합 세트
assotsiatsiya *ot.* 협회, 동맹.
asta *rav.* 느릿느릿, 천천히; 느리게, 완만하게; ~ gapirmoq 천천히 말하다.
astar *ot.* 안대기; (옷 따위의) 안(받치기), 안감, 내면, 내층, 돛에 대는 천.
asta-sekin *rav.* 느릿느릿, 천천히, 차차, 점차, 차례로, 주의 깊게, 신중하게.
astma *ot.* 천식(喘息: 발작적으로 호흡이 곤란한 병. 기관지성·심장성·신경성·요독성(尿毒性) 천식 등의 구별이 있음); yurak ~si 심장(병)의 천식, bron- xlar ~si 기관지의 천식.
astoydil *rav.* 성실[진실]하게; 충심(衷心)으로, 진정으로; ~ ishlamoq 성실하게 일하다.
astoyidillik *ot.* 양심적, 성실; 실직(實直), 근직(謹直)한; 공들인; (*jiddiylik*) 진지, 진정인, 엄숙, 심각, 정색을 한 것.
astronom *ot.* 천문학자(天文學者)
astronomiya *ot.* 천문학(天文學)
atala *ot.* (가루로 만든) 걸쭉한 국; shirin ~ pishibdi 맛있는 걸쭉한 국을 만들었습니다.
atalmoq(*nomlanmoq*) *fe'l.* 불리다, 명명되다, 지명되다, 지정되다.
atama(*termin*) *ot.* 전문용어, 학술어.
atamoq *fe'l.* ~에[이라고] 이름을 붙이다[짓다], 명명하다; 봉납하다, 헌납하다.
atash kelishigi *ot.* 호격조사
atayin ishtirok etish *ot.* 고의의 공동
atayin *rav.* 계획적으로, 고의로, 특별히.
ateizm *ot.* 무신론(無神論), 무신앙 생활.
atelye *ot.* (예술가의) 작업장, 아틀리에; (음악·댄스 등의) 연습장, 일터, 작업장, 직장; foto ~ 스튜디오, 사진관; kiyim ~si 여성·아동복 제조(업); 양재; modalar ~si 고급 양장점, 패션하우스.
atigi *rav.* 전부, 총계, 단지, 겨우 ~뿐(만)
atir *ot.* 향기, 방향(芳香), 향료, 향수, 향내, 냄새, 센스; hidli ~ 냄새 좋은, 향기로운, 향수.
atir hidli *ot.* 향수.
atirgul *ot.* 장미, 장미꽃, 장미과의 식물; tikansiz ~ bo'lmas(*maq*) 가시 없는 장미는 없다(완전한 행복이란 없다).
atlas I *ot.* (*geografiya*) 지도첩, 지도책; 도해서(圖解書), 도감(圖鑑)
atlas II (*gazmol*) *ot.* (비단·나일론 등의) 견수자(絹繻子), 공단, 새틴.
atletika *ot.* 운동경기; yengil ~ 육상경기(track과 field 종목만); og'ir ~ 중경기.
atletikachi *ot.* 운동선수, 힘장사.
atmosfera *ot.* 대기, 천체를 둘러싼 가스체.
ato: ~qilmoq 주다, 만들어 주다.
atom *ot.* 원자, 미분자, 티끌, 미진(微塵); ~ ogirligi 원자 중량; bombas(si) ~ 원자폭탄; urushi ~ 원자 전쟁; energiyasi ~ 원자에너지; quroli ~ 원자 무기, 핵무기; elektr stantsiyasi 원자력 발전소.
atoqli *sif.* 유명한; ~shoir 유명한 가수,
atrof *ot.* 1) (주위) 환경, 주위의 상황; 원, 원주(圓周); 주선(周線); 주위; 주변(지역); ~ dagi muhit 주위의 상황; yon- ~ 근처; 2) 원을 이루어, 둘레에, 사방에; 멀리 돌아서. 반대쪽에. 대략, 대체로; ~ida ~의 주위에; ~ga nazar solmoq (~의) 주변을 둘러보다; 정세를(입장을) 생각하다; ~dagi sharoitga moslash (*tir*)moq 새 환경에 순응하다.
atrofida I ~에 대[관]하여, ~경(에), ~(때)쯤; Farhod kecha

uyga soat uchlar ~keldi. 파르호드씨는 어제 3시쯤 집에 왔습니다.
atrofida II *rav.* 주위에[를], 주변[근처.일대]에, 사방에[으로]; atrof- ga qaramoq 주변을 둘러 보다; atrofda hech kim yo'q edi. 근처에 아무도 없었다.
atroflab *ot.* 옆, 곁, 가; 양쪽, 양쪽곁; 측(側), 옆쪽, 옆면, 측면(側面), 옆댕이; ~o'tmoq 옆을 지나가다.
atroflicha *rav.* 완전히, 충분히, 철저히, 상세하게, 정밀하게, 세밀하게.
atsept krediti 인수신용장(印綬信用狀), 신용장에 의한 기한부 어음
atsetilen *ot.* 아세틸렌(acetylene: 탄화칼슘에 물을 부어 만드는 폭발하기 쉬운 무색의 유독성 기체; 강한 빛을 내며 연소하므로 등화용(燈火用)으로 쓰며, 산소와 혼합해서 철판의 용접·절단에 씀. 기타 유기 합성의 중요 원료임. 아세틸렌가스)
atseton *ot.* 아세톤(acetone: 독특한 냄새가 나고 휘발성이 있는 무색투명한 액체로 대표적인 케톤(ketone). 용제(溶劑)로서 널리 쓰이는 외에 아세테이트 섬유·의약품의 원료로 씀. 프로파논).
attang *sif.* 애석한 일, 유감스러운 일; 유감의 이유; E, ~! 애석한 일이다!, ~하다니 애석[분]하다; ~ Komil kelmayaptida! 코밀이 못 온다니 애석하다!; ~ qilmoq 후회하다.
attashe *fe'l* 붙이다, 달다, 부속[소속, 참가]시키다; harbiy ~ (부대·군사 등을) 일시적으로 타부대에 배속하다
attestat *ot.* 증명서; 검정서; 면(허)장; (학위 없는 과정(課程)의) 수료[이수] 증명서; yetuklik ~i 중등 보통 교육 수료 증명서.
attestatsiya *ot.* 자격부여, 증명, 증명서, 김징, 보증, 증명서 교부, 상장 수여.
attestatsiya, baho berish, tavsiya etmoq *ot.* 평가, 증명서
attor *ot.* 나사상(羅紗商); 옷(감) 장수, 신사용 양품 장수(셔츠·모자·넥타이 등을 팖); (주로 영국) 방물장수(바늘·실·단추 등을 팖)
attorlik *ot.* 신사용 장신구류; ~ do'koni 신사용 장신구류 가게.
attraktsion *(o'yin-kulgu qurilma- lari)* **bog'i** 놀이 공원
audit *ot.* 회계 감사, 결산서(決算書)
auditor *ot.* 회계 감사인(auditor)
auditoriya *ot.* 1) 강당(講堂), 강의실(講義室); 2) 청중; 관객, (라디오·텔레비전의) 청취[시청]자;(잡지 따위의)독자(층)*(tinglovchi)*
auditorlik faoliyati *ot.* 감사업무
auditorlik firmalari *ot.* 회계법인, 회계사 사무소
auditorlik hisoboti *ot.* 감사보고서
auditorlik tekshiruvi *ot.* 감사
auditorlik tekshiruvi *ot.* 회계감사
auditorlik xulosasi *ot.* 감사의견서
auktsion, kim oshdi savdosi, ochiq savdo *ot.* 경매(auction)
autrayt' operatsiyasi 거래 시점 이전에 환율이 정해져 있는 외환거래
aval *ot.* 어음 보증
avalist *ot.* (어음) 보증인(保證人)
avallashtirilgan veksel *ot.* 보증어음
avangard I *ot.* 전위(前衛), 전방의 호위(護衛), 전위대(前衛隊), 선봉, 선봉대.
avangard II *sif.* 선두에 서서, 선구자로서. 선도자의, 선구의, 선도적 지위로.
avangardlik *ot.* 전위, 선봉, 선도자, 선구; 선도적 지위.
avans *ot.* 선불(先拂), 선금(先金), 전불급. ~olmoq 선불(전불급)을 받다
avans bilan ta'minlangan mablag' *ot.* 선 투자금
avantaj *ot.* 이익, 유익, 이득.
avariya *ot.* 파손(破損), 훼손(毁損), 파훼(破毁); ~ga uchramoq 난파하다; umumiy ~ 일반 훼손.

avaylab *rav* 주의 깊게; 면밀히, 신중히, 정성들여, 취급 주의, 조심하게.
avaylamoq *fe'l* ~을 돌보다, ~을 보살피다, ~에 조심하다, 조심하다, 주의하다; o'z sog'lig'ini ~ 자신의 건강을 조심[주의]하다; o'zkuchini ~ 자신의 여분의 힘(세기); O'zingizni zvzylang! 조심[주의]해라!.
avf *ot.* 사과, 용서; ~etmoq 사과하다, 용서하다.
avf etish tartibi *ot.* 사면제도
avf qilish, kechirish *ot.* 특별사면(特別赦免: 사면의 한 가지. 형의 선고를 받은 특정 범인에 대해 형의 집행이 면제되거나 유죄 선고의 효력이 상실되게 하는 조치. 특사(特赦)
avfi umumiy *ot.* 일반사면(一般赦免: 사면의 한 가지. 범죄의 종류를 지정하여 이에 해당하는 모든 죄인에게 형을 사면하는 일. 형의 선고 효력과 공소권이 소멸됨)
avgust *ot.* 8월; ~oyida Ozbekistonda havo juda issiq boladi. 우즈베키스탄의 8월은 매우 덥다.
avia *ot.* 항공기(비행기·비행선·헬리콥터 등의 총칭)
avia ishlab chiqarish *ot.* 항공기 생산
avia yo'nalishlar tarmog'i *ot.* 항공노선 네트워크
aviabaza *ot.* 항공기지
aviabomba *ot.* 폭격기(爆擊機)
aviakompaniya *ot.* 항공사, 항공회사
aviakonstruktor *ot.* 항공기 설계가
aviamagistral, aviayo'nalish *ot.* 항공로
aviamodel *ot.* 모형비행기
aviamotor *ot.* 항공기 엔진.
aviapochta *ot.* 항공 우편; men xatni ~ orqali jo'natdim 나는 편지를 항공 우편으로 보냈다.
aviasalon(-*aerosalon*) 에어쇼(air show)
aviasozlik sanoati, samolyotsozlik *ot.* 항공 산업
aviatashish *ot.* 항공운송, 항공교통
aviatsion *sif.* 항공의
aviatsiya *ot.* 비행, 항공; 중(重)항공기의 조종(술), 비행술, 항공학, 항공기, 군용기; ~sanoti 항공산업.
aviatsiya ombori *ot.* 격납고
aviatsiya sug'urtachilarning xalqaro ittifoqi *ot.* 국제항공보험자협회
aviayuk *ot.* 항공화물
aviazavod *ot.* 항공기 공장(제조소)
avista *ot.* 소지인에게 지불(avista)
avj *ot.* 최고점, 최고조, 극점, 정상; 최고점[절정·최고조]에 달함, 정상, 꼭대기, 절정, 극치, 극점; ~ida, ~iga chiqqan 한창(진행중)인, 한창 신이 나서, ~olmoq, ~ iga chiqmoq 최고조(절정, 최고점, 정점)에 도착하다; ish ~iga chiqdi 그 일의 한창진행중인; ~oldirmoq *q* avjlantirmoq.
avjlantirmoq *fe'l* 절정(정점)에 도착하다, 최고조에 도달하다, 정점(최고점)에 이르다; (*keng voymoq*) 발전시키다, 발달시키다
avliyo(*svyatoy, svyatoy pokrovi- tel*) *ot.* 성자 같은, 경건한, 덕이 높은; 성스러운; 신앙심이 두터운, 성인(죽은 후 교회에 의해 시성(諡聖)이 된 사람)
avlod *ot.* 자손, 후예, 아들, 자손, 상속인, 한 시대의 사람들, 세대, 대(代)(대개 부모 나이와 자식 나이의 차에 상당하는 기간; 약 30년). yangi ~ 새로운 젊은 세대; yosh ~ 젊은 세대; bizning yosh ~ 현대의 청년층; ~ dan ~ga 대대로 계속해서; ~dan avlodga 대대손손으로, 전통적으로; Amir Temur ~lari 아무르 테무르가; 2) (*urug'*) 집안, 일족; 친족, 일가친척, 가문, 가계(家系)
avlod-ajdod *ot.* 일족, 자손, 세대, 대(代) (대개 부모 나이와 자식 나이의 차에 상당하는 기간; 약 30년).
avstraliyalik *ot.* 오스트리아 사람
avstriyalik *ot.* 오세아니아

avtimatik *ot.* (기계. 장치 등이) 자동의, 자동적인, 자동(제어) 기구를 갖춘; ~ ravi- shda 기계적인, 자동적인
avtobaza *ot.* 1) 차량기지, 버스[전차, 기관차] 차고; 2) 자동차 사업소
avtobiografik *sif.* 자서전(체)의, 자전(自專)(식)의, 이력(서)의.
avtobiografiya *ot.* 자서전; 자서(自敍) 문학; 자서전의 저술.
avtobus *ot.* 버스, 승합자동차.
avtobus yo'nalishi *ot.* 버스 노선
avtograf *ot.* 자필, 친필, 육필; 자서(自署)
avtokolonna *ot.* 자동차 운송 행렬.
avtokorxona *ot.* 자동차 공장
avtol *ot.* 자동차엔진용 윤활유.
avtomashina *ot.* 자동차, 차.
avtomashinalarga yoqilg'i quyush shah- obchasi 주유소, 급유소(給油所), 가솔린 스탠드, 서비스 스테이션(service station)
avtomashinani ta'mirga chaqirib olish 자동차 리콜 수리
avtomat I *ot.* 1) 자동소총; 2) 오토메이션, (기계. 조직의) 자동화, 자동 조작[제어]; (근육노동을 줄이기 위한) 기계사용.
avtomat II *sif.* 자동전화국, 공중전화.
avtomatchi *ot.* 자동소총수
avtomatik boshqaruv tizimi *ot.* 자동통제 시스템
avtomatika *ot.* 자동화 기술
avtomatizatsiyalash *ot.* 자동화
avtomatlashgan rouming 자동로밍
avtomatlashtirilgan ishlabchiqarish *ot.* 자동화된 생산
avtomatlashtirilgan jihoz *ot.* 자동화 설비
avtomatlashtirmoq *ot.* 자동적은
avtomobil *ot.* 자동차, 차; ~ zavodi 자동차 공장
avtomobil egasi *ot.* 자동차 소유자
avtomobil haydovchilarning yo'l solig'i 도로세
avtomobil haydovchisi 운전자, 운전사
avtomobil sanoati 자동차 산업
avtomobil to'xtash joyi 주차장(駐車場)
avtomobil yo'li 자동차 도로
avtomobil zavodi, avtozavod 자동차 생산공장
avtomobillar ijarasi 자동차 대여, 렌트카
avtomobilni kiritish uchun litsenziya avtomobil kiritilishi 자동차 수입 허가증
avtomobil-samosval, ag'darma mashina 덤프트럭
avtomobilsozlik *ot.* 지게차
avtomobilsozlik sanoati *ot.* 자동차 산업
avtomobil-tsisterna 탱크로리
avtonom *sif.* 자치권이 있는, 자치의; 자율의; 독립한; ~respublikasi 자치공화국, 독립국; ~viloyat 자치주.
avtonom hudud 자치관구
avtonomiya (*muxtoriyat*) 자치권(自治權), 자율성(自律性), 자치제, 자치.
avtopark *ot.* 자동차 공원, 탈것 전시장
avtoportret *ot.* 자화상, 자각상.
avtopoyga *ot.* 카레이스, 자동차 경주.
avtoreferat *ot.* 개관, 개요, 적요, 대의.
avtoruchka *ot.* 만년필(萬年筆), 유수필(流水筆), 자래필(自來筆)
avtosalon *ot.* 모터쇼(motorshow)
avtostrada, katta yo'l *ot.* 자동차 도로
avtotransport *ot.* 자동차 운전수.
avtotransport vositalariga ega bo'lish solig'i 차량 취득세
avtovokzal *ot.* 버스 터미널
avtozavod *ot.* 자동차 공장.
avuar *ot.* 예금, 자산
avval *rav.* 1) 일찍이, 일찍부터, 일찌감치; 초기에, 어릴 적에, 2) 앞에, 전방에; 앞(장)서, (지금보다,

그 때보다) 이전에, 그때까지; 좀 더 일찍, 앞서; 3) 이전에는, 원래는, 옛날에는, 사전에, 먼저, 미리, 전에(는); eng ~ 제일 먼저; nonushtadan ~ 아침 식사부터; ~dan oxirgacha 처음부터 끝까지; ~o'yla, keyin so'yla(*maq.*) 먼저 잘 생각하고, 그 다음에는 말을 해.
avvaldan *rav.* 미리, 사전에, 전부터. (그 때보다) 전에(는), 본래는; ~ oxirigacha 처음부터 끝까지.
avvalgi *sif.* 이전의, 앞의, 사전의, 앞서의; ~ urushdan so'ng. 이전에 사원 후에; urushdan ~ 전전(戰前)의; ~kun 어제.
avvalgidek *rav.* 전처럼, 종전대로, 여느 때와 같이.
avvaliga *ot.* 최초에, 맨 처음에.
avvallari *rav.* 일찍이, 일찍부터, 일찌감치; 초기에, 어릴 적에, 시간 전에, (시간에) 늦지 않게, 예전에는.
avvalo *rav.* (우선) 첫째로, 최초로, 먼저, 우선, 앞에, 전방에; 앞(장)서.
avzo *ot.* (일시적인) 기분, 마음가짐, 변덕; uning ~yi yaxshi 그는 좋은 마음을 가지고 있다
ax *und.s.* 아아!(고통·놀라움·연민·한탄·혐오·기쁨 등을 나타냄), 오오, 아, 어허, 앗, 아아, 여봐(놀람·공포·찬탄(讚嘆)·비탄·고통·간망(懇望)·부를 때 따위의 감정을 나타냄).
axborot *ot.* 전달, 통신, 공표, 발표통지, 전달; 보고, 보도, 소식, 보도, 뉴스(프로), 보도; (신문의) 기사(記事); songgi ~ 마지막 뉴스, 소식.
axir *rav.* 1) (*nihoyat*) 최후의, 마지막에, 마침내, 드디어, 결국, 최종적으로, 결정적으로; ~ko'ndi 그는 마지막에 동의 했다; 2) (*kuchaytirish yuklamasi*): ~bu ham- maga ma'lum edi-ku 그것은 일반적으로 널리 알고 있다, 그것이 아니라는 것을?; ~siz haqli edingiz-ku! 당신은 올바르게 가지고 있지 않습니까?; 3) (*qachonlardir*) 언젠간, 조만간; ~bir kun ko'risharmiz 조만간 만날 것이다.
axlat *ot.* (부엌의) 쓰레기, 음식찌꺼기, 잔반(殘飯); 맛없는 음식, 폐기물, 폐물, 잡동사니; ~uyumi 쓰레기 덩어리; ~qutisi 쓰레기통.
axlat tashuvchi mashina 쓰레기차
axlatxona *ot.* 쓰레기 버리는 곳, 쓰레기 더미, 폐기물 덩어리.
axloq *ot.* 예절, (사회적인) 도덕, 윤리; 선행, 덕행; 품행, 몸가짐
axloqbuzar *sif.* 유혹에 빠지기 쉬운, 유혹하기 쉬운.
axloqiy *sif.* 도덕(상)의, 윤리(상)의, 도덕[윤리]에 관한, 도덕상의, 윤리적인; 윤리(학)의; 윤리에 타당한; 직업상[소속집단]의 윤리에 맞는; ~ -ma'navily 윤리와 도덕적으로, ~buzuqlik 부도덕, 패덕; 품행이 나쁨; 음란, 외설.
axloqiy zarar to'lovi 정신적 손해배상, 위자료
axloqiy zararni qoplash huquqi 정신적 손해배상 청구권
axloqli (*ma'naviy*) *sif.* 도덕을 지키는, 품행이 단정한, 양심적인, 예의 바른 사람.
axloqsiz *sif.* 부도덕한; 행실 나쁜; 음란한, 외설한, 예의 없는 사람
axloqsizlik *ot.* 예의 없이, 부도덕 행위, 추행, 난행, 풍기 문란.
axta *sif.* 거세한, 정소 제거하는; ~qilmoq 거세하다, ~의 정소(精巢)를 제거하다, 난소를 제거하다; ~qilish 거세, 정소 제거[적출(摘出)]; 삭제 정정.
axtalamoq *fe'l* 거세하다, ~의 정소(精巢)를 제거하다, 난소를 제거하다; 거약(去葯)하다; (책을) 삭제 정정하다, 골자(骨子)를 빼어버리다.
axtarmoq *fe'l* ~을 찾다; ~을 기다리다[기대하다]; (장소를) 찾다, 뒤지다, 탐색하다, 수색하다.
axtaxona *ot.* 마구간; 가축우리; (속어) 지저분한 방, (경마말의) 마사(馬舍).

aya(***ona***) *ot.* 어머니, 엄마, 마미, 마마.
ayamasdan *rav.* 무정하게, 무자비하게, 인정머리 없게, 냉혹하게.
ayamoq 1) (*asramoq*) 절약하다, 아끼다, 아껴쓰다; (*qizg'anmoq*) (주기를) 싫어하다, 아까워하다, 인색하게 굴다; ~하기를 꺼리다, 부러워하다; 시기하다, 질투하다; kuch-quvvatini ayamaslik 수고를 아끼지 않다, 전력을 다하다; kitobni ~ 책을 부러워하다; 2) (*shafqat qilmoq*) ~을 가엾이 여기다, ~에게 자비를 베풀다.
ayanch *sif.* 가련한, 가엾은, 처량한, 불쌍한; 비루한, 비참한; ~hold bo'moq 가련한 처지
ayanchli *sif.* 슬픈, 비탄에 잠긴, 슬픔에 잠긴, 애처로운, 슬픔을 자아내는.
ayb(***kamchilik***) *sif.* 과실, 잘못, 비난, 나무람, (윤리적·법적으로) 죄를 범하고 있음, 죄가 있음; 죄, 유죄; ~ini tan olmoq 상을 자백하다; ini o'zbo'yniga olmoq 책임을 지다; ~iga iqror bolmoq 잘 알지 못하다
ayb qo'yish *ot.* 기소
aybdor *ot.* 1) 죄인, 범죄자; 피의자, 유죄의, ~의 죄를 범한; 2) *yur.* 원인이 되는 사람[물건]
aybdorlik *ot.* (윤리적·법적으로) 죄를 범하고 있음, 죄가 있음; 죄, 유죄, 꾸중 들어야 할 일
ayblamoq *fe'l.* 책망하다, 나무라다, 비난하다. ~을 비난하다, 힐난하다.
ayblanmoq *fe'l.* 고발[고소]하다, ~의 혐의를 받다, ~을 맡고 있다, ~의 책임을 지고 있다.
ayblanuvchi *ot.* (형사) 피고인, 피고.
ayblash *ot.* 1) 비난, 규탄, 책망함, 비난함, 고발, 고소, 죄과; 2) 기소자측, 검찰 당국; jinoyatda ~ 죄의 전가, 범죄의 비난; ~ hujjatlari 고발적[힐문적]인 서류, 탄핵하다.
aybli *ot.* 유죄의, ~의 죄를 범한, 범인.
ayblov 1) *sif.* (말·태도 등) 고발적[힐문적]인, 비난어린; 2) *ot.* 기소, 고발, 비난, 규탄; ~ fikri 기소(고발)장
ayblov hukmi 유죄판결(有罪判決)
ayblov hukmini chiqarish 유죄판결
ayblovchi *ot.* (형사) 고소인, 고발자; 소추자, 기소자, 고발자; 검찰관; davlat ~si 검찰관; jamoat ~si 검사; = prokuror; = qoralovchi.
aybnoma *ot.* 기소, 고발; 기소(고발)장, 고발인의[과 같은].
aybsiz *fe'l* 죄 없는, (법률적으로) 결백한, 무죄의, 간특하지 않은, 악의 없는, 정직한, 순진한; ~deb topmoq 무죄의 평결[답신]을 하다; u bu ishda umuman ~ 그는 이 사건에 관해 전혀 죄가 없다.
aybsiz javobgarlik 무과실 책임
aybsizlik *ot.* 죄 없음.
aybsizlik prezuptsiyasi 무죄추정의 원칙
ayiq *ot.* 곰; urg'ochi ~ 암곰; ~bolasi 곰 새끼; oq~ 흰곰, 북극곰.
ayirbosh *ot.* 교환, 교류, 바터, 물물 교환, 교역(품); ~qilmoq 교환하다, 바꾸다.
ayirboshlamoq *fe'l.* 물물교환하다, 교역하다, ~을 교환하다, 교역하다.
ayirboshlanmoq *fe'l.* 장사하다, 매매하다, 거래[무역]하다
ayirboshlash bitimi 바터무역, 바터제.
ayirmachilik *ot.* 구별; 식별(력), 판별(력), 안식; ~qilmoq 식별(識別)하다; 구별하다.
ayirmoq *fe'l.* 1) (*alohida qo'ymoq*) 잘라서 떼어 놓다, 분리하다, 가르다, 고립시키다, 분리[격리]하다; 2) (*judo qilmoq*) 갈라지다; (사람을) 떼이[갈리]놓다, 별거시키다, (아무와) 헤어지다, (~에서) 손을 떼다; 3) (*farqiga bormoq, ajrata bilmoq*) 구별하다, 분별하다, 식별하다; 4)

(*ayirmachilik qilmoq*) 구별하다; 판별[식별]하다; ~의 차이를 나타내다; 5) 나누다, 분할하다, 쪼개다; 6) *mat* 감수(減數), 빼다, 감하다; 공제하다
ayiruv: **~bog'lovchisi** *gram.* 접속사, 이접적 접속사(but, yet, (either~) or 따위)
aylana *ot.* 1) (*doira*) 원, 원주(圓周); 주선(周線); 주위; 2) (*doiraviy*) 원형의, 둥근; 빙글빙글 도는; ~yo'l 순환도로.
aylanasida(*bo'ylab*) *rav.* 주위에[를], 주변에, 사방에[으로], ~의 둘레를[에], ~을 돌아서; dunyo ~ sayohat qilmoq 세계 일주 여행
aylanib turish *ot.* 순환, 회전
aylanay 사랑하는 나의 누구.
aylanish *ot.* 회전(운동), 1회전, 주기의 회귀(回歸), 순환; Yerning Quyosh atrofida ~i 지구의 공전; qon ~i 피의 순환.
aylanishdagi, muomaladagi mab- lag' 유통 자금
aylanma *sif.* 1) 소용돌이; 혼란, 소동; 감아들이는 힘, 회오리 (바람); 2) 원형의 것; 환(環), 고리; 바퀴; 고리 모양의 것; 3) 회전[선회, 윤전]하는; ~ harakat 회전운동; ~ temir yo'l 순환철도
aylanma mablag', kapital *ot.* 유동자본
aylanma qatnov *ot.* 일주 여행
aylanma yo'l *ot.* 우회로, 순환도로
aylanmoq *fe'l.* 돌리다, 회전시키다. 꼬이다, 비틀리다, 공전하다, 운행하다; (~의 주의를) 돌다; Oy yer atrofida aylanadi 달은 지구를 중심으로 공전한다; aylanib yurmoq 산책 나가다
aylantirmoq *fe'l.* 1) 바꾸다, 변경하다, 고치다, 갈다, ~을 다른 물질로 바꾸다; 2) 빙글빙글 돌리다, 회전시키다; suvni bug'ga ~ 수분을 빼다, 탈수하다; gapni ~ (문제·사태 따위를) 혼란케 하다, 번거롭게 하다
atmashmoq *fe'l.* 얽히다, 감기다, (덩굴·실 등을) 얽히게 하다, 감기게 하다
aymoq *ot.* 가족, 집안, 일족; 친족, 일가친척; urug'-~ 가족관계
aynamachi *sif.* 변하기 쉬운, 일정치 않은, 변화가 많은; 변덕스러운, 불실[불신]의,
aynamachilik *ot.* 변함, 변덕(스러운 행위).
aynan(*xuddi*) *sif.* 틀림없이, 바로, 꼭, 마치, (*so'zmz-so'z*) 축어적인, 한마디 한마디의; ~ shunday 틀림없이 꼭 그렇다
ayni *sif.* 틀림없이, 바로, 꼭, 마침, 제~; ~ paytda 때마침; ~vaqtda 제 시간.
aynimoq *fe'l.* 1) 망쳐놓다, 결딴내다, 못쓰게 만들다, 손상하다; 2) 바꾸다, 변경하다, 고치다, 갈다; 3) 최악의 사태가 되면, 만일의 경우는; 4) 나빠지다, 쉬다; 5) 썩다, 부패[부식]하다, 썩음, 부패, 부식.
ayniqsa *rav.* 특히, 각별히, 특별히, 현저히; U ~ kechalari band bo'ladi 그는 특히 밤에 바쁩니다.
aynitmoq *fe'l.* ~에게(설득하여) 단념시키다
ayol *ot.* 여자분, 여성, 부인; o'zbek ~i 우즈벡 여성; ~ shifokor 여자 의사; ~lar ko'ylagini kiyib olmoq 여자들의 옷을 입다; ajoyib ~ 세련된 여자; ~cho'pon 양치는 사람 부인, 목양자(牧羊者) 부인.
ayollar mehnati muhofazasi 여성 노동의 보호
ayon I (*aniq*) *sif.* 분명한, 명백한, 뚜렷한, 명확한, 분명히(그것임을) 알 수 있는
ayon I (*aniq*) *rav.* 명백하게; 두드러지게, 명백히, 일견하여; ~bo'lmoq 분명히(그것임을) 알 수 있다, 명백하다; ~aylamoq 알리다, 누설하다.
ayov *ot.* 자비, 연민, 인정, 불쌍히 여김, (깊은) 동정(심); ~bermay 무자비하게, 무정하게, 냉혹하게.
ayovli *sif.* (수량이) 꽤 많은, 적

지 않은, 상당한; ~mehmon 명예의 추구
ayovsiz *sif.* 무자비[무정, 잔혹]한; 과대한, 엄청난, 몰인정한, 냉혹한.
ayoz(*sovuq*) *ot.* 추움, 한랭, 얼어붙는 추위, 추운 날씨, 서늘한 기운, 냉기.
ayqirmoq *fe'l.* 떠들다; bolalar ~dalar 아이들이 떠들다.
ayri *ot.* 두 갈래 길 중의 하나, 따로따로; ~shox 두 갈래 길 중의 하나로 갈라지다.
ayriliq *ot.* 분할, 분리, 분배, 갈라진[따로 된] 것
ayrilish *ot.* 분리, 떨어짐, 이탈, 분할되다.
ayrilishmoq *fe'l.* 갈라지다; (아무와) 헤어지다, 손을 끊다, (~에서) 손을 떼다, 결산하다.
ayrilmas *sif.* 분리할 수 없는; 불가분의; 떨어질 수 없는.
ayrilmoq *fe'l.* 잘라서 떼어 놓다, 분리하다, 가르다. 갈라지다.
ayriluvchi *math.* 분배한 사람.
ayrim *sif.* 1) (*alohida*) 갈라진, 분리된, 분산된, 끊어진, 따로따로의, 하나하나의, 한 사람 한 사람의; ~xona 분리된 방; 2) (*ba'zi,maxsus*) 다른, 서로 다른, 상이한, 딴, 유다른, 유별난, 이례(異例)의, 특이한; ~kishilar 일개인의, 개인적인; ~hollarda 때때로, 때로는, 이따금.
ayrish *ot.* 빼기(減), 감법(減法), 감산(減算)
ayron *ot.* 아이런 음료수, 요구르트(유산 발효로 응고시킨 우유).
aysh *ot.* 즐거움; ~qilmoq 즐겁다, 놀다; ~ini surmoq 즐겁게 놀다.
aysh-ishrat *ot.* 쾌히, 기꺼이.
aytarli(*deyarli*) *sif.* 거의, 그와 비슷한, 같은, 그런 종류의, 위에 말한 바와 같은. 그러한, 그런, 그[이]와 같은
aytganday *rav.* [화제를 바꿀 때] 그런데, 여담이지만, 도중에서, 참, 때마침.
aytgandek *sif.* 형편이 좋은; 시의(時宜)에 알맞은, 적절한, 요령 있는, 때마침
aytgancha *rav.* 형편이 좋게; 시의(時宜)에 알맞게, 적절하게, 요령 있는; ~moqchi bo'lmoq 참시기 적절하게
aytilish *ot.* 발음, 발음하는 법
aytilmoq *fe'l.* ~을 말하다, 이야기하다, (아무에게) 들려주다, 고하다, 알리다
aytish *ot.* 말하기, 말, 진술, 이야기하기.
aytishmoq *fe'l.* 토론하다, 토의하다, 논하다, 논의하다, 의론하다,
aytmoq *fe'l.* 1) 말하다, ~을 명하다, ~하라고 말하다; rostini ayt! 진실로 말해 봐!; yolg‘on~ 거짓말을 하다; oz fikrini ~ 자기 의견을 말하다; hech narsa aytilmasin 아무 말도 말하지 마십시오; 2) ---와 이야기하다, ---와 의논하다.
aytmoqchi *rav.* 아참!, [화제를 바꿀 때] 그런데, 여담이지만, 도중에서; ~ qachon keldingiz? 아참, 언제 오셨어요?
ayvon *ot.* 쪽마루, (집에 붙여 달라낸 식사·휴식용의 돌을 깐) 테라스, 주랑(柱廊); 넓은 베란다, (지붕 있는) 작은 발코니, 툇마루, 노대(露臺).
ayyom *ot.* 1) 낮, 주간, 하루, 일주야, ~날; 축제일; bahor ~i 봄날의 명절, ~ida 명절에; 2) 명절, 휴일, 축(제)일; ~ingiz muborak 당신의 휴가를 축하합니다; Navro'z ~i keldi 새해가 왔다.
ayyor *ot.* 교활한 사람, 장난꾸러기(어린아이·애완 동물에게 쓰임)
ayyorlik *ot.* 꾀를 부르다, 약삭빠른; 교활한, 교묘한, 능란한; ~ qilmoq 교활하다
ayyorona *rav.* 1) 교활하게, 간악하게, 음험하게, 익살맞게; 2) (아이·물건 등이) 귀여운, 예쁜, 깔끔한, 태깔스러운, 훌륭한, 멋진, 재미있는
ayg‘ir *ot.* 수말, 종마(種馬), 씨말
aygo'q I *sif.* 자지 않고 지키는, 부단히 경계하고 있는; 방심하지

않는, 주의 깊은.
aygo'q II *ot.* 스파이, 밀정, 간첩,
ayg'oqchi *ot.* 스파이 행위, 탐정, 정찰
ayg'oqchilik *ot.* 간첩[탐정] 행위; 정찰; (국가·기업 등의) 스파이에 의한 첩보활동; ~qilmoq 스파이질하다, (몰래) 조사하다.
aysh *ot.* 즐거움, 기쁨, 즐거운 일, 유쾌한 일; ~qilmoq 즐기다, (즐겁게) 맛보다, 향락하다, 재미보다; ~ini surmoq ~을 즐기다, 좋아하다, 기꺼이 ~하다
aysh-ishrat *ot.* 주연, 술잔치, 통음, 흥청거림, 법석떨기, 진탕 마시고 떠들기, 법석대기; 유흥, 방탕; tungi ~ 밤에 주연을 베풀다, 마시고 흥청거리다; ~tashkil qilmoq 통음(痛飮)하다.
aza *ot.* 조문, 조의, 비탄; 애도; 통곡, 비탄의 소리, 비가(悲歌), 애가, 만가(輓歌); (Jeremiah의) 애가(哀歌)(구약성서 중의 한 편); ~tutmoq 슬퍼하다, 비탄하다; 애도하다, 애석해 하다
azal(*qadim*) *ot.* 영원, 무궁; 불사, 불멸; 영원성; (사후의) 영세, 내세; 영원한 세월(끝이 없게 여겨지는) 긴 시간; ~dan 훨씬 (이)전에, 전부터; ~dan qolgan 세월을 거친, 예로부터의, 전부터 있는, 원시(시대부터)의; ~-azaldan(*qadimdan*) 오랜 옛날부터 지금까지
azalgi *sif.* 옛날의, 예로부터의, 고래의.
azaliy *sif.* 낡은, 오래된; 헌, 닳은, 중고의; 구(旧), 예로부터의, 오랜 세월 동안의; ~do‘stlar 오랜 친구, 오래된 친구
azaliy xaridor *ot.* 단골손님
azamat *ot.* 영웅(英雄), 영웅호걸(英雄豪傑), 호걸영준(英俊); 영물(英物); 용자(勇者), 호아(虎牙), 용사(勇士), 사나이.
azamat *sif.* 1) 씩씩한, 용감한, 호협(豪俠)한; 2) 대담한, 용감한; 앞뒤를 가리지 않는, 뻔뻔스러운, 철면피한; 3) 용감한, 용맹한, 씩씩한, 훌륭한, 화려한; 멋진; ~yigit 용감한 젊은 사람
azim *sif.* (정도·규모·범위 등이) 큰, 넓은, 광범위한, 커다란, 거대한, 막대한, 매우 큰, 광대한, 방대[막대]한
aziyat(*zahmat*) *ot.* 고통, 고뇌, 괴로움; ~yemoq, ~tormoq 괴로워하다, 고민하다, 고생하다; 상처입다; ~chekuvchi 순교자; (주의·운동 따위의) 순난자(殉難者), 희생자; ~ yetkazmoq 괴롭히다, 애먹이다.
aziz *sif.* 1) 돈이 드는, 값비싼; 사치스러운, 값이 비싼, 비용이 많이 드는; 2) 친애하는, 친한 사이의, 사랑하는, 귀여운, 소중한, 마음에 드는; 가장 사랑하는; 귀여운; ~do'- stim 나의 사랑하는 친구..
azm(*qaror*) 의향, 의지, 목적, 의도, 결심, 결의; ~qilmoq 결정하다, 결정[조건]짓다
azob *ot.* 심한 고통, 고뇌, 고민, 괴로움, 고난; ~bermoq 괴롭히다; ~chekmoq 걱정[근심]하다, 고민하다; 안달하다.
azoblamoq *fe'l* 괴롭하다, 학대하다.
azoblanmoq *fe'l* 걱정[근심]하다, 고민하다; 안달하다, 괴롭히다.
azon (*ertalab*) 새벽, 새벽녘, 동틀녘, 이른 아침, 아주 일찍; **~**da 새벽에, 동틀녘에; ~aytmoq 새벽에 기도하다.
azonlab *rav.* 아침 일찍부터, 일찍이, 일찍부터, 일찌감치.
azonchi *ot.* (회교 성원의) 기도 시각을 알리는 사람.
azot *ot.* 질소(窒素: 질소족 원소로서, 공기의 약 3/4을 차지하는 기체 원소. 무색·무미·무취임. 다른 원소와 화합하여 동식물체 및 초석·질산 등을 조성하며 특히 동식물체를 구성하는 단백질에서 빠뜨릴 수 없는 중요한 성분임. 암모니아·석회·질산 등 질소 화합물의 원료임. [7번:N:14.0067]); ~kislotasi 질산.
azotli *sif.* 질소의; 질소를 함유하는; 초석의; 초석을 함유하는, 질소를 포함한; ~ o'g'itlar 질산칼륨[질산나트륨]을 주성분으로 하

는 화학 비료, 질소비료(거름).
azroil *ot.* 죽음의 사자
ag'anamoq *fe'l.* 떨어지다, 추락(墜落)하다, 낙하(落下)하다, 쓰러지다; otdan ~ 말에서 떨어지다; yerga ~ 땅 위에 떨어지다; o't ustiga ~ 풀 위에 넘어지다.
ag'darilmoq *fe'l.* 뒤엎다, 뒤집어서 엎다.
ag'darmoq *fe'l.* 뒤덮이다, 뒤엎음을 당하다.
ag'dargich *ot.* 끝을 붙이는 사람, 쓰레기 치는 인부; 덤프차, (차를 기울여 짐을 부리는) 장치
ag'namoq *fe'l.* 구르다, 굴러가다, 회전(回轉)하다.
ashaddi(y) *sif.* 버릇이 된, 상습적인, 습관적인, 버릇의[이 된].
ashqol-dashqol *ot.* 쓰레기들, 잡동사니, 폐물(廢物); 고철, 거추장스런 것
ashula *ot.* 노래, 창가, 성악; xalq ~lari 포크송, 민속 음악; ~gasotib olmoq 헐값으로 사다, 싸구려로 사다.
ashulali *sif.* 목소리의, 음성의[에 관한]; 목소리를 내는; ~musiqa 성악
ashulachi *ot.* 노래하는 사람, 가수, 성악가
ashyo *ot.* 항목, 조목, 조항, 품목, 세목, 것, 물건, 물체; ro‘zg'or ~lari 가정용품
ashyoviy *sif.* 유형의, 구체[구상(具象)]적인, 응고한, 굳어진, 콘크리트(제)의
ashyoviy dalillar 물적 증거, 물증
achinarli *sif.* 인정 많은, 동정적인, 애처로운, 슬픔을 자아내는, 가엾은, 불쌍한.
achimoq *fe'l.* 1) 시어지다, 시게 하다; sut achib qoldi 우유가 시큼하게 변했다, 우유가 상했다.; 2) 3염화 질소(밀가루 표백용).
achinmoq *fe'l.* 섭섭하다
achishmoq *fe'l.* 빛나게[번쩍이세] 하다
achishtirmoq *fe'l.* (불·연료가) 타다; (물건이) (불)타다, 눋다; 타죽다.
achitma *ot.* 효모, 효소, 발효, 시큼한, 신.
achitmoq 발효되다, 시어지다, 시게 하다
achitqi *ot.* 효소, 발효, 발효조(槽)
achom *ot.* 꼭 껴안음, 포옹
achomlamoq *fe'l.* (사랑스럽게) 꼭 껴안다, 포옹하다, 얼싸안다, 서로 껴안하다
achomlashmoq *fe'l.* 같이 서로 껴안하다
archimoq *fe'l.* 닦다, 벗기다. olmani ~ 사과 껍질을 벗기다; 깎다.
achchiq *sif.* 견디기 어려운, 괴로운, 쓰라린; ~haqiqat 진실은 입에 맞지 않는다.
achchiqlanmoq *fe'l.* 화를 나다
achchiqlantirmoq *fe'l.* 화를 내다, 화를 나게 하다.
achchiq-tiziq *ot.* 부식성의, 가성(苛性)의; 신랄한, 쏘는 듯한, 몸에 스미는; 얼얼한; 날카로운; 신랄한, 아주 매운
achchiqtosh *ot.* 명반(明礬); 황산알루미늄
achichiq *sif.* 맵다, 쓰다. ~dori 쓴 약; ~ gazli suv 에프솜 광천수; ~ tuz 에프솜 염, 사리 염; ~suv 설사약.
achimoq *fe'l.* 1) 시어지다, 시게 하다; sut achib qoldi 우유가 시큼하게 변했다, 우유가 상했다; 2) 3염화 질소(밀가루 표백용).
a‘lo *sif.* 1) 높은, 2) 보다 좋은, ~보다 나은, 우수한, 훌륭한, 뛰어난, 수, 우.
a‘lochi *ot.* 최우등생, 우수졸업생.
a‘mol *ot.* 활동, 활약; 행동, 직업, 업무
a'yon *ot.* 고귀(성), 숭고, 고결함, 기품
a'zam *sif.* 큰, 거대한, 광대한.
a‘zo I *ot.* 어떤 단체의 일원, 회원; 신체의 여러 기관. partiya ~si 단원; jamiyat ~si 회원; boshqaruv ~si 간부, 이사.
a‘zo II *ot.* (전체의)일부, 몸의 부분, 기관.
a’zolik 멤버십

B

Bb

b 우즈벡어 알파벳 모음의 두 번째 글자.
ba *ot* 외침, 절규, 감탄
bab-baravar *sif.* 1) (*teng*) 동등한, 같은; (가치·힘 따위가) 대등한; (말·표현이) 같은 뜻의; ularning bo'yi ~ 그들의 키 높이는 같다; 2) (*ayni vaqtda*) 동시에; 일제히.
badal *ot.* 보충, 제자리에 되돌림, 교체, 대치, 복직, 대신, 후계, 대리(인), 보결(자), 대역(사람), 대체물, 대용물, 대용품; ~ to'lamoq 보충이 되는 것.
badal predmeti, garovga qo'yilgan narsa *ot.* 담보물
badal puli *ot.* 불입, 납부
badal puli *ot.* 출자금, 납입금
badal puli bilan to'lash *ot.* 분할지불
badal puli qiymati *ot.* 출자액
badal to'lovi *ot.* 납입(納入)
badal to'lovi huquqi *ot.* 담보권(擔保權)
badal, hissa *ot.* 출자
badal, tovon, o'rnini to'ldirish, kompen- satsiya *ot.* 보상, 배상
badan *ot.* (사람의) 몸, 신체, 육체; 시체.
badanli *sif.* 부푼, 부드럽고 풍만한, 살이 잘 찐, 살찐, 뚱뚱한.
badarg'a *ot.* (자국·마을·집으로부터의) 추방, 유형, 유배, 배척, 출교. ~qilmoq 추방하다, 유형에 처하다; 내쫓다.
badavlat *sif.* 부자의, 부유한, 돈 많은, (~이) 많은, (~이) 풍부한, 넉넉한, 유복한.
badavlatlik *ot.* 부(富), 재산; 풍부, 부유함.
badaxloq *sif.* 방종한, 흘게 늦은; 방탕한, 난봉피우는, 비윤리적.
badaxloqlik *ot.* 비윤리, 부도덕, 패덕; 품행이 나쁨; 음란, 외설, 부도덕 행위, 추행, 난행, 풍기 문란..
badbashara *sif.* 미운, 아름답지 않은, 추한, 흉한.
badbaxt *sif.* 불행한, 불운한, 죄수, 쓸모없는 자, 운이 없는.
badbin *sif.* 1) 비관론[주의]자, 염세가, 비관적인; 2) 악의 있는, 심술궂은
badbinlik *ot* 비관; 비관설[론], 염세관, 염세 사상
badbo'y *sif.* 1) 악취를 내(뿜)는, 고약한 냄새가 나는, 나쁜 냄세, 악취를 풍기는; ~ hid 고약한 냄새가 나다; 코를 찌르다; 2) 역겨운, 지독한; 곤드레만드레 취(醉)한.
badbo'ylik *ot* 쾌쾌함, 악취, 고약한 냄새.
badchehra *fe'l* 잘 못 생기다.
badfe'llik *ot* 까다로운 성격.
badfe'l *sif.* 성격이 나쁜, 까다로운, 완고한, 성질(性質)이 ~한; ~odam 성격이 까다로운(완고한) 사람.
badfe'llik *ot* 씨무룩한; 뚱한, 심술궂은
badgumon *sif.* 신용하지 않는, 의심(이) 많은, (좀처럼) 믿지 않는, 회의적인.
badia *ot* 미술품, 예술품
badiha *sif.* 부적당한, 타당치 않은, 그릇된
badiiy *sif.* 예술의, 미술의; ~teatr 예술 극장; ~film 예술 영화; ~asar 예술적 작품, 문학 작품.
badiiylik *ot* 예술적 수완[기교]; 예술적[미술적] 효과; 예술성; 예술품; (직업으로서의) 예술; 예도(藝道).
badjahl *sif.* 성난, 화를 낸, ~에게 성[골]을 내다, 화를 잘 내는 사람.
badjahllik *ot* 사나움, 잔인성, 광포한 행동, 만행, 화를 잘 냄.
badmuomala *sif.* 불친절한, 무례

한, 버릇 없는, 실례되는; ~kishi 사람들과의 교제가 좋지 않은 사람; ~bo'lmoq 버릇없다, 실례되다, 무례하게 하다.

badmuomalalik *ot* 버릇없음, 무례(한 행동), 관계 할 줄 모름; ~bilan 버릇없이; 난폭하게.

badnafas *sif.* 비관적인. 비관주의자

badnafs *sif.* 무절제한, 폭음 폭식의; (특히) 술에 빠지는; 과도한, 난폭한(행위·언사); 매서운(추위·더위 따위); 탐내는, 탐욕스러운; 열망하는

badnafslik *ot* 중용을 잃음; 무절제, 절도 없음; 지나침, 과도, 극단, 욕심이 많다.

badniyat *sif.* 나쁜 목적이 있는, (말 따위의) 나쁜 의미, 나쁜 뜻(의향, 의지, 목적)

badnamo *sif.* 비방(난)하는, 중상하는, ~의 명예를 훼손하는; ~qilmoq 비방하다, 중상하다, ~의 명예를 훼손하다; ~bo'lmoq ~라는 나쁜 소문이다, ~로 나쁘게 유명하다.

badnom *ot* 악평(惡評), 나쁜 평판, 나쁜 비평, 악성(惡聲), 망평(忘評) 혹평(酷評).

badqovoq *sif.* 울적한, 침울한, 우울한, 뚱한, 기분이 언짢은; 음침한, 음울한.

badro'y *sif.* 솔직한, 꾸밈[숨김, 거짓] 없는; 뽐내지 않는, 검소한, 수수한.

badxulq *sif.* 교양이 없는 사람, 야비한 사람, 남이 못되기를 비(바라)는 사람.

bafurja *rav.* 편안하게, 문제없이, 서두르지 않고; 쉽사리 ~하지 않고; ~ gaplashmoq 편안하게 말하다.

baham 함께, 같이; ~ko'rmoq 같이 먹다.

bahamjihat *sif.* 친구처럼, 친절하게, 친구답게, 친절히; 우호적으로, 함께, 사이좋게, 일제히, 빠르게.

bahamjihatlik *ot* 결속, 단결, 공동 일치, 만장[전원] 일치, 전원이의 없음, 동의, 합의, 만장일치; ~bilan siyosat yurgizmoq 정책을 만장일치로 진전[진척]시키다.

bahavo *sif.* 깨끗한 날씨, 바람이 잘 통하는, 신선한, 공기가 맑은, 시원하고 상쾌한.

bahaybat *sif.* 거대한, 막대한, 매우 큰.

bahd *ot* 헨들, 손잡이; eshik~i 문의 헨들.

baho *ot* 1) 가격(價格), 대가(代價); 값, 시세, 물가, 시가(市價); 2) 가치, 값어치, ~의 값만큼의 분량, ~어치; qat'iy ~ 정해진 가격; fabrika ~si 최고 가격; 3) (성적의) 평점, 점수(點數), 평가, 표, 표시, 기호, 부호; yuqori ~olmoq 높은 점수를 받다; tog'ri baho bermoq 진가를 인정하다, 바르게 평가하다.

baho belgilovchi komissiya 가격 산정 위원회

baho, narx, qiymat *ot* 가격(價格), 가치

bahodir *sif.* 용감한, 훌륭한, 화려한, 대담한, 영웅같은; 위인처럼.

bahodirlik *ot* 용기, 용감(성), 용맹, 영웅적 자질, 장렬, 의열(義烈).

bahodirona *rav.* 대담하게, 용감[훌륭]하게, 주저하지 않고.

baholamoq *fe'l* 고정하다, 굳히다, 꼭 죄다

baholash, kotirovka *ot* 가격표, 견적서

bahona *ot* 원인, 기초, 근거; 이유, 동기, 변명, 발뺌, 구실; ~qilmoq 발뺌하다.

bahor *ot* 봄; erta ~ 이른 봄; ~da 봄에.

bahorgi *sif.* 봄의, 봄(철)의; ~ekish 봄에 씨를 뿌리다; ~havo 봄의 날씨.

bahosi belgilanmagan aktsiya *ot* 비상장주(非上場株)

bahosini to'lash majburiyati 대금지급의무

bahosiz *sif.* 대단히 귀중한, 돈으로 살 수 없는, 값을 헤아릴 수

B

없는, 평가할 수 없는, 매우 귀중한, 점수 없이, 평가 없이.
bahr *ot* 바다, 대양, 대해, 해양, ~양; ~ idan (*o'tmoq yoki kechmoq*) 정중히 거절하다, 사절[사퇴]하다.
bahra (***foyda***) *ot* 1) 이익, 이득; 2) 기쁨, 즐거움, 쾌감, 만족
bahralanmoq *fe'l* 이익을 얻다, 소용하다
bahs *ot* 경쟁, 싸움, 논쟁, 토론, 논의, 논박, 반론, 말다툼; ~qilmoq 말다툼하다; ~ -munozara 토론; = **tortishuv, talashish.**
bahs sababi 계쟁물(係爭物: 소송 당사자 사이의 계쟁의 목적물
bahslashmoq *fe'l* 1) 말다툼하다, 토론[논쟁]하다; 2) (돈을) 걸고 (~임을) 주장하다, 단언[보증]하다
bahslashuv *ot* 토론; 심의, 검토, 논쟁, 토의; 숙고; 토론회, 말다툼질
bahslashuvchi tomonlar *ot* 분쟁당사자
bahsli huquq munosabati tabiatini aniq- lash 쟁점정리
bahsli huquqlar 다툼 있는 권리
bahsli kelishuvlar 하자 있는 의사표시
bahuzur *rav.* 조용히, 고요히; 수수하게; 은밀히, 자유로이; 마음대로, 안락하게.
baittifoq *rav.* 호의적인 매너, 친절한 습성, 상냥한 마음, 붙임성 있는 버릇.
bajarib bo'lmaslik 이행불능(履行不能)
bajarilgan ish tartibi, jarayon 절차, 가정
bajarilmoq *fe'l* 집행하다, (약속·의무 따위를) 이행하다, 다하다, 완수하다
bajarish *fe'l* 이루다, 성취하다, 완성하다; (목적 등을) 달성하다.
bajarish *ot* 실행, 집행, 완성
bajarishdagi sherik *ot* 공동정범(共同正犯)
bajarmaslik *ot* 불이행
bajarmoq *fe'l* 이루다, 성취하다, 완성하다; (목적 등을) 달성하다, 실행하다, 실시하다; buyrug'ni ~ 명령을 수행하다; istakni~ 소원을 이루다; topshiriqni~ 의뢰를 이루다; vazifani~ 과제를 수행하다; burchini~ 의무를 다하다; va'dani~ 약속을 이행하다.
bajaruvdagi kichiktirish uchun badal to'lashni talab qilish huquqi 이행지 손해 배상 청구권
bajo *sif.* 좋은, 좋아, 알았어, 이제 됐어, 우량한; 훌륭한; ~keltirmoq (약속·의무 따위를) 이행하다, 다하다, 완수하다, 실현하다, 실행하다, 성취하다.
bajonudil *rav.* 진심으로, 기꺼이, 쾌히
bak *ot.* 1) 탱크, 저수조; 2) 선수 갑판; 3) 선원용의 나무로 만든 큰 접시; benzin ~i 벤진 탱크.
bakovul *ot.* 쿡, 요리사, 주방장, 지도자.
bakteriolog *ot.* 세균학자.
bakteriologik *sif.* 세균학의, 세균학자의.
bakteriologiya *ot.* 세균학.
bakteriya *ot.* 박테리아, 세균; 세균류(類).
bakteriyali *sif.* 세균의, 박테리아의; ~ o'g'it 박테리아의 비료.
bal *ot.* 무도회, (매우) 즐거운 한때; yangi yil ~i 새해의 춤; ~maskarad 혹은; ~ uyushtirmoq 무도회를 개최하다.
balalayka *ot.* 발랄라이카(러시아의 guitar 비슷한 삼각형의 현악기)(*rus halq musiqa cholg'usi*). torsiz~ 수다 장이.
baland *sif.* 1) 높은; 2) 큰. ~joy 높은 장소; ~peshona 벗겨진 이마; ~navli 고급품의; ~ko'krak 새의 가슴; ~ minora 높은 건물; ~yer 높은 땅; ~bo'yli odam 키가 큰 사람; ~ovoz bilan 큰 소리로.
balandlamoq *fe'l* 높아지다, 올라가다.
balandaltamoq *fe'l* 높이다, 오르다, 올리다; ovozni ! 목소리를 높

이다.
balandlashmoq *fe'l* 일어서다, 일어나다.
balandlik *ot* 1) 높이, 키; 고도, 표고, 높음 절정, 극치; 2) 언덕, 작은 산, 구릉, 고개, 고갯길, 흙더미, 가산(假山); uchburchak balandligi 삼각형 높이; balandligi 2 metr 높이 2미터; balandligi bo'yicha to'g'ri kelmaydi 높이가 고르지 않다; daryo da- rajasidagi ~ 해발; katta bo'lmagan~ 저공; ~ni oshirmoq 상승하다, 고도를 높이다; ~ ko'rsatkichi asbobi 고도계; ko'k- rak balandligi 가슴 높이.
balandparvoz *sif.* 높이 나는, 높이 비행하는; 2) 과장의, 과대한, 호언장담하는, 과장된; ~so'zlar 호언장담하는 말, 과장된 말; ~uslub 낭비벽이 있는 스타일.
balandparvozlik *ot.* 호언장담, 과장된 말.
balans *ot.* 대차대조표, 균형, 밸런스, 발란스 시트, 평형, 평균; yillik ~ 일년마다의 결산; aktiv ~ 수출초과, 수입초과; passiv ~ 수입초과, 지불초과; deficitsiz ~ 흑자; hisobli ~ 대차대조표; savdo ~i 무역수지
balans chiqarish 대차대조표 작성
balans hisoboti 대차대조표(貸借對照表)
balans narhi, bahosi 균형가격(均衡價格)
balansdagi zararlar 순손실, 회계상 손실
balansdan tashqari hisoblar 난외계정
balanslamoq *fe'l* 균형을 잡다, 발란스 시트를 만들다, 대차대조표를 작성하다, 평형을 언게 하다.
balerina *ot.* 발레리나, 여자 무용가.
balet *ot.* 발레, 무용극, 발레곡, 발레단.
baletmeyster *ot.* 발레의 연출자.
baliq *ot.* 물고기, 어류, 어육(魚肉), 생선; ~moyi 간유; ~sho'rva 수프, 고깃국(물); ~urug'i(*yoki tuxumi*) 곤이(鯤鮞), 어란(魚卵), 생선 알; ~ovi 낚시질; ~ ovlamoq 낚시질하다, 고기를 낚다; ~ ovlovchi 어부, 고기잡이; ~ovlash 어장, 낚시터; qayna- tilgan ~ 삶은생선; qovurilgan~ 구운생선; qizil~ 홍어; yangi tutilgan~ 싱싱한 생선; uchar~ 비어, 날치; ~li pishiriq 어육이 들어간 만두; ~ni tutmoq 물고기를 잡다; suv ichidagi ~dek 살기에 편하다 보금자리를 만나다.
baliq oviga cheklash *ot.* 어획제한
baliq tutish, ov *ot.* 어획, 수렵
baliqchi *ot.* 어부, 낚시꾼; 낚싯배, 고기잡이 배, 어선.
baliqchilik *ot.* 양어, 어업, 어로.
baliqchilik *ot.* 어업(漁業)
baliqchilik erkinligi *ot.* 어업의 자유
baliqchilik melioratsiyasi *ot.* 어장보호
balki *rav.* 1) 어쩌면, 아마, 혹시; 2) 아마, 형편에 따라서는, 혹시, 어쩌면, 오히려, 어느쪽인가 하면
balkim *rav.* 아마, 형편에 따라서는, 혹시, 어쩌면
balkon *ot.* 발코니, 노대(露臺)
ball *ot.* 1) ~일정(량)의, 분량, 수량; 2) 등급, 계급, 품등 (지위. 품질. 정도 따위의) 표준, 수준 (*maklabda qo'yiladigan baho*). 3) 포인트, 점수, 평점,
ballada *ot.* 1) 민요, 속요(俗謠); 이야기; 발라드(민간 전설·민화 따위의 설화시, 또 이에 가락을 붙인 가요); 느린 템포의 감상적[서정적]인 유행가; 2) 발라드(7[8] 행씩의 3절과 4절의 envoy로 되어, 각 절 및 envoy의 끝 행이 같은 형의 시형), 발라드, 담시곡(譚詩曲)
ballerina *ot.* 발레 댄서, 발레리나, (주연) 무희(발레의).
balli *o'timsiz fe'l* 잘한다, 좋아, 브라보

B

B

ballon *ot.* 기구; 풍선, 플라스크; gazli ~ 가스통.
balo I *ot.* 불운, 불행, 천재; 재해, 재난, 참사; 흉사, 큰 불행; ~ga uchramoq 재앙을 만나다, 곤경에 처하다; har ~bo'lsa ham 재난에도 불구하고, 그럼에도 불구하고; boshiga~ 재앙이 눈앞에 있다; u kishi boshimga bitgan ~ bo'ldi 저 남자하고는 곤란하다; baloyi azim 골친 거리.
balo II *sif.* 빠른, 잽싼, 민첩한, 신속한, 기민한; ~yi azim 휙 몸을 피하는 사람.
balo-battar *ot.* 소유물, 재산, 소지품
balogardon *ot.* 어느 도움으로 재앙을 면하다[벗어나다]
balog'at *ot.* 발육, 성장, 성숙; ~yoshi 성년, 정년.
balo-ofat 각종의 재난과 불운, 모든 종류의 불운과 재앙
balo-qazo 환란(患亂), 재앙, 병란(兵亂); ~dek 맹렬한, 미친 듯한.
balog'at *ot.* 성숙, 숙성; 완전한 발달[발육]; 원숙, 완성; ~ga yetmoq 성년에 달하다[달해 있다]; yoshiga yetmagan davr 사춘기 직전의 (어린이)(10-12세).
balqimoq *fe'l* (달빛, 해, 람프가) 빛나다, 번쩍이다, 비치다, 환하게 주다; (꽃이) 개화, 만발; 개화기
balzam *ot.* 발삼, 발삼, 방향성 수지(樹脂); 발삼을 분비하는 나무; 향유, 방향(芳香), 향고(香膏).
balzamlamoq *fe'l* 발삼하다, (시체를) 방부 처리하다, 미라로 만들다(옛날에는 향료·향유를 썼고, 지금은 방부·살균제를 씀); ~에 향기를 채우다
balg'am *ot.* 담(痰), 점액(粘液); 점액질(粘液質), 가래; ~tashlamoq (말을 시작하기 전에) 헛기침하다.
balchiq *ot.* 진흙, 진창, 비옥한 흑토, 롬(모래·점토·짚 따위의 혼합물로서 거푸집·회반죽 따위를 만듦), 흙탕물, 침니(沈泥)(모래보다 곱고 진흙보다 거친 침적토(沈積土)); ~qa botmoq 진창에 빠지다, 궁지에 몰리다, 꼼짝 못 하게 되다; ~bilan davolash 진흙 치료법.
balchiqzor *ot.* 진흙 구덩이.
bamaslahat *rav.* 연합하여, 공동으로; 연대적으로, 의논하여, 상의하여.
bamaylixotir *rav.* 온화하게; 침착히, 차갑게; 냉정하게; 뻔뻔스럽게
bama'ni *sif.* 영리한, 똑똑한, 재기 넘치는, 뜻있는
bamisoli *sif.* 마치 ~처럼[같이], 마치 ~하는 것처럼 [~하듯이].
banan *ot.* 바나나(banana: 파초과(芭蕉科)의 여러해살이풀. 열대·아열대 지방에서 과수로 재배함. 넓고 긴 잎이 뭉쳐나고 초여름에 담황색의 꽃이 핌. 과실은 약간 긴 활 모양으로 씨가 없고 익으면 누른빛이 됨.), 감초(甘蕉), 파초실(芭蕉實)
band I. *sif.* (사람·생활이) 바쁜, 분주(奔走)한, 틈이 없는; ro'znoma hozir~ 신문을 지금 누가 보고 있다; xona~ 방은 사용하고 있다; bu joy~ 이 자리는 공석이 아니다; Band! 비어 있지 않다; telefon tarmog'i~ 통화중; u hozir~ 그는 지금 할 일이 있다, 손이 비어 있지 않다, 그는 지금 바쁘다; u bolalarga qarash bilan~ 그녀는 아이들을 돌보기에 바쁘다; o'zi bilan ~ bo'lmoq 자기의 용모에만 신경을 쓰다; faqat o'zi bilan band bo'lmoq 자신의 일에만 마음을 쓰다.
band II *ot.* 1) 손잡이, 핸들, 자루; eshik ~i 문 손잡이; kodeksning ~i 법전을 절·항으로 구분 배열하다; 2) 꺾꽂이, 삽목(揷木), 접가지; 접붙이기.
band III *ot.* 구금 중인; ~qilmoq 체포[구속]하다
band emaslik 실직(失職)
banda *din.* 노예; 노예같이 일하는 사람, 하나님의 종; (*odam*) 남자.
bandargohga yetkazildi, boj to'landi 부두인도조건.
bandi *ot.* 죄수; 형사 피고인, 포

로, 사로잡힌 자; ~qilmoq ~를 포로로 하다.
bandilik *ot.* 포로가 된 상황.
bandit *ot.* 산적, 노상강도, 도둑; 악당.
bandlamoq *fe'l* 결합시키다, (끈·새끼로) 묶다, 매다, 잇다; 매어서[묶어서] 만들다, 잇다, 연결[접속]하다
bandli *sif.* 결합 하다, ~에 손을 대다
bandlik *ot.* 1) 고용; 2) ~으로 분주하다.
bandlik davlat fondi 국가고용기금
bandlik ko'rsatgichi 고용지수
bangi *ot.* 마약중독자, 물 담배 피우는 자
bangidevona *ot.* 만다라화, 마하만다라화
bangilik *ot.* 마취, 마취제[마약]의 작용
bank *ot.* 금고(金庫), 은행(銀行: bank), 저금통; valyuta ~i 외환은행; davlat ~i 국립은행; hisob ~i 할인은행; chet-el fondi ~i 외자금고; pulni ~ga qo'ymoq 은행에 예금하다; ~ning klienti bo'lmoq 은행과 거래하다.
bank avtomati *ot.* 현금 인출기
bank bo'limi *ot.* 은행지점
bank cheki *ot.* 은행수표
bank daftarchasi *ot.* 은행통장(銀行通帳)
bank dipoziti *ot.* 은행 예치금
bank domitsiliysi *ot.* 은행 주소
bank faoliyatiga soliq *ot.* 은행 영업세
bank foizining hisob me'yori 은행이율
bank hisobi *ot.* 은행계좌, 입출금 계좌
bank huquqi *ot.* 은행법
bank kafolati *ot.* 은행보증
bank krediti *ot.* 은행 신용도
bank logotipi *ot.* 은행로고
bank mijozining guvohnomasi 계좌주에 대한 정보, 계좌번호 등을 나타내는 은행의 고객 증명서
bank nizomi *ot.* 은행정관
bank operatsiyalari va kelishuvlari 은행거래
bank pul o'tkazuvi *ot.* 은행송금
bank qarzi, zayomi *ot.* 은행 대부
bank siri bo'yicha bitim 은행거래비밀 보호 협약
bank ssudasi *ot.* 은행대부
bank ssudasi, bank beradigan qarz *ot.* 은행대부금
bank vekseli *ot.* 은행 어음
bank xizmatchisi *ot.* 은행원(銀行員)
bank zaxira *ot.* 은행 지불 준비금
banka *ot.* 1) (아가리가 넓은) 항아리, 단지, 병; murabbo ~si 잼통; apteka ~si 송진의 일종, 흡각; 2) 흡각(吸角), (부항(附缸)으로) 피를 빨아내기, 흡각법(吸角法); kasalga ~ qo'ymoq 환자에게 흡각을 붙이다; 3) (도기·금속·유리 제품의) 원통형의 그릇, 단지, 항아리, 독, 병, 통조림, 양철통, (통조림의) 깡통
banket *ot.* 연회(특히 정식의), 향연; 축연(祝宴); ~ bermoq 향연을 베풀다.
bankir *ot.* 은행업자, 은행가.
bank-korrespondent *ot.* 중개은행
banklar haqida qonun *ot.* 은행법
banklar vakolatli operatsiyasi *ot.* 은행의 신탁업무
banklar yiriklashuvi *ot.* 은행 합병
bankning vositachilik haqqi *ot.* 위탁은행
banknotlar, qog'oz pullar *ot.* 은행권(銀行券), 지폐(紙幣)
bankomat, qog'oz pul olinadigan avto- mat *ot.* 현금자동 지급기
bankrot *ot.* 파산자; ~ deb e'lon qilmoq 파산을 선고하다; ~arafasida bo'lmoq 파산에 직면하다.
bankrot e'lon qilmoq 파산 선고를 하다

B

B

bankrot, kasod, sinish 파산(破産: 1. 재산을 모두 잃어버리고 망함; 2. 채무자가 그 채무를 완제할 수 없는 상태에 빠졌을 때, 그 채무자의 총재산을 모든 채권자에게 공평히 변제할 것을 목적으로 하는 재판 절차).
bankrotlik *ot.* 파산, 도산(倒産); 파탄; (명성 등의) 실추
banogoh *rav.* 갑자기, 불시에, 졸지에, 돌연, 느닷없이
baqa *ot.* 개구리. ~bolasi 올챙이, 새끼 개구리; suv ~ 청개구리.
baqaloq I *ot.* 살찐, 뚱뚱한 사람.
baqaloq II *sif.* 땅딸막한, 단단한, 그루터기가 많은; 그루터기 모양의; 땅딸막한, 몽톡한, 굵고 짧은.
baqaterak *ot.* 백양나무, 포플러
baqirmoq *fe'l.* 소리를 치다, 소리를 내다, 외치다.
baqiroq *sif.* 떠들썩한, 시끄러운, (사람이) 큰 목소리의, 목소리가 큰; (물건이) 소리가 큰, 큰 소리를 내는
baqlajon *ot.* 가지(가짓과의 한해살이풀. 인도 원산으로 높이는 1m 가량, 온몸에 털이 나 있고 잎은 달걀꼴임. 담자색·남색·백색 등의 꽃이 피고 거꿀달걀꼴의 열매를 맺음. 중요한 과채(果菜)의 하나), 가짓과(科)의 각종 식물
baqqol *ot.* 가게 주인; 소매상인, 상인
baqraymoq *fe'l.* (나쁜 뜻) 쳐다보다, (눈알이) 희번덕거리다; 눈알을 굴리다[희번덕 거리게 하다]; 눈을 부릅뜨다; kimgadir ~ 눈을 크게 뜨다, 응시하다.
baquvvat *sif.* 건장한, 큰, 굳건한, 강하게, 공고히; 격심하게, 맹렬히; 튼튼하게; 열심히, 강경히; buqadek~ 불사신이다; ~ ovqatrjs 강의 좋은 음식물; ~gavda tuzilishi 건장한 체격; ~ovoz 큰소리; ~xotira 대단한 기억력.
baquvvatlik *ot.* 힘, 세력; 권력, 실력; 완력
bar'yer, to'siq *ot.* 장벽(barrier)
bar *ot.* 스커트, 치마; (일반적으로 옷의) 자락, 긴 원피스의 여자옷, (스커트·의복의) 무릎(닿는)부분, (의복·안장 따위의) 처진 것, 자락; ~i keng chopon 길고 품이 넓은 겉옷; 긴 원피스의 여자 옷
baraban *ot.* 북, 북, 드럼, 고수(鼓手); ~ chalmoq 북을 치다; 둥둥 두드리다, 쿵쿵 치다, 쾅쾅 발을 구르다.
barabanchi *ot.* 북재비, 고수(鼓手), (악대의) 북 연주자, 드러머.
barabanli *ot.* 북의, 북 모양의 것.
barak 1) 많음, 가득, 풍부, 다량, 충분; 부유; ~qilmoq ~를 위해 신의 은총을[가호를] 빌다, 축복하다; 2) 생산성, 생산력; 다산, 풍요, 능률, 능력, 유능, 유효성
baraka *ot.* 많음, 가득, 풍부, 다량, 충분.
barakali *sif.* 풍부한, 많은, 많은, 윤택한, 충분한, 풍부한; ~hosil 풍부한 수확, 추수.
barakalla *int* 잘한다, 좋아, 브라보!
barakasiz *sif.* 생산이 없는, 비생산력
baralla *rav.* 1) 똑똑히, 분명히; 밝게(빛나는); 2) 큰 소리로, 소리 높게, 떠들썩하게; 눈에 띄게, 야단스레, 화려하게
baravar *sif.* 같은, 동등한, 아주 동일한, 같은 일; ~kelmoq ~와 같다; unga ~ keladigan yo'q 누구든지 그와 함께 동등하게 경쟁할 수 있다
baravar to'lovlar *ot.* 부대비용
baravariga 1) 함께, 2) 같은 시간에.
baravarlamoq *fe'l* 같게 하다; 평등[동등]하게 하다; 한결같이 하다
baravarlanmoq *fe'l* 1) 동등해[같아]지다, 균등히 분배하다; 평준화하다; 2) 겨루다, 경쟁하다; 서로 맞서다, 필적하다, 어깨를 겨루다
baravarlashmoq *fe'l* 같게 하다; 평등[동등]하게 하다
baravarlashtirmoq *fe'l* 균등하게

하다, 같게 하다.
barbod 1) (시간·돈 따위를) 낭비하다, 헛되이 쓰다, (재산을) 탕진하다, 다 써 버리다, 2) 망쳐놓다, 결딴내다, 못쓰게 만들다, 손상하다, 해치다, 뭉그러지다; ~qilmoq 파괴하다; 파멸[황폐]시키다; 못쓰게 하다.
barbod bo'lish, inqiroz, kasod 와해, 파산, 실패, 파탄
barbodlik *ot.* 파괴, 황폐, 파멸, 멸망.
barcha *sif.* 남김없이, 모든.
bardam I *sif.* 기분 좋은, 팔팔한, 활발한, 기운찬; ~qariya 정정한 노인; ~ bo'lmoq 기운을 내다, 마음을 갖게 하다. bardam- misiz? 건강하십니까?
bardam II *rav.* 기분 좋게, 기운차게; ~ bo'lmoq 강건한, 꿋꿋한, 정정한; ~misiz 건강이 어떻습니까?, 어떻게 지내십니까?
bardamlik *ot.* 강함, 용기, 담력, 배짱.
bardosh *ot.* 인내, 감내, 참을성; 끈기, 인내력, 지구력, 내구력(耐久力); issiqqa ~ beradigan 내열(耐熱)의, og'riqqa ~ ber- moq 참을성, 고통을 견디다; sovuqqa ~ bermoq 내한성, 추위를 견디다.
bardoshli *sif.* 인내심이 강한, 끈기 좋은[있는], 참을성이 있는, 잘 견디는.
bardoshsiz *sif.* 참을성이 없는, 성마른, 조급한, 성급한, 참을 수 없는.
barg *ot.* 잎; gul ~i 장미꽃 잎.
bargak *ot.* 잎사귀
bargli o'rmon *ot.* 활엽수림
barham *ot.* 완료, 결말, 끝, 마지막, 종료, 종국. ~topmoq 완료되다; ~bermoq 끝내다, 마치다, 완성하다, 완료하다, 끝나다.
barhaq *sif.* 옳은, 정확한, 정당한.
barhayot *sif.* 살아 있는, 생명 있는, 영구의, 무궁한, 끝임 없는. ~shahar 영원의 도시; ~dunyo 항구적 평화; ~ ko'z yummoq 죽다.
bari 전부, 전원, 모두, 여태껏, 모든 것.
baribir *sif.* 무관심한, 마음에 두지 않는, 냉담한, 여하튼, 매한가지다, 하여튼.
bariy ot. 바륨(barium: 알칼리 토금속 원소의 하나. 담황색 또는 은백색이고 연하며, 열을 가하면 산화바륨이 됨. 화학적 성질은 칼슘과 비슷함. [56번:Ba:137.34]).
barkamol *sif.* 성숙한; 잘 발육[발달]한; 다 익은, 완전한, 더할 나위 없는.
barmoq *ot.* (***qo'lning barmog'i***) 손가락; (***oyog'ning barmog'i***) 사람 발가락; bosh ~ (***qo'lning bosh barmoq'i***) 엄지손가락; ko'rsatkich ~ 집게손가락; o'rta ~ 가운데 손가락; nomsiz ~ 약시 손가락; kichkina~ 새끼손가락.
barno *sif.* 1) 예쁜, 귀여운, 잘생긴, 미모의, 아름다운; 2) 젊은, 어린, 연소한; 3) 사람의 마음을 끄는; 매력적인, 애교 있는; 4)풍채 좋은, (얼굴이) 잘생긴, (균형이 잡혀) 단정한
barobar *sif.* 가지런히, 나란히, 같은 줄에, 필적하여, 동등하게. boshqalar bilan ~ 다른 사람과 동등하게.
barometr *ot.* 기압계; 고도계; 표준, (여론 등의) 지표(指標), 척도, 바로미터
barpo *ot.* 건축(建築), 건설, 조직, 건립; ~ bo'lmoq 건축되다; ~qilmoq 건설하다.
barq *ot.* 번개, 전광; ~urib 격렬하게, 맹렬하게
barqaror *sif.* 꽉, 굳은, 단단한, 튼튼한, 견고한, 고정된, 확고한, 흔들리지 않는.
barqarorlashtirmoq *fe'l.* 안정시키다, 견고하게 하다; 안정 장치를 하다.
barqarorlik *ot.* 안정; 안정성[도], 견고; 견실; 확고부동.
barra *ot.* 1) (*qo'zi*) 어린 양; ~go'shti 어린양고기; 2) *k. m.* (*yangi*) 새로운; 새로 나타난; ~piyoz 새로운 양파.

B

bars *ot. zool.* 살쾡이(고양잇과의 산짐승. 고양이보다 좀 크며, 빛은 갈색, 등에 흑갈색 반문이 얼룩짐. 성질이 사납고 꿩·다람쥐·닭 등을 포식함. 삵. 들고양이.), 애엽표(艾葉豹) (중앙아시아 산지산(山地産))
bartaraf: ~bo'lmoq 편히 앉다, 안정하다, 진정되다, 가라앉다; ~qilmoq 배열하다, 정리하다, 가지런히 하다, 자리 잡게 하다, 살게 하다; masalani ~ qilmoq 문제를 해결하다.
barter almashinuv *ot.* 물물교환
barter bitimi *ot.* 바터 거래
barter, ayirboshlash *ot.* 물물교환 바터
barter, ayirboshlash 바터제 (barter: 물물교환)
barvaqt *rav.* 일찍이, 일찍부터, 일찌감치, 미리, 사전에, 전부터; erta ~ 이른 아침에.
barvasta *sif.* 당당한, 풍채 좋은, 잘생긴.
barvastalik *ot.* 잘생기다, 풍채 좋은 것.
barxit *soz'l* 벨벳, 우단
barcha 전부, 전원, 모두, 각자 모두, 누구나; ~miz 우리 모두; u ~ga baravar qaraydi 그는 모든 것을 똑같이 처리한다.
bas I (*yetarli*) *rav.* 멈춤게 하다, 중지, 휴지, 충분히, 그만, 이제 그만. Bas. Yetarli! 그만; ~ qilmoq 그만하다.
bas II (*bahs*) *ot.* 논의, 논쟁, 논증; 논거, 논법; ~bog'lashmoq 논하다, 논의하다.
bas III (*teng*) *sif.* 같은, 동등한; ~kelmoq 균등하게 하다, 같게 하다.
basavlat *sif.* 견고한, 튼튼한, 굳센, 완강한, 멋진, 근사한, 멋있는 사람.
basketbol *ot.* 농구; ~ o'ynamoq 농구를 하다.
basketbolchi *ot.* 농구선수
baslashmoq *soz'l* 내기하다, (원금과 상금을) 다시(다른 말에)걸다; 늘리다, 확장하다
basma-bas: ~o'ynamoq, ~bog'lashmoq ~에 대하여 내기하다, 원금과 상금을 다시 다른 말에 걸기, 내기 걸다, 내기하다.
basseyn *ot.* 수영장, 풀장.
bast *ot.* 키, 몸매, 풍채, 자태, 외관, 눈에 띄는[두드러진]모습, 이채.
bastakor *ot.* 작곡가(作曲家), 구성자, 구도자(構圖者), (글의) 작자(作者).
bastalamoq *fe'l.* (시·글을) 만들다, 작문하다; 작곡하다; (그림을) 구도(構圖)하다
batafsil *sif.* 상세한, 정밀한, 세세하게.
batalyon *ot.* 대대(大隊), 대부대, 집단.
batamiz 1) (*aqlli*) 분별 있는, 사리를 아는, 이치에 맞는, 조리 있는; 2) (*farosatli*) 민감한, 눈치[약삭]빠른, 머리가 잘 도는, 영리한, 머리가 좋은, 기지가 있는.
batamom *rav.* 완전히, 아주, 전혀, 완전히, 철저히, 완벽하게, 전부.
batareya *ot.* 포열(砲列); 포병 중대; 포대
batartib *sif.* 규칙적인, 정연한, 계통이 선; 조직적인, 조화를 이룬, 균형 잡힌, 규칙적인.
baton *ot.* 긴 빵, 기다란 흰 빵, 갸름한 네모꼴로 깎은 보석.
battar 1) (*yomonroq*) 다 나쁜; (병이) 악화된; 2) (*ko'proq*) (수·양 등이) 더 많은, 더 큰
battarlashmoq *fe'l* 악화되다
battol *ot.* 바보.
bavosir *ot. tib* 치질(痔疾), 치루(痔瘻). 치핵(痔核). 치열(痔裂).
bavosita *sif.* 간접적인; 2차적인, 부차적인
baxayr *sif.* 유리한, 좋은, 호의를 보이는, 찬성의, 질이 좋은, 고급의.
baxil *sif.* 1) (*xasis*) 인색한, 구두쇠, 욕심 많은, 탐욕스러운, 갈망하는, 간절히 바라는; 2) (*hasasdli*) ~을 샘[부러워]하는, 질투심이 강한, 몹시 ~하고자 하는.
baxillik *ot.* 인색, 탐욕, 구두쇠.

baxmal *ot.* 벨벳, 우단(羽緞), 비로드, 천아융(天鵝絨); 이끼, 녹용.
baxshi *ot.* 무당
baxt *ot.* 행운, 요행, 운명, 숙명, 운수.
baxt-iqbol *ot.* 행운, 행복.
baxtiyor *sif.* 행복하게, 행운의, 운 좋은.
baxtiyorlik *ot.* 운이 좋은 것, 행운을 가져오는.
baxtli *sif.* 행운의, 운 좋은, 경사스러운, 행복하게, 행복한; u ~ yashamoqda 그는 행복하게 살고 있다; u juda ~ odamdir 그는 아주 행복한 사람입니다.
baxtlilik *ot.* 행운, 요행, 행복감, 기쁜.
baxt-saodat *ot.* 행운.
baxtsiz *sif.* 행운이 없는.
baxtsiz hodisalardan shaxsiy sug'urta *ot.* 개인 상해보험(傷害保險)
baxtsizlik *ot.* 행운이 없는 것.
baxya (*chok*) *ot.* 한 바늘, 한 땀, 한 코, 한 뜸, 바늘땀[코], 바느질 자리, 솔기.
baxyado'z (*tikuvchi ayol*) 여재봉사
baxyalamoq (*tikmoq*) 바느질하다
bay *ot.* 지불, 납부, 납입; ~puli 맡기다, 예금하다.
bay puli, bo'ynak *ot.* 선금, 예치금
bayan *ot.* 바얀, 아코디언, 손풍금.
bayanchi *ot.* 바얀 치는 사람, 아코디언 연주자
baydarka *oy.* 경기용, 보트, 카누.
bayir 1) (*ko'nikkan*) 습관의, 언제나의, 익숙한, 익숙해져서; 2) (*o'ragatilgan*) 길든, 길러 길들인; 유순한
baylashmoq *fe'l* 흥정을 하다; 매매 교섭을 하다, 계약하다.
baynalmilal *sif.* 국제(상)의, 국제적인.
bayon 1) (*aytib berish*) 서술, 이 야 기 하 기 이 야 기 ; ~qilmoq/etmoq 말하다, 이야기하다, 서술하다; yuqorida ~qilingan 처음부터 장황하게 말하다; 2) (*maktabdagi yozma ish turi*) 박람회, 전람회.
bayon bo'yicha sifat 물품에 첨부된 기재 사항을 바탕으로 품질을 정하는 계약조건
bayonnoma *ot.* 각서, 송장, 정관
bayonnoma, bayonot *ot.* 의사록
bayonot *ot.* 고시, 성명, 성명서.
bayram *ot.* 휴일, 축(제)일, 축제, 명절, 페스티벌, (축제의) 향연; davlat ~lari 국경일; halq ~lari 민간축제; oilaviy ~lar 가정 축일; ~ bilan tabriklayman 축하합니다; har ~da magazinlar yopiq bo'ladi 휴일에는 가게들이 닫혀 있다; bizning ko'- chamizda ham ~ bo'lib qolar 우리들에게도 좋은 때가 돌아올 것이다; ~qilmoq 명절하다.
bayramlik *ot.* 휴가를 받다.
bayroq *ot.* 기(旗), 국기, 군기, 깃발
bayroqcha *ot.* 페넌트, 길고 좁은 삼각기(期), 작은 기, 손기
bayt *ot.* 대구(對句), 이행연구(二行聯句).
baytal *ot.* 암망아지, 망아지, 말새끼
baytar *ot.* 수의사, (말의) 수의(獸醫)
baytulloh *ot.* 메카(사우디아라비아의 도시; Muhammad의 탄생지); 동경의 땅, 사람이 잘 가는 곳; 동경의 대상; (주의·신앙·학문 따위의) 발상[기원]지.
bazis, asos *ot.* 기반, 기초, 바탕, 베이스
bazm *ot.* 파티, 축연(祝宴), 잔치, 향연; ~ qilmoq 파티하다
bag'ayrat *ot.* 정력적인, 원기 왕성한, 활동적인, 강력한, 효과적인.
bag'ir(*bag'ri*) *ot.* 1) 간장(肝臟); 간(肝)(음식으로서의); 간장병(病), 담즙증; 2) 가슴, (영)혼, 넋; 정신, 마음; tosh ~odam 몰인정한, 무자비한, 냉혹한; 3) 경사면, 비

탈; 스키장; ~ochiqligi 정직한, 솔직한, 성실.
bag'ishlamoq *fe'l.* 바치다, 주다, 수여하다, 부여하다; asarni ~ 봉납하다, 헌납하다.
bag'ishlanmoq *fe'l.* 바치다, (저서·작곡 따위를) 헌정(獻呈)하다
bag'oyat *rav.* 크게, 대단히, 매우, 아주, 너무, 위대하게; 숭고하게, 고결하게
bag'ritosh *sif.* 잔혹[잔인]한; 무자비한, 냉정한, 무자비한, 무정한, 냉혹한.
bashang *ot.* 스마트한, 맵시 있는, 말쑥한권위 있는.
bashara *ot.* 얼굴.
bashariy (*insoniy*) *ot.* 인간적인, 인간다운, 인간에게 흔히 있는.
bashariyat *ot.* 인류, 인간, 사람, 지구의, 전세계의, 세계적인.
basharti *cj. if.* 다만, ~만큼, 같을 정도로, (만약) ~이면[하면]; (만일) ~라고 하면; ~하면.
bashorat *ot.* 예언(豫言); 신의(神意)의 전달; 예언 능력.
bashorat qilish modeli 예측 모델
bashorat, tashhis *ot.* 예측, 예보
bashoratli *sif.* 예언의, 예언적인; 경고의; 전조의; 예언자의. 예언이 하는.
bachadon *ot.* 자궁(子宮: womb: 자성(雌性) 생식기인 수란관(輸卵管)의 일부가 변화한 근육질의 기관《수정란이 착상(着床)하여 발육함》. 아기집. 자호(子壺). 포궁(胞宮).); ~devori 자궁의 벽; ~niko'zadan kechirish 자궁 검사(진찰)
bachkana *sif.* 어린애 같은, 앳된, 유치한; 어른답지 못한; 어리석은
bachkanalik *ot.* 어린애 같은 것, 앳된 것.
bachk *ot.* (풀·나무의) 줄기, 대, 꽃자루, 잎자루[꼭지], 열매 꼭지. 줄기, 대, 잎자루
ba'zan *rav.* 언젠가; 언젠가 후일, 근근, 후에, 드물게, 좀처럼 ~하지 않는
ba'zi *pron.* 얼만가의, 몇 개(인가)의, 다소(多少)의, 약간[조금]의; ~bir 조금(은), 좀, 조금도; ~birov (~와는) 다른; ~이외의
ba'zida *rav.* 때때로, 가끔.
ba'zi xossalar bo'yicha o'xshash-liklar, konvergentsiya 부합, 수렴
be *und.s.* 오오, 아, 어허, 앗, 아아, 여봐(놀람·공포·찬탄(讚嘆)·비탄·고통·간망(懇望)·부를 때 따위의 감정을 나타냄).
beadab *sif.* 무례한, 버릇 없는, 실례되는.
beandaza *sif.* 무한한, 헤아릴 수 없는
beandisha 1) (*o'ylamay qilingan*) 분별없는, 무모한, 경솔한, 무분별한, 조심하지 않는; 2) (*uyatsiz*) 부끄러움을 모르는, 파렴치한, 뻔뻔스러운; 추잡한, 음란한
beaql *sif.* 어리석은, 우둔한, 바보 같은.
beaxloq *sif.* 1) (*buzuq*) 부도덕한; 행실 나쁜; 음란한, 외설한; 2) (*nuqsonsiz*) 결함[결점]이 없는, 하자가 없는
beayb *sif.* 죄 없는.
beayon *ot.* 무죄.
bebaho *sif.* 비교할 수 없을 만큼 다른.
bebaraka 1) (*unumsiz*) 효과 없는, 능률이 오르지 않는; 무능한, 쓸모없는, 기능[역량] 부족의; 2) (*foyda- siz*) 이익 없는, 수지 안 맞는, 손해되는; 무익한, 헛된, 불리한
bebozor: ~kun 주일, 평일(일요일 또는 토요일 이외의 요일)
beburd *sif.* 변하기 쉬운, 마음이 잘 변하는, 변덕스러운
beda *ot. bot.* 클로버, 토끼풀
beda *sif.* 셀 수 없는, 셀 수 없을 정도로 많은, 무수한, 대단히 많은.
bedahmaza *sif.* 근심걱정 없는.
bedakorlik *ot.* 자주개자리
bedana *ot. zool.* 메추라기, 메추리; 뫼추리
bedapoya *ot.* 클로버 필드, 토끼풀 밭
bedarak *sif.* (말·의미 따위가) 분

명치 않은, 불명료한, 모호한, 알기 어려운, 흔적[자취]도 없이, 불명.
bedarmon *ot.* 약한, 무력한, 연약한, 박약한, 나약한, 기력이 없는; 저능의.
bedarvoza *ot.* 1) 문 없는, 출입구가 없는; 2) 억제(제어, 통제) 할 수 없는
bedavo *sif.* 낫지 않는, 불치의; 교정할[고칠] 수 없는.
bedavolik *ot.* 고쳐지지 않음, 불치, 교정 불능, 불치의 병자; 구제하기 어려운 사람.
bedaxona *ot.* 건초간, 건초 보관장
bedazor *ot.* 클로버 필드, 토끼풀밭
bedil *sif.* 볏이 처진; 머리를 푹 숙인; (비유) 풀이 죽은; 기운이 없는, (눈이) 아래로 향한; 기가 꺾인, 멋쩍어[거북해]하는.
bedodlik *ot.* (도의적인) 부정, 불의, 불공평, (법률적인) 부정, 불법; 부정[불법]행위.
bef'am *sif.* 걱정 없이
befahm *sif.* 이해가 더딘, 머리가 둔한, 둔감한, 우둔한, 투미한, 굼뜬; ~odam 멍텅구리, 얼간이.
befahmlik *ot.* 느림, 완만; 우둔
befard *sif.* 차이 없는.
befarosat *sif.* (속도가) 느린, 더딘; 느릿느릿한, 바보 같은.
befarosatlik *ot.* 바보 같다, 해가 더딘, 머리가 둔한
befarq *sif.* 무관심한, 마음에 두지 않는, 냉담한, 냉담한; 무관심, 무감동, 무감각
befarqlik *ot.* 무관심, 냉담, 차이 없다
befarzand *ot.* (여자가) 애를 못 낳는, 임신을 못하는, 아이 없는
befarzandlik *ot.* 생식(生殖) [번식] 불능(증), 불임(증), 아이 없다
befayz *sif.* 남의 눈을 끌지 않는, 아름답지 못한, 애교가 없는; 흥미가 없는, 매력 없는, 시시한.
befoyda *sif.* 쓸모[소용] 없는, 보람 없는, 무익한, 헛된; 아무 짝에도 쓸데없는, 함부로, 무모하게. ~gapirmoq 함부로 지껄이다; ~ vaqtni o'tkazmoq 헛되이 시간을 보내다; ~ ishlamoq 쓸데없이 일하다.
begemot *ot.* 하마(河馬), 물뚱뚱이.
begona *ot.* 모르는[낯선] 사람, 외국인, 외인(外人), 타관사람; begonalarning ishiga bekorga aralashmaslik kerak 남의 일에 쓸데없이 참견하지 말아야 된다.
begonalashmoq *fe'l.* 이동하다, 물러나다, 이사하다; 떠나다, 나가다
begona noqonuniy egadan mulkni talab qilib olish *ot.* 타인의 불법점유에 대한 반환청구
begonalashish, musodara qilish *ot.* 양도(매매에 의한 소유권 이전 또는 증여 등)
begonalashuv *ot.* 소유권 이전
begonalik *ot.* 낯설다.
begonasiramoq *fe'l.* 피하다, 회피하다, 비키다, 낯을 가리다
begumon *rav.* 의심없이, 의심할 바 없이, 확실히; 틀림없이, 꼭, 물론.
begumonlik *ot.* 확신(감); 확실(성), 의혹 없다
behad *sif.* 너무, 무한한, 무수한, 한량 없는, 무한의; 무제한의; 무기한의; 광대한
behafsala *sif.* 무관심[무심]한, 대수롭지 않은, 중요치 않은, 아무래도 좋은, 원하지 않다
behi *ot.* 마르멜로(의 열매), 모과(*daraxti va mevasi*)
behisob *sif.* 셀 수 없는, 셀 수 없을 정도로 많은, 무수한, 대단히 많은.
behol *sif.* 약한, 무력한, 연약한, 약한, 힘없는, 박약한.
behuda *sif.* 헛된, 보람 없는, 무익한, 쓸데 없는, 헛되이; ~ vaqtini o'tkazmoq 헛되이 시간을 보내다.
behurmat *sif.* 존경심이 없는.
behuzur *sif.* (몸이) 불안한, 편치 않은, 거북한, 불편한, 불쾌한; ~qilimoq ~으로 기분을 상하게

하다, ~에 상심하게 만들다.
behush *sif.* 정신이 없는, 무의식의, 부지중의, 의식 불명의, 인사불성의.
behushlik *ot.* (해·달의) 식(蝕); (별의) 엄폐, 빛의 상실[소멸].
beijozat *sif.* 허락 없이, 허용할 수 있는; 지장 없을[무방한] 정도의(잘못 따위).
beillat *sif.* 비난할 수 없는, 결점이 없는, 탓할[흠잡을] 데 없는, 단점이 없다
beixtiyor I *sif.* 강요된, 강제적인, 무리한, 억지의, 부자연한
beixtiyor II *rav.* 모르는 사이에; 본의 아니게, 고의가 아니게.
beiz *sif.* 자국[흔적]이 없는, 남 모르는.
beiztirob *rav.* 온화하게, 침착히, 고생없이
bejirim *sif.* 유행의, 유행을 따른, 당세풍의작은, 몸집이 작은(여자에게 말함).
bejirimlik *ot.* 세련, 고상, 우아, 품위 있음
bejiz *rav.* 무익하게, 쓸데없이, 소용없이, 헛되이, 과[효력] 없게.
bek I *sif.* 닫힌, 밀폐한; 폐쇄한, 둘러싸인, 자물쇠의, 감춰진, 덮인, 차폐된.
bek II *ot.* 귀족, 벡, 지배계급(支配階級); 양반(兩班), 사족(士族), 지배층.
beka *ot.* 여자분, 여자, (성인) 여성, 부인, 주부; uy ~si 가정주부.
bekachi 부재한 여자
bekami-ko'st *sif.* 비난할 수 없는, 결점이 없는, 탓할[흠잡을] 데 없는, 비난할 점이 없는, 결백한, 부족한 것이 없이; ~ish 결점이 없는 일; ~xizmat 완전한 서비스.
bekami-ko'stlik *ot.* 비난할 수 없는 것, 결점이 없는 것, 탓할[흠잡을] 데 없는 것, 부족한 것이 없다.
bekat *ot.* 정거장, 역, 정류장; 역사(驛舍).
bekat, stantsiya, shahobcha 시설, 기지
bekach *ot.* 귀부인, 숙녀.
bekilmoq *fe'l.* 닫히다, 휴업[폐점]하다
bekinmachoq *ot.* 숨바꼭질(하다); 서로 속여먹기(를 하다); ~o'ynamoq 숨바꼭질하다; 피해 다니다, 속이다
bekinmoq *fe'l.* 숨기다, 덮어 가리다, 덮다감추다, 비밀로 하다.
bekintirmoq *fe'l.* 숨다, 잠복하다.
bekitilmoq *sif.* 숨은, 숨겨진, 숨긴, 비밀의, 닫힌, 밀폐한; 폐쇄한; 비공개의.
bekitiqcha *sif.* 숨기하게, 비밀[기밀]의, 눈에 보이지 않는, 보이지 않게 만든.
bekitmoq *fe'l.* 죄다, 잠그다, 채우다, 덮다.
bekor *fe'l.* 한가한, 게으름 피우고 있는, 놀고 있는, 할 일이 없는, 무모하게. 빈둥거리다; ~o'tirmoq 할 일이 없이 앉아 있다.
bekor deb e'lon qilish (계약 등의) 폐기
bekor qilish *ot.* 무효화, 취소, 파기
bekor qilish huquqi 해제권(解除權)
bekorchi *ot.* 어정거리한 사람.
bekorchilik *ot.* 나태; 무위(無爲).
bekorga *rav.* 괜히, 쓸데없이, 공연히, 일부러.
bel I *ot.* 허리, 요부(腰部), 허리의 잘록한 곳, 잔허리; ~og'rig'i 등의 작은 통증; ~ igacha 깊이가 허리까지 닿는[닿게].
bel II *ot.* 가래, 삽, 부삽; 삽이 달린 기계.
belamoq *fe'l.* 더럽히다, ~에 얼룩을 묻히다, 더러워지다, 얼룩이 지다, 흐려지다; qo'llarini qonga ~ 자신의 손을 피로 더럽히다.
belanmoq *fe'l.* 문질러 더럽히다, 흐리게 하다. 손질하다.
belanchak *ot.* 요람(搖籃), 소아용 침대, 해먹(hammock: 기둥 사이나 그늘 등에 달아매게 된, 침상으로 쓰는 그물 모양의 물건).
belbog' *ot.* (여성·어린이용의) 띠, 장식띠, 허리띠, 머리띠, 터번.

belgi *ot.* 기호, 표시, 부호, 표, 징후, 나타남; 상징(象徵), 표상, 심벌, 기장(記章), 문장, 표장(標章), 전형(典型); 우의화(寓意畵); ~qo'ymoq ~에 주석을 달다; so'roq ~si 의문부호; tenglik ~si 같은 기호.
belgilamoq *fe'l.* 부호하다, 투영하다; 영사하다, 부호[기호]를 붙이다
belgilangan foiz *ot.* 이자율, 금리(金利)
belgilangan sana *ot.* 약정일
belgilangan to'lov *ot.* (운송이전) 대금 선납조건
belgilanmoq *fe'l.* 넌지시 말하다, 암시하다
belgilashi olmoshi *ot.* 한정 대명사
belgili *sif.* 부호에 있는, 기호[표]가 있는; (부정을 하기 위해) 뒷면에 표를 한(카드)
belgili xizmat muddatini o'tash 근속연수, 연공
belgisiz *sif.* 부호에 없는, 표시[표지]가 없는, 주(注)가[정정(訂正)이] 없는.
belgiyalik *ot.* 벨기에, 벨기에 사람
belkurak *ot.* 아이론 삽, 다리미 바닥.
bellashmoq *fe'l.* (갑자기) (붙)잡다, 붙들다, 꽉(움켜)쥐다, 노력[분투]하다, 고투하다, 다투다, 경쟁하다; (적·곤란 따위와) 싸우다
belorus *ot.* 백(白)러시아(벨로루시 공화국(독립 국가 연합의 한 공화국; 수도는 Minsk); ~ tili 백러시아 말(언어); ~lik 백러시아인.
bem *ot.* 막.
bemador *sif.* 약한, 무력한, 연약한, 박약한, 힘이 없는.
bemadrlik *ot.* 무력함, 약함, 박약함
bemahal *sif.* 느린, 완만한; 늦은, 지각한.
bemajol *sif.* 연약한, 약한, 힘없는, 무능한
bemajollik *ot.* 약함, 미약, 약질(弱質), 쇠약; 무기력
bemakr *ot.* 꾸밈없는, 천진한, 소박한, 자연 그대로의; 볼품없는, 서투른. 단순물.
bemalol *sif.* 조용한, 고요한, 소리 없는.
bemaqsad *sif.* 목적[목표]없는; 정처없는.
bemaslahat *sif.* 의논하지 않고, 충고를[조언을] 받아들이지 않는; 권할 수 없는, 적당치 않은; 좋은 계책이 못되는
bemavrid *sif.* 부적절한; 무관계한, 잘못 짚은, 당치 않은.
bemaza *sif.* 맛없는, 취미 없는, 멋없는, 품위 없는, 비속한; 감식력이 없는.
bema'ni *sif.* 무감각의[한]; 인사불성의
beminnat *sif.* 비난 없이, 질책하지 않고.
bemisl *sif.* 무적의, 무쌍의, 비길데 없는.
bemor *sif.* 병자의, 환자의
bemorlik *ot.* 병, 질병, 불쾌, 우환.
benasib *sif.* 불운한, 불행한, 운이 없는.
benavo *sif.* 불길한, 재수 없는.
benefitsiar *ot.* 수취인(受取人), 수령인.
benihoyat *rav.* 무한히, 끝없이, 대단히, 극히, 끊임없는, 부단한.
benishon *sif.* 흔적[자취]도 없이 사라지다
benom *sif.* 이름 없는, 세상에 알려지지 않은, 무명의, 익명의; 작자불명의.
benomus *sif.* 조심성[삼감이] 없는, 무례한; 거리낌 없는, 건방진, 상스러운; 음란한, 부끄러움을 모르는, 파렴치한, 뻔뻔스러운; 추잡한..
benomuslik *sif.* 부끄럼, 부끄러워하는 마음, 수치심, 면목 없는, 수치스러운.
benuqson *sif.* 결점[과실] 없는; 흠(잡을 데) 없는, 완전무결한, 흠없는; 완벽[완전]한, 부족이 없는.
benzin *ot.* 벤진(benzine: 석유성 휘발유의 하나; 석유를 증류·정제할

때 30-150℃에서 얻는데, 무색투명, 특이한 냄새가 남. 유지(油脂)·수지의 용해제, 항공기 내연 기관의 연료나 소독·드라이클리닝 등에 씀) (*avtomobil uchun*) 가솔린, 정유(精油), 경유.
benzol *ot.* 벤졸, 불순 벤젠, 벤젠(콜타르에서 채취함, 용제(溶劑); 물감의 원료).
beomon *sif.* 무자비한, 몰인정한, 냉혹한.
beor *sif.* 버릇없는, 꼴사나운; 외설[음란]한, 상스러운; 부당한, 억지의
beorlik *ot.* 예절 없음, 꼴사나움; 외설; 추잡한 행위[말]
beozor *sif.* 해가 되지 않는; (사람·행위가) 악의가 없는; (말 따위가) 거슬리지 않는, 불쾌감을 주지 않는, 싫지 않은.
beparvo *rav.* 아주 우연히, 부주의[소홀]하게; 속편하게, 마음 편하게, 낙천적으로; 되는 대로, 운에 내맡기는.
beparvolik *ot.* 부주의; 소홀; 속편함.
bepoyon *sif.* 한없는, 무한한, 끝없는
bepoyonlik *ot.* 광막함, 광대함, 거대함.
bepul *sif.* 무료로, 거저, 공짜, 무임(無賃); ~chipta 공자표, 프리티켓.
bepul aktsiya *ot.* 보너스 주식
bepul foydalanish 무료사용
bepul sinov *ot.* 시식용 샘플
beqaror *sif.* 변하기 쉬운, 일정치 않은, 변화가 많은; 변덕스러운, 불실[불신]의.
beqaror iqtisod 취약한 경제
beqarorlik 변덕(스러운 행위).
beqasam *sif.* 배가삼 (재료) (*material*) 옷감의 타입; ~to'n 배가삼 돈 (*o'zbekcha milliy kiyim*).
beqiyos *rav.* 끝없이, 계속적으로.
bequvvat *sif.* 약한, 무력한, 연약한, 박약한, 나약한, 기력이 없는; 저능의.
berahm *sif.* 무자비한, 몰인정한, 냉혹한
berahmli *ot.* 잔학[잔인]함, 무자비함; 끔찍함; 잔인한 행위.
berbout-charter 나용선
berbout-charterli to'lov 나용선류
berilgan *sif.* (이상·주의(主義) 등에) 일신을 바친, 헌신적인, 주어진, 정해진, 소정(所定)의; 일정한, 충실한, 헌신적인
berilganlik *ot.* 헌신; 전심, 전념, 귀의(歸依), 신앙심, 헌신적인 애정, 열애
barilliy *ot.* 베릴륨(beryllium: 알칼리 토금속의 하나. 녹주석(綠柱石) 속에 있는 은백색의 금속; 성질은 알루미늄과 비슷하며 원자로의 감속재 등으로 씀. [4번:Be: 9.012])
berilmoq *fe'l.* 봉납하다, 헌납하다.
beriluvchan *sif.* 휘기 쉬운, 나긋나긋한, 유연한; (나쁜 의미로) 융통성 있는; 유순[온순]한, 고분고분한; 적응성 있는
beriluvchanlik *ot.* 유연성; 적응성.
berish *ot.* 주기, 주다; ~qiyin 주기 힘들다; yordam ~ qiyin 도와주기가 힘들다.
berish, taqdim qilish *ot.* 부여, 위임
berk *sif.* 닫힌, 밀폐한; 폐쇄한; 비공개의; 배타적인; 업무를 정지한; 교통을 차단한, 막힌; ~soyabon 접혀진 우산; ~ko'zlar bilan 눈을 감고서.
berkilmoq *fe'l.* (문 따위가) 닫히다; (꽃이) 오므라들다; (상처가) 아물다; (사무소 따위가) 폐쇄하다, 폐점하다; (극장이) 휴관하다; (손가락이) (~을) 꼭 잡다
berkitmoq *fe'l.* 덮다, 씌우다, 싸다, 덮어 가리다, 감추다, ~에 모자를 씌우다, ~에 뚜껑을 하다; ~에 온통 뒤바르다; pulni~ 돈을 감추다; qo'llarni chontakka ~ en 손을 호주머니에 찌르다.
bermoq *fe'l.* 주다, 거저 주다, 드리다, 증여하다. 제공하다, 공급하다, 내주다; qarz ~ 빌리다, 빌려주다; dori ~ 기계를 공급하다;

pulni ~ 돈을 주다; kitobni~ 책을 주다; sovg'a qilib ~ 선물하다; erkinlik ~ 자유를 주다; tushuntirish~ 이해하게 하다; so'z ~ 약속하다; qo'l~ 손을 밀다; dars~ 수업을 하다.
beruxsat *sif.* 허용할[승인될] 수 없는
besabr *sif.* 조급한, 성급한, 참을성 없는; 초조한. ~odam 참을성 없는 사람.
besabrlik *ot.* 성마름; 성급함, 조급함, 초조, 참지 못 하는, 참을 수 없는.
besaranjom *sif.* 단정치 못한; 꾀죄죄한, 초라한.
besaranjomlik *ot.* 무질서, 어지러움, 혼란.
besarishta *sif.* 혼란된, 난잡한; 순조롭지 못한; 병에 걸린.
besarishtalik *ot.* 무질서, 어지러움, 혼란
beso'naqay *sif.* 솜씨 없는, 서투른, 꼴사나운, 세련되지 않은.
beso'naqaylik *ot.* (사람·동작 등이) 선부른 것, 서투른 것; 어줍은, 무무한; 눈치 없는; 몰골스러운, 침착하지 못함.
beso'roq *sif.* 허락 없이, 허가를 받지 않고, 무단히; ~ish qilmoq 허락 없이 행동하다
bessa *ot.* 주가 하락, 시가하락
bet *ot.* 1) 얼굴, 얼굴 모습, 면, 표면; 2) 쪽, 측, 측면, 면(앞뒤·좌우·상하·안팎); 3)장, 쪽, 페이지; ~iga qaramoq 얼굴을 쳐다보다; 5chi ~ga qaramoq 5쪽을 보다.
beta *ot.* 1) 베타(화합물 치환기(置換基)의 하나), 2) 그리스어 알파벳의 둘째글자(Β, β). ~nurlari (방사성 물질의) 베타선(β방사성 원소로부터 나오는 방사선의 일종; 고속도의 β입자로 이루어지는데, 음전기를 가지며, 화학 작용·사진작용·형광작용을 함).
betakalluf *sif.* 단일의, 분해할 수 없는, 단순한, 보통의, 통상의, 정규의.
betakror *sif.* 흉내낼 수 없는, 독특한, 비길 데 없는; o'ziga xos ~lik 유일(무이)한, 하나밖에 없는, 유(類)가 없는.
betakror direktor 전무(專務: executive director)
betamiz *sif.* 이해가 더딘, 머리가 둔한, 어리석은, 우둔한, 바보 같은
betaraf *sif.* 중립의, 국외(局外) 중립의; 중립국의, 만두다, 끊다, 삼가다.
betaraflik *ot.* 중립 (상태); 국외(局外) 중립, 불편부당.
betayin *sif.* 알려지지 않은, 진기한, 미지의, 알 수 없는, 헤아릴 수 없는, 이루 다 셀 수 없는, 정확[정밀]하지 않은, 부정확한; ~ibora 정확[정밀]하지 않은 표현
betayinlik *ot.* 어렴풋한, 막연한, 애매한, 명료하지 않은, 애매한, 막연한(말 따위).
betashvish *sif.* 고요한, 조용한, 온화한, 바람이[파도가] 잔잔한, 조용한, 평온한.
beta'lim *sif.* 버릇없이 자란, 본데없는, 버릇없게[없는], 예의 없게[없는], 무무(貿貿)하게[한]. 교육이 없는.
beta'sir *sif.* 영향을 받지 않은.
betimsol *sif.* 완전한, 더할 나위 없는, 결점이 없는, 이상적인, 무적의, 비길 데 없는
betinim *sif.* 끊임없는, 그칠 새 없는, 간단 없는, (시간. 공간적으로) 연속[계속]적인, 끊이지 않는, 부단한, 잇단.
betlamoq *fe'l.* 감히 ~하다, 대담하게[뻔뻔스럽게도] ~하다.
betlik *ot.* 페이지(略: p., pl. pp.), 쪽, 면; (인쇄물의) 한 장; 707 ~qo'lyozma 707 페이지 원고.
betob *sif.* 환자, 병이 든, 병의, 병에 걸린.
betoblanmoq *fe'l.* 환자가 되다, 병이 들다.
betoblik *ot.* 환자(들)
beton *ot.* 콘크리트, 구제물; 응고물
betonlamoq *fe'l.* 콘크리트를 붓다(따르다)
betoqat *sif.* 참을 수 없는, 성마

른, 조급한, 성급한, 몹시 ~하고 파 하는, 하고 싶어 애태우는
betoqatlik *ot.* 염원, 열망, (하고 싶은) 안타까움, 안달
betsiz *sif.* 부끄러움을 모르는, 파렴치한, 뻔뻔스러운; 창피를 모르는, 추잡한, 음란한
betsizlik *ot.* 뻔뻔스러운, 철면피의, 염치없는; 건방진, 창피 없다
betuturiq *sif.* 미련한, 어리석은, 양식(良識)없는, 분별없는, 바보 같은, 공허한.
betuturiqlik *ot.* 공허함; 어리석음, 우둔, 어리석은[무의미한] 짓..
beto'xtov *sif.* 끊임없는, 부단한, 간단없는, 멈추지 않은, 논스톱.
beunum *sif.* (땅이) 비옥하지 않은; 불모의; 생식력이 없는, 자식을 못 낳는, 불임의; (알이) 무정(無精)인, 수정하지 않은.
beva *ot.* 미망인; 홀어미, 과부
bevafo *sif.* 부정확한, 올바르지 않은, 틀린, 믿을[신용할]수 없는, 거짓말 같은.
bevafolik *ot.* 믿지 않음, 불신, 의혹(in); 불신앙, 의심이 많음, 회의심.
bevalik *ot.* 과부 생활[신세]
bevaqt *sif.* 때 아닌, 때가 아닌, 철이 아닌(서리 따위), 불시의; 시기상조의, 미숙한; 조숙한; 너무 이른, 때 아닌; 시기상조의, 너무 서두른; ~o'lim 때 아닌 죽음.
bevaqtlik *ot.* 때 아닌, 조숙; 시기상조; 일찍 핌; 조산.
bevatan *ot.* 집 없는; (가축 따위의) 임자 없는.
bevosita *rav.* 곧장, 똑바로, 일직선으로, 똑바로; 직접(으로); 직행적으로.
bevosita harajat 직접생산비용
bevosita harajatlar 직접비용
bevosita sotish 직접 판매
bexabar *sif.* 눈치 채지 못하는, 알지 못하는, 모르는, 알려지지 않은, 정보를 받지 못한, 지식이 없는, 무학의
bexabarlik *ot.* 정보의 부족, 모름, 무학.
bexatar *sif.* 안전한, 위험(성)이 없는, 피해입을[가해할] 걱정이 없는.
bexatarlik *ot.* 안전, 무사; 무난, 무해.
bexato *sif.* 잘못이 없는, 과실이 없는; 적중하는; 틀림없는, 확실한, 아주 바른, 결점[과실]없는; 흠(잡을 데) 없는, 완전무결한.
bexavotir *sif.* 근심 없이, 근심[걱정]이 없는; 태평한; 즐거운, 고요한, 조용한.
bexosdan *rav.* 갑자기, 불시에, 졸지에, 돌연, 느닷없이, 퉁명스럽게, 무뚝뚝하게
beysbol *ot.* 야구, 야구공
bez I *ot. tib.* 선(腺: 생물체 속에서, 어떤 종류의 물질을 분비하거나 배설하는 상피(上皮) 조직성의 기관; 동물에서는 내분비선·외분비선으로 구별됨. 샘.)
bez II *ot.* 면직물로 곱게 짜다
bezahmat *rav.* 힘들지 않는, 노력하지 않고 얻은, 저절로 굴러 들어온(수입 따위), 용이하게, 쉽사리, 순조롭게, 술술.
bezak *ot.* 꾸밈, 장식, 겉치장, 장식품, 장신구, 장식물, 훈장.
bezakli *sif.* 야하다, 화려하게 꾸민, 장식한; 훈장을 받은[단]
bezalmoq *fe'l* 장식하다, 자신을 꾸미다.
bezamoq *fe'l* 장식하다, 꾸미다; haqiqatni bezab ko'rsatmoq 진실을 왜곡하다.
bezarar *sif.* 손실 없이, 해가 없는, 무해한, 악의 없는, 순진한
bezatish *ot.* 장식(법), 장식물, 꾸밈, 장식품, 훈장.
bezatmoq *fe'l* 꾸미다, 장식하다, 아름답게 하다, 윤색하다, (과장을 섞어) 재미있게 하다(이야기 등을)
bezavol *sif.* 퇴색하지 않는; 시들지 않는; 쇠퇴하지 않는, 죽지 않는, 불후(不朽)의, 영원한.
bezbet *sif.* 뻔뻔스러운, 철면피의, 염치없는; 건방진.
bezbetlik *ot.* 뻔뻔스러움, 후안(厚顔), 몰염치; 건방짐.
bezdirmoq *fe'l* 싫어하다, 싫어지

게[정떨어지게; 넌더리나게] 하다; 메스껍게 하다
bezgak *ot.* (병으로 인한) 열, 발열, 열병, 말라리아; ~ dorisi 퀴닌; 키니네.
bezli *sif.* 선(腺)[샘]의; 선 모양의; 선이 있는, 샘에서의 분비물에 의한; 선천적으로; 육체적[성적]인 (관계 따위)
bezmoq *fe'l* 혐오(반감)을 가지다.
bezor *sif.* 혐오(반감)을 가지는, 되쫓아버리는, 박차는; 쌀쌀한; 싫은, 불쾌한; 반발하는; (소리를) 반향(反響)하는; ~bo'lmoq 혐오(반감)을 가지다.
bezori *ot.* 폭력배, 무뢰한, 깡패, 불량소년
bezorilik *ot.* 난폭, 폭력; 깡패 기질.
bezovta *sif.* 불안한, 꺼림칙한, 걱정되는, 근심스러운; ~nigoh 난처한, 당황한, 걱정스러운(얼굴 따위).
bezovtalanmoq *fe'l* 들볶다, 걱정[근심]하다, 고민하다; 안달하다
bezovtalik *ot.* 걱정, 근심, 불안, 염원.
bezraymoq *fe'l* 응시하다, 빤히 보다, 보다 (나쁜 듯이)
beo'lchov *sif.* 무한한, 무수한, 한량없는, 끝없는(넓이·양 등이), 한없는.
beo'xshov *sif.* (사람·동작 등이) 선부른, 서투른, 어줍은, 무무한; 눈치 없는; 몰골스러운, 침착하지 못한. 솜씨 없는.
beg'alva *sif.* 고요한, 조용한, 온화한, 바람이[파도가] 잔잔한, 마음이 편안한, 평정을 잃지 않은, 가라앉은.
beg'am *sif.* 마음 편한, 낙천적인; 되는 대로의, 운에 내맡기는, 걱정이 없는, 속이 편한, 태평한, 아무 걱정 없는, 마음 편한, 낙천적인; 쾌활한, 명랑한
beg'amlik *ot.* 근심[걱정]이 없는 것, 태평, 즐거움, 고요, 고요함; 잔잔함, 평온, 무사.
beg'araz *rav.* 공평하게, 편견 없게, 편벽되지 않게, 사욕이 없게, 청렴[공평]하게.
beg'ubor *sif.* 더럽혀지지 않은, 청결한, 깨끗한, 더럼이 없는; 갓[잘] 씻은
beg'uborlik *ot.* 청결, 깨끗함, 더럼이 없는
beg'araz kelishuv *ot.* 편무계약(片務契約: 당사자의 한쪽만이 채무를 부담하는 계약; 증여. 현상 광고 따위가 있음)
beg'araz yordam *ot.* 무상 지원
beg'araz, bepul *sif.* 무상의
besh *son.* 다섯, 오, 5, 5개[사람], 5살, 5시; ~baho olmoq 5점을 받다; ~yillik reja 5개년 계획.
beshafqat *sif.* 무자비한, 몰인정한, 냉혹한
beshafqatlik *ot.* 잔학[잔인]함, 무자비함; 끔찍함; 잔인한 행위, 학대.
besharm *sif.* 부끄러움을 모르는, 파렴치한, 뻔뻔스러운; 추잡한, 음란한
besharmlik *ot.* 부끄러움을 모르는 것, 파렴치함, 뻔뻔스러운 것; 추잡, 음란.
beshburchak *ot.* 5각형, 오각형(五角形); 5변형, 다섯 모, 오변형(五邊形).
beshburchakli *sif.* 5각변의, 5각형의. 다섯모가 있는.
beshik *ot.* 요람, 소아용 침대.
beshlik *sif.* 5명의 그룹.
beshotar *ot.* 5구경 소총.
beshov *sif.* 다섯의, 5의, 5개의, 5사람의; 5살의.
beshovlab *ot.* 다섯 명과 함께, 5개가[사람이] 한 조를 이루는 것 (농구팀 등)
beshta *son.* 5. 오, 다섯, 다섯째.
beshtalik *ot.* 다섯 명 한으로 되다, 5인조(부분·요소로) 이루어져 있다
bechora *sif.* 빈약한; 영양가가 낮은; (토지가) 불모의, 무미건조한, 예비지식이 없는; 미숙한, 어린애 같은
bechorahol *sif.* 가난[빈곤]한, 빈약[초라]한, (사람·동물이) 불쌍

한, 가엾은, 불행한

bechorahol, singan *ot.* 파산자(破産者)

bechorahollar, yo'qsillar *ot.* 저소득층(低所得層), 빈민층(貧民層)

bechorahollik, sinish *ot.* 파산(破産: 채무자가 그 채무를 완제할 수 없는 상태에 빠졌을 때, 그 채무자의 총재산을 모든 채권자에게 공평히 변제할 것을 목적으로 하는 재판 절차.)

bechoralik *ot.* 가난, 빈곤(貧困), 열등(劣等), 빈약, 결핍, 부족

bechorachilik *ot.* 결핍, 부족; 불완전; 비열; 불모(不毛); 허약, 병약.

bibi *ot.* 비비, 할머니, 조모(祖母); 할머니, 할머님, 조모님, 노부인(老婦人), 할멈, 할미

bibliograf *ot.* 문헌학자, 서적 해제자(解題者), 서지학자; 목록 편찬자.

bibliografiya *ot.* 문헌학, 서지학(書誌學); 서적 해제(解題); (어떤 제목·저자에 관한) 저서 목록, 출판 목록; 참고서[문헌]목록, 인용문헌.

bid *ot.* 입찰, 매긴 값(bid).

bidillamoq *fe'l* 1) =bidirlamoq; 2) 빨리 말하다, 빨리 지껄이다, 재잘[종알]거리다(뜻도 없이) 재잘재잘 지껄이다, 새가) 지저귀다; (원숭이가) 캑캑 울다

bidirlamoq *ot.* 지껄임, 수다, 잡담, 한담, 세상 애기; 말 많음, 지저귐.

bidon *ot.* 양철통, (통조림의) 깡통, 캔.

bigiz *ot.* 칼, (구둣방 따위의) 송곳; ~bilan o'ldirmoq 칼로 죽이다.

bigizlamoq *fe'l.* (모기·벼룩 등이) 쏘다, 물다; (게가) 물다, (침 따위로) 찌르다.

bikameralizm *ot.* 양원제(兩院制)

bilag'on *ot.* 잘 않은 사람

bilaguzuk *ot.* 팔찌, 발목 장식, 수갑.

bilak *ot.* 손, 팔, 손목, 손목 관절, 상지(上肢); 전완(前腕), 전박(前膊), 하박(下膊), 팔뚝, (포유동물의) 앞발, 전지(前肢).

bilan ~과/와, ~같이,(이)랑, ~로, ~와 (함께), ~와 같이[더불어], ~을 데리고; ~의 집에(서); o'qituvchi ~ 선생님과; ruchka ~ yozmoq 볼펜으로 쓰다.

bilar-bilmas *sif.* 닥치는 대로의, 되는 대로의, 임의의, 순서 없는; 변칙적인; 정리안된.

bilarmon *sif.* 박식한, 학식이 있는, 학자다운, 학문적인, 학문을 즐기는, 탐구적인.

bildirlmoq *fe'l* ~을 알아차리다, ~을 알다

bildirish *ot.* 알림, 공고, 고시, 발표, 공표, 성명, 예고; 통지서, 발표문, 성명서.

bildirish, xabarnoma 통지(通知)

bildirishsiz ishonch qog'ozi 사전 고지 없는 권리 위임

bildirmasdan *rav.* 비밀로, 몰래, 통지 않고

bildirmoq *fe'l* 나타내다, 통고하다, 공고[발표]하다. ~에게 통지하다, ~에 공시(公示)하다; ~에 신고하다; minnatdorchilik ~ 감사하다; bu nimani bildiradi? 이것이 무슨 뜻을 나타냅니까?; o'z fikrini ~ 의견을 토로하다.

bilet *ot.* 표, 권(券), 입장[승차]권; kirish ~i 입장권; bepul ~ 자유 이용권; poyezd ~i 기차표; kirish ~i 입장권; imtihon ~i 시험 응시표; ~ kassasi 출찰소(出札所), 매표소

biletchi *ot.* 개찰원, 개표자.

bilgich *ot.* 숙달자, 전문가, 숙련가, 달인, 명인, (미술품 등의) 감식가; (그 방면의) 통달자, 전문가, 권위

bilim *ot.* 지식, 학력, 교양, 소양, 덕성, 학식, 학문, 교육, 훈육, 훈도; ~ olmoq 교육하다, 훈육하다; yuzaki ~ 피상적인 지식; bermoq ~에게 교육을 받게 하다; ~ yurti 교육 시설; ~ va texnika 학문과 기술; uning adabiyotga tegishli ~i kuchli 그는 문학에 대한 지식을 갖고 있다.

bilimdon *sif.* 학자처럼(연하며), 박식한, 학식이 있는, 능숙[능란]한, 교묘한, 숙련된
bilimdon mutaxassis *ot.* 유능한 전문가
bilimdonlik *ot.* 지식, 학식, 학문, 지혜있다
bilimli *sif.* 지혜 있는, 지식이 있는; 정보통의; 식견이 있는; 총명한.
bilimsiz *sif.* 지식이 없는, 무식한, 문맹의; 무학의; 교양이 없는, 교양 없음이 드러난; (특정 분야에서의) 소양이 없는
bilimsizlik *ot.* 문맹; 무학, 무식, 지식 없다
bilinarli *sif.* 통지해야 할; 신고해야 할 (전염병 등).
bilinmoq *fe'l* 보이다, 나타내다; 전시[진열]하다, 기억하다
bilish *ot.* 학문, 학식(學識), 지식; 박식, 알다; mening ~imcha 내가 알기로는; men u odamni juda yaxshi bilaman 나는 그 사람을 잘 압니다.
bill, qonun loyihasi *ot.* 계산서(計算書), 청구서(請求書), 어음.
billur *ot.* 수정(水晶), 크리스털 유리. ~ idish 크리스털 유리 제품.
billurlashmoq *fe'l* 결정(結晶)하다, (사상·계획 따위가) 구체화되다.
bilmoq *fe'l* 알고 있다, 알다; ~을 이해하다[하고 있다], ~을 배우다, 익히다, 가르침을 받다; 공부하다, 연습하다
bilmoq/bilmaslik (fe'ldan keyin) ㄴ/ㄹ/는/은/을 줄 알다/모르다
bilmoq/bilmaslik (*fe'ldan keyin*) ㄴ/ㄹ/는/은/을 줄 알다/모르다
bilqildoq *sif.* 부서지기[깨지기] 쉬운, 가루가 되기 쉬운, 무른, 약한
bilqillama *sif.* 1) 장대한, 장엄한, 장려한, 화려한, 호사한, 빛나는, 훌륭한, 굉장한, 멋진; 2) 부서지기[깨지기] 쉬운, 가루가 되기 쉬운, 무른, 약한
biluvchan *sif.* 학문[학식]이 있는, 박학[박식]한, 학문상의, 학문적인, 학문[학자]의, 학습에 의해 터득한.
bilvosita chiqimlar *ot.* 간접비(間接費)
bilvosita import *ot.* 간접수입
bilvosita soliq *ot.* 간접세(間接稅)
bilvosita xarajat *ot.* 간접비용(間接費用)
bilvosita, qo'shimcha *ot.* 간접의
bilyard *ot.* 당구(撞球: 네모난 대 위에 상아나 플라스틱으로 만든 붉은 공과 흰 공을 놓고 큐로 쳐서 맞히어 승부를 정하는 실내 오락)
binafsha *ot. bot.* 바이올렛(violet) 1) 제비꽃(제비꽃과의 여러해살이풀. 높이는 12cm 정도이며, 봄에 보랏빛 꽃이 핌. 오랑캐꽃, 이야초(二夜草), 바이올렛(violet); 파리꽃, 장쉬꽃); 2) 자색, 보라색
bino I *ot.* 건축(술), 건조, 건설, 건물, 건축물, 빌딩, 가옥, 건조물; ~etmoq 조립하다; 세우다, 건조[축조·건설]하다; ~qurmoq 건물을 건설하다.
bino II: ~qo'ymoq ~을 돌보다, 간호하다, 소중히 하다, 귀여워하다, 소중히 기르다.
bino, imorat, uy, xona III *ot.* 거주지, 아파트, 사용 공간, 가옥, 주택.
binoan *rav.* ~에 따라, ~대로, ~와 일치하여. ~에 따라서, ~에 응해서[일치하여] (~에) 보급·작전의 기지를 가진
binobarin *rav.* 그런 까닭에, 따라서; 그 결과(로서), 그로 말미암아, 그[이]와 같이, 그[이]렇게, 이 [그]대로, 그렇다면
binokor *ot.* 건축(업)자, 건설자, 건축가[사], 건축기사; 설계사.
binokorlik *ot.* 건설, 건조, 건축, 구성; (건조. 건축. 건설) 공사, 작업; ~ materiallari 건축재료
binoy *sif.* (체력이) 튼튼한, 째인; 체제가[조직이] 잘 짜여진; 모양이 좋은
binoyiday *sif.* (~에) 적당한, 상당한; 어울리는, 알맞은, 좋은, 우량한; 훌륭한; 질이 좋은

bint *ot.* 붕대; 눈가리는 헝겊; 안대(眼帶).
bintlamoq *fe'l* (~에) 붕대(繃帶)를 감다
biofizik I *ot.* 생물물리학자
biofizik II *sif.* 생물물리학의
biofizika *ot.* 생물물리학(生物物理學)
biografik *ot.* 생물지리학(生物地理學)
biografiya *ot.* 전기(傳記), 일대기, ~전(傳); 전기 문학
biolog *ot.* 생물학자(生物學者)
biologik *sif.* 생물학(상)의; 응용 생물학의
biologiya *ot.* 생물학; 생태학
biotexnologiya *ot.* 생물 공학(의)
bioximik I *ot.* 생화학자, 생물화학
bioximik II *sif.* 생화학의, 생화학적인
bioximiya *ot.* 생화학; 생화학적 조성(組成)
biqin *ot.* 옆, 쪽, 측, 측면, 면(앞뒤. 좌우. 상하. 안팎); ~go'shti 소 허릿 고기의 윗부분; ~da og'riq paydo bo'lmoq 옆구리가 아프다
bir *son.* 일(1), (홀수의) 1, 하나, 한 사람, 한 개; 제1; 1의 숫자[기호]; ~yoki ikki 하나 또는 둘; yuzdan ~ 100에 대해 하나, 100분의 일; ulardan ~i 그들중의 하나; ~i bu yerda boshqasi u yerda 한사람은 여기에 그리고 다른 한 사람은 저기에 있다; ~ chipta 표 한 장; ~kam yigirma 19, 19개[명]; ~poy etik 구두 한 컬레; ~kun 어느 날, ~ marta 한 번; mehmonlardan ~i 손님들 중에 한명은; ~qilmoq 붙이다; ~-~ iga 서로에게; ~odam 한 명; ~xil 같은.
bir aktsiyaning sotuv qiymati *ot.* 1주당 발행가
bir fuqarolik tamoyili 단일국적의 원칙
bir kungagina haqiqiy 단 하루 동안 유효
bir marotabalik kupon 1회용 쿠폰
bir martalik upakovka 1회용 포장
bir muddatli sug'urta badali *ot.* 보험료 일시납입
bir tomonlama kelishuv *ot.* 단독행위, 일방적 의사표시
bir tomonlama qatnov *ot.* 편도여행
bir tomonlama shartnoma *ot.* 편무계약
bir xil molar *ot.* 동종물
bir xil narx *ot.* 균일가
biram *rav.* 이만큼은, 이만큼, 이정도까지. 아주, 너무; ~chiroyli 아주 예쁘다.
birato'la(*siga*) 즉시, 곧, 동시에, 한꺼번에.
bir-bir 하나[한 사람]씩(차례로). 가끔가끔
bir-biri 서로서로, 한쪽은 ~ 다른 쪽은.
bir-biridan 서로서로에서부터
bir-birigi 뒤바꾸다
bir-birovidan 서로서로한테
bir-biroviga 서로서로에게
birdamlik *ot.* 전원 이의 없음, 동의, 합의, 만장일치, 결속, 단결, 공동 일치; ~bilan 만장[전원] 일치로, 이의 없는.
birdamlik burchi *ot.* 연대채무(連帶債務: 두 사람 이상이 연대하여 책임을 지는 채무 《채무자 중 한 사람이 변제하면 다른 사람의 채무도 소멸됨》.)
birdamlik kafolati *ot.* 연대 보증인
birdamlik, hamjihatlik mas'uliyati *ot.* 연대 책임, 공동 책임, 연대보증(連帶保證)
birdan I *rav.* 갑자기, 불시에, 졸지에, 돌연, 느닷없이.
birdan II *rav.* 하나씩, 하나하나, 따로따로, 단독으로, 홀로, 남의 힘을 빌리지 않고.
birdan(iga) *rav.* 갑자기, 불시에, 졸지에, 돌연, 느닷없이.
birday *rav.* 같게, 동등하게, 평등하게, 동시에, 동일한, 바로 그, 같은, 마찬가지의
birga *rav.* 함께, 같이, 동반해서;

shu bilan ~ ~와 함께[같이]; ~에 더하여, ~와 더불어, ~도 또한.
birgalashmoq *fe'l* (다 같이. 함께) 결합하다, 하나로 묶다, 합하다, 접합하다; 합병하다, 합동시키다, 합쳐져서, 이어져서, 모여져서, 함께 되어서; birgalashib bormoq 함께 가다, 함께 되다.
birgalashtirmoq *fe'l* 결합[연합, 합병]하다, ~와 손을 맞잡다; ~와 제휴하다.
birgalik *ot.* 침착, 착실; (가족의) 단란; 종합, 통일; ~da 연합하여, 공동으로; 연대적으로
birgalikdagi javobgarlik *ot.* 연대채무(連帶債務: 두 사람 이상이 연대하여 책임을 지는 채무; 채무자 중 한 사람이 변제하면 다른 사람의 채무도 소멸됨)
birgalikdagi qarzdorlik *ot.* 연대채무자
birikkanlik *ot.* 통일, 단일화; 통합.
birikma *ot.* 1) 연합, 접합, 연접, 연락, 합체, 접합점, 교차점; 2) 결합, 짝 맞추기; 연합, 공동(동작), 단체 행동, 공모, 도당
birikmoq *fe'l* ~을 결합시키다, 연합[합병, 합동]시키다, 협력하게 하다; (색 따위를) 배합하다, ~을 합병하다, 하나로 하다
biriktirmoq *fe'l* 결합하다, 합동하다; 겸비하다, 연합하다, 합체하다, 합병하다, 협력하다, 붙이다, 달다; 바르다.
birinchi *son.* 첫째, 제1, 최초, 처음; ~bet 첫 번째 쪽; ~yanvar 일월의 첫째; ~qavat 일층; ~ovqat 첫째 접시; ~ bob 첫 장.
birinchi bosqich 제 1 심
birinchi bosqich sudi 1 심법원
birinchi bosqich sudlari qarorini bekor qilish 1 심판결의 파기
birinchi ipoteka 제 1순위저당
birinchi kvartal 1사분기
birinchi safar (배, 비행기의) 처녀 출항
birinchi tovush 첫소리
birinchi zaruriy buyumlar 필수품
birinchi(oliy, katta) bank 은행 컨소시엄의 대표은행
birinchilik *ot.* 1) 우월, 우위, 탁월, 우수, 우세, 2) 선수권(選手權), 우승(優勝), 우승자의 명예; jahon birinchiligi 세계 선수권; futbol bo'yicha 축구 선수권.
birinchilik, ustunlik, eng muhim 우선순위
birin-ketin *rav.* 차례차례, 잇따라, 연속하여, 연속되게, 일련으로, 잇따라 일어나는.
birja *ot.* 교환, 환전(換錢); 환(시세), 거래소; mehant ~si 직업소개소
birja aylanasi *ot.* 거래소내 증권거래장소
birja byulleteni *ot.* 시황 보고서 (exchange bulletin)
birja firmasi *ot.* 증권회사(證券會社)
birja kengashi, maslahati *ot.* 증권거래 위원회(stock-exchange board)
birja konyukturasi indeksi 경기지표
birja kurslari manipulyatsiyasi 주가 조작
birja mukofoti 주식매매 차익
birja muomalasi 주식 거래 시가 (stock - exchange quotation)
birja narhi 주식거래가
birja narxi 주식시장가격
birja oboroti (takroriy aylanishi) 거래량
birja operatsiyasi 주식거래(株式去來)
birja sarosimasi,(vahimasi) birja sinishi 주식시장공황
birja shov-shuvi 주식시장 붐
birja sinish darajasi 거래소 내 선물 거래장소
birja tahlili *ot.* 거래소 분석
birja tovari 거래상품
birjachi *ot.* 주식거래소
birjada baho belgilovchi komissiyasi 상장위원회
birjadagi joy 거래소의 출입증
birjadagi kursning tushishi 주가

하락
birjadagi likvidlik 주식거래 유동성
birjadagi savdoni to'xtatish(주식)거래정지
birjadan tashqari bozor 장외거래 시장
birjalar haqida qonun 증권거래소법
birjachi *ot.* 증권거래인; 증권 중개인.
birka, yorliq 라벨, 태그, 가격표
birlamchi *sif.* 첫째의, 제1의, 수위의, 주요한, 최초의, 처음의, 본래의.
birlashgan *sif.* 하나가 된, 결합된, 맺어진, 합병한, 연합한, 이음매, 접합 부분[점, 선, 면]; Birlashgan Millatlar Tashkiloti (*B. M. T*) 국제연합 기구(機構)(U.N.O)
birlashgan burch 연결부채
birlashma *ot.* 유니언, 조합, 동맹, 협회.
birlashma bitimi 카르텔협약(Kartell 協約)
birlashma, konglomerat 재벌
birlashma, kontsern 콘체른, 기업그룹
birlashma, uyushma 연합, 협회
birlashmoq *fe'l* 접합하다, 이어 맞추다, 달라붙다
birlashtirmoq *fe'l* 단결하다결합하다, 하나로 묶다, 합하다, 접합하다, 합병하다, 합동시키다.
birlik *ot.* 통일(성), 제일(齊一)(성); 불변성, 일관성, 개체, 단일[통일]체, 단위; maqsad birligi 목적의 통일성(동일성).
birlikda *rav.* 동맹, 함께, 같이, 동반해서
birmuncha *sif.* 몇몇의, 몇 개의; 몇 사람[명]의; 몇 번의, 얼만가의, 몇 개(인가)의, 다소(多少)의, 약간[조금]의
birnecha *sif.* 몇몇의, 몇 개의, 몇 사람의, 몇 마리, 약간, 조금, 조금의; 다소의.
birodar *ot.* 형제, 형 또는 아우, 친구, 한패, 동료, 동지, 친구, 벗, 전우, 같은 시민.
birodarlik *ot.* 형제의 관계; 형제애, 동지로서의 교제, 동료 관계, 우애, 우정; ~ aloqalar 동지의[에 걸맞는]관계.
birodarona *rav.* 형제같이, 동포애처럼, 우애 있게.
biron 어느 것인가, 무언가, 누군가, 얼마쯤, 다소, 얼마간[쯤], 좀, 약간, 일부.
biroq *cj.* 그러나 그런데, 그리고(또), 그뿐 아니라[게다가] 또; 그런데; 그래, 하지만, 그러나, 그렇지만, 그럼에도(불구하고), 그런데도(~), 하나 (그래도), 하지만(그래도).
biror 얼만가의, 몇 개(인가)의, 다소(多少)의, 약간[조금]의, (막연히) 어떤; ~ yoqqga 어딘가에(서), 어디론가, 어떤 장소, 모처(某處); menga ~ piyola choy bering! 지금 즉시 차 한 잔을 주시오!
biror kornaning qarzlari, passiv 부채(負債), 빚, 채무(債務), 채금(債金), 소채(所債), 차금(借金), 채전(債錢), 소부(所負)
biror narsaga qarshi jarima joriy qilish ~를 대상으로 취하다
biror narsaning ro'yxati, kadastr 토지대장(土地臺帳), 토지 평가표
biror ziyon yetkazilganda yuzaga kela- digan majburiyatlar 가해 행위로 인한 책임
birov *olmosh* 어떤 사람, 누군가, 누가, 누구도, 아무도, 누구[아무]라도, 누구든지; ~ ning kitobi 누군가의 책.
birovniki 어떤 사람의, 누군가의
birovning mulkidan foydalanish huquqi 용익물권(用益物權)
biroz *sif.* 소량, 조금; 잠시, 잠깐, 조금[약간]은 있는; 얼마[몇개]인가의; 조금의; 다소의, 거의 없는; 조금[소수]밖에 없는
birpas *rav.* 즉시의, 즉각의, 순간, 찰나, 단시간, 잠깐동안; ~da

즉시, 순(식)간에; ~ dan keyin 이윽고, 곧, 이내, 즉시, 머지않아, 잠시, 잠깐, 조금.
birvarakayiga 즉시, 곧, 동시에, 한꺼번에
biryo'la *sif.* 동시에, 한꺼번에
bismilloh 알라의 이름으로, 알라의 권위(權威)에 의하여; ~ir-rahmo- nir-rahim 하느님 [행운] 덕택의, 알라의 도움으로.
bisot *ot.* 소유물, 소지품, 사용 능력, 사용의 자유, 사용권; 사용의 필요[기회, 경우]; (토지 등의) 향유(권).
bissektrissa *ot.* 양분하는 것; (선분·각 등의) 2등분선
bit *ot.* 서캐, 이; (새·물고기·식물 등의) 기생충. 더러운 놈, 비열한 놈, 인간쓰레기.
bitik *ot.* 명(銘), 비명(碑銘), 비문(碑文), (화폐 따위의) 명각(銘刻), (책의) 제명(題銘); 서명(書名); 헌사(獻詞).
bitilmoq *fe'l* (글자·말·책·악보 등을) 쓰다, 기록하다, ~이라고 쓰다; ~에 써 넣다
bitim *ot.* 협정, 조약, 협약(서); 계약(서), 협약; 결정, 약정; ~tuzmoq 계약을 하다; ~ga kel-moq 합의를 보다; 협정이 성립하다.
bitim bayonnomasi *ot.* 합의 각서
bitim bir qismining haqiqiy emasligi *ot.* 법률행위의 일부무효
bitim erkinligi tamoyili 계약자유의 원칙
bitim krediti 컨소시움 대부
bitim shakli 형태(形態)
bitim tuzilgan joy huquqlari 행위지법
bitimlar 법률행위, 의사표시, 거래
bitimlar haqiqiy emasligi 법률행위의 무효
bitimlar notarial tasdig'i 법률행위의 공증
bitimlarni davlat ro'yxatiga kirit- moq 법률행위의 등기
bitirmoq *fe'l* 끝내다, 마치다, 완성하다, 완료하다; maktabni ~ 졸업하다
bitkazmoq *fe'l* 완성하다, 마무르다, (작품 따위를) 다 쓰다; 완결하다; (목적을) 달성하다, 완전한 것으로 만들다.
bitlamoq *fe'l* 이투성이이다, 불결하다.
bitmas-tugamas *sif.* 끝나지 않는, 지루하게 긴, 끝없는, 항구적인, 영원한.
bitmoq *fe'l* (글자·말·책·악보 등을) 쓰다, 기록하다, ~이라고 쓰다; ~에 써 넣다, 쓰는 일을 하다, 저술하다.
bitta *cj.* 한 개, 그들 중의 하나, 하나의, 한 사람의; ~olma 사과 한 개.
biya *ot.* 암말, (당나귀·노새 따위의) 암컷,말의 암컷, 암망아지.
biyobon *ot.* 사막; (미개간의) 황야, 황무지, 사막, 미개지, 사람이 살지 않는 땅, 불모의 땅
biz 우리, 우리가[는], 저희; ~ning 우리의; ~ni 우리를; ~ga 우리에게; ~dan 우리에게서.
bizillamoq *fe'l* (벌·팽이·선풍기 따위가) 윙윙거리다, (주저·난처함·불만 따위로) 우물거리다, 우물쭈물 말하다.
biznes *ot.* 사업, 실업; 상업, 장사, 거래, 매매, 비즈니스; ~maktabi 실업학교, 경영학과.
biznesmen *ot.* 사업가, 비즈니스맨.
bichim *ot.* (옷의) 재단(법), 스타일, 모양.
bichimsiz *sif.* 추한, 보기 싫은, 못생긴; 모양이 보기 흉한, 꼴사나운.
bichiq *ot.* 형(型), 양식; (양복·주물 따위의) 본, 원형(原型), 모형, 목형(木型), 거푸집, (옷감·무늬 따위의) 견본
bichiqchi *ot.* 견본 자르는[베는] 사람; 견본재단사.
bichish-tikish *ot.* 여성·아동복 제조(업); 양재, 양재(용)의.
bichmoq *fe'l* 자르다, 절단하다,

재단하다.
blank *ot.* 모형, (기입) 용지(用紙), (견본) 서식(書式); ~to'ldirmoq 용지를 쓰다.
blank vekseli 기한어음
blanka = blank 기입용지
blankdagi ishonch qog'ozi 백지위임(白紙委任)
blanko-veksel 백지어음
blok *ot.* 1) 떼; 그룹, 집단(集團), 단체; 2) 전술 보조 부대, 단(공병단, 수송단 따위), 승마대; 단두대; 선대(船臺); harbiy ~ 전술군대의 블록, 권(圈)
blokada, qamal, uzib qo'yish (항구 따위의) 봉쇄(선), 폐색; 봉쇄대(隊); 폐색물; (교통의) 두절, 방해, 엠바고(blockade)
blokadani boshqarmoq 봉쇄하다
bloknot *ot.* 노트, 공책, 필기장, 수첩, 비망록, (한 장씩 떼어 쓰는) 편지지, 메모지.
BMT bosh kotibi 유엔 사무총장
BMT Xalqaro Sudi 유엔 국제 재판소
boadab *sif.* 기르다, 가르치다; 사육[재배]하다; 육성하다
boadablik *ot.* 자람; 교양, 예의범절, 번식, 양식(養殖); 부화; 양육, 사육.
bob *ot.* 장(長), 우두머리, 지배자, (종족의) 추장, 족장, 장관, 국장, 과장, 소장.
bobkalon *ot.* 할아버지, 조부(祖父), 할아버님, 조부님; qor ~ 산타할아버지
bobo *ot.* 증조부(曾祖父), 아버지의 할아버지. 증조할아버지, 증조(曾祖)
bod *ot. tib* 류머티즘(rheumatism: 급성. 만성의 관절 류머티즘 및 근육 류머티즘의 총칭; 관절 류머티즘은 한랭·습기 등이 원인이 되어 관절이 붓고 쑤시며 열이 나고, 근육 류머티즘은 등과 허리가 별안간 따끔따끔 아프고 열은 없음)
boda *ot.* 술, 와인.
bodmereyli veksel 어음 선박담보
bodom *ot. bot.* 아몬드(열매. 나무); ~ daraxti 아몬드 나무; ~zor 아몬드 과수원.
bodring *ot.* 오이, 외; 물외, 노각(老-), 호과(胡瓜), 황과(黃瓜); tuzlangan 오이 피클, 오이절임; Men ~ni yaxshi ko'raman 나는 오이를 좋아합니다.
bodroq *ot.* 강냉이, 옥고량(玉高粱), 옥촉서(玉蜀黍), 옥출(玉秫), 직당(稷唐), 옥수수(볏과의 한해살이풀. 남아메리카 원산. 높이 약 2-3m. 줄기는 하나고 잎은 수숫잎 같이 크고 긺. 열매는 둥글고 길쭉한데 낟알이 여러 줄로 박혀 있으며 녹말이 풍부하여 식량 또는 사료로 씀)
bois *ot.* 때문에, 이유, 까닭, 변명, 동기. shu ~ men bu yerga keldim 그렇게 때문에 나는 여기로 왔습니다.
boj *ot.* 세(稅), 세금, 조세; ~ to'lamoq 세금을 내다.
boja *ot.* 의형(제); 처남, 매부, 시숙, 아내 또는 남편의 자매의 남편
boj to'lamaydigan do'kon 면세점
boj to'lovi 세금(稅金)
boj to'lovisiz yuk olib kirish 무관세 반입
boji to'lab yetkazildi 관세지급 인도조건
boji to'lanmay yetkazildi 관세미지급 인도조건
bojsiz *sif.* 세금 없이, 세금 없는, 면세의
bojsiz savdo do'koni *ot.* 면세점
bojxona *ot.* 세관(稅關: 관세청에 딸리어, 비행장·항만· 국경 지대에서 수출입 화물의 허가·검열, 관세의 부과·징수, 선박·항공기의 단속 및 검역 사무를 맡아보는 행정 관청).
bojxona badal boji 보복관세(수입품이 수출국에서 보조금을 받았을 경우, 동종의 자국 상품의 경쟁력 저하가 우려될 때 수업입품에 부과하는 관세)
bojxona bitimi 관세 협약
bojxona dalloli 통관대행업자
bojxona dalloli sifatida faoliyat yuritish uchun litsenziya 세관통관업자 자격증
bojxona daromadi 관세 수입

bojxona deklaratsiyasi 세관신고
bojxona himoyasi 보호관세
bojxona hududida tovarni qayta ishlash litsenziyasi 관세구역 내 상품가공 자격증
bojxona hududidan tashqarida molni qayta ishlash litsenziyasi 관세구역 외 상품가공 자격증
bojxona ilova hujjati 통관서류
bojxona imtiyozi 세금특혜
bojxona ko'rigi 세관검사
bojxona kodeksi 관세법전
bojxona konventsiyasi 관세협정
bojxona nazorati hududi 관세지역
bojxona nazoratidan xolis hudud 자유 관세 지역
bojxona ombori *ot.* 세관창고
bojxona *ot.* 관세(關稅)
bojxona qoidalarining buzilishi *ot.* 관세법 위반
bojxona siyosati 관세정책(關稅政策)
bojxona tarifi 관세율(關稅率)
bojxona tavtishi 통관(通關: 관세법의 규정에 따라, 화물 수출입의 허가를 받고 세관을 통과하는 일.)
bojxona to'lovi 관세
bojxona to'sig'i 관세장벽
bojxona tushimlari 세관 지불금
bojxona yig'inlari 세관이용료
bojxona yuk tashovchisi sifatida faoliyat ko'rsatish uchun litsen- ziya 관세운송업자 자격증
bojxonadan o'tish boji 관세
bojxonaning 세관의, 관세의
bokira *ot.* 처녀, 아가씨, 동정녀, 처녀성인
boks *ot.* 권투, 복싱; ~ qilmoq 권투하다.
bokschi ot. 권투선수
bol *ot.* 벌꿀, 화밀(花蜜); 꿀
bola *ot.* 아이; 사내[계집] 아이, 어린이, 아동; 유아; og'il ~ 아들; qiz ~ 딸; ~lar bog'chasi 유치원; ~lar maydonchasi 야외의 유치원; yo'lbars ~si 범, 호랑이새끼; kuchuk ~si 강아지; (물개 따위의) 새끼; ~lar hamshirasi 소아과(의사)의 간호사; Bu bola mening ~ rm 애가 내 조카다.
bola-chaqa *ot.* 아이들; 사내[계집] 아이들, 어린이들, 아동; 유아.
bolalarcha *rav.* 어린애 같은, 앳된, 유치한; 어른답지 못한; 어리석은.
bolalik *ot.* 어린 시절, 유년 시절, 초기의 시대; ~chog'larida 어렸을 때.
bolalikka oluvchi 양부모
bolaparvar 아이를 좋아하는; 다산(多産)의.
bolasiz *sif.* 아이 없는
bolasizlik *ot.* 아이가 없는 것.
bolaxona *ot.* 1층, 일층
boldir *ot.* 정강이; 정강이 뼈, 경골(脛骨)
boldoq *ot.* 이어링, 귀고리, 귀걸이
bolgar *sif.* 불가리아 사람(의); 불가리아어
bolt ot. *tex.* 볼트, 전광, 번개
bolta *ot.* 도끼; ~sopi 도끼자루; duradgor ~si 벤치
bolg'a *ot.* 해머, (쇠)망치; o'roq va ~ (망치와 낫의) 옛 소련 국기; ~uruvchi 대장장이, 해머[착암기]를 다루는 직공.
bolg'alamoq *fe'l.* 망치로 치다, 탕탕 두들기다, (못 따위를) 쳐서 박다
bomba *ot.* 폭탄; 수류탄; yondiruvchi ~ 소이탄; chuqurilik ~ 폭뢰(爆雷), 수중 폭탄(잠수함 공격용); atom ~si 원자 폭탄
bombardimon *ot.* 포격(砲擊), 폭격(爆擊), 충격(衝擊); ~ qilmoq 포격[폭격]하다.
bombardimonchi *ot.* 포격한 사람, 폭격자
bomdod *ot.* 새벽, 새벽녘, 동틀녘; 여명, 무슬림의 새벽에 기도하는 것
bond, davlat zayomi chiptasi 회사채, 본드(bond), (채무)증서, 계약서; 공채증서, 차용증서; 채권(보통 장기적인 것), 사채(社債).

bong *ot.* 외침소리; 부르짖음, 절규, 비명, 경보, 비상 신호, 경종, 경령(警鈴), 비상벨; ~urmoq 고함치다, 외치다; 소리쳐(서) 팔다
bonifikatsiya 배상, 할인(割引), 할증(割增: bonification)
bonu *ot.* 숙녀(淑女), 마담.
bonus, rag'bat 상여금, 보너스(bonus)
bop *sif.* (~에) 적당한, 상당한; 어울리는, 알맞은; senga ~ kiym bor 너한테 어울리는 옷이 있다.
boplamoq *fe'l.* 아주 잘(훌륭하게, 멋있게, 매우) 실행했다.
boqi(y)lik *ot.* 영원, 무궁; 불사, 불멸; 영원성; (사후의) 영세, 내세, 영원히 사는 것.
boqim 돌보다, 보살피다, ~을 돌보다, 간호하다; (가축 등)을 지키다; (식물 등을) 기르다, 재배하다; (기계 등)을 손질하다; (가게·바 등)의 일을 (관리)하다
boqimsiz *sif.* 집 없는, 방치하는, 소홀히 하는, 무관심, 경시하는.
boqimsizlik *ot.* 무시, 경시; 간과, 무관심.
boqmoq *fe'l.* ~을 보살피다[돌보다]; ~을 감독하다, 간호를 하다, 돌보다
boquvchi *ot.* 목부(牧夫), 목자(牧者), 목동, 목양자; mol ~ 목자, 목부(牧夫), 목동, 가축지기; 소떼의 주인
boquvchisini yo'qotgan holatiga ko'ra nafaqa 부양자 상실연금
bor I *fe'l.* 존재하다, 실재하다, 현존하다, 있다. bu kutubxonada yangi kitoblar ~ 이 도서관에는 새로운 책들이 있다.
bor II *ot.* (과거·현재·미래로 계속되는) 시간, 때; 시일, 세월, 시간의 경과, 틈, 여가, 시기, 기회, 때, 순번, 차례; bir necha ~ 여러 차례.
bora *ot.* 들(판), 벌판; 논, 밭, 목초지.
bora-bora *rav.* 차차, 점차, 차례로, 나중에, 규칙 바르게, 바르고 순서 있게; 정식으로; 균형 있게
boraman *fe'l.* 가다, 움직이다, 진행(進行)하다, 나아가다, 갑니다.
borasizmi *fe'l.* 가십니까? 갑니까?
bordi-keldi *fe'l* 서로의 방문, 갔다 왔다; ~ qilmoq 상호 작용하다, 서로 영향을 주다.
bordiyu 만약, 상상, 추측, 추찰(推察); 가정, 가설; ~ u kelmasa 만약에 그가 안 오면.
borib-borib *rav.* 차차, 점차, 차례로, 일보일보의, 단계적으로, 점진적인, 서서히 나아가는
boringki *rav.* 거의, 대략, 가정(假定)하자
borish-kelish 서로 다녀오다
borishmoq *fe'l.* (어떤 장소·방향으로) 가다, 향하다, 떠나다; 달하다, 이르다.
boricha 전력을 다하여, 힘껏, (능력·노력 따위의) 최대한도, 최고도, 극한, 극도
borjom *ot.* (borzhom) 맥주의 이름
borlik *ot.* 1) 존재, 실재, 현존; 실존; 2) 부(富), 재산, 부유; 풍부, 다량
borliq *ot.* (신의) 창조물, 피조물, 세계
bormoq *fe'l.* 가다, 출발하다, 떠나다, ~을 뒤로하다, ~에서 출발하다; piyoda~ 걷다, 산보하다; otda ~ (말. 탈것 등에) 타다, 타고 가다; poyezdda ~ 기차를 타고 여행가다; farqiga ~ 구별하다, 분별[식별]하다; fahmiga ~ 숙고하다, 두루 생각하다, 고찰하다; yugurib ~ 뛰어가다; yozib ~ 써 내려가다; uxlab ~ 자면서 가다; taksida ~ 택시를 타다.
bort (*kema*) 적재함의 벽, 쪽, 측, 측면, 면
bortmexanik *ot.* 항공기관사
bor bo'lmoq 계시다, 있다
bor fe'li '있다' 동사
bosilmoq 1) 질식, (긴장 등으로) 얼다, 당황하여 실수하다, 2) 덮다, 씌우다, 싸다; 3) 찍다, 눌러서 박다; 자국을 내다, 눌리다; 4) 마구 짓밟다; 무시하다, 업신여기다.
bosim *ot.* 압박, 압착, 압력; 압

축, 압착; qon ~i 혈압; ob-havo ~i 기압; suv~i 수압; atmosfera ~i 대기압; yuqori ~ 고압; past ~ 저압.
bosinqiramoq *fe'l.* 열광적이다, 열중이다, 열을 올리고 있다.
bosiq *sif.* 1) (열매 따위를) 딴, 털을 쥐어뜯은; 기운이 쇠약해진; 2) 강제적인; 부자연한, 무리한; 거북한 듯한, 어색한; 3) (온)순한, 유화한, 너무 온순한, 기백[용기] 없는, 부드러운, 조용한.
bosiqli *sif.* 겸양하는, 서름서름한, 수줍어하는, 말없는, 내성적인
bosiqlik *ot.* 제한, 조건, 제외, 유보, 제지, 금지, 억제(작용·력); 억제 수단[도구].
bosiriq *ot.* 악몽, 가위눌림
bosma *ot.* 인쇄한[된], 인쇄, 인쇄술[업]; ~dan chiqmoq (책이) 절판되어 나오다.
bosma dastgoh *ot.* 인쇄공장, 인쇄술[소]
bosma moshinasi *ot.* 타자기
bosmaxona *ot.* 인쇄소(印刷所)
bosmoq *fe'l.* ~을 (~로) 무겁게 하다, ~에 무게를 가하다, ~을 무겁게 짓누르다; 괴롭히다
bosqich, davr, stadiya 단계
bosqinchi *ot.* 도둑, 강도; 약탈자, 공격[침략]자. 공격한 사람
bosqinchilik *ot.* 강도(행위), 약탈.
bosqich *ot.* 단계, 계층, 계급, 같은 수준[높이, 정도]의; yuqori ~da 높은 수준.
bosqon *ot.* 1) 제철소; 대장간, 철공장; 2) 대형의 쇠망치[해머], 쇠메(대장장이의), 모루채
bosqonchi *ot.* 대장장이, 해머[착암기]를 다루는 직공
bostirima *ot.* 차고, 격납고, 헛간, 의지간(間), 까대기, 광, 창고
bostirmoq *fe'l.* 1) 저축[저장]하다, 치쌓다, 산더미처럼 쌓아올리다, 무섭게 넘치다; 2) 발행하나; 출판 사업을 하다, (저작을) 출판하다
bot *sif.* 빠른, 고속의, 급속한, 빠르게, 급히; 곧
botanik *ot.* 식물학자.
botanika *ot.* 식물학(植物學); (한 지방의) 식물(전체); 식물 생태.
botinka *ot.* 장화, 부츠, 목이 긴 구두; ~ipi (구두·각반·코르셋 등의) 끈, 꼰 끈.
botinmoq *fe'l.* 감히 ~하다, 대담하게[뻔뻔스럽게도] ~하다, 용기를 내다
botir *sif.* 용감한, 씩씩한, 영웅적인, 호협(豪俠)한, 당당한, 훌륭한, 아름답게 꾸민.
botirlik *ot.* 대담, 용기, 담력, 배짱, 용감(성), 용맹; 용감한 행위.
botirmoq *fe'l.* 담그다, 적시다, 살짝 담그다, 뛰어들다, 잠수하다; ruchkani siyohga 펜을 잉크병에 담그다.
botmoq *fe'l.* (무거운 것이) 가라앉다, 침몰하다, (해·달 따위가) 지다, 떨어지다, (구름 따위가) 내려오다; 기울다; (어둠이) 깔리다
botqoq *ot.* 늪, 소택지(沼擇地), 습지; 수렁
botqoqlik *ot.* 습지, 소택지, 늪; 초지(草地)
boy *ot.* 부자(富者), 부(富), 재산, 풍부; uning otasi ~ 그의 아버지가 부자이다.
boy berilgan daromad 상실이익
boya *rav.* 요즈음, 최근, 작금, 바로 얼마전
boyagi *sif.* 근래의, 최근의.
boychechak 보이제작 (꽃)
boyimoq *fe'l.* 부자가 되다; tez boyib ketmoq 빠르게 부자로 만들다
boyitmoq *fe'l.* 부유하게 만들다, 유복하게 하다, 넉넉하게[풍부하게] 하다, 비옥하게 하다; o'ztajribasini ~ 자신의 경험으로 넉넉하게[풍부하게] 하다.
boykot, aloqani uzmoq 불매운동(不買運動: boycott)
boylamoq *fe'l.* (끈·넥타이·리본 따위를) 매나; 매어서 몸에 달나, 묶다, 동이다, 붙들어매다.
boylik *ot.* 부(富), 재산(財産), 부귀; ma'naviy ~ 정신적인 풍요; tabiiy ~ 자연적인 출처.

boylik, hazina 가치 축적
boyo'g'li *ot. zool.* 부엉이(올빼밋과의 새. 머리 꼭대기에 귀 모양의 깃털이 있음. 성질이 사나워서 가축을 해치며, 해질녘에 '부엉부엉'하고 욺. 야행성이거나 박모성(薄暮性)이 많음. 부엉새, 목토(木兎), 치효(鴟鴞), 휴류(鵂鶹))
bozor *ot.* 시장, 중동의 시장, 저잣거리, 마켓; 잡화전, 특매장; 바자, 자선시(慈善市)(교환이 일어나는 사회경제적 관계의 총칭)
bozorgir *sif.* 팔리는, 팔 수 있는; 시장성이 높은; 시장의(가격 따위), 시장, 장터; 상업의 중심지, 시장성; bahorgi kitob ~i 봄날 도서전(展).
bozor ahvolini bashorat qilish 시장 경기 예측
bozor infrastrukturasi 시장의 기본구조
bozor iqtisodiga o'tish 시장경제로의 전환
bozor ko'lami 시장 규모
bozor likvidi 시장 유동성
bozor muvozanati 시장 균형
bozor o'rni, mavqei 틈새시장
bozor sarosimasi 시장의 열광상태
bozor segmentatsiyasi 시장분할
bozor shaffofligi 시장의 투명성
bozor tadqiqoti 시장 조사
bozor vositalari 시장의 뒷받침
bozorda hukmron holat 시장에서의 지배적 지위
bozordagi do'kon, chodiri 시장 노점상
bozordagi hukmron vaziyat 시장에서의 지배적 지위
bozordagi hukmron vaziyatdan foydalanish 시장에서 지배적인 지위의 남용
bozordagi ustunlik holati 시장 독점 지위, 시장 지배 상황
bozorga kirishni cheklash 시장 접근 제한
bozorga oid bo'lmagan 현금화가 안 되는
bozorga oid bo'lmagan garov 시장현실 화가 어려운 담보
bozorga oid garov 시장 현실화가 쉬운 담보
bozorlar uchun kurash 시장 쟁탈전
bozorni boshqarish 시장규제
bozorni mustahkamlash 시장강화
bozorni taqsimlash 시장분할
bozorning hazm qilish qudrati 시장의 수용능력
bog' *ot.* 뜰, 마당, 정원, 공원, 유원지; me -vazor ~i 과수원; bota-nika ~i 식물원.
bog'bon *ot.* 정원사, 원정(園丁); 원예가; 채소 재배자, 과수 재배자.
bog'bonchilik *ot.* 조원(造園)(술), 원예
bog'dorchilik *ot.* 원예 농업; 원예술[학]
bog'ich *ot.* 끈, 줄, 실, 노끈, 레이스.
bog'lam *ot.* 다발, 송이, (곡식 등의) 단, 묶음, 한 다발, (운반용의) 곤포(梱包), 꾸러미, 묶음, 묶은 것.
bog'lamoq *fe'l.* 묶다, 동이다, 붙들어매다.
bog'lig *sif.* 의지하고 있는, 의존하는; 도움을 받고[신세를 지고] 있는
bog'liqlik *ot.* 의지함, 의존[종속](관계·상태); 의지하는 것[사람], 신뢰; 믿음.
bog'lovchi *ot. gramm* 접속사(接續詞: 서구어에서, 단어와 단어, 구절과 구절 사이를 접속하는 품사), 이음씨, 잇씨.
bog'lovchi birikma 접속구조
bog'lovchi qo'shimchalar 연결어미(連結語尾: 어간에 붙어 다음 말에 연결하는 구실을 하는 어말 어미; 대등적 연결 어미(—고·—며·—다가), 종속적 연결 어미(—면·—니), 보조적 연결 어미(—아(어)·—고·—지·—게)가 있음)
bog'lovchi qo'shimchalar 접속조사(接續助詞: 조사의 분류의 하나. 체언과 체언을 연결하여 접속시키는 구실을 함; '와'·'과' 따위)
bog'lovchi ravishlar 연결부사(連結副詞)
bog'lovchi ravishlar 접속부사(接

續副詞: 접속사(接續詞)와 같은 구실을 하는 부사; '그러나'·'즉'·'또는'·'및' 따위)
bog'lovchilar 접속사의(로)
bog'lama tovar 번들상품
bog'langan ko'rsatma 한 주식을 매도한 돈으로 다른 주식을 매입하는 등 두 가지 거래 활동을 하루 동안에 하도록 하는 지시
bog'cha *ot.*: bolalar ~si 유치원.
bosh *ot.* 1) 머리, 두부(목 위의 부분, 또는 머리털이 나 있는 부분); 2) 우두머리, 장(長), 우두머리, 지배자, (종족의) 추장, 족장, 장관, 국장, 과장, 소장, (속어) 상사, 보스(boss), 두목; 3) 본선, 주요 부분; 요점; og'rig'i 두통, 두통[골칫, 걱정]거리, 고민; ~ suyagi 두개(頭蓋); 두개골, 머리
bosh direktor *ot.* 대표이사(代表理事)
bosh gap *ot.* 머리문장
bosh kelishik 주격조사(主格助詞: 체언 다음에서 그 체언을 그 문장의 주어가 되게 하는 조사; '이·가' 따위. 임자자리토씨)
bosh kiyim *ot.* 모자
bosh konsul *ot.* 총영사
bosh maqola *ot.* 사설
bosh prokuror *ot.* 검찰총장
bosh, asosiy 전체적인, 총체적인
bosh, asosiy litsenziya 수출입 허가증(통상 1년 기간으로 주어짐)
boshchilik 관리.
boshi berk ko'cha, muammo 막다른 길, 교착상태
boshidan *rav.* 다시, 새로, 새로이.
boshkesar *ot.* 악한, 불량배, 폭력배, 무법자, 살인자, 흉한(凶漢)
boshlab 1) = boshlamoq; 2) 다시한번 (새로이), 시작하고.
boshlama *sif.* 기본의, 초보의, 초등 교육[학교]의, 최소 단위를 이루는, 핵의.
boshlamoq *fe'l.* 시작하다, 착수하다; 창시[창안]하다; hammasini boshqatdan ~ 모든 일을 다시 시작하다; boshidan ~ 처음부터; suhbat ~ 이야기를 시작하다.
boshlang'ich *ot.* 처음, 최초; 시작, 발단.
boshlang'ich kurs 시작가, 주식시장 개장시 주가
boshlang'ich mablag' 초기 투자
boshlanish *ot.* 개봉, 처음, 최초; 시작, 발단; 기원, 초기 (단계), 어린 시절.
boshlanmoq *fe'l.* 시작되다, 시작하다, 개시하다, 착수(着手)하다
boshlash *ot.* 출발; 개시
boshliq *ot.* 두목, 장(長), 우두머리, 지배자, (종족의) 추장, 족장, 장관, 국장, 과장, 소장, 상사, 보스(boss).
boshliq, ish boshqaruvchi 매니저
boshliq, xo'jayin, sardor 모회사, 에이전시 계약에서 에이전시를 고용한 자
boshlovchi *ot.* 선도자, 지도자, 리더
boshmaldoq *ot.* 엄지손가락; 장갑의 엄지손가락
boshoq *ot.* (보리 따위의) 이삭; (옥수수의) 열매; ~chiqarmoq 이삭이 나오다
boshoqlamoq *fe'l.* 이삭이 나다
boshoqli *sif.* 낟알, 알곡, 곡물(穀物), 곡류(穀類); 곡초류(穀草類); 곡물식(穀物食)(아침 식사용 cornflakes, shredded wheat, oatmeal 등); ~ o'simlik 곡물 생산; ~ ekinlar 곡물의 농작물
boshpana *ot.* 성역(중세에 법률의 힘이 미치지 못한 교회 등), 피난장소, 은신처, 피난처; (교회 등의) 죄인 비호(권), 대피호, 방공호, 차폐물, 엄호물, 차폐; 피난.
boshpanasiz *sif.* 집 없는; (가축 따위의) 임자 없는; 안식처를 제공하지 않는.
boshqa 다른, (그) 밖[이외]의, 다른, 상이한, 딴, 서로 다른, 다른 하나의, 또 하나[한사람]의; 이상한, 낯선, 외래품, 외국[이국]의; undan ~ ~을 제외하면, (~의 예외)가 있을 뿐; ~lar oldida 이상한 현실

boshqa davlatga topshirish 본국송환
boshqa davlatlarda ko'chmas mulkka ega bo'lish 해외 부동산 취득
boshqa ishga o'tkazish 직무 변경, 전근(轉勤), 근무처를 옮김
boshqa tilga tarjima qilish (*o'tkazish*) *ot.* 번역(飜譯), 통역, 수역(修譯), 트랜슬레이션 (translation)
boshqa-boshqa *sif.* 가지가지의, 여러 가지의, 가지각색의, 다양한, 가지각색의, 여러 가지의; 여러 방면의, 변화가 많은.
boshqaga ishonmoq 위임받은 전권 제3자에게 넘김(assignment)
boshqarish, tartibga solish 규제, 조정
boshqarma *ot.* 1) 행정, 통치, 행정기관, 관청, 행정부; 2) 관리, 경영; 지배, 관리책임자들, 집행부, 경영진.
boshqarmoq *fe'l.* (국가·국민 등을) 통치[관리]하다, 다스리다, 지도[설득]하다.
boshqaruv *ot.* (사무를) 처리하다, 관리하다; 사업 따위를 경영하다, 지배[통치]하다
boshqaruv organlari 이사(理事)
boshqaruv shakli 통치형태
boshqaruv tajribasidan foydalanish 관리경험활용
boshqaruv tresti 홀딩 트러스트
boshqaruv xarajatlari 운영비
boshqaruvchi, boshliq 매니저, 관리자
boshqaruvning yangi uslubiga o'tish 새로운 경영방식 도입
boshqatdan *rav.* 다시, 또, 다시 [또] 한번
boshqacha *sif.* 1) 다른, (그) 밖[이외]의, 어떻게든 해서; 2) 특별한, 각별한; 현저한, 특히, 각별히, 특별히; = kutmagandek
boshqavchi *ot.* 선구자
boshqird *ot.* Bashkir; ~ayol 보쉬키르의; ~tili Bashkir 언어(말).
boshqotirma *ot.* 크로스워드 퍼즐, 십자말풀이머리 아프게 하는 것
boshsiz *sif.* 머리가 없는, 분별[양식] 없는, 어리석은, 무지한.
boshchilik *ot.* 지도, 지휘, 지도(력); 통솔(력), 리더십, 관리, 감독, 지휘, 감시; ~ qilmoq 관리[감독]하다, 지휘[지도]하다.
brak *ot.* 쓰레기, 폐물, 잡동사니, 하찮은 것, 부질 없는 생각, 어리석은 짓
brend, korxona belgisi 상표, 브랜드
brezent *ot.* 타르칠한 방수포[범포(帆布)]; (선원의) 방수외투, 방수모(防水帽)
brigada *ot.* 여단(旅團); (군대식 편성의) 대(隊), 조(組), 조, 팀; 작업조.
brigadir *ot.* 여단(旅團) 리더.
brileyant *ot.* 다이아몬드, 금강석(金剛石: 보석의 하나 《순수한 탄소로 이루어졌으며, 광물 중에서 가장 단단하고 빛을 냄》); 다이아몬드 장신구, 브릴리언트형으로 다듬은 다이아몬드[보석]
broker, birja dalloli 중개인, 브로커
brokeridj *ot.* 중개업, 거간
brom *ot. fiz.* 브롬(bromine: 할로겐족 원소의 하나. 불쾌한 자극성 냄새가 있는 적갈색의 휘발성 액체; 유독성을 이용한 살균제 기타 각종 브롬화물의 원료가 됨. 취소(臭素). [35번: Br: 79.904])
bronlamoq *fe'l.* (미래 혹은 어떤 목적을 위하여) 떼어두다, 비축하다, 준비[마련]해 두다
bronlangan *sif.* 예비의, 준비의, 남겨둔; 제한의, 한도의.
bronxit *ot. tib.* (*kasallik*) 기관지염(氣管支炎), 기관지 카타르
bronza *ot.* 청동, 브론즈; 청동 제품; ~davri 청동기 시대
broshyura *ot.* 소책자, 팸플릿
brus *ot. sport* 권투장의 사각링; parallel ~ (체조의) 평행봉.
brutto daromadi 총수입
brutto foizi 세전에 계산되는 이자율
brutto, idish bilan birgalikdagi og'irlik 총체, 총계, 총액

brutto-daromad 총수입
bu *olmosh* 이것, 이 물건[사람, 일], 여기, 이곳, 지금 말한 것; 다음 말할 것; ~ yoqqa 여기에(서); ~ kishi 이 사람; ~yil 올해.
bu yer 거기 여기
bu yerda 여기
bu yerdan 여기서
bu yerga 여기에
budda *ot.* 불타, 부처(석가모니의 존칭; 다른 득도자(得度者)에게도 씀); ~ dini 불교, 불도(佛道)
budilnik *ot.* 알람시계, 종시계
budjet *ot.* 예산; 예산안
budjet yili 예산년도, 회계년도(會計年度)
budka *ot.* 상자, 박스, 임시로 지은 오두막; 초사(哨舍), 초소; 파수막, 보초막, 노점, 매점; telefon ~si 전화 박스.
budyodkor *ot.* 보초, 초병, 지키는 사람
bufer *ot. tex.* 완충기(緩衝期), (영향·충격·위험 따위를 부드럽게 하는) 완충물, 쿠션
bufet *ot.* buffet가 있는 간이식당; (역·열차·극장 안의) 식당, 뷔페, 군(軍) 매점, (광산·바자 등의) 매점, 이동[간이] 식당; ~da ovqatlanmoq 스넥바에서 먹다
bufetchi *ot.* 간이식당판매원, 바텐더.
bugun *rav.* 오늘, 현재[현대, 오늘날](에는); shu ~ 오늘; ~erta 이윽고, 곧, 이내; ~dan boshlab 오늘 출발한다; ~ertalab 오늘 아침.
bugungi *rav.* 요즈음, 요새, 지금의, 오늘날의, 현재의, 현(現); ~kunda 목하, 현재.
buikluvchan *fe'l.* 접하다
bujmaymoq *fe'l.* (꽃 등이) 시들다. 이울다, (젊음·아름다움·기력 따위가) 쇠퇴하다.
bukik *sif.* 커브, 굽은, 구부러진, 뒤틀린.
bukilma *sif.* 기울다, 만곡(부·물(物)), 굽음, 휨, 곡선(曲線), 굽은 곳, 굴곡[만곡](부).
bukilmas *sif.* 구부러지지[굽지] 않는; 강직한, 불변의, 굽지 않는, 단단한; 꺾이지 않는, 불굴의(정신 등); 고집센, 완고한.
bukilmoq *fe'l.* 굽어지다, 구부러지다, 뒤틀리다, 고부라지다
bukiluvchan *sif.* 구부리기 쉬운, 굴절성의, 휘기 쉬운, 유연성이 있는, 접는, 접을 수 있는, 접는 식의.
buklama *sif.* 굽지 않은, 곧은; 굴복하지 않은; 자연 그대로 자란 (가지)
buklamoq *fe'l.* 접다, 접어 포개다, 꺾어 젖히다; ikki ~ 반으로 접다; xatni ~ 편지를 접다.
bukmoq *fe'l.* 1) 접다; 접어 포개다; 2) 구부리다, 구부러지다, 굴곡하다, (머리를) 숙이다; (사진·봉투 따위를) 접다; tizzani ~ 무릎을 굽히다.
bukri *sif.* 곱사등의, 꼽추의, 앞으로 몸을 굽힘, 새우등, 구부정히 하고 서다[걷다]
bulbul *ot.* 불불(새 이름), 나이팅게일(유럽산 지빠귓과의 작은 새; 밤에 아름다운 소리로 욺); 목소리가 고운사람.
buldozer *ot.* 불도저, 흙을 밀어 내어 땅을 고르는 데 쓰는 트랙터
buldozerchi *ot.* 불도저 운전수
bulka *ot.* 롤빵(건포도를 넣은 달고 둥근 빵), 둥그런 빵 (hamburger 등에 씀).
bulleten *ot.* 불탄; sog'liq haqida 불탄 의료센터
buloq *ot.* 샘, 샘물, 우물, (유전 따위의) 정(井), 광천(鑛泉), 광천 (보양)지
bultur *rav.* 지난해; ~keldi 작년에 왔다.
bulturgi 지난해의.
bulut *ot.* 구름, 하늘, (자욱한) 먼지[연기 따위]; 연무(煙霧)
buluti *sif.* 흐린, 구름의[같은], 구름이 낀; 흐린 데가 있는; 탁한, 불투명한; 애매한.
bulutiz *sif.* 구름 없는, 맑게 갠; 밝은.
bulvar *ot.* 가로수길, 불바르, 넓은 가로수 길[산책 길]; 큰길, 대

로(略: blvd.).
bulg'amoq *fe'l.* 더럽게 하다, 더럽히다; ~에 얼룩을 묻히다, 손상시키다, 못쓰게 만들다, (가문 등을) 더럽히다; 타락시키다; suvni ~ 물이 움직이다.
bulg'anchiq *sif.* 더럽게 하는, 더러운, 불결한; (손발이) 더러워지는(일 따위))
bulg'or *ot.* 불가리아 사람(의); 불가리아어
bum, sun'iy shov-shuv 붐(boom), 벼락 경기
bumerang hodisasi 부메랑 효과(效果)
bunaqa *sif.* 이렇다
buni ustiga 더구나(더군다나)
buni ustiga, yetmagandek 하물며
bunyod *ot.* 창조; 창작; 창설, 발단, 시작, 생기는 것; ~qilmoq (회사·부·국 등을) 창설[창립]하다. 세우다.
bunyodkor *ot.* 건축(업)자, 건설자, 청부업자; 증진시키는 사람[물건].
buncha *rav.* 이것만은, 여기까지는
bunchalik *rav.* 이것만큼, 그렇게, 이렇게, 그[이] 정도로, 이쯤.
buqa *ot.* (거세하지 않은) 황소
buqoq *ot.* (새의) 모이주머니, 소낭; (동물의) 밥통, 모래주머니; *tib.* 갑상선종(甲狀腺腫), 종기, 혹, *fiziol.* 갑상선, 갑상선 동맥[정맥, 신경]; 갑상연골.
burama *sif.* 나사, 나사못, 나사볼트
buramoq *fe'l.* 돌리다, 회전시키다, (공에) 스핀을 주다; soatni ~ 시계를 돌리다.
burda *ot.* 조각, 단편, (장작 따위의) 큰 나무 토막; (빵 따위의) 두꺼운 조각, 큰 덩어리; 군살; (치즈·빵·고기 따위의) 큰 덩어리; ~qilmoq 갈기갈기 찢다; bir ~yer 땅의 작은 지면(地面)
burdalamoq *fe'l.* 깨뜨리다, 쪼개다, 부수다; 자르다, 세로로 베다[자르다, 째다, 찢다, 절단하다, (나무를) 자르다; (풀·머리 등을) 깎다; (고기·빵 등을) 베어 가르다
burga *ot.* 1) 벼룩, 2) 하찮은[귀찮은] 놈.
burgut *ot.* (독)수리. 새끼(독)수리
burilish *ot.* 굽음, 변환, 방향전환; 빗나감, 굽음, 굽은 곳, 굴곡[만곡](부); 휨
burilmoq *fe'l.* 돌리다, 회전시키다.
burjuaziya *ot.* 중산[시민]계급, 상공계급; 부르주아[유산] 계급; yirik ~ 상류층 중산계급.
burma *ot.* (스커트 따위의) 주름, 플리트; 주름, 접은 자리, 주름 모양의 것; ~ ko'ylak 주름치마.
burmalangan 주름살 있는; (잎이) 쭈글부채 모양의; 습곡(褶曲)이 있는.
burmoq *fe'l.* 바꾸다, 변경하다, 고치다, 갈다. gapni ~ 대화 내용을 바꾸다.
burro *rav.* 날카롭게, 빈틈없이, 방심 않고, 재빠르게, 꾀바르게, 줄줄, 유창하게; 그럴싸하게; 유창한; 그럴 듯한, 입이 싼, 말수가 많은; ~gapirmoq 빠르게 말을 잘 한다; ~nutq 유창하게 말 한다; tili ~ 유창한 언어.
burun I *ot.* 코. uzun ~ 큰 코.
burun II *rav.* (지금보다, 그 때보다) ~전에, 거금(距今), 이전에, 그때까지; 좀 더 일찍, 앞서; ~ eshitganman 옛날에 들었다.
burun tovushlari assimilyatsiyasi 비음 동화,
burun undoshlari(ng, g) 비음(鼻音: 코 안을 울리면서 내는 소리; ㄴ·ㅁ·ㅇ의 소리. 콧소리)
burungi *rav.* ~보다 전에[앞서], 옛날에; ~ ashula 옛날 노래.
burg'i *ot.* 구멍을 뚫는 사람[물건], 송곳, 천공기, 착암기, 드릴(기계 전체).
burg'ilamoq *fe'l.* ~에 구멍을 뚫다, 도려내다, 시굴하다.
burch *ot.* 의무(義務), 본분, 의리, 책임, 책무; muqaddas ~ 신성한 의무.

burchak *ot.* 1) 모(퉁이), 모퉁이, 길모퉁이, (방·상자 따위의) 구석, 귀퉁이, 한쪽 구석; 2) 각, 각도; ~da 길모퉁이; to'g'ri ~ 오른쪽 모퉁이; o'tkir ~ 예각, 직각보다 작은 각
but *ot.* (회화·조각의) 상, 초상, (예수. 성인 등의) 성화상, 성상(聖像), 우상, 신상(神像); 사신상(邪神像). 불상(佛像)
buta *ot. bot.* 키 작은 나무, 관목(灌木)
butamoq *fe'l.* ~을 정돈하다, 손질하다; (잔디. 울타리 등을) 치다, 깎아 다듬다, ~의 끝을 자르다[깎다]
butilka *ot.* 병, 술병, 병에 든 것
butkul *rav.* 완전히, 철저히, 완벽하게, 전혀, 전부; 매우, 굉장하게, 무지무지하게; ~ yo'q qildim 완전히 제거하다.
butoq *ot.* 새순, 가지, 분지(分枝), 큰 가지; 가지 모양의 것(사슴뿔 따위)
butoqlamoq *fe'l.* (길·철도·강 이) 갈라지다
butoqli *sif.* 가지(를 낸); 분기(한).
butparast *ot.* 우상 숭배자; 우상 교도, 이교도; 숭배자, 심취자.
butparastlik *ot.* 우상숭배, 사신(邪神) 숭배; 맹목적 숭배, 심취.
butun *sif.* 전체[전부]의, 흠 없는, 온전한, 완전한, 본래대로의, 손대지 않은; ~kun 온 종일, 꼬박 하루; ~ shaharlar 시 전체
Butun Jahon Savdo Tashkiloti 세계무역기구 (World Trade Organization)
butun kemani yollash 전부용선
butunjahon bozori 세계 박람회
butunlay *rav.* 전혀, 완전히, 전부, 전적으로, 철저히, 완벽하게, 전혀.
butunlay bandlik 완전고용
butxona *ot.* 신전, 성당; 절, 사원; (모르몬교의) 회당; (프랑스 기타 신교도의) 교회당
buva *ot.* 할아버지, 조부(祖父), 할아버님.
buvi *ot.* 할머니, 조모, 할머님.
buxgalter *ot.* 회계원, 부기[장부] 계원, 회계관, (공인) 회계사; bosh ~ 일반 회계원.
buyerda *rav.* 여기에(서), 여기에.
buyerdan *ot.* 여기서부터
buyerga *ot.* 여기까지
buyon *rav.* 그 후 (지금까지), 그 이래 (지금[그때]까지), (그때) 이래 (죽), 그 후 내내, 그 이후 (죽 지금까지); ko'pdan ~ 옛날부터 지금까지; uch yildan ~ 3년전부터 지금까지.
buyrak *ot. fiziol.* 신장(腎臟: 척추동물의 오줌 배설 기관《사람에게는 척추 양쪽에 한 쌍이 있는데 강낭콩 모양임》), 콩팥, 신경(神經)
buyruq *ot.* 명령, 지휘; 훈령, 호령, 구령; 지령, 분부; (법원의) 지시; 명령서; ~ber- moq ~에게 명(령)하다, ~에게 호령[구령]하다.
buyruq gap 명령문(命令文)
buyruq istak mayli 명령법(命令法: 종결 어미를 써서, 무엇을 시키거나 행동을 요구하는 명령의 뜻을 나타내는 화법(話法).)
buyruq yoki farmoyish ijrosi 정당행위(사회상규에 위배되지 아니하여 국가적, 사회적으로 정당시되는 행위)
buyuk *sif.* 큰, 거대한, 막대한, 광대한, 매우 큰; ~ davlatlar 거대한 힘; ~ Pyotr 위대한 피터(베드로(예수의 12제자 중의 한 사람; Simon Peter라고도 부름)); ~ Britaniya 대영제국, 영국
buyuklik *ot.* 위대한 사람[것]; 훌륭한[고귀한, 유명한] 사람들.
buyum *ot.* 물건, 상품, 물건, 물체, 사물; toza ~ 성질상의 물건.
buyum-mahsulot nomlari, nomen- kla-turasi 제품 범위
buyum, narsa joylashgan joy qonuni 물건 소재지법
buyumlar nazorati 생산관리
buyumlarni ko'rsatish olmoshi 지시대명사(사물)
buyurmalar tushishi darajasi 수주 수준
buyurmoq *fe'l.* 1) ---에게 명령하

다, ---에게 지시하다; 2) 고정[고착]시키다, 두다, 놓다, 자리잡아 앉히다; 3) 처방을 내리다, 치료법을 지시하다; 4) 준비[마련]해 두다; 예정해 두다, 확보해 두다.
buyurtirilmoq *fe'l.* 명하다, 지시하다, 주문하다, 예약하다.
buyurtma *ot.* 주문(注文), 맞춤
buyurtma berish 발주
buyurtma bo'limi 발주부서
buyurtma olish 수주
buyurtma pochta 등기우편
buyurtma qabul qilish 수주(受注)
buyurtmachi *ot.* 주문하는 사람, 주문자(注文者), 소송[변호] 의뢰인.
buyurtmalar hisoblash nazorati sxemasi 수주 관리 흐름도
buyurtmali jo‘natma yuborish 등기 우편
buyurtmani talab qilish 주문의 요구사항
buzg‘unchi *ot.* 말썽꾸러기
buzilgan huquqlarni tiklashni ta‘minlash tartibi 침해된 권리의 원상회복 보장원칙
buzilgan huquqni mahsulot bilan tiklash 침해된 권리의 원상회복
buzilgan huquqni tiklash tamoyili 침해된 권리의 원상회복 원칙
buzilganlik *sif.* 결함, 오류
buzilmas *sif.* 범할 수 없는, 불가침의; 신성한; 거역할 수 없는, 용해[분해, 분리]시킬 수 없는; 해소[파기]할 수 없는, 확고한; 불변의, 영속성 있는(계약 따위).
buzmoq *fe'l.* 깨뜨리다, 쪼개다, 부수다, 파괴하다, 부수다, 분쇄하다; 소실(消失)시키다, 찢다, 째다, 분할하다; ishtahani ~ 자신의 욕구를 깨뜨리다; to‘yni ~ 약속을 파괴하다.
buzoq *ot.* 송아지, 소 새끼; ~ boquvchi 송아지 머리; ~ go'shti 송아지 고기(식용)
buzoqboshi *ot. zool.* 하늘소(하늘솟과의 갑충(甲蟲)의 총칭. 몸은 가늘고 기름하며, 날개는 딱딱하고 촉각은 매우 긺. 꽃·수액(樹液)·썩은 나무 등을 먹음. 유충을 '나무굼벵이'라 하는데, 나무속을 파먹음, 천우(天牛), 저천우(楮天牛)).
buzoqxona *ot.* 송아지 마구간, 헛간
buzuq *sif.* 멸망한, 파멸된; 몰락[파산]한; 시든, 해를 입은; ~ radio 고장난 라디오
buzuqlik *ot.* 1) axloqi ~ 부도덕, 패덕; 품행이 나쁨; 음란, 외설; 2) niyati ~ 악, 사악; (고어) 죄악; 불리한 일.
buzuqchilik *ot.* 추잡, 음란; 외설; 호색.
buzg'unlik *ot.* 불화, 불일치, 내분, 알력
buzg'unchilik *ot.* 부추김; 선동, 교사
byudjet 예산(豫算: budget), 예산안
byudjet defitsiti 예산 적자
byudjet jarayoni 예산 수립과정
byudjet kamchiligini qoplash 예산적자 충당
byudjet mablag’dan foydalanish 예산사용
byudjet siyosati 예산정책(豫算政策)
byudjet tushumlari 예산수입
byudjet tuzumi 예산기구(豫算機構)
byudjet yetishmasligi 적자예상
byudjet yili 예산년도
byudjet yuklamasi 예산 부담률(예산과 GDP의 비율)
byudjetning daromadli qismi 예산의 수입부분
byutjet sistemasi 예산제도(豫算制度)
bug‘ *ot.* 김, 증기, 스팀, 수증기; 증기력
bug‘doy *ot.* 밀, 소맥; ~zor 밀밭; ~poya 소맥 줄기, 밀 대.
bug‘lamoq *fe'l.* 김을 내다; 증기를 발생하다. 증기의 힘으로 나아가다
bug‘u *ot.* 사슴, 수사슴.
byuro *ot.* 사무소(事務所), (관청의) 국(局); 사무[편집]국 (*idora,*

muas- sasa, korxona)
byurokratik rasmiyatchilik muno- sabat 관료적 태도
byurokratizm, rasmiyatchilik, qog'ozbozlik 관료주의(官僚主義)
bo'g'im-bo'g'im tuzilish 분할, 구분
bo'g'ilmoq *fe'l.* 질식시키다, ~을 숨막히게 하다, 숨을 헐떡이며 말하다
bo'g'in *ot.* 1) 유절(有節) 발음, (개개의) 조음(調音); 뚜렷한 발음; 자음(子音); 2) 세대, 대(代); 3) 음절, 실러블; 음절을 나타내는 문자[철자]; oxirgi ~ 마지막 음절; urg'uli ~ 악센트 음절; urg'usiz ~ 부드러운 음절
bo'g'in *ot.* 관절
bo'g'inoyoqlilar *ot.* 절지동물문(門)
bo'g'iq *sif.* 목쉰; 쉰 목소리의; 귀에 거슬리는; (강물·폭풍·우레 등의 소리가) 떠들썩한, 목이 쉰, 쉰 목소리의, 귀에 거슬리는; ~ ovozbilan gapirmoq 쉰 목소리로 말하다
bo'g'irsoq *ot.* 롤빵(건포도를 넣은 달고 둥근 빵), 둥그런 빵.
bo'g'iz *ot. fiziol.* 목(구멍), 인후; 숨통, 기관, 식도(食道)
bo'g'iz tovushi 후음(喉音), 목청소리, 목소리, 성대음(聲帶音)
bo'g'izlamoq *fe'l.* ~의 목을 찌르다; 자살하다; 자멸을 초래하다
bo'g'ish *ot.* 교살, 질식(사).
bo'g'ma *ot. tib.* 디프테리아(diphtheria: 디프테리아균으로 인한 급성 전염병. 2-7살쯤까지 잘 걸리며 후두가 협착해지고 심장 마비를 일으킴); ~ ilon 보아(구렁이), 왕뱀
bo'g'moq *fe'l.* 목 조르다, 질식시키다, ~을 숨막히게 하다
bo'g'ov *ot.* 족쇄, 차꼬, 매는 사슬, 속박.
bo'g'oz 암소가 송아지를 가진(임신한); ~ qilmoq 짝지어주다, 교미시키다.
bo'g'uz tovushi 목청소리
bo'hton *ot.* 중상, 비방, (문서에 의한) 명예 훼손(죄), 비방[중상] 하는 글. ~ qilmoq 중상[비방]하다, 명예를 훼손하다
bo'htonchi *ot.* 헐뜯는 사람, 거짓말쟁이.
bo'kirmoq *fe'l.* 1) 고함치다, 소리지르다, 외치다, 소리를 내다; ovozining boricha ~ 자신의 목소리를 최고로 높혀 소리치다; 2) (짐승 따위가) 으르렁거리다, 포효하다, 노호하다, 큰소리치다, (소가) 큰 소리로 울다; 짖다, 고함치다, 소리지르다, 대갈하다.
bo'kmoq *fe'l.* 넓히다, 넓어지다, 부풀리다, 부풀다, 팽창시키다, 팽창하다; 과장하다; suvda bo'kkan non 물이 배어든 빵
bo'lajak *sif.* 미래[장래]의, 내세의; ~ rafiqa 미래의 부인.
bo'lak *ot.* 1) (전체 속의) 일부, 부분; (전체에서 분리된) 조각, 단편, 덩어리; gap ~ lari 문장의 일부분; 2) (한 벌의 물건 중의) 일부, 부분, 부분품, 작은 조각, 작은 부분, 소량, 조금.
bo'laklamoq *fe'l.* 잘라서 떼어 놓다, 분리하다, 가르다.
bo'lar *rav.* 충분한, 족한, ~하기에 족한, 할 만큼의, 됐어요; shu ham ~ 저것은 충분하다.
bo'lg'usi *ot.* 미래, 장래, 장차.
bo'lib *sif.* 어울리는, 걸맞은, 적당한; jami ~ 모두[다] 함께, 전부
bo'lib-bo'lib to'lash 분할납부, 기간 연장
bo'lib-bo'lib to'lash 할부 지불
bo'lib-bo'lib to'lash 할부(割賦)
bo'lim *ot.* 1) (공공 기관·회사 등의) 부, 부문, 국(局), 과(課), 성(省), 부(部); 2) 분할; 분배; 구획, 배당; 분열; kadrlar ~i 개인 부문.
bo'linmas *sif.* 나눌 수 없는, 분할할 수 없는, 불가분의; 나뉘지 않는; ~ fond 분할할 수 없는 자금.
bo'linmoq *fe'l.* 1) 서로 나누다, 나누다, 분할하다, 쪼개다, 가르다, 분계[구획]하다; 분류하다; 2) 나뉘다, 쪼개지다; (길·설이) 둘로 나뉘다

bo'linuvchi *ot. mat* 나누다, 나뉘어 떨어지게 하다.
bo'lish *ot.* 머무름, 체재, 거류, 체류, 체재 기간
bo'lishsiz *sif.* 부정의, 부인[취소]의, 거부의, 거절적인; 금지의, 반대의; ~shakl ~로부 거부.
bo'lishsizlik olmoshi 부정 대명사
bo'lka *ot.* 빵, 둥글고 긴 하얀 빵; ~ non 롤 빵.
bo'lim 부분, 역할
bo'limlar, filiallar tarmog'i 지점망
bo'lma *ot.* 방, (침실·거실·응접실 따위) 한 벌이 갖추어져 있는 방; 하숙방, 셋방.
bo'lmag'ur *ot.* 엉터리없는[터무니없는, 황당무계한, 소용없는; ~ gaplarni gapirma 엉터리없는[터무니없는, 황당무계한]이야기; ~ sabablar ~의 선부른[그럴싸한] 구실.
bo'lmaslik *ot.* 아니, 아니다
bo'lmoq I *fe'l.* 일어나다, 생기다; guvoh ~ 증언하다; 입증하다; ~의 증거가 되다
bo'lmoq II *fe'l.* 분배하다, 나누다, 분할하다, 쪼개다, 가르다, 분계[구획]하다; 분류하다; ikkiga ~ 두 부분으로 나누다.
bo'lnadigan narsa, buyumlar 가분물
bo'linmas narsalar 불가분물
bo'luvchi *ot.* 제수(除數: 나눗셈에서 피(被)제수를 나누는 수; 6÷2=3에서 2의 일컬음.), 법(法)
bo'lish, bo'linma 세분, 소구분, 부서
bo'nak (*avans*) **bo'lovi** 선불 지급.
bo'nak, avans 선불, 선불금
bo'nak bo'lovi 선금(先金), 선불금
bo'nak, bay puli 계약금, (경매) 보증금
bo'r *ot.* 백악(白堊), 초크, 분필. Doskaga ~ bilan yozmoq 칠판에 분필로 쓰다.
bo'ri *ot.* 늑대, 이리, 승냥이; urg'ochi ~ 암늑대; ~i bolasi 늑대 새끼; Men ~ dan qorqaman 나는 늑대를 무서워합니다; 늑대(갯과의 동물. 우리나라 특산으로 산속에 삶. 이리와 승냥이의 중간종. 몸길이 130cm 정도, 빛은 황갈색, 등에 검은 띠가 있음. 머리뼈는 가늘고 길며 앞다리가 짧음. 성질이 사납고 육식성임); 이리(갯과의 짐승. 개 비슷한데, 늑대· 승냥이보다 큼. 털빛은 변화가 많고 흔히 회갈색 바탕에 검은 털이 섞임. 성질은 사납고, 육식성인데, 때로 사람을 해침.)
bo'ribosar *ot.* 울프하운드(옛날에 이리 사냥에 쓴 사냥개)
bo'ron *ot.* 눈보라; 눈보라 같은 것, 폭풍(우), 모진 비바람. ~ boshlandi 눈보라가 친다.
bo'rsiq *ot.* 오소리; 그 털가죽
bo'rtiq *sif.* 여드름, 구진(丘疹), 뾰루지; 작은 돌기; 부스럼; (피부의) 검버섯; (잉크 따위의) 얼룩, 반점.
bo'rtmoq *fe'l.* 부풀다, 팽창하다; 부어오르다; bo'rtib chiqmoq 부어오르다
bo'rttirmoq *fe'l.* (수·양 따위를) 늘리다, 불리다, 증대[확대]하다; bo'rttirib gapirmoq 과장하다, 침소봉대하다, 과대하게 보이다; 지나치게 강조하다.
bo'sa *ot.* 키스, 입맞춤; ~olmoq (~에) 키스하다, (~에) 입맞추다; men undan ~ oldim 나는 그녀와 키스했다.
bo'sag'a *ot.* 1) 문지방, 문간, 입구, 발단, 시초, 출발점; 2) 가까워짐, 접근, 가까이함.
bo'ston *ot.* 화단
bo'sh *ot.* 한가한, 느슨한, 빈. ~ odam 한가한 사람; ~ joy 빈자리.
bo'sh vaqt 여가
bo'shanglik *ot.* ??법우다, 힘이 없는 것, 약하는 것.
bo'ta *ot.* 낙타 새끼.
bo'tako'z *ot.* 수레국화; 선옹초(仙翁草: 너도개미자릿과의 한해살이풀. 줄기의 높이는 80cm 정도, 잎은 선형(線形), 초여름에 자색 꽃이 핌. 관상용임)
bo'talamoq *fe'l.* 낙타가 임신하

다, ~을 낳다; ~을 생겨나게 하다
bo'taloq *ot.* 약대의 새끼를 이름
bo'tqa *ot.* 포리지(오트밀을 물이나 우유로 끓인 죽); (말레이시아에서) 쌀죽, (환자 등에게 주는) 묽은 죽, (우유·물로 요리한) 오트밀; shisha ~si 사금파리 유리 컵
bo'xcha *ot.* 꾸러미, 보따리, 포장한 짐[묶음], 짐짝; 팩, 포장 용기; 륙색, 배낭; 접은 낙하산
bo'y *ot.* 1) 성장, 발육; 생성, 발전, 발달; ~-bast 몸매, 풍채, 자태, 외관; ~i baland 키가 큰; 2) 높이, 키; ~i uzun 키 큰.
bo'yama *sif.* 염색한, 물들인, 채색한; 페인트칠한; 연지를 바른; 색채가 선명한; 짙은 화장을 한; ~gap 속이는 행위, 거짓말을 하다, 사기.
bo'yamachi *ot.* 사기꾼, 속이는 자; ko'z ~ 사기[꾼], 거짓말쟁이.
bo'yamoq *fe'l.* 1) ~에 물감을 칠하다, 착색[채색]하다; 장식하다, 염색하다, 그림을 그리다; ko'ylakni ~ 물들이다; 염색[착색]하다; sochni ~ 머리를 염색하다; 2) 더럽히다; ~에 얼룩을 묻히다, 더러워지다.
bo'yash *ot.* 염색(법); 염색업; 염색소, 색소(色素); 염색한 빛깔[것].
bo'ydoq *sif.* 미혼의, 독신의, 결혼하지 않은 사람. 독신; ~yigit 미혼자, 독신자.
bo'yin *ot.* 목, 목 모양의 부분; ~egmoq 복종하다, 말을 잘 듣다.
bo'yinbog *ot.* 넥타이, (장식) 매듭.
bo'yinturuq *ot.* 멍에, 이어매는 것.
bo'ylab *rav.* ~을 따라, 따라서, 전방으로, 앞으로; qirg'oq ~ 연안, 해안을 따라서; yo'l ~ bormoq 도로를 따라서 가다
bo'yoq *ot.* 그림물감, 물감, 염료, 채료, 페인트, 도료, 색깔, 색조; ~ bermoq ~에 물감을 칠하다, 착색[채색]하다
bo'yoqli *sif.* 그린; 채색한; 페인트칠한; 연지를 바른; 색채가 선명한; 짙은 화장을 한
bo'yoqchi *ot.* 염색하는 사람, 염색공; 염색집[소(所)].
bo'ysunmoq *fe'l.* ~에 복종하다, ~에 따르다; ~의 명령[가르침, 소원]에 따르다
bo'z I *ot.* 손으로 짠 목화직물, 홈스펀(수직물 또는 그 비슷한 직물)
bo'z II *ot.* 처녀지, 미개간지; ~yerlar 새로운 땅(육지) 처녀지, 미개간지.
bo'zarmoq *fe'l.* 파래지(게 하)다, 창백해지(게 하)다, (색·빛 등이) 엷어지(게 하)다; 배'rquvdan ~ 공포로 창백해지다.
bo'zish 철거
bo'zlamoq *fe'l.* 애처로운 소리로 울다, 흐느껴 울다; (개 따위가) 낑낑거리다
bo'zchi *ot.* (베)짜는 사람, 직공(織工)
bo'sh *sif.* 1) 빈, 공허한, 비어 있는, 2) (자리가) 비어 있는, 공석 중인, 결원으로 된; 3) 의지력이 약한; 서투른, 열등한; 4) 박약한, 나약한, 빈약하게; 불충분하게; ~ko'cha 사람의 왕래가 없는 거리
bo'shmoq *fe'l.* 1) 사람이 살지 않는, 황폐한, 버림받은; 2) 자유의 몸이 되다, 석방되다; ~을 벗어나다; raislikdan ~ 은퇴하다, 퇴직하다; 폐업하다.
bo'shanglik *ot.* 인격의 부족.
bo'shatmoq *fe'l.* (내용물을) 비우다, (딴 그릇에) 옮기다; (액체를) 쏟다; miltiqni ~ (장전한 총포를) 발포하다, 쏘다; (총탄을) 발사하다
bo'shashmoq *fe'l.* 부드럽게[연하게]하다, 약해지다, 우유부단해지다, (생각이) 흔들리다, 상냥스러워지다, 누그리지다.
bo'shlik *ot.* 약함, 미약, 가냘픔; 허약, 우유부단, 심약, (근거의) 박약
bo'shliq *ot.* (텅)빔; (사상·마음의) 공허; 덧없음; 무가치; 공복; 무지; 무의미.
bo'ston *ot.* 뜰, 마당, 정원, 공원.

Dd

D

d 우즈벡 알파벳 모음 세번째 글자.
da(*jo'nalish kelishigi qo'shimchasi*) 에; -da, vaqt 때; -da(jo'nalish kelishigi) 에서
dabba *sif.* 1) *tib.* 헤르니아, 탈장; *ilm* (hernia) ~bo'lmoq 헤르니아가 되다, 탈장(脫腸)하다; 2) *qo'p* (*savdo haqida*) 느슨한, 늘어진, 느즈러진, 침체된, 한산한, 부진한, 경기가 없는; bugun bozor ~ 오늘 시장이 한산하다; ~ mollar 상품의 부진.
dabdaba *sif.* 빛나는, 찬란한, 장려(壯麗)한, 장대, 장엄(한 아름다움), 장려, 훌륭함; ~ qilmoq ~을 중요시하다; ~을 이용하다; ~을 문제[싸움의 구실]로 삼다.
dabdabali *sif.* 장대한, 장엄한, 장려한, 굉장한, 멋진, 근사한, 빛나는, 훌륭한, 장한, 화려한, 호사한
dada *ot.* 아버지, 부친(父親), 부(父), 부주(父主), 바깥부모, 바깥어버이, 아버님, 엄친(嚴親), 가친(家親), 가부장(家父長).
dadil *sif.* 자신 있는, 대담한, 담찬, 담력이 있는, 불손(不遜)한, 뻔뻔스러운, 철면피한.
dadillik *ot.* 대담, 배짱, 무모; 철면피; 호방함; 분방자재(奔放自在); 두드러짐.
dafn *ot.* 장례, 매장, 매장식; ~etmoq 장례식을 치르다; ~etilmoq 매장하다.
daftar *ot.* 공책, 노트, 수첩; kundalik 일기, 일지; 일기장
daftarcha *ot.* 소책자, 팸플릿, 안내지.
daha *ot.* 단지
dahliz *ot.* 복도, 통행, 통과, 들어감; 입장, 입회, 입학, 입사; 입항, 입구, 출입구.
dahqonchilik *ot.* 경작.
dahshat *ot.* 두려움, 무서움, 공포, 전율, 경악; ~qilmoq 소름끼치게 하다, 무서워 떨게 하다.
dahshatli *sif.* 두려운, 무서운, 가공할, 소름끼치는, 굉장한.
dakki *ot.* 비난, 잔소리, 질책, 비난의 말; ~ bermoq 꾸짖다, ~에게 잔소리하다.
dala *ot.* 들(판), 벌판; 논, 밭, 목초지, 재배지, 농원, 농장; paxta ~si 목화밭
dala ishlari 현장 작업
dala sinovi 현장 시험
dalachi *ot.* 농작물 경작(재배)
dalachilik *ot.* 야외연구, 야외채집, 농작물배양(경작, 재배, 양식)
dalda *ot.* 격려, 용기를 돋움, 격려; 장려, 촉진, 조장; 자극
dalil *ot.* 논의, 논증; 논거; 논법, 증명, 증거; ~keltirmoq ~의 이유를 제시하다.
dalillar *ot.* 증거, 증명, 증거서류; 증언
dalillar etishmasligi 증거불충분
dalillar ta'minoti haqida bayonot 증거보존 신청
dalillar ta'minoti tartibi 증거보존절차
dalillar tadqiqi va ularni ko'zdan kechi- rish 증거조사
dalillarni baholash 증거능력평가
dalillarni ta'minlash 증거보존
dalillarni talab qilib olish 증거신청
dalillarni taqdim etish 증거제출
dalilsizlik *ot.* 증거 없음, 이유[근거]가 없는, 사실 무근의, 사실무근한; 기초가 없는
dallol *ot.* 중개인(仲介人), 중매상(仲買商), 중개상인(仲介商人), 브로커(통상 에이전시 계약을 맺고 활동함, 상행위의 매개를 업으로 하는 사람), 조정자(調停者), 매개자; 오퍼상, 무역상(貿易商), 중재인(거래를 중개해 주고 매도인 및 매수인으로부터 중개료를 받는자)
dallol, makler 브로커, 딜러, 오퍼

dallolga ko'rsatilgan yoki yaxshi- roq narx bo'yicha kelishuvga buyruq berish 지정가격 이상으로 거래해 달라는(브로커에 대한) 주문
dallollik *ot.* 중개(업), 거간(업), 구전.
dalolat *ot.* 증언, (법정에서의) 선서증언; (널리) 언명; (신앙·경험 등에) 고백, 선언; ~ bermoq 증명하다, 입증하다, 증언하다, 증인이 되다.
dalolatnoma daftarlari 동사무소에 있는 개인 신상에 관한기록부(출생, 혼인, 입안, 개명, 사망 등의 내용이 기록되어있음)
dalollik haqi, kurtaj 중개인 수수료
dam I *ot.* 1) 숨, 호흡; 한 호흡, 한숨; 한번 숨쉼; olov ~ida 단숨에; 2) 휴식, 휴게, 정양, 긴장을 풂, 휴양. ~ olmoq 쉬다, 휴식하다.
dam II *ot.* 풀무, 송풍기, 바람통, 야로(冶爐), 풍상(風箱), 풍구(風口); ~bermoq ~에 조용히[살살] 불어주다.
dam III (*tig'*) *ot.* (칼붙이의) 날, 칼, 날붙이, 도(刀), 검(劍), 도신(刀身)
dam olish 비번, 휴가, 휴일.
dam olish kuni 주말(週末), 토요일
dam olish kuni, ish kuni emas 공휴일
dam olish kunlari 휴일(休日)
dam olish puli 퇴직금
damba *ot.* 둑, 제방; 도랑, 해자, 수로; 둑길; 방벽(防壁), 방어 수단; 장벽, 장애물
damka *ot.* 체커(서양장기의 일종), 킹, 왕장(王將)(*shashka o'yinida*); ~gachiqmoq 왕장이 오다.
damlamoq *fe'l.* (맥주 등을) 양조하다, (혼합 음료를) 만들다, 제작[제조]히디, 조합(調合)하다; 건설[건조, 조립]하다, 짓다, (차를) 끓이다 (*choy va qahvaga oid*)
damolmoq *fe'l.* 쉬다, 숨돌리다, 전주르다, 휴식(休息)하다, 휴게(休憩)하다.
-dan -gacha 부터 ~까지
-dan ko'ra 보다
danak *ot.* 돌, 돌멩이, 뼈; 뼈 모양의 것; o'rik ~ 살구 빛의, 엷은[밝은] 잿빛[베이지]
dangal *rav.* 솔직히, 숨김없이, 정직한, 솔직한, 노골적으로, 거리낌없게, 구체적으로
dangasa *sif.* 게으름뱅이, 태만한. 게으름 피우고 있는, 놀고 있는, 할 일이 없는
dangasalik *ot.* 게으름, 나태, 무위(無爲); ~ qilmoq 빈둥빈둥 지내다, 게을리하다; 꾸물꾸물 움직이다.
daqiqa *ot.* 1) (시간의) 분, 잠깐 동안, 잠시; 2) 순간, (~할) 때, 찰나, 단시간, 즉각
dara *ot.* (개울이 흐르는 깊은) 협곡, 협곡, 산골짜기, 계곡, 골짜기; tog' ~si 산골짜기를 지나서.
daraja (*saviya*) ot. 정도; 등급, 단계, 범위, 한계, 한도, 수준; sifat ~lari 형용사 비교급, 형용사 비교 변화; oddiy ~ 원급; qiyosiy ~ 비교급; orttirma ~ 최상급.
darajalamoq *fe'l.* ~에게 학위를 주다, 졸업시키다, 배출하다; ~에 등급을 매기다, 계급별로 하다
darajalangan tariff 차등교육
darak *ot.* 뉴스(프로), 보도; (신문의) 기사(記事), 소식, 기별, 알림; ~ gap 서술 문장, 글; ~bermoq 알려주다, 아나운서, 방송원, 고지자, 발표자.
darak gap 서술문
darak gap qo'shimchasi 평서형어미
daraksiz *sif.* (말·의미 따위가) 분명치 않은, 불명료한, 모호한, 알기 어려운, 알 수 없는, 헤아릴 수 없는, 이루 다 셀 수 없는.
darakchi *ot.* 고지자, 보도자, 포고자, 통보자, 소시을 알려주는 사람
daraxt *ot.* 나무, 수목, 교목(喬木); bargli ~ 활엽수, 잎이 무성한 나무; meva ~i 과일 나무.

D

daraxtsimon *sif.* 나무처럼, 나무 모양의
daraxtzor *ot.* 작은 숲; (감귤류의) 과수원; (교외의) 집이나 가로수가 늘어선 길, 나무 많이 심는 것.
darbadar *sif.* 방황, 유랑, 방랑, 어슬렁어슬렁 걸어 다님; ~qilmoq 헤매다, (걸어서) 돌아다니다, 어슬렁거리다, 방랑[유랑]하다
darbadarlik *ot.* 버림, 유기; 도망; 탈당; 탈주, 탈함(脫艦); ~ka mahkun etilmoq 유기의 죄를 입증하다, 유죄를 선언하다
darbon *ot.* (호텔·백화점 따위의) 문 열어 주는 사람, 문지기, 수위, 건널목지기; 감시자, 모니터, 정보의 유출을 통제하는 사람들
dard *ot.* 불쾌, 우환, 병, 질병.
dardlashmoq *fe'l.* 우환이 있다, 가엾게 여기다, 불쌍하게[딱하게] 생각하다; men onam bilan ~daman 나는 엄마랑 우환이 있습니다.
dargoh *ot.* 궁전, 왕궁, 궁궐; (고관·bishop 등의) 관저, 공관; 대저택, 장원 영주의 저택; Men bu ~da tug'ilganman 나는 이곳에서 태어났습니다.
dargumon *sif.* 의심스러운, 의문의 여지가 있는; 확정되지 않은, 확실치 않은.
darhaqiqat *rav.* 참으로, 정말(이지), 실로, 실은, 실제로, 과연, 정말, 확실히
darhol *rav.* 금방, 곧, 바로, 즉시.
darmon *ot.* 힘, 세력, 에너지, 기세; dori- ~ 약, 약물, 내복약; ~ qilmoq ~에 약을 주다[투여하다], 약으로 치료하다.
darmonsizlashmoq *fe'l.* 힘이 없어지다, 약하게 하다, 약화시키다, 우유부단해지다
darmonsizlik *ot.* 약함, 미약, 무력, 연약
daromad *ot.* 수입, 소득, 이익, 벌이, 임금(賃金), 삯, 삯돈, 삯전, 보수(報酬), 노임(勞賃), 공임(工賃); ~ qilmoq ~의 이익이 되다, ~의 득 [도움]이 되다.
daromad bo'yicha harajat 임대비
daromad maksimizatsiyasi 이윤극대화
daromad matritsasi 수입 구성
daromad ortidan quvish 이윤 추구
daromad solig'i 소득세
daromad solig'ining me'yori 소득 세율
daromad taqsimoti 이익분배
daromad, etarlilik, to'qchilik 충분, 풍족
daromad, renta 임대료, 이자, 보험료
daromadda ishtirok etish tizimi 이윤 공유시스템
daromaddagi tafovutlar 소득 차이
daromadga veksel 무기명 어음
daromadilik *sif.* 유익한, 이로운.
daromadlar smetasi 예상 수입
daromadlarga sertifikat 액면가가 없고 다만 이윤이나(회사 청산시) 자본을 받도록 해주는 주식
daromadlarni qayta taqsimlash 소득 재분배(所得 再分配)
daromadli operatsiya 수익활동, 매수 가격한 가격보다 비싸게 주식을 파는 시장행동
daromadli *sif.* 유리한, 이문이 있는, 유리한, 수지맞는, 돈이 벌리는, 돈이 되는, 보수가 있는.
daromadlilik *ot.* 이익률, 수익성(收益性)
daromadlilik ko'rsatgichi 소득지표
daromadni amalga oshirish 이익실현
daromadni taqsimlash 배당금 분배
daromadni taqsimlashda ishtirok etish huquqi *ot.* 이익배당 청구권
darparda *ot.* 커튼, 휘장.
darra *ot.* 챗열, 채찍의 휘는 부분. 채찍질; 채찍질의 한 대.
darrov *rav.* 당장, 금방, 즉시, 바로.

dars *ot.* 학과, 과업, 수업, 연습; 학습 시간, 수업 시간; Bugun bizda ~lar yo'q 오늘은 수업이 없습니다. ~ bermoq 가르치다
darslik *ot.* 교과서, 소책자; 편람, 첫걸음(책), 초보 (독본), 입문서; Ustoz ~lar berdilar 선생님이 교과서를 냈습니다.
darsxona *ot.* 교실, 강의실, 공부방; ~ 7ta o'quvchi bor 교실에 일곱(7) 명 학생이 있습니다.
darvesh *ot.* 회교 금욕파의 수도사.
darvoqe *rav.* 아참, 현실로, 참으로, 정말(이지), 실로, 실은, 실제(로)는, 사실은. ~ singling qayerga ketdi? 아참, 동생은 어디에 갔어요?
darvoza *ot.* 대문, 입구, 문(출입구·개찰구·성문 따위); (***futbol***) 골(공을 넣어 얻은 점), 득점; zafar ~si 개선문; (초기 교회의) 본당의 성직자[합장대]석과 회중석(會衆席)사이의 큰 아치.
darvozabon *ot.* 1) 수위(守衛), 문지기. (공동 주택의) 관리인, 경비; 2) (***futbol***) 골키퍼, 문지기.
daryo *ot.* 강(江), 시내, 개울, 흐름, 조류; Zafarshon ~si 자랍산강
darz *ot.* 쪼개진[갈라진] 금[틈]; 흠, 분열, 분할; 불화, 사이가 틀어짐.
darg'azab *sif.* 격노케 한, 짜증난, 화를 낸. Adam qilgan ishimni ko'rib ~ bo'ldilar 아버지는 내가 한 일을 보고 화를 냈다.
dasta I *ot.* 핸들, (무기 따위의) 자루, 손잡이, 손잡을 곳, 쥘 손, (기계. 케이블카 따위의) 맞물림 장치
dasta II *ot.* 다발, 송이, 묶음, 묶은 것, 꾸러미(로 만든 것); ~-dasta 많은 다발(송이, 묶음); Sevgan yigitim menga bir ~ gul sovg'a qildi 남자 친구는 나에게 꽃 한 다발을 선물했습니다.
dastak *ot.* 1) 지레, 레버, 지주(支柱), 버팀, 지지, 유지, 버팀목, 버팀대; 2) 원조, 후원, 고무, 옹호; 찬성, 지지자, 후원자, 의지(가 되는 사람).
dastavval *rav.* (우선) 첫째로, 최초로, 제일 먼저, 맨 처음, 맨 처음에, 맨 먼저; ~ madina keldi, keyin qolganlar kelishdi 제일 먼저 마디나가 왔고, 그 다음에는 다름 사람들이 왔습니다.
dastgoh *ot.* 수세공품; 수공예품, 수공품.
dastlab *rav.* 첫째로, 최초로, 우선, 맨 먼저, 처음으로; ~ sen o'qib ko'r 먼저 너는 읽고 봐라.
dastlabki *sif.* 처음의, 최초의, 시작의; 초기의, 첫(번)째의, 맨 처음[먼저]의.
dastlabki kreditor 구채권자(채권양도인)
dastlabki narx (경매의) 최저가
dastlabki tashuvchi 제 1 운송인
dastro'mol *ot.* 손수건, 목도리
dastur ot. 정당의 강령, 비즈니스 프로토콜; ~ tutmoq ~에 의한 규정
dasturni amalga oshirish 계획실현
dasturxon *ot.* 식탁보; ~ yozmoq 식탁보를 놓다(덮다).
dastxat *ot.* 자필(自筆), 친필(親筆), 육필(肉筆), 자서(自署), 서명, 사인, 자필 원고; ~ini qo'ydi 자서를 했다.
dastyor *ot.* 조수, 보좌역, 보조자, 보조물, (학생) 조수, 조력자, 원조자, 도제(徒弟); 수습(공); 초심자, 실습생; Mening jiyanim buvimga ~ 조카는 할머니를 도와줍니다.
dastyorlik *ot.* 원조, 도움, 조력, 거듦.
dato-veksel 백지어음
davlat I *ot.* 국가, 나라; 국토m 정부, 내각; ~ odamlari 정부 관리; demokratik ~민주주의 국가.
davlat II 돈, 새산; mol-~ 재산, 자산; bor ~im shu 재산이 다 여기 있다.
davlat banki 국영 은행(國營銀行)

D

D

davlat bayrami 국경일(國慶日)
davlat bayrog‘i 국기(國旗)
davlat bilan tuziladigan shartnoma 이권양도계약(국가가 외국자본을 끌들이기 위해 천원 등의 개발권을 유상으로 넘겨주는 계약)
davlat boji 국가부과 벌칙금
davlat boji 인지세(印紙稅)
davlat boji to‘lashdan ozod bo'lish 소송구조
davlat bojini bo‘lib-bo‘lib to'lash 인지대 분할납입
davlat bojini to‘lashni kechiktirish 인지대 지급유예
davlat bojining qaytarilishi 인지대 반환
davlat bojining qo‘shimcha to‘lovi 인지대 추가납입
davlat byudjeti 국가 예산
davlat chegarasi 국경
davlat chegarasi chizig'i 국경선(國境線)
davlat chegarasining daxlsizligi tamoyili 국경불가침의 원칙
davlat dini 국교
davlat Dumasi 국가두마
Davlat Dumasi tomonidan prezi- dentga ayblov e‘lon qilish 국가두마의 대통령소추
davlat ehtiyoji uchun yerni musodara qilish 토지수용
davlat g‘aznasi 국고
davlat gerbi 국장
davlat hududi 영토
davlat huquqiy butunligi tamoyili 국가의 영토 완전성의 원칙
davlat ishlari boshqaruvi 국정운영
davlat korxonalari ro'yxati 기업의 국가 등록
davlat korxonasi 국영기업 (국가기관이 직접 관할하는 기업)
davlat madhiyasi 국가(國家)
davlat monopoliyaga qarshi tash- kilotlar 반독점 기관
davlat mulki 국유
davlat mulki huquqi 국가소유권
davlat mustaqilligi 국가주권
davlat mustaqilligi haqida dekla- ratsiya 주권선언
davlat mustaqilligini hurmat qilish tamoyili 국가주권존중의 원칙
davlat nafaqa sug'urtasi 국가연금보험
davlat nafaqalari 국가보조금
davlat nafaqasi 국민연금(國民年金)
davlat nafaqasi oluvchi 정부 보조금 수령인
davlat obligatsiyasi 국채(國債)
davlat organlari garovi 행정처분
davlat patent muassasasi 러시아 연방 특허청
davlat qoralovchisi, ayblovchisi 고소인 (검사)
davlat ro'yxatidagi mol-mulkka egalik huquqi 등기를 요하는 재산권
davlat ro'yxatidagi raqam 등기번호
davlat ro'yxatidan o'tish 등기
davlat solig'i 국세(國稅)
davlat soliq xizmati 국세청(國稅廳)
davlat soliq xizmati 조세기관
davlat standart 국가표준
davlat sug'urtasi 공보험
davlat tili 국어, 국가 언어.
davlat tushimi 수입인지
davlat tuzumi 국가의 형태계약의
davlat va munitsipal korxonalarni xusu- siylashtirish 국영(시영) 기업의 민영화
davlat xizmatchilari kasaba uyu- shmasi 공무원 노조
davlat xizmatchisi 공무원
davlat yig‘imi 인지세
davlat, davlatga oid 국가의
davlatga hiyonatda ayblash 반역죄
davlatga xiyonat 반역
davlatlar mustaqillikdagi tengligi tamoy-ili 국가주권 평등의 원칙
davlatlar qonuniy vorisligi 국가권리승계
davlatlararo bitim 국가간 협약

davlatlararo krediti 국가간 차관
davlatli *sif.* 부자의, 부유한, 부자들, (~이) 많은, (~이) 풍부한.
davlatmand *sif.* 강한, 강력한; 유력한, 우세한; ~bo'lmoq 강하게 하다.
davlatmandlik *ot.* 부(富), 재산; 풍부, 부자, 부유 계급.
davlatning ichki qarzi 국가의 대내 부채(국내의 기업 및 민간인들에게 진 국가의 부채)
davlatning kasodga uchrashi 국가의 지불 유예
davlatning tashqi qarzi 국가의 대외부채
davo *ot.* 치료; 치료법[제], 의료, 치료약; yo'tal ~si 기침약; ~olmoq 치료하다.
davo, shikoyat 항의, 클레임
davogarga bo'lgan aktsiya *ot.* 무기명 주식, 소지인 주식
davolamoq *fe'l.* (병이나 환자를) 치료하다, 고치다; 교정(矯正)하다, 제거하다; kasalni ~ ~을 치료하다.
davolanmoq *fe'l.* 치료 받다; noto'g'ri ~ 올바르지 않게 약물 치료를 하다.
davolash *ot.* 치료(治療); 치료법[제], 의료(醫療); ~ uchun bormoq 치료중 어딘가로 가버리다.
davom *ot.* 계속(하기), 연속; 지속, 존속; ikki yil ~ida 2년동안 연속; yil ~ida 일년 동안; ~etmoq 계속하다, 지속(持續)하다; ~i bor 계속된, 연속되고 있는, 연장된.
davom etayotganda (*biror hara- kat*) ㄴ/는 중; **-davomida** ㄴ(는)동안
davomoat *ot.* 출석(출근, 상황), 참석.
davomida *prep.* 동안, ~동안(내내), ~사이에, ~동안(죽), ~간(間); 2년 동안 죽.
davomli *sif.* 연장한; 오래 끄는; 장기(長期)의, 오래 끈, (시간적으로) 긴, 오랜, 오래 계속되는; 장시간 걸리는, 기다란.
davomlilik *sif.* 내구(耐久), 지속, 계속; 계속[지속] 기간, 존속 (기간).
davomiylik, uzoqlik *ot.* 기간(期間)
davomchi *ot.* 상속[계승]자; 후계[후임]자; 대신하는 것. qizim mening ~m so 딸이 내가 한 일을 계속하겠습니다.
davr *ot.* (중요한 사건이 일어났던) 시대; 시대(의 사람들); 세대(의 사람들), 기원; 연대, 시기; feodalizm ~i 봉건 제도의 시대.
davra (*davriylik, turkum*) *ot.* 사이클, (시간 따위의) 주기(週期), 순환(循環), 위도(권(圈); (행성의) 궤도, 운행 주기.
davriy *sif.* 주기적인, 정기의, 정시의, 정기 간행의, 간헐적인, 이따금의; elementlar ~ sistemasi 주기적인 시스템
davriy ishsizlik 주기적 실업
davriy matbuot 정기 간행물
davriy sug'urta badali 보험료 전기납입
davriy tushish 주기적 감소
daxl *ot.* 일, 용건, 볼일, 관심사, (관심·고찰의) 문제; (일상의)업무, 용무, 직무, 사무
daxldor *sif.* 걱정을 끼치는, 성가신, 타당한, 적절한, 관여[참여]하는, 관계하는, 참가하는.
daxldorlik *ot.* 관계, 관련, 태도, 마음가짐.
daxlsiz *sif.* 범할 수 없는, 불가침의; 신성한; 거역할 수 없는.
daxlsizlik *ot.* 불가침, 신성, (책임. 의무의) 면제, 면역(성); diplomatil ~ 외교상의 면책특권
daxma *ot.* 장려한 무덤, 영묘(靈廟), 능(陵)
daxmaza *ot.* 고생, 근심, 걱정, 고민, 두통[고생]거리, 성가심, 귀찮음, 귀찮은 일.
-day, -dek, darajada ~만큼
-day/-dek, -gina, -dan ham ㄴ/ㄹ/은/을 만큼
-day/-dek, guyo, kabi ㄴ/은/는 듯(이)
daydi *ot.* 방랑하는, 헤매는, 떠도

D

D

는, 방랑성의, 뜨내기 노동자; 부랑자, 룸펜, 길 잃은 사람[가축]; ~ it 길 잃은 강아지.
daydilik *ot.* 표랑(漂浪), 방랑, 유랑; 부랑죄; 방랑자; 일정치 않음, 종작없음, 변덕.
daydimoq *fe'l.* 방랑하여 터벅터벅 걷다, 걸어 다니다; 방랑하다; 도보 여행하다.
dazmol *ot.* 아이론, 다리미, 인두, 헤어아이론; ~bosmoq 아이론하다; elektrik ~ 전기다리미. ~bilan dazmollamoq 다림질하다.
dazmollamoq *fe'l.* ~에 다림질하다, ~을 눌러 펴다, 프레스하다; ~ur- moq 다림질 하다, 어루만지다;
dag'al *sif.* 1) 거친, 거칠거칠한, 껄껄한, (천. 그물 따위가) 거친, 올이 성긴; 거친, 굵은(가루 따위); 2) 거친, 껄껄한, 가공하지 않은, 천연 그대로의, 생짜의, 조제(粗製)의, 손질하지 않은; 미완성의, 미가공의, 버릇없는, 교양이 없는, 야만의; 무무한, 조야한; ~xashak 손질하지 않은 건초(마초); ~ gap 미완성의 문장; ~ odam 무뚝뚝한 사람.
dag'allashmoq *fe'l.* 거칠게 하다[되다]; 조잡[조야, 야비, 추잡]하게 하다[되다]. 바짝 말라 버리다, 딱딱해지다, 무감각해지다.
dag'allik *ot.* 1) 거친, 거칠거칠한 것, 껄껄한 것, 무감각하는 것; 2) 생짜임, 미숙; 생경(生硬); 조잡, 미숙한 것[행위], (예술 따위의) 미완성품.
dang'illama *sif.* 화려한, 사치스러운, 호사스러운, 사치를[화려한 것을] 좋아하는
dashnom *ot.* 남용, 오용, 악용, 경멸, 멸시, 비웃음, 냉소, 명예 훼손, 중상, 비방 ~ eshitmoq 욕하다, 욕설하다야단을 받다.
dasht *ot.* 황야, 황무지, 사막, 미개지, 사람이 살지 않는 땅, 스텝지대(시베리아 등지의 수목 없는 대초원); 대초원지대(유럽 남동부·아시아 남서부 따위의)
da'vat *ot.* 1) (법률·양심·무력 등에) 호소하다. (~에게 도움·조력 등을) 간청[간원]하다; ~qilmoq 소환하다, 호출하다; 2) 초대, 안내, 권유, 초대[안내, 권유]장
da'vatnoma *ot.* 1) 도전, 시합의 신청; 도전장, 결투의 신청; 2) 마지막 우편물
da'vo *ot.* 기소, 소송, 청원, 탄원, 간원; ~ qilmoq 기소하다, 소추(訴追)하다; (법에 호소하여) 강행[획득]하다. 고소하다
da'vogar *ot.* 1) 원고(原告), 고소인, 기소하는 사람; 2) (명예·높은 지위 따위를) 열망하는 사람; 지망자, 후보자
da'volashmoq *fe'l.* 재판 중이다
da'vo arizasi 소장
da'vo arizasining qaytarilishi 소장각하
da'vo asosini o'zgartirish 소의 변경(청구원인의 변경)
da'vo hujjatlarini o'zgartirish, tuzatish 출원서류의 보정
da'vo muddati mobaynidagi uzilish 소멸시효중단
da'vo muddati o'tganligi 시효(時效: 일정한 사실상태가 일전 기간 계속되어 온 경우에, 그 사실상태가 진정한 권리관계와 합치하는가 여부를 불문하고 법률상 그 사실 상태에 대응하는 법률을 인정하여 주는 제도)
da'vo muddati o'tganligini qo'llash 시효의 원용
da'vo muddati o'tishini to'xtatish 소멸시효 정지
da'vo muddatini o'tganligi 소멸시효기간
da'vo predmeti 소송물
da'vo predmetini o'zgartirish 소의 변경
da'vo qilish 소의 제기
da'vo qilish kuni 소제기일
da'vo qiluvchi, arizachi 신청인, 출원인 (특허)
da'vo qiymati 소가
da'vo ta'minoti haqida ariza 보존처분신청
da'vo talablari 청구
da'vo talablari hajmini o'zgartirish 청구금액의 변경
da'vo talablari hajmining

kamay- ishi 청구의 감축
da'vo talablari hajmining oshishi 청구의 확장
da'vo talablari miqdori 청구범위
da'vodan voz kechish 청구의 포기
da'vodan voz kechishda sud harajatlarining taqsimlanishi 소를 취하한 경우의 소송비용 분담
da'vogar cheki 무기명 수표
da'vogar tomonidan da'vo ariza- sini ishni sudda ko'rilguncha chaqirib olishi 소의 취하
da'voni qisman qondirish 일부 승소
da'voni ta'minlashdan voz kechishni aniqlash 보존처분기각 결정
da'voni ta'minlashni aniqlash 보존처분 결정
da'voni tan olish 청구의 인낙
deb I 말하기, 말, 진술, 속담, 격언; 전해 오는 말; ~하기 위하여, ~하다고 한다; uni yaxshi ishchi deb bilaman 나는 그(녀)가 좋은 근로자라는 것을 안다
deb II (이)라고, ㄴ/는/다고. uni yaxshi odam deb bilaman 그는 좋은 사람이라고 생각합니다; kayfi- yati yaxshi deb aytyapti 기분이 좋다고 합니다; ovqat yedim dedi 밥을 먹었다고 했다.
deb hisoblamoq ㄴ/ㄹ/은/는/을 셈치다/세미다
debet moddasi 부채계정
debitor qarzdorlik 판매외상대금
debitor qarzni talab qilish 채권추심
debitor, qarzdor 채무자
debitor-foiz 채무자가 지불하는 이자
debitorlik qarzi 채무
debocha *ot.* 전주곡, 서곡, 서문, 서론
debt (=qarz) 부채(負債:debt)
deficit *ot.* 결손, 적자, 부족, 결핍.
defis *ot.* 하이픈, 연자부호(連字符號)(-); (담화 중에 있어서) 음절간의 짧은 휴지(休止)
dehqon *ot.* 농부, 소작농, 농군, 농민, 농장주; 농업가, 농업 종사자; 농학자, 농업 전문가; yersiz ~ 토지가 없는 농부, 소작농; mening bobom ~ 우리 할아버지는 농부다.
dehqonchilik *ot.* 농업(넓은 뜻으로는 임업·목축을 포함); 농경, 농장 경영; 농예, 농학.
dehqon ho'jaligi *ot.* 농촌경제
dekabr *ot.* 12(십이)월.
dekan *ot.* 학부장, 학장, 학생과장.
dekanat *ot.* 학과 사무실.
deklamatsiya *ot.* 낭독(법); 연설, 열변, 자세히 이야기함; 음송, 암송; 암송하는 시문(詩文); 일과(日課)의 외기; 교실 과업 시간; ~qilmoq 낭독하다; 연설조로 말하다.
deklaraciya *ot.* 선언, 포고, 공포, 신고. huquq ~ 인권선언; bojxona ~itp 세관 신고서.
dekorativ *sif.* 장식(용)의, 장식적인, 장식의, 풍치[광채]를 더하는; ~san'at 장식 예술; ~o'simliklar 장식용의 식물; ~ ishlar 장식작업.
deklaratsiya *ot.* 배경막, 장식(법); 장식물
dekorator *ot.* 무대장치가.
dekoratsiya *ot.* 무대장치.
dekort *ot.* 가격 할인
dekret *ot.* 법령, 포고, 명령, 판결, 선고.
dekret(*xomilador ayollarga beri- ladigan ta'til*) 출산휴가(出産休暇)
delegat *ot.* 대표, 대표자, 대리(인); 파견 위원, 대의원(代議員).
delegatsiya *ot.* 대표단(代表團), 파견 위원단, 대표 파견; (직권 등의) 위임, 각주 선출 국회의원단.
delfin *ot.* 돌고래.
delkredere 지급보증
demeredj 체선료(滯船料: demurrage)
demografik segmentatsiya 인구분포

D

demografiya, aholishunoslik 인구학
demokrat *ot.* 민주주의자, 민주정체론자.
demokratik *sif.* 민주주의; 민주정체의, 민주적인, 사회적 평등의; 서민적인..
demokratiya *ot.* 민주국(民主國), 민주주의; 민주정치[정체], 사회적 평등, 민주제.
demokratlashmoq *fe'l.* 민주화하다, 민주적으로 하다
demonetizatsiya 폐화조치
demonstratsiya, namoyish 전시, 데모, 시위운동; (군사력) 과시, 양동 (작전)
demping 덤핑(dumping: 새로운 판로를 개척하기 위해 생산비보다 낮은 가격으로 상품을 파는 일. 투매(投賣), 척매(斥賣), 천매(賤賣); 해외투매(海外投賣))
demping narx 덤핑가격
dempingga qarshi bojxona boj to'lovi 반덤핑 관세
dempingga qarshi qo'llangan tartiblar 반덤핑 절차 도입
dempingga qarshi siyosat 반덤핑 정책
dempingga qarshi tartib 반덤핑 규제
dengiz *ot.* 1) 바다, 대양, 대해, 해양; ~sathi 수평선; ochiq ~ 외해(外海), 공해(公海); yopiq ~ 내해(內海); ochiq ~ga chiqmoq 난바다로 나가다; hududiy ~ 영해(領海); ~ orqali yurmoq 해로로 가다; Orol ~i 아랄해; 2) 해변의, 해안의; 해안에 사는[서식하는]; 바다에 접한.
dengizchi *ot.* 선원, 뱃사람, 해원, 수부, 수병, 해군 군인; suvosti kemasidagi ~ 잠수함 탑승[승무]원
dengiz hodisalaridan sug'urta 해상보험
dengiz huquqlari bo'yicha xalqaro tribu- nal 국재해상법재판소
dengiz kemalari uchun to'xtash joyi 해양 터미널
dengiz kemasining milliy tegishliligi 선박 국적
dengiz komissiyasi va hakamlik sudi 해상 중재위원회
dengiz osti hududlaridan foydalanish to'lovi 해저이용료
dengiz sug'urtasi shartnomasi 해상보험계약
dengizda yuk tashish 해상운송
dengizda yuk tashish shartnomasi 해상화물운송계약
dengizdan olib o'tish shartnomasi 선박 운송 협약
dengizga oid 해상의, 해양의
dengizga oid huquq 해상법
dengizning davlat qirg'og'iga yaqin qis- mi 영해(領海)
departament *ot.* 1) (공공 기관·회사 등의) 부, 부문; 2) 국(局), 과(課); (영국. 미국) 내각, 성(省), 부(部), (프랑스의) 현(縣); davlat ~i 국무성.
depo(*paravoz va vagonlar tura- digan va remont qilinadigan joy*) 저장소; 보관소, 창고(depot), 병참부, 보급소.
deport (<=> kontango) 수도(受渡) 유예(금. 날변), 역일변(逆日邊), 백워데이션 (back wardation, deport)
depozit (*депозит*) 예금, 예치금
depozit 공탁
depozit bamki 예금은행
depozit muassasasi 예금 기관
depozitariy 수탁자(受託者), 예탁결제원
depozitga qarzni to'lash bilan majburiyatlarni bajarish 공탁에 의한 채무이행
depozitlarni sug'urta qilish 예금보험
depozitli bank 예금은행
depozitli sertifikat 예금증서
depozitli sertifikat 예입 증명
depozitli valyuta 예입외화
depozitni qaytarish 해방공탁
depozitor (=deponent), pul qo'y- gan shaxs 예금자(預金者), 기탁자(depositor)
deputat *ot.* 대표자, 대의원; (프랑스. 이탈리아 등의) 의원, 민의

원; Oliy Kengash ~i 최고회의 대의원.
deputatlar daxlsizligi 국가두마 의원 불체포특권
deputatlik daxlsizligi (국회의원) 불체포 특권
deputatlik *ot.* 대리인; 대리역, 부관, 대리의, 부(副)의
deraza *ot.* 창(문); 창유리; 창틀, (가게 앞의) 진열창; ~ni ochmoq 창문을 열다.
deregulyarizatsiya 인허가 규제 철폐, 규제완화, 규제 폐지 (deregu- lation), 규칙[제한] 철폐, 통제 해제, 규제 철폐
desant *ot.* 1) 상륙, 양륙, 분견대, 부대; 2) 해병대, 특공대
desantchi *ot.* 해병대원, 특공대원
detal *ot.* 세부, 세목, 지엽(枝葉), 상세; 상술(詳述). 부분품. bu moshin- aning bitta ~ i yo'q 이 기계의 한 부분품이 없다.
detallar ro'yxati 상세 목록, 세부 목록
dev *ot.* 1) 거인; 큰 사나이, 힘센 사람; 거대한 것[동식물]; 2) (민화·동화의) 사람 잡아먹는 귀신(거인·괴물); 괴물; 귀신같은 사람; 무서운 것[일].
devalvatsiya (*qog'oz pulning be- kor qilinishi va qiymati tushishi*) 평가절하(平價切下: 본위 화폐 단위가 함유하는 금량을 줄이는 일. 화폐 단위의 가치를 내리는 일. ↔ 평가 절상; 어떤 것을 실제로 가지고 있는 능력보다 낮게 평가하는 일)
devalvatsiyaga qarshi sharoit 환차손을 피하기 위해 상거래 계약에서 두 화폐의 환율을 정해두는 조건
deviza *ot.* 외환거래
devona *ot.* 미련한, 어리석은, 바보같은
devonalik *ot.* 미련, 어리석음, 바보같은 것
devonaxoba *ot.* 법정, 공판; 법원, 법관.
devor *ot.* 울타리, 담, 벽, 담, 외벽, 내벽; 노목; ~i 도시의 외벽; toshli ~ 돌담; hitoy ~i 만리장성, 넘을 수 없는 장벽. ~iy gazeta 벽신문.
deyarli *rav.* 거의, 대략, 거반, 대체로; ~hamma ishlarimni qildim 거의 모든 일을 했다.
diabet ot. 당뇨병(糖尿病), 요붕병(尿-病), ~qandli 당뇨병; ~kasal- ligiga chalingan odam 당뇨환자.
diafragma *ot.* 1) *tib.* 횡격막; 2) 빼끔히 벌어진 데, 구멍, 틈; (렌즈의) 구경(口徑); 3) 조리개, F넘버, 그 눈금. (숨의) 폐쇄; 폐쇄음 ([p, t, k, b, d, g] 따위)
diagnostika *ot. tib.* 진단학[법]
diagnoz *ot. tib.* 진단(법); (문제. 상황 등의) 원인[실태]분석(에 의한 판정), 진단; 식별; ~qo'ymoq 진단하다.
diagonal *ot. mat* 대각선; 사선(斜線), 비스듬한 줄[실](따위); 능직(綾織)
diagramma *ot. mat* 다이어그램, 작도(作圖), 그림, 도형; 도표, 일람표; 도식, 도해.
dialekt *ot.* 방언, 지방 사투리; (같은 어족(語族)에서 갈린) 파생언어; (어떤 직업·계급 특유의) 통용어, 말씨; Koreyada juda ko'p ~lar bor 한국에는 여러 가지 방언이 있다.
dialektik *sif.* 변론가, 이론가.
dialektika *ot.* 변증법(辨證法: 문답에 의한 진리에의 도달법; 사유(思惟)·정신·역사 등의 발전을 반대물·모순의 투쟁·종합으로서 파악하는 사고법); (중세의) 논증학; 논리학(論理學).
dialektizm *ot.* 표준어 속의 방언적 요소.
dialektolog *ot.* 방언학자.
dialektologik *sif.* 방언학의
dialektologiya *ot.* 방언학, 방언연구
dialog *ot.* 문답, 대화, 회화(會話)
diametr *ot.* 직경, 지름; (렌즈의) 배율
diapazon *ot.* (세력·능력·지식 등이 미치는) 범위, 한계; 시계(視界); 영역, 둘레, 주위, (악기·음성의) 음역(音域).
did *ot.* 1) 미각, 맛, 풍미; ~

D

D

yaxshi 미각이 좋다; 2) 방법, 방식, 투, 스타일, 모양; 3) (고상한) 감정, 정서, 정감
didaktik *sif.* 가르치기 위한, 교훈적[설교적]인; 교훈벽(癖)이 있는
didaltika ot. 교수학, 교수법, 교훈.
didli *sif.* 기지에 찬, 약삭빠른, 재치있는, 날카로운, 예리한, 미각이 있는, 멋이 있는; ~kiyinmoq 멋있게 옷을 입다; ~ odam 취미가 많은 사람.
didsiz *sif.* 이해가 더딘, 머리가 둔한.
diffuziya ot. 1) 확산(擴散), 확산작용(擴散作用); 융합(融合); suyuqlik ~si 액체의 융합; gazlar ~si 기체의 융합; 2) 산포; 전파, 만연, 보급, 유포; (문체 따위의) 산만, 장황함; (빛의) 난반사; (초점의) 흐려짐
difteriya *ot. tib.* 디프테리아 (diph- theria: 디프테리아균으로 인한 급성 전염병. 2-7살쯤까지 잘 걸리며 후두가 협착해지고 심장 마비를 일으킴.)
diftong *ot.* 이중모음(二重母音: 국어의 모음 중에서 소리를 내는 동안 입술 모양이나 혀의 위치가 달라져 첫소리와 끝소리가 다른 모음; ㅑ·ㅕ·ㅛ·ㅠ·ㅒ·ㅖ·ㅘ·ㅙ·ㅝ·ㅞ·ㅢ를 말함. 복모음(複母音).
diftongizaciya *ot.* 이중모음화
diktant *ot.* 구술; (구술에 의한) 받아쓰기; 받아쓴[구술한] 한 절(節); ~ yozmoq 받아쓰기를 쓰다.
diktator ot. 1) 독재자, 절대 권력자; 2) 구수자(口授者), 받아쓰게 하는 사람.
diktatura *ot.* 독재(권), 절대권; 독재 정권[정부, 국가]; 독재자의 직[임기]
diktor *ot.* 아나운서, 방송원
dil *ot.* 1) 마음, 심정, 감정, 기분, 마음씨; 2) 강심제, 흥분제; 감로주, 리큐어 술; ~ini dchmoq 속마음을 털어놓다; ~dan gaplashmoq 마음을 열어 놓고 말하다; ~iga tugib qo'ymoq 마음 곡에 간직하다; ~i nozik 소심한 마음; ~i qora 교활 마음.
dilbar *sif.* 1) 유명한, 이름난, 잘 알려진; 2) 매력적인, 아름다운; 호감이 가는, 즐거운, 예쁜; ~qiz 아름다운 아가씨.
dilbarlik ot. 매혹, 황홀케 함, 홀린 상태, 매력, 마음을 끄는 힘; 매력 있는 것.
dildor *sif.* 사랑스러운, 애교 있는, 매력적인
dildorlik *ot.* 진심(眞心), 정중함; 온정; 친절한 말[행위].
diler *ot.* 딜러(dealer), 무역업자(貿易業者), 상인(商人), ~상(商)
dilgirlik *ot.* 권태; 싫증, 지루함, 지루한 것
dilkash *sif.* 친절한, 매혹적인, 황홀케 하는, 혼을 빼앗는, 설득력 있는, 감동적인; mening do'stim ~ odam so 친구는 친절한 사람입니다.
dilyutsiya *ot.* (주식 따위의) 실질적인 가치 저하(dilution)
dim I *sif.* 통풍이 나쁜, 숨막힐 듯한; 코가 막힌; 답답한, 갑갑한, 거북한.
dim II 침묵하는, 무언의, 말없는, 침묵을 지키는, 벙어리의, 말을 못하는.
dimiqmoq *fe'l.* ~을 숨막히게 하다, 질식(사)시키다, 호흡을 곤란하게 하다, 숨이 막히게 하다; ~의 목소리가 안나오게 하다.
dimlamoq *fe'l.* 김을 내다, 증기를 발생하다, 뭉근한 불로 끓이다, 스튜 요리로 하다; dimlab pishirmoq 뭉근한 불에 삶다
dimlik *ot.* 밀폐, 숨막힘, 답답함, 통풍이 나쁜, 숨막힐 듯한 공기, 코가 막힌, 무더위, 무더운 공기.
dimog' *ot.* 콧구멍, 기분, 태도, 마음가짐; uning ~i baland 그(녀)는 무뚝뚝하다.
dimog'dor *sif.* 거만한, 오만한.
dimog'dorlik *ot.* 자랑, 자존심, 긍지, 프라이드, 자만심, 오만, 거만, 건방짐, 우쭐해함; ~ qilmoq 거만하게 굴다.
din *ot.* 종교, 종파, 신앙(생활), 신앙(심), 믿음; 신뢰(信賴), 신용;

~arboblari 목사, 성직자들(목사. 신부. 랍비 물라. 사제. 등, 영국에서는 영국 국교회의 목사), 종교 지도자; davlat ~i 국교.
dinamik *sif.* 동력의; 동적인, 힘 있는; 활기 있는, 힘센, 정력적인. 다이내믹.
dinamika ot. 동력학(動力學), 역학(力學: 물리학의 한 분과. 물체의 운동에 관한 법칙을 연구하는 학문; 서로 관계되는 세력·영향력·권력 등의 힘을 이르는 말.), 힘, 활력, 정신역학
dinamit ot. 다이너마이트 (dynamite: 니트로글리세린을 규조토·목탄·면화약 등에 흡수시켜 만든 폭약; 1866년 스웨덴의 노벨이 발명)
dindor *sif.* 믿는 사람, 신자, 종교가들, 신앙인들.
dindorlik *ot.* (종교적인) 경건, 신앙심
dindosh *sif.* 같은 종교를 믿는 사람, 같은 신자
diniy *sif.* 종교(상)의, 종교적인, 신앙의, 신앙심이 깊은, 경건한; ~ odam 신앙인; ~ aqidalar 종교적인 교의(교리); ~xurofatlar 종교적인 편견(선입관); ~e'tiqod 종교적인 신념(확신)
dinor ot. 디나르(유고슬라비아·이란·이라크 등지의 화폐 단위), 동전.
dinsiz *sif.* 1) 무신론자, 무신앙자, 하나님을 안 믿은 사람; 2) 믿으려 하지 않는, 의심 많은, 회의적인
dinsizlik *ot.* 무신론; 무신앙 생활, 무종교
diplom *ot.* 1) 학위, 졸업 증서, 학위 수여증; ~ ishi 학위 논문; men kecha 12ga- cha ~ni yozdim 나는 어제 밤 12시까지 논문을 썼다. 2) 증명서; 검정서; 면(허)장; (학위 없는 과정(課程)의) 수료[이수] 증명서
diplomat *ot.* 외교관; 외교가, 외교에 능한 사람; = ustomon kishi 외교관
diplomatik agent 외교사절
diplomatik muhofaza 외교적 보호
diplomatik shaxsiy daxlsizligi 외교관 면책특권
diplomatik *sif.* 외교의, 외교 관계의; 외교 수완이 있는, 책략에 능한; ~ agent 외교대표; ~ korpus 외교단; ~ dunyo 외교계; ~pasport 외교관 여권; ~ aloqalar 외교 관계.
diplomatik vakolatxona 외교대표부
diplomatiya *ot.* 외교(外交); 외교술[수완]; ~ instituti 외교 대학교; ~ kanallari 외교 채널.
diplomatlarning xalqaro muhofazasi 외교관의 국제적 보호
diqqat *ot.* 주의, 주목, 유의; 주의력; ~ qilmoq 주의를 돌리게 하다; ~ga sazovor 주목할 만한, 현저한; ~ni o'ziga jalb qilmoq 주의를 끌다.
diqqat-e'tibor *ot.* 배려, 고려; 손질; 돌봄, 친절[정중](한 행위).
direktor (director)
direktor ot. 1) 지도자, ~장; 관리자, 2) (회사의) 중역, 이사. 사장, 3) (고등학교의) 교장; (관청 등의) 장, 국장; bilim yurti ~i 교장; bank ~i 은행장.
direktor, boshliq yordamchisi 부대표
direktorlar kengashi 임원회의
dirijyor *ot. mus* 지휘자, 컨덕터, 밴드 마스터, 악장(樂長); ~lik qilmoq 지휘하다, 무용을 지휘하다; orkestrga ~lik qilmoq 오케스트라를 지휘하다.
dirillamoq *fe'l.* ~을 덜걱덜걱[우르르] 소리나게 하다[울리다], ~을 덜걱덜걱 움직이다[나르다]. (추위·공포 따위로) 떨다, 덜덜[벌벌] 떨다
disk *ot.* 둥근판, 원판, 평원반(모양의 것), 디스크, 레코드.
diskont(*arzonlashtirish*) 어음할인
diskont siyosat (은행의) 어음할인 정책
diskontirovka koeffitsienti 할인계수

D

D

diskriminatsiya 차별(差別)
dispach (신속한 운송, 하역을 이유로) 화물주가 항구에 지불하는 사례금(dispatch)
dispanser *ot.* 시약소(施藥所); (공장. 학교 등의) 의무실; (병원 따위의) 약국
dispasha (보험)해손 정산서
disput ot. 공개토론, 공개변론; 토론; 심의, 검토, 논쟁, 말다툼, 싸움 ~ o'tkazmoq 토론하다, 논쟁하다.
dissertatsiya ot. 졸업논문, 학위논문, 연구 보고; ~ yoqlamoq 학위논문을 설명하다.
distansion *sif.* 원거리, 먼 데, 원격조종의
distillatsiya *ot.* 증류(법); 추출된 것, 증류물, 정수(精粹), 증류수; ~qilmoq 증류하다
distribyuter 계좌 자동이체 장치
divan *ot.* 침상, 소파; ~ga o'tirmoq 소파에 앉다.
diversifikatsiya 다양화; 다양성, 잡다함; 변화, 변형; (투자 대상의) 분산, (사업의) 다각화. 분산(分散), 다각화(diversification)
divident *ot.* 배당금
diviziya *ot. harb.* 사단(師團); 분함대(보통 4척); (항공) 사단.
diyodor *ot.* 양상, 모습, 외관, (사람의) 얼굴 생김새, 용모, 생김새; ~ko'rishmoq 서로서로 보다, 만나다.
diyonat *ot.* 정직, 성실, 실직(實直), 충실; 성의, 고결, 청렴, 양심, 도의심, 도덕관념
diyonatsiz *sif.* 불합리한, 부조리의, 터무니없는; 부당한; 비양심적인; u ~ odam 그는 비양심적인 사람이다.
diyor *ot.* 국토, 나라, 국가; O'zbe- kiston mening ~im 우즈베키스탄은 우리나라다.
dizel *ot.* 디젤 기관[엔진]
dizelli *sif.* 디젤 엔진의
do (*musiqa notasi*) 정말, 꼭, 확실히, 역시; ~ 하기는 하지만.
doda *ot.* 할아버지, 할아버님, 조부(祖父), 조부님, 할아비, 할아범; mening ~mlar Buxoroda yashaydilar 우리 할아버지께서는 부하라에 살고 계십니다.
dod-bedod *ot.* 불평, 찡찡거림, 우는소리; 불평거리, 고충
dod-faryod 고함, 환성; 우는 소리, 짖는 소리, 외침, 부르짖음, 큰 소리
dodlamoq 큰소리를 내다, 외치다, 소리[고함]치다, 큰소리로 이야기하다, 소리쳐 부르다
dohiy *ot.* 지도, 선도, 지휘, 통솔, 선도자, 지도자, 리더
doim *rad.* 늘, 언제나, 어느 때에나, 항상; 전부터(항상), 언제까지나, 영구히, 영속적으로; 종신토록. 끊임없이; u ~ ertalabki nonushtani qilmaydi 그는 항상 아침식사를 안 하고 다닙니다.
doimiy *sif.* 변치 않는, 일정한; 항구적인, 부단한, 항시적인, 상설의.
doimiy ishsizlik 만성적 실업
doimiy stend 상설 스탠드
doimiy xaridorlar uchun skidka 단골 고객할인
doimiy, barqaror xolding 주식회사의 정책 방향을 결정하고 실현하는데 통제력을 행사할 정도의 주식보유
doira I *ot.* 1) 원, 원주, 원형의 것; 환(環), 고리; 2) 구체(球體), 구(球), 구형, 구면; 범위, 한계; insof ~si 공평함; ta'sir ~si 영향의 한계; qonun ~si 법률상의 진행
doira II *ot. mus.* 동그라미, 탬버린(가장자리에 방울이 달린 작은 북).
doiraviy *sif.* 동그란, 둥근, 원형의; 구상(球狀), 둥그스름한, 빙글빙글 도는.
doirachi *ot.* 음악가, 악사, 작곡가.
dok (port) dagi yig'ishlar 부두이용료
doka *ot.* 모슬린, 메린스, 옥양목, 거즈, 면망사, 성기고 얇은 천, 사(紗).
Dokdo *ot.* 독도(獨島: 대한민국 최

동단에 있는 섬으로 행정구역상 경상북도 울릉군 울릉읍 도동리에 속한다. 독도는 대한민국 동해상의 섬으로 경상북도 울릉군에 위치하며, 151미터 거리의 두 개의 주요한 섬 동도와 서도를 비롯한 89개의 크고 작은 섬으로 이루어져 있다. 동도와 서도, 부속도서들은 대부분 수심 10미터 미만의 얕은 땅으로 연결되어 있으며, 동도는 북위 37°14′26.8″, 동경 131°52′10.4″, 서도는 북위 37°14′30.6″, 동경 131°51′54.6″에 위치하고 있다. 면적은 동도 73,297 m², 서도 88,639 m², 부속도서 25,517 m² 등 총 187,453 m²이다. 동도의 높이는 98.6미터, 서도의 높이는 168.5미터이다. 서도에 있는 산은 '대한봉'(大韓峰), 동도의 산은 '일출봉'(日出峰)이라 부르며, 삼봉도(三峰島)·우산도(于山島)·가지도(可支島)·요도(蓼島) 등으로 불려왔으며, 1881년(고종 18)부터 독도라 부르게 되었다.) Tokdo oroli mamlakatning eng sharqiy qismida joylashgan bo'lib, Ullingdodan janubi sharqiy tomonda 90km narida joy- lashgan. Ma'muriy joylashish joyi: 42-75 Ullingun, Kyonsan Shimoliy provintsiyasidir. Tokdo 2ta asosiy qoyali orollar-Tongdo (sharqiy orol) va Sodo (g'arbiy orol)lardan tashkil topgan bo'lib, ularning atrofida 32ga yaqin boshqa qoyalar ham bor. Umumiy maydoni 0,186 kv.km.ga teng.

doktor *ot.* 1) 박사; 의학박사(略: D., Dr.); 박사 칭호(***ilmiy unvon***); 2) 의사(醫師); ~ darajasi 박사학위; yuridik fanlar ~i 법학학사; tibbiyot fanlari ~i 의학박사; ~ni chaqirmoq 의사를 부르다.

doktorant *ot.* 박사논문, 박사학위 논문.

doktorlik *sif.* 박사 학위; 학위

dolzarb *sif.* 정상(頂上), 꼭대기, 정점; (혀 따위의) 끝; 최고조(潮), 절정, 극치; ~ kunlar 최고 더운 날

domilitsiy 주소, 어음지불 장소 (domicile)

domino *ot.* 도미노(domino : 상아로 만든 28장의 패를 가지고 노는 서양 골패; 어떤 사태가 원인이 되어 주변으로 비슷한 사태가 확산되는 일)

domitsil *ot.* 거주지, 법인 소재지

domla *ot.* 선생님, 교사.

don *ot.* 낟알, 알곡, 곡물, 곡류, 곡식(보리. 밀. 옥수수류의 총칭)

don ekinlari *ot.* 경작 곡물, 곡류

dona *ot.* (한 벌의 물건 중의) 일부, 부분, 부분품, 개, 마리, 대; besh ~ tuxum 달걀 5개; 4~ olma bering 사과 5개 주세요.

donabay 물건, 물품, 상품, 물자; ~savdo 소매, 세분 판매.

donasining bahosi 개당가격

dong *ot.* 영광, 명예, 영예; 칭찬, 인기, 명성, 성망; ~i taralgan odam 인기가 있는 사람, 유명한 사람.

dongdor *sif.* 1) 저명한, 유명한, 이름난, 이름이 통하는, 잘 알려진; 2) (보통 나쁜 의미로) 소문난, 유명한, 이름난; 주지의

donish *ot.* 지식, 학식, 학문.

donishmand *ot.* 1) 학자다운, 학문적인, 학문[학식]이 있는, 박학[박식]한; 2) 슬기로운, 현명한, 총명한, 사려[분별] 있는.

donishmandlik *ot.* 현명함, 지혜, 슬기로움

donli *sif.* 낟알; 곡물, 곡류의; ~ekinlar 식용에 적합한 곡물.

dona *sif.* 슬기로운, 현명한, 총명한, 사려[분별] 있는

donalik *ot.* 현명함, 지혜, 슬기로움

dor *ot.* 새끼, (밧)줄, 끈, 로프(길이의 단위, 20피트); ~da yurmoq 로프를 타고 걷다.

dorboz *ot.* 곡예사(曲藝師)

dori *ot.* 약, 약물, 내복약, 약제, 약품; ~ tayyorlamoq 조제하다; ~ yozib bermoq 약을 처방하다; ~ni ovqatdan keyin 30 daqiqa o'tib ichish kerak 식후 30분에 약을 먹다; bu ~ yaxshi ta'sir qiladi 이 약을 잘 듣는다; shamollashga qarshi ~ 감기약.

dori-darmon sanoati 제약업

dorilamoq *fe'l.* (밭에) 비행기로 농약을 뿌리다, 약을 살포하다

dorivor *sif.* 의약의, 약용의, 약효

D

있는, 병을 고치는; ~o'simlik 식용[약용, 향료] 식물; ~ vosita 의약; ~ oziq-ovqat 식이 요법.
dorixona *ot.* 약국, 약방; ~xodimi 약사.
doston *ot.* 서사시(敍事詩), 사시(史詩).
dostonchi ot. 이야기하는 사람, (연극·영화·TV 등의) 해설자, 내레이터(narrator).
dotatsiya mablag' 보조자본
dotsent *ot.* 조교수, 부교수.
Dou-Djons indeksi 다우존스 지수
dovdir *ot.* 불안정한, 이상이 있는, 흔들리는(마음 따위), 이성을 잃은, 터무니없는, 지나친, 엄청난, 엉뚱한.
dovdiramoq *fe'l.* 멍하다, 흔들리다, 비틀거리다, 비틀거리며 나아가다; ~을 어이없어 말도 못 하게 하다, 아연케 하다, 중얼[웅얼]거리다; dovdirab qolmoq 멍해지다, 교착 상태에 빠지다.
dovon *ot.* 통과, 경과, 횡단, 도항(渡航).
dovruq *ot.* 유명, 인기, 명성, 명예, 성망, 평판, 풍문; (고어) 세평, 소문; ~solmoq 기리다, 찬미[찬양, 칭찬]하다; dovrug'ini taratmoq 명성을 자랑하다.
dovul *ot.* 폭풍(우), 모진 비바람, 눈보라.
dovur ~까지, ~이 되기까지, ~에 이르기까지 줄곧; soat ikkiga ~ kelmadi 2 시까지 안 왔다.
dovyurak *sif.* 두려움을 모르는, 대담 무쌍한, 용기 있는, 용감한, 담력 있는, 씩씩한.
dovyurakklik *ot.* 용기, 용감(성), 용맹; 용감한 행위
doxiliy *sif.* 안의, 안쪽의, 내부의, 속의; ~ ishlar 내부의 두려움.
doya *ot.* 조산사, 산파; (비유) 산파역
dog' *ot.* 반점, 점, 얼룩, 더러움
dog'lmoq *fe'l* 태우다, 그을리다; 낙인을 찍다; 무감각하게 하다, 가열하다.
drama *ot.* 극, 연극, 극예술. 드라마. men ~ni yoqtiraman 나는 연극을 좋아합니다.
dramatik *sif.* 극의, 연극의; 희극의; 무대상의, 무대용의.
dramaturg *ot.* 극작가(劇作家)
dramaturgiya *ot.* 연극이론, 연출법, 극작법; 극의 활동, 연극의 활약
dublikat, asl bilan teng nusxa 원본이 하나 박에 없는 경우 만들어 지는 것
dublyaj *ot.* 더빙, (필름·테이프의) 재녹음; kinofilmni ~ qilmoq 영화의 발성을 타국어로 더빙하다.
dudlamoq *fe'l* 연기 나게 하다, 그을리게 하다, 훈제(燻製)로 하다.
dudqlanmoq *fe'l.* 말을 더듬다, 떠듬적거리다, 더듬으며 말하다.
duduq *sif.* 말더듬이
dugona *ot.* 친구, 여자친구
dukilamoq *fe'l.* 설레다. 가슴이 고동치다, 두근거리다, 맥박치다, 두근두근하다.
dukkak *ot.* 콩(강낭콩· 잠두류)
dukkakli *sif.* 콩의; 콩이 열리는; beda ~ o'simlik 콩의 넝쿨로 덮혔다; ~ekinlar 콩알, 두류.
dum *ot.* 꼬리, (토끼·사슴 따위의) 짧은 꼬리, 꼬리 모양의 물건; 땋아 늘인 머리, 변발; (양복의) 느림, 연미(燕尾); kesilgan ~ 자른 꼬리; 꼬리 잘린 동물(개·말 따위)
dumalamoq *fe'l.* (공·바퀴 따위가) 구르다, 굴러가다, 회전(回轉)하다; yuqoridan ~ 아래쪽으로 미끄러지다(미끄러져 가다)
dumaloq *ot.* 원(圓), 고리, 구(球); 원[구·원통]형의 것; ~xat 원운동을 하다.
dumaloqlik *ot.* 구상(球狀), 구면(球面), 구형(球形), 구형도(球形度).
dumba *ot.* 양의 엉덩이, 지방이 많은, 기름이 오른; ~ yog' 꼬리의 살찐 부분.
dumbali *ot.* 지방, 비계, 지방질; (요리용) 기름, 엉덩이가 큰; ~qo'y 양의 엉덩이 살
dumbil *ot.* 미숙한, 생경(生硬)한

(crude); 미성년의, 미완성의, 아직 펴런, 익지 않은.
dumli *sif.* 꼬리(미부)가 잘린; 꼬리가 ~한, 꼬리 있는
dumsiz *sif.* 꼬리[미부(尾部)]가 없는.
dumg'aza *ot.* 천골(薦骨: 척주의 하단부, 곧 요부(腰部)에 있는 이등변 삼각형의 뼈. 엉치뼈. 엉치등뼈.).
dunyo I *ot.* 세상, 세계, 지구.
dunyo II *ot.* 부(富), 재산; 풍부
dunyoqarash ot. 세계관(world view), 인생관, 사회관. 사고방식.
dunyoviy *sif.* 이 세상의, 세속적인, 속세의, 속인의, 명리를 좇는; 현세의, 세속의; 비종교적인.
duo *ot.* 빌기, 기도, 소원.
duoxon *ot.* 뱀 부리는 사람.
dur ot. 구슬, (깎아 다듬은) 보석, 보옥
duradgor *ot.* 목수, 목공; 접합도구; 접합하는 사람; 다듬는 데 쓰는 긴 대패; 톱날 세우는 줄.
duragay *ot.* 잡종, 튀기, 혼혈아; 혼성물.
durbin *ot.* 쌍안경; 쌍안 망원경
durdona *ot.* 많은 진주; 진주 목걸이.
dutor ot. 류트(lute: 가장 오래된 2줄 현악기의 하나; 만돌린과 비슷하며 이집트·아라비아를 거쳐 중세 때 유럽에 들어와 18세기 말까지 독주·합주용으로 썼음), 류트 같은 두 줄 현악기
dutorchi *ot.* 류트 연주자.
duv *rav.* 빠르게, 급히; 곧, 갑자기.
duxoba *ot.* 벨벳, 우단.
dush *ot.* 샤워; 샤워 기구, 샤워실(室); ~ ga tushmoq 샤워를 하다; men ~ga tushmoqchiman 나는 샤워를 하고 싶다.
dushanba *ot.* 월요일; ~ kuni bozorga bodim 월요일에는 시장에 갔다; har ~ ingliz tili darsi bo‘ladi 월요일마다 영어 수업이 있다.
dushman *ot,* 적, 원수; 적군, 적대자, 경쟁[대항]자; u odam mening ~im 그 사람은 내 원수이다; halq~ 국민의 적.
dushmanlik *ot,* 증오, 적의; 불화, 반목, 적의(敵意), 적개심; ~qilmoq 서로서로 싸우다, 다투다
dushxona *ot.* 목욕탕(沐浴湯), 욕탕(浴湯); 탕옥(湯屋), 목욕실(沐浴室), 목욕간(沐浴間), 목간(沐間), 욕실(浴室); 샤워실(shower 室)
duch *ot.* (우연히) 만남, 조우; ~kelmoq ~와 우연히 만나다, 마주치다, 조우하다.
duchor: ~bo'moq ~와 스쳐 지나가다, ~와 얼굴을 대하다, ~에 직면하다, ~와 마주 대하다; ~와 만나다
dvigatel *ot.* 엔진, 모터, 발동기, 내연기관; 전동기, 기관.
do‘kon *ot.* 가게, 상점, 소매점, 식료품 가게, 슈퍼마켓; uning akasi ~da ishlaydi 그의 형은 상점에서 일을 한다.
do‘koncha *ot.* 매점, 노점, 작은 상점.
do‘kon-dastgoh *ot.* 가내 공업.
do‘kondor *ot.* 상인, 점원, 종업원.
do‘konxona *ot.* 1) 가게, 상점; 소매점; 2) 공장, 일터; 작업장, 제작소.
do‘l I *ot.* 싸락눈, 우박, (우박처럼) 쏟아지는 것, 비; 강우, 우천, 빗물, 소나기; ~ aralash yomg'ir urib berdi 비가 변하여 우박이 쏟아졌다.
do‘l II *ot.* 국자, 구기, 바가지, 퍼[떠]내는 도구; (컨베이어. 준설기의) 버킷, 디퍼, 양동이, 두레박, (물레방아. 외륜선의) 물갈퀴, tegirmon ~i 수차, 물레바퀴; 양수차
do‘lana *ot. bot.* 산사나무(山査−: 장미과의 작은 낙엽 활엽 교목. 골짜기·촌락 부근에 남. 초여름에 흰 꽃이 피고 가을에 붉은 열매가 익음. 과실 '산사자'는 약용. 아가위나무).
do‘mbira *ot,* 북, 드럼
do‘mbirachi *ot.* 고수(鼓手), (악대의) 북 연주자, 드러머, 북재비.
do‘mboq *sif.* 뚱뚱하다
do‘ndiq *sif.* 예쁜, 귀여운, 아름다운, 말쑥한, 매력 있는.
do‘ndiqcha *ot.* 예쁜, 귀여운 소

녀, 귀부인.
do'ndirmoq *fe'l.* 잘하다, 솜씨가 능숙하다; ishni do'ndiribsan 일을 잘 했다.
do'ng *ot.* 언덕, 작은 산, 구릉, 작고 둥근 언덕; 구릉지대, 조금 높은 곳; 무덤.
do'ng'illamoq *fe'l.* 불평하다, 툴툴대다, 푸념하다, 투덜대다, 중얼거리다
do'ngalak *ot.* 융기, 돌기; 돌출물, 혹.
do'nglik *ot.* 돌출물, 돌기물, 혹, 결절
do'pillamoq *fe'l.* ~에 인지를 붙이다, ~에 우표를 붙이다, ~에 날인하다, ~에 도장을 찍다; ~에 ~을 누르다
do'ppi *ot.* (우즈벡과 타직 남자의 전통) 자수를 놓은 머리에 쓰는 모자.
do'pposlamoq *fe'l.* 때리다, 무자비[무정, 잔혹]하게 치다(두드리다).
do'q *ot.* 으름, 위협, 협박, 공갈.
do'qillatmoq *fe'l.* (탁) 치다, 때리다, 똑똑 두드리다.
do'qlamoq *fe'l.* ~와 우연히 만나다, 마주치다, 조우하다.
do'st *ot.* 동무, 벗, 친구; yaqin ~ 가까운 친구; maktabdagi ~ 학우; o'qishdagi ~ 동창, 학우; ishdagi ~im 동료; ~ boshga kulfast tushganda bilinadi (*maq*) 필요할 때 있는 친구가 진정한 친구다
do'stlarcha *sif.* 친구처럼, 친절하게.
do'stlashmoq *fe'l.* 친구가 되다, 친교를 맞게 하다, 친하게 만들다.
do'stlik *ot.* 우애, 친목, 친선. 우정, 우호; 호의; hisobli do'st ayrilmas (maqol) 친구는 친구, 계산은 계산이다.
do'stlik vekseli 융통어음
do'stona *sif.* 우방, 친한, 우호적인.
do'zax *ot.* 1) 지옥(地獄), 나락(奈落), 나락가(奈落迦), 이리(泥犁), 고장(苦障), 천옥(天獄); 2) 저승(사람이 죽은 뒤 그 혼령이 가서 산다는 세상), 구천(九泉), 구천지하(九泉地下), 구경(九京), 구원(九原), 구유(九幽), 북망산천(北邙山川), 황천(黃泉), 천양(泉壤), 천대(泉臺), 나락(奈落), 유계(幽界), 유도(幽都), 유명(幽冥), 음부(陰府), 음계(陰界), 지부(地府), 염라국(閻羅國), 천하(泉下), 명부(冥府), 유명계(幽冥界), 명토(冥土), 시왕청(十王廳), 중천(重泉).
do'zaxi *sif.* 지옥의, 지옥과 같은; 흉악한; 소름이 끼치는; 악마; 악귀; 악령.
do'kon joylashuvi 매장위치
do'kon rejasini tuzish 상점의 공간설계
do'stona qabul 우호적 접객

Ee

e 우즈벡 알파벳 모음 네번째 글자.

East Sea 동해(東海) Sharqiy dengiz; Tonxe-Janubiy Koreyaning shar-qiy qismida joylashgan dengiz nomi; bu dengiz Yaponiya va Janubiy Koreya o'rtasida joylashgan bo'lib, 1899 yilda davlat tomonidan Tonxe nom berilib, shu nom bilan atala boshlangan. 동해(東海)는 한반도와 일본 열도에 둘러싸인 태평양의 연해이다. 동쪽으로 일본 열도의 규슈, 혼슈, 홋카이도와 러시아의 사할린 섬, 서쪽으로 한반도와 러시아와 닿아 있다. 동해는 다섯 개의 해협으로 다른 바다와 연결되어 있다. 북쪽부터 차례대로 아시아 대륙과 사할린 섬 사이의 타타르 해협, 사할린 섬과 홋카이도 사이의 라페루즈 해협(소야 해협), 홋카이도와 혼슈 사이의 쓰가루 해협, 혼슈와 규슈 사이의 간몬 해협, 규슈와 한반도 사이의 대한해협 순이다. 태평양의 서쪽 연해로 한국, 러시아의 연해주, 사할린 섬, 일본 열도 등으로 둘러싸여 있다. 해방전까지는 조선해·창해라고도 했다. 북쪽에는 타타르 해협과 소야 해협이 있고 남쪽에는 대한해협이 있다. 신생대 제4기초의 대단층운동에 의한 함몰로 생성되었으며, 북동-남서 방향을 장축으로 하는 타원형을 이루고 있다. 남북길이 1,700㎞, 동서최대길이 1,100㎞, 수심은 평균 1,361m이다. 특히 한반도와 러시아의 연해주 부근은 더 깊어서 3,000m 정도의 급사면을 이루며, 최심부는 북동쪽 오지리 섬[尾尻島] 부근으로 3,762m이다. 대륙붕이 15m 너비로 해안을 따라 좁게 발달해 있는데 그 면적은 전체의 1/5로 약 21만㎢에 불과하다. 동해의 해저지형은 중앙부에 인속적으로 발달해 있는 해령을 중심으로 북부와 남부로 나뉜다. 북부는 대체로 평탄하고 경사가 완만하며, 남부는 복잡하여 해구(海溝)·해퇴(海堆) 등이 발달해 있다. 대표적 해퇴인 야마토 뱅크에는 크고 둥근 자갈이 있으며, 송백과(松柏科)의 식물화석이 발견되었다. 해구는 대륙사면에서 약 2,000m 이상의 깊이에 이르지만, 일본 열도 말단에서는 800m 정도로 얕아지기도 한다. 울릉도·독도와, 이키[壹岐]·쓰시마[對馬]·오키[隱岐]·사도가[佐渡]·도비시마[飛島] 등의 섬이 육지 주변을 따라 솟아 있다.

Eear-do *ot.* 이어도(離於島) 또는 파랑도(波浪島)는 제주특별자치도 서귀포시 서남쪽에 위치한 암초이다. 중국에서는 이를 쑤옌자오(중국어 간체: 苏岩礁, 정체: 蘇岩礁)라고 부른다. 이어도 혹은 파랑도라고 부르지만 실제로 섬이 아닌 해저 암초이다. 마라도에서 서남쪽으로 152킬로미터 떨어진 동중국해(東中國海)에 위치해 있다. 퉁타오에서는 245킬로미터, 일본 나가사키 현 고토 시에 있는 도리시마 섬에서는 276킬로미터 해상에 위치한다. 이 암초는 바다에서 4.6미터 잠겨 있어서 파도가 칠 때만 모습이 드러난다. 옛 제주도 사람들은 소코트라 록을 이상향(아틀란티스 같은 곳)으로 생각하는 전설이 있었다. 이어도는 원래 구전되는 전설에 따르면 바다로 나가 돌아오지 않는 어부들이 가는 섬, 어부들이 죽으면 가는 환상의 섬으로 알려져 왔다. 1984년 제주대학교가 이곳을 탐사한 뒤, 이 암초를 파랑도라고 명명하고 이를 전설상의 이어도와 결부시키는 계기가 되었다. 하지만 이 암초가 실제 전설상의 이어도와 동일한 것인지는 명확하지 않다. 중국에서도 오래 전부터 쑤옌자오에 관한 전설이 있어왔는데 중국의 고서 산해경(山海經)에서는 "東海之外、大荒之中、有山名曰猗天蘇山"라고 쑤옌자오를 소산(蘇山)으로 기술하고 있다. 물론 이 소산이 정확히 현재 발견된 이어도와 같은 것인지는 명확하지 않다. 한국은 이어도에 해양과학기지를 만들고, 이 해양과학기지의 이름을 이어도 해양과학기지라고 명명하였다. 이에 대해서 중국은 한국의 일방적인 기지 건설에 항의를 하고 있다. 또한, 이어도는 중국과 한국의 영토분쟁권 사이에 있는 해저 암초이다. 한편, 1999년 중화인민공화국 탐사단은 이어도보다 대한민국 영해에 가까운 지점에서 암초인 파랑초(중국명: 딩옌)를 발견했다.

edi *fe'l* (~에) 있었다; (~에) 가[와] 있었다, (~에) 나타났다; 돌

아왔다, 끝났다
effekli talab *ot.* 적정수요
efir *ot.* 에테르(Äther;ether: *biokim* 전파나 빛을 전달하는 매체로서 우주에 존재한다고 생각해 온 물질; 그 존재는 상대성 이론으로 부정하고 있음; *fiz.* 산소 원자에 두 개의 탄화수소기(基)가 결합한 꼴의 유기 화합물의 총칭; *fiz.* 에틸에테르). oddiy ~ 에테르; ~ moyi 정유.
efirga chiqish 방송에 출연하다
ega I *ot.* 주어(主語), 주부(主部), 임자말.
ega II *ot.* 주인, 영주, 고용주; 소유자, 임자; ~chi 여주인; mehmon- xona ~si 여관주인; ~si bilan mehmon 주인과 손님.
ega qism *ot.* 주부(主部)
ega shirkat *ot.* 홀딩 컴퍼니
egalik *ot.* 소유; 입수, 점유; 소유[점유]감, 소유자, 소유권, 지배, 지휘. ~qilmoq 집안 살림을 하다; birovning uyida egalik qilmoq 남의 집에서 주인처럼 행세하다.
egalik huquqini olish 소유권 취득
egalik qilish 소유권(所有權).
egallamoq *fe'l* 1) 보유하다, ~을 입수하다, ~을 점유하다, 2) 지배[정복]하다, ~의 주인이 되다.
egallangan lavozimiga loyiqlik 직무의 적합성
egallash, olish 점유, 점유권, 취득, 획득
egar I *ot.* 안장, 안장 같은 것; (말 등의 안장을 놓는) 등 부분; (양의) 등심 고기.
egar II *ot.* 굽은, 곡선 모양의.
egarlamoq *fe'l.* ~에 안장을 놓다, 안장을 얹다, ~에게 짊어지우다, ~에게 과(課)하다
egasiz ko'chmas buyum 무주부동산
egasiz mol-mulk 무주재산
egasiz narsalar 무주물(無主物)
egat *ot.* 밭고랑, 밭이랑, 보습자리; ~ o'tkazmoq 이랑을 짓다.
egik *sif.* 구부린, 경사진(면), 비탈진
egilmoq *fe'l.* 구부리다, (머리를) 숙이다; (무릎을) 굽히다, (활을) 당기다; (용수철을) 감다; (사진·봉투 따위를) 접다
egiluvchan, o'zgaruvchan tarif 탄력세(수입품과 국산품의 가격을 비슷하게 맞추기 위해 적용 되는 관세율)
egizak *ot.* 쌍둥이.
egmoq *fe'l.* 기울다, 기울어지다, 경사지다; 몸을 구부리다, 고개를 숙이다.
egov *ot.* (쇠붙이·손톱 가는) 줄; 손질, 연마, 다듬기, 닦기, (문장 등의) 퇴고
egovlamoq *fe'l.* ~을 줄질[손질]하다, 갈다, (인격 등을) 도야하다; (문장 등을) 퇴고하다, 다듬다.
egri *sif.* 꼬부라진, 비뚤어진, 뒤둥[빙퉁]그러진; 늙어 허리가 꼬부라진, 굽은, 곡선 모양의; ~chiziq 만곡(부·물(物)), 굽음, 휨, 곡선, 곡선도표, 그래프
EHM dasturlar va ma'lumotlar bazasi uchun huquq himoyasi 컴퓨터 프로그램 및 데이터베이스 권리보호
EHM elektron hisoblash mashi- nasi 전자계산기(- 計算機), 컴퓨터
ehson *ot.* 증여, 기증, 기부, 기증품, 기부금, 의연금; ~qilmoq 증여하다.
ehtimol *rav.* 가능한, 할 수 있는, 있음직한, 일어날 수 있는, 아마, 혹시, 어쩌면, 형편에 따라서는; yomg'ir yog'ish ehtimoli baland 비 올 확률이 높 습니다; har ~ga qarshi 만약의 경우에 대비하여.
ehtimolli ov miqdori 허용 어획량
ehtimollik *ot.* 확률, 가능성
ehtirom *ot.* 존경(尊敬), 존중(尊重), 경의(敬意). ~ bilan 올림.
ehtiros *ot.* 열정(熱情); 격정(激情); (어떤 일에 대한) 열, 열심, 열중.
ehtiyoj *ot.* 탐내다, ~을 원하다, 갖고[손에 넣고] 싶다. 필요, 필요성, 요구하다, 청구하다, (사물이)

~을 요하다, 필요로 하다; moliyaviy ~lar 재정(상)의 필요.
ehtiyoj, zarurat, talab 요구, 필요, 소용.
ehtiyot *ot.* 조심, 신중, 걱정, 근심, 경고, 주의; ~ qilmoq 걱정하다, 데어두다.
ehtiyot qismlari 여유 부품
ehtiyot shart xarid 재고확보
ehtiyotkor *sif.* 주의 깊은, 조심스러운, 신중한, 조심성 있는, 세심한.
ehtiyotkorlik *ot.* 주의, 조심, 신중, 세심, 사려, 분별, 빈틈없음; ~bilan 주의 깊은, 조심스러운
ehtiyotlamoq *fe'l.* 1) 방호물; 위험 방지기, 안전장치; 예방약, 방지제(劑), 보호 장치[물(物)]; 2) 보호[수호, 비호]하다, 막다, 지키다.
ehtiyotlanmoq *fe'l.* 조심하다, 경계하다, 아끼다. o'g'ridan ~ 도둑을 조심하다; shamollashdan ~ 감기 조심하다.
ehtiyotsizlik *ot.* 과실(過失), 부주의
ehtiyptkorlik *ot.* 주의 깊은 것, 조심성이 많은 것, 신중한 것, 세심한 것; ~ bilan harakat qilmoq 신중히 행동하다; bu fotoapparatdan ~ bilan foydalanish zarur 사진기를 조심스럽게 다뤄야 한다.
ehtoyotkor *sif.* 주의 깊은; u ~odam 그는 주의가 깊은 사람이다; ~qadamlar 신중한 방법;
ekin *ot.* (씨(앗), 종자) 심기, 재배; (식수) 조림; 씨뿌리기; ~maydoni 플랜트, 묘목, 모종
ekinzor *ot.* 재배지, 농원, 농장.
ekipaj *ot.* 1) 차, 탈 것; (특히) 마차(자가용 4륜); 2) (배·열차·비행기의) 탑승원, 승무원, 3) 해병대. ~li qism 해병대.
ekish *ot.* 심기, 재배; (식수) 조림; 씨뿌리기, 파종; ~ davri (*mavsumi*) 파종시기, 흩뿌리는 시간.
ekmoq *fe'l.* 뿌리다, 널리 퍼뜨리다, 흩뿌리다, 심다; don~ 씨를 뿌리다.
ekologik halokat hududi 환경재해지역
ekologik *sif.* 생태학의; 인류[인간] 생태학으로; ~muammoni yechish 생태학의 문제를 풀다.
ekologik toza ishlab-chiqarish 환경 친화적 생산
ekologik toza texnologiya 환경친화적 기술, 친환경적 기술.
ekologiya *ot.* 생태학(生態學); 인류[인간] 생태학; dunyo ~ muammolari 지구 생태학의 문제.
ekran *ot.* 칸막이; 눈가림, 차폐물, 스크린; (영화의) 영사막; oshkora ~ 야외의 영사막; ~uchun suratga tushmoq 영화에 출연하다; ~da ko'rsatmoq 상영하다; ~ artisti 영화배우; ~ yulduzi 영화스타.
ekranlashtirmoq *fe'l.* 상영되다.
eks-dividend *ot.* 배당량
ekskavasiya *ot.* 팜, 굴착, 개착.
ekskavator *ot.* 구멍[굴]을 파는 사람[동물]; 굴착하는 사람[도구]; 굴착기(機); 발굴자; 엑스커베이터(긁어내는 기구)..
ekskavatorchi *ot.* 굴착기 운전수.
ekskursiya *ot.* 회유(回遊), 소풍, 유람, 수학여행; (열차·버스·배 따위에 의한) 할인 왕복[회유] 여행, 여행[소풍, 유람] 단체, 답사(踏査), 견학(見學); muzeyga ~ 박물관 견학; shahar tashqarisiga ~ 교외소풍; Samarqandga ~ 사마르칸드에 견학여행; ~da ishtirok etmoq 견학 대에 참가하다; o'tmishga ~ qilmoq 과거를 생각해 보다.
ekspeditor *ot.* 발송인, 원료공급[생산물 반출] 담당자; 공보 발표원; 공급자; (공사·일 등의) 촉진자.
ekspeditor, molni keltirish va jo'natish bilan shug'ullanuvchi 운송업자
ekspeditorlik firmasi 운송업자
ekspeditsiya *ot.* 발송(發送), 파견(派遣), (탐험·전투 등 명확한

E

목적을 위한) 긴 여행[항해], 탐험 (여행), 원정, 장정, 탐험[원정, 토벌]대, 원정 함대; ilmiy ~ 학술탐험; Shi- moliy qutbga ~ 북극 탐험(대).
ekspertiza dalolatnomasi 검정보고서
ekspertiza, tekshiruv 전문가 감정, (특허 등의) 심사
eksponat *ot.* 전람, 전시, 진열; 공개; 전람회, 전시회, 박람회, 품평회. 전시품, 진열품.
eksport *ot.* 수출(輸出), 수출품(輸出品), 수출액; taxta ~i 덤핑; ~ qilmoq 수출하다.
eksport banki 수출은행
eksport diversifikatsiyasi 수출다각화, 다변화(多變化)
eksport qiluvchi 수출업체, 수출국
eksport subsidiyasi 수출보조금
eksport tavakkalchiligining kafolati 수출위험보증
eksport va import solig'i 수출 및 수입세
eksport-import banki 수출입은행
ekspress *ot.* (기차. 버스. 승강기 등의) 급행편, 직통편.
ekvivalent, muqobil 등가(等價), 등가물.
el *ot.* 1) 사람들, 국민, 민족, 2) 외국; mening akam tez-tez chet elga borib turadi. 우리 형은 자주 외국에 다니십니다; 3) chet ~larda 외국으로[에], 해외로[에].
elak *ot.* 여과기, 체, 체질하는 사람[기구]; ~orqali elamoq 체로 치다; ~ analiz 입상물의 가려내기.
elamoq *fe'l* 체로 치다, 체질[조리질]하다.
elastik *sif.* 탄력(성)있는, 팽창력 있는.
elastiklik, egiluvchanlik 유연성(柔軟性)
electron texnika 전자기술(電子技術)
elektor *ot.* 선거인(選擧人), 선택자.
elektr quvvati 전압(電壓)
elektr quvvati qog'oz pul chiqarish, emissiya 발행(發行)
elektr quvvatiga belgilangan narx 전기요금(電氣料金)
elektr tashuvchilar bahosi 에너지 가격
elektromagnit *ot.* 전자석(電磁石).
elektromagnitli 전자석의.
elektron *ot.* 전자(電磁), 엘렉트론; ~mi- kroskop 전자 현미경; ~projektor 전자총; ~hisoblagich 전자계산기; ~lampa 진공관; ~ optika 전자광학; ~bomba 엘렉트론 소이탄.
elektron hisoblagich 전자계기
elektron pochta 전자우편(電子郵便)
elektron pullar 전자화폐
elektrostansiya *ot.* 발전소(發電所).
element *ot.* 요소, 성분; (구성)분자, 사(四)원소(흙·물·불·바람)의 하나; kimyoviy~ 원소; drammatik asarning muhim ~lari 극작품의 구성요소; matematika ~lari 수학의 기초지식; ko'p valentli ~ 다가원소; ikkilamchi~ 축전지; fotoelektrik~ 광전지
elementar *sif.* 기초적인, 기본의, 초보의, 초등 교육[학교]의; ~qo'l- lanma 초등교과서; ~maktab 초등교육; ~ shart-sjaroitlar 최소한도의 조건.
elliginchi *son.* 제 50의; ~ qism 50 분의 1; ~yillar 50년대.
ellik *son.* 오십, 50.
ellips *ot.* (말의) 생략(of), 생략부호(—, ---, ＊＊＊따위) *mat.* 타원.
elchi *ot.* 대사(大使); 대표, 사절, 특사.
elchixona *ot.* 대사관(大使館).
emaklamoq *fe'l* 네발로 기다, 포복하다; bola ~da 애기가 기고 있다.
emal *ot.* 에나멜; 유약, 광택제

(劑)(매니큐어용 따위의); ~bilan qoplamoq 유약(에나멜)을 바르다; ~li 에나멜 광택이 나는 그림물감; ~bo'yoq 에나멜 안료.
emallamoq *fe'l* 유약을 바르다, 에나멜을 칠하다, 칠보를 입히다.
emas: 않다, 아니다. yaxshi~ 좋지 않다; kitob~ 책이 아니다.
embrion *ot.* 엠브리오, 태아(사람의 경우 보통 임신 8주까지의); 배(胚), 눈; 싹; 움: 유충(幼蟲); (발달의) 초기, 배종.
emigrant *ot.* 망명자, (타국. 타지역으로의) 이민, 이주민; u odam ~ 그 사람은 망명자(이주자)이다; G'arbiy yevropada rus ~ lari 서구에 거주하는 망명 러시아인.
emigratsiya *ot.* 망명, (타국으로의) 이주; (구어) 전거, 이사, 그 상태; ~qilmoq (타국으로) 이주하다; Mening do'stim ~ qilindi 내 친구는 이주했다(망명하다).
emission prospekt 신주 발행 공고
emission yetakchi 액면가와 반환가의차이
emissionniy, qog'oz pul chiqara- digan bank 발권은행
emissiya qiymati 발행가격
emizmoq *fe'l.* 젖을 먹이다, 아이 보다, 돌보다; ~에게 젖을 먹이다, 키우다, 양육하다; bir yoshgacha bolamni emizdim. 한 살까지 애기에게 젖을 먹였다.
emish *ot.* ~으로 보이다, ~(인 것) 같다, ~(인 것으)로 생각되다.
emishgan *ot.* 젖형제[젖자매]
emlamoq *fe'l* 접종하다. 우두를 놓다.
emlash *ot.* (예방) 접종; 우두
emmoq *fe'l* (젖·액체를) 빨다, 빨아들이다.
en *ot.* 폭, 너비, 가로, 넓이, 넓음; ~i 10 metr bo'lgan ko'cha 폭 10미터의 길.
enaga *ot.* 유모(乳母), 젖어머니, 아모(阿母), 부모(傅母), 보모(保姆), 젖엄마, 젖어멈, 젖어미, 아기를 본 사람; ~lik qilmoq 돌보다, (어린애를) 어르다, 달래다.

endi *rav.* 지금, 현재; 목하, 이제 방금, 막 ~하였다; ~ uyga ketsa bo'ladi 이제는 집에 가도 된다.
endigi *rav.* 지금 곧, 바로; 이제부터, 지금쯤은, 지금까지, 이제까지; ~ safar sen muzqaymoq sotib olib berasan 다음에는 너는 아이스크림을 사 줄 것이다.
endigina *rav.* 바로 지금, 목하. 방금, 이제 막, 금방. ~ akamladan qo'ng'iroq bo'ldi. 금방 오빠에게서 전화가 왔습니다.
endilikda *rav.* 앞으로, 현재에는, 오늘날에는, 현재로는; ~hammasi yaxshi bo'ladi. 앞으로는 모든 일이 잘 될 거야.
eng *sif.* 1) 대단히, 매우, 몹시, 제일, 가장(***xuddi***); mening ~ yaxshi ko'rgan sport turim futboldir. 제가 가장 좋아하는 운동은 축구입니다; 2) (양·수·정도·액 따위가) 가장 큰[많은], 최대[최고]의; ~qiziq 가장 재미있다.

eng kam rivojlangan mamlakatlar *ot.* 후진국(後進國: 국민 1인당 연평균소득이 미화 100달러 이하의 나라)
eng muhim ehtiyojlar 필수적 요구, 절박한 필요
eng past darajaga tushishi 기록적으로 낮은 수준까지 하락
eng qisqa yo'l 최단 경로
eng qulay munosabat 최혜국 대우
eng so'nggi mahsulot 최종 생산물
eng tig'iz vaqt 가장 바쁜 시간
eng yangi mahsulot 최신 제품
eng yangi texnika 최신기술
eng yuqori narx 최고가
engak *ot.* 턱, 턱끝.
engashmoq *fe'l* 굽다, 기울다, 몸을 구부리다. kimdir tomonga ~ 어떤 사람 쪽으로 비스듬히 몸을 돌리다.
engashtirmoq *fe'l* (인사·예배 따위를 위해) 머리를 숙이다, 허리를 굽히다, 절하다,아래로 굽히다, 기울이다; boshni ~ 머리를 숙이

E

다.
engil sanoat *ot.* 경공업(輕工業)
enkaygan *sif.* 굽은, 몸을 굽힘; ~ chol 허리가 굽은 할아버지.
enkaymoq *fe'l* 되접어 꺾다, 접어 구부리다, 기울어지다, 접다, 굽다, 기울다.
enli *sif.* 넓은, 폭넓은; (~만큼) 폭이 있는, 폭이 ~인; ~eshik 넓은 문.

E

enlik *ot.* 폭, 너비, 가로.
ensiklopedik *ot.* 백과사전(百科事典), 백과전서(百科全書), 전문사전.
ensiklopediya *sif.* 백과사전의, 지식이 광범한, 박학인.
ensiklopediyachi*ot.* 백과전서(사전) 편집자
ensiz *sif.* 폭이 좁은, 넓지 않은, 마음[도량]이 좁은, 편협한; 부족한, 빠듯한.
entikmoq *fe'l* 한숨 쉬다[짓다], 탄식하다, 한탄[슬퍼]하다, 그리워 찾다, 그리워 한탄하다, 보고 싶다. men unga entikaman 나는 그를 보고 싶다.
eplamoq *fe'l* 조사하다, 다루다, 회복하다, 대처하다, 극복하다, 대항하다, 맞서다, 만나다; ishni yaxshi eplamoq 사건을 처리하다; uni eplash qiyin 그는 다루기 힘든 사람이다 vazifani ~ 문제를 처리하다; o'zing epla 제 힘으로 해라; men bir kunda eplay olmayman 나는 하루에 다 할 수 없습니다.
epchil *sif.* 능숙[능란]한, 교묘한, 숙련된, 솜씨 좋은, 기민한, 빈틈없는; ~koptok o'yinchisi 구기의 명수; ~sakrash 절묘한 도약; ~odam 빈틈없는 사람;
epchillik *ot.* 숙련, 노련, 교묘, 능숙함, 솜씨, 기능, 기술, 빈틈없는; ~bilan ishni uddalamoq 능란하게 일을 처리하다.
er *ot.* 남편(男便), 지아비, 남정네, 부(夫), 낭군(郎君), 바깥양반, 서방(書房), 사랑 양반, 주인(主人); 가장
era *ot.* 1) 시간, 때; 시일, 세월, 시대, 시간의 경과; 2) 기원; 연대, 시대, 시기.
ergash *sif.* 예하의, 차위[하위]의; 부수[종속]하는; *gram.* 종속의, 종속절, 종속어
ergash gap *gram.* 종속문장, 종속절(從屬節: 이어진 문장에서 뒤의 주절(主節)에 대하여 그 원인·이유·조건 등을 보여 주는 절. '봄이 오니 날씨가 따뜻하다.'에서 '봄이 오니' 따위)
ergashgan bog'lovchi qo'shimchalar 종속적 연결 어미
Ergashgan qo'shma gaplar 종속적으로 이어진 문장
ergashmoq *fe'l* 따라 가다, ~을 좇다, 동행하다, ~을 따라가다, 따르다.
ergashtiruvchi bog'lovchilar 연결접속사
erimoq *fe'l.* (눈·서리·얼음 따위가) 녹다, 용해하다.
erinmoq *fe'l.* 빈둥빈둥 지내다, 게을리 하다; 꾸물꾸물 움직이다
erinchoq *sif.* 게으른, 나태한, 게으름쟁이의, 느린, 굼뜬.
erinchoqlik *ot.* 1) 게으름 부리는 것; ~ qilmoq 건달을 부리다; 2) 아마(亞麻); 아마섬유; 아마 천, 리넨(linen); 담황갈색.
eritma *ot.* 용해, 용해상태; 용해법[술], 용액, 용제(溶劑); ~kuchli (kuchsiz) 진한(옅은) 용액.
eritmoq *fe'l.* 녹이다, 용해시키다; 분해[분리]시키다, 열로 녹이다, 녹이다, 물로 녹이다; tuz suvda erib ketdi 소금이 물에 녹았다.
erituvchi *sif.* 지불 능력이 있는, 지급 능력이 있는; 용해력이 있는; (마음·감정 따위를) 누그러지게 하는; (신앙 따위를) 약화시키는.
erishilgan mavqe *ot.* 경력(經歷), 이력
erishmoq *fe'l.* 얻다, 손에 넣다, 획득하다, (일·목적)을 이루다, 달성[성취]하다, (어려운 일)을 완수하다, 이룩하다; taraqqiyotga erishmoq 발달을 이룩하다; muvaffaqiyatga erishmoq 성공을 거두다; g'alaba- ga~ 승리를

얻다; obro'ning yuqori pog'onasiga~ 최고의 명예를 얻다; maqsadga~ 목적을 달성하다; maqsadga erishilmadi 목적은 이루어지지 않았다; erishganlaridan ko'ngli tinchimoq 현재의 상태의 만족하다.
erishuv *ot.* 달성, 완수
erk *sif.* (*ozodlik*) 자유; 자주 독립, 자립; ~할 자유, 의지, 의욕; ~i kuchli 강한 의지가 있는; ozodlik ~i 유언; ~ bermoq 자유에 맡기다, 멋대로 하게 하다; o'ziga ~ bermoq 멋대로 하다.
erka *sif.* 마음에 드는 것[사람]; 총신, 총아; 인기 있는 사람, 총애를 받는 아이, 장난꾸러기, 개구쟁이. ~bola 너무 귀여워해서 버릇이 없어진 아이.
erkak *ot.* 남자, 사내; 남성, 수; 웅성(雄性) 동식물, 남성적인, 남자다운.
erkak va ayollar teng huquqligi 남녀평등
erkakcha *sif.* 남성의, 남자의, 수컷의, 남성적인, 남자다운
erkalamoq *fe'l.* 성격을) 버리다, (특히) (아이들 따위를) 버릇없게 기르다, 어하다, 응석받다, 버릇없게 하다, 어리광부리게 하다. bolani erkalatma 아이를 너무 귀여워하지 말라; bola ~da 아이가 장난을 칩니다(응성을 부릅니다).
erkalanmoq *fe'l.* 귀여워하다, 애무하다; 장난치다, 어리광부리다, 장난하다, 희롱하다.
erkalatmoq *fe'l.* 응석부리다, 버릇없게 하다, 어리광부리게 하다, 귀여워하다, 총애하다, 애무하다; 응석부리게 하다.
erkalik *ot.* 장난, 장난꾸러기, 응석.
erkatoy *sif.* 어리광, 장난의, 장난꾸러기의, 말을 듣지 않는; 버릇없는; (=erka).
erkin *sif.* 자유로운; 속박 없는, 자유주의의; ~fuqaro 자유로운 공민; so'z ~ligi 언론의 자유; u koreyscha ~ gapiradi 그는 자유로이 한국어를 말한다.
erkin boj hududi 자유 관세 지역
erkin bozor 자유경쟁시장
erkin harakatlanish huquqi 자유로운 거주 이전권
erkin kasb egasi bo'lgan ishchi 프리랜서(freelancer)
erkin kurs 자유 환율, 시장 환율
erkin munosabat 자의적 관계
erkin munosabat 자의적 관계
erkin savdo doirasi 자유 무역지대
erkin savdo hududi 자유무역지역
erkin tadbirkorlik doirasi (세제, 임대, 관세, 환, 비자, 근로 조건 등으로 특혜가 주어지는) 자유기업활동지역
erkin tadbirkorlik hududi 자유기업지대
erkinlik *ot.* 자유; 자주 독립, 자의성
erkinlik cheklovi 자유의 제한
erksevar *sif.* 민족애, 자유로이 애정을 품고 있는, 사랑하고 있는, 애정이 깊은.
ermak *ot.* 오락, 즐거움, 위안, 재미, 기분 전환, 재미 삼아 하는 일; bolalar ~gi 아이들 놀이; ~uchun 기분 전환으로, 놀이 삼아; ~qilmoq 즐거워하다, 기분을 풀다; o'yinni ~ qilmoq 유화나 승부로 즐기다.
erta 1) *rav.* 일찍이, 일찍부터, 일찌감치; 초기에, 어릴 적에; 2) *sif.* 이른; 빠른, 초기의; 어릴 때의; ~lab 이른 아침에; ~bahorda 이른 봄에; ~mi kechmi 조만간에; hali~ 아직 이르다; bahor ~ keldi 봄이 일찍 왔다; ~bilan 아침부터; ~dan kechgacha 아침부터 저녁까지; ~ni o'yla 내일의 생각을 해라; bugungi ishni ~ga qo'yma 오늘 할 수 있는 일을 내일로 미루지 말라.
ertaga *ot.* 내일, 낼; 명일(明日), 명천(明天)
ertak *ot.* 1) 옛날이야기, 이야기, 설화, 구전, 동화. 2) 거짓말투성이; 3) 호적, 목록; 4) 진술, 공술;

E

bolalar ertagi 동화; xalq ~lari 민화, 전설 (=folklor).
ertakchi *ot.* 옛날이야기를 이야기하는 사람, (연극·영화·TV 등의) 해설자, 내레이터
ertalab *rav.* 아침[오전]에; bugun ~ 오늘 아침; bugun ~ uchrashdik 오늘 아침에 만났다.
ertalabki *sif.* 아침의, 아침에 하는[쓰는, 나타나는]; ~ salomlashish "Yaxshi yotib turdingizmi" 아침의 인사는 "안녕히 주무셨어요?"
ertangi *rav.* 내일의, 내일, 명일; (가까운) 장래. ~kun 내일.
ertaroq berilgan ariza 선출원
er-xotin qo'shma mulki 부부공동 재산(夫婦共同財産)
er-xotin umumiy mulki 부부공동소유(夫婦共同所有)
er-xotinlar kelishuvi 부부간의 거래
er-xotinlarning mol-mulkka oid huquq va majburiyatlari 부부의 재산상 권리와 의무
es *ot.* 1) 기억, 기억력, 외우는 것; 2) 회상, 상기, 추억; 기억력, 옛 생각, 추억되는 일, 의식; ~imdan chiqdi 기억에서 사라져 버렸다, 완전히 잊어버렸다; ~da saqlamoq 기억하고 있다; ~ga tushmoq 기억해 내다; ~da qolgancha gapirmoq 기억나는 것만 이야기하다; ~da bo'lmoq 제정신이 있다, 의식이 있다; ~siz 의식을 잃고, 실신하여.
esa (문장 가운데서 가벼운 뜻의 전환과 대립을 나타냄): ~이지만, ~하지만, ~인데. Hamma ketdi, men ~ esa bir o'zim qoldim 모두 가 버렸지만, 나 혼자 남았다.
esankiramoq *fe'l.* 어리둥절해하다, 망연자실하다, 상실되다, 당황하다; u odamning oldida u esankirab qomadi 그 사람 앞에 그는 당황하지 않았다; men umunam ~ rab qoldim 나는 완전히 어찌할 바를 몰랐다(망연자실했다).
esdalik *ot.* 회상, 상기, 추억; 기억, 기억력; faqat ~ qoldi 아무것도 남지 않았다, 남은 것이라곤 추억뿐이다.
eski *sif.* 1) 낡은, 예부터 있는, 누덕누덕한, 누더기 옷을 입은; 2) 옛날의, 예로부터의, 고대의(중세·근대에 대해); 3) (시간적으로) 전의, 이전의, 앞의, 사전의, 앞서의; ~do'- stlar 옛 친구; ~tanishlar 옛 지기; ~ko'ylak 낡은 옷; ~ urfodatlar 옛 습관.
eskimoq *fe'l.* 낡다, 망가지다, 입어서(신어서) 헤어지다. ~ko'ylak 헤어 빠진 옷.
eskicha *sif.* 오래된, 구식[고풍]의, 시대[유행]에 뒤진; ~ko'ylak 구식적인 옷.
eskirgan mollarni sotib tugatish 재고 떨이 판매
eskirgan texnika *ot.* 낙후기술(落後技術)
eskirish *ot.* 마모(磨耗),마멸(摩滅)
eskirish oqibatida olingan zarar 노후화로 인한 손실
eskirish va amortizatsiyaga qarshi zah- ira 감가상각 예비비
eskirmoq *fe'l.* 낡다, 헐다, 해지다, 너절하다, 닳다; 쓸모없다; 남루하다;(=eskimoq). Bir yilda ikkita oyoq kiyimni eskirtirib tashladi 1 년 동안에 구두 두 결레를 낡아 트렸다; kiyim ~ib ketdi 옷이 입어서 헤어졌다.
eskiz *ot.* 스케치, 사생화; 약도, 겨냥도, 도안, 밑그림, 설계도, 초벌새김, 초안, 초고.
eslamoq *fe'l.* 생각나다, 생각해내다, 회상하다, 기억하고 있다, 기억이 있다, 상기하다; uning ismini eslay olmayapman 그의 이름이 생각나지 않는다; o'tmishni~ 과거를 상기하다; muhim ishni ~ 중요한 일을 생각해내다.
eslatma *ot.* 주(註), 주석, 주해, 각주, 방주; matn oxiridagi ~ni o'qing 본문 밑의 각주를 읽어 보십시오.
eslatmoq *fe'l.* 상기시키다, 말하

다, ~에 언급하다, 얘기로 꺼내다, (~의 이름을) 들다; u oyisini eslatyapti 그는 그의 어머니를 생각하게 한다; bu xat menga o'tmishni eslatadi 나는 이 편지를 읽고 과거를 상기했다; u menga kitob haqida eslatdi 그는 나에게 책에 대해 주의 시켜 주었다; ertaga xatni yuborishni eslating 내일 편지 보내는 것을 나에게 일러 주십시오.
esli *sif.* 지혜 있는, 현명하는. u ~ odam 그는 현명한 사람이다.
esmoq *fe'l.* (바람이)불다, 숨을 내쉬다, 입김을 내뿜다; (송풍기로) 바람을 보내다; Janub tomondan shamol ~da 바람이 남쪽부터 분다.
esnamoq *fe'l.* 하품을 하다. ko'z yoshi chiqqungacha ~ 눈물 나을 만큼 하품하다; esnama 정신 차려; men esnayapman 나는 하품이 나온다.
esnoq *ot.* 하품; *sif.* 하품을 하고 있는, 피로한[지루한] 기색을 보이는; (입·틈 등이) 크게 벌어져 있는.
eson *sif.* 건강하다, 건장하다. ~misiz? 건강하십니까? (잘 지냅니까); ~omon yetib keldingizmi? 잘 도착하셨습니까?
estafeta 계주, 이어 달리기
estetik 1) *ot.* 미학자. 2) *sif.* 미학의, 미학적인; ~rohat 미적 감각에 의한 쾌락; ~ tarbiya 미적 교육; so'zning ~ funkciyasi 문장의 미적 기능. 3) *sifat.* 아름다운, 우미한, 유미주의의, 탐미적인. umuman ~ koʻrinish emas 전혀 미적이 아닌 경관.
estetika *ot.* 미학(美學).
estetizm *ot.* 미감(未感), 탐미주의.
eston *ot.* 에스토니아인; ~tili 에스토니아어
Estoniya *ot.* 에스토니아.
estrada *ot.* 연단, 에스트라다. uning akasi ~ artisti 그의 형은 경연극 배우입니다.
estron *ot.* 에스트론(estrone: 발정(發情) 호르몬의 일종)
esxatologiya *ot.* 종말론(終末論).
esxona *ot.* 대경(大驚); ~si chiq- moq 대경실색하다.
et *ot.* 살, 몸의 부드러운 부분. apelsin ~i 밀감의 속살; suyakni ~idan ajratmoq 고기를 뼈에서 떼어내다; tirnoqni ~i bilan olmoq 손톱을 너무 바싹 깎다; o'q ~da turib oldi 총알이 몸속에 박혔다.
etak *ot.* 의복의 옷자락, 산록의 평지, 앞치마. bu ko'ylakni etagi uzun 이 옷자락이 길다; kiyimning etagini qara 옷의 테두리를 좀 봐.
etarli darajada qoniqish hissi 합당한 배려
etik *ot.* 부츠, 장화, 구두; oyoqni bir ~ka tiqmoq 다리를 한 장화에 넣다.
etika *ot.* 윤리학, 도덕론; 윤리학서.
etikdo'z *ot.* 구두 만드는[고치는] 사람, 제화공(製靴工).
etiket *ot.* 예의(禮義), 예의범절(禮儀凡節); ~ga rioya qilmoq 예의를 지키다.
etil *ot. fiz.* 에틸(기)(ethyl基: 유기 화합물에서 '[[C2H5]]-'인 1가(價)의 알킬기(基); ~efir 에틸에테르; spirt 에틸알코올.
etilen *ot. fiz.* 에틸렌(ethylene: 알켄(alkene)의 하나. 알코올과 진한 황산을 가열하면 생기며, 석유 가스·나프타를 고열로 열분해하여 만듦. 달콤한 냄새가 있는 무색의 가연성(可燃性) 기체로 중합하여 폴리에틸렌이 됨. 각종 합성 화학 공업의 원료로 많이 쓰며, 유기 용액 또는 마취제로 씀. 생유기(生油氣)).
etilenglikol *ot.* 에틸렌글리콜.
etilenlangan *ot.* 4에틸연을 첨가한.
etilenlash *ot.* 4에틸연 첨가.
etilsellyuloza *ot.* 에틸 셀룰로스.
etkazib berish sanasi 인도일
etkazib berish shartnomasi 공급계약
etkazib berishning kechiktirilishi 납품지연

etnografik *sif.* 민족지학(誌學), 기술적(記述的) 인종학, 민족지적인, 민족지학상의..
etnografiya *ot.* 민족지학(誌學), 기술적(記述的) 인종학(人種學), 민속학(民俗學).
evara *ot.* 증손(曾孫), 증손자, 손자의 아들; ~lar 증손들(남녀 함께).
export faktoringi 수출 채권매매
export xavfi kafolati 수출위험보증(수출시 발생하는 위험을 국가 또는 은행이 보중 하는 것)
extiyot qism 생산물 재고
ey *und.s.* 이봐, 어이(호칭), 어(놀람); 야아(기쁨).여기요, 어이(부름; 경고를 줌); ~, kim u yeda? 어이, 거기에 있는 게 누구야?
ezgu *sif.* 친절한, 상냥[다정]한, 인정 있는, 동정심이 많은; ~fazilatlar 친절한 습관; ~ish 선행 행동; ~ti- laklar 좋은 희망(복을 주는 희망).
ezgulik *ot.* 선행(善行), 가행(嘉行), 덕행(德行), 선사(善事), 선업(善業), 백업(白業); ~ qilmoq 선행하다.
ezilmoq *fe'l.* 1) 속이 타다, 아프다; 2) 죄다, 압착하다; 꽉 쥐다, 꼭 껴안다; yurakni ezuvchi musiqani tingladim 가슴을 저미는 듯한 멜로디를 듣다; mening qalbim ~da 가슴이 미어지는 것 같은 심정이다.
ezma *ot.* 지껄임, 수다, 지저귐; 캑캑 우는 소리, (시냇물의) 졸졸 흐르는 소리; (기계 따위의) 달각달각하는 소리, (이 따위가) 맞부딪쳐 딱딱하는 소리; (기계의 진동으로 생긴) 금; 많이 말하는 사람, 싫증이 나는, 귀찮은, 지긋지긋한. ~ suhbatdosh 귀찮은 말상대; ~lik qilmq 싫증나게 하지마.
ezmalanmoq *fe'l.* (뜻도 없이) 재잘재잘 지껄이다, (새가) 지저귀다; (원숭이가) 캑캑 울다, (시냇물이) 졸졸 흐르다, (기계 따위가) 달각달각 소리내다, (이 따위가) 딱딱 맞부딪치다, (기계가 진동하여 공작물 면에) 금이 가다, 싫증나게 하다. ezma- lanma 싫증나게 하지마.
ezmalik *ot.* 지껄임, 수다, 지저귐; 이야기하기 좋아하는, 수다스러운, 말많은
ezmoq *fe'l.* 1) 누르다, 짓누르다, 의개다, 짜다; qo'ng'iroq tugma- sini~ 초인종을 누르다; tramvayda meni har tomonlama ezishdi 전차 안에서 나는 사방으로부터 짓눌렸다; yoqam bo'ynimni ezyapti 옷깃(칼라)이 목을 조인다; qulupnayni ~ 딸기를 의개다; limonni ~ 레몬을 꽉 짜다(즙을 내기 위해서); qalbim ezilyapti 나는 가슴이 답답하다; 2) 억압하다, 울적하다. kuchli doim kuchsizni ezadi 강자는 항상 약자를 억압한다; sog'inch yurakni ~da 기분이 울적하다; etik oyog'imni ~da 정화에 발이 조이다.
eshak *ot.* 1) 당나귀. 2) 바보, 얼뜨기; 고집쟁이, 멍청이, 미물. katta ~dan hech fil chiqmaydi 당나귀가 아무리 큰들 코끼리는 되지 않는다.
eshelon *ot.* 1) 제형(梯形) 편성, 제대(梯隊), 제진(梯陣); (비행기의) 삼각 편대(제형 편대의 일종); (지휘 계통·조직 등의) 단계; 계층; 특정한 임무를 띤 부대; 2) 열차, 기차, 전동차(2량 이상 연결되어 달리는 것)군용열차(harbiy eshelon). 3) 집단(단체) 수송 열차; ~ bo'yicha qur- moq 편성하다, 제대를 만들다.
eshik *ot.* 문, 방문, 문짝, (출)입구, 문간, 현관; ikkitalik ~ 이중문; zahira~ 비상구; tashqi ~ 입구; ~ni taqillatmoq 문을 노크하다; ~ oldida turmoq 입구에서 서다; ~ni ko'rsatmoq 나가라고 문을 가르키다; yopiq ~lar majmuasi 비밀회의; ochiq ~lar siyosati 문호 개방 정책; ~ni boshqa tomonda yop 꺼져라.
eshitib tasavvur qilish 청각영상
eshitilmoq *fe'l.* 들리라, 들려오

다, 느껴지다. uzoqdan kimningdir ovozi ~da 멀리에서 누구의 목소리가 들린다; uzoqdan momaqaldiroq ovozi eshitilmoqda 멀리서 천둥소리가 들린다.

eshitish ot. 청각, 청력, 듣기, 듣는 것, 청문. ma'ruzani ~ 청각; ishni ~ 사건의 심리; guvohlarni ~ 증인 신문.

eshitmoq *fe'l.* 듣다, 들을 수 있다; 청각을 갖추고 있다; men har kuni radioni tinglayman 나는 날마다 라디오를 듣습니다; musiqani ~ 음악을 듣다; eshik oldida ~ 문에서 엿듣다; otani gapini ~ 아버지의 말을 듣다; maslahatni~ 충고를 듣다; eshitaman 예, 분부대로 하겠습니다, 여보세요.

eshittirish *ot.* 1) (*harkat*) 이전, 옮김; 이동, 전송(轉送); 양도; 전사(轉寫); 전임, 전근; 2) 방송, 방영; 방송[방영] 프로; radio ~i 라디오 방송; ~ markazi 방송국; ertalabki ~ 아침의 방송.

eshittirmoq *fe'l.* 들리게 하다, 방송[방영]하다; radio orqali~ 라디오로 방송하다; eshittirib gapirmoq 들리게 말하다, 알리다, 발표하다; musiqani ~ 음악을 들려주다.

eshituvchi *ot.* 듣는 사람, 경청자, (라디오의) 청취자(聽取者); (대학의) 청강생(聽講生); radio ~ 라디오 청취자.

eshkak *ot.* 노, 오어, 스컬(한 사람이 양 손에 한 자루씩 가지고 젓는 노; 그 노로 젓는 가벼운 경조용(競漕用) 보트); ~li kema 젓는 배; ~da suzmoq 저어가다.

eshkakchi *ot.* 배를 젓는 사람, 스컬[노]로 젓는 사람; 스컬(경조용 보트)

echkemar *ot. zool.* 1) 남방 산의 큰 도마뱀의 일종; 2) 포도의 한 종류.

echki *ot.* 염소, 암염소, 수염소. urg'ochi ~ 염소; taka ~ 수염소; tog' ~si 사슴의 일종; tosh ~ 야생 산양의 일종.

e'lon *ot.* 공포, 공고, 광고, 선전, 통고, 공시; urush ~i 선전 포고; urush ~ qilinishi huquqi 교전권; hukmni ~ qilish 선고(법정의); vazirlik ~i 부의 공고; ro'znomaga ~ kiritmoq 신문에 광고(공고)하다; ~lar taxtasi 게시판.

e'tiboran ...부터는. shu bugundan ~ 오늘부터는.

e'tiborsiz 부주의, 무시. ~ qarash 무시하게 보기; ~ qoldirmoq 흘려듣다, 무시하다.

e'tirozlanmoq *fe'l.* 항고하다.

e'zoz *ot.* 존경, 존중, 경의. ~ ko'rsatmoq 경의를 표시하다; ~da bo'lmoq 존경을 받다.

e'tibor *ot.* 주의, 유의; 주의력, 주목, 배려, 고려; 손질; 돌봄, 관심; ~ bermoq 주의를 돌리게 하다(기울이다); ~ni jalb qilmoq 어떤 일에 주의를 기울이다; ~siz qoldirmoq 흘려듣다, 무시하다; ~ga loyiq 주목할 가치가 있는, 주목할 만한; ~bilan 주의하여, 주의 깊게; ~ni qaratmoq 돌봐주다, 주의 해보다; ~ ingiz uchun rahmat 친절에 감사합니다. Bir daqiqa ~ qiling! 잠깐 들어 주십시오.

e'tiborli *sif.* 주의 깊은, 신중한, 친절한. o'z xizmatchilariga ~ aloqada bo'lish 부하에 대해서 친절한 것.

e'tiborly *sif.* 영향을 미치는; 세력 있는, 유력한.

e'tiqod(*fikr*) *ot.* 신념, 확신, 소신, 신뢰, 신용, 신앙, 종교; qalbning abadiyligiga bo'lgan ~ 영혼불멸에 대한 신념; ~qilmoq 신을 믿다.

e'tiqodli *sif.* 소신 있는, 확신을 가진, 신념이 있는; ~odam 신자, 귀의자.**e'tirof** *ot.* 인지, 인정, 승인, 허가, 용인; 자인, 자백, 고백; dorini foydali deb ~ qilmoq 약이 유익하다고 인정하다; uning gaplari to'g'riligini ~ qilmoq 그의 논리가 옳다는 것을 인정하다;

aybdor deb ~ qilmoq 유죄라고 인정하다.
e'tiroz *ot.* 말대꾸, 앙갚음; 반박, 반대, 두말; javobga ~ 말대꾸, 한변; ~ qilmoq 항고하다; bir narsaga ~i bo'lmoq 어떤 일에 대해서 이의가 있다' ~ bildirmoq 이의를 제기하다; bu narsa bir qancha ~ga sabab bo'ldi 요란한 반대를 불러일으켰다.
e'tiqod erkinligi 신앙의 자유
e'tirozga javob qaytarish muddatining kechiktirilishi (소송에서) 공격방어의 실기
e'tirozlar haqida bayonot 기피 신청

Fe

Ff 우즈벡 알파벳 자음의 다섯 번째 글자
fa *mus.* (*nota*) F. 바음(고정 도 창법의 '파'), 바조(-調).
fabrika *ot.* 공장(工場), 제작[제조]소, 제재소; qog'oz ~si 종이 공장; to'qimachlik ~si 직포(직물) 공장; movut ~si 직물(옷감) 공장; tikuv- chilik ~si 의복(특히 긴 웃옷·외투 등) 공장; ~ tamg'asi (등록) 상표, 트레이드마크
fabrika, korxona 경공업 공장
fabrikachi *ot.* 제조(업)자, 생산자; 공장주.
fabula *adab.* (시·소설 따위의) 줄거리, 구상.
fagot *mus.* 바순(basson), 파곳(Fagott: 낮은음 목관악기로 오보에보다 두 옥타브 낮은 저음의 목관(木管)악기, 파곳토(fagotto)); (풍금의) 낮은음 음전(音栓); ~chi 취주자.
fahm *ot.* 판단력, 기지에 찬, 약삭빠른, 재치 있는, 현명함, 재간; me- ning ~imcha 내 생각으로는; umuman ~siz bo'lmoq 전혀 이해력이 없다.
fahm-farosat *ot.* 기지에 차고 영리한, (머리 따위가) 예민한, 빈틈이 없는, 약삭빠른, 교활한, 명확한, 뚜렷한; mening o'z ~im bor 나에게는 내 생각이 있다; o'ziga xos ~li bo'lmoq 다른 생각이 있다.
fahmlamoq *fe'l.* 판단하다, 터득하다, 추측하다, 미루어서 살피다; 추정해 보다, 여러 가지로 생각해 보다; gap nima ekanligini umuman fahmlay olmayapman 무슨 일인지 전혀 모르겠다.
fahmlanmoq *fe'l.* 이해하다, 알아듣다.
fahmli *sif.* 머리가 좋은, 영리한; 민첩한, 기지가 있는, 판단력이 있는, 사려분별이 있는, 명민한; ~ odam 사리를 잘 아는 사람, 머리가 잘 돌아가는 사람.
fahmsiz *sif.* 이해가 더딘, 머리가 둔한; ~ish yuritmoq 생각 없이 행동하다; u juda ~ 그는 너무나 우둔하다.
fahrlanmoq *fe'l.* 자랑하다, 과시하다; men talaba ekanligimdan fahrlanaman 나는 학생이라는 것을 자랑스럽게 여긴다; men otamga fahrlandim 나는 아버지에게 자랑했다.
fahsh *ot.* 타락, 악행, 비행, 부패 행위.
faks orqali axborot yuborish 팩스 통신
fakt *ot.* (발생한[발생하고 있는]) 사실, 실제(의 일), 진실, 실정, 진상(眞相), 현실; ~ da isbotlamoq 사실에 근거하여 증명하다; ~larga suyan- moq 사실에 근거를 두다
faktik *sif.* 사실의, 사실상의, 실제의, 진실의; ~ holat 실상, 실제 상황; ~ jihatdan bu bo'lishi mumkin emas 이것은 사실상 불가능하다; ~ jihatdan bu bunday emas 실제로 그것은 그렇지 않다.
faktor operatsiyasi 금융, 팩토링
faktor *ot.* 요인, 요소, 동인. inqilob ~lari 혁명의 요인; vaqt ~ini hisobga olmoq 시간의 요소를 고려하다.
faktoring 채권매매 취급업무 (factoring)
faktura *ot.* 수법(예술, 음악 등의), (기관·정신의) 능력, 기능, 재능, 기교. she'r ~si 시의 수법; ~li kitob 송장 장부, 상품 적하 목록.
fakturaga oid narxi 청구가격
fakultativ *sif.* 임의[수의]의; 선택의; ~ fan 선택 과목(학교의), ~ poezd 부정기 열차; ~ qovuslar 단어 가운데 일부가 빠

지거나 첨가되는 것을 나타내는 괄호; ~ klinika 대학 부속병원.
fakultet *ot.* (대학의) 학부, 분과(分科), 과(科); yuridik ~ 법학부; koreys tili ~i 한국어 학부; do'stim tarix ~ida o`qiydi 내 친구는 역사 학부에서 공부합니다.
falaj *ot. tib.* 중풍, (완전) 마비, 불수(不隨); u ~ bo`lgan 그는 중풍에 걸렸다; bolalar ~i 소아마비; ~ kasali 중풍 환자.
falajlamoq *fe'l.* 마비시키다, 무력하게 하다
falajlangan *sif.* 마비된, 쓸모가 없어진, 마비 상태; uning qo`li ~ 그의 손은 마비되어 있다.
falajlik *ot.* 마비(痲痹), 불수(不隨).
falak *ot.* 1) (*osmon*) 하늘, 천국, 하늘색, 담청색, 남빛, 푸른빛 안료; (시어·문어) 푸른 하늘, 창공; osmoni ~ 푸른, 하늘빛의, 남빛의; 2) *k. m.* (*taqdir*) 운명, 숙명; 운(運), 비운, 운수; ~ning gardishi bilan 장래 운명을 결정하다; ~ gardishi 궁창; ~ egasi 하느님; ~dagi qushdek 자유로이, 날개를 펴고.
falokat *ot.* 재난, 재액, 불운, 천재; 재해, 참사; 흉사, 큰 불행; ~ yuz beradi 재난이 일어날 것이다; ~ga duchor bo`lmoq 곤경에 처하다, 곤란하게 되다; ~ ustiga ~ 겹친 불행, 큰일이군!; kemada ~ belgisi 선박의 조난 신호.
falokat vaqtidagi chiqish *ot.* 비상구(非常口)
falokat, buzilish, avariya *ot.* 파손, 조난, 사고
falokatda yordam xizmati 응급 서비스
falokatli *sif.* 불행한, 재액이 심한.
falon (*otdan oldin*) 이러이러한, 이러이러[여차여차]한, 어떤, 일종의, 모; sizni ~ chi qidirdi deyishgandi 당신을 어떤 사람이 찾고 있었다고 하셨습니다; ~ pul so'radi 돈을 많이 물었습니다.
faloncha (*sanoqsiz sonlardan oldin*) 그만큼의; 그쯤[그 정도]의 [까지], 많이, 얼마, 얼마의[로]; ~ pul kerak 돈은 많이 필요하다.
falon-piston 이것저것, 가지가지의, 여러 가지의, 가지각색의, 어떤, 소용이 없는. ~ gaplar gapiribdi 소용이 없는 말을 했다고 하셨어요.
falsafa *ot.* 철학, 지식애, 세계관, 이념(理念); ~ namoyondasi (faylasuf) 철학자.
falsafiy *sif.* 철학의, 생각이 깊은, 철학자 특유의; ~ tosh 현자의 돌; ~ tizim 철학체계; ~ fikrlar yuritmoq 철학자인 척하며 말을 하다.
famil: **~choy** 홍차, 홍다(紅茶).
familiya *ot.* (*sur*) 성(姓), 이름, 성명; ~ ngiz nima? 성이 무엇입니까? ism va ~ 이름과 성; mening ~m Toirov 제 이름은 터이로브입니다.
fan *ot.* 과학(科學), ~학(學); tabiiy ~lar 자연과학; ~ga bag`shida etmoq 학문에 몰두하다.
fanatik *ot.* 광인 같은 사람, 광신자, 열광자. san'at ~i 예술 광.
fanatizm *ot.* 광신, 맹목적 귀의.
faner(a) *ot.* 베니어합판, 합판.
fantastik *sif.* 환상적인, 몽환[공상]적인, 기상천외의, 기괴한, 실제가 아닌, 이상한, 야릇한; ~ ko`rinish 기괴한 모양; ~ mish -mishlar 공허한 소문; ~ proekt 공상적 계획.
fantastika *ot.* 환상적인 것, 공상적인 것.
fantaziya *ot.* 공상(空想), 환상; 기상(奇想); 변덕, 야릇함; ~ga beril- moq 공상에 빠지다; bu rasm- chining ~si juda boy 이 화가는 상상력이 풍부하다; men bu ~larga ishonmayman 그런 어처구니없는 소리를 나는 믿지 않는다.
fan-texnika jihatidan ishlash 연구 개발 프로젝트

F

faol savdo qoldig'i 무역흑자(貿易黑字)
faol *sif.* 활동적인, 활동하는, 일하는, 능동적인, 적극적인; ~ a'zo 활동요원; ~ jarayon 활동성과정; ~ savdo balansi 수출 초과; ~ siyosat 적극적 정책.
faol, daromad, aktiv *ot.* 사신, (명목적인 회원에 대하여) 정규회원; (정당 등의) 활동가, 첨예분자.
faoliyat *ot.* 활동(活動), 활약, 행동, 활발한 움직임, 활기(活氣); ~ ko'r- satmoq 활동하다; kurashuv ~i 전투 동작; jamiyat ~i 사회 활동가; shifokorlik ~i 의업; ~ ko`rsatmoq 적극적인 활동(활약)을 하다; siyo- siy ~ yurituvchi 정치가; ilmiy ~ yurituvchi 학자; san'at ~ yuri- tuvchi 예술가.
faoliyat sohasi 업무범위
faoliyatsiz *sif.* 활발하지 않은, 능동적이 아닌, 피동적인.
faollashuv *ot.* 활성화(活性化), 활발.
faollik *ot.* 적극성, 활동, 활약, 활발한 움직임, 활기; 경기, 활동 범위, 사업, 운동.
fapliyatli *sif.* 활동적인, 활동하는, 일하는, 정력적인, 원기 왕성한; ~ odam 활동가.
faqat 그런데, 다만, 단지; 오로지, ~이기는 [하기는] 하나, 그러나, 그렇지만, 다만; ~ bir marta 오직 한번; bu ~ boshlanishi 그것은 그저 시작일 뿐이다; ~ bittasigina qolgandi 단 한 개만 남았다; ~ endigina 이제야 겨우; men roziman, ~ ikki kun kutib tur 동의 한다, 그러나 2일 정도 더 기다리게; ~ tirik bo`lsa bo`ldi 그가 살아 있다면 좋을 텐데!.
faqatgina ~뿐, 오직, 겨우, 단지; ~만
faqir *ot.* 가난[빈곤]한, 곤궁한, 생활이 딱한, 가난한 사람 불쌍한 사람; tashqariga chiqqan edim, bir ~ga ko`zimtushdi 밖에 나갔는데 어떤 불쌍한 사람이 눈의 띄었다.
faqirlanmoq *fe'l.* 가난해지다, 부족하게 되다. butunlay faqirlanib ketdim 완전히 알거지가 되었다.
faqirlik *ot.* 가난, 빈곤, 결핍, 부족, 열등, 빈약; ~da yashamoq 가난한 살림을 하다.
fara *ot.* 헤드라이트, 전조등; avto- mobil ~si 자동차의 헤드라이트.
farang *esk.* 1) 프랑스 사람. 2) 숙달자, 전문가, 숙련가, 달인, 명인. 능숙한, 숙련된; ~ kamonboz 능숙한 사수; ~ tikuvchi 숙련된 재단사; ustasi ~ suzuvchi 수영의 명수; ~lik bilan bajarmoq 능숙하게 하다.
faraz *ot.* 상상, 추측, 추찰(推察), 예상, 가정, 가설; ~ qilmoq 가설하다; mening ~ qilishimcha 나의 예상(추정)에 의하면; shifokor ~icha 의사의 추정에 의하면; bu faqatgina ~dir 그것은 가정(추측)에 지다지 않는다.
farfor *ot.* 1) (*material*) 자기(磁器); 자기 제품; 2) (*buyumlar*) 도자기(陶瓷器), 도자기 완료(*chinni*). farfor gili(loyi) 도토; ~ dan qilingan buyum 도자기 항아리; ~ zavodi 도공(陶工); izolyatsion ~ 자기 애자
farishta *ot.* 천사, 수호신, 천사 같은 사람, 천진한[사랑스러운] 사람; ~ kuni 명명일(자기와 동명의 명일); go`zallik ~si 미의 극치(권화); qalb ~si 친애하는 사람..
farmakolog *ot.* 약리학자, 약물학자.
farmakologiya *ot.* 약리학(藥理學), 약물학.
farmakoximiya *ot.* 약제화학.
farmatsevt *ot.* 약제사, 조제자, 약사(藥師).
farmatsevtika *ot.* 약학, 조제법.
farmatsiya = **famatsevtika**
farmon *ot.* 명령, 지휘; 훈령, 법령, 포고; ~ qilmoq 명령을 내리다; ~ chiqarmoq 명령하다(지시

F

하다); ~ bermoq 명령을 내리다, 지휘하다; orkestr haqidagi ~ 체포 명령; hizmatga chiqish xaqidagi ~ 소집령, 출두 명령; armiya bo`yicha ~ 군령.
farmoyish *ot.* (*qaror*) 법령, 칙령, 포고, 명령; (*buyruq*) 명령, 지휘; 호령, 구령; 지령, 분부, 훈령; ~ bermoq 명령을 내리다; u ~ga ko`ra 그의 명령에 따라.
faromush *ot.* 잊었다, 망각하다, 생각이 안 나다; ~ bo'lmoq 잊다, 망각하다
farosat *ot.* 영리함, 솜씨 있음, 교묘[정교]함; 민첩, 추측, 알아차리기; uning eshikni yopishga ~i etdi 문을 닫아야하는 것을 차렸다, 눈치를 채고 문을 닫았다.
farosatli *sif.* 판단력이 있는, 이해력 있는, 형안의, 통찰력 있는.
farosatsiz *sif.* 판단력이 없는, 이해력 없는
farovon *sif.* 풍부한, 많은, 윤택한, 충분한, 부유한. ~hayot 풍부한 생활.
farovonlashmoq *fe'l.* (자원 등이) 풍부하다, 많다, 풍부해지다, 충분하다; 10yildan so'ng bizning hayotimiz yanada ~adi 10년 후에 우리 생활은 더 풍부해질 겁니다.
farovonlik *ot.* 풍부, 많음; 다족(多足), 풍족(豊足), 풍성(豊盛), 풍요(豊饒), 풍유(豊裕), 부유; ~da 많이, 풍부히.
farog'at *ot.* 휴식, 휴게, 정양, 느즈러짐, 풀림, 이완(弛緩), 긴장을 품, 휴양, 평화의, 태평의, 평화적인; ~qilmoq 쉬다, 휴식하다; ~da yashamoq 평온한 생활을 하다.
farog`atsiz *sif.* 침착하지 못한, 들떠 있는; 안면할 수 없는; 끊임없는; 활동적인, 불안한, 꺼림칙한, 걱정되는, 근심스러운; ~ kunlar 불안한 날들; bu ~ turmush 이것은 불안한 결혼입니다.
farq I *ot.* 다름, 차, 상위; 차이[상위]점, 차액, 차이; ~ qilmoq 구별하다; narxdagi ~ 가격의 상이; katta ~ 커다란 차이; nima~ bor? 어떠한 차이점이 있습니까?; ~i yo'q 상관없다; ~i shundaki 저것과 차이점은; qorong`uda kelayotgan odam- ni ~lamoq 어둠속에서 다가오는 사람을 알아보다.
farq II *ot.* 차이, 마진, 차액.
farqlamoq *fe`l.* 구별하다, 분별[식별]하다, 분류하다; haqiqatni yolg'ondan ~ 진실과 허위를 식별하다; maxsulotni navini ~ 상품의 종유를 구별하다; matoni rangiga qarab ~ 색상에 따라 직물을 구불하다.
farqlanmoq *fe`l.* 다르다, 틀리다, 의견이 다르다; [맞지 않다], 차이를 짓다, 구별되다. uzunligi bo'yicha ~ 길이로 구별되다; kengligi (og'irligi)bo'yicha ~ 넓이로(무게)로 구별되다; yoshi bo'yicha ~ 나이가 다르다.
farqlar, tafovut *ot.* 차이, 차별점
farqli 다른, 상이한, 딴, 서로 다른, 여러 가지의; ~ ravishda 닮지[같지] 않은, 다른; fikrlarimiz o'zaro ~ 우리들의 의견은 제각이 다르다.
farrosh *ot.* 1) 문지기, 수위; (아파트·빌딩 따위의) 관리인, 보관자; 2) 치우는 사람, (큰 빌딩의) 청소부(淸掃婦), 날품팔이 잡역부(婦), 파출부.
farroshlik *ot.* 청소, 세탁, 수확; ~ qilmoq 청소하다, 수확하다.
farsh *ot.* 잘게 간 고기; 잘게 썰어서 채워 넣은 요리.
fartuk *ot.* 앞치마, 에이프론.
faryod *ot.* 소리 내어 울다, 울부짖다, 소리치다, 외치다; 큰소리로 말하다; 소리쳐 부르다; bola ~i 아이의 부르짖는 소리; dod ~ 꽥 지르는 소리; yordam haqidagi ~ 도움을 청하는 소리; g'azab ~i 증오의 외침
farz *ot.* 1) *din.* 이슬람교도(의) 의무로서 해야만 할 종교적인 지시; 2) (*burch*) 의무, 본분, 해야 하는 일, 임무, 직무, 직책.

F

farzand *ot.* 1) 아이, 어린이; 2) 자식(자기가 낳은); 3) 아이, 아들; ikkita ~im bor 나는 아이 둘 있다; ~ ko'rmoq 아이들이 있다; o`gay ~ 의붓자식; noqonuniy ~ 사생아; uning to`rtta ~i bor 그에게는 네 아이가 있다; unda beshta ~, ikkita qiz va uchta o'g'il 그에게는 자식이 5명 있는데 셋은 아이들이고 둘은 딸이다; asr ~i 시대의 아들(아이).
farzandlar huquqlari va burchlari 자녀의 권리와 의무
farzandli *sif.* 임신하여, 자식이 있는; ~ bo'lmoq 부모(어머니, 아버지)가 된다; u ~ 그에게는 자식이 있다.
farzandlikka olish *ot.* 입양
farzandsiz (=befarzand) *sif.* 자식이 없는, 아이가 없는; ~ o'tmoq 자식 없이 살다.
farzandsizlik *ot.* (사람. 동물의) 불임.
farzin *ot. shahm.* 여왕.
frsh (*qiyma*) 채워 넣기; (의자·이불 따위에 채우는) 깃털[솜, 짚]; 박제; (*go'shtli*) 잘게 썬[다진] 고기, 저민 고기, 소(조류의 배에 채워 넣는); (*kolbasa uchun*) 소시지용 고기
fasad *ot.* (건물의) 정면, 앞쪽.
fashist *ot.* 파시스트, 국수주의자, 파쇼.
fasl *ot.* 계절, 시절, 철, 사철의 하나; yilning to`rt ~i 4 계절; yoz ~i 여름; yoz ~ida 여름동안; yilning kechki fasli 만추.
fasod *ot.* 화농(化膿), 궤양; 진무름.
fason *ot.* 1) 양식, 형, 스타일, 모양; 유행(형), 패션; (*ko'ylakniki*) 재단하다, 마르다; yangi ~ 뉴 패션, 신형; 2) *sif.* 현대식의, 유행의; 유행을 따른, 당세풍의, 스마트한; yangi ~da kostyum 유행을 따른 의상; inglizcha ~ 아베리카 형의; mebel ~i 가구의 양식.
favqulodda 1) *sif.* 이상한, 보통이 아닌, 여느 때와 다른, 대단한, 비상한, 비범한, 엄청난; ~ kengash 특별회기(기간); 2) *rav.* 특별한, 특수한, 임시의; ~ kengash 특별 회의; ~ elchi 통명 전권 대사; ~ holat 계엄령.
favqulodda dastur 비상계획
favqulodda ekologik vaziyat hududi 비상환경재해지역
favqulodda holat 불가항력
favqulodda holat 비상사태
favqulodda holat 천재지변 상황
favvora *ot.* 분수; 분수지, 분수반, 분수탑, 분수기, (불꽃·용암 등의) 분류, 흐름; ~ so`zlar 능변; ~ ko'zyoshlari 넘쳐흐르는 눈물; qon ~ bo`lib oqmoqda 피가 그칠 줄 모르고 나온다.
faxr *ot.* 자랑, 자존심, 긍지, 프라이드; 득의; 만족, 자만심, 오만, 거만, 우쭐해함; millat ~i 국가의 자랑; ~lanmoq 자랑하다; maktab ~i 학교의 자랑; u o'zvatanining ~i edi 그는 고향의 자랑거리였다.
faxriy *sif.* 거만한, 잘난 체하는, 뽐내는, 자존심이 있는, 명예를 중히 여기는; 식견 있는, 자랑으로 여기는, 영광으로 여기는; (좋은 의미로) 의기양양한, 자랑할 만한, 당당한; ~ mehmon 주빈; ~ yorliq 사회주의 경쟁의 우위 자에게 주는 상장.
faxriy fuqarolik 명예시민권
faxrlanish *ot.* 자긍하기, 과시하시, 명예로운, 자존심이 있는, 명예를 중히 여기는
faxrlanmoq *fe'l.* ~을 자랑하다, ~을 뽐내다, ~을 자랑으로 여기다; men talaba ekanligimdan faxrlanaman; men otamga faxrlandim 학생이라는 것을 자랑스럽게 여긴다; men otamga ~dim 나는 아버지에게 자랑했습니다.
faxrli *sif.* 명예 있는, 명예로운; 명예를 손상치 않는, 존경할 만한, 훌륭한; ~ burch 명예로운 의무; ~ o'rin 상좌, 명예로운 지위; ~ g'alaba 빛나는 승리.
faylasuf *ot.* 철학자(哲學者). 철인

F

(哲人)
fayton *ot.* (말 한 필이 끄는 가벼운) 2륜마차; (한[두] 필의 말이 끄는) 4륜 마차; 페이튼형 자동차.
fayz *ot.* 매력, 매혹, 황홀케 함, 홀린 상태, 매력, 마음을 끄는 힘; 매력 있는 것
fayzli *rav.* 매력이 있는, 아름다운, 호감이 가는, 즐거운, 사랑스러운, 귀여운.
fayzsiz *rav.* 매력(인력)이 없는, 아름답지 않은, 싱거운, 담박한.
faza *ot.* (발달·변화의) 단계, 국면, 현대, 당세, 면(面), 상(相).
fazilat *ot.* 질, 품질, 가치, 값어치, 유용성, 진가, 유일(무이)한, 하나밖에 없는.
fazo *ot.* 장소, 여지, 지역, 지방, 지대, 구역, 범위, 영역, 분야.
fazometr *ot.* (음파·광파·교류 전류 따위의) 위상(상) 미터, 전기의 계량기
federal *ot.* 연방(聯邦), 연방정부
federal ahamiyatli shahar 연방 특별시
federal byudjet 연방 예산
federal fond 연방 기금
federal kengash 연방의회
federal kolliziya huquqi 연방 저촉법
federal konstitutsiyaga asoslan- gan qonun 연방 헌법적 법률(연방 헌법적 법률 러시아 연방 헌법이 정한 사항에 관하여 제정이 되어 있고, 연방법률 보다 상위법이다)
federal qonun 연방법률
federal soliqlar 연방 정부세
Federal Zahira Tizimi 미국의 연방 준비위(FRB, Federal Reserve Board.)
federativ *sif.* 연방의.
federatsiya kengashi a'zosi 연방 소비에트 의원(상원의원)
federatsiya *ot.* 동맹(同盟), 연합(聯合), 연맹(聯盟); 연방제(를 폄); 연방(聯邦), 연방정부; Rossiya Federatsiyasi 러시아 연방
fel-atvor (=fel) *ot.* 성격.
feldsher *ot.* 의사의 조수, 수간호사.
felyeton *ot.* 펠레톤, 풍자적인 논설
feodal *ot.* *tar.* 영주, 제후; ~ tuzum 영주제도.
feodalizm *ot.* *tar.* 봉건 제도. ~ tuzumi 봉건 제도(封建制度: 천자 밑에서 여러 제후가 땅을 영유하면서 그 영내의 정치에 전권을 갖는 국가 조직; 중세 유럽에서, 영주· 귀족·신하의 사이가 봉토의 급여와 군무의 봉사를 통하여 사적·인격적·계층적으로 결합된 제도. 봉건제).
ferma *ot.* 농장; mol ~si 축산 농장.
fermer ayol *ot.* 여농장주.
fermer *ot.* 농부, 농장주, 농장 경영자.
fermerlik *ot.* 농장 경영.
festival *ot.* 축제, 기념제; Seul festivaliga hamma keldi 서울 축제에 모두 왔습니다. kino-~ 영화제; san'at ~i 예술제.
fevral *ot.* 2월; beshinchi ~ 2월 5일; ~da 2월에; o'tgan yili ~da 지난 이월에; kelasi yil ~da 내년 이월, 다음 이월에; ~ revolyutsiyasi 2월 혁명; ~ kunlari 2월 혁명 전후의 날.
fe'l I (***tabiat***) *ot.* 특성, 특질, 성벽(性癖), 성질, 기질, 인격, 성격, 품성;. yumshoq ~ 부드러운 성질; qattiq ~ 굳은 성질; kuchli ~ 강한 성질; ~i to'g`ri kelmaslik 성질이 맞지 않다; kuchli ~ egalari 강한 성질을 가진 사람들.
fe'l II (***grammat***) *ot.* 동사. ko'makchi ~ 조동사; o'timli(o'timsiz) ~ 타(자)동사.
fe'l-atvor *ot.* 특성, 특질, 성벽(性癖), 성질, 기질, 인격, 성격, 품성.
fe'l ko'makchilar 동사 후치사
fe'l mayllari 동사의 법
fe'l nisbatlari 태
fe'llarning yasalishi 동사형
fe'llarning zamon kategoriyasi 동사의 시제 범주
fe'llarning zamoni 동사의 시제

fe'ning aniq shaklida zamon ifodasi 관형절에 의한 시간표현
fe'lning noaniq formasi 동사의 부정형
fe'lning noaniq shakli 불완전 동사
fe'lning tuslanishi 동사의 활용
fe'lning yasalishi 동사의 형성
fido *ot.* 희생, 산 제물, 제물, 희생적인 행위; ~etmoq 희생하다, 제물로 바치다
fidokolik *ot.* 희생적인 행위, 헌신, 희생함.
fidokor *sif.* 희생의, 산 제물의; 희생적인, 헌신적, 희생한. ~ revolyutsioner 헌신적 혁명가.
fidokorona *sif.* 희생적으로, 이기적이 아닌, 욕심[사심]이 없는, 자비심 많은.
fidoyi *sif.* 충실한, 헌신적인; 몰두[열애]하(고 있)는, 헌신하(고 있)는, 애정이 깊은, 사심[이기심] 없는; ~ xizmatkor 충실한 하인; u o`zishiga ~ 자기사업에 충실하다.
fidutsial operatsiya 유가 증권 위탁
figura *ot.* 형, 모양, 형태, 형상(形象), 모습; kelishgan ~ 균형이 잡힌 모습; ozg`in ~ 날씬한 자태(몸매); geometrik ~lar 기하학적 도형; shubhali ~ 이상한 사람.
fikr *ot.* 1) 생각, 관념(觀念), 심상(心豫), 개념(概念), 의견, 견해, 사상, 생각하기, 사색, 사고; ~ga ega bolmoq 생각하다; inson ~i 인간의 사상(사고력); chuqur ~ 깊은 생각, 심원한 사상; qiziqarli ~ 흥미 있는 착상; biror bir ~dan qaytmoq ~의 생각을 버리다, ~을 단념하다; menga bir ~ keldi 생각이 머리에 떠올랐다; bu ~ hech miyamdan ketmayapti 이 생각이 머리에서 떠나지 않는다; u menga bunday yo'l tutishga ~ berdi 그는 나에게 그렇게 할 생각을 가지게 했습니다; tushkun ~larga berilmoq 음울한 생각에 빠지다.
fikr va vijdon erkinligi 사상과 양심의 자유
fikran *rav.* 정신적으로; 마음속으로; 지적(知的)으로; ~ qo'shiq aytmoq 마음속으로 노래하다.
fikrdosh *sif.* 같은 의견의, 동지의.
fikriy *sif.* 지적인, 지력의, 지능적인, 지능[지력]을 요하는, 두뇌를 쓰는; ~hayot 지적인 삶.
fikricha *ot.* 그(녀)의 견해로는.
fikrlamoq *fe'l.* 생각하다, 생각나다, 마음에 그리다, 상상하다; mantiqiy ~ 논리적으로 사고하다; to`g`ri ~ 옳게 생각하다.
fikrlash *ot.* 생각(하기), 사고, 사색; 의견, 견해; 사상; ~ qobiliyati 사고 능력.
fikrlashuv *ot.* (*suhbat*) 회화, 대담, 대화, 좌담, 교제, 교섭; 친교
fikrli *sif.* 생각하는, 사고하는; 생각할 힘이 있는, 사리를 제대로 분별할 줄 아는; 생각이 깊은, 분별있는; ~odam 지적인 사람.
fikschyur-not 선박용선계약 확인 예비서류
fil *ot.* 1) *zool.* 코끼리; 2) *shahm.* 비숍(주교 모자 모양의 장기말); pashshadan ~ yasamoq 침소봉대하게 말하다; ~cha 새끼 코끼리; ~ urg`ochisi 암코끼리.
filarmoniya *ot.* 필하모니회, 음악보급협회; 그리스 애호의 협회, 친(親)그리스의 사회.
filatelizm *ot.* 지폐수.
filial *ot.* 지부, 지국, 지점, 지점, 지사; bank ~i 은행 지점; institut ~i 대학분교
filial rahbari *ot.* 지사장
filial, bo'lim 지점(支店), 지사(支社)
film *ot.* 1) 필름, 감광막; 2) 영화 필름; 3) 영화. men bu filmni juda ko'p kordim 나는 이 영화를 많이 보았습니다. hujjatli ~ 예술영화; rangdor ~ 칼라필름; ovozli ~ 유성 영화; ovozsiz ~ 무성 영화; ~olmoq 영화제작하다
filmlar ijarasi 영화대여

F

filolog *ot.* 1) 어문학자, 문헌학자. 2) 문헌학 학생. men ~man 나는 어문학자입니다.
filologiya *ot.* 어문학(語文學), 문헌학(文獻學: 언어와 문헌을 통하여 한 시대, 한 민족의 문화를 역사적으로 이해하려는 학문; 서지학(書誌學)); ~ fakulteti (대학의) 문과, 어문학부
filtr *ot.* 1) 여과기(濾過器), 여과판(板). 2) 여파기(濾波器); 필터, 여광기(濾光器), 차광기(遮光器) (= nurlar uchun chiroqli ~); yorug'lik ~i 스포트라이트, 각광, 섬광 전구 4개가 회전하면서 발광하는 장치; ~dan o'takzmoq 필터, 거르다, 여과하다; 여과하여 제거하다
filtratsiya *ot.* 여과(濾過), 거를 수 있는 것, 여과되는 것.
filtrlamoq *fe'l.* 1) 여과하다, 거르다, 여과하여 제거하다; 2) 검사하다, 도태하다. suv (havo)ni ~ 물(공기)을 여과하다.
fin *ot.* 핀 사람(핀란드 및 북서 러시아 부근의 민족); 핀란드 사람; ~tili 핀란드 말, 핀어(語); ~ pichog`i 칼날의 폭이 넓은 단도.
final (***yakun***) *ot.* 1) *san.* 끝, 결말, 최종, 최후. 2) *mus.* 피날레, 마지막 곡, 끝악장, 종악장(終樂章), 종곡; 3) (가극의) 최후의 막, 대미(大尾); 종국, 대단원. 종절, 종말; 4) *sport.* 결승전; ajoyib ~ 찬란한 종국.
finish *ot.* 끝, 마지막, 종국, 결말, 끝맺음; 결과; ~ga birinchi bo'lib kelmoq 제 일착으로 도착하다.
firib *ot.* 사기, 협잡; 사기행위, 부정 수단.
firibgar *sif.* 속이한 사람, 속이는 사람, 사기꾼, 협장꾼.
firibgarlik *ot.* 속임, 기만, 현혹, 사취, 사기, 속임수, 사기; (시험의) 부정행위; 협잡 카드놀이; ~ qilmoq 사기를 치다; o'yinda ~ qilmoq 승부에서 속임수를 쓰다.
firma *ot.* 상사(商社), 상회, 회사; 실업; 상업, 장사, 거래, 매매; chet-el ~lari 외국 상사; ~da ishlamoq 회사에서 일을 하다.
firma, korxona, uyushma 회사(會社), 기업(企業: company (생략 Co.))
firma haqida tasavvur 회사 소개, 기업 이미지
firma ichidagi transfert narxlar 이전가격, 사내대체 가격
firma likvidi 기업 유동성
firma nomlanishi 상호
firma qarzlarini daromad bilan uzish 주식을 통한 회사 부채청산
firma xodimi *ot.* 회사원(會社員)
firmalarni xodimlari soniga ko'ra tar- tibga solish 고용 직원 수를 기준으로 한 회사 순위
firmalarni yillik daromadiga ko'ra mu- ayyan tartibga solish 연간 매출을 기준으로 한 회사 순위
firoq *ot.* 헤어짐, 이별; 사별, 고별; 분리, 떨어짐, 이탈; uzoq ~dan so`ng 오래간만에(만날 때); ~da yashamoq 별거하다.
fitna *ot.* 1) (*g'alamislik*) 음모, 밀모(密謀); 술책(術策), 간계(奸計), 간책(奸策), 밀통; ~solmoq/qo'zg'amoq 불신의 씨를 뿌리다; ~ uyushtirmoq 음모를 꾸미다, 간책을 도모하다; ~to'qimoq 음모를 꾸미다, 밀통하다; 2) (*til biriktirish*) 공모, 모의; 음모, 모반; ~uyushtirmoq 공모(共謀)하다, 작당하다; 음모를 꾸미다; (~와) 기맥(氣脈)을 통하다; 3) (*ig'vo*) 부추김; 선동, 교사, 격려, 고무, 자극; 자극물, 동기; ~odam 부추기다, 선동하다, 부추기어 ~시키다[하게 하다]; 선동하여 (폭동. 반란을) 일으키다.
fitnalik *ot.* 음모자, 음모를 꾸미는; 흥미를[호기심을] 자아내는; ~qilmoq 음모를 꾸미다, 밀통하다.
fitnachi *ot.* 1) (***g'alamis***) 음모가, 책략가, 책사(策士); 2) (***til biriktiruvchi***) 음모자, 밀모자(密謀者); 계획자, 구상을 짜는 사람; 3) (***ig'vogar***) 선동자, 교사자;

so'zl (스트라이크·반항 등의) 선동자.
fizik *ot.* 물리학자, 물리학교사, 물리학도; ~kimyo 물리 화학.
fizika *ot.* 물리학, 의술, 의업; amaliy ~ 실험물리학; nazariy ~ 이론 물리학.
fiziolog *ot.* 생리학자; ~iya 생리학; 생리 기능[현상]
fiziologik *ot.* 물리학(物理學).
fiziologiya *ot.* 생리학(生理學).
fizioterapevt *ot.* 물리요법의사.
fizioterapiya *ot.* 물리치료실
fig'on *ot.* 울부짖음, 울부짖는 소리, 신음 소리, 끙끙대기; (파도·바람의) 구슬픈 소리, 울림, 슬퍼함, 비탄, 통곡.
flaga *ot.* 1) 플라스크, 병; (술 따위의) 휴대 용기(容器); (주물용) 모래 거푸집; (사냥용) 화약 담개; 2) 큰 통, 넓은 깡통
flang *ot. harb.* 측면, 익(翼)(부대·함대의), (비행기·풍차의) 날개, 물림, 퇴, 익벽(翼壁); ~ni bosib olish 양측면 공격 포위; ~ni berkitib turmoq 측면을 엄호하다.
flora *ot.* (*o'simlik dunyosi*) (한 지방이나 한 시대 특유의) 식물상(相), 식물(군(群)), 식물구계(區系); 식물지(誌); tropik ~ 열대 식물.
flot *ot.* 함대; 선대(船隊)(상선·어선 따위의), (항공기의) 기단(機團); (전차. 수송차) 대(隊), (택시 회사 등이 소유하는) 전차량; havo ~i 공군; harbiyodengiz ~ 해군; dengiz ~i 잠수함; daryo ~i 국내수송; ~ da hizmat qilmoq 해군에 근무하다.
FOB 본선인도조건(FOB)
fohisha *ot.* 매춘부; 매음; 절개를 파는 사람, 돈의 노예; (돈을 벌기 위해 작품의 질을 떨어뜨리는) 타락 작가[화가 등]; *qo'p* 매춘부, 음탕한 여자; ~boz 방탕아, 난봉꾼, 도락자; ~xona 간붓집, 지저분한 곳; *qo'p* 매음굴(窟), 청루(青樓); ~lik qilmoq 방탕하다, 방종한 생활을 하다.
fohishalik *ot.* 매춘하는 것.
fohishaxona *ot.* 메춘집, 내음굴(窟), 청루(青樓); ~ yomon joy 매출 집은 나쁜 장소입니다.
foiz I (=%) *ot.* 백분율, 백분비, 율(率), 비율, 퍼센트, 100분(기호 %; 略: p.c., pct.); bir(ikki etc) ~ 1 (2, ...) 퍼센트; gapingiz yuz ~ to'g'ri 당신이 절대적으로 옳다; saylovda umumiy saylovchilar sonining 90 ~i ishtirok etdi 선거인 총수의 90 퍼센트가 투표했습니다; 100 ~ 100 퍼센트, 완전히, 충분히, 전부; ~ keltirmoq 이자를 낳다; qonuniy ~ 법정이자.
foiz II *ot.* 이자, 금리, (백분율의) 수당·수수료·구문·할인액·이율·조세(따위)
foizlar *ot.* 이자율(利子率)
foizlar hisoblash formulasi 이자율 계산 공식
foizli arbitraj 이자율 차익 거래
foizli kapital 원리금(元利金)
foizli me'yorning kamayishi 이자율 하락
foizli qarz krediti 이자 ~% 조건의 대부
fojia *ot.* 참변, 비극, 불행한 일, 재난, 각본, 드라마, 극, 연극, 극예술, 비극(적인 사건); 비극적인 이야기; ish ~li yakun topdi 사건은 비극적인 종말을 고했다; oilaviy ~ 가족 드라마.
fojiali *sif.* 비극의, 비극적인, 비극적으로, 비참하게, 극적으로, 눈부시게. ~o'lim 비참한 죽음; ~ tugamoq 비극적인 종말; ~ voqea 비극의 사건; ~ ravishda 비극적으로, 비참하게.
fokus *ot.* I (*fiz. tib*) 초점; 초점거리; 초점을 맞추기; 병소, (병의) 주(主)환부; ~ga sig`moq 초점을 맞추다; er qimirlassh ~i 지진의 중심지; ~dan tashqarida 초점에서 벗어났다; ~masofasi 초점 거리; ~da turmoq 초점을 맞추다.
fokus *ot.* II (*ko'z boylagich o'yini*) 1) 요술(妖術), 마술(魔術),

F

간책, 변덕, 기술(奇術); ~ korsat- moq 요술을 부려 보이다; ~laringni bas qil 변덕 부르지 마라.
fokuschi *ot.* 요술쟁이, 마술자, 변덕장이.
fol *ot.* 점(을 치기); (*qo'ldan*) 손금보기, 수상술(手相術); kartada ~ ochish 카드점; qo'lga qarab ~ ochish 손금을 보는 것; ~ ochmoq 점치다.
folbin *ot.* 예언자, 점쟁이, 떨기, 점장이; ~lik 점을 치다.
folklor *ot.* 구전문학(口傳文學), 구비문학(口碑文學: 예로부터 입에서 입으로 전해 온 문학; 설화·민요·수수께끼 등이 이에 속함), 표백(表白)문학, 표박(漂泊)문학, 유동(流動)문학, 적층(積層)문학, 민속(民俗)문학
fonar *ot.* 랜턴, 호롱등, 제등, 등롱, 각등, 등불, 램프, 남포; ko'cha ~i 가로등(街路燈), 가등(街燈), 상등(常燈); osilgan stolba 가등주(街燈柱); harakatlanuvchi ~lar 휴대용 전등 따위; statsionar ~lar 문등과 같이 고정된 등; sehrli ~ 환등; hitoy ~i 초롱; tashqi ~ 문에 단등; ko`cha elektr ~lari 가로등; poezd orqasidagi ~ 기차의 후미등.
fond *ot.* (*pul*) 자금(資金), 기금, 기본금; (*zahira*) 주식, 증권, 주(株); zahiradgi ~ 적립금; aylanma ~lar 부동 자본; ish haqi ~i 기봄금; amartizatsion ~ 감채 기금, 상각 기금; ish xaqqi ~i 임금 기금; pul ~i 예비금; oltin ~ 정화준비; birjada ~ning tushishi 주식 하락; 2) (*qimmatli qog'oz- lar*) 재원; 소지금, 공채, 국채, 공채 증서, 국고 채권; ~birjasi 공채(국채) 시장
fond, zahira, jamg'arma 기금, 자금, 펀드
fond birjasi 증권거래소
fondlar ma'muriyati ot. 기금 관리
fonema *ot.* 음운(音韻: 말의 뜻을 구별하여 주는 소리의 가장 작은 단위), 운(韻); 어운(語韻).
fonetik *sif.* 어음론의.
fonetika *ot.* 음운론(音韻論: 추상적이고 심리적인 말소리인 음운을 대상으로 음운 체계를 밝히고, 그 역사적 변천을 연구하는 학문. 언어학의 한 분야임. 음운학.).
fonogramma *ot.* 표음문자(表音文字: 말의 소리를 기호로 나타낸 글자; 한글·로마 문자 등. 기음(記音) 문자. 음표(音表) 문자), 속기의 표음자; 레코드; 전화 전보, (한자(漢字)의) 해성(諧聲) 문자; 동음철자(同音綴字)
fonologik *sifat.* 음운학의.
fonologiya *ot.* 음운학(音韻學)
fonometr *ot.* 음운미터
fontan *ot.* 분수, 분수지, 분수탑, 샘, 수원(水源), 원천, 근원; neft ~i 분출 유정(噴出油井); ~ bo'lib otilib chiqmoq 세차게 흘러나오다, 분출하다; ~ so'zlar(notiqlik) 능변; ~ ko'z yoshlar 넘쳐흐르는 눈물; ~ chiqmoqda 생이 철철 흘러나온다; qon ~ bo'lib oqmoqda 피가 그칠 줄 모르고 나온다.
forma *ot.* 1) *fals gramm.* 형, 형태, 어형; fe'l ~si 동사형태, 동사어형; 2) (*kiyim*) 제복, 군복, 관복, 유니폼; harbiy ~ 연대복, 군복; 3) *tex.* (*quyish uchun*) 형(型), 금형(金型), 주형(鑄型), 거푸집, (과자 만드는) 틀; (구두의) 골; (석공 등의) 형판(型板), 틀에 넣어 만든 것(주물·젤리·푸딩 따위).; 4) *polig* (*bosma*) 인쇄 조판(組版), 제판(製版), 식자(植字); 5) *kans* 형식, 형태; ~ bo'yicha 정식으로, 형식대로; shar ~si 구형; boshqaruv ~si 정체; u qizning ~si chiroyli 그 여자의 모습은 화려하다; shlyapa uchun ~ 모자형; ariza ~si 신고서의 서실; butun ~ 정장; harbiy ~ 군복, 군장; talaba ~si 학생 제복; ~si bo'yicha to'g'ri 형식적으로 올바르다.
formal *sif* 모양의, 형식의, 정식의, 형식에 맞는; ~ logika 형식 논리; ~ ajrashish 정식 이혼.
formasiz *sif.* 형태가[모양이] 없

는; 볼품없는, 엉성한; 제복이 없는; ~ modda 형체를 알아 볼 수 없는 덩어리; ~ uyum 파일 형태가 없는.
format *ot.* 사이즈, 양(量); 크기; 범위; 규모; (*kitobniki*) (서적 따위의) 체제, 형(型), 판형; ~dagi kitob 대형본.
formatsiya *ot.* 발전단계에
formula *ot.* 공식, 식; (일정한) 방식; 정칙(定則); 방법(方法); gul ~si 화식; ~ orqali ifodalamoq 형식[공식]으로 나타내다, 공식화하다; 명확하게[계통을 세워] 말하다; algebraik ~ 대수학의 공식
formulyar, dartar 서식, 양식
fors *ot.* 페르시아; ~tili 페르시아어(말). ~ ko'rfazi 페르시아 만(灣); ~ gilami 페르시아 융단(양탄자).
forsunka *tex.* 스프레이, 분무기; 분유기(噴油器). 오일 버너. ~ nasosi (디젤의) 유니트 인젝터.
forscha *ot.* 페르시아의. ~ ertak 페르시아의 이야기. Men ~ ertak- larga juda qiziqaman. 나는 페르시아의 이야기에 관심이 많습니다.
fortepiano *mus.* 피아노; ~da o'- ynamoq 피아노 연주; Mening qaynonam ~da chaladilar 우리 시 어머니는 피아노를 치십니다.
fortochka *ot.* 작은 창문.
forum *ot.* 공회(公會)용의 광장, 포럼. 공개 토론회(의 회장); (TV·라디오의) 토론 프로, (신문 등의) 토론란.
fosfat *ot. kim.* 인산염(燐酸塩); 인산 광물[비료]; 인산이 든 탄산수.
fosfor *ot. kim.* 인(燐: 질소족 원소의 하나. 공기 중에서 발화하기 쉽고 산화하면 흰 연기가 남. [15번:P:30.97376]), 인광체
fosforit *ot.* 인광, 인회토(燐灰土: 인산석회에 불순물이 섞인 흰색 또는 회갈색의 흙. 척추동물의 뼈와 배설물이 쌓여 이루어진 것으로 인조 비료의 원료임)
fosh *ot.* 폭로 (적발, 정제)를 드러내는 (나라내는) 것. ~qilmoq 폭로하다, 드러내다(나쁜 것, 비밀 등을); yolg'onni ~ qilmoq 허위를 폭로하다; dushmanni ~ qilmoq 적을 폭로하다.
fotiha *ot.* 1) *din.* 코란의 첫째 장(章), 절(節); 2) (*yaxshi niyat, duo*) 축복(의 말)짧은 기도, 식전[식후]의 기도; oq ~ 신의 은총[가호]; ~olmoq 축복기도를 받다; ~ bermoq 축복을 주다; ~ tilamoq ~의 기도를 하다; ~ qilib qo'ymoq 약혼시키다; ~ to'yi 결혼시키다
foto *ot. so'zl* 사진(寫眞), 사조(寫照), 조영(照影), 조상(照像), 포토(photo)포토그래프(photograph).
fotoapparat *ot.* 카메라, 사진기(寫眞機); men kecha univermagdan ~ sotib oldim 어제 나는 백화점에서 사진기를 샀습니다.
fotograf *ot.* 사진사, 카메라맨.
fotografiya *ot.* 사진(寫眞), 사진술(寫眞術); 사진촬영(寫眞撮影). ~qil- moq 촬영하다; ~ havaskori/ ishqibozi 아마추어 사진사 ~ga qiziqmoq 사진촬영하러 가다; rangli ~ 컬러 사진.
fotokamera *ot.* 카메라, 사진기(寫眞機);. Ertaga Muniraning tug'ilgan kuniga ~ni olib kelsangiz yaxshi bo'lar edi 내일 무니라씨의 생일파티에 카메라를 가져오시면 좋겠습니다.
fotokopiya *ot.* 사진 복사.
fotomuxbir *ot.* 사진 통신원, 촬영 기사.
foton *fiz.* 광양자(光量子), 광자(光子)(빛의 에너지).
fotoreportyor *ot.* 사진 현상, 사진 인화 (=fotomuhbir)
fotosalon *ot.* 사진관(寫眞館).
fotosurat *ot.* 사진, 사진촬영, 사진 찍다.
foyda *ot.* 효용, 쓸모, (금전상의) 이익, 수익, 이윤, 소득; hammaning ~si 공공의 이익; birovning ~si uchun ~에 유익

한; umuiy ~ 공익; bundan nima ~ ko'raman 그것이 나에게 어떤 소용이 있는가?; u bundan ~ ko'maydi 그에게는 이것에서 아무론 이득도 없을 것이다; ~ keltirmoq 이익을 주다, 쓸모 있다; sizning ~ngiz uchun 당신을 위하여; kimdirning ~siga gapirmoq (어떤 사람의) 이익이 되는 일을 말하다.

foyda dilyutsiyasi 주당 이익 희석

foydalanilgan issiqlikni yo'q qilish 폐열 재활용

foydalanilmoq *fe'l.* 쓸모 있다, 유익하다, 이익이 되다, 이익을 주다.

foydalanish *ot.* 점유, 사용, 이용, 이용하기, 사용하기.

foydalanmoq *fe'l.* ~을 사용[이용]하다, 이용하다, 사용하다; holatdan ~ 기회를 이용하다; maslaxatdan ~ 충고를 받아드리다; huquqlardan ~ 권리를 향유하다; saylov huquqidan ~ 선거권을 행사하다; ishon- chidan ~ 신용이 있다.

foydali egalik qilish 보험수익자

foydali model muallifi 실용신안 발명자

foydali model patentga loyiqligi shartlari 실용신안의 특허성 판단 기준

foydali model, foydali nusxa 실용신안

foydali modelga dalolat 실용 신안증

foydali modellarga talabnoma 실용신안출원, 특허출원

foydali *sif.* 쓸모 있는, 유용한, 유익한, 편리한; ~ kitob 유익한 책; ~ narsalar 유용한 물건; yayov yurish juda ~ 산책하는 것은 몸에 매우 좋다; ~ quvvat 유효 에너지; ~ qazilmalar 유용 광물.

foydalilik *ot.* 수익성(收益性), 채산성

foydalilik chegarasi *ot.* 한계 수익

foydalilik kamayishi nazariyasi 효용체감이론

foydalilik maksimumlashuvi 유용성극대화

foydani qo'ldan boy bermoq 상실이익

foydasiz *sif.* 1) (*behuda*) 쓸모[소용] 없는, 무익한, 헛된; 아무짝에도 쓸데없는, 무효의, 무익한. ~ suhbat 무익한 대화; ~ urinishlar 쓸데없이 시도하다(꾀하다); 2) (*daromdsiz*) 이익 없는, 수지 안 맞는, 손해되는; 무익한, 헛된, 불리한

fozil *ot. kit.* 학문의, 학술의, 학술상의, 박식한, 학식이 있는; ~ odam 학자; u juda ~ odam 그는 그다지 학식이 있다.

fraksiya *ot.* 프락치. (의회에서의) 분파, 분별, 분유물; antipartiya ~si 반당적 분파.

franchayzing 프랜차이징 (franchising)

franchayzing 프렌차이즈, 독점판매권, 총판권

franchayzingli korxona 프랜차이즈 기업

frank (*pul birligi*) 프랑(프랑스, 벨기에, 스위스의 화폐 단위).

franko-narx 유가증권

franshiza (보험의) 면책률

fransuz *ot.* 프랑스 사람, 프랑스인; ~ tili 프랑스어, 불어.

frasuzcha *sif.* 프랑스인의; ~gapir- moq 불어로 말한다; ~ qulf 끼워넣는 자물쇠의 하나; ~ non 프랑스 빵; ~ kasallik 성병, 화류병; ~siga 프랑스어로, 프랑스식으로.

frazeologik ifoda 관용적 표현

frazeologiya *ot.* 용어법. o'zbek adabiy tili ~si 우즈벡 문어의 어법.

front *ot.* 앞, 정면, 앞면, 대열, 정면. g'arbiy ~ 서부 전선; ~ tizimi 횡대; man- tiqiy ~ 사상 전선; madaniy ~ 문화 전선; texnik ~ 기술 전선.

frontchi *ot.* 최전선의 군인.

ftor *ot. fiz.* 불소(弗素), 플루오르

(fluorine: 할로겐족(族) 원소의 하나. 화합력이 세고 여린 황록색이 나는 기체. [9번:F:18.99])
ftorkislotasi *ot. fiz.* 불화수소산.
fundament *ot.* 토대(건축물, 기계 등의); 대, 밑바탕, 밑받침지대(地臺), 노반(路盤), 노상(路床), 지반(地盤); bino tagiga ~ quymoq 건물의 토대를 설치하다.
funksiya *ot.* 1) 기능, 직능, 직무, 임무; 직능; 역할; bu mening ~mga kirmaydi 이것은 나의 직무 밖의 일하다. 2) *mat.* 함수(函數: 두 변수(變數) x·y 사이에 x의 값이 정해질 때 y의 값이 따라서 정해지는 관계에서, x에 대하여 y를 이르는 말《y=f(x)로 표시함》)
funktsiya, vazifa, xizmat 기능(機能), 임무(任務)
fuqaro *ot.* 시민(市民), 공민(公民), 주민(住民); O'zbekiston ~si 우즈베키스탄의 주민; .shahar ~si 도회인; qishloq ~ 촌민, 촌사람.
fuqaro aviatsiyasi 민간 항공(民間 航空: Civil Aviation)
fuqaro huquqlari 민사상의 권리(인간의 가장 기본적이고 중요한 권리)
fuqaro konstitutsiyaviy burchlari, vazi- falari 국민의 헌법상 의무
fuqaro majburiyatlari 국민의 의무
fuqaro muhofazasi 자구행위, 자력구제(自力救濟: 권리자가 국가 권력에 의하지 않고, 자력으로 그 권리를 실현하는 일; 정당방위·긴급 피난 따위)
fuqaro oboroti 민간부문 거래량
fuqaro yashash joyi 거주지(居住地)
fuqarolar uchun mo'ljallangan mahsulot 민수품(民需品)
fuqaroligi bo'lmagan shaxs(shax- slar) 무국적자(無國籍者)
fuqarolik I *ot.* 시민권(市民權), 시민의 신분[자격]; 공민권(公民權).
fuqarolik II (biror davlatning) 국적(國籍)
fuqarolik da'vogari 원고(原告: 소송을 제기한 사람. ↔피고(被告).)
fuqarolik haqida qonun 국적법(國籍法: 국적의 취득·상실에 관하여 규정한 법률. 우리나라에서는 혈통주의를 원칙으로 하고, 출생지주의를 가미함.)
fuqarolik holati aktlarini ro'yxat qilish tashkiloti 동사무소(주민등록을 작성하는 것)
fuqarolik holatiga oid harakatlar 호적부(출생, 사망, 혼인, 이혼, 개명 등 기입)
fuqarolik holatlari aktlarini qayd etish 주민등록(住民登錄: 시·군·읍·면· 동의 주민을 해당 지역의 주민등록표에 등록하게 함으로써 주민의 거주 관계를 밝히는 제도.)
fuqarolik huquni tiklash 국적회복
fuqarolik huquqi 민법(民法)
fuqarolik huquqi ob'ektlari 권리의 객체(客體)
fuqarolik huquqlari himoyasi 민사상 권리의 보호
fuqarolik huquqlari va burchla- rining yuzaga kelishi 민사상 권리와의무의발생
fuqarolik huquqlari va burchla- rining yuzaga kelishi, o'zgar- tirilishi hamda barham berilishi 권리와 의무 발생, 변경 및 소멸의
fuqarolik huquqlarini sudda himoyalash tamoyili 민사상 권리의 법적 보호의 원칙
fuqarolik huquqlarini suiiste'mol qilish 민사상권리의 남용
fuqarolik huquqlarini to'liqsiz amalga oshirish tamoyili 민사상 권리의 자유로운 실현 원칙
fuqarolik ishi, (sudda) 민사사건
fuqarolik kodeksi, qununlar majmuasi 민법전(民法典)
fuqarolik ma'suliyati 민사채인(民事責任)
fuqarolik nikohi, qonuniy nikoh 사실혼(事實婚)
fuqarolik qonunlarining asosiy

tamoyil- lari 민사법의 기본원칙
fuqarolik qonunlarining qat'iy talab qilingan me'yorlari 민사상의 강행규정
fuqarolik sud jarayoni 민사소송(民事訴訟: 사법 기관이 개인의 요구에 의해 사법상(私法上) 권익 등의 보호를 목적으로 행하는 재판상의 절차)
fuqarolik sudi 민사소송의
fuqarolik sudi huquqi 민사소송법(民事訴訟法: 민사 소송의 절차를 규정한 절차법.)
fuqarolik, fuqarolikka oid 민사상의
fuqarolikka oid qonunchilik 민사법(民事法: 민사에 관한 법률의 총칭 《사법(私法)의 실제법인 상법·민법 및 민사 소송법 등》)
fuqarolikni bekor qilish 국적상실(國籍喪失: 국적을 잃음. 한 나라 국민으로서의 공법상(公法上)·사법상의 권리·의무를 잃는 일.)
fuqarolikni olish va tugatilishi 국적의 취득 및 상실
fuqarolikning konstitutsiyaviy tamoyillari 평등한 국적의 헌법적 원칙
fuqaroni ishga layoqasiz deb tan olish xulosasi 금치산선고
fuqaroni ishga layoqati cheklangani haqidagi xulosa 한정치산선고
fuqaroni ishga layoqatsiz deb tan olish 금치산 선고
fuqaroni o'lgan deb e'lon qilish 사망선고
fuqaroviy huquqdorlik 민사상 권리능력

fuqaroviy javobgar, aybdor 피고
fuqaroviy munosabatlar ishtirok- chilar tengligi tamoyili 민사관계당사자간의 평등의 원칙
fuqaroviy munosabatlar ishtirok- chilarining tengligi 민사주체의 평등
fuqaroviy sud huquqdorligi 민사소송상 권리능력(權利能力)
fuqaroviy sud jarayoniga layoqat 민사소송상 행위능력
furajka *ot.* 챙이 달린 모자, 군모, 학생모.
fursat *ot.* (과거·현재·미래로 계속되는) 시간, 때; 시일, 세월, 시간의 경과. (*lahza*) 순간, 찰나, 단시간, (어느 특정한) 때, 기회; (*qo'lay vaqt*) 기회, 호기; 행운; 가망; qisqa ~ ichida 짧은 시간에; shu~da 바로 그 순간에; ~dan foydalanmoq 시기에 맞추다; tez ~da 즉시; ~im yo'q 나는 시간이 없다; ~ topmoq 기회를 찾다; ~dan foydalanmoq 기회를 잡다; qulay ~ 좋은 기회; ~ni qo'ldan bermoq 기회를 놓치다; ~ poylamoq 기회를 기다리다.
futbol *ot.* 사커, 축구(蹴球); ~ to'pi 풋볼(미국에서는 미식 축구, 영국에서는 주로 축구 또는 럭비); ~ jamoasi 축구팀, 풋볼 팀; ~ o'ynamoq 축구하다.
futbolchi *ot.* 축구선수.
futur *ot.* 손해, 손실, 손상, 손해액, 배상금, ~ yetkazmoq 손해를 끼치다; ~ yetmoq 손실을 입다.
fyucher *savdo.* 미래, 장래, 장차
f'yucher 선물(先物: futures)
f'yucher bitimi 선물거래
f'yucherli optsion 선물 옵션
f'yuchers 선물거래
f'yuchers birjasi (bozori) 선물시장
f'yuchers operatsiyasi 선물 거래
f'yuchers shartnomasi 선물 계약

Gg

g 우즈벡 알파벳 자음 여섯째 글자

gabardin *ot. tekst.* 능직(綾織)의 방수복지, 개버딘; 개버딘제의 옷, (특히 중세 유대인의) 헐거운 긴 웃옷.

gabarit *ot. so'zl* (길이. 폭. 두께의) 전체 길이의 치수(크기, 넓이, 부피, 사이즈); 전체적(종합적, 일반적)인 용적(면적, 부피(bulk), 크기, 규모, 범위); ~li darvoza. 적하용적계량장치; ~ o'chamlar 전체적인(크기, 넓이, 부피, 사이즈) 치수

gado (=**gadoy**) *ot.* 거지; 가난뱅이; (구빈법(救貧法)의 적용을 받는) 극빈자, 피구호민; 빈민, 구걸하는, 빌어먹는, 탁발하는; ~odam 가난한 사람, 가난뱅이; ~ bo'lmoq 가난해지다

gado(y)lik *ot.* 거지 신세, 찰가난, 극빈; 거지; 거지의 소굴, 요구호 대상자, 빈민.

gadoy *ot.* 매우 가난한 사람, 가난한, 생활이 딱한, 빈약[초라]한; ma'nan ~ 마음이 가난한, 마음이 옹졸한; ~lik qilmoq 걸식하다, 얻어먹다.

gadoyvachcha (=**gadoy**) 귀찮게 구별하는 사람, 거지.

gajak *ot.* (머리의) 타래, 타래진 머리털.

gajir *ot.* 지분거림, 놀림, 끈덕지게 괴롭힘(을 당함), 귀찮게 조름[졸림], 끈덕지게 괴롭히는[놀려대는, 조르는] 사람, 무치, 약한 자를 못살게 구는 사람, 바구 으스대는 사람; 골목대장

gal *ot.* 1) 열, 줄, 행렬, 차례, 순번, 순서. 2) 한 번, 일회, 한 차례; ~i bilan 순서대로; galma-galdan 차례로; birinchi ~da 우선 첫 번째로, 무엇보다도 먼저, bu ~ 이번에는.

gala *sif.* 동물(가축)의 떼(무리), 그룹, 집단(集團), 단체, 군중, 사람들이 많이 모임, 혼잡; qushlar ~ bo'lib uchmoqda 새가 떼를 지어 날아간다.

galaktika ot. *astr.* 은하, 은하수, 은하계.

galanteriya *ot.* 잡화점, 신사용 장신구류; 그 가게; 방물류.

galdagi *rav.* 다음에, 이번에, (순서로 따져서) 다음으로, 바로 뒤에, ~의 옆에, ~에 인접하여; ~si kim? 다음은 누구 차례입니까?

galdiraklamoq *fe'l* 정신이 없다, 혼동하다, 헛갈리게 하다, 잘못 알다.

galdiramoq *fe'l* 어리둥절케[당황케]하다, 현혹시키다, 혼란시키다, 당황케하다.

galdiratmoq *fe'l* 혼동하다, 헛갈리게 하다, 잘못 알다, (순서·질서 등을) 혼란시키다, 어지럽히다, 어리둥절케하다, 당황케하다.

galereya *ot.* 화랑, 미술관, 미술품 전시실; Tretyakov ~si 뜨레찌야꼬프 미술관.

galma-gal *sif.* 순서대로, 번갈아; 차례로

galogen *ot.kim.* 할로겐 (halogen).

galosh ot. 보통 오버슈즈 방수덧신.

galstuk *ot.* 넥타이, 목에 두르는 수건, (남자용) 목도리, 스카프; ~ taqmoq 넥타이를 매다.

galvars *ot.* (음료의) 휘젓는 막대; 혼란한 생각[행동]을 하는 사람, 바보, 얼간이, 백치, 저능자, 멍청이(*erkak*); 백치인 여자, 바보스런 여자(ayol).

gamburg uslubi 함부르크 방식 (이자계산법)

gamma I *ot. mus.* 음계(音階); ~larni chalmoq 음계를 따라 연습하다

gamma II *ot. biokim* (*yunon harfi*) 그리스어 알파벳의 셋째 글

자(Γ, ɣ; 로마자의 G, g에 해당), 감마선(ɣ線: 방사성 물질에서 나오는 방사선의 하나. 극히 파장이 짧은 전파로 물질을 투과하는 힘이 몹시 강한 전자기파(電磁氣波)《암치료, 주물·용접부의 내부 결함 탐사, 물성(物性) 연구에 씀); ~ nurlar 감마선

gandiraklamoq *fe'l.* 비틀거리다, 비틀거리며 나아가다, 휘청휘청 걷다, 어질어질하다, 현기증이 나다; 동요하다

gangimoq *fe'l.* 놀라게 하다; 허를 찌르다.

gangiramoq *fe'l.* 당혹게 하다, 난처하게 만들다, (머리를) 아프게 하다, 당혹케 하다, 난감[난처]하게 하다; 혼란에 빠뜨리다

gangitmoq *fe'l.* 당혹케 하다, 난감[난처]하게 하다; 혼란에 빠뜨리다, (머리를) 아프게 하다.

ganj *ot.* 보배, 재보, 금은, 보물, 귀중품(집합적 또는 개별적인); 비장품; 재화, 재산, 부(富).

ganch *ot.* 설화석고(雪花石膏) 백색의 치밀한 알맹이 석고; 암염(岩塩) 등에 붙어 층을 이룸); 줄마노(瑪瑙); ~suvoq ~에 회반죽을[모르타르를] 바르다; ~bilan suvamoq 설화석고를 처덕처덕 두껍게 바르다

-gancha, -gan holda ~채

ganchkor *ot.* 1) (*usta*) 설화석고 숙련자; 2) (*ganch qilingan*) 설화석고를 바르다, ~uy 집에 회칠을 하다(회반죽을 바르다)

-ganman, -maganman ㄴ/은/는 일이 있다/없다.

ganchlamoq *fe'l.* 회칠하다, 회반죽을 바르다, ~에 회반죽을[모르타르를] 바르다

-ga o'xshaydi ㄴ/ㄹ/은/는/을 것 같다

gap I *ot.* 1) (*so'z*) 말, 낱말, 이야기, 한 마디 말; (*suhbat*) 짧은 담화; 회화, 대담, 대화, 좌담, 잡담, 수다; sizga bir-ikki og'iz ~im bor 나는 당신과 대화하기를 원한다; to'g'ri ~ 진실성, 진실한 말; o'zaro ~ 사담, 개인적인 대화; ~ning ochig'i 진실된 말을 하다, 솔직히 말하면; quruq ~ 실없는 소리, 허튼 소리; 2) (*mavzu*) 주제(主題), 문제, 제목, 연제, 화제(畵題), 일; bu boshqa ~ 완전히 다른 문제; nima ~ (bo'ldi)? 무슨 문제입니까?; turgan ~ 확실히, 꼭; 의심없이, 반드시; 3) *gramm.* 문장(文章), 글, (*murakkab gapning qismi*) 절(節); sodda ~ 단순문장; bosh ~ 주부의 절, 주절(主節); ko'chirma ~ 즉흥 연설; ~ topa olmaslik 할 말을 모르다, 필설로 다 할수 없다; nima ~ 무슨 일이야?; asosiy ~ 주요문장; murakkab ~ 복문, 복잡문; qo'shma ~ 단축문; sizga bir-ikki og'iz ~im bor 당신에게 할 한마디가 있습니다; to'g'ri ~ 진실; ~ning ochig'i 솔직히 말하면; quruq ~ 쓸데없는 말; mish-mish ~ 소문; ~ni bo'lmoq 말을 가로채다.

gap II *ot.* 틈, 틈새, 짬, 간격; (의견 따위의) 차이, 격차; ~ bermoq 간격을 주다, 벌어지다, 갈라지다.

gap bo'laklari 문장 성분

gap bo'laklari 어절(語節: 문장을 구성하고 있는 도막도막의 덩이. 단어로써 이루어지기도 하고, 체언과 조사가 붙어서 되기도 함; '철수가 그림책을 본다'에서 '철수가', '그림책을', '본다' 따위.)

gap ravish 문장부사(文章副詞)

gap tugallovchilar 문장 종결법

gap vaqti 발화시

gapdon *ot.* 1) (*sergap*) 수다쟁이 잔이야기하는 사람; 말하는 새; (구어) (서커스 등에서의) 여리꾼; 2) (*gapga chechan*) 준비된 질의 응답; ~ odam 말이 많은 사람.

gapdonlik *ot.* 잔소리.

gapirishmoq *fe'l.* 1) 말하다, 회화하다, 서로 이야기하다. 2) 상태를 하다, 교섭을 갖다. 3) 불만을 토로하다, 이러쿵저러쿵 말하다. men u bilan uzoq gaprishdim 나는 그와 이미 한 달이나 말하지 않고 있다; rus tilida ~ 러시아어로 말하다; men u bilan bir

oydan beri ~ma- yapmiz, men sen bilan ~mayman 나는 너하곤 상대하지 않겠다; men bilan ~ma 내가 하는 말에 이러쿵 저렇쿵 말하지 마라.
gapirmoq *fe'l.* 1) 말하다, 이야기하다. 2) 의미하다. 3) 입을 열다; katta ~ 큰소리로 말하다; gapir! 말해!; rost (yolg'on) ~ 진실(거짓)을 말하다; u haqida ~ 그에 관해 이야기하다; u haqida butun O'zbe- kiston ~di 그에 관한 소문이 온 우즈베키스탄에 자자하다. ingliz tilida ~ 영어로 말하다; yuziga rostini ~ 얼굴을 맞대고 진실을 말하다; ish-harakatlari umuman boshqa narsalarni ~da 행동은 전혀 다른 짓을 하고; ular bir necha kundan beri ~ maydilar 그들은 벌써 며칠 동안 입을 열지 않고 있다.
gapirtirmoq *fe'l.* 말하게 하다
gaplashmoq *fe'l.* (=gapirishmoq)
gaplashtirmoq *fe'l.* ~로 하여금 말하게 하다.
gapni iqtibos qilish 인용문(引用文)
gapni tugallovchi qo'shimcha -아요/어요
gapning bosh bo'laklari 본용언
gapning bosh bo'laklari 주성분
gapning ikkinchi darajali bo'laklari 부속 성분
gapning tobe bo'laklari 독립성분
gap-so'z *ot.* 소문, 풍문, 세평, 평설, 잡담, 한담, 세상 이야기; 남의 소문 이야기, 험담, 뒷공론; (신문의) 가십, 만필(漫筆); ~ yuribdi 소문이 들고 있다; ~ chiqarmoq 소문을 퍼뜨리다; ~lar orqaligina bilmoq 풍문으로만 듣고 있다.
gar 만약, (만약) ~이면[하면]; (만일) ~라고 하면; ~하면
garaj *ot.* (자동차) 차고, 주차장, 자동차 수리소[정비 공장]; (비행기의) 격납고, 주유소; mening mashinam ~da turibdi 내 자동차가 차고에 있다.
garang *sif.* 농아의, 귀머거리의; 귀먹은; bir qulog'i ~ 한 쪽 귀가 안 들린다; u ~ 그는 귀머거리다; ~ va soqov 농아이다.
garanglik *ot.* 귀먹은 것, 농아자.
garangsimon *rav.* 귀머거리로, 귀먹거리 같은, 농아자 같은.
garantiya *ot.* 1) 보증, 보장, 담보(물); *savdo.* 담보; 보증(서); 영장, 명령서; 2) 보전, 보호, 예방; ~xati 보증서; ~bermoq ~을 확실히 하다, ~을 보장하다, 보증[증언]하다; ~ga 보증으로 하여; havfsizlik ~si 안전보장; ~li tovar 보험에는 상품; ospa kasalligidan ~ 천연두 예방.
gard *ot.* 티끌, 먼지, 진흙, 쓰레기, 가루, 분말; ~yuqtirmoq 더럽히다; ~에 얼룩을 묻히다; ko'mir ~i 석탄가루, 탄가루.
gardan *ot.* 목, 목 모양의 부분; ~ni egmoq 머리를 숙이다, 굽신굽신하다; ~ga osilmoq 목에 매달리다; ~ga solmoq 목덜미를 때리다; biror ishni ~iga olmoq 자기가 인수하다.
garderob *ot.* 1) (*xona*) (극장·호텔 따위의) 휴대품 보관소; (역의) 수하물 임시 예치소; 2) (*shkaf*) 옷[양복]장; (*kiyim*) 외투(의류)의 보관실 (손님의), 갖고 있는 옷 전부; ~ xona 의상실.
gardish *ot.* (=*doira*) 1) (*chambar*) 얇은 가장자리, 얇은 테; 2) (*doira*) 원, 원주, 디스크, 레코드; oyning ~i 만월, 둥근달.
gardkam (=**tavakkal**): ~o'ynamoq 도박을 하다, 내기를 하다; ~! *so'zl* 필사적으로, 목숨을 걸고!
garmdori *ot.* 고추; mayda ~ 고춧가루.
garmon *ot.* 아코디언, 손풍금.
garmonika *ot.* *mus.* 아코디언, 손풍금. lab ~si 하모니카; plisse ~si 아코디언 주름; ~chi 아코디언 연주자.
garmoniya *ot.* 화성(和聲), 해조(諧調), 협화, (*shundk birdamlik*)

G

어울림음, 화음, 조화; ~lashtirmoq *mus.* ~에 조화음을 가하다, 가락이 맞다; qiziqishlar ~si 이해관계의 일치(조화); unlilar ~si 모음조화(母音調和: 모음 동화의 하나. 두 음절 이상으로 된 단어에서, 뒤의 모음이 앞 모음의 영향을 받아 그와 가깝거나 같은 소리로 되는 언어 현상《'보아라·부어라·촐랑촐랑·출렁출렁' 따위》)

garmoniyalashtirmoq *fe'l.* 조화하다, 조화시키다, 화합시키다, 일치시키다.

garmoniyali *sif.* 조화로운, 조화된, 균형 잡힌, 가락이 맞는, 화성의.

garmonchi *ot.* 아코디언(손풍금) 연주자.

garmsel *ot.* 건조품.

garnitur *ot.* 1) (기구, 장식품의) 한 벌, 한 세트. 2) 활자의 한조; mebel ~i 가구의 세트; yotoq ~i 침대 세트; ichki kiyim ~i 여성 속옷 세트(투피스 또는 쓰리피스).

garnizon *ot.* 수비대(守備隊), 경비대, 주둔군; ~ xizmati 경비대 임무; Toshkent ~i 타슈켄트 경비대.

garov 1) (*qarz evaziga qoldirilgan omo- nat*) 저당, 담보, 전당; 저당[담보]물; 볼모, 인질; (*ko'chmas mulk haqida*) (양도) 저당; 저당잡히기[넣기]; ~ga qo'ymoq/ber- moq ~을 전당잡히다, 저당잡히다[하다]; ~ga oligan kishi 볼모(의 처지); 인질; 2) (*bas*) 노름, 내기; 내기에 건 것 [돈]; 내기를 하는 사람; 내기의 대상; ~ bog'- lashmoq/ o'ynamoq ~와 내기를 하다, (무엇을) 걸다; 3) (*qimorda tikilgan narsa*) 말뚝, 막대기; 4) *k.m.*(*kafolat*) 보증, (우정 따위의) 증거; sevgi ~i 사랑의 징표; ~ga 담보(증거)로; yerni ~ga bermoq 토지를 저당 잡히다; ~ga pulni bermoq 저당을 잡히고 돈을 빌려 주다; do'stlik ~i 우정의 증표.

garov haqida shartnoma 담보계약

garov huquqi 담보권(擔保權)

garov krediti 유가증권 담보 대출

garov puli haqida shartnoma 담보계약

garov puli, tovon 매입(買入)

garov pulini hibsga olish 공탁금 가압류(假押留)

garov xati 저당증서, 담보증서

garovga qo'yilgan mulk 담보물(擔保物)

garovga qo'yilgan mulkni pullash 담보물의 매각

garovga qo'yilgan narsa, pul 공탁금(供託金), 담보(擔保), 저당, 전당

garovga qo'yuvchi 피담보권자

garovni amalga oshirish 담보 현실화

garovni ushlab turuvchi 담보권자

garovxona *ot.* 전당포(典當鋪), 전포(典鋪); 전당국(典當局), 제칠천국(第七天國).

garovlashmoq *fe'l.* (내기에) 걸다; 보증하다, ~에 대하여 내기하다

garchand *cj.* 비록 ~일지라도, ~이긴 하지만, ~이라 하더라도.

garchi 비록 ~할지라도.

gastrit *ot.* 위염(胃炎), 위장염(胃腸病). 위카타르.

gastrol *ot.* 객연, (극단의) 순회공연; ga bormoq 순회공연 가다; ~ga taklif qilmoq 객연에 초대하다.

gastrolyor *ot.* 객연배우. 공연배우

gastronom *ot.* 1) 미식가, 식도락가, 식통(食通); 2) 요리법의; 미식법[식도락]의; ~ magazin 식료품점.

gaubitsa *ot.* 유탄포.

gaupvaxta *ot.* 영창; 수위본부.

gavda *ot.* 몸, 몸통, 동체(사람 및 동물의)..

gavdalanmoq *fe'l.* 생기다, 실현되다, 형체를 얻다, 구체화하다, 실현시키다.

gavdalantirmoq *fe'l.* 모양 짓다,

G

형체를 이루다, 생기하다, 실현되게 하다.
gavdali *sif.* 굵직하고 튼튼한, 매우 키가 큰 (건장한) 사람에 대하여.
gavhar *ot.* 보석, 진주; suniy ~ 인조 진주; bo'yindagi ~ 진주 목걸이.
gavharshunos *ot.* 보석학자.
gavjum *sif.* 1) 사람이 많은. 2) 인구가 많은. ko'cha odamlar bilan ~ 거리가 번화하다; ~ shahar 인구 조밀한 도시; ~ ko'cha 번화한 도시; ~ joy 번화한 거리.
gayka *ot.* 암나사, 너트. ~ bo'sh 힘이 마치지 않은; ~ni mahkamlamoq 강력히 요구하다, 엄격히 하다; ~ni burab qo'ymoq 요구(압박)을 강화하다.
gaz I *ot.* 1) 가스(gas), 기체(氣體), 가스체, 와사(瓦斯); 2) 뱃속에 찬 가스, 방귀; portlovchi ~ 폭명(爆鳴) 가스; bo'g'uvchi ~ 질식성 가스; zararli ~ naxiou gas; vodorodli ~ 수소 가스; generatorli ~ 발생가스; tabiiy ~ 천연 가스; turg'un ~ 체류성 가스; aksirtiruvchi ~ 재채기가스; ~ balloni 가스통.
gaz II *tekst* 성기고 얇은 천, 사(紗); 거즈; 얇은 천, 얇은 사(紗) [가제].
gaz ta'minoti 가스공급
gazak *ot.* (*yallig'lanish*) 염증, 화농, 부스럼; (*yiringlash*) 화농(化膿), 궤양; 진무름; ~ olmoq (상처가) 곪다; 곪게 하다; 뜨끔뜨끔 쑤시(게 하)다; ~ga 전채로, 최후로.
gazaklamoq *fe'l.* (상처가) 곪다; 곪게 하다; 뜨끔뜨끔 쑤시(게 하)다, 괴로워하다; 괴롭히다; 진무르다, 부패시키다, 조금먹다. ko'z ~ndi 눈이 짓무르다; yara ~ 상치기 곪았다.
gazanda 1) *sif.* (벌레)쏘다, (뱀)물다. 2) *rav.* (욕실) 버려진 자, 팽개쳐진 자, 비열한, 악당; ~ o't (쐐기풀로) 찌르다; 초조하[화나]게 하다.
gazeta *ot.* 신문(新聞), 신문지(新聞紙); 신문사(新聞社); devoriy ~ 벽보 신문; ~ga yozilmoq 예약으로 신문을 받다; ~dan bilib olmoq 신문을 통해 알다.
gazeta obunachisi 신문 구독자
gazeta tiraji 신문부수
gazetachi *ot.* 1) (*sotuvchi*) 신문 판매원. 2) (*gazeta xodimi*) 저널리스트, 신문 잡지 기자, 신문인; 신문 잡지업자, 신문 잡지 기고가, 쓰는 사람.
gazetadagi moliya bo'limi 신문의 금융면
gazetaga obuna bo'lish 신문구독
gazetxon *ot.* 신문 읽는 사람, 신문 독자.
gazifikatsiya *ot.* 1) 고체연료의 가스(기체화). 가스에 공급[지급, 배급, 배달, 조달]하다; ~lashtirmoq 가스를 장치하다.
gazlama *ot.* 방직공장(직물, 옷감, 방직); 직물, 천 편물, 헝겊, 양복감, 나사; qog'oz ~ 면직물; jun ~ 모직물; shoyi ~ 견직물; noyob ~ 발이 성긴 직물; to'qima ~ 짠 천, 편물.
gazlanmoq *fe'l.* 공기에 쐬다; ~에 공기를 통하게 하다, 호흡에 의해서 (혈액에) 산소를 공급하다; (소다수 등을 만들기 위하여) 탄산가스를 넣다; gazlangan suv 탄산수, 소다수.
gazlashtirmoq *fe'l.* 가스가 되(게 하)다, 기화하다.
gazli *sif.* 가스의; 가스 모양[질]의, 가스를 함유한; 가스가 찬, 가스의; 가스질의, 가스 모양의, 기체의; ~ suv 소다수, 탄산수; ~ analiz 기체의 분석; ~ gangrena 가스 회전; ~ dvigatel 가스 기관; ~ xalta 가스 주머니; ~ hisoblagich(soat) 가스 미터; ~ termometr 가스 온도계; ~ element (batareya) 가스 전지; ~ hujum 독가스; ~ suv 가스액; ~ urush 독가스전; ~ isitkich 가스버너; ~ isitish sistemasi 가스

난방; ~ yoritkich 가스조명, 가스등; ~ tarozi 기체저울.
gazmol (=**gazlama**) *ot.* 직물, 방직.
gazolin *ot.* 가솔린(gasoline: 석유의 휘발 성분을 이루는 무색의 투명한 액체; 내연 기관의 연료로 쓰고, 도료·고무 공업 등에도 씀. 휘발유(揮發油). [준말]가스).
gazoprovod *ot.* 가스관, 가스관의 통로, 메인 가스; ~quvuri 가스 파이프.
gazoprovodchi *ot.* 가스관 연결공.
gazsimon *sif.* 가스성질을 가진, 가스의; 가스질의, 가스 모양의, 기체의.
G
gasht *ot.* 기쁨, 즐거움, 쾌락, 오락, 위안, 기분전환, 만족; bahorning ~ini surmoq 즐거운 봄날; ~qilmoq 즐기다, (즐겁게) 맛보다, 향락하다, 재미보다; ~ini surmoq 즐겁게 지내다; hayot ~ini surmoq 생을 즐기다; poyezdda yurishning ham o'z ~i bor 기차여행은 즐거움을 주었다
gashtak *ot.* = gap II 틈, 틈새, 짬, 간격
g'alamis, ig'vogar 교사범(教唆犯)
g'arazli kelishuv, manfaatli bitim 쌍무계약(雙務契約: 계약 당사자 쌍방이 서로 의무를 부담하는 계약)
g'azna chiptasi 정부 발행 채권, 불환지폐
g'azna, xazina 공금, 재산, 자본
g'aznachi 회계사, 출납계원
g'aznachilik majburiyatlar 국채(國債: 국가에서 세입의 부족을 보충하기 위하여 발행하는 채권)
gektar *ot.* 헥타르(면적의 단위; 1만 m², 100아르; 기호 ha).
gektarlab *rav.* 헥타르에 대해, 헥타르마다
geliy *ot. kim.* 헬륨(비활성 기체 원소의 하나; 기호 He; 번호 2).
geminat *ot.* 경음
gemoglobin *ot. fiziol.* 헤모글로빈(hemo- globin: 적혈구 중에 있는, 철을 함유하는 색소와 단백질의 화합물. 주로 척추동물의 호흡에서 산소의 운반자로서 중요한 일을 함. 혈홍소(血紅素). 혈색소(血色素)
geneologik *sif.* 계보의, 계보학의, 계도[족보]의; 가계의; 계통을 표시하는; ~ jadval 계도(系圖), 족보; ~ daraxt 가계도(家系圖), 계보(系譜), 족보(族譜); ~daraxt 계통수; ~ qarindoshlik 계통적 관계.
geneologiya *ot.* 계보학(系譜學), 계통학(系統學), 가계(家系), 혈통(血統).
general I *ot. harb.* 장관(將官), 장군, 장성; 대장군, 원수(元帥); armiya ~i 육군 원수; ~-polkovnik 대장; ~-leytinant 중장; ~-mayor 소장; shtat ~i 전임 문관.
general II *ot.* (=**bosh**) 책임자, 장관, 우두머리, 주간. men guruhda ~man 나는 이 그룹의 책임자입니다.
general-gubernator *ot.* 총독(總督).
generalissimus *ot.* 대원수(大元帥), 전군 총사령관(總司令官), 전군 최고사령관
generalitet *ot.* 대장(大將).
general-leytenant *ot.* 중장(中將).
general-mayor *ot.* 소장(小將).
general-polkovnik *ot.* 준장(准將).
generator *ot. tex.* 1) 발전기, 제너레이터. 2) 발생기(가스 등의); gaz~i 가스 발생기; tokning ~i 발전기; o'zgaruvchan tok ~i 교류 발전기; doimiy tok ~i 직류 발전기; tebranish ~i 발전기; elektr quvvati ~i 교류 발전기; o'zgaruvchi elektr quvvati ~i 교류전원, 교류(발전)기.
genetik I *sif.* (*genetikaga oid*) 발생[유전, 기원]의; 발생[유전학]적인, ~kod 유전 암호[코드, 정보].
genetik II *ot.* (*genetika bo'yicha muta- xassis*) 유전학자

genetik farq 유전적 차이
genetika *ot.* *biol.* 유전학(遺傳學).
genial *ot.* (*kishi haqida*) 천재적인, 비상한 재주. 두뇌가 날카로운, 재기 있는, (*asar va sh.k. haqida*) 아주 좋은, 멋진, 훌륭한, 위대한, 탁월한; ~ vozuvchi 탁월한 저자; ~ kashfiyot 훌륭한 발표; ~ fikr 아주 좋은 아이디어.
geniallik 1) (*kishi haqida*) 천성, 소질, 타고난 자질, 천재적인 일, (*asar va sh.k. haqida*) 위대(함); 탁월, 저명; 고귀.
geniy = **daho** *ot.* 천재, 비상한 재주, 수재; ilm-fan ~si 과학의 천재; go'zallik ~si 미의 화신.
genotsid *ot.* (민족·국민 따위에 대한) 계획적 대량 학살, 민족[종족] 근절
geodezik *ot.* 측지학의, 측량의, 측지선(線)의; ~xarita 경위면; ~chiziq 측지선.
geodeziya *ot.* 측지학(測地學: 지구의 면적·용적·형태· 중력장(重力場) 등을 정밀하게 측량하여 연구하는 학문).
geofizik *ot.* 지구 물리학자
geofizika *ot.* 지구물리학(地球物理學)
geograf *ot.* 1) 지리학자(地理學者); 2) *so'zl* (*geografiya o'qituvchisi*) 지리선생
geografik *sif.* 지리적인. ~ chegara 지리적 경계; ~shart-sharoitlar 지리적 조건.
geografiya *ot.* 지리학(地理學).
geolog *ot.* 지질학자.
geologik *sif.* 지질학의.
geologiya *ot.* 지질학(地質學).
geometrik *sif.* 기하학(상)의; 기하학적 도형의, 기하학적인; ~jism 입체의, 입방의; ~ taraqqiyot 등비수열; ~ proportsiya 상승비; ~ optika 기하광학.
geometriya *ot.* 기하학(幾何學: 도형 및 공간에 관한 성질을 연구하는 수학의 한 부문; 기하); chizma ~ 제도기하학; oliy ~ 고등기학; analitik ~ 해석기하학.
gepard *zool.* 치타(표범 비슷한 동물; 길들여 사냥에 씀; 남아시아·아프리카산).
gerb *ot.* (방패·기(旗) 따위의) 문장, 상징, 기장(記章), 표장(標章); 전형(典型); 우의화(寓意畫); davlat ~i 국가기장(記章).
gerbariy *ot.* 석엽집(腊葉集), (건조) 식물표본집; 식물표본상자[실, 관], 놀러 말린 잎이나 꽃의 표본집; ~yasamoq/tuzmoq 표본집을 만들다
gerbli *sif.* 문장(紋章)(학)의; 전령(관)의; 의전(관)의; 인지, 우표, 수입인지; ~qog'oz 공식문장이 들어있는 용지; ~ marka 수입인지, 우표.
gerdaygan *sif.* 오만한, 거만한, 건방진, 거드럭거리는, 도도한, 불손한.
gerdayish *ot.* 오만, 거만, 건방짐, 불손함.
gerdaymoq *fe'l.* 뽐내다, 허세[허영]부리다, 거만하게 굴다, 오만하게 굴다.
Germaniya *ot.* *so'zl* = nemis 독일(獨逸), 도이칠란트, 독(獨); 덕국(德國), 독국(獨國), 저머니(Germany). Akam kecha ~dan qaytdilar 오빠가 어제 독일에서 돌아오셨습니다.
germetik *sif.* 밀봉제. 밀봉[밀폐]한, 밀폐할 수 있는; ~ yopilgan 밀봉하여 도장을 찍은; ~ kabinet 기밀실; ~ idish 밀봉한
gersog *ot.* 공작(독일의 왕 밑의 군주, 귀족), (*ayol*) 공작부인, 여공작, (공국의) 여공; (영, 불, 스페인의) 공; ~lik 공작령, 공국, 공작의 지위[신분]
gestapo *tar.* 게슈타포(나치스 독일의 비밀 경찰); 비밀경찰(秘密警察).
gibbon *zool.* 긴팔원숭이(동남 아시아산(産))
gibrid *ot.* 잡종, 튀기, 혼혈아; 혼성물, 혼성어; ~qilmoq 교잡, 교배, 잡종 번식; bu ~ limondir 이것은 잡종 레몬입니다.
gid *ot.* 안내원(자), 가이드, 길잡이; bu muzeyda ikkita ~ bor

G

이 박물관에는 두 명 안내원이 일합니다.

gidravlik *sif.* 수력의, 수압의 의한, 수압[유압]의, 수역학의, 물속에서 경화되는 ;~ press 수압; ~ dvigatel 수력 발동기; ~ kran 수압 크레인(기중기); ~ tsement 수경시멘트; ~ o'tkazgich 수력에 의한 운전; ~ kuch 수력; ~ mashina 수력기; ~ g'ildirak 수차.

gidravlika *ot.* 수리학(水理學: 수로·하천·운하 따위의 물이 흐르는 상태를 연구하는 학문), 수역학.

gidrodinamika *ot. kim.* 유체동력학

gidroelektrostansiya (= gidrostansiya)

gidroelektrstantsiya 수력 발전소

gidroliz *kim.* 가수분해(加水分解: 무기 염류(塩類)가 물의 작용으로 산(酸)과 염기(塩基)로 분해하는 반응. 용액(溶液)은 산성 또는 알칼리성을 띠게 됨. 또는 그렇게 하는 일. 가수해리(加水解離); 유기 화합물이 물과 반응하여 분해하는 일.).

gidrolog *ot.* 수문학자(水文學者).

gidrologiya 수문학(水文學: 하천·호소(湖沼)·지하수·빙설 등의 형태로 육지에 존재하는 물의 상태를 연구 대상으로 하여, 그 기원·분포· 순환, 물과 환경과의 상호 작용 등을 연구하는 학문).

gidrometr *ot.* 습도계(濕度計), 액체 비중계, 부칭(浮秤); 유속계(流速計).

gidrosfera *ot.* 수권(水圈), (지구의) 수계(水界); (대기 중의) 물.

gidroskop *ot.* 수중(水中) 투시경.

gidroskopik *sif.* 수중 투시경의

gidrostansiya *ot.* 수력발전소(水力發電所).

gidrostatika *ot.* 정수(靜水)(학)의, 액체[유체] 정역학(靜力學)의

gidrotexnika *ot.* 수력 공학(水力工學), 수공학(水工學: 댐, 정수장 건설 등 흐르는 물을 다루는 토목 공학의 한 분야).

gigant *ot.* 거인, 거장, 대가, 위대한 것[사람]; 거대 기업; *sif.* 거대한; 아주 큰; 엄청나게 큰; ~ qadamlar *sport.* 계주, 이어달리기; ~ qadamlar bilan 경보

gigiyena *ot.* 위생, 위생학, 위생상태; 위생[건강]법; ijtimoiy ~ 사회(공중) 위생법; ko'z ~si 눈의 위생; mehnat ~si 노동위생; ~ qoidalariga rioya qilmoq 위생규칙을 지키다.

gigiyenlik *sif.* 위생(상)의, 보건상의; 위생학의.

gigroskop *ot. fiz.* 검습기, 습도계.

gigroskopik *sif.* 습도계의; 축축해지기 쉬운, 습기를 빨아들이는, 흡습성의, 습기를 흡수하는; ~paxta 탈지면; ~moddalar 흡습물질(나무, 종이 등).

gijda: ~non 빵 본질의 빛

gijgijlamoq *fe'l.* 자극[격려]하다; 추기다, 선동하다, 설복[설득]하다, 열심히 권하다; birovga qarshi ~ ~를 자극[격려]하다.

gijja *ot.* 촌충(寸蟲), 도충(絛蟲), 조충(絛蟲), 촌백충(寸白蟲), 백충(白蟲)

gilam *ot.* 양탄자, 융단, 모전, 카펫, 깔개; gazlama ~ 벽걸이 모전; qalin ~ 겹 양탄자; polni ~ bilan qoplamoq 마루에 깔개를 깔다.

gilamcha *ot.* 작은 양탄자.

gilamdo'z *ot.* 융단(양탄자) 제조인.

gildiramoq *fe'l.* 1) ~으로 의견[방침] 따위를 바꾸다[바꾸게 하다], 변절하다[시키다]; 2) 안절부절 못하다, 불안해[싱숭생숭해]하다, 들뜨다; 애태우다, 마음을 졸이다; (안절부절 못하며) 만지작거리다

gilkor *ot.* (노동자의) 십장(什長), 직장(職長), 공장장, 감독; 배심장(陪審長)

gilos *ot.* 버찌, 체리, 그 열매, 소양 벚꽃. (*daraxt*) 벚나무; men ~ni yoqtiraman 나는 벗나무 열매를 좋아합니다..

gilza *ot.* 1) (*o'qniki*) 약협(藥莢), 탄피, 탄약통, 약포(藥包), 카트리지; 2) *tex.* 축투(軸套), 베어링통, 끼움쇠테(구멍 안쪽에 끼워서 마멸을

G

방지하는), 슬리브(축(軸) 따위를 끼우는 통·관(管)), 권련지 통.

gimn = **madhiya** *ot.* 찬송가, 성가; 찬가, 축가, 송가. davlat ~i 국가.

gimnastik *sif.* 체조[체육]의; (지적·육체적) 단련[노력]을 요하는; ~ mashqlar 체조 연습, 운동연습

gimnastika *ot.* 1) 체조, 체육. ~zali 체육관, 실내 체육장; (고대 그리스의) 연무장(演武場); 체육[체조] 학교; 2) (독일의) 김나지움(대학 진학 과정의 9[7]년제 중학교); (널리 유럽 대륙의) 고등학교.

gimnastikachi *ot.* 체육교사, 체육(전문)가, 체조선수. 곡예사. men kecha mashhur ~ bilan tanishdim 어제 는 유명한 체조선수와 알게 되었습니다.

gimnazist *ot.* 체육학생, 김나지움 학생

gimnaziya *ot.* 중등학교; 고등학교; ayollar ~si 여자 고학교; harbiy ~ 육군 기술학교; klassik ~ 고전 중학교.

gina *ot.* 1) (*saqlangan xafalik*) (규칙·법령 따위의) 위반, 반칙; 불법; 범죄, 죄; 무례, 모욕행위, 노함, 분개; 원한. ~si qattiq odam 분개한 사람; ~ saqlamoq ~에게 원한을 품다; 2) (*norozilik*) (욕구) 불만(의 근원), 불평; (*shikoyat*) (민사의) 고소, 항고, 불복(不服); birovdan qilmoq ~에게 항고하다. 3) (*ayblamoq*) ~를 나무라다, 비난하다, ~의 책임[원인]으로 돌리다

ginaomuz *sif.* 무례한, 화가 나는; 모욕적인, 쾌한, 싫은; 마음에 걸리는.

ginaxonlik 모욕적인 표현(말, 행동)

ginachi *ot.* 시비붙는 사람, 화를 잘 내고 불평이 많은 사람, 불평분자.

ginali 1) (*dilida ginasi bor*) 분개한, 성 마른; 성 잘 내는, 아무에게 화를 내다 (불만이 있다). 2) (*gina aralash*) 꾸짖는, 비난하는; 비난할 만한, 책망하는 뜻한.

ginekolog *ot.* 산부인과 의사, 부인과의사. mening onam ~ 우리 어머니계서는 부인과 의사입니다.

ginekologik *sif.* 부인과(科) 의학의.

ginekologiya *ot.* 부인과 학, 부인과 의학

giperbola *ot. mat.* 쌍곡선(雙曲線); *adab.* 과장어구, 과장(법)(誇張法: 수사법의 하나. 사물을 실상보다 지나치게 크거나 작게 나타내는 표현 방법)

giperboloid *ot.* 쌍곡면(체).

gipnoz *ot.* (***holat***) 최면(상태), (*ishontirish kuchi*) 최면술; (강렬한) 매력, 암시력, 매혹; ~ ostida bo'lgan subekt 최면술에 걸린 사람; ~ ostida bo'lmoq 최면상태에 있다; kimdirning ~i ostida bo'lmoq 어떤 사람에게 매혹당하다.

gipnozchi *ot.* 최면술사.

giponimiya *ot.* 종속관계(從屬關係)

giposulfit *kim.* 종속(從屬)(구문)

gipotenuza *ot. mat.* 직각 삼각형의 빗변, 현(弦); 사변(斜邊).

gipoteza *ot.* 가설(假說), 가정(假定); 전제; 단순한 추측, 억측; ~ tuzmoq (qurmoq) 가설을 세우다; ishchi ~ 작업가설.

gipotoniya *ot. tib.* 저혈압(低血壓), (근육이) 저(긴)장(低(緊)張)의.

gips *ot.* 석고(石膏); 분말 석고, (*tibbiyot va haykaltaroshlikda*) 깁스; qo'lag ~qo'- ymoq 팔에 깁스하다; oyoqni ~ qilmoq 발에 깁스를 하다; ~li boylagich 깁스 붕대.

gipslamoq *fe'l.* 1) 석고를 바르다, 깁스붕대를 하다, ~에 회반죽을[모르타르를] 바르다; 2) (흙 따위를) 석고로 처리하다(비료로서), 석회비료를 주다.

gira *tex.* 1) 저울의 추. 2) 아령, 바이벨. 3) 진자(시계 등의), 흔들이.

gird *ot.* 원주(圓周); 주선(周線); 주위(周圍); (*shaharniki*) (도시·읍 따위의) 변두리, 교외; (*chegara*)

G

경계(선(線)), 경계, 국경 (지방); mamlakat ~i 지역에서 동떨어진, 밖에 있는, ~ini olmoq 둘러싸다.
girdikapalak: birovning atrofida ~ bo'l- moq 서성거리다; (*xushomadgo'ylik qilib*) 아첨하다, 알랑거리다.
girdob *ot.* 소용돌이; 혼란, 소동; 감아들이는 힘; ~ida 소용돌이 속에; dengiz ~i 대양의 깊은 소용돌이 속에.
giriftor *sif.* 홀린, 씐, 미친, 열중한, 서로 잡혀 있는; ~ bo'lmoq 사로잡히다; baloga ~bo'lmoq 문제(분란)를 일으키다; kasalga ~ bo'lmoq 병에 걸리다.
girya *ot.* 눈물을 흘리는, 우는.
giryon *fe'l.* 눈물을 흘리다, 울다, 비탄[슬퍼]하다, 흐느껴 울다, 흐느끼다
gistologiya *ot.* 조직학; (생물의) 조직구조
gitara *ot.* 기타(러시아의 기타는 7줄임); ~chi 기타 맨(연주자);men ~ ni chalishi bilaman 나는 기타를 칠 줄 압니다
gitarachi *ot.* 기타 연주가, 기타맨.
giyo(h) *ot.* (*o'simlik*) 식물(植物), 초목(草木). (*o't*) 풀, 목초; 풀밭, 초원(草原), 목초지(牧草地), (*narkotik vosita*) 마취약, 마약, 약, 약품, 약제; bir yillik ~ 일년생 식물; kop yillik ~ 다년생 식물; ikki yillik ~ 이년생 식물; dengiz ~i 해초, 김; dori ~i 약초.
giyo(h)vand *ot.* 마약중독, (마약) 중독자.
giyohvand moddalar kontraban- dasi 마약 밀수
giyohvand moddalar noqonuniy savdosi 마약밀무역
giyohvand moddalar savdosi 마약밀매(痲藥 密買)
glitserin *ot. fiz. med.* 글리세린 (glycerine: 지방 또는 유지(油脂)가 가수 분해할 때 생기는 무색 투명의 끈끈한 액체; 약용·폭약·화장품 원료). men dorixonadan ~ sotib olishim kerak 나는 약국에서는 글리세린을 사야합니다.
global tarmoq 글로벌 네트워크
globallashuv *ot.* 세계화(世界化)
globus *ot.* 지구, 세계, 지구의, 천구(天球)의; yer sharining ~i 지구(상)의 글로블
glukoza *ot. biokim.* 1) 포도당, 글루코오스. 2) 과실당, 우선당.
goh *rav.* 때때로, 때로는, 가끔, 이따금, 시시때때로(時時-), 종종(種種); ~ida uchrashib turing 때때로 만나 보세요..
gol *sport.* 골, 득점, 결승점; ~ urmoq (축구 등에서) 골을 넣다.
golland *ot.* 1) (*millat*) 화란 사람, 네덜란드 사람, (*ayol*) 네덜란드 여자[부인]; ~ iyalik 화란 사람; ~ayol 화란인 여자; ~ pishloq 화란의 치즈; ~lar 네덜란드 사람; 2) 네덜란드의; 네덜란드령(領)의; 네덜란드 사람[말]의, 네덜란드식[제(製)]의; ~san'- ati 네덜란드의 예술; ~pechi 불고기용 냄비[기구]; ~pishlog'i 네덜란드 치즈(탈지유로 만들며 둥글고 연함)
gonorar I *ot.* 요금, 수수료, 수고값; 입회금, 입장료; aftor ~i 원고료, 인세.
gonorar, qalam haqi II (명예직 등의) 보수; 사례(금)(특히 받는 쪽에서 청구하지 않음이 관례); mualliflik ~ 저자의 수수료, 원고료, 로열티.
gonoreya *ot. tib.* 임질, 임균(淋菌·痲菌: 임질을 일으키는 병원균; 요도(尿道) 등 점막에 부착하나 체외에서는 저항력이 없음)
gorelka *ot.* 버너; gaz ~si 가스 버너.
gorilla *ot. zool.* 고릴라.
gorizont (= **ufq**) *ot.* 지평선(地平線), 수평선(水平線). quyosh ~ ortiga berkindi 태양은 지평선 아래로 숨었다.
gorizontal *sif.* 수평선의, 수평의, 지평선의; ~proektsiya 수평투영, 수평투사; ~ chiziq 수평선; ~ tekislik 수평면; ~ holat 휴식.
gormon *ot. fiziol.* 호르몬

G

(hormone: 내분비샘에서 분비되어 체액과 같이 체내를 순환하며 모든 기관에 여러 가지 중요한 작용을 행하는 물질의 총칭. 내분비물(内分泌物), 각성소(覺醒素)). ~li 호르몬의.

gorn I *tex.* 노(爐); 아궁이, 화덕, 난방로, 용광로(鎔鑛爐); elektrik ~ 전기로.

gorn II mus. 호른, (군대용) 나팔, 각적(角笛); ~chi 나팔수(手)

gornchi *sif.* 나팔 부는 사람, 나팔수.

gornchitsa *ot.* 겨자, 머스터드, 겨자 색, 짙은 황색; ingliz ~si 흰 겨자.

gospital *ot.* 군대의 병원; eva- kuatsion ~ 후송 병원; dala ~i 야전병원, (상병자 나르는) 병원차, 구급차; 병원선; 상병자 수송기

gradus (=daraja) *ot.* (온도·각도·경위도 따위의) 도(度)(부호°). 5 gra- dus issiq (영상) 5도

graf *ot.* 백작(伯爵: 오등작의 셋째; 후작의 다음, 자작의 위), 백(伯)

grafa 1) (표, 장부 등의) 난, 줄, 행, 단(段), 세로줄; 2) 기둥, 원주, 지주; 기둥 모양의 물건

grafalogiya *ot.* 필적학(筆跡學), 필상학(筆相學); *og'z.* 서기론(書記論); *mat* 도식법

grafik *ot.* (*chizma*) 그림, 도형; 도표, (*ish rejasi*) 일람표, 시간표, 예정표, 스케줄, 일정; 도식, 도해; 작도(作圖), 그래픽 아트, 다이어그램. o'lim ~gi 사망률 그래프; ~ bo'yicha 예정표에 따라, 예정대로.

grafika *ot.* 1) (*san'at*) (연필·펜·크레용·목탄 따위로 그린) 그림, 도화; 선화(線畵), 스케치, 데생; ~ko'rgazmasi 선화의 전시회; 2) (*harf yozilishi*) 메모, 적요; 종이쪽, 작은 조각, 가(假)증권류, 영수증.

grafin *ot.* 목이 긴 유리병 (물, 술 등을 넣음), 물병.

grafit *ot.* 1) *min* 흑연(黑鉛), 석묵(石墨); 2) (*qalamda*) 흑연, 연필의 심; ~li 석묵(石墨)의, 흑연의; 석묵질[성]의, 석묵[흑연]으로 그린 그림

grajdan = fuqaro *ot.* 시민. ~lar 제군!

gramm *ot.* 그램(gram: CGS 단위계에서 질량의 기본 단위. 4℃의 물 1cm3의 무게. 기호는 g, 略: g, gm) ~-atom 그램원자; ~-molekula 그램분자; ~-ekvivalent 그램당량.

grammatik *sif.* 문법의, 문법상의; 문법에 맞는, 문법적인; ~xato 문법상의 오류; ~ jihatdan to'g'ri 문법적으로는 옳습니다; ~qoidalar 문법 규정

grammatik morfema 형식 형태소

grammatika *ot.* 문법(文法), 말본(-本), 어법(語法), 문전(文典), 말법(-法), 그래머(grammar); 문법론[학]; 문법책

grammofon *ot.* 녹음기, 축음기(蓄音機); ~ plastinka (축음기의) 레코드, 전축.

granata *ot.* *harb.* 고성능 폭약 포탄; qo'l ~si 수류탄, 최루탄(催淚彈); 소화탄(消火彈). tankka qarshi ~ 대전차(對戰車) 용의 폭탄

granatomyot *ot.* *harb.* 척탄포, 척탄통. ~chi 척탄병.

granataomyotchi *ot.* 척탄병(擲彈兵).

granit *ot.* 화강암(花崗巖: 석영·정장석·사장석· 운모 등을 주성분으로 하는 흰색의 심성암(深成岩). 단단하고 아름다워 건축이나 토목의 재료 또는 비석의 석재 등으로 많이 씀.), 쑥돌.

gravyura *ot.* 조각; 조각술, 조판술(彫版術), (동판·목판 따위에 의한) 판화(版畵).

grek *ot.* 그리스사람, 희랍인; ~ tili 희랍어, 그리스어; ~ayoil 그리스 여자

grelka *ot.* 1) 체온기. 2) 난방도구.

grechka *ot.* 1) 메밀(마디풀과의 한해살이풀. 잎은 삼각형의 심장형이며 초가을에 흰 꽃이 피며, 세모진 열매는 가루를 내어 먹고, 줄기는 가축의 먹이로 씀), 목맥(木麥), 교맥(蕎麥); 메물, 모밀; 2) 메밀(의 씨), 메밀가루

G

grim *ot.* 얼굴 화장, 분장; 메이크업.
grimchi *ot.* 분장사, 화장 담당.
grimlamoq *fe'l.* 분장하다, 얼굴을 찡그리다. o'zini yuzini ~ 자신의 얼굴을 꾸미다; qizni kampir qilib ~ 처녀를 노파로 분장시키다.
gripp *tib.* 인플루엔자, 유행성감기, 독감.
grossmeyster *ot. shahm.* 장기명수, 기사단장.
gruzin *ot.* 그루지야 사람; ~tili 그루지아 어(말); 그루지야(공화국) (옛 소련의 한 공화국; 1991년 독립; 수도 Tbilisi)
gruzovik *ot.* 화물 자동차, 트럭.
guash *ot.* 구아슈(아라비아 고무 따위로 만든 불투명한 수채화 채료); 구아슈 수채화(법); ~ bilan rasm solmoq 구아슈로 수채화를 그리다
gubernator *ot.* 도지사, 통치자, 지배자, (미국의) 주지사; (영국 식민지의) 총독; (관서, 협회, 은행 따위의) 장관, 총재, 이사장; (요새·수비대 따위의) 사령관; 간수장.
guberniya *ot.* 주(州), 도(道).
-gu(n)day bo'lib qoldim 지경
gudok *ot.* (*hushtak*) 야료하는 사람, 기적, 경적; (*zavodda*) 사이렌, 호적(號笛), 경보기; ~ bermoq 기적을 울리다.
gugurt *ot.* 성냥, 화승(火繩), 도화선(導火線); ~ cho'pi 성냥; ~quticha 성냥갑; ~chaqmoq 성냥불을 켜다; ~ cho'pidek oyoqlar 꼬챙이 같은 다리; ~ni yoqmoq 성냥을 긋다.
gul *ot.* 1) 꽃, (*daraxtda*) 꽃다발, (*atirgul*) 장미; men 5ta atir gulni sotib oldim 저는 장미 꽃 5송이를 샀습니다; tuvak ~ 온실 화초; ~ tuvak 화분; ~ day 품위 있는, 아름다움; ~ ochmoq 꽃의 만발, 활짝 핌; 2) (*bezak, naqsh*) 모범, 본보기, 본, 원형(原型), 모형, 디자인, 의장(意匠), 도안; ~ bosmoq 모조하다, (~을 따라) 모방하다; ~ tikmoq ~에 자수하다, 수를 놓다; 3) *k. m.* (*sarasi*) 정화(精華), 정수(精粹); 최량의 부분; jamiyatning ~i 그 꽃은 사회를 정화 시킨다; 4) *k. m.* (*mayda qizil toshma*) 발진(發疹), 뾰루지, (피부의) 부스럼.
gulandom *ot.* 장미봉오리; 아름다운 소녀.
gulbahor *ot.* 봄, 아름다운 봄.
gulbog' *ot.* 식물원, 화단, 여러가지 화단을 배치한 정원.
guldasta *ot.* 꽃다발, 꽃송이.
guldek *sif.* 꽃처럼; U bahor ~ chiroyli edi 그녀는 봄꽃처럼 예뻤습니다.
guldon *ot.* 꽃병; ~ stol ustida turibdi 꽃병은 상위에 있습니다.
guldor *ot.* 화분.
gulduramoq *fe'l.* 쨍그랑 하고 부서지다; (*to'p haqida*) 큰 소리를 내다; 큰 소리를 내며 이동하다 [가다, 나아가다, 지나다].
gulduros *sif.* 귀청을 찢는 듯한, 큰, 시끄러운, ~ olqishlar(qarsaklar) 우레와 같은 박수 갈채.
guliston *sif.* 꽃이 핀[만개한] 땅, 꽃의 나라, 아름다운, 힘(건강, 행복)에 가득한; ~ mamlakat 정돈된 나라; ~ shahri 굴리스탄 도시.
gulkaram *ot.* 콜리플라워, 꽃양배추.
gullab-yashnayotgan 번영하는 경제
gullamoq *fe'l.* (나무가) 꽃을 피우다; 피다,꽃이 피(게 하)다, 개화하다; 번영하다, 한창때이다; 화려하게 하다; (여성이) 건강미가 넘치다.
gulobi *sif.* 연분홍색, 핑크색(옷), 장밋빛의; 불그레한, 홍안의, 붉은, 불그스름한.
gulqogoz *ot.* 꽃종이.
gulqoqi *ot. bot.* 민들레, 금잠초(金蠶草), 지정(地丁), 포공초(蒲公草), 포공영(蒲公英)
gultoj *ot. bot.* 꽃부리, 화관.
gultojbarg *ot. bot.* 꽃잎, 음순(陰脣).

gultojixo'roz *ot. bot.* 맨드라미, 계관(鷄冠), 계관초(鷄冠草), 계관화(鷄冠花).
gulxan *ot.* (축하·신호의) 큰 화톳불; (한데에서의) 모닥불; ~qilmoq/ yoqmoq 모닥불을 피우다.
gulzor *ot.* 꽃밭, 화단, 화원.
gulshan *ot.* 장미꽃밭, 로자리오 묵주
gulchambar *ot.* 화환(花環), 화관(花冠), 꽃줄; atirgulda n yasalgan ~ 장미 하환; kumush (oltin) ~ 은(금)으로 만든 화관.
gulchi *ot.* 꽃 가꾸는 사람, 화초재배자; 꽃장수; 화초 연구가.
gulchilik *ot.* 꽃가꾸기, 화훼 원예.
gulg'uncha *ot.* 꽃눈.
gumanist *sif.* 휴머니스트, 인도주의자; 박애가, 예수 인간론자(예수의 신성(神性)을 인정치 않음).
gumanitar *sif.* 인문학에 관한; 인간애(박애, 자애)에 속하는; ~ fanlar (그리스·라틴의) 고전 문학; 인문학(철학·문학 등).
gumanizm *ot.* 휴머니즘, 인간성, 인도주의, 인문[인본]주의; 인문학(14-16세기에 있었던 그리스·로마 문학 연구).
gumashta, buyurtma to'plovchi vakil, kommivoyajor 영업사원, 외판사원, 세일즈 맨.
gumashtariy shartnoma 은행간 교류 협정
gumbaz *ot. arx.* (특히 지붕 위의) 돔, 둥근 천장, 동근 지붕(주로 성당의); 아치형 천장, 아치, 홍예, 호(弧), 궁형(弓形); osmon ~i 하늘의 동근 지붕.
gumbazsimon *sif.* 돔 같은, 둥근 천장 같은, 반구형의 덮개; 하늘; (야산 등의) 둥근 마루터기.
gumburlamoq *fe'l.* 와르르 소리 내며 무너지다[망가지다, 깨지다, 부서지다], (충돌하려) 요란한 소리를 내다; (요란한 소리를 내면서) 돌진하다; 충돌하다.
gumdon: ~ bo'lmoq 없어지다, 살아지다; ~qilmoq ~을 ~에게 숨기다.
gumon *ot.* 1) (*shubha*) 혐의, 의심(쩍음), 의혹, 회의, 불신; ~siz 의심 없이, ~bilan 의심스러운, 괴이쩍은; birovdan ~ qilmoq ~이 아닌가 의심하다; 2) (*taxmin*) 상상, 추측, 추찰(推察); 가정, 가설.; ~qilmoq 가정하다, 상상하다; 3) (*shubhali*) 있음직하지 않은, 정말같지 않은; uning bugun kelishi 그는 오늘 올 것 같지 않다.
gumondor, shubha ostiga olingan 피의자
gumonsiramoq *fe'l.* 의심하다, 의아해하다, 신뢰하지 않다. men uning samimiyligidan ~yapman 나는 그의 성의를 의심합니다.
gumroh *sif.* 잘못된, 틀린, 잘못된, 탈선한
gumrohlik *ot.* 잘못, 실수, 틀림
gung (=kar) 1) *sif.* 귀먹다, 벙어리의, 말을 못하는, 무언의, 말이 없는; 2) *ot.* 벙어리, 농아의, 귀머거리에다 벙어리; 묵자, 묵음; ~lar uchun maktab 농아학교; ~lar alifbosi 농아문자, 점자.
gunglik *ot.* 벙어리임, 무언, 침묵.
gunoh *ot.* 1) *din* (종교상·도덕상의) 죄, 죄악; 죄업, 불행; ~ga botmoq 죄속에 빠지다; 2) (*ayb*) 과실, 잘못, 허물, 실패; ~ qilmoq 나쁜 짓을 하다; mening ~im nima 나의 무슨 과실입니까?
gunohkor *ot.* 1) (종교·도덕상의) 죄인, 죄 많은 사람; 믿음이 없는 사람, 큰 죄를 지은 사람, 파계자; 2) 과실[결점]이 있는; ~bo'lmoq (~에 대해) 죄를 범하다, 나쁜 짓하다; ~의 죄를 범한.
gunohli *sif.* 죄 있는, 죄 많은; 죄스러운, 죄받을, 죄가 있는, 죄가 많은, 계율을 범한; men bu ishda ~man 나는 이 일에 잘 못이 있다.
gunohni engillatuvchi omillar 형의 경감사유
gunohsiz (=begunoh) *sif.* 죄 없는, 결백한; 순결[순진]한; 죄없

는, 무죄의, 결백한
gupillamoq *fe'l.* (심장이) 두근두근 뛰다; (탁) 치다[부딪치다, 때리다, 넘어지다]
gurillamoq *fe'l.* (불꽃을 올리며) 타오르다, 불꽃을 일으키다., 불꽃을 내다, (난로가) 달아오르다, 연소[산화]하다
gursillamoq *fe'l.* (탁) 치다, 때리다, ~에 쿵 부딪치다
guruh *ot.* 패, 조, 파, 그룹, 학급, 반; qon ~i 혈액형; ~ bo'lib 집단을 이루어서.
gurung *ot.* (= **suxbat**) 생기[활기]에 넘친 회화, 활발한 교제.
gurunglashmoq 이야기를 나누다, 활발하게 담화하다, 서로 이야기하다
guruch *ot.* 쌀; 밥; 벼, 미곡(米穀), 대미(大米), 입쌀, 쌀알, 곡식(穀食). tozalangan ~ 백미; ~ hosili 쌀 추수, 벼 추수; ~ narxi 쌀값; toza- lanmagan ~현미.
gurzi *ot.* 곤봉, 몽둥이
gusenitsa *tex.* 무한궤도(트랙터, 탱크 등의). ~li traktor 무한궤도 트랙터; ~li g'ildirak 무한궤도 바퀴.
guvala *ot.* (햇볕에 말려 만든) 어도비 벽돌(집); 어도비 제조용 찰흙, 어도비 벽돌.
guvillamoq *fe'l.* 떠들썩하게 하다, 시끄럽게 만들다.
guvoh *ot.* 증인, 목격자, 실지 증인; men bu hodisaning ~i bo'ldim 나는 이사건의 목격자였다; kimdirni ~ sifatida sudga chaqir 증인으로서 법정의 소환하다.
guvohlantirmoq *fe'l.* 증언하다; 입증하다; ~의 증거가 되다, ~에 입회하다; (증인으로서) ~에 서명하다.
guvohlar xabari, axboroti 현장보고, 1차 보고
guvohlarni chaqirish haqida ariza berish 증인신청
guvohlarni so'roq qilish 증인 신문
guvohlik 증언, 증거물; 증인, 증거서류; guvohning ~gi 목격자의 증언.
guvohlik ko'rsatmalarini berish majburi- yatidan ozod bo'lish 증언 의무면제
guvohlik ko'rsatmasi 증언(證言)
guvohlik, guvohnoma 증명, 증명서
guvohnoma *ot.* 증명, 증거, 증언; 증명서; 인증(認證) 선서; 인증; turmush qurganlik haqidagi ~ni ko'rsatib yuboring 결혼 증명서를 보여 주십시오.
guvohnoma, mandat *ot.* 명령서(命令書), 위임장(委任狀), 위탁(委託)
guvohnoma, ruxsatnoma 확인서(確認書), 증명서(證明書)
guvohnoma, vakolat 대표의 적법성을 증명하는 문서, 위임장(委任狀)
guzar *ot.* 통로, 가로; 주요도로, 공도, 왕래, 통행, 통과
gvardiya *ot.* 근위사단, 근위대, 친위대(소련에서는 독, 소 전쟁 중 수훈을 세운 부대에 부여한 칭호). qizil ~ 적위군; oq ~ 백위군.
gvardiyachi *ot.* 근위병, 근위대원.
go'dak *ot.* 1) 갓난아이, 젖먹이, (7세 미만의) 유아; 2) *k.m.* (*tajribasiz odam*) 풋내기, 초심자; 얼간이, 젖먹이.
go'ja *ot.* 푸딩, 곡류(곡물) 로 만든 푸딩(밀가루에 우유·달걀·과일·설탕·향료를 넣고 찐[구운], 식후에 먹는 과자)
go'l *sif.* 천진난만한, 순진한, 때묻지 않은, 소박한, 고지식한; 우직한, 잘속는; 미경험의; 특정 실험[투약]을 받은 적이 없는; u bolalarcha ~ 그녀는 어린애처럼 순진하다.
go'llik *ot.* 천진난만, 순진; 순진한 말[행위]
go'ng *ot.* 똥, 거름, 비료, 퇴비, 쓰레기, 오물; ~ **tepa** 거름 더미, 퇴비 무더기
go'nglamoq *fe'l.* 거름 주다, ~에 비료를 주다, (땅에) 퇴비를 주다,

시비하다
go'nglanmoq *fe'l.* 거름하다, ~에 비료를 주다; (땅을) 갈다
go'r *ot.* 묘, 무덤, 분묘, 묘혈; 묘비. birovni ~ga tiqmoq 죽이다; o'zi bilan ~ga olib ketmoq (비밀 등을) 죽을 때까지 지키다.
go'riston *ot.* 공동묘지, (교회에 부속되지 아니한) 묘지.
go'rkov *ot.* 산역꾼, 무덤 파는 사람; 마지막 처리를 하는 사람; *zool.* 송장벌레
go'yo 마치 ~처럼[같이],마치 ~ 하는 것처럼 [~하듯이], ~처럼 [같이](보이다, 생각되다), ~인 듯 하다, ~인 것 같다; ~ o'lik odamdek yotibdi 죽은 듯이 누워 있다; ~ki sen bilmaysanda!? 정말 네가 모른단 말이야!?
go'zal *sif.* 아름다운, 말쑥한, 매력 있는, 매우 아름다운. 산뜻한; 훌륭한, 뛰어난, 아주 미려한; ~ manzara 아름다운 경치; ~ qiz 아름다운 여자.
go'zallik *ot.* 아름다움, 미; 미모, 아름다운 것, 훌륭한 것; 미인, 매력, 아름다운 점; 미관; (여자의) 아름다운 용모, 요염함; tabiat ~gi 지연의 미; haqiqat, yaxshilik, ~ 진선미.
go'rso'xta *ot so'k.* (당신의, 그의, 그녀의) 마음에 새기다
go'sha *ot.* (방 따위의) 구석, 모퉁이; 쑥 들어간 곳; 외진 곳, 벽지(僻地); 피난처, 숨는 곳.
go'shak *ot.* (전화의) 수화기. ~ni qo'ymoq 수화기를 들다; ~ni ko'tarmoq 수화기를 벗기다.
go'sht *ot.* 살, 고기, 식육, 쇠고기, 과육. to'g'ralgan ~ 잘게 토막 낸 고기; men mol ~ini yaxshi ko'raman 나는 쇠고기를 좋아합니다. Muslmon odamlar cho'chqa ~ni yemaydilar 무슬림 사람들은 돼지고기를 드시지 않습니다.
go'shtli *sif.* 고기가 있는, 고기 들어간, 살의, 육체의; 살찐; 뚱뚱한; 살 같은; 육욕의; ~ovqatni ko'p iste'mol qilaman 고기 들어간 음식을 많이 먹습니다.
go'shtsiz *sif.* 기름기가 적은, (고기가) 살코기의, (식사가) 고기 없는; 고기를 먹으면 안 되는; mening adamlar ~ovqatni hush ko'rmaydilar 우리 아버지께서는 고기 없는 음식을 싫어하십니다.

Hh

h 우즈벡 알파벳 자음 일곱째 글자
ha *int.* 네, 예. ~aytgancha 참, 아참; sizkelasizmi? - ~, albatta 당신은 올 수 있습니까?- 예, 확실히; ~, bu yaxshi fikr 예, 이것은 좋은 아이디어 입니다.
habash 1) (*negr*) 니그로, 흑인; 2) *k.m.* (*qora tanli*) 살이 검은; 흑인의; 검은 털의
had I *ot. mat.* 항(項), 다항식(多項式)에서 각개의 단(單)항식, 비례식의 각 부분, 급수(級數)를 이루는 각 수, 분수에서 분모(分母)나 분자(分子), 약수(約數).
had II (*chek*) 한도, 한계, 정도; 표준, 적도(適度), 범위, 구역, 제한; ~dan oshmoq 한계를 넘어서다; ~dan tashqari 할 수 있는 한에 있어서.
hadeb *rav.* 끝없이, 계속적으로, 늘, 언제나, 항상; 전부터, 언제까지나, 영구히.
hadik *ot.* 두려움, 무서움, 공포; ~qilmoq 두려워하다, 무서워하다.
hadiksiramoq *fe'l.* 무서워하다, 염려[우려]하다, 근심[걱정]하다.
hadis *ot. din.* 하디스 (Muhammad와 그 교우의 언행록; 그 집대성), (이슬람교의) 모하메드에 대해서 설화, 전해 오는 이야기.
hadya *ot.* 선물, 선사품; ~qilmoq 선물하다, 증정하다, 바치다; ~에게 주다
hafsala *ot.* 의욕, 욕구, 욕망, 소원, 소망, 바람; 호의, 행복을 비는 마음, 바라는 것, 원하는 것. ~ni pir qilmoq ~에 대한 욕망(마음)을 없애다; borishga ~m yo'q 갈 마음이 없다.
hafta *ot.* 주(週: 일·월·화·수·목·금·토의 7일을 일기(一期)로 한 이름), (요일에 관계없이) 7일간, 1주간. kelasi ~ onamnikiga boraman 다음 주에 어머니 댁에 가겠습니다; kelasi ~ 지난주; bir ~ 주중에; ikki ~ 2주일간
hafta kuni *ot.* 요일(曜日)
haftalab *rav.* 매주일, 매주, 1주 1회; ~ ishga o'qishga bormaydi 매주일 학교에 안 갑니다.
haftalik *ot.* 주간지[신문, 잡지], 주보. ~ jurnal 주간잡지.
haftanoma *ot.* 주간 신문
haj *ot.* 메카(Mecca) 참배, 순례(메카와 메디나를 구경하러 가는 것). 메카 성전에 의무로서 해야만 할 순례 여행; ~qilmoq 종교(상)의에 참예(參詣)하러 가다.
hajm *ot.* 크기, 길이, 넓이, 치수, 사이즈, 부피, 체적, 용적; 정도; 양, 용적, 용량, 분량, 범위, 한계, 한도; ishlab chiqarish ~i 생산량.
hajm, o'lcham, miqdor, og'irlik 사이즈(size), 크기. 치수. 척도(尺度)다량, 다수, 질량.
hajm, tashqi o'lcham 전체크기
hajmli 체적 (용량)이 큰. ~ kitob 부피가 큰 책.
hajv *ot.* 풍자, 풍자 문학, 유머, 해학(諧謔), 빈정거림, 신랄한 비꼼.
hajviy *sif.* 풍자적인, 풍자를 좋아하는, 잘 비꼬는; 풍자문을 쓰는; ~ komediya 풍자희극.
hajviya *ot.* 풍자시[문] 작자; 풍자가, 빈정대는 사람.
hajvchi *ot.* 유머 작가[배우], 익살꾼.
hakam *ot.* 중재인(仲裁人), 조정자(調停者); 심판(자); 일반의 동정을 좌우하는 것[사람], 결정적인 요소.
hakamlar sudi 중재(仲裁), 조정(調停).
hakamlar sudi 차익거래(arbitrage trading)
hakamlar sudi raisi 중재법원장
hakamlik *ot.* 판가름하다, 심판하

다, 심사하다.
hakka *ot.* 까치, 희작(喜鵲: 까마귓과의 새. 인가·촌락 부근에 사는데 머리에서 등까지 흑색, 가슴·배는 흼. 높은 나무 위에 마른 나뭇가지로 둥지를 지음.)
hakim *ot.* 의사, 내과의(사).
hal *ot.* 해결, 해명, 해석, 해답, 분석, 분해; masala ~ 문제가 풀어져 있다; ~ qilmoq (조건·시기·가격 따위를) 결정하다, 정하다.
hali *rav.* 아직(도), 상금, 여전히; U ~ kelmadi 그는 아직 안 왔다; U ~ketdi 그는 방금 갔다.
hali-beri *rav.* 아직까지. Men ~ kirni yuvib bo'lmayman 나는 아직까지 빨래를 끝내지 않습니다.
haligacha *rav.* 아직까지, 지금까지, ~이 되기까지, ~에 이르기까지 줄곧; Men uni ~ eslayman 나는 그녀를 아직까지 생각한다.
haligi *rav.* 앞에 말한, 전술[전기]한, ~전에, 저. ~ odam kim edi? 아까 그 분이 구누입니까?
haligina *rav.* 바로 지금, 이제막, 방금, 머지않아, 곧, 최근, 작금; 바로 얼마 전, 얼마 전에
halim *ot.* 할림(음식)
halok: ~ bo'lmoq 죽다, ~한 상태로[모습으로] 죽다; ~ qilmoq 죽이다, 살해하다.
halokat *ot.* 1) (배의) 난파(*kema*); 2) 파멸, 멸망; 파산, 몰락; 황폐
halokatli *sif.* 비참한; 재난의, 재해의, 손해가 큰; 불운한, 불길한.
halol *sif.* 1) 정직한, 숨김(이) 없는, 성실한, 공정(公正)한, 공평한, 올바른, 공명정대한; 2) ~taom 종교적 무슬만에 의하여 허용된 음식, 의로운. 의로운 음식.
halolik *ot.* 정직, 성실, 실직(實直), 충실.
halollik, vijdonlik 신의성실
halovat *ot.* 기쁨, 즐거움, 쾌감, 만족(감); ~ini yo'qotmoq 만족이 없어지다.
halovatli *sif.* 기쁜, 기분 좋은, 만족한.
halqa ot. 반지; 귀걸이, 코고리, 팔찌(따위), 링(기계 제조), 코, 매듭, 사슬의 고리, 고리, 고리 모양의 것. ~ bog'lamoq 실코를 맺다.
halqaro tovarlar kim oshdi savdosi 국제상품경매
halqum *ot. anat.* 목(구멍), 인후; 숨통, 기관, 식도(食道); ~igacha (분규 따위에) 온통 휘말리어; (일에) 몰두하여; (빚에) 꼼짝 못하여.
halvo ot. 할바(으깬 깨나 아몬드 따위를 시럽으로 굳힌 터키·인도의 과자)
ham *rav.* 1) ~와 ~, ~ 및 ~, ~이나 ~; 그리고, ~또(한), ~도 또한, 역시, 똑같이; 2) ~조차(도), ~라도, ~까지; Men ~ kinoga boraman 나도 극장에 가겠습니다.
hamal *ot. astr.* 양(羊)자리. 백양궁; 백양궁 태생의 사람(양자리 북쪽 하늘에 있는 별자리; 황도(黃道) 위에 있는 두 번째의 별자리로 초겨울의 초저녁에 천정(天頂) 가까이에서 남중(南中)함)
hamda *rav.* ~와 마찬가지로, ~뿐 아니라, 아울러, ~와 동시에 또, ~하면서, ~하고 나서, 그리고 나서; Mening opam o'zbek, rus, ingliz, hamda arab tillarini biladilar 우리 언니는 우즈벡어, 러시아어, 영어와 동시에 아랍어도 잘합니다.
hamdam *ot.* 친구, 동료, 상대, 벗, 동반자. Eng yaqin ~ 제일 친한 친구.
hamdamlashmoq *fe'l.* 지지하다, 지원하다.
hamdamlik *ot.* 우정, 우호; 호의; 친목, 친선, 교우 관계.
hamdard *sif.* 조상(弔喪)[조위, 애도]의; borovga ~ bo'lmoq ~를 위로하다, 조상(弔喪)하다, 조위(弔慰)하다; 동정하다
hamdardlik *ot.* 애도, 조상, 조사; birovga ~ bildirmoq ~에게 애도의 뜻을 표하나.
hamdil *sif.* 만장[전원] 일치의, 이의 없는, 합의의, 동의(同意)의
hamdilik *ot.* 전원 이의 없음, 동의, 합의, 만장 일; ~bilan 만장

H

[전원] 일치의 목소리
hamdo'st *rav.* 동맹한; 연합[제휴]한; 연합국의; 결연(結緣)한; 관련이 있는; 동류의. 친구답게, 우호적으로; ~ mamlakatlari 지역(공동) 사회의 나라
hamdo'stlik *ot.* (공통의 목적·이익으로 맺어진) 단체, 사회, 연방(聯邦), 국가(國家); Mustaqil davlatlar hamdo'stligi 독립 국가 연합(1991년 12월 21일 소련의 소멸로 발족한 10개국 공동체; 略: CIS).
hamisha *rav.* 영원이, 늘, 언제나, 항상; 전부터(항상), 언제까지나, 영구히
hamishagi *sif.* 보통의, 통상의, 일상의, 평소의, 평범한, 흔히 있는; 습관적인, 재래의, 통례의; ~ mehmon 자주 오는 사람, 단골
hamjihat *sif.* 기분 좋은, 유쾌한, 양립하는, 모순되지 않는, 조화되는, 적합한; ~bo'lib, ~bilan 합쳐져서, 이어져서, 모여져서, 함께 되어서.
hamjihatlik *ot.* (의견·이해의) 일치; (사물간의) 화합, 조화, (국제간의) 협조, 협정; 친 선 협약; ~bilan 화합[조화]하여, 사이좋게.
hamjihatlik tamoyili 만장일치의 원칙
hamkasb *ot.* (같은 관직·전문 직업의) 동료; 동업자, 같이 일하는 사람.
hamkorlik *ot.* 함께 일하기; 협력, 합작, 공저(共著), 공동 연구; 협조, 제휴, 원조; qalin ~da ~와 협력하여 닫다; ~qilmoq ~와 협력[협동]하여
hamla *ot.* 강습, 습격; 맹렬한 비난, 공격, 침략, 침범; ~ qilmoq (적·사람의 신체·주의·언동 따위를)공격하다, 습격하다; 비난하다.
hamma *rav.* 모든, 전부의, 전체의, 온, 전(全); (*kishi*) 모든 사람, 각자 모두, 누구나, 모두; (*narsa*) 모든 것, 무엇이나 다, 만사; ~o'rnidan turdi 모두다 일어서다[나다]; ~ narsa 무엇이나 다; ~ o'quvchilar 모든 학생들; ~ vaqt 늘, 언제나, 항상; ~ joyda 어디에나, 도처에; ~ (odam) bir xil emas 모든 학생들이 다 똑같은 것은 아니다; Tug'ilgan kunimga ~ keldim 내생일 파티에 모두 다 왔다.
hammabop *sif.* 적용[응용] 할 수 있는, 들어맞는, 적절한, 모든 사람들의 잘 어울리는, 유행의, 널리 보급되어 있는.
hammavaqt *sif.* 항상, 언제나.
hammayoq *sif.* 모든 곳, (지식 등이) 넓은, 해박한, 전반[다방면]에 걸친; 만능의, 다재(多才)한
hammol *ot.* 운반인; (역의) 짐꾼
hammom *ot.* 목욕, 입욕(入浴); (*binosi*) 목욕장[탕]; *k.m.*(*dim haqida*) 온실, 온상; ~dan keyin 목욕후에; ~ga tushmoq 목욕하다.
hammomchi *ot.* 목욕탕 안내원, 때밀이
hammualliflik 공저
hamnafas *sif.* 만장[전원] 일치의, 이의 없는, 합의의, 동의(同意)의
hamohang *sif.* 어울리는, 조화롭게, 조화로운, 조화된, 균형 잡힌, 사이좋은, 정다운; ~bo'lmoq 조화시키다, 화합시키다, 일치시키다.
hamon *rav.* 1) (*hail ham*) 아직(도), 상금, 여전히; 2) (*bilanoq*) ~하자마자, ~하자 곧
hamroh *ot.* 동료, 상대, 친구; 반려자, 같이 다니는 사람; ~bo'lmoq 동방 여행하다.
hamsoya ot. 근처, 이웃, 인근, 이웃집 사람; bu qiz mening ~medi 이 소녀는 나의 이웃이다; ~ bolalari 이웃 어린이.
hamsuhbat *ot.* 대화[대담]자, 회담자
hamxona ot. 룸메이트, 같이 사는 사람
hamyon ot. 돈주머니, 돈지갑, 핸드백; men kecha ~imni yo'qotib qo'ydi 어제 나는 지갑을 잃어버렸습니다.
hamshahar *ot.* (보통 백인·백인

H

이민의 입장에서 보아) 원주민의; 토착민의, 출생지의, 본국의, 제나라의.
hamshira *ot.* 간호사, 간호인; bolalar ~si 산과의(産科醫), 부인과의
handalak *ot.* 작은 참외
hangramoq *fe'l.* 1) 울부짖다, (짐승 따위가) 으르렁거리다, 포효하다; hayvon ~da 짐승이 울부짖는다; 2) *k. m. manf* (*qattiq baqirmoq*) 고함치다, 외치다; 소리쳐(서) 팔다, 큰 소리로 외치며 말하다, 큰 소리로 외쳐 ~에 영향을 끼치다.
hansiramoq *fe'l.* 헐떡거리다, 숨차다, 숨이 가빠지다; tog'ga chiqa- man deb, rosa hansirab qoldim 산을 오르면서 매우 숨을 헐떡였다.
hanuz *rav.* 아직(도), 그럼에도, 아직까지, 오늘까지, 지금까지; (*inkor gapda*) 아직 (~않다), 아직 [지금]까지는 (~않다); 현재로서는; (그 때까지는) 아직 (~않았다); u ~ kel- gani yo'q 그는 아직 오지 않았다
hanuzgacha = hanuz
haq *ot.* 1) (*chin*) 진리(眞理), 참, 진실, 사실, 진상; ~gap 진실한 말; siz ~ gapni gapirdingiz 당신이 옳다; 2) (*to'g'ri*) 옳은, 올바른; siz ~ siz 당신은 올바르게 했다; ~ joyiga qaror topar 진리가 이기다; uy-joy ~qi 면죄특권; ~ni to'lamoq 지불하다.
haq to'lash (돈)불입,(서류)기입
haqda = haqida
haqgo'y *sif.* 정직한; 진실한, 올바른, 정말의; (예술 표현 등) 현실[실물] 그대로의. ~ odam 정직한 사람.
haqi to'lanadigan har yillik ta'til 유급연차휴가
haqi to'langan mehnat 유급 노동
haqi to'lanmagan mehnat 무급 노동
haqida *sif.* ~에 대[관]하여, ~경(에), ~(때)쯤; siz ~ gapirmoq- daman 당신에 관해서 말하고 있는 겁니다; men ~mda 나에 관하여.
haqiqat *ot.* 진실, 진리(眞理), 참; ~da 실제로는, 사실상; 실은; ~dan ham 참으로, 정말(이지); quruq ~ 있는 그대로의 사실; achchiq ~ 귀에 거슬리는 이야기.
haqiqatan *rav.* 진실로, 참으로, 참으로, 정말(이지), 실로, 실은, 실제로, 확실히, 확실하게. ~bu shunday bo'lgan edi 실제로 그랬다.
haqiqiy *sif.* 진리의, 진실의, 진짜의, 사실의. ~do'st 성실한 벗, 참된 벗.
haqiqiy bo'lmagan bitim 무효인 거래
haqiqiy emas 무효(無效)
haqiqiy ho'jayin 실소유자
haqiqiy narx, baho 실거래가
haqiqiy qiymati 실제가치
haqiqiy umumiy istak, iroda 진의
haqiqiylik *ot.* 유효, 효력
haqli *sif.* 1) (*to'g'ri*) 옳은, 올바른, 정확한, 틀리지 않은; u tamomlia ~ 그는 아주 정확하다; 2) (*huquqqa ega*): ~ bo'lmoq ~을 요구할 권리가 있다; 3) (*haqqoniy*) 올바른, 공정한, 공명정대한
haq-nohaq *sif.* 이유 없이.
haqorat *ot.* 모욕, 능욕, 모욕적인 것, 무례한 것; birovni ~ qilmoq 모욕을 주다; ~lanmoq 모욕을 당하다; ~ga chidamoq 모욕을 참다.
haqoratlamoq *fe'l.* 모욕하다, 능욕하다.
haqoratli *sif.* 모욕적인, 무례한.
haqqoniy *sif.* 공평한, 공정한, 옳은, 정의의; ~talab 정당한 요구; ~gumon 지당한 혐의.
haqsiz *sif.* 1) (*huquqiz*) 공민권을 혜택받지 못한, 권리 없는; 2) (*noto'g'ri*) (도덕적·윤리적으로) 그릇된, 부정의, 올바르지 못한, 나쁜; 3) (*nohaqqoniy*) 부정한,

불의[불법]의, 부조리한; 불공평한, 부당한.
har *rav.* 저마다의, 각각의, 하나하나의, 모든; ~kun 매일, 날마다; ~yil 매년, 해마다; ~kecha 매일밤; ~uyda 각 가정에, 어느 집에도; ~safar 그때마다; ~ 10 daqiqada 1o분마다; ~2kunda 이틀 걸러; 사흘째마다; men qatnashganlarning ~ biridan so'rab ko'rdim 나는 출석자 한 사람 한 사람에게 제 나름대로의 생각이 있다.
har oylik to'lash 월별 지급
har qancha, qanchalik 아무리
har qanday huquqbuzarliklarga barham berish talabi 방해제거 청구
har yillik 매년의
har yillik asosiy ta'til 연차휴가
har yillik tadbir 연간 행사
harajatlar hisobi 비용계산
harajatlar kamayishi 비용감축
harajatlar ro'yxat 비용명세
harajatlar ro'yxati, smeta 견적(見積: 어떤 일에 소요되는 비용 등을 미리 대강 어림잡아 계산함. 또는 그 계산.)
harajatlar smetasi 지출 예산
harajatlar taqsimoti 비용분담
harajatli byudjet 적자 예산
harakat *ot.* 1) 운동, 움직임. 2) 활동, 행동, 동작. oldinga ~ 전진운동; ritmik ~ 율동; ~ga keltirmoq 시동시키다; ~qilmoq 행동하다, 활동하다.
harakat boshqaruvi 교통정리
harakat fe'li 동작동사, 작용동사
harakat yo'nalishi 관람객 이동방향
harakat yo holat sababi qo'sh-imchasi 탓(탓이다)
harakatchan 활발한, 민활한, 활동적인. ~ xarakter(hulq-atvor) 활발한 성질; ~bola 민첩한 아이.
harakatchanlik 유연성(柔軟性), 이동성(移動性)
harakatdagi *sif.* 움직이는, 동기가 되는; ~ kuch 동력, 원동력; ~g'ildirak 움직이는 바퀴.
harakatga taqlidiy ravish 의태부사(擬態副詞: 사람이나 사물의 모양이나 움직임을 흉내 내는 부사. '휘청휘청·데굴데굴·꾸벅꾸벅' 따위)
harakatga taqlidiy so'zlar 의태어(擬態語: 사람이나 사물의 모양이나 움직임을 흉내 내어 만든 말. '슬금슬금·화끈화끈' 따위)
harakatlanmoq *fe'l.* 1) *tex. fiz.* 움직이다, 이동시키다, 옮기다, 전진하다; suv bo'ylab ~ 물위를 활주하다; qayiq deyarli oldinga haraka- tlanmayapti 배는 거의 앞으로 전진하지 않는다; 2) (*faollashmoq*) 마음을 동요시키는 행동; 감동시키는 행동.
harakatlantirmoq *fe'l.* 1) *tex.* 움직이다, 운전시키다; 2) (*faollashmoq*) 운전 상태가 되다; 실행[실시]하다; barmoqlarni ~ 손가락을 움직이다.
harakatlantiruvchi 운동의, 움직이는, 동기의. ~nerv 운동신경; ~kuch 원동력.
harakatlanuvchi mol-mulk garovi 동산 담보물
harakatlik 동작상
harakatning sodir bo'lish jarayoni 무렵
harakatsiz 움직이지 않는.
harakatsizlik, chora ko'rmaslik 무작위(無作爲)
harbiy 1) 전쟁의, 전쟁에 관한; 2) 군인의. ~harakatlar 군사 godehd; ~holat 전시상태, 계엄상태; ~agent 대사관의 무관; ~ministr 육군대신.
harbiy holat tartibi 계엄
harbiy jinoyatchi 전범
harbiy jinoyatlar 전쟁범죄
harbiy maqsadda foydalaniladigan mah- sulot 군수품(軍需品)
harbiy xizmat 병역의무
harbiy-dengiz: ~ floti 해군.
harbiy-havo: ~kuchlari 공군
harbiylashmoq *fe'l.* 군수화하다, 군대화하다; 군국화하다; ~에게 군국주의를 고취하다; 군용으로 하다.
harbiy-sanoat majmuasi 군수산업체(軍需産業体)

harchand 성실하게 노력해도.
harf *ot.* 글자, 문자, 자모; yozma ~ 모음문자; katta ~ 대문자; mayda ~ 소문자
harfi *ot.* 히읗 (ㅎ)
hargiz *rav.* 결코 ~하지 않다[이 아니다], 일찍이 ~(한 적이) 없다, 언제나[한번도] ~(한 적이) 없다, 설마 ~은 아니겠지, 지금까지는; ~ seni unuta olmayapman 지금까지는 너를 잊지 못 한다.
harnechuk *rav.* 어떻게든지 하여, 여하튼, 어쨌든, 어쩐지, 웬일인지, 아무래도
harom *sif.* 1) *din.* 금지된, 금단의, 2) (*rasvo*) 부정한, (감각적으로) 더러운, 불결한; 냄새 나는; ~qilmoq 더럽히다; (신성을) 모독하다; (여성의) 순결을 빼앗다; ~ovqat 부정식; ~o'yin 부정한 놀이; ~fikr 간책, 간계.
haromlamoq *fe'l.* 더럽히다, 불결하게 하다, 오염시키다; 모독하다, 타락시키다.
haromzoda *ot.* 사생아, 서자, 서출
harorat 열, 더위, 더운 기운, 열기, 온도(溫度), 백열(상태), 작열(灼熱), 염열(炎熱), 체온(體溫); baland (past, o'rta) harorat 높은[낮은, 정상] 온도; ~ni o'lchamoq 체온을 재다; uning ~i baland 그는 열이 있다; qaynash ~i 비등점.
harqancha *rav.* 비록 어떻게 ~한다 하더라도, 어떻게, 많이. ~ urin- masin, u buning uddasidan chiqa olmadi 어떻게 노력을 안 해도, 그는 그 일을 할 수 없었다.
harchand *rav.* 아무리 ~할지라도[해도], 아무리 ~라도[하더라도].
hasad *ot.* 질투, 부러움, 시기, 샘, 시샘, 선망의 대상, 부러운 것; u ~ qilmoqda 그는 질투심에 사로잡혀 있다.
hasadlanmoq *fe'l.* 부러워하다, 샘하다, 질투하다; birovning omadiga ~ 타인의 성공을 부러워하다.
hasadli *sif.* ~을 샘[부러워]하는, 질투심이 강한, 질투하는, 부러워할 만한, 선망의 가치가 있는, 부러워하는; ~ ko'zlar 선망의 눈초리.
hasadchi *ot.* 부러워하는 사람, 질투하는 사람, ~을 샘[부러워]하는 사람, 질투심이 강한 사람.
hasrat *ot.* 슬픔, 비애, 비통, 비탄; (잃은 것에 대한) 아쉬움, 애석; yurak ~ 충심으로부터 애도; ~qilmoq 마음속을 털어 놓다; ~ chekmoq/ trotmoq 죽음을 애통해하다, 몹시 슬퍼하다, 애곡(哀哭)하다, 한탄하다
hasratlanmoq *fe'l.* 슬프게 하다, 비탄에 젖게 하다, ~의 마음을 아프게 하다.
hasratli *sif.* 슬픔에 잠긴, 비탄에 잠긴, 애처로운, 슬픈 듯한, 슬픔을 자아내는.
hassa *ot.* (등나무로 만든) 지팡이, 단장, 매, 회초리, 막대기; ~ga tayanmoq 지팡이에 의존하다.
hatlamoq *fe'l.* 깡충 뛰다, 뛰다, 뛰어오르다, 도약하다, 갑자기[재빨리] 일어서다; hatlab o'tmoq 뛰어넘다.
hatto(ki) ~조차(도), ~라도, ~까지, ~도, ~까지(도), ~조차; ~ men ham bilmagan edim 나는 ~까지(도) 모른다; hamma ishladi, ~ bolalar ham 모두가 일했습니다. 어린 아이들까지도; u juda charchadi, ~ ovqat ham yeya olmadi 그사람은 너무나도 피곤해서, 먹을 수조차도 없었습니다.
havas *ot.* 1) (*ishtiyoq*) 소원, 소망, 바람, 좋아함, 기호, 의향, 욕망; ~qilmoq 바라다, 원망하다; 2) (*qiziqish*) 열정(熱情); 격정(激情), 열심, 열중, 열광, 의욕, 열의, 관심, 흥미, 감흥; o'qishga bo'lgan ~ 향학열.
havaskor *ot.* 애호자, 찬미자, 기호자(嗜好者), 아마추어, (영화·스포츠·특정 취미의) 팬, 열렬한 애호가, ~광(狂); sport ~i 스포츠

H

의 애호가; shahmat turniri ~lari 아마튜어 장기 경기.
havaskorlik *ot.* 취미, 도락; 장기, 여기(餘技), 아마추어 활동, 직업적인[프로가] 아닌 사람; 애호가, 호사가
havaslanmoq *fe'l.* 바라다, 욕구(欲求)하다, 구하다, ~을 바라다, ~을 얻고 싶어하다.
havfsizlik texnikasi va ishlab chiqarish sanitariyasi bo'yicha qoidalar 산업안전 및 위생 원칙
havo *ot.* 1) 공기, 대기; toza ~ 신선한 공기; ~ toki 기류; ~dan nafas olmoq 공기를 호흡하다; ~ yo'li 항공사; ~ pochtasi 항공우편; ~ floti 항공기의 기단(機團); ~ kurashi 공중전; ~orqali yetkaz- moq 공수하다; gullarni ~ga chi- qarmoq 꽃에 바깥 공기를 쐬다; ~ga chiqmoq 바깥 공기를 쐬다, 밖으로 나가다; 2) (*obhavo*) 일기, 기후, 기상, 날씨; ochiq ~ 좋은 일기; ~ ochiq 쾌청, 좋은 날씨.
havo transporti 항공수송
havo transportining milliy tegi- shliligi 항공기 국적
havo yo'llari kompaniyasi 항공사(航空社)
havo yo'llari yuk hujjati/aviana- kladnoy 항공화물 운송장(air bill, freight bill)
havo yo'nalishi 항공로(航空路), 항공노선(航空路線)
havo yo'li 항공교통
havo yo'lidan tashish shartnomasi 항공운송 계약서
havodan yuk tashish 항공운송
havoga oid sug'urta 항공보험
havola 1) (*yuborish*) 보내다; 발송; 송신[송전]; 2) (*topshirish*) 책임, 의무; 책무, 직무; ~ qilmoq (*yu- bormoq*) 보내다; 발송하다; (*yukla- moq*) 지우다, 과(課)하다; 맡기다, 기탁[위탁]하다, 위임하다; men bu vazifani snga ~ qilaman 나는 이 책임을 당신에게 위임 합니다; u bizga o'zining malakaviy ishini havola qildi 그는 자기 논문을 보여 주었다.
havoli *sif.* 공기의, 대기의, 공기의 의한; ~ nasos 공기 펌프; ~shar 기구, 풍선.
havosiz *sif.* 진공의, 환기가 나쁜; 공기가 없는; ~ bo'shliq 진공.
havoyi *sif.* 바람이 잘 통하는, 가벼운; 섬세한; 우아한, (태도 등이) 경쾌한; (기분이) 쾌활한; ~ qiliq 우아한 태도.
havza *geogr. geol.* 분지(盆地); ~유역, 해분(海盆), 하천유역, (호수, 바다의) 연안 지역; Volga daryosi havzasi 볼가강 유역; toshko'mir ~si 탄전.
hay *ot.* 이봐!, 어이(호칭), 어(놀람); 야아(기쁨); shaytonga ~ bermoq 참다, 자제하다
hay'at *ot.* 부원, (사무국) 직원, 심사위원(스포츠의) 심사원; qabul ~i 선발 위원회; arxitektura konkursi ~ a'zosi 건축도안 현상모집의 심사원.
hayajon *ot.* 감동, 감격, 흥분; 흥분상태, 격동. qalb ~i 감동, 흥분.
hayajonlamoq *fe'l.* 두근거리다, 흥분하다, 떨리다, bo'lar-bo'lmasga ~ 시시한 일에 마음을 주리다.
hayajonli ma'no 정서적 의미
hayajonli *sif.* 쑤석거린; 흥분한; 동요한; ~ovoz 요란한 목소리.
hayal: ~o'tmy 조금 지나서, 이윽고.
hayat *ot.* 심사위원.
haybat 크다. 인상에 남는 것, 인상적인, 감동을 주는 것, 장엄한 일; 위업, 공적.
haybatli *sif.* 웅대한, 광대한, 장대한, 호화로운, 장려한, 성대한, 인상적인.
haydamoq *fe'l.* 1) 쫓아다니다, 혹사하다, 쫓아내다, 물리치다, 구축하다; podani ~ 가축을 쫓아다니다; 2) (마차·자동차를) 몰다, 운전[조종]하다; mashinani ~ 자동차를 운전하다; 3) (쟁기·괭이

H

로) 갈다, ~에 두둑을 만들다; 갈아 일구다, 쟁기로 갈아 젖히다; yerni ~ 땅을 갈다.
haydash 운전, 몰아냄, 몰기, 쫓기, 몰이.
haydov *ot.* (자동차 따위의) 운전, 조종
haydovchi *ot.* 운전사, 운전기사. mening akam ~ 우리 오빠는 운전사입니다.
haydovchilik guvohnomasi 운전면허
hayf *ot.* 유감, 애석한 일, 유감스러운 일; 수치, 창피, 치욕, 불명예; ~ qilmoq 무익하게하다, 쓸데없는 일을 하다; e, senga ~-e! 부끄럼을[수치를] 좀 알아라, 부끄럽지도 않으냐.
hayfki 유감천만이다[가엾기 그지없다].
hayfsan *ot.* 견책, 징계; 비난, 질책, 책망, 꾸지람; ~bermoq 견책[징계]하다; 호되게 꾸짖다; ~ e'lon qilmoq 엄하게 나무라다.
hayhot *ot.* 아아, 슬프도다, 불쌍한지고(슬픔·근심 등을 나타냄).
hayiqmoq *fe'l.* 근심[걱정]하다, 두려워하다, 무서워하다. Malika adasidan hayiqadi 말리카는 아버지를 무서워합니다.
hayit *ot.* 하이트(무슬림 사람들의 종교(상)의 명절); ~ qilmoq (식을 올려) 경축하다; (의식·제전을) 거행하다
haykal *ot.* 입상, 상(像), 조상(彫像), 기념비, 기념 건조물, 기념탑, 동상. mramorli ~ 대리석상; Amir Temur ~i 아무르 티무르 동상.
haykaltarosh *ot.* 상 만드는 사람, 조각가, 조각사(師). Ana u odam buyuk ~ 저분은 유명한 조각가입니다.
haykalcha *ot.* 조각(품), 조각(술), 조소(彫塑); 조각 작품; men kecha ~ sotib oldim 저는 어제 조각술을 샀습니다.
hayo *ot.* 부끄러움, 수치, 수치심, 암띰, 겸양, 수줍음. ~ni yo'qotmoq 수치심을 잃다.
hayoli *sif.* 수줍어하는, 부끄러워하는, 숫기 없는, 자신 없는, 사양하는, 수줍은, 머뭇거리는, 겁 많은, 내성적인; ~ yuz bilan 부끄러운 듯한 모습을 하고.
hayosiz *sif.* 부끄러워하지 않은, 부끄러움을 모르는, 파렴치한, 뻔뻔스러운; 추잡한, 음란한.
hayosizlik *ot.* 부끄러워하지 않은 것, 뻔뻔함; ~qilmoq 창피스럽게 행동하다
hayot *ot.* 1) 생명; 생존, 삶, 생(生), 생활; Yerda ~ning paydo bo'lishi 지구에서 생명의 시작; oilaviy ~ 가족의 삶; ~ uchun kurash 생존 경쟁; ~ va o'lim yoqasida 생사의 기로에 서서; ~ligida 생존 동안, 시생이 있을 동안; ~ini jabborga qo'ymoq 목숨을 걸다; ~ida judo qilmoq 생명을 빼앗다; ~ligimda 내가 살아 있는 동안은; 2) (*tirik*) 살아 있는, 생존해 있는; otam ~ vaqtida 나의 아버지가 생존해 있을 동안; u hali ~ 그는 생존해 있다
hayotbaxsh *sif.* 생명[활력]을 주는, 활기를[기운을] 북돋우는, ~에 생기를[생명을] 주는; 생동[싱싱]하게 하는, ~에 활기를 띠게 하는, 격려하는.
hayot darajasining oshishi 생활 수준 향상
hayotga qarshi og'ir jinoyatlar 생명에 대한 중범죄
hayotiy davriylik, umr 라이프 사이클
hayotiy *sif.* 생명의, 생명 유지에 필요한, 생명의 원천을 이룬, 생생한, 생기가 넘치는, 인생의, 중대한; ~daraja 생활수준; ~ tajriba 인생 체험; ~savol 사활 문제; ~ qizi- qishlar 중대한 이해관계.
hayotiylik *ot.* 생명력, 활력, 체력, 생활력; (종자의) 발아력(發芽力).
hayot-mamot *ot.* 생사, 사활.
hayotni sug'urta qilish 생명보험
hayqiriq *ot.* (날카로운) 외침소리; (고통 등의) 부르짖음, (공포·

고통의) 절규, 비명, 애곡, 통곡, 개탄, 고함, 환성; 우는 소리, 짖는 소리.

hayqirmoq *fe'l.* 큰 소리로 외치다, 울부짖다, 소리치다, 날카로운 비명을 지르다. 통곡하다, 고함치다, 소리 지르다, 외치다.

hayqiroq *sif.* 큰 목소리의, 시끄러운, 큰 소리로 말하는, 큰 소리를 내는.

hayrat *ot.* 불가사의, 경이, 놀라움, 경탄, 깜짝 놀람; 경악, 놀라운 일; ~dan o'zini yo'qotib qo'ydi 놀란 나마지 정신을 못 차리다.

hayratlanish so'roq gap 감탄의 문문

hayratlanmoq *fe'l.* 놀라다, 경탄하다. men uning mardligidan ~ndim 나는 그의 용기에 경탄했다.

hayron *ot.* 놀란 듯한, 깜짝 놀란, 경악한, 망연자실; ~bo'lmoq 놀라다; kutilmaganda uning kelishiga ~ qoldim 갑작스런 도착에 깜짝 놀라다.

hayvon *ot.* 1) 동물, 네발짐승, uy ~i 사육되어 길든 짐승; yirtqich ~ 약탈자; 육식 동물; zotdor ~ 순종의 짐승; yuk ~i 짐승의 무리; ~lar olami (일정한 지방 또는 시대의) 동물군[상(相)], 동물구계(區系); ikki oyoqli (to'rt) ~ 2발[4발]을 가진 동물; tuyoqli ~ 굽이 있는 동물; umurtqali ~ 척추동물; 2) *so'k* (인간에 대한) 짐승; 금수, 짐승 같은 인간, 사람 같지 않은 놈.

hayvoniy *sif.* 동물의, 잔인한; 야만적인, 짐승의[과 같은]; 수성(獸性)의; 흉포한, 야만스런, 잔인한; 상스러운.

hayvonot *ot.* (일정한 지방 또는 시대의) 동물군[상(相)], 동물구계(區系); (한 지방·시대의) 동물지(誌). ~ dunyosi(olami) 동물계; ~ bog'i 동물원. Kecha men ukam bilan ~ bog'iga bordim 어제 나는 동생과 함께 동물원에 다녀왔습니다.

hayz *ot. fiziol* 생리, 월경, 월경기간, 달거리; ~ko'rmoq 월경하다; 달거리하다.

hay'at *ot.* 위원회, 위원 멤버.

hazar *ot.* 1) 회피, 도피; (성직 따위의) 결원, 공석; 2) 까다로운, 괴팍스러운, 가리는, 몹시 딱딱한, 결벽한, 신경질적인; 꾀까다로운; ~ qilmoq 혐오감을 느끼다, 꺼리다, 싫어하다.

hazil *ot.* 농, 농담, 익살, 장난; qaltis ~ 짓궂은 농담; be~ 진지하게; ~ emas 진지합니다; Men ~ qilmayapman 농담이 아니야; ~ga aylantirmoq 농담으로 남겨 버리다.

hazilkam *sif.* 하찮은, 시시한, 웃기는, 농담의, 진실[진지]하지 못한; bu ~ish emas 이것은 농담이 아니다, 진지한 문제입니다; ~ deb o'ylamoq 농담으로 말하다.

hazilkamiga *rav.* 그 자리에서, 즉석에서; 준비없이; 무뚝뚝하게, 아무렇게나, 되는대로; 선 채로; ~ qilmoq 힘들이지 않고(뭔가를) 하다.

hazilkash *ot.* 개그(배우가 임기응변으로 넣는 대사나 익살, 우스운 몸짓), 농담하는 사람, 익살맞은, 익살꾼, 어릿광대; Botir ~ 바티르 씨는 익살꾼입니다.

hazillashmoq *fe'l.* 1) 장난치다, 희롱하다, 시시덕거리다, 농담을 하다; 2) (*ustidan*) ~을 놀려대다; 3) (*jiddiy gapirmaslik*) 농(담)으로, 장난으로; u hazillashmayapdi 그는 심각하다, 그는 농담 분위기가 아니다; bolalar bilan ~ 아이를 놀리다, 아이와 장난치다; u har doim hazillashadi, uning gapiga ishonib bo'lmaydi 그는 늘 적당히 말하므로 믿을 수 없다.

hazir: ~bo'l 조심[주의]해라.

hazm *ot.* 소화, 소화작용, 소화기능, 소화력(消化力); ~ qilish organlari *anat* 소화 기관; ~ qilish qiyin 소화불량; ~ qilishi yaxshi 위장이 튼튼한; ~qolmoq 소화하다, 삭이다.

hazrat *ot.* 1) (*qirol haqida*) 폐하(호칭); (*baland martabli shaxslar haqida*) 전하(殿下)(왕족 등에 대한 경칭), 각하(장관·대사·총독· 지사 기타 고관 및 그 부인과 주교·대주교에 대한 경칭); 2) *din.* 은총 입은, 행복한, 행운의, 축복받은.
hasham *sif.* 호화로운, 화려한, 장엄한.
hashamat *ot.* 빛남, 광휘, 광채, 호화, 장대(壯大), 장엄(한 아름다움), 장려, 훌륭함
hashamatli *sif.* 호화롭다, 화려한, 호사한, 장대한, 장엄한, 장려한, 크나큰, 웅장하다. ~uy 웅대한 집; ~bino 웅장한 빌딩.
hashar *ot.* 사람들은 모여서 청소하는 것.
hasharchi *ot.* 도움 주는 사람(많이 사람들은 모여서 더움으로 청소 할 때).
hasharot *ot.* 곤충, 벌레; ikki qanotli ~lar 쌍지류; zararli ~ 유해물; 해충; ~larga qarshi vosita 살충제; ~larga qarshi kukun 제충제.
hasharotho'r *ot. zool. bot.* 벌레류를 먹는, 식충(성)의; 식충 동물[식물]의, 곤충을 먹는; ~ o'simlik 벌레를 먹는 식물.
hezalak *sif.* 여자같은, 여성적인, 사내답지 못한, 기력이 없는, 나약한, 유약한; ~ yigit 사내답지 못한 젊은 사람
hech *rav.* 결코 ~하지 않다, (둘 중에서) 어느 쪽의 ~도 ~아니다[않다]; ~ kim 아무도 ~ 아니다; ~ kim kelmadimi? 아무도 오지 않았습니까?; ~ kim kelmadi 아무도 오지 않았다; ~qayerda 아무 데도 ~없다; ~ kimga yo'q 누구에게도 없다; ~ narsa- dan ~ narsa 단연코; 결코, 천만의 말씀입니다; 아무런 이유도 없이; ~ qayerda yo'q 아무데도 없다.
hechqisi: ~yo'q 괜찮습니다, 괜찮아, 염려 마라; uzr, sizni turtib yubordim! ~yo'q. 당신을 떠밀어서 죄송합니다! 아니, 괜찮습니다.
hibs *ot.* 체포, 억류, 붙듦, 붙들림; 저지; 지체; 구류, 구금, 유치; (벌로서) 방과 후 잡아두기; ~ **ga olmoq** 체포[구속]하다
hibsxona *ot.* 옥(獄), 교도소, 감옥; 구치소
hid *ot.* 1) 냄새, 향기, 향내, 센스(*yoqimli*); 2) 악취, 고약한 냄새, 찌르기, 쏘기 (*mol va hasharotlarda*) yoqimli ~ 방향; yoqimsiz~ 악취; ~chiqarmoq 냄새를 내다; ~kel- yapti 냄새가 풍기다.
hidlamoq *fe'l.* 1) 냄새를 맡다, 빨아들이다; u gulni hidlab ko'rdim 꽃 냄새를 맡아 보았습니다; 2) .(침 따위로) 찌르다
hidlanmoq *fe'l.* 1) (냄새가) 스며들다(충만하다). 2) .썩어서 악취를 풍긴다
hidlatmoq *fe'l.* ~냄새를 풍기다
hidlashmoq (*odamlar haqida*) 타협하다, 타협이 이루어지다, 상담이 매듭지어지다
hidli *sif.* 냄새가 있는, 냄새를 낸.
hidsiz **sif.** 냄새를 내지 않은.
hijron *ot.* 헤어짐, 이별; 사별, 고별; uzoq ~dan so'ng 오래간만에 (만날 때); ~da yashamoq 별거하다.
hikmat *ot.* 현명함, 지혜, 슬기로움; 분별; ~ o'ti 경험이 풍부한 현자, 박식한 사람; xalq ~i 대중적인 지혜
hikmatli 슬기로운, 현명한, 총명한, 사려[분별] 있는; ~ so'zlar 금언(金言), 격언; 경구(警句)
hikoya 1) 이야기, 설화; 실화; 동화; (단편)소설, 단편소설. 2) (*adabiy janr*) 서술, 이야기하기, 내레이터; ~ qilmoq 말하다, 이야기하다, 서술하다, (영화·텔레비전 등의) 내레이터가 되다; hajviy ~larni gapirmoq 일화를 이야기하다.
hikoyachi *ot.* 이야기하는 사람, (연극·영화·TV 등의) 해설자, 내레이터, 단편소설 쓰(말해 주)는 사람, 말솜씨가 좋은 사람.

hilol *ot.* 초승달, 신월(新月)
hilpillamoq *fe'l.* 흔들리다, 떨다, 흔들흔들하다; bayroq ~da 깃발이 펄럭거리다.
hilpiramoq *fe'l.* 퍼덕거리다, 날개치며 날다; (나비 따위가) 훨훨 날다, (기·머리칼 등을) 펄럭이게[나부끼게] 하다.
himmat *ot.* 1) 관대, 아량; 고결, 너그러움. 2) 노력, 고심. 1) ~ko'rsatmoq 너그러운 면을 보이다, 관대한 모습을 하다; 2) butun ~ini ko'rsatmoq 전력을 다하다.
himoya *ot.* 보호, 비호, 후원, 호안; *yur. sport.* 방위, 방어, 수비; vatanni ~ qilish 모국(본국) 방위; qal'a ~si 요새의 방어; shaharning suv toshqinidan ~ qilmoq 도시의 홍수 예방 대책; quyoshdan ~ 햇빛을 막기 위하여; sud ~si 변호인 측; ~ko'rsatmoq 보호해 주다.
himoya layoqati 특허등록 가능성
himoya, muhofaza 보호, 수호
himoyachi I *ot.* 변호인, 출원인(특허)
himoyachi II *ot.* 1) 비호자, 보호자, 옹호자, 방어자; 2) *yur.* 법률고문, 변호인(단); 변호사(辯護士), 보호사(*yurid.*) 3) (*sport*) 수비, 풀백, 후위; yarim ~ 중위.
himoyalangan aktsiya ot. 배당거취 주
himoyaviy izoh 보호조항(계약서를 작성할 때 상호 위험을 줄이기 위해 개별 규정이 나 조항 등을 변경할 수 있게 해 놓은 조항)
hind 1) (*hindistonlik*) 인도의, 인도제(-製)의; 인도 사람; 2) (*Shimoliy Amerikadgi*) (아메리칸) 인디언(어)의; 서인도의; ~ tili 인도어; ~okeani 인도양.
hindistonlik *ot.* 인도 사람.
hiqildoq *ot.* 목(구멍), 인후; 숨통, 호흡 기관, 식도(食道); *anat.* 후두(喉頭: 인두(咽頭)에 연결되어 있는 기관(氣管)의 앞쪽 끝 부분. 포유동물의 공기 통로이며 발성 기관임)
his *ot.* (시각·청각; 촉각 따위의) 감각, 오감(五感)의 하나, 관능, 감각 기관; (*shundk hissiyot tuyg'u*) 촉감, 감촉; 더듬음, 감각, 지각; ~etish organlari 감각의 기관; og'riq ~ni 통증; achinish ~i 연민의 정; g'araz ~si 짜증; ~ qilmoq 느끼다; men o'z aybdorligimni ~ qilmq- yapman 저는 자기의 잘 못을 깨닫지 않다.
his-hayajon *ot.* 파동, 감동, 감격, 흥분, 마음 전체를 지배하는 강렬한 느낌. qalb ~i 감동, 흥분.
his-hayajonli gap 감탄문(感歎文)
hisli *sif.* 느끼기 쉬운; 감수성이 강한; 신경 과민의, 화 잘 내는; (감정이) 상하기 쉬운; 걱정[고민]하는.
hisob 1) (*sanash*) 계산, 셈, 계산(하기), 계산(의 결과), 계산법, 집계, 개표; og'zaki ~ 암산; ~ tekshiruvi 회계 검사; mening ~imcha 나의 계산에 의하여; yil ~i 연대기, 연표; 2) (*xizmat mol uchun*) 계산서, 청구서, 계정(略: A/C); ~ bermoq 현금계산서; ~ bo'yicha to'lamoq 계정을 청산하다; (~에게) 원한을 갚다; ofitsiant ~ni keltirdi 급사가 계산서를 가지고 왔습니다; ~da xato qilmoq 셈을 잘못하다; 3) *buxg* 예금계좌, (금전·책임 처리에 관한) 보고(서), 전말서(顚末書); ~ raqami 계정(略: A/C); joriy ~ 현행의 계좌; shaxsiy ~ 개인 구좌; 4) *sport.* (경기 등에서) 득점(표), (시험의) 득점, 성적; to'g'ri ~ 정확한 계산; teng ~ 타이스코어(동점).
hisob balansi 대차대조표
hisob birligi 계산단위
hisob me'yori marjasi 은행의 예대 마진
Hisob palatasi 회계감사원
hisob shakli 결제형태
hisob, buxgalter balansi 재무제표(財務諸表), 대차대조표(貸借對照表)
hisobchi 경리, 회계사(원), 세무

사,
hisobchi, hisoblagich 계량기, 계기, 카운터
hisobchilik *ot.* 부기(簿記).
hisobdagi mablag'ni hibsga olish 예금 가압류
hisobdagi vositalar 운전 자금에서 일시적으로 빼낸 자금
hisobdan chiqarish 삭제, 상각 처리
hisobdan naqd pul olish 계좌 현금 인출
hisobga oid 회계의
hisobga oid daromad 장부상 이익
hisobga oid yozuvi 회계 계정
hisobga olinmaslik hodisasi 상계가 허용되지 않는 경우
hisob-kitob *ot.* 1) (*hisobit uzish*) 계산, 청산, 결산; ~ qilmoq (~속에) 셈하다, 셈에 넣다; pul ~i 돈 계산; vaqt ~i 시간 계산; ~dagi xato 계산의 착오; ishchilar- ning ~ini qilmoq (bermoq) 전공을 해고하다; 2) (*hisobot*) 회계(학); 회계보고; 결산; ~ ishlari 부기
hisob-kitob qilish 결산하다
hisob-kitoblar bilan tanishib chiqish huquqi 회계장부 열람권
hisoblamoq *fe'l.* 1) (*sanamoq*) 세다, 계산하다, 셈하다, (컴퓨터로) 계산[측정]하다, 산정(算定)하다, 평가하다; 어림잡다; 2) (*deb bilmoq*) 숙고하다, 두루 생각하다, 고찰하다, ~을 ~로 생각하다, (~로) 간주하다; pulni ~ 돈을 세다; imkoniyati bor deb ~ 가능하다고 생각하다; o'z burchi deb ~ 자기의 의무라고 생각하다.
hisoblash *ot.* 결산, 정산, 계산, 어음할인
hisoblash foizi *ot.* 어음 할인
hisoblash palatasi (증권) 결제 보증 및 관리 기관
hisoblash shakli 회계(결산)방식
hisoblashmoq *fe'l.* 셈하다, ~을 청산하다; 처벌하다; ~을 고려에 넣다, ~을 처리하다; biz keyin hiso- blashamiz 다음에 셈 합시다; u bilan ~ishga to'g'ri keladi 그를 고려하지 않을 수 없을 것이다; hech kim bilan ~maydi 고려하지 않다.
hisobli *sif.* 근소한, 셀 수 있는, 계산할 수 있는; poyezsning yo'lga tushishiga ~ daqiqalar qoldi 발차까지는 몇 분도 남지 않았습니다.
hisobni ochish formulyari 계좌 개설 신청서 양식
hisobning ikkitalik tizimi 이중장부
hisobot *ot.* 보고, 보고서(報告書); 설명서, 전말서, 답변, 변명; yillik ~ 연보; hizmat safari haqida ~ 출장 보고(서).
hisobsiz *sif.* 계산 없는, 계산 없이.
hisobxona *ot.* 회계(會計), 경리
hisobxona daftarlari *ot.* 회계장부
hisobxona daromadi 회계 장부상의 이익(book profit)
hisobxona hisoboti *ot.* 회계보고서
hisobchi *ot.* 회계원; 회계관; (공인)회계사; bosh ~ 회계부장, 회계과장; 경리국장.
hisobchilik *ot.* 회계(학); 회계보고; 결산
hissa I *ot.* 1) (*to'g'ri kelgan qism*) 몫; 배당몫, 일부분, 할당, 분담, 부담, 출자(비율); 2) (*qo'shilgan ulush*) 기여, 공헌, 기부, 기부금, 의연금; 기증(품); ilmga ~ qo'shmoq 학계에의 기여; biror narsaga ~ qo'shmoq 기여하다; bu safar 3 ~ ko'p pul oldim 이번에 3배나 많이 돈을 받았습니다.
hissa, II (*ulush, kvota*) 할당량(割當量), 쿼터(quota)
hissiyot *ot.* (시각·청각; 촉각 따위의) 감각, 오감(五感)의 하나, 관능, 지각, 느낌, ~감. ~ a'zolari 감각기관; ko'rish ~i 시각; ~siz 정신을 잃고.
his-tuyg'u *ot.* 감정, 기분, 애정, 의식, 직감, 감각, 지각, 깨달음;

sevish ~si 애정; unda Anvarga nisbatan ~ yo'q 그녀는 안바르를 사랑하고 있지 않다.
hiyla *ot.* 책략, 계략, 간계, 계교, 속임수, 트릭. ~ ishlatmoq 책략을 쓰다.
hiylagar *ot.* 사기꾼, 교활한 (능글맞은) 사람, 음흉한, 비열한, 계략을 쓰는
hiyla-nayrang *ot.* 교활, 간교, 전략, 군략; 책략, 계략, 술책, 모략; ~qo'llamoq 꾀를 쓰다; ~ qilmoq 교활하게 행동하다.
hiyobon *ot.* 공원
hizmat ko'rsatish belgisi 서비스 마크
ho'jaligni tiklash 경제 회복
hodisa *ot.* 경우, 기회, 사건, 생긴 일, (사건의) 발생, 일어남; bunday hodisalar hali bo'lmagan edi 지금까지 그렇게 한 선례는 없다; kutilmagan hodisa 뜻 밖에 기회, 돌발사건; baxtsiz ~ 불행한 사건춘사.
hodisa vaqti *ot.* 사건시.
hofiz *ot.* 가수(歌手), 노래하는 사람, 성악가, do'stimning akasi mashhur ~ 친구의 형은 유명한 가수입니다.
hojat *ot.* 1) 필요, 소용, 필연성; 불가피성, 필요한 것; ~(i) yo'q 이것은 필요하지 않다; 2) (*tabiiy*) 용변을 보다; ~xonaga kirmoq 화장실을 보다; ~ini chiqarmoq 필요를 만족시키다.
hojatxona *ot.* 세면소, 화장실; (수세식) 변기; 변소; 세면대, 세면기.
hoji *ot. din.* Mecca 순례를 마친 이슬람교도(의 칭호); 예루살렘 성지참배를 마친 근동의 기독교도. 메카에 참례한 일이 있는 회교도,
hokazo *ot.* ~따위, 등등.
hokim *ot.* 1) (*boshliq*) 우두머리, 장, 수령, 지배자, 지휘자; (*shaharda*) 시장, 읍장; (*viloyatda*) 통치자, 지배자, 주지사; 2) (*hukmron*) 지배; 관할; ~ sinflar 지배 계급; davlat ~i 국가 통치자.
hokimiyat *ot.* 권력, 권위, 권능, 지배력; 정권, 정부; shahar ~i 자치체(시·읍 등); 시[읍]당국; viloyat ~ 통치자의 사무실, 행정관실; ijro etuvchi ~ 집행권, 행정부 능력; ~ni boshqarmoq 정권을 잡고 있다.
hokimiyat bo'linishi nazariyasi 권력분립이론(權力分立理論)
hokimlik *ot.* 지배(력), 영향(력), 지배, 통수, 우세; ~qilmoq 지배하다; ~ni qo'lga kiritmoq 지배권을 장악하다.
hokiz *ot.* 1) 황소. 2) 매우 큰, 건장한(odam haqida). 3) so'kish so'z. 키가 큰 머저리, 얼간이. ~dek ishlamoq 쉬지 않고 일하다.
hol ot. 1) (*holat*) 정세, 형세(形勢), 상태, 사태, 형편, 사정; kutilmagan ~da 갑자기, 불시에, 예기치 않은, 의외의, 느닷없이; 2) (*vaziyat*) 사정, 입장, 경우, 사례(事例); bu ~da 저 경우에는; aks ~da 다른 (모든) 점에서는; ba'zi ~larda 확실한 경우에; har ~da 어떠한 경우에도, 어쨌든, 어떻든; 3) (*kuch*) 세기, 힘, 세력; ~dan toymoq 약하게 자라다; ~dan toydirmoq 약하게 하다; 4) (*sog'liq*) 건강(상태), 위생, 보건, 건강법; ~ so'ramoq ~의 건강을 요구하다; 5) *gramm.* 부사(副詞: 품사의 하나. 용언 또는 다른 부사의 앞에 놓여서 그 뜻을 한정함 《활용하지 않음. '꼭·쨱쨱·빨리' 등》. 어찌씨.), 상황어; joy(vaqt) holi 장소(때) 를 가리키는 상황어; uning o'ng qo'lida kichik holi bor 그녀는 오른손에 작은 점이 있습니다; holi bo'lsa uyimizga kelsin 힘이 있으면 우리 집에 오라고 하세요.
hola *ot.* 아주머니, 아줌마, 숙모(叔母)
hol-ahvol *ot.* 건강 상태. kasalning ~i 환자의 건강상태.
holat *ot.* 상태, 사태, 주위의 상황, 형세, 사정, 건강상태, (경기자의) 컨디션; harbiy ~ 전시 상태,

계업 상태; achinarli ~ 비참한 상태; qiyin (og'ir) ~ 곤란한 상태, 난경; siyosiy ~ 정국; iqtisodiy ~ 경제 상태; kiyimning ~i 사정, 사태. = ahvol
holat ravishi 성상 부사(性狀副詞: 사람이나 사물의 모양·상태·성질을 한정하여 꾸미는 부사《'잘'·'몹시' 따위》)
holbuki (*vaholanki*) 그 사이에, 그 동안에, (*aslida*) 하지만 사실은.
holsiz *sif.* 힘없이, 연약한, 약한, 힘없는, 박약한, 나약한, 기력이 없는.
holsizlanmoq *fe'l* 힘이 없어지다, 피곤하다, (사람이) 맥없이 쓰러지다[주저앉다], 실신하다; (갑작스레)쇠약해지다; 의기가 소침해지나; (폐·혈관 등이) 허탈 상태가 되다
holva *ot.* 할바(으깬 깨나 아몬드 따위를 시럽으로 굳힌 터키·인도의 과자), 낙화생(기름, 과즙, 벌꿀 등으로 만든 터어키식 과자).
homila *ot. biol.* (포유 동물, 특히 사람의 임신 3개월이 넘은) 태아(胎兒), 임신(姙娠); ~ ning 5oyi 임신 5개월.
homilador *sif.* 임신한, 잉태한, 임신하고 있는. 2) 내포하고 있는. 3) 임산부; u ~ 그녀는 임신하고 있다; mening onam menga ~ bo'lgan paytlarida 나의 엄마 나를 잉태하고 있었을 때.
homiladorlik *ot.* 임신(姙娠). 잉태(孕胎), 수태(受胎), 회태(懷胎), 회임(懷妊), 포태(胞胎), 회잉(懷孕), 배잉(胚孕)
homiladorlik, tug'ish, bola parvarishi bo'yicha nafaqa 임신,출산 및 육아 보조금
homiladorlikka ko'ra ta'til 임신휴가, 출산휴가(出産休暇)
homiy *ot.* 보호자(保護者), 옹호자, 방어자, 비호자, (*tashkilotchi*) 보증인(保證人), 후원자, 발기인, 스폰서(sponsor); ~ bo'lmoq 보호[수호, 비호]하다, 막다, 지키다; bosh ~ 보호 책임자.
homiylik *ot.* 비호, 보호, 후원. ~ qilmoq 보호해 주다; ~i ostida 보호(후원) 하에.
homiylik boji *ot.* 보호관세
hordiq *ot.* 피곤, 피로, 지친; ~ chiqarmoq / olmoq 쉬다, 휴식하다.
horimoq *fe'l.* 피곤하다, 피로하다, 지치다; u tez-tez ~idi 그는 곧 지친다, 싫증이 난다.
hosil *ot.* 1) 수확, 추수, 작황, 수확기; 초가을; 수확물; yuqori ~ 높은 수확; paxta ~i 목화 추수; olma ~i 사과의 풍작; 2) ~ bo'lmoq 형태를 이루다, 생기다.
hosila *ot. mat.* 미분 계수; 도(導)함수
hosildor *sif.* (*yer haqida*) (땅이) 비옷한, 기름진, 풍작을 가져오는; 풍작의, 수확이 많이, 수확의, 풍요한, ~ yil 풍년; ~ yer 풍요한 지방.
hosildorlik (*yerniki*) 다산, 풍요(豊饒), 풍작(豊作), 비옥; 생식[생산]력; (상상력이) 풍부함. yuqori ~ 다수확.
hosilot *ot.* 생산성, 생산력; 다산, 풍요
hosilsizlik *ot.* 흉작, 생산성이 나쁜
hotam *ot.* 관대한, 아량 있는; 고결한; 편견 없는; ~lik 관대, 아량; 고결
hovli *ot.* 1) (건물에 인접한) 울을 친 지면, 안마당, 구내, 마당, 안뜰, 뜰; 2) 농가, 농장. bizning ~miz juda katta 우리 주택은 아주 큽니다.
hovliqish *ot.* 공연한 소란; 안달(함), 허둥지둥; 선동, 운동, 애지테이션.
hovli-joy *ot.* 부속 건물·농장이 딸린 농가
hovliqma *sif.* 1) 침착하지 못한, 들떠 있는; 안면할 수 없는, 공연히 안달하는. 2) 불안한, 꺼림칙한, 걱정되는, 근심스러운, 성가신, 번거로운. ~ ish 귀찮은(성가신) 일. 3) (*buyruq gap*) 서두르

지 마.
hovliqmalik ot. 공허, 무가치. hamma ~da 너나할 것 없이 야단법석이다.
hovliqmoq *fe'l.* 1) 서두르다, 조급하게 굴다, 덤비다. 공연히 안달하다, 분주하게 쏘다니다. 2) 파도치다. men kuni bo'yi ~ib yurdim 저는 하루 종일 공연히 분주했다.
hovliqtirmoq *fe'l.* 큰 파도를 일으키다.
hovuz *ot.* 못; 연못, 지당(池塘), 수택(水澤), 금담(金潭), 늪; 샘물; 양어지; ~ quritmoq 못을 말리다.
hovuch *ot.* 손아귀, 한 움큼, 손에 그득, 한 줌(의 양), 손에 가득한 것; ~ni to'ldirb olmoq 한 움큼 쥐다; ~lab pul tarqatmoq 돈을 척척 잘 쓰다; to‘la ~lab 듬뿍.
hovuchlamoq *fe'l.* 손에 그득 잡다(쥐다), 손바닥을 오무려 손을 움켜쥐는 듯한 모양을 하다.
hoynahoy *rav.* 아마, 필시, 대개는, 아마도, 내 생각에는.
hozir *sif.* 1) 준비가 된, (언제든지 ~할) 채비를 갖춘; 각오가 되어 있는, 즉석에서의, 당장에 응(應)하는; 재빠른; ~ bo'lmoq ~할 준비[각오]가 되어 있다; 2) 지금, 현재; 목하, 막, 즉시; men ~ keldim 저는 지금 왔습니다.
hozirgi *rav.* 지금 곧, 바로; 이제부터, 지금의, 현재의; ~vaqtda 현재는; ~ holatda 현재의 상태.
hozirgi zamon 현재시재
hozirgina *rav.* 바로 지금, 방금, 이제 막, 머지않아, 곧; ~하자마자. ukam ~ ishga ketdi 동생은 방금 직장에 갔다.
hozirlamoq *fe'l.* 준비하다, 채비하다, ~을 미리 마련하다; ~을 미리 조사하다, 예습하다; ovqatni ~ 식사를 마련하다.
hozirlanmoq *fe'l.* 준비[채비]를 갖추다, 준비하다, 마련하다. urushga ~ 전쟁 준비를 하다; yo‘lga ~ 여행 준비를 하다.
hozirlik *ot.* 준비(채비)가 되어 있는 것. u yordamga ~ gini aytdi 그는 우리를 끝까지 돕겠다고 말하였다.
hozircha *rav.* 이내, 곧, 즉시, 잠깐 동안, 당장에는. men ~ shaharda qolaman 나는 당분간이 도시에 있을 것이다.
hoshiya *ot.* 1) 경계, 국경(지방), 변경, 변두리, 2) (페이지의) 여백, 난외(*daftarda*)
huda-behuda *sif.* 무위(無爲)로, 무익하게, 헛되이, 함부로, 무모하게, 목적 없이; ~ vaysamoq 함부로 지껄이다; ~ vaqtni yo'qotmoq 헛되어 시간을 보내다.
hudud ot. 땅, 토지, 부지, 용지, 지대, 지역, 지방; tog'li ~ 산지; ochiq ~ 개활지.
hududiy dengizning boshlanish joyi 영해기선
hududiy sudga tegishlilik 토지관할
hududiy ustunlik 영토고권
hujayra *ot. bot.* 세포; tuxum ~si 밑씨, 배주(胚珠), 난자(卵子); 소란(小卵); ~lar orasidagi 세포사이의[에 있는]; ko'p ~li 다세포의; bir ~li 단세포의.
hujjat *ot.* 서류, 문서, 기록, 증거자료, 조서; (*biror narsani topshi- rish*) (서명 날인한) 증서, 권리증, 공훈, 공적; *yur.* 법률문서(계약서·증서·증권 등).tarixiy ~ 역사자료
hujjatlamoq *fe'l.* 문서(서류)로 증명하다.
hujjatlar rekvizitlari 서류 필수기재사항
hujjatlarni olishda tilxat 서류 접수증
hujjatlarni qalbakilashtirish 문서위조(文書僞造), 서류 위조
hujjatli *sif.* 증서(서류, 문서)로 증명하다.
hujjatsiz qimmatli qog‘ozlar 비설정 증권
hujra *ot.* 수도원의 방, 승방, 작은 방; (수도원 따위의) 독방, 작

은 수도원[수녀원]; sumkamni ~dan topdim 가방을 승방에서 찾았습니다.
hujum *ot.* 1) 공격, 강습, 습격; 맹렬한 비난. 2) (*futbol, hokkey*) 전위(前衛), 공격수; havo ~i 공중 공격; ~ga o'tmoq ~을 공격한다.
hujum bitimi 선물거래
hujum qilmaslik tamoyili 불가침의 원칙
hujumkor *ot.* 공격, 강습, 습격
hujumchi *sport.* 전위, 포워드 (F.W.)
hukm *ot.* 1) *yur.* 판결, 선고; 처형(處刑), (배심원의) 평결, 답신(答申); jiddiy ~ 형을 살다; ~chiqarmoq 판결(선고)을 내리다; o'lim ~i 사형선고.; 2) *k.m.* (*hokimiyat*) 권력, 권위, 권능, 지배력, 지배, 통치.
hukm, hukmnoma *ot.* 선고
hukmdor *ot.* 지배자(支配者), 통치자(統治者). davlat ~i 국가 통치자.
hukmdorlik *ot.* 통치권(統治權), 지배권(支配權); davlatga ~ qilmoq 국가를 통치하다.
hukmron *ot.* 1) (*podsho*) 통치자, 주권자, 지배자, 군주; 2) (*idora qiluvchi*) 지배하는, 통치하는, 다스리고 있는; ~ sinf 지배계급; ~lik qilmoq 다스리다.
hukmronlik *ot.* 지배(력), 영향(력).
hukumat *ot.* 정부(政府), 내각(內閣); 통치(권), 행정(권), 지배(권); ~ a'zosi 각료; ~ qarori 정부의 결정.
hukumat iste'fosi 정부의 해산
hukumat qarori 정부령(政府領)
hukumat raisi 국무총리(國務總理)
hukumatga ishonmaslik 정부불신임
hukumatlararo 정부간의
hukumatlararo konferentsiya 정부간회의
hukumatlararo qarzlar 정부간 차관
humo *ot.* 피닉스. (이집트 신화의) 불사조(500년 또는 600년에 한번씩 스스로 타 죽고, 그 재 속에서 다시 태어난다는 영조(靈鳥)); 불사의 상징.
hunar *ot.* 1) 기능, 기술, 숙달, 연달(練達), 능숙, 숙련, 노련, 교묘, 능숙함, 솜씨; ~ ishlatmoq ~에 전념하다; 2) (*kasb*) 매매, 상업, 장사, 거래, 무역, 교역, 수공업, 수직. stolyarlik ~i 소목장이; etikdo'zlik ~i 제화업; tikuvchilik ~i 양복 점업, 재봉업.
hunarli *sif.* 숙련된, 능숙한.
hunarmand *ot.* 장색(匠色), 솜씨 좋은 직공, 기술공, 숙련공, 수공업자.
hunarmandchilik mahsuloti 예술공예품
hunarmandchilk mahsuloti 수공품
huquq (*huquqlar*) 1) *yur.* 권리(權利); umumiy saylov ~i 투표권, 선거권, 참정권; ~ va burchlar 권리와 의무; ~ olmoq 권리를 부여하다; 2) (*fan sifatida*) 법(法), 법률(法律), 국법(國法); xalqaro ~ 국제법; ~ni o'rganmoq 법율 연구; saylov ~i 선거권; avtorlik ~i 저작권; dam olish ~i 휴식의 권리; bilim olish ~i 교육을 받을 권리.
huquq asosi 법원(法院)
huquq buzilishi 침해된 권리
huquq falsafasi 법철학(法哲學)
huquq muqobili 조리(條理)
huquq qonunchiligi 법적권리
huquq tarixiy maktabi 역사법학파
huquqdorlik 권리능력(權利能力)
huquqga oid atama 법률용어(法律用語)
huquqiy *sif.* 법률(상)의, 법률에 관한, 법정(法定)의, 법률이 요구[지정]하는; ~nor- malar 법규; ~ bilim 법(적) 교육.
huquqiy akt 법규명령
huquqiy asoslangan ish 권리(의무의 발생, 변경 및 소멸을 의식하고 한 행동은 아니지만 결과적으로 법률

변동을 가져온 행위)
huquqiy harakat 적법행위
huquqiy harakat, akt 법령(法令)
huquqiy harakatlar 법률행위(法律行爲)
huquqiy holat 법적지위(法的地位)
huquqiy koʻmak 법적조력
huquqiy kuch 법적효력
huquqiy ma'suliyat 법적책임(法的責任)
huquqiy majburiyat 법적의무
huquqiy manzil 법인의 등기법상의 주소지
huquqiy muhofaza 법적보호
huquqiy shaxs 법인(法人)
huquqiy tartib 법질서(法秩序)
huquqiy tartib va axloq asoslariga zid kelishuvlar 반사회질서의 법률행위
huquqiy voris 권리계승자
huquqiy vorislik 권리계승
huquqiy-meʻyoriy harakat 법령
huquqli *sif.* 적임의, 유능한, (법정) 자격이 있는(법정·법관·증인 따위); 관할권 있는; toʻla ~ a'zo 정회원.
huquqni bekor qilish 권리의 소멸
huquqni boshqarish uslubi 법적해결방식
huquqni suisteʻmol qilish 권리남용
huquqni suiisteʻmol qilish holatlariga yoʻl qoʻymaslik 권리남용의 방지
huquqni tasdiqlash, legitimatsiya 확인서, 권리의 법적확인
huquqning depozitiv meʻyorlari 임의규정
huquqning taʻqiq meʻyorlari 금지규정
huquqshunos *ot.* 법률학자, 법률가, 법학자, 법리학자, (*talaba haqida*) 법학사, 법학생, 변호사; ~lik o'quv yurti 법률 학교; ~lik 법학, 이론, 법률학, 법리학
hur *sif.* 자유로운, 속박 없는; ~ mamlakat 자유국가; ~ vatan 자유로운 고향; ~ fikr 자유로운 생각; ~ fikrli 자유사상가(특히 종교문제를 합리적으로 고찰하여 교회의 권위를 무시하는).
hurish *ot.* 짖는 소리, 심한 기침, 큰 소리.
hurlik *sif.* 자유, 해방, 탈각, 자주독립.
hurmat *ot.* 존경, 경의(敬意), 존중, 중시; ~ taxtasi 명예장(章); ~ qilmoq 존중하다, 존경하다; ~ ko'- rsatmoq 경의를 표시하다; ~ qozonmoq 존경을 받다; ~ va ehtirom 안녕하십니까?; o'ziga bo'lgan ~ 자존(심), 자기 존중.
hurmat ma'nosini ifodalovchi qo'- shimcha -시-
hurmat qoidasi 높임법
hurmat soʻzi 존칭어(尊稱語), 경어
hurmat soʻzini tugallovchisi 존대 선어말어미
hurmat va takallufsizlik kate-goriyasi 높임과 낮춤
hurmatlamoq *fe'l.* 공경하다, 존중하다, 중히 여기다. kattalarni ~ 연장자(상급자)를 존경하다.
hurmatlash *ot.* 존경, 경의(敬意), 존중.
hurmatli *sif.* 훌륭한, 높이 평가되는, 존경심이 가득한.
hurmatsiz *sif.* 실례되는; 경시한, 부당한, 불경의.
hurmatsizlik *ot.* 불경, 실례, 무례.
hurmoq *fe'l.* (개·여우 따위가) 짖다; 짖는 듯한 소리를 내다, 고함치다.
hurriyat *ot.* 자유; ~ramzi 자유의 상징; ~da bo'lmoq 자유의 상태에 있다.
husn *ot.* 아름다움, 미모, 미; u ~i bilan ajralmaydi 그는 그렇게 호남아는 아니다.
husnbuzar *ot.* 부스럼, 여드름, 발진.
husnixat *esk. ot.* 서도, 서예, 서법, 필법, 습자, (=kalligrafiya). uning ~i chiroyli 그는 서법이 좋다.

husnli *sif.* 예쁘다, 아름답다. men kecha juda ~ ayolni uchratdim 어제 나는 너무 아름다운 여자를 만났습니다.
husnsiz *sif.* 아름답지 않은, 미운. ~odam 미운 사람.
husnsizlik *ot.* 미움.
xususiy mablag‘ ko‘payishi 자기자본증가
xususiy mol-mulk 사유재산(私有財産)
hut *astr.* 물고기자리(황도상의 첫째 별자리. 춘분점을 포함하며, 물병자리의 동쪽, 황소자리의 서쪽에 있음), 쌍어궁(雙魚宮: 황도 십이궁의 최후의 궁《우수 때 해가 이 별자리에 이름》), 물고기자리 태생의 사람.
huzur I *ot.* 존재, 현존, 실재, 출석, 임석; 참석; men sening ~ingga keldim 나는 당신에게 온다; vazir ~ida 장관이 있는 데서, 상관의 참석 하에.
huzur II *ot.* (*lazzat*) 기쁨, 즐거움, 유쾌, 만족, 희열; ~bag'ishlamoq 기쁘게 하다, 만족을 주다; bu unga ~ bag'ishladi 이것은 그에게 큰 기쁨 이었다; ~lanmoq 만족시키다.
huzurbaxsh *sif.* 즐거운, 재미있는, 유쾌한; 즐길[누릴] 수 있는, 기쁘게 하는; ~ lanmoq 즐기다, 향락을 하다.
huzur-halovat *ot.* 1) 지복(至福); 경사, 더없는 행복, 천국의 기쁨; 희열; 2) 팔복(八福)(의 가르침)(예수의 산상 수훈의 일부; 마태복음 V: 3-11).
huzurida ~의 참석하에, ~보다 앞에[먼저], ~에 앞서, ~에 우선하여, ~보다 오히려; ~하느니 차라리; u odam ~ rm 사람의 참석하에; maktab ~ 학교에 부속되어 있다; ~gi 흠모하고[마음을 기울이고]있다.
huzurlanmoq *fe'l.* 만족시키다, ~을 느끼다, 감지하다, 지각하다; shu bilan ~ ishga to'g'ri keladi 이것으로 만족해야만 할 것이다.
hush *ot.* 인지, 자각, 의식, 알고 있음, 알아챔, (*aql*) 느낌, ~감, 분별력, 센스, 사려, 판단력, 지각, 분별, 상식, 사려 있는 행위; ~i o'zida 그는 지각[의식] 있는 사람이다; ~dan ketmoq (~ini yo'qotmoq) 실신하다; ~siz 무의식적으로, 실신상태에서.
hushli *sif.* 분별 있는, 사리를 아는, 이치에 맞는, 조리 있는.
hushsiz *sif.* 정신없이, 무의식의, 부지중의, 모르는, 깨닫지[알아채지] 못하는; ~ yotmoq 정신없이 누워있다.
hushsizlik *ot.* 무의식; 의식 불명, 인사불성, 무심(無心), 잠재의식(潛在意識), 전의식
hushtak *ot.* 휘파람(의 소리), 호각, 경적, 기적(汽笛); ~ ovozi 휘파람 소리; paravoz ~i 기차의 기적; ~ chalmoq 경적을 울리다, 휘파람을 불다.
hushyor 1) 자지 않고 지키는, 부단히 경계하고 있는; 방심하지 않는, 주의 깊은, 예민한 신경을 가진; ~ bo'l (*sergak bo'l*) 방심하지마!, (*ehtiyot bo'l*) 조심[주의]해라!; ~ qorovul 바스락 소리만 나도 눈을 뜨는 감시인; 2) (*mast emas*) 술 취하지 않은, 맑은 정신의; 절주하고 있는, 착실한, 침착한; u mast emas, ~edi 그는 마시지 않는다, 그는 취하지 않았다.
hushyorlik *ot.* (=**hushyor**) 1) (*sergaklik*) 조심, 신중, 경계; 불침번 서기; 2) (*mast emaslik*) 절주(節酒); 절제, 제정신, 근엄; 냉정, 침착; 온건; 진지함; revolyutsion ~ 국민의 적을 간파하는 힘.
hushyorxona *sif.* (사람을) 진지하게[온전한 정신이 들게] 하는.
ho‘kiz *ot.* (거세하지 않은) 황소;) 소처럼 힘센[침착한, 둔한, 꼴사나운] 사람; ~day 거대한; 막대한, 굉장한 양의.
ho‘l *sif.* 1) (*ivigan*) 젖은, 축축한, 습한, 물기 있는, ~ kiyim 젖은 전(옷감); qo'lim ~ 나의 손은 젖었다; ~qilmoq 축이다, 적시다; 젖다; 축축해지다; ~latta 젖은 누더기; ~ sochlar 젖은 머리;

stolning usti ~ 책상 위가 젖어 있다; 2) (*nam*) 습기(濕氣); 안개, 이내; ~ o'tin 숲속의 안개; 3) (*yangi*) 새로운, 갓 만들어진, 갓 생긴, 싱싱한, 익지 않은. ~ meva 익지 않은 과일.

ho'llamoq *fe'l.* 축축하게 하다, 축축해지다; 적시다, 젖다; 개'molchani ~ 젖은 손수건

ho'ngramoq *fe'l.* 흐느껴 울다, 흐느끼다; (개·이리 따위가) 짖다, 멀리서 짖다, 바람이 윙윙거리다.

ho'plam *ot.* 한 모금, 한 입의 양, (마실 것의) 한 모금, 한 번 마심, 한 번 홀짝임; bir ~ suv ichmoq 물을 한 모금 마시다; bir ~da ichmoq 한 일의 다 마시다; bir ~ suv bering 물 한 잔 주십시오.

ho'plamoq *fe'l.* 꿀꺽꿀꺽 마시다, 삼키다, 홀짝이다; bir ho'plab 한 입에 꿀떡굴떡[꿀꺽꿀꺽] 마시다; 한 입에(단숨에) 삼켜버리다; choyni xo'plab ichmoq 차를 홀짝 마시다.

Ii

I 우즈벡 알파벳 자음 여덟째 글자
-ib harakat nomi qo'shimchasi ~고
iblis *ot. din.* 1) 사탄, 악마, 마왕, 악귀, 악령. 2) *so'kish.* 벌어먹을! 제기랄! 망할 자식!
iblislik *ot.* 악마 같은 짓; 무서운 짓, 극악무도한 짓.
iblisona *rav.* 지독하게, 무섭게, 맹렬하게악마처럼; 극악무도하게,
ibo 1) (*hayo*) 수줍음, 스스러움; 소심, 겁; 2) (*hafsini tiyish*) 절제, 금욕, 금주, 자제; 극기, 삼감, 중용; 금육재(禁肉齋); (특히 성욕의) 절제, 배설 억제능력; ~ qilmoq 부끄러워 ~(못)하게 하다.
ibodat *ot. din.* (*xudoga sig'inish*) 하나님께 예배(숭배, 존경); (*nzmoz o'qish*) (신(神)에게) 기원하다, 기도하다; (사람에게) 탄원하다, 간원(懇願)하다, 빌다; ~qilmoq *din.* (*xudoga sig'inish*) 하나님께 예배드리다, (*nzmoz o'qish*) (신(神)에게) 기원하다, (사람에게) 간원하다; ~ qilmoq *k.m.* (*biror narsaga berilib ketmoq*) ~에 감복[찬탄]하다, 칭찬하다, 사모하다, 경탄하다.
ibodatxona *ot. din.* 성전, 신전, 성당; 절, 사원; (모르몬교의) 회당; (프랑스 기타 신교도의) 교회당; 채플, 예배당(큰 교회·학교·병원·개인 저택내의), 공회당.
iboli *ot.* 1) 절제[자제]하는, 음식을 삼가는, 삼가는, 알맞은, 중용의; 2) 수줍어하는, 부끄러워하는, 숫기 없는, 소심한.
ibora *ot.* 말씨, 어법, 말투, 어구, 표현(법)(tilsh.) bu o'zbekcha ~ emas 그것은 우즈벡 말투가 아니다.
iborat *ot.* (마음이) 가라앉은, 침착한; ~으로 이루어진, ~으로 되다, (부분·요소로) 이루어져 있다.
ibosiz 1) 무절제한, 폭음 폭식의; (특히) 술에 빠지는; 과도한, 난폭한(행위·언사); 2) (*bessharm*) 부끄러움을 모르는, 파렴치한, 뻔뻔스러운; 추잡한, 음란한.
ibosizlik = ibosiz
ibrat *ot.* (덕성·정신 따위의) 함양, 계몽, 교도, 교화, 계발; 훈도(薰陶), 권고, 충고, 경고, 훈계; 권고[격려, 훈계]하는 말, 본보기, 전형, 모범; ~bo'lmoq 교훈이 되게하다; undan ~ olmoq 그의 예에 따르다; 그를 본으로 삼다.
ibratli *sif.* 교훈이 되는, 유익한; 교훈적인.본보기의.
ibratomuz *sif.* 교훈[교육]적인, 본받을 점이 많은, 도움이 되는, 가르치기 위한, 설교적인; 교훈벽(癖)이 있는.
ibtido *ot.* 기원(起源), 발단(發端), 원천(源泉); 유래; 원인.
ibtidoiy *sif.* 1) (*boshlang'ich*) 처음의, 최초의, 시작의; 초기의; 2) (*oddiy*) 기본의, 초보의, 단일의, 단순한, 간단한, 순연한, 순전한; ~ qoidalar 기본의 규칙; 3) (*kishilik tarixining dastlabki davriga oid*) 원시의, 원시시대의, 원시적인, 태고의; ~ odam 원시인; ~jamiyat 원시사회.
ideal I (*har jihatdan yaxshi*) 이상, 극치; 전형, 규범, 관념, 완전, 더할 나위 없는 것, 무결점, 이상적인 것; ~ fikr 훌륭한 아이디어; ~ gaz *fiz.* 완전한 가스.
ideal II *sif.* (*eng yuksak orzu va tilk*) 이상의, 이상적인, 더할 나위 없는, 완전한; ~sevgi 플라토닉 사랑; ~ishchi 이상적인 일꾼; o'spirinlik ~lari 당신의 완전함.
idealist *ot.* 이상가; 관념론[유심론]자; ~ik 관념주의자.
idealizm *ot.* 이상주의; 관념주의, 유심론, 관념론(觀念論: 인식론상의 한 입장. 우리가 인식하려는 세계는

외계 현상계가 아니라 영원불변한 관념 세계라고 하는 이론. 관념주의↔실재론.)
identifikatsiyalangan mol 불특정물
ideolog *ot.* 관념학자, 관념론자; 공론가
ideologik *sif.* 관념학의; 공론의; 관념 형태의, 이데올로기의.
ideologiya *ot.* 관념학[론]; 공리, 공론, (사회상·정치상의) 이데올로기, 관념 형태; ~ fronti 이데올로기 표면
idioma *til.* 숙어, 관용구, 고유어, 방언, 말씨, 어법, 말투, 어구; ~tik 관용구적인, 관용구가 많은; (어떤 언어의) 특색을 나타내는; (어떤 언어에) 특유한.
idiomatik *sif.* 관용구적인, 관용구가 많은; (어떤 언어의) 특색을 나타내는; (어떤 언어에) 특유한; ~iboralar 관용구적인 표현.
idiomatika *ot.* 관용구(慣用句), 숙어(熟語).
idish *ot.* (깊은) 접시, 큰 접시, 용기(容器), 그릇(통·단지·대접·주발·잔·접시 따위); china ~ 도자기; oshxona ~ 식기; choy~ 찬잔; vino ~i bilan sotiladi 술을 용기에 넣어서 판다.
idish-tovoq *ot.* 식기, 식탁용 식기류. ~ shkafi 찬장; ~sochig'i 행주.
idishi bilan og'irlik 총중량
idishsiz, sof og'irligi 순중량
idora ixtiyoridagi hakamlar sudi 관할중재법원
idora *ot.* 1) (*boshqarish*) (공공기관의) 관리, 경영, 통제, 지배; ~qil- moq 지배하다; 통제하다, 관리하다, 감독하다; mashinani ~ qilmoq 운전할 수 있다; o'zini ~ qila bilmoq 자기 자신을 통제할 수 있다; 2) (*boshqarma*) 행정기관, 관청, 행정부, 내각, 정부; (*muassasa*) (학술·사회적) 회, 학회, 협회, (공공) 시설, (공공) 기관[단체]; davlat ~lari 주 정부; kolxoz ~si 집단농장, 콜호스 시설; 3) 지국, 출장소. bank ~si 회계 사무소; notarial ~ 공증인 사무소; pochta ~si 우체국; e'lonlar ~si 광고 취급소; yo'qolgan narsalar ~si 유식물 보관소.
idora qaramog'idagi (재판)관할
idora qilish hujjatlari, axborotnoma 통지서, 계산서
idora qilish, boshqarish 수행 관리
idora, kontora 사무소(事務所)
idora, tashkilot, muassasa 사무실, 사무소(事務所)
idrok *ot.* 1) (*zehn*) 적극성, 진취적인 기상, 의기; 재치, 지혜, 요령이 좋음; ~ qilmoq/etmoq 이해하다, 파악하다, 깨닫다; 2) (*es-hush*) 상식, 양식(체험하여 얻은 사려·분별), 지각, 분별, 사려 있는 행위; ~ni yo'qotmoq 이성을 잃다.
idrokli *sif.* 1) (*zehni o'tkir*) 영리한, 똑똑한, 재기 넘치는; ~qiz 영리한 소녀; 2) (*es-hushli*) 분별있는, 양식(良識)을 갖춘, 사리를 아는, 현명한, 이성을 지닌, 이지적은; inson ~ 인간은 이상적 존재이다.
idroklilik *ot.* 이성(지각)을 지닌 것.
idroksiz 1) (*befahm*) 이해가 더딘, 머리가 둔한, 분별없는, 무의식적; 2) (*es-hushli yo'q*) 지각없는, 경솔한, 무분별한, 조심하지 않는.
idroksizlik *ot.* 무의식, 경솔한, 무분별한
iffat *ot.* 미덕, 덕, 덕행, 선행, 정숙; 순결; 고상; 순정, 깨끗함, 청결, 맑음.
iffatli *sif.* 정숙한, 순결한, 청순한, 순결한, 죄짓지 않은, (여자가) 더럽혀지지 않은, 정숙한, 순수한, 순전한, 맑은, 깨끗한; ~ayol 정숙한 여인.
iffatsiz *sif.* 조심성[삼감이] 없는, 무례한; 거리낌 없는, 건방진, 상스러운; 음란한
iflos *sif.* 1) (*kir*) 진흙, 수렁, 진창, 쓰레기, 먼지, 오물, 불결물, 더러움, 불결; 외설; u butunlay

I

~ga botgan 그는 온통 진흙투성이다; ~bo'lmoq 더럽히다, 더러워지다; 2) *k.m.* (*razil*) 악한 같은, 악당의; 악랄한; 비열한, 상스러운; 매우 야비한, 지독한, 고약한. ~odam 악랄한(비열한) 사람; ~ niyatlar 야비한 목적으로.
ifloslamoq *fe'l.* 더럽히다, 손상시키다, 더럽게 쓰다. nomini ~ 명예를 손상 시키다; qo'lni ~ 손을 더럽히다.
ifloslanish *ot.* 더럽히는 것.
ifloslanmoq *fe'l.* 더러워지다. 얼굴에 흙칠하다, 명예는 손상시키다.
ifloslantiruvchi moddalarni tashlab yu- borish 공해물질 배출
ifloslik *ot.* 1) 불결(不潔); 천함; 비열, 더럽혀진 것; 순결하지 않은 것, 부정(不貞); 외설(猥褻); 2) *k.m.* (*iflos kishiga xos ish, harakat*) 비열한, 야비한, 천한, 수치스러운. ~ qilmoq 비열한 짓을 하다. 더럽히다
ifoda *ot.* (사상·감정의) 표현, 표시, 말씨, 어법, 말투, 어구; yuz ~si 얼굴 표정, 내색; ko'z ~si 눈치; ~ qilmoq 표현하다, 나타내다(표정·몸짓·그림·음악 따위로); 말로 나타내다.
ifodalamoq *fe'l.* 표현하다, 표시하다, 나타내다, 말로 나타내다; fikrni ~ 사실을 표현하다; minnatdor- chilikni ~ 감사의 뜻을 표현하다; sonda ~ 숫자로 표시하다.
ifodalanmoq *fe'l.* 표현되다, 말하다, 나타나다, 표시되다; o'zfikini ~ 자신의 의견을 표현하다.
ifodali *sif.* (~을) 표현하는, (~을) 나타내는, 표현력이 강한, 표형성이 풍부한, 표정이 풍부한, 의미심장한, 뜻 깊은; ~ o'qish 표현 독; ~yuz 표정이 풍부한 얼굴; ~ qarash 의미심장한 눈치.
ifodalovchi *ot.* 대변인; 대표자; 연설가.
ifodasiz *sif.* 표현성이 없는, 무표정한; ~ yuz 무표정한 얼굴.
iftixor *ot. kit.* 자랑, 자존심, 긍지, 프라이드; ~qilmoq 자랑하다; ~ bilan 자랑스레, 자랑삼아; ~ tuyg'usi 긍지감.
iftixorli *sif.* 자랑스러운, 긍지를 가지는, 자랑으로 여기는, 영광으로 여기는
iftor *ot.* 이슬람력(曆)의 9월(이 한 달 동안은 해돋이로부터 해지기까지 단식함); ~lik 저녁때 식사하기; ~qilmoq 저녁식사
iftor *ot.* 단식을 그치다; 조반을 들다
igna *ot.* 1) 바늘, 바느질 바늘, 뜨개바늘. 2) (침엽수의) 잎, 바늘잎; jayraning ~si (대롱 모양의) 실패, 갈대 피리; tikuv ~si 봉바늘. ipni ~ga kirgizmoq 바늘에 실을 꿰다; ~ ustida o'tirgandek 바늘방석에 앉아있는 듯하다.
ignabarglilar *bot.* 구과(毬果) 식물(소나무류), 침엽수. 바늘잎 나무
ignasimon 바늘의 모양을 한, 바늘 같은.
ignachi *ot.* 잠자리(잠자릿과 곤충의 총칭. 겹눈은 한 쌍. 작은 촉각과 턱이 있음. 가슴에 있는 다리는 세 쌍, 투명한 망상의 날개는 두 쌍임. 잘 날며 난생임), 청랑자(青娘子), 청령(蜻蛉), 청정(蜻蜓); 강계(江鷄), 짱아.
igrek *mat.* Y, y. (제 2) 미지수(의 부호: x, z), 변수, y축, y좌표; ~iksga teng bo'lsin Y = X.
ijara *ot.* 1) (*haq to'lab vaqtincha foydalanish*) 임대, 임차, (기계 등의) 세, 사용료; 2) (토지·건물 따위의) 차용계약, 차용증서; 임대차(계약); 임차권; 차용[임대차] 기간, 차지(借地)계약기간; 3) (*ijara haqi*) 지대, 소작료, 임대[임차]료; ~ga olmoq 세내다, 임차하다; yerni ~ga olmoq 땅을 빌려 쓰다, 소작하다; ~ga bermoq 세를 놓다; ~ haqqini bermoq 임차료를 내다.
ijara haqqi *ot.* 임대차(賃貸借), 임대료(賃貸料)
ijara muassasasi *ot.* 임대 회사
ijara pudrati *ot.* 임대계약

I

ijara shartnomasi *ot.* 임대차계약
ijarachi *ot.* 임차인(賃借人), 소작인(小作人), 세를 내는 사람.
ijaraga *ot.* 임대차로, 대여로
ijaraga bermoq, topshirmoq *fe'l.* 임대하다
ijaraga beruvchi *ot.* 임대인(賃貸人)
ijaraga olingan bino *ot.* 임대거주
ijaraga olingan korxona *ot.* 리스회사
ijaraga olmoq ↔ bermoq *fe'l.* 임대하다 ↔ 임차하다
ijaraga olmoq *fe'l.* 임차하다
ijarani undirish *ot.* 임대료 징수
ijobat *ot. din* 1) 실형, 실행, 수행, 성취; 2) 받아들임, 수령, 수리, 가납(嘉納), 수락, 승인, 채용; ~bo'lmoq 실형(실행, 실시) 되다, 수행되다; 성취되다; orzular ~ bo'ldi 염원이 실현되었다.
ijobiy huquq *ot.* 실정법(實定法)
ijobiy *sif.* 1) 확신하는, 자신 있는, 실제적[실증적]인, 긍정적인; ~ qahramon 실제적인 인물; ~ faktlar 실제적인 사실; ~ javob 자신(확신) 있는 대답; 2) (*ma'qul, yaxshi*) 호의를 보이는, 찬성의, 승낙의(대답); ~ javob bermoq 호의적인 대답, 동의; bu gapda ~ ma'no bor 이 말에는 좋은(적극적인) 의미가 있습니다.
ijod *ot.* 창조, 창작, 창시, 창작활동, 창조물; xalq ~i 국민 창작.
ijodbaxsh *sif.* 창조적인, 창조력이 있는, 창작적인, 독창적인.
ijodiy *sif.* 창조하는; 창시[창작]하는.
ijodiy uyushma 예술인 협회, 창작자 협회
ijodiyot *ot.* 창조; 창작; 창설, 창시; 창작품, 고안물; (유행의) 새 디자인.
ijodkor *ot.* 창조자; 창작가; 창설자; 작위 수여자; 새 디자인 고안자.
ijodkorlik *ot.* 창조; 창작; 창설, 창안함, 창작하는 것, 창작품, 고안물, 창조물.
ijozat *ot.* 허락, 허가, 면허, 허용, 인가; ~ so'ramoq 허가를 청하다; ~ bermoq 허가 해주다, 허락해 주다; ~ingiz bilan 죄송합니다만, 미안하지만, 실례지만.
ijozat, kirish imkoniyati 통과, 입장, 접근
ijozatni tanlash modeli 의사결정 모델
ijro etish, bajarish 이행(移行), 집행(執行)
ijro etuvchi hokimiyat 행정부(行政府)
ijro hujjati 집행문
ijro *ot.* 집행, 실행, 실시, 이행, 수행, 완료, 성취, 달성, 실현; 연기, 연주; ~etmoq /qilmoq 집행하다; ~etilmoq/qilinmoq 실행하다, 실시하다, 연기하다, 연주하다; ~ etuvchi 실행[수행, 이행, 집행]자, (*artist va sh.k. haqida*) (미술품 등의) 제작자; (역의) 연기자; (곡·악기의) 연주자.
ijro qog'ozini berishga ariza 집행명령서 교부신청
ijro varaqasi 집행명령문
ijroiya: ~ qo'mitasi 집행위원회.
ijrochi *ot.* 1) (*sudda*) 집행관, 집행자, 실행자, 법정의 정리; sud ~si 집행원, 집달리. 2) (*artist va sh.k. haqida*) 연기자, 연주가, 제작자; yakka ~ 독주자; 독창자.
ijrochilik (극장의) 상연, 연극, 연기, (직무·재판 처분·유언 등의) 집행, 실행, 실시.
ijroiy ishlab chiqarish haqidagi qonun 집행법
ijtimoiy *sif.* 공중의, 일반 국민의, 공공의, 공적인, 공무의, 국사의, 사회의, 사회적인; 사회생활을 하는, 사회(생활)에 기초를 둔, 사회에 관한; ~ ta'minot 사회보장; ~ muhit 사회성분; ~ chiqish 출신성분; ~ hayot 사회생활.
ijtimoiy imtiyoz 사회적 특혜
ijtimoiy nafaqa 사회연금
ijtimoiy nafaqalar 사회보조금
ijtimoiy qonunchilik 러시아 연방 특별법

I

ijtimoiy sug'urta 사회보험(社會保險)
ijtimoiy ta'minot 사회보장(社會保障)
ijtimoiy tuzum 사회구조(社會構造)
ijtimoiy vositalar 사회적지지, 사회적 바탕
ijtimoiy-iqtisodiy vaziyat 사회경제 상황
ijtimoyi-siyosiy *sif.* 사회 정치적인; ~ vaziyat 사회 정치적인 정세
ikkala *sif.* 양쪽의, 쌍방[양방]의, 둘 다의. ~ ko'z 두 눈; ~ oyoqlar 두다리; ~ o'gil 두 아들; ~ davlat 두 나라; ~ tomon 쌍방; ular ~si kasal bo'lib qolishdi 그들은 둘 다 병들었다.
ikki *ot. sif. son.* 2(의), 2개(의), 두 사람(의); 한 쌍; 2의 기호; 두 살; 두 점; har ~ kunda 격일, 하루건너 하루; ~ yillik 격년제; ~ o'rinli 2인승; ~ xonali 방 두 개; mening o'g'lim ~ yoshda 우리 아들은 두 살입니다.
ikki baravar *sif.* 이중의
ikki baravar boj tarifi 이중관세요율
ikki baravar optsion 이중옵션
ikki baravar soliqqa tortish 이중과세(二重過歲)
ikki davlat fuqarosi bo'lish 이중국적(二重國籍)
ikki harakat bog'lovchisi ~ 겸하다
ikki kara soliq solish 이중과세
ikki kara sug'urta qilish 이중보험
ikki marotaba qayd uslubiga ko'ra hisob tizimi 복식부기에 따른 회계시스템
ikki palatali tizim 양원제(兩院制)
ikki sahifada reklama 양면 광고
ikki taraflama kelishish 상호합의
ikki tartibli valyuta bozori 고정환율과 자유 환율이 모두 존재하는 시장
ikki tomonlama xalqaro bitim 양국의 국제계약
ikki tomonning aybi 쌍방과실
ikkilamchi 1) 부차적인. ~ muammo 부차적인 문제. 2) 평범한.
ikkilamchi bank sektori 제2 금융권
ikkilamchi bozor ↔ birlamchi bozor 채권유통시장↔채권발행시장
ikkilamchi ipoteka 이중담보(하나의 부동산에 담보가 2 개 있는 것)
ikkilamchi ipoteka 후취저당
ikkilamchi mablag'lardan foydalanish 자원 재활용
ikkilamchi shikoyat 이중제소
ikkilanish *ot.* 주저, 망설임; 말을 더듬음; ~siz 주저 없이.
ikkilanmoq *fe'l.* 주저하다, 망설이다, 오물 쪼물거리다, 생각이 흔들리다, 머뭇거리다; 흔들거리다.
ikkilik *ot.* (시(詩)의) 대구(對句), 이행연구(二行聯句) 2행연구(二行連句) 한 쌍; *mus.* 쿠플레(주제 사이에 끼인 에피소드)
ikkinchi *son.* 1) 제2의, 둘째번[두 번째]의; 2등의, 둘째[2위]의, 차위의; ~ marta 두 번째로; ~qavat 2층; ~tom 제 2권; ~ navbat 다음 차례; ~ razryad 제 2급; ~ sana 2일. 2) 부차적인, 2차적인, 다음[버금]가는, ~만 못한; ~ darajali rolda o'ynamoq 부차적인 역(할)을 놀다. 3) *ot.* 두 번째[둘째, 2위, 2류, 2급]의 사람[물건]; ~ (ovqatlanishda) 두 번째 음식.
ikkinchidan *rav.* 둘째로, 제2로, 다음으로.
ikkiqat *sif.* 임신한. ~ ayol 임신한 여자.
ikkiqatlik *ot.* 임신; ~ test 임신테스트
ikkita 2(의), 2개(의), 두 사람(의); 한 쌍; 2의 기호; 두 살; 두 점; ~ odam 두 사람; ~-~ 둘[두 사람]씩
ikkitalik yozuv, qayd etish 이중기입

I

ikkitomonlama *rav.* 쌍방의, 두 면[변]의; 양면이 있는; 양자간의, 양측의[이 있는], 쌍무적인; ~ kelishuv 쌍무 협정
ikkitomonlamalik *ot. biokim* 이중성, 이원성; *mat.* 쌍대(성)(雙對(性))
ikkixonali *sif.* 2자리의
ikkiyoqlama *rav.* 쌍무적으로, 양측으로, 두 면이 있게; 좌우 동형으로
ikkiyuzlama *sif.* 표리부동한, 위선적인.
ikkovlashib *rav.* 둘이 같이, 함께, 동반해서. ~ kelishdi 같이 왔습니다.
ikkovlon = **ikkovlashib** 두 명.
ikra *ot.* 1) (*baliq tuxumi: ichida*) 곤이(鯤鮞), 어란(魚卵), 어정(魚精), 이리, (*sochganidan keyin*) 이리(물고기 수컷의 배 속에 있는 흰 정액의 덩어리어백(魚白). 백자(白子)), 알(물고기·개구리·조개 따위의), (알에서) 갓 부화한 새끼; 2) (*taom sifatida*) 캐비아(철갑상어의 알젓); 3) (*baqlajonniki*) 가지(의 열매).
ikrom *ot.* 존경, 존경, 경의(敬意), 존중, 존엄; ~ ko'rsatmoq 존경하다; ~ qozonmoq 존경을 받다.
iks *mat.* X, x. (제1) 미지수(Y, Z), 변수, x축, x좌표; 미지의 것[사람]; 예측할 수 없는 것, 엑스, 가위(X)표; ~ igrekka teng bo'lsin X = Y.
ila (=**bilan**) ~와/과 같이, ~와/과 함께.
ilakishmoq *fe'l.* 1) ~와 합류하다, ~와 함께 되다, ~와 한 곳에서 만나다. 휩쓸리다, 2) (*ayolga*) ~을 뒤쫓다, ~을 추적하다; ~의 꽁무니를 쫓아다니다, 놓지 않으려고 하다, 따라가다.
ilashmoq *fe'l.* 1) (*yopishib*) 착 들러[달라]붙다, 고착[밀착]하다, 매달리다, 붙들고 늘어지다, 점착[부착, 유착]하다, 2) (*xira bo'lib ergashib yurmoq*) ~에 가입하다; ~에 애착하다, ~을 그리워하다, *so'zl* 붙어 다니다, 뒤를 쫓다[따르다], 걸리다, 걸키다. shohga ~ 나뭇가지에 걸리다; onaning bo'yniga ~ 어머니의 목에 매달리다.
ilashqoq *fe'l.* 들러붙는, 끈적이는, 잘 그러잡는(잡아 쥐는), 잘 걸리는.
ildam *sif.* (*tez*) 약빠른, 약사 빠른, 빠른, 잽싼, 민첩한; (*chaqqon*) 몸이 재빠른, 경쾌한, 기민[민활]한, 날랜; ~ yigit 민첩한 친구; ~ qadam 신속한 발걸음.
ildamlik *ot.* 신속, 급속; 민첩; 속도.
ildiz *ot.* 1) 뿌리, 밑동, 밑뿌리, 그루, 지하경(莖), 근경(根莖). 2) 본원, 본질. 3) *tilsh.* 말뿌리, 어원, 어근. 4) *mat.* 근(根)(기호; √); daraxt ~i 나무의 뿌리; tish ~i 이빨의 뿌리; uzun ~ otmoq 뿌리를 깊어 박다; ~i bilan yo'q qilmoq 뿌리 채 뽑아 버리다, 근절하다; ~ni topmoq *mat.* 근(根)을 구하다; ~ni topish *mat.* 근의 거듭 제곱근풀이.
ildizcha *fe'l.* (돼지 등이) 주둥이로 땅을 헤집다; 헤적이다; (사람이 물건을 찾아) 휘젓다, 탐색하다
ildizmeva *bot.* 뿌리채소 작물(감자·순무 등).
ildizpoya *bot.* 근경(根莖), 뿌리줄기.
ilgak *ot.* 1) 갈고리, 훅, 걸쇠, 'ㄱ'자 꼴 의 것, 호크, 멈춤쇠; 낚시, 닻걸이; 2) 선반(그물·막대·못으로 만든); (열차 따위의) 그물 선반, 격자(格子) 선반; 걸이(모자걸이·칼걸이·총걸이 따위); 3) (물건을) 매다는[거는] 것; 양복걸이; 달아매는 (밧)줄; 갈고리; 자재(自在) 갈고리(늘였다 줄였다 할 수 있는); (축받이 따위의) 매다는 기재(器材); 갈고랑이, 갈고랑못. eshik ~gi 갈고랑쇠, 문고리, 손잡이, 문걸쇠. to'quvchilikda ishlatiladigan ~ 코바늘.
ilgari *rav.* 1) 앞으로, 전방으로[에], 이전에, 그전에, 옛날에; 2)

I

이제부터는, 금후, 이후; 3) 이전의, 앞의, 사전의, 앞서의; ~ zamonda 이전에는, 원래는, 옛날에는; ~ bu yerda maktab edi 그전에는 여기는 학교였습니다; ~gidek emas 이전과 같지 않습니다.

ilgaridan *rav.* 미리, 사전에, 전부터, (그 때보다) 전에(는), 옛날부터, 오래전부터; ~ to'lab qo'tmoq 선불을 주다

ilgarigi *sif.* 앞의, 이전의, 종전의, (시간적으로) 전의, 전자(의); ~za- monda 이전에, 옛날에; ~ direktor 이전교장.

ilgarigicha *rav.* 종전대로, 여느 때와 같이, 옛날처럼; u ~ yashagisi keldi 그는 옛날처럼 살고 싶어 했습니다.

ilgarigidek(ilgarigicha) *rav.* 이전에는, 원래는, 옛날에는 종전대로, 여느 때와 같이

ilgarilamoq *fe'l.* 앞으로 움직이다, 전방으로 이동하다.

ilgarilar *rav.* 일찍이, 일찍부터, 일찌감치; 초기에, 어릴 적에, 옛날에는, 전에는.

ilgich 1) 걸이, 모자걸이, 옷걸이, 갈고리, 훅; 2) 붙잡기, 쥐기, 포획, 빼앗음, 생포.

ilhom *ot.* 인스피레이션, 영감(靈感); 영감에 의한 착상; (갑자기 떠오른) 신통한 생각, 명안, 감동, 감흥; ~bermoq ~에게 영감을 주다; ~olmoq ~를 고무시켜 ~할 마음이 되게 하다; ijodkorlik ~i 창조적 기백; ~lantirmoq 감동시키다.

ilhombaxsh *sif.* 영감에 충만된, 감동적인, 분발시키다, 원기를 북돋우다, 고무하다.

ilhomlanmoq *fe'l.* 고무되다, 떨쳐 일어나다, 분발하다.

ilhomlantirmoq *fe'l.* 감동시키다, 부추기다, 북돋다.

ilhomli *sif.* 영감 있는, 영감을 받은; 영감에 의한; (발상 따위가) 참으로 멋진

ilhomchi *ot.* 고무자, 추종자.

ilik *ot.* (*bone*) 뼈골, 골수; ~ni qoqmoq 골수까지 흔들다.

ilimoq *fe'l.* 1) 따뜻해지다, 더워지다, 데우다; suv ilidi 물을 데우다; 2) (*salquyilib pishmoq: tuxum haqida*) 가볍게 끓인, 삶은, 데친; uning ichi ilimadi 그는 기쁘지 않다.

ilinchoq *fe'l.* 붙들다, (붙)잡다, 쥐다, 갈고리로 걸다, 드리우다, 채우다,

ilinj *fe'l.* 원하다, 바라다, 기대하다

ilinmoq *fe'l.* 착 들러[달라]붙다, 고착[밀착]하다, 매달리다, 붙들고 늘어지다.

ilintirmoq *fe'l.* 갈고리로 걸다, 드리우다, 채우다, 찌르다

iliq *sif.* 1) 따뜻한, 온난한; 더운 온기, 영도이상의 온도, 따뜻한 날씨; ~ suv 따뜻한 물; ~ havo 온난한 기후; bugun ~ 오늘은 날씨가 따뜻하다. 2) *k.m.* (*sammiy*) 충심으로부터의, 따뜻한, 성심성의의; 마음으로부터의, 친절한, 애정어린, 간곡한; ~ kutib olish 진심에서 우러나온 환대; ~ so'zlar 따뜻한 말; 3) *fiz.* 열. 3) *ravish.* 따뜻하게; ~ kiyin- moq 옷을 따뜻하게 입다

iliqlik 1) 열, 열량. ~ birligi 열량 단위. 2) 부드러운(따뜻한) 마음씨, 따뜻함; 온기, 따뜻한 기운; 3) *k.m.* (*sammiy*) 진심, 정중함; 온정; 친절한 말[행위]; 진정이 깃들인 인사

iliqmoq *fe'l.* 1) (*it haqida*) 한 쌍으로 따라다니다, 좇아다니다, 2) *k.m. qo'p* 여자뒤를 따라 다니다.

ilitmoq *fe'l.* 데우다, 덥히다. ovqatni ~ 음식을 데우다; qo'lni ~ 손을 녹이다.

iljaymoq *fe'l.* 웃다, 미소하다, 생글거리다.

ilk *sif.* 처음의, 최초의, 시작의; 초기의, 초보의, 첫(번)째의, 맨 처음[먼저]의; ~ etap 첫단계; ~ uchrashuv 첫상봉, 초면; ~ bor 처음에, 처음으로.

illat 1) (*kasallik*) 병, 불안, 걱정,

I

곤혹, 불쾌; 2) *k.m.* (*nuqson*) *to'g'ri. ko'ch.* 결점, 결함, 부족, 결핍 (*molniki*) (성격 등의) 결점, 흠, 결함; 3) *k.m.* (*balo*) 나쁜, 사악한, 흉악한, 유해물; 해충; yuqumli ~ 전염병; ~i tufayli ~ 의 부족 때문에; jismoniy ~ 육체 (적)결함; ~larni yo'qotmoq 결함을 고치다.
illatli *sif.* 부족의, 결핍의; 결함[결점]이 있는, 하자가 있는; 불완전한; 결여되어 있는.
illatsiz *sif.* 단점 없는, 부족 없는, 흠 없는; 완벽[완전]한.
illatsizlik *ot.* 단점 없는 것, 비난할 점이 없는 것, 결백한 것, 결점이 없는 것, 탓할[흠잡을] 데 없는 것.
illo ~하지만, 단, ~을 빼다, 제외하다, 그러나, 하지만, 그렇지만, ~하지는 않지만 (그러나). ~이 아니고[아니라]
illuminator *deng.* 선창, 항구, 무역항, (배의) 피난소, 휴식소.
illuminatsiya *ot.* 조명(법), 전광식(電光飾), 전광장식; ~ qilmoq 전광장식을 하다.
illustratsiya *ot.* 그림, 삽화(揷畵); 도해(圖解), 예해(例解), 실례, 예증. 예해[도해]하기; ~ qilmoq 삽화[설명도]를 넣다, 도해(圖解)하다
illuziya 착간, 환간, 환영(幻影), 환각(幻覺); optik ~ *fiz* 착시(錯視).
ilm *ot.* 1) (*fan*) 과학; (*kasb sifatida*) 연구, 학문, 학식(學識); ~ va texnika 과학과 기술; ~achi 과학자; 2) (*bilim*) 아는 것, 지식, 학식, 학문; chuqur ~ 깊은 지식.
ilma-teshik 구멍, 째진 틈, 찢어진 곳, 해진 데, 잡아 찢기, 쥐어뜯기.
ilm-fan *ot.* 과학, 과학의 분야, ~학(學), (*kasb sifatida*) 연구, 학문, 학식(學識)
ilm-fan mahsuloti 기술 집약 제품
ilmiy *sif.* 1) (*fanga oid*) 과학적인, 과학의, 과학 연구에 종사하는, 과학적으로 생각하는; ~ish 과학적인 일; ~-tekshirish (자연)과학자, 과학연구자; ~-tekshirish instituti (ishi) 과학 연구소, ~ daraja 아카데미 학위; 2) (*o'qitish jarayoniga oid*) 교육(상)의, 교육에 관한, 학교; 양성[교습, 강습]소, 연구소; ~ muas- sasa 과학 기관; ~ mudir 연구소장.
ilmiy tadqiqot ishlari rahbari *ot.* 연구개발 담당
ilmiy-ommaviy *ot.* 일반과학, 대중과학, 과학기술통보. ~adabiyot 과학기술통속도서.
ilmiy-texnikaviy *sif.* 과학과 기술.
ilmli *sif.* 교육(교양) 받은(있는); 교육받은, 교양 있는, 숙련된; 지식[경험]에 기초한, ~odam 지식이 있는 사람.
ilm-ma'rifat *ot.* 지식, 학력, 교양, 소양, 덕성; ~ olmoq 지식을 습득하다
ilmoq I *fe'l.* 1) (*osmoq*) 걸다, 매달다, 늘어뜨리다, 내리다; paltoni ilgichga ~ 차고에 코트를 걸다; chelakni obkashga ~ 양동이를 멍에 매달다; kiyimni shkafga ~ 옷을 옷장에 걸다; 2) (*tutib olmoq*) 붙들다, (붙)잡다, 쥐다, 붙잡다; to'pni ~ 볼을 잡다; ilib ketmoq 좀도둑질[들치기]하다; 3) *ot.* (*kiyib olmoq*) 벗어던지다, 내던지다, 급히 입다; (*poyabzal haqida*) (옷을) 입다, (장갑을) 끼다, (양말을) 신다; koptokni ~ 공을 차다;
ilmoq II *ot.* 1) (*ilgich*) 갈고리, 갈구리, 훅; 걸쇠; baliq tutish uchun ~ 낚시; 2) *k. m.* (*tuzaq*) (특히 용수철 식의) 올가미, 함정; 덫, ~잡는 기구; 트랩, 계략, 매복.
ilmoqli *sif.* 까다로운, 교묘한; u doim ~ gaplar qiladi 그녀는 항상 까다로운 말을 합니다.
ilmparvar *ot.* 열심히 공부하는 사람

I

ilmsiz *sif.* 교육을 받지 못 한, 교양 없는, 무식자; ~ odam 교양 없는 사람.
ilmsizlarcha *rav.* 무식하게; 모르고, 무지하게, 무학으로; ~ odam 무학자, 무지한.
ilmsizlik *ot.* 무지, 무학; (어떤 일을) 모름
iloh *ot.* (일신교, 특히 기독교의) 신, 하나님, 하느님, 조물주, 천주(天主); 알라(이슬람교의 유일·절대·전능의 신)
ilohi = **iloyim**
ilohiy *sif.* 신을 공경하는, 독실한, 경건한; 하느님의, 신성한, 신의; 신성(神性)의, 신수(神授)의, 하늘이 준.
ilohiyat *ot.* (기독교) 신학, (4년간의) 신학과정; 종교 심리학(宗教心理學)
ilohsiz *sif.* 신이 없는; 신을 믿지 않는[부정하는], 무신론자의; 신을 공경하지 않는, 믿음이 없는, 불경한, 사악한.
iloj *ot.* 가능성, 실현[실행] 가능한 일[수단]; 수단, 방법. ~i boricha 돌 수 있는 대로; bu ishni bajarishning ~i yo'q 이것을 태날 가능성이 없다.
ilojsiz *sif.* 희망 없는, 가망 없는; 절망적인(좋아질) 가망이 없는, 어찌할 도리가 없는. ~ ahvol 궁경, 궁지, 어찌 할 수 없는 지경; ~ahvol 절망적인 사태; ~qolmoq 절망적인 사태가 온다.
ilojsizlik *ot.* 구제할 도리가 없는 것, 희망 없는 것, 가망 없는 것, 절망적인 사태.
ilon *ot.* 뱀, (크고 독 있는) 뱀, 구렁이; zaharli ~ 독사, 보다 크고 유독한 뱀; bo'g'ma ~ 보아(구렁이), 왕뱀, 비단뱀; 이무기; oynakli ~ 코브라; qora ~ 독사의 일종(살무사류), 북살모사; ~ bolasi 어린뱀; ~ning yog'ini yalagan *k.m.* 컨닝, 교활한 사람; ~ izi 굽이치는, 꼬불꼬불한, 정처없이
ilonbaliq *ot.* *zool.* 1) (*kichik ilonsimon baliq*) 미꾸라지, 미꾸리; 추어(鰍魚), 이추(泥鰍), 모래무지, 사어(鯊魚), 타어(鮀魚); 2) (*katta ilonsimon baliq*) 뱀장어(—長魚); 장어, 배암장어, 만리어(-魚), 백선(白鱓), 3) (*suvda yashovchi ilonsimon hayvin*) 칠성장어(七星長魚); 초(醋) 따위에 생기는 선충류(線蟲類)
ilonbosh *ot.* 뱀의 머리
ilongul *ot.* 글라디올러스, 당창포(唐菖蒲)
ilova *ot.* 1) 부속물, 부가물; 부록, 추가, 부가; 추가 사항, ~ qilmoq (서류 등을) 첨부하다; 추가[부가]하다, 동봉하다, 부록으로 넣다; 2) *tilsh.* 동격어.
ilovasiz *sif.* 추가 없이, 부가 없이.
iloyim 아 야단[큰일]났다!, 괘씸하다; ~ isharimiz yurishb ketsin! 아 야단[큰일]났다 일이 잘되어야 할터인데!
iltifot *ot.* 친절, 상냥한 것, 호의, 친절한 행위; ~ qiling (ko'rsating) 수고해 주십시오.
iltifotli *sif.* 친절한, 상냥한, 정다운, 곰상곰상한, 호의를 보이는, 찬성의; u bola juda ~ 그는 아주 친절합니다.
iltifozsiz *sif.* 친절하지 않은, 부주의한, 태만한; 되는 대로의; 무뚝뚝한.
iltifotsizlik *ot.* 친절하지 않은 것, 부주의, 방심, 태만; 무뚝뚝함; 무심
iltijo *ot.* 애원, 애걸; 간청, 요구, 요망, 의뢰, 소망, 제발, 부디, 미안하지만.
iltimos *ot.* 제발, 어서, 요구, 요망, 의뢰, 소망; ~, suv bering 물을 좀 주십시오.
iltimos huquqi *ot.* 이의신청권(異議申請權)
iltimosnoma *ot.* 부탁 편지. 청원[탄원, 진정]서, 신청, 지원(서), 출원(出願).
ilvasin *ot.* (합법적으로 잡을 수 있는) 엽조(獵鳥), 야생조, 들새, 사냥감.
ilvirs *ot.* *zool.* 순백 표범

I

ilg‘amoq *fe'l* ~을 알아채다, ~을 인지하다; ~에 주의하다, ~을 유의하다.
ilg‘or *sif.* 전위, 선봉, 진보한, 나아간, 활동적인, (*taraqqiyparvar*) (부단히) 전진하는, 진보적, 진보적인, 진보주의의, 선진적인, ishlab chiqarishning ~ usullari 진보적인 생산방식; ~ tajriba 진보한 경험.
ilg‘orlik 선진적인 것, 앞서기, 선행; 전례; 상석, 우위; 우월; 우선(권).
ilg‘or soliq belgilash 누진과세
ilg‘or veksel 환어음
imillamoq *fe'l.* 빈둥거리다, 꾸물거리다. 어떤 일을 천천히 하다, 부산을 떨다, 떠들며 돌아다니다.
imkon *ot.* 가능성, 여부, 기회, 수단, 방법; (=iloj) ~ni qo‘ldan boy bermoq 기회를 놓치다; ~ paydo bo'ldi 기회가 생겼다; ~ bo'lishi bilanoq 기회만 생기면, 기회만 있으면.
imkoniyat = imkon
imkonsiz *sif.* 희망 없는, 가망 없는; 절망적인, 불가능성, 실현될 수 없는 것.
imlamoq *fe'l.* 1) 흉내내다; 흉내내며 조롱하다; 흡사하다; 모사하다; 2) 눈짓(손짓)으로 부르다. kelishga ~ 자기에게 오라고 눈짓(손짓)하다.
imlashmoq *fe'l.* 눈빛(길)이 교차되다.
imliq *sif.* 일치하는, 조화하는; *mus.* 협화음의; *fon* 자음의; *biokim* 공명하는.
imlo *ot.* 1) 철자법, 정자(正字)[정서]법, 문자론, 철자론, 맞춤법, 표기법; *mat.* 정사영법(正射影法); 2) 철자법[정자법]의; 철자가 바른; *mat.* 직각의, 수직의, 직교하는; 직각으로 투영한; ~ lug'ati 철자법[정자법]의 사전.
imloviy *sif.* *tilsh.* 철자법[정자법]의; 철자가 바른, 정자(正字)[정서]법, 맞춤법의; ~ xato 맞춤법 실수; ~ lug'at 맞춤법사전, 철자법사전.

I

immunitet I *yur.* *tib.* 면책특권(免責特權: 국회의원이 국회 내에서 발표한 의견과 표결에 관하여는 국회 밖에서 책임을 지지 않는 특권)
immunitet II *ot.* (책임·의무의) 면제, 면역(성), 면역질, 저항력,*yur. tib.* 소추의 면제; tug'ma ~ 선천적면역성.
imo *ot.* 1) (*ishora*) 신호, 군호, 손짓, 몸짓; ~ bilan bildirmoq 상세히 손짓으로 설명하다; 2) *k.m.* (*ma'nosi fahmlab topa olinadigan so'z ibora*) 힌트, 암시, 넌지시 알림, 시사; ~bilan gapirmoq 빗대어 말하다; ~에 돌러 말하다.
imo-ishora = imo
imom *din.* 이맘((1)모스크에서의 집단예배의 지도자. (2) 이슬람교 사회에서의 지도자, 칼리프. (3) 이슬람교의 학식이 풍부한 학자의 존칭. (4) 시아파(Shi'a)의 최고지도자).
imomlik *ot.* 이맘의 지위(신분).
imon *ot.* 1) *din.* 종교(상)의 믿음, 종교적인 믿음, 신앙의, 신앙심이 깊은, 경건한. 2) (*ishonch*) 믿음, 신뢰, 신용, 확신, 신념, 소신, 신조(信條); 확신; ~ keltirmoq 믿다, (말·이야기 등을) 신용하다, ~의 말을 믿다.
imonli *sif.* 1) *din.* 신앙의, 신앙심이 깊은, 경건한; ~ kishi 독실한 신앙인; 2) *k. m.* (*vijdonili*) 정직한, 숨김(이) 없는, 성실한, 공정한, 훌륭한, 충실한, 믿을 수 있는.
imonsiz *sif.* 1) *din.* 불신자, 신앙 없는, 신을 믿지 않은 사람; 2) (*vijdonsiz*) 부정직한, 불성실한, 눈속이는, 부정한.
imorat *ot.* 빌딩, 건물, 건축물. baland ~ 고층건물.
imorat pasporti (hujjati) 건물대장
imoratsoz *ot.* 건축(업)자, 건설자, 청부업자; (*arxitektor*) 건축사, 건축기사; 설계사
imperator *ot.* 황제, 제황, 군주; ~ xotin 왕비, 왕후, 여왕, 여제.
imperializm *ot.* 제국[영토 확장]

주의자, 제정주의자; 황제파의 사람; ~ik 제국주의(자)의; 제정(주의)의.
imperiya *ot.* 제국주의(帝國主義), 영토 확장주의; 제정(帝政).
impichment *ot.* 탄핵(彈劾)
import *ot. iqt.* 수입(輸入); ~ mollar 수입품; ~ qilmoq ~을 수입하다.
import boji 수입관세
import depoziti 수입보증금
import kvotasi (me'yori) 수입쿼터
import kvotasi, hissasi, ulushi 수입쿼터
import litsenziyasi 수입허가증
import qilingan 수입의
import qilingan infilyatsiya 수입인플레이션(외화가 지나치게 많이 유입되거나, 수입물품에 대한 가격이 높아짐으로써 생기는 인플레이션)
import ustidan nazoratni bekor qilish 수입 규제 철폐
import va eksport o'rtasidagi nomuvofiqlik 수출과 수입의 불균형
importni to'xtatish bo'yicha choralar 수입 억제 수단
importning exportdan oshishi 수입의 수출초과
importyor *ot.* 수입자[상], 수입업자.
impuls I *ot.* 추진(력), (움직이고 있는 물체의) 힘, 추진력, 운동량, 관성(慣性)
impuls II *el.* 충격 전파, 임펄스, 임펄스검파, 격력(擊力); 충격량(힘과 시간의 곱). asab ~i 신경임펄스검파.
imtihon *ot.* 시험, (성적) 고사, 시험문제; kirish ~larini 입학시험; davlat ~lari 졸업시험, 기말고사; ~ sessiyasi 중간고사; ~ bileti 구술시험; yozma(og'zaki) ~ 문답(구답) 시험; fizika fanidan ~ 물리시험; ~ topshirmoq 시험을 치다(보다); ~dan o'tmoq(yiqilmoq) 시험에 합격(낙제)하다; ~olmoq 시험을 받다.
imtiyoz *ot.* 특혜(特惠), 특권; 특전
imtiyozlardan mahrum qilish 특권박탈
imtiyozlarni bekor qilish 특혜파기
imtiyozli *sif.* 특권 있는, 특전이 있는, 면제 받은. ~ shartlar 특혜조건
imtiyozli aktsiya *ot.* 우선주(優先株)
imtiyozli daraja 특혜수준
imtiyozli huquq 우선권(優先權)
imtiyozli stavka 우대 이율
imzo, obuna *ot.* 서명(하기); ~ qo'ymoq / chekmoq 서명하다, 서명을 하다.
imzolamoq *fe'l.* 수표를 하다, ~을 서명하다; shartnomani ~ 협정기명날인
imzolanmoq *fe'l.* 서명되다; shart- noma ~ imzolandi 협약(서) 사인[서명]하다
imzoni qalbakilashtirish 서명위조
imzosiz *sif.* 사인 없는, 서명 없는.
in *ot.* 1) (*qush, hashoratniki*) 둥지, 보금자리, 둥우리(주로 새·벌레·물고기·거북 따위의). 굴, 집; arining ~i 말벌류(類)의 집; o'rgimchak ~i 거미집; ~solmoq / qilmoq 집을 짓다; ~ qurmoq (yasamoq) 둥지를 틀다; 2) (*hayvonniki*) 굴(여우·토끼 따위의); 숨은 곳, 피난[은신]처; (*yirik hayvonniki*) (야수의) 굴; (동물원의) 우리; ayiqning ~i 곰의 굴.
inaudit *ot.* 회계감리회사
indamas *sif.* 말이 적은, 묵중한, 과묵한, 말 없는.
indamas, kamgap *sif.* 암흑의
indamay ravish. 잠자코, 묵묵히. ~ rozi bo'lmoq 묵인하다.
indamoq (*faqatgina inkorda qo'- llaniladi*) ~을 말하다, 이야기히다.
indeks *ot.* 색인, 찾아보기, 장서목록, *iqt. mat.* 지수, (대수(對數)의) 지표; 율; narxlar ~i 물가 지수.

indeksatsiya *ot.* 지수 결정 메커니즘, 지수연동
indekslangan zayom 지표 연동 부채
indikator *ot. tex. kim.* 인디케이터(계기·문자판·바늘 따위), (내연 기관의) 내압(內壓) 표시기; 지시약(리트머스 따위), 기록계기, 지시계기, 화살표.
indin *ot.* 모레, 재명일(再明日), 명후일(明後日), 익익일(翌翌日); ~ga 내일의 다음날; ~ga ketamiz 모레 떠난다.
individual *sif.* 개인적인, 개성적인, 개개의, 각개(各個)의, 독특한, 특유의.
individual (shaxsiy) narsa 특정물(特定物)
individual turar joy qurilishi 개인의 주택 건설
individuallik *ot.* 개성, 개성적 특성, 인격, 개성, 개인적 성격; 개인성, 개체성.
indoneziyalik *ot.* 인도네시아 사람(들)
indosamment 어음배서, 보증
indossament 어음의 배서
indossant (=jirrant) 어음의 배서인
indossat 배서 양수인
indossatsiya 어음 양도절차
induktiv *sif.* 유도성의, 감응의, 유도적인.
induksiya *fiz.* 감응(感應), 유발, 유도(誘導), 끌어들임, 도입, 유도작용(誘導作用).
industrial *sif.* 산업(상)의, 산업용의, 공업 (상)의, 공업용의; ~ mamla- katlar 공업국가
industriya *ot.* (제조) 공업, 산업; ~업(業). og'ir (yengil) ~ 중(경) 공업
industrlash *ot.* 산업화, 공업화; ~ tirmoq 산업[공업]화하다.
inert *fiz. kim.* 비활성의, 관성(타성이 있는). ~ gazlar 비활성 기체, 불활성가스.
inertlik *fiz. kim.* 비활성 물질.
inersiya *ot. fiz.* 관성(慣性), 타성, 타력, (*harakatlanuvchi*) 운동량; 타성; 여세, 힘
infarkt *ot. tib.* 경색(梗塞) (형성); *so'zl.* 심장 발작
infeksion *ot. tib.* 전염, 감염; *sif.* 전염하는, 접촉 감염성의, 전염질의; ~ kasallik 감염증
infeksiya *tib.* 전염, 감염, 전염병, 감염증.
infilyatsiya tempi 인플레율
infilyatsiyaga qarshi siyosat 인플레이션 억제 정책
infinitiv *gram.* (***fe'lning***) 부정사(不定詞: 유럽 여러 언어의 문법상, 인칭·수 등의 제한을 받음이 없이 명사적 형태를 나타내는 동사).
inflyatsion *sif. iqt.* 인플레이션[통화 팽창]의; 인플레를 유발하는, 인플레 경향의.
inflyatsiya *ot. iqt.* 통화 팽창, 인플레(이션); (물가·주가 등의) 폭등; 물가 상승률.
inflyatsiya(qog'oz pullarning ortiq dara- jada chiqarilishi natijasida qadrsizlani- shi) 인플레이션
inflyatsiya imkoniyatlari 인플레이션 가능성
informatsion *ot.* 정보; (정보·지식의) 통지, 전달; 보고, 보도, 소식, 교시(敎示); ~ bildirish 게시, 고시, 공보.
informatsiya *ot.* 보고(서); 공보; 보도, 기사, (*xabar*) (연구·조사 등을) 보고하다; (들은 것을) 전하다, 말하다, 이야기하다; ~을 보도하다; 공표하다; ~라고 말하다.
infrastruktura 기반시설, 인프라스트럭처
inga *ot.* 신생아의 울음소리, 태어난 아이가 내는 소리; chaqaloqning ~si 아이의 울음소리.
ingalamoq *fe'l.* 울다(애기에 대해서)
ingichka *sif.* 얇은, 가는, 굵지 않은, 두껍지 않은; (실·끈 따위가) 가는; (손·발 따위가) 늘씬한; (펜촉이) 가느다란; ~ip (실·끈 따위가) 가는; ~qavat 얇은 층.
ingichkalamoq *fe'l.* 얇게 하다,

I

가늘게 하다; 엷게[희박하게] 하다.
ingichkalashmoq *fe'l.* 얇아지다, 가늘어지다; 야위다; 약해지다; 엷게[희박하게] 되다
ingichkalashtirmoq *fe'l.* 얇아지게 만들다, 엷게 만들다, ~을 가늘게 만들다.
ingichkalik *ot.* 희박; 가늚; 야윔; 빈약; 박약, 가는 것, 얇은 것.
ingillamoq *fe'l.* 1) 흐느껴 울다. 2) 우는 소리를 하다, 하소연하다.
ingliz *ot.* 영국, 잉글랜드, (*shundk erkak haqida*) 잉글랜드 사람, 영국인; (*shundk ayol haqida*) 잉글랜드 여자; 영국 여성; ~tili 영어, 영국말; ~xalqi 영국인, 영국민
inglizcha *sif.* 영어의, 영국의; 영국 사람의; ~ rasm-rusm 영국의 관습(풍습, 관행); ~gapirmoq 영어로 말하다; ~ni bilmoq 영어를 알다; men ~ gapirdim 나는 영어로 말했습니다.
ingramoq *fe'l.* 신음하다, 신음소리를 내다. 앓는 소리를 하다, 앓음 소리를 치다.
ingroq *ot.* 신음 소리, 끙끙대기.
ini *ot.* 형제, 아우, 동생.
injener = **muhandis** *ot.* 기사. bosh ~ 기사장; ~ mexanik 기계기사; ~-quruvchi 건축기사.
injil *ot. din.* 1) (예수가 가르친) 복음; 2) 복음서(마태, 마가, 누가, 요한의 네 권).
injiq *sif.* 변덕스러운, 변덕이 많은, 변하기 쉬운, 마음이 잘 변하는, 마음이 변하기 쉬운, 일시적인; ~ havo 변덕스러운 날씨.
injiqlanmoq *fe'l.* 변덕부리다, 도섭(을) 부리다, 이랬다저랬다 하다.
injiqlik *ot.* 변덕, 밴딕, 도섭, 변사(變詐). ~qilmoq 변덕부리다, 도섭(을) 부리다.
inkassali operatsiyalardan tash- qari 수금활동을 제외하고
inkassator *ot.* 수금원; 징세원, 현금 출납.
inkor 1) *ot.* 부인, 부정; 거절; 거부, 취소; 2) *sif.* 부정의, 부인[취소]의, 거부의, 거절적인; ~etmoq/ qilmoq 부정하다; 취소하다; 진실이 아니라고[근거가 없다고] 주장하다; (신의 존재·교리 등을) 부인하다, 믿지 않다; 3) *gramm.* 부정을 나타내는 말, 부정어; ~ yuklamasi 불변화사(不變化詞)(관사·전치사·접속사 따위 어형 변화가 없는 것).
inkor belgisi 의문부호(?), 의문사.
inkor ravish 부정 부사
inkor so'z 단어에 의한 부정
inkorni bildiruvchi qo'shimcha 않습니다.
inkoterms 무역조건의 해석 에 대한 규칙
inkoterms *ot.* 인코텀스 (incoterms, 국제무역 용어집)
inkubator *ot.* 부화기(器), 부란기; 세균 배양기; 조산아 보육기, 인큐베이터, 알 깨우는 기구(실), 인공부화기.
inkubatsiya *ot.* 알을 품음, 부화(孵化); ~ davri *tib.* 잠복기; ~qilmoq (알을) 품다, 까다, 부화하다, (세균 따위를) 배양하다.
inkvizitor *ot.* 심문자, 심리자; 검찰관
inkvizitsiya *ot.* (엄중한) 조사, 탐구, 탐색
inobat 1) (*ishonch*) 신뢰(信賴), 믿음, 신임(信任), 신망(信望), 신용(信用), 신의(信倚); ~ qilmoq ~을 신뢰하다; 2) (*e'tibor*) 주의, 유의; 주의력, 고려, 숙려(熟慮), 고찰; ~ga olmoq 고려하다, ~을 참작하다.
inobatli(k) *sif.* 1) 은밀한, 내밀한, 주의 깊은, 신중한. 2) 주목할 만한, 현저한
inobatsiz(lik) *sif.* 도덕적으로 가치 없는, 존경할 가치가 없는, 하잘 것 없는, 하찮은, 비열한, 신뢰할 가치가 없는, 믿음이 부족
inonmoq = **ishmoq** *fe'l.* 신용하다, 믿다, 신임하다, 신뢰하다. o'z sirini do'stiga ~ 비밀을 친구에게 대주다.
inontirmoq *fe'l.* ~의 유죄를 입

증하다, 유죄를 선언하다.
inoq *sif.* 화목한, 사이좋은, 정다운; ~ bo'lmoq ~와 친구다[친하다]; ~oila 일심동체의 가족; ~ jamoa 화목한 그룹.
inoqlashmoq *fe'l.* ~와 친해지다, 우정을 맺다.
inoqlik *ot.* 친선, 우의, 친교, 우정, 우호; 호의, 친한, 우호적인.
inoyat *ot.* 원조, 조력, 도움, 은혜
inqillamoq *fe'l.* 앓은 소리를 하다, 앓음 소리를 치다, 울부짖다.
inqillash *ot.* 신음, 신음 소리, 끙끙대기
inqilob *ot.* 혁명; 변혁; madaniy ~ 문화의 혁명; fan-texnika ~i 과학과 기술의 혁명
inqilobchi *ot.* 혁명가(革命家).
inqilobiy *sif.* 혁명적인; ~ harakat 혁명운동.
inqiroz *ot.* 쇠약, 퇴보, 타락, (국가·귀족 계급 등의) 몰락, 파산, 파탄, 낭패; ~ga uchramoq 파산당하다; ~ga yuz tutmoq 낭패를 보다.
insayder *ot.* 내부자
insho *ot.* 작문(법), 작시(법); 저작, 저술. 수필, (문예상의) 소론(小論), 시론(詩論); 평론, 저서, 글짓기, 작문, 작품; ~ yozmoq ~을 저술하다.
inshoollo(h) 하나(느)님이 원하면.
inshoot *ot.* 건설, 건축, 축성, 가설; 빌딩, 가옥, 구조물, 건조물, 건축물, 건물, 전당
insof *ot.* 1) (*adolat*) 공평함, 공정, 공평, 공명정대, 정당(성), 옳음; 2) (*diyonat*) 양심, 도의심, 도덕관념; ~ bilan ishlamoq 양심적으로 일하다.
insofli *sif.* 1) (*adolatli*) 올바른, 정당한, 공정한, 공명정대한; 2) (*diyonatli*) 양심적인, 성실한; ~ urush 정의의 전쟁.
insofli xaridor 선의취득자
insofsiz *sif.* 1) (*adolatsiz*) 공정치 못한, 공명 정대하지 못한, 부정한, 부정직한, 불의[불법]의, 부조리한; 불공평한, 부당한; 2) (*vijdonsiz*) 비양심적인, 파렴치한.
insofsiz raqobat 불공정 경쟁, 부당 경쟁
insofsiz savdo amaliyoti 불공정 무역관행
insofsiz sohib 악의의 점유자
inson *ot.* 사람, 인간. yoshi katta ~ 어른; yosh ~ 젊은이, 청년; ~ bolalari 인류, 인간, 사람; ~ huquqlari 올바른 사람; u juda yaxshi ~ 그(녀)는 아주 좋은 사람이다; aqlli ~ 현명한 사람.
inson huquqlari 인권(人權)
inson huquqlari bo'yicha komitet 인권 위원회(人權 委員會)
inson huquqlari bo'yicha parlament vakili 국회 인권위원회
inson huquqlari himoyasi 인권 보호
inson huquqlari umumiy deklaratsiyasi 세계인권선언(世界人權宣言)
inson huquqlarini hurmat qilish tamoyili 인권존중의 원칙
inson huquqlarini umum qadrlash tamoyili 인권존중의 원칙
inson huquqlarining konstitutsiyaga asoslangan kafolati 인권의 헌법적 보장
inson qadrini kamsitish 인간의 존엄성
insoniy ehtiyojlar 인력수요
insoniy *sif.* 인간의, 사람의, 인간적인, 인간다운, 인간에게 흔히 있는; ~ huquqlar 인권; ~g'urur 인간의 자존심.
insoniyat *ot.* 인류(人類), 인간(人間), 사람; ~ning kelajagi haqida hech o'ylab ko'rganmisiz? 인류의 미래에 대해서 생각해 본 적이 있습니까?
insoniylik *ot.* 인간성, 인도, 인정.
insonning madaniy huquqlari 인간이 문화를 향유할 권리 (창착활동 포함). 1948 년 인권선언

제 27 조에 규정되어 있다.
insonparvar 1) *sif.* 인자한, 박애적인, 자비로운, 인도적인, 인정있는, 친절한, 2) (*kishi*) 인간성 연구학자; 인문[인본]주의자; 인도주의자; ~lik 인도주의, 인문[인본]주의, 인간의 속성, 인간다움..
insonparvarlik *ot.* 인도주의자; 박애가; ~ yordam 인도주의적인 도움(원조)
inspektsiya *ot.* 검사, 조사; 감사; 점검, (서류의) 열람, 시찰, 검열; ~ o'tkazmoq 조사하다, 검사하다, 감사[점검]하다, 검열[사열]하다, 시찰[견학]하다.
inspektor *ot.* 검사자[관], 조사자[관], 시찰자, 검열관, 감독자; 장학사.
instantsiya *ot. yur.* 실례, 사례, 예증; 소송(절차); 탄원; 상급, 상급법원; birinchi ~li sud *yur.* 첫 사례의 공판; yuqori ~ 고등의 판(결)례(선례); eng yuqori ~ 가장 높은 판례(선례); yuqori ~ 대법원; past ~ 하급법원.
institut *ot.* 1) (*o'quv maskani, ilmiy ta- shkilot*) 연구소(研究所), 대학교(大學校), 대학(大學); ilmiy tekshirish ~i 대학의 (학술)연구(조사); pedagogik ~ 대학의 교수법(교육학); ilmiy-tadqiqot ~i 대학 연구소; sharqshunoslik ~i 동방학대학교; 2) (*ijti- moiy muassasa*) (학술·사회적) 회, 학회(學會), 협회(協會), (공공) 시설, (공공) 기관[단체]; ijtimoiy ~lar 사회단체
institute, tartib 제도(制度)
institutsion investorlar 기관 투자자
instruktsiya *ot.* 지시, 지령, 훈령, 지도, 지도서, 지형서.
instruktor *ot.* 교사, 선생, 교관, 지도자.
instrumental *sif.* 1) *mus.* 악기의, 기악의; ~ musiqa 기악; 2) *tex.* 기계(器械)의, 기계를 쓰는; ~ po'lat 공구강, 공구 제작용 강재; ~ sex 공구지구직장;
insult *tib.* (병의) 발작, (특히) 뇌졸중.
integral *mat.* 정수(整數)의, 적분(積分)의; ~ hisob 적분학; ~ni topish/ hisoblash 적분법
integrallamoq *fe'l.* 적분하다, 집성하다.
integrallash *mat.* 적분학(함수의 적분에 관한 성질을 연구하는 학문.)
integratsiya *mat.* 적분(주어진 함수를 미분의 역함수로 고치는 연산법), 적분법.
intellektual *og'zl.* 지적인, 지력의, 인성적인; ~ ish 지적사업.
intelligent 1) *ot.* 지식인, 인텔리; (the ~s) 지식 계급; 2) *sif.* 인테리적인, 교양 있는, 지능적인, 지능[지력]을 요하는, 두뇌를 쓰는; ~lik 지식계층.
intelligentsiya *ot.* 지식 계급, 인텔리겐치아; 정신[두뇌] 노동자.
intensiv *sif.* 긴장된, 강도가 높은, 강한, 격렬한; 집중적인, 철저한, 집약적인; ~ xo'jalik 집약경제; ~ yer ho'jaligi 집약농법.
intensivlik *ot.* 긴장, 집중, 열렬, 세기, 강도, 집약성.
intermediya *teatr.* 막간희극[촌극]
internat *ot.* 1) (*maktab*) 기숙사제 학교; 2) (*maktab qoshidagi yotoqxona*) (특히 초등학교의) 교사(校舍), (초등학교 부속의) 교원 주택.
interval *ot.* 1) (장소적인) 간격, 거리; (시간적인) 간격, 사이, 틈. 2) (*mus*) 음정.
intervensiya *ot.* 사이에 듦; 개재; 조정, 중재; (타국에의) 간섭; iqtisodiy ~ 경제 간섭; qurollangan ~ 무장(무력) 간섭.
intervent *ot.* 간섭자, 강점자.
interventsiya, aralashuv, bosqin 간섭, 관여, 중재, 조정.
interventsiya, bosqinchilik, aralashish 개입, 간섭
interventsiyaga oid izoh 인플레이션 약정 (인플레이션의 경우 임금 및 가격을 조정한다는 약정)
intervyi *ot.* 인터뷰, 회견, 회담, 면담, (입사 따위의) 면접, 면회; ~ bermoq ~와 회견(면담)하다.

intervyu *ot.* (기자 따위의) 인터뷰, 방문, 회견, 회견[방문, 탐방]기(記); ~ olmoq ~와 회견하다
intiho *ot.* 종지, 종료; 폐지; 만기; 결말, 종국, 끝, 마지막, 마무리 손질.
intihosiz *rav.* 끝없이, 계속적으로
intilish *ot.* 열망; 포부, 향상심, 큰 뜻, 대망; o'qishga bo'lgan ~ 배움에 대한 지향, 향학열.
intilmoq *fe'l.* 1) 지향하다, 열망하다, 포부를 갖다, 대망을 품다, 갈망하다, 열심히 ~을 구하다, 간절히 원하다.. erkinlikkka ~ 자유를 지향하다. 2) 노력하다, 얻으려고 애쓰다.
intiq(lik) 진저리나게 하는 기다림; 싫증[넌더리] 나는 기다림, 지루한 기다림.
intiqmoq *fe'l.* 서두르다, 죄어치다, 재촉하다; 빠르게 하다, 촉진하다.
intiqom *ot.* 보복, 복수, 원수 갚기, 앙갚음; ~ olmoq ~에게 원수를 갚다, 앙갚음[복수]하다.
intizom *ot.* 규율(規律), 규정, 풍기, 자제(自制), 버릇들이기; ~ga rioya qilmoq 규율을 지키다.
intizom mas'uliyat 노동자 사용에 관한 의무 준수
intizomli *sif.* 규율성 있는, 규율을 지키는 (준수하는).
intizomlilik *ot.* 훈계, 징계, 처벌.
intizomsiz *sif.* 훈련이 없는, 수련이 부족한; 수양이 없는, 미숙한; 규율이 없는, 군기(軍紀)가 없는.
intizor 열렬한 기다림, 불타는 (듯한) 기다리림. ~ bo'lmoq 너무 기다리다; ~ qilmoq 기다리게 하다.
intizorlik = **intizor** 감격한(정열적인, 열렬한, 감동이 넘친) 기다림
intonatsiya *ot. og'z.* 인토네이션, 억양(抑揚), 음조(音調), 어조(語調).
intsest *ot.* 근친상간(近親相姦)
invallid = **nogiron** 노동능력상실자, 불구자, 장애인, 병신. urush ~i 영예군인; mehnat ~i 노동 불구자.
inventar 1) (*buyumlar*) 물품 명세서; (재산·상품 따위의) (재고) 목록, 재산목록, 비품대장, 재고품 조사[명세서]; 2) (*ro'yxat*) 비품, 도구, 재산; ~ raqam 재고품 번호; jonli ~ 가축; qishloq ho'jaligi 농(기)구; tirik ~ 부림짐승; o'lik ~ 논 쟁기, 쟁기.
inventarizatsiya 재산목록작성, 비품목록작성. ~ qilmoq 재고 조사를 하다; 전체적으로[처음부터] 잘 평가[감정]하다.
inversiya *til. tex.* (어순의) 전도, 도치(법), 전도(轉倒), 역(逆), 정반대.
investition faoliyat 투자행동
investitsion banki 투자 은행
investitsion boyliklar 투자가치(投資價值)
investitsion faoliyat 투자활동
investitsion kutish 투자 기대
investitsion ma'lumotnoma 투자안내서
investitsion siyosat 투자정책
investitsion soliq krediti 일정 기준을 충족하는 기업에 세금 납부 기한 연기
investitsiya *ot.* 투자(投資), 출자
investitsiya faolligining kamayishi 투자활동 급감
investitsiya fondi 투자 기금
investitsiya fondining nizomi 투자 재단 정관
investitsiya instituti 투자기관(投資機關)
investitsiya qilayotgan kompaniyasi 투자회사(投資會社)
investitsiyaga oid bahslar, tortishuvlar 투자분쟁(投資分爭)
investitsiyalar o'z-o'zini qoplash mud- dati 투자 회수 기간
investitsiyalar xavfi kafolati 투자 위험보증(국가부분의 해위 투자의 위험을 국가가 보증해 주는 것)
investor *ot.* 투자자(投資者)
investorlar guvohnomasi 투자자 증명

investrlar klubi 투자자 클럽
investsitsiya bo'yicha maslahat 투자자문
in'om *ot.* 선물, 선사품, 기증품, 기념품; ~ qilmoq 선물하다, 기증하다.
ion *fiz.kim.* 이온(ion: 양(陽) 또는 음(陰)의 전기를 갖는 원자 또는 원자단; 음극으로 향해 가는 이온을 양이온, 양극으로 향하는 것을 음이온이라 함) 이온화. 전기해리; ~ nazariyasi 이온 이론.
ip 1) 무명실, 목면사, (*qalin*) 실, 바느질 실, 꼰실, 삼실, (금속·유리 따위의) 가는 줄, 섬조(纖條); (동식물이 만드는) 실, 섬유; ~ni ninaga kirgizmoq 바늘에 실을 꿰다; ~ gazlama 무명, 면직물; ninaga ~ takmoq / o'tkazmoq 바늘에 꿰다; 2) (*bog'ich*) (구두·각반·코르셋 등의) 끈, 꼰 끈, 레이스; botinka ~i 구두끈, 부츠 끈; 3) (*musiqiy asbobniki*) (악기의) 현(絃), (활의) 시위, 끈으로[실로] 꿴 것; 연이어서 꿴 것.
ipak *ot.* 실크, 비단; 명주실, 생사; 깁, 견직물; xom ~ 생사; ~ ro'mol 비단 머릿수건; 비단 목도리; ~qurti 누에; sun'iy ~ 인견, 인조비단, tabiiy ~ [순]비단; Buyuk Ipak Yo'li 비단길, 실크로드
ipakday *sif.* 부드러운, 명주 같은.
ipakli *sif.* 비단 같은; 비단의, 비단으로 만든.(명주처럼) 보드라운, 매끄러운.
ipakchi *ot.* 누에치는 사람.
ipakchilik *ot.* 누에치기, 양잠(업).
ipli 실을 담고 있는, 실을 포함하는.
ipak mato *ot.* 견직물(絹織物)
ipor *ot.* 사향(의 냄새); *zool.* 사향노루; *bot.* 사향 냄새 나는 여러 가지 식물(musk rose 따위)
ipoteka (ko'chmas mulk garovga qo'yi- ladigan qarz) 담보(擔保)
ipoteka *ot.* 저당권(抵當權)
ipoteka banki *ot.* 대부은행
ipoteka garovi *ot.* 부동산 담보
ipoteka haqida shartnoma 저당권 계약
ipoteka krediti 부동산 담보 대출
ipoteka qarzi 부동산 담보 대부
ipoteka qarzi 부동산담보대출
ipoteka sertifikati 담보증명
ipoteka zayomi 담보 채무
ipotekadan holi bo'lgan obyekt 담보로 잡히지 않은 대상물
ipsiz 실이 없는, 레이스 없이.
iqbol *ot.* 1) (*omad*) 행운, 요행, 운, 성공, 성취; 좋은 결과; ~ tilmoq 행운을 빌다; 2) (*kelajak*) 운명, 숙명, 운수, 행복 번영; 3) (*farovonlik*) 번영, 번창, 융성; 성공.
iqlim *ot.* 1) 기후, 기후상의; 풍토, 풍도적인. kontinental ~ 대륙성기후; o'rta ~ 온화한 기후; issiq ~ 열대성기후; 2) *geog.* (한대·열대 따위의) 대(帶), 대, 지역; 지구.
iqlimiy *sif.* 기후상의; 풍토적인
iqlimlashish *ot.* 새 환경 순응, 풍토 순화
iqlimlashmoq *fe'l.* (사람·동식물 등) 새 풍토[환경]에 익히다[익숙해지다]; 순치(馴致)하다, 새 환경에 순응하다
iqror *ot.* 고백, 실토, 자백, 자인; siz shunga ~ misiz 당신의 자백(고백)이 이것입니까?; ~ bo'lmoq 고백(자백, 자인)하다; bunga o'zi ~ bo'ldi 그자신의 자백
iqtidor *ot.* 세기, 힘, 능력; 생활력; ~li 강한, 강력한; 유력한; ~siz 무력한, 무능한; 세력이 없는; 권력이 없는; 효능이 없는
iqtidorli *sif.* 강력한, 위대한, 거대한
iqtidorsiz *sif.* 약한, 무력한, 연약한, 박약한, (머리가) 둔한, (상상력 등이) 모자라는.
iqtisod 1) 경세, (*fan*) 경제 상태. 2) 경제학. 3) 경제 철학; siyosiy ~ 경제 정책; jahon ~ 세계 경제; ~qilmoq (~을) 경제적으로 쓰다, 절약하다; (노동력·시간·돈

따위를) 사용하다
iqtisodchi *ot.* 경제학자, 경제사.
iqtisodiy *sif.* 경제학의, 경제(상)의, 재정상의, 경제적인, 실리적인, 실용상, 검소한; ~ geografiya 경제 지리학; ~ tanglik 경제위기, ~ siyosat 경제 정책
iqtisodiy blokada 경제 봉사
iqtisodiy jarimalar 경제적 제재
iqtisodiy mo'jiza 경제 기적
iqtisodiy mustaqillika erishuv 경제자립 달성(經濟自立 達成)
iqtisodiy o'sish tezligi 경제 성장률
iqtisodiy rivoj uchun sharoit 경제성장의 선결조건
iqtisodiy sinish 파산(破散)
iqtisodiy so'z va iboralar 경제용어
iqtisodiy tayanchlar 경제적지지
iqtisodiy toifa bo'lmasi 이코노미 클래스
iqtisodiy turg'unlik 경제 침체, 경기부진
iqtisodiy tuzum 경제 구조
iqtisodiyot *ot.* 경제학(經濟學); mamlaktning ~i 나라의 경제; ~ instituti 경제 대학(연구소)
Iqtisodiyot vazirligi 재정 경제부
iqtisodiyotni yaxshilash 경제 회복
iqtisodiyotning, inqirozi, qulashi 경제붕괴
iqtisodni sog'lomlashtirish istiqboli 경제회복 전망
iqtisodchi *ot.* 경제학자, 경제 전문가; 절약가; (금전의) 관리자, 가계(家計)를 맡아보는 사람.
irillamoq *fe'l.* (*hayvon*) 으르렁거리다(at); 고함치다; 투덜거리다; (우레·대포 등이) 우르르 울리다; 호통치다, 성나서 말하다, 울부짖다; 물려고 짖다.
irim *ot.* 미신(迷信); 미신적 관습[행위], 사교 신앙(邪敎 信仰)
irimoq *fe'l.* 1) (*chirimoq*) 썩다, 썩어 없어지다, 부패[부식]하다, 상하다; 말라죽다, 시들다; irigan qovun 멜론이 상했다; 2) (*yiring boyla- moq*) 곪다, 화농(化膿)하다, (*yara- haqida*) (상처가) 곪다; 곪게 하다; 뜨끔뜨끔 쑤시(게 하)다; 괴로워하다; 괴롭히다; 진무르다.
irimchi 미신적인 사람, 미신에 사로잡힌 자; 미신에 의해 사는 자.
irim-chirim 1) (*har xil irimlar*) 미신, 사교 신앙(邪敎 信仰); 2) (*marosim*) 의례, (종교적) 의식, 예배식; 제식; 교회의 의식, 전례(典禮); 관례.
iris I *ot. bot.* 1) 붓꽃, 계손(溪蓀), 수창포(水菖蒲), 붓꽃속(屬)의 식물(붓꽃과의 여러해살이풀. 산·들에 나는데, 줄기는 곧고, 높이 80cm가량, 잎은 선형, 초여름에 청자색 꽃이 안쪽에서부터 백색·황색·갈색·자색의 차례로 무늬가 되어 핌); 2) 무지개(모양의 것), (해·달의) 무리; 무지개 색의 광채[아치·테]; 아이리스(무지개색·광채가 있는 석영[수정(水晶)])
iris II *ot.* (*konfet*) 태피(taffy: 설탕·버터 따위로 만든 과자). 설탕이름, 이르스카.
irjaymoq *fe'l.* 1) (*tirjaymoq*) 능글맞게 웃다, 부자연한 웃음을 웃다, 코웃음 치다, 비죽이 웃다. 비웃다. 2) (*tishini ko'rsatmoq*) (이를 드러내고) 씩 웃다 싱글거리다; 이빨을 드러내다.
irkit 더러운, 불결한; (손발이) 더러워지는(일 따위)), 진흙투성이가 된, 어지러운, 때가 묻은(낀) 더러운, 불경한; ~ xona 지저분한 방안; ~ ichkiyim 더러운 속옷.
irmoq *ot.* 1) 흘러들어오는 것, 지류(支流), 물줄기; 2) *poet.* 흐름. ko'z yoshi ~ bo'lib oqmoqda 눈물이 비오듯 흐르다; Sirdaryo ~lari 시리다리아의 시냇물은 강의 지류이다
iroda 1) 의지, 의지력, 의욕, 의도, 결심; 결의; 결정, 결단(력); ~ tarbiyasi 의지 단련; kuchli ~ 의지의 힘.
iroda, istak ifodasi 의사표시(意思表示)
iroda, istak mustaqilligi, iroda erkinligi 사적 자치
irodali *sif.* 의지가 강한, 의지적

인. ~ odam 의지가 강한 사람.
irodasiz *sif.* 의지가 없는 사람.
iroqlik 이라크의. ~ odam 이라크 사람.
irq *ot.* 인종, 종족, 인류; oq(sariq, qora) ~ 백 (황, 흑) 인종.
irqchi *ot.* 인종주의자.
irqiy *sif.* 인종(상)의, 종족의, 민족(간)의, 인종적인. ~ diskriminatsiya 인종차별.
irqiy va milliy ustunlik 인종적, 민족적 우월성
irqchi *siy.* 민족주의자, 민족[인종] 차별주의자; 민족주의적인, 인종 차별적인; ~ lik *siy.* 인종주의, 민족성; 인종적 편견, 인종차별, 민족[인종] 차별주의[정책]; 인종적 편견
irratsional *mat. fals.* 무리수, 무리(수)의, 부진(不盡)의; ~kasr *mat.* 무리(수)의 분수
irrigator *ot.* 관개자(者)
irrigatsion *sif.* 관개의, 관개용의, 수리화, 물을 댐, 관개; ~ sistema 관개 체계; ~ qurollanish 관개시설.
irrigatsiya ot. 물을 댐, 관개, 수리학.
irrigatsiya kanali 관개수로(灌漑水路)
irsiy *sif. biol.* 세습의; 부모한테 물려받은, 대대의; 상속에 관한; 유전에 의한; 유전(성)의; ~at *biol.* 유전; 형질 유전; 세습; 전통.
irsiyat *biol.* 유전; 형질 유전; 세습; 전통.
irg'atmoq *fe'l.* 움직이다, 몸을 움직이다, 흔들어 움직이다, 휘두르다, 흔들리다, 흔들거리다, 던지다, 내버리다, 내던지다; bosh ~ 자신의 머리를 흔들다.
irg'imoq *fe'l.* 뛰뛰다, 껑충 뛰다, 뛰다, 도약하다, 뛰어오르다
irg'itish *fe'l.* (내)던지다, 팽개치다, 넌지다; tosh ~ ~ 돌을 던지다; nayzani ~ *sport.* 창던지기; disk ~ 원반던지기.
irg'itmoq (=irg'atmoq) 1) (*sakratmoq*) (~을) 뛰어넘다, 뛰어넘게 하다; 2) (*otmoq*) (내)던지다, 팽개치다, (*pastga*) 내동댕이치다; 떨구어 버리다; 3) *sport.* (던짐, 던지기) 스로잉 하다.
irg'ituvchi 던지는 사람.
is I (*hid*) 내, 냄새, 향기, 향수, 방향(芳香); ~i yo'q 냄새가 없는; ~ini olmoq ~의 냄새가 나다; ~을 냄새로 채우다; ~ini chiqarmoq 냄새를 피우다;~ini chiqarmay 비밀로, 몰래; ~ chiqarmoq 악령의 재물로 만들다
is II (*qora kuya*) 검댕, 매연, 유연(油煙), 그을음; 탄내, 내내; ~bosgan 그을은; 거매진, 거무스름한, (*otdan keyin*) 짙은 매연
isbot = dalil *ot.* 증거, 증명, 증거(가 되는 것); (*tasdiq*) 확정, 확립; 확증, 확인, 인가; 비준; ~ qilib ~의 증거로써; ashyoviy ~ 물질적 증거; ~ qilmoq 증거하다.
isbot majburiyligi 입증책임
isbotdan ozod qilish 입증책임면제
isbotlamoq *fe'l.* 증명하다, 입증하다.
isbotlanmoq *fe'l.* ~임을 알다, ~이 되다.
isbotlash *ot.* 입증(立證)
isbotlash tashvishi 입증책임
isbotli *sif.* 실증의, 입증의; 실체화; 증거.
isbotsiz *sif.* 기초[근거]가 없는, 이유없는, 사실무근한; ~ ayblash 이유 없는 비난.
isimoq *fe'l.* 1) 더워지다, 따뜻하게 하다, 더워지다, 데우다; suv isidi 물이 데워지다; 2) (*havo haqida*) 따뜻하게 하는 사람[물건]; 온열기, 온열[가열] 장치; 3) *k.m.* (*ko'ngli tortmoq*) 잡아늘인 것을 느끼다
isinish *ot.* 더워지는 것.
isinmoq *fe'l.* 쪼이다, 덥히다, 더워지디, 데우다, 따뜻해시나; 더워지다; oftobda ~ 햇볕에 쪼이다.
isintirmoq *fe'l.* 데우게 하다, 따뜻하게 하다, 녹이다
isiriq 향(香)의 종류; ~ tutatmoq

향을 피우다, 향내나게 하다.
isitilmoq *fe'l.* 데우다, 덥히다, 가열하다.
isitish *ot.* 난방, 가열; (건물의) 난방(장치), 따뜻하게 하기, 따뜻해지기, 가온(加溫).
isitish tarmog'i 난방연결망
isitma *ot.* 1) (*baland harorat*) 온도, 기온, 체온; 신열, 고열; ~ni o'lchamoq 채온을 재다; ~si juda baland 그의 체온은 높다; 2) (*ba'zl kasalliklarga berilgan noto'g'ri nom*) (병으로 인한) 열, 발열, 열병, 오한. 3) (*ovqat haqida*) 데우다. ~ osh 데운 어씨. 4) (*buyruq*) 데우지 마라. mening ~m yo'q 나는 열이 없다.
isitmalamoq *fe'l.* 오한 나다, 열이 나다.
isitmoq *fe'l.* 데우다, 다시 데우다; (엔진 등이) 가열되다; (행위 따위가) 한층 더 열기를 띠다
iskamoq *fe'l.* 코를 킁킁거리다, 냄새를 맡다, 코로 숨쉬다; 코를 훌쩍이다., 둘레둘레 냄새를 맡다.
iskana *tex.* 끌, 조각칼, (조각용) 정.
iskanja *tex.* 1) 프레스, 압착기, 짜는 기구, (*gira*) 누름, 압박, 압착; 움켜쥠; 꽉 쥠[잡음], 파악; 2) 희망 없는, 가망 없는; 절망적인, 어찌할 도리가 없는.
iskovuch *ot.* 블러드하운드(후각이 예민한 영국산의 경찰견); 집요한 추적자, 탐정, 형사. 무엇을 찾는 사람
island *ot.* 아이슬란드(북대서양에 있는 공화국; 수도 Reykjavik). ~ tili 아이슬란드(사람·말)의, 그 언어; ~iyalik 아이슬란드 사람.
islanmoq *fe'l.* 1) (*dudlanmoq*) 연기 나게 하다, 그을리게 하다, 훈제(燻製)로 하다. 2) (*buzilmoq*) 썩다, 썩은 냄새를 풍기다. chirog'don ~da 등잔이 그을음을 낸다.
isli *sif.* 냄새 좋은, 향기로운, 방향성의, 향내풍기는, 냄새나는; badbo'y ~ 악취를 내(뿜)는, 고약한 냄새가 나는; xushbo'y ~ 냄새 좋은, 향기로운; ~o't 향긋한 풀.
isloh *ot.* 개혁, 개정, 개량. yer ~i 토지개혁; ~ qilmoq 개혁(개조, 개정)하다.
islohot *ot.* 개혁, 개선(改善), 개정, 개량; yer ~i 다시 개량하다; iqtis- diy ~ 경제 개혁; yer ~i 토지개혁
islohotchi *ot.* 개혁자, 개혁론자, 개조자.
islohotchilik *ot.* 개혁[혁신, 개량]주의[운동, 정책].
islom *ot. din.* 이슬람[마호메트]교도, 회교도, 이슬람[마호메트]교의, 회교의; 회교도의, ~ universitetida o'qiyman 이슬람 대학교에서 공부합니다.()
islomshunos *ot.* 이슬람을 가르치는 학교
ism(*umumiy*) *ot.* 이름; (*familiyaga teskari*) 성(姓), ~ sharifi 성명; ~ bermoq/qo'moq ~에[이라고] 이름을 붙이다[짓다], 명명하다; ~ingiz nima 당신의 이름은 무엇입니까? ~ing nima? 너의 이름은 뭐냐?
ism huquqi *ot.* 성명권(姓名權)
ismaloq *bot.* 시금치, 마아초(馬牙草), 파릉채(菠薐菜), 적근채(赤根菜), 시금초.
ismat *ot* 명예, 영예; 영광. 명성, 면목, 체면
ismdosh *ot.* 이름이 같은 사람[것].
ismga qo'shiladigan qo'shimcha 씨
ismi yozilgan, birovga atalgan 기명의
ismlamoq *fe'l.* ~의 이름을 말하다
ismlanmoq *fe'l.* ~에[이라고] 이름을 붙이다[짓다], 명명하다.
ismli *sif.* 지명된, 지정된; 유명한; 각기 고유명이 있는. ~라고 불리우는, 일컫는.
ismni o'zgartirish *ot.* 개명(改名)
ismsiz *sif.* 이름 없는, 세상에 알려지지 않은, 무명의, 이름을 밝히

지 않는, 익명의.
isnod *ot.* 부끄러움, 수치, 수치심, 불명예.
ispan *ot.* 스페인, 에스파냐(수도 Madrid); *sif.* 스페인의; 스페인 사람[말]의; 스페인풍[식]의; ~ qizi 스페인의 감기; ~ tili 스페인어.
ispancha *sif.* 스페인의; 스페인 사람[말]의; 스페인풍[식]의; ~ni bilasizmi? 당신은 스페인을 압니까? ~ yoqa(parafimoz) 경두포경.
ispaniyalik *ot.* 스페인 사람. hozirda ~ qo'shiqchining qo'shiqlar juda mashhur 요즘에는 스페인 가수의 노래가 아주 유행합니다.
isqirt *ot.* 꾀죄죄한 사람, 게으름쟁이; 갱충맞은 사람; (*faqat ayol haqida*) 단정치 못한 여자; 허튼 계집, 매춘부; 흘게 늦은[더러운] 여자, 암캐; bitta ~ni ko'rdim 게으름뱅이를 보았다; ~ bola 지저분한새끼, 돼지새끼; ~ish kiyimi 작업복.
isrof *ot.* 낭비(浪費), 허비(虛費), 참용(僭用), 도소(徒消. 徒銷), 도비(徒費), 실어공중(失於空中), 남비(濫費), 부비(浮費), 활수(滑手), 비전(費錢), 비재(費財); 사치(奢侈); 돈지랄 탕진하는 것, ~ qilmoq 헛되이 하다, 낭비하다, 소비하다, 탕진하다.
isrofgar *sif.* 낭비하는; 방탕한, 아낌없이 주는, 마구 소비하는, 쓸데없이 쓰는.
isrofgarlik *fe'l* (시간·돈 따위를) 낭비하다, 헛되이 쓰다, (재산을) 탕진하다.
isrofgarchilik *ot.* 사치, 무절제, 방종, 낭비, 방종한 언행, 터무니없는 생각.
isrofchi *ot.* 낭비자, 방탕자, 방탕아
isrofchi *yur* 금치산자(禁治産者)
isrofgarona iste'mol 낭비(浪費)
isroflamoq *fe'l* ~을 탕진하다, ~을 낭비하다, 돈을 (다) 쓰다.
issiq *ot.* 1) (*issiqlik*) 열, 더위, 더운 기운, 열기, 따뜻함, 온기, 따뜻한 기운; *sif.* 뜨거운, 더운, 고열의; bugun juda ham ~ 오늘은 아주 덥다; ~joy 따뜻한 장소; ~ kiyim 따뜻한 옷; ~muomala 따뜻함, 따뜻한 기운; ~ suv 뜨거운 물; bu yer chidan bo'lmas darajada ~ 여기는 아주 덥다; ~i chiqmoq (tempe- ratura) 열이 나다; ~ tushiruvchi 해열제; 2) *k.m.* (*yoqimli, chiroyli*) 사람의 마음을 끄는; 매력적인, 애교있는; yuzi ~ 그녀는 매력적인 얼굴이다.
issiq pullar *ot.* 핫머니
issiqlamoq *fe'l.* 덥게 되다, 뜨겁게 되다, 흥분하다, 화내다; 열중하다
issiqlik *ot.* 1) 열, 더위, 더운 기운; 열기; 2) *fiz.* 열, 난방; 3) (*toshma*) (피부의) 부스럼, 발진(發疹), 뾰루지.
issiqlik quvvati *ot.* 열에너지
issiqsevar *sif.* 내열성이 있는, 더위를 좋아하는; ~ o'simliklar 온대성 식물(초목)
issiq-sovuq *ot.* 1) 감동, 감격, 흥분; 기쁨과 슬픔, 기어코, 어떻게 하든, 2) 마법, 마술, 요술.
issiqxona *ot.* 1) 온실(溫室), 온상(溫床); ~da yetishtirilgan o'sim- liklar 온실에서 재배한 꽃; 2) (*hammomda*) 찜질방, 터키탕의 땀내는 방; 치즈 건조실
istak *ot.* 1) 원망(願望), 욕망, 희망, 욕구, 요망, 바람, 의욕. 2) 식욕, 성욕, 음욕; ~ini qondirish 희망을 만족시키다; ~ka qarshi 희망에 반해서.
istalmoq *fe'l.* 기대하게 되다, 욕망을 갖다, 바람직한, istalgan (kutilgan) voqea 내약 bo'ldi 기대한 경우가 됐다; 바람직한 경우가 일어났다; istalgan natija 기대했던 결과.
istamoq *fe'l.* 바라다, 욕구(欲求)하다, 구하다, 원하다, 바라다, 희망하다, 원망하다. U mening ertaroq kelishimni ~yapti 그는 내가 조금 일찍 오기를 기대하고

있습니다.
istara ot. 호감, 동정. ~si issiq 호감이 가는, 남에게 호감을 주는 사람, 호감 가는 외모. Bu kishi juda ~li 이 분이 호감 가는 사람입니다.
istar-istamas *rav.* 싫든 좋든 간에, 좋아 하든 말든, 다짜고짜로, 닥치는 대로, 마구잡이로; 난잡하게, 마지못해, Men uning fikriga ~ qo'shildim 나는 마지 못 해 그의 의견에 동의했다.
istashmoq *fe'l.* 바라다, 원하다, 욕구(欲求)하다, 구하다.
istehzo *ot.* 1) 반어법(사실과 반대되는 말을 쓰는 표현법; 예컨대 '아주 지독한 날씨다'란 뜻으로) 2) 풍자, 비꼬기, 빈정댐, 빗댐, 비꼬는 말, 빈정거리는 언동. ~ish 비꼬는 일.
istehzolanmoq 야유/풍자/비꼬아 말하다.
istehzoli *sif.* 반어의, , 풍자적인, 비꼬는. ~ ibora 풍자적인 표현; ~ tabassum qilmoq 비꼬듯이 웃다.
iste'dod *ot.* 타고난 재주, 재능, 재간, 기량, 수완, 솜씨, (~의) 능력, 소질, 할 수 있는 힘, 탤런트; musiqaga ~li 음악적 재능.
iste'dodli *sif.* (~할) 능력이 있는, 재능 있는, 유능한, 천부의 재능이 있다, 풍부하게 소유하는, 재능 있는. Bu talaba har tomonlama ~ rm 학생은 천부의 재능이 있는 사람이다.
iste'dodsiz *sif.* ~할 힘이 없는, ~을 할 수 없는, 재능이 없는. Bu bola umuman ~ rm 애가 정말 재능이 없는 사람이다.
iste'fo *ot.* 사직, 사임, 퇴직, 퇴역, 퇴거; 은퇴, 은거; ~ga chiqmoq 퇴직하다; ~da bo'lmoq 퇴직 중이다; hozirda direktor ~da 지금은 사장님이 퇴직했습니다.
iste'mol *ot.* 이용(법), 용법, 사용(법), 행사, 취급(법), 사용량; ~da qo'llanilmoq 사용하기 시작하다, 통용/유행 시키다; ~ga yaroqsiz 사용에 적합하지 않은 물건; ~dan chiqmoq 폐지시키다, 사용치 않게 되다.
iste'foga chiqish 퇴직(退職), 퇴임(退任)
iste'foga chiqish haqida ariza-maktub 사직서(辭職書), 사직원.
iste'mol bozori 소비시장
iste'mol narxlari monitoringi 소비자 가격 모니터링
iste'mol qilish 소비(消費)
iste'mol rejasi 소비계획
iste'mol solig'i 소비세(消費稅)
iste'molchi *ot.* 소비자(消費者), 수요자, 구매자(購買者). ~lar jamiyati 소비조합.
iste'molchilarni himoya qilishga qaratil- gan harakat 소비자 보호 운동
iste'molchi ishtirokidagi shart-noma 소비자계약
iste'molchi krediti 소비자 대출
iste'molchilar huquqini himoya qilish haqida qonun 소비자보호법
iste'molchilar huquqini muhofaza qilish 소비자권리보호
iste'molchilar huquqlarni himoya qilish 소비자권리보호
iste'molchilar jamiyati 소비자단체
iste'molchilar uyushmasi 소비자연합, 소비조합
iste'molchilarni aldash 소비자기만
iste'molchilik qiymati 소비자 가치
iste'molchilik quvvati 구매력(購買力)
istihola *ot.* 강제, 압박, 구속, 억제; ~ qilmoq 억제하다, 구속하다.
istilo *ot.* 강탈; 점령; 점유, 압류, 압수, 몰수, 정복, 획득; ~ qilmoq 점령하다, 공격하여 탈취하다; mamlakatni ~ qilmoq 어떤 나라를 정복하다.
istilochi *ot.* 정복자, 승리자, 극복자, 침략자, 점령자, 점유자(占有者), 거주자(居住者); 선점자(先占

者), 점거자
istiqbol ot. 1) 미래, 장래, 장차, 장래, 전망, porloq ~ 보석적인 미래 (장래); 2) 모임, 회합, 집회, 응접, 접대, 환영회, 리셉션
istiqbolli *sif.* 미래가 좋은 / 좋은 목록.
istiqlol *ot.* 독립(獨立), 자립(自立), 자주(自主); mamlakat ~i 국가의 독립; ~ruhi 독립심.
istiqbolsiz *sif.* 가망 없는, 미래가 없는.
istiqomat 주소; 주거, 주택; 거주, 재주(在住); ~ qilmoq 살다, 생존하다, 지내다, 체류하다. Biz u vaqtda qishloqdab ~dik 우리는 당시 시골에서 체류하고 있었다/지냈다. Men Toshkentda ~ qilaman 나는 타슈켄트에서 삽니다.
istirohat(*hordiq chiqarish*) *ot.* 휴식, 휴게, 정양, 쉬다, 긴장을 풂, 휴양; ~ uyi 휴일날 집에서 쉰다; ~ kuni 쉬는 날; ~ qilmoq 쉬다, 휴식하다; madaniyat va ~bog'i 휴식 공원.
istirohatgoh *ot.* 휴양 공원, 레크리에이션
istisno *ot.* 제외, 삭제, 예외, 배제, 배척; qoidadan ~규칙의 예외; ~ etmoq 배척하다, 제외[배제]하다; ~ qilganda ~은 예외로 하고, ~을 제외하고는, ~외에는; ~ qilmoq 예외를 두다; ~ holat 예외의 경우.
istisnosiz *sif.* 예외 없이[없는], 남김없이.
isyon *ot.* 봉기, (특히 군인·수병 등의) 폭동, 반란. ~ ko'tarmoq 소요, 반란을 일으키다.
isyonchi *sif.* 모반한, 반역의, 반도의; 반역적[반항적]인; 불화의 씨를 뿌리는 사람.
it *ot.* 개, 사냥개; baroq ~ 푸들(작고 영리한 복슬개); iskovich ~ a) 정찰견, (*izlash uchun*) 블러드하운드(후각이 예민한 영국산의 경찰견), b) (*ov uchun*) 사냥개; ovchi ~ 사냥개; ~ boquvchi 개 종축(種畜), 개사육자; jangovor ~ 군용견; ~ bolasi 강아지; 2) *k.m.* (*yaramas odam*) 열중하는 사람 ~광, 너절한[비겁한] 사내, 망나니, 놈.
italiyalik *ot.* 이탈리아인(사라), 이탈리아어(語). Men e-mail orqali ~ do'stim bilan xabarlashib turaman 나는 이메일로 이탈리아인 친구와 연락한다.
italyan *sif.* 이탈리아의; 이탈리아 사람의: ~ tili 이탈리아어.
italyancha *sif.* 이탈리아의, 이탈리아인의, 이탈리아식의; ~ namoyish 이탈리아식 파업; ~ yozuv 이탤릭 활자.
itarmoq *fe'l.* 밀다, 떠밀다, 밀어젖히다. tirsak bilan ~ 팔꿈치로 밀다.
itbaliq *ot.* 올챙이, 개구리 새끼.
itbodom *ot.* 편도(扁桃), 아몬드(열매·나무)
itburun *ot.* 들장미의 일종.
itfe'l 악의 있는, 흉악한, 나쁜 마음의, 매우 심기가 나쁜. Bu juda ~ odam-da! rm 사람 매우 심기가 나쁜 사람이야.
itoat *ot.* 복종; 항복, 공순; 순종, 굴복(복종. 예속) 시키는 것; 종속. ~ qilmoq 복종시키다, 예속시키다, 부하로 삼다. Biz bu ishda boshliqqa ~ qilmaymiz 우리는 이 일에 과장님에 복종시키지 않는다.
itoatgo'y *sif.* 복종적인, 순종하는, 유순한, 온순한, 고분고분한, 말 잘 듣는.
itoatkor 1) ot. 부하, 하인. 복종하는 사람; 2) *sif.* 충실한, 충순한, 의무 관념이 강한, 본분을 기키는; 공손한, 성실한
itoatli *sif.* 복종적인, 순종하는, 온순한, 유순한, 다루기 쉬운.
itoatsiz *sif.* 순종치 않는; 불효의, 불복종, 고분고분[순종]하지 않는, 말을 듣지 않는, 반항하는; 하위(下位)가 아닌, 뒤지지 않는.
itoatsizlik *ot.* 불복종, 불순종, 불효, 반항
ittifoq = uyushma *ot.* 연합, 협

회, 합동, 연합, 연맹, 결합, 합체, 동맹, 단체.
ittifoqdosh 1) *ot.* 동맹국[자], 연합국; 친척; 동류; 협력자, 자기편; 2) *sif.* 동맹한; 연합[제휴]한; 연합국의; 결연(結緣)한; 관련이 있는; 동류의. ~ davlat 동맹국; ~ davlatlar 연합의 힘
ittifoqlashmoq *fe'l.* 연합하다, 합동하다, 단결하다.
ittifoqlik *ot.* 결속, 단결, 공동 일치, 균일, 동일, 일치; 통일(성), 제일(齊一)(성); 불변성, 일관성; ~ bilan 일관된 목소리. 동의.
ittifoqchi *ot.* 동맹자, 가입자; 동맹한; 연합[제휴]한; ~ respublika 연합국.
itxona *ot.* 개집.
ivimoq *fe'l.* 1) 젖다, 흠뻑 젖다. 2) 물기(습기)를 받다. yomg'irda ~ 비에 젖다.
ivirsimoq *fe'l.* 이지러지다 ~gan xona 방이 이지러지다.
ivitmoq *fe'l.* 스며들다, 침투하다, 축축하다. yomg'irda ~ 비에 침투하다.
ivitqi *ot.* 스며든 것, 축축한 것.
ixlos *ot.* 헌신; 전심, 전념, 강한 애착, 헌신적인 애정, 열애, 애착, 집념; ~ bilan shug'ullanmoq 열심히 공부하다 / 어떤 일을 하다; ~ qo'ymoq 애착을 느끼다; U har bir ishga ~ beradi 그는 무엇에건 트집을 잡는다.
ixlosli *sif.* 충실한, 헌신적인, 몰두[열애]하(고 있)는, 헌신하(고 있)는, 애정이 깊은, 애착하는, 따르는, 전념한; o'z ishiga ~ (ixlosmand) 자기 자신의 일에 헌신적인.
ixlosmandlik *ot.* 애정, 호의, 애착하는 것
ixtiro = kashfiyot *ot.* 발명, 안출, 고안; (예술적)창작, 창조; ~ qilmoq 발명하다, 고안[창안]하다; (이야기를) 상상력으로 만들다; 창작하다; yangi mashina (uskuna) ~ qilmoq 새로운 기계를 발명하다; yangi uslub ~ qilmoq 새로운 방법을 안출하다.
ixtiro huquqini tasdiqlovchi hujjat, pa- tent 특허(特許)
ixtiro patentga loyiqligi shartlari 발명의 특허성 판단기준
ixtiro patenti 발명특허(發明特許)
ixtiro qilinganlik haqidagi ariza teksh- iruvi 발명출원심사
ixtiro uchun patent 발명특허(發明特許)
ixtiro uchun patentga ariza berish 발명특허출원
ixtirochi *ot.* 발명자, 발명가(發明家); 고안자(考案者). Ixtirochi o'zining yangi mahsulotlarini namoyish qildi 발명자가 새로 만든 품을 보였다.
ixtirochilik 발명하는 것, 발명[연구]의 재능, 안출력, 발명품.
ixtirolar federal fondi 러시아 연방 발명기금
ixtisos *ot.* 특수성, 전문, 선공, 전업, 본업. Uning ~ligi jarroh 그는 외과 전문이다; ~ligiga qarab ish tanlamoq 전문에 따라 일을 선택하다.
ixtisoslanmoq *fe'l.* 전문화하다, 선공하다.
ixtisosli *sif.* 자격을 부여하는, 자격 증명서를 주는. ~ ishchi 숙련공, 기능공.
ixtisosiz *sif.* 숙련[숙달]되지 않은, 미숙한, 서투른, 숙련을 요하지 않는; ~ ishchi 숙련[숙달]되지 않은 근로자.
ixtiyor *ot.* 1) 의지, 의욕, 의향, 목적; 의도. 2) 욕구; 원망(願望), 욕망, 바라는 것, 소원; ~etmoq 바라다, 욕구(欲求)하다; ~ ga qarshi 의지에 반하여; o'z ~i bilan 자진하여, 자발적으로.
ixtiyoriy *sif.* 자발적인, 지원의, 임의의, 자유 의지의, 자유로이; 마음대로
ixtiyorli *sif.* (*erkin*) 자유로운, 속박되지 않는, 용건이 없는; (*mustaqil*) 자력의, 자유로운, 독자적인
ixtiyorsiz *sif.* 1) (*qaram*) 의지하고 있는, 의존하는; 도움을 받고 [신세를 지고] 있는; 2) (*ataylab*

emas) 고의가 아닌, 무심코 한, 우연한; (*istakka qarshi*) 무심결의, 무의식적인, 모르는 사이의; 본의 아닌.

ixcham *sif.* 1) 작은, 섬세한, 적다. ~ uy 작은 집; fikrini ~ bayon qilmoq 간단하게 설명하다; 2) 들고 다닐 수 있는, 운반할 수 있는; 휴대용의, 경편(輕便)한

ixchamlamoq *fe'l.* 소형화하다, 줄이다, 적게 하다; (*qisqartirmoq*) 간결하게 만들다, 간단하게 만들다

ixchamlashmoq *fe'l.* 적게 되다, 섬세하게 되다. (*qisqartirmoq*) 미세화로 그리다, 축사(縮寫)하다

ixchamlik *ot.* 1) 소형, 작은; 정확[적확]함, 2) 간결한, 간단한

ixchamlovchi *fe'l.* 합리화하다; 합리적으로 다루다[해석하다]; 이론적으로 설명하다.

iyak *ot.* 턱, 아래턱; 턱끝.

iymanmoq *fe'l.* 부끄러워하다, 피하다, 비키다, 말이 뛰며 물러나다; 뒷걸음치다, 주춤하다, 겁내다, 꽁무니 빼다.

iyul *ot.* 7월, 칠월; birinchi ~ 7월1일; ~ da 7월에; o'tgan yili ~da 지난 7월에; kelasi yil ~da 다음 7월.

iyun *ot.* 유월; birinchi ~ 6월1일; ~ da 6월에; o'tgan yili ~da 지난 6월에; kelasi yil ~da 다음 6월.

iz *ot.* 1) 지나간 자국, 흔적, 바퀴자국, (*shundk odamniki*) 발자국; 족문(足紋); 타이어의 자국; (*hayvonniki*) 냄새 자취, (수사의) 단서, 향기, 향내; *k.m.* 자취, 흔적, 남은 자취, 형적, 표적; ~ qol- dirmoq 발자국을 남기다, *k.m.* 자취가 남다; hayvon ~i 짐승의 발자국. ~idan bormoq 뒤따라가다; ~i ham yo'qolib ketibdi 흔적도 없어졌다; ~ini qoldirmoq 발자국을 서두다; jinoiy ~ 범행의 흔적; yangi bosilgan ~ 생생한 흔적; ~idan ketmoq 따르다; ishlarini ~iga solmoq 사업을 좋게 하다 / 사업이 좋게 되다; 2) *t. yo'l* 레일, 선로, 궤도(軌道), 궤조(軌條), 철도; ~dan chiqmoq a) *t. yo'l* 레일을 떠나다, 탈선하다, b) *k.m.* (*buzilmoq*) (열차가) 탈선하여; 질서를 문란시켜, 혼란하여; 미쳐서.

izdosh *ot.* 수행자, 수행원, 부하, 졸개, 추종자, 신봉자, 문하, 제자, 따라가는 사람, 추적자, 쫓는 사람.

izg'imoq *fe'l.* 1) (~을 구하여) 찾아다니다[헤매다]; o'rmonda bo'rilar izg'iydi 이리가 먹이를 찾아 숲(수풀)속을 찾아다니다; 2) *k.m.* (*bulut haqida*) 뜨다; 떠(돌아) 다니다, 표류하다, 산보하다, 산책하다, 소풍하다. Bolalar ko'chada ~ yuribdilar 애들이 밖에 산보하고 있다. (*shami haqida*) 바람에 날리나, 바람이 불다

izg'irin *sif.* 날카로운 바람, 격심한(모진, 매서운, 쓰라린) 바람, 신랄한(얼얼한) 추위, 모진(살을 에는 (듯한) 바람(추위).

izg'irinli *sif.* 추운, 센 바람과 서리가 내리는; 혹한의 센 바람, 살을 에는 듯한 추위; ~ shamol 추운 바람. ~ shamol uzoq esdi 추운 바람이 오래 불었다.

izgirin *ot.* 태풍

izhor *ot.* 표현, 표시, 표정, 말씨, 어법, 말투, 표출; do'stlik ~i 우정의 표현; sevgi ~i 사랑의 고백; ~ qilmoq/ etmoq 표현하다, 말로 나타내다; minnatdorchilik ~i 감사의 표현; hissiyotlar ~i 감정의 발로.

izlagich: mina- ~ *harb* 지뢰 탐지기.

izlamoq *fe'l.* ~을 찾다; ~을 기다리다[기대하다], 수색하다; 탐구하다, 구하다; izlab topmoq ~을 찾아내다, 발견하다; ~을 만나다; izlab yurmoq 수색하다; 탐구하다; Kecha yo'qotgan hamyonimni bugun izlab topdim 어제 잃어버린 주머니를 오늘 찾았다.

izlanish *ot.* 탐색(探索), 탐구(探

究), 수색, 추구; rassomning ~lari 예술가의 욕구.

izlanmoq *fe'l.* 1) (*yo'qolgan narsa, odam haqida*) ~을 찾다, 찾아 보다, 수사하다; 수색하다 찾아내다; 2) (*yangilik izlamoq*) 새로운 ~을 찾아; Olimlar bu loiha ustida ancha ~dilar 학자들이 이 설계를 오랫동안 찾았다.

izli *sif.* 게이지, 궤간(軌間), 계량[측정]할 수 있는; tor ~ temir yo'l 협궤 라인

izma-iz (*ketma-ket*) 계속적으로, 연속적으로, 잇따른; (*qolib ketmay*) ~와 일치[조화]되어, ~와 어울리어; U men bilan ~ bormoqda 그는 나를 따라간다; ~ besh kun yomg'ir yog'moqda (to'xtovsiz) 끊임없이 다섯 날 동안 비가 옵니다; u men bilan ~ olg'a bormoqda 그는 나에게 어울리게 한다.

izn *ot.* 허가, 면허, 허용, 인가, 허가증, 허락; ~ bermoq 허락하다; ~ so'rayman 허락해 주십시오(요구하다); Doktor bemorga tashqariga chiqishga ~ bermadi 의사는 환자에게 외출을 허가(허락)하지 않는다; ob-havo ~ bersa (yaxshi bo'lsa) 날씨가 좋으면 ~ ; Ba'zi muammolar bunday qilishimga ~ bermaydi 사정이 그런 일을 하기 위해서 허락하지 않는다.

izoh *ot.* 1) (*tushuntirish*) 설명, 해설; 해석; 설명, 해명, 변명; 설명이 되는 언명[사실, 사정]; ~ bermoq 분명[명백]하게 하다, 알기 쉽게 하다; 해석(설명) 하다; 2) (*matnga berilgan qo'shimcha ma'lumot, eslatma*) 주석(註釋·注釋), 주해(註解), 각주, 설명, 해설, 변명서; sahifa ostidagi ~ 각주(脚注)를 달다, (*sharh*) (~에) 주를[주석]을 달다, 주석하다; Bu voqeaga ~ topish qiyin 이 사건의 원인을 찾기에 관심하다; ~ talab qilmoq 해명을 구하다; izohi bilan tushun- tirmoq 뜻을 알 수 있게 이야기하다

izohlamoq *fe'l.* 설명[해석, 해명, 변명]하다; 변명하다, 해명하다; Barini qanday bo'lsa shundayligicha ~lab bering 모든 것을 있는 그대로 솔직히 털어 놓으세요.

izohlash *ot.* 설명, 해설; 해석; 석명, 해명, 변명; 설명이 되는 언명[사실, 사정].

izohli *sif.* 설명의, 설명을 위한, 설명적인; 해석의; 변명적인; 설명하고 싶어 하는; 설명에 도움이 되는, 설명을 붙인, 주석을 붙인; ~ lug'at 해석 사전.

izolyator *ot.* 1) *tex.* 절연물, 절연체, 애자(碍子); 2) (*qamoqxona, kasalxonada*) 격리실, 독방, 격리 병동.

izolyatsion *ot.* 격리, 고립, (전기·열·소리 따위 전도의) 차단, 절연; 절연체, 절연물[재(材)], 단열재, 애자(碍子), ~lenta/ tasma 절연 테이프; ~ mahsulotlar 절연 재료; ~ truba 애관.

izolyatsiya *ot.* 격리; 고립. *tex.* (전기·열·소리 따위 전도의) 차단, 절연; 절연체, 절연물[재(材)], 단열재, 애자(碍子); *tib.* 격리(전염병 예방을 위한), 검역[격리]소; ~ qilingan 격리되어 있다.

izotop *ot. kim.* 아이소토프, 동위원소(同位元素: 원자 번호는 같으나 질량수가 다른 원소; 수소(水素) 1H와 중(重)수소 2H·3H 따위); 핵종(核種); ~ li 동위의.

izquvar *ot.* 탐정, 형사, 순경; ~ it 경찰견.

izsiz *sif.* 자국 없이, 흔적 없이; (*xabarsiz*) 소식없는; ~ yo'qolmoq 흔적도 없이 잃다.

iztirob *ot.* (*qattiq hayajon*) (인심. 마음의) 동요, 진동, 흥분. 감동, (*ruhy ezilish*) (심신의) 고통, 괴로움, 고민, 번민, 슬픔; ~ chekmoq 고생하다, 괴로워하다, 해를 입다. Bu voqeadan u ~ chekdi 그것은 그에게 형용할 수 없는 고통을 주었다.

iztirobli *sif.* 1) (*hayajonli*) 감정적인, 감동하기 쉬운, 다감한; 감

동시키는, 감정에 호소하는, 정에 약한; ~ so'zalar 감정적인 말; 2) (*tashvishli*) 걱정스러운, 불안한, 염려되는, 불쾌한, 고민의. 피동의; ~ chehra 고민에 가득찬 표정.

izvosh *ot.* 차, 탈 것; 쌍두 4륜 마차.

izvoshchi *ot.* 마부(馬夫), 마차꾼, 마차부

izzat *ot.* 존경(尊敬), 경의(敬意), 존중(尊重), (*ehtirom*) 명예, 영예, 명성, 면목, 체면, 명예를 존중하는 마음; ~ ko'rsatmoq 경의를 표시하다; ~ qilmoq 존경하다, 존중하다, 참작하다.

izzat, obro', nomus, shon 명예, 영예.

izzat-ikrom 고려, 숙려(熟慮), 고찰, 주의

izzatli *sif.* 존경할 만한, 존경심이 가득한, 훌륭한, 높이 평가되는, 명예 있는, 명예로운; U kattalarga nisbatan ~ 그는 선배를 존경한다.

izzat-nafs *ot.* 자존(심), 자중(自重), 자부(심), 자만(심).

izzattalab *sif.* 거드럭거리는, 뻐기는, 거만[오만]한, 건방진,

izg'irin *ot.* 날카로운 것, 거친, 껄껄한

izchi *ot.* 개척자, 탐험자, 파이어니어, 추적자; 경찰견, 사냥감을 쫓는 사냥꾼[개]; 이동 목표의 경로를 포착하는 기계(의 조작원).; (*tajribali ovchi*) 경험 있는[많은](숙련된, 노련한) 사냥꾼

izchil *sif.* 잇따른, 연면한, 계속되는, 연속하는, 연속적인, 잇따른, 계속적인, 순차적인; ~ravishda 연속적으로, 계속적으로; ~ xulosa 당연한 결론; ~ harakat 연속운동.

izchillik *ot.* 연속; 연속물, 연속, 연쇄, 계속, 계속적, 연속적, 순차적;~ bilan amalga oshirmoq 철저하게 수행하다.

ig'vo *ot.* 음모, 밀모(密謀), 도전, 도발, 자극, 도발 행위; ~solmoq 자극[격려]하다; 추기다, 선동하다; ~ ga berilmoq 선동(도발)에 말려들다; ~ qilmoq (감정 따위를) 일으키다, 일으키게 하다.

ig'vogar *ot.* (*agent*) 선동가, 말썽꾸러기, 허풍떨고 돌아다니는 사람.

ig'vogarlik *ot.* 도전, 도발, 자극, 부추김; 선동, 교사, 격려, 고무, 자극물, 동기. 거짓소문, 유언비어; ~qil- moq 자극[격려]하다; 추기다, 선동하다.

ig'vogarona *sif.* 성나게 하는, 약올리는; 도발적인, 자극적[선동적]인(말·태도 등); ~을 유발시키는, 거짓소문으로, 유언비어로.

ig'vogarlik, fitna 교사(教唆), 선동(煽動).

ish *ot.* 1) (*mehnat*) 일, 작업, 노동, 직업; kuni ~i 근무일(날); ~ qil- moq 일하다; uy ~i 가사; yerdagi ~ 흙일; qo'l ~i 수세공(품); shoshilinch ~ 시한부 작업, 긴급을 요하는 일; qora ~ (og'ir~) 거친 일, 잡역; ~ni tugatmoq 일을 그만두다; ~ga olmoq (buyurmoq) 고용하다, 일을 시키다; ~ qidirmoq 일자리를 구하다; ~ jarayonida 공사 중, 작업 중, 일을 하고 있는 중; ~ga kirmoq 취직하다; bu mahsulotlar ~ga yaroqli emas 이 재료는 일에 적합지 않다; ~ga olmoq 엄하게 꾸짖다, 심하게 훈계하다; ~dan ozod qilmoq 일을 그만두게 하다; 해고하다; ~ tashlash 동맹 파업, 스트라이크; ~tashlovchi 동맹 파업자, 스트라이크 참가자. ~ joyi 직장; Boshlalar- ning ~iga aralashmang 남의 일에 개입하지 마십시오; ~ni pishirmoq (bitirmoq, tugatmoq) 일이 다 됐다, 일이 완료 됐다; 2) (*kasb, faoliyat sohasi*) 직업(職業), 직무, 사무, 집무(執務), 영업; (*ahvol*) 일, 용건, (*topshiriq*) (일정한 기간에 완수해야 할) 일, 임무; 작업, 사업; 과업; uy ~i 숙제; ~ joyida 모든 일은 OK; uning ~i joyida 그는 일은 잘했

다; 3) (*faoliyat*) 활동, 활약, 행동, 활발한 움직임; 4) (*qiliq, qilingan harakat*) 행위, 소위(所爲), 행실; 5) *yur.* 판례(判例), 사례(事例); 소송 (사건), (소송의) 신청; jinoiy ~ 형사 사건.
ish amaliyoti 비즈니스 관행
ish beruvchi,ishga oluvchi 사용자
ish bilan bandlik ta'minoti 고용보장
ish bo'yicha muhokama 비즈니스 토론
ish haqi miqdori 임금 산정 단계
ish haqi, maosh 임금(賃金)
ish haqidan chegirma 임금압류
ish joyida o'qitish 현장교육 (OJT: on-the -job training, 직장내 훈련)
ish ketma-ketligi 업무순서
ish ko'pligi 노동 강도
ish kuni 근무일
ish muomalasi odati 상관습
ish o'rinlariga talab 구직수요
ish olib borishga doir shartnoma 업무 진행협약
ish qobiliyati, ishga layoqat 업무 능력
ish sifati 노동력의 질
ish tartibi 작업규칙, 근무규칙
ish tartibi 업무 순서
ish tartibi, belgilangan vaqt 규칙, 스케줄
ish tashlash 파업
ish turi 직업 유형
ish vaqti 노동시간
ish vaqtidan tashqari ishlash 시간외 근무, 초과노동, 잔업(殘業)
ish vaqtining davomiyligi 근로시간
ish vaqtining qisqargan davomiy- ligi 노동시간 감축
ish yili 근무 년수, 근로일수
ish yuzasidagi muzokaralar 사업상 논의
ish yuzasidan sodir bo'lgan baxtsiz hodisa 업무상 재해
ish, faoliyat, ishlash 노동, 일, 근무, 근로.
ish, hatti-harakat, faoliyat 행위
ish, usul ㄴ/ㄹ/은/는/을 바
ishbay *ot.* 일한 분량대로 지급받는 일, 청부일, 삯일, 일을 한 것에 따라서 월급을 주는 것; ~ asosida ishlamoq 일한 분량대로 지급 받는다; ~ haq to'lash 일한 분량대로 지급한다.
ishbilarmon (*tadbirkor*) *ot.* 실업가, 사업가, 기업가; (*usta*) 숙달자, 전문가, 숙련가, 달인, 명인, 대가, 거장, 전문가.
ishbilarmonlar toifa bo'lmasi, biznes da- raja 비즈니스 클래스
ishbilarmonlik doiralari raislari 기업인 대표단
ishbilarmonlik obro'si 사업적 명성
ishboshi (= ishboshqaruvchi) *ot.* (노동자의) 십장(什長), 직장(職長), 공장장, 감독; 배심장(陪審長). 일의 책임자. 지도자, 리더
ishboshilik *ot.* 안내, 인도, 지도, 학생[학습]지도, 가이던스, 보도(輔導)
ishboshqaruvchi *ot.* 매니저, 과장, 관리인, 지배인, 주임, 사무주임, 주사; 총무부장.
ishda bir necha da'vogarlar yoki javobgarlar ishtiroki 다수당사자 소송
ishda tiklanish 복직
ishdagi tajriba 비즈니스경험
ishdagi tanaffus 작업중 휴식
ishdan bo'shatilganda beriladigan nafaqa 퇴직금(退 職金), 해직수당
ishdan bo'shash, ishdan bo'sha- tilish 해고(解雇), 해직(解職), 모가지
ishdan bo'shatilganlik haqida xabar 해고 통지(解雇 通知)
ishdan bo'shatilish 면직 해고
ishdan bo'shatilish 해고(解雇)
ishdan chetlatish 일시적인 면직
ishdan chiqish, eskirish jadalligi 마모율(磨耗率)
ishg'ol: qilmoq/etmoq 점령/점거하다; ~ etilgan hudud 점령지. Xitoyliklar butun mamlakatni ~ etdilar 중국인들이 나라를 다 점

령했다.
ishga aloqador, ishbilarmon 상업
ishga joylashtirish 취업
ishga kirish 취직
ishga kirish-birinchi ta'til 선입선출법(FIFO)
ishga layoqatlilik 행위능력(行爲能力)
ishga qabul qilish 고용(雇用)
ishga qabul qilishdagi sinash 인턴(형법) 유예기간, (노동법) 실습
ishga qabul qilishdagi sinov 채용시험
ishga sababli kelmaslik 강제휴업, 조업중단
ishga sababsiz kelmaslik 결근, 무단부재
ishga taklif 업무 초빙
ishkal *ot.* 혼란, 혼동, 난잡; 어리둥절함, 멍한 상태, 미로(迷路), 미궁(迷宮)
ishkallik *ot.* 혼란 (상태), 난잡, 어수선함.
ishkalsiz *sif.* 순서 바른, 정돈된, 규율 있는, 질서를 지키는, 순종하는.
ishkalchi *ot.* 멍텅구리, 얼빠진 사람; 당황한 사람, 얼떨떨한 사람, 실책한 사람.
ishlab: ~chiqmoq 가공하다, 가공 처리[저장]하다, 발전[진전]하다, 발달[발육]하다
ishlab bo'lingan vaqt 실 근무시간
ishlab chiqarilayotgan mahsulot sifatiga javobgarlik 제조물 배상책임(products li- ability)
ishlab chiqarish 생산, 신제품 출시, 산출(産出), 화폐발행, 출판
ishlab chiqarish 개발, 설계, 계획
ishlab chiqarish hajmi 생산능력범위
ishlab chiqarish harajati 생산비(生産費).
ishlab chiqarish harajatlari 생산비
ishlab chiqarish harajatlari kel- tirib chiqargan pulning qadrsiz- lanishi 생산 비용 상승으로 인한 인플레이션
ishlab chiqarish imkoniyatlarini ishga solish 생산능력가동정도
ishlab chiqarish ko'lami, mas- shtabi 생산범위
ishlab chiqarish lobbisi 산업로비
ishlab chiqarish markasi 생산자브랜드
ishlab chiqarish mollari 생산재(生産財)
ishlab chiqarish quvvatining qisqarishi 생산력감소
ishlab chiqarish zahirasi 상품재고
ishlab chiqarishdagi zaruriyat 생산 필수 요소
ishlab chiqarishni baholash mezoni 생산성 평가 기준
ishlab chiqarishni jarayonini takomillashtirish 생산공정 개선
ishlab chiqarishning diversifi- katsiyasi 생산 다각화
ishlab-chiqarish 생산(生産)
ishlab-chiqarish jarayonini boshqarish 생산과정관리
ishlab-chiqarish kuchlari 생산력(生産力)
ishlab-chiqaruvchi shirkat 제조업체
ishlamoq *fe'l.* 일하다, 노동하다, 작업하다; (harakat qilmoq) 움직이다, 작동하다; 근무하다 (mehnat qil- moq). Apparat ishlamayapti 기계가 작동하지 않는다; telefon ~ma- yapti 전화가 통하지 않는다; yurak ~ 심장이 움직이다; ~magan tishlamaydi (속담-maqol) 일하지 않는 자는 먹지를 말라. Biror narsa ustida ~ 대상을 표시; o'z ustida ~ 자기완성에 노력하다; lug'at bilan ~ (foydalanmoq) 사전을 사용하다; ~lab chiqarmoq 생산하다 / 만들나.
ishlanmoq *fe'l.* 만들어지다, 되다. Bu kim tomonidan ~di 이것을 누가 만들어졌다?; Bu loiha talabalar tomonidan ~di 그 디

자인을 학생들이 만들어졌다.
ishlash *ot.* 1) 일, 작업, 노동, 노동하기; 2) 취급; 대우, 처리(법), 다루는 법, 논법, 치료; 치료법 [약]
ishlashga ruxsat berilgan yosh chegarasi 정년(停年), 정해진 년령.
ishlatilmoq *fe'l.* 1) 사용하게 되다, 이용하게 되다. Bu kompyuter 4 yildan buyon ishlatilinadi 이 컴퓨터를 4 년 동안 사용하게 됐다. 2) (*majbur qilmoq*) Ishchilar 8 soatdan ortiq ishlatilindilar 종업원들이 8 시간 넘도록 일하게 됐다; 3) (사람을) 쓰다, 고용하다; (아무에게) 일을 주다.
ishlatmoq (= **ishlatilmoq**)
ishli (*band*) 바쁜 사람, 일하는 사람, 직업을 갖고 있는 사람.
ishlov *ot.* 처리(법), 다루는 법, 연마, 광택. ~bermoq 연마하다; (*sayqal bermoq*) 켜지다; (*tuzatmoq*) 고치다.
ishlov berish 가공, 처리, 경작
ishlovchi *ot.* 생산자, 일을[공부를] 하는 사람, 일손; 노동자, 공원, 직공; 세공인.
ishmoq *fe'l* 부풀다, 팽창하다; 부어오르다, 뚱뚱해지다, 솟아오르다, 융기하다.
ishni bamaslahat koʻrib chiqish 합의체 심리
ishni boshqa sudga oʻtkazish 사건의 이송
ishni koʻrib chiqish bilan bogʻliq chi- qimlar 재판비용 (재판비용에는 인지대도 포함된다)
ishni koʻrish (sudda) kuni 변론기일
ishni muhokama qilish 사건 심리
ishni sudda muhokama qilishga tayyorlash 재판준비절차
ishni sudda ochiqcha koʻrilish 공개심리
ishni vaqtincha toʻxtatish 일시적 조업 중단
ishonarli hodisa 설득력있는 선례
ishonib topshirish 복대리
ishonish *ot.* 신뢰, 신용, 믿음, 믿는 것.
ishonmoq *fe'l.* 1) 믿다, (말·이야기 등을) 신용하다, ~의 말을 믿다, 신뢰하다; mish -mishlarga ~ 소문을 믿다; g'alabaga ~ 승리를 확신하다; Ollohga ~ 신을 믿다; Men uning gaplariga ~naman 나는 그의 말을 믿습니다; turmush o'rtog'iga ~ 아내를 (남편을) 신뢰하다; birovning gapiga ~ 남의 말을 믿다; 2) 신뢰, 신용, 신임; 3) 의지하다, 신뢰하다; birovning soʻziga ~ 누군가의 말을 믿다.
ishontirarli (***ishonarli***) 1) 믿을 만한, 확증있는. 2) 간절한, 절실한. ~ dalil 확실 한 증거, 확증; ~ sabab 정당한 이유; Bu mavzuni ~ dalillar bilan isbotlab berildi 이 제목을 확증으로 증명해 주었습니다.
ishontirish *ot.* 설득, 신념, 설복, 납득.
ishontirmoq *fe'l.* 설득하다, 설복시키다, 믿게 하다, 납득시키다; men uni ishontira olmayapman 나는 그를 납득시킬 수 없다. U meni kelishga ~di 그는 나를 오도록 설복했다.
ishonuvchan *sif.* 믿는, 신뢰하는, (신뢰하여) 사람을 의심치 않는, 신용하는, 쉽게 믿는, 맹신적인, 속기 쉬운. Mening do'stim ishonuvchanligi tufayli ko'p aldanib qolgan 친구가 맹신적인 사람이므로 가끔 실망했다.
ishonuvchanlik *ot.* 믿음, 신뢰.
ishonch *ot.* 믿음, 신용, 신뢰, 신임. U ~ga noloyiq 그는 신임을 얻지 못 하고 있다; ~ga kirmoq (qo- zonmoq) 신용을 얻다; ~dan foydalanmoq 신용을 얻고 있다; ~ bildirmoq 신임하다; ~ni yo'qotmoq 믿음 을 잃다.
ishonch asosidagi shirkat 합자회사(合資會社)
ishonch qog'ozi 위임장(委任狀)

ishonch qog'ozi beruvchi shaxs 위임자 (위임의 경우), 위탁자 (신탁의 경우)
ishonch qog'ozining bekor qilinishi 대리권의 소멸
ishonch yorlig'i 신임장(信任狀)
ishonchli boshqaruv 위탁관리
ishonchli boshqaruvchi 수탁자, 위탁관리인, 위탁을 받은 사람.
ishonchli mulk 신탁재산
ishonchli *sif.* 확실한, 기대할 수 있는, 믿을 만한.
ishonchli vakil 대리인, 피위탁인
ishonchliroq *sif.* 더욱 믿을 수 있는.
ishonchnoma 확인, 진위확인
ishonchsiz reklama 허위광고
ishonchsiz *sif.* 믿을 수 없는, 기대할 수 없는, 확실할 수 없는, 의심이 많은. ~ xabar 확실 할 수 없는 소식; ~ odam 믿을 수 없는 사람.
ishonchsiz vakil 기피인물
ishonchsizlik *ot.* 1) 반신반의, 불확정, 불확실, 부정(不定); 변하기 쉬움; 믿을 수 없음; 2) 불신; 의혹, 사추(邪推), 불신임.
ishora *ot.* 표, 표식, 기호, 약호; 증거, 증표. 전조, 증후 (belgi). ~ qilmoq 지시(훈령)을 내리다; ~ bo'yicha 지령에 따라서.
ishoralamoq *fe'l.* (=ishora 1)
ishq *ot.* 사랑, 애정. 연애, 연정. 연인. 애호, 기호; ko'zni ~ 나라사랑; baxtsiz ~ 짝사랑; san'atga bo'lgan ~ 예술 애호; ~ qa mubtalo bo'lmoq 사랑에 빠지다.
ishqalamoq *fe'l.* 비비다, 문지르다, 문대다; 문질러 닦다, 문질려 바르다. ko'zni ~ 자신의 눈을 비비다; qo'lni maz bilan ~ 손에 연고(크림)을 문질려 바르다.
ishqalanmoq *fe'l.* 문지르다, 비비다; 마찰하다, 안달나게 하다, 애먹이다.
ishqalash *ot.* 마찰(摩擦), 문지름, 문지르기.
ishqamoq *fe'l.* (= ishqalamoq)
ishqilib (*qisqasi*) 간단히(요약해서)말하다.
ishqivoz *ot.* (영화·스포츠·특정 취미의) 팬, 열렬한 애호가, ~광(狂). 아마튜어; 찬미자, 구애자, 구혼자; sportning ashaddiy ~i 스포츠의 열렬한 애호가.
ishqivozlik *ot.* 1) 열심, 열중, 열광, 의욕, 열의, 2) 생기, 활발 생기 넘침, 활기(띠움), 고무, 3) 동화[만화 영화] 제작, 애니메이션; ~ spek- takli 아마튜어 연극; ~ radiosi 아마튜어 방송국.
ishqiy *sif.* 호색의; 연애하고 있는; 연애의; 요염한; ~을 연모하고 있는, 애정을 품고 있는, 사랑하고 있는, 애정이 깊은; ~ kechinmalari 사랑의 느낌.
ishqor *ot. kim.* 산(酸), 알칼리(물에 녹는 염기(塩基)의 총칭; 주로 알칼리 금속·알칼리 토금속의 수산화물. 그 수용액은 알칼리성 반응을 나타내며 붉은 리트머스를 청색으로 바꿈),
ishqorli *sif.* 알칼리속(屬)의; 알칼리(성)의
ishrat *ot.* 오락(물), 놀이
ishratparast *ot.* (요새 등의) 진출구, 출구(出口); 상품의 판로
ishshaymoq *fe'l.* 미소 짓다
ishsiz *sif.* 직업이 없는, 실업의, 실업자. so'nggi vaqtlarda ko'pgina davlatlarda ~lar soni ortib bor- moqda 요즘은 만은 나라에서 직업이 없는 사람들이 늘어나고 있다.
ishsizlik *ot.* 실업(失業), 실직; 실업 상태; ~ tufayli ko'pchilik qiynal- moqda 실업 때문에 사람들이 힘들게 삽니다. ~ global muammoga aylanmoqda 실업은 세계적인 문제가 되었다.
ishsizlarga moddiy yordam 실업수당(失業手當).
ishsizlikka sug'urta 실업보험
ishtaha *ot.* 식욕, 욕구, 욕망. 기호, 흥미; ~siz 식용이 없다; ~ ochuvchi mahsulot 식용 증진제; ~ bilan iste'mol qilmoq 아주 맛있게 먹다; Yoqimli ~! 맛있게 드세요! 많이 드세요! ~sini yo'qotmoq 흥미를 잃다.
ishtirok *ot.* 관여, 참여, 관계, 참

가; ~ etmoq 참가하다, 관여하다, 참석하다; ~i bilan 동정을 가지고; 협동하여. saylovda ~ etmoq 선거에 관계하다.
ishtirokchi *ot.* 관여자, 관계[참여]자, 협동자, 참가자, 관계인. muso- baqa ~si 경기 출전자; jinoyat ~si 공범자; o'yin ~si 놀이의 상대; spektakl ~si 연극 출연자. Barcha musobaqa ~lari sovg'alar bilan taqdirlandilar 모든 경기 출전자들이 선물을 받았다.
ishtirokchi 사원, 유한회사의 사원
ishtirokchilar umumiy yig'ilishi 사원총회(社員總會)
ishtiyoq *ot.* 지식욕, 열광, 열줄. ~ qilmoq 열중하다, 열광하다.
ishtiyoqsiz *sif.* 혐오; 마음이 내키지 않는.
ishton *ot.* 속바지, (남자의) 팬츠.
ishtrok etishdan voz kechish 참여 거부
ishva *ot.* 아양부리기; 아양, 교태, (남녀의) 새롱거림, 미소. ~ qilmoq 미소를 짓다.
ishvali *sif.* 새롱거리는, 농탕치는, 요염한, 교태를 부리는, 미소를 짓는.
ishxona *ot.* 일터, 작업장, 직장, 업무 공간; Xo'jayin hozir ~ yo'q 사장님이 직장에 안 계십니다.
ishyoqmas *sif.* 게으른, 나태한. (dangasa) 게으름쟁이. Bu yigit ~lardan rm 남자는 게으른 편이다.
ishyokmaslik *ot.* 게으름, 나태; 무위(無爲)
ishg'ol *fe'l.* 점유하다, 점령하다; ~qilmoq (시간·장소 따위를) 차지하다; (시간을) 요하다, ~에 거주하다, 점유하다; 사용하다; 차용하다.
ishaymoq *fe'l.* (이를 드러내고) 씩 웃다 싱글거리다, 이빨을 드러내다.
ishchan *sif.* 근면한, 부지런한, 공부하는, 부지런히, 열심히; 능률적인, 효과적인; ~ hodim 부지런한 직공; ~ hodimlar tufayli zavod rivojlanmoqda 부지런한 직공들 덕분에 공장이 발달하고 있다.
ishchanlik 능률, 능력, 유능, 유효성[도].
ishchi *ot.* 직원, 일꾼, 사원, 노동자, 노무자. mamlakat ~ 숙련공; fabri- ka ~si 공장 노무자, 직공. Bugungi kunda mlakali ~lar yetishmayapti 요즘 숙련공이 많이 모자라는 편이다.
ishchi kasbi 노동직, 노무직
ishchi kuchi 인력(人力)
ishchi kuchi harakatchanligi 노력의 이동
ishchi kuchi ko'chishi 노동력 이동
ishchi kuchi yollash bo'yicha to'lov hisobi 고용비용
ishchi kuchiga ehtiyoj 인력수요
ishchi yollash 직원 고용
ishchi, xodim xizmatchi 근로자, 종업원
ishchi, xodim, xizmatkor 노동자
ishchilar soni qisqarishiga ko'ra ishdan bo'shatilish 정리해고
ich *ot.* 안쪽, 내면, 내부, 안, 속, 내부로. xonaning ~i 방안; sumkaning ~i 가방 속, 가방 안; davlatning ~i 내지로, 국내로; ~i og'rimoq 위장장애, 설사; ~imdan sevindim(chin ko'ngildan) 진심으로 기뻤다; ~i qora (hasadgo'y) 나쁜 성격, 질투하는 사람, 질투 쟁이; ~i achishadi (achinadi) 유감스러운, 마음이 아프다.
ichak *ot.* 창자, 장(腸); 내장; 배, 위; kor'r ~ 맹장; ~ tutqich 장간막(腸間膜).
ichak-qorin *ot.* (동물의) 내장, 배장.
ichburug' *ot. tib.* 이질(痢疾: 똥에 곱과 피가 나오고, 뒤가 잦은 법정 전염병; 피가 섞여 나오는 적리(赤痢), 흰 곱이 나오는 백리(白痢) 등으로 구분함. 하리(下痢), 이증(痢症), 이점(痢漸)); ~ amyobasi 이질아메바.

ichida *ot.* 1) 안쪽, 내면, 내부, 안, 안에, 속에; bino ~ 건물 안에; 빌딩안에 bunday sharoitda(holatda) 이런 상황에; 그런 경우에; ~에서 2) (*orasida*) ~의 사이에(의), ~의 사이에(서); bularning orasida eng yaxshisi mana shu 그들 중에 제일 좋은 것은 이것이다. 3) (*davomida*) ~의 안쪽에[으로], ~의 내부에[로]; bir hafta ~da 일주일 동안; 3 kun ~da shu ishni tugatib bering 3일 동안(안에) 이일을 끝내 주십시오.

ichidan *sif.* (~의) 안에서 밖으로, ~의 밖으로, ~의 안으로부터, ~의 밖에서, ~에서 떨어져; uyning ichi- dan 집 안에서; ~ pishgan (ayyor) 교활한 사람. Bino ~ o'qdek otilib chiqdi 빌딩 안에서 총알처럼 뛰쳐나왔다.

ichiga *sif.* 안에, 안으로, 속에, 속으로; uy ~ kirmoq 집에 들어오다; o'z ~ olmoq 포함하다, 포함되다; dami ~ tushib ketdi (so'z deyolmay qoldi) 아무 말도 못했다.

ichimli *sif.* 마시기에 알맞은

ichimlik *ot.* 마실 것, 음료, 술, 주류; ~ suv 마시는 물; Issiq kunda ~ suvi ko'p sotiladi 더운 날씨(때) 음료수를 많이 판다.

ichirmoq *fe'l.* 마시게 되다, 마시게 하다, 마셔주다. Ona bolaga sho'rva ~di (yedirdi) 어머니가 아이에게 국을 먹여 주었다.

ichishi *sif.* (음식 등이) 입에 맞는, 맛난, 풍미 좋은, 기분 좋은, 바람직한, 마음에 드는

ichkari (= **ichida**) *sif.* 안의, 안쪽의, 내부의, 속의

ichkarida *ot.* 1) 안쪽, 내면, 내부, 안, 안에, 2) ~의 안쪽에[으로], ~의 내부에[로], ~의 범위 안에, ~을 할 수 있는 곳에(서).

ichkaridan 안에서, 내부[안쪽]에서

ichkariga 안의, 안쪽의, 내부의, 내부에의

ichkariroq (*chuqurroq*) *rav.* 더(욱) 멀리, 더 앞에, 더욱 앞으로, 다시 더, 더욱이, 또 게다가, 그 위에 (더).

ichketar *ot. tib.* 설사, 이질.

ichki *sif.* 내부의, 안쪽의, 내면의, 이면의, 집안의. insonning ~ dunyosi 내계, 마음; ~ ovoz 양심의 소리; bozor 국내 시장; ~ siyosat 내정, 대내 정책~ suvlar 내국 수역; ~ ishlar vazirligi 내무성; ~ savdo 국내 상업; ~kasalliklar 내과 질환; ~ sekretsiya 내분비; ~ qulf 장부쇠.

ichki audit 사내감사

ichki bozor 국내시장(國內市場)

ichki ishlarga aralashmaslik tamoyili 내정 불간섭의 원칙

ichki iste'mol 국내 소비

ichki ma'no 내포적 의미

ichki suvlar (davlat chegarasi-dagi) 내수

ichki zayom 대내부채

ichkilik *ot.* 술, 알코올, 주정. ~lar (mast qiluvchi) 알코올음료; ~ka berilgan odam 알코올 중독자, 대주가, 술꾼.

ichkilikboz *ot.* 술고래, 모주꾼.

ichkilikbozlik *ot.* 알콜 중독; 대주, 통음; ~ka berilmoq 술에 빠지다, 음주에 빠지다, 술을 많이 마시다.

ichkuyov *ot.* 사위; 양자(養子).

ichmoq *fe'l.* 마시다, 다 마시다, 건배하다; dori ~ 약을 먹다. topganini ~adi 그는 대단한 술꾼이다; qasam ~ 약속하다, 약속을 꼭 시키다.

ichuvchilik *ot.* (위스키처럼) 도수가 높은 술

ichra (= **ichida**)

Jj

j 우즈벡 알파벳 자음 아홉 째 글자.
jabbor *sif.* 강대한, 강한, 강력한; 유력한, 우세한, 대단[굉장]한.
jabha 1) (*front*) 앞, 정면, 앞면, 전선, 제일선; 2) (*soha*) (활동) 영역, (세력) 범위, (활동의) 분야, 활동범위.
jabr *ot.* 압박, 억압, 압제, 탄압, 학대; ~ qilmoq/etmoq a) (*ezmoq*) 압박하다, 억압하다, 학대하다, b) (*zararyetkazmoq*) ~에게 손해를 입히다; ~을 파괴[손상]하다; ~ qiluvchi 박해자, 압박자. dehqonga ~ qilmoq 농민을 압박(박해)하다.
jabr-jafo *ot.* 중압감, 무기력
jabr'lamoq *fe'l* 박해되다, 압박(억압, 학대) 하다, ~에 중압감을 주다, 괴롭히다, 답답하게 하다.
jabrlanuvchi *ot. yur.* 희생(자), 피해자, 조난자, 속은 사람, 만만한 사람, 봉; ~ larni keltirmoq (qurbon qilmoq) 희생을 치르다.
jabr-zulum *ot.* 억압과 괴로움.
jadal *sif.* 신속한, 빠른. 기민한, 민첩한, 경쾌한, *rav.* 빠르게, 재빨리, 재빠르게, 신속히, 급히; 곧; ~ sur'at 급속도로 빠른 템포. Iqtisodiyot jadallik bilan rivojlan- moqda 경제가 신속하게 발전한다.
jadal amalga oshirish 일용품의 대대적인 판매/ 현실화
jadallamoq *fe'l* 신속하게하다, 빠르게 하다, ~의 속력을 더 하다; 서두르게 하다.
jadallashtirmoq *fe'l* 서두르다, 죄어치다, 재촉하다; 빠르게 하다, 촉진하다, 빨라지다, 속도가 더해지다.
jadallik *ot.* 신속, 급속, 민첩, 속도, 기민, 민속; 성급, 조급, O'qituv- chilar bu ishni ~ bilan bajardilar 학생들이 이 일을 급속도로(속도로) 했다.
jadval *ot.* 1) (*ma'lum tartibda satr, katak va ustunlarga joylashtirib berilgan ma'lumotlar*) 표(標), 리스트, 목록(目錄), ko'paytirish ~i *mat.* 곱셈표, 구구단; 2) 일람표, 스케줄, 시간표, 예정(표), 스케줄, 일정, 기일; ishni ~ga ko'ra rejalashtiring 일을 일정표에 따라(서) 계획하세요.
jadval tuzish 일정, 계획
jafo *ot.* 고통, 심한 고통, 고뇌, 고민, 괴로움, 고생, 고문, ~ tormoq 괴롭히다, 고문하다; Bola og'riqdan ~ chekdi 아이가 아픔으로 고통을 받았다(괴로워했다).
jafokash *sif.* 순교자; (주의·운동 따위의) 순난자(殉難者), 희생자, 고생 주는 사람
jafokashlik *ot.* 심한 고통, 고뇌, 고민, 고문, 고생하는 것.
jafokor *ot.* 고문하는 사람, 괴롭히는 사람
jag' *ot.* 1) 턱. 2) 턱뼈. 3) 윗열, 아랫열. tepa ~ 위턱; pastki ~ 아래턱. uning tepa jag'i og'riyapti 그의 위턱이 아픕니다.
jahannam *ot.* 1) *din.* 지옥, 저승, *adab.* 하데스, 황천(죽은 사람의 혼이 있는 곳) 2) *k.m.* (*jarlik*) (지표(地表)의) 깊은 구멍, 깊이 갈라진 틈; 심연(深淵), 심해(深海).
jahd *ot.* 열중, 열의, 열심; 열성; 열정. ~ bilan 열심히, 열의를 가지고. chet tilini ~ bilan o'rganish zarur 외국어를 열심히 공부해야한다.
jahl *sif.* 노염, 성, 화, 분개(憤慨), 노여움, (*qattiq*) 분노, 격노, 분격; ~i chiqmoq 애태우게 하다, 화나게 하다, 애태우다, 화내다. hona iflos bo'lgani uchun oyimning ~i chiqdi 방이 더러워

서 어머님이 화냈다.
jahlli *ot.* 성난, 화를 낸, 분개, 노염, 악의 있는, 흉악한, 나쁜 마음의.
jaholat *ot.* 무지한, 무학의, 무식한
jahon *ot.* 세계, 우주. bu film butun ~da mashhurdir 이 영화는 전세계에서 유명하다. 1945 yilda ikkinchi ~ urushi 세계대전이 끝냈다.
jahon bozoridagi narx 세계 시장에서 거래되는 상품가격
jahon sudi, tinchlantiruvchi sud 시군법원(법원 중 가장 낮은 등급의 법원)
jahongashta *sif.* 경험 있는[많은], 숙련된, 노련한; 체험된, 세계를 돌아다니는 것을 좋아하는 사람.
jahongir *ot.* 정복자; 승리자, 극복자.
jahonshumul *sif.* (명성 등이) 세계에 미치는, 세계적인, 세계속의, 유명한. ~ yangilik 놀랄만한 뉴스.
jajji *sif.* 1) *(bolalar va qizlar haqida)* 아주 작은; ~ qizaloq 조그마한 여아, 꼬마, 조각. hiyobonda ~ bolalar o'ynayapti 공원에서 조그마한 아이들이 논다. kelin va kuyov kichkinagina (~) uy sotib oldilar 신부와 신랑은 아주 작은 집을 산다; 2) *(kichi; narsa haqida)* 작은, 소형의, 비좁은, ~uy 작은[좁은] 집.
jala *ot.* 강우(降雨); 강우량(降雨量), 강수량(降水量); ~ quydi 억수로 쏟아지는 비 kecha kun bo'yi jala quydi 어제 하루 종일 억수로 비가 쏟아졌다.
jalb *fe'l.* 1) 끌다, 당기다, 끌어당기다; 끌어당겨서 ~하다, ~의 마음을 끌다, 매혹하다; ~ etmoq/qilmoq *(tortmoq)* 끌어당기는 것, 매혹시키는 것. ~ qilmoq 끌어당기다, 매혹시키다, 유인하다. 2) 빨아들이다; 끌어들이다, 패거리에 넣어주다. kimnidir ishga ~ qilmoq 사업에 끌어들이다. bu namoyish barchaning e'tiborini ~ qildi 이 관념이 사람마다를 주의를 끌었다.
jalb qilish, tortish *ot.* 사용, 유인, 전용
jallod *ot.* 1) 실행[집행]자, 사형 집행인, (정치·범죄 조직이 보내는) 암살자; 2) 무자비한, 무정한, 냉혹한.
jallodlik *ot.* 사형 집행, 처형.
jam *ot.* 합계, 총계, 총액, 총수, 총량, 전부, ~i *(hammasi)* 전부, 총계; jami 모든, 모든 것, 또는, 모조리. bu mevalarning jami 10000 von turadi 이 과일이 전부 10000원이다. Barcha mehmonlar shu xonada ~ bo'ldilar 손님들은 이 방에 모두 다 모였다; xotirangiz ~ bo'lsin 걱정시키지 마세요.
jamalak *ot.* (여자의) 긴 머리털한 다발, 땋은 머리; 삼단 같은[치렁치렁한, 숱많은] 머리, 땋은 머리, 변발, 늘어뜨린 머리, 땋아 늘인 머리; sochni ~ qilib o'rmoq 변발(땋은 머리)로 하다, ona qizchaning so- chini jamalak qilib o'rib qo'ydi 어머니가 여자아이의 머리를 땋아 늘어뜨렸다.
jambil *ot.* 잠빌, 꿀풀과(科)의 식물(요리용; 유럽산(産)).
jamiki *sif.* 전체[전부]의, 모든, 온, 전(全), 온전한; Unda dunyodagi jamiki go'zallik mujassamlangan 그녀는 이 세상에 있는 모든 미를 다 소유하고 있다.
jamila *sif.* 1) 아름다운, 고운, 예쁜, 귀여운, 2) 미인, 미녀, 미소녀. 3) 여자의 이름; mening ismim ~ 제 이름은 쟈밀라입니다.
jamiyat 1) *(tarixiy taraqqiyot jarayonida)* 사회(社會), 사회 집단; 세상(世上); ibtidoiy ~ 원시사회; feodal ~ 봉건주의 사회; 2) *(ijtimoiytashkilot)* (사회의) 층, ~계, 상류 사회(의 사람들); 3) 공중의, 일반 국민의, 공공의;

J

4) *iqt.* 회, 협회, 단체, 학회, 조합
jamiyat manfaatlari 공공의 이익
jamiyat mulki 저작권 보호기간이 종료됨으로써 사회적으로 자유롭게 이용할 수 있는 저작물
jamiyat nizomidagi mablag'ga hissa qo'shish majburiyati 자본 출자의무
jamiyat ta'sischilari 발기인(發起人)
jamiyatni boshqaruv organlari vakolati 회사이사의 권한
jamiyatshunoslik *ot.* 사회학; 군집 생태학
jamlamoq *fe'l.* 1) *(yiq'moq)* 그러모으다, 모으다, ~을 거두어들이다. 집합시키다, 수확(채집, 수집)하다. 2) (yakun qilmoq, xulosa chiqarmoq) 총계(합계)하다, 총결산하다 Bu kishining xobbisi marka jamlashdir rm 이 사람 취미는 수집하는 것이다. Kelasi haftada barcha do'stlar jamlanadilar 다음 주에 모든 친구들이 모은다.
jamlangan ko'rsatma 다수의 은행 업무를 한꺼번에 의뢰하는 고객의 주문
jamlovchi *gram.* 집합명사(集合名詞: 같은 종류의 것이 모인 전체를 나타내는 명사 《국민·가족 따위》)
jamoa *ot.* 1) (*qishloqvauninga-holisi*) 사회, 공동 사회, 공동체, 2) (*xaloyiq*) (한 지방의) 주민, (어느 계급·단체·직업 따위의) 사람들. 신민(臣民), 하층계급. 3) 팀. 일치, 공동, 공통; aholi jamoasi, xalq 국민, 민족적 일치. futbol ~si 축구팀. ishchilar ~si 공장의 직원, 종업원. Bu ishni jamoaga ishonsa bo'ladi 이 일을 공동을 맡길 수 있다; o'tgan o'yinda koreys ~si g'olib bo'ldi 지난 게임에 한국 축구팀이 이겼다.
jamoa belgisi 단체상표(團體商標) (collec- tive trademark)
jamoa belgisi 단체표장
jamoa belgisi huquqi 단체 표장권
jamoa havfsizligi 집단안보
jamoa shartnomasi 단체 계약
Jamoadosh *ot.* 팀 동료
jamoat 1) *(xaloyiq)* (사회의) 층, ~계; ~ishi 사회(공공의 복지 관련) 사업; 2) *din* 기도의 그룹, 기도 단체.
jamoat birlashmalari mulki 사회단체 자산
jamoat burchi 공공 채무, 공공부채
jamoat farovonligi funktsiyasi 복지기능
jamoat ishlari 공공사업(公共事業)
jamoatchi *ot.* 1) 사회 활동하는 사람, 사회적인, 사회성을 지니는, 비개인적인. 2) 사회 평론가. Bu talaba har ishda ~ 이 대학생이 사회적이다. u yaxshi ~ 그는 활발하게 사회 활동하는 사람이다.
jamoatchilik *ot.* (정치·문화·역사를 함께 하는) 사회, 공동 사회, 공동체, 지역(공동) 사회; ~ fikri 사회 공동 여론; ilmiy ~ 사회과학; bu taklif ~ fikriga ko'ra qilindi 이 제안을 여론으로 채택했다.
jamol *ot.* 아름다운 것, 훌륭한 것; 예쁜 얼굴, 미인, 미녀, 예쁜, 귀여운; sevib qolgan kishi sevgili- sining jamolini ko'rishga oshiqadi 사랑에 빠지는 사람은 사랑하는 사람의 예쁜 얼굴을 보기위해 힘쓴다.
jamuljam *ot.* 종합계, 총계, 전체, 총체적 결과; 요지. 모든 사람들은 모여 있다.
jamg'arma *ot.* 1) *iqt.* 예비금, 집적, 축적, 누적. 2) 돈을 모으다, 저축, 저장, 비축, 저금; kapital ~si 자본의 축적.
jamg'armoq *fe'l.* (조금씩) 모으다, (재산 따위를) 축적하다 (*shundk pul haqida*), 저축하다, (긁어) 모으다; (재산을) 축적하다; 쌓다, *(shundk zahirlar haqida)* 겹쳐 쌓다, 쌓아올리다; pul ~ 돈을 저축하다(모으다);

J

chet elda o'qish uchun pul jamg'ardim 유학을 가기위해 돈을 저축했다.
janbil *bot.* 잔빌, 꿀풀과(科)의 식물(요리용; 유럽산(産))
jandarm *ot.* 헌병, (무장) 경관. ~ eriya 헌병대(본부).
jang *ot.* 전투(戰鬪), 싸움; 전쟁(戰爭), 교전(交戰), 격투, 결투; 도박, 노름, qo'l ~i 백병전, 육탄전; havo ~i 전투기; ~ maydoni 전투지역, 전쟁터; ~ aslahalari 갑옷과 투구, 갑주, 전투복; ~ harakatlari 전쟁 행위, 교전(상태); ~ ga chorlamoq 도전하다; ~qilmoq 싸우다; ular kun bo'yi ~ qildilar 그들은 종일 싸웠다.
jangari *ot.* 말다툼, 싸움을 좋아하는 사람, 싸움꾼. 약한 자를 못살게 구는 사람, 마구 으스대는 사람; 골목대장.
jangillamoq *fe'l.* (종·벨·타악기 따위를) 울리다, 울려서 알리다. 소리가 나다, 쨍그렁(땡그렁) 울리다, 땡그렁 울다; *(zanjirhaqida)* (무거운 쇠붙이 따위가) 절거덕하고 소리나(게 하)다, 탁[철꺽]하고 울리다 *(kalit, tanga haqida)* 딸랑딸랑(짤랑짤랑, 찌르릉, 따르릉) 소리나다(내다); qo'ngiroq ~ 방울이 울리다, erta tongda cherkov qo'ng'iroqlari jangilladi 이른 아침에 교회 종소리가 울린다.
jang-jadal 전투, 싸움; 전쟁, 투쟁; 경쟁
jangnoma *ot.* 전투기록
jangovar *sif.* 싸우는; 전투의, 교전 중인; 호전적인, 투지가 있는, *(odamhaqida)* 호전적인, 싸움을 잘하는; ~ somolyot 전투의 비행기, 전투기; ~ saf 전투대형; ~ top- shiriq berilmoq 군인에게 지시를 하달하다.
jangovarlik *ot.* 투지(鬪志), 투혼(鬪魂), 투쟁심(鬪爭心), 투쟁정신(鬪爭精神), 호전성, 전투적 기질; 싸움을 즐김
jangchi *ot.* 싸우는 사람, 투사; 전투원, 전사(戰士), 무인(武人), *(askar)* (육군) 군인, 병사, urush vaqtida ko'plab ~lar qurbon bo'ldi 전쟁으로 많은 군인이 전사했다.
janjal *ot.* 말다툼, 싸움, 다툼, 불화, *(nizo)* 투쟁, 전투, 충돌, *(tortishuv)* 논의, 논증; 논거; 논법; ~ ko'tarmoq 추악한 소란을 일으키다. ikkovi qarz tufayli ~ ko'tardilar en 사람은 빚 때문에 추악한 소란을 일으켰다; bu janjal ularning ajralishiga sabab bo'ldi 이 다툼이 두 사람은 헤어지기에 이유였다.
janjalkash *ot.* 1) 난폭한 사람, 다투기를 좋아하는 사람. 2) 끊임없이 추문을 일으키는 사람. bizning qo'shnimiz ~ inson 우리 이웃사람은 다투기를 좋아하는 사람이다; bu bola bolaligida juda ~ edi rm 남아이가 어렸을 때 아주 끊임없이 추문을 일으키는 사람이었다.
janjallashmoq *fe'l.* 다투다, 싸우다, 티격나다, 불화하게 되다, kimbi- landir ~ 아무개와는 불화의 관계에 있다; kecha bu yerda yigitlar janjallashadilar 어제 여기에서 남자들이 다투었다.
janjalli *sif.* 논의할[의문의] 여지가 있는; 진위가 의심스러운, 확실치 않은.
jannat *ot. din.* 천국, 낙원, 극락; 에덴동산. yerdagi ~ 지상 천국. ~ qushi 극락조.
jannatiy *sif.* 천국의, 극락의. 낙원의, 평화스러운, 안락한.
janob *ot. (familiya oldida)* ~군, ~씨, ~선생, ~님, ~귀하,(남자의 성·성명·직명 등 앞에 붙이는 경칭); 2) *(rasmiytilda) (rossiyalik, frantsiyalik va sh. k. lik erkak haqida)* ~씨, ~님, 선생, 귀하, *(qisq M.), (italiyalik haqida)* 각하, 씨, 님, 선생, 귀족, 신사. *(nemis haqida)* 제군. 님, 군(君), 선생, 씨(氏); 독일 신사, ~lar! 여러분, elchi ~lari 대사님; professor ~lari 교수님; bu ~lar

J

menga yoqmayapti 저 무리들은 내 마음에 안 든다; elchi ~lari bizning o'quv yurtimizda tashrif buyurdilar 대사님께서는 우리 대학에 방문하셨다.
janoza *ot. din.* 매장, 장의, 장례식, 장례. ~da qatnashmoq 장례식에 참석하다.
janr *ot. adab.* 유형(類型), 양식, 장르, 풍속화, 세속도. 세태를 그린 작품. 스타일.
janub *ot.* 남쪽; 남부, 남쪽 나라, 남국, 남부 지방; ~da 남쪽, 남부; Dam olish uchun ~ tomonga bordim 휴양을 위해 남쪽으로 간다.
janubi-g'arb 남서(南西), 남서지방; ~iy 남서의; 남서쪽으로의; ~ shamol 남서풍(南西風), 서남풍(西南風), 곤신풍(坤申風).
janubi-sharq 남동(南東), 남동지방; ~iy 남동에 있는, 남동의, 남동으로(부터)의; ~ shamol 남동풍(南東風), 남동바람.
janubi-sharqiy *sif.* 남서의; 남서쪽으로의; 남서로부터의.
janubiy *sif.* 남방의, 남쪽의. ~qutb 남극; ~ yarim shar 남극권; ~ qirg'oq 남방의 연안(해안).
jar I *ot.* 1) *(soy)* (개울이 흐르는 깊은) 협곡, 산골짜기, 계곡, (보통 물이 마른) 골짜기, 소협곡; 도랑, 배수구(溝); 2) *(chuqurlik)* 절벽, 벼랑, 심연(深淵); 끝없이 깊은 구렁; 나락; (천지 창조 전의) 혼돈; 심해. 3) *k.m.* (*halokat*) 가, 가장자리, 모서리, 모, 모퉁이, 귀퉁이, 구석, 읍모; ~ yoqasida turmoq 벼랑 위에 서다, 파멸에 처하다; inqiroz tufayli ~ yoqasiga kelib qoldilar 파산 때문에 파멸에 처하다; bu yerdagi katta ~likka qulab tushdi 여기 있는 큰 격차에 빠졌다.
jar II *ot.* 선언, 포고, 발포; ~solmoq (~을) 알리다, 고지[발표]하다, 공고[공표]하다, 전하다; 예고하다, 알리며 돌아다니다, 떠벌리다; 널리 알리다, 과시하다.
jarang *ot.* (종·벨·경화(硬貨) 따위를) 울리기, 울리는 소리(땡, 딸랑, 쩔렁 따위); (벨·전화의) 호출; qo'ng'iroq ~i 종소리.
jaranglamoq *fe'l* (종·벨·타악기 따위를) 울리다, 울려서 알리다.
jarangli *sif.* 1) 울리는, 울려 퍼지는, 잘 울리는; 2) *fon.* 목소리로 낸; ~ 소리의; 유성음의; ~ kulgi 날카로운 웃음소리; ~ ovoz 잘 들리는 목소리; ~ undoshlar 유성자음; ~ kulgi hammani hayron qoldirdi 날카로운 웃음소리가 모든 사람을 놀랐다.
jarangli tovushlar *ot.* 유성음(有聲音), 울림소리(발음할 때, 목청을 떨어 울리는 소리. 모음(母音)·콧소리·흐름소리 같은 것)
jarangli undoshlar *ot.* 울림소리
jarangsiz *sif.* 1) 귀먹은, (뒤덮여) 잘 들리지 않는, (목소리 따위가) 공허한, 힘없는; 2) *fon.* 목소리가 없는; 무언의; 벙어리의; 실성(失聲)(증)의; 무성음의, 소리가 끊어진, 매우 조용한. ~ tovush 둔탁한 음, 무성음; ~ undosh 무성자음, 목소리로 내지 않은, 말하지 않은; 무성(음)의, 무성화(無聲化)한.
jarangsiz tovushlar *ot.* 무성음(無聲音: 목청을 진동시키지 않고 내는 소리. 곧, 자음(子音)의 ㄱ·ㄷ·ㅂ·ㅅ·ㅌ· ㅊ·ㅋ·ㅌ·ㅍ·ㅎ 등. 무성음(無聲音). 맑은소리. 청음(淸音))
jarangsiz tovushlar 안울림소리
jarayon *ot.* 1) (현상(現象)·사건 등의) 진행, 경과, 과정, 경로, 추이. 공정, 제각 과정; ish ~ida 작업과정; rivojlanish ~i 발달과정; o'tish ~i 과도적 과정; ishlab chiqarish ~i 생산 공정(과정); 2) *yur.* 공판, 재판, 심리, (*fuqarolik*) 소송, 고소, 소송 사건; jinoiy ~ 형사 재판; sud ~i 재판사건, 소송 사건; fuqarolik ~i 민사소송; sud ~i ikki oy davom etdi 재판 사건이 두 달 동안 계속했다.
jarayon nuqtai nazari *ot.* 진행형
jargon *ot.* 속어(표준적인 어법으로 인정되어 있지 않은 구어), (어떤 계

J

급·사회의) 통용어, 전문어, 술어; (도적·죄인 따위의) 은어, 뜻을 알 수 없는 말[이야기], (동업자·동일 집단 내의) 특수 용어, 통어(通語); 변말; 혼합 방언; ~ ibor 속어적 표현; ~da gapla- shmoq 속어로 말하다; maktab ~i 학교 학생들 간에 통용어.
Jarida *ot.* 1) *(davriynashr)* 정기 간행물(일간지 제외), 잡지, 2) *(qayd etish kitobi)* 기록부, 등록(등기)부, 기록, 등록, 등기, 일지, 일기, 의회 일지; 의사록
jarima I *ot.* 벌금, 과료(科料), 위약금, 과태료(pullik); jarima to'lamoq 벌금을 과하다; ~ solmoq 벌금을 부과하다, 과태료에 처하다; ~ to'pi 페널티킥; taqiqlangan joyga axlat ag'darilgani sababli jarima solindi 금지된 곳에 폐기물을 버리면 과태료에 처한다.
jarima II *yur.* 벌금(罰金), 속전(贖錢), 속금(贖金), 속죄금(贖罪金), 벌전(罰錢)
jarima III *iqt* 연체이자(延滯利子), 연체료(延滯料), 추가금, 위약금, 해약금(解約金)
jarima solish *ot.* 벌금부과(罰金賦課)
jarimani to'lash 위약금의 지불
jarkop *ot.* 불고기, 로스트 고기
jarlik = **jar** *ot.* 협곡(峽谷), 산골짜기, 계곡(溪谷), 낭떠러지; qushcha daraxtdan ~ka qulab tushdi 새가 절벽으로 떨어진다.
jarohat *ot.* 상해, 상처, 위해, 손상, 손해; *(qurol orqali)* 부상, 상처, (정신적) 고통, 상처, 타격; yurak ~i 마음의 고통 ~ bog'lamoq 붕대로 상처를 싸매다; og'ir ~ 치명상.
jarohatlamoq *fe'l.* 상처를 입히다, 다치게 하다, ~에게 손해를 주다.
jarohatlanmoq *fe'l.* 다치다; 감정을 상하다, 부상을 입다, 상처를 입히다; (감정을) 해치다; o'qdan ~ 총알에 부상당한 병사; ~langan 부상병; futbol o'ynab ~ndi 축구를 할 때 상처를 입었다.
jarohatli *sif.* 상처 입은 사람, 부상자, 외상성의, *(qurol bilan)* 상처 입은, 부상당한; (감정 등을) 상한.
jarroh *ot.* 외과의사, 군의관(軍醫官); 선의(船醫); oddiy ~ 일반외과.
jarrohlik *ot.* 외과(外科), 외과의술, 수술(手術); ~bo'limi 외과(술(術))의 절개(수술); ~ operatsiyasi 외과 수술; bu kishining sogl'ig'i yomonlashgani tufayli ~ opera- tsiyasi qilindi 그 사람 건강이 나빠져서 외과 수술을 하게 됐다.
jamg'arma obligatsiyasi 미국의 3~5년 저축 채권
jamg'arma 저축(貯蓄)
jamg'arma mablag'ga badal 자본금납입
jamg'arma mablag'idan ulush talab qilish 지분의 압류
jarchi *ot.* 고지자, 보도자, 포고자, 통보자, 전령, 사자(使者); 심부름꾼.
jasad *ot.* 1) (*murda*) 시체, 송장, 사체. 2) *so'zl* (*gavda*) 몸, 신체, 육체, 몸매, 풍채, 자태, 사람의 모습
jasorat *ot.* 1) 대담, 배짱, 무모, 용감, 용기, 담력, 과감성. 용감(성), 용맹; 용감한 행위; 2) 대담무쌍; 뻔뻔스러움, 안하무인; 무례. ~ qilmoq/ etmoq 무례하게 굴다; ~ ko'rsatmoq 용기를 내다, 격려하다, 허세를 부리다, 거만하게 굴다; urush vaqtida ko'plab insonlar ~ ko'rsatdilar 전쟁 때는 많은 사람들이 용기를 냈다.
jasoratli *sif.* 대담한, 담찬, 담력이 있는..
jasoratsiz *sif.* 겁 많은, 두려워하는, 소심한, 마음이 약한; 겁에 질린.
jasur *sif.* 용맹한, 과감한, 용감한, 두려움을 모르는, 대담무쌍한;

J

bu aktyor yangi filmda ~ va aqlli insondek namoyon bo'ladi 이 남배우는 새로운 영화에 똑똑하고 용감한 사람처럼 나온다.
jasurlik 용기, 용감(성), 용맹; 용감한 행위.
jasurnoa *sif.* 용감[훌륭]하게, 대담하게; 뻔뻔스럽게
javdari *ot.* 호밀, 쌀보리. 호밀밭; ~un 호밀 곡분, 밀가루; 쌀보리 분말, 호밀 가루.
javdiramoq *fe'l.* 번쩍이다, 빛나다; 불꽃을 내다; (재치·기지 등이) 번득이다; 반짝이다
javhar *ot.* 1) 보석, 보옥; 주옥(珠玉); 2) *k.m.* (*g'ayrat*) 에너지, 정력, 활기, 원기, (말·동작 따위의) 힘, 능력
javlon *sif.* 우미한, 우아한, 단아한, (인품 등이) 기품 있는, 품위 있는, 정연한, 전아한.
javob 1) 답, 대답, 회답, 응답, 대답, 답장; ~ ingiz aniq emas 당신의 대답은 정확하지 않다; ~ aylmoq/ bermoq (qaytarmoq) 대답하다, 응답하다; ~ qaytarmoq 응(수)하다, 반응하다; 2) *(masala, muammoning yeshimi)* 문제의 해결, 해명, 해답(법), 해법(解法), 풀이; 3) *(ketishgarozilik)* 일임하다, 위임하다, 책임지다, u ~ so'radi 그의 요구에 책임지다; javobgar bo'lmoq 책임을 지다; yaxshilab eshitib savolarga javob bering 잘 듣고 물음(질문)에 대답하십시오.
javob cheklovlar 보복제한(대응제한)
javoban ~에 응하여, ~에 답하여. 응답으로서, 보답으로서, (~의) 대답으로, (~에) 답하여; savollaringizga ~ mana shularni jo'nataman 질문에 보답으로서 이 게를 보내겠다.
javobgar *sif.* 1) *(ma'sul)* 책임 있는, 책임을 져야 할; bunga siz ~siz 당신은 이일에 대하여 책임져야 합니다; 2) *yur.* 피고, 피고의; 3) 중요한, 중요한 것, 중대한 것; ~ ishchi 중요 직원; ~lik vaqti 중요한 시기; u mana shu ishga ~ 그는 이 일에 대해서 책임이 있다; ~ likka tortmoq 책임을 묻다.
javobgar *sif. yur.* 피고(被告), 피고의
javobgarli *ot.* 책임이 있는 것.
javobgarlik *ot.* 책임, 책무, 의무; *shundk yur.* 유화(有化), 순종; 복종, 복종할 일; umumiy ~da 연대책임으로; ~dan halos qilmoq 책임을 해제하다; o'zaro ~ 상호책임
javobgarlik sohasi *yur.* 책임범위
javobsiz *sif.* 1) 항변할 수 없는, 아무 말도 할 수 없는, 온순한. 2) 응답 할 수 없는, 대답하지 않는; ~ sevgi 짝 사랑.
javohir=javhar *ot.* 보석(寶石), 보옥(寶玉); 주옥(珠玉)
javon *ot.* 반침, 벽장, 찬장, 찬방, 작은 장, 벽장. 장롱. kitob ~i 책장; kiyim ~ 옷장; devoriy ~ 벽장, 붙박이장; stol yonida kitob ~i bor 책상 옆에 책장이 있다.
javramoq I *fe'l.* (*vaysamoq*) (뜻도 없이) 재잘재잘 지껄이다. 실없는 소리를 하다, 객담을 늘어놓다, 쓸데없는 말을 하다; Bu ayol bekorchi gaplarni ko'p javraydi 그 여자는 쓸데없는 말을 많이 지껄인다.
javramoq II *fe'l.* (*sovuqqa qolmoq*) 얼다, 동결[빙결]하다 (over),; 물건 따위에) 얼어붙다
javzo *ot. astr.* 쌍둥이자리; 쌍자궁(雙子宮: 황도의 12별자리 중의 제4별자리; 하지 때 해가 이 별자리 가까이 옴)
jaydari *sif.* 1) *(mahalliy)* 지방의, 고장의, 지구의; 한 지방 특유의; 2) *(xonaki)* 자가제의, 집에서[손으로] 만든; 3) *k.m. so'zl* (*sodda*) 솔직한, 성실한, 정직한, 꾸밈없는, 천진한, 소박한, 자연 그대로의; ~ odam 순박한 사람
jayra *ot. zool.* 호저(豪豬: 호저과의 동물. 몸길이 약 70cm. 남유럽·북아프리카의 산림·초원에 삶. 몸에는

부드러운 털과 뻣뻣한 털, 또는 가시털이 밀생하며 위험이 닥치면 몸을 둥글게 움츠림); ~nayzasi 호저(豪豬)의 가시, 깃촉, 우경(羽莖)
jayron *ot. zool.* 영양(羚羊: 솟과의 짐승으로 소·양·산양을 제외한 무리의 총칭. 아프리카에서 아라비아·인도·중앙아시아에 걸쳐 분포하는 초식성 동물로서 약 90종이 있음. 달리기에 알맞게 몸통과 다리가 가늘고 목이 긺. 천연기념물 제217호. 산양).
jaz I *ot.* (*to'g'ralgan go'sht*) 잘게 썬[다진] 고기, 저민 고기, 민스미트(다진 고기에 잘게 썬 사과·건포도·기름·향료 등을 섞은 것; 파이 속에 넣음).
jaz II *ot.* (*musiqa*) 재즈, 재즈 음악[댄스](20세기 초 미국에서 시작된 경쾌한 리듬의 대중음악; 흑인 민속음악을 바탕으로 발달하였으며 즉흥적(卽興的) 연주를 중시함)
jazillama *sif.* *(burning)* 강한 폭염, 태우는 듯한, 매우 뜨거운; 뜨거운, 더운.
jazillamoq *fe'l.* 1) (튀김이나 고기 구울 때) 픽픽[지글지글]하다; yog'jazillab ketdi rm 그 기름은 지글지글 하기 시작했다; 2) *k.m.* (*og'rimoq: yurak haqida*) 아프다, 쑤시다, 마음이 아프다, yurabim jazillayapdi 나의 마음이 아프다; 3) *so'zl* (*achishmoq*) (불. 연료가) 타다; (물건이) (불) 타다, 눋다; 타 죽다, 연소[산화]하다
jazira *ot.* 더위, 더운 공기, 무더위
jazirama *sif.* 무더운, 찌는 듯이 더운; 몹시 뜨거운; qoq ~da 불타는 (듯한) 태양; ~ oftobda 타는듯한 태양; ~yoz 뜨거운 여름
jazm *sif.* 굳게 결심한, 결연한, 굳은 결심, 굳은 결의; ~ etmoq/ qilmoq 굳은 결심을 하다; va nihoyat turmushga chiqishga ~ etdi 드디어 그녀가 굳게 결심했다; elda o'qish uchun imtixon topshirishga ~ etdilar 그들이 유학하기 위해서 시험을 보기에 굳은 결심을 했다.
jazman *ot.* 1) (*xushtor*) 연인, 사랑하는 사람, 연애하는 남자. 2) (*qatiy qaror qilgan*) 결심한, 단호한, 결의가 굳은, 깊이 생각한.
jazo 벌, 형벌, 처벌, 징벌. 본보기로 벌하는 것. ~olmoq 벌을 받다, 형벌을 입다.
jazo muddatini o'tashdan muddat- dan oldin shartli ozod etish *yur.* 가석방(假釋放)
jazo tarifi *yur.* 벌금(罰金)
jazoga hukm etilgan *yur.* 법범죄
jazoirlik *ot.* 알제리의; 알제리인(의).
jazolamoq *fe'l.* ~을 벌하다; 응징하다, 처벌하다, 처형하다. 벌하다; 형을 과하다, ~에게 유죄를 선고하다
jazolanmay *sif.* 벌받지 않은, 처벌되지 않은, 형벌을 면한; ~ qolishi mumkin emas 벌을 받지 않고 (있으면 안 됩니다) 있을 수 없다.
jazolanmoq *fe'l.* 벌을 받다, 형벌을 받다, 응징받다; u kishi bu yerda chekkani uchun jazolandi rm 남자는 여기에서 담배 피운 죄로 벌을 받았다.
jazoni belgilash *yur.* 형의 적용
jazoni og'irlashtiruchi holatlar *yur.* 형벌 가중사유
jazoni yumshatish *yur.* 형의 경감
jazoni yumshatuvchi holatlar *yur.* 형벌 감경사유
jazoning asosiy turlari *yur.* 주형(독립하여 그 형만을 선고할 수 있는 것)
jazoning qo'shimcha turlari *yur.* 부가형(물수 등과 같이 주형에 부가하여서만 선고 할 수 있는 것)
jazosiz *sif.* 벌 받지 않은, 처벌되지 않은, 형벌을 면한, 벌 할 수 없는.
jazval 1) *(chizg'ich)* 자, 부기봉(棒); 괘선을 긋는 사람, 괘선 긋는 기구; mashtabli ~ 축척자; logarifmik ~ 계산자, 셈자, 계산척(計算尺); 2) *(chiziq, liniya)* 선, 줄, 직선, 라인; ~ chizmoq 괘선을 긋다.

J

jag' *ot.* 1) *anat.* 턱, 아래턱; *ilm.* 악골(顎骨), 턱뼈, 위턱; yuqori ~ 위쪽의 턱; quyi ~ 아래쪽의 턱; ~ suyagi 턱뼈; 2) *tex.* (집게 따위의) 집는 부분; ombur ~i 집게 (겸자)의 집는 부분
jelak *ot.* 스카프, 숄. 손수건; 어깨 걸치개.
jem *ot.* 잼. bu zavodda turli mevalardan ~lar tayyorlanadi 이 공장에서 여러 가지 과일로 잼이 만든다.
jemper *ot.* 자켓트, 잠바, 작업용 상의, *(shundk erkaklarniki)* 점퍼스커트[드레스], 풀오버(식의) (머리로부터 입는 스웨터 따위), ona o'g'li uchun ~ sotib oldi 어머니가 아들을 위해서 자켓트를 샀다.
jentelmenlik kelishuvi 신사협정
jentelmentlarcha kelishuv 신사협정의
jeton *ot.* 메달, 상패, 기념패, 기장, 훈장.
jiddiy kamchilik 중대한 하자
jiddiy *sif.* 1) *(bahazil)* 성실한, 진지한, 엄숙한, 심각한, 정색을 한, 착실한, 열심인, 진심의, 진실한. 2) *(salobatli; muhim)* 방심치 못할, 용이치 않은; 중대한, 심상치 않은, 예사롭지[심상치] 않은, 3) *(xavfli)* 위험한, 위태로운; (방언) 위독한, (병·부상 따위가) 심한, 중한; ~ odam 심상치 않은 사람; ~ muammo 중대 과제; ~ raqib 벅찬상대; ~ kasallik 중병; ~ kitob 진지한 책. Bu ~ muammoni hal qilish uchun astoydil harakat qilish kerak 그런 중대 과제를 풀기 위해서 열심히 노력해야 한다.
jigar *ot.* 1) *anat.* (*a'zo*) 간장(肝臟); 간(肝)(음식으로서의); 간장병(病), 담즙증; ~ rang 적[다]갈색; 2) *k.m.*(*yaqin qarindosh*) 친척, 친족, 인척, 가까운 친족[혈연]관계, 가까운 연고; ~im 가까운 친척. sizga ~ rang ko'ylak juda yarashibdi 갈색 드레스 얼굴의 잘 어울린다.
jigarband (*farzand*) *ot.* 1) 친척, 친족, 인척, 혈족의 사람, 혈연자; 2) ~자신의 것, ~자신의 소유물[입장, 책임], 자신의 가족; onalar ~i uchun har narsaga tayyor 엄마들은 자신의 가족을 위해서 모든 것을 다 한다.
jigibiyron: ~bo'lmoq 신경을 쓰다
jihat *ot.* 관계, 관련, 주의, 관심; ~dan ~에 관해서는, ~에 대해서는; bu ~dan 이 점에서; har ~dan 모든 점에서; moddiy ~dan 재정에 관해서.
jihod *din.* (회교 옹호의) 성전(聖戰); (주의·정책 등의) 옹호[반대] 운동.
jihoz 1) (*asbob-uskuna*) 장비, 설비, 비품; 의장(艤裝)(품); laborato- riya ~lari 실험실의 설비. 2) (*uy jihozlari-interer*) 내부, 실내, 옥내, (*mebel*) 가구, 세간; kerakli uy-~ larining bari sotib olindi 필요한 내부를 모두 샀다; javod uchun kerakli jihozlar(asbob-uskunalar) tayyor 공장에서 필요한 설비를 다 준비한다.
jihoz, ashyo, mansublik, tegishlilik 종물, 부속물(附屬物)
jihozlamoq *fe'l.* 1) (~에 필요물을) 갖추다, ~에 설비하다, 장비하다; (배를) 의장(艤裝)하다, (*asbobus- kunalar bilan ~*) 설비하다, 2) (*uyni mebel bilan ~*) 가구를 비치다, 세간을 준비한다, 필요한 비품 따위를 비치하다. jihozlangan xona 가구가 달린 셋방, 하숙방; uyimizni yangi mebellar bilan jihozladik 우리 집에 새로운 가구를 비치한다; maktab kerakli uskunalar bilan jihozlandi 학교가 필요한 것으로 설비한다.
jukkak *sif.* 약한, 무력한, 연약한, 박약한.
jild *ot.* 1) (*kitob ~i-tomi*) 권, 분책, 작품집. 2) (*muqova*) 커버, 덮개, 표지; yostiq ~i 베갯잇, 쿠션 커버.
jildiramoq *fe'l.* 물이 똑똑 듣다

J

[떨어지다]; 졸졸 흐르다, 조금씩 새다.
jildli *sif.* 께느른한, 늘쩍지근한, 무감동한, 흥미 없는, 지친; 권태로운; 울적한.
jilmaymoq *fe'l.* 미소짓다, 생글[방긋]거리다; 미소를 보내다, 빙그레 웃다. Hayot unga jilmaymoqda 생활이 그녀에게 미소를 짓다.
jilmoq *fe'l.* 1) *(siljimoq)* 움직이다, 이동시키다, 옮기다; 2) *so'zl (qochmoq)* (급히) 떠나다, 도망치다.
jilo 1) *(pardozlangansirtningyaltirashi)* 광택, 윤; 광채, 빛(남), 광휘; ~bqrmoq ~에 윤(광택)을 내다, 닦다. 2) *k.m.(ko'rkhusn)* 아름다움, 미; 미모; *(bezak)* 꾸밈, 장식, 장식품, 장신구
jilolanmoq *fe'l.* ~에 광택을 내다, 닦다. ~에 유약(釉藥)을 바르다, ~에 반수(礬水)를 입히다, ~에 윤을 내다. 빛나다, 반짝이다, 번쩍이다. uning ko'zlari xursandchilikdan ~da 눈이 기쁨에 빛난다.
jiloli *sif.* 광택 있는, 번쩍번쩍하는, 번들번들한, 번쩍이는, 찬란한, 화려한.
jilov *ot.* 1) *(otniki)* 고삐, 말고삐, 제어력, 통제력, 통어하는 수단; 구속(력); ~ni tutmoq 고삐를 잡아 당이다; ~ni qo'ymoq 늦추다; ~ni qo'lda tutmoq 엄격히 통제하다; 2) *k.m.* (*boshqarish mexanizmi*) 지배권, 지휘권, 정권(政權), 정부의 통제력; ~ni bo'sh qo'moq (*shundk k.m.*) ~에게 지배권을 주다; ~ini tortib qo'ymoq 고삐를 당겨 말을 멈추다; 자제하다
jilovdor *sif.* 말고삐 잡는, 말 소유[보유]자
jilovlanmoq *fe'l.* ~에 굴레에 씌우다; 고삐를 딜다; 제어하다, 구속하다.
jilt *ot.* 덮개; 뚜껑; 책의 표지, 용기(容器), 그릇, 케이스, ~ 주머니
jilva 1) *(go'zal harakat)* 아름다운 걸음(보행), 아름다운 몸짓(손짓), 아름다운 제스처. 2) *(tovlanish)* 광휘(光輝); (눈이나 얼굴 따위의) 빛남; 진한 주홍색
jilvalanmoq *fe'l.* *(nazokati bilan lol qol- dirmoq)* 빛난다, 번쩍이다, 반짝반짝 빛나다, 반짝이다.
jilvali *sif.* 빛나는, 번쩍이는; 화려한; 뛰어난, 반짝 띄는, 웃음을 띤, 기쁨에 넘친
jilvir *ot.* (천·그물 따위가) 거친, 올이 성긴; 거친, 굵은(가루 따위), 연마제, 연마 용구(그라인더·샌드페이퍼 따위); ~ qog'oz 샌드페이퍼, 사포(砂布). 사지(砂紙)
jim 1) *rav.* 조용히, 고요히; 수수하게; 은밀히평화롭게. 편안하게. 느긋하게; 2) *sif.* 정지(靜止)한, 움직이지 않는, 소리가 없는, 조용[고요]한, 쥐죽은 듯한; 말이 없는; ~ bo'lmoq 온화하다, 조용하다, 고요하다. xonaga o'qituvchi kirishi bilanoq o'quvchilar ~ bo'ldilar 교실에 선생님이 들어오자마자 학생들이 조요했다.
jimjiloq *fe'l.* (*kichik barmoq*) 새끼손가락; (*oyoqda*) 새끼 발까락; ~day(*kichkina*) 작은, 조그마한, 조그마한 어린애, 유아. bola o'ynayotgan paytida jimjilog'ini kesib oldi 아이가 놀았을 때 새끼손가락을 다쳤어요.
jimjima *ot.* 주름, 개더; 수축(收縮).
jimjimali *ot.* 1) *(naqshli)* 선(線), 도형, 줄무늬; 2) (*kiyimhaqida)* (스커트 따위의) 주름, 플리트; 주름 모양의 것;~ ko'ylak, yubka 주름 스커트(치마). ~ buyumlar 제동용 기구. bu yili ~ yubkalar urf bo'ldi 금년에 주름 스커트가 유행했다.
jim-jit *sif.* 무언의, 침묵을 지키는, 소리가 없는, 조용한, 조용히, 고요히; 수수하게; 은밀히; ~o'tirmoq 조용히 앉다; hammayoq suv quygandek ~ edi 어느 곳이든 소리가 없는 것처럼 조용한다.

J

jimjitlik *ot.* 침묵, 무언, 고요, 고요함, 정적, 정숙. 평정, 평온, 마음의 평화, 안식; ~ saqlashingizni so'raymiz 모쪼록 조용해 주시기 바랍니다.
jimlik = jimjitlik *ot.* 침묵, 조용함
jin *ot.* 1) *din.* 마귀, 귀신; 유령, 망령(亡靈), 사령(死靈), 원령(怨靈), 요괴; 2) *k.m.* (ta'b) 미각, 맛, 시식, 맛보기, 시음, 풍미; ~im suymaydi 그것은 나의 미각에 적합하지 않다; ~ chiroq 오일 램프, 석유 등잔; bu narsani ~im suymaydi 그것은 내 미적 취미에 맞지 않는다. 3) ~i qo'zimoq, ~ tutmoq 격노하다, 광란하다. salga ~i qo'ziydi 툭하면 광란해요.
jindak (*jindek*) *rav.* 소량, 조금, 약간, 얼마간;~kutib turing! 잠깐만 기다려 주세요!
jindek *sif.* 잠시, 잠깐 (동안); ~ uxlamoq 잠깐 동안 졸았다.
jingalak *sif.* 오그라든, 곱슬머리의; 고수머리, 곱슬머리, 곱슬털. 소용돌이 모양의; (나뭇결 등) 꼬불꼬불한; (잎이) 말린; (뿔 따위) 꼬부라진; ~ soch 곱슬머리의; ~ sochli 곱슬머리의 사람; ~ soch qiz 고수머리 청녀
jingalaklanmoq *fe'l.* 파마하다, (머리털을) 곱슬곱슬하게 하다, 컬하다
jinni *sif.* 미친, 미치광이의, 발광한, 광기의, 미치광이. ~bo'lmoq (*aqldan ozmoq*) 미치다, 발광시키다[하다]; 광란하다; bu kishi chinakkamiga ~ bo'lib qolibdi rm 사람이 정말로 미쳤습니다. ~ xona (*kasalxona*) 정신병원.
Jinnilik *ot.* 1) *(ruhiy kasallik)* 광기(狂氣), 정신착란, 발광, qilgan bu ishingiz ~dan boshqa narsa emas 그 일은 정신착란으로 보인다. 2) (*ahmoqlik*) 바보짓, 허튼짓; 시시한 것; ~ qilma! 바보짓 하지마!
jinnivoy *ot.* 바보, 얼간이, (*qizlarga*) 천치.
jinnixona *ot.* 정신 병원.
jinoiy *sif.* 형(刑)의, 형벌의; 형법상의, 형사상의; 형을 받을 만한; *yur.* 중죄(범)의; ~ ish 형사 사건.
jinoiy daromadlarni qonunlashti- rish *yur.* 불법자금의 합법화
jinoiy ehtiyotsizlik *yur.* 미필적 고의
jinoiy ish *yur.* 형사사건(刑事事件)
jinoiy ish qo'zg'ashni rad etish *yur.* 불기소처분(不起訴處分)
jinoiy ishlarning sirtdan ko'rib chiqi- lishi *yur.* 궐석재판(구속 피고인이 출정을 거부할 경우 피고인의 출석 없이 재판을 하는 것, 러시아 연방헌법 제 123 조 제 2 항에 의거 형사사건의 결석 재판은 영방 법률에 규정된 경우를 제외하고는 허용되지 아니한다)
jinoiy javobgarlik *yur.* 형사상 책임
jinoiy sud jarayoni *yur.* 형사소송(刑事訴訟: 형벌 법규를 위반한 사람에게 형벌을 과하기 위한 재판 절차. ↔민사 소송. [참고]형소(刑訴).)
jinoiy tajovuz *yur.* 범죄기도
jinoiylashuv, kriminalizatsiya 범죄화
jinoyat *yur.* 중죄(重罪), 범죄행위
jinoyat *ot.* (법률상의) 죄, 범죄(행위); 법률 위반, 위법(違法), 반칙; *yur.* 중죄(重罪); ~ kodeksi *yur.* 형법 법전, 형법(의 체계); ~qilmoq 죄를 범하다.
jinoyat asosiy sababi 범행동기
jinoyat kodeksi 형법전(刑法典)
jinoyat sodir etilgan joy 범행장소
jinoyat tarkibi 범죄의 구성요건
jinoyatchi 형사범(刑事犯), 형사사건(刑事事件), 형사범죄.
jinoyatchilik 범죄의 성립
jinoyatchini topshirish 범죄인 인도
jinoyatda sherik 종범(從犯)
jinoyatdan ko'ngilli voz kechish 중지법

jinoyatga aralashish 공범(共犯)
jinoyatga sheriklar 공범자(共犯者)
jinoyatga tayyorgarlik 착수의 실행
jinoyatlar oldini olish 범죄예방
jinoyatlar takroriyligi 재범(再犯)
jinoyatni qilgan kishi 정범(正犯)
jinoyatshunoslik 범죄학(犯罪學)
jinoyatkor *sif.* 범죄의; 죄 있는; 죄 되는, 형사상의, 형법상의.
jinoyatkorlik *ot.* 범죄성; 범죄 행위; 유죄
jinoyatkorona *sif.* 범죄적으로, 죄를 범하여; 형사[형법]상.
jinoyat *ot.* 범인, 범죄자, (법률상의) 위반자; 범죄자; *yur.* 중죄인; harbiy ~ 전쟁범
jins *ot.* 1) *biol.* 성(性), 성칭(性稱); 성별(性別), 남녀별; erkak ~i 남성; ayol(xotin) ~i 여성. 2) (*urug', zot*) 가족(家族), 가정, 친족, 친척, 일가, 씨족(氏族), 일문(一門), 벌족(閥族); 3) (*tabaqa*) 공동사회, 공동체, 지역사회; 일반사회; 4) *tog'* 바위, 암석, 암반(岩盤); 암벽; 5) (*tur, nav*) 종류, 부류, 형(型), 타입, 유형.
jinsiy *rav. biol.* 성(性)의; 성적인; 유성(有性)의, 자웅의. ~ organ 생식기; ~ to'qima 생식세포; ~ kasallik 성병.
jinsiy aloqa 간음(姦淫)
jinsiy xususiyatga ega zo'ravonlik hara- katlari 성폭력(性暴力)
jiplashganlik *ot.* 결속, 단결, 공동 일치; 개체, 단일[통일]체, 연대 책임
jips *sif.* 단단한, 꼭, 굳게, 빽빽한, (직물의 올이) 촘촘한; 밀집한.
jipslashmoq *fe'l.* 연합하다, 합동(단결)하다
jipslashtirmoq *fe'l.* 결합하다, 하나로 묶다, 합하다, 접합하다; 합병하다, 합동시키나
jirafa *ot. zool.* 기린, 지라프, 기린좌(자리). bolalar hayvonot bog'ida ~ va boshqa hayvonlarni tomosha qildilar 아이들이 동물원에서 기린 과 여러 가지 동물들을 구경했다.
jirillamoq *fe'l.* (짐승이) 털을 곤두세우다,(머리칼 따위가) 곤두서다, 발끈 성내다, 울화통을 터뜨리다, 차다, 걷어차다.
jiringlamoq *fe'l.* (종·벨·타악기 따위를) 울리다, 울려서 알리다, qo'ng'iroq ~da 방울이 울린다; birdaniga eshik qo'ng'irog'i ~di 누군가 문의 초인종을 울린다.
jiringlatmoq *fe'l.* (벨 따위를 울려) 부르다, 불러들이다[내다]; qo'ng'irog'i / eshikni ~ 벨을 울린다
jirkanmoq *fe'l.* 외면하다, 예방하다, 방지하다, 피하다. yomon ishlarni qilishdan jirkaning! 나쁜 행위를 하기로 외면하세요!
jirkanuvchan *sif.* 예방한, 방지한, 역한.
jirkanch *sif.* 구역질나는, 정말 싫은, 정떨어지는, 지겨운, 지긋지긋한, 혐오스러운, 혐오를 불러일으키는. 몹시 싫은; ~ manzara 구역질나는 광경(미관) ~ qiliq 혐오할만한 행위; ~hid 몹시 역한 냄새.
jiro 지로거래(giro), 지로제(制), 은행[우편] 대체(對替) 제도.
jirohisob-kitobi 지로결제
jism 1) (*badan*) 몸, 신체, 육체; 시체; o'lik ~ 사체. 2) (*fizika*) 물체; (액체·고체 따위로 말할 때의) ~체(體); suyuq ~ 액체; qattiq ~ 고체; gazsimon ~ 기체; osmon ~lari 천체(天體), 우주물체(宇宙物體); 우주(宇宙); 천문(天文); ismi ~iga monand 이름이 얼굴 생김새랑 잘 어울린다.
jisman *sif.* 1) 신체의, 육체의. 2) 물질의, 물질적인, 형이하의. ~ zaif 허약한.
jismoniy *sif.* 물리학(상)의, 물리적인, 물리학직인. ~ tarbiya 체력, 완력. ~ mashqlar 체조, 운동. ~ shaxs 자연인. Insonning sog'lig'i uchun jismopniy tarbiya juda zarur 건강을 위해

J

서 체력이 필요하다.
jismoniy majburlash 신체적 강압
jismoniy mashaqqatlar 신체적 고통
jismoniy mehnat 육체노동(肉體勞動)
jismoniy shaxs 자연인(自然人)
jismoniy shaxslar daromad solig'i 개인소득세(個人所得稅)
jismoniy shaxslar mulkiga soliq 개인재산세(個人財産稅)
jismoniy shaxslardan daromad solig'i 개인 소득세의
jiyak 파이핑, 노끈, 꼰 끈; 몰, 짜서 만든 끈, (납작한) 끈(짐꾸리기·양재에 쓰임), 테이프; tilla ~ 금모올.
jiyan (*o'g'il*) 조카, 생질(甥姪), 유자(猶子), 종자(從子), 조카님; (*qiz*) 조카딸, 질녀(姪女), 여질(女姪), 유녀(猶女); Opam ~imga qarab turishni iltimos qildi 언니는 조카를 봐달라고 했다, 언니는 조카 보기 부탁했다
jiyda *ot.* 보리수나뭇과(科)의 식물(남유럽산(産)); 야생올리브.
jiyron *ot.* 생강빛의 (머리가) 붉은. 붉은 털의, 붉은 털이 있는, 말의 적갈색 털.
jiymoq *fe'l.* 고약한 냄새가 나다; 코를 찌르다. ~에 악취를 풍기게 하다, 악취를 풍겨 내쫓다.
jizza 구운 돼지고기의 바삭바삭한 살가죽; 비계를 없앤 바삭바삭한 돼지고기
jizzaki *sif.* 성 잘 내는, 신경질적인, 성급한, 성마른, 성 잘 내는, 화를 많이 내는
jizzilamoq *fe'l.* 1) (튀김이나 고기 구울 때) 픽픽[지글지글]하다; 화가 나서 속이 부글부글 끓다; yog' jizllab ketdi 기름이 지글지글 끓기 시작한다; 2) *so'zl* (*achishmoq*) (불·연료가) 타다; (물건이) (불)타다, 눋다; 3) *k.m.*(*og'rimoq: yurak haqida*) 아프다, 쑤시다; 마음이 아프다.
jig‘: ~iga tegmoq 초조하게 하다, 노하게 하다; bolalar kuchukning ~ iga tegdilar (jahlini chiqardilar) 애기들은 개를 조롱하여 성나게 했다.
jig‘a *ot.* 산골짝 계곡의 급류
jig‘ibiyron *rav.* 신경질적으로; 안달이 나서; 열심인, 열광적인, 열성적인
jig‘ildon *ot.* (새의) 모이주머니, 소낭(小囊); (동물의) 밥통, 목구멍; ~ qaynashi 가슴앓이, 질투, 시기.
jig‘illmoq *fe'l.* 소리를 내다; 떠들다; 소란 피우다, 떠들썩하게 하다, 시끄럽게 하다.
jichcha *sif.* 조금, 얼마쯤, 어느 정도, 조금은, 좀; ta'bga ko'ra ~ tuz solinadi 소금을 맛으로 조금 넣다.
jodi *ot.* (건초용 풀, 마초)을 베는 사람
jodu *ot.* 마법, 마술, 요술; 매혹, 매력; ~ qilmoq 마법하다, 요술을 하다; ~li ko'zlar 매혹적인 눈; 아름다운 눈. (go‘zal)
jodugar *ot.* (*erkak*) 마법사(魔法師), 마술사(魔術師); (*sehrgar*) 요술쟁이, 마술적인 기량이 있는 사람.
jodugarlik *ot.* 마법, 마술, 요술; ~qilmoq 마력(魔力)으로 좌우하다, (마물·영혼 등을) 불러내다, 출현시키다
johil *sif.* 1) 무지한, 무학의, 무식한, 시골뜨기, 촌놈; 2) *(qaysar, o'zboshimcha)* 외고집의, 제멋대로의, 강퍅한, 무례한.
johillik 1) *(nodonlik)* 무지, 무학, 무식, 몽매, 2) (*qaysarlik*) 제멋대로 하는 것; 고집 센, 무례.
joiz *sif.* 허용할 수 있는; 지장 없을[무방한] 정도의, 참가[입장, 입회, 입학]할 자격이 있는; (지위에) 취임할 자격이 있는, (행위·생각·구실이) 용납[수락]할 수 있는; agar shunday deyish ~ bo'lsa 그렇게 하는 게 허용 할 수 있으면.
jom *ot.* 1) (*tos*) 얕은 남비, 대접, 물동이, 수반; 대야; 세면기[대]; mis ~ 구리 그릇(남비); 2)

J

(*zang*) 종; 방울, 초인종, 벨, 나팔관, 종 모양의 것; ~ urmoq (시계가 시각을) 치다, 쳐서 알리다; buyrak ~i 골반; 골반 구조
jome: masjidi ~ 이슬람교 성원(聖院), 회교 사원(回教寺院).
jon *ot.* 1) 정신, 영(靈), 영혼, 넋; 정신, 마음 (*ruh*); menga ~ kirdi 마음을 다시 먹다, 용기를 내다; ~ bermoq (*o'lmoq*) 자신의 마지막 호흡, 죽다; ~ kirdi (o'ziga keldi) 의식을 회복하다; ~bermoq(o'lmoq) 죽다, 돌아가다; ~ olmoq (o'ldir- moq) 죽이다, 살해하다; ~ini saqlab qolmoq (hay-otini) 생명을 구하다; ~i uzilmoq (o'lik) 죽은 사람, 생활력을 잃은; ~im chiqib ketdi (jahli chiqdi) 화가 나다, 화내다, 노하다; ~im bilan 기꺼이; ~im bilan bajaraman 기꺼이 하겠습니다. 2) (*kishi*) 사람(개인으로서의), 인간, 놈, 녀석; oilada besh ~miz(kishi) 우리 가족은 다섯 명이다. 3) (*aziz*) 여보, 당신; 연인, 애인; ~ ginam 여보! 사랑아!; ~dan to'ymoq (~ga tegmoq) 귀찮게 하다, 싫증나게 하다; ~dan kechmoq (qurbon qilmoq) 기부(기증, 증여)하다, 희사하다; ~ achchig'ida 고통으로 ~, 괴로움으로 ~; bu kishining aytganlarida ~ bor (ma'no bor) rm 사람이 말하는 것을(도) 의미가 있다; 4) (*hayot*) 혼, 생명; 생존, 삶, 생(生); 5) *k.m.* (*kuch*) 힘, 세력; 권력, 실력; 완력.
jon boshidan olinadigan o'lpon 인두세(人頭稅)
jonajon *sif.* 친애하는, 친한 사이의, 사랑하는, 귀여운; ~ Vatan 고향, 고국; chet davlatlarga borganda ~ Vatanimizni 냉 'inamiz 외국에서는 고향을 그리워한다; ~ im onajon 사랑하는 어머님.
jonbaxsh *sif.* 1) 생명이, 생명 유지에 필요한, 생명의 원천을 이룬. 2) 낙관적인, 낙천적인; 낙천[낙관]주의의
jonboz *sif.* 사심[이기심] 없는, 무욕[무사]의; 헌신적인.
jonbozlik *ot.* 사심없는 것, 이기심 없는 것,무욕적, 헌신적; ~qilmoq/ ko'rsatmoq 사심 없이 보여주다; ~ bilan 사심[이기심] 없게, 무욕[무사]으로; 헌신적으로.
jonivor *ot.* 생물, 동물, 활동물질, 존재; 생존; 생명; ~larni asrash har bir insonni burchi 생물을 아끼기는 사람마다에 정이 있다.
jon-jahd *ot.* 전력, 열중, 열의, 열심; 열성; 열정. ~ bilan 전력을 다 하여; ~ bilan ishlamoq 전력을 다하여 일하다/노력하다.
jonkuyar *sif.* 충실한, 성실한, 정다운, 전념한, 탐닉한, 다바친. tadbirkorlikda ~ inson 사업에 바치는 사람; o'z ishiga ~ 자기 사업에 충실 한다.
jonkuyarlik *ot.* 충실성, 충성심, 성실성. ~ bilan hizmat qilmoq 충실성하게 근무하다.
jonlanmoq *fe'l.* 1) *(tirilmoq)* 죽음에서 되살아나다, 부활시키다, 부흥시키다. 소생하다. 2) (*tetiklanmoq*) 원기를 되찾다, 소생하게 하다; (~의 의식을) 회복시키다; 기운나게 하다. Bahor keldi tabiat jonlandi 봄이 와서 자연이 소생했다; savdo jonlandi 상업의 활기; kasal ~di 환자가 원기를 회복했다; ko'chalar ~di 거리는 굉장히 활기에 차있다; ~dan suhbat 활기있는 대화; ~gan ko'cha 번화한 가로.
jonlantirish 활황 랠리
jonlantirmoq *fe'l.* 소생해하다, 활기를 띠게 하다, 기운을 돋우다, 생기를 주다.
jonli 1) *(tirik)* 살아있는, 생명이 있는, 산 (채로의); 2) *k.m.* *(ifodali, yorqin)* 생생한, 생기[활기]에 넘친, 기운찬, 팔팔한, 활발한, 발랄한, 원기 왕성한; fikrni ~ ifodalamoq 자신의 생기[활기]에 넘친 의견을 전달하다; ~ devor 사람들의 울타리, 하류 등의 중앙부; ~ mavjudot 생물; ~

J

xotiralar 뚜렷한 추억; ~ savol 현재의 형편 문제; futbol (davomida) o'yini vaqtida ~ devor hosil qilinadi 축구를 할 때 선수들이 사람들의 울타리를 했다.
jonli predmetlar *ot.* 유정명사(有情名詞: 사람이나 동물을 가리키는 명사.↔무정(無情) 명사)
jonon *ot.* 1) (*go'zal*) 미인, 미녀, 아름다운(고운, 예쁜) 여자. 2) (*ajjoyib*) 아름다운, 말쑥한, 매력 있는; (*erkak haqida*) 풍채 좋은, (얼굴이) 잘 생긴, (균형이 잡혀) 단정한 ~ yigit 미남자, 호남아; qan- daydir ~ qizni sevib qolibdi 어떤 미녀를 사랑했다, 미녀를 보고 사랑에 빠졌다.
jonona *ot.* 연인, 애인 (*sevimli*), 사랑스러운, 가장 사랑하는 사람, 귀여운 사람.
jonsiz *sif.* 1) 생명 없는, 무생물의; 죽은 (*o'lik*) 죽은 사람. 2) (*karaxt*) 마비된, 굳어진, 감각이 없어진. qo'loyog'im ~ (karaxt) bo'lib qoldi 손발이 마비되었다. 3) (kuchsiz) 약한, 힘이 없는, 연한; bu bola juda ~ (nimjon, kuchsiz) rm 아이가 너무 약한 사람이다, 너무 연약한 아이이다
jonsiz predmetlar *ot.* 무정명사(無情名詞: 식물이나 무생물을 가리키는 명사)
jonsizlik *sif.* 1) (*kuchsizlik*) 생명이 없는; 생물이 살지 않는, 생명을 잃은, 죽은, 절명(絶命), 절식(絶息); .2) (*o'liklik*) 약한 것, 허약, 쇠약 (건강).
jonzod *ot.* (신의) 창조물(創造物), 피조물(被造物), 생물, 동물, 존재; 생존; 생명. 존재자; bu yerda tirik ~ yo'q (kechkim) 여기에서 아무도 없다.
joriy *ot.* 1) *(amaldagi)* 행함, 행위, 실천적으로, 실시 중으로, 실제의. ~ qilingan 지금의 현재의, 당면의, ~qilmoq a) (*kuchga*) (법령 따위를) 시행[실시]하다, b) (*tadbiq etmoq*) (사상·지식 따위를) 가르치다, 되풀이하여 가르치다(깨우치다), 설득하다; 2) (*hozirgi*) 통용하고 있는; 현행의, 사용하는, 이용하는, 관리하는. bu usul bugungi kunda foyda- lanilmaydi 이 방법을 사용하지 않아졌다.
joriy hisob *ot.* 당좌예금(當座預金), 당좌계정(當座計定)
joriy hisobdan ko'chirma 재무제표 요약
joriy narx *ot.* 시가(市價)
josus *ot.* 스파이, 밀정, 간첩, 스파이 행위, 탐정, 정찰. bu odamlar maxfiy ~lar rm 사람들이 전문의 간첩들이다.
josuslik *ot.* 스파이 행위, 간첩[탐정] 행위; 정찰; (국가·기업 등의) 스파이에 의한 첩보활동; ~ qilmoq 스파이 행위를 하다; ~ tashkiloti (국가·기업 등) 조직의 스파이에 의한 첩보활동
jovramoq *fe'l.* 중얼거리다; 불평을 말하다, 많이 말하다, 말을 많이 하다.
jovchi = sovchi *ot.* 중매인(中媒人), 중매자(中媒者), 빙인(氷人), 월하빙인(月下氷人), 매작인(媒妁人), 매자(媒子), 매작, 쌍동중매(雙童中媒), 뚜장이; 매파(媒婆), 중매장이; 중신아비, 중신애비, 중신에미, 중신어미, 마담뚜. ~lik 중매, 중신, 소개.
joy *ot.* 1) 곳, 장소, ~장(場), 지점, 지역; ish ~i 직장, 작업장; uning tug'ilgan joyi 출생지; xilvat ~ 구석, 모퉁이; 쑥 들어간 곳; to'xtash ~i 정류장, 배 대는 곳, (*avto*) 주차장; jinoyat sodir etilgan ~ 범행 장소; bo'sh ~ yo'q 빈자리가 없다; aholi turar ~lari 사람이 살고 있는 지역; hammasi ~ida 괜찮습니다; es-husgingiz ~idami? 정말 미쳤어요? ko'ngli ~ida emas (havotirlanmoq) 걱정하다. 2) (*lavozim*) 지위, 직(職), 직장; 3) (*kitobda va sh.k.*) 통행, 통과, 경과, 추이, 변천; 4) (*atrof. yer*) 지역, 지방, 지대, 구역, 범위, 영역, 분야; 5) (*to'shak*) 침대, 침

J

상; 잠자리, 깔짚; 6) (*makon*) 거주; 주소, 주거, 거처.

joy, oʻrin 틈새(niche), 적소(適所), 활동 범위, 영역; 생태적 지위.

joylamoq *fe'l.* 1) ~에 놓다, 두다, 안치[정치, 설치]하다, (*yukni*) 집어넣다. 틀어넣다, 가득 채워 넣다, 싣다, 실어 넣다, 넣을 여지가 있다, (*chamadonga*) 꾸리다, 포장하다, 포장이 되다. 2) (*ish va. sh. k. ga*) (관직·지위·권력·성질 따위를) ~에게 주다, ~에게 서임(敍任)하다, ~에게 수여하다, 취직을 거들어 주다; o'rtog'imni ishga ~ladim 친구를 취직을 거들어 주었다.

joylashmoq *fe'l.* 1) (*odamlar haqida*) 숙박시키다; ~의 수용력이 있다. 숙박하다, 투숙하다, 묵다; 하숙하다; (*bino, kinoda - joy egallamoq*) 자리에 앉다, 착석하다, 이주하다, 입식시키다, 정주 시키다; boshqa davlatda ~ 다른 나라에 이주하다; begona shaharda ~ 생소한 도시에 이주하다. 2) (*ish va sh.k.ga*) 있다, (일정 장소)에 붙박아 놓은; 움직이지 않는. bu binoning orqasida bank joylashgan rm 건물 뒤에 은행이 있다.

joylashtirish *ot.* 놓기, 붙박아[자리잡아] 두기, 고정시킴, 직위에 앉히다; 임명하다; (아무)에 일[집]을 찾아 주다.

joylash, o'rash, upakovka 포장

joylashish bayonoti 상장 희망 기업에 대한 안내문

joylashtirish *ot.* (처분 설명·경과보고 없는 한 회사의) 자본 매출.

joylashtirish, oʻrnashish 배치 배분

joylashtirmoq *fe'l.* 1) 숙박시키다; ~의 수용력이 있다. 숙박[투숙]하다, 묵다; 하숙하다, (주거에) 자리잡게 하다, 살게 하다, 정착[거류]시기다, (~)에 식민[이주]하다, 주거를 제공하다. sayyohlar mehmonxonaga joylashtirildi 관광객들을 여관에 묵게 했다. 2) (*ish va sh.k.ga*) 정리하다, 정돈하다, 조정하다.

joynamoz *ot.* 무릎깔개(이슬람교도가 기도할 때 사용함)..

joysiz I *sif.* 집 없는; (가축 따위의) 임자 없는, 의지할 곳 없는.

joysiz II *sif.* 헛된, 보람 없는, 무익한, 쓸데 없는, 공허한, 시시한 허울[허식]만의.

joziba *ot.* (사람을) 끄는 힘, 매력, 유혹. ~li 사람의 마음을 끄는; 매력 있는, 매력적인, 애교 있는.

jozibador *sif.* 마음을 끄는, 매력적인, 매혹적인, 매혹된, 마술에 걸린, 매혹시키는, 황홀케 하는. ~ ko'rinish 호감을 주는 외모(성질); ~ tabassum 매력적인 미소; ~ ko'zlar 매혹적인 눈.

jozibadorlik *ot.* 매력, 매혹, 황홀.

jozibali = jozibador *sif.* 매혹, 매력 있는, 사람의 마음을 끄는; 매력적인, 애교 있는.

juda *rav.* (*sifat, ravishlar bilan*) 대단히, 매우, 몹시, 무척, (*fe'llar bilan birga*), 너무, 매우, 몹시, 단단히, 무척, 굉장히. bu ~ qiziq kitob 이 책은 너무 재미있는 책이다; bugun havo ~ sovuq; 오늘 날씨가 아주 춥습니다; ~ bo'lmaganda 비록 ~할지라도, 가령.

juda ham keraklik 긴급피난(緊急避難: 급박한 위난(危難)을 피하기 위해 부득이 남에게 피해를 주는 행위 《손해 배상 책임이 없음》; 자기나 타인의 생명·재산 따위에 대한 급박한 위험을 피하기 위해 부득이 행한 가해 행위 《일정한 범위 안에서 처벌 받지 않음》)

juda qulay tuzum 최혜국대우

judayam = juda *rav.* 완전히, 아주, 전혀.

judo *rav.* (*mahrum*) 나뉜, 따로따로 된; 갈라진, 부리된, 분산된, 끊어진, 따로따로의, 하나하나의, 헤어지게 하는 것. ~ bo'lmoq 헤어지다, 떼어 놓다, 구분하다; ~ qilmoq 헤어지게 하다, 이별하다.

judolik *ot.* 분리, 떨어짐, 이탈,

J

이별, 별거. uzoq ~dan so'ng 오래간만에; ~da ya- shamoq 별거하다; uzoq ~dan so'ng yana uchrashdik 오래간만에 다시 만났다.
juft *ot.* 1) 한 쌍, (두 개로 된) 한 벌, (짝진 것의) 한 짝, 두 개, 한 조, 한 벌, 한 켤레; ~ etik 부츠 한 켤레; nir ~ qo'lqop 한 켤레 장갑; ~ son *mat.* 짝수; ~ qanotliar *zool.* 쌍시류(雙翅類); 2) (*oilaviy juftlik*) 부부(夫婦), 약혼중의 남녀, 한 쌍의 남녀, sevishgan ~lik 사랑하는 한 쌍; ~lik bo'lib yurmoq en 한 쌍씩 짝지어 걷다; bozordan bir ~ shim sotib oldim 시장에서 바지 한 벌을 샀다.
juft son *mat.* 짝수
juftak: ~ni rostlamoq 부리나케 달아나다, 줄행랑치다. 도망하다
juftlik *ot.* 한 쌍, 한 벌; *mat* 짝수
juftlamoq *fe'l.* 1) 한 쌍이 되다[으로 하다]; 짝지어 나누다; 2) ~을 결합시키다, 연합[합병, 합동]시키다, 협력하게 하다; (색 따위를) 배합하다; qofiyani ~ 운을 달다; 시작(詩作)하며 지내다
juldur *sif.* 누더기 옷, 낡은, 써서 낡아진, 오래된 것. ~ kiyim 낡은 옷; ~ kiyingan odam 낡은 옷을 입는 사람.
juma *ot.* 금요일(金曜日); ~ kunlari 금요일마다, 매 금요일; ~ kunlari musulmonlar juma namozini o'qiydilar 금요일마다 무슬만 사람들이 기도한다.
jumboq *ot.* 수수께끼, 퍼즐, 알아맞히기, 퀴즈, (*topishmoq*) 재치문답; 어려운 문제; 수수께끼 같은 인물[물건]; ~li gapirmoq 빙 돌려 말하다, 수수께끼처럼 말하다; ~ ni yach- moq 문제를 풀다, 수수께끼를 풀다; bu ~ni aqlli insongina yecha oladi 이 문제를 똑똑한 사람만 풀을 수 있다.
jumhuriyat *ot.* 공화 정체. 공화국.
jumla *ot.* 1) 문장, 글. 2) (*ibora*) 구(句), 성구(成句), 관용구, 단문; uzun ~ 장문(長文); ~dan 일일이, 상세히; shu ~dan ~을 포함하여, ~을 넣어서, ~함께, 예를 들면, 예컨대, Aytmoqchi bo'lgan jumlalarin- gizni q'og'ozga yozing 하고 싶은 말을 종이에 써 주세요.
jumladan ~을 포함하여, ~을 넣어서, ~함께, 예를 들면, 예컨대.
jun *ot.* 양털, 울(산양·알파카의 털도 포함), 털실, 모직물; ~li 양모의, 짐승 털의, 무직물의; ~li mato 모직물; ~mahsulotlari 모직 제품; ~ qo'lqop 털실 장갑; ~li kiyim 모직 옷; sovuqda ~li kiyimlar juda qulay 추운 날씨에 모직 옷들이 변리하다.
jun mato *ot.* 모직물(毛織物)
junbish 날카로운 움직임, 신랄한 움직임. ~ga kelmoq (*harakatlanmoq*) 움직이기 시작하다, bu xabardan barcha ~ga keldi 이 소식을 들어서 모두 놀랐습니다.
junli *sif.* 양털의, 양털 같은, 양모질의.
junsiz *sif.* 털[머리털]이 없는.
juri *ot.* 재판관, 판사, 심판관, 심사원.
jurnal *ot.* 1) 정기 간행물(일간지 제외), 잡지. 2) 일지, 일기. 3) 관정의 문서 발장부. 4) 출근부 (sinf ~i), 성적부; haftalik ~i 주간 잡지; moda ~i 유행잡지, 스타일북. ku- tubxonada ro'znoma va turli xil ~lar ko'p 도서관에서 신문과 여러 가지 잡지가 아주 많다
jurnalist *ot.* 저널리스트, 신문 잡지 기자, 신문인; 신문 잡지업자, 신문 잡지 기고가; 일기 쓰는 사람, 잡지 문학의 작가; bu kishi televi- deniyada ~ 그 사람은 방송국 기자입니다; ~ yuritish 일지(일기)를 쓰다.
jurnalistika *ot.* 저널리즘, 신문 잡지업(業); 신문잡지 편집, 신문 잡지 기고 집필; 신문 잡지(업)계.

jur'at *ot.* 용기, 담력, 대담, 배짱, 무모, 대담무쌍, 호담(豪膽); 철면피, 무례한 것, 겁 없는 것. ~ qilmoq 감히 ~하다, 대담하게[뻔뻔스럽게도] ~하다; qarshi chiqishga ~ qilmoq 누가 대담하게 이의를 제기하다.
jura'tli *sif.* 의심할 여지가 없는; 용기 있는, 용감한, 담력 있는, 씩씩한, 확실한, 단호한, 확고한, 대담한, 용감한; 앞뒤를 가리지 않는. erkak kishi ~ bo'lishi zarur 남자들은 대담해야 한다.
jura'tsiz *sif.* 겁쟁이, 겁 많은, 두려워하는, 소심한, 마음이 약한; 겁에 질린.
jura'tsizlik *ot.* 우유부단, 주저.
jussa *ot.* 몸, 신체, 육체, 체격.
jussali *sif.* 살찐, 당당한, 풍채 좋은, 몸이 뚱뚱한.
juvon *ot.* 젊은 여자, 새댁.
juvonmarg 1) 나쁜 사람들의 모임, 집회 동료; 2) 한창 나이 때에 갔다, 장년기에 죽었다. sahovat ~i 자선단체; olimlar ~i 학회; aksionerlik ~i 주식회사. Har bir inson ~da o'z o'rnini topishi kerak 사람마다 사회에 자기 지위를 가져야한다.
juvoz *ot.* 착유기(搾油機)
jo'nalish kelishigi 여격조사(與格助詞: 체언 뒤에 붙어 체언으로 하여금 무엇을 받는 자리에 서게 하는 부사격 조사《'에게'·'한테'·'께' 등》)
jo'nash joyi 출발점(出發點)
jo'natish porti ↔ qabul qiluvchi port 출발항구 ↔ 도착항구
jug'rofiy *sif.* 지리학의; 지리적인; ~a 지리, 지세, 시형(地形), 지리학
jo'ja *ot.* 병아리, 닭새끼, 새새끼. ~ni kuzda sanaymiz (maqol) 병아리는 가을이 지난 후 세는 법. 봉어래
jo'mrak *ot.* 1) (*kran*) (통에 달린) 주둥이, (수도 등의) 꼭지, 수도 마개, 밸브. ~ni buramoq 꼭지를 틀다 (*ochmoq*); ~ni yopmoq 꼭지를 막다; choynakning ~i 주둥이, 주전자의 주둥이; choynakning ~i sinib ketdi 주전자의 주둥이가 떨어진다; 2) (suv tushadigan *qism*) 내뿜다; 주둥이[물꼭지]를 달다; 분출하다; choynak jo'mragi 찻주전자에서 내뿜다
jo'nalish: ~ kelishigi 여격(명사·대명사 따위가 간접 목적어가 될 때의 격).; bu ~da hech narsa sodir bo'lmadi 이 방면에서는 이무 일도 일어나지 않았다.
jo'namoq *fe'l.* 출발하다, 향하다, 나가다, 외출하다, 떠나다. poyezd jo'nadi 기차가 떠났다. mehmonlar kecha ~ ketdilar 손님들이 어제 출발하셨다.
jo'natmoq *fe'l.* 보내다; 발송하다; 송신[송전]하다, 부치다. kecha ota-onamga xat jo'natdim 어제 부모님께 편지를 보냈다.
jo'r *ot. mus.* 반주하는 것, 반주(부). ~ qilmoq ~의 반주를 하다; ~ bo'lmoq ~와 합류하다, ~와 함께 되다; bizga ~ bo'l- moq 우리들과 함께하다; q o'shiqchiga ~ bo'lmoq 노래의 반주를 하다.
jo'ra *ot.* 친구, 친우, 동아리, 단짝, 동무; 동료; ~lar bilan 친구들과 함께; ~lar bilan uchrashuv 친구들과 만남(모임); kuyov~ 최선의(최상의, 최고의) 남자(사람)
jo'rttaga *rav.* 목적을 갖고, 계획적으로, 고의로, 일부러, 뜻밖에, 불의에; bu savolni ~ berdim 나는 이 질문을 고의로 한다; u ~ kelmadi 그는 고의로 오지 않는다; bu ishni ~ qilganim yo'q rm 일을 일부러 안 했습니다.
jo'xori *bot.* 옥수수, 강냉이, 옥고량(玉高粱), 옥촉서(玉蜀黍), 옥출(玉秫); ~non 옥수수 빵; Kinoteat ro'parasida mazali ~ sotiladi 극장 앞에서는 맛있는 옥수수를 팔다.
jo'ya: ~si bilan 분명한, 명백한, 명료한. ~si bilan gapirmoq 분명히 말해라, 솔직하게 나에게 말해라. ~li 명료히.
jo'yak *q. x.* 1) 고랑, 써레길, 밭

고랑; 보습자리; ~ tortmoq/olmoq (밭에) 고랑을 만들다, 이랑을 짓다; 2) (얼굴의) 깊은 주름. peshonasi ~ tortdi 그의 이마는 온통 주름투성이다.

jo'sh: ~urmoq 끓다, 비등하다, 끓어오르다; 펄펄 끓다, (피가) 끓어오르다; (사람이) 격분하다, 핏대올리다; uning qalbida xasad ~ urmoqda 그의 마음에 증오가 불타고 있다.

jo‘shqin *sif.* 1) 끓는, 비등하는; 뒤끓는 듯한; 끓어오르는, 비등하는; 들끓는; 끊임없이 변동하는, 동요[동란]의; 심한, 혹독한; ~ daryo 거품이 일고 있는 바다; ~ urmoq 끓어오르다; 펄펄 끓다; (파도 따위가) 소용돌이치다; 2) (*hayajonli*) 흥분한, 활발한; 성적으로 흥분한~ xalq 운집하고 있는 대중.

jug'rofiy *sif.* 지리학의; 지리적인; ~ xarita 지도

jug'rofiy *ot.* (*jug'rofiya*) 지리(地理), 지세(地勢), 지형(地型), 지리학(地理學), 풍수지리(風水地理); ~xaritasini yaratish 지도 제작(법), 제도(법); ~ chegaralar 지리적 경계.

Kk

k 우즈벡 알파벳 자음 열째 글자.
kaba *ot.* 메카(무슬렘 사람들이 기도하는 곳)
kabel *ot. tex.* (철사·삼 따위의) 케이블, 굵은 밧줄, 강삭(鋼索); 닻줄. 케이블(피복(被覆) 전선·해저 전선); suvosti ~i 해저전선; yerosti ~ 지중 케이블; havo ~i 공중 케이블; telefon ~i 전화 케이블; ~ boshqaruvi 조종 케이블.
kabi *sif.* ~와 같이[처럼], ~와 마찬가지로, ~답게, (*shunday*) ~와 같은, ~하리만큼, ~할 정도로 그런; U otasi ~ rassom bo'lmoqchi 그는 아버지처럼 화가가 되고 싶어한다; Kimchiga karam, turp, sarimsoq piyozi ~ sabzavotlar solinadi 김치 담을 때 배추, 무, 마늘 등 야채들을 넣습니다.
kabi/ ma'no -듯(이)
kabina *ot.* 1) 오두막, 노점, 매점, 칸 막은 좌석[방]; (어학 연습실의) 부스; 투표용지 기입소; 2) (1·2등 선객용의) 선실, 객실; 함장실; 사관실; 3) 갱의실, 탈의실; ~si 목욕실; saylov ~si 투표용지 기입소; uchuvchi ~si 투계장(鬪鷄場), (비행기·우주선·요트 따위의) 조종[조타]실, 콕피트(Jamaica의 석회질 지형에 특징적으로 보이는 우묵한 땅); lift ~si 승강기, 리프트; dush ~si 샤워실; yuk mashinasning ~si 택시, 승합 마차
kabinet 1) *(ishmashg'ulotuchun)* 서재, 연구실; (개인의) 사무실; ~ mebeli 사무실 가구; 2) *(maxsus)* ~실(방), 특별실, 집무실실험실, 표본실; rentgen ~ X-ray 실; director's ~ 사장실; 3) *(mebel to'plami)* 응접실, 거실, ~에 붙은방; 4) *siy* (*vazirlar tarkibi*) 내각, 회의실, 각의실; vazir ~ 내각; alohida ~ 특별실, 별실; fizika ~i 물리 실험실; vrach qabul ~i 진찰실; bugun dars fizika ~ida bo'ladi 오늘 수업이 물리 실험실에 있을 겁니다.
kabineti, xona, vazirlar 내각(cabinet, 內閣: 국무 위원들로 구성되어 국가의 행정을 담당하는 행정 중심 기관.)
kabir *sif.* 큰, 거대한, 광대한
kabisa: ~yili 윤년(閏年: 윤달이나 윤일이 든 해; 태양력에서는 4년마다 한 번 2월을 29일로 하루 늘리고, 태음력에서는 5년에 두 번의 비율로 1년을 13개월로 함).
kabob *ot.* 꼬챙이에 채소와 고기를 꿰어 구운 요리, 산적(散炙) 요리, 꼬치구이 양고기, 샤스릭; ~paz 꼬치구이 만드는 사람.
kabutar *ot.* 비둘기(평화·온순·순결의 상징), 집비둘기; tinchlik ~i 평화의 (상징으로서의) 비둘기; xat tashuvchi ~ 전령 비둘기; yovvoyi ~ 산비둘기; Qadimda insonlar xat tashuvchi ~ orqali xabarlash- ganlar 옛날에는 사람들이 전령 비둘기 통해서 연락했다.
kadi (*qovoq*) *bot.* 호박, 호리병박(열매 또는 그 식물); 조롱박; ~li taomlar sog'liq uchun juda foydali 호박으로 만드는 음식이 건강에 좋습니다.
kadr I (*epizod*) 연속, 연쇄, 계속; (*yakka surat*) 정지(靜止)한, 움직이지 않는; ~dan tashqarida 가리다; 칸막다
kadr II (*xodimlar*) (관청·회사 따위의) 전직원, 인원, (*chuningddk harb*) 기간요원, 상비 병력. 주요 간부, 요원, 상임 종업원, 인재; (*film, plyonka*) 노출, 쬠, 맞힘, 화면, 필름의 한 장면, 컷. Bu kadr birnecha dublda suratga olindi 우리나라는 발전하기 위해서 몇 번 더블 촬영 후에 찍었다. Mamlakat rivojlanishida yangi kadrlar juda zarur 우리나라는

K

발전하기 위해서 요원이 필요합니다.
kadrlar *ot.* 인력(人力), 스테프
kadrlar bo'limi 인사과, 인사팀
kadrlar bo'limi 인사부(人事部)
kadrlar tanlovi 인력 선발
kadrlar to'lishi 인력보충
kadrlar yetishmovchiligi 인력부족
kadrlar zahirasi 인적자원
kadrlarni qabul qilish 인력채용
kadrlarni qisqartirish 인력축소
kadrlarni tayyorlash 직원 교육(간부양성)
kafan *ot.* 시체에 입히는 옷, 수의(壽衣); ~ taxta 수술대, 시체 안치대.
kafangado *ot.* 파멸; 파산, 몰락, 빈곤, 결핍, 빈민; ~ bo'lmoq 황폐하다, 파멸하다, 망하다, 가난해지다; butunlay ~ bo'lmoq 완전히 알거지가 되었다. Biznesda omadi kelmay butunlay ~ bo'ldi 사업이 실패해서 완전히 알거지가 되었다.
kafanlamoq *fe'l* 수의를 입히다, (따뜻하게 하거나 감추기 위해) 감싸다, 싸다; 포장하다
kafanli *sif.* 수의(壽衣)의, 정장한
kafansiz *sif.* 수의를 입지 않은; 덮이지 않은, 가리지 않은.
kafe *ot.* 카페, 식당, (가벼운 식사도 할 수 있는) 커피점, 카페테리아(셀프 서비스 식당)
kafedra *ot.* 1) *(domlarningilmiyu- yushmasi)* (대학의) 학부, 과(科), 분과(分科), (학부의) 교수단, 교수회; ~ mudiri 대학의 학부장(학과장); 2) *(nutqso'zlashuchun)* 대학 등의 강좌, 연단, 강단; 연설, 교단, 3) 주교, 사제의 직, 학과. rusadabiyoti~si 러시아 문학의 강좌.
kafil *yur.* 보증인(保證人), 담보인, 인수인; ~ bo'lmoq ~을 보증하다, 보장하다; tovar sifatida ~lik bermoq 상품의 질을 보장하다; Ishlab chiqarilayotgan barcha mahsulot sifatiga ~lik beramiz 생산한 모든 상품의 질을 보증하겠다.
kafil, kafolat *yur.* 보증(保證), 담보, 보석(保釋); 보석금(保釋金)
kafil, kafolat beruvchi shaxs 어음보증인
kafillik I. *ot.* 보증, 보장, 보증계약; 보증물, 담보, 보장; 보증인; ~ shartnomasi 안전보장조약; ~ xati 보증서, 인수증.
kafillik II *yur.* 담보; 보증서, 영장, 명령서
kafolat *ot.* 보증, 보장, 담보, 보증금; 담보물; xavfsizlik ~i 안전보장; ~li tovar 보험에 상품; mehnat ~lari 노동보장.
kafolat davri 보증 기간
kafolat haqidagi shartnoma moddasi 계약의 보증 관련 부분
kafolat haqiqiyligi muddati 보증기간(保證期間)
kafolat krediti 보증대출, 담보대출
kafolat muddati 보증기간(保證期間)
kafolat shartnomasi 보증계약(保證契約)
kafolat xati 보증서(保證書)
kafolat, muddatining o'tib ketishi 보증기간 만료
kafolatlangan maosh minimumi 최소보장 임금
kafolatlangan ta'mir 보증 수리
kafolatlanmagan kredit 무보증대출, 무담보 대출
kafolatli kredit 보증채권(保證債權)
kafolatli kredit 피담보채권
kafolatli majburiyat 보증서류(guarantee obligation)
kafolatli majburiyatlar 의무보증
kafolatli marja 담보 가치와 대부의 차이
kafolatli shartnoma 보증계약(保證契約)
kafolatli sug'urta 보증보험(保證保險)
kafolatli xizmat ko'rsatish 보증서비스
kaft *ot.* 1) 손바닥, 손목에서 손

K

가락 끝까지의 길이, 집게뼘 (handbreadth: 폭 약 7.6-10 ㎝, 길이 18-25 ㎝). 2) 한 움큼, 손에 그득, 한 줌(의 양); ~dek ravshan (aniq) 손금 보듯 매우 분명하다; tog'dan shahar kaftdek ko'rinadi 산에서는 도시 전체가 한 눈에 보입니다; bir ~ (bir siqim) 한줌, 손에 가득한 것; bir ~ bug'day 한줌 곡식 (팔);

kakao 코코아(열매), 코코아 (음료), 코코아색; ~ ichimlik 코코아 음료; ~ ichimligi ~ daraxtining meva- sidan tayyorlanadi 코코아 음료는 코코아나무의 열매로 만듭니다.

kakirlamoq *fe'l* 노래하다, 울다, 지저귀다

kakku: ~qush 뻐꾸기, 두견잇과의 새. ~li soat 비둘기시계.

kaklik *ot. zool.* 반시(半翅)·자고(鷓鴣)류(유럽·아시아산의 엽조(獵鳥)); 목도리뇌조; (북아메리카산) 메추라기의 일종.

kal *sif. (boshningsochto'kilgan-yeri)* (머리가) 벗어진, 털이 없는, 대머리의; 머리에 흰 얼룩이 있는. butunlay ~ 완전한 대머리; ~ bo'lmoq 대머리가 되다.

kalaka: ~ qilmoq 웃음거리가 되다.

kalamush *ot.* 1) 쥐, 시궁쥐; suv ~i 물쥐; ~ ini 쥐구멍; 2) 약탈자; 도둑.

kalava *ot.* 다발, 묶음, (실 등의) 타래; 실 한 타래; 한 테실(면사 840야드, 모사 560야드), 둥글게 감은 실, 실 다발, 물레의 가락; ~ip 실타래, 토리; ~ non 다발빵.

kalendar *ot.* 1) 달력. 2) 역법. 3) 연중 행사표, 일정표, 알람표. oy ~i 음력; stol ~i 탁상력; yirtiladigan ~ 일력, 한 장씩 뜯어내는 달력; koreyslar qadimdan oy ~idan foydalanib keladilar 한국 사람들은 옛날부터 음력을 써왔습니다.

kalibr *ot.* 1) *tex.* 게이지, 표준 치수[규격]; (총포의) 내경(內徑), 구경(口徑); (철판의) 표준 두께, (철사의) 굵기; 2) (*qurolniki*) (원통꼴 물건의) 직경; (총포의) 구경; (탄알의) 직경; 3) 크기, 형상, 종류. ~lamoq *tex.* (총포 등의) 구경을 측정하다.

kalibrlamoq *fe'l tex.* 게이지를 재다, (총포 등의) 구경을 측정하다.

kalish *ot.* 오버슈즈 방수 덧신.

kalit *ot.* 1) 열쇠, 키. 2) 스패너 (gayka). nota ~i 건, 키. ~bilan qulflamoq 열쇠로 문을 잠그다. Tashqariga chiqqandan so'ng eshikni qulflang 외출하기 전에 문을 열쇠로 잠그세요.

kalitini berishgacha *ot.* 턴키 (turn key), (건설. 플랜트 수출 계약 등에서) 완성품 인도[턴키] 방식

kaliy *ot.* 포타슘, 칼륨(kalium: 은백색의 연한 금속 원소. 금속 원소 중 이온화(ion化) 경향이 가장 크며, 산화하기 쉬우므로 석유나 휘발유 속에 보존함. 물과 작용하여 수소를 발생시키면서 수산화칼륨으로 됨. 포타슘. 칼리(kali). [19번:K:39.102]). ~ tuzi 칼리염.

kaliyli *sif.* 칼륨의, 포타슘의

kalish *ot.* 오버슈즈, 고무덧신, 신는 것(신발·양말 따위)

kalkulator *ot.* 계산기(計算機), 계산자(者); 계산기 조작자, 오퍼레이터.

kalkulatsiya *ot.* 계산(하기), 계산(의 결과); 셈; 계산법; ~qilmoq 계산하다, 산정하다, 추계하다

kalla *ot.* 1) *(hayvonniki)* 동물의 머리, 목; 2) (*insonniki*) 사람의 머리, 머리, 두부(목 위의 부분, 또는 머리털이 나 있는 부분); 대가리; 정수리; 두뇌; ~si bilan javob bermoq 목숨을 걸고 책임을 지다; 3) (*ahmoq*) 양의 머리, 멍텅구리, 얼간이, 바보, 멍청이; xom ~ 얼간이[바보]의; 4) *k.m.* (*aql*) 두뇌, 머리, 지력, 이지(理知), 지능, 지혜, 추리력, 상상력;

kallakesar *sif.* 흉악한, 살인적인, 산적, 노상 강도, 도둑; 악당, 악

K

한, 갱, 강도, 비적.
kallapo'sh (*salla*) 우즈벡의 전통 모자.
kallasiz *sif.* 머리가 없는, 태아머리제거
kallavaram *sif.* 무능한, 쓸모없는; 부적당한, 멍텅구리의, 얼빠진; 당황한, 얼떨떨한, 혼란한 생각[행동]을 하는 사람.
kallavaramlik *ot.* 어리석음, 우둔함, 바보.
kalom *ot.* 1) 말, 낱말, (*gap*) 어법, 구(句), 성구(成句), 관용구. 2) *(suhbat)* 회화, 대담, 대화, 좌담; xullas ~ 간단하게 말하면.
kalorimetr *ot.* 칼로리미터(소립자의 에너지를 재는 장치; 열량계), 칼로리 측정기.
kaloriya *ot. fiz.* 칼로리(열량 단위). a) 그램[소(小)]칼로리(gram [small] ~)(1g의 물을 1℃ 올리는 데 필요한 열량; 略: cal.). b) 킬로[대(大)]칼로리(kilogram [large, great] ~)(그램칼로리의 천 배; 略: Cal.); katta ~li 대 칼로리; kichik ~li 소 칼로리.
kaloriyali *sif.* 칼로리가 높은. ~ taom 칼로리 식품; ~ ovqat 칼로리가 풍부한 식품
kaloriyalilik *ot.* 발열량, 칼로리가 있는 것.
kalsiy *ot. kim.* 칼슘(calcium: 알칼리 토금속에 속하는 은백색의 무른 경금속 원소. 화합물로 대리석·방해석(方解石)·석회석·석고 등에 많이 들어 있음. 동물 골격의 주성분을 이룸. [20번:Ca:40. 08]). ~ karbid 탄화칼슘.
kalsiyli *sif.* 칼슘의; 칼슘을 함유한.
kalta *sif.* (길이·거리·시간 등이) 짧은, 간결한, 간단한, 작은; ~ ko'ylak 짧은 드레스, 원피스; ~ yubka 짧은 치마; ~ soch 짧은 머리; aqli ~ 지혜가 모자라다; ~ faxm 머리가 모자라다(*ibora*); ~ soch turmaklari hozir urf emas 짧은 머리가 지금 유행하지 않다.
kaltafahm *sif.* *(otdan keyin)* 이해가 더딘, 머리가 둔한, 지혜가 모자라다; 머리가 모자라다. ~ odam 머리가 모자라는 사람.
kaltafahmlik *ot.* 느림, 완만; 우둔지혜가 모자라는 것.
kaltak *ot.* 1) *(tayoq)* 매, 회초리, 막대기, 나무토막, 단장(短杖), 지팡이; ~ bilan urmoq 지팡이; 2) (*urish*) 때림; 매질; 타도; ~ yemoq 때리다, 매질하다; 3) 곤봉; 타봉(打棒)(골프·하키 따위의); 4) (등나무로 만든) 지팡이, 단장
kalta-kalta: qadam bosmoq 종종 걷다; ~ qadam 종종 걸음.
kaltakesak *ot.* 도마뱀. 산룡자(山龍子), 석룡자(石龍子), 용자(龍子), 천룡(泉龍), 석척.
kaltaklamoq *fe'l* 1) *(urmoq)* (계속해서) 치다, 두드리다; (벌로) 때리다, 매질하다; 탈곡하다, (*tayoq bilan*) (등나무로 만든) 지팡이, 단장, 매, 회초리, 막대기; 2) *k.m.* (*tanqid qilmoq*) 비난하다, 공격하다, 비평하다, 비판[평론]하다, 논박하다; Ushbu maqolasi uchun bu yozuvchi rosa ~di (tanqid qilindi) 이 논문 때문에 그 작가를 너무 비평했다.
kaltaklik *ot.* 간결(簡潔), 간략; (시간의) 짧음
kalxat *ot. zool.* 솔개, 소리개(수릿과에 속하는 새. 몸빛은 어두운 갈색이며 가슴에 흑색의 세로무늬가 있음. 날개 길이는 48cm 정도이며, 꽁지는 제비처럼 교차됨. 공중을 맴돌며 지상의 먹이를 노림. 들쥐·개구리 따위를 잡아먹음.)
kam *ot.* 1) *(sanoqsiz otlar bilan)* 작은; (작고) 귀여운, *(sanoqli otlar bilan)* 조금[약간]은 있는; 얼마[몇개]인가의; 조금의; 다소의, *(yetarli emas)*. 불충분한, 부족한; 부적당한, 능력이 없는. (*onda - sonda*) 드물게, 좀처럼 ~않는; ~ gapirmoq 말로는 부족하다; ~-~dan 조금씩, 서서히; ~gap 말이 없다; ~ gap odam 말 없는 사람; Parhez tutishda yog'li taomlardan ~ iste'mol qilish zarur 다이어트를 할 때 기름이 많은 음식을 안 먹어야 됩니다.

K

kam haq to'lanadigan ishchi 저임 노동자
kam ta'minlangan oilalarga mod- diy yordam 빈곤가구 보조금
kamalak *ot.* 1) *(kamon)* 활; 활의 사수; 2) *(asbob)* (스프링식) 제도용 컴퍼스의 일종; 3) *(yoy)* 호(弧), 호형(弧形); 궁형(弓形)활 모양의 것; 4) *(yomg'irdan keyin)* 무지개; 무지개 모양의 것, 태양의 스펙트럼, 아치, 홍예. ~day tovlanmoq 번쩍이다; ~ (kamon, qurol) 소화기. Yomg'irdan so'ng havo ochilib ~ ko'rindi 비 온 후에 날씨가 맑아서 무지개가 나타났다.
kamar *ot.* 벨트, 가죽 띠, 혁대, *(belbog')* 띠, 허리띠, 허리끈, (스커트·바지 따위의) 마루폭, 말기; ~ni bog'lamoq 허리띠를 묶다; ~ni yechmoq ~를 풀다; bu kiyimga mos ~ni ham ko'rsating 이 옷에 어울리는 허리띠도 보여 주세요.
kamarbavd *ot.* 검대(劍帶), 혁대, 허리띠, 허리끈, 밴드
kamayish *ot.* 소모, 고갈, 감소
kamayish, chiqib ketish *ot.* 유출(流出)
kamaymoq *fe'l* 1) (수량·크기·정도·중요성 따위를) 줄이다, 감소시키다, 작게 하다; (신용·명성 등을) 떨어뜨리게 하다, *(tezlik haqida),* 속력을 늦춤, 감속, 조업단축; 경기 후퇴, *(harajatlar haqida)* (이익 등의) 감소, 절하(切下); 깎음; Mahsulot- larning narxi 5%ga kamaydi 물건의 물가가 5퍼센트에 줄었다. 2) *k.m.* *(zarar ko'rmoq)* 위해를 당하다, 빚을 지다, 손해를 입다; Bu ishni qilsang biror joying kamayib qolarmidi? *(zarar yetadimi* (*ko'ch. ma'- noda*)) 이 일을 하면 너에게 해가 되니?
kamaytirish, pasaytirish *ot.* 감소, 축소, 감퇴, 줄이는 것
kamaytirmoq *fe'l* (수량·크기·정도·중요성 따위를) 줄이다, 감소시키다, 작게 하다; (신용·명성 등을) 떨어뜨리게 하다, *(tezlikni),* (양·액수·정도 따위를) 줄이다; 축소하다; 한정하다, *(harajarlarni)* (나무를) 베어 넘기다; (적을) 베어 죽이다, 때려눕히다,(값을) 깎다, *(narhlarni)* (양·액수·정도 따위를) 줄이다; 축소하다; 5 barobar ~ 5로 나누다; harajatlarni ~ 지출을 절감하다; hatarni ~ 위험을 줄이다; sodir bo'lishi mumkin bo'lgan hatarlar ~di 될 확률이 있는 위험을 줄였다 Bu oyga mahsulot narxi biroz ~di 이 번 달에 물건의 물가가 좀 줄였다.
kambag'allik *ot.* 빈곤(貧困), 가난, 빈궁(貧窮), 빈구(貧窶), 빈약(貧弱)
kambag'al *sif.* 1) *(qashshoq)* 가난한, 빈곤한, 생활이 딱한; ~ odam 가난한 사람; bu inson yoshligida ~ bo'lgan bo'lsa ham, bugungi kunda u davlat arbobi rm 사람은 어렸을 때 가난한 사람이었지만 지금 위정자가 되었다; ~ ni tuyaning ustida ham it qopadi (maqol) 설상가상; 2) *(biror narsaai kam)* (사람·동물이) 불쌍한, 가엾은, 불행한, 빈약[초라]한.
kambag'al *ot.* 빈민(貧民), 영세민(零細民), 저소득자(低所得者), 카드 계급(card 階級)
kambag'allarga xayriya 불우 이웃을 위한 기부
kambag'allik chegarasi 극빈(極貧), 찰가난, 빈소(貧素), 철빈(鐵貧), 극간(極艱).
kambag'allashmoq *fe'l* 가난해지다, 빈곤해지다; butunlay ~ 완전히 알거지가 되다.
kambag'allik *ot.* 가난, 빈곤(貧困), 빈궁(貧窮), 궁핍.
kambio 어음, 채무인정 서류
kambizm 외환거래 선략중 하나, 환(換)이론(업무:cambism)
kamdan-kam 1) 보기 드문, 좀처럼 없는, 진귀한. 2) 성긴, 결이 거친. 3) 희박한. ~ holat 좀처럼

K

보기 드문 경이; men uni ~ ko'raman 나는 그 사람을 드문 봅니다.
kamdaromad *sif.* 적은 이익, 이문이 적은; Bu ish ~ keltiradi 이 장사는 이익이 작다, 큰 이익이 없다.
kamera *ot.* 1) (*xona*) 방, 침실, 작은 방; (수도원 따위의) 독방; omonat ~si 휴대품 보관소; turma ~si 교도소, 감옥; TV kamera 암실 상자. ~ siquv ~si 압착실; sud ~si 화해 판사실; saqlash ~si 수하물 보관소; dizinfeksiya ~si 소독실; yong'in ~i 연소실; 2) (*havo bilan damlanadigan rezina*) (물고기의) 부레, 부낭, (해초 등의) 기포; 물집; 공기 주머니; 3) *so'zl* (*apparat*) 카메라, 사진기; 텔레비전 카메라; televzion ~ TV 카메라, 텔레비전 카메라, video ~ 비디오 카메라.
kamera, xona, bo'lma ~방, ~실.
kamerali *ot.* 방, 침실, 응접실.
kamfahm *sif.* 이해가 더딘, 머리가 둔한
kamgap *sif.* 말수가 적은, 과묵한. 말없는, 무언의, 입이 무거운. ~ odam 과묵한 사람. Bu bola ~ 이 아기가 너무 과묵한 아이이다.
kamgaplik *ot.* 말이 없음, 과묵, 침묵, 말이 없는 것, 무언.
kamgo'sht 1) 적은 고기를 담고 있다(내포하다, 포함하다); ~ ovqat 고기가 적은 음식; 고기가 거의 없는 요리; 2) (*oriq*) 홀쭉한, 야윈, 마른, 깡마른; ~ odam 여위한 사람.
kamhafsala *sif.* 활동적이 아닌, 활기가 없는; 반응이 없는. 일을 싫어하는 (사람).
kamhosil 낮은 농작물을 산출하다, 흉작, 흉년, (*yer haqida*) 부족한, 얼마 안 되는, 불충분한, 빈약한; Bu yil ~ bo'ldi 금년이 흉년이었다.
kamida *sif.* 최소, 최소[최저] 한도, 최소[최저] 한도의, 극소의, 가장 작은; 가장 적은
kami-ko'st *ot.* 결핍, 부족, 결여, 결손, 결함, 부족함; ~ingiz bo'lsa ayting, qilib beraman 부족함이 있으면 말씀하세요, 제가 해 드릴 겁니다.
kamina *ot.* 나, 저, 제. kamina-yu kam-tarin qulingiz 경구; 충실한 하인.
kam-kam 조금씩, 시나브로, 차츰, 차츰차츰, 점차로, 서서히, (*bora- bora*) 점점, 차차, 점차, 차례로.
kamlik *ot.* (*kam miqdor*) 작은 양(量); 적은분량, 작은 수량, 적은 액, (*yetishmaslik*) 부족(不足), 결핍, 결여, 결점, 결손, 결함; ~ qilmoq 결핍하다, 모자라다, harakatdagi ~ 단점.
kamob *sif.* 1) (*kamsuv*) 마른, 건조한, 물기가 없는 (*suvsiz*); ~ yerlar 마른 곳 (땅); 2) (*kamyob*) 부족한, 적은, 결핍한, 드문, 희귀한.
kamoblik *ot.* 수분의 부족, 물가가 없는 것.
kamol *ot.* 완전, 완벽; 완비; ~ topmoq (*voyaga yetmoq*) 발육하다, 자라다, 성장하다, 커지다. Yaxshi hislatlar bilan ~ topmoq 장점을 가지고 자라다.
kamolot *ot.* (사람의) 성숙, 숙성; 완전한 발달[발육]; 원숙, 완성.
kamomad *ot.* 부족, 부족분(不足分), 부족액(不足額), 결손, 적자, 이익이 적은.
kamon *ot.* 궁(弓), 활(화살을 메워서 쏘는 무기) ~ ni tortmoq 활을 당기다; ~ dano'q uzmoq 활을 쏘다; ~ qosh 초승달처럼 생긴 눈썹. Qadimda qurol sifatida ~dan foydalanilgan 옛날에는 소총으로 활을 사용했다.
kamonchi *ot.* 바이올린 활, (악기의) 활.
kampaniya *ot.* 캠페인, (조직적인) 운동, (특히) 사회 운동, 선거 운동, 유세. saylov oldi ~si 선거전; ekish ~si 파종 운동; pul yig'ish ~si 모금 운동.

kampir *ot.* 노부인, 노파(老婆), 할머니, 늙은 여자, 노고(老姑), 온구, 마고(痲姑)할미; 할미, 할망구, 할멈. ~sho 할멈, 할망구; yolmog'iz ~ 무녀, 마법사, 마녀, 귀신같은 할멈. Bayram dasturxoniga yalmog'iz ~ni o'ynadim 초연 때 무녀로 나왔다.

kamqatnov *sif.* 인적이 드문; 사람의 왕래가 적은, 좀처럼 사람이 드나들지[다니지] 않는.

kamqon *sif. tib.* 빈혈무산소증, 빈혈증의.

kamqonlik *ot.* 빈혈증; 생기[활력]의 결핍.

kamquvvat 1) *sif.* (*odam haqida*) 연약한, 약한, 힘없는, 허약한; 박약한, 나약한, 기력이 없는; 2) *tex.* 저출력의, 마력이 낮은; (렌즈의) 배율이 낮은; ~lik tufayli betob bo'lib qoldi 허약한 사람이기 때문에 아팠다.

kamsavod *sif.* 문맹의, 철자에 오류가 많은, 문자교육이 불충분한. ~ odam 문뱅자. Ta'lim olmaslik ~ka olib keladi 공부하지 않으면 문맹자가 된다.

kamsitmoq *fe'l.* 1) (*yerga urmoq*) 멸시하다, 콧대로 꺾다, 헐뜯다, 창피를 주다; 2) (*kamaytirmoq, buzmoq*) 경시하다, 얕보다,작게 하다, 축소하다; 작게 보이다; 얕잡다, 하찮게 보다; qadrini ~ 위엄을 손상시키다; o'zini ~ 자신을 낮추다, 비하시키다.

kamsituvchi *sif.* 깔보는 (듯한); 비난하는 (듯한).

kamsituvchi amaliyot *ot.* 차별적 관행

kamsoch *sif.* (*otdan keyin*) 머리칼이 적은; 짧은 머리, 머리털이 성긴.

kamsuqum *sif.* 겸손한, 조심성 있는, 삼가는, 정숙한, 얌전한, 점잖은; ~ odam 조심성 있는 사람.

kamsuv *sif.* 물기가 적은, 선조한, (토지가) 바싹 마른, 불모(不毛)의; 무미건조한(문장 등); 건지성(乾地性)의.

kamtar *sif.* 공손한, 겸손한, 겸허한, , 조심성 있는, 삼가는, 정숙한, 얌전한, 점잖은; ~ inson 안사에 공손한 사람. ~ insonlar doimo hurmatda 만사에 공손한 사람들이 항상 존경합니다.

kamtarin *sif.* 너무 겸손한, 너무 공손한, 젠체하지 않는, 겸손한, 젠체하고 나서지 않는, 주제넘지 않은, 소극적인 사람.

kamtarlik *ot.* 겸손, 겸양, 비하(卑下), 조심성, 수줍음; 정숙, 얌전함; ortiqcha ~ 쓸데없는 겸손; ~ yuzasidan 사양(겸손)하여. U savollarga ~ bilan javob berdi 그는 질문에 사양으로 대답했다.

kamtarona *rav.* 조심성 있게; 삼가서, 적당하게; ~ tushlik 감소한 만찬; ~ sovg'a 변변치 못 한 물건, 겸손한 표현; ~ kiyingan 검소한 복장을 물건, 겸손한 표현. ~ kiyingan 검소한 복장을 한. Mening ~ fikrimga ko'ra 비견에 따르면 ...

kamxarj *sif.* 경제적인; 실속 있는, 절약하는, 검약한검소한, 알뜰한; 저축심이 있는.

kamxarjlik *ot.* 검약 검소, 절약, 절검(節儉); 효율적 사용.

kamyob *sif.* 드문, 드물게 보는, 유례없는, 흔하지 않은, 보기 드문, 진귀한, 좀처럼 없는, ~ holat 좀처럼 보기 드문 경우; ~ mahsulot 진품.

kamzul *ot* 모닝코트; 소매없는 자켓, 조끼.

kamchil *sif.* (~이) 모자라는, 불충분한, 부족한; 부적당한, 결함이 있는; 머리가 모자라는, 멍청한

kamchilik *ot.* 1) (*nuqson*) 단점, 약점, 흠, 오점, 결점; ish kuchidagi ~ 노동력 부족; jismoniy ~ 생리적 결함; ~ va hislatlar 단점과 장점; ishdagi ~larni berkitmoq 사업의 결함을 적발하다; ~larni bartaraf qilmoq 결함을 제거하다; 2) (*qashshoqik*) 부족(不足), 결핍, 동남, 없음; 3) (*ozchilik*) 소수파, 소수자의 무리, 소수당; 소수 민

K

족.
kamchiliksiz 1) *sif.* (*nuqsonsiz*) 흠 없이, 단점 없이, 약점 없이, 부족 없이, 결함이 없는, (*odam haqida*) 비난할 것이 없는, 나무랄데 없는; Kostyum hech bir ~ toza bo'lishi shart 의복은 완전히 청결하지 않으면 안 되다; 2) *rav.* 흠 없는; 완벽[완전]하게, 비난할 수 없게, 결점이 없게, 탓할[흠잡을] 데 없는.
kamchiqim *sif.* 비용이 들지 않는, 값싼 경비가 작은, 비용이 많이 들어가지 않은.
kamchiqimlilik modeli 비용 최소화 모델
kana *ot.* 진드기
kanadalik *sif.* 캐나다(사람)의.
kanakunjut 아주까리, 피마자(蓖麻子. □麻子: 대극과의 한해살이풀. 높이 2m정도, 잎은 손바닥 모양으로 크고, 초가을에 엷은 홍자색 꽃이 피며 열매는 삭과임. 어린 잎은 식용함)
kanal I 경로, 루트(지식·보도 등의), 채널
kanal II *ot.* 1) (*sun'iy*) 운하(運河), 수로(水路). 2) (*dengizda*) 수도관, 방수관, 하수관, xalqaro ~ 국제적 운하. vodoprovod ~i 수도관.
kanalizatsiya *ot.* 하수도; 하수 처리, 하수 시설[공사]; 하수, 오물(汚物), 오수(汚水); ~ tarmog'i 하수 처리 체계; ~ quvuri 하수관; ~ o'tkazmoq 하수 시설을 하다; ~ lashtirilgan shakar 수세시설이 있는 도시.
kanareyka *ot.* 카나리아, 금사조(金絲鳥), 금사작(金絲雀); ~ doni 카나리아의 먹이가 되는 씨앗.
kandidat = nomzod *ot.* 후보자, 지원자. partiya ~lari 공사당원 후보; deputatlik ~i 대표 (대의원) 후보자.
kandik *ot.* 궤; 저장통(곡식·석탄 따위의)
kanikul = ta'til *ot.* 방학, 휴일; yozgi ~ 여름 방학; yozgi ~da tog'da dam oldik 여름 방학 동안은 산에 쉬었다.
kanizak (*qul*) 하녀, 여종, 여자 노예[농노]
kanop *ot.* 1) (*baland o'tsimon o'simlik tolasi*) 삼, 대마; ~ arqon 대마의[로 만든] 로프; 2) (*o'simlik tolasidan eshilgan ip*) 꼰 실; 삼실, 끈, 줄, 실, 노끈; ~ip 끈으로[실로] 꿴 것.
kanselyariya *ot.* 사무소[실], 오피스, 회사; 영업소; ~소. ~ mahsu- lotlari 사무용품, Bizning do'konda ~ mahsulotlarining turi ko'p 우리 가게에서 학용품의 종류가 많다.
kansler *ot.* 대사관 일등 서기관; (국왕·귀족의) 서기 Buyuk ~ 대재상; davlat ~i 재상.
kap *ot.* 1) *soz'l* = kaft; 2) (*pora*) 뇌물, 선물; ~ bermoq ~의 선물하다; ~olmoq 수회하다
kapa *ot.* 오두막, 오막살이집, 두옥(斗屋), 판잣집, 텐트; ~ qurmoq 오두막집을 짓다
kapalak *ot.* 나비. 나방; ~ galstuk 나비넥타이; tungi ~ 나방.
kapednot 최고가 정해져 있는 유가증권(有價證券)(capped notes)
kapgir *ot.* 더껑이를 걷어내는 도구[사람]; 그물국자, 석자; 스키머(수면 유출유(油)를 그러모으는 기구)
kapillar *ot. fiz. anat.* 모세관(毛細管), 모관. 모세 혈관. ~ tomirlar 모세관.
kapillyar *sif.* 털(모양)의; 모세관(현상)의; ~ tomirlar 모세혈관
kapital *ot.* 자본, 자본금(資本金), 원금, 밑천, 캐피털(capital); aylanma ~ 유동 자본; sanoat ~i 산업 자본; moliya ~i 금융 자본; %li ~ 원리; muzlatilgan ~ 동결 자금; yor- damchi ~ 구제기금; Uning katta miqdorda ~i bankda 그는 거금을 은행에 예금하고 있다.
kapitalist *ot.* 자본가(資本家), 전주; 자본주의자. ~ik davlat 자본주의 국가.
kapital, mablag', boylik 자본(資本), 자산(資産)

kapitalistik iqtisod 자본주의 경제

kapitalizatsiya me'yori 자본화율

kapitalizatsiya *ot.* 자본화, 자금화.

kapitalizm *ot.* 자본주의. mamlakat ~i 국가 자본주의.

kapitallashuv *ot.* 자본화, 시가평가(capitaliza- tion), (수입·재산의) 자본평가, 주식 자본(주의 총수); 현가(現價) 계상

kapitalning aktivlarga munosabati 자본 비율(資本 比率)

kapitalning aylanib turishi 자본회전

kapitalning bozordagi o'zgarish- larga adaptatiyasi, moslashuvi *ot.* 시장변화에 따른 자본조정

kapitan *ot.* *(kema,armiya,jamoada)* 선장, 함장, 정장(艇長), (배의 각부서의) 장(長); (민간 항공기의) 기장(機長). 캡틴, port ~i 항무장; shtab ~i 준대위; ~ leytenent 해군 대위.

kap-katta *sif.* 1) *(hajmjihatdan)* 큰; 아주 큰. 2) *(yoshjihatdan)* 어른의, 성년의; 어른, 성인. Sen ham ~ bola bo'lib qolipsanku 너도 어른이 됐잖아요.

kapkir *ot.* 둥근 주걱, 압설자(壓舌子)

kapot *ot.* *tex.* (*avtomashinaniki*) 엔진 커버, 보닛 모양의 덮개(굴뚝의 갓, 기계의 커버 따위), 기관부의 덮개.

kapral *ot.* *harb.* 상등병.

kapron *ot.* 카프론, 나일론; 나일론 제품; ~ paypoq 카프론 스타킹

kapsula *ot.* (약·우주 로켓 등의) 캡슐.

kaptar *ot.* 집비둘기, 비둘기(평화·온순·순결의 상징); yovvoyi ~ 산비둘기. pochta ~i 집에 돌아오[가]는 비둘기; ko'k ~ 바위 비둘기; chin ~ 공중제비하는 비둘기; tinchlik ~ 평화의 상징.

kaptarboz *ot.* 1) 비둘기 애호가, 비둘기를 기르는 사람. 2) 비둘기를 잡는 매.

kaptarxona *ot.* 비둘기장, 비둘기집.

kar *sif.* 귀머거리의; 귀먹은; qulog'i ~ odam 귀머거리; butunlay ~ 전혀 못 듣는.

karabin ot. *harb.* 카빈소총, 기병총, 엽총.

karam *ot.* 양배추, 캐비지; tuzlan- gan ~ 독일 김치(잘게 썬 양배추에 식초를 쳐서 담금); dengiz ~i 다시마.

karamel *ot.* 1) 캐러멜 (*bitta konfet*). 2) 태운 맥아 (맥주 착색용의)

karamzor *ot.* 양배추밭

karantin *ot.* 검역[격리]소. 격리, 교통 차단 (보균자 따위의); ~ tadbirlari 검역하다, hozir ~ vaqti 검역중; ~ bo'limi 검역소; ~ g u v o h n o m a s i (ma'lumotnomasi) 검역필증

karavot *ot.* *(yotishuchun)* 침대. yig'ma ~ 접은 침대; ~ga yotmoq 침대에 눕다; ~da yotibdi 침대에 누워 있다; ~da yotib TV ko'ryapti 침대에 누워 TV를 보고 있어요.

karaxt *ot.* 1) *(his-sezgisio'lik,uvushgan)*(추위 따위로) 감각을 잃은, (얼어서) 곱은, 언; 마비된, 저린; 2) *(hushsiz)* 움직이지 않는, 마비된, 무감각한; 둔한, 느린, 활기 없는; 동면중인, 굳어진, 감각이 없어진. ~ bo'lmoq a) 벙어리가 되다. b) 마비되다, 감각이 없어지다, 굳어지다. qo'l oyog'i ~ bo'lmoq 손발이 마비되었다.

karaxtlanmoq *fe'l.* 마비되다, 감각이 없어지다, 굳어지다

karaxtlik *ot.* 벙어리, 농아(聾啞)

karashma *ot.* 아양부리기; 아양, 교태; 요염함, (문제·세안·정당 등에 대한) 농락.

karashmali *sif.* (여자가 애교, 교염(嬌艶), 요염(妖艶),) 교태를 짓다, 아양을 부리다, 난실난실하

K

다, '꼬리치다' *(tish)*
karbid *ot. kim.* 탄화물, 카바이드; ~li lampa 아세틸렌 가스등.
karbol *ot.* 석탄산. ~ kislota 석탄산
karbonat *ot.* 탄산염(炭酸塩: 탄산의 수소 원자가 금속 원자로 치환되어 생성된 화합물의 총칭.), 흑다이아.
karburator *ot. tex.* 탄화(炭化); 침탄(浸炭)
kardinal 1) *ot. din.* (가톨릭) 추기경. 2) *sif.* 심홍색의, 붉은, 주홍색의, 빨간 물감의 하나.
kardiografiya *ot.* 심장혈관조영술
kardiogramma *ot.* 심전도(心電圖), 심장 묘사도. Doktor yurakni ~ qilishni aytdi 의사가 심전도를 해야 한다고 했다
kardiolog *ot.* 심장전문의, 심장병전문의; ~ iya 심장(병)학(學), 심장 의학. ~bo'limi 5 qavatda joylashgan 심장 의학 지소가 5층에 있다.
karel *ot.* 카렐리아. ~ beryozasi 자작 나무의 우량종.
kareta *ot.* 대형의 탈 것; 4두 4륜 대형 마차, 역마차, 세단형 자동차
kargo *ot.* 카고, 수송화물
karikatura *ot.* (풍자) 만화, 풍자[만화] 예술(藝術), 풍자하는 글[그림], (*siyosiy*) 펀치화, 풍자화, (시사) 만화; 연재만화; ~ chizmoq 만화화하다; 만화로[를] 그리다, 만화로 하다. Mening do'stim ~ bilan shug'ullanadi 나의 친구가 만화를 그린다.
karikaturachi *ot.* 풍자 (만)화가. (*siyosiy*) 풍자화 작가. Bugun ~lar ko'rgazmasi bo'lib o'tdi 오늘 만화가들의 전람회가 지났다.
Karim 카름 (남자 이름)
Karima 카림마 (여자 이름)
karj *ot.* 1) (*qovun yoki tarvuz bo'lagi*) (빵·햄 따위의) 얇은 조각, (베어낸) 한 조각조각, 단편, 한 덩어리. bir ~ qovun 참외 한 조각. bir ~dan 하나씩; 2) (*do'ppida*) (의복·장갑 따위의) 보강용(補强用) 삼각천, 바대, 무, 섶; 갑옷 겨드랑 밑의 쇠미늘.
karkidon *ot.* 코뿔소(코뿔솟과에 속하는 짐승의 총칭. 몸의 길이는 4m 정도, 높이는 1.2-2m. 보통 잿빛 갈색에 다리가 짧고 살갗은 두꺼우며 털이 적음. 코 위 또는 이마에 한두 개의 뿔이 있음. 남아시아에 3종, 아프리카에 2종이 있음. 무소.), 무소, 서(犀). hayvonot bog'ida ko'plab ~larni tomosha qildik 동물원에서 많은 코뿔소를 구경했다.
karlik *ot.* 귀머거리, 농자(聾者), 농혼(聾昏), 농아(聾啞), qalban ~ 돈지감동.
karmon *ot.* 지갑, 돈지갑, 돈주머니, 핸드백 (가죽으로 만든) 작은 주머니, (나그네·순례자·거지 등의) 전대(纏帶), 바랑; to'la ~ 돈지갑이 두둑한 것. ~i ko'tarmaydi (sotib ololmaydi) ~을 살[지불할, 소유할] 돈이 더 있다.
karmonkesar *ot.* (*o'g'ri*) 소매치기, 좀 도둑, 절도; Oxirgi paytlarda ~lar ko'payib ketyapti 요즘은 도둑이 많아지고 있다.
karnaval *ot.* 카니발, 사육제(謝肉祭)(가톨릭교국에서 사순절(Lent) 직전 3일 내지 1주일간에 걸친 축제). Yangi yil ~i 크리스마스 행진.
karnay *ot.* 1) *mus.* 카르니아(우즈벡 전통 악기); ~ chalmoq 카르니아를 불다; 2) (*ovoz kuchaytirgich*) 전성관(傳聲管), 확성기, 메가폰.
karnaygul *bot.* 메꽃, 나팔꽃류, 메꽃속(屬)의 식물,
karniz *ot. arx.* 배내기(벽 윗부분에 장식으로 두른 돌출부), 처마 언저리의 벽에 수평으로 낸 쇠시리 모양의 장식; (배내기식의) 가장자리 테, (*derazaniki*); (벽에서 돌출한) 선반; 쑥 내민 곳. 처마나 벽에 수평으로 내민 것; 처마, 차양
karomat (***bashorat***) *ot.* 1)(*mo'jiza*) 기적, 그리스도의 이적[기적]; 불가사의, 경이, 놀라움, 경탄; 2) (*fikr*) 의견, 견해, 판단, 판정, 감정; ~ ko'rsatmoq 놀라게 하다; ~ qilmoq 예언하다,

K

점치다. U kishi qilgan ~i tog'ri chiqmadi 그 분이 하는 추측이 틀렸다.
karomatli *sif.* 예언의, 예언적인.
karp (*baliq*) *ot.* 잉어(과의 물고기).
karquloq *sif.* 귀머거리의; 귀먹은.
karra *ot.* 시기, 기회, 때, 순번, 차례; bir ~ 한 번; ikki ~ en 번; ~ jadvali 구구표.
karrali *mat.* 나누어 떨어지는.
karsillama *ot.* 우두둑[어쩍] 깨물다; 우지끈[우지직] 부수다; (얼어붙은 눈 위 등을) 저벅저벅 밟다(through); (수레바퀴가) 삐걱거리다, 딱딱 소리를 냄; 구운 돼지고기의 바삭바삭한 살가죽; 비계를 없앤 바삭바삭한 돼지고기, 바삭바삭 갈라지기 쉬운, 부서지기 쉬운. ~ pechenye 비삭바삭 갈라지는 비스킷.
karsillamoq *fe'l.* 딱딱 소리를 내다, 갈라지는(부서지는) 소리를 내다, 우두둑[어쩍] 깨물다; 우지끈[우지직] 부수다; Pechenye chaynaganda ~ydi 비스킷이 바삭바삭 소리를 내다 (씹을 때).
kar-soqov (*kishi*) *ot.* 농아(聾啞), 농아자, 귀머거리, *sif.* 농아(聾啞)의, 귀머거리의; ~lar maktabi 농아학교; ~lar alifbosi 농아문자, 점자. ~lar alifbosini o'rganish oson ish emas 농아문제를 배우기가 쉬운 일이 아니다.
karta *ot.* 1) *geog* = xarita 지도, 2) (*o'yin*) = qarta 카드; dengiz ~i 해도; yo'l ~si 도로지도; astronomik ~ 천체도. (o'yin ~i) 카드; ~dan fol ko'rmoq 카드로 점을 치다; o'ynamoq 카드 놀이를 하다.
karting *sport.* 2륜 경마차 경기.
kartel, birlashma 기업연합(企業聯合), 카르텔(Kartell: 동일 산업 부문의 기업이 자유 경쟁을 피하고 시장을 독점하여 이윤의 증대를 꾀할 목적으로 상품의 가격, 생산량 등에 대하여 협정을 맺는 것. 또는 그런 독점 형태)
karton idish 카톤 팩 포장
karton *ot.* 두꺼운 종이, 판지(板紙), 마분지, 카드보드지; ~ quticha 카드 판지 박스; ~ga yopishtirmoq 두꺼운 종이에 바르다.
karton quti 카드보드지 상자, 카톤 팩
kartoteka *ot.* 카드 목록, 카드색인; 카드 상자. kutubxona ~si 도서관의 카드 상자; ~chi 카드 목록계.
kartoshka *ot.* 감자(*bir dona*). ~uni 감자 가루, 녹말. shirin ~ 고구마; ~ sho'rva / pyure 감자탕; ~li kraxmal 감자 풀.
kartoshkagul *bot.* 달리아; 달리아의 꽃, 그 괴경상(塊莖狀) 뿌리, 달리아색(청홍색).
kartochka *ot.* 카드. (*fotosurat*) 사진; tashrif ~si 명함; kutubxona ~si 목록 카드; a'zolik ~si 회원증; foto ~ 한 장의 사진.
karusel *ot.* 1) 회전목마(-木馬), 메리고라운드. 2) (축제일에 행하는) 마술 경이; ~ stanogi 수직 회전 선반. Istirohat bog'ida bolalar ~ uchishdi 공원에서 아이들이 메리고라운드를 타서 놀았다.
karvon *ot.* (사막의) 대상(隊商); 여행대(隊), 이주민의 마차대 (*k.m.:qator*) 일련(一連), 한 줄, (사람 따위의) 일렬(一列), 일대(一隊); transport ~i 수송선단; ~ boshi (boshliq) 지도자, 지휘자.
karvonsaroy *ot.* 대상 숙박치.
kasaba uyushmasi 노농조합
kasaba uyushmasi a'zosi 노조원
kasaba uyushmasi harakati 노동운동(勞動運動), 노조활동
kasaba: ~ uyushmasi 노동조합, 직업동맹. Butun dunyo ~ uyushmasi federatsiyasi 세계노련; ~ ishchisi 노동조합원.
kasal *ot.* 1) (*xastalik*) 병(病), 불쾌(不快), 발병; (*aniq.ma'lum*) ~병, 질병(疾病); dengiz ~i 뱃멀미가 난, 뱃멀미; o'gir ~ 심한 질병, 중환자; Uning tishi ~ (og'-

K

riyapti) 그는 이를 앓고 있다; ~joyi 아픈 것, 환부, 약점; ~ni qabul qilish 진료; ~ ga oltin karavot ham ta'timaydi 병자에게는 황금의 침대도 기쁘지 않다(황금을 주고도 건강을 사지는 못 한다). 2) (*xasta*) 병의, 병에 걸린, 병든; 건강[기분]이 나쁜; 3) *k.m.* (*dard, g'am*) 걱정, 근심, 관심; 염려, 4) *k.m.* (*balo*) 고생, 근심, 걱정, 고민; 5) *k.m.* (*suyakka singgan odat*) (감정·병이) 뿌리 깊은, 완강한, 지병의.

kasallanish *ot.* 병(病), 질병(疾病)

kasallanmoq *fe'l.* 병을 앓다, 질병에 걸리다; tif bilan ~ 티프스에 걸리다.

kasallik *ot.* 1) 병, 질병, 건강치 못함, (*ma'lum*) 병, 질병, 질환. inglizcha ~ 소아마비; suv ~i 수종; qalb ~gi 정신병; tosh ~i 결석병; onlik ~i 히스테리; dengiz ~i 배멀미; uyqu ~i 기면성 뇌염; og'ir ~ 중병; ~ni dvollamoq 병을 치료하다; ~dan davollanmoq 병에서 완쾌되다; yuqumli ~ 전염병.

kasallik varaqasi 병원 진료카드

kasalmand *sif.* 병든; 병약한, 허약한, 골골하는; 건강치 못한, (*nosog'*) 건강하지 못한, 병든, 건강에 좋지 않은, 유해한(토지·풍토 따위), (도덕적·정신적으로) 불건전한; ~ bola 병을 앓는 갓난애.

kasalxona *ot.* 병원(病院), 의원(醫院), 진료소(診療所), 의료원(醫療院); ~ga yotmoq 병원에 입원하다; ~ga joylashtirmoq 입원시키다; ~dan chiqmoq 퇴원하다; ~da yotmoq 입원중이다.

kasb *ot.* 직업(職業), ~ 직(職), 업무(業務), 일. Uning ~i o'qituvchi rm 이 사람의 직업은 교사(선생)이다. ~ tanlamoq 직업을 고르다. Bu alohida ahamiyat ~ etadi (o'ziga xoslik) 이것은 특징이 있다.

kasbdosh *ot.* 동료, 동업자, 동무, 동관(同官); ilmiy ~ 연구소원 (직명) Kelasi hafta ~lar yig'ilishi bo'lib o'tadi 다음 주에 동료들의 회의가 있을 것이다.

kasbiy *sif.* 직업상의, 직업적인, 전문의. ~ kasallik 직업병; ~ ta'lim 직업교육; ~ harakat 노동조합운동.

kasbiy xulosa 이력서(履歷書)

kasbiy harakatchanlik 직업 이동성

kasbiy ittifoq 노조(勞組)

kasbiy kasal 직업병(職業病)

kasbiy kasallik 직업상의 질병

kasbiy layoqat 직업 적합성

kasbiy ma'lumot 직업교육

kasb-kor *ot.* 직업, 전문업. ~ingiz nima? 직업이 무엇입니까?

kasblar ro'yxati 직무내용 소개

kasir-kusir *ot.* 딱딱[바삭바삭·꽝]하는 소리; ~ chaynamoq 씹다; 깨물어 바수다.

kasirlamoq *fe'l.* 갈라지는(부서지는) 소리를 내다, 우두둑[어쩍] 깨물다; 우지끈[우지직] 부수다; (얼어붙은 눈 위 등을) 저벅저벅 밟다, (수레바퀴가) 삐걱거리다

kaska *ot.* 헬멧(군인·소방수·노동자 등의), 철모, 비행모; o't o'chiruvchi ~si 소방대원용 헬멧; askar ~si 보병용 철모.

kasodga uchraganda tanlangan boshqaruvchi 파산관재인(破産管財人)

kasodga uchrash haqida qonun 파산법(破散法)

kasodga uchrash jarayoni 파산절차(破産節次) 파산 재단을 그 모든 채권자에게 평등하게 배당하여 변제(辨濟)함을 목적으로 한 특별한 민사(民事) 소송상의 절차)

kasofat *ot.* (*falokat, baxtsizlik*) 불행(不幸), 재액(災厄), 고난(苦難), 곤란한일. ~ keltirmoq 곤경에 처하다, 곤란하게 되다.

kasr *mat.* 분수(分數: 어떤 정수를 다른 정수로 나눈 결과를 가로줄을 그어 나타낸 수).

kasr-kusr 바삭바삭. ~ chaynamoq 바삭바삭 갈라지다; 바삭바삭 소리를 내다.

kasrli *mat.* 분수의; 끝수의, 우수리의; ~ son 분수의 수.

kassa *ot.* 1) (*do'konda*) 카운터, 계산대(計算臺), 돈궤(-櫃), 카운터의 돈서랍; (*chipta olinadigan*) 출찰소(出札所), 매표소(賣票所); 2) (*naqd pul*) 현금(現金), 현찰; 돈; 현물; 3) (*tashkilot*) omonat ~ 저축 은행, 금융기관. bilet ~si 출찰구, 매표소. teatr ~si 극장의 매표소; omonat ~si 내화금고; ~ni topshirmoq(pulni) 현금을 내다.

kassa boni, kredit qarzdorlari 은행채권의 한 형태

kassaga oid bitim 현금거래

kassatsiya arizasi, shikoyat 상고(上告)

kassatsiya bosqichi 상고심(上告審)

kassatsiya *ot. yur.* 파기(破棄), 폐기(廢棄), 파훼(破毁). 판결 파기, 선거 파기. ~ga topshirmoq 상고하다, 공소하다; ~ arzi 상고; ~ga ariza bermoq 상고하다; ~ muddati 상고 기간; ~ palatasi 대심원.

kassatsiya sudi 상고법원(上告法院), 대법원(大法院)

kassatsiyaga oid, shikoyatga oid 상고의

kasseta *ot.* (*audio*) 카세트 테입; (*foto*) 사진 원판을 넣는 것; (사진기의) 필름 통; (녹음·녹화용의) 카세트 (테이프).

kassir *ot.* 출납원; 회계원, 출납계.

kash uslubida kelishuv 현금지불거래

katak *ot.* 1) 새장, (*uy parrandasi uchun*) 닭장, 우리, 장; (물고기를 잡는) 어살; 가두는 장소, 세포 (*quyon uchun*) (작은 동물·가금용의) 우릿간. ~ g'isht 벽돌을 우물 정자로 쌓는 퇴적; 2) (*matoda*) 빰, 볼, (*qog'ozda*) 정사각형; 사각의 것[면]

katakli *sif.* 바둑판 무늬의, 체크무늬의. ~ daftar 방안지 공책.

katakcha (*kichik katak*) 작은 새장; *k.m.* (*kichik uycha*) 작은방, 반침, 벽장, 찬장, 찬방, 사실(私室); 서재.

katalizator *ot.* 촉매(觸媒)

katalog *ot.* 목록, 카탈로그. ~ tuzmoq 목록을 편찬하다, 카탈로그 작성하다.

kategoriya *ot.* 1) 범주, 카테고리; 종류, 부속, 부문; 2) *sport.* 등급; ~ bo'yicha ajratmoq 부문별로 나누다.

kater *ot.* 작은 배; 커터, 모터보트. motorli ~ 모터보트; yuk tashuvchi ~ 나룻배.

katet *ot. mat.* 직각 삼각형의, 직각을 만드는 두 번.

katod *ot. fiz.* (전해조·전자관의) 음극; (축전지 등의) 양극; ~ lampa 음극관; ~ nurlari 음극선.

katolik *ot* (로마) 가톨릭교도, 구교도, 천주교도. katolik ayol 가톨릭 여신자.

katta 1) (*hajmi*) 큰; 커진, 성장한, 거대한; 막대한, *(shundk jonsiz otlar haqida)* (정도·규모·범위 등이) 큰, 넓은, 광범위한; 2) (*yoshi*) 손위의, 연장의, 고참의, 선배의, 원로(격)의, (*hammaning ichidan*) 가장 나이 많은, 최연장의, 제일 손위의; ~ barmoq 엄지손가락; ~olim 대학자; ~ odam 훌륭한 사람; ~ stol 큰 식탁; ~ tezlik 급행취급; ~ pul 큰 돈; yoshi ~ 나이가 많다; 3) (*yoshi yetgan*) 어른의, 성인이 된; 성숙한; 4) *k.m.* (*muhim*) 중대한, 중요한; 성대한, 의의 있는; 5) (*keng*) 폭넓은; (~만큼) 폭이 있는, 폭이 ~인; 널리; 광범위하게; 6) (*lavozim bo'yicha*) 상사, 상관, 윗사람, 장(長), 우두머리, 지배자

katta huquqiy kuchga ega huqu- qiyme'-yoriy harakat 상위법령

katta sakkizlik G8, 선진 8개국 (미,영,프,독,이,일,캐,러)

katta, keng ko'cha; qisqa bayon 광고지, 안내문, 설명서(說明書)

kattakon = **katta** 1. 2. 6)
kattalashmoq *(o'smoq)* *fe'l.* 자라다, 성장하다, 크게 되다, 확대시키다, 확장하다, 늘다.
kattalashtirilmoq *fe'l.* 크게 하다, 늘리다. portretni ~ 초상을 확대하다.
kattalik *(hajm bo'yicha)* 크기, 넓이, 폭, 사이즈. stol 2kv/m ~da 2평방미터 크기의 탁자.
kattarmoq = **kattalashmoq** *fe'l.* (수·양 따위를) 늘리다, 불리다, 증대[확대]하다.
katyusha *ot.* 로켓발사 장치의 하나.
kauchuk *ot.* (인도) 고무, 탄성고무, 고무 제품. sintetik ~ 인조고무; ~daraxti 고무나무; ~ ishlab chiqarish 고무 함유 식물재배; ~ ishlab chiqaruvchi 고무나무 재배자.
kauchukdor *ot.* 고무나무 재배자.
kavak *ot.* *(boshliq)* 우묵한 곳; 계곡, 분지; 구멍, 도랑; (통나무·바위의) 공동(空洞), (신체의) 강(腔); daraxt ~i 나무구멍; burun ~i 콧구멍; tish ~i 잇구멍.
kavakli *sif.* 구멍 있는, 속이 빈, 공동(空洞)의, 우묵한, 움푹 꺼진.
kavaler *ot* 1) (권리·관직·토지·기록 등의) 소유[보유]자; (어음 따위의) 소지인; 2) 귀부인의 동반자, 여자 상대, 구매하는 남자. xonimlar ~i 귀분 인에게 시중드는 남자.
kavalerist *ot. harb.* 1) 기병, 승마병. 2) 능숙한 기수. 3) 유격 사찰 대원.
kavering *ot* 충당, 포괄, 커버링
kavkaz *ot.* 까프까즈. ~ tog'lari 까프까즈 산맥.
kavkazlik *ot.* 까프까즈 사람.
kavlamoq *fe'l.* 파다, 파엎다, 파내다. o'ra ~ 구덩이를 파다; yer ~ 땅을 파다, 파엎다; qum ~ 모래 속을 휘젓다, 뒤지다. sumkani ~ 가방 속을 마구 휘저어 찾다. kitobni ~ 책에 매달리다.
kavsh: ~ qaytarmoq 씹다
kavshamoq *fe'l.* (*ovoz chiqarib yemoq: hayvonhaqida*) 우두둑[어쩍] 깨물다, 깨물다; 2) *qo'p* (*odam haqida: chaynamoq*) (음식물을) 씹다, 저작(咀嚼)하다; 분쇄하다; (고무 따위를 기계에 넣어서) 곤죽으로 만들다
kavshanmoq = **kavshamoq**
kavshar *ot. tex.* 땜납, 땜질, (*gat- tig'i*), (놋쇠 따위로) 땜질하다, 납땜하다; ~ qilmoq 납땜하다[으로 붙다],(*qattiq kavshar bilan*) 납땜하는 것. 땜질하다, 납땜하다.
kavsharlagich *ot.* 납땜인두, 용접기(鎔接器).
kavsharlamoq *fe'l.* 땜질하다, 납으로 때우다; 수선하다, (*qattiq kav- shar bilan*) 납땜하다. 땜질하다.
kavush *ot.* 무두질한 가죽 신, 가죽 구두.
kavushdoz *ot.* 고무신 만드는 사람.
kayf (*hol-ahvol*) 오락, 무두질한 가죽, 가죽, 감각, 지각; (*kayfiyat*) (일시적인) 기분, 마음가짐, 변덕.
kayfiyat *ot.* 1) (*ruhiy holat*) 기분, (*avzo*)마음. tetik ~ 사기충천; quvnoq ~ 쾌활한 기분; yaxshi ~ 기분이 좋다; yomon ~ (~ yo'q) 기분이 나쁘다; 2) (*vaziyat*) 조건; 필요조건.
kayfiyatsizlik *ot.* 기분 나쁜 것.
kayuta *ot.* 선실.
kazak *ot.* 코사크[카자흐] 사람, 카자흐(코사크) 기병
kazarma *ot. harb.* 막사, 병영; 크고 엉성한 건물, 바라크(식 건물); yer osti ~ 지하병영. armiya ~si 야비.
kashak *ot.* 크로스 바, 대들보.
kashanda *ot.* 흡연자, 담배 피우는 사람
kashandalik *ot.* 1) 흡연; 연기가 낌; 발연(發煙), 담배 피우는 것, 끽연; 2) 그을리는, 연기나게 하는 것. 3) 향, 향을 피우는 것.
kashf *ot.* 발명, 고안(考案), 안출; ~ etmoq 발명하다, 생각해내다,

고안하다, 안출하다; yangi mashina ~ etmoq 새로운 기계를 발명하다; yangi uslibni ~ etmoq 새로운 방법을 안출하다.
kashfiyot muallifligi 발명권(發明權)
kashfiyot *ot.* 발명품(ixtiro).
kashfiyotchi *ot.* 발명자
kashfiyotchilik 발견하는 것.
kashflou 현금흐름, 캐시플로우(cashflow)
kashne *ot.* 목도리, 스카프.
kashnich 1) *ot.* 파슬리(미나릿과의 두해살이풀. 골이 있고 높이는 30-60cm, 줄기에서 많은 가지를 내며 잎은 짙은 녹색, 꽃은 황록색이며, 향기가 있어 식용함.), 양(洋)미나리, 홀란드 미나리; 2) *sif.* 파슬리로 풍미를 낸, 파슬리를 곁들인
kashta *ot.* 자수, 수놓은 것, 수놓은 장식, 수놓은 무늬. ~ tikmoq 수놓다, 수놓아 장식하다; yostiqqa ~ tikmoq 방석에 꽃을 수놓다.
kashtachi *ot.* 수놓는 사람.
kashtachilik *ot.* 자수, 수(놓기), 자수품.
kashtali *sif.* 수놓은, 자수를 한. ~ ko'ylak 수놓은 무늬가 있는 드레스.
Ka'ba *din.* 카바(아라비아의 Mecca의 Great Mosque에 있으며 이슬람교에서 가장 신성한 신전).
kedr *ot. bot.* 히말라야 삼목, 삼목; 삼목 비슷한 각종 나무, 서양삼나무. Himoloy ~i 히말라야 삼나무; sibir ~i 시베리아 삼나무; ~ yong'og'i 삼나무의 열매 (식용).
kefir *ot.* 요구르트, 께피르, 발효우유, 우유술.
kek *ot.* 악의, 적의, 원한, 유감.
kekirdak *ot.* (*tomoq*) 목(구멍), 인후; 숨통, 기관, 후두, (*nafas yoli*) 식도(食道). ~ini cho'zib baqirmoq 목소리를 다하여 외치다; ~ olmasi 결후(結喉).
kekirlik *ot.* 트림; 분출
kekirmoq *fe'l* 트림하다; 분출하다
kekkaymoq *fe'l.* 1) (*tik turmoq*) 거만하게 굴다, 오만하게 굴다; 2) *k.m.* (*gerdaymoq*) 젠체하다, 뽐내다, 점잔 빼다; kekkaygan 거만한, 오만한. kekkayish 거만, 오만.
keksa *ot.* 노인, 연배, 초로, 중년. ~ ayol 초로의 여자; ~ odam 연배 사람.
keksalik nafaqasi 노인 연금
keksalik *ot.* 노년, 노령, 노휴, 노화. ~ yoshi 노년에; ~ tufayli 노령 때문에.
keksalik sug'urtasi 연금보험(年金保險)
keksalikda nafaqa bilan ta'minlash dasturi 노년 연금 보장제도
keksaymoq *fe'l.* 낡아지다, 늙다, 고령이 되다, 헐다, 노인이 되다.
kelajak *ot.* 미래, 장래, 장차, 앞날. yorqin ~ 빛나는 장래, Bu tashkilotning ~ yo'q 이 사업에는 전혀 장래성이 없다. ~da 장래, 금후; yaqin ~da 가까운 장래에.
kelasi *sif.* 미래[장래]의, (*navbatdagi*) 다음의, 이번의, 다음에, 이번에. ~ yil 내년; ~ safar 다음번에; ~ hafta 다음주. ~ haftada uchrashamiz 다음주에 만납시다.
kelasi *ot. gramm* 미래, 미래시제, 미래시제형
kelasi tugallangan zamon shakli 미래완료(未來完了)
kelasi zamon davom fe`li 미래진행(未來進行)형
kelasi zamon qo'shimchasi 미래시제(未來時制)
kelasi zamon shakli ㄹ 것이에요
kelasi zamon taxmin shakli 미래 예시형
keldi-ketdi 왔다갔다.
kelgindi *ot.* 타인(他人).
kelgusi = **kelasi**.
kelib-ketar *ot.* 일시적인 사물[사람]; 단기 체류객, 떠돌이 노동자
kelib chiqish sertifikati 원산지

증명
kelib chiqishi haqida guvohnoma 원산지 증명
kelib chiqishi, asli 원천지, 산지
kelin *ot.* 1) 약혼녀, (*to'yvaqtida*) 신부, 새색시, 2) (*o'gilning xotini*) 며느리, 새아기, 새애기, 며늘아기, 자부(子婦), 식부(息婦); 며느님; (*ukaning xotini*) 형수, 계수, 동서, 시누이, 올케, 처형, 처제; o'gilining 결혼을 앞둔 여자, 색시. Uning qizi ~ 그의 딸은 벌써 혼기에 이르렀다.
kelinoyi *ot.* 1) 형수, 계수, 동서, 시누이, 올케, 처형, 처제; 2) *(yoshli katta xotinga murojaat)* 아주머니(이모, 백모, 숙모, 고모)
kelinsalom *ot.* 새색시 인사, 신부가 결혼의 다음날 친척들한테 인사 하는 것.
kelinchak *ot.* 신부, 새색시.
kelish 오는 것, 오기, 도착(到着); poyezdning ~i 열차 도착.
kelishgan *sif.* 1) (건물이) 튼튼한; (구어) (사람이) 체격이 좋은, 2) 모양이 좋은, 마음을 끄는; 매력적인, 매혹적인, 멋있는. ~ qiz (ayol) 예쁜 여자; ~ yigit 멋있는 (매력적인) 남자.
kelishganlik 멋있음, 모양 좋은, 볼품 있는, (특히 여성이) 맵시 있는, 균형 잡힌
kelishik ot. *gramm* 격(格), 격조사(格助詞); qo'shimchasi 격어미; bosh ~ 주격(主格); qaratkich kelishigi 소유격, 속격; tushum kelishigi 대격; jo'nalish kelishigi 여격; ~lar bilan kelishigi 격변화, 어형 변화(명사·대명사·형용사의 성(性)·수(數)·격에 의한 굴절)
kelishilmoq *fe'l.* *(kelmoq)* 약속하다, 협정하다, 동의하다, 일치하다. narxini ~ 값을 상의하다.
kelishish *ot.* 협정, 조약, 협약(서); 계약(서). 약속, 조정(調停), 조절; 협정, 합의; nikoh ~i 약혼; savdo ~i 통상조약.
kelishilgan boj 합의관세
kelishilgan jarimalar 계약에 의한 제재
kelishilgan narx 계약가격
kelishilgan narx, baho 협정가격
kelishilgan tarif 합의관세요율
kelishmagan *sif.* 상의하지 안한. 멋없는.
kelishmoq *fe'l.* 1) (*kelmoq*) 도착하다, 닿다, 도달하다, 도래하다, 오다, 돌아오다, 다가오다; 2) (*kelishib olmoq bitishmoq*) ~에 달하다, ~에 이르다, (~의 상태)가 되다, (*yoki*) 약속하다, 협정하다, 일치하다; 3) (*yarashmoq*) ~에 적합하다, ~에 걸맞다; ~에 어울리다; narxni ~ 가격에 합의하다; kelishgan tomonlar 계약당사자의 쌍방.
kelishuv *ot.* 계약, 조약, 협약(서); 계약(서). xalqaro ~ 국제조약; nikoh ~i 약호ㄴ; tinchlik ~i 평화 조약; ~ni buzmoq 조약 / 계약을 깨뜨리다 / 위반하다.
kelishuv 거래 계약, 계약서.
kelishuv bayonnomasi 양해각서(諒解覺書: MOU)
kelishuv erkinligi 계약자유의 원칙
kelishuv, konventsiya 협약(協約)
kelmoq *fe'l.* 1) *(mo'ljallangan-joyga)* 오다, 이르다, 도착하다; uyga ~ 귀가 하다; xat ~ 편지가 오다; aqliga (kallasiga) ~ 문득 생각이 떠올랐다, 머리에 떠올랐다; o'ziga ~ 의식을 회복하다, 제정신으로 돌아오다; xulosaga ~ 결론에 이르다. Bu ish uning qo'lidan keladi (qila oladi) 이 일을 그 사람은 할 수 있다; 2) (*kiyim haqida*) ~에 맞다, ~에 적합하다, ~에 어울리다, 꼭 맞다; 3) (*chiqmoq: olchamlar haqida*) 재다, 계량[측정, 측량]하다, ~의 치수를 재다; 4) (*og'irlik haqida*) ~의 무게를 달다; 5) (*xohlamoq*) 탐내다, ~을 원하다, 갖고[손에 넣고] 싶다; 6) (*qani, kel*) 시키다, ~하게 하다, ~을 허락하다.

keltirmoq *fe'l.* 1) (가서) 가져오다, (가서) 데려[불러]오다, 지참하다, 가지고 오다; 2) (*fikrini isbotlash, quvvatlash uchun qo'shimcha fikr aytmoq*) (이유, 증거 따위를) 제시하다, 예증으로서 들다, 인용하다, 인증하다; 예증하다, 열거하다; (권위자 등을) 증언하게 하다; 3) (*biror holatga*) (상태·현상 따위를) 초래하다, 일으키다, ~할 마음이 생기게 하다; minnatdorchilik ~ 사의를 표하다; qurbonlik ~ 희생을 치르다; O'qituvchi uy vazifasini ~di 학생은 숙제를 가져왔다.
kelyapti 도래하다, 돌아오다, 다가오다
kema *ot.* 배, 선박, 화물선, 배, 함(선); 돛배, 기선, 군함. harbiy ~ 군함; havo ~si 비행선; ~ komandiri 함장; savdo ~si 상선; ~ga chiq- moq 승선하다.
kema egasi *ot.* 선주(船主)
kema egasining ma'suliyati 선주의 책임
kema harakati erkinligi 항해 자유
kema identifikatsiyasi 선박증명서
kema jo'nagan joy 선박의 출발지
kema kapitani 선장(船長)
kema millati 선박의 국적
kema to'xtatish joyi, port 항구(港口), 항(港), 포구(浦口), 부두(埠頭), 항진(港津), 묘지(錨地)
kema yuborilgan joy 선박 도착지
kemachi *ot.* 선주, 선장, 뱃사람. Mening akam ~ 우리 형은 선주다.
kemachilik 선주하는 것.
kemada erkin 본선인도조건(FOB: free on board.)
kemada erkin harakat 선측인도조건(F.A.S., FAS, f.a.s.: free alongside ship)
kemada yuk tashish 용선(傭船)
kemada yuk tashish bitimi 용선계약(傭船契約)
kemada yuk tashish bozori 용선시장
kemada yuk tashish narxi 용선료
kemadan yetkazildi 착선인도조건
kemalar bog'lab qo'yiladigan joy 선착장(船着場), 도크, 계류장, 정박지,
kemalar sug'urtasi 선박보험(船舶保險)
kemalar to'xtash joyi 도크, 선착장
kemalarni rasmiylashtirish 선박등기
kemali *sif.* 배가 있는, 선박의. 함선의.
kemani borib-kelishga kiralash 왕복운송
kemani hibsga olish 선박가압류
kemani ijaraga beradigan kishi 용선계약에서 하물 운송을 책임을 지는 측
kemani ijaraga olish 용선(傭船)
kemani ijaraga oluvchi 용선 계약에서 화물을 맡기는 측
kemani kiraga oladigan shaxs 용선자
kemani kiraga olish 화물수송, 수송비용
kemaning bo'linmalaridan bir qismini yollash 일부용선
kemaning noqonuniy manzili 선박 불법가압류
kemasoz *ot.* 배 만드는 사람[업자]; 조선 기사[회사], 선공(船工), 선장(船匠), 배목수. ~lik 조선, 조선술; ~lik fakulteti 조선과; ~lik san'ati 조선기술.
kemasozlik 조선(造船); 조선학, 조선술, 조선업(造船業)
kemasozlik korxonasi, verf' 조선소(造船所)
kemasozlik sanoati 조선업(造船業)
kemasozlik zavodi 조선소(造船所), 선박 건조·개조, 수리
kemachi *ot.* (비행기·우주선 등의) 조종사, 항해자, 항행자; 항공사, 항법사(士); 항해장(長); 해양

탐험가; (항공기·미사일의) 자동 조종 장치; ~lik 운항, 항해; 항해 [항공]술[학], 항법(航法)

kemirmoq *fe'l.* 1) ~을 쏠다, 갉다; 물다; suyak ~ *(hayvon haqida)* 뼈를 물어뜯다, 갉아먹다. tirnoq ~ 손톱을 물어뜯다; 2) *k.m.* (*qiyna- moq*) 갉기, 쏠기.

kemiruvchi *ot.* 물어뜯는. ~ og'riq 물어뜯는 것 같은 아픔.

keng *sif.* 1) 폭넓은; (~만큼) 폭이 있는, 폭이 ~인, (*shundk k.m.*) 폭이 넓은; 광대한; ~ ko'cha 넓은 도로; ~ eshik 넓은 대문; ~ ko'cha 넓은 길; ~ maydon 넓은 들판, 밭; ~ omma 공중; darvozani ~ ochmoq 문을 활짝 열다; ~ dunyoqarash 넓은 시야; 2) (*hajmi, sig'imi, sathi katta*) 넓은, 넓은 범위의, 칸수(數)가 많은; 널찍한, 여유가 있는; 3) *k.m.* (*o'z ichiga ko'p narsani oluvchi*) 광대한, 넓은, 폭이 넓은; 4) *k. m.* (*saxiy*) 관대한, 아량 있는, 도량이 넓은, 대범한, 인색하지 않은

keng bozor 광역시장

keng iste'mol buyumlari (mollari) 일용품(日用品)

keng iste'mol mollari 소비재(消費財)

kengash *ot.* 1) *(yig'ilish)* 대표자 회의, 회의, 단체. 2) 교수회, 학술 위원회. partiya ~i 당대표자 회의. xalqaro ~ 국제회의.

kengashmoq *fe'l.* 회의하다

kengayish *ot.* 1) (*savdo, sanoat va sh. k. haqida*) 팽창, 신장, 확대, 확장, 확충, 증대; 2) *tib.* 비대[확장](증), 확장(술); 3) *fiz.* 신장성; 팽창성; 4) *k.m.* (*tarqalish*) 펴다, 펼치다, 전개하다, 늘이다; (*rivojlan- ish*) 발달, 발전; 발육, 성장; oshqozonning ~i 위 팽창; tomir ~i 정맥류; yurak ~i 심장 비대. Ishlab chiqarishning ~i 생산력의 확충.

kengaymoq *fe'l.* 1) 넓어지다, 크게 되다, 확대(확장, 팽창)하다. 2) 증가, 증진, 증대하다. Oxirgi paytlar- da uning ta'siri ~di 최근에 그의 세력 범위는 현저하게 확대되었다.

kengaytirmoq *fe'l.* 넓히다

kenglik *ot.* 폭, 너비, 가로(metr), 광대; 위도, 위선. dunyoqarash ~i 시야가 넓은 것. 40 gradus janubiy ~ 남위도.

kenguru *ot.* 캥거루, 대서(袋鼠). Hayvonot bog'ida ~lar keltirildi 동물원에 캥거루가 왔다.

kenja *ot.* 최연소자, (특히) 가장 나이 어린 가족, 막내아이. 하급의, 최하급의. ~ uka 동생, 막냇동생. ~ o'g'il 막내.

kepk *ot.* 1) 밀기울, 겨, 왕겨; 2) 비듬; 때

kepka *ot.* 캡, 전투모, 운동모자, (양태 없는) 모자; 제모; 두건; ~ kiymoq 모자를 쓰다.

keragicha *(sanoqli otlar bilan)* 필요한 만큼, 필요, 소용

kerak *ot* 필요한 것, 없어서는 안 될 것. 필요로 하다; ~할[될] 필요가 있다; U menga ~ 나는 그에게 볼일이 있다; ~idan ortiq 필요 이상으로. Men uyga borishim ~ 나는 집에 가야 한다.

kerakli *sif.* 필요한, 없어서는 안 될, 요구되는. ~ kitoblar 필요한 책; ~ narsalar 필요한 물건.

keraksiz *sif.* 필요 없다, 필요 없는, 불필요; ~ narsalar 필요 없는 물건(것). ~ harajatlar 낭비하다.

keramika *ot.* 도자기, 제도술(製陶術), 요업(窯業). ~ mahsulotlari 도자기 원료.

kerilmachoq *sif.* 자만심이 강한, 젠체하는, 우쭐한, 거만한, 오만한. Bu odam juda ~ 그 사람이 너무 거만한 사람이다.

kerilmoq *fe'l.* 1) *(tortilmoq)* (손따위를) 내밀다, 내뻗다, 뻗치다, 늘이다, 펴다, 잡아당기다, 2) (*keng ochilmoq*) 팽창시키다; 넓히다, 넓어지다; 팽창하다; 상세히 설명[부연]하다.

kerishmoq *fe'l.* 뻗치다, 늘이다,

펴다, 잡아당기다.
kermoq *fe'l.* 1) (*keng yozmoq*) 넓히다, 넓게 펴다. (선·거리·기간 따위를) 연장하다, 늘이다; ~의 기한을 연장하다, 연기하다; 2) *tex.* 뻗치다, 늘이다, 펴다, 잡아당기다; 3) (*chiqarmoq*) 내밀다, 참다, 견디다, 디밀다.
kerosin *ot.* 등유(燈油), 등불용 석유; ~ chiroq 석유램프.
kesak *ot.* 1) 덩어리, 한 조각, 점토; ~ g'isht 벽돌용 점토; 2) *k.m.* (*his-tuyg'usiz inson haqida*) 무정한 사람, 박정한 자, 냉혹한 사람; 열의[기운] 없는 사람
kesakmoq *fe'l.* 1) (*majoziy ma'noda gapirmoq*) 풍유[비유]로 말하다; 우화적으로 해석하다; 2) (*istehzo qilmoq*) 반어의 말, 비꼬는 말, 풍자적인 말.
kesatiq *ot.* 풍자, 비꼬기, 빈정댐, 빗댐, 비꼬는 말, 빈정거리는 언동.
kesik *ot.* 칼[벤]자국을 내기, 베기; 새김; 칼[벤]자국; 쨈, 절개, 끊어진.
kesilmoq *fe'l.* 1) 베다, 절단하다, 자르다; (*tilim-tilim*) 얇게 베다[썰다]; 저미다, 베어[잘라]내다; 긁어[깎아] 내다, 나누다, 가르다, 분할하다; 2) (*suhbat, gap haqida*) 중단된, 끊긴, 가로막힌; (교통 따위가) 불통이 된, 3) (*jinoyatchi haqida*) ~에게 판결을 내리다[형을 선고하다].
kesim *ot.* 1) 절단(切斷), 분할; 절개; ko'ndalang ~ 십자로 하다; bo'ylama/ uzunasiga ~ 경도(經度)의(경선(經線)의, 날줄의, 세로의) 분할; 2) (*karj. burja va sh. k.*) (빵·햄 따위의) 얇은 조각, (베어낸) 한 조각, 박편; 부분, 몫; 3) *gramm* 술부, 술어, 서술어.
kesim qismi 서술부(敍述部: 문장의 본체부를 이루는 중요 구성 요소의 하나. 서술어와 서술어에 딸린 부속부. 곧, 보어·목적어 등을 합하여 일컫는 말).
kesishmoq *fe'l.* ~와 교차하다; ~와 서로 엇갈리다, 가로지르다, (선·면 등이) 엇갈리다, 교차하다; ~gan ko'cha (chorraha) 사거리(네거리), 교차로.
keskin *sif.* 지나치게 강렬한, 날카로운; 예리한, 모난, 뾰족한; ~ ovoz 날카로운, 격렬한 소리. ~ranglar 눈부신 색채; ~ o'zgarish 격심한 변화; ~ javob 단호한 답변; ~ so'- zlar 신랄한(퉁명스러운) 말.
keskin ko'payish 급격한 증가
keskin muhit 억압적인 분위기
keskinlashmoq *fe'l.* 날카롭게 되다, 예리하다, 모나다, 뾰족해 지다, 격렬하게 되다; *(yomonlashmoq)* 악화시키다, 심하게 하다; 성나게 하다, 괴롭히다
keskinlashuv, qat'iylashuv 강화, 엄격화
keskinlik = keskin *ot.* 날카로움; 격심함; 명민함, 예리한 것, 겸심, 격렬, 신랄.
keskir *sif.* 날카로운, 잘 드는, 예리한, 뾰족한; 신랄한. ~ pichoq 신랄한 칼.
kesmoq *fe'l.* 1) 자르다, 절단하다, 깎다; *(tilim-tilim qilib)* 얇게 베다[썰다]; 저미다, 베어[잘라] 내다; 긁어[깎아] 내다, 나누다, 가르다, 분할하다, *(qo'shtni dasturxon ustida)* 새기다, 파다, ~에 조각하다; non ~ 빵을 자르다; metal ~ 금속을 절단하다.
keskich *ot.* 칼, 날붙이, 도(刀), 검(劍), 도검(刀劍)
ket (*o'rqa*) 뒤, 뒷면, 이면, 뒤쪽; (*oxir tomon*) 꼬리, 끄트머리, 말미, 후부, 미부(尾部), 끝, 마지막; (*buyruq*) 가, 가세요. Uning ~idan bordi 그 사람에 따라 갔다; mening ketimdan so 차례다. ketma-~ (tartib bilan) 차례로 / 줄로.
ketga *rav.* 뒤에[로]; 후방에[으로]; 뒤를 향해. ish ~ qarab ketdi rm 일은 완전히 끝나지 않았다.
ketida *sif.* ~의 뒤에, ~의 배후에, 끝나다, 다하다; poyezd ~ 기

차의 뒤에.
ketidan *sif.* 뒤[후]에, 다음에, 나중에; 늦게, 뒤쳐져서, 다음의, 그 뒤에 오는
ketkazmoq *fe'l.* 1) 용돈, (돈을) 쓰다, 소비하다, 보내다; 2) ~에게 강제하다, 우격으로 ~시키다, 억지로 ~시키다; 3) 떠나다, 어딘가로 가버리다.
ketma-ket *rav.* 차례차례, 차례로, 차례차례로, 축차(逐次), 취차(取次), 줄로.
ketma-ketlik, izchillik *ot.* 연달아 일어남, 속발, 연속, 연속물, 연쇄, 계속.
ketmon *ot.* 1) 곡괭이, (자루가 긴) 괭이; (괭이형(形)의) 제초기, (모르타르·회반죽용(用)의) 괭이; 2) 가래, 삽.
ketmoq *fe'l.* 1) *(jo'namoq)* 가다, 떠나다, 가버리다, 멀리하다. uyga ~ 집으로 떠나다. pochta ertalab ~di 우편은 아침에 발송되었다; sahnadan ~ 무대 생활을 그만두다; ishdan ~ 퇴직하다; pul ko'p ~ 돈이 많이 나갔다; yoshlik ~da 청춘이 사라져 가고 있다. 2) (*davom etmoq*) 나아가다, 가다, 앞으로 나아가다, (~에) 이르다, 계속하여 행하다, 계속하다; 3) *k.m.*(*biror yo'l bo'yicha yurmoq*) ~을 좇다, 동행하다, ~을 따라가다, ~에 들어가다; 4) (*sarflan- moq*) 힘이 빠진, 지쳐버린, 기진한, 다 써버린; 5) (*yo'qolmoq, o'chmoq*) a) 떠나다, (배 등에서) 내리다; (말에서) 떨어지다; 도망가다. b) (단추·자루·신발굽 등이) 떨어지다; (머리·이 따위가) 빠지다; 떼어냄이 가능하다; 6) *so'zl* (*sotilmoq*) 매진[품절]되다; 7) (*tarqalmoq*) 펴다, 펼치다, 전개하다, 늘이다; 8) (*buzilmoq*) a) 부숴버리다; 압도하다; (장애·적의 따위를) 극복하다; 분석하다; 분류하다; b) *tex.* (기계 따위가) 망그러지다, 고장나다, 찌그러지다; 끊어지다; 정전(停電)하다; 9) (*tashlamoq*) (습관·계획 따위를) 버리다, (뒤에) 남기다, 남기고[두고]가다, 놓아두다; 10) *k.m.* (*o'lmoq*) (불이) 꺼지다, [제도가] 없어지다, (예술·명성 등이) 사라지다; (소리·빛 따위가) 희미해지다, (서서히) 엷어지다; 11) (*yarash- moq*) 적합하게 하다, 일치시키다, ~에 어울리다, ~의 마음에 들다; 12) (*sig'moq*) 들어가다; (마개·열쇠 따위가 ~에) 꼭 맞다; (경기 따위에) 참가하다; (학교 따위가) 시작되다.
ketsiz *sif.* 영구[영원]한, 영원히 변치 않는, 불멸의, 끝없는; 끊임없는, 변함없는; ~ tekislik 끝없는 평야; ~ sahro 끝이 없는 사막, 끝없는 황야(들판).
ketvorgan *sif. soz'l* 빛나는, 훌륭한, 장한, 뛰어난; 좋은, 굉장한, 멋진, 예쁜. ~ yigit (qiz) 멋진, 멋있는 남자; 예쁜 (아름다운) 여자.
keyin *rav.* 그 다음에, 다음에(는), 그래서, 이번에는. 뒤에, 나중에, 그후, 이후. tushdan ~ 오후; ~갭 나중에; oldin o'ylab ~ so'yla 먼저 생각하고 그 다음에 말을 하라.
keyinda *rav.* 뒤에, 후방에, 배후에, 배후[이면]에, 그늘에서; U ~ o'tiribdi 그는 뒤쪽에 앉아 있다. eng qiyini ~ qoldi 제일 곤란한 일은 지나가 버렸다. U hammadan ~ yurdi 그는 모든 사람들의 뒤를 따라갔다.
keyinga qoldirilmaydigan choralar 즉각적 조치
keyingi 1) *(oxirgi)* 맨 마지막의, 끝의, 최후의, 마지막의; 2) (*navbatdagi*) 다음에, 이번에, 다음의, 이번의, 내(來)[오는]~, 그 다음의, 다음[이듬, 이틀]~; ~ vaqtlarda 최근에; ~ safar 다음 번.
keyin-keyin *rav.* 차차, 점차, 차례로, 조금씩; 점차로; 서서히, 시간이 지나서
keyinchalik *rav.* 뒤[나중]에, 그 후, 뒤에, 계속해서, 앞으로.
keyinchalik narxni

soxtalashtirish bilan bog'liq kelishuv 프리미엄만 지불하고 가격은 나중에 결정되는 거래
kez *ot.* 즉시, 즉각, 순간, 찰나, 단시간,
kezmoq *fe'l.* 1) *(maqsadsizyurmoq)* (건들건들) 거닐다, 방랑[배회]하다, ~을 돌아다니다, 방랑[배회]하다. 간신히 걷다, 슬슬 걷다. 2) *(sayrq'lmoq)* 둥글게 하다; ~을 둥그스름하게 하다, ~의 모를 둥글게 하다; 방문하다; (~의) 집에 머물다. ko'chani ~ 거리를 헤매다, 방황하다.
kech *ot.* 1) *(sutka payti)* 저녁, 해질녘; 밤(해가 진 뒤부터 잘 때까지); ~ bo;ldi 저녁이 되다; 2) (*belgili yoki kerakli vaqtdan keyin*) (시각이) 늦은; 해 저물 때가 가까운, 밤늦은, 지각한, 더딘; ~ kuz 만추; ~ki vaqt (*qurun*) 저녁 늦게; 2 soat kechroq en 2 시간 늦게.
kecha *ot.* 1) (*tun*) 밤, 야간, 저녁(때); oydin ~ 달빛어린 저녁에, 달밤에; ~si bilan 밤늦게까지. 2) (*bugundan oldingi kun*) 어제, 어저께; 최근, 작금, 요즘; 3) (*bayram ~asi*) (사교상의) 모임, 회, 파티. ~ kirish imtixonlari bo'lib o'tdi 어제 입시가 지났다, 어제 입시를 봤다.
kechagi *sif.* 어제의, 최근의. ~ish 어제의 일. ~ voqea 어제의 상황(경우).
kecha-kunduz 밤낮, 하루 종일, 시종; bir ~ twenty 24시간.
kechalik *rav.* 밤에, 밤마다; ~ish 밤일.
kechasi *ot.* 밤, 밤에, 밤에는; 밤중에; 야음을 틈타. bugun ~ 오늘 밤에. ~ qaytib keldik 우리는 밤에 도착했다.
kechikish 늦은 것.
kechikkan aktsept 지연된 승낙
kechikmoq *fe'l.* 늦다, 지났다; 지각(遲刻)하다, (*bilan with,-ga-for*) 지각하다, 제 시간에 못 대다. poyezd 2 soatga ~di 기차가 두 시간 늦게 도착했다.
kechiktirib olingan aktsept 연착된 승낙
kechiktirilgan foizlar 연체이자
kechiktirilgan, ikkinchi darajali aktsiya 후배주, 후취주
kechiktirish 기한 초과, 지체
kechiktirish uchun jarima 지연에 따른 제재
kechiktirmoq *fe'l.* 연장하다, 미루다, 연기하다, ~을 늦추다, 지체하게 하다; jumagacha ~ 금요일까지 연장하다.
kechinma *ot.* 경험, 체험, 견문; 경력; 경험 내용(경험으로 얻은 지식·능력·기능), *(his-tuyg'u haqida)* 열의, 감동, 감격, 격정, 흥분, 감화, 효과. (*his-tuyg'u*) 느낌, 감정, 감촉.
kechirasiz a) 죄송합니다(과실·실례를 사과할 때; 끝을 내려 발음함); b) 실례지만 (모르는 사람에게 말을 걸거나, 상대방의 의견에 반대할 때; 끝을 내려 발음함):
kechirim *ot.* 용서(容恕), 허용(許容), 관대, 사죄, 변명, 해명; ~ so'ramoq 미안하다.
kechirish *ot.* 용서(容恕), 용납(容納), 사면(赦免), 사과(赦過), ~ingizni so'rayman 용서해 주십시오, 미안합니다.
kechirmoq *fe'l.* 1) *(o'tkazmoq)* 용서하다, 관서하다. 2) *(avf.etmoq)* 변호하다. 3) (*boshidan ~, his qilmoq*) 느끼다; bezovta qilganim uchun ~asiz 걱정을 끼쳐드려 죄송합니다.
kechki *(sutkapaytigaoid)* 저녁때의, 저녁의. ~ gazeta 석간신문. ~ yulduz 금성; ~ kurslar 야간학교, 야간 강습회.
kechlatib 저녁때 까지, 저녁 안으로.
kechlik: ~ovqat 만찬, 저녁 식사.
kechmish 1) (*o'tmih*) 지나간, 과거의, 지나간 시간, 지나간 경우, 2) (*sarguzasht*) 모험(심), 모험담, 체험담, 기담(奇談).
kechmoq *fe'l.* *(sodirbo'lmoq)*

(사건 따위가) 일어나다, 생기다; 나타나다; 2) (*afv etmoq*) 용서하다, 너그러이 봐주다; 3) (*voz kechmoq*) 부인하다, 거부하다, ~와의 관계를 끊다; shu vaqtda ko'p voqealar ~di (bo'lib o'tdi) rm 동안많은 경우가 지나갔다.
kechqurun *(kechkipayt)* 저녁, 해질녘, 밤; kecha ~dan beri yomg'ir yog'yapti 어제 저녁부터 끊음 없이 비가 온다.
kechqurungi 저녁의, 저녁때의; ~ majlis 저녁의 모임(회합, 집회, 집합).
kibr *ot.* 오만, 거만, 건방짐.
kibrli *sif.* 오만한, 거만한, 건방진, 도도한, 불손한.
kibr *ot.* 오만, 거만, 건방, 도도한, 불손.
kibr-havo *ot.* 오만, 거만, 건방짐
kibrli *sif.* 거드럭거리는, 거만[오만]한, 건방진, 도도한, 불손한.
kifoya *sif.* 충분한; ~하기에 족한, 할 만큼의, 넉넉하다; **~qilmoq** 족하다, 충분하다, ~에 충분하다, 만족시키다.
kifoyalanmoq *fe'l* 넉넉하다, ~에 만족하다; ~하는 것이 싫지는 않다, 확인하다; 만족하다; 다짐하다
kift *ot.* 어깨, 상박, 어깨 관절, 견부(肩部).
kiftli *sif.* 넓은 어깨의, 어깨의 폭
kigiz *ot.* 두꺼운 펠트(모전(毛氈)); ~ etik 펠트제품의 부츠
kilo *ot.* 킬로그램, 킬로미터
kilogramm *ot.* 킬로그램 (kilogram: 미터법의 질량의 기본 단위. 1그램의 천 배; 기호는 kg)
kilometr *ot.* 킬로미터(kilometer: 미터법에서, 길이의 단위. 1미터의 천 배; 기호는 km) Bu tog'ning balandligi 1000km 이 산의 높이가 1000킬로미터다.
kilovatt *ot.* 킬로바드(kilobyte; 데이터의 양을 나타내는 단위. 1킬로바이트는 1,024바이트; 기호는 KB)
kilovatt-soat 킬로바드 시 (kilowatt時: 일·전력량의 단위. 1와트시의 천 배; 기호는 kWh)
kim 누구, 어느 사람, 어떤 사람; 누구를[에게], 어떤 사람에게[을]. ~ bo'lsayam 누구든지; ~약 누군가, 누구이든, 어떤 사람. Bu kishi kim? rm 분이 누구입니까?
kim oshdi savdo 경매(競賣)
kim oshdi savdo mollari 경매물건
kim oshdi savdo tadbirlari 경매규칙
kim oshdi savdosi g'olibi 경락인(競落人)
kim oshdi savdosi ishtirokchisi, auktsioner 경매 참가자
kim oshdi savdosi tushimi 경매참여비
kim oshdi savdosidagi baho 경매가, 경매가격
kim oshdi savdosini o'tkazuvchi kishi 경매인(競賣人)
kimdir 누군가, 어떤 사람
kimnidir foydasiga ko'rsatma 유가증권에 쓰인 수혜자 표시
kimoshdi savdosi 경매(競賣.競買), 박매(拍賣), 조매(糶賣), 공박(公拍)
kimsa *pron. (so'roqvainkorgapda)* 누군가, 누가, 누구[아무]라도., 누구도, 아무도, 누구든지, 어떤 사람; (*faqat inkor gapda*) 아마도 ~않다. Bu yerda hech ~ yo'q 여기에 아무도 없다.
kimsasiz 1) (*yolg'iz*) 고독한, 외톨의, 외로운, 혼자의; 2) (*odam 'zoti yo'q*) 사람이 살지 않는, 무인의, 주민이 없는(섬 따위).
kimyo *ot.* 1) 연금술(鍊金術), 연단술(鍊丹術); 2) 화학(化學), 화학적 성질, 화학 작용; organik ~ (noor- ganik) ~ 유기(무기) 화학; analitik ~ 분석화학; fizikaviy ~ 물리화학; ~gar 화학자, 화학교사.
kimyogar ot. 화학자, 연금술사(鍊金術師)
kimyoviy o'gitlar 화학비료(化學肥料)
kimyoviy *sif.* 화학의, 화학상의; 화학용의; 화학 약품에 의한; 화학적인. ~element 원소; ~ urush 화학전; ~ bomba 가스폭탄; ~

ishlab chiqarish 화학공업; ~ reaksiya 화학반응; ~ bog'lanish 화합물.
kimyoviy sanoat 화학 산업(化學産業)
kindik *ot.* 1) *anat.* 배꼽, 탯줄(胎一: [태쭐/ 탣쭐]: 태아와 태반(胎盤)을 연결하는 교질(膠質)의 흰 육관(肉管); 탯줄을 통하여 모체의 혈액에서 산소 및 영양물을 태아에 보내며, 태아의 노폐물과 이산화탄소를 모체 혈액으로 내보냄. 제대(臍帶). 제서(臍緖)); 2) 한가운데, 중간, 중앙, 중심. Yerning ~i 지구의중심.
kinematograf *ot.* 영화관, 영화, 영사기; 영화 촬영기; ~chi 영화 관계자, 영화인, 영화 촬영자. ~iya 영화, 영화제작.
kinematografiya *ot.* 영화제작, 영화산업.
kineskop *ot.* 수상관(受像管), 모니터.
kinetik *sif. biokim* 1) 동역학의, 운동의, 운동에 의한; 2) 활동력이 있는, 활동적인, 운동을 일으키는, 운동의. ~ energiya 운동 에너지.
kinetika *ot. biokim* 역학(力學), 동역학(動力學: 주로 운동과 힘의 관계를 연구하는 역학의 한 부문.)
kinna *ot. so'zl* 1) 흉안(凶眼)(을 가진 사람)(그 시선(視線)이 닿게 되면 재난이 닥친다고 함); 증오[적의]에 찬 눈초리; 2) 바라보다, 내려다보다; (건물·언덕 따위가) ~을 내려다보는 위치에 있다
kinnachi *ot.* 마녀의, 마술의, 마술을 쓰는.
kino = kinematograf *ot.* (*film*) 영화, 영화관, 영화의 상영; ~ teatr 영화관, 극장; ~ film 영화필름; ~ishchisi 영화배우; ovozli ~ 사운드판; stereoskopik ~ 입체 영화; ~ aktyor 배우, 남(배)우.
kinoapparat *ot.* 영화촬영기, 무비카메라.
kinofestival *ot.* 영화축제, 영화제.
kinofilm *ot.* 영화, 필름, 영상(映像).
kinojurnal *ot.* 보도영화, 단편의 뉴스 영화.
kinolashtirmoq *fe'l.* (극장·영화관 따위의) 흥행 계통, 체인을 포함하다.
kinolenta *ot.* 영화, 필름, 영화산업
kinomexanik *ot.* 영사[텔레비전] 기사.
kinooperator *ot.* 촬영기, 카메라맨.
kinoplyonka *ot.* 영화필름
kinorejissyor *ot.* 영화 연출가, PD.
kinosamentni topshirish 선하증권 발행
kinosenariya *ot.* 극본, 영화 대본, 시나리오, 영화 각본, 촬영대본.
kinoteatr *ot.* 영화관.
kinotomoshabin *ot.* 영화를 보는 사람들.
kinoxronika *ot.* 뉴스 영화, 토픽 뉴스.
kinoya *ot.* 1) *(kesatibaytilgangap)* 우의(寓意), 풍유(諷喩), 비유; 비유담, 우화, 상징; ~li gap qilma 수수께끼 같은 말을 하지 말아요; 2) (*istehzo*) 풍자, 비꼬기, 빈정댐, 빗댐; 3) (*imo*) 힌트, 암시, 변죽울림, 빗댐, 넌지시 알림.
kinoyali *sif. (majoziy)* 우의(寓意)의, 우화(寓話)적(인), 풍유(諷喩)의, 비유적인, 수식(修飾)이 많은, 상징적인; 구상적(具象的)인; ~ ibora 비유적인 표현, (*istehzoli*) 반어의, 비꼬는, 풍자적인
kioska *ot.* 벽 없는 오두막, 정자; (역·광장 등에 있는) 신문 매점, 공중 전화실, 광고탑, 지하철 입구의 간이 건축물.
kiprik *ot.* 속눈썹. Bu qizning ~lari juda uzun rm 여자의 속눈썹이 아주 크다.
kir 1) *(ifloslik)* *ot.* 진흙, 진창, 수렁, 쓰레기, 먼지; 불결물, 오물; *sif.* 더러운, 불결한; (손발이) 더러워지는 일; 흙투성이의; (길이) 진창인; ~ dastro'mol 손수건이

불결하다; 2) *(yuviladigan yokiyuvilgan buyumlar)* 빨기, 씻기, 세탁, 세탁소; 세탁실[장]; ~ yuvish 세탁물; 3) *buyruq.* 들어와. U boshdan oyoq ~ bo'lib ketibdi 그는 온통 진흙투성이다.
kira *ot.* 1) 운반, 수송, 운송, 2) 운임, 찻삯, 뱃삯, 요금, 수수료, 수고값. ~ puli 차비; ~ haqi 거마비. 3) 나루터. ~ qilmoq 나루터지다.
kirakash *ot.* 짐꾼, 나르는 사람.
kirakashlik 운송자, 운송회사, 운송업자.
kiraverish *ot.* 입구(入口), 출입구(出入口), 현관, 들어감; 입장, 입회, 입학, 입사(入社); uyga ~da 방에 들어가다; Teatrga ~da biletlar tekshiriladi 극장 입구에서 표를 확인합니다.
kirgizmoq *fe'l. (olibkirmoq)* 가지고 들어오다, 데려오다, 들여보내다, 입장시키다; Xonaga toza havo ~ 신선한 공기를 방안으로 들여보내다. Uni bu yerga ~manglar 그를 여기로 들여보내지 마십시오.
kirgizish *ot.* 투입, 도입, 실시
kirill *ot.* 키릴 문자.
kirim *ot. buxg.* 수령[수입]액; 기입(記入), 기재; 기장(記帳); 등기, 제출; 기입사항. ~- chiqim 수입비용.
kirim, daromad 매출, 매상
kirim, debet (<=> kredit) 부채, (부 기의) 차변(↔ 채권, 대변)
kirim-chiqim *ot.* 비용수입.
kirim-chiqim hisobi 손익계산서, 손익계정
kiritmoq *fe'l.* (=**kirgizmoq**) 안으로 들이다, 이끌어들이다; 삽입하다, 끼워 넣다.
kirish *ot.* 입구, 입장. institutga ~ 입학하기; ~ imtihoni 입시; ~ man etiladi! 금지.
kirish joyi 조착점
kirish uchun to'lov 입장료(入場料)
kirishmoq *fe'l.* 1) (= **kirmoq**) O'quvchilar sinfga ~di 학생들이 교실로 들어왔다. 2) (*boshlamoq*) ~에 종사시키다, 차분히 ~에 착수하다; (일 등을) ~의 수준까지 올리다; Bu ishga astoydil ~ib ketdi rm 일을 열심히 하기로 시작했다. 3) (*do'stlashmoq, chiqishib ketmoq*) 사귀다, 잘 지내지다.
kirmoq *fe'l.* 1) 들어가다, ~에 들어오다, ~에 들어가다, 입장하다; xonaga ~ 방에 들어오다; 2) (*a'zo bo' lmoq*) ~에 들다, ~에 가입하다, ~의 회원이 되다, ~와 합류하다, ~와 함께 되다, ~와 한 곳에서 만나다; 3) (*payt, fasl haqida kelmoq tushmoq*) 오다, 가다, (시기·계절 등이) 도래하다, 돌아오다, 다가오다; qish kirdi 겨울이 오다; 4) (*olnimoq*) 포함시키다, 넣다; 들다, 들어가다.
kiroyi *sif.* ~에 적당한, 상당한; 어울리는, 알맞은, 적당한, 타당한, 지당한, 상응하는
kiruvchi *ot.* 들어가는[오는] 사람; 신입(생), 신가입자, 신입 회원, 신참; 참가자
kirxona *ot.* 빨래 방, 세탁소.
kirza *ot.* 타르칠한 방수포[범포(帆布)], (선원의) 방수외투, 방수모(防水帽); ~ etik 타르칠한 방수포 부츠.
kirchi *ot.* 세탁부(婦), 빨래하는 사람
kir-chir *sif.* 말끔하지 않은, 단정치 못한, 게으른; 흐트러진, 너저분한, 어수선한, 난잡한. 꾀죄죄한, 초라한, 빨래해야 할 옷.
kisel *ot.* 1) 밀가루로 만드는 제리 비슷한 음식물. 2) 걸쭉걸쭉한 것, 진창.
kislorod *ot. kim.* 산소(酸素: 원소의 하나. 모든 원소 중에서 가장 많이 존재하여 대기의 5분의 1, 물의 무게의 9분의 8, 지각 질량의 2분의 1을 차지함. 무색·무미·무취의 기체로 모든 물질의 분자량을 측정하는 기준이 되며, 동식물의 생활에 불가결한 물질임. [8번:O:16]); ~ yostiq 산소통; ~ gazi 산소 가스; ~ yostiqchasi 산소 흡입기; samolyotning ~ moslamasi 산소

보급.
kislota *ot. kim.* 1) 신맛, 시큼함, 신, 신맛의; 2) 산(酸), 산성; azot ~si 초산; limon ~si 구연산. uksus ~si 식초산.
kislotali *sif. kim.* 신맛이 있는, 산(酸)을 내는[만드는].
kissa *ot.* 포켓, 호주머니; 쌈지, 지갑, 작은 주머니, 주머니, 마대, 자루, 부대; ~ lug'ati 휴대용 사전.
kissavur *ot.* 소매치기, 도막, 도아, 따기군.
kit *ot.* 1) 고래(큰고랫과의 포유동물. 동물 중 최대형으로 바다에 사는데, 길이 약 10m, 방추형이며 피하에는 두꺼운 지방층이 있음. 머리는 크며 눈은 작고 가끔 수면에 떠서 폐호흡을 함. 고기는 식용함); ~ ovlovchi 포경선, 고래잡이(사람) ~ yig'i 고래 기름; 2) 고래자리.
kitel *ot.* 1) 튜니카(고대 그리스·로마 사람의 소매가 짧고 무릎까지 내려오는 속옷); 2) 튜닉((1) 짧은 오버스커트. (2) 스커트 등과 함께 입는 긴 여성용 상의. (3) 튜닉 비슷한 운동복). 3) (군인·경관 등의) 웃옷의 일종; 진찰 가운.
kitob ot. 1) 책, 책자, 서적, 도서. 2) 장부, 필기장. 3) 권, 편; ~ magazini 서점, 책방; telefon ~i 전화부; kassa ~i 금전 출납부; chiqim ~i 지출 대장; kirim-chiqim ~i 출납부; qayd ~i 기록부, 등록부. Singlim ~ o'qiyapti 여동생이 책을 읽는 중이다.
kitob bozori 도서 박람회, 도서 전시회
kitob do'koni 서점(書店), 책방
kitobiy *sif.* 서적상(上)의; 책을 좋아하는; 독서의, 문학적인; 학구적인; 딱딱한; 학자연하는; ~ til 문어체.
kitobxon *ot.* 1) 독자; 독서가; 2) 애서가, 서적 수집가, 장서(도락)가.
kitobxona *ot.* 도서관(圖書館), 도서실, 열람실; ~lar uchun zal 열람실.
kiydirmoq *fe'l.* ~에 옷을 입히다; 정장시키다; 옷을 만들어 주다; Bolaga kiyimini ~ 어린 아이에게 옷을 입히다.
kiygizmoq *fe'l.* (=**kiydirmoq**).
kiyik *ot. zool.* 사슴, 녹(鹿). shimol ~i 순록; tog' ~i 산 사슴; kanada ~i 북미산 큰 사슴; uchar ~ 하늘가재.
kiyim *ot.* 옷, 의상, 복장, 의복(특히 긴 웃옷·외투 등). sayohat ~i 여행복; qishki ~ 겨울의상; tayyor ~ 기성복; ustki ~ 외투(겉옷); oyoq ~ 신발; bosh ~ 모자.
kiyim-bosh *ot.* (특히 여성의) 복장, 복식(服飾), 의상, 몸차림, 양복정장.
kiyinmoq *fe'l.* 옷을 입다, 정장하다, 복장을 하다. issiq ~ 따뜻하게 (춥지 않게) 입다. yangi ~ 새로 맞춘 옷을 입다.
kiyintirmoq (=kiydirmoq) *fe'l.* ~에 옷을 입히다; 정장시키다, 옷을 만들어 주다.
kiymoq *fe'l.* 몸에 걸치다, (옷을) 입다, (모자를) 쓰다, (신을) 신다, (반지를) 끼다, (안경을) 쓰다, *(kiyib yurmoq)* 입고[신고, 쓰고] 있다, 몸에 지니고 있다, 띠고 있다. oyoq kiyimni ~ 신다; bosh kiyimni ~ 모자를 쓰다; yubkani ~ 치마를 입다.
kish 쉬이, 쉿(새 따위를 쫓는 소리); 나가!
kishan *ot.* 1) 절뚝거림; 말의 다리 매는 줄; 2) 쇠고랑, 수갑, 족쇄, 차꼬
kishanband *ot.* 수갑을 채우는, *(qo'lidam)* ~에게 수갑을 채우다; ~의 자유를 빼앗다, 구속하다.
kishanlamoq *fe'l.* 차꼬를 채우다; 속박[구속]하다
kishi *ot.* 1) *(inson)* 사람, 인간; ayol ~ 여자; erkak ~ 남자; har bir ~ 사람마다. 2) *(shaxs, odam)* 개인, 인물, 인격; ~ xususiy 일개인의 사람; 3) *(odam, jon)* (영)혼, 넋; 정신, 마음.
kishilashib: ikki ~ 두 명씩; uch

~ 세 명씩. to'rt ~ bu ishni bajardik 네 명씩 이일을 했다.
kishilik 1) *(insoniyat)* 인류, 인간, 사람, 인성; 2) 국민, 민족; 3) *gramm* 개인의, 자기만의, 나의, 일신상의, 특정 개인을 위한
kishilik olmoshlari 인칭대명사(人稱代名詞: 사람을 가리키는 대명사. 제1 인칭에 '나'·'우리', 제2 인칭에 '너'·'너희', 제3 인칭에 '이'·'그'· '저'·'이이들'·'저이들'·'그들', 모르는 사람을 가리키는 미지칭(未知稱)에 '누구'·'누구들', 무턱대고 아무나 가리키는 부정칭(不定稱)에 '아무'·'아무들' 등이 있음. 인대명사.)
kishisiz *sif.* 사람이 살지 않는, 무인의, 주민이 없는(섬 따위)
kishmish *ot.* 건포도; 씨 없는 (건) 포도의 일종, 짙은 청자색(靑紫色).
kishnamoq *fe'l.* 말이 울다, (말이) 히힝 울다, (말이) 콧김을 뿜다; 코를 씨근거리다
kisht *ot.* 저지, 억제, 정지; (돌연한) 방해; 반격; 좌절. 가!, 가라!.
kichik 1) *(hajmbo'yicha)* 작은, 소형의, 비좁은, 적은, ~ omma 인원이 적은 모임. ~ ko'nilsizlik 사소한 유쾌하지 못 한 일; ~ ish 사소한 사건; 2) (*yosh bo'yicha*) 젊은, 어린, 연소(年少), 연하인 사람; 3) (*lavozim bo'yicha*) 후배의, 후진의, 하급의.
kichik korxona 소기업(小企業)
kichik metrajli uy 소형 아파트
kichiklashmoq *fe'l* 줄다, 줄이다, 감소시키다, 작게 하다, 적게 되다, 작아지다.
kichiklik 1) 적은 일, 근소, 사소. 2) 하찮은 일, 조그마한 일.
kichkina *sif.* 작은, 소형의, 비좁은, 적은. ~ bolalar 나이가 아린 아이; 아이.
kichkinagina *sif.* 작은, 조그마한, 소형의, 자그마한, 아주 작은
kichkina = kichiklik
kichkintoy 유아, 땅딸보, 난장이.
kichraymoq = kichiklashmoq *fe'l.* (수량·크기·정도·중요성 따위를) 줄이다, 감소시키다, 작게 하다; (신용·명성 등을) 떨어뜨리게 하다, (기둥 따위의) 끝을 가늘어지게 하다
kichraytirmoq *fe'l.* 작게[적게] 하다, 줄이다, 감하다, 축소하다. harajatlarni ~ 지출을 절감하다.
klapan *ot.* 1) 판, 밸브, 지공. 2) 심장판. 3) 뚜껑. havo ~i 에어 밸브, 공기판; ~ni yopmoq 말을 그치다.
klarnet *ot. mus.* 클라리넷(목관 악기의 하나. 마우스피스에 한 장의 혀가 있으며, 관(管)은 아래로 내려갈수록 차차 퍼지게 됨. 아름다운 음색과 넓은 음역으로 각종 합주에서 많이 씀. 클라리오넷); 파이프 오르간의 음전(音栓) 이름
klarnetchi *ot. mus.* 클라리넷을 부는 사람.
klass = sinf *ot.* 1) (*daraja*) 학급, 반, 학년; 2) 사회 계급; birinchi ~ xizmat 첫 번째 반에서 공부한다; ho'jalik ishilar ~i 노동계급; yuqori ~ 상류 계급.
klassifikatsiya *ot.* 분류(법), 유별(법), 종별(種別); 등급별, 급수별, 등급[등차] 매기기; o'simliklar 초목의 분류; ~ qilmoq 분류하다, 유별하다, 부문(등급)으로 나누다.
klassik I (*biror sohada e'tirof etilgan arbob*) (고전적) 대문학자, 문호(文豪); 대예술가, 고전문학(古典文學), 고전어(古典語); o'zbek adabiyoting ~lari 우즈벡 문학의 고전적 대문학자; ~ adabiyoti 고전문학
klassik II (*klassikar tomonidan yaratil- gan, namuna bo'ladigan*) (문학·예술에서) 고전적인, 정통파의, (문학·미술에서) 고전주의[풍]의, 의고적(擬古的)인; 고전 음악의; ~ musiqa 고전 음악.
klauzuala *yur.* 조건, 조항
klaviatura ot. *mus.* 건반(피아노·타자기 등의), 건반악기, 키보드.
klavish *ot. mus.* 건반, 키; ~li musiqa asbobi 건반 악기.
kleyonka *ot.* 유포(油布), 방수포(防水布). ~li qog'oz 밀종이; ~li kostyum 동유지.
klika *ot.* 동료(同僚), 동무(童舞),

동관(同官), 도당
klinika *ot.* (외래 환자의) 진료소, 진찰실; (대학 등의) 부속 병원; 개인[전문] 병원, 클리닉; (병원내의) 과(科); kelib-ketuvchi bemorlarga ~ 왜래 환자 진료소.
kliring 어음 교환, 청산
klub *ot.* *(tashkilot)* (사교 따위의) 클럽, 동호회, 단체, 구락부(俱樂部); 서클(circle); *(bino)* 클럽실, 클럽 회관; 운동선수용 로커 룸; ofitserlar ~i 장교 클럽; alpinistlar ~i 산악회, 등산 클럽. tungi ~ 나이트클럽.
klyosh *ot.* 아래쪽을 넓게 하는 재단법. ~ yubka 아래쪽이 넓은 스커트.
knopka *ot.* 1) *(qog'ozqistirishu- cnun)* 제도용 핀, 압정(押釘); 2) *(kiymda)* (벨·컴퓨터 등의) 누름단추, 푸시 버턴; 3) *(tugmacha)* 단추, 단추 모양의 물건. ~lash 핀(압정)으로 붙이다; qo'ng'iroq ~si 벨 버턴, 벨 단추; ~ni bosmoq 누름단추를 누르다.
knopkali (벨 따위의) 누름단추
knyaz *ot.* 왕자, 황태자, 동궁; (제왕에 예속된 소국의) 군주, 제후; (영국 이외의) 공작, ~공(公). Buyuk ~ 대공.
knyazlik *ot.* 공국; 공위, 수위(首位); 공국 군주의 지위·지배·권력; Buyuk ~ 대공국.
koalitsian *ot.* 연합, 합동; ~ hukumat 연합정부, 연합 내각.
koalitsiya *ot.* 합동, 단결, 동맹, 연합, 제휴. erkin~ 단결, 결성의 자유.
kobra *ot.* 코브라, 인도·아프리카산의 독사.
kod *ot.* 신호법; 암호, 약호, 코드, 부호, (어떤 계급·사회·동업자 등의) 규약, 규칙; signal ~i 신호부호; telegraf ~i 케이블 코드.
kodeks *ot.* *yur.* 법률, (성서·고전의) 사본; 약전(藥典); 법전; 규약, 규칙, 규정, 법; 교사본. fuqarolik ~i 민법 법전. jinoyat ~i 형법법전; mehnat ~i 노동법 법전; boj- xona ~i 세관법 법전.
kodeks, qonunlar majmui 법전
koeffitsent *ot.* *mat.* *fiz.* 계수(係數), 율(率); 정도, 인자(因子), 인수, 약수, 비율, 역가(力價), 요인, 요소; differensial ~ 미분 계수. foydali ish ~i 효율. Eski narxlarni yangisiga o'zgartirish ~i 구가격을 신가 격으로 고치는 율을 정하다.
kofe = qahva *ot.* 커피.
kofein *farm.* 카페인, 다소(茶素).
Kofir *din* 1) *(dinsiz)* 무신론자; 무신앙자; 2) (*boshqa dindagi inson*) 이단자, 불신자(不信者)(이슬람 교도가 특히 기독교도를 경멸하는 말); 3) (*hukmron din aqidalaridan chetga chiqqan inson*) 이교도(기독교·유대교·회교 신자들에게 각기 다른 교도); 불신앙자; 미개인, 교양이 낮은 사람
kofta *ot.* 짧은 상의, 재킷; 짧은 부인외투, (*ko'ylak*) 블라우스. bu yubkaga mana bu ~ mos tushadi 이 치마에 그 재킷이 잘 어울린다.
koinot *ot.* 만유(萬有), 만물, 삼라만상. 세계, 지구, 존재, 실재, 현존
kojux *tex.* 틀, 샤프트의 덮개, 하우징, 외피(外被), 케이싱(겹친 천에 두 줄로 평행이 되게 박아 끈이나 심을 넣게 된 것).
kokain *ot.* *kim* 코카인(코카 잎에서 추출되는 알칼로이드; 무색무취의 주상(柱狀) 결정으로 국소 마취약으로 씀); ~izm 코카인 중독; ~chi 코카인 중독자.
kokil *ot.* 늘어뜨린 머리, 땋아 늘인 머리, 변발. ~ qilib o'rmoq 변발로 땋다, 머리를 땋아 늘어뜨리다.
kokos *ot.* *(meva)* 야자수. ~ yong'og'i 야자의 열매; ~ palmasi 야자수 나무; ~ yog'i 야자유.
koks *ot.* 코크스
kolba *ot.* *kim* 레토르트, 증류기, 플라스코.
kolbasa *ot.* 소시지, 꼴바사.

dudlangan ~ 둥글게 만든 소시지.
kolegiya *ot.* 1) 전원, 총원. 2) 원, 성. 3) 참여회, 협의회. advokatlar ~si 변호사회; professorlar ~si 교수 전원, 교수단; dengiz ~si 해군성.
koll 콜(call), 부르다, (아무를) 소리내어 부르다, 불러일으키다; (아무)에게 전화를 걸다; 불러내다
kolledj *ot.* 특수 전문학교. 칼리지(대학원을 두지 않고 교양 학부만을 설치한 대학; 종합대학의 교양 학부); 학부, 단과 대학.
kollegial *ot.* 협의적인, 합의적인, 비독재적인, 협의회의, 참여 회의. ~ boshqaruv 합의 관리.
kollegial tarkibda ishni ko'rib chiqish 합의체 심리
kollegiya *ot.* (정부의) 부(部), 원(院), 청(廳), 국(局), 성(省)
kolleksioner = kollektsiyachi
kolleksiya *ot.* 수집, 채집, 콜랙션; marka ~si 우표 수집, ~chi 수집자[가]; 채집자
kollektiv *ot.* 집합적; 집합의, 집단적; 공동적, 그룹, 집단(集團), 단체, 공동작업(공동사무, 사원) 소원, 사원, 직원, 종업원; zavod ~i 공장의 직원 (종업원, 노동자)의 단체. partiya ~i 당그룹. mualliflar ~ 저자, 작가, 저술가; ~ mehnat 집단노동; ~ shartnoma 단체 계약
kollektivlashtirmoq *fe'l.* 집산주의적으로 하다; 집단 농장화하다; 공영화하다, 협동화하다. qishloq ho'- jaligini ~ 농업을 집단화(협동화)하다.
kollektor *ot.* 1) *el.* 컬렉터, 집전자(集電子), 정류[전환]기(器), (발전자(發電子)의) 정류자(整流子); 2) *tex.* 다기관(多岐管); 3) (*kutubxonaniki*) 대방수, 배수관, 집합 배설구, 구덩이, 큰 맨홀. kutubxona ~i 출판 도서 배급부; dvigatel ~i 정류자 전동기.
kollektsioner *ot.* 수집가. Mening akam markalar ~i 우리 오빠는 우표수집가이다.
kollizitsiya me'yori 분쟁 해결 규칙
kollizitsiya, to'qnashuv 충돌, 분쟁
koloniya *ot.* 1) *(turlima'noda)* 식민지, 재류외(국)인, 거류민; Angliyaning sobiq ~si 영국 식민지 이전; tartib o'rnatish ~si 교육 이민단; axloq tuzatish mehnat ~si 소년원; voyaga yetmagan jinoyatchilar ~si 감화원; mehnat ~si 노동 교화소; bolalar ~si 아동 교화소; 2) (*yashash joyi*) 정착, 정주(定住); 정주지, 생활의 안정, 자리잡기.
kolonka *ot.* 단, 란, 코람; vodo-provod ~si *(hammomda)* 간헐천, (*ko'chada*) 분수지, 샘; 수원(水源); gaz ~si 가스 솥; rul ~si 스테아링 코람.
kolonna *ot.* 기둥, 원주, 지주; 기둥 모양의 물건. *arx.* 표주(標柱), 기념주; 대각(臺脚); 종대; (함선의) 종렬; avtomobil ~si 자동차 종대; rota ~si 종대; K. zali 홀의 기둥;ikkitadan ~ 파일의 지주.
kolxoz *ot.* 집단 농업, (소련의) 집단 농장, 콜호즈
kolxozchi *ot.* 집단 농장원.
komanda *ot.* 1) *harb.* 분리, 이탈; 분견, 분견대, 지대(支隊); *(kemada)* (배·열차·비행기의) 탑승원, 승무원; (보통 고급 선원을 제외한) 선원; 2) *sport.* 조, 팀, (보트의) 선수단; 보트 레이스, 경조(競漕); futbol ~si 축구팀. quvnoq ~ 쾌활한 패거리.
komandadosh *ot.* 팀 동료.
komandir *ot.* *harb.* 지휘관, 사령관; 명령자; 지휘자, 지도자, 부대장; (*kemada*) 선장(船長), 함장(艦長), 정장(艇長), (배의 각부서의) 장(長); (민간 항공기의) 기장(機長). batal- yon ~i 대대장; kema ~i 함장; ishlab chiqarish ~i 생산 지도자(상급 기사).
komandirovka *ot.* 파견, 출장을 명하는 것; 출장용무, 출장(出場). ~ga ketmoq 출장으로 여행하다;

~ga jo'natmoq 출장 보내다; ~dan qaytmoq 출장에서 돌아오다; ~da 출장 중이다.

kombayn *ot.* 콤바인(수확과 탈곡을 동시에 할 수 있는 기계) qishloq ho'jaligi ~ 콤바인 수확기.

kombaynchi *ot.* 콤바인 조종자.

kombinat *ot.* *(ishlab chiqarish birlash- masi)* 꼼비나뜨, 종합기업, 종합공장. o'quv ~i 초(중,고교) 과정을 갖춘 종합학교.

kombinatsiya *ot.* 1) *(birikma)* 결합, 연합, 합동(合同), 합병, 짝맞추기, 콤비네이션; 2) *(ayollar kiyimi)* 기업합동, 동업조합; 3) *siy sport.* 대연습, (기동) 연습; siyosiy ~ 연합, 정치적 구상; ranglar ~si 색의 배합.

kombinezon *ot.* 상하가 맞붙은 작업복.

komediya *ot.* 코메디, 희극(喜劇), *k.m.* 소극(笑劇), 어릿광대극, 익살극; 익살, 우스개. qo'g'irchoq ~si 인형희극, 인형연극. diplomatik ~외교적 술수(속임수).

komendant *ot.* 1) *(shahar, qal'-aniki)* (도시·요새·부대 등의) 지휘관, 사령관; 대장. 2) *(binoniki)* 각종 시설의 사령관(지휘관); yotoqxona ~i 기숙사 (아파트관리자.)

komendatura *ot.* 사령부, 사령관의 직.

kometa *ot.astr.* 혜성, 살별

komik *sif.* 희극의. ~ artist 희극배우.

komil *sif.* 완전한, 완벽한; 흠잡을 데 없는, 완비된. ~ inson 예리한 사람, 똑똑한 사람; 지성이 발달한 사람. ishonchi ~ 확실하다, 단단하다.

komissar *ot.* 1) (공산당의) 통제위원; (옛 소련의) 인민 위원(다른 나라의 장관에 상당; 1946년 이후는 ministery); 위원회; 2) (정부가 임명한) 위원, 이사; 국장, 장관; 판무관; (세무·경찰 등의) 감독관; 지방 행정관; 커미셔너(직업 야구 따위의 최고 책임자); 전권을 위임 받은 사람, harbiy ~ 군사 위원.

komissiya *ot.* 위원회(委員會), 위원, 최고 권위자 집단. tayyorlov ~si 준비 위원회. tanlov ~si 선거 위원회.

komissiya kelishuvi 위탁계약(법률행위 또는 사실행위를 타인에게 의뢰하는 것, 위임, 준위임, 주선, 운송, 신탁, 어음 등 여러 가지 법률관계의 기초를 이룬다)

komissiya, tashkilot *ot.* 위원회(委員會), (comission), 위탁계약

komitent *ot.* 위탁자(委託者)

komitet *ot.* 위원회(委員會).

komitet, qo'mita 위탁자

kommand birlashmasi 합자회사

kommandachilar 유한책임사원

kommersant *ot.* 상인, 실업가.

kommunal *sif.* 시(市)의, 도시의, 자치 도시의, 시정(市政) [시제(市制)]의, 시영의; 지방 자치의, 자치단체의, 시읍면(市邑面)의; 공공의. ~ xojalik 시영 사업, 공영(공공)사업. ~ hizmatlar 공익 시설.

kommunikatsiya *ot.* 전달, 통신, 보도, 공표, 발표; (병의) 전염; ~ chizig'i *harb.* 통신망, 후방 연락선.

kommunist *ot.* 공산당원(共産黨員), 공산주의자(共産主義者).

kommunizm *ot.* 공산주의(운동, 정치 체제). harbiy ~ 전시 공산주의.

kommutator *ot. el.* 정류자(整流子). 교환기(交換機); telefon ~ 전화 스위치 판.

kompaniya ot. 1) 패거리, 일행, 한패, 동아리. 2) 단체, 협회, 사귐, 교제, 회합, 동석. 3) 상사, 상회, 회사. savdo ~si 회사.

kompaniyalar qo'shilishi 기업합병

kompensatsion badal bitimi 배상 협약

kompas *ot.* 나침반, 자석반. ~ga qarab joyni aniqlash 나침반으로 위치를 정하다.

kompleks *ot.* (밀접하게 관련된 조직·부분·활동 등의) 복합[연합]체, 합성물.

kompleks taklif 패키지 제안서
kompleks yetkazib berish 종합 조달, 종합 공급
komplekt *ot.* 한 벌, 한조, 일식, 한 세트. ~ kiyim 옷 한 벌.
komponent *ot.* 성분, 구성요소 [부분], 부품
komposter *ot.* 구멍 뚫는 기구; 타인기(打印器); 찍어서 도려내는 기구; 표 찍는 가위, 펀치
kompozitor *ot.* 작곡가, 구성자, 구도자(構圖者), (글의) 작자(作者).
kompozitsion foiz 복합 이자
kompozitsiya *ot.* 1) 작곡, 작곡법, 악곡. 2) 작문(법), 작시(법); 저작, 저술.
kompress *ot. tib.* 압박 붕대, 습포, 찜질. ~ qilmoq 습포 찜질을 하다. ~qo'ymoq 붕대를 감다.
kompressor *ot. tex.* 압축기, 압박 지혈기.
kompyuter *ot.* 컴퓨터.
kompyuter tarmog'i 컴퓨터 네트워크
kompyuterda loyihalashtirish 컴퓨터를 사용한 설계(CAD: computer- aided design)
kompyuterdagi ma'lumotlarni ish- lab tayyorlash 컴퓨터 데이터 처리
kon ot. 1) *(foydali qazilmalarni olish uchin qurilgan yer osti inshootlar)* 광산, 광갱(鑛坑), 광상(鑛床), 갱(坑); 탄갱; 채굴장, 채석장. ~da ishlamoq 광산에서 일하다. ~ maydoni 광구; oltin ~lari 금광.
konchi *ot.* 광부, 갱부; 광산업자; Mening akam 우리 오빠(형)는 광부이다.
konchilik *ot.* 광업(鑛業), 채광(採鑛), 채탄(採炭), 탐광(探鑛).
kondensator *ot. fiz, tex* 응결기, 응축기, 냉각기; 복수기(復水器); 축전기, 콘덴서; 집광 렌즈[장치].
konditer *ot.* 과자 제조인, 과자상, 빵[과자] 장수[직공]. ~ mollari 과자류; ~ sotish do'koni 과자점, 과자 판매 다방.
konditsioner *ot.* 에어컨, 에어컨디셔너. ~ni yoqmoq 에어컨을 켜다; ~ o'chirmoq 에어컨을 끄다.
konduktor *ot.* (전차·버스·기차의) 차장, 안내자, poyezdda chiptalarni tekshirdi 기차에서 차장이 표를 확인했다.
konferensiya *ot.* 회담, 협의, 의논, 회의, 협의회. 대표자 회의, 교수회, 학술 위원회. tinchlik ~si 평화회의; press ~ 기자 회견. ~ o'tkazmoq 회의를 진행하다, 협의하다.
konferens-zal *ot.* 회의실.
konfet *ot.* 설탕, 당(糖); 당질, 봉봉(과자); ~ idish 봉봉 따위를 넣는 그릇.
konflikt *ot.* (의견·사상·이해(利害) 등의) 충돌, 대립, 불일치, 쟁의, 분쟁, 갈등, 알력, 마찰; (마음의) 갈등. 충돌. xalqaro ~ 국제간의 분쟁. ish yuzasidan ~ 노동 쟁의.
kongress *ot.* 1) *(yig'ilish)* (대표자·사절·위원 따위의) 회의, 회합 2) 의회, 국회. xalqaro ~ 국제회의. fiziklar ~i 물리학자 회의.
kongressmen *ot.* 국회의원(國會議員)
konki *ot. (uchish moslamasi)* 얼음지치기, 스케이트. ~ uchmoq 스케이트를 타러 가다. q'ildirak 롤러스케이트.
konkichi *ot.* 스케이트를 타는 사람.
konkret *sif.* 유형의, 구체[구상(具象)]적인, 실재하는, 실제적. ~ misol 구체적인 예. ~ gapirmoq 구체적으로 말하다.
konkretlashtirmoq *fe'l.* 실제화하다, 응결시키다, 응결되다; 구체화하다.
konkurs *ot.* 1) 경쟁, 경기, 경연, 콘테스트 콩쿨, 2) 파산 재산에 관한 채권자의 모임. 3) 대회. ~ e'lon qilmoq 현상모집하다; 파산 수속을 개시하다.
konkurs, tanlov *ot.* 경매(競買)
konosament *ot.* 선하증권(船荷證

券), 선적증권(B/L)
konsalting *ot.* 컨설팅(*consulting*), 전문적 조언을 주는
konsensus *ot.* 합의(consensus)
konsentrat *ot.* 정선광, 농축광; 농후 사료.
konsentratsion *sif.* 집중의; ~ reja 집중 계획; ~ transport 집중 수송. ~ lager 강제 수용소(특히 나치스의); (포로) 수용소; 부대 집결소.
konsentratsiya *ot.* 한 곳에 모이는, 모으는 것, (노력·정신 등의) 집중, 전념, 전심; 농화, 농도. ~li aralashma 농후한 용액.
konsepsiya *ot.* 개념, 의상(意想), 생각, 관념, 심상(心豫).
konsern *ot. iqt* 콘체른, 재벌.
konsert *ot.* 1) 합주; 연주회, 음악회, 콘서트, 공연, (*shundk bir xonandaniki*) 독주(회), 독창(회); 한 작곡가의 작품만의 연주(회), 리사이틀; kamer ~i 실내악 연주회; simfonik ~ 교향악 연주회; yevropacha ~ 협정; ~ bermoq 연주회를 개최하다; 2) (*musiqiy asar*) 협주곡, 콘체르토(관현악 반주의 독주곡)
konserva *sif.* 통조림의, 통조림으로 한; ~ langan shaftoli 복숭아 통조림. ~ qilmoq 통조림으로 하다.
konservalangan mahsulotlar 저장 식품
konservatoriya *ot.* 음악[미술, 연극] 학교,음악대학, 음악원. Mening dugonam ~da o'qiydi so 친구는 음악 대학에서 공부합니다.
konsignant *ot.* 위탁자(委託者)
konsignator *ot.* 위탁판매인(委託販賣人)
konsignatsiya *ot.* 위탁, 위탁판매
konsignatsiyali savdo 위임판매, 위탁판매
konslager *ot.* 수용소. 강제 수용소(특히 나치스의); (포로) 수용소; 부대 집결소.
konspekt *ot.* 개관, 개요, 적요, 대의; 대조표, 일람([표]); ma'ruza ~i 강의 개요; ~ qilmoq 요약하다, 요령을 파악하다, 대강의 줄거리를 쓰다.
konspektiv *sif.* 개괄적인, 요약한, 개략의; 간결한, 간략한, 요약적.
konsperativ *sif.* 비밀[기밀]의; 극비의; 남에게 숨긴, 은밀한, 눈에 보이지 않는, 보이지 않게 만든, 사람 눈에 안 띄는; ~ uy 모의 장소; ~ ish olib bormoq 비밀히 일을 추진하다.
konspiratsiya *ot.* 안전규칙으로 감시.
konstitutsion *sif.* 헌법의, 합헌(合憲)의; 입헌적인, 법치(法治)의; ~ monarxiya 입헌 군주국.
konstitutsion huquq va erkinlikka daxl qilish ustidan shikoyat 헌법소원(憲法訴願: 법을 어긴 공권력의 발동으로, 헌법에 보장된 기본권을 침해당한 국민이 그 권리를 구제받기 위하여 헌법 재판소에 내는 소원).
konstitutsiya belgilangan ma'su- liyat 헌법상책임(헌법위반에 관해 국가 고위공무원이나 국가기관이 책임을 지는 것)
konstitutsiya *ot.* (국가 조직을 규정하는) 헌법(憲法), 국헌; (국가의 구성으로서의) 정체; yozilmagan ~ 불문헌법. O'zbekiston ~si 우즈베키스탄 헌법
konstitutsiyali *sif.* 헌법적인, 헌법(憲法)의, 합헌(合憲)의; 입헌적인, 법치(法治)의; ~ monrxiya 입헌 군주국.
konstruksiya *ot.* 건설, 건조, 건축, 구성; (건조·건축·건설) 공사, 작업; (*tuzilish*) 구조(構造), 구성(構成), 조립(組立), 조직(組織), 디자인, 의장(意匠), 도안; temir-beton ~ 철근 콘크리트(제(製)의)의 구조.
konstitutsiya qoidalarini buzish 헌법위반
konstitutsiya tuzumining himoyasi 헌법체제의 수호
konstitutsiyaga asoslangan adliya 헌법 재판(憲法 裁判)
konstitutsiyaga asoslangan mo-

narxiya 입헌군주제(立憲君主制)
konstitutsiyaga asoslangan shikoyat 헌법 소원(憲法 訴願)
konstitutsiyaga asoslangan sud 헌법재판소(憲法裁判所)
konstitutsiyaga asoslangan tuzum 헌법 체제
konstitutsiyaga oid 헌법의, 헌법상의
konstitutsiyaviy huquq va erkin- likning cheklanishi 헌법상 권리와 의무의 제한
konstruktiv *sif.* 구조상의, 조립의, 구성적인, 건설적인, 적극적인. ~ reja 건설 계획. ~ taklif 건설적인 제안. ~ hamkorlik 적극적인 협조.
konstruktor *ot.* 디자이너, 도안가, 설계자, 입안자, 건설자; ~lar byurosi 디자인너 사무실; ~lik byurosi 설계부.
konstruktsiya *ot.* 구성, 구조, 조직, 조립. mashina ~si 기기의 구조. badiiy asar ~si 예술 작품의 구성.
konsul *ot. dip.* 영사(領事). 집정관(執政官). 총독(總督). general- ~ 총영사.
konsullik *sif. dip.* 영사의 직[임기, 관구]; 영사관; 집정관 시대, 총독 시대; bosh ~ 총사관
konsultant *ot.* 의논 상대; (회사 따위의) 컨설턴트, 고문, 상담; (*o'quv yurtida*) (연소자의) 후견인; 보호자; (*shunak tib*) 의사의 치료를[진찰을] 받다; ~ doktor 고문의, 입회의. yuridik ishlar boyicha ~ 법률고문.
konsultatsiya *ot.* (*mutaxassis maslahati*) 상담, 의논, 협의, 자문, 진찰[감정]을 받음, 조언; (*o'quv yurtida*) 지도서, 지침, 지침서; (*muassasa*) 상담실, 상담소. doktorlar ~sini uyushtirmoq 의사의 상담회를 개최하다. Talabalar professordan ~ olgani ketyaptilar 대학생은 교수한테 지시를 받으러 간다.
konsulxona *ot. dip.* 상담소. 상담실
konsyumerizm *el.* 소비자 중심주의, 컨슈머리즘(consumerism), 소비주의(건전한 경제의 기초로서 소비 확대를 주장하는), 소비자보호운동
kontakt *ot.* 접촉, 혼선, 접촉 부분; 기밀한 관계, 교섭, 교제. dostona ~da ishlamoq 협동 (협력)하여 일하다. ~da no'lmoq 관련 (접촉)을 유지하다.
kontango *el.* 콘탱코(contango), 지급 유예금, 이월 일변(移越日邊), 순일변(順日邊).
konteyner bazasi 컨테이너 기지 (창고)
konteyner *ot.* 탱크. 컨테이너, 큰 용기.
konteyner porti 컨테이너 항
konteynerlarning o'lchami 컨테이너 용량
kontinent huquq 대륙법(大陸法)
kontinent *ot.* 대륙, 육지, 본토.
kontinental *sif.* 대륙의; 대륙성의, 대륙적인. ~ iqlim 대륙성 기후. ~ tizim 대륙봉쇄
kontingent *ot.* 몫, 분담(액), 배당액, 할당량; (*shundk iqt*) 몫, 모가치; (수입품·이민 따위의) 할당, 인원수, 정원; import ~i 수입 배당; eksport ~i 수출 석탄 배당량.
kontora *ot.* 사무소[실], 오피스; 회사; 영업소; ~소, 지국, 출장소. bankirlik ~si 회계 사무소; notarial ~ 공증인 사무소; pochta ~si 우체국; transport ~si 운송 취급소; zavod ~si 공장 사무소; yo'qolgan buyumlar ~si 유실물 보관소.
kontrabanda *ot.* 수출입금(禁) 제품(製品); 암거래(품), 밀매(품), 밀수(품); ~ bilan shug'ullanmoq 밀수입[밀수출]하다, 밀수[밀매매]하다; ~ mollar 암거래품, 밀매품, 밀수품.
kontrabanda 금제품 매매자, 밀수입[밀수출]자; 밀수선; 밀수업자.
kontrabas *ot.* 더블베이스(dóuble bás), 콘트라베이스(contrabass:

바이올린류(類)의 현악기 중 최저음의 악기; 보통 4-5현(絃)으로 되었으며 음색이 중후하고 여운이 깊)
kontragent 계약상대방
kontrakt = shartnoma *ot.* 계약, 약정; 계약서, 약정서. ~ tuzmoq 계약을 맺다. ~ni buzmoq (bekor qilmoq) 계약을 위반하다. ~ni tiklamoq 계약을 갱신하다.
kontrgayka *ot. tex.* 로크너트; a) 다른 너트에 겹치는 보조 너트, b) 세게 죄면 스스로 고정하는 너트); 죔나사, 멈춤 나사.
kontrol = nazorat *ot.* 1) 감독, 감사, 감시, 검사. 2) 감독국, 검사국, 검사원. 3) 관리, 단속, 통제. ~da bo'lmoq 통제 (단속)하여 있다.
kontrolyor *ot.* 검사자[관], 조사자[관], 시찰자, 검열관, 감독자; 장학사 (*poyezd, teatr va sh.k.da*). 집표[검표, 개표원]; 제어기
kontsession shartnoma 양허 계약, 이권계약(利權契約)
kontsessiyachi 허가 보유자
kontur *ot.* 1) 윤곽, 외형, 윤곽선; 지형선, 등고선, 등심선, 약도, 대요, 개요, 개설, 요강; ~ chizig'i 등고선을 그리다; ~ni chizmoq ~의 윤곽을[약도를] 그리다[표시하다]; 2) *el.* 회로, 회선; 배선(도).
konturli *sif.* 윤곽, 외형, 약도; ~ chizma 윤곽도; ~ chiziq 점선.
kontuziya *ot.* 타박상(打撲傷); (*snaryad portlaganda*) (포격 충격에 의한) 기억[시각] 상실증, 전쟁 신경증, 전투 피로증 (combat fatigue). jiddiy ~ 심한 타박상; ~ bo'lmoq 타박상을 입히다; yaralangan va ~ bo'lganlar 부상자 및 타박상을 입은 자.
konus *ot. mat.* 원뿔, 원뿔체, 원뿔꼴; 원뿔꼴의 것. 원추(圓錐), 원추체(圓錐體)
konversiyaga moyillik 상거래 중 화폐가 바뀔 경우 이를 감당해 내는 능력
konversiyalanadigan aktsiyalar 전환주식
konversiyalanadigan obligatsiyalar 전환사채
konvert *ot.* 1) 봉투, 싸개; 덮개, 가리개; 2) 침낭, 포대기; yopishtirilgan ~da 개봉된 채로.
konvertatsiya *mol* (지폐의) 태환; (외국 화폐간의) 환산, 환전; (상품·물건의) 현금화; 이자의 원금에의 산입, (부채의) 차환(借換); !qilmoq ~을 태환하다; valutaning erkin ~ qilinishi 화폐의 태환성
konveyer *ot.* 운반 장치; (유동 작업용) 컨베이어, 전송 장치; ~ usuli 컨베이어 시스템; yig'ish ~i 일관 작업(의 열(列)); ~ quritilgan 콘베이어식 건조기.
konvoy *ot.* 호송자[대], 호위자(들); deng 호송, 호위; 호위자[대]; 호위함[선]; (호송되는) 수송차대(隊); 피호송선(단); ~ ostida 경호 하에, 호송되어.
konyak *ot.* 코냑, 브랜디. bir stakan ~ 코냑 한잔.
konyuktura tahlili bo'yicha mutaxassis 경기분석 전문가0
konyukturani jonlantirish 경기회복
kooperativ *ot.* 협동조합(소비자·생산자 따위의), 산업조합. 소비조합. 조합 상점; ~ turar joy 주택협동조합. ~ ishlab chiqarish 협동조합 공업; ~ savdo 협동조합 상업; ~ harakat 소비(협동)조합 운동.
koordinat *ot. soz'l* (*manzil*) 있는 곳, 소재; 행방; 수신지 이름, 주소; ~laringizni ayting (adress) 주소를 말해 주세요.
koordinata *ot. mat.* 좌표(座標: 어떤 위치나 점의 자리를 나타내는 데에 표준이 되는 표.); ~lar to'ri 좌표
kopirayt *ot.* 저작권(著作權)
kopiya = nusxa *ot.* 1) 사본, 모사, 복사. 2) 앙화. 3) 등본. ~ qilmoq 사본을 만들다, 등본을 만들다. ~ kochirmoq 사본을 뜨다; Bola otasining ~si(huddi o'zi)

소년은 아버지를 빼닮았다.
koptok *ot.* 1) 공, 구(球), 볼; 공 같은 것; futbol koptogi 축구공; ~ o'ynamoq 공놀이를 하다; arabcha ~ 고무공; 2) (*dumaloq o'ram*) 실꾸리; 길잡이 실몽당이 (그리스 신화에서, 미궁에서 빠져 나올 때의); bir ~ip 목화 실꾸리.
kor *ot.* 행위, 소위(所爲), 행동, 일, 용무; ~i xayr 선행; ~i bad 나쁜 행위; kasbi ~i 직업; dori unga ~ qilmoqda 약은 그에게 사용하게 되다 (이익이 되다)
Koreya *ot.* 한국, 대한민국.
koreyalik o'quvchi 한국 학생
koreys *ot.* 한국인(韓國人), 한인; 한국사람; 조선인(朝鮮人), 조선사람, 선인(鮮人); ~ tili 한국어; ukam ~ tilini o'rganmoqda 동생은 한국어를 배웁니다.
koreys sanoq sonlari 한국어 기수사
koreys tartib sonlari 한국어 서수사
koreys tili 한국어(韓國語), 한국말, 한어(韓語); 조선어(朝鮮語), 국어(國語)
koreys kiyimi 저고리(한복 윗옷의 하나; 길·소매·섶·깃·동정·고름이 갖추어져 있음; 상의(上衣), 웃옷)
koridor *ot.* 통로; 낭하, 복도, 회랑(回廊); 항공기 전용로(路); ~ bo'ylab 복도를 따라. teatr ~i 극장의 복도 휴게실; keng ~ 넓은 복도; ~ sistemasi 통로 시스템.
korner *ot.* 매점(賣店), 코너.
kornet *ot. mus.* 코넷(cornet: 트럼펫 비슷한 금관 악기; 모양새가 트럼펫 비슷하고 음색(音色)이 좀 부드러움); 코넷 취주자, (오르간의) 코넷 음전(音栓).
korobka = quti *ot.* 작은 곽, 케이스, 갑; eshik ~ si 도어 케이스, 문틀, 문얼굴; tezlik ~si *tex.* 톱니바퀴, 기어 박스. gugurt ~si 성냥갑.
koronka *ot.* (*tishda*) *tib.* 치관(齒冠), 금관(金冠); (보석의) 관부(冠部); (시계의) 용두; (길)마루; 크라운 매듭(밧줄의 세 가닥을 얽어 묶는 방법으로, 밧줄의 끝이 풀리는 것을 막음); 수관(樹冠); 근두(根頭). ~ni sindirmoq 치관을 부러뜨리다. tishga ~ qo'ymoq 이에 금관 따위를 씌우다.
korporatsiya daromadiga soliq 기업 소득세
korpus *ot.* 1) (*binoniki*) 몸통, 동체; 상체; 선체; 차체; 2) *harb.* 군단, 병단; 특수 병과, ~부(대); (특수 임무를 띤) ~단(團); 부대.; cho'ntak soati ~i 회중시계의 겉테. zavodning asosiy ~i 공장의 가장 중요한 건물. diplomatik ~ 외교단.
korrektor *ot.* 교정원, 교정자, 교정계. ~lar xonasi 교정실.
korrekatura *ot.* 1) (*harakat*) 교정(校正: 교정쇄(校正刷)와 원고를 대조하여 오자(誤字)·오식(誤植) 등을 바로잡아 고침. 교합(校合). 교준(校準)); 2) (*bosma*) 교정쇄; (판화 따위의) 시험쇄, 준지. 2-~ 재교정쇄. ~ boshqar- moq 교정하다; ~ varog'i 교정쇄 한 장.
korrespondent = muxbir *ot.* 통신원, 특파원. maxsus ~ 특파원; harbiy ~ 종군 기자, 군사 통신원. ~ a'zo (학회 등의) 통신 회원, 객원(客員).
korxona *ot.* 회사(會社), 기업(체), 사업(事業), (*ishonchsiz, tavakkal*) 투기(사업), 사행, 벤처기업(venture企業: 신기술이나 노하우 등을 개발하고 이를 기업화하여 사업을 하는 소규모이나 창조적·모험적인 중소기업; 컴퓨터의 소프트웨어 부문, 생물 공학 부분에 많음). savdo ~si 무역회사, 상사회사. ishlab chiqarish ~si 공업 회사. yirik ~ 대기업.
korxona daromadlari, aktivi ot. 기업자산
korxona faoliyati davri 기업 활동 주기
korxona iqtisodiy faoliyatini tek- shirish 기업 감사
korxona mehnat jamoasi 사내 노동조합
korxona passivi 회사부채
korxona rahbari 기업 대표
korxona va tashkilot

daromadiga soliq 법인 소득세(法人 所得稅)
korxona yopilishi munosabati bilan sotib tugatish 폐업 세일
korxonadagi mehnat munosabatlari 노동계약을 바탕으로한 노동자들의 관계
korxonalar moliyaviy faoliyati ravshanligi 기업회계의 투명성
korxonalar mol-mulkiga soliq 기업자산세
korxonalardan daromad solig'i 기업소득세
korxonalarning birlashishi 기업합병(企業合竝)
korxonani sotish shartnomasi 기업 매각계약
korxonaning inqirozi, kasodi, nochorligi 기업파산 상태
korxonaning ta'sis hujjatlari 회사설립서류
k o r x o n a n i n g tugatilishivaqaytatu- zilishi 회사청산 및 재조직
kosa *ot.* 1) 코사(국을 담을 수 있는 사발의 종류; 사발, 탕기(湯器), 보시기, 공기, 볼; 큰 (술)잔) 그릇 (음식을 넣는 그릇), 대접; bir ~ sho'rva 국 대접; sopol ~ 흙으로[오지로] 만든 사발; 2) *mus.* 현이 있는 악기, 공명기, 공진기; 3) (*tarvuz yarmi*) 수박의 절반; ko'z ~si 안와(眼窩), 눈구멍; tosh- baqa ~si 거북 딱지, 별갑(鱉甲); qayg'u ~si 슬픔의 잔.
kosagar *ot.* 대접을 만드는 사람.
kosib *ot.* 1) *(usta)* 장인(匠人), 기공(技工), 기예가, 공예가; 명공(名工), 장색(匠色), 솜씨 좋은 직공, 기술공, 숙련공. 2) (*etikdo'z*) 구두 만드는[고치는] 사람, 구두 짓는 사람, 구두장이, 제화공; ~chilik 장화 제작소. ~lik dastgohi 제화업.
kosibchilik *ot.* 제화공학.
kosiblik *ot.* 가내 수공업
kosilka *ot.* *(o'turish mashinkasi)* 풀 베는 사람[기계], (정원의) 잔디 깎는 기계, 제초기(除草器)
kosinus *ot. mat.* 코사인(cosine: 삼각 함수의 하나. 직각 삼각형의 한 예각을 낀 빗변과 밑변의 비(比)를 그 각(角)에 대해 코사인이라 함. 기호는 cos. 여현. ↔시컨트.)
kosmetika *ot.* 1) *(choralar)* 미용술; 미안술; ~ kabineti 미용실; 2) (*preparatlar*) 화장품, 미용제, ~ dokoni 화장품점; ~ sovun 화장비누; ~t'amirlash 장식(법); 장식물.
kosmik *sif.* 우주의; 우주론의, 천지의; ~ (parvoz) sayohat 우주비행. ~ chang 우주진; ~ raketa 우주 로켓. ~ nurlar *fiz.* 우주선(線); ~ kema 우주선; ~ stansiya d주 정거장; ~ bo'shliq (대기권 밖의) 우주.
kosmodrom *ot.* 우주선 발사장.
kosmonavt *ot.* 우주비행사
kosmos *ot.* (질서와 조화의 구현으로서의) 우주, 천지 만물, 세계, 건곤. ~ ga sayohat 우주여행.
kosov *ot.* 찌르는 사람[물건]; 부지깽이; temir ~ 쇠 부지깽이
kostum *ot.* 1) 의복, 복장, 의상, 옷. 2) 양복. tantanavor ~ 이브닝 드레스, 야회복. maskarad ~ I 가장용 의상; parad ~i 성장, 정장.
kotangens *ot. mat.* 코탄젠트(cotangent: 삼각 함수의 하나. 직각 삼각형의 한 예각(銳角)을 낀 밑변과 그 각의 대변과의 비(比)를 그 각에 대해 이르는 말. 기호:cot. ↔탄젠트), 여절.
kotib *ot.* 비서, 서기; 사무관, 비서관, 서기관; 간사. 기록계. 간사, 참사; 부기[장부] 계원; shaxsiy ~ 비서; sud ~i 법원 서기; davlat ~i 국무 장관.
kotiba *ot.* (여자) 비서.
kotiblik *ot.* 서기[비서]의 임무; 서기관[비서관]의 책무; (국무) 장관의 책무.
kotlet *ot.* 1) (특히 소·양의) 얇게 저민 고기; 커틀릿. 2) 크로켓; kartoshkali ~ 감자 크로켓. guruchli ~ 쌀 크로켓; qiyma ~ 파이 껍질에 고기·생선 등을 넣어 튀긴 요리.

kottej *ot.* 교외 작은 집, 시골 집, 작은 집, 아담한 집; (양치기·사냥꾼 등의) 오두막, 코티지.
kovak *ot.* 구멍, 우묵한 곳; 계곡, 분지; (이빨의) 구멍; 충치.
kovlagich: tish ~ 이쑤시개.
kovlamoq *fe'l.* 1) *(qazimoq)* (땅 따위를) 파다, 파헤치다, 파엎다, 파내다; yer ~ 땅을 파다; o'ra ~ 구덩이를 파다; kartoshka ~ 감자를 캐다; 2) (*burun, tishni*) (부리 따위로) 쪼다, (손가락으로) 쑤시다, 후비다; 뽑아내다.; tish ~ 이를 쑤시다; burun ~ 콧구멍을 후비다.
kovush *ot.* 슬리퍼. 실내화
koyimoq *fe'l.* 1) *(urishmoq, so'k- moq)* 꾸짖다, 잔소리하다; 호통치다, 욕을 하다, 야단을 치다, 험담하다; 2) (*dodimi aytmoq*) 슬퍼하다, 비탄하다; 애도하다, 애석해 하다; 3) (*charchamoq*) 기진맥진하다
koyish *ot.* 잔소리, 질책, 야단을 치는 것.
koyishmoq *fe'l.* 욕설에 찬 말을 퍼붓다, 험구(잔소리) 하다.
koyka *ot.* 1) (양·비둘기 등의) 집, 우리, *(kemada)* 잠자리, (배·기차 따위의) 침대; 침상, 층(層) 침대; ~ osmoq 요람식 침대를 달아매다. 2) (*kasalxonada*) 침대, 침상; (가축의) 잠자리, 깔짚
koykali 침대를 놓다, 침대를 가지다.
koshki 단지[다만] ~라고 가정하여; ~하기만 하면, ~하면 좋을 텐데, ~하면 [~했으면] 좋겠다고 여기다, pulim bo'lsaydi, senga barar edim 돈이 있었더라면 주었을 텐데. ~ bugun kelsa 만일 오늘 언다면.
koshkiydi = **koshki**
koshona *sif.* 화려한 빌딩, 장대한 빌딩, 장엄한 건물; (*saroy*) 궁전, 왕궁, 궁궐; 관저, 공관; 대저택; ~ uy 화려한 저택.
kran *ot. tex.* 크레인, 기중기. vodoprovod ~i 수도꼭지, 밸브. ~da ko'tarmoq 기중기로 들다.
kraxmal *ot.* 녹말, 전분; 풀; ~lamoq 풀을 먹이다; ~langan yoqa 풀 먹인 옷깃.
kraxmallamoq *fe'l.* 풀을 먹이다.
kredit bo'yicha zarar 채무자의 변재 능력 상실로 인한 채권자의 손해
kredit I ot. *buxg* 대변(貸邊) (略: cr.), 대변 기입액.
kredit II ot. *(qarz)* 크레디트, (금융상의) 신용; 신용 대부[거래], 외상 판매; 채권; 예금; uzoq muddatli ~ 장기 크레디트; ~ olmoq 외상으로 가지다 (들여놓다).
kredit kafolati 신용보증(信用保證)
kredit kartochkasi 신용카드
kredit limiti 신용대부 한계 (credit line)
kredit ochilishi haqida xabarnoma 신용대부개설통지
kredit rollover 기간 연장 대출
kredit siyosati 대출 정책
kredit yo'nalishi, liniyasi 대출한도
kreditdagi vositachi 대출 중개인
kreditga oid 신용의
kredit-kafolat 신용보증
kreditlarni boshqaruvchi 신용조사 담당
kreditlarni sug'urta qilish 보증보험
kredit-lombard 롬바르드 대출 (lombard credit), 금융업자 대출
kreditni noqonuniy olish 불법대출
kreditni to'lay olish reytingi 신용등급
kreditni to'xtatib qo'yish 신용거래 봉사
kreditor *ot.* 채권자, 빚장이, 채급자(債給者); 채귀(債鬼), 채주(債主).
kreditor kechiktirishi 채권자 지체
kreditor qarzdorlik 매입외상대금
kreditor-foiz 채권자가 받는 이자

kreditorlar talablarini qondirish 채권자 만족, 채무변제
kreditorlar yig'ilishi 채권자 회의
kreditorlarga pul to'lash 채권변제
kredit-revolver 회전 신용 보증
krem *ot.* 1) 크림, 크림 과자, 크림요리. 2) 화장용크림. 3) 구두크림 (poyabzal ~i)
kreml *ot.* (도시를 지키는) 성채; 요새; (군함의) 포탑; 아성; 최후의 거점. Moskva ~i (Moscow에 있는) 크렘린 궁전, 모스크바의 내성, ~ kuranti 크렘린의 큰 시계.
kremniy *ot. kim.* 규소(硅素·珪素: 비금속 원소의 하나. 천연적으로는 따로 존재하지 않고, 산화물·규산염으로서 바위·흙 등의 주요 성분을 이룸《트랜지스터·다이오드 따위 반도체를 만드는 데에 씀》. 실리콘(silicon). [14번:Si:28.08]) ~ karbidi 카버런덤 (탄화규소).
kreslo *ot.* 안락의자, 팔걸이 의자. ~da cho'zilib yotmoq 안락의자에 축 늘어져 기대어 앉다.
krest *ot.* 십자형, 열십자 기호, 십자가, 십자형의 것, 열십자 장식; Qizil K. 적십자(赤十字); qabrga qo'yila- digan ~ 묘석위의 십자가; cherkov ~i 교회 옥상의 십자가; qizil ~ 적십자; ~ qo'ymoq(tugatmoq) 일을 끝내다, 견만을 내다.
kreyser *ot. deng.* 순양함, 대형모터보트[요트]. liniya ~i 순양전함; ~ tezligi 순양 속도.
kriminal *sif.* 형사의. ~ ish 형사문제.
kriminalist *ot.* 형법학자; 형사 문제 전문 변호사. ~ika 형법학;
kriminalistik texnika 범죄기술
kristall ot. 결정, 결정체. 수정, 수정 제품. 고급 유리. ~amoq 결정시키다; ~anmoq 결정(結晶)하다.
kristallanmoq *fe'l.* 결정시키다.
krizis = tanglik *ot.* 1) 위기. 2) 공황, 핍박. 3) 분리, 고비. moliyaniy ~ 재정 위기, 금융 공황. Men hozir ~ ahvoldaman: cho'ntagimda tiyin ham yo'q 나는 지금 돈이 궁해서 호주머니에 한 푼도 없다.
kroket *ot. sport.* 크로케(잔디위에서 하는 공놀이); 크로케 타구; ~ o'ynamoq 크로케을 하다; ~ maydoni 크로케구장.
krona *ot. (pul birligi)* 크로나(스웨덴의 화폐 단위; =100 öre; 기호 Kr); 그 은화; 크로나(아이슬란드의 화폐 단위; =100 aurar; 기호 Kr); 그 화폐.
kroslangan chek 횡선수표.
kross *ot.* 크로스컨트리 경주, 단교(斷郊) 경주, (도로가 아닌) 들을 횡단하는 경주.
krossvord *ot.* 크로스워드 퍼즐, 십자말풀이, 퍼즐 게임, 가로세로 글풀이
krovat *ot.* 침대, 침대틀[프레임]; ikki o'rinli 더블베드; bir kishilik ~ (ikki kishilik ~) 1인(2인)용 침대; yig'ma ~ 접는 침대; ~da yotmoq 침대에 눕다.
krupa *ot.* 1) 곡물(穀物), 곡식(穀食); 2) 우박, 싸라기눈. manniy ~ 탄일. perlovka ~si 율무.
kryujka *ot.* 원통형 찻잔, 조끼, 손잡이 있는 컵, (*katta kumush yoki qalay*) 큰 조끼(뚜껑 및 손잡이가 달린 맥주용); 큰 조끼에 하나 가득 찬 음료[용량]; (*o'rtacha*) 작은 잔, 소형 조끼(맥주 컵); bir ~ pivo ichmoq 맥주 한잔 마시다.
kub *ot.* 입방체(立方體), 정6면체; 입방체의 물건(주사위·벽돌 등).
kubik *ot. (bolalar o'yini)* 벽돌, (나무·돌·금속 따위의) 큰 덩이, 큰 토막; 건축용 석재; 블록재(材); ~ o'ynamoq 벽돌을 쌓다.
kubometr *ot.* 입방미터; 세제곱[3차]미터.
kufr *ot.* 신성한 것을 더럽힘; (신성) 모독(죄), 벌받을 행위.
Kuksi *ot.* 국수(메밀가루나 밀가루 등을 반죽하여 손으로 얇게 밀어 가늘게 썰거나 국수틀로 눌러 만든 식품), 면, 면자, 탕병(湯餠), 소면(素麪)

kukun *ot.* 가루, 분말. guruch ~i 쌀가루; qand ~i 가루 설탕; shirinlik ustiga qand ~i sepiladi 과자 위에 가루 설탕을 뿌린다.
kukunlamoq *fe'l.* 가루로 만들다, 빻다; (액체를) 안개 모양으로 하다, 흩뜨리다, 흩어지게 하다, 뿔뿔이 헤어지게 하다
kukunlanish *ot.* 분산; 산란(散亂), 원자화; 분무 작용; 원자 폭탄[무기]에 의한 파괴.
kukunlanmoq *fe'l.* 빻다, 부수다, 가루로 만들다, 부서지다, 가루가 되다.
kukunlatgich *ot.* 물보라를 뿜는 사람[장치]; 분무기; 흡입기; 분유기(噴油器), 미분기(微粉機), 분쇄기; 분쇄자.
kul *ot.* 재, 회신(灰燼), 화산재, 타다 남은 찌꺼기; 뜬숯. ~ sepmoq 재로 뿌리다; ~ qilmoq 재로 만들다. ~ rang 회색, 잿빛, 회백색; ~ tepa *k.m.* 화재현장, 타버린 흔적, 잔해; ~i ko'kka sovurildi 파멸의 현장으로 갔다
kulba *ot.* (초라한) 오두막집, 판잣집, 농부의 집, 농가; 광, 헛간; 가축의 우리; 누옥(陋屋). ~dagi (janjal) gapni tashqariga chiqarmoq 집안싸움을 밖으로 드러내다.
kulcha *ot.* 쿨차(동글게 생긴 작은 빵)
kuldirgich 보조개; (피부·땅·수면 등의) 움푹 들어간 곳; 잔물결.
kuldirmoq *fe'l.* 웃게 되다, 웃게 하다.
kuldiruvchi *ot.* 웃게 하는 사람.
kuldon *ot.* 재떨이. ~da sigaret qoldiqlari juda ko'p 재떨이에 피운 담배가 많다 (담배 쓰레기가) 많다.
kulfat *ot.* 1) *(musibat)* 불운, 불행, 재액, 고난; 곤란한일, 재해, 재난, 참사, 큰일. ~da qolmoq 곤경에 처하다, 곤란하게 되다; ~oyoq ostida 재액이 눈앞에 있다; ~ (bir o'zi kelmaydi) ketidan ~ keladi 설상가상. 2) (*qiynoq*) 괴로움, 고통; 고생, 고뇌
kulgi *ot.* 1) 웃음, 웃음소리. ~ ko'tarildi 웃음소리가 울렸다; quvnoq 기쁜 웃음; achchiq ~ 쓴 웃음; qattiq ~ 홍소; ~dan qorni og'rimoq 배가 아프도록 웃다; ~ga yo'ymoq 포복절도하다; ~ga qolmoq 웃음을 참다; ~ bo'lmoq 웃음거리가 되다. 2) (*masxara*) 비웃음, 냉소, 놀림, 모멸, 경멸.
kulgili *sif.* *(hikoya, voqeahaqida)* 우스운, 익살스러운, 익살맞은, 우스꽝스러운, 어리석은; Buning hech ~ joyi yo'q 여기에는 조금도 우스꽝스러운 것이 없다.
kulgililik 웃음; 웃음소리; 웃는 투.
kulimsiramoq *fe'l.* 미소짓다, 생글[방긋]거리다; 미소를 보내다, 몰래 웃다, 은밀히 웃다. U ~b gapirdi 그 사람은 몰래 웃으면서 말했다.
kulisye 무면허 주식 중개인
kulminatsion *sif.* 절정, 최고점, 최고조, 극점, 정상; 최고점[절정·최고조]에 달함. ~ nuqta 절정, 최고조, 클라이맥스.
kulminatsiya *ot.* 최고점, 최고조, 극점, 정상; U 최고점[절정·최고조]에 달함; *astr.* 남중(南中), (천체의) 자오선 통과.
kulmoq *fe'l.* 1) (소리를 내어) 웃다, 홍소하다, 낄낄 웃다; (혼자서) 기뻐하다; 2) 비웃다, 조소[냉소]하다. 3) 농담으로 말하다. 4) 얕보다, 무시하다. yig'lagulik darajasida ~ 눈물이 날 정도로 웃다; Uning ustidan ~ 그를 조소하다; miyig'ida ~ 미소하다; baxtli ~ 행복하게 됐다.
kulochilik *ot.* 도자기 만드는 것.
kulol *ot.* 도공(陶工), 옹기장이, 도예가(陶藝家), 도자기 만드는 사람
kulollik *ot.* 도기(陶器), 오지그릇
kultivator *ot.* 경작자, 재배자; 양성자; 개척자; 연구자; 경운기;

qo'l ~i 손으로 미는 경운기.
kultivatsiya *ot.* 경작, 재배; 개간; 사육; ~ qilmoq 경작하다, 보급시키다.
kumush *ot.* 은(銀: 금속 원소의 하나. 금보다 조금 가볍고 단단하며 백색의 미려한 광택을 가짐. 화학용 기구·화폐·장식품 등에 씀. [47번:Ag:107.868]); sof ~ 순은; ~ qoshiq 은수저, 은 숟가락; ~ medal 은메달; ~ rudasi 은광; ~ to'y 은 혼(식).
kun *ot.* 1) *(haftakuni,24soat)* 날, 낮, 주간; 일. ~dek ravshan 대낮처럼 환하다 (자명하다); hafta ~lari 요일; tug'ilgan ~ 생일, 생신; ~ bo'yi 하루 종일; quyoshli ~ 쾌청한 날; og'ir ~ 괴로운 (불행한) 일 (날; Bugun qaysi ~? 오늘은 무슨 요일입니까?; 2) (*quyosh*) 햇빛, 일광; 햇볕, 해돋이; 일몰; ~ botishi 해넘이, 일몰; 해질녘; ~ botdi 태양이 지다; ~ botar 서(西), 서쪽; ~ chiqishi 해돋이, 일출(日出), 동틀녘; 3) (*muddat*) 기일, 약속일, 시일, 세월, 시간의 경과; ~i bitya / yetdi 그의 임종시간이 온다; 4) (*hayot*) 생존, 생활, 생활(상태). 인생, 인사; (이) 세상; 실(사회) 생활, 사회 활동; ~ ko'rmoq / kechirmoq 존재하다, 실재하다, 현존하다
kunbay 일일 근무, 날일
kunbay haq to'lash 일당, 일급(日給)
kunbotar *ot.* 서쪽, 서방.
kunchiqar *ot.* 동쪽, 동방; ~ mamlakat 해양 나라. 해 뜨는 나라, 해가 나오는 나라.
kunda I (*to'nka*) 그루터기. (부러진 이의) 뿌리, (손이나 발의) 잘리고 남은 부분, (연필·붓 따위의) 토막, 쓰다 남은 몽당이, (담배의) 꽁초, (잎을 따낸) 밑동 줄기; ~ kovlamoq 뿌리를 뽑다, 그루터기를 뽑다; 2) (*ustida biror narsa chopish uchun qilingan*) (나무·돌·금속 따위의) 큰 덩이; 통나무, (제재용의) 원목; 땔나무
kunda II (*har kuni*) 날마다, 매일, 매일의, 일상의; U ~ kinoga boradi 그 사람은 날마다 영화관에 간다.
kundalik *ot.* 1) *(har kungi)* 매일, 날마다, 일상, 판에 박힌 일, 일상의 과정[일]; 2) (*joriy*) (시간이) 지금의, 오늘날의, 현재의, 현(現)~, 3) (*daftar*) 일기, 일지. 과제장, 숙제장. ~ tutmoq 일기를 쓰다. Mening dostim ~ tutadi 나의 친구는 일기를 쓴다.
kundalik axlatlarni qayta ishlash 쓰레기 처리, 쓰레기 재활용
kundosh 경쟁자, 라이벌, 적수, 대항자, 필적할 사람, 호적수.
kunduz 낮, 주간, 오전, 오후; ~i 낮에, 주간에. U ~i ishlab kechqurun o'qiydi 그는 낮에 일을 하고 밤에 공부한다.
kunduzgi *sif.* 한 낮 동안, 하루의, 해가 떠 있는 동안; ~ spektakl 낮 공연. ~ pul topish 일급; Biz ~ spektaklda tushdik 우리는 낮 공연에 갔다.
kungaboqar *ot.* 해바라기, 꽃시계, 규곽, 규화(葵花), 향일화(向日花); ~moyi 해바라기 기름; Sabzavot- lardan so'ng ~ moyi solinadi 야채를 넣은 후에 해바라기 기름을 넣는다.
kuniga 하루에, 매일의, 일상의, 날마다의, 일당으로 하는; ~ uch mahal bu dorini iching 하루에 세 번씩 이 약을 드세요.
kunjara *ot.* 면화씨, 기름 (짜고 난) 찌꺼기, 깻묵(가축 사료·비료).
kunjut *ot.* 참깨(씨), 깨. ~ moyi 참기름, 참깨 기름.
kupe *ot.* 쿠페, (객차·객선 내의) 칸막이방, (배의) 방수 격실; 칸막이, 구획; ~li vagon 차, 탈 것, 와곤.
kuplet *ot.* 시의 한 행(行), 시구, (시(詩)의) 대구(對句), 2행 연구(連句)
kupon *ot.* 쿠폰(coupon), 회수권의 한 장; (철도의) 쿠폰식 (연락) 승차권; (광고·상품 등에 첨부된) 우대권, 경품권; 식권; 배급, 잘라

내는 표; 좌석표. ~ varog'i 연속된 쿠폰; ~ kitobi 쿠폰 책; 회수권 책; 철도 회수권.
kurak *ot.* 1) 삽, 부삽, 나무로 만든 가래, 삽; qayiq kuragi 노, 오어, 노 젓는 사람; 2) *anat.* 어깨뼈, 견갑골; ~ tish 어금니.
kuramoq *fe'l.* 삽[부삽]으로 푸다, 삽으로 파다; tom ~ 지붕에서 눈을 퍼내리다
kurash *ot.* 1) *sport* 레슬링; 씨름, 맞붙어 싸움, 격투; 2) (*biror maqsadaga erishga qaratilgan faoliyat, xatti-harakat*) 싸움, 전투, 접전; 결투, 격투; ~ga tushmoq 싸우다; ~ moq 투쟁하다.
kurashmoq *fe'l. (bilan, qarshi)* 싸우다, 투쟁하다, 씨름하다. Ozodlik uchun ~ 통일을 위해 투쟁하다.
kurashchi *ot.* 1) *sport* 레슬링 선수; 씨름꾼; 격투하는 사람; 2) *k.m.* (*kurashuvchi*) (경기의) 선수권 보유자, 챔피언
kurk: ~ tovuq 알 품은 닭, 씨암탉.
kurka *ot.* 칠면조, 칠면조 고기.
kurmak 크루막(*kurmak*: 논의 잡초)
kurort *ot.* 요양지, 요양소, 피서, 피한지 (*ma'daniy suvlar bilan*) 광천(鑛泉), 온천장, 탕치장(湯治場); dengiz ~i 해변 요양지; ~dadam olmoq 요양지에서 용양하다.
kurortga oid tushim 요양지세, 휴가지세
kurra *ot.* 1) 구체(球體), 구(球), 구형, 구면. 2) 범위, 권; 3) 사회 환경, 계; Yer ~si 지구, 지구(상)의.
kurs I *ot.* 환율(換率), 환시세(換時勢), 외환율(外換率), 환 레이트(換 rate)
kurs II *ot.* 1) (*o'qish, bosqichi*) 연(年), 해, 연도, 학년; birinchi (ikkinchi) ~ talabasi 일 학년(이 학년) 학생; U institutda 3 ~ 그 사람은 대학에 3학년이다; 2) *ko'p* (*o'quv maskani*) 진로, 행로; 물길, (물의) 흐름; (경주·경기의) 주로(走路), 코스; horijiy tillar ~ lari 외국어 언어연수 코스; 3) (*ta'lim tizimi*) 과정, 단계. universitet ~lari 대학의 과정; davollanish ~lari 치료의 단계; birja ~i bo'yicha sotib olmoq 주식 거래소의 시가로 사다. 4) 강습회, 양성소, 학원.
kursant *ot.* 학생, 청강생; 사과학교 생도.
kursdosh *ot.* 동문
kurs bo'yicha hisoblangan ekvi- valent ~ to'lash kuniga 등가액
kurs bo'yicha zarar 주가하락으로 인한 매매 차손
kurs o'zgarishi yetkazgan zarar 환율변화로 인한 손실
kursdagi farq 상장 차액
kursdagi farq 환차(還差)
kursga oid kirim 환차익(換差益)
kursning pasayishi 환율하락
kursi *ot.* 1) (*taburet*) (등 없는) 걸상; (발 올려 놓는) 발판; 무릎 기대는 궤. 좌변기, 변기(便器); 변소; 2) (*stul*) (1인용의) 의자(椅子); 자리. qora ~ (sudlanuvchi) 피고석. Marhamat, ~ga o'tiring 어서, 이 자리에 앉으십시오.
kursiv *ot.* 서체(書體), 이탤릭(활자), 이텔릭체. kerakli so'zni ~ bilan ajratmoq 필요한 단어를 사체로 구별하다.
kurt *ot.* 쿠르드족(쿠르드족 /서남아시아의 쿠르드족 거주지역 대부분 이란·이라크·터키 인접지역인 쿠르디스탄('쿠르드족의 땅'이라는 뜻)에 거주하나 이란 북동부의 호라산 지역에도 상당수가 살고 있다. 쿠르드족은 파르시어·파슈토어와 관련이 있는 서부 이란어를 쓴다(→ 쿠르드어). 인구는 아르메니아·레바논·시리아에 사는 부족들까지 포함해 1,500만 명 정도로 추정되지만 종족학적 특징, 종교, 언어 등 서로 다른 기준을 적용할 때마다 숫자가 달라지기 때문에 정치적인 목적을 위해 통계 결과가 조작되기도 한다. 전통적으로 쿠르드족은 메소포타미아 평원과 터키와 이란의 고지대에서 양과 염소를 치는 유목생활을

해왔고, 농사는 최소한으로 이루어졌다. 제1차 세계대전 이후 시작된 각 나라의 국경강화조치로 계절적인 유목생활이 가로막혀 대부분 전통적인 생활방식을 포기하고 부락을 이루어 정착농경생활을 시작하게 되었으며, 나머지 사람들은 새로운 직업을 갖게 되었다.)

kurtak *ot.* 1) *bot.* 싹, 눈, 싹눈; 봉오리, 꽃봉오리, 발아(기). gullarning ~i 꽃봉오리. Daraxtlar hali ~ ochmadi (yoymadi) 아직 나무의 싹이 트지 않았다. 2) *k. m.* (*biror narsaning rivojlanishdan darak beruvchi nishona*) 유아(幼芽), 배종(胚種); 생식 세포, (사물의) 싹틈, 어린 가지, 새싹; yangilik ~lari (새싹·가지를) 뻗게 하다

kurtaklamoq *fe'l.* 봉오리를 갖(게 하)다; 발아하다[시키다], 싹이 트다, 분열번식을 하다.

kurtka *ot.* 남자의 짧은 윗도리; 재킷. charm ~ 가죽 재킷.

kushetka *ot.* 침대 겸 의자, 베개가 달린 소파.

kusamoq *so'zl* ~하고 싶다; (아무가) ~해 줄 것을 바라다, ~해 주었으면 하다, 바라다, 욕구(欲求)하다, 원하다, ~하고 싶다(고 생각하다); (아무에게) ~해 주기를 바라다.

kutilgan daromadlilik 기대 수익률

kutilmaganda *rav.* 갑자기, 불시에, 졸지에, 돌연, 느닷없이. 불의, 의외; 우연히. Bu ~ 내약 bo'ldi 이 경우는 불의가 됐다(생긴다)

kutilmoq *fe'l.* 기다리다. 기대하다. Ertaga yomg'ir yog'ishi ~da 내일 비 오는 것이 기다립니다.

kutish *ot.* 기대, 예상

kutish vaqti ko'rsatgichi 대기시간, 지수

kutish xonasi 대기실(待機室), 응접실

kutish zali 대합실(待合室), 대기실

kutmoq *fe'l.* 1) 기다리다, 대기하다, 만나려고 기다리다, 기대하다, *(taxminqilmoq)* 기대[예기, 예상]하다; 기다리다; ~할 작정이다, 예상하다, 예감하다, 내다보다; 낙으로 삼고[걱정하며] 기다리다, poyezdni ~ 열차를 기다리다; omadni ~ 성공을 기대하다; Sizni bu yerda ko'raman deb ~magan edim 여기서 당신을 만나리라고는 생각하지 못 했다. Uni yorqin yutuqlar ~da 빛나는 성공이 그를 기다리고 있다. 2) (*mehmonni qabul qilmoq*) 받다, 수령하다.

kutubxona *ot.* 1) 도서관, 도서실, (개인 소유의) 장서; 2) (*kitoblar seriyasi*) 문고, 서고; 서재, 서점; ko'chma ~ 순회 도서관; mutoala qilish ~si 대중 도서관, 열람용 도서관, 열람실; Bugun darsdan so'ng ~ga boraman 오늘 수업후에 도서관에 간다.

kutubxonachi *ot.* 도서관 직원; 사서(司書)

kutubxonachilik 도서관원; 사서(司書)

kuva *ot.* 흙으로 만든 단지, 항아리, 물그릇. 흙으로[오지로] 만든 주전자, (손잡이가 달린) 항아리; (목이 가늘고 손잡이가 붙은) 도기제의 주전자

kuvacha *ot.* 작은 단지, 항아리, 주전자.

kuy *ot.* 곡, 곡조, 멜로디; 가곡; 주(主)선율; 분명한 선율, 해조(諧調), 아름다운 곡조, 가곡, 가락, 곡조; raqs ~i 댄스 멜로디; tanish ~ 잘[익히] 알고 있는, 익숙한 곡조; vokal ~i 성악; opera ~i 가극 음악; ~ chalinyapti (yangrayapti) 음악을 연주하고 있다.

kuya I *ot.* *zool.* 옷좀나방, (*hasharot*) 좀, 좀벌레; ~yegan/tushgan kostyum 셔츠에 좀이 먹다; ~yegan 좀 벌레한테 먹힌.

kuya II *ot.* qora ~ 검냉, 매연, 유연(油煙)

kuydirgi *tib.* 비탈저(脾脫疽), 탄저(炭疽), 탄저균(炭疽菌: 탄저병의 병원균(病原菌). 가축의 병원균으로 사

람에게 감염되면 패혈증(敗血症)을 일으켜 대개 사망함.)

kuydirmoq *fe'l.* 1) (연료 따위를) 불태우다, 때다, (가스·초 등에) 점화하다, 불을 켜다, (물건을) 태우다, 불사르다; 눋게 하다, 눌리다, 연소시키다, 모두 태우다; olovda ~ 화형에 처하다; kemalarini ~ 배수의 질을 치다. 2) (*ovqatni*) 너무 굽다[삶다]

kuyinmoq *fe'l.* 1) 괴로워하다, 근심하다, 걱정하다 2) 염려하다, 마음을 쓰다, 보살피다. ~mang, hammasi yaxshi bo'ladi 걱정하지 마세요. 다 좋게 될 겁니다.

kuylamoq *fe'l.* *(ashulaaytmoq)* 노래하다, 노래부르다. U juda yaxshi qoshiq ~di rm 사람은 노래를 아주 잘한다 (부른다).

kuyli *sif.* 음악적, 선율이 아름다운, 곡조가 좋은, 음악적인.

kuymoq *fe'l.* 1) *(yonmoq)* (불·연료가) 타다; (물건이) (불)타다, 눋다; 타 죽다; 2) (*kuydiradigan narsa ta'sirida jarohat jarohat olmoq*) 불태우다, 때다, 불사르다; 눋게 하다, 눌리다; (*qaynoq sub, bug'- bilan*) 불에 데다, 화상을 입다, (끓는 물· 김으로) 데게 하다, (닭·야채 따위를) 데치다

kuyov *ot.* 1) 약혼한 남자 (*to'y vaqtida*). 신랑; 2) (*qizining eri*) 사위; 양자(養子); ~ ga o'xshaydi 새신랑 같은 표정; ~ chasiga 새신랑 같은; ~ka nomzod 신랑감.

kuychi *ot.* 1) 가수. 2) 음악가, 악사; xalq ~si 국제적 가수; Mening dostim mashxur ~ so 친구는 유명한 음악가다.

kuz *ot.* 가을, 추계(영국에서는 8·9·10월, 미국에서는 9·10·11월). kech ~ 늦가을. Jo'jani ~ sanaymiz 끝이 좋으면 모든 것이 좋다.

kuzatmoq *fe'l.* 1) (*sherik bo'lmoq*) ~에 동반하다, ~와 함께 가다, (현상 따위가) ~에 수반하여 일어나다; 따르다, 뒤따라가다. 2) (*bilish, aniqlash maqsadiada qaramoq*) 지켜보다, 주시하다; 관전[구경]하다, 관찰하다, 관측하다, 잘 보다; 주시[주목]하다; 감시하다, (aeroportga ~, bekatga ~) 배웅하다. Dostimni aeroportda ~dim 친구는 공항에서 배웅했다.

kuzatuv *ot.* 배웅, 송별(送別), 절류(折柳), 추송(追送), 절지(折枝), 전송(餞送).

kuzatuvchi 1) (*jo'natuvchi*) 배웅자, 보내는 사람; 2) (*nazorat qilib turuvchi*) 관찰자, 지키는 사람; 망꾼, 당직자; 간호인; 주시자, 관측자, [국명 따위의 뒤에 써서] ~(문제) 전문가

kuzgi *sif.* 가을의; 가을에 피는; 가을에 여무는; 인생의 한창때를 지난, 중년의, 초로의; ~ kun va tunning tenglashishi 추분; ~ dala ishlari 가을의 들(판), 벌판

kuzov *ot.* (*avtomashinada*) 차체, 선체, 동체. avtomobil ~i 자동차의 차제. kema ~i 선체.

kushanda 1) (*qotil*) 죽이는 것; 살인자, 살인 청부업자; 살인귀; (*ataylab o'ldirgan*) 살인자; 살인범; 2) (*yo'q qiluvchi*) 근절자, 해충[해수(害獸)] 구제자[약]; 3) *q.x.* (*zarakunanda*) 유해물, 해로운 작은 동물(쥐·족제비 등); 해충(벼룩·빈대·이·바퀴·모기 따위); 기생충; 해조(매·올빼미 따위), 악역(惡疫); 페스트, 흑사병.

kushetka *ot.* 침상, 소파; (문어·시어) 침석, 잠자리, 휴식처(풀밭 따위).

kushxona *ot.* 도살장; 공설도살장, 대살육장, 수라장.

kuch *ot.* 1) 힘, 세력(勢力), 에너지, 기세; *(quvvat)* 힘, 능력, 재능, 파워, 완력, 폭력. jismoniy ~ 체력; mushaklar ~i 근력; ~bilan itarmoq 세게 쿡 찌르다; ot ~i 마력; moddiy va jismoniy ~ 물질적 육체적 에너지; dengiz ~lari 해군력; armiyaning asosiy ~i 군의 주력. Bu ishni qilishga ~im yo'q 나는 그 일을 할 능력이 없다; 2) *fiz. tex.* 동력; 물리적[기계적] 에너지원(源); 3) *iqt.*

효력, 효험, 권력, 권위, 권능, 지배력, 영향(력), 지배력, (사회적) 세력,
kuch ishlatmaslik qoidasi 무력 불사용의 원칙
kuch namoyishi 무력시위
kuch va kuch bilan tahdid qilishni ta'qiqlash tamoyili 무력 사용금지의 원칙
kuchanish 스트레스, 압박, 강제.
kuchanmoq *fe'l* 노력[진력]하다, (힘·지력 따위를) 발휘하다, 쓰다.
kuchaymoq *fe'l* 격렬[강렬]하게 하다; ~의 도를 더하다, 증강[증배]하다
kuchaytirmoq *fe'l* 강화하다, 보강하다(증원·보급 따위로), 강화[보강]하다, ~에게 기운을 불어넣다.
kuchlanish *fiz. el.* 장력, 응력(應力); (기체의) 팽창력, 압력; 전압, 접압량, 볼트 수(略: V); past ~ 저 전압.
kuchli *sif.* 1) 강한, 힘센, 강렬한, 힘찬, 세찬, 강대한; (*motor va sh.k. haquda*) 강한, 강력한; 유력한, 우세한; ~ yomg'ir 호우; ~ motor 강력한 모터; ~ yozuvchi 우수한 작가; ~ og'riq 격통; ~ taraf 장기, 특기, 강점. ~ davlat 강국. 2) (*yaxshi biluvchi*) 좋은, 우량한; 훌륭한; 질이 좋은, 고급의; ~ o'quvchi 좋은 학생.
kuchli hurmat shakli 합쇼체
kuchli takallufsiz shakl 해라체
kuchlilik 강하다
kuchsiz *sif.* 1) 약한, 무력한, 연약한, 박약한, (*tovush, yorug'lik haqida*) (기력·체력이) 약한부족한, 힘없는, 무기력한, 겁많은, 나약한, 용기[활기]없는, 마음이 내키지 않는; ~ shamol 미풍; ~ daraja 저도; ~ xotira 약한 기억력; ~ vino 약한 술; ~ tomon 약점; Uning ~ tomonlari juda ko'p rm 사람의 약점이 아주 많다. 2) *k.m.* (*bo'sh*) 빈약[초라]한, (사람·동물이) 불쌍한, 가엾은, 불행한; ~ notiq 약한 목소리; ~dalil 빈약한 주장
kuchsiz, ishonchsiz valyuta *ot.* 연화 (soft currency)
kuchsizlanmoq *fe'l.* 약하게 하다, 약화시키다, 약해지다, 힘이 빠지다, 느슨해지다. xotirasi ~ 기억력이 약화됐다; sogligi ~ 건강이 쇠약해지다. 약한 것, 허약, 쇠약; 약점, 취약점. ~ni his qilmoq 피로를 느끼다; ongdagi ~ 무지, 우둔.
kuchsizlik *ot.* 약함, 미약, 가냘픔; 허약, 힘없는 것; *k.m.* 무력, 무기력, 허약; *kib.* 음위(陰痿); (가축의) 발기[교미] 불능증.
kuchuk *ot. so'zl* 개, 수캐. ~ bola 강아지. Bizning uyda 2ta ~ bor 우리 집에 개 두 마리가 있다.
kvadrat *ot.* 사각형, 사각인 것. *mat.* 평방, 제곱, 면적의 단위, 스퀘어(100제곱피트); ~ metr 평방미터.
kvant ot. *fiz* 양자(量子: 그 이상 더 나눌 수 없는 물질의 최소량의 단위. 복사(輻射) 에너지에서 처음 발견하여 에너지 양자라고 명명했는데, 이것이 빛으로서 공간을 진행할 경우에는 광양자(光量子)라고 함. 콴툼(quantum)) ~ mexa- nikasi 양자역학; ~ nazariyasi 양자론.
kvars *ot. min.* 석영(石英: 이산화규소로 된 광물. 삼방 정계(三方晶系) 또는 육방(六方) 정계 결정으로 유리 광택이 있으며 순수한 것은 수정(水晶)이라 함. 변성암(變成岩)·수성암은 대개 석영을 포함한 차돌임; 유리·도자기·장식·통신 기기의 재료 등으로 씀). ~li lampa 석영 램프. ~li shi놈 석영 유리.
kvartal *ot.* 1) *(yil choragi)* 4분의 1, 15분, 4분기(의 지급); 1/4년, (4학기로 나눈) 1학기; yilning birinchi ~i 1년의 4분의 1, 3개월, 1사분기; 2) (*shahar qismi*) (나무·돌·금속 따위의) 큰 덩이, 큰 토막; 건축용 석재
kvartet *ot. mus.* 4중주, 4중창; 4중주곡, 4중창곡; 4중주단, 4중창단, 4부 합주 곡.
kvartira *ot.* 플랫식 주택(각층에 1

가구가 살게 만든 아파트), 아파트, 셋방. jihozlangan ~ 가구가 딸린 셋방; ~ga haq to'lamoq 다달이 집세를 지불하다; qishki ~ 동계 숙영.

kvass *ot.* (음료수) 크와스

kvazi-pullar *ot.* 유사화폐

kvintet *ot. mus.* 5중주(곡); 5중창(곡); 5중주단(의 멤버). 5 부합주곡. 5부 합주자.

kvitantsiya (pul yoki biror boshqa qimmatbaho narsa qabul qilingan- ligi to'g'risida berilgan rasmiy hujjat) 영수증

kvitantsiya *ot.* 인수증, 영수증(領收證), 수령증(受領證). vaqtinchalik ~ 가영수증. lombard ~si 자당표. yuk ~si 수화물 표; ~ daftari 수령 대장; 영수증철.

kvotalash 쿼터 할당

kvotani bekor qilsh 쿼터, 취소

kob'ekt ko'rsatgichi 지시대상

ko'hna *ot.* 옛날의, 고대의(중세·근대에 대해), 예로부터의, 고래의. ~ bino 옛 건물. ~ shahar 옛 도시, 고대의, 오래된. ~ tarix 고대사. ~ qasrlar 옛날의 옷; ~ dunyo 고대세계; ~ tarix 고대사(古代史)

ko'hnalik *ot.* 오래됨, 고색(古色), 고아(古雅), 낡음, 고대, 고대인, 옛날 사람들

ko'k 1) (*osmon rang*) 푸른, 하늘빛의, 남빛의; ~ bo'yoq 푸른 페인트; ~ ko'z 푸른눈; ~ kaptar 바위 비둘기; ~ osmon 푸른 하늘; 2) (*yashil*) 녹색의, 초록의, 싱싱하게 푸른; ~ choy 녹차; ~ o't 녹색 유리; 3) (*osmon*) 하늘색, 담청색, 남빛, 푸른빛 안료; (시어·문어) 푸른 하늘, 창공. 4) (*aza kiyimlari*) 슬픔의, 애도의; 상복의, 상장의

ko'kalamzor *ot.* 목장, 풀밭, 목초지.

ko'kalamzorlashtirmoq *fe'l.* 정원에 나무를 심다; shaharni ~ 도시 안에 정원에 나무를 심다

ko'karmoq *fe'l.* 1) (*osmon rangiga kir- moq*) 점점 푸르게 되다, 차차 푸르게 되다, 차차 녹색이 되다, 녹색으로 변하다; 2) (*barg chiqarmoq, o'sib chiqmoq*) 차차 녹색이 되다, 녹색으로 변하다; (*urug' haqida*) 싹이 트다, 발아하다, ~에 싹이 트게[나게]하다.

ko'kartrimoq *fe'l.* 1) (*ko'k rangga bo'ya- moq*) 푸른빛[청색]으로 하다[물들이다], 파래지다; 2) (*ko'k qilmoq, mas Sovuq haqida*) 푸르게 만들다.

ko'kat 1) (*maysa*) 푸른 잎, 푸른 나무; (장식용) 푸른 나뭇가지, (초목의) 푸르름, 신록; 푸릇푸릇한 초목; 2) (*vitaminli o'tlar*) 녹색의, 초록의, 싱싱하게 푸른; 푸른 잎으로 덮인.

ko'katzor 작은 풀밭, 작은 목초지

ko'kimtir *sif.* 1) (*osmon rangiga yaqin*) 푸른 빛을 띤; ~ tutun 푸른빛을 띤 연기; 2) (*yashil rangga yaqin*) 녹색을 띤, 초록빛이 도는; 3) (*kul rangiga yaqin*) 회색빛 도는, 우중충한. ~ bulutlar 회색빛 구름.

ko'klam *ot.* 봄(철); 청춘(기); 초기

ko'knor 1) (*ko'saksimon o'simlik*) 양귀비(양귀비속 식물의 총칭); 2) (*shu o'simlikdan tayyorlanadigan*) 아편; 양귀비의 엑스(트랙트))(약용),

ko'knori *ot.* 1) 마약 상용자, 마약 중독자; 2)마취제, 최면제(narkotik).

ko'krak 1) 가슴; 옷가슴; ~ qafasi 가슴; 2) (*ayolniki*) 흉곽, 가슴, 흉부

ko'ks *ot.* 1) (*ko'krak*) 가슴, 흉부, 흉곽, 옷가슴; 2) *k.m.* (*yurak, jon*) (영)혼, 넋; 정신, 마음; 3) *k.m.* (*qo'yin*) 가슴속(의 생각), 내심; 친애의 정, 애정

ko'kyotal *ot. tib.* 기침

ko'kyutal *tib.* 백일해(百日咳: 백일해균에 의한 어린아이의 기침병; 겨울·봄에 걸쳐 많음. 오래되면 기관지염·폐렴을 일으키기 쉬움. 백일기침,

백날 기침, 효증(哮症))
ko'l *ot.* 호수(湖水), 호(湖). sho'r ~ 염분이 있는 호수. ~da baliqlar juda ko'p edi 호수에 생선이 아주 많았다.
ko'lam *ot.* 눈금, 저울눈; 척도; 자
ko'lam, masshtab 규모 범위
ko'lmak 작은 물웅덩이; 괸 곳
ko'lanka 1) (*daraxtniki soyasi*) 그늘, 응달, 그늘진 곳; daraxt ~sida 나무의 그늘 진곳; 2) *k.m.* (*himoya*) 보호, 후원, 찬조, 장려; 3) (*soya*) 그림자, 투영(投影)
ko'mak *ot.* 도움, 원조, 구조; 조력, 거듦
ko'makchi *ot.* (*yordamchi*) 보조자, 원조자, 조수; 보좌역. Bo'lim boshlig'i ~si 부국장; kotiba ~si 부비서.
ko'makchi so'z *ot.* 독립어(獨立語)
ko'maklashmoq *fe'l.* 돕다, 원조하다, 보좌하다. qizcha uy ishlarida onasiga ~di 딸이 집안 일을 할때 어머님을 도와 드립니다.
ko'maklashuvchi *ot.* 도와주는 사람.
ko'milmoq *fe'l.* 매장시키다.
ko'mir *ot.* 탄, 목탄, 석탄. tosh ~ 석탄; ~ bilan olov yoqmoq 숯불로 굽다.
ko'mir koni 석탄광(石炭鑛)
ko'mirchi 1) (*ishchi*) 탄광주; 채탄부, 탄갱부; 2) (*ko'mir sotuvchi*) 목탄상인, 목탄 판매상(商)
ko'mirxona *ot.* 탄갱도.
ko'mish *ot.* 매장, 장의. ~ maro- simi 장례식; ~ marosimida qatna- shmoq 장례식에 참석하다.
ko'm-ko'k *sif.* 1) (*osmon rangi- dan*) 완전푸른색, 순청색, 순남색. hammayoq ~ 완전히 청색으로 물들이다; 2) (*yam-yashil*) 순녹색, 완전녹색
ko'mmoq *fe'l.* 1) (*yerning ichiga ostiga*) 묻다, (흙 따위로) 덮다, ~의 장례식을 하다, 매장하다; eski odatlarni ~ (yo'q qilmoq) 옛 습관을 버리다. 2) (*to'ladir- moq*) (빈 곳을) 채우다, 메우다; 보충하다; 써 넣다; 3) *k.m.* (*yog'dirmoq*) 공격하다, 몰아세우다, (질문·탄원 등을) 퍼붓다
ko'ngilli sug'urta 자발적 보험(의무보험의 반대)
ko'ngilli zahiralar 자발적 예비비
ko'n *ot.* 무두질한 가죽, 가죽, 피혁. ~li poyabzal 제활용 가죽.
ko'ndalang 가로 건너서[질러서]; 저쪽에[까지], 건너서, 통하여, 관통하여.
ko'ndalangiga 열십자로 교차하여, 엇갈리어, 어긋매껴.
ko'ndirmoq *fe'l.* 설득하다, 권유[재촉, 독촉]하여 ~시키다, 설복시키다, 믿게하다, 납득시키다. Men uni ~ olmadim 나는 그를 납득 시킬 수 없었다. U meni kelishga ~di 그는 나를 오도록 설득했다.
ko'ngil *ot.* 1) 마음, 내심. 2) 영혼, 혼. 3) 감정, 애정. ~ yozmoq 마음을 열어 놓고 말하다, 마음을 털어 놓다. ~i qora 교활 (음험)한 마음 (사람). chin ~dan 진심으로, 충심으로; ~iga yoqmoq 마음에 든다; ~ingizga yoqqanicha qiling 마음대로 하세요; ~ g'ash bo'lmoq 답답하다, 메스껍다.
ko'ngilchan *ot.* 대답하는, 응하는; 감응[감동]하기 쉬운, 마음이 넓다. U juda ~ odam 그 여자는 마음이 넓은 사람이다.
ko'ngilli *sif.* (*insonning ko'nglining sif- atini ifodalash uchun*) ~의 마음을 지닌, 마음이 ~한; oq ~ 한결같은 마음; 솔직한, 숨김없는; 2) (*ixtiyoriy*) 자발적인, 지원의, 임의의, 자유 의지의; 3) (*yoqimle*) 즐거운, 기분 좋은, 유쾌한, 만족한; oq ~ 마음이 넓다; ochiq ~ 마음이 착하다; Ziyofat ~ o'tdi 파티가 마음대로 지났다.
ko'ngilsiz *sif.* (*noxush*) 불쾌한,

기분 나쁜, 싫은; ~xabar 나쁜 소식; ~ voqea 사고; ~ voqea sodir bo'ldi 사고가 일어났다.
ko'ngilsizlik *ot.* 불행, 재액, 고난; 곤란한일, 재난. ~ sodir bo'ldi 재난 (재액)이 일어났다.
ko'nikmoq *fe'l.* ~에 익숙해지다, 익숙하다, 습관화되다, 길들다. erta turishga ~dim 일찍 일어나는데 익숙했다; qiyin hayotga ~ 어려운 생활을 익숙해지다.
ko'nmoq *fe'l.* 1) (*rozi bo'lmoq*) 동의하다, 승낙하다, 응하다, 허락하다, 허가하다, 받아들이다, 2) (*yon bermoq*) 몸을 맡기다, 지다, 굴복하다, 따르다; U biz bilan borishga ~di 그는 우리와 같이 가는 것을 승낙했다.
ko'ktosh *ot.* 청돌, 대리석
ko'namak *sif.* 은혜를 모르는, 감사할 줄 모르는; ~ odam 은혜를 모르는 사람.
ko'p ma'noli ifoda 중의적 표현
ko'p *sif.* 1) *(miqdorhaqida)* 많음, 가득, 풍부, 다량, 충분, 많다, 크다; 많이, 다수. U ~ gapiradi 그는 말을 많이한다; ~ bilsang tez qariysan 아는 것이 많아지면 빨리 늙는다. 2) *rav.* 매우, 대단히, 퍽, 몹시, 아주; 3) (*tez-tez*) 자주, 종종, 때때로, 가끔; 왕왕; 4) (*juda*) 대단히, 매우, 몹시, 무척; 5) (*uzoq vaqt davomida*) 오래 동안.
ko'payish *ot. biol* 번식, 증식, 생식, 증가, 증대. oylikning ~i 임금인상.
ko'paymoq *fe'l.* 1) (*sonda*) 늘다, 증대하다, 붇다; 강해지다, 증진하다, 많아지다, 증가하다. 2) *biol* (*nasl qoldirmoq*) 자식을 낳다, 생식하다, 번식하다; (동물이 새끼를) 낳다; (물고기·개구리 따위가) 알을 낳다, 산란(産卵)하다; (아이를) 많이 낳다
ko'paytirish *ot.* 증가, 증대; *mat.* 승법, 승산, 곱하는 것. ~ jadvali 구구단; ~ belgisi 곱셈표.
ko'paytirmoq *fe'l.* 1) (*biror nar- saning sonini*) (수·양 따위를) 늘리다, 불리다, 증대[확대]하다, 배로하다; 증가시키다, foydani ~ 수입을 늘리다. 2) (*hujjat va sh.k. dan nusxa olmoq*) 늘다, 증가하다; 배가(배증)하다; 증식하다; 곱셈하다; 3) (*hay- vonlarni*) 낳다, 기르다; 사육[재배]하다; 육성하다
ko'paytma *mat.* 곱, 곱하기, 곱셈.
ko'pburchak *mat.* 다각형(多角形), 다변형
ko'pdan-kop 너무 많은.
ko'pgina (*sanoqli otlar bilan*) 많은, 다수의, 여러, (*sanoqli otlar bilan*) 다량(多量)의, 많은. ~ odamlar bu haqda biladilar 많은 사람들이 이것에 대해 알고 있다.
ko'phad *mat.* 다명식(多名式)의 (명명법); 다항식의; 다항식(多項式: '+' 또는 '—'로 몇 개의 단항식을 이어 놓은 정식)
ko'pik *ot.* 1) 거품(덩어리), (*sho'- rvada*) (액체 표면에) 떠 있는 찌끼, 더껑이, 버캐; 찌끼, 녹조(綠藻); 최하층민; 인간쓰레기; 정액; (*pivo*) (맥주 등의) 거품; (*sovuniki*) 비눗물, 비누거품, 2) (*onting ustido*) 비누[세제]의 거품; (말 등의) 거품 같은 땀, 흥분[동요] 상태, 초조, 노염; sovun ~i 비누 거품; kir yuvish kukuni ~i 가루비누의 거품; sut, sho'rva ~i 웃꺼풀, 엷은 막; kir yuvish kukuni ~i boylikni anglatadi 가루비누의 거품은 부자가 되기를 뜻한다.
ko'piklamoq 1) (바닷물·맥주 따위가) 거품이 일다; 거품을 일으키며 흐르다[넘치다]; 거품이 되어 사라지다; (말이) 비지땀을 흘리다; (사람이) 게거품을 뿜으며 성내다; (*pivo, vino haqida*) 거품을 일으키다; 거품투성이로 하다; 거품이 일다. 거품을 뿜다. 2) (*ot haqida*) 면도질하기 위하여) 비누 거품을 칠하다; 거품이 일다; (말이) 땀투성이가 되다
ko'pikli *sif.* 거품투성이의; 거품

이는, 거품 같은; (*pivo, vino haqida*) (맥주 등의) 거품; 시시한 [하찮은] 것; 객담(客談)

ko'pincha 1) (*aksariyat hollarda*) 주로, 대개는, 대부분은, 보통은; 2) (*tez-tez*) 자주, 종종, 누누이, 여러 번, 되풀이하여; 연달아, 잦게, 잇달아, 연이어, 종종, 누시(累時); 빈번히, 번번히, 자주자주, 빈빈(頻頻)히, 누차(累次), 삭삭(數數).

ko'pirmoq *fe'l.* 1) (바닷물·맥주 따위가) 거품이 일다; 거품을 일으키며 흐르다[넘치다]; 거품이 되어 사라지다; (말이) 비지땀을 흘리다; (사람이) 게거품을 뿜으며 성내다, (*pivo, vino haqida*) 거품을 일으키다; 거품투성이로 하다; 거품이 일다. 거품을 뿜다; 2) (*ot haqida*) (면도질하기 위하여) 비누 거품을 칠하다; 거품이 일다; (말이) 땀투성이가 되다

ko'pirtirma *sif.* 떠벌린, 과장된, 지나친; 과대시된; 비대한.

ko'pirtirmoq *fe'l.* 1) 비누 거품을 칠하다; 거품이 일다, 거품이 되어 사라지다; (사람이) 게거품을 뿜으며 성내다; 2) (*otni*) (말이) 땀투성이가 되다, (말이) 비지땀을 흘리다; 3) (*tuxum, qaymoqni*) (크림·달걀 등을) 휘저어 거품이 일게 하다, 휘젓다, 거품 내다; 4) *k.m.* (*mubolag'a qilmoq*) 허풍을 떨다, 과장하다, 침소봉대하다, 과대하게 보이다; 지나치게 강조하다, ~을 과대시(視)하다, 과장해서 생각하다.

ko'plik 1) 다수; 수가 많음, 군중(群衆), 군집(群集), 군, 집합(集合). 2) *gramm* 복수; 복수형(의 말)

ko'ppak 1) (동식물의) 잡종; 잡종의 개, 튀기, 혼혈아; 2) *k.m.* (*serjahl odam haqi- da*) 악의 있는, 심술궂은(사람·행위); 3) *k.m.so'k* (*yara- mas odam*) 야비한 녀석, 욕심꾸러기, 탐욕자, 호색한, 더러운 자식.

ko'r: *sif.* 눈 먼, 장님(용)의, 문맹의, 무학의; (*ko'zi yo'q*) 눈 없는, 소경의; 맹목적인; (바늘 따위의) 귀가 없는; 눈이 먼, 눈이 보이지 않는, 근시안의; 장님. ~-~ona e'tiqod 맹신; ~-~ona ishonch 맹목적인 신뢰. ~-~ona (o'ylamay) 생각하지 않고...; (bilmay) 모르게; ~ harakat qilmoq 생각하지 않고 행동하다 (움직이다, 운동하다)

ko'ra 1) *(asosan, qarab)* ~을 따라서, ~의 위를, ~의 속을. 2) ~에 의하여, ~에 따라서. Bu xabarga ~ u turmush quryapti 이 소문에 따라서 그는 결혼할 것 같다.

ko'raman 1) 전람, 전시, 진열; 공개, 전람회, 전시회, 박람회, 품평회, 진열장, 쇼윈도우; 보이기, 나타내기, 표시; 2) *q.* ko'rsatma; ~ga bormoq 박람회에 가다; sur'atlar ~si 미술 전람회; qishloq ho'jaligi ~si 농업 박람회.

ko'rfaz *geog* 만(灣), 내포(gulf와 cove의 중간으로 어귀가 비교적 넓은 것), 산으로 삼면이 둘러싸인 평지, 산림으로 둘러싸인 초원; (*tor kirish bilan*) 만(보통 bay보다 크며 폭에 비해 안 길이가 넓음), 소용돌이; (지표(地表)의) 깊은 구멍, 깊이 갈라진 틈; (시어) 심연(深淵) (abyss), 심해(深海).

ko'rgazmali 1) (*taqdir*) 운명, 숙명; 운(運), 비운; 2) (*oqibat*) 계속, 후편; 귀추, 결과, 결말, 귀착점

ko'rik 1) 검사, 조사; 감사; 점검, (서류의) 열람, 시찰, 검열; 2) (*namoyish*) 실물 교수[설명], 시범, 실연, (상품의) 실물 선전

ko'rimli (***chiroyli***) *sif.* 예쁘다, 아름답다, 미인; 잘 생긴, 미모의, 아름다운(얼굴 따위), (*ko'rishga arzigulik*) 볼만한.... U juda ~ qiz 그 여자는 아주 예쁩니다. 그 여자는 미인입니다.

ko'rimsiz *sif.* (얼굴이) 예쁘지[아름답지] 않은, 남의 눈을 끌지 않는, 아름답지 못한, 애교가 없는; 흥미가 없는, 매력 없는, 시시한.

ko'rinarli 1) 육안. 현재 눈에 보이는, 손에 들어오는, 실제의, 현존의; 2) (*sezilarli*) 눈에 띄는, 이목을 끄는; 두드러진, 현저한, 주목할 만한.
ko'rinish 1) *(qiyora)* 외모, 모습, 외관, 겉보기, 양상, 체면, 생김새, 풍채(風采), (사람의) 얼굴 생김새; 2) (*manzara*) 조망, 광경; 풍경, 경치, 미관, 장관, 기관(奇觀); 구경거리, 쇼; sog'lom ~ 건강한 얼굴 생김새; jiddiy ~ga kirmoq 심각한 모습을 하다; ~ bermaslik 모습을 보이지 않다; tetik ~ 맑은 정신으로; turli ~dagi kartochkalar 그림엽서; ~larni olmoq 경치를 촬영하다; aniq ~ 완료체; noaniq ~ 불완료체; shahar ~i juda chiroyli 도시의 경치가 너무 아름답다.
ko'rinmoq *fe'l.* 1) *(ko'rinarli bo'lmoq)* 보이다; 생기다, 현재 눈에 보이는; Uzoqdan tog'lar ~da 멀리 산이 보인다. hech narsa ~maydi 아무것도 안 보인다; 2) (*paydo bo'lmoq*) 나타나다, 보이게 되다, 출현하다.
ko'rish *ot.* 시력, 시각, 보는 것, 보기. ~ organi 보는 오르간; qayta ~ 다시 보기.
ko'rishmoq *fe'l.* 1) (*uchrashmoq*) 만나다, 인사하다. biz tez-tez ~ib turamiz 우리는 자주 만나다; men uni ko'rishim bilan ~ dim 나는 그녀를 보자마자 인사했다. 2) (*salomlashmoq*) ~에게 인사하다; ~에게 인사장을 보내다, ~이라고 부르다, 이라고 부르며 맞이하다
ko'rk *ot.* 아름다움, 미; 미모, 아름다운 것, 훌륭한 것; 미인; tabiat ~i 자연의 미; butun ~i bilan 치장을 다하다, 넘치는 아름다움으로, 본성을 들어내어.
ko'rkamlashmoq *fe'l.* 예뻐지다, 예쁘게 되다; 아름다워지다.
ko'r-ko'rona (*o'ylamoq*) 맹목적으로, 무턱대고; 막다른 골목이 되어.
ko'rksiz *sif.* = **ko'rimsiz** 버릇없는; 염치 없는, 야비한, 품위 없는; 사악한; (고어) 신에게 버림받은, 타락한. 남의 눈을 끌지 않는, 아름답지 못한, 애교가 없는; 흥미가 없는, 매력 없는, 시시한.
ko'rlik 맹목; 무분별; 문맹, 무지
ko'rmoq *fe'l.* 1) 보다. televizor ~ TV를(텔레비전을) 보다; Meni uni hozirgina ~dim 나는 그 사람을 방금 봤다; Mana buni ~ing 이것 보세요, 그것 보세요; 2) (*TV dasturni*) 지켜보다, 주의하여 보다, 주시[관찰]하다; 구경[방관]하다; 3) (*borib ko'rmoq*) (사교·용건·관광 등을 위해) 방문하다; (~의) 집에 머물다; 4) (*hisoblamoq*) 주목해서 보다, 주시[응시]하다, 숙고하다, 두루 생각하다, 고찰하다
ko'rolmaslik *ot.* (*hasad*) 질투(嫉妬), 강새암, 강샘, 강짜, 새암, 강짜새암, 모질, 시투(猜妬), 시기(猜忌), 투기(妬忌), 끽초(喫醋). U birovni ~ydi 그는 다른 사람의 선공에 질투한다.
ko'rsatish olmoshi *ot.* 지시대명사
ko'rsatish ravishi *ot.* 지시부사
ko'rsatish sifat *ot.* 지시형용사
ko'rsatkich *ot.* (*ishora*) 지표, 표식, 지시자; (신호) 표시기(器), (차 따위의) 방향 지시기. ~ belgisi 지표; ~ barmog'i 집게손가락; yo'l ~i 도로표식, 도표. tezlik ~i 속도계; daraja ~ 지침; temir yo'l 철도 안내; shaxs ismining ~i 고유명산 색인; yo'nalish ~i 풍향 표시기.
ko'rsatma *ot.* 1) 문서, 증거. 2) 증언, 입증, 진술. aniq ~ 명세서; yozma ~ 진술서; sudda ~ 법정에 있어서의 증언, 증언의 증언; yolg'on ~위증; ~ bermoq 증언하다; ~ olmoq 신문하다; barometr ~i 기압계의 눈금 표시.
ko'rsatmali *ot.* 그림[회화·조각·식각(蝕刻)]의; 그래픽 아트의, 그려 놓은 듯한, 사실적인, 눈에 보이는 듯한, 선명한, 생생한.

ko'rsatmoq *fe'l.* *(namoyish etmoq)* 제시하다, 보여주다. pasport ~ 여권을 제시하다, 보여주다; bemorni doktorga ~ 환자를 의사에게 보이다; qoli bilan rasmni ~ 손으로 그림을 가르키다; chiptangizni ~ing 표를 보여주십시오; misol ~ 예를 보여주다, 본보기가 되다; o'zini ~ishga ruxsat bering rm 사람이 실컷 솜씨를 발휘할 수 있도록 해 주십시오.
ko'rshapalak *ot.* 박쥐. 복익(伏翼), 비서(飛鼠), 선서(仙鼠), 천서(天鼠), 편복(蝙蝠).
ko'karmoq *fe'l.* 녹색으로 되다; 푸르러지다. Daraxt ~ 나뭇잎이 풀로 덮이다.
ko'kartirmoq *fe'l.* 1) (*boylamoq*) 푸른색으로 색칠하다; 2) 자라다. Daraxtni ~ 나무를 자라다.
ko'kat (*sabzavot*) *ot.* 야채, 청과물; ~ do'koni 채소 가게, 야채 장사.
ko'katzor *ot.* 들판.
ko'kimtir 하늘 색, 녹색.
ko'klam *ot.* 봄, 청춘, 이른 봄. ~da havo iliq bo'ladi 봄에는 날씨가 따뜻합니다.
ko'klamzor *ot.* 정원
ko'knor *(ko'saksimono'simlik)* 앵속과; 앵속자, 양 귀비씨.
ko'krak *ot.* 가슴, 흉부, 흉강. Uning ~i to'la ordenlar 그는 가슴 가득히 훈장을 달았다. ~ suti bilan boqmoq 젖을 먹이다; Vatan uchun ~ini qalqon qilmoq 조국을 위하여 일어나다; ~ qafasi 흉강, 흉곽; ~ suti 모유.
ko'ks = **ko'krak**
ko'lanka *ot.* 그늘, 응달. Daraxt ~sida (soyasida) dam olmoq 나무 그늘에서 쉬다; derazadan odam ~si ko'rindi 창에 사람의 그림자가 비쳤다.
ko'lmak *ot.* 궁지, 웅덩이, 괴어 있는 물. ~ yiqilmoq 궁지에 빠지다.
ko'mak *ot.* 1) 도움, 조력, 원조. 2) 보조, 보좌. 3) 구조, 구제. ~ bermoq 원조하다, 도와주다, 조력하다; ~ so'ramoq 구원 (원조)를 구하다; tibbiy ~ (yordam) 의료.
ko'pchilik 다수, 집합, 군. juda ~ 무한수; ~ odam 많은 사람.
ko'piklamoq *fe'l.* 거품을 일게 하다.
ko'pincha 자주, 누누이, 여러 번, 되풀이하여; 연달아, 잦게, 잇달아, 연이어, 종종, 누시(累時); 빈번히, 번번히, 자주자주, 빈빈(頻頻)히, 누차(累次), 삭삭(數數); Jiyanim ~ bizlarnikida qoladi 조카는 자주 우리 집에 있다.
ko'pirmoq *fe'l.* 거품이 일다.
ko'pirtirma *ot.* 1) 과대. 2) 과장, 과장하여 말하다.
ko'pirtirmoq *fe'l.* 1) 과대시하다. 2) 과장하다, 과장하여 말하다. Xabar biroz ~ib yuborildi 보도는 약간 과장되었다.
ko'plab 많은. 넉넉하다, 적지 않다, 어마어마하다, 쇠털 같다, 셀 수 없다, 헤아릴 수 없다, 숱하다, 흔하다, 수두룩하다, 허다하다, 무지무지하다, 즐비하다, 막대(莫大)하다, 수(數)많다, 지천(至賤)이다.
ko'prik *ot.* 다리, 교량; 육교; 철도 신호교; 중개; ~ solmoq 다리를 놓다; ostma ~ 허공다리, 적교; yog'och ~ 목교; ariq usti-dagi ~ 아치형의 다리; tosh ~ 석교; ko't- arma ~ 이동교; ~ qurmoq 다리를 놓다.
ko'proq 더욱. bu sumka menga ~ yoqdi 이 가방은 더욱 마음에 들었다.
ko'rgilik 나쁜 사건.
ko'rkam *sif.* 예쁘다; 아름답다. ~ yigit 멋있는 남자; ~ manzara 아름다운 경치.
ko'rklamush *ot.* 맹인 시궁쥐
ko'rpa *ot.(yopinishuchun)* (솜·털·깃털 따위를 둔) 누비이불; 누비 침대 커버, 모표, 이불. ~ yopmoq 이불을 덮다; bolalar ~ yopinib yashirindilar 아이들이

이불을 덮고 숨었다.
ko'rpacha *ot.* 요. 침요(寢褥), 금침(衾寢)
ko'rsatish *ot.* 보여 주는 것, 지시, 지적. ~ olmoshi 지시 대명사.
ko'rsatmali *sif.* 표시하는, 보이는, 증명하여 주는.
ko'rsatuv *ot.* 중계방송, 프로그람.
ko'rsichqon 맹인 쥐.
ko'st *ot.* 여유, 여분, 과잉, 초과분, 과다; 과잉, 잉여; ~ni olib tashlamoq 여분을 수용하다.
ko'p fuqarolilik 다국적(多國籍)
ko'p maqsadli tizim 다목적 시스템
ko'p sonli jinoyatlar 누범(累犯)
ko'p tarmoqli qishloq xo'jaligi 다각화된 영농
ko'p tomonlama kelishuv 합동행위
ko'p tomonlama xalqaro bitim 다자간 국제계약
ko'p tomonli 다자간의
ko'p tomonli shartnoma 다자간 계약
ko'payish tomonga harakat ↔ kamayish tomonga harakat 상향조정↔ 하향 조정
ko'pchilik ovoz 다수결(多數決)
ko'rgazma binosi 전시장(展示場), 상품 진열실(陳列室), 전시실, 쇼룸(showroom)
ko'rgazma stendi 전시 스탠드
ko'rgazmaga ruxsatnoma 전시장 입장카드
ko'rsatgich *ot.* 지표(指標), 지수(指數), 수치(數値), 율, 비율(比率), 단계
ko'rsatgich, koeffitsient 계수, 비율, 요소
ko'rsatgich, ma'lumotnoma 매뉴얼, 설명서(說明書), 인덱서
ko'rsatma 설명, 표시
ko'rsatma berishni rad etish 진술거부
ko'sa 1) *(saqolichiqmaydigan)* (턱)수염이 없는; 까끄라기가 없는; 풋내기의; 2) k.m. *(yerhaqida)* (땅이) 불모의, 메마른; (식물이) 열매를 못 맺는, 휑뎅그렁한, 세간이 없는(방 등), 꾸밈 없는, 살풍경한.
ko'tara *ot.* 도매, 도매업, 대규모, 대대적인; ~ savdo 도매상; narx 도매가격; ~ narxda sotib olmoq 도매가격으로 사다.
ko'tarisiga 도매상으로, 도매가격으로. 도매의, 대규모의, 대대적인
ko'targich *ot.tex.* 승강기, 기중기; 리프트.
ko'tarinki *sif.* 의기양양한, 우쭐대는, 높여진, 높은; 숭고[고결]한, 고상한; 쾌활한, 유쾌한; 거나한, 얼근히 취한.: ~ kayfiyat 기쁜, 좋은 기분.
ko'tarilish, oqib kelishi 유입(流入)
ko'tarish, ko'tarilish 상승, 향상, 고양
ko'tarma *ot.* 들어올림, 들어올리는 것, 끌어 올리다.~ko'prik 도개교(跳開橋); (성 따위의 해자(垓字)에 걸친) 적교(吊橋).
ko'tarmoq *fe'l.* 1) *(turlima'noda)* 들어올리다, (위로) 올리다, 안아[치켜]올리다, 끌어 올리다, 운반해 올리다, 올리다, 게양하다. boshini ~ 머리를 위로 올리다; yelkani ~ 닻을 올리다; bosh kiyimni yerdan ~ 모자를 마루에서 집어 들다; 2) *(yuqori mansabga belgilamoq)* 나아가게 하다, 앞으로 내보내다, 전진[진출]시키다, (기일 따위를) 앞당기다, (작업 따위를) 진척시키다, 촉진시키다, 증진하다; 3) *(tashkil qilmoq, chiqarmoq)* (단체 따위를) 조직하다, 편제[편성]하다; 구성하다, ~의 계통을 세우다, 체계화하다
ko'tarilmoq *fe'l.* 오르다, 올라가다, 올라오다, *(samolyothaqida)* 일어나다; o'rnidan ~ 자리에서 일어나다; kulgi ~ 웃음소리가 일어나다; shamol ~ 바람이 일다; ishda ~ 일터로 나가다; xamir ~ 밀가루 반죽이 부풀어 올랐다.
ko'ylak *ot.* 1) *(erkaklarniki)* 와

이셔츠, 셔츠, 2) (*ayollarning uzun kiyimi*) 의복, 정장, 옷; 부인복, 원피스, 가운, 긴 웃옷; (여성의) 야회용 드레스, 로브; tayyor ~ 기성복; erkaklar ~i 남자복, 와이셔츠; yozgi ~ 여름옷; ~lik mato 복지.

ko'z *ot.* 1) *anat.* 눈(目). 2) (*qarash*) 시력, 시각; 안식; 눈길; (*nazar*) 봄, 얼핏 봄. ~ gavhari (눈알의) 수정체; ~ kosasi 안와(眼窩), 눈구멍; ko'k ~ 푸른 눈; ~ni katta ochmoq 눈을 크게 뜨다; donolar ~i bilan qaramoq 식자의 눈으로 보다; ~ qorachig'idek asramoq 활이의 새끼처럼 소중히 하다; ~ni yummoq 눈을 감다 (죽다); ~ni qismoq 눈을 깜박거리다, 눈으로 신호하다; ~ga ko'rinmaslik 위와 같은; ~ yugurtirmoq 힐끗 보다; ~ga qarab yolg'on gapirmoq 빤한 거짓말을 하다; ~ga tashlanmoq 눈에 띄다, 명명백백하다; ~iga chang solmoq 거짓꾸미다, 속이다; o'z ~ingga ishon 님을 믿지 말고 자기 지신을 믿어라; ~lamoq 멍하니 바라보다.

ko'za *ot.* (귀 모양의 손잡이와 주둥이가 있는) 물주전자, 주전자, 단지, 항아리, 물그릇; 수련.

ko'zanak *ot.* 우묵한 곳; 계곡, 분지; 구멍; 도랑; (통나무·바위의) 공동(空洞); asal ari inining ~lari (꿀) 벌집; 벌집 모양의 물건; 와강(窩腔)(주조(鑄造)의 홈 등); (반추동물의) 벌집위(胃).

ko'zboylogich *ot.* 리본, 띠.

ko'zgu *ot.* 거울, 면경(面鏡), 명경(明鏡), 석경(石鏡), 체경(體鏡), 조경(照鏡), 반사경, 거울 유리;. kich- raytiruvchi ~ 오목 거울; kattala- shtiruvchi ~ 볼록 거울; cho'ntak ~si 손거울; hojatxona ~si 화장 거울; ~ga qaramoq 거울을 보다; ko'z-qalb ~si 눈은 마음의 거울이다.

ko'zlamoq *fe'l.* *(ketidan quvmoq)* 노력하다, 얻으려고 애쓰다, 추구하다, 추적하다, 추격하다. maqsadini ~ 목적을 추구하다; o'z qiziqi- shlarini ~ 자기의 이익만을 목적으로 하다; 2) (*nishonga olmoq*) (총·타격의) 겨냥을 하다, 겨누어 ~을 던지다; (비난·비꼼 따위를) 빗대어 말하다

ko'zpana *ot.* 눈짓

ko'zsiz *sif.* 1) (*ko'zi yo'q*) 눈 없는, 소경의, 한쪽 눈 또는 두 눈이 없는. (*ko'r*) 눈먼, 장님(용)의; 2) (*uzuk haqida*) 바위; 석재, 돌이 없는, 3) (*taxta haqida*) ~ 매듭이 없는.

ko'hnalik 고대에 속하는 것, 태고적인 것.

ko'zli *sif.* 1) (*ko'zning sifatimi ifodalash uchun*) (~의) 눈을 한 [가진], 눈이 ~과 같은; katta ~ 눈이 큰, jodu ~ 눈방울이 커다란; 2) (*ko'rish qobiliyatiga ega*) ~눈의, ~안(眼)의, ~시(視)의.

ko'zoynak *ot.* 안경(眼鏡), 애체; 개화경(開化鏡). ~ taqmoq 안경을 쓰다, 끼다; himoyalovchi ~ 먼지 제거 안경; qora ~ 검은 안경.

ko'zoynakli *sif.* 안경을 끼는. ~ kishi 안경을 끼는 사람.

ko'cha *ot.* 거리, 가로; ~가(街), ~거리(略: St.); jin ~ 뒷길; 색 ~ 옆길; ~da 거리에서, 밖에서; ~ bolalari 거리의 부랑아. Navoiy ~si 나보이 거리. Bizning ~da ham bayram bo'ladi 쥐구멍에도 볕들 날이 있다

ko'cha harakati 도로 교통(량)

ko'cha-ko'y 큰 거리, 중심가

ko'chat *ot.* 1) *(yosh daraxt)* 묘종, 묘목, 어린 나무; olma ~i 사과 묘종; ~ o'tqazmoq 묘목; gul ~i 화초의 묘종; ~chi 묘상, 양수원; ~ ekmoq 묘종을 심다; ekinzorga ~ ekmoq 묘정을 밭이랑에 심다. 2) (*urug'*) 실생(實生)의 식물; 묘종; 묘목(3피트 이하).

ko'chatzor *ot.* 실생(實生)의 식물; 묘종; 묘목(3피트 이하). 묘상(苗床), 못자리; 종묘원, 이식, 뿌리를 가르는 것.

ko'chirma I 발췌(拔萃), 초록(抄錄); 인용(구·문); (논문 등의) 발췌인쇄(물); 발췌곡, 요약(要約); ~ gap *gramm* 직접화법.
ko'chirma II ot. 1) 사본, 모사, 복사. 2) 양화. 3) 등본. ~ nusxa olmoq 사본을 만들다 (뜨다).
ko'chirma gap 직접화법
ko'chirma va o'zlashtirma gap 화법
ko'chirmachi *ot.* 1) (고문서 따위의) 필생, 필경(생); 모방자. 복사하는 사람, 모사하는 사람. (*mashin- kada*) 타이피스트, 타자수; 2) (*adabiy o'g'ri*) 표절자
ko'chirmoq *fe'l. (boshqai shga, shaharga o'tkazmoq)* 베끼다, 등사하다, 모사하다, 복사하다. rasmiy hujjatlarni ~ 공문서의 사본을 만들다.
ko'chki (찍) 미끄러지다, 미끄러져 넘어지다, 미끄러져 가다, 미끄러져 움직이다
ko'chma 1) *(statsionaremas)* 움직이는 것. 2) 전치, 이동. ~ ma'no 전의.
ko'chma ko'p ma'nolilik 은유적 중의성
ko'chma ma'no 주변적 의미
ko'chmoq *fe'l.* 1) *(o'tmoq)* 움직이다, 이동시키다, 옮기다, 지나다, 움직이다, 나아가다; 2) (*manzilni o'rinni o'zgartirmoq*) 이주하다, 이동하다(새·물고기 등이 정기적으로), 이사 가다, 이사하다. Ular kecha yangi uyga ~dilar 그들은 어제 새 집으로 이사 갔다.
ko'chmanchi 1) (*o'troq emas*) 유목민; 방랑자, 2) (*ko'chib kelgan kishi*) 이동하는 동물; 철새; 이주자; 회귀어(回歸魚); 이주[계절] 노동자.
ko'chmanchilik 유목, 유목생활; 방랑 생활.
ko'chama-ko'cha tashib yurib sotish 방문판매
ko'chirib bo'ladigan mol-mulk 동산
ko'chirilgan, ko'chiruvchi 금이나 외환이 한국가에서 다른 국가로 옮겨지는 것, 혹은 기명 유가증권에 대한 권리이전
ko'chirish 계좌이체
ko'chmas buyumlar 부동산
ko'chmas mulk 부동산
ko'chmas mulk ro'yxati 부동산 등록
ko'chmas mulk savdosi bo'yicha agent ot. 부동산 거래 중개인
ko'chmas mulk solig'i 부동산세
ko'chmas mulkni rasmiylashtirish haqida qonun 부동산등기법
ko'chmas mulkni sotish shartnomasi 부동산 매매계약.

Ll

l 우즈벡 알파벳 자음 열한 번째 글자.

la *mus.* (*nota*) A, 가 음(음계의 제6음, 고정 도 창법의 (라:'la'); 가 조.

lab *ot.* 입술, 입(말하는 기관으로서의), 말, 입술 모양의 것; ~langan tovush 순음(脣音)의 소리, 입술소리; ostki (*ustki*) ~ 아랫(윗) 입술; cho'chchaytirmoq 입술을 오므린체하다; ~ burishtirmoq (불쾌하여) 얼굴을 찡그리다[찌푸리다]; ~ni tishlab olmoq 자신의 입술을 깨물다; ~ tovushlari *til* 순음([p, b, m] 따위, ㅂ·ㅃ·ㅍ·ㅁ 등.), 입술소리. 양순음(兩脣音).

lab tovushlari *til* 순음(脣音), 입술소리, 순성(脣聲), 양순음(兩脣音)

lab tovushlari *til* 입술소리(두 입술 사이에서 발음되는 소리. ㅂ·ㅃ·ㅍ·ㅁ 등. 순음(脣音). 양순음(兩脣音). 순성(脣聲))

lab unlilari 원순모음(圓脣母音: 발음할 때에 입술을 둥글게 오므려 내는 모음; 한글의 ㅗ·ㅜ· ㅚ·ㅟ 따위)

labbay 1) (*xizmat*) 무엇을 도와드릴까요?, 무엇이 필요하십니까? 2) (*nima dedingiz*) 무엇이라고 말씀 하셨습니까?, 뭐라고 하셨습니까? 네? 3) (*telefonda*) 여보세요?

laborant *ot.* 실험실 조수, 보조자.

laboratoriya *ot.* 실험실(實驗室), 시험실(試驗室), 연구소.(실); fizika ~si 물리학 실험실, 자연관학 연구소.

laborotoriya jihozi 실험실 설비

lafz *ot.* 약속(約束), 서언, 언질, 말. ~iga ishonmoq ~의 약속을 믿다. ~i yo'q, ~ida turmaydigan 약속을 지키지 않다; ~dan qaytmoq, ~ini yutmoq 약속을 깨뜨리다.

lag *ot.* 지연(遲延), 연기(延期), 지체(遲滯), 연체(延滯), 삽체(澁滯), 완만(晥晩).

lag'mon *ot.* 라그만(음식 이름, 한국의 짬뽕, 라면에 같은 것)

lagan ot. 1) *(ovqatu chun)* 속이 넓고 깊은 큰 접시; chinni ~ china (깊은) 접시, 큰 접시(금속·사기·나무제); 2) *(kir yuvishu chun)* 쟁반, 물동이, 수반; 대야; 세면기[대]; 저울판.

laganbardor *ot.* 알랑쇠, 아첨꾼, 아첨쟁이.

lager *ot.* 1) 야영, 숙영; (군대의) 야영지, 주둔지, 막사; (포로) 수용소, (산·해안 따위의) 캠프장; harbiy ~ 병영. 2) 수용소. 3) 진영. ~ hayoti 야영생활; sport ~i 스포츠 센터; harbiy asirlar ~i 전쟁 포로수용소.

lahad *ot.* 무덤, 묘. 분묘, 묘혈; 묘비.

lahja *ot.* 방언(方言: 1) 한 지역 또는 계층(階層)에 한해서 행하여지는 언어의 체계. 2) 한 나라의 언어 중에서 지역에 따라 표준어와 서로 다른 언어 체계를 가진 말. 사투리. ↔공통어. 3) 신약 시대에, 성령을 받은 신자가 하는, 보통사람은 뜻을 알 수 없는 말.); 사투리, 시골말.

lahjashunos *ot.* 방언학자

lahjashunoslik *ot.* 방언학(方言學)

lahm *ot.* 살(뼈·가죽에 대하여); 살집, 식육(食肉), 수육(獸肉), 육체(영(靈)에 대하여); ~ go'sht 소 허릿고기의 윗부분.

lahza *ot.* 순간, 찰나, 단시간, 즉시, 즉각, 일조일석. bir ~da 순간, 눈 깜빡할 사이에. bir ~ ham 잠깐[잠시] 동안, 당장 그때만.

lahzalik *sif.* 순간의, 즉시의, 즉각의; bir ~ (*bir onda*) 순식간에, 곧.

lakmus *ot.* *kim.* 리트머스

L

(litmus: '리트머스이끼'류에서 짜낸 자줏빛 색소. 알칼리를 만나면 청색, 산(酸)을 만나면 붉은색이 됨; 알칼리성 또는 산성 반응의 지시약(指示藥)). ~ qog'oz 리트머스 시험지.
lallaymoq *fe'l.* 열의가 없다, 늦추다, 느즈러뜨리다, 줄이다, 완화하다, 게을리하다, 내버려 두다, 활동력이 없다, 자력으로는 움직이지 못하다; lallayib o'tirmoq 게으름 피우고[놀고] 있다, 빈둥거리고 있다. 무위로 시간을 보내다
lalmi 건조 지역; 육지; ~ ekinlar 건조지역 농작물
lama *ot.* 1) *(hayvon)* 라마, 라마교(敎)의 고승(高僧). 나마(喇嘛); 2) *(monax)* 라마승(僧). Grand [Dalai] Lama 대(大)라마, 달라이 라마.
lampa *ot.* 1) 등, 등불, 램프, 남포, 전등. stol ~si 탁상 전등; ~ni yoqmoq 등불을 켜다(끄다). ~ qalpog'i 램프갓, 조명 기구의 갓; osma ~ 늘어진 램프, 2) 진공관.
lampochka *ot.* 1) (온도계 등의) 구(球); 전구, 전등알. 2) lampa (2) ga qarang; oltmishlik *(yuzlik)* ~ 육십촉, 60촉(燭)
lanatlanmoq *fe'l.* *(qarg'amoq)* 저주하다, 욕하다.
landavur *ot.* 1) *(beso naqay)* 솜씨 없는, 서투른, 굼뜬, 느린, 데퉁맞은, 완만한; 2) *(befahm)* 멍처이, 바보, 멍텅구리의, 얼빠진; 당황한, 얼떨떨한.
landavurlik 느슨하기, 굼뜬, 느린, 데퉁맞은, 완만한.
landish *ot. bot.* 은방울꽃(백합과에 속하는 여러해살이풀. 5월에 흰 꽃이 꽃줄기 끝에 피는데, 생화(生花)는 신부의 부케로 사용되고 전초(全草)는 강심제·이뇨제로 씀.)
landshaft ot. 1) *(manzara)* (한 지방[자연] 전체의) 풍경, 경치; 조망, 전망; 2) *geog* 지형, 지세. tog' 산악 지형.
lang I *(keng)* 크게, 크게 열린(열려 열어, 뜨고); eshiklarni ~ ochilgan 문을 크게 여세요. u eshikni ~ ochdi 그는 문을 크게 열었다.
lang II *(cho'loq)* 절름발이의, 절룩거리는, 불구의, 무능력한; (등 따위가) 빼근한; o'ng o'yog'i ~edi 그는 그의 오른쪽 다리를 절룩거린다.
lang III *tib.* 소화 불량(증)
langar *ot.* 1) 닻. ~ni tushirmoq 닻을 내리다, 정박하다; ~ni tashla- moq 닻을 던지다; ~ni ko'tarmoq 닻을 올리다. 2) 장대.
lanj *ot.* 1) *(kuchsiz)* 느슨함, 느즈러짐, 둔한 사람; 비활성 물질, 약화한, 쇠약한, 완화. 2) *k.m.* *(bo'sh)* 결단력이 없는, 우유 부단한, 망설이는, (근육 등이) 연약한, 흐늘흐늘한; 무기력한, 나약한. 시든, 시들시들한. 3) *(noaniq)* (시기·수량 등이) 불명확한, 분명치 않은, 확인할 수 없는, 미정의, 확실히 모르는, 단언할 수 없는; (~에 대해) 확신[자신]이 없는. issiq meni ~ qildi 더운 날씨가 나를 약화 시켰다.
lanjlik *ot.* 약화하는 것.
lapar *ot.* 민요합창곡, 포크송
laparchi *ot.* 포크송 가수.
lapashang 멍청이, 얼뜨기, 얼떨떨한 사람.
laq: ~qa tushmoq 완전히 믿다, 믿어 버리다.
laqab *ot.* 별명*(shundk hazil).* 별명; 가명; ~ to'qimoq 별명을 붙이다.
laqabli *sif.* 별명이 있는, 별명을 가진.
laqillamoq *fe'l.* 1) *(bekor yurmoq)* 놀고 지내다, 빈둥거리다; 빈들빈들 돌아다니다, 산만하게 굴다, 멍청해 있다, 입을 크게 벌리다. 2) *(aldanmoq)* 어리석게 만들다
laqillatmoq *fe'l.* 바보 취급하다, 기만하다, 속이다, 속여 넘기다.
laqma *sif.* 1) *(ishonuvchan)* (남을) 쉽사리 믿는, 경솔하게 믿어버리는, 속아 넘어가기 쉬운. 속기 쉬운; 호인인, 2) *(sodda)* 숙맥, 바보, 얼간이, 멍청이, 한가한 구

L

경군.
laqqa: ~ baliq 메기류(유럽산(産)). ~ tushmoq 쉽게 대주다.
larza *ot.* (몸을) 떪, 전율, 떨림, 진저리, 몸서리. ~ solmoq 벌벌 떨다; ~ga kelmoq 와들와들 떨다.
lat: ~yemoq 다치다.
latif *sif.* 섬세한, 정련한, 정제한.
latifa *ot.* 일화; 일사(逸事), 기담(奇談)
latifali *sif.* 일화적, 우스운.
latiflik *ot.* 세련, 고상, 우아, 품위 있음, 우아함[한 것], 고상한 말, 세련된 예절. 섬세하다
latish ot. 레트 사람(라트비아와 발트 해 연안에 사는 종족); ~ till 레트 말(언어).
latofat *ot.* 1) (*nazokat*) 세련, 고상, 우아, 품위 있음 (*chiroy*) 아름나움, 미; 미모, 매력; 2) (*nafislik noziklik*) 섬세한, 우아한, 고운; 3) (*xushmuomalalik*) 공손; 예의바름, 고상; 우아.
latofatli *sif.* 1) *(nazokatli)* 우미한, 우아한; 단아한, 세련된, 땟물을 벗은, 품위(가) 있는, (*chiroyli*) 아름다운, 고운, 예쁜.
latta *ot.* 1) 헝겊, 넝마, 지스러기; 걸레, *(changu chun)* 먼지 떠는[청소하는] 사람; *(pol uchun)* 청소 도구(먼지떨이·총채·행주·걸레 따위), 마룻바닥 깔개(리놀륨·유포(油布) 따위); 마룻걸레; 2) *k.m.* (*bo'sh odam*) 소심한 남자, 뱅충맞이, 몹시 감상적인 사람; 속기 쉬운 사람; 연약한 사람; 물켱이, 바보, 얼간이; ~ bilan artmoq 걸레로 닦다. 3) 칠판지우개.
lattafurush *ot.* 유물론자(唯物論者)
latta-putta *ot.* 누더기 옷
latviyalik *sif.* 라트비아의, 레트 사람[말](의), 라트비아 사람.
laureat *ot.* 계관시인, 수상자; 월계수로 만든 왕관[화관], 최고상을 받은 사람, 계관인, 수상자. Davlat mukofoyi ~i 국가상계관인.
lava *ot.* 용암, 화산암; 용암층, (*shundk qotgani*) (단단한) 클링커 벽돌; 투화(透化) 벽돌, 장벽막장. ~ oqimi 용암이 흐르다.
lavand *sif.* (근육 등이) 연약한, 흐늘흐늘한, 흐늘흐늘하는, 축 늘어진, 연약한; 무기력한, 활기 없는, 맥없는.
lavandlik *ot.* (근육 따위가) 흐늘흐늘하는 것, 축 늘어진 것, 연약함; 무기력함, 활기 없는 것, 맥없는 것.
lavha *ot.* 1) (*plita*) 평석(平石), 석판(石板), 평판(平板), 명판(銘板), 기념 액자, 패(牌). 토막, 일부분. romandan ~ 소설의 한 토막; matndan ~ 단편. marmar ~ 대리석판; tarix ~lari 역사의 테이블; 2) (*manzara, ko'rinish*) 관람, 구경; 관찰, 시찰, 조사, 검토; 3) (*kitob, qo'l yozmada*) 조명(법), 조명도
lavlagi *ot.* 비트(근대·사탕무 따위), 비트의 뿌리(샐러드용), 뿌리근대; qizil ~ 레드 비트, 홍당무(샐러드용); qand ~ 사탕무.
lavlagikor *ot.* 뿌리 근대자.
lavozim *ot.* 임명, 지명, 임용; 임명[지명]된 사람; 지위, 관직, 직무, 직책, 직위.
lavozim oshishi 연공 승진
lavr *ot. bot.* 월계, 월계수. (*daraxt*) 월계관; 영관(榮冠), 영예; ~ bargi 월계수의 말린 잎(향미료로 씀); ~ gulchambari 로럴수(水) (월계수 잎을 쪄서 얻은 것으로 진통제 등에 쓰임).
laxta *ot.* (엉긴) 덩어리, 핏덩어리.
laxtak (*mato, qog'oz kabi*) 조각, 형겊.
laycha *ot. (kichikit)* 개새끼, 강아지.
laylak *ot.* 황새(갓난아기는 이 새가 갖다주는 것이라고 아이들은 배움); ~ qor 엷은 소식이 되어 벗겨지다; (눈이) 펄펄 내리다.
layner *(kema)* 정기선(특히 대양 항해의 대형 쾌속선), (*samolyot*) 정기 항공기

L

layoqat *ot.* 1) (*iste'dod*) 재능, 재각, 수완, 능력. 쓸모 있는 것, 유용성. 2) (*yaroqlilik*) 적당, 적절; 적합성, 타당성
layoqatli *sif.* 1) *(iste'dodli)* 타고난[천부의] 재능이 있는, 쓸모 있는, 쓸만한, ~ yigit 재능있는 젊은 사람; 2) (*yaroqli*) (~에) 적당한, 상당한; 어울리는, 알맞은
layoqatsiz *yur.* 금치산자, 행위무능력자
layoqatsiz *sif.* 1) *(iste'dodsiz)* 재능 없는, 쓸모없는, 소용없는, 쓸데없는; 2) (*yaroq- siz*) 부적당한, 적임(適任)이 아닌, 어울리지 않는; ishga ~ 쓸모없게 만들다, 무능[무력]하게 하다
layotkatsizlik *sif.* 1) *(iste'dod-sizlik)* 재능 없는 것, 재능의 부족; 2) (*yaroqsizlik*) 부적당한 것, 적임이 아닌 것, 맞지 않은 것.
laycha *ot.* 1) (*kichik it*) 애완용의 작은 개; 2) *k.m.* (*yugurdak*) (상점·회사의) 심부름꾼(소년), 사동, 급사.
lazaret *ot. harb.* 병원, (학교·공장 따위의) 부속 진료소, 양호실; (*kemada*) (함선내의) 병실, 진료[의무]실.
lazgi 우즈베키스탄(즉 호리즘)의 춤 이름.
laziz *sif.* 친애하는, 사랑하는.
lazzat *ot.* 1) *(rohat)* 즐거움, 기쁨, 쾌감, 만족. ~lanib tinglamoq 흐뭇해서 듣다; 2) (*ta'm*) 취미, 좋아함, 기호; 시식, 맛보기, 시음, 한 입
lazzatlanmoq *fe'l.* ~을 기뻐하다, ~을 즐기다. 즐기다. musiqa tinglab ~ 음악을 즐기다; dam olishdan ~ 휴가를 누리다.
lazzatli *sif.* 1) *(ta'mli)* 즐거워하는, 유쾌한, 즐거운; 기분 좋은, 바람직한, 마음에 드는; 2) (*yaroqlilik*) 적당, 적절; 맞음새, 적합(성), 타당성
lazzatsiz *sif.* *(ta'msiz)* 즐거워하지 않은, 입에 맞지 않는, 맛없는; 불쾌한, 싫은, 맛없는; 취미 없는, 멋없는; 품위 없는, 비속한; 감식력이 없는.
lag'mon *ot.* 라그만, 야채국, (*sho'rva*) 달걀을 넣은 국수의 일종
lashkar *ot. esk.* 군대; (해·공군에 대해) 육군; 군(軍), 부대, (공동 활동의) 대(隊).
lashkarboshi *ot. esk.* 장군, 장성, 지휘관, 사령관; 명령자; 지휘자, 지도자. 군의 리더.
lashkargoh *ot. esk.* (군대의) 야영지, 주둔지, 막사, 군대 생활.
lash-lush *ot.* 오래 된 물건, 쓰레기, 폐물; 부러진 부스러기, 지저깨비, 잡동사니, 꺾어낸[따낸] 가지[잎, 줄기 따위].
la'l *min.* 홍보석(紅寶石), 홍옥(紅玉), 루비(ruby: 강옥석(鋼玉石)의 하나; 붉은빛을 띤 보석)
la'li *sif.* 1) 홍보석의, 홍옥의; 2) 작은 금속 푼주, 쟁반
la'natli *sif.* 저주러운, 가증스러운.
la'nat *ot.* 비난, 악평, 저주. 욕설; ~ lamoq / aytmoq / yog'dirmoq 비난하다, 매도하다; 악평하다, 저주하다.
la'nati *sif.* 저주를 받은, 불행한; (구어) 저주할, 지겨운, 진저리나는, 악담하는,
la'natlamoq 1) (*qarg'amoq*) 비난하다, 매도하다; 악평하다, 저주하다, 악담[모독]하다; 2) (*qoralamoq*) ~에게 오명을 씌우다, 낙인을 찍다; 비난하다.
lekin *rav.* 오직, 다만, 단지, 오로지, 하지만, 그러나, 그렇지만, 그러하나, 허나.
leksik *sif.* 사전(편집)의, 사전적인; 어휘의, 어구의, 어휘적; ~a 어휘
leksik hurmat ifodasi 어휘에 의한 높낮이
leksik ko'p ma`nolilik 어휘적 중의성
leksika *ot.* 어휘, 낱말, 단어(單語)
leksika va ifoda 어휘와 표현
leksikograf *ot.* 사전편찬학자, 사전 편찬자
leksikografik *sif.* 사전편찬학의,

L

사전 편집(상)의
leksikografiya *ot.* 사전 편집(법)
leksikolog *ot.* 어의학자(語義學者)
leksikologiya *ot.* 어의학(語義學).
leksikon *ot.* 사전, 어휘 목록
leksiya *ot.* 강의(講義), 강연(講筵), 강화(講話); ~ o'qimoq 강의(강연) 하다.
lektor *ot.* 강연자; (대학의) 강사, (교수를 보좌하는) 조수; ~lik 강사(lecturer)의 직[지위]; .
lektorlik *ot.* 강사의 직위, 강좌.
lenta *ot.* 1) 댕기, 리본; (*soch uchun*) (머리용) 리본, 머리띠(headband), 테이프 모양의 물건, 가는 띠, 끈;. 2) *tex.* 끈, 밴드, 띠, 테이프, 벨트, 피대; izolyatsion ~ 절연 테이프; magnit ~si 녹음테이프; pullimyot ~si 기관총의 탄띠; telegraf ~si 전신테이프; 3) (*kino- film*) 영화 필름.
leveraj ta'siri 지렛대 효과(leverage effect)
leyboris *ot. siy.* (*angliyaning*) 노동당원, 노동당 의원, 레이버 당원. ~lar partiyasi 레이버당.
leyka *ot.* 물뿌리개, 물 조리개, 살수기.
leytenant *ot. harb.* 중위, kichik ~ 소위; katta ~ 대위(상위).
liberal *ot. siy.* 자유주의의, 자유를 존중하는; (종교·정치에 관하여) 자유사상의, 진보적인. ~ partiya 자유당.
liberalizm ot. siy. 자유주의.
LIBOR 리보금리, 은행간의 대부금리(Lon- don Inter-Bank Offered Rate LIBOR: 런던 은행간 거래 금리; 국제 금융 거래의 기준이 되는 금리임)
libos *ot.* 1) 옷, 의복(특히 긴 웃옷·외투 등), 옷차림; 2) *k.m.* (*bezak*) 옷차림새; 복장, 의복; 성장(盛裝), 장식물; ustki ~ 겉옷; ~tikmoq 옷을 싯다 (하다).
lider *ot.* 지도자, 수뇌자. 선도자, 리더, 제일 앞선 사람, 선두주자; partiya ~i 당수.
liderlik 지도, 지휘, 지도(력); 통솔(력), 리더십. 선두주자; ~ qilmoq 앞서다.
lift *ot.* 승강기, 엘리베이터, 리프트, 기중기
liftchi *ot.* 승강기자.
lifchik *ot.* 젖가슴띠, 브래지어, *so'zl* 브라, 슬립(여성용 속옷)
ligini bilmoq/ bilmaslik -(gan) ㄴ/ㄹ/는/은/을 지 알다/모르다.
likillamoq *fe'l.* 1) (*notinch turmoq*) 안절부절 못하다, 불안해[싱숭생숭해] 하다, 들뜨다, 애태우다, 마음을 졸이다; (안절부절 못하며) 만지작거리다; 2) (*chayqalmoq*) 흔들리다, 흔들거리다; 진동하다, 흔들어 움직이다, 휘두르다.
likillatmoq *fe'l.* 흔들리다, 흔들거리다; 진동하다, 흔들어 움직이다, 흔들다. 휘두르다.
lik-lik: ~qilmoq 회전하다, 돌리다, 회전시키다.
likop *ot.* 접시, ~cha 작은 접시.
likopcha *ot.* (커피 잔 따위의) 받침 접시; (화분의) 받침 (접시), 받침 접시 모양의 것.
likvid operatsiyalarini o'tkazish- ning oltin qoidasi 유동성 거래의 황금율, 부채와 자산의 조화 원칙
likvid yetishmovchiligi 유동성 부족
likvidar portfeli 현금 포트폴리오
likvidatsiya balansi 청산계산서
likvidatsiya dividentlari 청산배당
likvidlar (naqd pullar) ma'muriyati ot. 유동성 관리
likvidlikni afzal ko'rish 유동성 선호
likyor *ot.* 리큐어(달고 향기 있는 독한 술).
lim: ~to'la 넘칠 정도의, 가득한, 꽉차있다; chelak suvga ~ to'la 들통에 물이 넘칠 정도로 가득하다; ~ to'lmoq 가장사리까지 차다, 넘칠 정도로 차다, ~에 넘치도록 채우다, 넘치도록 붓다
limfa *ot. anat.* 림프절, 임파선
limfatik *sif.* 림프(액)의; 림프를

L

통[분비]하는. ~ bezlar 림프샘
limit *ot.* 리미트, 한도, 한계, 제한, *mat.* 극한; ~ o'rnatmoq 한도 (한계)를 정하다.
limmo-lim = **lim** to'la; = lim 가득 찬
limon *ot.* 레몬; ~ daraxti 레몬나무; ~li choy 레몬차; ~ kislotasi *kim* 구연산(枸櫞酸: 시트르산)
limonad *ot.* 음료수, 레몬수; 레모네이드.
lineyka = **chizg'ich** *ot.* 1) 줄, 줄간. notalar ~si (음악) 오선. 2) (줄간 치는, 재는) 자, 계산자. **logarif- mik** ~ 로그자.
lingvist = **tilshunos** *ot.* 어학자, 언어학자.
lingvistik *sif.* 어학(상)의, 언어의; 언어학의; 언어 연구의.
lingvistika *ot.* 어학, 언어학
linoleum *ot.* 리놀륨(마루의 깔개), 왁스를 입힌 방수천, (바닥에 까는) 리놀륨; ~ to'shalgan pol 바닥을 리놀륨으로 깔았다.
linza *ot.* 렌즈; 렌즈꼴의 물건; *anat.* (눈알의) 수정체.
lip: ~ **etib** 당장에, 즉각, 즉시, 일순간에, 순식간에, 곧; ~etmoq 번쩍이다, 빛나다.
lipillamoq *fe'l.* 1) *(chiroq haqida)* 희미하게 반짝이다, 희미하게 반짝이게 하다, 가물거리다, 깜박거리다, 삼박거리다, 눈짓하다. 2) *(ko'zga bir ko'rinmoq)* 번쩍이다, 반작거리다, 가물리다.
lipillatmoq *fe'l.* (=**lipillamoq**) ko'- zni ~ 깜작이다, 눈을 깜박이다, 눈을 깜박거리다; 눈을 가늘게 뜨고[깜박이며] 보다, 윙크[눈짓]하다, 눈으로 신호하다
lip-lip *ot.* 깜박임, 명멸; ~ qilmoq 반짝반짝 빛나다, 반짝이다.
liq *sif.* 찬, 가득한; 가득 채워진, 충만한; ~ to'la 아주 가득하게, 꽉 들어찬.
liqildoq *ot.* 흔들림, 진동; ~kursi 흔들의자
liqillamoq *fe'l.* 흔들리다, 흔들흔들하다, 동요하다, 비틀거리다. boshni ~ 머리를 젓다 (흔들다).
lira *ot.* I. *(pul birligi)* 리라(이탈리아의 화폐 단위, 은화).
lira *ot.* II. 1) 리라(a) 고대 그리스의 작은 현악기. 하프 비슷한데 '유(U)'·'브이(V)'형의 틀 위쪽에 막대기를 지르고 4,7 또는 10현을 걺; b) 취주악에 사용하는 휴대 연주용의 리라형(型) 철금(鐵琴).); 2) 서정시(敍情詩), 서정시체(抒情詩體)[운문(韻文)].
lirik *ot.* 서정시; *sif.* 서정시의, 서정적인, 상정적인, 정서적인; ~shoir 서정시인; ~ she'r 서정시; ~ chekinish 주정토로.
lirika *ot.* 1) 서정시. 2) *(asarlar majmui)* 서정시체(抒情詩體)[운문(韻文)]; Navoi ~si 나바이의 서정시.
listing ↔ **delisting** 거래 시장에 증권 상장 ↔ 상장폐지
litograf *ot.* 리소그래피, 석판 인쇄(술).
litografik *sif.* 리소그래피, 석판 인쇄(술)의
litografiya *ot.* 석판 인쇄, 석판화.
litr *ot.* 리터(부피의 단위; 4℃의 물 1kg의 부피가 1리터임; 기호:l·L. 1,000 cc; 略: l., lit.).
litrli *sif.* 리터의; bir ~ shisha 1리터 용량의 병; besh ~ 5리터
litsenziar 면허 발급자
litsenzion bitim 사용권 계약, 라이센스 계약, 면허사용 계약
litsenzion mukofot 로열티, 사용권 보상
litsenzion savdo-sotiq 사용권 거래
litsenziya 허가증(許可證), 면허(免許), 인가(認可), 라이센스(license)
litsenziya asosida kelishuv 라이센스 계약
litsenziya asosidagi tizim 물품 수출입의 국가허가 제도
litsenziya beruvchi *ot.* 실시권자
litsenziya oluvchi 실시권 허용자
litsenziya oluvchi 피면허인

L

litsenziyaga ega bo'lish 면허취득
litsenziyaga oid shartnoma 실리권 합의, 라이센스 계약
litsenziyalash 라이센스 교부, 면허장, 허가장 교부
litsenziyali mukofot 로열티
litsenziyali passport 라이센스 관련서류
litsenziyali savdo 노하우, 기술 및 특허권에 관한 국제무역
litsenziyali to'lovlar 라이센스 이용료
litsenziyani ro'yxatdan o'tkazish 면허등록
litsenziyaning bozor narxi 실시료의 시장가격
litsey *ot.* 학원, 학회, 강당; (*Frantsiyada*) 리세(프랑스의 국립 고등학교, 대학의 예비교).
litvalik *sif.* 리투아니아의; 리투아니아 사람[말](의).
litvacha *sif.* 리투아니아 사람(인)
lixtovka 본격 접안에 앞서 이루어지는 일부 하역
lizing = leasing 리스, 장기장비 대여.
loaqal 비록 ~할지라도, (다른 일은) 어떻든, 어쨌든, 애오라지.
lobar *sif.* 예쁜, (얼굴이) 잘생긴, 호남자의, 미인의; (사람·물건이) 외관이 훌륭한, 아름다운, 애교가 있는; 좋아[맛있어] 보이는; ~ qiz 예쁜 소녀, 미녀; ~ yigit 재미있는 녀석, ~ so'z 좋은, 훌륭한 말.
lobbi *ot.* 로비(lobby), 원외단
lobbi harakati *ot.* 로비활동
lochin *ot.* (조류) 매
lof *ot.* 1) (*ko'pirtirilgan yolg'ongap*) 엉터리없는[터무니없는, 황당무계한] 이야기. 과대. 과장; (*mubolag'a*) 과장, 과대시, 과장적 표현; ~ qilmoq 과장하다, 과대하게 보이다; 지나치게 강조하다 ~을 과대시(視)하다; 2) (*maqtanish*) 자랑, 오민(傲慢), 허풍; ~ urmoq 자랑하다, 떠벌리다; ~을 과대시(視)하다.
lofchi *ot.* 1) (*ko'pirtirib yo'lg'on gapiruvchi*) 우화, 교훈적 이야기, 꾸며낸 이야기, 꾸며낸 일; 2) (*maqtanchoq*) 허풍선이, 자랑꾼. 과장을 하는 사람.
logarifm *ot. mat.* 로가리듬, 로그, 대수(對數).. ~ jadvali 로그수표, 대수표.
logarifmik *sif.* 대수(對數)의: ~ jadvallar 로그표, 대수표.; ~ chizg'ich 계산자, 계산척, 로그자
lojuvard *sif.* 하늘색의, 담청의; 푸른 하늘의, 맑은; 감색(紺色)의.
logik *sif.* 논리적인; (논리상) 필연의; 논리(학)상의; 분석적인, 이치에 맞는; ~ xulose 연역(법); ~ ketma-ketlik 논리적인 명령
logika *ot.* 논리, 논법; ~ga qarshi 이치에 맞지 않게, 논리에 맞지 않게.
logistika 물류, 로지스틱스
logotip 로고(logo, logotype)
lok *ot. for,* 라크, 니스, 유약(柚藥), 바니시; ~ surtmoq / bermoq ~에 니스를 칠하다; ~에 래커를[옻을] 칠하다; 외관을 좋게 꾸미다.
lokal bozor 지역시장
lokaut, ishchilarni ommaviy ishdan bo'- shatish 근로자의 파업 및 지나친 임금요구에 맞서 대량해고 또는 직장 폐쇄 또는 조직 변경 등의 조치를 사업주가 취하는 것
loklamoq *fe'l.* 1) ~에 니스를 칠하다; ~에 래커를[옻을] 칠하다; 외관을 좋게 꾸미다; 2) 분식하다, 허식하다, 걸발렁하다.
lokomotiv *ot.* 기관자. 엔진, 발동기, 기관.
lol 1) (*tildan qolish*) 벙어리, 아자(啞子.啞者); 버버리; 2) (*tildan qolgan*) 말을 못하는, 벙어리의; 3) *k. m.* (*hayron*) ~을 어이없어 말도 못 하게 하다, 아연케 하다; ~ bo'lib (*gapirolmay qolmoq*) 갑자기, 불시에, 졸지에, 돌연, 느닷없이.
lola *ot.* 1) (*gul*) 튤립(tulip), 울초(鬱草), 울금향(鬱金香), 창초; ~ daraxti 튤립나무, 목련과의 나

L

무; 2) (*qiail, alvon*) 주홍, 진홍색, 심홍색.
lolaqizgaldoq *ot.* 양귀비(꽃); 양귀비(楊貴妃: 양귀비과의 한해살이풀 또는 두해살이풀. 높이 약 1m. 잎은 어긋나고 긴 타원형. 늦봄에 백·홍·홍자·자색 등의 네잎꽃이 예쁘게 피고 삭과는 구형, 씨는 식용함; 덜 익은 과실의 유액에서 아편을 뽑음. 앵속(罌粟), 미낭화(米囊花), 앵속자, 어미(御米); 아편(阿片), 모르핀(morphine)
lolarang *sif.* 튤립 색, 주홍의, 다[진]홍색의, 주색의, 주홍칠한,
lolazor *ot.* 튤립 밭, 튤립 필드.
lom *tex.* 쇠지레, 지렛대, 쇠몽둥이: temir ~ 헌쇠(붙이), 파철.
lombard bahosi 중앙은행이 시중은행에 유가증권을 담보로 돈을 빌려줄 때 적용되는 공식이율
lombard *ot.* 전당포(典當鋪), 편의금고; ~ga garovga qo'ymoq 전당잡히다
lombard qarzi 동산 및 은행에 저당된 유가증권을 담보로 금전을 빌리는 것
lombard ro'yxati 전당포에서 자금을 빌릴 때 러시아 은행에서 담보로 받는 국채의 종류
lombard, garovxona *ot.* 전당포(典當鋪)
lombardga oid 전당포의
lom-mim *rav.* 암암리에, 넌지시; 절대적으로, 질문하지 않는; 의심하지 않게; 주저하지 않도록; 무조건으로: ~demasdan 전혀 말하지 않고.
longlashgan veksel *ot.* 연기어음
lonoxod *ot.* 자동차(自動車)
lop: ~ etib 갑자기, 불시에, 졸지에, 돌연, 느닷없이; ~ etib gapirib yubordi 갑자기 말해 버렸습니다.
loppa-loyiq *qar.* = **loyiq**
loqayd *rav.* 무관심하게, 냉담히, 차별 없이, 평등하게, 등한. ~ odam 민숭맨숭이.
loqaydlik *ot.* 무관심, 냉담: ~ bilan 무관심하게, 냉담하게. 차별없이, 평등하게
lord *ot.* 지배자, 군주; 영주; 주인, 귀족, 경(영국귀족의 칭호). ~lar palatasi (영국의) 귀족원, 상원.
loro *ot.* 은행이 거래 상대 은행에 개설한 계좌(loro)
loro hisobi 두 은행간의거래에 제 3의 은행이 개입될 경우
losos *ot.* 연어(鰱魚: 연어과의 바닷물고기. 길이 70-90cm, 몸은 방추형. 송어와 비슷하나 폭이 더 넓음. 빛은 등 쪽이 남회색, 배 쪽이 은백색, 살은 황적색임. 가을에 강을 거슬러 올라와 모랫바닥에 알을 낳고 죽음. 맛이 썩 좋음.)
lotereya *ot.* 추첨, 제비(뽑기), 복권 뽑기; 추첨; 운, 재수; ~ o'ynashda qatnashmoq 추첨을 하다, 추첨에 참가하다.
lotin *ot.* 라틴계 사람; 라틴 사람, 옛 로마 사람: ~ tili 라틴어; ~ alifbosi 로마 알파벳; ~ chechagi *bot.* 한련(旱蓮)
lotincha *sif.* 라틴의, 라틴어의, 라틴(어)계(系)의, 라틴 사람의, 옛 로마 사람의, 라틴 민족의.
loto *ot.* (*o'yin*) 로또 (숫자를 맞추는 카드놀이 도박의 일종)
lotoreya 복권(福券: lottery)
lotoreyadan yutish 복권 당첨액
loviya *ot.* 강낭콩, 강남두(江南豆), 강낭콩(콩과의 한해살이 덩굴풀. 여름에 백색·황갈색·흑색의 씨가 여묾. 중요한 재배 식품); (*o'simlik*) 양고기와 콩의 스튜; xitoy ~ 간장(醬)
lov-lov: 활활. ~ etib yonmoq 활활 타오르다; ~ achitmoq 절단하다
lovullamoq *fe'l.* 1) 활활 타오르다, 타오르다, 불꽃을 일으키다, 불꽃을 내다; 2) *k. m.* (*isitmalamoq*) 달아오르다, 붉어지다, 화끈해지다. 3) *k. m.* (*yuz haqida*) (불꽃 없이) 타다, 빨갛게 타다, 백열[작열]하다, 백열광을 발하다.
loy *ot.* 1) *(qurilish materiali)* 점토(粘土), 찰흙; 흙, 차진흙; ~ishi ~에 점토를 바르다[섞다]; ~ qilmoq 찰흙을 반죽하다(개다); oq ~ 사기흙, 흰흙; qizil ~ 진흙, 점토. 2) *(ko'chada, balchiq)* 진

L

탕, 흙탕, 치료용, 진흙; ~bo'moq 진흙투성이로 하다[되다]; ~ vannalari 흙탕 목욕(류머티즘 따위에 유효)
loyiha 1) (*binoniki*) 프로젝트, 안(案), 계획, 기획, 설계, 청사진(靑寫眞), 초안(草案); 2) (*hujjatniki*) 도안, 밑그림, 설계도; qaror ~si 기획을 결심하다; 3) (*reja, niyat*) 계획, 기획, 설계.
loyiha idorasi *ot.* 설계 사무소
loyihalamoq *fe'l.* 입안하다, 계획하다, 안출하다, 설계하다.
loyihachi *ot.* 계획[입안]자, 디자이너, 도안가, 설계자, 입안자.
loyihalamoq *fe'l.* 설계(계획)하다.
loyihalash uchun ruxsat 설계 의뢰
loyihalashtirish 디자인, 의장(意匠), 도안, 엔지니어링, 설계(設計)
loyihani amalga oshirish 프로젝트 실현
loyiq 1) *(munosib)* ~의 가치가 있는, ~의 값어치가 있는; ~할 만한 가치가 있는; ~ ga ~ ~말 한한, ~할 자격이 있는. 2) 알맞은, 적당한. ~ ish 알맞은 일. hurmatga ~ 존경을 받을 만한; e'tiborga ~ 관심을 돌릴만한.
loylamoq *fe'l.* 진흙으로 만들다, 찰흙으로 만들다, 잘 젓다, 흔들다
loyli *sif.* 진흙의; 진흙투성이의; 진창의, 찰흙질의, 점토질; 더럽히다
loyqa 1) *ot.* 흐린 것, 앙금, 물때. 2) sif. 흐린, 혼탁한, 흙탕물의, 진흙의[과 같은], 진흙을 포함한, 흐린, 우중충한, 혼탁한. ~ suv 흙탕물.
loyqalanmoq = loyqamoq *fe'l.* 흐려지다.
loyqamoq *fe'l.* 흐려지다, 흐리게 하다.
lozim 1) *ot.* 우즈벡 여자 바지. Men ~ kiyishim shart 나는 바지를 입어야한다; 2) *sif.* 필요한, 없어서는 안될, 필수의; ~ bo'lmoq 필요로 하다; ~할[될] 필요가 있다; Do'stim tug'ilgan kunimga kelishi shart 친구는 내 생일 파티에 와야 한다.
lochin *ot.* 송골매, 골매; 송골, 해동청(海東靑), 해청(海靑); (매 사냥용) 매
loyxona *ot.* 월면(작업)차
luqma *ot.* 주의, 주목; 관찰; ~ tashlamoq 관찰하다
lupa *ot.* 확대하는 물건[사람], 과장하는 사람; 확대경[렌즈], 돋보기.
lutf *ot.* 은혜 호의, 친절, 우애, 자애.
lutfan *rav.* 성실하게, 친절하게.
lutf-karam (신의) 은총; 은혜, 자비
lutfkorona *sif.* 은혜로, 은총으로
lutfkorlik 친절한 행위, 은혜, 은고(恩顧)
luza *ot.* (*billiard*) 당구, 포켓볼.
lug'at *ot.* 사전. *(kitob oxiridagi)* (권말(卷末) 따위의) 용어풀이, 어휘; izohli ~ 주석사전; o'zbekcha-koreyscha ~ 우한 사전; ~ bilan o'qimoq 사전을 찾으면서 읽다.
lug'atshunos 사전학자
lug'atshunoslik 사전학
lug'atchi *ot. so'zl* 사전 편찬자
lug'aviy *sif.* 1) *(leksik)* 사전(편집)의, 사전적인; 어휘의, 어구의; ~ tuzilish(til) 어휘(구성); ~ ma'nosi 어휘 의미; 2) (*so'zmaso'z*) 문자의, 문자상의, 글자 그대로의;
lo'li *ot.* 집시(Gipsy, Gypsy: 1) 코카서스 인종의 유랑 민족. 인도에서 발상하여 헝가리를 중심으로 유럽 각지에 분포함. 입술은 두껍고 검은 고수머리에 피부는 갈색임. 쾌활하며 음악에 뛰어나고, 남자는 마도위·땜장이, 여자는 점쟁이 노릇을 함; 2) 〔gipsy〕 정처 없이 방랑 생활을 하는 사람의 비유.), 집시사람들; ~lar till 집시어
lo'nda *k.m.* 간결한(어구 따위), 간명한; 구체적인, 명백한, ~ javob 명확한 내답.
lo'q: ko'zini ~qilib 응시하는; 노려보는
lo'ttivoz *ot.* 좀도적, 협잡꾼, 속임, 사기꾼.

L

Mm

m 우즈벡 알파벳 자음 열둘 째 글자
ma: 자 이것[옜다](상대방에게 무엇을 건네어 줄 때), 받으세요, 받아라, 받아; ~(*buni*)ol 이것 잡아(받아); ~, buni ol 이것을 받아.
mablag' *ot.* 돈, 자력(資力), 재산, 수입; aylanma ~lar *iqt* 유동자본; ~ajratmoq 자금(기금)을 할당하다(배당하다)
mablag' ajratish 자금할당, 배분
mablag' ajratish 자본투자
mablag' mavjudligi 자금 보유
mablag' eksporti 자본수출
mablag' holati 은행의 현금 자산상태, 은행 준비금에 대한 지출준비
mablag' kamayishi 감자(減資)
mablag' kamayishi 자본유출
mablag' kirimlariga sarf qilish 자본 투자
mablag' ko'chib o'tishi 자본이동
mablag' oqib kelishi 자본유입
mablag' sarflash 투자(投資)
mablag' sarflash samarasi 투자의 효율성
mablag' sarflash uchun sabab 자본 투자
mablag' sarflovchi 투자가
mablag' shakllanishi 자본 형성
mablag' pul qo'yish 투자, 예금, 투기
mablag'dan daromadga soliq 자본세
mablag'ga oid loyiha 자본 집중 프로젝트
mablag'langan baho 자본화 가치
mablag'lar bozori 자본시장
mablag'larning ovropabozorlari 유로 자본시장
mablag'ni xalqaro bozorda joyla- shtirish 여러 나라 시장에의 주식 분산 투자
mabodo *cj.* 1) 만일에 대비하여, (*agar*) 만약 ~이면[하면]; 만일 ~라고 하면; ~하면; (*so'roqda*) 만일 ~하면 어쩌나, 설사 ~한다 하더라도 관계없다, ~할 때에는, 무슨 일이 있으면. ~ men kelmasam 만약에 내가 안 오면; ~ sendan so'rab qolishsa? 그들이 당신에게 무슨 질문을 했습니까?; 2) (*kirish so'zi: inkor so'roq gapda*) 만일, 만약에; siz, mabodo, uni bilmaysizmi ? 당신에게 일어난 일을 그는 알고 있습니까?; ~ kelmadimi? 그에게 무슨일이 오고 있습니까?
madad *ot.* 도움, 원조, 구조; 조력, 거듦, 방조, ~bermoq 돕다, 조력(助力)[원조]하다, ~을 거들다, ~에게 힘을 빌리다.
madadkor *ot* 조력자, 원조자; 조수, 집안 일꾼; 구조자; 위안자.
madaniy *sif.* 1) (*madaniyatga taallugli*) 문화의, 문명의, 정신문명의, 정신문화의; 문화를 가진, 문화가 발달된; ~ inqilob 문화의 혁명 ~ almashinuv 문화의 교류; ~ markaz 문화센터; ~o'sish 문명의 향상; 2) (*madaniyatning yuqori saviyasidagi*) 문명화된, 개화된, 예의바른, 교양이 높은, 교양 있는, 수양을 쌓은; 세련된; 점잖은; 문화수준이 높은. ~ odam 문명인, 문화인; ~ xalqalr 문명국가; 3) *q.x.* 경작된, 개간된, 재배된, 배양[양식(養殖)]된; ~ o'simliklar 재배작물; ishlab chiqarish ~i 경작의 능률; ~ daraja 문화 수준. ~ markaz 문화중심지 ~ sektor 문화부.
madaniyalashmoq *sif.* 문명화된, 개화된, 예의바른, 교양이 높은.
madaniyalashtirmoq *fe'l.* 문명화하다; (야만인을) 교화하다, 세련되게 하다; (우스개) (사람을) 예의바르게 하다.
madaniyat *ot.* 1) 문화. 2) 작물, 농작물.

M

madaniyatli *sif.* 교양있는, 수양을 쌓은; 세련된; 점잖은; 배양[양식(養殖)]된, 경작된; 문화를 가진, 문화가 발달된.
madaniyatlilik 문화, 정신문명, 교양; 세련 수양; 교화; 훈육 재배; 양식; 경작 (세균 등의) 배양; 배양균[조직].
madaniyatsiz *sif.* 문화 없는, 교양 없는.
madaniyatsizlik 문명의 부족, 문명의 결핍
madaniylik *ot.* 문화, 정신문명, 문화혁명.
madaniy-maishiy *sif.* 문화와 경제, 문화편의. ~-maishiy xizmat 문화 복지(후생) 시설; madaniy-maishiy muassasalar 공공의 문화적 설비.
madaniy-oqartuv *sif.* 문화와 교육상의
madaniy-tarbiyaviy 문화와 교육의 연구
madhiya *ot.* 찬송가, 성가; 찬가; davlat ~si 국가, 애국가.
madda *tib.* 고름, 궤양; 종기
maddalmoq *fe'l.* 곪다, 화농(化膿)하다
madh *ot.* 칭찬, 찬양; ~qilmoq 칭찬하다, (신을) 찬미하다.
mador *ot.* 힘, 세력, 에너지, 기세, 권력, 실력; 완력; 병력. Uning ~i yo'q 그는 힘이 없다. ~할 수 있다. ortiq ~im yo'q 더는 할 수 없다; qimirlashga ~i yo'q 그는 움직일 수 없다; ~im qolmadi, ~im yo'q 나는 잡을 수 없다.
madorsiz *sif.* 약한, 무력한, 연약한, 힘없는, 박약한, 나약한, 기력이 없는
madorsizlanmoq *fe'l.* 힘이 없어지다, 힘을 잃다.
madrasa *ot.* 메드레세(무슬림 신학 학습[지도]의 신학교)
mafhum *ot.* 1) (말 따위의) 의미, 뜻; 2) 개념, 생각, 관념, 의견; 의향.
mafkura *ot.* 관념학[론]; 공리, 공론, (사회상·정치상의) 이데올로기, 관념 형태.
mafkurasizlik I *ot.* 이상과 원칙의 결핍, 사상이 없는 것.
mafkurasizlik II 이상과 원칙이 전혀 없는, 원리, 원칙이 결여된
mafkuraviy *sif.* 관념학의; 공론의; 관념 형태의, 이데올로기의.
maftun 매혹, 황홀케 함, 홀린 상태, 매력, 마음을 끄는 힘; 매력있는 것; ~ bo'lmoq 매혹[매력]적인, 요염한; ~ qilmoq 황홀케 하다, 매혹시키다.
maftunkor *sif.* 매혹적인, 황홀케 하는, 호리는, 매력적인, 탐스러운, 아릿다운. ~ ovoz 매력 있는 목소리 ~ manzara 아기자기한 풍경.
magazin = do'kon *ot.* (*qurolda*) 가게, 상점, 점포, 소매점; universal ~ 백화점 kitob ~i 책방, 서점 oziq-ovqat ~i 식료품상점.
magazinchi *ot.* 점원, 판매원, 외교원
magistral *ot.* (수도·가스 등의) 본관(本管), 간선; (건물로의 전력용) 본선; (철도의) 간선로. temir yo'l ~i 철도간선.
magnat *ot.* 거물, ~왕, 대자본가, 대실업가; moliyaviy ~ 금융대자본가들.
magnit *ot.* 자석, 자철, 마그넷, 자성체; tabiiy ~ 천연 자석; o'zgarmas ~ 영구 자석; ~ maydoni 자기를[자성(磁性)을] 띤; ~ mili 자침(磁針), 나침(羅針); ~ bo'roni 자석의 폭풍.
magnitlamoq *fe'l.* 자력을 띠게 하다, 자기화(磁氣化)하다, 여자(勵磁)하다
magnitli *sif.* 자석의, 자기의; 자기를[자성(磁性)을] 띤.
magnitofon *ot.* 테이프 리코더, 녹음기.
magniy *ot.* *kim.* 마그네슘 (magnesium: 은백색의 가벼운 금속 원소. 산에 잘 녹고, 수소를 발생하며, 전성(展性)이 좋음. 사진 촬영시의 플래시·불꽃놀이·환원제 등에 씀. [12번:Mg: 24.31]).
mahal 1) (*vaqt*) 시간, 때; 시일,

세월, 시간의 경과. bir ~da 동시에, 같은 때에 ~da ...때에; 2) (*marta*) 기간, 동안, 잠시, (한정된) 시간, 기간, 기일; kuniga uch ~ 삼일동안.
mahalla *ot.* (시가의 도로로 둘러싸인) 한 구획, 가(街); 그 한 쪽의 길이[가로].
mahallani sog'lomlashtirish, yaxshilash 지역보건상황 개선
mahalliy *sif.* 지방의, 고장의, 지구의; 한 지방 특유의, 지방적인; ~ vaqt 지역 시간; ~ sanoat 지역 산업; ~ xalq 주민, 거주자; ~ urf-odatlar 지방풍습.
mahalliy boshqaruv 지방자치
mahalliy byudjet 지방예산
mahalliy litsenzion yig'inlar 시정부 허가수수료
mahalliy o'z-o'zini boshqaruv harakat- lari 조례
mahalliy referendum 주민투표
mahalliy soliq va yig'inlar 지방세 및 징수금
mahbub *ot.* 가장 사랑하는 사람, (신자 상호간의) 친애하는 여러분 (호칭).
mahbus *ot.* 체포; 구류; 억류, 구금자, 죄수, 형사 피고인, 포로.
mahfiy kelishuv 막후거래
mahfiy parda ortidagi muzokaralar 막후 협상, 비밀 협상
mahfiylik *ot.* 직업상 비밀 유지
mahkam *sif.* 1) (*qattiq*) 굳은, 단단한, 튼튼한, 견고한; 2) (*yaxshilab*) 단단한, 단단히 맨, 탄탄한, 단단해서 움직이지[풀리지] 않는; eshikni ~ yopmoq 문에 굳게 닫혔다.
mahkama *ot.* (학회·협회 따위의) 설립, 창립; vazirlar ~si 내각, 캐비닛.
mahkamlamoq *fe'l.* 강하게[튼튼하게] 하다, 강화하다.
mahkum *kit.* 선고한, 판결한, 운이 다한, 유죄를 선고받은; o'limga ~ qilinmoq 사형을 언도한.
mahkumlarni topshirish 범죄자 인도
mahliyo *ot.* 매혹(함); 매료(된 상태); 매력, ~ bo'lmoq 매혹되다, 황홀케 되다. ~의 넋을 빼앗다, 현혹시키다, 뇌쇄[매혹]하다
mahmadona *ot.* 아는 체하는 사람; (남의 의견·조언 등에) 콧방귀 뀌는 사람; ~lik (무엇이나) 아는 체하는 행동.
mahmadonalik 수다스럽다.
mahorat *ot.* 기능, 기교, 숙련, 노련, 교묘, 능숙함, 솜씨, 수완. badiiy ~ 예술적 기량; harbiy ~ 전쟁의 기술; zo'r ~ bilan 아주 능숙[능란]한,
mahoratli *sif.* 능숙[능란]한, 교묘한, 숙련된.
mahoratsiz *sif.* 서투른, 솜씨없는, 어줍은
mahrum 1) *ot.* 박탈, 상실; 2) *sif.* ~이 전혀 없는, ~이 결여된, (~이) 모자라는, 불충분한; 결함이 있는; ~ bo'lmoq 잃다, (사람 모습 따위를) 놓쳐버리다, 두고 잊어버리다; ozodlikda ~lik 구금, 자유박탈; histuyg'- ulardan ~ bo'lmoq 기절하다, 정신을 잃다; hayotdan ~ bo'lmoq 생명을 잃다.
mahrum bo'lish 상실, 취소
mahrum qilish 박탈(剝脫)
mahsi *ot.* 옛 부츠.
mahsul *ot.* 산물, 생산품, 제품. 제작물.
mahsuldor *sif.* (*serhosil*) (땅이) 비옥한, 기름진; ~ yer 기름진 땅; (*samarali*) 능률적인, 효과적인; (수단·조처 따위가) 유효한, 보람 있는, 성과가 많은.
mahsuldorlik *ot.* 1) (*serhosillik*) (토지가) 기름짐, 비옥, 2) (*samaradorlik*) 생산성, 생산력; 풍요, 다산성, 열매를 많이 맺는 것, 번식 강한 것.
mahsuldorlik, hosildorlik 생산성
mahsulot *ot.* 1) (*mashsul*) 생산품(生産品), 생산 제품, 제조, 제품, 수공품; sut ~lari 낙농제품; kimyo ~lari 화학제품; 2) (*ishlab chiqarish*) 산출, 생산, 작

M

품, 제품, 생산[제작]물; 저작물; 연구 성과; 3) (*mol*) 물건, 물품, 상품, 물자; sanoat ~lari 산업(상)의 물품.
mahsulot bekamu-ko'stligi 제품 한 벌 일체, 세트
mahsulot havsizligi 제조물 안전
mahsulot ishlab chiqarish matritsasi 생산품 구성
mahsulot ishlab chiqarishni to'xtatish 제품 생산 중단
mahsulot markasi 제품 브랜드
mahsulot narxini belgilash 제품 가격 결정
mahsulot sifati 생산품질(生産品質)
mahsulot tannarxi 생산 원가
mahsulot taqdimoti 상품 소개, 제품 소개
mahsulot yaroqsizligi 불량품
mahsulot yetkazib berishning umumiy shartlari 수출 상품 공급의 일반 조건
mahsulot, samara, natija 과실
mahsulotlardan iborat mulk 현물
mahsulotli soliq 현물세
mahsulotni bo'lish bitimi 생산물 분할협정
mahsulotni individuallashtirish 상품의 차별화
maishat *ot.* 1) 일상생활, 실생활, 생존, 생활; ~ qilmoq 생활의 즐거움; 2) 기쁨, 즐거움
maishiy *sif.* 일상적인, 세태의, 일상생활의, 매일의, 일상의; ~ xizmat 편의봉사 ~ shart-sharoitlar 생활의 조건.
maishiy anjom 가정용품
maishiy shovqin o'lchovi 생활 소음 측정
maishiy texnika 가정용 가전제품
maishiy va sanoat chiqindilarini yo'qo- tish 가정 및 산업 폐기물 재활용
maishiy xizmat ustaxonasi 생활 서비스점
majaqlamoq *fe'l.* 1) 눌러서 뭉개다, 짓밟다, 으깨다. 짓눌러(짓밟아) 죽이다, 뭉개다. o'rgimchakni ~ 거미를 밟아 줄이다.
majbur *sif.* 강요된, 강제적인, 무리한, 억지의, 부자연한. ~ bo'lmoq ~할 수 밖에 없다, 부득이 ~가게되다.
majbur shaxs 관료, 공무원, 임원.
majburan 1) (*majbur qilib*) 강제력으로, 강다짐으로, 우격다짐으로. 2) (*majbur bo'lib*) 강제되어, 부득이하게.
majburijatni etarli darajada bajarmaslik 채무불완적이행
majburiy *sif.* 강요, 강제된, 강제적인; 의무로서 해야만 할, 의무적인; 필수(必須)의, 필수(必修)의 (과목 따위); ~ ishlar 강제노동.
majburiy alohida bo'lmagan litsenziya 비배타적 강제실시권
majburiy bajarish 강제집행
majburiy ijro uchun ijro varaqasi 강제집행명령문
majburiy mehnat 강재노역, 강제노동
majburiy mehnat mashaqqatlari 경영(운영)의 어려움
majburiy sug'urta 의무보험
majburiy ulush 법정상속재산
majburiyat *ot.* 필요(성), 부가피성, 요구. 부득이함.
majburiyat *ot. yur.* 의무, 책임, 계약, 채무(債務), 채권[채무] 관계; 채권, 증권
majburiyat huquqi 채권법
majburiyat huquqining umumiy qismi 채권총칙
majburiyat, va'da 채무(債務)
majburiyatlar bajarilmaganligi oqibatida yetkazilgan ziyon 의무불이행으로 인한 손실
majburiyatlar ijrosi 의무의 이행
majburiyatlar ijrosini ta'minlash 채무이행보전
majburiyatlar to'xtatilishi 채무수멸
majburiyatlarni bajarish 의무이행
majburiyatlarni bajarish orqali tugatish 이행에 의한 재무소멸

M

majburiyatlarni bajarish, ijro etish 채무의 이행
majburiyatlarni bajarmaslik haqida rad javobi 의무이행의 거절
majburiyatlarni bo'lib-bo'lib bajarish 채무의 불완전이행
majburiyatlarni hisob qilish bilan tugatish 상계에 의한 채무소멸
majburiyatlarni mahsulot bilan bajarish 원상의무이행
majburiyatlarni mahsulotlar bilan bajari- shga hukm qilinish 원상복귀명령
majburiyatlarni qarshi bajarish 동시이행
majburiyatlarni tugatish 채무의 소멸
majburiyatni bajarishni talab qilish hu- quqi 의무이행 청구권
majburiyatni bajarmaslik 의무불이행
majburiyatni bajarmaslik javob- garligi 채무불이행 책임
majburiyatning bajarilmasligi 채무불이행
majburiyatning muddatdan oldin bajari- lishi 채무조기이행
majhul 수동의, 수동적인, 수세의; fe'lning ~ darajasi *gramm* 수동태
majhul nisbat 피동사 피동태
majhul nisbatli gap 피동문
majhul va orttirma nisbat 피동사와 사동사
majhul va orttirma nisbatli gapning farqi 피동문과 사동문의 구별
majhullik 피동, 수동.
majlis *ot.* 회의, 모임, 회합, 집회, 집합; ~ ni ochmoq 공개회의; yopiq ~ 비공식의 회의; saylov oldi ~i 선거 집회; unmumiy ~ 전체회의; ~ lar zali 회의실.
majmua *ot.* 1) *yur.* 법전, (어떤 계급·사회·동업자 등의) 규약, 규칙; qonunlar ~si 법전; 2) 총체, 종합체; mashqlar ~si 체조동작의 종합.
majnun *sif.* 분별없는, 무모한, 미친, 실성한, 미친 것 같은, 어리석은, 비상식적인.
majnunlik *ot.* 어리석음, 우둔, 어리석은 행위[생각].
majnunona *rav.* 미친 듯이; 결사적으로; 맹렬히; 바보같이; 무모하게; 몹시, 극단적으로
majnuntol *bot. ot.* 수양버들(垂楊-: 버드나뭇과의 작은 낙엽 활엽 교목. 가지가 가늘고 길게 늘어지며, 잎은 선상 피침형임. 봄에 노란 수꽃과 원기둥꼴의 이삭 모양을 한 암꽃이 핌), 수양; 버드나무, 버들, 수류(垂柳), 사류(絲柳)
majol *ot.* 세기, 힘, 세력, 에너지, 기세
majolsizlik *ot.* 약함, 가냘픔; 허약, 박약, 나약, 미약, 기력이 없는 것.
major tanlash tizimi 다수대표제(한 선거구에서 다수 득표자만을 당선자로 하는 제도)
majoziy *sif.* 비유적인; 전의(轉意)의, 전용의, 수식(修飾)이 많은, 화려한; so'zning ~ ma'nosi 말의 비유적인 느낌; ~ ma'noda 비유적[상징적]으로.
majruh *sif.* 상처 입은. 감정이[명예가] 손상된.
majruhlanmoq *fe'l.*. 병이 나다.
makaron *ot.* 마카로니, 이탈리아 국수.
maket *ot.* 모형, 본, 모델; *so'zl* 실물 크기의 모형, 모크업(실험·교수 연구·실습용); 인쇄물의 레이아웃, 형(型), 양식; (양복·주물 따위의) 본, 원형(原型), 목형(木型), 거푸집; bino ~i 모델 구성(경제 이론을 방정식화하여 경제 모델을 만드는 일)
makintosh *ot.* 고무입힌 방수포(防水布); 방수외투(略: mac(k)).
makiyon *sif.* 암(컷·놈)의, 자성(雌性)의, 암술만 있는, 암탉, 암새; 물고기의 암컷,
makka I *ot.* 옥수수(볏과의 한해살이풀. 남아메리카 원산. 높이 약 2-3m. 줄기는 하나고 잎은 수숫잎 같이 크고 긺. 열매는 둥글고 길쭉한데 낟알이 여러 줄로 박혀 있으며 녹말이

M

풍부하여 식량 또는 사료로 씀; 강냉이, 옥고량(玉高粱), 옥촉서(玉蜀黍), 옥출(玉秫), 직당(稷唐))
makka II *ot.* 메카(사우디아라비아의 도시; Muhammad의 탄생지); 동경의 땅, 사람이 잘 가는 곳; 동경의 대상; (주의·신앙·학문 따위의) 발상[기원]지. 이슬람교 제1의 성지로서 이슬람교의 창시자인 예언자 마호메트가 태어난 곳이다. 이슬람교도들은 매일 5번씩 메카를 향해 기도하고 일생에 1번은 이곳을 순례한다. 메카(아랍어: مكة المكرمة, 영어: City of Mecca) 또는 마카(Makkah Al Mukarrammah)는 과거에 히자즈로 알려졌던 사우디아라비아의 마카주의 수도이며, 이슬람에서 가장 신성한 도시이다. 여행을 감당할 수 있는 모든 무슬림은 일생에 한 번 이상 메카로 순례할 것이 의무로 되어 있으며, 메카라는 말은 어떤 집단의 아주 중요한 장소를 가리키는 대명사가 되었다. 북위 21도 29분, 동위 39도 45분의 아브라함 계곡에 위치해 있으며, 해발 277미터이다)
makkajoxori ot. 옥수수, 강냉이.
makkor *sif.* 꾀 있는, 교화한, 간교한, 교활한, 음흉한, 비열한, 계략을 쓰는; ~ dushman 교활한 적.
makkorlik *ot.* 교활, 간지, 술책, 꾀, 꾀활성, 간책; ~ka bormoq 꾀를 쓰다.
makkorona *rav.* 꾀로, 약삭빠르게; 교활하게. ~ iljaymoq 꾀로 웃다.
makon *ot.* 1) 집, 주거, 주소, 거주, 주택; 2) *k.m.* (*uya*) (야수의) 굴; (동물원의) 우리, (도둑의) 소굴; 초라한 살림집; 밀실, (범죄자 등의) 은신처; o'g'rilar ~i 도둑들의 소굴
makonsiz *sif.* 집 없이, 숨을 곳 없는, 피난할 곳 없는; 보호[의지]할 데 없는, 집 없는. 안식처를 제공하지 않는,
makr (= makkorlik) *ot.* (솜씨의) 교묘함, 교활, 잔꾀; 솜씨, 숙련, 교묘.
makrchi *ot.* 가살, 세략, 술책, 책략, 흉계
makr-hiyla *ot.* 꾀, 교활, 잔꾀.
makrli *sif.* 꾀 있는, 교활한, 음흉한, 비열한, 계략을 쓰는.
makroiqtisodiy vaziyat 거시경제 상황
makromarketing 매크로 마케팅 (macro- marketing)
makrsiz *sif.* 꾀 없는, 간특하지 않은, 악의 없는, 정직한, 순진한, 성실하고 정직한, 순박[소박]한, 꾸밈없는, 천진한.
maksimal *sif.* 최대의, 최고의; 극대의
maksimizatsiya 최대화, 극대화
maksimum *sif.* 최대, 최대한(도), 최대량[수]; ~ kuch sarflamoq 최선의 노력을 다하다.
maktab *ot.* 학교; boshlang'ich ~ 초등학교 o'rta ~ 중학교; to'liqsiz o'rta 고등학교; oliy 칼리지(대학원을 두지 않고 교양 학부만을 설치한 대학; 종합대학의 교양 학부); 학부, 단과 대학; kechki ~ 야간학교; rassomlik ~i 그림학교; ~-internat 기술학교; ~ bolasi 학생; ~ga bormoq 학교에 다니다; ~ni tamomlamoq 학교를 졸업하다
maktabdosh *ot.* 동창생, 학우(學友), 동문.
maktub *ot.* 편지, 멜, 우편; qutlov ~i 축하 편지; ~ yozmoq 편지를 쓰다.
malak *ot.* 1) 자격 증명서, 면허장, 숙련, 솜씨. 2) 자격(급수) 사정, 기능. 3) 경험.
malaka haqida hujjat 자격증명
malaka, ixtisos 자격, 능력
malakali huquqshunos yordamini olish huquqi 법률구조를 받을 권리
malakali *sif.* 숙련된, 능숙한, 자질이 높은.
malakasi oz ishchi 저숙련 노동자
malakasiz ishchi, xizmatchi 비숙련 노동자
malakasiz *sif.* 비숙련공, 숙련되지 못 한, 무자격; ~ ishchi 비숙련공; ~ mehnat 미숙련노동.
malay *ot.* 하인, 심부름꾼. 충복, 봉사자.
malham *ot.* 1) 연고, 고약(膏藥),

M

반창고. 2) 발삼 (balsam), 함유 수지, 테레빈유.
malik *ot.* 왕, 통치자(統治者), 주권자(主權者), 지배자(支配者).
malika *ot.* 공주(公主), 왕녀(王女), 황녀(皇女), 왕비(王妃).
malla *sif.* 다갈색의, (엷은) 갈색의, 주홍색, 주홍색머리칼(털), 금발의, (머리털이) 아마빛의; (피부가) 희고 혈색이 좋은, 금발·흰살결·푸른 눈의.
malohat *ot.* 매혹, 황홀케 함, 홀린 상태, 아름다운 점; 미관; 아름다운 용모
malohatli *sif.* 매력적인, 아름다운; 호감이 가는, 즐거운, 매우 기쁜, 즐거운, 매우 유쾌한, 쾌적한; 애교 있는.
malohatsiz *sif.* 아름답지 않은, 보기 흉한, 볼품없는, 몰골스러운, 어색한; 다루기 힘든, 꼴사나운, 세련되지 않은.
malol *ot.* 난관, 애로, 곤란, 걱정, 근심, 불안; ~ kelmoq ~에게 불편을 느끼게 하다; ~에게 폐를 끼치다; ~ kelmasa 곤란하게 하지 않으면.
malomat *ot.* 불편. 비난, 질책, 나무람
mamlakat *ot.* 국가, 강산, 나라, 국토; demokratik ~lar 민주국가; chet ~lar 외국 나라; butun ~da 전국적으로
mamlakatni himoyalash burchi 국가수호의무
mamnun *sif.* 만족한, 흐뭇한, 흡족한, (~에) 만족하는, 감수하는; ~ bolmoq ~에 만족하다; ~ qilmoq 만족시키다; (희망 등을) 충족시키다, 채우다.
mamnuniyat *ot.* 부유, 유족, 풍족; 만족, 충족. 만족(하기); ~ bilan 즐거이, 기꺼이
mamont *ot. zool.* 털코끼리, 맘모스.
mamot *ot.* 죽음, 사망(死亡); hayot va ~ masalasi 삶과 죽음의 문제
man I *so'zl. qar.* men. 나, 저.
man II: (*taqiq*) 금지(禁止), 금제(禁制), 금지령, 금제; ~ qilmoq 금하다, 금지하다, 밀딱하다. chekish ~ etiladi 금연. kirish ~ etiladi 입장금지.
mana 바로. ~ oling 여기 있습니다.
manba *ot.* 1) 샘, 수원. 2) 본원, 발원, 출처, 원천. aniq (ishonarli) ~ 믿을 만한 출처. 3) 사료, 문헌.
manbaa, asos 근원, 근본, 원천, 원인
manba, boylik, resurs 천연자원 (天然資源: (natural) resources)
mandarin *ot.* 1) 귤. 2) (만다린) 귤나무.
mandat *ot.* 위임장, 신임장, 위임, 위탁; 통치의 위임; 위임 통치령; deputat ~i 대리 위임장
manevr *ot.* 1) (군대·함대의) 기동(機動) 작전, 작전적 행동; 2) 술책, 책동; 3) (복수) (군사) 군사연습.
manfaat *ot.* 이익, 이득, 유익, 소득.
manfaatdor shaxs 이해 당사자
manfaatdor *sif.* 이익이 되는, 유익한, 이로운, 유리한.
manfaatdorlik *ot.* 이익이 되는 것.
manfaatlar kelishi 이자소득
manfaatlar mos kelishi 이해관계의 일치
manfiy foiz 계좌의 현금에 대해 은행이 부과하는 이자, 은행 예탁 이자
manfiy *sif.* 부정적인, 부정하는, 반대하는. ~ son 부수 ~ zaryad 음전하.
mang = ma; *ko'plik.* 받으세요.
manglay *ot.* 이마, 앞머리.
mangu *sif.* 1) 영원한, 영구한, 항구적인. 2) 부단한, 끊임없는.
mangulik *ot.* 영원성, 영구성, 영원, 무궁; 불사, 불멸; (사후의) 영세, 내세.
manikyur *ot.* 미조술(美爪術), 매니큐어; 미조사(師), 손톱을 아름답게 하는 기술.
manko 중량미달, 결산부족분

M

manman 1) *manf. salb.* 거드럭거리는, 거만[오만]한, 오만한, 거만한, 교만한, 건방진, 도도한, 불손한, 거드름스러운; 2) *sif.* (*mashhur*) 이름난, 고명한, 저명한, 유명한, 이름난, 잘 알려진, 세상에 알려진; ~ degan polvonlar 유명한 운동가.
manmanlik *ot. manf.* 자만, 자존, 자고자대. 오만, 거만, 건방짐.
manometr *ot.* 압력[혈압]계, 기압계.
manqa I *ot.* 코의; 콧소리의, 코멘소리, 비음의, 코로 말하는 사람.
manqa II 비저병(鼻疽病) (말의 전염병).
manqal *ot.* 화로; 놋갓장이.
mansab *ot.* 직무, 직책, 직위.
mansab attestatsiyasi 직무 평가
mansabdor *ot.* 공무원, 관공리, 정무원.
mansabli: yuqori ~ 높은 지위, 상류 사회; yuqori ~shaxs 상류 사회 사람; *so'zl* V.I.P.
mansabni suiste'mol qilish, mansabga oid jinoyat (권력 남용, 뇌물 공여 및 수뢰 등의) 공무원이 행한 범죄
mansabparast *ot.* 경력, 이력, 생애; 엽관[공직 취임] 운동자; *so'zl* 출세주의자
mansub 소지품, 부속물, 소유물.
manti *ot.* 만두(饅頭: 밀가루 등을 반죽하여 소를 넣고 빚어서 삶거나 찌거나 기름에 지져 만든 음식, 물만두, 군만두, 찐만두) 교자(餃子); 만투(饅-)
mantiq *ot.* 논리, 논법, 조리, 올바른 논리, 도리, 논리학(서적); ~qa qarshi 이치에 맞지 않게, 논리에 맞지 않게.
mantiqan *rav.* 논리상, 논리적으로; ~ to'gri 논리적인 주장.
mantiqiy *sif.* 논리적인, 이치에 맞는, (논리상) 필연의; 논리(학)상의; 분석직인; ~ xulosa 연역(법)
mantiqsiz *sif.* 1) 비논리적인, 불합리한, 이치가 닿지 않는, 턱 없이, 논리(사리)에 맞지 않은, 조리없는, 의미 없는; ~ish 비논리적인 행동; 2) *k.m.* (*bema'ni*) 몰상식한, 어리석은, 분별[상식] 없는, 뜻 없는.
manufaktura 1) 제조; 제조(공)업; 2) (*gazlamalar*) 직물, 옷감, 직물의 원료.
manzara *ot.* 조망, 광경; 풍경, 경치. 파노라마, 회전 그림; 연달아 바뀌는 광경; 전경, 풍경화. (문학) 자연묘사.
manzarali *sif.* 풍경의, 그림과 같은, 아름다운, 경치의; 경치가 좋은.
manzil *ot.* 1) (*adres*) 주소, 받는 이의 주소·성명, 겉봉; 2) (*belgilangan joy*) (여행 등의) 목적지, 행선지; 도착지[항], 서면으로 하는 축하인사.
manzilgoh *ot.* 수신인, 받는 사람.
manzur 주목할 만한, ~할 만한, ~할 자격이 있는. ~ bo'lmoq 관심을 돌릴만한.
maorif *ot.* 교육, 훈육, 훈도, 교양, 계몽, 계발. ~ vazirligi 교육부, 교육성.
maorifchi *ot.* 교육자, 교직자, 교육 전문가
maosh *ot.* (공무원·회사원 따위의) 봉급, 임금, 급료, 노임. 소득, 벌이
maosh, oylik, oklad 봉급(俸給), 임금.
maosh hisobi 월급지불계좌
maosh hisobidan bo'nak, avans 선불임금
maosh miqdorining oshishini vaqtincha to'xtash 임금 인상 동결
maoshdagi farq 임금격차(차이)
maoshdan olingan soliqlar 급여세금공제
maqbara *ot.* 장려한 무덤, 영묘(靈廟), 능(陵), 고분, 분묘, 묘, 능묘.
maqbul *sif.* 자유로 해도 좋은, 마음대로 ~해도 좋은, 즐거운, 기분 좋은.
maqol *ot.* 속담(俗談), 금언(金言), 격언(格言), 금석지언(金石之

言), 명언(名言), 철언(哲言)
maqola *ot.* 논설, 기사, 논문.
maqola, modda 기사, 제정, 계약서 조항
maqom *ot.* 곡, 곡조, 멜로디, 가곡; 주(主)선율; 분명한 선율.
maqsad haqida bayonot 의향 각서
maqsad *ot.* 목적, 뜻, 계획, 목표; ~ga yetmoq 목적을 달성하다 ~ qo'ymoq 목표를 세우다.
maqsadlar daraxti 목표수형도
maqsadli marketing 표적 마케팅
maqsadlik 합목적성
maqsadsiz *sif.* 목적(목표) 없이
maqtamoq *fe'l.* 칭찬(찬양)하다, ~에게 찬사를 말하다, ~에게 아첨의 말을 하다.
maqtanarli *sif.* 칭찬할 만한, 상찬[칭찬]할 만한, 장한, 기특한.
maqtanchoq *ot.* 허풍선이, 자랑꾼, 자만하는 사람, 대포쟁이.
maqtanchoqlik *sif.* 자랑하는, 허풍 떠는, 자화 자찬의, 자만하는 것.
maqtanmoq *fe'l.* 자랑하다, 자부하다, 자만하다.
maqtov *ot.* 칭찬, 찬양, 자만, 장담.
maraz *ot.* 나쁜, 사악한, 흉악한; ~ odam 독사 같은 놈, 심지나쁜[속 검은] 사람.
mard *sif.* 용감한, 강의한, 대담한, 담이 큰; ~yigit 무모한[물불을 안 가리는](사람)
mardikor *ot. tarix.* 막노동자, 잡부, 막벌이꾼, 시간제 노동자.
mardlarcha *rav.* 용감[훌륭]하게, 용기 있게, 대담하게; 뻔뻔스럽게
mardlik *ot.* 대담, 배짱, 무모; 철면피; 호방함; 분방 자재(奔放自在); 두드러짐
mardona *sif.* 남성의, 남자의; 남성적인, 남자다운, 힘센, 용감한
mardonavor *rav.* 용기 있는, 용감한, 담력 있는, 씩씩한, 대담무쌍한.
marg *ot.* 죽음, 사망.
margarin *ot.* 인조버터, 마가린.
margimush *ot.* 비소(砒素: 질소족 원소의 하나. 금속광택이 있는 무른 결정성(結晶性)의 유독한 고체; 반도체의 성분, 납·구리의 합금 성분 등으로 씀. [33번:As:74.91]).
margimushli *sif.* 비소의, 함비(含砒)의.
marhabo *und.* 어서 오십시오.
marhamat 1) 자비, 연민, 인정, 은혜, 선심. ~ ko'rsatmoq 선심을 베풀다; 2) 어서 오십시오!
marhamatli *sif.* 자비심이 있는, 인자한; ~ odam 인자한 사람.
marhamatsiz *sif.* 몰인정, 무자비한, 무정한, 냉혹한, 인정머리 없는.
marhum 1) *sif.* 돌아간, 죽은. 2) *ot.* 고인.
marja 마진(margin), 판매 수익, 이문
marjon *ot.* 1) (*dengizda*) 산호; 산호충, 산호(장식물); 2) (*taqinchoq*) 구슬, 염주알, 구슬 목걸이.
marka 브랜드, 라벨, 모델
marka *ot.* 1) (*pochtada*) 인지, 우표, 수입인지; pochta ~si 우표; gerbli ~ 수입인지; 2) 상표, 마크. 3) (*pul birligi*) 마르크 (화폐단위). po'lat ~si 강철의 마르까, 강종
markaz *ot.* 중심; 핵심; 중앙, 중심지; 중앙기관. 센터; og'irlik ~i 중력의 중심; aylanishi ~ 회전의 중심; aylanish ~i 조종 중심; savdo ~ (거래, 무역)교역의 중심; boshqaruv ~i 조종센터 ma'daniyat ~i 문화 센터 sayohat ~i 관광 센터; mamlakat (*shahar*) ~ida 센터, 중심지.
markaz 센터(center), 중앙(中央)
markaziy bank 중앙은행(中央銀行)
markaziy bank raisi 중앙은행총재
markaziy bankdagi hisob 은행이나 기업이 중앙은행에 개설한 계좌
markaziy *sif.* 중앙의, 중심의, 중심부[중앙부]의; 중추의; ~ burchak *mat.* 중심각; shahrning

M

~ ko'chalari 도심의 중심거리; ~ ko'cha 중심가; ~ kommitet(organ, ap- parat) 중앙위원회(기관, 기구); ~ gazetz- lar 전국지(紙); ~ bank 중앙은행; ~ nerv sistemasi *anat* 중추신경계통; ~ hujumchi *sport* 센터포오드.
markazlashmoq *fe'l.* 중심에 모으다, 한 점에 집합시키다; 집중시키다; (국가 등을) 중앙 집권제로 하다.
markazlashtirish *ot.* 중앙으로 모임, 집중(화); 중앙 집권.
marketing *ot.* (시장에서의) 매매, 마케팅(marketing: 제품을 생산자로부터 소비자에게 합리적으로 이전하기 위한 기획 활동. 시장 조사·상품 계획·선전·판매 촉진 따위.)
marketing bo'yicha yig'lish 마케팅 회의
marketing funktsiyasi 마케팅 기능
marketing harajatlari 마케팅 비용
marketing kontseptsiyasi, naza- riyasi 마케팅 개념
marketing strategiyasi 마케팅전략
marketing tadqiqotlari 마케팅 조사
marketing tamoyili 마케팅 원칙
marketing xarajati 마케팅 비용
marketing xizmati 마케팅 부서
marketing xizmati 마케팅 부서
marli *ot.* 약천, 거즈, 면망사, 붕대.
marmar *ot.* 대리석(大理石: 석회암이 높은 열과 강한 압력으로 변질된 돌. 순수한 것은 백색이나 불순한 것은 적색·회색 무늬 등이 섞임. 건축·조각·장식용임; 중국 윈난성 다리(大理)에서 많이 나므로 대리석이라 함). ~ labha 대리석판
marmarli *sif.* 대리석, 대리석으로 만든.
marmartosh *ot.* 대리석판.
marmelad *ot.* 마멀레이드(오렌지·레몬 등의 껍질로 만든 잼), 과일 젤리.
marom 1) (*ketish*) 진로, 행로, 진보, 발달; ish ~i 작업의 진보; 2) (*tartib*) 명령, 지휘; ~ bilan, bir ~da 신중하게, 잘 생각하게; ~ bilan gapir 계속하여 말하다.
maroq *ot.* 관심, 흥미, 감흥, 흥취; ~ bilan 흥미를 가지고.
maroqli *sif.* 흥미있는, 재미있는, (아무에게) 흥미를 일으키게 하는; ~ kitob 흥미있는 책.
maroqsiz *sif.* 흥미 없이, 재미없는.
marosim *ot.* 식, 의식, 예식, 의례, 교회의 의식, 전례(典禮); 관례; to'y ~i 결혼식 dafn ~i 장례식.
marotaba *ot.* (몇) 번, 회; 배, 곱; ko'p ~ 여러 번; 종종; Ikkinchi ~ bu yerga kelma 더 이상 여기로 오지 마.
marra *ot.* jism. 1) 마무리, 끝손질, 완성, 결승선, 결승점; ~ yetmoq 결승선에 도달하다; 2) *k.m.* (*g'alaba*) 승리, 전승, 승전.
Mars *ot. astr.* 화성(火星: 태양계의 넷째 행성; 지구 바로 바깥쪽을 돌며 공전 주기 1.8년, 자전 주기는 24시간 37분여, 적도 반지름은 3,397 km, 두 개의 위성을 가지고 있음); 마르스(군신(軍神); 그리스의 Ares에 해당; Bellona).
marsh *ot.* 행진(行進), 행군(行軍), 진군(進軍); ~ bilan o'tmoq 행진하다.
marshal *harb. ot.* 원수.
marshrut *ot.* 행진으로, 행군 길, 경로.
mart *ot.* 3(삼) 월; ~ oyi 3월의 달; beshinchi ~da 3월 5일에
marta *ot.* 번; bir ~ 한 번, 일회, 한 차례; ikki ~ 두 번, 이 회; uch(to'rt, besh va sh.k) 삼회(사회, 오 회 ...); U ikki ~ q o'ng'iroq qildi 그는 두 번 전화했다.
martaba *ot.* 1) (=marta). 2) 관등(급), 관위, 지위. ijtimoiy ~ 사회적 지위.
martaba, daraja, unvon 담보등급(rank)
martabali *sif.* 관위의, 고귀한, 지위가[신분이] 높은, 고위의

M

martali: bir ~ 단 한번의.
marvarid *ot.* 진주. 진주 목걸이.
masal *ot.* 1) 우화, 꾸며낸 이야기, 꾸며낸 일; 2) (*maqol*) 속담, 격언, 금언(金言); ~ aytmoq 허튼 소리를 하다.
masala *ot.* 1) (해결할) 문제, ~로 정해질 문제, 현안, (*muhokama, bahs mavzusi*) 논쟁, 토론; 논쟁[계쟁]점; keling, bu ~ni birgalikda yechaylik 이 문제를 같이 해결해 봅시다; 2) *mat.* 작도 문제, (*arifmetik*) 합(合)집합; 산수 문제
masalan 예를 들면, 예컨대, 예를 들어.
masalliq *ot.* 식량, 식료품; osh masallig'i 요리의 필수 재료.
masalnavis *ot.* 설화를 쓰는 사람
masjid *ot.* 이슬람교 성원(聖院), 회교 사원(回敎寺院), 모스크.
maska *ot.* 탈, 가면, 마스크, 탈바가지. 면상; gazga qarshi ~ 방독면; ~ ortiga 가면을 쓰고 ~ni yechib tashlamoq 가면(탈)을 벗다 ~ni olib tashlamoq (kimdirdan) 의 가면을 벗기다.
maskan *ot.* 가택, 지역, 주소, 주거, 집;. manzarali ~ 경치 좋은 지역.
maskirovka *ot. harb.* 위장(僞裝), 미채(迷彩), 카무플라주, 가장, 거짓꾸밈, 거짓.
maslahat berish xizmatlari 컨설팅 서비스
maslahat *ot.* 권고, 조언, 충고; yaxshi ~ bermoq 좋은 충고(조언)을 주다. ~iga quloq tutmoq 충고를 따르다 shifokor ~i bo'yicha 의사의 권고 (지시)대로.
maslahat xizmatlarini taqdim qilish 컨설팅 서비스 제공
maslahat, konsul'tatsiya 컨설팅, 자문
maslahatchi *ot.* 충고자(忠告者), 조언자, 의논할 사람.
maslahatchi-huquqshunos 기업의 법무 담당 직원
maslahatchilik faoliyati 자문활동
maslahatlashmoq *fe'l.* 의논(협)의하다.
maslahatsiz *sif.* 충고 없이
maslak *ot.* 이웃 사람, 조언을 주는 사람.
maslakdosh *ot.* 협의하는 사람.
masofa *ot.* 1) 거리, 간격, 원거리, 먼 데; qisqa ~ 최단거리 bir xil ~da 동일한 간격을 두고. 2) 동안, 사이.
masofaga haq to'lash 원거리 운송
masofaviy boshqaruv 원격 조정
masqaraboz 농담을 하는 사람; 어릿광대
massa *ot.* 1) 질량, 물질, 물체; ~ birligi 절량의 단위. 2) 대량 다수, 많은 것.
massaj *ot.* 안마, 문지르기, 마사지, 두드리기. ~ qilmoq (몸을) 문지르다(두드리다)
massajist *ot.* 안마전문가.
masshtab *ot.* 1) 축척, 척도. 2) 교모, 범위. keng ~da 대규모직으로 dunyo ~ida 세계적 범위에서, 세계적으로.
massiv *ot.* 1) (*tog'*) 대산괴(大山塊); 단층지괴(斷層地塊), 산맥지대, 연산; tog'li ~ 산괴; o'rmon ~i 살림지대. 2) (*yashash imoratlari solingan*) 주택단지
mast *sif.* 1) 술 취한, 만취한, 비틀거리는; 2) *ot. so'zl* 술 취한 사람, 술꾼; ~ odam 술 취한 사람.
mastava *ot.* 밥국, 마스다바(음식이름)
master (= **usta**)
masterlik *ot.* 숙련, 노련, 교묘, 능숙함, 솜씨, 숙달, 뛰어난 기능.
mastlik *ot.* 취한상태
mastlik holati 환각상태
masxara *ot.* 조소, 조롱, 희롱, 남우세. ~ qilmoq 조소를 퍼붓다, 희롱하다; ~ qilib gapirmoq 조롱(조소)을 목적으로 이야기하다.
masxaraboz *ot.* 비웃기 좋아하는 사람, 조롱하는 사람.
masxarabozlik *ot.* 어릿광대, 익살, 시시덕거림; 희롱.

M

masxarali *sif.* 조롱하는, 비웃는, 농지거리하는, 조롱하는 듯한, 흉내 내는.
mas'ul *sif.* 책임지고 있는, 책임 있는, 책임을 져야 할, 책임적인; ~ ishchi 책임자; ~ redaktor 책임주필.
mas'uliyat *ot.* 책임, 책무, 의무, 책임성; ~ni o'z bo'yniga olmoq 책임을 지다.
mas'uliyatli *sif.* (=mas'ul)
mas'uliyat 책임(責任), 의무
mas'uliyatsiz *sif.* 책임이 없는, 무책임한, 책임 능력이 없는.
mat *ot. shaxm. qar.* **mot.** 장군!, 격파, 좌절; ~ qilmoq 장군을 부르다 shox va ~ 장군!, (~에게) 장군을 부르다; (~을) 좌절시키다.
matador *ot.* 투우사
matal *ot.* 1) (*maqol*) 격언, 속담, 전해 오는 말; 2) (*hikoya*) 우화(寓話), 비유(담); 3) (*ertak*) 이야기, 설화, 꾸민 이야기.
matbaa *ot.* 인쇄술[소]; 발행소, 출판부; ~ xatosi 오식(誤植), 미스프린트; ~ ishchsi 인쇄업자; 인쇄공, 식자공; 출판자
matbuot *ot.* 인쇄술[소]; 발행소, 출판부; ~dan chiqmoq 발행되다, 나오다; ~ga chiqmoq 출판되다, 출판물에 실리다(나오다)
matbuot vositalaridagi reklama 대중매체 광고
matbuot xabari 언론보도
matematik I *ot.* (*matematika bilan shu- g'ullanadigan odam*) 수학자, 수학교원
matematik II *sif.* (*matematikaga oid*) 수학적인. 수학(상)의, 수리적인
matematika *ot. so'zl* 수학; oliy ~ 고등수학; amaliy ~ 응용 수학.
material *ot.* 1) 재료, 원료, 자재, 제재. qurilish ~i 건재 o'quv ~i 교재 tadqiqod uchun ~ 연구자료. 2) (*gazlama*) 재료(材料); (양복의) 감, 직물.
material oqimi 물류
materik *ot.* 대륙(大陸), 뭍, 육지(陸地), 지상(地上), 땅.
materiya *ot.* 1) *fals.* 물질, 실체, 물체; 2) (*gazlama*) 천, 직물. shoyi ~si 비단천, 견직물 jun ~si 모직, 모직물.
matlubot:~ kooperatsiyasi 소비협동조합.
matn(=text) *kit.* (*musiqaga*) (서문·부록 등에 대하여) 본문, 텍스터, 맥락.
matnli reklama 문안 광고
mato *ot.* 천, 직물(織物)
matonat *ot.* 1) 견고; 견실; 확고부동; 2) 견인불발, 완강; ~i 고정된, 확고한
matonatli *sif.* 용기 있는
matonatsiz *sif.* 용기 없는
matras *ot.* (솜·짚·털 따위를 넣은) 침대요, 매트리스; prujinali ~ 스프링 매트리스, 용수철을 넣은 매트리스.
matritsa *ot.* 1) (활자주 조의) 자모. 2) (스테리오 인쇄의) 모형, 지형. 3) 행렬.
matritsa, qolip 매트릭스, 구성.
matros *ot.* 1) 수부, 선원. 2) 수병. katta ~ 상등수병.
match *ot. sport.* 경기, 시합. futbol ~i 축구 시합 shaxmat ~i 장기 시합.
mavhum *sif.* 추상적인, 관념상의.
mavhumlashtirish 추상화
mavj *ot.* 큰 물결, 놀; 파도; 바다; 굽이치는[소용돌이치는, 밀어닥치는] 것. (파도 따위가) 굽이치다, 파동하다; ~ urmoq 파도[물결]치다, 파동[기복]하다.
mavjlanmoq *fe'l* 쑤석거리다, 동요시키다
mavjlantirmoq *fe'l* 여론[세상의 관심]을 환기시키다, 선동하다, 교란하다, 어지럽히다, 파란을 일으키다.
mavjud 1) (*bor bo'lgan*) 존재하는, 실재하는; 생존하는; 현존하는, 목하(目下)의, 현행(現行)의; 2) (*kesim sifatida*) 있다, 자리에 있다, 마침 그곳에 있다; ~ tartib 현재의 방식 barcha ~ narsalar

M

온갖(모든) 것 ~ holat (sharoit) 현상.
mavjudlik *ot.* 1) 존재, 생존. 2) 살아 있는 것, 인간. hamkor ~ 공존, 양립.
mavjudot 1) (*sif. bilan birga*) 존재, 인간. 2) 살아있는 것. 3) 본.
mavqe *ot. kit.* 태도, 견지, 자세; 심적 태도; o'z ~da mahkam turmoq 강경을 태도로 취하다 ~ni o'zgartirmoq 태도를 바꾸다.
mavrid *ot.* 기간, 시간 기회. ~ bo'lsa 시간이 되면, 기회가 되면.
mavsum *ot.* 계절, 철, 사철의 하나. 4계절의 하나. (전지, 유락, 사교, 연극 등의) 계절, 시즌; ~ishlar 일하는 시즌, 농번기; sayohat ~ 탕치 계절 qishki ~ 동계 remont ~i (가옥의) 수리 계절 (대개 여름철); teatr ~i 연극 시즌.
mavsumiy *sif.* 시즌의. ~ bilet 정기승차권. ~ tovar 계절에 맞는 상품, 계절품.
mavsumiy skidka 계절할인
mavsumiy ustama xaq 성수기 가격 인상
mavze *ot. esk.* 토지, 지역, 지방.
mavzoley *ot.* 능, 묘, 사당.
mavzu *ot.* 논제, 주제, 테마. 화제. insho ~si 논문주제 suhbat ~i 화제 suhbat ~sini o'zgartirmoq 화제를 바꾸다 boshqa ~ga otmoq 화제를 바꾸다.
mavzudan chetga chiqish 주제에서 벗어남
maxfiy kelishuv 담합(談合), 서로 의논함.
maxfiy kelishuv 밀약(密約), 짬짜미, 내약(內約), 속언약(-言約)
maxfiy ma'lumot 기밀(機密)
maxfiy *sif.* 비밀[기밀]의, 극비의; 남에게 숨긴, 은밀한, 내밀한; ~ buyruq 밀령 ~ suhbat 밀담.
maxfiylik *ot.* 내밀함, 비밀(성); 비밀 엄수; 비밀주의; 입이 무거움.
maxluq *ot.* 1) 생물, 동물, 인간. 2) 몹쓸 놈, 자식, 망할 놈.
maxovik *ot. tex.* 축에 달린 무거운 바퀴, 플라이 휠. 핸드 휠.
maxraj *ot. mat.* 분모; bir ~ga keltirmoq 통분하다.
maxsus amalga oshirish 독점적 거래관행
maxsus boj 특별세(特別稅)
maxsus huquqlardan mahrum bo'lish (사냥, 무기소지, 운송수단에 대한 면허) 등의 취소
maxsus idoraga mansublik 특별관할
maxsus jihozlangan bino 전시관, 진열관
maxsus litsenziya 전용실시권
maxsus quti, konteyner 컨테이너
maxsus *sif.* 1) 특별한, 각별한, 현저한, 특수한, 독특한, 특유한. ro'znomaning ~ soni 신문의 호외; ~ korrespondent 특파원; ~odam 특이(특별)한 사람; ~ maktab 특수 학교; ~ komissiya 특별위원회; 2) (*boshqacha*) 전문[전공]의, 전용의, 독특한, 특유의; ~ terminologiya 전문 용어, 술어; ~ topshiriq 전문적인 일, 임무
maxsus taxta 스텐드, 부스
maxsus zayom 개인을 대상으로 한 소액 대부(대출)
maxsus, alohida, favqulodda 배타적인, 특별한
maxsuslashmoq *fe'l.* 전문화하다, 전문적 지식을 얻다, 전문가가 되다 전문으로 하다.
maxsuslik *ot.* 특별, 특수.
maxtamoq *fe'l.* 자랑하다
may I (*oy*) 5월; beshinchi may mening do'damlarning tug'ilgan kunlari 5(오) 월은 우리 할아버지의 생신날입니다.
may II (*sharob, musallas*) 포도주, 과실주
mayda bezorilik 행정법규위반행위, 경범죄
mayda pullar 잔돈
mayda *sif.* 1) 작은, 소형의, 작

M

은, 조그마한, (낟알 따위가) 자디잔, 고운, 미세한, 부드러운(가루); ~ yomg'ir 가랑비; ~ poroshok 고운 분말; ~ baliq 작은 물고기; ~ yozmoq 가는 글씨로 쓰다. 2) (*arzimagan*) 하찮은, 대단치 않은, 하찮은, 시시한; 3) (*oz sonli*) 작은 수, 소규모로; ~ puling boemi? 잔돈이 있어요?
mayda-chuyda 작은 재산
maydagap: 대범하지 못 한 사람, 도량이 좁은 사람, 마음이 좁은, 쩨쩨한.
maydalamoq *fe'l.* 1) 작게 (부드럽게)하다. 2) (*yirik tashkilotlarni*) 나누다, 분할하다, 쪼개다, 잔돈으로 헐다; 100 so'mni ~ 100숨을 헐다. 3) (*katta pulni*) 교환하다, 갈다.
maydalanmoq *fe'l.* 1) 헐다 (돈을). 2) 썰다, 부드러뜨리나, 잘게 만들다.
maydalash 붕괴, 와해; 분리, 분산, 해체; 해산; 분쇄하다.
mayda-mayda *sif.* 너무 얇은. 작은, 조그마한, 소형의, 비좁은, (작고) 귀여운, 소규모의, (양·수(數)·정도·기간 등이) 얼마 안 되는, 적은, 거의 없는.
maydon *ot.* 1) 지역, 지방, 지대, 지면, 광장, 평지. ekin ~i 농작물 지대; paxta ~i 면화 파종 지대; 2) (*shaharda va sh.k.*) (거리의) 광장; Mustaqillik ~i 무스타퀼릭 광장; bozor ~i 시장; Qizil ~ (모스크바의) 붉은 광장. 3) *k.m.* (*faoliyat jabhasi*)(일·사업의) 현장, 현지, (활동의) 분야, 활동범위; 4) *sport.* 경기장, 필드, 전지(戰地), 투기장, turnir ~i 시합장 (중세 기사들의) siyosiy kurash ~i 정치 투쟁의 장. 5) *fiz.* 장(場), 역(域), 계(界)(힘의 작용이 미치는 범위); 시야, 시역(視域)(망원경 따위의)
maydoncha 작은 광장.
mayib *ot.* 불구자, 지체[정신] 장애자, 기형인, 병신(육체적, 정신적으로); ~ bo'lmoq (손· 발을 끊어) 병신을 만들다, 상처 내다; ~ qilmoq 불구[절름발이]가 되게 하다; 무능케 하다, ~의 힘을 없애다.
mayin *sif.* 부드러운, 유연한, 매끄러운, 보들보들한, 촉감이 좋은; *k.m.* (기질·성격이) 온화한, 온순한, 유순한, 상냥한; 친절한; 관대한 ~ ovoz 부드러운 목소리. ~ iqlim 부드러운 환경; ~ tovush 유순한 목소리.
mayinlashmoq *fe'l.* 부드러워지다
mayiz *ot.* 건포도. 짙은 청자색(青紫色); yrug'siz ~ 씨 없는 (건) 포도의 일종, 무핵(無核)의, 씨없는(과일)
mayizday 건포도와 같은, 부드러운.
mayka *ot.* 1) 러닝셔츠, T 셔츠, 스포츠 셔츠, 속셔츠, 내의; 2) 풍뎅이 종류.
mayl *ot.* 1) 경향, 취미, 좋아함, 기호, 의향, 성벽(性癖), 성질, 기질; o'qishga ~i bor 면학의 경향(취미)를 가지다 uyqu ~i 졸음. 2) *gram.* 법(法), 서법(敍法: 문장의 내용에 대한, 말하는 사람의 심적 태도를 나타내는 동사의 어형 변화.).
mayli 좋다! 됐다. 동의한, 동감한, 승낙한
maymun *ot.* 원숭이. (*dumsiz*) 원숭이(주로 꼬리 없는[짧은] 원숭이).
maymunjon *ot.* 검은 딸기(나무딸기류; 열매가 검음), 가시나무, 들장미; 나무딸기.
mayna *ot.* 찌르레기(찌르레깃과의 새. 집 근처의 큰 나무 위에 사는데 날개 길이는 약 13cm, 등은 회갈색, 머리는 검음. 찌르륵찌르륵 욺). ~ qilmoq 웃다.
mayor *ot. harb* 소령, 소좌.
mayparast *ot.* 술꾼
mayparastlik *ot.* 술꾼하는 것.
maysa *ot.* 싹. 움, 싹틈 (곡식의), 목초; 풀밭, 초원, 목초지(地)
maysazor 신록 심는 곳
mayxor *ot.* 술고래, 호주(豪酒), 호주가(豪酒家), 대주(大酒), 대주가(大酒家), 음호(飲豪), 주호(酒豪), 호대(戶大)
mayxorlik *ot.* 술고래, 주성(酒

M

聖), 주선(酒仙), 술꾼, 술보, 술꾸러기, 술독, 술부대(-負袋)
maza *ot.* 1) (*ta'm*) 맛, 풍미, 미각; shirin ~ 단맛; achchiq ~ 쓴맛; ~sini ko'rmoq 맛보다; 2) (*rohat*) 만족, 기쁨, 즐거움, 쾌감; ~ qilmoq 만족시키다.
maza-bemaza 맛있다 없다, 쓰레기, 폐물, 잡동사니.
mazali *sif.* 맛이 있는, 풍미[맛] 있는.
maza-matra *ot.* 맛. ~ yo'q 맛이 없다.
mazaq *ot.* 비웃음, 조소, 조롱, 냉소, 놀림, 모멸; 조소의 대상; 놀림감; ~ qilmoq 웃음거리로 만들다.
mazasiz *sif.* 맛없이, (맛·냄새 따위가) 견딜 수 없을 만큼 싫은, 역한.
mazax *ot.* 농, 농담, 익살; ~ qilmoq 비웃다, 조소하다, 조롱하다, 놀리다.
mazaxlamoq *fe'l.* 비웃다, 조소하다, 조롱하다, 놀리다.
mazaxomuz *sif.* 조롱; 놀림감; 냉소의 대상; 흉내, 가짜.
mazaxchi *ot.* 조롱하는 사람; 흉내내는 사람[것], 웃기는 사람
mazgil *ot.* (멈추어) 섬, 정지; 휴지(休止)
mazhab *ot.* 분파, 종파; 교파; 당파; (철학 따위의) 학파, 반주류(反主流), 섹트.
mazkur 앞에 말한, 전술[전기]한.
mazlum *sif.* 압박하는, 억압하는, 학대하는; 괴로운 ~ xalqlar 압박하는 사람.
mazmun *ot.* 부양(비); 생계, 생활비; 생활 필수품, (토지·가옥·자동차 따위의) 유지비; qisqa ~i 요약, 개요; kitob ~i 내용 목차.
mazmun, tarkib, miqdor 유지, 내역, 봉급, 할당
mazmundor *ot.* 의미심장한, 뜻있는, 의의(意義) 깊은, 함축성 있는, 암시적인.
mazut *ot. tex.* 중유, 연료유.
mag'iz *ot.* 1) (*kant*) (문제 따위의) 요점, 핵심, 중핵(中核), 심수(心髓); (과실의) 인(仁), 심(心), 핵, 수심; yong'oqning ~i 호도씨 gapning ~i 문제의 핵심. 2) *k.m.* (*yashirin ma'no*) (말 따위의) 의미, 뜻; 3) 테두리, 전, 가선을 두른 것, 가선을 두르는 끈. tikilgan ~ 자수의 가선장식 oq rang ~ tikilgan bosh kiyim 흰 테의 모자.
mag'lub *sif.* 패배주의(자)적인, 지는, 패배한; ~ bo'lmoq 지다, 패배하다; ~ qilmoq 쳐부수다; o'zini ~ deb tan olmoq 패배를 시인하다, 굴복하다.
mag'lubiya *ot.* 패배, 좌절, 실패.
mag'rur *sif.* 자기 우월에 빠진, 자신 만만한, 자랑스러운, 거만한, 잘난 체하는, 뽐내는; ~ bo'lmoq ~을 자랑하다[뽐내다], ~을 자랑으로 여기다; ~ holda 거만하게, 잘난 듯이, 의기양양해서, 자랑스럽게.
mag'rurlanmoq *fe'l.* 자랑하다, 과시하다. men talaba bo'lganimdan ~ 나는 학생이라는 것을 자랑스럽게 여긴다.
mag'rurlik *ot.* 자랑, 자존심, 긍지, 프라이드; 만족, 자만심, 오만, 거만, 우쭐해함.
mag'zava *ot.* 더러운 물. 구정물; 꾸물거리는 사람, 아둔패기.
mashaqqat 1) (*qiyinchilik*) 곤란, 어려움, 고생, 어려운 일, 난국; ~larni yengmoq 난국을 이겨내다, 극복하다; 2) (*azob*) 괴로움, 고통; 고생, (몸의 일부의) 아픔; ~ tortmoq / chekmoq (고통·변화 따위를) 경험하다, 입다, 받다.
mashaqqatli *sif.* 1) (*og'ir, qiyin*) 곤란한, 어려운, 힘드는, 난해(難解)한; ~ ish 곤란한 일; 2) (*azobli*) 괴롭히는, 고민하는, 통렬한(아픔 따위); 통절한(비애 따위), 고통적인, 괴로운.
mashaqqatsiz 괴로움 없이, 쉽게.
mashg'ulot *ot.* 일, 볼일, 일거리, 용무(用務), 사업(事業), 사무(事務), 업무(業務), 일력(日力), 직업; maktabdagi ~lar 학교의 가정을 꾸려 나가는 일.

M

mashhur *sif.* 유명한, 이름난, 잘 알려진; ~ artist 유명한 배우; ~olim 이름난 과학자; ~ bo'lmoq 유명해지다.
mashina *ot.* 1) 기계, 기계장치, (*dvigatel*) 엔진. 2) *so'zl* (*avtomobil*) 자동차. 3) 기차. pechat ~si 인쇄기계 tikuv ~si 미싱 yozuv ~si 타이프 라이터; ~ga yurmoq 자동차로 가다.
mashina qismi 기계부품
mashinalar to'xtash joyi 주차장
mashinalashtirish *ot.* 기계화.
mashinalashtirmoq *fe'l.* 기계화하다. (공장 등)에 기계설비를 도입하다.
mashinasoz *ot.* 기계제작자. 기계공학자
mashinasozlik *ot.* 기계제작; ~ zavodi 기계 제조 공장; ~ sanoati 기계공학 산업
mashinasozlik sanoati 기계제조업
mashinist *ot.* 기계 기술자, 기계제작자[수리공]; 공작기계공; *t, yo'l.* 기계 운전자
mashinka *ot.* 1) 소도구, 소기계. 2) 타이프라이터. 3) (=mashina) ~ga chiqmoq 재봉틀로 발다 내초 olish ~si 이발기.
mashq *ot.* 1) 연습(演習), 습련(習練), 연수(硏修), 훈련(訓鍊), 단련(鍛鍊); match ~i 연습 시합 uchish ~i 연습 비행. 2) 실연. 3) 연습문제. 4) 과업. gimnastika ~i 체조 연습; harbiy ~ 야외 훈련, 연병.
mashriq *ot.* 동쪽, 동방, 동향.
mashg'ul *sif.* (사람·생활이) 바쁜, 분주(奔走)한, 틈이 없는; u o'zishi bilan ~ 그는 그의 일로 바쁘다; ~ bo'lmoq 바쁘게 하다, 바쁘게 일시키다; ~ qilmoq ~를 종사시키다, 일시키다
mashg'ulot *ot.* 직업, 업무; 일; (*o'quv*) 학과, 과업, 수업, 연습; 수업 시간; doimiy ~lar 정규수업.
mashshoq *ot. esk.* 옛날 가수
mash'al *ot.* 1) 횃불; 호롱등, 간데라; 2) *k.m.* 도등(導燈), (항구·운하 등의) 길잡이등(燈), 봉화; 봉화대[탑]; 등대; 신호소.
machit *ot.* 이슬람교 성원(聖院), 회교 사원(回敎寺院). 이슬람교 모스크
ma'duda *ot.* 여신; (절세) 미인; 숭배[동경]하는 여성
ma'dan *ot.* 광물, 무기물, 광석금속; 금속 원소, (각종의) 금속
ma'danchi *ot.* 금속 세공사
ma'dniy *ot.* 광물, 무기물, 광천수, 탄산수, 청량음료; ~ suv 미네랄워터, 광천수; ~ o'g'itlar 무기물 거름, 비료
ma'lum *sif.* 확신하는, 자신하는, (일이) 확실한, 신뢰할 수 있는, 반드시 일어나는; (지식·기술이) 정확한; ~qilmoq ~에게 알리다, ~에게 고(告)하다, ~에게 보고[통지]하다.
ma'lumki 알려져 있다, 알고 있다. 물론, 말할 필요도 없이. hammaga ~ 주지하는 바와 같이.
ma'lumot *ot.* 1) 교육, 교양. 2) 정보. oliy ~ 고등 교육 ~ bermoq 정보를 주다, 보도하다 roznomadagi ~larga ko'ra 신문보도에 따르며.
ma'lumot 정보(imformation)
ma'lumot almashinuvi 정보교환
ma'lumot beruvchi idora 안내소
ma'lumotlar bazasi 데이터 베이스
ma'lumotli *sif.* 교양 있는.
ma'lumotnoma *ot.* 증언, 증명서.
ma'mur *ot.* 행정관. 경영자, 관리자.
ma'murchilik *ot.* 행정. 관리, 경영.
ma'muriy *sif.* 행정의. 관리의. davlatning ~ tuzumi 행정구획 ~ huquq 행정법.
ma'muriy javobgarlik *ot.* 경영책임
ma'muriyat *ot.* 행정, 행정기관. 관리, 관리기관, 경영관리. harbiy ~ 군정 maktab ~i 학교관리.
ma'muriyat va kasaba yushmasi o'rtasi- dagi

munosabat 노사관계
ma'naviy *sif.* 1) 정신의, 정신적인; ~ hayot 영적인, 심령적인; 초자연의; 2) 도덕(상)의, 윤리(상)의, 도덕[윤리]에 관한.
ma'naviy eskirish 도덕적 해이
ma'naviy-siyosiy *sif.* 정치상 도의.
ma'naviyat *ot.* 정신적임, 영성(靈性)
ma'no *ot.* (말 따위의) 의미, 뜻; so'zning to'gri ~ 직접 의미; so'zning ko'chma ~ si 비유적인 의미, 낱말의 비유적인 용법; keng (tor, ko'chma, to'gri) ~ga 광의 (협의, 전의, 본의)로는.
ma'nodor *ot.* 의미가 깊은, 의미심장한, 뜻있는, 의의(意義) 깊은, 함축성 있는, 암시적인.
ma'nodorlik *ot.* 자각, 의식; 알고 있음, 알아챔, 양심적인, 성실한; 실직(實直)한, 근직(謹直)한; 공들인.
ma'nodosh *ot.* 동의어의, 유의어의, 같은 뜻의; ~의; ~을 사용한.
ma'noli *sif.* 1) (*zich-zich ma'noga ega*) ~에 만족하는, 감수하는, ~함에 불평 없는, 기꺼이 ~하는; (*kitob nutq va sh.k. haqida*) 흥미있는, 재미있는, (아무에게) 흥미를 일으키게 하는; 2) (*ifodali*) 뜻 있는, 의의(意義) 깊은, 함축성 있는, 의미심장한, 암시적인, 의미상의; ~ qarab qo'ymoq 의미심장하게 보다
ma'noning farqi 의미 관계
ma'noning ko'chishi 의미의 이동
ma'nosiz *sif.* 의미 없는, 무의미한, 우매한. ~ so'zlar 실없는 말.
ma'nosizlik *ot.* 무의미; 터무니없는 생각, 난센스.
ma'qul 1) 받아들일 수 있는, 견딜 수 있는; 조건[기준]에 맞는; 마음에 드는, 기꺼운, (때로) 겨우 조건[기준]에 맞는. 알맞은, 적당한, 상응하는. siz bu ishga eng ~ odamsiz 당신을 그야말로 적재적소의 인물이다. 2) (*yaxshi*) 좋은, 좋아, 알았어, (제의에 대하여) 동감한, 승낙한; bu ~ ish 적당한일 ~ yigit 유능한 젊은이.
ma'suliyatsiz *sif.* 책임 없는.
ma'lum *sif.* 일정한, 확정적인, 특정한, 어떤. ~ sharoitda 어떤 일정한 조건하에.
ma'lum mansabga ega bo'lish huquqidan mahrum qilish 자격정지
ma'lum muddatga ozodlikdan mahrum bo'lish 유기 징역
ma'lum niyat 확정적 고의
ma'lumot berish xizmatlari 정보제공 서비스
ma'lumot to'plash 정보 수집
ma'lumot to'plash tizimi 정보수집 시스템
ma'lumot uchun qiymat 시중가격, 시세(時勢)
ma'lumot, hisobot 요약, 정리
ma'lumotlarni qayta ishlash markazi 데이터 처리센터
ma'lumotnoma 안내서(案內書)
ma'muriy 행정의
ma'muriy akt 행정명령(行政命令)
ma'muriy chiqimlar 경상 지출
ma'muriy depozitga qo'ymoq 관리 대상예금
ma'muriy hudud 행정구역(行政區域)
ma'muriy huquq 행정법(行政法)
ma'muriy huquq 행정재판관할권
ma'muriy huquqbuzarlik 행정법규 위반
ma'muriy iqtisod 통제경제(統制經濟)
ma'muriy jarayon 행정절차
ma'muriy jarima (행정상 부과되는) 벌금
ma'muriy ma'suliyat 행정상 책임
ma'muriy sud 행정법원
ma'muriy sud jarayoni 행정소송
ma'muriy to'siq 행정적 장벽
ma'muriy xodimlar 행정직원
ma'muriy yordam 행정적 지원
ma'muriyatga ishonch qog'ozi 유가증권 관리위임
ma'murlar harakati aktsiyasi

ot. 경영진 보유주
ma'naviy qadriyatlar 정신적 가치
ma'naviy zarar 정신적 손해
ma'qul kelmaslik sharti bilan kelishuv 위약금을 지불하면 거래 파기가 가능한 조건
ma'qullash, quvvatlash 추인(追認)
ma'qullik, muvofiqlik 허용 가능성, 수용 가능성
ma'qullamoq *fe'l.* 승인하다, 허가[인가]하다. 찬동(찬성, 시인)하다, 승인(인가)에 찬성하다 (을 일정하다).
ma'qullash *ot.* 승인, 찬성, 시인, 인가, 재가, 허가, 면허.
ma'qullik *ot.* 수용성, 받아들여짐; 만족.
ma'raka *ot. din.* 추도식[회].
ma'ramoq *fe'l.* (양·염소·송아지가) 매애울다, 소가 음매하고 울다
ma'rifat *ot.* 1) (*ma'lumot*) 교화, 교육, 훈육, 훈도, 문명, 개화, 계몽, 개발; ~ mini- stri 문교부 장관; 2) (*bilim*) 지식, 학식, 학문; 정통(精通), 숙지; 견문; ~li 교육받은, 교양 있는, 숙련된; ~parvar 계몽하다, 계발[교화]하다; ~에게 가르치다
ma'rifatli *sif.* 문화 (교육이) 보급된.
ma'rifatsiz *ot.* 교육이 없는, 무식한, 교육을 받지 못한; ~에 숙달[통효(通曉)]하지 못한
ma'ruza *ot.* 1) 강의. 2) 강연. 3) 강의 록 (프린트) siyosiy-iqtisod fanidan ~ 경제학 강의 ~ o'qimoq 강의하다.
ma'rizachi *ot.* 1) 강연자, (대학의) 강사, 말[이야기]하는 사람; 연설자, 변사(辯士); 웅변가; 2) (대학 등의) 외국어강사.
ma'suliyat sug'urtasi 책임보험
ma'suliyat, javobgarlik 책임(責任)
ma'suliyatdan ozod qilish 면책(免責)
ma'suliyatdan xalos qiluvchi holatlar 면책사유
ma'suliyati cheklangan uyushma - ma'- suliyati cheklanmagan uyushma 유한책임 파트너 쉽
ma'suliyatsizlik tufayli yetkazilgan ziyo- nni qoplash 채무불이행에 기한 손해배상
ma'yus *sif.* 1) 의기소침한, 음울한. 2) (경치가) 음침한, 음울한. ~ bo'lmoq 기운이 없다.
ma'yuslanmoq *fe'l* 절망하다, 단념하다
ma'yuslik *ot.* 절망; 자포자기, 의기소침, 권태, 우울. ~ka tushmoq 의기소침하다.
ma'zur *sif.* 용서할 수 있는, 용서할 만한, 관대한, 책망하지 않는; 인정 많은. ~li xato 용서할 수 있는 오류.
ma'shuq *ot.* 남자 친구, 가장 사랑하는 사람(남자), 연인, 애인.
ma'shuqa ot. 여자 친구. 의중(意中)의 여인, 애인, 연인, 정부
mebel *ot.* 가구(家具), 세간, 실내 장식품. ~ magazini 가구점.
mebelsoz *ot.* 가구 제조인.
medal *ot.* 메달, 상패, 기념패, 기장, 훈장, 휘장, 기념휘장; bronza (kumush, oltin) ~i 동(은, 금) 메달; ~olmoq 메달수여하다; ~ bilan mukofotlamoq 상패를 증정하다; ~ning orqa tomoni 사물의 반대면.
medalli *sif.* 메달 있는, 메달 제작[의장(意匠), 조각]가; 메달 수령자
medalyon *ot.* 큰 메달[상패], 로켓(사진·머리털·기념품 등을 넣어 목걸이 등에 다는 작은 금합(金盒)); (칼집의) 띠받이멈추개.
mediana *ot. mat.* (삼각형의) 정중선. 중앙 값, 메디안; 중점(中點), 중선(中線).
medikament *ot.* 의약, 약물. 의약의, 약용의, 약효 있는, 병을 고치는
medio 주식거래의 지불기간
meditsina *ot.* (= tibbiyot) 의학, 의술.

medpunkt *ot.* 의료구호소, 진료소. *harb.* 전방의 응급 치료소
medsestra (= hamshira) 간호원, 간호사.
mehmon *ot.* 손님; ~ga bormoq 손님으로 가다; ~da bo'lmoq 손님이 되다; ~dan 방문하여; ~ kutmoq 손님을 받다.
mehmondo'st 환대, 손님을 좋아하는 사람.
mehmondorchilik ot. 손님을 좋아하는 일, 손님의 환대. ~ka bormoq ~을 방문하다; (~의) 집에 머물다
mehmondorlik = mehmondorchilik
mehmonxona eshik egasi 접객담당, 리셉셔니스트(receptionist)
mehmonxona *ot.* 호텔.
mehnat *ot.* 일, 작업, 노동, 근로; 공부, 연구; 노력, 직업; (*og'ir, bir xil*) 힘드는 일, 수고, 노고, 고생, 신고; ~ni himoya qilish 노동의 보호; aqliy ~ 두뇌 노동; jismoniy ~ 손일, 근육노동; behuda ~ 헛수고; unumli ~ 생산적 노동; qo'l ~i 수세공, 손으로 하는 일; halol ~ 정직한 노동; ~ ahli 노동자, 근로자; ~ daftarchasi (일의) 규정집, 기준서; 업무 일람; ~ kuni 날일; ~ initi- zomi 훈련, 훈육; aqliy(jismoniy) ~ 지적(육체) 노동 o'zi ~ qilib yash- amoq 제화하다.
mehnat arbitraji 노동중재
mehnat bilan ta'minlash 구직과 구인관계
mehnat birjasi 직업센터
mehnat daftarchasi 근로자평정서
mehnat daftarchasi 노동수첩
mehnat haqida qonunlar kodeksi 노동법
mehnat haqidagi qonunlar kodeksi 러시아 영방 노동법전
mehnat haqining eng kam miqdori 노동최저임금
mehnat haqqining minimum miqdori 최저 임금
mehnat huquqi 노동법(勞動法)
mehnat ixtisosligi 업무 능력, 직무상 필요 능력
mehnat majburiyati 노동의무
mehnat musobaqalari huquqi 노동쟁의권
mehnat musobaqasi 노동 분쟁
mehnat shartnomasi 근로계약
mehnat shartnomasini bekor qilish 근로계약의 해지
mehnat staji 업무 경력
mehnat taqsimoti 분업
mehnat unumdorligi 노동 생산성
Mehnat Vazirligi 노동부(勞動部)
mehnatchi 근무하는
mehnatda olingan jarohat 업무상 재해
mehnatga layoqat 노동 능력
mehnatga layoqatsiz 노동이 불가능한 건강 상태
mehnatga oid 노동의, 근로의
mehnatga oid bahslar bo'yicha komis- siya 노동분쟁위원회
mehnatga oid huquq manbasi 노동법의 법원
mehnatkash *ot.* 1) (*ishchi*) 일, 작용, 활동; 작업, 운전; qishloq ~lari 일을[공부를] 하는 사람, 근로자; ~lari ommasi 작업지시; ~ ayol 근로자 (여성); 2) (*yaxshi ko'p ishlaydigan*) 근면한, 열심히 일[공부]하는, 몸을 아끼지 않는; ~ yigit 열심히 일하는 사람.
mehnatni muhofaza qilish 노동보호(勞動保護)
mehnatni tejovchi texnik taraq- qiyot 기술적 진보
mehnatsevar *sif.* 근면한, 부지런한; 열심인, 근로를 좋아하는 사람. ~ xalq 부지런한 국가(나라)
mehnatsiz *sif.* 노동 없이, 일 없이. 무노동
mehr *ot.* 사랑, 애무, 총애, 친절. 자비, 동정; ona ~i 모성애, 어머니의 사랑; ~ bilan 사랑스럽게 돌보다; bolaga ~ 어린의 사랑; ~ bilan qabul qilmoq 상냥하게 맞이하다; be~ 용서 없이.
mehribon *sif.* 동정심 깊은, 연민

의 정이 깊은 꼼꼼한, 주의 깊은. 애정을 품고 있는, 사랑하고 있는, 애정이 깊은, 애정을 나타내는, 애정이 깃들인, 사랑에 넘친, 다정한, 인정 많은; ~ ona 인자한 어머니
mehrsiz *sif.* 무정한, 냉담한.
mehrsizlik *sif.* 주의 없는 것, 무관심(無關心).
mehr - shafqat 자비와 사랑.
melioratsiya *ot.* 토지개량
melodik *sif.* 음조가 좋은, 선율이 아름다운, 음악적인, 좋은 소리를 내는, 음조가 경쾌한, ~ ovoz 음조가 좋은 소리.
melodiya (= navo, kuy) 선율(旋律), 곡조(曲調), 음조(音調).
melodrama *ot.* 음악극; 멜로드라마(해피엔드로 끝나는 달콤하고 감상적인 통속극); 연극 같은 사건[행동]. 통속극, 연극 같은 사건(행위); ~tik 멜로드라마식의, (신파) 연극 같은, 신파조(調)의, 몹시 감상적인
membrana *ot.* 1) 진동판, 각 종 기기의 탄력 있는 얇은 판. 2) 얇은 막, 막껍질.
memorandum *ot.* 비망록, 메모.
memorandum, bayonnoma 의정서(외교), 의향서(무역), 각서[위탁 판매품] 송장(送狀), (조합의) 규약, (회사의) 정관
memorial 1) (*sport musobaqasi*) 시합, 경기(회(會)); 유명선수를 기념하는 경기; 2) (*me'moriy yodgor- lik*) 기념물, 기념비[관]; 기념행사[식전]; urush qurbonlari ~i 전쟁 기념비; ~lavha 기념 명판(銘板)
men (*o'zl. olmosh.*) 나, 내; 본인(本人), 저(나의 낮춤말); ~ senga kitobimni berib turaman 나는 너에게 책을 빌려 줄 겁니다; ~ uni ko'rdim 나는 그를 보았다; ~ uyda emas edim 나는 집에 없다.
mena, pul maydalash 교환(交換), 교역(交易), 바터, 교시(交市), 무역(貿易), 교환무역(交換貿易), 교체(交替), 상환(相換).
menejer *ot.* 매니저, 지배인, 경영[관리]자, 사업가, 관리자
menejment *ot.* 사업, 관리, 경영; 지배, 단속, 경영력, 지배력, 경영수완, 매니지먼트
meniki 나의, 저의. Bu sumka ~ 이 가방은 나의 것이다.
menimcha 제 생각에는.
mening 내(나 자신), 제(제가)
meningit *ot. tib.* 수막염(髓膜炎), 뇌막염.
mensimaslik *ot.* 경멸(輕蔑), 멸시(蔑視), 비웃음, 냉소, 무시. 모멸(의 태도); 오만
mensimoq (의식적으로) 무시하다, 묵살하다, 경시하다; 간과하다.
merchadayzing 머천다이징
mergan *ot.* 저격수, 총수(銃手), 사(격)수; mohir ~ 사수(射手); 저격병; 사격의 명수
meridian *ot. astr.* 자오선(子午線), 경선(經線); ~ aylanasi 자오환; ~ balandligi 자오선 고도.
Merkuriy *ot. astr.* 머큐리신(신들의 사자(使者); 상인·도둑·웅변의 신)
merkuriy *ot. fiz.* 수은(水銀: 상온(常溫)에서 유일하게 액체 상태로 있는 은백색의 금속 원소; 천연으로 진사(辰沙)에서 얻어지며, 어느 금속과도 합금을 만들기 쉬움. 금의 정련·온도계·의약 등에 씀. [80번:Hg :200.6])
meros *ot.* 상속(相續), 유산(遺産); 유증(遺贈)(재산); 이어[물려] 받은 것; ~ga olmoq 유산으로서 얻다 두고간 선물로서 얻다 ~dan o'tmoq 상속하다 ~ olmoq 유산을 받다.
meros bo'lib qolgan mol-mulk solig'i 상속세(相續稅)
meros huquqi 상속권(相續權)
meros olish izchilligi 상속순위
meros olishdagi vasiy 유언 집행인
meros qoldiruvchi 피상속인
meros va tortiq qilingan mulkka solina- digan soliq 상속증여세
merosdagi lozim bo'lgan ulush 유류분 (일정한 상속인을 위하여 법

률상 마땅히 유보해 두지 않으면 안되는 유산의 일정 부분)
merosdan voz kechish 상속의 포기
merosiy mol-mulk 상속재산
merosni e'lon qilish joyi 상속개시지
merosni qabul qilish 상속의 승인
merosxo'r *ot.* 상속인, 법정 상속인, 유산 상속자. 후계자; qonuniy ~ 법정상속인.
merosxo'rlik huquqi 상속권
merosxo'rlik, meros olish 상속
metalfizik I *ot.* 형이상학자, 순정(純正)철학자
metalfizik II *sif.* 형이상학의, 순수 철학의; 추상적인.
metalfizika *ot.* 형이상학, 순정[순수] 철학; 학문 이론; 우주 철학; 추상론, 탁상공론; 형이상학(形而上學: 사물의 본질이나 존재의 근본 원리를 사유(思惟)나 직관(直觀)으로 연구하는 학문. 관념적인 철학. ↔형이하학.)
metafora *ot.* 은유(隱喩), 암유(暗喩)
metaforik *sif.* 은유적[비유적]인, 비유적인, 수식(修飾)이 많은, 화려한.
metall *ot.* 금속(金屬), 금속 원소, (각종의) 금속; *sif.* 금속의; 금속성[질]의; 금속을 함유하는; qora ~ 흑색금속(철); rangli ~lar 유색금속(철); qimmatbaho ~lar 귀금속.
metal quyish zavodi 주물공장
metall sanoati 금속공업
metall, mahsulot, buyum 금속가공
metallshunoslik *ot.* 금속노동자
metallurg *ot.* 야금학자, 야금공.
metallurgiya *ot.* 야금술, 야금학
metamorfizm *ot.* 근본적 변화
metan *ot. kim.* 메탄가스, 소기.
meteorit *ot.* 운석(隕石), 별똥, 천운석(天隕石), 성석(星石).
meteorolog *ot.* 기상학자.
meteorologik *ot.* 기상(氣象).
meteorologiya *ot.* 기상학(氣象學).
metilen *ot.* 메틸알코올, 메탄올(목재를 건류할 때 생기는 향기 있는 액체; 독성이 강하며 음료로 쓰지 못하고 연료·용제·포르말린 등의 제조용으로 씀)
metod (= uslub) 방법, 방식; shu ~ bo'yicha ishlash zarur 이 방식으로 일을 해야 합니다.
metodik *sif.* (=uslubiy) 방식의.
metodika *ot.* 방법론, 교수법. Ingliz tilini oqitish ~si 영어를 가치는 방법론.
metodist *ot.* 교수법(教授法), 방법론(方法論), 방법학
metonimik *ot.* 환유(換喩)(king을 crown으로 나타내는 따위); 제유(提喩: 일부로써 전체를, 특수로써 일반을 나타내는 표현법, 또는 그 반대를 뜻하기도 함; sail, keel이 ship, a creature가 a man을 나타내는 따위).
metonimiya 메도노미아, 환유어(換喩語)
metr *ot.* 1) 미터; kvadrat ~ 제곱미터, 평방미터; kub ~ 입방미터; 세제곱[3차] 미터; 2) (*o'lchash asbobi*) 줄자, 1 미터자; (자동) 계량기, 미터(가스·수도 따위의)
metrajli *sif.* 1) 미터의, 미터법의; qisqa ~ film 단편필림; 2) 운율학의. 3) 사원 호적인.
metrik *sif.* 1) 미터의, 미터법의, 미터(법)의; 미터법을 실시하고 있는(사람·나라). 2) 운율학의. 3) 사원 호적인.
metrlamoq *fe'l.* 재다, 계량[측정, 측량]하다, ~의 치수를 재다.
metro *ot.* 지하철, 지하철도, (지하철의) 터널, 지하도. ~da ketmoq 지하철로 가다.
metrologik *sif.* 도량형(학)의.
metrologiya *ot.* 도량형학; 도량형
metropoliten *ot.* 지하철도, 지하철.
metropoliya *ot.* 본토, 어버이 나라.
meva *ot.* 과일, 실과(實果), 열매, 가실(佳實), 과실(果實), 가과(佳果), 과종(果種); ~ daraxti 과일

나무.
mevador *sif.* 과일이 맺는, 과일이 많은, 과일이 많이 익은.
mevali *sif.* 과일의, 열매가 열리는 나무; 과수 재배자; 과일 운반선; ~ bog 과수원 ~ daraxt 과일나무. ~bog' 과수원
mevasiz *sif.* 과일 없는, 열매를 맺지 않는, 열매가 없는; 자식 없는.
mevasizlik *ot.* 쓸데 없음, 무익[무용](임)
mevazor *ot.* 과수원. (과수원의) 과수
meva-cheva 여러 가지 종류의 과일, 가지가지의 과실, 여러 가지의 열매.
mevachilik *sif.* 열매가 성장하는, 과일이 자라는, 과실이 차차 커지는
mexanik *ot.* 1) 기계 기사[공학자], 기계학의, 그 법칙에 맞는, 기계장치에 의한. 2) 기계적인. ~ kuch 기계력.
mexanika *ot.* 기계학, 역학(力學); nazariy (*tatbiqiy*) ~ 이론(응용)역학; ~ qonunlari 기계학의 법학
mexanizator *ot.* 1) (*mexanizatsi-yalashtirish bo'yicha mutaxassis*) 기계화 숙달자(기술자), 군대의 기계화 전문가(숙련가, 달인); 2) (*q.x. mashinalariga xizmat ko'rsatadigan mutaxassis*) 기계취급자. 기계의 조작자, 기계 기사, 기계의 운전자.
mexanizatsiya *ot.* (군대의) 기계화(機械化); ~lashtirmoq 기계화하다, (부대 등을) 기갑화하다, 기동화하다.
mexanizm *ot.* 기계(장치), 기구, 구조, 구성, 장치; *ko'p* 기계류, (시계 따위의) 기계장치; 기계의 자동부분. soat ~i 시계장치
mezbon *ot.* (연회 등의) 주인(노릇), 호스트, (연회 등의) 여주인(역), 여관 여주인; ~lar mehmonlarni issiq ko'tib olishdi 손님을 환영하는 주인
mezon *ot.* 1) 천칭(天秤), 저울, 권형(權衡), 권칭(權稱), 눈금, 저울눈; 척도(尺度), 기준(基準: criteria); **manaviyat ~ lari** 윤리적인 기준; 2) *astr* 저울자리, 천칭궁(天秤宮: 황도(黃道) 십이궁의 일곱째. 처녀자리의 위치에 해당하는데, 태양이 이 자리에 들어와서 8-9일 된 뒤에 추분점(秋分點)에 이름).
mezozoy *ot.* 중생대(中生代: 지질시대의 하나. 고생대의 다음, 신생대의 앞 시대; 트라이아스기(紀)·쥐라기·백악기로 나뉘며, 활엽수·파충류·양서류·경골어 등이 번성하였음); 중생계(중생대의 지층).
mechal *ot.* 곱사병, 구루병(佝僂病), 척추염, 위축병(萎縮病).
mechkay *ot.* 대식가(大食家), 폭식가
mechkaylik *ot.* 대식, 폭음폭식.
mesh *ot.* 포도주용 가죽 부대, 물을 담는 가죽 부대, 자루, 배낭.
me'da *ot.* 위(胃), 복부(腹部), 배, 위부(胃部); ~ buzilishi 복통; ~ suvi 위액; ~ kasalligi 위병, 배탈.
me'mor *ot.* 건축가[사], 건축기사(建築技士); 설계사(設計士); 건설자
me'moriy *sif.* 건축학[술]의, 건축상의; ~ san'at 건축술[학], 건축양식.
me'morlik *ot.* 건축술[학]
me'yor 기준, 제한, 한도, 한계, 정도; bir ~ da 평평[평탄]하게; 평등하게;
me'yor, chegara, limit 한계(限界)
me'yordagi ish vaqti 정상근무시간
me'morchilik *ot.* 건축학
me'yorli 한계(선), 한도, 극한
mi *mus.* (***nota***) 미(장음계의 제3음), 마음(音)(고정도창법의 '미'), 마조(調)
mif *ot.* 신화(神話), 전설; 꾸며낸 이야기; ~ qog'oz 신화학
mifologiya *ot.* 신화학, 신화.
migratsiya, ko'chish 이주
mihim narsa va buyum 주물과 종물

mijig' *ot.* (피부·천 따위의) 주름[구김](살), 구김살, 주름(살), 구겨진, 쪼글쪼글한. ~langan ko'ylak 구겨진 옷.
mijig'langan *sif.* 구겨진. 주름진, 구김살.
mijiglamoq *fe'l.* 1) (옷·종이 따위를) 구기다, 우글쭈글하게 하다. 2) 눌려서 (비벼서) 연하게 하다, 잘 크러 뜨리다.
mijja *ot.* 속눈썹, 첩모(睫毛); ~qoqmoq 눈을 깜박이다, 윙크[눈짓]하다; Ilhom bu gun kechasi ~ qoqmadi 일홈은 오늘 밤에 한 잠도 못 잤습니다.
mijoz I *ot.* 소송[변호] 의뢰인; (*doimiy xaridor*) 가게의 손님, 고객; 단골, 거래처
mijoz II *ot.* 특성, 특질, 기질, 성질, 성미.
mijozlar talablarini yig'ish 고객 설문조사
mijg'ov *ot.* 1) (환자 등에게 주는) 묽은 죽, (우유·물로 요리한) 오트밀, 수액(樹液), (식물의) 액즙; 2) (잉잉) 잦아들듯[호소하듯, 처량하게] 울다; 훌쩍이다, 울먹이다, 애처로이 하소연하다.
mijg'ovlanmoq 결정하지 못하다, 변덕스럽다, (마음이) 변하기 쉽다, 일시적인
mijg'ovlik *sif.* 결정하지 못한; 흐느끼는, 훌쩍이는 소리; 애소; 탄원, 불평.
mikrob *ot. biol.* 미생물, 병원균, 세균, 병균; ~larni o'ldiradigan modda 살균제.
mikrobiolog *ot.* 미생물학자
mikrobiologiya *ot.* 미생물학(微生物學), 세균학(細菌學).
mikrobisiz *sif.* 메마른, 불모의(땅 따위); 흉작의; 자식을 못 낳는, 불임의
mikroelement *ot.* 미량원소.
mikrofon *ot.* 마이크[로폰], (라디오 따위의) 송화기(送話器).
mikroklimat 소(小)기후(한 국지(局地)의 기후); 미(微)기후(소기후보다 더 작은 지점의 기후).
mikromarketing 마이크로 마케팅 (micro- marketing)
mikrometr *ot.* 1) 마이크로미터 (=10-6m; 기호: μm); 2) (현미경·망원경용의) 측미계(測微計), 측미척(測微尺).
mikrometrlik *sif.* 마이크로미터의.
mikrometriya *ot.* 측미법(測微法)[술].
mikrorayon 작은 구역, 한 구역, 지구.
mikroskop *ot.* 현미경(顯微鏡); elektron ~ 전자현미경.
mikroskopik *ot.* 현미경의[에 의한]; 현미경적인, 현미경 관찰의; 극히 작은, 극미의
mikser *ot.* 혼합기.
miks-fond 혼합펀드(moxed fund)
mil *ot.* 마일(mile: 야드파운드법의 거리의 단위; 1,609.4m에 상당)
mil *ot.* 지시하는 사람[물건], 지시봉; 손 모양의 것, 손의 기능을 가진 것, 손가락표(☞); (*kompasda*) (시계·저울 따위의) 바늘, (주사·외과·조각·축음기 따위의) 바늘, 수술용 전기침(針); 자침(磁針), 나침(羅針); (계기류의) 지침; soat ~i (시계의) 단침[시침]
militsiya *ot.* 1) 파출소, 사회 안전부, 내무서, 경찰서; 2) 의용군, 시민군; 국민군(18-45세의 남자); ~ xodimi 국민병, 민병; ~ bo'limi 의용군 군관구(軍官區)
milk I *ot.* 잇몸, 치은(齒齦); ~ kasali 치은염(齒齦炎)
milk II *ot.* 끝머리, 테두리, 가장자리, 변두리, 모서리, (칼 따위의) 날; (비평 따위의) 날카로움, 격렬함.
millat 1) (*xalq, davlat*) 민족, 국민, 겨레; ~ingiz nima? 당신은 어느 민족입니까? Birlashgan Millatlar Tashkiloti(BMT) 국제연합기구. 2) (*insonlar birligi*) 국적; 선적, 국민, 민족; 국가; mayda ~ 소수민족
millatchi *ot. siy* 국가[민족]주의자; 민족자결주의자; 아일랜드 자

치론자,
milliard *son.* 십(10)억; 2 ~ 이십억; ~er 억만 장자
milliarder *ot.* 억만장자.
milligramm *ot.* 밀리그램.
millik baliqchilik hududi 200 200해리 어업수역
millimetr *ot.* 밀리미터(1미터의 1/1000; 기호 mm)
million *son.* 백(10) 만.
millioner *ot.* 백만장자.
milliy davlat 민족국가
milliy sanoat taraqqiyotining eng muhim xususiyatlari 국가 경제발전의 일차적과제
milliy *sif.* 1) 민족의, 민족적인, 국민의, 온 국민의; 국민 특유의, 국민적인, 국가의, 국가적인; ~ mada- niyat 민족의 문화; ~ muammo 민족의 문제; ~ xarakter 민족성 ~ tenghuquqlik 민족평등. 2) 국가, 인민 ~ bayroq 국기.
milliy tegishlilik 국적(國籍)
milliy teng huquqlik 민족평등
milliy xususiyatni yo'qotmoq 사유화
milliylashtirish 국유화(國有化)
milod 기원; 연대, 시대, 시기; ~ dan oldin 777 yilda 777 B.C.; ~ dan keyin 777 777 A.D.
milt: ~etmoq 반짝반짝 빛나다, 반짝이다
miltiq *ot. harb.* 라이플총, 선조총(旋條銃); 소총, 보병총, 엠원(M1), 엠십육 (M16); tankka qarshi ~ 대전차(對戰車) 용의 총(포); ~ dori 화약; ~ ovozi 총성, 포성, 폭발음; ~ otmoq 소총사격; ~ni o'qlamoq 총에 장전하다, 장탄하다.
miltiramoq *fe'l.* 반짝반짝 빛나다, 반짝이다, 가물거리다, 반짝거리다, 깜박이다, 까막거리다. yulduz ~da 별이 반짝거린다.
milt-milt 희미하게 빛나다; 낌빽이다, 명멸하다, 반짝반짝하다, 반작반작.
mimika *ot.* 흉내, 시늉, 선형용(善形容), 모방(模倣), 준의(準擬), 인용(引用); 모조품(模造品), 표정; yuz ~si 얼굴의 표정
mina *ot.* 지뢰, 기뢰, 수뢰, (비행기에서 떨어뜨리는) 공뢰(空雷); tank- ka qarshi ~ 대전차지뢰 ~ qoymoq 지뢰 (수뢰, 기뢰)를 부설하다.
minbar *ot.* 연단(演壇), 강단(講壇); 연설; ~ga chiqmoq (대(臺)·무대 따위에) 올라가다, 강단에 오르다.
mindirmoq *fe'l.* 1) (*otga*) (산·계단 따위를) 오르다, (대(臺)·무대 따위에) 올라가다; 2) (*transportga*) 앉히다, 착석시키다, 태우다. otni ~ 말을 태우다.
mineral *ot.* 1) 광물, 무기물, 광석. 2) *sif.* 광물의, 광물을 함유하는; 무기물의, 광물질; ~ suv 광천수, 탄산수, 청량음료; ~ og'itlar 광물 거름, 유기 비료
mineral o'gitlar 유기 비료
mineralli 광물질(鑛物質)
mineralogiya *ot.* 광물학.
ming *son.* 1) 천, 1000; ikki (*uch, to'rt, va sh.k.*) ~ 이천(삼천, 사천 ....) besh ~ 오천. ~ martalab 훨씬. 2) *k.m.* (*ko'p*) 수천의, 다수의, 무리의, 여러 번의;
minginchi *sif.* 천 번째, 1,000번째(의); 1,000분의 1(의); ~ bet 일천페이지; ~ raqam 번호 일천(1000); ikki (*uch, to'rt, va sh.k.*) ~ 이천 번째(삼천, 사천 ....); ikki (*uch, to'rt, va sh.k.*) ~ bet 이천 (삼천, 사천 ....) 페이지(쪽)
minglab 수천의, 몇 천이나 되어
mingta *son.* 천. 1,000(의 기호); 1,000개 [사람]; ~ odam 일천 명의 사람; biz ~ edik 그곳에는 우리의 일천 명이 있다
miniatura *sif.* 세밀화의; 소형의, 작은, 축도의.
minimal zahiralar 최소 예비비
minimum harajatlar tamoyili 최소 비용 원칙
minimum *sif.* 1) 최소(최저) 한도, 최소량, 최저량.

programma-~ 최저 강령; 2) (*eng kami*) 적어도, 적게 보아
minist = vazir *ot.* 상, 부장(部長), 장관(長官); tashqi ishlar ~ligi 외무상, 외교 부장, 외무부 장관 premyer-~ 총리; ~ o'rinbosari 부장, 차관.
minityura *ot.* 축소화, 축도(縮圖), 작은 그림.
minmoq *fe'l.* 1) (*ustiga chiqmoq*) 타다, 타고 가다; (*otga*) (말 따위에) 타다, 올라타다[앉다], 걸터앉다; otni ~ 말을 타다; 2) (*biror transporfga*) 가지고 가다, 휴대하다; tramvayga ~ 전차로 가다[운반하다]; 3) (*haydamoq*) 차(車)로 운반하다[보내다]; mashina ~ 차로 운반하다.
minnat *ot.* 감사(感謝), 보은의 마음; 사의(謝儀). ~ qilmoq 한 상의에 대해서 기억나게 하다.
minnatdor *sif.* 감사하고 있는, 고마워하는, 사의를 표하는, 감사를 나타내는, 감사의. men sizga judayam ~man 대단히 고맙습니다.
minnatdorchilik *ot.* 감사(感謝), 보은의 마음; 사의(謝儀); ~ bildirmoq (*yoki* izhor qilmoq) ~에게 사의를 표하다.
minomyot *ot. harb.* 박격포, 구포(臼砲); 구포 모양의 발사기(구명 밧줄 발사기 따위); reaktiv ~ 방사포.
minomyotchi *ot.* 박격포수, 방사포병.
minora *ot.* 1) 미나레트, (회교성원(聖院)의) 뾰족탑, 첨탑; 2) 탑, 타워, 탑파. Kreml ~si 클레물린탑; Samarqand ~si 사마르칸트탑.
mintaqa *ot. geog.* (한대·열대 따위의) 대(帶), 지대(地帶), 지역; 지구, 정대(晶帶); o'rtacha ~ temperate 온대지역; tropic ~ 열대지대; ~ vaqti 시간대.
mintaqalararo iqtisodiy hamkorlik faollashuvi 지역 경제 협력 강화
mintaqaviy bozor 지역 시장
mintaqaviy litsenziyali jamg'armalar 주정부 허가수수료
mintaqaviy soliqlar 주정부세
minus *mat.* 1) 마이너스, ~을 뺀, ~만큼 적은, 덜기 부수, 빼기, 감법(減法), 감산(減算), 감(減), 음수(陰數); ~ ishorasi 덜기(빼기) 표; o'n ~ besh barobar besh 10(열) 빼기 5(다섯)은 5(다섯)이다. 2) 영하. bugun ~ 5 영하 5도(오도)이다. 3) 결함, 부족, 손해, 결손.
minut (=**daqiqa**) 1) 분(分: 시간의 단위; 한 시간의 1/60); 20 takam 5 (4:40) 20(이십)분전 5(다섯)시; 2) 한순간. oxirgi ~ igacha 최후까지.
miokard *ot. anat.* 심근(心筋). ~ infarkti 심장근육경색증, 심근경색증.
miq: ~ etmadi 조용히 있었다, 아무 말 안했다.
miqdor *ot.* 1) (*son*) 양(量); 분량, 수량, 액, 수량, 수; ko'p ~da 많은 수, 여럿이; katta ~da 다수, 다량; *tilsh.* ~ son 수량수사; 2) (*kattalik*) 가격, 시세, 요금, 사용료, 금액, 액수. oylik ~i 노임액수.
miqdor ko'rsatmasi 수량 표시
miqdor, jami, mablag', summa 총액
miqdoriy *sif.* 분량상의, 양에 관한, 양에 의한, 양적인, 수량의, 양적으로; ~ analiz 정량 분석, 양적 분석; ~ o'zgarish 양적인 변화.
miqyos *ot.* (지도 따위의) 축척, 비율, 척도; 규모, 범위; jahon ~ida 세계적으로; keng ~da 대규모적으로; dunyo ~sida 세계적 범위에서.
miriqmoq *fe'l.* ~에 물리다, 충분히 만족하다, (~에) 만족하다, (~하는 것이) 싫지는 않다
mirishkor *sif.* 적임의, 유능한, 능숙[능란]한, 교묘한, 숙련된, 경험 있는[많은], 숙련된, 노련한; 체험된.

mirishkorlik *ot.* 경험, 체험, 견문; 경력; 경험 내용(경험으로 얻은 지식·능력·기능)
mirob ot. 물의 관리[감독]자, 감시자[원]
mirza *ot.* (관청·회사 따위의) 사무원[관], 사원, (은행의) 행원; (법원·의회·각종 위원회 따위의) 서기, 필기사, 사자생(寫字生)
mirzaterak 양버들(洋−: 버드나뭇과의 낙엽 활엽 교목. 높이 30m가량. 유럽 원산인데 가로수로 심고, 성냥개비·건축재로 이용.)
mirshab *ot.* 경찰, 순경, 경찰관.
mirshabxona *ot.* 경찰서, 파출소.
mis *ot.* 구리, 동(銅)(금속 원소; 기호 Cu; 붉고 윤이 나는 금속 원소. 자연동으로나 화합물로 나며 은(銀) 다음으로 전기 및 열을 잘 전달하는 물체임.[29번:Cu: 63.54]).; sariq ~ 놋쇠, 황동; qizil ~ 적동광(赤銅鑛); ~ ko'za 구리 주전자
miskin *sif.* 가난[빈곤]한, 생활이 딱한, 빈약[초라]한, 곤궁한, ~이 없는.
misl *ot.* 비슷함, 닮음, 유사(점), 상사성; 닮은 점, 같은 모양.
misli *sif.* 마치 ~처럼(같은), ~와 같이[처럼], ~와 마찬가지로, ~답게; 이를테면 ~같은. ~ bulbuldek sayramoq 마치 꾀꼬리처럼 노래하다.
mislsiz *sif.* 비할[견줄] 데 없는, , 견줄[비길] 데 없는, 비교가 되지 않는, 무비(無比)의; 전대미문의, 미증유의.
misol *ot.* 1) 예, 보기, 실례(實例), 사례, 예증; 전례; ~ uchun 예를 들면, 예컨대; ~ keltirmoq 예를 들다; ~ bo'lib xizmat qilmoq 한 예(例)를 들면, 예로서; 2) *mat.* 작도 문제; ~ yechmoq 문제를 풀다
misra *ot.* (시(詩)의) 반구(半句), 반행(半行); 불완전행(行).
Misr *ot.* 이집트(공식명은 이집트 아랍 공화국(the Arab Republic of ~))
misrlik *ot.* 이집트 사람, 이집트 말.
missiya *ot.* 1) 임무, 직무, 사명, 천직; ~ birovga topshirmoq 에게 임무를 맡기다. 2) *dipl* 공사[사절]의 파견[임무]; 공사관 직원, 공사 일행; 사절단; 공사관; harbiy ~ 군사 사절단.
miting *ot.* 모임, 회합, 집회, 집합, 대회, 집회; ~ uyushtirmoq 모임을 가지다, 군중집회에 참기하다. ~ o'tkazmoq 회의를 열다
miting namoyish 정치집회
mitti *sif.* 아주 작은. 작은, 소형의, 비좁은; ~ odam 난쟁이, 꼬마둥이, 피그미족.
mix *ot.* 1) (사람의) 손톱, 발톱; 2) 쇠못, 나무못, 구두못, 대갈.
mixlamoq *fe'l.* 못[징]을 박다, 못[핀]으로 고정하다; oynani rom bilan ~ 판자로 창문을 막아버리다.
miya *ot.* 1) 뇌, 뇌수, 두골; bosh ~ 머리 골, 뇌수 suyak ~si 뼈속, 골부; 2) 머리; ~si butun 머리가 좋다 ~m ishlamayapti 머리가 돌아가지 않다.
miyali *sif.* 뇌수가 있는. 2) 똑똑한.
miyasiz *sif.* 뇌수가 없는.
miyov 멍멍
miyovlamoq *fe'l.* 멍멍하다
mizg'imoq *fe'l.* 선잠을 자다.
mish-mish *ot.* *so'zl* 소문, 풍문, 세평, 풍설; odamlar o'rtasidagi ~ 공통적인 풍문
mobaynida (*o'tgan vaqtni belgila- ganda*) 동안, ~동안(죽); (예정 기간으로서의) ~간(間); (*davomida*) ~동안(내내), ~ 사이에. bir hafta ~ 일주일동안.
moda I *ot.* 암(컷·놈)의; ~ o'rdak (집)오리; 암오리, 암집오리; ~go'z 암거위
moda II *ot.* 유행, 성행; ~lar jurnali 패션잡지; ~lar atelyesi 고급 양장점; ~da bo'lmoq, ~ bo'lmoq 유행하다.
modal *sif.* 모양의, 양식의, 형태상의.
modallik *ot.* 양식을[방식·형태를] 갖는 일

modda I *ot.* 1) 물질, 물체; 2) (논의·저술 따위의) 내용, 제재(題材), 주제, 요지, 요점, 대의, 골자
modda II *ot.* 항목, 조목, 조항, 품목, 세목, (문장의) 절(節), 항(項), 단락, (교정 따위의) 패러그래프[참조, 단락] 부호(¶).
moddiy *sif.* 1) 물질의, 물질에 관한 재료, 자료; 2) 재정(상)의, 재무의; 재계의; 금융상의. 물질적인, 금전에 관한. ~ yordam 물질적 원조. ~ holat (ahvol) 재정상태 ~ qiyinchi- lik 금전상의 곤란 ~ resurslar 물적 자원, 물자 ~ boylik 물질적 재화 U ~ ta'minlangan 그는 물질적으로 보장되어 있다.
moddiy bo'lmagan, nomoddiy da- romadlar 무형자산(無形財産: 저작권. 특허권. 광업권. 상표권. 어업권 등)
moddiy javobgarlik haqida shart- noma 물질적 책임 계약
moddiy ma'suliyat 물적 책임
moddiy yordam 금전적 도움
moddiy zahira 원료 재고
model *ot.* 모범, 본보기, 귀감, 형(型), 양식; (양복·주물 따위의) 본, 원형(原型), 모형, 목형(木型), 거푸집, 모델; tovar ~i 상품 견본; avtomobil ~i 신형 자동차.
model, andaza, qolip, nusxa 모델, 모형.
modifikatsiya *ot.* 수정, 변경, 개수, 개량; 변형, 변화, 변위(變位), 변용(變容); ~ qilmoq 수정(변경, 변형)하다.
mohir *sif.* 능숙[능란]한, 교묘한, 숙련된; ~ mergan 사수(射手); 저격병; ~ qo'llar 상수; ~ona qilmoq 잘(능숙하게) 하다 ~ tikuvchi 숙련된 재단사.
mohirlik *ot.* 숙달, 연달(練達), 능숙; ~ bilan 숙달된, 연달(練達), 능숙한.
mohirona *rav.* 교묘하게, 능숙하게.
mohiyat *ot.* 본질, 진수, 정수; 핵심, 요체, 에센스, 엑스, 정(精); asosiy ~ 중요한 목적; ishning ~i 문제의 핵심, 일의 내용.
mojaro *ot.* 1) (*hodisa*) 사건, 대사건, 사변; dahshatli ~lar 무서운 사건; turli ~ kelib chiqdi 여러 가지 사건이 일어났다. 2) (*to'qnashuv*) 사건, 생긴 일; (어떤 사건의) 부수 사건, 작은 사건; chegarada yuz bergan 국경에서 생긴 일.
mojaroli *sif.* 의심스러운 (행동 따위가); 수상한; 문젯거리의, 논쟁의 여지가 있는, 문제되는; 미해결의; 논쟁 중인.
mojaroviy *ot.* 모험(심), 모험담, 체험담, 기담(奇談), 예사롭지 않은 사건, 뜻하지 않은 경험.
moki (직조기의) 북; (재봉틀의 밑실이 든) 북, 보빈 케이스; 북처럼 움직이는 것.
mol *ot.* 1) 소, 축우, 가축; ~ boquvchi 목자, 목부(牧夫), 목동, 가축지기; 소떼의 주인; qora ~ 소 종류의 가축; 축우, 목우; mayda ~ 송아지; ~ doktori 수의; 2) (*davlat*) 부(富), 재산(財産), 재화(財貨), 자산(資産); 3) *iqt.* (*savdo buyumi*) 물건, 물품, 상품, 물자; sanoat ~lari 생산 물품; 4) *so'k.* 짐승, 금수, 짐승류.
mol belgisini qayd qilish 상표등록
moldagi kamomad 물품의 하자
molalamoq *fe'l* 써레질하다; (정신적으로) 괴롭히다.
molalash *ot.* 약탈, 마음 아픈, 비참한
moldor *sif.* 부자의, 부유한, ~이 많은.
mol-dunyo *ot.* 부귀, 재물. 재산, 자산.
molekula *ot. kim.* 분자(分子); 미분자(微分子); 그램분자.
molekulyar *sif. kim.* 분자의; 분자로 된; ~ og'irlik 분자량(分子量)
moliya *ot.* 1) 재정 재무, 회계, 2) 돈; 재정학; ~ vaziriligi 재무장관; ~ bo'limi 재무부; ~ inspektori 국세청, 세무서; ~ institutlari 재무대학교

Moliya vazirligi 재정부, 재정경제부
moliya xolding uyushmasi 금융 홀딩 회사
moliyaviy *sif.* 재정(상)의, 재무의; 재계의; 금융상의, 금융의 회계의; ~ kapital 금융 자본. ~ organ 재정기간 ~ reja 재정 계획. ~ siyosat 재정 정책 ~ qiyinchilik 재정의 곤란, 자금이 달리는 것.
moliyachi *ot.* 재정가; 재무관; 금융업자; 자본가, 전주
moliyalashtirish 자금 융통, 융자(融資), 대부, 파이낸싱
moliyalashtirish manbai 재원
moliyalashtirish manbalarini topishdagi qiyinchiliklar 재원 마련의 어려움
moliyani yaxshilash 재정 개선
moliyaviy ahvol 재정상태
moliyaviy ahvolni yaxshilash 재정(금융)상황 건실화
moliyaviy chiqim; oziq-ovqatga harajat 금융비용, 장기 채무에 대한 이자식비
moliyaviy ijara (lizing) 리스
moliyaviy ijara (lizing) shartno- masi 리스계약
moliyaviy intizom 재정 규율
moliyaviy javobgar shaxs 물적 책임자
moliyaviy konsortsium 금융 컨소시움
moliyaviy lizing 금융 리스 (financial leasing)
moliyaviy mas'uliyat 물질적 책임
moliyaviy sektor 금융부문
moliyaviy tahlil *ot.* 재정분석
moliyaviy veksel 금융어음 (finance bill)
moliyaviy yil 회계연도
mollyuska *ot.* 연체동물(軟體動物: 동물의 한 문(門). 뼈가 없고 부드러우며 근육이 풍부함. 모두 유성(有性) 생식이고 대부분이 물에서 사는 동물임; 문어·조개 등)
mol-mulk 재산(財産), 자산, 소유물, 소유(권), 소유 본능, 물욕(物慾); shaxsiy ~사유재산 davlat ~i 국유재산.
mol-mulk daxlsizligi 소유권 불가침
mol-mulk huquqi 재산권, 소유권
mol-mulk ijarasi 재산의 일시임대
mol-mulk kamomadi 재산 부족
mol-mulk musodarasi 물수, 범죄와 관계있는 일정한 물건을 박탈하여 국고에 귀속시키는 처분.
mol-mulk ro'yxati 자산목록
mol-mulk ro'yxati 압류재산목록
mol-mulk shakli 자산 소유형태
mol-mulk solig'i 재산세
mol-mulk sug'urtasi 재산보험
mol-mulk talashish 소유권 분쟁
mol-mulkka asossiz ega bo'lish 재산부당취득
mol-mulkka etkazilgan zarar 재산상손실
mol-mulkka oid 재산의
mol-mulkka oid bo'lmagan huquq 비재산권
mol-mulkka oid huquqlar 재산권(財産權)
mol-mulkni baholash 재산평가
mol-mulkni bo'lish 재산분할
mol-mulkni bo'lish 재산의 분할
mol-mulkni davlat hisobiga o'tishi 재산의 양도
mol-mulkni hibsga olish 재산가압류
mol-mulkni hisobga olib, ro'yxat qilish 재산목록
mol-mulkni hisobga olish 자산차압
mol-mulkni ishonchli boshqaruv shart- nomasi 신탁계약
mol-mulkni pullash 재산의 매각
mol-mulkni qayta olib chiqsih majburi- yati (세관에서 발행하는) 반환 보장 서류
mol-mulkni qiymatini to'lash sharti bilan davlat ixtiyoriga olish 싱발(국적 비상상황에서 사회의 이익을 위해 필요하다고 판단될시 국가기관의 결정에 의해 재산에 대한 비용을 지불하고 소유자로부터 재산을 징발하는 것)
mol-mulkni sug'urta qilish 재산

보험
mol-mulkni yo'q qilish yoki unga ziyon yetkazish 재산피해
molni alohida-alohida yetkazish 분할이행계약
molni arzon sotish 덤핑 (dumping)
molni chayqovchidan sotib olish 매점매석(買占賣惜)
molni yetkazib berish muddatini kechi- ktirilishi 납기 연장
molxona *ot.* 마구간, 우사, 외양간.
moma *ot.* 1) (*keksa ayol*) 노인(여자), 노파(老婆), 할머니, 늙은 여자, 노고(老姑), 온구, 마고(麻姑)할미; 할미, 할망구, 할멈. 2) (*buvi*) 할머니, 조모, 노부인.
momo (=moma) 할머니
momoqaldiroq *ot.* 우렛소리, 괴성, 뇌성, 우레; 천둥; (시어) 벼락, 진동, 우레 같은 소리; ~ gumburlamoqda 우렛소리가 난다 ~ tomga urildi 탑이 벼락이 떨어졌다.
momiq *ot.* 1) (*paxta*) 원면, 솜; (특히) 정제한 솜; 탈지면; oppoq ~day 하얀 솜, 탈지면; 2) (*jun*) 솜털, 부등깃털(깃이불에 넣는); 배내털; 3) *k.m.* (*yumshoq*) 부드러운, 유연한, 폭신한, 매끄러운, 보들보들한, 촉감이 좋은; ~ qo'llar 부드러운 손길.
momoqaldiroq *ot.* 천둥을 수반한 일시적 폭풍우, (심한) 뇌우(雷雨).
monand *sif.* 일치[대응, 상응]하는, 적합한, 일치된, 조화된, 유순한, 상사(相似)의; siz bu ishga aynan ~ odamsiz 당신은 그야말로 적재적소의 인물이다.
monarxiya *siy.* 군주제, 군주 정치[정체]; konstitutsion ~ 입헌 군주국(정체)
monastir *ot.* 수도원, 대수도원; (본디 대수도원이었던) 대교회당·성당 또는 큰 저택(邸宅), 은둔처, (수도원 따위의 안뜰을 에우는) 회랑(回廊); (*erkaklar uchun*) 남자의 수도원; (*ayollar uchun*) 여자의 수도원
monax *ot.* 수사(修士), 수도사, ~ bo'lib yashamoq 수도서처럼 금욕생활을 하다.
monitor *ot.* 충고자, 권고자, 모니터.
monitoring, ahvol nazorati 모니터링
monoftong 단모음(單母音: 발음 도중에 입술이나 혀가 고정되어 움직이지 않는 모음; 우리말에서는 'ㅏ·ㅓ·ㅗ·ㅜ·ㅡ·ㅣ·ㅐ·ㅔ·ㅚ·ㅟ' 등)
monografiya *ot.* 모노그래프; 서법(書法), 사법(寫法), 기록법'의 뜻.
monolog *ot.* 모놀로그, 독백, 혼자 하는 대사; 독백[독연]극; 독무대; (시 등의) 독백체; 장광설, 회화의 독차지; ~ o'qimoq 독백하다, 혼잣말하다; 이야기를 독점하다.
monopol faoliyat, tanho boshqaruv 반독점 조치에 대한대항 행위
monopol qiymat 독점가격(獨占價格)
monologik: ~nutq 모놀로그, 독백, 혼자 하는 대사
monopolist *ot.* 독점자, 전매자; 독점[전매]론자..
monopolistic birlashma 재벌, 컨글로메릿
monopoliya *ot.* 독점, 전매; 독점[전매]권; 독점 판매, 시장 독점; (남의 시간 따위를) 독차지하는 일, 독점 사업; 전매품; 전매[독점]회사, 독점 판매 회사; ~qilmoq 독점하다; ~의 전매[독점]권을 얻다; kapital ~ 독점 자본.
monopoliya qonunchiligi 전매(금지)법
monopoliya, tanho egalik 독점권(獨占權), 독점(獨占)
monopoliyaga asoslangan byuro 전매국(專賣局)
monopoliyaga qarshi siyosat 반독점정책
monopoliyalar tomonidan kichik korxo- nalarning yutilishi 독점기업의 소기업합병

monopsoniya 수요 독점 (monopsony)
monosemiya (bir ma'nolilik) 단의어
montaj *ot.* 1) (*mashinalarni terish va o'rnatish*) (기계의) 조립, 설치, 비치, 가설, 설비, 장치; ~ishlari 조립공; ishchilari (기계·부품 등을) 설치[설비]하는 사람, 조립공, 정비공; 2) *san.* (대포 따위의) 설치, 장비; (*kinoda*) 합성 화법; 혼성화, 몽타주 사진; 몽타주
montaj ishlarining davom etishi 건립(설치)기간
montajyor *ot.* 몽타주하는 사람, 편집자.
montajchi *ot.* 설치[설비]하는 사람, 조립공, 정비공
montyor *ot.* 1) 기계 조립기사, (기계·부품 등을) 설치[설비]하는 사람, 조립공; 2) (*elektrik*) 전기 학자; 전기 기사; 전공; 전기 담당원; elketro ~ 전기기계 조립기사.
moratoriy, to'lov muddatini uzaytirish 모나토리움, 유예 (moratorium)
moratoriyni uzaytirish 모라토리움 연장
morfema *ot.* 형태소(形態素)
morfologik *sif.* 형태학(상(上))의; 어형론(語形論)상의.
morfologiya *ot.* 어형론, 형태론, 형태학.
Morze Samuel Finley Breese ~ 모스(미국의 전신기 발명가; 1791-1872): ~ alifbosi 모스 부호, 모스식의 전신부호; ~ telegraf apparati 모스식의 전신기.
mos *sif.* 알맞은, (~에) 적합한, 적절[적당]한; ~kelmoq ~에 적합하다, ~에 어울리다; Bu bola senga juda ~ 이 소녀는 너의 적합한 인물이다
mos↔mos emas (요구나 기준을)충족하는
moslama *ot.* 적응(適應), 적합(適合), 순응; suv saqlanadigan ~ 관리 보호 하천
moslamoq *fe'l.* ~에 맞다, ~에 적합하다, ~에 어울리다, 적합[적응] 시키다; qishki sharoitga ~ 내한 장치를 하다, 월동할 수 있게 하다.
moslashmoq *fe'l.* 적응하다, (환경 등에) 순응하다; sharoitga ~ 사정에 순응하여 설비하다.
moslashish *ot.* 동등(하게 함); 대등(의 관계); 동위, 등위(等位); (작용·기능의) 조정, 일치; 동의, 승낙, 합의, 합치.
moslashuv (의견·이해의) 일치; (사물간의) 화합, 조화, 동의, 승낙, 합의, 합치.
moslik *ot.* 동등(하게 함); 대등(의 관계); 동위, 등위(等位); (작용·기능의) 조정, 일치
mot *ot.* (=mat) *shahm* 장군!, 장군 부르는 것, 외통 장군; shox va ~ 장군 부르기; ~ qilmoq 장을 부르다, 외통장군을 부르다.
motam *ot.* 상(喪), 거상(기간); 기중(忌中), 상복, 상장(喪章), 조기(弔旗); chuqur ~ 대상; ~ kiyimini kiymoq 상복을 입다.
motivatsion (*asoslangan, dalilli*) **tahlil** *ot.* 동기 분석(motiveation analysis)
motodrom *ot.* 오토바이 경기장. 모트 사이클 경기장.
motopoyga ot. 모트 사이클 레이스, 오토바이 산악 지방을 달리는 것.
motor *ot.* 모터, 발동기, 내연기관; 전동기; ~ni yurgizib yubormoq 엔진(발동기)이 시동되었다
mototsikl *ot.* 자동자전거 오토바이, 모터사이클; 모터 달린 자전거, 모터바이크.
moviy fishkalar, soqqalar 우량주, 블루칩(bluechip)
moviy *sif.* 하늘색의, 푸른색의, 푸른 하늘의, 맑은; ~ osmon 푸른 하늘.
moxov *ot.* 1) *tib.* 나병(癩病), 한센병(Hansen 病: 나균(癩菌)에 의해 생기는 만성 전염병; 발견자 한센의

이름에서 연유함 문둥병.); 2) 장난, 못된 장난. ~ ish qilmoq 몹시 장난하다.
moy *ot.* (*organizmda yig'iladigan yog' qatlami*) 지방, 비계, 지방질; (요리용) 기름; (*hayvondan olingani*) 버터; 버터 비슷한 것; (*o'simlikdan olingan*) 기름; 석유; 올리브유; dumba ~i 양 엉덩이의 기름; paxta ~i 목화씨 기름; charvi ~i 쇠기름, 양기름; baliq ~i 간유; ~ bezlari *anat* 피지선(皮脂腺); ~ dog'i 기름투성이의 점; kastor ~i 피마자유 mashina ~i 기계유 o'simlik ~i 식물유.
moyana *ot.* (공무원·회사원 따위의) 봉급, 급료, 월급; siz qzncha ~ olasiz 당신은 월급을 얼마나 받습니까?
moyil *sif.* ~할 마음이 있는, ~하고 싶어하는, ~의 기질[경향]을 지닌; ~로 거울어진, 경향이 있는; uyquga ~ 졸음이 오는 kasal bo'lishga ~ 병들기 쉬운.
moyillik *ot.* 경향, 성향, 성벽, 좋아함, 기호, 의향, 기분; o'qishga ~ 면학의 경향 ~ni sezmaslik (his qilmaslik) 마음이 내키지 않다.
moylamoq *fe'l.* 1) (기름, 약, 타르 등을) 바르다, 칠하다, 문대다, (*mashinani*) ~에 기름을 바르다, 기름을 치다; 미끄럽게 하다, 윤활제로서 소용되다; 2) 약간의 뇌물을 쥐어주다, 뇌물을 쓰다. mashinani ~ 기계에 기름을 치다 og'zini ~ 약간의 뇌물을 쥐어주다.
mozor *ot.* 묘지(墓地), 매장지(埋葬地), 구원, 총지(塚地), 한림(寒林); ~ qorovuli 묘지기.
mog'or *ot.* 곰팡이, 사상균; ~ bosmoq 공팡이가 나라다; nonni ~ bosdi 그 빵에서 곰팡내 난다.
mog'orlamoq *fe'l.* 곰팡이가 나라는, 곰팡내 나는,
mosh *ot.* 콩(강낭콩·잠두류), 렌즈콩, 편두(扁豆); ko'zingni ~day ochib qo'yaman 나는 보여 줄 것이다.
moshoq *ot.* (보리, 소맥 등의) 이삭.
mocha 엉덩이, 항문, 여자의 성기
mochalka *ot.* (참피나무 따위의) 인피(靭皮) 다발; 내피(內皮), 인피 섬유.
muallif *ot.* 작가, 저자, 저술가, 글쓴이, 소설가(小說家), 문필가(文筆家), 집필자(執筆者), 문예가(文藝家), 저작자(著作者); 제작자(製作者); maqola ~i 논문의 필자.
muallif axloqiy huquqlari 저작인격권
mualliflar mulkiy huquqi 지적재산권
mualliflarning shaxsiy nomulkiy huquq- lari 저작인권
mualliflik haqidagi qonun 저작권법
mualliflik huquqi 저작권, 발명자권
mualliflik huquqini himoya qilish bo'yi- cha kelishuv 저작권 보호협약
mualliflik huquqini topshirish 저작권양도
mualliflik qalam haqi 저작권료, 인세
mualliflik shartnomasi 저작권계약
muallim *ot.* 남자 선생, 선생님; koreys tilli ~ 한국어 선생님.
muallima *ot.* 여자 선생님
muammo *ot.* 문제, 의문; 연습 문제; ~ni hal qilmoq (문제·수수께끼 따위를) 풀다, 해답하다.
muassasa *ot.* 1) 창립, 설립, 설치; 2) 학술·사회적) 회, 학회, 협회, (공공) 시설, (공공) 기관[단체]; ilm- fan jamiyati ~si 학회 설립; davlat ~si 국가시설 (기관); ilmiy ~ 학술기관 siyosiy ~lar 제초.
muassasaning valyuta fondi 회사의 외환자금
muassasaning valyuta hisobi 기업의 외환 계정

muayyan *sif.* (아무가) 확신하는, 자신하는, (일이) 확실한, 신뢰할 수 있는, 반드시 일어나는; (지식·기술이) 정확한. 확정적인, 특정한, ~ vaqt 일정한 시각; ~ shartsharoitda 어떤 일정한 조건하에.

mubolag'a *ot.* 과대시, 허풍, 과장, 과장적 표현; ~siz gapirganda 과장없이 말해서. ~ qilmoq 과장하다, 과대하게 보이다; 지나치게 강조하다

muborak *sif.* 축복받은, 다행한, 축하, 경하, 축사; bayramingiz ~ bo'lsin 축하합니다. 기념을 축하드립니다.

muborakbod *ot.* 축하, 경하; ~ etmoq / etmoq 축하하다, ~에 축사를 하다.

mubtalo *sif.* 받기 쉬운, (~을) 입기[걸리기] 쉬운; bu mamlakat suv toshqiniga ~ bo'ldi 이 지방은 홍수가 자주난다.

muchal *ot.* 연포, 연대기.

muddao *ot.* 1) (*istak*) 욕구; 원망(願望), 욕망, 소원, 소망, 바람, 바라는 것, 원하는 것; uning ~si nima? 그는 무엇을 원합니까?; 2) (*niyat*) 의향, 의지, 목적; 의도; (*masqsad*) 의지; 결심, 결의, 생각; ~siz 문득, 무의식중에.

muddat *ot.* 날짜, 기한, 기간, 기일(期日); (사건 따위가 일어난) 시일; 예정 날짜; (*to'lov hujjatlarida*) 기간; 임기; 학기: 형기(刑期); (의회의) 회기, (법정 따위의) 개정기간; arenda ~i 대차기한 to'lov ~i 지불기일 (기한); ~ni belgilamoq 기일을 정하다 ~i bo'yicha 기한대로.

muddat hisobining boshlanishi 기산(起算)

muddatdan oldin ozod etish 가석방(假釋放)

muddati kechiktirilgan to'lovlar 지연지불

muddati o'tgan yetkazish 지연배달

muddatida qoplash sharti bo'lmagan savdo 외환매도, 판매시점에 미보유 상태 주식

muddatidan o'tib ketgan veksel 지급 기한이 지난어음, 비불어음

muddatidan oldin to'xtatish 조기 중단

muddatli omonat 정기예금

muddatli *sif.* 기일이 있는, 고정된 기간, 일정(불변)한 기일.

muddatli sotish 선물매도

muddatli veksel 정기불 어음

muddatni hisoblash 기간의 산입

muddatni uzaytirish 기간 연장

muddatsiz *sif.* 기한 없이, 무기한

muddatsiz depozit 당좌 예금(當座預金)

muddatsiz foydalanish 무기한 사용

mudhish *sif.* 무서운[끔찍한, 모골이 송연해지는] (것), 가공할, 소름끼치는, 오싹하도록 싫은[실로 지독한] (것); ~xabar 무서운 소식; ~ voqea 무서운 사건; ~ ko'rinish 소름끼치는 눈길.

mudir *ot.* 관리인, 지배인, 지배인, 경영[관리]자; (*boshliq*) 장(長), 우두머리, 지배자, 장관, 국장, 과장, 소장; bo'lim ~i 부장 magazin ~i 상점 지배인.

mudofa sanoatini o'zgartirish 군수산업전환

mudofaa *ot.* 방어, 방위, 수비, 방어 시설; tank hujumiga qarsi ~ 대전차 방어; ~ jangi 방어의 활동; ~ taktikasi 방어 자세; faol ~ 공세 방어, davlat ~si 국방. ~ qilmoq 방어하다; M. vazirligi 국방부

mudramoq *fe'l.* 졸다, 꾸벅꾸벅 졸다, 겉잠 들다; mudrab o'tirmoq (머리를) 끄덕이다, 끄덕끄덕하다.

mufassal *sif.* 상세한, 정밀한; 분견된.

mufassal ro'yxat 부품목록

mufassallik *ot.* 세부(細部), 세목(稅目); 시업(枝葉) 말절.

mufta *tex.* 통(筒), 커플링, 연결, 결합, 연결기[장치], 클러치, 전동기, 슬리브(축(軸) 따위를 끼우는 통·관(管)); kabel ~si (철사·삼

따위의) 케이블 박스, 굵은 밧줄통; birla- shtiruv ~si 연결 클러치 frikatsion ~ 마찰 전동기.
mufti *ot. din.* 회교 법률 고문; 회교 법전 설명자, 종법학자(회교의)
muhabbat *ot.* 사랑, 애정; ~ qo'ymoq 사랑이 온다.
muhandis *ot.* 기사, 기사, 기술자; 공학자; 토목기사, 엔지니어; ~-mexanik 기계기사 ~-quruvchi 건축기사 ~-texnolog 공업기사 ~-elektrotexnik 전기기사.
muhandislik *ot.* 공학, 기관학, 기술, 공과 기사 기사의 직업; ~ qo'- shinlari 기병 중대 기사; ~ instituti 공학 연구소
muhandislik xizmati 엔지니어링 서비스
muharrir *ot.* 편집자; (신문의) 주필, 논설위원; (신문·잡지의) 각부의 책임자, 부장, 편집 발행인; (영화의) 편집자; (필름·녹음 테이프용의) 편집기(機); bosh ~ 편집장, 주필. mas'ul ~ 편집 관리자.
muhayyo *ot.* 준비, 준비가 된, (언제든지 ~할) 채비를 갖춘; 각오가 되어 있는; ~ qilmoq 준비하다; hamma narsa ~ 모든 것의 준비가 된.
muhim *sif.* 중대한, 중요한, 귀중한, 의의 있는; men bugun ~ xabarni eshitdim 나는 오늘 중요한 소식을 들었다.
muhim farq 근본적 차이
muhim qism 핵심부분
muhit *ot.* (주위) 환경, 주위의 상황, 주위를 에워싸는 것[사정, 정황]; (생태학적·사회적·문화적인) 환경; 자연환경; atrof ~ 주위의 상황; ijtimoiy 사회적 환경.
muhit, sharoit, vaziyat 분위기, 기류
muhlat *ot.* 1) (*muddat*) 기일, 기한, 기간, 시간, 때; 시일, 세월, 시간의 경과; arenda ~i 대차기한; to'lov ~i 지불기일(기한); ~ni belgilamoq 기일을 정하다; ikki kun ~ beriladi 당신에 이틀 동안 기간을 준다; ~i bo'yicha 기한대로; 2) (*kechiktirish*) 미루다, 연기하다.
muhlatli *sif.* 기일이 있는; 고정된, 일정(불변)한; ~ to'lov 기간 내에 지불하다.
muhlatsiz *sif.* 기한 없이; (*doimiy*) 영구한, 영속하는; 불변의, 내구성의
muhofaza *ot.* 방어, 방위, 수비; ~ qilmoq 방어하다; faol ~ 공세 방어, davlat ~si 국방.
muhojir *ot.* (타국·타지역으로의) 이민, 이주민, 피난자, 난민, 망명자, 도피자
muhojirlik *ot.* (타국으로의) 이주, 이민.
muhokama *ot.* 토론; 심의, 검토, 연구, 고찰, 토의; ~ qilmoq 심의하다; ~ qilish 토론; ~ predmeti 의제; ~ga o'tmoq 심의에 착수하다.
muhokama qilish 심리(心理), 의식.
muhokama qilish, sudda ishni ko'rish 심리, 마음, 마음 속, 생각, 의식, 의식세계(意識世界), 내면세계(內面世界), 내면(內面), 심리작용(心理作用)
muhr *ot.* 도장, 봉인, 증인(證印) (봉랍(封蠟)·봉연(封鉛)·봉인지 등에 찍은); (seal을 찍기 위한) 인장; 옥새(玉璽); 문장(紋章); 인발(주로 금속으로 됨); ~ bosmoq 도장을 찍다; firma ~i 상회의 인장.
muhr, matbuot 인쇄(印刷), 도장, 신문, 간행물(刊行物)
muhrlamoq *fe'l.* 도장을 찍다.
muhtaram *sif.* 명예 있는, 명예로운; 명예를 손상치 않는, 존경해 마지않는, 존경할 만한, 훌륭한; 수치를 아는; ~ birodar 외우, 대형.
muhtasham *sif.* 호화로운, 화려한, 멋진. ~ uy 풍부한 집.
muhtoj *sif.* 가난한, 생활이 딱한; ~ bo'- lmoq 가난하다, 부족하다, 필요하다.
muhtojlik *ot.* 필요성, 필요의 정

도.
muhtojlikda yashamoq 빈곤선 이하의 생활을 하다
mujassam *sif.* 구체화(化)한, 구현한, 합동한. ~ bo'lmoq 구체화하다, 유형화하다.
mujassamlanmoq *fe'l.* 통일하다.
mujassamlashmoq *fe'l.* 마련[준비]하다
mujmal *sif.* 불확실한, 불확정한; 형체가 정해지지 않은; 막연한; 애매한
mukammal *sif.* 완전한, 더할 나위 없는, 결점이 없는, 이상적인; ~ suratda 완전히, 더할 나위 없이; ingliz tilini ~ bilmoq 영어를 아주 잘하다, 완전히 영어로 구사하다.
mukammallashmoq *fe'l.* 한층 완전한 것으로 하다, 완성하다; ilmda ~ 학문을 향상시키다 (연마하다)
mukammallashtirmoq *fe'l.* 연마하다, (부족한 점을 고쳐) 개량하다, 개선하다; 향상시키다; o'z qobiliyatini ~ 재능을 더욱 연마하다.
mukammallik *ot.* 완성 풋내기.
mukofot *ot.* 1) 보수, 포상, 상. 보너스, 상여금; pul ~i 상금; inson umrini qutqarib olgani uchun ~ 인명 구조에 대한 상; ~ olmoq 상을 받다; ~ puli 보너스를 받다; Nobel ~i 노벨상.
mukofot aktsiyasi 업적주(業績株: per- formance share)
mukofot olish huquqi 보상권
mukofot, mukofotlash 보수, 보상
mukofot, rag'bat 프리미엄, 차익(差益)
mukofotlamoq *fe'l.* 표창하다, ~에게 보답하다; 보수를 주다, 상을 주다; buyuk xizmatlariuchun orden bilan ~ 전공에 의해서 높은 훈장을 수여하다.
mukofotlanmoq *fe'l.* 수여하게하다. 보수를[상을] 주다, ~에게 보답하다.
mulk *ot.* 재산, 자산 가재, 소유물[지]; shaxsiy ~사유재산 davlat ~i 국유재산.
mulk daxlsizligi tartibi 소유권 불가침의 원칙
mulk huquqini topshirish 소유권 양도
mulk huquqining o'zgaga o'tishi 소유권 이전
mulk jo'natilgan joy qonuni 목적지법
mulk qismiga chegirma 일부재산의 압류
mulk tarzidagi omonat 현물출자
mulkchilar tomonidan mulkning qo'shi- lishi 자산 합병
mulkchilik huquqi himoyasi 소유권보호
mulkdor *ot.* 임자, 소유(권)자, 지주, 토지소유자, 소유자; 경영자; ~lar partiyasi 지주.
mulkdorlik huquqi 물권
mulkdorlik huquqi tugatilishi 소유권의 소멸
mulkiy badalni to'lash majburiyati 재산출자의무
mulkiy qarz 물적 담보대출
mulkka egalik huquqidan voz kechish 소유권의 포기
mulkka oid omonatlar haqida shartnoma 현물출자계약
mulkni davlat ehtiyojlari uchun majburiy musodara qilish 국가의 재산 강제수용
mulkni davlat hisobiga musodara qilish 재산의 국고귀속 (=몰수)
mulla *ot. din.* 스승, 선생(회교도 사이에서 율법학자에 대한 경칭); 회교의 신[율법]학자, 회교 고승 회교 학자.
mulohaza *ot.* 1) 견해, 의견; 사물을 보는 태도[방식]; 2) 묵상, 숙고, 궁리. 고찰; ~ yuritmoq 묵상하다.
muloqot *ot.* 교제, 교통, 연락; odamlar bilan ~ 사람들과의 교제 ~ qilmoq 교재하다.
muloyim *sif.* 상냥하다, 부드러운; *k.m.* (기질·성격이) 온화한, 점잖은, 상냥한, 친절한, 온순한, 유순

한; u ayol juda ~ rm 여자는 너무 상냥하다; qizday ~ 상냥한 소녀; ~ ovoz 부드러운 목소리.
muloyimlik *ot.* 부드러움, 연함, 상냥함, 온화, 자애; 관대; 조용함
mulozamat *ot.* 예의바름, 공손[정중]함
mulozamatli *sif.* 호감을 주는; 붙임성 있는; 상냥한, 온후한, 친절.
multimedia *ot.* 멀티미디어(여러 미디어를 사용한 커뮤니케이션[오락, 예술]); 다중 매체.
multimediya dasturi 멀티미디어 프로그램
multiplikatsion *sif.* 만화 영화[동화(動畫)]의, 풍자화, (시사) 만화; 연재만화; ~ film 만화영화.
mum *ot.* 밀초; 밀랍(蜜蠟); oq ~ 파라핀, 석랍(石蠟) sariq ~ 자연랍; tog' 지랍.
mumiyo I 미라(오랫동안 썩지 않고 굳어 본디 형상을 그대로 보존하고 있는 사람이나 동물의 시체. 목내이(木乃伊)); ~ga aylantirmoq 미라로 하다; 말려서 보존하다; 바짝 말리다.
mumiyo II (*bo'yoq*) 바싹 마른 시체[물건], 말라빠진 사람.
mumkin *sif.* 가능한, 할 수 있는, 있음직한, 일어날 수 있는, (*ruxsat berilgan*) ~에게 허락하다, ~에게 허가하다, ~해도 좋다, ~할 수 있다; ~ qadar 되도록 멀리; ketish ~ 가도 좋다 갈수 있다; bu yerda ~ u yerda esa ~ emas 여기에서는 좋지만 (되지만) 저곳에서는 인 됩니다.
mumkin bo'lgan sharoitlar 수용 가능한 조건
mumlamoq *fe'l.* ~에 밀을 바르다[입히다]; 밀로 닦다
mumtoz *sif.* 걸출한, 눈에 띄는, 현저한, 돌출한, (*klassik*) (문학·미술에서) 고전주의[풍]의, 의고적(擬古的)인, 고대 (그리스, 로마)의 문화에 관한; ~ shoirlar 고전주의 시인; ~ adabiyoti 고전(그리스, 라틴)문학
mundarija *ot.* (서적 따위의) 목차, 목록, 내용 (일람), kitob ~si 책의 목차.
mundir *ot.* 제복, 정복, 정장, 예장; harbiy ~ 군복 talabalik ~i 학생 제복; kartoshka ~da 껍질째로 감자.
munis *ot.* 동료, 상대, 친구, 막역한 친구(연애 비밀도 털어놓을 수 있는)
munitsipal korxona 지방자치단체 기업
munitsipal mahalliy jamg'arma 지방세
munitsipal mulk 시유 재산
munitsipal obligatsiyalar 지방채
munitsipalitetga qarashli mulk 지방자치단체 소유
munkaymoq *fe'l.* 구부리다, (머리를) 숙이다; (무릎을) 굽히다; munkaygan chol 노인은 등을 활 모양으로 구부리다
mounofiq *ot.* 위선자(의), 가면 쓴 사람.
mounofiqlik *ot.* 위선; 위선(적인) 행위; ~ qilmoq 위선(자)적인 행동.
munosabat *ot.* 의견, 심정, 태도, 마음가짐, (*o'zaro aloqa*) 이해관계, 관련, 관계, (친한) 사이, (교제) 관계; yaqin ~ 친밀한 관계; yaxshi ~da bo'lmoq 양호한 관계에 있다; ikki mamlakat o'rtasida ~lar uzilgan 양국 간의 국교가 단절됐다.
munosabatdorlik, korrelyatsiya 상관관계
munosib *sif.* 1) (*loyiq*) (~을) 받을 가치가 있는, 보상받을 만한, 당연히 ~을 받아야 할, ~할 만한, (~에) 어울리는, (~하기에) 족한; maqtovga ~ 칭찬할 만한, 기특한, 갸륵한; ~ tarzda 적당한 방법으로. 2) (*haqqoniy*) 가치 있는, 당연한, 정당한, 상응한; (*to'g'ri keladigan, mos*) 적당한, 어울리는, 꼭 맞는, (어떤 목적에) 어울리는, 적당한, 충분한; (직무를 다할) 능력이 있는, 적임의; ~ mukofot 적당한 보수를[상을] 주다; ~ javob 꼭 맞는 대답.
munozara *ot.* 토론, 토의, 심의, 논쟁, 토의; 숙고; 토론회. ~

qilmoq 토론하다.
muntazam *sif.* 1) 정례의, 정기적인, 규칙적인, 정연한, 계통이 선; 조직적인, 조화를 이룬, 균형 잡힌, 규칙적인; ~ hayot tarzi 규칙적인 생활; ~ foyda 정규적 수입; ~ armiya 정규(상비)군; 1 haftada 3 mahal ~ ravishda 규칙(정규)적으로 1일 3회; 2) *mat.* 직선의; 직선으로 둘러싸인; 직진(直進)하는; ko'pburchak 정다각형
muntazam qatnovchi kema 정기운항선
muntazam ustama uslubi 단수감가상각
muntazam yig'ilish 정례모임, 정규모임
muntazir *ot.* 기다리기, 대기; 기다리는 동안; ~ bo'lmoq 기다리게 한다.
munchoq *ot.* 염주, 로사리오, 목걸이, 유리구슬, 구슬알, 작은 장식용 구슬, 비즈. ko'z ~ 악마의 눈
muolaja *ot.* (*medical*) 치료; 치료법[약], 치유, 회복; ~ qilmoq 치료하다; kerakli ~larni o'tkazmoq 필요한 수속을 하다.
muomala *ot.* 1) 취급; 대우, 처리(법), 다루는 법; yaxshi ~ 좋은 처리법; yomon ~ 나쁜 처리법; ~ qilmoq ~을 다루다, 대우하다; 2) *iqt.* 순환, 교제, 교우, (화폐 따위의) 유통; (풍설 따위의) 유포; pul ~si 금융 nozik ~ 마음을 쓴 교제.
muomala davri 유통기간
muomala harajatlari 유통비(流通費)
muomala xarajatlari 유통비(流通費)
muomaladagi pul miqdorini kam- aytirish, deflyatsiya 디플레이션
muomaladagi tangalar 유통 동전
muovin *ot.* 대리인; 대리역, 부관; 대표자, 대의원; ministr ~i 차관 boshliq ~ 차장.
muqaddam *sif.* (지금부터) ~전에, 거금(距今), uch soat ~ 3년 전에; 2 yil ~ men u bilan tanishganman 2년 전에 나는 그와 알게 되었다.
muqaddas *sif.* 신성한, 신에게 바쳐진, 신을 모신, 거룩한 성질을 가진; ~ burch 신성한 의무.
muqaddima *ot.* 받아들임, 도입[채용]된 것(세(稅) 따위); 전래, 첫수입[도입](한 것) (특히 동식물), 이입(移入)[외래]종, 서문, 서언, 머리말.
muqarrar *sif.* 피할 수 없는, 면할 수 없는, 부득이한. (논리적으로 보아) 필연의. 불가결의, 없어서는 안 될, 절대 필요한, 긴요한; o'lim ~ 죽음은 피할 수 없다 natija ~ 당연한 결과.
muqarrarlik *ot.* 피할 수 없음, 불가피, 불가항력, 필연(성); tarixiy ~ 역사적 필연성.
muqobil 선택의, 대체의
muqobil almashtiruv 등가교환
muqobil bo'yicha fuqaro qonun- larini tadbiq etish 민법의 준용 (유추적용)
muqobil fuqarolik xizmati 대체복무
muqobil majburiyatlar 선택채무
muqobil maqsad, ikkilamchi bir yo'l 택일적 고의
muqobil xaridlar 맞구매
muqobil yoqilg'i 대체 연료
muqobilni tadbiq etish 유추해석
muqova *ot.* 덮개; 뚜껑; 책의 표지(소위 '커버'는 jacket), 표지의(책); yumshoq ~ 부드러운 표지; charm ~ 가죽 표지.
muqovalamoq *fe'l.* 묶다, 동이다.
murabbiy *ot.* 1) 교육자, 교직자, 교육 전문가; 교육학자; 교육행정종사자; 2) *sport* (*trener*) 코치, 트레이너; bosh ~ 책임 코치
murabbo *ot.* 잼, 맛있는 것.
murakkab *sif.* 1) (*qiyin*) 복잡한, 까다로운 번거로운, 알기 어려운, 착잡한; ~ masala 복잡한 질문; ~ moshina 복잡한 기계; ~ faktura 복잡한 골절; 2) (*tarkibiy qismlardan iborat*) 합

성의, 복합의, 혼성의, 복잡한, 복식의; 화합한; 집합의; ~ modda 복잡한 문제.
murakkab foizlar 복리이자
murakkab gap 겹문장
murakkab garov 복잡한 담보
murakkab so'z 복합어
murakkablashmoq *fe'l.* 복잡해지다.
murda *ot.* 시체, 송장, 죽은 사람; ~ zahri 프토마인(단백질의 부패로 생기는 유독물)
murdani ko'zdan kechirish 부검
murod *ot.* 원하는 것, 소원, 소망, 바람; (*maqsad*) 목적, 뜻, 계획; ~ingiz nima? 소원이 무엇입니까?
murojaat *ot.* (편지 등을) 보내다, (편지에) 받는이의 주소 성명을 쓰다, (편지를) ~앞으로 내다, ~에게 이야기를[말을] 걸다, ~에게 연설[인사]하다, ; ~ qilmoq ~에게 도움·조력 등을 간청[간원]하다; 어필[항의]하다; 상소하다, 상고하다, 항소하다
murosa *ot.* 화해, 복종, 단념 조화. 일치
murosaga keltirish choralari 조건절차
murosaga keltiruvchi kelishuvda sud harajatlarining taqsimlanishi 화해한 경우의 소송비용 분담
murosaga keltiruvchi sud'ya 시군법원 판사, 지방법원 판사.
murosasozlik, liberalizatsiya 자유화
muruvvat *ot.* 인류성, 인도. 인간애, 박애, 자애, 인정, 인간성, 인간미; 인간의 자격.
murch *ot.* 후춧가루(껍질째 빻은), 호초(胡椒), 페퍼(bláck pépp)
musaffo *sif.* 맑은, 투명한, 갠, 깨끗한; ~ suv 맑은 물; ~ osmoq 맑은 하늘; ~ havo 맑은 공기.
musallas *ot.* 자가제의 포도주, 집에서[손으로] 담은 포도주; ~ ichmoq 포도주를 마시다.
musbat *sif.* 양(성)의; (반응이) 양성(陽性)의; 양(陽)의, 플러스의; 양화(陽畵)의; ~ son 양의 수
musbatlik (*ma'qullik*) 긍정
musibat *ot.* 불운, 불행. 불행한 일, 재난; ~ chekmoq / tortmoq 괴로워하다, 고민하다, 고생하다; 상처입다
musibatli *sif.* 재난의, 몹시 불행한, 비참한; 재난을 초래하는; ~ voqea 비참(불행)한 사건
musiqa *ot.* 악곡, 음악(音樂: 소리에 의한 예술. 박자·가락· 음색·화성 따위를 갖가지 형식으로 배합한 곡을 목소리나 악기로 연주하는 것; 성악(聲樂)과 기악(器樂)의 두 가지로 크게 구분함). ~ tinglamoq 음악을 듣다; ~ bilan shug'ullanmoq 음악 연습; ~ asbobi 악기; ~ maktabi 음악 학교.
musiqali *sif.* 음악[주악]의, 음악적인; ~ komediya 뮤지컬, 희가극
musiqachi *ot.* 음악가(音樂家), 악사, 작곡가, 음악을 잘하는 사람.
musiqiy *sif.* 음악[주악]의, 음악적인, 음악에 능한, 음악을 좋아하는; jo'r 반주(부)
musicha *ot.* *zool* 호도애(암수가 사이좋기로 유명); 연인.
muskul *ot.* *anat.* 근육(筋肉), 힘줄, 힘살, 심줄, 살, 근(筋); yurak ~i 심장 근육; ~ ini ko'rsatmoq 힘줄을 보여 주다.
muskulli *sif.* 근육의, 근육이 늠름한; 억센; 활력 있는, 힘 있는.
muslatgich *ot.* 냉장고. Opam ~ni ochib sharbatni ko'rdi 언니는 냉장고를 열어 주스를 봤다.
musobaqa *ot.* 경쟁, 겨루기, 시합, 경기, 경쟁[대항](심), 겨룸; ~ o'ynamoq 경쟁하다; Olimpiya ~si 올림픽 경기. kurash ~si 레슬링 경기; qilmoq 겨루다, 경쟁하다; 서로 맞서다.
musobaqalashmoq *fe'l* 겨루다, 경쟁하다; 서로 맞서다
musobaqachi *ot.* 경쟁자, 경쟁 상대.
musobaqa printsipi 당사자주의(當事者主義: 형사 소송법상, 법원이

소송의 주도권을 당사자에게 주는 소송 형식)
musodara *ot.* 압수(押收); 차압(差押), 몰수(沒收), 징발; ~ qilmoq 몰수 하다; mol-mulkni ~ qilmoq 재산을 몰수 하다.
musodara, talab 압류(押留: a) 국가 권력으로 특정의 유체물(有體物) 또는 권리에 대해 사인(私人)의 처분을 금하는 행위; b) 좁은 뜻으로는, 금전 채권에 대한 강제 집행의 착수로서 집행 기관이 우선 채무자의 재산권의 사용·처분을 금지하기 위해 행하는 강제 행위)
musofir *ot.* 신인, 초심자, 새로 온 사람; 방문자, 내객; 손님, 체류 손님; 관광객.
mustahkam *sif.* 안정된, 굳은, 단단한, 튼튼한, 견고한, 영속적인; ~ eshik 안정된 문; ~ iroda 견고하게 하는.
mustahkam daromad 기타소득
mustahkamlash 강화
mustamlaka *sif.* 식민지, 식민시(市), 콜로니, 식민[이민]단; yarim ~ mamlakatlar 반식민지 나라.
mustahkamlamoq *fe'l* 강해지다, 튼튼해지다; 기운이 나다.
mustahkamlanish *ot.* 자신을 강하게[튼튼하게] 하다, 자기를 강화하다.
mustahkamlanmoq *fe'l* 강하게 하다, (육체적·정신적으로) 튼튼히 하다.
mustamlakachi *ot.* 식민지 개척자; 이민; 이입(移入) 유권자;
mustamlakachilik *ot.* 식민지 건설, 식민지화. (선거를 위한) 일시적 이주; ~ siyosati 식민(지)의 경찰.
mustaqil *ot.* 1) (*qaram bo'lmagan*) 독립, 자립(自立), 자주; ~ davlatlar 독립국가; 2) (*yordamsiz*) 독립한, 자주의, 독창적인, 창의성이 풍부한; ~ malakat 독립한 나라; ~ish 창의석인 일; ~ ravishga (*qaram bo'- lmagan holda*) 독립하여, 자주적으로.
mustaqil gaplar 고유명사(固有名詞)
mustaqil morfema 자립 형태소
mustaqil otlar 경어, 존댓말
mustaqil otlar 자립명사(自立名詞: 다른 말의 도움을 받지 않고 쓰인다는 뜻에서, 여느 명사를 '의존 명사'에 대하여 반대 의미로 일컫는 말. 구용어: 실질(實質) 명사.)
mustaqillik *ot.* 독립(獨立), 자립, 자주, 주권; milliy ~ 자주 국가, 국민의 주권; ~ni e'lon qilmoq 독립을 선언하다.
mustaqillik huquqi 주권적 권리
mustasno *ot.* 예외, 제외, 제외례(除外例), 예외의 사람[물건], yuqoridagidan ~ 비판의 여지가 없는; ~ qilmoq ~을 빼다, 제외하다.
musulmon *ot.* 이슬람교도(의), 이슬람교의, 회교도(의); (*ayol haqida*) 회교의 여자; ~ dini 이슬람[마호메트]교의, 회교의; 회교도의, 이슬람교적인.
musulmon huquqlari 이슬람법
mush'um istiqbol 음울한 전망
mutaffakir *ot.* 사상가, 사색가.
mutanosib *ot.* 비례항, 비례수
mutanosiblik *ot.* 비례, 균형.
mutanosib saylov tizimi 비례대표제(당의존재를 전제로 하고, 정당의 득표수에 비례하여 의원을 선출하는 선거제도. 다수 대표제와 소수대표제의 결점을 보완하기 위한 장치로서 자유주의적 대의제로부터 정당 국가적 장치로 발달하면서 비례대표제가 많이 채용되고 있다)
mutanosib soliq belgilash 비례과세
mutasaddi 하급 공무원.
mutaxassis *ot.* 전문가; (학문·연구 따위의) 전공자; (학문·과학 따위의) 전문지식인; 전문의(醫); 숙달자, 숙련가, 달인, 명인; til ~i 어학자, 언어학자
mutaxasislik *ot.* 전문, 전공, 본직; ~ka ega bo'lmoq 몸에 익히다, 습득하다.
mutlaq *sif.* 절대의, 비밀 바 없는, 완전무결한, 완전한, 완벽한; 흠잡을 데 없는, 완비된; ~ yolg'on 새빨간 거짓말.

mutlaq hukumronlik 절대군주정
mutlaq huquq 절대적 권리
mutlaq ko'pchilik 절대적 다수대표제 (프랑스 등 채택)
mutlaq ustunlik 절대 우위(絶對優位)
mutlaqo *rav.* 절대적으로, 무조건(으로), 완전히, 철저히, 완벽하게, 전혀; Men bu ish haqida ~ hech narsa bilmayman rm 일에 대해서 전혀 모른다.
muttaham *sif.* 사취, 사기. 협잡, 가짜, 것 보기와 다른 사람. *so'k* 악인, 악한.
mutualli bank 상호은행
muvaffaq: ~bo'lmoq 성공하다, 어떻게든 해서 ~하다.
muvaffaqiyat *ot.* 성취, 성공, 좋은 결과; ~li hayot 입신, 출세.
muvaffaqiyatli *sif.* 성공한, 좋은 결과의, 잘된; 번창하는, 크게 히트한, 출세한.
muvaqqat bitim, konsortsium 컨소시움(con- sortium)
muvaqqat foiz 보유 시점부터 청산일까지의 주식이익
muvaqqat hisob 임시계좌
muvaqqat ishchilar 계약직 노동자
muvaqqat qadriyatlar 시간 평가치
muvaqqat sertifikat 임시 증명
muvaqqat xodimlar 임시 직원
muvofiq 1) (*mos*) 충당하다; (~에) 적당한, 상당한; 2) (*binoan*) ~에 따라, ~대로, ~와 일치하여.
muvofiqlik sertifikati 적합성 증명
muvofiqlik, loyiqlik, mos kelish 적합성
muvozanat *ot.* 수지, 안정, 평정.
muvozanat holati 평형상태
muvozanatli rivojlanish 균형 발전
muvvafaq: ~ bo'lmoq 결과를 얻다.
muxandis 기사(技師)
muxandislik 엔지니어링
muxbir *ot.* 통신자, (신문·방송 등의) 특파원, 통신원, 기자; mening ukam TVda ~ bo'lib ishlaydi so 동생은 TV방송국에서 통신자로 일합니다.
muxbir, gumashta 통신원, 거래처
muxlis *ot.* 찬미자, 팬; she'riyat ~lari 시의 찬미자; futbol ~lari 축구 팬.
muxtor *sif.* 1) (*avtonom*) 자치권이 있는, 자치의, 자율의 2) (*ma'lum huquqqa ega*) 전권을 가진; 전권 위원[대사]의; 전권을 부여하는; ~ vakil 전권 위원[사절]; ~ elchi 전권대사.
muxtor viloyat, hudud 자치주
muxtoriyat *ot.* 자치권. 자치 단체.
muyassar: ~ bo'lmoq (=**muvaffaq**)
muz *ot.* 얼음; doimiy ~ 영원한 얼음.
muzey *ot.* 박물관, 미술관, 기념관. kecha men ~ga bordim 어제 나는 박물관에 갔다.
muzlamoq *fe'l.* (*muzga aylanmoq*) 얼다, 동결[빙결]하다, 얼어붙다; suv 0°C'da muzlaydi 물은 0°C에서 얼다; men ~dim 추워서 몸이 얼어붙을 것 같다.
muzlatgich *ot. so'zl* 냉장고, 냉장장치; 빙고(氷庫); 증기 응결기(凝結器).
muzlatgich kamerasi, bo'lmasi 냉각실
muzlatilgan mablag'lar 자본동결
muzlatilgan oziq-ovqat mahsulotlari 냉동제품(식품)
muzlatish, to'xtatish 동결
muzlatmoq *fe'l.* 얼어붙다. 얼게 하다, 빙결시키다; 얼어붙게 하다; baliqni ~ 냉동물고기.
muzli *sif.* 얼음의, 얼음 같은; 얼음이 많은, 얼음이 덮인; 몹시 차가운; ~ cho'qqilar 빙산, 만년설, 아이스 피크.
muzokara *ot.* 1) (*muhokama*) 토론, 심의, 검토; ~ qilmoq 토론하다. 2) (*bahs*) 논쟁, 토의; 숙고; 토론회; doklad yuzasidan ~lar 보고서를 토론[논쟁]하다;

3) (*biror maqsadli fikr almashinuvi odatda ko'p.*) 협상, 교섭, 절충, *harb.* 회담, 상의, (전쟁터에서의) 적과의 회견[담판].
muzqaymoq *ot.* 아이스크림. Yozda men har kuni ~ yeyman 여름에는 저는 날마다 아이스크림을 먹는다.
muzyorar toifasidagi kema 쇄빙선
muzxona *ot.* 빙고(氷庫); 제빙실; (에스키모의) 얼음집, 아이스박스.
mug'ombir *ot.* 약삭빠른, 교활한, 음흉한; tulki kabi ~ 매우 교활한.
mug'ombirlik *ot.* 교활함. 음흉, 비열.
mushak *ot. anat.* 힘줄.
mushakbozlik *ot.* 불꽃(놀이), 봉화
musharraf *sif.* 명예로운; (*muko- fotga*) 상(賞), 수상(授賞); 상품, 상금; 장학금; ~ bo'lmoq 수상하다.
mushkul *sif.* 곤란한, 어려운, 힘드는, 난해(難解)한; Bu muammoni yechish ~ 이 문제는 풀기 어렵다.
mushkullashmoq *fe'l* 복잡하게 하다, 까다롭게 하다.
mushkullik *rav.* 곤란하게, 어렵게, 힘들게 하는, 난해(難解)하게.
mushohada *ot.* 관찰, 주목, 주시; ~ qilmoq (법률·풍습·규정·시간 따위를) 지키다, 준수하다, ~의 관습을 지키다
musht *ot.* 1) (*qisilgan qo'l*) (쥔) 주먹, 철권; ~ solmoq 주먹으로 치다; 2) (*musht zarbasi*) 타격, 펀치, 주먹으로 치기, 때리기, 손바닥으로 때리기.
mushtarak faoliyat 협력행동
mushtariy *ot.* 1) 기부자. 기명자, 서명자; 2) 예약자, 응모자, 신청자; 가입자; 3) 무쉬타리(여자이름)
mushtlamoq *fe'l.* 1) (*urmoq*) 주먹으로 치다, 후려갈기다, 손바닥으로 때리다, 두드리다; 맞붙어 싸우다; 2) (*qormoq*) (가루·흙 따위를) 반죽하다; 개다; 주무르다, (근육을) 안마하다; xamir ~ 가루 반죽하다; 3) 구멍을 뚫다, 타인하다.
mushuk *ot.* 고양이; ~ bola 새끼 고양이.
muchal (*to'g'ilgan yil*) 육십갑자 (六十甲子: 천간(天干)의 갑(甲)·을(乙)·병(丙)·정(丁)·무(戊)·기(己)·경(庚)·신(辛)·임(壬)·계(癸)에, 지지(地支)의 자(子)·축(丑)·인(寅)·묘(卯)·진(辰)·사(巳)·오(午)·미(未)·신(申)·유(酉)·술(戌)·해(亥)를 순차로 배합하여 예순 가지로 늘어놓은 것. [준말]육갑), 지지(地支: 육십갑자의 아래 단위를 이루는 요소), 천간(天干); 심간(心肝).
myasorubka 고기 저미는[가는] 기계
mo'jiza *ot.* 기적, 경이, 불가사의 한 물건[일, 사람], 불가사의, 놀라움, 경탄; ~ orqali (yordamida) 기적적으로.
mo'l *sif.* 충분한, 풍부한, 윤택한, 많은. ~ hosil 풍부한 수확
mo'lchilik, ortiqchalik 잉여, 과잉, 풍부
mo'ljal *ot.* 1) (*reja*) 대요, 개요, 개설, 요강; 준비 (행동); ~ qilmoq / olmoq ~의 윤곽을[약도를] 그리다[표시하다], ~의 초안을 쓰다; 2) (*nishon*) 목적, 뜻, 계획
mo'ljallamoq *fe'l.* 1) (*rejalashtirmoq*) 궁리하다, 계획하다, 설계하다, ~의 설계도를 그리다; nimani mo'ljallaysan? 당신의 계획은 무엇입니까?; sayohat qilishni ~ 여행하기로 정하다; 2) (*nishonga olmoq*) (~을) 겨냥하다; mo'ljallab otmoq 조준발사
mo'l-ko'l 충분한, 풍부한, 윤택한, 많은.
mo'min 1) *din.* 충실한, 믿을 수 있는. 성실한. 믿음이 굳은. 2) (*yuvosh*) 조용한, 고요한, 소리 없는, 온순한, 상냥한; ~ bola 온순한 어린이.
mo'ralamoq *fe'l.* 슬쩍 들여다 보다. 엿보다; tiraishdan 틈새를 통하여 슬쩍 엿보다; xona ichiga ~ 방안을 엿보다.

mo'rcha *ot.* 개미. 곽공충(郭公蟲)
mo'tabar *sif.* 경의를 표하는.
mo'tadil *sif.* (기후·계절 등이) 온화한; (지역 따위) 온대성의; ~ iqlim 온화한 기후
mo'ylov *ot.* 콧수염, 수염; ~ qo'ymoq 콧수염을 기르다.
mo'ylovli *sif.* 콧수염이 있는. men ~ erkaklarni **yoqtirmayman** 저는 수염이 있는 남자를 싫어합니다.
mo'yna *ot.* 모피, 모피제품; tulki ~ 여우 모피; ~ po'stin 모피코트.
mo'ynada'z *ot.* 모피상; 모피공.
mo'ysafid *sif.* 1) (*oqsoqol*) 백발의 노인, 늙은, 나이든; ~ odam (수염이 희끗희끗한) 노인; ~ kishilar 노인들 50 yoshlardagi ~ 50세의 사람; 2) (*qari*) 늙은, 나이 든; 오래된, 노화된, 노령 특유의
mo'ysafidlik *ot.* 노년.
mo'l hosil 풍작
mo'ljallangan iste'mol 예상 소비
mo'g'ul *ot.* 몽골 사람; ~ tili 몽골어

Nn

n 우즈벡어 알파벳 자음의 열세 번째 글자.

na'matak ot. 들장미.

na: ~도 ...도 ~아니다, ~도하지 않다 ~ ...~ ~도 아니고 ~도 아니다; ~u ... ~ bu 이것도 아니고 그것도 아니다, 이도 저도 아니다.

nabira *ot.* 손자(孫子), 자손, 가손(家孫); 영손(令孫), 영포(令抱), 현포(賢抱), 손자새끼, 손지; Buvi ~sini uxlatdi 할머니가 손자를 재웠다.

nabotot *ot.* 1) 식물, 초목; 한 지방(특유)의 식물, (식물의) 생장, 발육; 2) (초목의) 푸르름, 신록; 푸릇푸릇한 초목; 신선함, 생기.

nadomat *ot.* 1) (*achinish*) (행위·실패 등에 대한) 유감; 후회, 회개; ~ chekmoq 후회하다; 유감으로 생각하다; ~siz 태연히; ~lar bo'lsinki 유감스럽지만...; 2) (*hasrat*) (깊은) 슬픔, 비탄, 비애, 비통, 연민, 아쉬움, 애석; ~ qilmoq 슬프게 하다, 비탄에 젖게 하다, ~의 마음을 아프게 하다.

nadomatli *sif.* 슬픈, 비탄에 잠긴, 통탄할; 비참한, 애처로운; 당치도 않은, 괘씸한, 후회한, 유감스럽세, 유감스러운; ~ hodisa 비탄에 잠긴 사실

naf *ot.* (금전상의) 이익, 수익, 이윤, 소득.

nafaqa *ot.* 1) (*pul yordami*) 하사금; (특정 목적을 위한) 보조금, 조성금(연구 장학금 등), (정기적으로 지급하는) 수당, 급여, ~비; (가족에게 주는) 용돈; ishsizlik ~si 실업수당; kasallik ~si (건강 보험의) 질병 수당; ~ to'lamoq 수당을 지불[지급]하다; ~ belgilamoq 수당을 주다; 2) (*pensiya*) 은급, 연금, 양로 연금, 부조금; qarilik ~si 노령연금. ~ belgilamoq 은급 (연금)을 구여하다 ~ olmoq 은급 (연금)을 받다;

nafaqa fondi 연금기금

nafaqa hisoblashda mehnat staji 연금 산정에서 인정되는 근무경력

nafaqa ta'minoti 연금보장

nafaqaxo'r *ot.* 1) (*maddiy yordam oluv- chi*) 수익자(受益者), (연금·보험금 등의) 수령인; 급비생(給費生); 신탁의 수익자; 2) (*pensioner*) 연금 수령자, 은금수령자.

nafar *ot.* 사람(개인으로서의), 인간, (경멸적) 놈, 녀석, ~명: besh(5) ~ o'quvchi 5명 학생; ikki ~ bolasi bor 아이가 2명 있다.

nafas *ot.* 1) 숨, 호흡 작용, 호흡; og'ir ~ 호흡곤란 ~ olmoq 숨을 죽이다 so'nggi ~gacha 죽을 때 까지, 망할 때 까지; ~ olmoq 호흡하다, 숨쉬다 havodan ~ olmoq 공기를 호흡하다 (먹다); 2) (*zum*) 순간, (~할) 때, 찰나, 단시간, bir ~ 한 순간; bir ~ga 한 순간 동안; 3) *k. m.* (*prevision*) 선견, 예지, 선견지명이 있는; yomon/soyuq ~ (까마귀·개구리 등이) 개골개골[깍깍] 울다; 목쉰 소리를 내다

nafasdosh *ot.* 한 마음의 사람, 동지의 사람; 같은 취미[의견]의 사람.

nafis *ot.* 1) 섬세한, 우아한, 고운, 상냥한, 부드러운, 온화한, 딱딱하지 않은. 2) 약한, 연약한, 얇은[가는] 부분, 호리호리함; ~ ovoz 상냥한(부드러운) 목소리; ~ nigoh 상냥한 눈; ~ rang 부드러운 색; ~ teri 부드러운 피부.

nafislashmoq *fe'l.* 부드러워지다, 부드럽게 ehl다 상냥하게 되다, 상냥해지디.

nafislik *ot.* 1) 상냥함, 유화, 유연, 세련, 고상, 우아, 품위 있음; 2) 연약함, 나약. 희박; 가늚; 야윔; 빈약; 박약.

nafrat *ot.* 1) 경멸, 멸시, 비웃음, 냉소, 모욕; 2) (*qattiq yomon ko'rish*) 증오, 원한; 혐오; 3) (*jirkanch*) (심한) 싫증, 혐오, 반감, 증오심; ~ bilan boqmoq 노려보다.
nafratlanmoq *fe'l.* 1) 경멸하다, 멸시하다, 얕보다, 싫어[혐오]하다; undan hamma nafratlanadi 그는 모든 사람을 멸시 한다; 2) 미워하다, 증오하다: 몹시 싫어하다; 3) 몹시 싫어하다, 진저리를 내다(지겨워서) 구역질이 나다; 질색하다; ~arli nigoh 증오에 찬 눈초리; haddan ziyod ~ 죽여 버리고 싶을 정도로 입다.
nafratli *sif.* 1) (*nafratlantiradigan*) 싫은, 지긋지긋한; 불쾌한, 구역질나는, 정말 싫은, 정떨어지는, 지겨운; 2) (*nafrat bildiradigan*) 혐오, 증오에 찬 혐오 (증오감)를 일으키는, 밉살스러운; ~ qarash 증오에 찬 눈초리
nafs *ot.* 열정(熱情); 격정(激情); (어떤 일에 대한) 열, 열심, 열중, 욕구; 원망(願望), 욕망; buzuq ~ 욕심 많은, 탐욕스러운, 갈망하는, 간절히 바라는.
nafsiz *sif.* 쓸모[소용] 없는, 무익한, 헛된; 아무 짝에도 쓸데 없는.
nafsoniyat *ot.* 자존(심), 자중(自重), 자부(심), 자만(심), 긍지, 자랑, 자신만만.
naftalin *ot.* 나프탈렌(콜타르를 높은 온도에서 증류해서 분리시킨 비늘 모양의 백색 결정체; 합성 화학 공업상의 중요한 원료이며, 또 장뇌의 대용품으로 방부·방충·방취제로 씀)
nahang *ot.* 1) 상어. 2) 착취자. 탐욕스러운 사람, 고리 대금업자, 악착같은 지주[집주인]
nahor 1) (*kun*) 낮, 주간; laylu ~ 낮과 밤; 2) (*sahar*) 새벽, 새벽녘, 동틀녘; 여명
nahorlik *ot.* 아침 식사, 조반; ~ qilmoq 아침을 먹다, 조반을 들다; ~dan keyin 아침식사 후에, 조반 후에.
nahot(ki) *rav.* 참으로, 정말(이지), 실로, 실은, 실제로, 확실히, 정말인가, 과연 그런가. ~ shunday? 정말 그런가?
najot *ot.* 1) 구출, 구조; 석방, 해방, 방면; ~ bermoq 구조(구출)하다; 2) (*yordam*) 구원, 구조, 구제.
nam *ot.* 수분, (*zax*) 습기, 안개, 이내; *sif.* 습기 있는, 눅눅한, 습기가 많은, 축축한, 습기찬; (*ho'l*) 젖은, 축축한, (알코올·시럽 등에) 절인; ~ tuproq 습기가 많은 토양; ~ o'tmaydigan 방수복, 레인코트; 방수포; Yozda havo juda ~ bo'ladi 여름에는 공중에 습기가 많다.
namak *ot.* 소금, 식염, 염(塩), 염류; yirik ~ 조염. ~siz bemaza 소금이 없으면 맛이 없다.
namakob *ot.* 짠 물. 소금물, 바닷물, 눈물.
namgarchilik *ot.* 1) 습기, 습윤, 수분, (공기 중의) 수증기, 엉긴 물방울, (*zaxlik*) 습기; 안개, 이내; ~ darajasi 습도. 2) 강우(降雨); 강우량, 강수량, 우천, 비, 비 내림.
namlamoq *fe'l.* 습기 차다, 축축해지다, 적시다, 물에 담그다.
namlanmoq *fe'l.* 젖다, 물에 잠기다.
namli *sif.* 젖은, 축축한, 습기 있는, 눅눅한, 습기가 많은; (*zax*) 축축한, 습기찬; ~ k 습기, 습윤.
namlik *ot.* 습기, 습윤, 수분.
namlik etkazgan zarar 습기로 인한 손실
namoyanda *ot.* 견본; (동식물의) 표본(標本); 예(例), 실례.
namoyish *ot.* 1) 제출, 제시 상연, 연출 집회, ishsizlar ~i 실업자 집회; 2) 진열, 치장, 장식, 전시[전람](회); 전시[진열]물; ~ qilmoq 증명하다, 논증하다, (사물이) ~의 증거가 되다; (모형·실험에 의해) 설명하다
namoyish, olg'a yursh 행진
namoyon *sif.* 명백한, 명확한, 명료한, 분명한, 뚜렷한; 분명히(그것임을) 알 수 있는; *ot.* 1) 발현, 발휘. iste'dodini ~ qilish 재능의

N

발휘. 2) 나타내는 것, 보이는 것.
namoyonda *ot.* 대표자, 대리자 대변인.
namoz *din.* 기도식(이슬람 문화의 기도); ertalabki ~ 동트기 전(의) 기도, 새벽기도
namozxon 1) *ot.* 수도자(이슬람); 2) *sif.* 신앙심이 깊은; 독실한, 경건한.
namozshom *ot.* 저녁기도
namsiz *sif.* 마른, 건조한, 물기가 없는, 시든, 고사한. ~ havo 건조한 공기.
namuna *ot.* 1) (*molniki*) 견본, 샘플, 표본; 시료(試料); 2) (*misol*) 모델, 예, 보기, 실례, 예증; 전례, 모범, 본보기; boshqalarga ~ ko'- rsatmoq 어떤 사람을 증인으로 내세우다; U men uchun ~ emas 그는 나에게 본보기가 되지는 않는다; kimdandir ~ olmoq 어떤 사람을 본으로 삼다, 본받다; ~ ko'rsatmoq 본을 보이다.
namuna va tajriba 샘플, 견본, 표본.
namuna bo'yicha sifat 물품의 견본을 선정해서 물품의 품질을 정하는 계약조건
namunali *sif.* 모범의, 이상적인, 모범적인, 훌륭한, 본보기가 되는; ~ xulq 모범적 행위; ~ olishuv 모의전; ~ maktab 모범적인 학교; ~ xo'jalik 모범적인 농장(농원).
namunaviy bitim 전형계약
Napoleon kodeksi 나폴레옹 법전
naq *rav.* 정확히, 틀림없이, 바로, 꼭, 즉, 바로 도대체; ~ o'zi 직접.
naqadar 1) 어떻게, 어찌, 어떤 방법[식]으로, 그만큼; ~ issiq! 그것이 어떻게 뜨거워!; U ~ (juda) xur- sand bo'ldi 그는 너무 기뻤다; 2) : ~ -shu qadar ~ ~와 같은, ~같이.
naqd *ot.* 현금, 현찰, 실재, 현존; ~ pul 현금; ~pulga 맞돈으로, 즉시불(로); ~ pul to'lamoq 현금으로 지불하다.
naqd pul bilan (to'lov) 현금 지불
naqd pul bilan to'lash 현금 결제
naqd pul ko'rsatgichi 현금 자산 비율
naqd pulga ehtiyoj 현금 수요
naqd pulga xarid qilish 현금 구매
naqd pullar, likvidlar 현금 보유량
naqd pulsiz to'lash 계좌 결제, 수표(어음, 비현금) 결제
naqd to'lash sharti 완불시에만 유가증권이 매입자에게 넘어간다는 조건
naqd to'lov uchun skidka 현금 결제할인
naqdlik, naqdina 현금(現金)
naql *ot.* 금인(金言), 격언; 경구(警句), 속담; Xalqimizda bir ~ bor 속담에도 있듯이; 흔히들 말하듯이.
naqorat *ot.* 후렴, (시가의) 반복(구), 첩구(疊句); 후렴의 부분; 상투어.
naqqosh *ot.* (*rassom*) 화가, (*o'ymakor*) 조각사; 조판공(彫版工), 동판사, 판각사
naqsh *ot.* 조각(술), 번개무늬 장식[세공]; (실톱 따위로) 도려내는 세공(완자무늬 따위를); 투조(透彫); (*bezak*) 도안, 무늬, 줄무늬; 자연의 무늬, 당초무늬; guldor ~ 무늬를 조각하다; ~ solmoq ~에 무늬를 넣다; ~ o'ymoq 새기다, 파다, ~에 조각하다
naqshkor *ot.* 무늬가 있는. 번개무늬의, 세공의, 장식의.
naqshlamoq *fe'l.* 꾸미다, 장식하다.
naqshli *sif.* (=naqshkor) 도안, 무늬, 줄무늬; 자연의 무늬; (*o'yma naqshli*) 번개무늬[세공]의, 새기는.
nargis *ot.* 1) *bot.* 수선화(水仙花: 수선화과의 여러해살이풀. 따뜻한 지방의 해변에 남. 잎은 가늘고 길며 모여남. 1-2월에 달걀 모양의 비늘줄기에서 나오는 꽃줄기 끝에서 5-6개

N

의 노란색 또는 흰색 꽃이 핌; 관상용). ~ juda chiroyli gul 수선화는 아주 예쁜 꽃이다. 2) 나르시스(물에 비친 자기 모습을 연모하다가 빠져 죽어서 수선화가 된 미모의 소년); 미모로 자부심이 강한 청년.
nari *rav.* 1) 떨어져서, 멀리, 저쪽으로[에], 딴 데로, 옆으로[에], 떨어져, 저쪽에. 2) 꺼져, 비켜; ~ tur 옆으로 비키다; Mendan ~ turing 꺼져! 비켜! (uzoqroq) 멀리.
naridan 저쪽에서. 멀리서
narigi 그, 저 쪽의, 저; ~ taraf 저쪽; ~ tarafdan kimningdir ovozi eshitildi 저쪽에서 윈 사람의 소리가 들렸다.
narkotik *ot.* 마취약, 마약, 마취제, 최면제, 최면물질; *so'zl.* 마약(아편·모르핀 따위), 마약(중독)환자~man 마취제 상용자.
narkoz *ot. tib.* 마취제[약], 마약; 최면약, 진정제; 마약 중독자; ~ bermoq 마취제를 주다; ~da 마취 시켜.
narsa *ot.* 물건, 물체, 사물, 물, 물질; har xil ~lar 여러 가지 물건; U ajoyib ~ yozibdi 그는 걸작을 썼다; Uning bir ~si menga yoqmaydi 그에게는 내 마음에 들지 않는 것이 하나 있다; Hech ~ 아무것도; hech ~ yo'q 아무것도 없다.
narsa, buyum, predmet 대상 물건
narsani olib qolish 물건의 압류
narsani topganda mukofot 유실물 습득자에 대한 보상
narsasi, buyumi ㄴ/ㄹ/은/는/을 것(이다)
narvon *ot.* 사다리, 사닥다리; taxta ~ 나무로 만든 사다리; yig'ma ~ 접는 사다리; ~ga chiqmoq 사다리로 올라가다; ~dan tushmoq 사다리를 내려가다.
narx *ot.* 값, 가격, 원가, 대가(代價); 값, 시세, 물가, 시가(市價); bozor ~i 시장가격; past(*baland*) ~ 저(높은)가격; baland ~da 비교적 비싸게; ~ qo'ymoq ~을 중요시하다; qimmat ~ 적정한 가격 ~ ko'taril- moq 가격이 오르다 ~ tushmoq 가격이 내리다 ~ tushib chiqmoq 폭등하다 mahsulot ~i 생산비, 제작비 narx-navo 가격.
narx chegarasi 가격 한계선
narxga oid davo 가격 풀레임
narxga oid ustunlik 가격 우위
narxi arzonlashgan tovarlar do'- koni 할인점
narxi ko'rsatilmagan namuna 견본(見本), 비매품(非賣品)
narxlar arzonlashuvi 가격하락
narxlar bo'yicha muzokaralar 가격 협상
narxlar limiti 가격 등락 허용범위
narxlar o'zgarishiga tuzatish 가격 변화에 따른 조정
narxlar soyaboni 선두기업이 정한 일정 수준의 가격유지.
narxlarning nazorati 가격 관리
narx-navo 가격. 값, 값어치, 고가(估價)
narxni hisobdan chiqarish 벌금감면
narxni to'lash 대금지급
narxni to'lashni kechiktirish 대금지급연체
narxni tushirish 가격하락
narxning o'zgarib turish meyori 가격변동 허용 범위
narxning o'zgarib turishi 가격등락
narxning tushishi, qulashi 가격파괴
naryad *ot.* 1) (*topshiriq*) 지령, 명령, 지휘; 훈령; (법원의) 지시; 명령서, 지령서, 명령서; 2) *harb* (*askarlqr guruhi*) 소(小)분견대, 선발(選拔)대(隊); (소수의) 특파부대(미국에선 경찰대·기자 등에게도 씀), 특수 사명; ~ bo'yicha vazifa 명령서에 의한 작업 militsiya ~i 소련방의 경찰대.
nasib *ot.* 1) 운, 운명, 숙명. 2) 제비, 제비뽑기, 추첨; 제비를 뽑아 배당[당첨]된 물건, 당첨;

Menga baxt ~ etdi 나에게는 행복한 역할이 떨어졌다 ~ etsa 운이 좋으면
nasihat *ot.* 가르침, 교훈, 훈계, 권고, 충고; 경고, 간곡한 권유, 권고[격려, 훈계]하는 말; otaning ~i 아버지(로서)의 훈계; ~ qilmoq ~에게 열심히 타이르다[권하다]; ~에게 권고하다[충고, 경고, 훈계]하다
nasihatgo'y *ot.* 교훈이 되는, 유익한; 교훈적인, 훈계의, 충고의; 경고의.
nasiya *ot.* (금융상의) 신용; 신용 대부[거래], 외상 판매, 외상, 크레디트; ~ga bermoq 신용 대부하다; ~ga olmoq 외상으로 가지다.
nasl *ot.* 1) (*avlod*) 세대, 대(代) (대개 부모 나이와 자식 나이의 차에 상당하는 기간; 약 30년), 태생, 가문, 혈통, 가계(家系), 가문, 종족, 씨족, 일문, ~dan ~ga 대대로 계속해서; ~ -nasab 오랜 가문; U dvoryanlar ~idan 그는 귀족 출신이다; ~ nasabsiz 태생(신분)을 알 수 없는, 고독한; 2) (*bola-chaqa*) 자손, 후세, 후대; 3) *q. x.* 종류; 유형; 품종; 종족; 종족, 혈통, 가계(家系); 계통.
nasldor *sif.* 1) 태생이[가문이] 좋은, 명문 출신의, 집안이 좋은; 2) *q.x.* 순종의; 출신이 좋은; 혈기 왕성한, 혈통이 분명한; ~ sigir 순종의 소
nasli *q.x.* 순종의; 출신이 좋은; 혈기 왕성한, 혈통이 분명한.
naslsiz *sif.* (땅이) 불모의, 메마른, 흉작의; (식물이) 열매를 못 맺는, 애를 못 낳는, 불임의, 임신을 못하는
nasos *ot. tex.* 펌프, 흡수기, 양수기, 압출기; havo ~i 공기펌프기; dam beradigan ~ 밀펌프, 압상(押上) 펌프; o't o'chiruvchi ~i 소방용 펌프; quduq ~i 광신용 펌프; qo'l ~i 손으로 누르는 펌프; ~ urmoq 펌프를 움직이다.
nasr *ot. adab.* 산문, 평범, 단조; 단조로운 이야기[문장]; ~ bilan yozmoq 산문으로 쓰다; (시를) 산문으로 옮기다.
nasriy *sif.* 산문체의, 산문적인, 평범한, 단조로운; ~ tarjima 신문체의 번역; ~ suhbat 평범한 (특별한) 재미가 없는 담화.
nasroniy *din.* 그리스도교도. 기독교도; 그리스도의 가르침을 지키는 사람
natija *ot.* 1) 결과, 결말, 성과, 성적, 성과, 귀결. ~ keltirmoq 결과를 가져오다 hech qanday ~ keltirmaslik 어떤 결과도 가져오지 못 하다. Uning harakatlari ~ 그의 노력의 결과. Bugungi musobaqa ~lari qanday?오늘 시합의 성적은 어떻습니까?
natijada ~의 결과로서, ~의 결과, 결과에
natijalanmoq *fe'l.* 마치다, 끝내다, ~에 결말을 짓다, 종결하다. 결론을 받다, 결과를 얻다 (받다).
natijali *sif.* 유효한, 효력이 있는, 효과적인, 인상적인, 눈에 띄는, 실제의, 사실상의
natijasiz *sif.* 헛되게, 보람 없이; 공연한. 결과가 없는; (*zoye*) 쓸데없는, 효과[효력] 없는, 헛된, 무력한, 무능한, 무익한; Bu ish ~ yakunlandi 이일은 결과가 없게 끝났다.
natura *ot.* (대)자연, 천지만물, 자연(현상); 자연계; ~dan rasm chizmoq 사생을 하다.
natural *sif.* 자연의, 자연계의, 자연계에 관한, 천연의, 자연 그대로의, 인공(人工)에 의하지 않은, 가공하지 않은; ~ xo'jalik 자연의 경제; ~ kattalikdagi 실물대(大)의.
nav *ot.* 성질, 품질, 품등(品等), (*tur*) 종류, 종, 이종(異種), (*sifat*) 질, 품질, 등급, 계급, 품등, (*tamaki haqida*) 상표, 상품의 이름, 브랜드; Vinoning oliy ~lari 고급술; olma ~i 사과의 종류.
nav, tur 스타일, 품질, 등급.
navbahor *ot.* 이른 봄.
navbat *ot.* 1) 회전, 돌림, 돌아감; 선회, 회전운동, 차례, 순번.

N

2) 열, 줄, 행렬, 선, 줄; ~ bilan 번갈아; 차례차례; ~siz 차례를 떠나, 차례를 무시하고; uzun ~ 긴 행렬; ~ga turmoq 자기 자리가 되다, 행열 속에 끼이다; ·-~da 우선, 첫 번째로, 무엇보다도 먼저; U o'z ~ida fikrini bayon qildi 이번에는 거꾸로 그 사람이 자신의 의견을 진술했다.
navbatdagi 1) 다음의, 이번의, 내(來)[오는]~, 그 다음의, 다음[이듬, 이튿]~, 당면한, 우선 시급한; 2) 순번의, 순번에 의한, 정기의, 연속되는, 일련의, 잇따라 일어나는, 결과로서 일어나는, 후유증으로서 일어나는; 3) 정해진, 예의, 변함없는; ~ vazifa 당면한 문제; ~jurnalning ~ soni 잡지의 보통호; gazetaning ~ soni 신문의 다음의 문제; ~ otpusk 정기적인 휴가 날; ~ majlis 정기회; parlamentning ~ sessiyasi 통상 의회.
navbatdagi ipoteka (= kichik ipoteka) 후속순위저당
navbatma-navbat 차례로, 순번제로서.
navbatchi *ot.* 당직자, 숙직자; ~ qism 당직부대; stansiya ~si 당직역장 대리; ~ do'kon 늦게까지 문을 여는 상점 휴일에도 개점하는 상점.
navbatchilik *ot.* 당직 (숙직) 근무, 당직, 숙직; tungi ~ 숙직; almashinadigan ~ 당직교대; ~ni qabul qiluvchi 이제부터당직근무할 사람; ~ni topshiruvchi 지금까지 당직근무를 하고 있던 사람.
navigatsiya *ot.* 1) 항해, 항행. 2) 항행술. 3) 항행, 항행기.
navli *sif.* 품질 고급 품질; yuqori ~ 품질 향상.
navo *ot.* 선율, 곡조 음조.
navqiron *sif.* 젊은 사람, 활짝 핀 (in bloom); 한창인; 청춘의; 젊디 젊은; yigit ~ 젊은 남자.
navro'z *ot.* 나브르즈(우즈벡 민족의 명절의 하나로 새해의 뜻이며 매년 3월 21일)
nay *ot.* 1) (금속·유리·고무 따위의) 관(管), 통; (관악기의) 관, 몸통, 속이 빈 조그마한 물건, 튜브; shisha ~ 유리 관; rezina ~ 고무관; 2) *muz.* (풍금 따위의) 리드관(管); 갈대피리, 목적(牧笛)의 종류
nayrang *ot.* 1) 사기한 것, 협잡한 것. 2) 무의미한 것, 엉터리, 시시한 것, 넌센스; ~ qilmoq 시시한 말을 하다. (yolg'on) 거짓말, 사기를 하다.
nayrang, manipulyatsiya 조작, 조종, 농간
nayrangvoz *ot.* 사기꾼, 사기한, 협잡꾼.
naychi *ot.* 음악가, 악사, 작곡가, 음악을 잘하는 사람.
nayza *ot.* 1) (*qurol*) 창(槍), 투창(投槍); (고기 잡는) 작살, 창병(槍兵), 창잡이; ~ otish 투창 ~ jangi 창으로 싸우다; 2) *harb.* (*qurol uchida*) 총검, 무력, 보병, 군세(軍勢); 3) (*nish*) 찌르기, 쏘기; 찔린 상처; 자통(刺通); arining ~si 장수말벌이 쏘다
nayzaboz *k.m.* (*tanqidchi*) 트집쟁이; 혹평가, 까다로운 사람, 흠잡는 [탓하는] 사람.
nazar *ot.* 1) (*qarash*) 봄, 얼핏 봄, 보는 것, (*tikilib*) 응시, 주시, 눈여겨 봄; (뚫어지게 보는) 시선. 시선을 향하는 것; (*tez*) 흘긋 봄, 일별, 한 번 봄, 일견; 2) (*nuqtayi nazar*) 시야, 시계, 시선, 눈초리, 눈매, 시선. ~ solmoq 눈을 향하다 ilk ~da 언뜻 보기에, 얼핏 보아서는 ~ tashlamoq 시선을 힐끗 주다 ~ dan o'tkazmoq 둘러 보다. hech bir narsa uning ~idan chetda qolmaydi 어떤 것도 그의 눈길을 피할 수 없다.
nazariy *sif.* 이론의, 이론상의, 이론적인; ~ fizika 이론 물리학; Bu ~ jihatdan to'g'ri 이것은 이론적으로는 맞다.
nazariya *ot.* 교의, 교리, 학설, 설(說), 논(論), (학문상의) 법칙, (예술·과학의) 이론, 학리(學理), 원리, 규칙; atom ~si 원자론;

ehtimollik ~si 확률론; tegishlilik ~si 상대성 원리; ehtimol(lik)lar ~si *mat.* 확률(공산(公算)의 이론
nazm *ot.* 시, 시가, 운문.
nazmiy *sif.* 시의, 시적인.
nazokat *ot.* 1) (*mehribonlik*) 친절, 상냥함; 인정, 친절한 행위[말, 태도], 2) (*latofat noziklik*) 우미, 우아(優雅); 얌전함, 품위, 단아, 품위 있는 것.
nazokatli *sif.* 1) (*mehribon*) 친절한, 상냥한, 친절한 행위[말, 태도]; 2) (*latofatli, nozik*) 우미한, 우아(優雅)한, 얌전한, 품위 있는, 단아한, 정연한.
nazokatsiz *sif.* 냉정한, 냉담한, (마음 따위가) 찬, 버릇없는, 무례한.
nazorat *ot.* 1) 감독, 감사, 감시, 검사; 2) 감독국, 검사원. 3) 관리, 단속 통제; davlat ~i 회계 검사; Ishchilar tashkilotining ~ ostida 노동자에 의한 기업 관리; ~ olib bormoq 검사제도 (통제, 단속)을 실시하다; Nazorat ostida bo'lmoq 통제 (단속)하에 있다; ~ o'rnatmoq 통제하에 두다.
nazorat kengashi, direktorlar kengashi 이사, 관리이사
nazokatli *sif.* 애정 깊은, 사랑에 넘친. 다정한, 인정 많은, 상냥한, 친절한.
nazoratsiz *sif.* 관리 없이, 억제[통제]되지 않은, 방치된, 자유스러운; ~lik 통제부제
nazoratchi *ot.* 검사하는 사람, 검사자[관], 조사자[관], 시찰자. 검열관, 감독자.
nazoratdagi uyushma 타 회사가 대주주로 되어 있어 그 지배를 받는 회사
nag'al *ot.* 부츠 뒤축의 쇠
nag'ma *ot.* 1) *muz.* 하모니카; 목적(牧笛); ~ chalmoq 하모니카를 불다(연주하다); 2) *k.m.* (*qiliq*) 잘 변하는 마음, 일시적인 생각, 변덕, 핑계; bu qanday ~ 무슨 핑계인가? 3) *k.m.* (*tashvish*) 고생, 근심, 걱정, 고민, 두통[고생]거리
nag'magar *ot.* 음악가, 악사, 작곡가.
nasha *ot. bot.* 1) 삼, 대마, 삼의 섬유; nasha urug'i moyi 삼씨기름; ~ urug'i 삼씨. 2) (*narkotik*) 인도 대마초로 만든 마취제; ~ chekmoq 대매초를 피우다.
nashatir *ot.* 암모니아수(암모니아의 수용액. 무색으로 알칼리성이 강함; 소다 공업· 의료용), 염화암모늄(塩化ammo- nium: 암모니아에 염산을 작용시켜서 얻는 무색의 입방 정계 결정. 물에 잘 녹고 알코올에는 약간 녹음. 전지 제조, 화학 분석 시약, 의약·금속의 접합, 염색 등에 쓰임). ~ spirti 암모니아수.
nashavan(d) *ot.* 마약 상용자, 대마흡연자
nashr *ot.* (초판·재판의) 판(版), 간행; (같은 판의) 전발행 부수, 발행, 출판. 출판물, 간행물; bosma ~ 출판물; ~ huquqqi 판권 muddatli ~ 정기 간행물; 2-nashr 제 2판 tog'rilangan va to'ldirilgan ~ 개정 증보판; ~ qilmoq 출판하다.
nashriyot *ot.* 발행소, 출판사, 인쇄소; ~ qilmoq 출판하다.
nashriyot, nashr 출판, 발행, 인쇄.
na'matak *bot.* 1) (*o'simlik*) 찔레나무의 일종; 2) (*mevalari*) 찔레의 열매
na'ra *ot.* 으르렁거리는 소리, 고함소리; 노호, (황소의) 우는 소리; 울부짖는[신음] 소리; 울리는 소리; ~ urmoq 큰 소리로 울다; 짖다, 노호하다, 큰소리치다.
ne 무엇?, 어떤 것[일]?; 무슨 (일), 얼마, 얼마나[쯤]?.
nefrit I *ot.* 콩팥염, 신장염(腎臟炎).
nefrit II *ot.* 연옥(軟玉)(전에 신장병에 약효가 있다고 믿었음)
neft *ot.* 원유, 석유(石油), 기름, 올리브유; ~ sanoati 석유산업; ~ fontani 유정; ~ ishlab chiqarish 석유공업 ~ komayni 석유집
neft koni 유전(油田)

neft o'tkazish, quvur 송유관(送油-)
neft quyish porti 원유 수송항
neft sanoati 석유업(石油業)
neft savdosi jinoiylashuvi 석유업계의 범죄화
neft, yoqilg'i 석유(石油)
neftchi *ot.* 석유공업 노동자 (기사); 석유 전문가, 석유업자.
neft-gaz konlari qazish tenderi 석유가스 개발 입찰
neftni qayta ishlash 정유(精油)
nega 왜, 어째서; ~ kulyapsiz? 왜 웃어요? ~ indamaysan?/ ~ inda- maysiz? 왜 아무말도 안하세요?, 왜 침묵을 하세요?
negadir 어떠한 이유로, 웬일인지; ~ u kelmadi 웬일인지 그는 오지 않았다.
negaki(m) 왜냐하면, 무슨 일인가하면.
negativ *foto.* 음화, 음화의, 음(陰)의. 사진원판, 네거티브.
negiz *ot.* 1) 기초, 기저, 기부(基部), 저부(底部); 토대; (기둥·비석 따위의) 대좌(臺座), 주추; 주요소(主要素); 기슭, 뿌리; til ~i 혀뿌리; iqtisodiy ~ 경제의 기초; so'z ~i 어근; 2) *gramm.* 어간(語幹: 동사·형용사 등 용언의 활용에서 변하지 않는 부분; '먹다'·'믿다'의 '먹'·'믿' 등).
negr *ot.* 아프리카인, 흑인. 니그로; ~ bola 흑인 어린이; ~ ayol 흑인여자.
nekrolog *ot.* 사망기사, 사망광고, 추도 기사, 조사; *sif.* 사망(기록)의, 사망자의
nemis *ot.* 독일인(사람); ~ tili 독일어.
nemischa *sif.* 독일의; 독일풍[식]의; 독일 사람의; 독일어의. 독일어로; ~gapirmoq 독일 말 하는 사람; ~ falsafa 독일 철학; ~ ko'ylak 도회지의옷차림.
neon *ot. kim.* 네온 가스, 네온(희유기체 원소의 하나. 대기 중에 극소량으로 존재하는 무색·무미· 무취의 기체로 화학적으로 불활성이어서 화합물이 없음. [10번:Ne:20.183]); ~lampa 네온램프; ~li reklama 네온사인.
nerv *ot. anat.* 신경, (치수(齒髓))의 신경조직; ~ga tegmoq 신경을 건드리다; ~ni tinchlantirish juda qiyin 흥분한 신경을 가라앉히는 것은 어렵다; ~ sistemasi 신경 계통; ~ markazi 중추 신경; ~ markazlari 신경 중추; (조직·운동 따위의) 중추, 중심.
nest-nobud *sif.* 파괴하는, 부수는, 분쇄하는; (관례·제도 등을) 폐지[철폐]하는; ~ bo'lmoq (관례·제도 등을) 폐지[철폐]하다; 완전히 파괴하다.
netto *ot.* 순(純: net), 정량(正量), 순중량, 순이익, 정가; *sif.* 정미의, 겉포장을 제외한, 잡비를 제외한.
netto daromadi 순수입
netto foizi 세후 이자
netto foizlar qoldig'i (은행의)채무자와 채권자에 대한 이율 차이
netto-aktivlar 순자산
netto-daromad 순수입
nevara *ot.* 손자, 손녀, 자손, 후손; ~lar 증손, 증손녀, 증손자; O'g'il ~ 손자 qiz ~ 손녀. Buvi ~siga shirinlik berdi 할머니께서는 손녀에게 설탕을 주셨다.
nevropatolog *ot.* 신경 병리학자
nevropatologiya *ot.* 신경 병리학
nevroz *ot.* 신경증, 노이로제.
neylon *ot.* 나일론; 나일론 제품
necha 얼마, 몇, 어느 정도, 얼마만큼; Bu ~ pul turadi? 이것은 얼마예요? ~ yil 몇 년 ~ kishi keldi 몇 명이 왔어요? soat ~ bo'ldi 몇 시예요?
nechanchi 몇 번, 몇; ~ yil 몇 년; Bugun ~ chislo? 오늘은 며칠입니까? Uyingizning nomeri ~? 아파트의 번호가 몇 호입니까?
nechog'lik *rav.* 얼마나, 얼마정도, 어느 만큼, 어느, 어떤, 어느 쪽의; Buni ~ qiyinligini bilasanmi? 이것은 얼마나 어려운 것인지를 알고 있어요?
nechta 몇?. Bu yerda ~ odam bor 여기에 몇 명이 있습니까?

N

-ni bilaman/ bilmayman (otdan keyin) ㄴ(인) 줄 알다/모르다
ne'mat *ot.* 1) 신의 은총[가호], 은혜, 혜택, 이익; 2) (*oziq*) 평가할 수 있는; 비례하는, 비율에 따른; 3) 정신적 양식; (사고·반성 따위의) 자료; Ollohning ~laricjsqn; 하늘이 줌, 천혜.
nido *ot.* 1) 외침, 절규, 감탄, 외치는 소리, 부르는 소리. 2) (*muro- jaat*) (법률·양심·무력 등에) 호소, (~에게 도움·조력 등을 간청[간원]; ~ qilmoq 절규하다/호소하다
nigoh *ot.* 1) 보는 것, 시선을 향하는 것. 2) 논초리, 눈매, 시선. 3) 견해, 의견; ~ini qaratmoq 눈을 향하다 bir ~da 얼핏 본 것만으로.
nihol *ot.* 1) 싹, 눈, 움, 봉오리가 벌어짐, 종자의 발아; 싹처럼 자라는 것 싹이 트는 것, 어린 가지, 새싹; 2) 접지, 접수. 3) 맹아, 조짐.
nihoya 1) 끝, 끝단, 말단, 종말, 구석. 2) 결말, 종국, 최종, 최후; yo'l ~si 길의 끝 qoshiq ~si 노래의 마지막 구 hayot ~si 임종시; Bu filmning ~si yaxshi yakun topdi 이 영화의 마지막이 잘 끝났다.
nihoyasiga yetkazilgan jinoyat 기수
nihoyasiga yetmagan jinoyat 미수
nihoyasiz *sif.* 끊임없이, 끝이 없이, 영원히; Bu ish ~dek tuyulardi 이 일이 끊임없는 것 같았다.
nihoyat 1) (*oxir*) 끝으로, 그 위에. 한계(선), 한도, 극한; 2) (*nihoyat darajada*) 아주, 대단히, 몹시; 3) (*oxiri*) 마지막에, 드디어, 마침내; Va ~ mening omadim chopdi 나는 간신히 성공했다; ~ seni uchratdim 겨우 너와 만났다; ~ bu masalani hal qildik 드디어 (마침내) 이 일을 해결했다.
nihoyatda *rav.* 아주, 매우, 몹시, 대단히, 무척; ~ go'zal 매우 사랑한다.
nihoyatsiz *sif.* 무한한, 무궁한, 끝없는; ~ katta 무한대, 무한소.
nikel *ot. kim.* 니켈(nickel: 금속 원소의 하나. 천연 광석으로 생산됨. 단단한 은백색 금속이며, 잘 늘어나고 펴지는 것이 철과 비슷하나 공기·습기에는 철보다 안정됨. [28번:Ni:58.71]); ~ yugur- tirmoq, ~ bilan qoplamoq 니켈 도금을 하다, 니켈판금으로 덮다.
nikellamoq *fe'l.* 니켈 도금을 하다(판금으로 덮다); ~ langan samovar 니켈 도금의 싸모바르.
nikellanmoq *fe'l.* 니켈 도금을 하게 되다.
nikoh *ot.* 결혼(結婚), 혼인(婚姻), 혼례(婚禮), 가취(嫁娶), 정정(定情), 체인(締姻), 가약(佳約), 혼약(婚約), 취가(娶家), 필우(匹偶), 성례(成禮), 성쌍(成雙), 성혼(成婚), 성친(成親), 결혼생활, 부부관계; ~ to'yi 결혼식, 결혼의식; ~ taklifnomasi 초대장 ~ dan o'tmoq 결혼식을 올리다.
nikoh shartnomasi 혼인계약서(혼인 당사자들이 혼인 과 이혼 시 부부의 재산상의 권리와 의무를 규정한 문서)
nikoh va oila kodeksi 가족법(家族法)
nikohdan o'tish 혼인(婚姻), 가취(嫁娶), 성례(成禮), 성혼(成婚), 화혼.
nikohlamoq *fe'l.* 결혼하다
nikohli *sif.* 결혼한, ~ xotin 유부녀
nikohsiz *sif.* 결혼하지 않은, 자유 결혼; ~ farzand 사생의, 서출의; ~ o'g'il 사상남아.
nikotin ot. 니코틴(담배 중에 2-8% 포함되어 있는 무색 휘발성의 액체 알칼로이드; 맹독이 있고, 신경·소뇌·연수·척추 등을 자극·마비시킴)
nikotinli *sif.* 니코틴 있는; ~ kislotasi 니코틴신(酸)
nilufar *ot. bot.* 나리, 백합; 백합꽃; 백합과 비슷한 꽃(수련 등)(*gul*); 연(꽃); 별노랑이속(屬)의 식물; 수련(睡蓮: 수련과의 여러

N

해살이 수초. 연못·늪에 남. 뿌리줄기는 물 밑바닥으로 뻗고 수염뿌리가 많음. 잎은 물 위에 뜨며 말굽 모양임. 여름에 흰 꽃이 꽃줄기 끝에 한 송이씩 핌. 관상용임.)
nim *ot.* 반; 절반, 좀, 조금; ~ ochiq 절반이 열려 있는; ~qorong'i 좀 어둡다.
nima 1) 무엇. 2) 왜, 어떠한 이유로. ~약 어떤 것; bu ~? 이것은 무엇입니까?; ~ gap 무슨 문제입니까?: ~ gap bo'ldi? 무슨 일이야?, 왠일이야?; ~ yangilik bor? 무슨 뉴스?; Hayotda ~lar bo'lmaydi 인생에는 여러 가지 일이 있다
nimaga 왜. (=**nega**); ~ kechikding? 당신은 왜 늦었습니까?
nimjon *sif.* 약한, 연한, 힘이 없는, 느슨해진. ~ bola 약한 아이.
nimta 시체의 절반; ~ qilmoq 시체(송장을)를 절반으로 나누다.
nimtalamoq *fe'l.* 시체를 2등분하다; 송장을 반씩 나누다
nimta-nitma 잘게 썬[다진] 고기, 저민 고기; ~ qilmoq 팍팍 찍다, 자르다, 빼개다, 잘게[짧게] 자르다, 잘라 만들다(도끼·식칼 따위로); (고기·야채 따위를) 저미다, 썰다
nimcha *ot.* 소매가 없는 옷. 민소매 옷.
nimchorak *ot.* 8(번)째, 제 8; 8분의 1; (달의) 8일
nina *ot.* 1) 바늘, 바느질 바늘, 뜨개바늘. 2) (주사·외과·조각·축음기 따위의) 바늘, 수술용 전기침(針); 자침(磁針), 나침(羅針); (계기류의) 지침; (소총의) 격침, 가시, 침엽; ~ning ko'zi 바늘귀; tikuv ~si 뜨게 바늘; jarrohlik ~si 외과용 바늘; gramo- fon ~si 축음기 바늘; muz ~lari 얼음의 침상 결정.
ninabargli o'rmon 침엽수림
ninabargli *sif.* 솔잎의.
ninachi *ot.* 잠자리, 짱아, 청랑자(靑娘子), 청령(蜻蛉), 청정(蜻蜓); 강계(江鷄).
ning orttirilishi '으' 으 삽입
ning qaratqich belgisi ~를, ~을
ning tushib qolishi 'ㄹ' ㄹ 탈락
ning tushib qolishi '으' 으 탈락
nippel **ot. kim.** 니-y
niqob *ot.* 각종 탈, 탈; gazdan saqlovchi ~ 방독면; himoya ~i 얼굴에 쓰는 면; ~ taqmoq (yech- moq) 마스크를 쓰다 (벗다); ~ini olib tashlamoq 가면을 벗기다.
niqoblmoq *fe'l.* ~에 가면을 씌우다, 가면으로 가리다.
niqoblanmoq *fe'l.* 변장[가장]하다, 마스크를 쓰다, 가면을 쓰다.
niqobli *sif.* 탈을 쓴. 가면을 쓴, 변장한.
nisbatan 1) ~에 관하여; (*solish- tirganda*) ~와 비교하여; senga ~ 당신에 관하여; 2) (*ma'lum dara- jada*) ~에 비교하여, ~에 비례(比例)하여, ~에 비해서, 비교적(으로); 꽤, 상당히, 다소라도; bu yo'l ~uzoq 이 길에 비해서 길다.
nisbatan ko'pchilik 상대적 다수 대표제
nisbiy *sif.* 비교상의, 상대적인, (*solishtirma*) 비교적인, 비교상의; ~ haqiqat *fals* 비교적 진실하게; ~ sifat *gramm.* 관계대명사; ~ balandik 비교(급)의
nisbiy huquq 상대적 권리
nisbiy sinonim 유의어(類義語)
nisbiy ustunlik 비교우위
nisbiyat *ot.* 관련성, 상대성; 의존성; ~ nazariyasi 상대성 이론
nivelir *ot.* 수평, 수준; 수평선[면], 평면; 수준기; ~lamoq 수준기로측정하다.
niyat *ot.* 의향, 의지, 목적, 의도, 의미, 취지; (*maqsad*) 의지; 결심, 결의, 목적, 의도; 용도; yaxshi (yomon) 좋은(나쁜) 의도; ~ini amalga oshirmoq 소원을 이루다 ~ qilmoq 기도하다.
niyat, qasd, g'araz 고의(故意), 범의(犯意).
nizo *ot.* 불화, 불일치, 반목, 내분, 알력, 투쟁, 다툼; 싸움; oilaviy ~ 가정의 풍파; ~ chiqarmoq 분쟁을 빚어내다, 알

N

력을 일으키다.
nizoli *sif.* 분의, 분쟁, 토론, 논의, 논박, 반론, 논쟁, 말다툼, 싸움; (의견·사상·이해(利害) 등의) 충돌, 대립, 불일치, 쟁의; 알력, 마찰; (마음의) 갈등; ~ vaziyat 분쟁 경우.
nizom *ot.* 헌장, 규칙, 규정, 규약, 정관, (회사 등의) 설립 강령(서); 규칙, 규정, 법규, 조례, 법령; BMT ~i UNO 헌장, 국제연합헌장; jino- yat sudi ~i 형사 소송법; bojxona ~i 관세령.
nizomdagi mablag' hajmining o'zgarishi 자본의 변경
nizomdagi mablag' kamayishi 자본의 감소(감자)
nizomdagi mablag' oshishi 자본의 증가(증자)
nizomdagi maqsad 설립목적
nizomli zahira 정관이 정한 예비비
nizomning o'zgarishi 정관의 변경
nish *ot.* 동물의 침, 대롱, 침, 독아(毒牙), 독침(毒針); chayon ~i 전갈의 독침; ~ urmoq (o'smoq) 자라기 시작하다.
nishab *sif* 경사진, 기운, 기울어진.
nishablik *ot.* 경사면, 비탈; 경사(도), 물매.
nisholda *ot.* 니셜다(금식 할 때 먹는 음식), 커스터드의 타입(우유·달걀·설탕 따위를 섞어 찌거나 구운 과자); 커스터드소스 유형(우유·달걀 또는 곡식 가루를 섞어 찐 단맛이 나는 소스).
nishon *ot.* 1) 특징, 징후, 전조. 2) (*orden*) 훈장. 3) (*hotira*) 기억, 추억; Undan hech bir ~ qolmadi 그 사람에게서 아무 기억도 안 남았다.
nishonlamoq *fe'l.* (식을 올려) 경축하다; (의식·제전을) 거행하다, (축사·의식 등으로) 기념하다, 축하하다; yillikni ~ 기념일을 경축하다, 기념제를 행하다; g'alabani ~ 승전을 축하하다.
noaniq *sif.* 1) 정확[정밀]하지 않은, 부정확한, 옳지 않은, 부정확한, 정밀하지 않은; 틀린, 잘못된; 2) 불명확한, 분명하지 않은, 막연한, 어렴풋한, 막연한, 애매한; ~artikl *gramm.* 부정 관사(a, an); ~ xabar 잘 못된 보도; fe'lning ~ shakli 부정법.
noaniq niyat, fikr 불확정적 고의
noaniqlik (=noaniq) *ot.* 어렴풋한 것, 막연, 애매, 분명치 않은 것, 불명료함, 모호함, 알기 어려운 것.
nobakor *sif.* 악당, 깡패, 불한당, 악인.
nobud: bo'lmoq (*bekorga ketmoq*) 폐물이[헛되이] 되다; 낭비되(고 있)다; (*o'lmoq*) 죽다, 말라 죽다, (*isrof qilmoq*) 소비하다, 쓰다; vaqtni isrof qilmoq (vaqtni ~) 시간을 허비하다. Bola ~ 아이가 죽었다.
nochor sif. 가난한, 빈곤한 불행한, 가련한. Bu oila juda ~ 이 가족은 아주 가난한 가족이다.
nochorlik, qarz to'lashga qurbi yetmaydigan 파산(破散), 무능력
nodir *sif.* 1) (*noyob*) 드문, 진기한, 드물게 보는, 유례없는, 보통이 아닌, 이상한, 특별한; ~metallar 진기한 금속; ~ narsa 아주 드묾; 진기, 희박; 진품; 2) (*qimmatli*) 귀중한, 귀한, 소중한, 값비싼. 고가의 귀중한 귀금속. ~ iste'dodli 유난히 재능이 있는.
nodon *sif.* 1) (*johil*) 무지한, 무학의, 무식한; 우둔한; ~ odam 무식한 사람, 무지한 사람, 아는 체하는 바보; 2) (*kaltafahm*) 미련한, 어리석은, 바보 같은; Bolalar hali ~ bo'ladi 어린애는 아직 철이 없다.
nodonlik *ot.* 1) (*johillik*) 무지, 무학; (어떤 일을) 모름, 우둔. 2) (*ahmoqlik*) 바보 짓. 우매한 것, 바보 같은 언행; ~ bilan 우둔한 탓으로; ~ qilmoq 바보 같은 짓을 하다; ~ni bas qil! 바보 같은 짓을 그만 둬라!
nogahon *rav.* 갑자기, 불시에, 졸지에, 돌연, 느닷없이, 예기치 않게, 의외로, 뜻밖의.

nogiron *ot.* 1) (손·발의) 절단 수술을 받은 사람, 불구가[무능력하게] 된; 무불능자, 노약자, 폐질에 걸린자. 2) 폐품, 폐물, 폐병, 병신; urush ~i 노병; mehnat ~i 노동을 항 수 없게 된 노동자; Bayramda urush ~lariga sovg'alar berildi 명절 때 노병들께 선물이 드렸다.
nogiron, majruh 장애인
nogironlik *ot.* 1) 근무불능자 (노약자, 폐질자, 폐병)이 되는 것. 2) 노동 불능, 노동능력 결여.
nogironlik, majruhlik 장애, 장애자.
nogironlik nafaqasi 장애인 연금
nogoh 1) (*birdan*) 갑자기, 불시에, 졸지에, 돌연, 느닷없이, 돌연히, 우연히, 뜻밖에; 2) 우연히, 뜻밖에; 문득, 때때로; 부수적으로. 단번에, 단숨에, 한꺼번에; ~ qo'ng'iroq chalindi 갑자기 종이 울렸다.
nohaq *sif.* 1) (*noto'g'ri*) (도덕적·윤리적으로) 그릇된, 부정의, 올바르지 못한, 나쁜, 올바르지 않은, 틀린 잘못한; Sen ~san 너 틀렸다. 2) (*adolasiz*) 부정한, 불의[불법]의, 부조리한; 불공평한, 부당한, 불공정한, 편파적인; ~ sud 불공정한 공판, 부정재판
nohaqlik *ot.* 불법[위법]의, 비합법적인
nohiya *ot.* 지역. 라이온, 군구(郡區); 읍구(parish 속의 한 소구획; 이(里) 정도에 해당); 타운십(정부의 측량 단위로 6마일 사방의 땅을 이름 (36 sections)).
noiloj 1) (*chor-nochor*) 싫든 좋든 간에, 좋아 하든 말든, 다짜고짜로; 닥치는 대로, 마구잡이로; 난잡하게; 2) 어쩔 수 없게, 어떻게 할 도리 없는, 나갈 길이 없는; ~ holat 궁지; ~ uyda o'tirmoq 집에만 죽치고 있다.
noilojlik *ot.* (=noiloj) 무능(력), 무력; ~할 수 없음, 무자격.
noinsof *sif.* (*vijdonsiz*) 부정직한, 부정직한, 부정한; ~ odam 부정직한 사람
noinsoflik *ot.* 부정직하게, 불성실하게. ~ qilmoq 부정직하다, 불성실하다.
nojo'ya *ot.* (*yaramas*) 어울리지 않는, 부적당한, 격에 맞지 않는, 잘못된, 틀린, 좋지 않은; ~ harakat 좋지 않은 행동; Bunday deyishing ~ 그렇게 말하는 것이 틀려요; ~ so'zlar 잘못된 이야기(말).
nok *ot.* (*meva*) 서양배; (*daraxt*) 서양배나무; ~ daraxti 배나무; ~ necha pul? 배 한 개가 얼마입니까?
nokas *sif.* 1) (*razil*) 비굴한, 천한, 비열[야비]한, 치사한; U juda ~ inson rm 사람은 너무 비굴 한 사람이다; 2) (*noshukur*) 은혜를 모르는, 감사할 줄 모르는, (일이) 일한 보람이 없는, 헛수고의; 달갑지 않은, 불유쾌한; **~lik** 1) (*razillik*) 천한, 비열[야비], 치사, 품위 없는 것; 2) (*noshukur*) 은혜를 모르는 것, 감사할 줄 모름, (일이) 일한 보람이 없는 것, 헛수고, 달갑지 않음, 불유쾌.
nokaut *sport.* 녹아웃(略: K.O., k.o.), 결정적인 대타격.
nokdaun *sport.* 녹다운.
nokzor *ot.* 배 과수원; Bizning qishloqda ~lar juda ko'p 우리 시골에는 배 과수원이 아주 많다.
nol *ot. mat.* 1) 제로, 영(零). 2) 전혀 의의가 없는 것, 무가치한 것; ~ gradus 영도; 0d (nol) dan past daraja 영하; butunlay ~ 절대 영도; 12~~da yetib kelmoq 정각 12시에 도착하다.
nola 1) 신음 (소리), 끙끙대기; (파도·바람의) 울림; 2) (*ashula aytish*) 애처로운 노랫소리, 슬픈 듯한 창가, 애조를 띤 창가; 호소하는 듯한 노랫소리; 애원, 간청. 기도. Ollohga ~ qilmoq 신에게 빌다.
nolimoq *fe'l.* 슬퍼하다, 비탄하다; 애도하다, 애석해 하다. 자기의 운명을 탓하다, 푸념을 털어놓다, 푸념하다, o'ztaqdiridan ~ 자신의 운명을 슬퍼하다

nolish *ot.* 1) (*ingrash*) 슬퍼함, 비탄, 신음 (소리); 불평[불만, 불찬성]의 소리; 삐걱거리는 소리; 2) (*zorlanish*) 비탄; 애도; 통곡, 비탄의 소리, 불평, 찡찡거림, 우는소리; (*din*) 애가(哀歌)(구약성서 중의 한 편); ~ qilmoq a) 신음하다, 끙끙대다; b) 슬퍼하다, 비탄하다; 애도하다, 애석해 하다

nolli oshish 제로 성장

nolli rag'batga ega optsion 제로 프리미엄 옵션

noloyiq *sif.* 1) 꼴사납게, 보기 흉하게; 부적당하게, ~할 가치가 없는, ~할만하지 못한, 적합하지 않은; 2) 경멸해야할, 부도덕한, 부정한. ~ odam 인간답지 않은 놈 ~ harakat 경멸해야 할 행위.

nom *ot.* 1) 이름, 성명, 명칭; (*kitobniki*) 표제, 제목; 자막, 타이틀, 제명(題名), 책 이름; geografik ~lar 장소 이름; Navoiy ~idagi 나보이 거리; ~idan ~의 대신으로, ~을 대표하여; 2) (*unvon*) 직함(칭호·관직명·학위·작위·경칭 등 포함); ~ bermoq 이름을 붙이다 ~nomli roman ~라는 이름의 소설 10.000 ~ 1만점 ~idan ~로부터, ~에게서; ~ qozonmoq 유명하게 (훌륭하게) 되다. 3) *k.m.* (*dong*) 명성, 명예, 성망, 평판, 풍문; 세평, 소문, 유명한, 이름난, 잘 알려진; ~ chiqarmoq/ qozonmoq 유명해지다.

nomard *sif.* 1) (*ablah*) 악인, 악한, 악당, 깡패, 불한당; 2) (*qo'rqoq*) 겁쟁이; 비겁한 자, 비굴한, 비열한, 아무 쓸모가 없는 자, 소용없는 지, 무뢰한.

nomardlik *ot.* 1) (*ablahlik*) 악인, 악한, 악당, 깡패, 불한당; 2) (*qo'rqoqlik*) 겁쟁이; 비겁, 비굴, 비열, 비겁.

noma'lum 1) 미지의, 모르는. 2) 유명하지 않은, 정명하지 않은. 3) 미지수, 알려지기 않은. kelib chiqishi ~ inson 신원을 알 수 없는 사람 barchaga ~ 아무에게도 분명치 않다 ~ yozuvchi 세상에 알려지지 않은 작가.

noma'lum sababga ko'ra kelma- gan 실종자(失踪者)

noma'lum sababga ko'ra kelmaslik 실종(失踪)

nomdor *sif.* 1) 정명한, 유명한. 2) 알려진, 알려져 있는. U mana shu nom bilan ~ 그는 이 이름으로 알려져 있다 ~ inson 유명한 사람.

nomenklatura *ot.* (조직적) 명명법(특히 전문적인 학문의); 전문어, 술어; (분류학적) 학명, 전문용어, 학술어휘, 술어집; tibbiy ~ 의학어휘.

nomenklatura, nomlar 유형, 종류

nomer *ot.* 1) (*raqam*) 번호(番號), 번, 호; (*xona*) 호실(號室); telefon ~i 전화번호; obligatsiya ~i 채권 번호; nechanchi ~? 몇 번입니까?; avtomobil ~i 자동차의 번호; 9 ~da yashamoq 9호실에서 살다; konsert ~i 음악회의 솔로파트; Bu ~ing o'tmaydi 그착상은 잘되지 않을 것이다; 2) (*mehmonxonada*) 방, 룸, 아파트; 3) (*razmer*) 크기, 넓이, 치수, 부피, (옷·모자·장갑 따위의) 사이즈; 4) (*gazeta va sh.k. niki*) 발행; 발행물; 발행 부수; ~판(版); ~호; 5) (*kontsert va sh.k.ning qismi*) 항목, 조목, 조항, 품목, 세목.

nomerlamoq *fe'l.* 번호를 매기다, 번호를 부여하다; ~langan joy 번호를 매긴 좌석.

nomerli *sif.* ~번의, 번호의, 호수의, 번지의, (제) ~번, 번호표, 번호가 붙는 것; 5-~li uy 5번집.

nomersiz *sif.* 번호가 없는, 셀 수 없는.

nominal *sif.* 액면 가격, 정가; ~ narx 액면가격; ~ baho 명목 가격; ~ oylik 명목 임금.

nominal bahosiz aktsiya 무액면 주식

nominal bo'yicha 액면가로

nominal foiz 명목이자, 명목 이자율

nominal ishtirok 명목상 참여, 대리 참여
nominal, baho 액면가, 정가(定價)
nominaldan past 액면가 이하
nominativ aktsiya *ot.* 기명주
nomlamoq *fe'l.* (*atamoq, chaqirmoq*) 부르다, (아무를) 소리내어 부르다, 불러일으키다, (*nom bermoq*) ~에[이라고] 이름을 붙이다[짓다], 명명하다; Bu gul qanday ~ adi? 이 고층은 어떻게 불리워집니까?
nomlanmoq *fe'l.* 지명된다, 지정되다; 유명해지다, 각기 고유명이 있게 되다.
nomli *sif.* 지명된, 지정된; 유명한; 각기 고유명이 있는, ~라는 이름으로. Navoiy ~ maktab 나보이라는 학교.
nom-nishon *ot.* 1) (*xabar*) 자취, 흔적, 영향, 결과. 연락; 2) (*xotira*) 기억, 추억; Undan ~ qolmadi 그 사람한테 기억도 없다.
nom-nishonsiz 연락이 없게, 기억이 없게.
nomoddiy boyliklar 인격권
nomsiz *sif.* 이름이 없다, 유명하지 않다. 세상에 알려지지 않은, 무명의; 신분이 [지위가] 낮은, 미천한.
nomukammal raqobatchilik 불완전 경쟁(不完全 競爭)
nomunosib *sif.* (=noloyiq) 1) (*o'rinsiz*) 부적당한, 적임이 아닌, 적합하지 않은, 어울리지 않는, 온당치 않는; 2) 버릇없는, 꼴 사나운; 외설[음란]한, 상스러운; 부당한, 억지의
nomus *ot.* 1) (*sha'n*) 명예, 영예; 영광, 명성, 면목, 체면; 신용, 명예를 존중하는 마음; 자존심; 염치; 2) (*uyat*) 부끄럼, 부끄러워하는 마음, 수치심, 수치, 창피, 치욕, 불명예; ~ bulg'amoq 명예를 훼손하다; ~ini asramoq 명예를 소중히 여기다; U ~siz inson (uyatsiz) 그는 부끄러움을 모른다.
nomusli *sif.* 1) (*sha'niga e tiborli*) 순결한, 정직한; 2) (*uyatchang*) 수줍어하는, 부끄러워하는, 숫기 없는, 소심한, 부끄럼타는, 두려워하는, 싫어하는
nomussiz *sif.* 양심이 없는, 수치를 모르는, 낯 두꺼운; ~ yolg'onchi 수치를 모르는 거짓말쟁이.
nomutanosiblik *ot.* 불균형(不均衡)
nomuvofiq *sif.* 적합하지 않은, 부적당한; ~ misol 부적당한 예.
nomuvofiqlik *ot.* 불균형(不均衡), 부적합, 불일치(不一致)
nomzod *ot.* 1) 후보자, 지망자, 응모자, 지원자, 출원자, 후보자, 신청자; (*lavozimga, o'ringa da'vogar*) ~이 될[을 얻을] 듯한 사람, 지명[임명·추천]된 사람; (연금 따위의) 수취 명의인(受取名義人); (주권의) 명의인; deputatlikka ~ 대표 (대의원) 후보자 partiya ~i 후보당원. 2) (*ilmiy daraja*) 유명론자; ~이 될[을 얻을] 듯한 사람
nomzodlik *ot.* 입후보, 후보 자격.
non *ot.* 1) 빵; bug'doy ~i, oq ~ 흰빵, 소맥 빵; qotgan ~ 곰팡내 나는 빵; qora ~ 흑 (나맥)빵; ~ bo'lagi 빵조각; butun ~ 둥근 빵; ~ uchun ishlamoq 빵을 위해 돈을 벌다. 2) (*rizq*) 생존; 현존, 존재; 생활, 호구지책, 생계.
nonushta *ot.* 아침, 조반, 아침식사, 아침밥; ~ qilmoq 아침을 먹다, 아침식사를 하다; ~dan keyin 아침을 먹은 후에.
nonushtalik *ot.* 아침의, 조반의, 아침 식사의. ~ taom 아침의 밥, 아침밥.
nonvoy *ot.* 빵 굽는 사람
nopobil *sif.* 순종치 않는; 불효의, 위반하는
nopok *sif.* 1) (*kir*) 더러운, 불결한, 추악한. 2) (*holol emaslik*) 예사로 나쁜 짓을 하는, 부도덕한, 파렴치한, 악랄한; 무절조한; 3) (*buzuqi*) 타락한, 퇴폐한 악화된,

나빠진, 방탕, 도락; ~ yigit 타락한 청년.
nopoklik *ot.* 퇴폐, 타락. 방탕, 도락
noqonuniy *sif.* 불법의
noqonuniy bank faoliyati 은행의 불법행위
noqonuniy davolash 불법의료행위
noqonuniy hibsga olish 불법억류
noqonuniy iqtisod 지하경제
noqonuniy mol chiqarish 불법반출
noqonuniy ovchilik 밀렵
noqonuniy tadbirkorlik 불법영업
noqonuniy xatti-harakatlar 불법행위(不法行爲)
noqulay *sif.* (사람·물건이) 불유쾌한, 기분이 언짢은, 거북한, 불편한, 사정이 곤란한; ~ holat 형편이 나쁜 상태; ~ o'tirmoq 불편하게 앉다.
noqulaylik *ot.* 불쾌, 불안; 싫은[불안한] 일, 불편, 곤란, 슬픔.
nor I. *ot.* (*tuya*) 낙타; bir (ikki) o'rkachl ~ 혹이 하나인 (혼이 둘인) 낙타.
nor II (*xol*) 사마귀, 점, 모반(母斑), 반점.
norasida *sif.* 미성년의, 성년에 달하지 않은; ~ bola 미성년자 어린애
norasidalik *ot.* 미성년자, 어린이.
norasmiy hurmat shakli 비격식체
nordon *sif.* 1) 시큼한, 신, 신맛이 있는, 짜릿한; ~ karam 소금에 절인 양배추; ~ sut 신 우유; 2) *kim.* 산(성)의.
norma *ot.* 1) 규범, 규준, 표준, 작업기준량; 2) 몫, 모가치; (수입품·이민 따위의) 할당; 분담액, 할당액; til ~si 표준 어법이 요구하는 발음(어법); ish haqqi ~si 임금 계산의 기준.
norma, me'yor 규준(規準), 율(率)
normal 1) 정상의, 보통의, 통상(通常)의; 2) 표준적인, 전형적인, 정규의.
normal bozor 정상시장(normal market)
normali 표준의 정규적인, 정상적인. 표준[규격]에 맞추다, 표준화[규격화]하다; ~ ish kuni 고정(규정) 근로시간.
norozi 1) (*xursand emas*) 불만스러운, 불평스러운, 불만[불평]을 품고 있는, 이의 있는, 반대의, 항의; 2) (*ko'nmagan*) 조화[일치]하지 않는, 각기 다른; 가락이 맞지 않는; 불협화음의; 시끄러운; Men ko'- chishga ~man 나는 이사 가는 데 반대이다.
norozilanmoq *fe'l* 불만[불평]을 품게 하다
norozilik *ot.* 1) (*xursand emaslik*) (욕구) 불만(의 근원), 불평; 불복(不服); 불복인 사람, 불평분자, 불만(족); 2) (*ko'nmaslik*) 다름, 차, 상위; 차이[상위]점, 부조화, 불일치, 불균형.
norozilik huquqi 파업권(罷業權)
norozilik, e'tiroz 어음, 수표 등에 대한 지불 거부(protest)
norveg *ot.* 노르웨이. ~ tili 노르웨이어.
norvegiyalik *sif.* 노르웨이사람.
nos nos 1) 코를 킁킁거리다, 냄새를 맡다; 코로 숨쉬다; 코를 훌쩍이다; 2) (혀를 통한 발음교정의 일종)
nosoz *sif.* 1) 가락을 맞추지 않은, 가락이 맞지 않는; 2) 고장난, 고장. ~ televizor 고장 난 텔레비전.
nosog' *sif.* 건강하지 않은, 건강이 약한 약점. (*kasal*) 병의, 병에 걸린; ~lik 건강치 못함
nosoglik *ot.* 건강하지 않는 것.
nostro hisobi 자행계정
nota I *ot. mus* 음부, 음표; (피아노 따위의) 건, 키; 음색; 음조, 선율; 악보, 악보장; baland ~ni olmoq 고음을 내다; ~ siz chalmoq 악보 없이 연주하다.
nota II *ot. dip.* (외교상의) 문서, 통첩, 각서, 비망록, 메모.

notamom *sif.* 끝낸, 끝마친; 끝손본, 완성
notanish *sif.* 모르는, 미지의; ~ kishi 나선사람; ~ ko'cha 모르는 거리; ~ odam 모르는 사람. U menga ~ 나는 그를 모른다.
notarial guvohnomadan asosiz bosh tortish 공증의 부당한 회피
notarial idora, kontora 공증 사무소
notarial kelishuv 공증 거래
notarial *sif.* 1) 공증인의; 공증의; 2) 공증인이 보증한 ~ idora 공증인 사무소.
notarial tasdiq 공증(公證)
notariat *ot.* 공증사무소
notarius *ot.* 공증인(公證人: N.P.)
notarius depoziti 공증사무소 공탁
notarius tasdiqlagan ishonch qog'ozi 공증위임장
notavon, e'tibori yo'q odam 미효
notekis *sif.* 평탄하지 않은, 울퉁불퉁한, 굽은. ~ yo'l 울퉁불퉁한 길; ~ yozuv 고르지 않은 필적; ~ xarakter 변덕스러운 성질.
notifikatsiya 고지(告知), 통고(通告)
notijorat korxona 비영리 기업
notijorat mollari 비영리목적의 물품(세관을 통과할 때 관세를 물지 않는 물품)
notijorat tashkilot 비영리단체
notinch *sif.* 불안한, 근심스러운, 소란한. ~ vaqt 어수선한 시간, 비상시 ~ xabar 걱정스러운 소식.
notinchlik *ot.* 불안(不安), 걱정, 근심, 불쾌(不快)
notiq *ot* 연설자(演說者), 강연자(講演者), 연사(演士), 연설가(演說家), 연설사(演說士), 변사(辯士); 웅변가(雄辯家), 달변가.
notiqlik *ot.* 연설, 웅변(술); 수사(修辭), 과장한 언사. ~ san'ati 발표, 말하기대회.
notog'ri *sif.* 1) (*umumiy qoidaga zid*) 불규칙한, 변칙의; 비정상의, 이례(異例)의; 부정기의; (*xato*) 잘못된, 틀린; 2) (*nohaq*) 부정한, 불의[불법]의, 부조리한; 불공평한, 부당한, 틀리다; ~ fe'l 불규칙 동사; ~ yozmoq 틀리게 쓰다; ~ tushunmoq 오해하다.
noto'g'ri fe'l 규칙동사
noto'g'ri fe'l 불규칙동사
noto'g'ri fe'li '거라' -거라 불규칙동사
noto'g'ri fe'li 'ㄷ' ㄷ 불규칙동사
noto'g'ri fe'li 'ㅂ' ㅂ 불규칙동사
noto'g'ri fe'li 'ㅅ' ㅅ 불규칙동사
noto'g'ri fe'li '여' 여 불규칙동사
noto'g'ri fe'li 'ㅎ' ㅎ 불규칙동사
noto'g'ri feli '너라' '너라' 불규칙동사
noto'g'ri tuslanish 불규칙 활용
noto'gri fe'li '르' 르 불규칙동사
noto'gri feli '러' 러 불규칙동사
noumid *sif.* 가망 없는, 희망 없는, 절망적인; ~ bo'lmoq 희망이 없다.
nou-xau, yangilik 영업 비밀(비결), 노하우(know-how)
novcha *sif.* 키가 큰, 높은; ~ bo'yli yigit uyga kirib keldi 키가 큰 남자가 우리 집에 들어왔다.
novchalik *ot.* 키가 크는 것
novda *ot.* 나뭇가지; tol ~si 버드나무 가지; ~ dek yigit 훌쭉한 젊은이.
novella *adab* 단편 소설, 짧은 이야기; ~ yozuvchisi 단편소설가.
novvot *ot.* 설탕 과자, 롤리폽(막대기 끝에 붙인 사탕)
novvoy *ot.* 빵 굽는 사람, 빵류 제조 판매업자
novvoyxona *ot.* 제과점, 빵집, 베이커리.
noxush *sif.* 나쁜, 좋지 않은. ~ xabar 나쁜 소식.
noyabr *ot.* 십일월. 11월; birinchi ~ 십일월 1일; ~da 십일월 중에; o'tgan yili ~da 지난 십일월; kelasi yil ~da 다음 십일월; ~da onamning tug'ilgan kunlari.

noyob (=nodir) *sif.* 드문, 진기한, 드물게 보는, 유례 없는
noz *ot.* 1) (*ishva*) 아양 부리기; 아양, 교태; 요염함, 교태를 부리는 것, 아양을 떠는 것; ~ qilmoq 교태를 부리다; ko'z bilan ~ qilmoq 눈웃음치다; 2) (*injiqlik*) 잘 변하는 마음, 일시적인 생각, 변덕; 3) (*nozi- klik*) 우미, 우아(優雅); 얌전함, 품위
nozanin *ot.* 아름다운 것, 훌륭한 것; 미인
nozik *sif.* 상냥한, 부드러운, 온화한, 딱딱하지 않은. ~ ovoz 상냥한 (부드러운) 소리 ~ teri 부드러운피부.
noz-ishva *ot.* 애교, 아양.
nozlanmoq *fe'l.* 애교를 부리다, 아양을 떨다. (=noz qilmoq)
nozli *sif.* 요염한, 교태를 떤, 아양을 떠는; ~ kulmoq 아양을 떨 듯이 미소 짓다.
noz-ne'mat *ot.* (*yegulik*) 음식, 음식물, 먹는 것, 여비, 여행용 급여(물); 여행용 양식
NSY narx, sug'urta, yollash 운임, 보험료 포함 인도 조건, CIF(cost, insurance and freight) 조건
noo'rin *sif.* (=nomuvofiq) 1) (*vaziyatga mos emas*) 부적당한, 타당치 않은, 그릇된, 온당치 못한; 예의에 벗어난, 부당한; 2) (*asossiz*) 근거 없는, 사실무근한; 기초가 없는, 부정한, 불의[불법]의, 부조리한; 불공평한, 부당한.
nog'ora *ot. mus.* 케틀드럼(솥 모양의 큰북), 북; ~ chalmoq 북을 치다.
nog'orachi *ot.* 고수, 케틀드럼 치는 자.
noshir *ot.* 출판업자; 발행자, 출판사
noshud *sif.* 버려진, 버림받은, 고독한, 쓸쓸한, 희망 없는, 가망 없는; 절망적인.
noshudlik *ot.* 약함, 비약.
noshukur *sif.* 은혜를 저버린 헛된, 고마워[감사] 하지 않는, 은혜를 모르는, 감사할 줄 모르는; ~ odam 배은 망덕자.
noshukurlik *ot.* 은혜를 모르는 것, 배은망덕.
nochor *sif.* 가난[빈곤]한, 곤궁한, 빈약[초라]한, 생활이 딱한.
nufuz *ot.* 권위, 인기, 권력, 위신, 위광(威光), 명성, 신망, 세력; ~ qozonmoq 명성이 있는, 신망이 두터운; ~i baland 대단한 권위가 있다.
nufuzli *sif.* 영향을 미치는; 세력 있는, 유력한, 권위 있는, 정식의; 신뢰할 만한; Bu institut ~ institutlardan biri 이대학교는 인기가 많은 대학교 중에 하나이다.
numeriko 유통되는 총화폐량
nuqson ot. 결점, 결함, 단점, 결핍. 부족(defect), 약점; 흠, 부족, 결손; 부족액.
nuqson, illat 결함(defect)
nuqson, kamchilik 오차, 오류, 과실
nuqsonlarni yo'q qilish 하자보수
nuqsonli mahsulot 불량품(不良品)
nuqsonli sif. 부족한, 불충분한, 불완전한.
nuqta *ot.* 1) 점, 지점, 거점; *gramm.* 단락점(段落點), 종지부, 구두점; ~i nazar 관점, 견지; qo'sh ~ *gramm.* 콜론(:의 기호; 구두점의 하나; 설명구·인용구의 앞 따위에 써서 문·절의 쉼표와 구별함). ko'p ~ *gramm.* 점선; ~ qo'ymoq 점을 찍다 종지 불을 찍다. 2) *fiz, mat.* 소수점
nuqtali *sif.* 점(선)이 있는, 점의, 점모양의. ~ bezak 점선무늬.
nuqtama-nuqta *rav.* 세세하게, 상세하게, 정밀하게, 정확히, 조금도 틀리지 않고.
nuqul 1) ~밖에 없는[아닌]; 다만 ~뿐, ~에 불과한, 2) 항상, 언제나 언제든지. U ~ kechikadi 그는 언제나 늦습니다.
nur *ot.* 1) 빔, 빛, 광선, 광속(光束); (전자총에서 가늘게 발사되는 것 같은) 전자류(流); quyosh ~i 햇빛; rentgen ~i 뢴트겐 광선; x(엑스) 광선; infraqizil ~lar 적

외선; radioaktiv ~ 방사선; ~ tushmoq 관선을 방사하다.
nurlanmoq *fe'l.* 1) (*nur taratmoq*) 빛나다; 빛을 발하다; 2) *k.m.*(*yorimoq*) 빛나게[번쩍이게] 하다; 비추다
nurli reklama 전광판광고
nurli *sif.* 빛나는, 밝은, 빛나는 생활; ~ energiya *fiz.* 에너지의 빛으로
nuroniy *sif.* (계급·지위·출생 따위가) 귀족의, 고귀한, (사상·성격 따위가) 고상한, 숭고한, 고결한; ~chol 고귀한 노인
nursiz *sif.* 1) (*xira*) (빛이) 어둑한, 어스레한, 불명료한, 애매한 어두운(*q'orong'u*); 2) (*ko'zhaqida*) 빛이[윤기가] 없는, (눈 따위가) 열기가 없는, 거슴츠레한, 흐리멍텅한; 활기 없는; ~ ko'zlar 거슴츠레한 눈; 3) *k.m.* (*qizig'i yo'q*) 둔감한, 우둔한, 투미한, 굼뜬, 범상한, 평범한. ~ asar 평범한 일.
nusxa *ot.* 1) (*namuna*) 견본, 샘플, 표본; 시료(試料); 2) (*ekzemplyar*) 사본, 모사, 복사. ~ ko'chirmoq 모사하다 복사하다.
nusxa, dublikat 사본, 부본(副本)
nusxa, kopiya 복사본
nutq *ot.* 1) (*gapirish qobiliyati*) 말 연설, 강연, 논고. ~ so'zlamoq 연설을 행하다 ajoyib ~ 세련된 말 ayol kishining ~i 여자의 말투; 2) (*chiqish*) 연설; 식사(式辭)
no'xat *ot.* 완두(콩), 완두 비슷한 콩과 식물; 완두(豌豆: 콩과의 두해살이 덩굴풀. 잎은 덩굴손에 의해 다른 것에 감김. 봄에 백색 또는 자색의 나비 모양의 꽃이 피고, 열매는 식용, 잎은 가축의 사료로 씀.)~ sho'rva 콩국.

Oo

o 우즈벡 알파벳 자음 열넷째 글자.
obdan 완전히, 아주; ~ savalamoq 느릿느릿 힘들게 두드리다; ~ to'- ymoq 배불리, 잔뜩 먹다, 마음껏 먹다.
obdasta *ot.* (귀 모양의 손잡이와 주둥이가 있는) 물주전자, 주전자
obgardon 국자, 구기; (주조용의) 쇳물 바가지
ob-havo *ot.* 일기, 기후(氣候), 기상(氣象), 날씨; ~ ma'lumoti 일기 예보
ob-havoni aytish 기상통보.
obida 1) (*mozorda*) 묘석, 묘비; '묘비'광고(국제 채권의 발행 광고; 모두가 묘비처럼 똑같은 형식을 취한 데서); 2) (*qadimgi*) 옛 기념물, 옛 유적, 옛 기념비
obi-hayot 1) (*ertaklarda*) 생명샘, 생명수(영원한 생명을 주는 물); 2) *k.m.* (*suv haqida*) 생명[활력]을 주는 물, 활기를[기운을] 북돋우는 물; ~에 생기를[생명을] 주다; 생동[싱싱]하게 하다, ~에 활기를 띠게 하다
obinon 활동을 왕성케 하는 것, 자극, 영향
oblast *ot.* (행정 구획으로서의) 주(州), 성(省), 도(道), 지방, 지역, 지구(행정·사법·선거·교육 등을 위해 나눈); 선거구; 분교구, 주(州) 자치구, 주구(州區)
obligatsiya, davlat zayomi 채권(債券), 증권(證券), 국고채권(國庫債券)
obligatsiyaga oid sertifikat 채권증서
oblo *ot.* (일신교, 특히 기독교의) 신, 하느님, 조물주, 천주(天主).
obod *sif.* 1) 번영하는, 번창하고 있는, 성공한, 기분 좋은, 편한, 위안의; 고통[불안]이 없는; ~ shahar (건물이) 튼튼한; 2) 붐비는, 혼잡한, 꽉 찬; 만원의, 인구가 조밀한, 사람이 붐빈; 사람이 혼잡한, 사람수가 많은; ~qilmoq (사람이) 체격이 좋은; ~bog' 무성한 가든, 번영하는(융성[성대]한) 정원; ~mahalla yili 지역(공동) 사회의 번영하는 해
obodlashtirmoq *fe'l* 현대적인 장비를 갖추다, 쾌적한 설비[시설]하다, 문화적으로 설비를 장비하다
obodon = obod
obodonlik *ot.* 번영하다, 번창하다, 실용적인 서비스를 갖추다
obodonchilik = obodonlik
oborot, aylanish, muamala 순환, 처리능력, 일정기간 내 상업 활동의 총량
obraz *ot.* (시각·거울 따위에 비친) 상(像), 모습, 모양, 꼴. (조형된) 비슷한 모습.
obrazli *sif.* 비유적인; 전의(轉意)의, 수식(修飾)이 많은, 화려한, 그림과 같은, 아름다운, (말·문체 등이) 생생한, *rav.* 비유적[상징적]으로
obrazlilik *ot.* 형상성, 비유적; 전의(轉意).
obro' *ot.* 평판, 권위, 권력, 위신, 존중, 존경, 경의(敬意), 위신, 위광(威光), 명성, 신망, 세력
obro', e'tibor 명성, 지명도
obro'-e'tibor, nufuz 권위(權威), 위세(威勢), 위력(威力), 지도력(指導力), 탁월성(卓越性), 호위(虎威); 권위자(權威者)
obroli *sif.* 권위 있는, 정식의; 신뢰할 만한, 명성 있는; 유명한, 칭송[존경] 받는
obrosiz *sif.* 평판 없이, 신뢰할 수 없는, 의지할 수 없는, 믿어지지 않는, 책임이 없는; 무책임한, 책임 능력이 없는(미성년자 따위)
obuna I *ot.* 약정(約定), 서약(誓約), 기부 청약, 기부; 응모; 가입; 예약자, 응모자, 신청자; 가입자; ~bol- moq (기부 따위를) 기명

(記名) 승낙하다, 기부하다, 응모하다, 신청[예약]하다.
obuna II 주식 발행시 매입을 약정한 자
obuna me'yordan oshib ketishi 주식공모 한도 초과
obuna vaqti 신규 발행 주식 청약 기간, 구독기간
obuna varaqasi 약정 명단
obunachi *ot.* 기부자, 예약자, 응모자, 신청자; 가입자, 구독자; 전화 가입자, 기명자, 서명자.
obunachi-aktsiyador 공모주주 (일반모집을 통해 주주가 된 자)
ob'ekt ko'rsatgichi 지시대상
ob'ekt 대상, 객체
ob'ektlar qayd etilgan mamlakat qonuni 국적소속국법
odam *ot.* 사람(개인으로서의), 인간(人間), (경멸적) 놈, 녀석; oddiy ~ 보통[평범함] 사람; tajribali ~ 경험가
odamgarchilik *ot.* 인간성, 인간미; 인간의 자격; 박애가[주의자], 자선주의자; ~ qilmoq 자비롭게, 동정심이 있게, 정상을 참작한, 온정적으로.
odamiyalik *ot.* 인도주의자; 박애가; ~ qilmoq 인도주의적으로 돕다.
odamkush *ot.* 죽이는 것; 살인자, 살인범, 살인 청부업자; 살인귀.
odamkushlik *ot.* 암살(暗殺), 살인(殺人), 고살(故殺), 모살(謀殺); 살인사건(殺人事件).
odamlarcha *rav.* 사람처럼, 인간답게; 인력으로(써); 인간의(할 수 있는) 방법으로; 인간의 판단으로, 경험으로, 인간적 견지에서.
odamsimon *ot.* 사람 같은 생긴, 유인원(類人猿) 유인원 같은, 유인후(類人猴), 진원(眞猿); *sif.* 의인화[인격화]된, 사람의 모습을 닮은[닮게 한]; ~ maymun 사람같이 생긴 유인원.
odamzod *sif.* 1) 인간의, 사람의, 인간적인, 인간다운, 인간에게 흔히 있는. 2) 인류; 인간애, 박애, 자애, 인정

odat *ot.* 습관, 버릇, 습성, 관습, 풍습, 관행; ~da 습관적으로, 관례상, 통례적으로, 일반적으로, 평소(에는), 관례에 의한, 관습상의.
odatan *rav.* 보통, 통례적으로, 일반적으로, 평소(에는), 습관적으로, 관례상.
odatda *rav.* 보통, 보통으로, 통상적으로, 일상적으로, 평소의, 평범한, 대개, 일반적으로.
odatdagi *sif.* 습관적인, 습성적인; 버릇의[이 된], 상습적인, 끊임없는, 평소의, 여느 때와 같은, 예(例)의
odatdagi hurmat shakli 해요체
odatdagi takallufsiz munosabat uslubi 해라체
odatiy *rav.* 일반적으로 널리, 보통 대개, 전반에 걸쳐 여러 면으로, 대체로.
odatiy aktsiyalar 보통주
odatiy huquq 관습법
odatlanmoq *fe'l* 익숙하다, ~에 익숙하다
oddiy *sif.* 보통의, 통상의, 일상의, 평소의, 평범한, 흔히 있는, 습관적인, 습성적인; 버릇의[이 된]; ~xashaki ot 말의 보통 품종
oddiy aktsiya 보통주(의결주)
oddiy birlashma 조합
oddiy foizlar 단리
oddiy obligatsiya 일반주식
oddiy shirkat shartnomasi 조합계약 (법인 설립 없이 각 조합원들이 출자를 해서 성립)
oddiy (takallufsiz) hurmat shakli 하게체
oddiy tovushlar 예사소리(例事—: ㄱ·ㄷ·ㅂ·ㅅ·ㅈ 등과 같은 보통의 소리. 평음(平音))
oddiy tovushlar 평음(平音)
oddiy veksel 약속어음
oddiylik *ot.* 간단, 단순; 단일; 간단, 평이; 간편, 보통; 평상상태.
odekolon *ot.* 오드콜론(독일의 Cologne 원산의 향수), 향기, 방향(芳香), 향료, 향수.
odil *sif.* 공평한, 공정한, 올바른, 공명정대한, 정당한, 정정 당당한;

O

(임금·가격 등이) 적정한, 온당한; ~hukum 공평한 (배심원의) 평결(판정)
odillik *ot.* 정의, 공정, 공평, 공명정대, 정당(성), 옳음, 타당, 온당; 조리, 당부(當否).
odob *ot.* 예절, 예의바른, 정중한
odyol *ot.* 이불, 담요, (솜·털·깃털 따위를 든) 누비이불; 누비 침대커버.
ofarin *ot.* 잘한다, 좋아, 브라보! 잘 했어요!
ofat *ot.* 재난; 참화, 재해, 불행, 비운(悲運), 천재; 재난, 참사; 흉사, 큰 불행; tabiiy ~ 자연재해, 천재지변.
ofatli *sif.* 재난의; 몹시 불행한, 비참한; 재난을 초래하는, 재해의, 손해가 큰, 불운한.
oferenta *ot.* 청약자
oferta taklif 청약의 유인
ofertani bekor qilish haqidagi xabar 청약 철회의 통지
ofis jihozlari 사무 집기
ofitser *ot.* 장교, 사관; 공무원, 관리; 경관, 순경; 집달관
ofitsiant *ot.* 접대원, (호텔·음식점 따위의) 사환, 웨이터, 보이; ~ka 여자 접대원, (호텔·음식점 따위의) 웨이트리스, 여급
ofset kelishuv 상쇄거래, 상계거래
ofshor moliya markazi 오프쇼어 금융센터
oftob *ot.* 태양, 해, 햇빛, 일광; 햇볕.
oftobli *sif.* 양지바른, 밝게 비치는, 햇볕이 잘 드는
ogoh *sif.* 1) 정보[소식]통의, 소식에 밝은; 정보에 근거한, 지식[견문]이 넓은; 2) 주의 깊은, 신중한, 조심하는, 조심스러운; ~ bolmoq 조심[주의]해라!; ~qilib qoymoq ~에게 알리다, ~에게 고(告)하다, ~에게 보고[통지]하다.
ogohlantirish *ot.* 정보; (정보·지식의) 통지, 전달; 보고, 보도, 소식, 교시(教示); 경고, 경계, 주의; 훈계; 경보; 교훈.
ogohlantirmoq *fe'l* 경고하다; 경고하여 피하게[조심하게] 하다.
ogohlantiruvchi belgi 경고표시
ogohlik *ot.* 의식, 자각; 알아채고 있음, 앎; 주의, 경계, 주의 깊은, 세심함
oh 아이고, 오오, 아, 어허, 앗, 아아, 여봐(놀람·공포·찬탄(讚嘆)·비탄·고통·간망(懇望)·부를 때 따위의 감정을 나타냄).
ohak *ot.* 석회(石灰), 생석회
ohaktosh *ot.* 석회 돌
ohang *ot.* 음율, 곡, 곡조, 멜로디; 가곡; 주(主)선율; 분명한 선율.
ohangdor *sif.* 선율의, 선율이 아름다운, 곡조가 좋은, 음악적인, 음악[주악]의.
ohangdorlik *ot.* 멜로디, 선율, 해조(諧調), 아름다운 곡조, 가곡, 가락, 곡조.
ohangdosh *sif.* 조화, 화합, 일치, 조화된, 균형 잡힌, 화목한, 사이좋은, 정다운, 가락이 맞는, 화성의
ohangli *sif.* 선율이 아름다운, 곡조가 좋은, 음악적인, 음조가 좋은, 선율이 아름다운, 음악적인, 좋은 소리를 내는.
ohangrabo *ot.* 1) 좋은 음율; 2) 자석, 자철, 마그넷, 사람 마음을 끄는 사람[물건]
ohista 1) *sif.* 조용히, 고요한, 조용한, 온화한, 바람이[파도가] 잔잔한, 2) *rav.* 느릿느릿, 천천히; 느리게, 완만하게, 차차, 점차, 차례로.
ohistalik *ot.* 조용, 느림, 완만; 우둔
ohu *ot.* 가젤(가젤은 소과의 포유류이다. 천적으로는 치타등의 육식동물이 있다), 가젤영양, 사슴; ~koz 가젤의 눈 같은, 부드럽고 진한 눈.
oid ~에 속한, ~에 대[관]하여, ~에 관계하다, ~에 관계되다; ~의 이해에 관계되다.
oila *ot.* 가족, 가정(부부와 그 자녀), 가구, 세대
oila soni 가족 크기
oilali *sif.* 가족이 있는, 결혼한, 기혼의, 배우자가 있는; ~ odam

결혼한 사람.
oilasiz *sif.* 가족이 없는, 미혼의, 싱글.
oilaviy *sif.* 가족적인, 가족(용)의, 가정의; ~ surat 가족사진; ~ahvol 배우자의 유무
oilaviy ahvol 가족상황, 결혼 상태
oilaviy huquq 가족법(家族法)
oilaviy kodeks 가족법전
Oily arbitraj sudi 최고중재법원
oily nav 최고급품
oily sud 러시아 연방 대법원
ojiz *sif.* 무능[무력]한, 쓸모없는, 연약한, 약한, 힘없는, 박약한, 나약한, 기력이 없는; 저능의, (빛·효과 따위가) 약한, 미약한, 희미한; (목소리가) 가냘픈.
ojiz holat, ojizlik 항거불능의 상태
ojizlanmoq *fe'l* 무력하다, 연약하다.
ojizlik *ot.* 맹목; 무분별, 문맹, 무지, 약함, 미약, 약함, 가냘픔; 허약, 우유부단, 심약, (근거의) 박약, 약점, 결점.
ojizona *sif.* 연약한, 약한, 힘없는, 박약한, 나약한, 기력이 없는; 저능의, (빛·효과 따위가) 약한, 미약한, 희미한; (목소리가) 가냘픈.
okean *ot.* 대양(大洋), 해양(海洋); ~양(5대양의 하나); ~ paroxodi 해양 생활자; Atlantika ~i 대서양
oksid *ot.* 산화물(酸化物); azot ~lari 질소의 산화물
oksidlamoq *fe'l* 산화시키다[하다].
oksidlanish *ot.* 산화.
oktabr *ot.* 10 월, 십월.
ola *sif.* 잡색의, 얼룩덜룩한; 변화가 많은, 다채로운; 고르지 못한, 반점이 있는, 얼룩덜룩한; 더럽혀진.
ola-bula *sif.* 잡색의, 얼룩덜룩한; 변화가 많은, 다채로운; 고르지 못한; ~ ot (백색과 갈색) 얼룩의 (말)
olam *ot.* 세상, 만유(萬有), 만물, 삼라만상; ~ning paydo bolsishi butun 만물의 기원; ~ dan butun ~da 지구의 코너로부터; hayvonot ~i 동물의 세계; osimliklar ~i 채소의 천국.
olamshumul *sif.* 세계의; 세계적인; 유명한, (명성 등이) 세계에 미치는, 세계적인, 세계 속의; ~ vogealar 세계 중요성의 사건.
olaqarg'a *ot. zool.* 까마귀(까마귓과의 새. 인가 부근에 사는데 몸 전체가 검으며, 울음소리가 흉함. 일부 농작물을 해치나 숲의 해충을 먹기도 함. 어미새에게 먹이를 물어다 주는 습관이 있음. 자오(慈烏). 한아(寒鴉))
olachipor *sif.* 탈락한, 줄무늬, 줄, 선조(線條), 줄무늬 있는 천, 작은 반점, 얼룩; ~ tovuq 줄무늬 암탉.
old 1) 앞, 정면, 앞면; ~ tomon 전경(前景); ~ qo'shimcha 접두사; saylov ~i 예선, 예비 선거; 2): ~ida (공간·시간적으로) 가까이, 접근하여, 인접하여; litsey ~ida 문화회관 가까이; mening ~imda 나의 인품; ~idan 가까운, 근접한; ~ini olmoq 경고하다; 경고하여 피하게[조심하게] 하다.
old qo'shimcha 접두사
oldin *sif.* 첫(번)째의, 최초의, 맨 처음[먼저]의, 앞에, 전방에; 앞(장)서; ovqatdan ~ 점심전에
oldin foydalanish huquqi 선사용권
oldindan *rav.* 미리, 사전에, 전부터, (그 때보다) 전에(는), 지레짐작으로; ~ tolab qoymoq 나아가게 하다, 앞으로 내보내다, 전진[진출]시키다; ~ kormoq 예견하다, 앞일을 내다보다, 미리 알다; ~ aytib ber- moq 예언하다, 예고하다, ~을 예시하다.
oldindan ogohlantirish 사전 통고
oldindan olingan soliq 선공제세금, 선불금 형식의 세금
oldindan ta'minlash choralari 가처분(假處分)
oldindan taxmin qilingan bitim buzilishi 이행기전 계약위반
oldindan to'lash 선불(先拂), 선

O

금(先金), 선급(先給), 선하(先下), 선(先)셈, 전불(前拂).
oldingi *sif.* 정면의, 전면의, 첫(번)째의, 최초의, 맨 처음[먼저]의.
oldirmoq 1) 잃다, (사람 모습 따위를) 놓쳐버리다, 두고 잊어버리다; 2) soch-soqol (수염을) 깎다, 면도하다; (잔디 따위를) 짧게 깎다; rasm ~ 사진.
oldi-sotdi 매매(賣買), 흥정, 거래(去來)
oldi-sotdi shartnomasi 매매계약
olib: ~bormoq 운반하다, 나르다, 인도하다, 안내하다, 호송하다; majlishi ~bormoq 사회를 보다; kurashni ~bormoq 버둥[허우적]거리au 운반하다; togarakni ~bor- moq 자전거로 운반하다.
olib chiqiladigan mukofot 수출 보조금
olib chiqish boj to'lovi 수출관세
olib o'tish (перевозка) 운수, 운송, 수송
olib o'tkazish 연기, 연장
olib o'tuvchi, tashuvchi 운송인 (carrier)
olib tashlash 출금, 투자금 회수
olib tashlash, bekor qilish 철폐, 자율화,인출
olib-sotish kasalligi 투기 열풍
olib-sotish narxi 환매가격
olifta *sif.* 멋쟁이, 허풍을 떠는, 자만하는, 자랑하는, 자랑, 과시; 자랑꾼.
oliftalik *ot.* 자랑, 과시, 눈부신; 나부끼는. ~ qilmoq 자랑하다, 과시하다
oligopoliya 과점(寡占)
oligopsoniya 수요과점
olihimmat *sif.* 관대한, 아량 있는; 고결한; 편견 없는, 손이 큰, 아끼지 않는, 인색하지 않은, 협협한.
olihimmatlik *ot.* 관대, 아량; 고결, 너그러움, 도량(度量), 관홍(寛弘); 관대(寛大)함, 관용(寛容); ~ qolmoq 관대하다.
olijanob *sif.* 관대한, 아량 있는; 고결한; 편견 없는. 귀족.
olijanoblik *ot.* 고귀(성), 숭고, 고결함, 기품; 고귀한 태생[신분].
olim *ot.* 학자; 고전학자, 학식이 있는 사람; 어학에 능숙한 사람; ozbek ~lari 우즈벡 학자
olimlik *ot.* 학문(學文), 학식(學識), 문인(文人); ~ darajasi 학위.
olimpiyada *ot.* 올림픽, 국제 올림픽 대회, (정기적으로 개최되는) 국제 경기 대회.
olingan buyurtmalar ro'yxati 수주 목록
olis *rav.* 멀리, 멀리에, 아득히, 먼 곳으로; ~ safar (거리적으로) 먼 여행; ~ni kozlamoq (미래의 일을) 상상[구상]하다; 마음 속에 그리다; 계획[기대]하다.
olislamoq *fe'l.* 1) ~에서 멀어지다, ~을[에서] 떠나다; ~에서 멀리 떨어지다; 2) 장기 체재하다, 오래 머물다.
olish, qabul qilish 수령
olishga qarz tilxati 받을어음 (receivable bill)
olislik *ot.* 거리, 간격, 원거리, 먼 데; (그림 등의) 원경(遠景).
oliy 1) (보다) 위의, 보다 높은, 보다 고위[상위]의, 상급의, 더 높은; ~ malumot 고등 교육; ~ maktab 고등학교; 2): ~sifat 양질의, ~ daraja 아주 높게.
Oliy patent palatasi 러시아연방 대법원 특허청
oliygoh *ot.* 대학교, 연구소
olishmoq *fe'l.* 교환하다, 바꾸다; 교역하다, 교역하다; 교체[교대]하다.
olicha *ot.* 버찌, 벚나무, 체리.
ollo(h) *ot.* 알라(이슬람교의 절대. 유일신)
olma *ot.* 1) (*meva*) 사과(沙果), 빈파(頻婆), 평과(苹果); 능금; 2) (*daraxt*) 사과나무(沙果: 장미과의 낙엽 교목. 봄에 흰 꽃이 핌. 열매인 사과는 식용함. 품종이 많은데, 홍옥·국광·부사 따위가 많이 알려짐.)
olmaxon *ot.* 다람쥐(날다람쥐·하늘다람쥐 등의 총칭; 다람쥣과의 동물. 쥐와 비슷하나 등에 다섯줄의 검은 선이 있고, 길이는 12-15cm, 꼬리는 11-12cm임. 등은 황갈색, 배 부분은

O

백색, 귀가 작음. 앉아 있을 때는 꼬리를 올림. 솔씨·도토리·곤충 따위를 먹고, 나무를 잘 타며 겨울에는 나무 구멍에서 삶.)

olmazor *ot.* 사과 과수원

olmon *ot.* 독일(獨逸), 독(獨); 덕국(德國), 독국(獨國), 도이칠란트, 저머니(Germany)

olmoq ↔ topshirmoq 빌리다 ↔ 빌려주다

olmoq 1) 받다, 손에 잡다, 쥐다; qarz ~ 빌리다, 차용(借用)하다; 돈을 꾸다; majburiyat ~ 맹세하다, 서약[약속]하다; ornak ~ ~를 본받다, ~을 따라가다; o'zini qo'lga ~ 협력하여 일하다; soz~ (*yoki*) 발언권을 얻다, 토론에 참여하다; sozini qaytarib ~ (제의·신청 등을) 철회하다; 취소하다; (소송을) 취하하다; yonini ~ ~을 찬성[지지]하다, ~을 편들다; qasb ~ ~의 원수를 갚다, ~의 원한을 풀다; 2): yozib ~ 써서 높은 곳에 달다. 자세히 쓰다; yetib ~ 뒤쫓아 미치다, (뒤진 일·수면 부족 등을) 되찾다; yig'ib ~ 모으다, 수집하다; topib ~ (우연히) 찾아내다, 발견하다; ~을 만나다; orab ~ 에워싸다, 둘러싸다

olmos *ot.* 다이아몬드, 금강석(金剛石); 다이아몬드 장신구.

olmosh *ot. garmma.* 대명사(代名詞); kishilik ~i 인칭(人稱) 대명사; ozlik ~i 재귀대명사; korsatish ~i 지시 대명사; egalik ~i 소유 대명사; so'roq ~i 의문 대명사

olomon *ot.* 군중 무리

olov *ot.* 불 화염; 연소(燃燒)

olovli *sif.* 불의, 불길의; 불타는, 불같은, 불같이 뜨거운, 활활 타는 듯한; 빛나는, 번쩍이는.

olqindi *ot.* 비누 하나의 잔재물, 비누거품.

olqishlamoq *fe'l.* ~에게 박수갈채하다, ~을 성원하다.

olti *num.* 육(6), 여섯, 6; 여섯 개[명](한 벌[조]); 6의 기호; 여섯 시[살], 6분; 6펜스, 6실링; o'n~ 십육(16), 열여섯[16]의, 열여섯 개[명]의; ~dan bir 1/6, 여섯 번째중의 하나; 6분의 1; (그 달의) 6일; ~yuz 육백(600); ~ oylik 유월(6월)

oltiburchak *mat.* 육모꼴의, 육변형의

oltin I *ot.* 금(金: aurum: 황색의 광택이 있는 금속 원소. 연성(延性)·전성(展性)이 풍부하고 산(酸)에 닿아도 녹지 않으며, 자연 유리(遊離) 상태로 남; 귀금속으로 화폐·장식품 따위에 씀. [79번: Au:196. 97]), 황금(黃金), 별은(別銀), 골드(gold); Hamma yaltiragan narsa ~ bolavermaydi (*maq.*) 반짝이는 모든 것이라고 금이 아니다

oltin II *sif.* 금빛의, 황금빛의; 황금처럼 빛나는, 금을 함유하는, 금이 가득 찬; 금을 산출하는.

oltin hazinasi 인플레이션으로 인한 가치 하락을 방지하기 위한 금괴, 금화, 귀금속 등의 형태로 금을 축적하는 것

oltin lingot 표준금괴(12.5kg)

oltin optsion 금 옵션

oltin paritet, tingligi 금평가

oltin shart 금이나 금에 상응하는 가치로 변제한다는 계약조건

oltin shov-shuvi 골드러시

oltin zahirasi 금 보유고

oltingugurt *ot.* 유황(硫黃), 황(黃: 비금속 원소의 하나. 황색·무취의 파삭파삭한 수지 광택이 있는 결정. 화약이나 성냥 등의 원료로 널리 쓰임. [16번: S:32.064])

oltinqo'ng'iz *ot.* 금 벌레, 풍뎅이의 일종.

oltinchi *num.* 제6, 여섯 번째; 6분의 1; (그 달의) 6일.

oltmish *num.* 육십, 예순, 60; 예순 명[개]; 60의 기호; (나이의) 60대, (세기의) 60년대.

oltmishinchi *num.* 60(번)째; 60분의 1.

oluvchi 수령인(受領人)

oluvchi, qabul qiluvchi 수취인(受取人)

oluvchining nomi yozilgan aktsiya 기명주

oluvchining nomi yozilgan chek 기명수표

O

oluvchining nomi yozilgan obligatsiya 기명채권(記名債券: 채권자의 이름을 권면(券面)에 적은 채권)
oluvchining nomi yozilgan qimmat qog'oz 기명증권(記名證券: 권리자의 이름이 적혀있는 증권.
olvoli *ot.* 버찌, 체리스
olxo'ri *ot.* 매실, 플럼, 서양자두(*mevasi*), 플름나무(*daraxtli*)
olcha *ot.* 앵두(*mevasi*), 앵두나무(*daraxti*)
olchazor *ot.* 앵두 과수원
omad *ot.* 성공, 성취; 좋은 결과; 행운, 행복 번영; uning ~i keldi 그는 행운이 있다.
omadli *sif.* 운이 좋은, 행운의; 복 받은, 운 좋은, 행운을 가져오는; 재수 좋은, 상서로운.
omadsiz *sif.* 실패한, 성공하지 못한, 잘되지 않은, 불운의.
ombor *ot.* 1) (*don uchun*) 곡창, 곡물창고; 곡창지대; 2) (*mol, tovar saqlash uchun*) 식료품(저장)실, 찬방(饌房), 식기실, 창고, 저장소 저장소; 보관소, 병참부, 보급소; suv ~i 저장소; 저수지, 급수소, 물탱크.
ombor qaydnomasi 보관증.
omborchi *ot.* 가게 주인, 창고 관리인
omborda saqlash shartnomasi 창고임차계약
ombor-mehmonxona 임대 창고 공간의 용적
omborxona *ot.* 창고(倉庫), 곳집, 곳간, 광, 창(倉), 고(庫)
omborxona varranti 원료나 반제품을 근거로 발행된 유가증권
omborxonada saqlaganlik uchun soliq 창고 보관료
ombudsmen *ot.* 옴부즈맨(북유럽 등에서 정부·국가기관 등에 대한 일반 시민의 고충을 처리하는 입법부 임명의 행정 감찰관)
ombur *ot. tex.* 뻰찌, 못뽑이, 족집게
omi(y) *sif.* 공부하지 않는 사람, 무식한, 문맹의; 무학의; (언어·문학 등의) 교양이 없는, 교양 없음이 드러난(문체 따위); (특정 분야에서의) 소양이 없는.
omil *ot.* 요인, 인자, 요소, 원인; 이유, 까닭, 근거, 동기.
omilkor *sif.* 능숙[능란]한, 교묘한, 숙련된, 영리한, 똑똑한, 재기 넘치는; (~에서) 유능한
omin *din* 아멘(헤브라이말로 '그렇게 되어지이다(So be it!)'의 뜻; 기독교도가 기도 등의 끝에 부름), 좋다, 그렇다(찬성의 뜻)
omixta *ot.* 섞임 물질, 잘 섞다, 뒤섞다, (둘 이상의 것을) 섞다, 혼합[혼화]하다; 첨가하다. qoyyogi bilan paxta yogini ~qilmoq 양기름과 목화기름을 뒤섞다.
omma *ot.* 대부분, 주요부, 일반대중; keng ishchilar ~si 근로자[하층] 계급의 대부분.
ommabop *sif.* 대량의, 대규모의; 집단의; 대중의, 민중의, 서민의, 대중적인, 인기 있는, 평판이 좋은, 대중의 인기를 노리는; ~ jurnal 대중잡지
ommabop o'lcham 일반 사이즈
ommaboplik *ot.* 인기, 인망, 유행, 대중성.
ommalashmoq *fe'l* 대중[통속]화시키다; 보급시키다, 유행시키다.
ommalashtirmoq *fe'l* 대중[통속]화하다; 보급시키다, 유행되어지다
ommaviy *sif.* 대중의, 일반의, 보통의, 특수하지 않은, 대체적인, 총괄적인, 개략의, 전반에 걸치는, 전체적[총체적]인, 보편적인
ommaviy axborot erkinligi 언론매체의 자유
ommaviy marketingi 대중 마케팅
ommaviy yuklar tashish uchun kema 대형화물운반선
omonat 1) 시간의, 일시적인, 잠시의, 잠간동안; 2) kassa ~ 저축은행; 3) 일시적으로, 임시로; 4) 낡은, 오래된; 헌, 닳은, 중고의; 구(旧); 5) 투자, 출자; 투자액, (은행) 예금; 공탁금, 적립금, 보증금, 맡기기; 계약금, 착수금; ~ xat 특별편지를 배달하다; ~

O

topshiriq 특별 지시(할당)
omonat banki 저축은행
omonat daftarchasi 예금 통장
omonat guvohnomasi 예입 증명
omonat hisob 저축계좌
omonat, pul qo'yish 예입(預入), 예금(預金), 출자(出資)
omonatchi 유한책임사원
omonatlar bo'yicha foizlarni to'- lash 예금 이자 지불
omonatlarni qayta baholash 예금액 재평가
omonatlilik, beqarorlik 불안정성
omonatni hibsga olish 예금가압류
omonatni oluvchi 예금 수령인
omonatni qabul qilish 예급 수납
omonchilik 안전한, 안전하다.
omonim *ot.* 동음이의어(同音異議語); 이름이 같은 물건[사람], 동명 이물[이인]
omonimik *sif.* 동명 이의어의; 동명(同名)의. 소리가 같은 말하다
omonimiya *ot.* 동음어(同音語), 동음이의어(同音異議語).
omonsiz *sif.* 무정한, 무자비한, 인정머리 없는, 냉혹한.
omonchilik *ot.* 번영, 번창, 융성; 성공; 행운, 부유, 번영의 상태, 부유한 처지.
on *ot.* 순간, (~할) 때, 찰나, 단시간, bir ~da 즉시, 순식간에; shu ~da 그 순간에, 마침 그 때, 바로 지금.
ona *ot.* 안부모, 어머니, 모친(母親), 모(母), 가모(家母); 주모(主母), 자친(慈親), 사친(私親), 어머님, 엄마, 마미, 마마. ; tuqqan ~ 자기 자신의 어머니; ~ vatan 출생지의 땅, 고향땅; ogay ~tili 모국어; ~lik 어머니임, 모성(애), 어머니 구실; ~ muhabbati 어머니의 사랑.
onalik *ot.* 어머니임, 모성(애), 어머니다움, 어머니 구실; ~muhabbati 어머니의 사랑.
onamning *ot.* 외가(外家), 외가집; 외족(外族), 외편(外便), 외댁(外宅), 외가댁.
onda-sonda *rav.* 때때로, 때로는, 이따금.
ong *ot.* 1) 깜짝 놀람, 놀람, 경악, 놀라운 일[물건]; 뜻밖의 일[것]; 2) 자각, 의식; 알고 있음, 알아챔, 사고방식
ongli *sif.* 의식[자각]하고 있는, 알고 있는, 사고방식이 넓는; ~ ravishda 의식적으로, 자각하여
onglilik *ot.* 자각, 의식; 알고 있음, 알아챔.
ongsiz *sif.* 신뢰할 수 없는, 의지할 수 없는, 믿어지지 않는; ~ ravi- shda 방심 상태의, 멍해 있는, 얼빠진.
ongsizlik *ot.* 책임이 없는 사람, 책임이 없는 것; 무책임한, 무능력자, 책임 능력이 없는(미성년자 따위).
onkol qarz 초단기대부
onkologik *sif.* 종양의 종양학의.
onkologiya *ot.* 종양학(腫瘍學)
ont *ot.* 맹세, 서약(誓約); ~ ichmoq 맹세하다, 선서하다.
opa I *ot.* 누나, 누이, 누님, 매씨(妹氏)언니, 누나언니, 형(兄), 누이, 자씨(姉氏)
opa II *ot.* 주식 매각 공고
opa-singil 여동생
ope *ot.* 주식 교환 공고
opera *ot.* 오페라, 가극
operativ lizing 운용리스(금융외의 리스: operative leasing)
operativ smeta 운영예산
operator *ot.* (기계의) 조작자, 기사, (기계의) 운전자, 전화 교환사
operatorlar *ot.* 딜러, 주식 중개인, 거래 중개인
operatsiya *ot.* 가동(稼動), 작용, 작업, (기계 따위의) 조작, 운전, (사업 따위의) 운영, 경영, 운용, 조업; ~ qilmoq (기계 따위가) 작동하다, 움직이다, 일하다.
opponent, muholif 상대방
oppoq 아주 하얀, 새하얀, 하얀 눈; ~oydin kecha 밝은 달밤.
opqochmoq *fe'l.* 1) (갑자기) (붙)잡다, 붙들다, 꽉 (움켜) 쥐다; 2) (사람·동물 따위가) 눕다, 드러[가로]눕다, 누워 있다
optatsiya qilingan obligatsiya

옵션 채권
optika *ot.* 광학(光學); 광학적 제(諸)특성.
optsion 선택권(選擇權), 일정량의 주식구매의사를 나타내는 쿠푼
optsionga oid birja 옵션거래
optsiyonlar sotish 거래의 자유
oq fil 비용이 잠재적 수익을 넘어서는 증권거래, 성가신 물건, 무용지물(whíte e´lephant)
oq I *sif.* 흰, 백색의; ~oltin 솜, 면화, 화이트 골드(금을 함유한 합금의 일종; 금·니켈·구리·아연을 함유하고 platinum 비슷함); 흰 산물(설탕·목화따위)
oq II: ~ qilmoq 저주하다, 악담[모독]하다, 비난하다, 매도하다; 악평하다; (관객이 배우에게) 집어치워라 하고 고함지르다.
oq yig'ish 컴퓨터 조립
oqar 흐르는, 흘러나오는; 흐르다, 흘러나오다; (세월이) 물 흐르듯 지나가다, 흘러가다; ~ suv 물이 흐르다.
oqarmoq *fe'l.* 파래지(게 하)다, 창백해지(게 하)다, (색·빛 등이) 엷어지(게 하)다.
oqartirmoq *fe'l.* 희게 하다[되다], 표백[마전]하다.
oqibat *ot.* 결과, 결말, 성과, 성적.
oqibatli *rav.* 1) 도움이 되는, 유용한, 편리한, 지지하는, 자기편의, 마음에 드는; 2) 결과가 생기는, 효과 있는, 유효한
oqibatsiz *sif.* 1) 비우호적으로, 불친절하게; 악의를 갖고; 2) 결과 없는; 결말이 없는.
oqil *sif.* 영리한, 슬기로운, 현명한, 총명한, 사려[분별] 있는.
oqilona *rav.* 영리하게, 솜씨 있게. 잘, 슬기롭게; 현명하게(도); 빈틈없이
oqim *ot.* (물·차량 따위의) 흐름, 조류, 유동, 방향; siyosiy ~ 정치상의 방향(흐름)
oqimtir *sif.* 희끄무레한, 희읍스름한, (얼굴이) 핼쑥한, 창백한, (빛깔 따위가) 엷은, (빛이) 어슴푸레한, 희미한.
oqizmay-tomizmay *rav.* 넘어지지 않고, 아주, 전혀, 완전히, 철저히, 완벽하게, 전부.
oqizmoq *fe'l* (대량으로) 흐르다, 흘러나가다[들다]; 쇄도하다, 밀어닥치다
oqish *ot.* 1) 희끄무레한, 희읍스름한; 2) 흐르는; (조수가) 밀려오는, 흐르는 듯한, 미끈한.
oqlamoq *fe'l* 1) 희게 하다[되다], 표백[마전]하다; 2) (행위·주장 따위를) 옳다고 하다, 정당화하다, ~의 정당함을 증명하다; ~의 구실이 되다.
oqlanmoq *fe'l* 1) 희게 하다[되다], 표백[마전]하다; 2) 석방하다, 무죄로 하다, (신이 죄인을) 죄 없다고 용서하다, 의인(義認)하다.
oqlovchi *ot.* 법무관, 법률가, 사무 변호사(법정 변호사와 소송의뢰인 사이에서 주로 사무만을 취급하는 법률가)
oqmoq *fe'l* 흐르다, 흘러나오다; (세월이) 물 흐르듯 지나가다, 흘러가다, (세월이) 흐르다, (때·인생이) 지나다.
oqqush *ot.* 백조(白鳥), 고니, 천아(天鵝), 황곡(黃鵠), 천아조(天鵝鳥), 천아아(天鵝兒)
oqsamoq *fe'l* 부족해지다, (작업·경기 등이) 지지부진하다.
oqsil I *ot.* (알의) 흰자위; 배유(胚乳), 배젖, 단백질(蛋白質: 동식물·미생물 등 모든 생물 세포의 주성분으로 생명의 기본적 구성 물질이며, 사람의 3대 영양소의 하나인 질소를 포함한 유기 화합물. 약 80%가 카세인임. 종류는 많으나 어느 것이나 산(酸)과 효소로 가수 분해를 하면 아미노산이 됨. 프로테인(protein). 흰자질.)
oqsil II 1) 입발굽병, 구제역; 2) (살촉·낚시 따위의) 미늘; (철조망 따위의) 가시; (새 날개의) 깃가지; (메기 따위의) 수염; (목·가슴을 가리는) 흰 린네르 천; 가시 돋친 말, 예리한 비판.
oqsoq *sif.* 절름발이의, 절룩거리는, 불구의.
oqsoqlanmoq *fe'l.* 절다, 절름발

O

이[불구]로 만들다[가 되다], 절뚝거리다, 절뚝거리게 하다.
oqsoqlik *ot.* 절름발이, 파행
oqsoqol *ot.* 원로, 부족의 연장자, 종족의 원로, 씨족(氏族)의 우두머리.
oqsoch *ot.* 종군자; 노련가; 고참병, 노병(老兵); (사회·정치 따위의) 운동가
oqsuyak *ot.* 귀족; 귀족적인 사람; 귀족 정치론자; 양반(兩班), 사족(士族), 지배층, 화족(華族), 한골(-骨).
oqshom *ot.* (해뜨기 전·해질 무렵의) 박명(薄明), 땅거미, 황혼(黃昏), 황혼 때, 저물녘, 저녁, 해질녘, 가소(佳宵), 일석(日夕), 일모(日暮), 상유(桑楡), 만양(晩陽), 이브닝(evening)
oqshomgi *sif.* 황혼의, 새벽[해질] 무렵의; 어스레한, 황혼에, 저녁에.
or *ot.* 창피, 수치, 창피, 치욕, 불명예, 부끄럼, 부끄러워하는 마음, 수치심; ~ qilmoq 창피 주다, 망신시키다; 모욕하다, 부끄러워하게 하다.
ora *sif.* (때의) 사이, 시간, 간격, 거리, 틈; tez ~ da 이윽고, 곧, 이내; yagin ~da 다른 날, 여기서부터; ~da ~의 사이에(서); ~ga kirmoq (분쟁 등을) 조정[중재]하다, 화해시키다.
oraliq *sif.* (시일의) 동안, 사이, 경과, 막간; tog'oralig'i 멋진 협곡(계곡)
oraliq tovushi 사잇소리(a) 한 소리와 한 소리 사이에서 나는 소리; b) 단어 사이에 들어가는 'ㅅ'과 'ㅎ'. 훈민정음 제정 당시에는 ㄱ·ㄷ·ㅂ·ㅸ·ㆆ·ㅅ·ㅿ들이 쓰였음.)
oraliq balans 임시(잠정)대차대조표
oraliq daromad 중간 정산 이익
oraliq hisob 임시계좌
oraliq tugatish balansi 중간청산계산서
oranjereya 온실(溫室), 온상(溫床).
orbita *ot.* 궤도(軌道); 전자궤도(電子軌道); ~ ga chiqarmoq 궤도에 올리다(진입하다)
orden *ot.* 훈장, 표창장, 감사장(군인·부대 따위에 주어지는), 장식(법), 장식물; ~ olmoq 훈장을 받다.
order *ot.* 명령, 지휘; 훈령; (법원의) 지시; 명령서; tolov ~i ~의 송장을[청구서를] 작성[제출]하다, ~에 계산서[청구서]를 보내다[내다].
order, yozma buyruq, farmon 전표(錢票), 거래내용의 지시문서
orfoepiya *ot.* 표준발음법, 올바른 발음(법); 정음법(正音法), 정음학.
orfografik *sif.* 표준발음법의, 정음법[학]의; 발음이 정확한
orfografiya *ot.* 맞춤법, 바른 철자, 정자법.
organ *ot.* (생물의) 기관(器官), (인간의) 발성기관, 조직(화), 구성, 편제, 편성; sezgi ~lari 감각기관(器官)의 조직; qonun chiqaruvchi ~ 사법의 조직.
organik *sif.* 유기체의, 유기체물의, 유기의; 탄소를 함유한.
organizm *ot.* 유기체설[론], 생체론, 기관설
original sug'urtachi 원보험 계약자
oriq *sif.* 날씬한, 야윈, 깡마른, 얇은, 두껍지 않은, 가는, 굵지 않은, 훌쭉한, 야윈, 마른.
oriqlamoq *fe'l* 날씬해지다, 야위다, 살이 빠지다, 위축시키다[하다].
oriqlik *ot.* 날씬, 희박; 가늚; 야윔; 빈약; 박약
oriyat *ot.* 1) 부끄럼, 부끄러워하는 마음, 수치심, 수치, 창피, 치욕, 불명예; 2) 겸손, 조심성; 겸양, 수줍음; 정숙, 얌전함; ~ qilmoq 부끄러이 여겨지다, 수줍어하여지다.
oriyatli *sif.* 겸손한, 조심성 있는, 삼가는
oriyatsiz *sif.* 부끄러움을 모르는, 파렴치한, 뻔뻔스러운; 추잡한, 음란한.
orkestr *ot.* barrel organ 비슷한 악기(오케스트라 같은 여러 소리

O

를 냄).
orlanmoq *fe'l* 부끄러이 여기다, 수줍어하다
or-nomus, vijdon so'zi 채무자의 청산 준비 상황을 뜻하는 국제용어
oro: 물들이다; ~bermoq 꾸미다, 장식하다
orol *ot.* 섬, 섬 비슷한 것; yarim ~반도
orom *sif.* 고요한, 조용한, 온화한, 바람이[파도가] 잔잔한, 휴식, 휴게, 정양
orombaxsh *sif.* 안정된, 안락한, 안심한, 평안한, 휴식 주는, 휴식, 휴게, 정양
oromgoh *ot.* 피서지, 긴장을 풂, 휴양지.
oromlanmoq *fe'l* 쉬다, 휴식하다, 안심하다
oromsiz *sif.* 휴식 없이, 불안한, 꺼림칙한, 걱정되는, 근심스러운, 말 안 듣는, 반항적인; 침착하지 못한, 마음이 들뜬.
oromsizlik *ot.* 불안, 걱정, 근심, 불쾌.
oroyish *ot.* 꾸밈, 장식품.
orqa *ot.* 엉덩이의, 후부의 부분, 후방의 부분; 뒤, 배면, 배후, 최후부; 맨 뒤.
orqali 간접적, ~경유로, ~을 거쳐, ~을 매개로 하여, ~을 통(通)하여[지나서, 빠져], ~을 꿰뚫어; radio ~ 라디오를 통하여.
orsizlik *ot.* 부끄러움을 모르는, 파렴치한, 뻔뻔스러운; 추잡한, 음란한.
ort *ot.* 뒤, 뒷면, 이면, 뒤쪽, 뒤, 배면, 배후, 최후부; 맨 뒤, 후위, 후미, 후방
ortiq 과잉, 보다 많은 수[양, 정도 따위], 그 이상의 것[일, 사람].
ortiqlik *ot.* 유리, 이익; 편의, 우세, 우월; 과도, 과대, 과다, 지나친, 심한, 엄청, 무절제한
ortiqroq 여분, (수·양 능이) 더 많은, 더 큰; ~ kormoq (오히려) ~을 좋아하다, 차라리 ~을 택하다
ortiqcha I *sif.* 여분의, 남아돌아가는; 예비의, 따로 남겨 둔; 한가한, 나머지의, 잔여의, 과잉의; 흑자의, 나머지의, 잔여의, 과잉의; 흑자의; ~ harakat 과도한, 과대한, 과다한
ortiqcha II *ot.* 여분, 나머지, 잔여(殘餘), 과잉, 초과, 잉여(금); 흑자.
ortiqcha ishlab chiqarish 과잉생산(過剩生産)
ortiqcha iste'mol 과소비
ortiqcha og'irlik 초과중량
ortiqchalik *sif.* 대단한, 지나친, 굉장한, 과다; 과잉, 잉여, 초과, 초과량[액], 초과분; 여분.
ortmoq *fe'l* 1) (짐을) 싣다, (사람을) 태우다; (탈것이 승객·짐을) 태우다, 싣다; 2) (수량·정도·한도를) 넘다, 초과하다; (제방 등을) 넘어서 퍼지다.
orttirma nisbat 사동사(사동태)
orttirma: ~ daraja 최상급, 최상급의 말[찬사]; 극치, 완벽(完璧).
orttirmoq *fe'l* (수·양 따위를) 늘리다, 불리다, 증대[확대]하다.
orzu *ot.* 갈망, 소원, 소망, 바람, 희망, 꿈; ~ qilmoq 갈망하다, 바라다, 꿈꾸다.
osetin *ot.* 오시안, 어시딘; ~ tili 어시딘어
osi(y) *ot.* (종교·도덕상의) 죄인, 죄 많은 사람; 믿음이 없는 사람; (우스개) 예절 모르는 사람, 장난꾼.
osilmoq *fe'l* 달리다, 매달리다, 늘어지다, 걸리다, (매)달다, 걸다.
osiqlik 매달은, 걸기, 매달려 늘어짐.
osiyolik *ot.* 아시아 사람, *sif.* 아시아의, 아시아 사람[풍]의.
osma *sif.* 걸려 있는, 매달 수 있는; 중지할 수 있는, 늘어진; ~ koprik 매달려 축 늘어진 다리; ~ lampa 매달려 늘어짐.
osmon *ot.* 하늘, kom-kok ~ 푸른 하늘;
osmoniy *sif.* 하늘의, 천상(天上)의, 천국과 같은, 신성한, 거룩한, 천래의, 지상(至上)의.

O

osmoq *fe'l* 달다, 매달다, 걸다, 늘어뜨리다.
oson *sif.* 안락한, 편안한, 단순한, 편편(便便)한; ~ qilmoq 단순화하다, 단일화하다; 간단[평이]하게 하다.
osonlashmoq *fe'l* (손)쉽게 하다 (*ishni, yukni*)
osonlashtirmoq (손)쉽게 하다, 수월하게 하다
osonlik *ot.* 수월함, 쉬움, 편안, 안락.
osonlikcha *rav.* 용이하게, 쉽사리, 안락하게, 편하게, 한가롭게, 가볍게, 살짝, 가만히, 부드럽게, 온화하게.
osoyish *sif.* 고요한, 조용한, 온화한, 바람이[파도가] 잔잔한, *ot.* 안정, 평온, 냉정, 침착.
osoyishta *sif.* 평온한, 온화한; 조용한; 편안한; 온건한, 평화로운, 태평한.
ost *ot.* 밑바닥, 기초, 토대, 기부(基部), 저부(底部), (바로) 아래[밑]에, 아래쪽에; 지하에.
ostimativ baho 상대 가치
ostin-ustun 전복, 타도, 붕괴; ~ qilmoq 뒤집어 엎다, 뒤집히다, 전복시키다[하다]; 멸망시키다.
ostki *sif.* 기초적인, 기본적인, 근본(根本)의; 낮은[아래]쪽의, 하부의; 남부의
ostlik 버팀, 지지, 유지, 받침대, (물건·발을 올려놓는) 받침, 지주(支柱), 버팀목, 버팀대
ostona *ot.* 문지방, 문간, 입구, 문간.
ostona, chegara 경계
ot I 1) 말; 2) (중세의) 기사, 무사(武士), (근세 영국의) 나이트작(爵), 훈작사(勳爵士) (*shaxmat donasi*)
ot II 1) 이름; uning ~i Nodir 그의 이름은 노디라이다; 2) *gram.* 명사.
ot kuchi 마력(馬力)
ot yasovchi ~건
ot yasovchi qo'shimcha 명사형 어미
ot yasovchilar 명사형 전성어미
ota *ot.* 아빠, 아버지, 부친, 아버님; ~ ona 부모님; ogay ~ 의붓아버지, 계부
otalarcha *rav.* 아버지 같이[답게], 아버님처럼; *sif.* 아버지(로서)의, 아버지다운, 아버지 편[쪽]의, 온정주의.
otalik *ot.* 아버지임; 부권, 부자의 관계; 아버지로서의 의무; 부계(父系).
otaliq *ot.* 보호, 후원, 찬조, 장려, 돌보다; ~qa olmoq 보호하다, 후원하다, 장려하다.
ota-onalik huquqidan mahrum bo'lish 친권상실
ota-onalik huquqlarining cheklanishi 친권의 제한
otar I: tong ~ 새벽, 동틀녘; 여명.
otar II *ot.* (양의) 무리, 떼
otarchi *rav.* 음악가적인, 악사 같은, 작곡가, 가수, 음악을 잘하는 사람, 거리에 있는 가수
otash *ot.* 불길, 불꽃, 화염; 때는 불, 숯불, 화롯불, 너울거리는 불길, 흔들거리는 빛.
otashin *rav.* 따뜻이, 다정[친절]하게, 열심[열렬]히; 흥분하여, 격하여. *sif.* 타오르는; 타는 듯한(색채 따위); (기후 등이) 염열(炎熱)의, (태양 등이) 이글거리는; 욕정에 불타는; 열렬한(애국심 따위)
otashkurak *ot.* 난로용 제구(부젓가락·부지깽이·부삽 등). 부집게, 부젓가락, 뚤삽, 부손, 화삽.
otashlanmoq *fe'l* 타오르다, 불꽃을 일으키다
otashli *sif.* 불의, 불길의; 불타는, 불같은, 불같이 뜨거운, 활활 타는 듯한; 빛나는, 번쩍이는.
otboqar *ot.* 말을 보는 사람, 마부, 말구종
otchopar *ot.* 경마장(競馬場)
otdan keyingi qo'shimchalar 명사 뒤에 쓰이는 접미사
otga qo'shiluvchi qo'shimcha - 는
otish *ot.* 실행, 실시, 집행, (총·화살을) 쏘다, 발사하다, (빛 따위를) 발하다, 내(쏘)다, 향하다;

~ga hukm qilinmoq 판결 집행하다, 선고하다; 처형(處刑) 하다.
otishma *ot.* 전초전(前哨戰), (우발적인) 작은 전투, 승강이; 작은 충돌, 작은 논쟁
ot-kesim qo'shimchasi 서술격조사
otkritka *ot.* 엽서(葉書), 우편엽서(郵便葉書), 그림엽서.
otlamoq *fe'l.* 걷다(특히 짧은 거리를); (독특한) 걸음걸이를 하다; 나아가다, 걸음을 옮기다, 가다; 밟다.
otlanmoq *fe'l.* 마련[준비]하다.
otli *sif.* ~라고 하는 이름의
otli birikma 명사구
otliq *sif.* 말 탄, 말 등에 앉힌; ~ qoshin 기병, 기병대; 기마대(騎馬隊); ~ askar 말탄 사람들; 승마(乘馬), 기병대
otmoq *fe'l.* (내)던지다, 팽개치다, 메어치다, 내동댕이[내팽개]치다, 냅다 던지다; miltiq ~ 빛 따위를) 발하다, 내(쏘)다, 향하다; (시선·미소 등을) 던지다, 돌리다.
otning maxsus qo'llanilishi 명사의 특별 쓰임
otning xususiyati 명사의 특징
otning yasalishi 명사의 형성
otquloq *ot.* 밤색; 구렁말; 세살된 수사슴.
otuvchi *ot.* 소총 병, 라이플총 명사수(名射手),사수, 포수; 사냥꾼, 쏘는 사람
otxona *ot.* 마구간; 가축우리; (경마말의) 마사(馬舍), 말 우리.
otchopar *ot.* (고대 그리스·로마의 말·전치(戰車) 따위의) 경주장; 곡마장, 경기장; 서커스; 연예장, 버라이어티쇼 극장
ov *ot.* (동물, 조류, 물고기) 사냥, 수렵; ~ qilmoq 사냥하다; baliq ~i 고기 낚다.
ov qilish, kosiblik 수렵(狩獵), 사냥, 어로작업(漁撈作業), 채취(採取)
ovchi *ot.* 사냥꾼, 사냥, 수렵꾼
ovchilikka oid, hunarmandchilik solig'i 영업세(營業稅)
overdraft 당좌대월(當座貸越)
ovlamoq *fe'l* 사냥하다 (*miltiq bilan)* (총·화살을) 쏘다, 발사하다
ovlash *sif.* 사냥을 좋아하는, 사냥용의.
ovora *ot.* 헤맴, 배회, 유랑, 방랑, 어슬렁어슬렁 걸어 다님; ~ bo'lmoq 배회하다
ovoragarchi *sif.* 불편을 끼친, 불안한.
ovoragarchililk *ot.* 걱정, 근심, 불안, 걱정, 근심, 시름, 근심, 염려(念慮), 심려(心慮), 우려(憂慮), 고민(苦悶), 고뇌(苦惱), 번민(繁悶).
ovoz *ot.* 소리, 목소리, 음성, 음, 음향, 울림(*saylovlarda*) 투표, 표결, 투표수; kopchilik ~bilan (전투표수의) 과반수, 절대 다수에 의하여; bir ~dan 만장[전원] 일치로, 이의 없게
ovoz beradigan aktsiyalar 의결권주
ovoza *ot.* 루머, 터무니없는 소문, 뜬소문, 유언(流言), 풍문(風聞), 평판, 풍문; 세평,
ovozali *sif.* 민중의, 서민의, 대중적인, 통속의; 쉬운; 인기 있는, 평판이 좋은, 유행의, 널리 보급되어 있는.
ovozli *sif.* 소리 있는; ~ kino 유성영화.
ovozsiz *sif.* 소리없는(*film haqida*) 무성영화
ovqat 1) 식품, 식량; 영양물, 음식, 식사, 식사 시간, ~dan keyin 식사 후에; kechki ~ (낮에 dinner를 먹었을 때의) 만찬, 저녁 식사(특히 dinner보다 가벼운 식사), 서퍼; ~ qilmoq 먹다, (수프 따위를) 마시다; 2) (어린애·동물에게) 먹을 것을 주다, (음식을) 먹이다; 3)꼴, 마초, 말[소]먹이, (가축의) 사료 (*xashak*)
ovqatlanish *ot.* 자양물; 음식물; 조장함; 양육; 영양 상태, 영양; 영앙 공급[섭취].
ovqatlanmoq *fe'l.* 식사하다, (어린애·동물에게) 먹을 것을 주다, (음식을) 먹이다; (어린애에게) 젖을 먹이다, ~(만)을 먹고 살다, ~

O

을 의지하여 살다; yaxshi ~ 식사를 잘하다.
ovqatlantirmoq *fe'l.* ~에 자양분을 주다, 기르다, 살지게 하다, 육성하다, 조성하다
ovqatxona 1) 요리점, 음식점, 레스토랑; (호텔·극장 등의) 식당; 2) 부엌, 조리장, 취사장, 주방, (*xonadonda*).
ovsar *sif.* 양식(良識)없는, 분별없는, 바보 같은, 미련한, 어리석은, 바보 같은, 우스운; 하찮은, 몰상식한, 어리석은, 분별[상식] 없는
ovsin *ot.* 양녀, 며느리; 의붓딸.
ovunmoq *fe'l* 위로하다, 위문하다, 동정하다; soz bilan ~ 위로되다.
ovuntirmoq *fe'l* 위로하다, 위문하다, 안락하게 하다, 동정하다.
ovunchoq *ot.* 기쁨, 즐거움, 환희.
ovutmoq *fe'l* (사람·감정을) 달래다, 위로하다; 진정시키다, 위문하다, 안락하게 하다
ovchi *ot.* 사냥꾼, 사냥개, 사냥말.
oxir *ot.* 끝, 결말, 끝맺음; 결과, 마지막, 종국; shu oyning ~ida 월말, 이달의 끝
oxirat *ot.* 마지막 삶, 사후 세계 (이슬람의).
oxirda *rav.* 마침내, 마지막에, 드디어.
oxirgi (순서상으로) 맨 마지막의, 끝의, 최후의, 마지막의, 최종의, 최후의: 종국의, 궁극적인, 최종적인, 확정적인, 결정적인.
oxirgi bahosi 청산배당액
oxur *ot.* 여물통, 구유, 여물 시렁; 마구간, 외양간; 구유 속의 아기 예수상(像)
oy *ot.* 1) 달, 달빛; yangi ~ 초승달, tolin ~ 보름달; 2) (한)달, 월(月); shu ~ 이달; o'tgan ~ 지난달; kelasi ~ 다음달; May ~i 5월
oyat *ot.* 기도하는 말, 코란경의 구절
ayatollah *ot.* 아야톨라(이란 회교 시아파 지도자의 칭호).
oybolta *ot.* 자루가 긴 전부(戰斧); 도살용 도끼, 달처럼 생긴 도끼
oyda-yilda *ot.* 성긴, 드문드문한, (털 등의) 숱이 적은.
oydin *ot.* 달빛, 명백한, 명확한, 명료한, 맑은, 투명한; ~ kecha 달 밝은 밤; masala ~ 명백한 문제.
oydinlashmoq *fe'l.* 밝혀지다, (물·공기 등을) 맑게 하다, 깨끗이 하다, (하늘을) 맑게 하다
oydinli *sif.* 밝은 달빛, 달빛에 비친, 달빛어린.
oydinsiz *sif.* 달빛 없이, 그믐밤.
oyi *ot.* 어머니, 엄마, 맘마, 마미, ~m 나의 어머니; ~m maktabda ishlaydilar 나의 어머니가 근무하는 학교
oyijon (소아어·구어) 엄마
oylik 1) 매달의, 월 1회의, 월정(月定)의, 한 달 동안의; 2) (공무원·회사원 따위의) 봉급, 급료
oylik haqining oshishi natijasida pulning qadrsizlanishi 임금 상승으로 인한 인플레이션
oylik maosh 봉급수당
oyna *ot.* 1) 거울, 2) 유리; 유리 모양의 물건; 판유리; 3) 창문, 창, 창유리, 창틀; ~solmoq (창 따위)에 판유리를 끼우다; (건물)에 유리창을 달다.
oynaksoz *ot.* 거울을 만드는 사람, 광학 기계상(商) [기계 제작자], 안경상(商), 안경사(士).
oynali *sif.* 유리제의; 유리를 끼운, 유리로 덮은; 거울의, 반사경의; ~shkaf 거울이 있는 옷[양복]장
oynoma *sif.* 매달의, 월 1회의, 월정(月定)의
oyoq *ot.* 1) 발, 발 부분; 다리; yalang ~ 맨발의[로], 말이 편자를 박지 않은; ~ bosmoq (독특한) 걸음걸이를 하다; 나아가다, 걸음을 옮기다; hammani ~ga turgazmoq ~에게 경보를 발하다, ~에게 위급(함)을 알리다; boshdan ~gacha 발 머리부터;

O

boshdan ~ 아주, 완전히; 오로지
oyoqosti 발아래, 다리를 밑; ~ qilmoq 짓밟다; 밟아 뭉개다, 조소하다, 야유[조롱]하다; ~ bolmoq ~을 비웃다, 조소하다, 조롱하다.
oyoqsiz *sif.* 다리 없이, 지지대 없이.
oz 1) 조금, (모양·규모가) 작은; (작고) 귀여운, (*birlik sondagi otdan oldin*); 조금[소량]밖에 ~ 없는, 거의 없는; ~gina vaqt 시간이 거의 없이; ~gina suv 조금밖에 없는 물; ~ odam 극히 소수의 사람
oz hosil 흉작(凶作)
Ozarbayjon 아제르바이잔
ozarbayjonlik 아제르바이잔 사람
ozaymoq *fe'l.* (수량·크기·정도·중요성 따위를) 줄이다, 감소시키다, 작게 하다; (신용·명성 등을) 떨어뜨리게 하다; daryoning suvi ozaydi 강물이 감소하다.
ozaytirmoq *fe'l.* 작게[적게] 하다, 줄이다, 감하다
ozchilik *sif.* 작은, 감소[감손]된
ozdirmoq *fe'l.* 다 써 버리다, (자원·지력 따위를) 고갈시키다; (체력·인내력 따위를) 소모하다
oziq *ot.* 식품(食品), 식량(食糧), 식료품(食料品), 영양물; ~-ovqat magazini 식료 잡화 판매업, (*yoki*) 식품점.
oziqlantirmoq *fe'l.* 음식을 먹이다, (어린애·동물에게) 먹을 것을 주다, (음식을) 먹이다; (어린애에게) 젖을 먹이다, (가축에게) 사료를[풀을] 주다, 목장에 방목하다; ruhiy ~ (이)지적으로 고무(鼓舞)[격려]하다, 지성에 관해서는 고무시켜 ~할 마음이 되게 하다.
oziq-ovqat 식료품(食料品)
oziq-ovqat sanoati 식료품산업
oziq-ovqat sohasi tarmog'i 식품산업(食品産業)
oziq-ovqat yetishmasligi, oz ovqatlanish 영양 부족(營養不足)
oziq-ovqat, ozuqa 영양 식사
ozod *sif.* 구원(救援), 자유로운; 속박 없는; ~ bo'lmoq (~로부터) 자유롭게 하다, 해방하다, (곤란 등에서) 구하다; ~ qilmoq 용서하다, 너그러이 봐주다
ozod bo'lish 해방, 면제, 구원
ozoda *sif.* 정확한, 청결한, 깨끗한, 더럼이 없는; 갓[잘] 씻은, 말쑥한, 단정한; 말끔히 정돈된; (생각 따위가) 정연한; (옷차림 따위가) 산뜻한, 청초한; 깨끗한 것을 좋아하는
ozodagarchilik *ot.* 말쑥, 단정; 말끔히 정돈된 것; (생각 따위가) 정연한 것; (옷 차림 따위가) 산뜻함, 청초함; 깨끗한 것을 좋아하는
ozodalik *ot.* 청정, 순수, 깨끗함, 청결, 맑음; ~ka rioya qilmoq 산뜻한, 아담하고 깨끗한, 정연[말쑥, 깔끔, 단정]함을 유지하다
ozodlik *ot.* 자유(自由), 해방, 자주독립(自主獨立); milliy ~ harakati 온 국민의 해방운동.
ozodlik, emansipatsiya 16세 이하의 미성년자가 부모, 후견인의 동의 또는 법원의 결정으로 행위능력자로 인정되는 것
ozodlik, erkinlik 자유, (권리·지위의) 평등화
ozodlikdan mahrum etish 징역(懲役), 구속(拘束)
ozodlikdan umrbod mahrum etish 무기징역
ozor *ot.* 꾸지람; 화냄, 기분 상함; 기분을 상하게 하는 것; ~bermoq 성나게 하다
ozuqa *ot.* 식품, 식량, 식료품.
ozuqa qiymati 영양적 가치
ozg'in *sif.* 훌쭉한, 야윈, 마른; chopdek ~ 뼈와 가죽뿐인
ozchilik *ot.* 1) 소수파, 소수자의 무리, 소수당; 소수 민족; 2) 미성년자.
og'a *ot.* 형제(兄弟), 동기(同氣), 동기간, 친동기(親同氣), 동근(同根), 형제자매(兄弟姉妹).
og'ayni *ot.* 벗, 친구, 친한 친구; u mening ~m 그는 나의 친구이다
og'aynigarchilik *ot.* 친구로서의 사귐, 친목, 친선, 우정, 우호; 호

의.
og'dirmoq *fe'l.* 설득하다, 권유[재촉, 독촉]하여 ~시키다, (판단·의견 등이) 동요하다, (한쪽으로) 기울다.
og'il *ot.* 소(축우, 가축) 우사, 가축우리
og'ir *sif.* 1) 무거워요, 무거운, 중량이 있는; 2) 곤란한, (일 따위가) 힘드는, 어려운, 난해(難解)한; ~ karvon 느슨한 사람; ~ oyoq ~이 가득 찬, ~이 풍부한; ~ qulog'i 귀머거리의; 귀먹은
og'ir yuk uchun qo'shimcha to'lov 화물중량 초과로 인한 초과 비용
og'ir yuk, tashvish, og'ir vazifa 짐, 부담
og'irlik miqdori 무게를 기준으로 한 량
og'irlashmoq *fe'l.* 과중해지다, 악화하다, 악화시키다, 보다 심각해지다.
og'irlik *ot.* 무게, 중량, 체중
og'irsinmoq *fe'l.* 어렵다, 곤란하다, 당혹[당황]하게 하다, 난처케 하다, 쩔쩔매게 하다
og'iz *ot.* 입, 구강; 입언저리, 입술
og'ish *ot.* 벗어남, 탈선, 일탈, 편의(偏倚).
og'ma *sif.* 변하기 쉬운, 일정치 않은, 변화가 많은; 변덕스러운, 불실[불신]의.
og'rimoq *fe'l.* 아프다, 쑤시다, ~에 아픔을 느끼게 하다[주다]; Komil- ning boshi ogriyapti 고밀은 머리가 아프다(쑤시다)
og'riq *ot.* 아픔, 동통, 고통(苦痛), 초독(楚毒); yurak ogrigi 심장의 아픔; bosh ogrigi 두통.
og'riqsiz *sif.* 아프지 않은, 무통의, 아픔 없이
og'riqsizlantiruvchi *sif.* 마취의; (지각) 마비의; 무감각한, 둔감한. 아픔을 모르게 하다.
og'ritmoq *fe'l.* 아프게 하다, 고통을 주다, 상처 내다, ~을 다치게 하다
og'u *ot.* 독, 독물, 독약
og'uli *sif.* 유독한, 독(성)의, 중독(성)의.
og'ush *ot.* 꼭 껴안음, 포옹, 가슴, 흉부; ~iga olmoq 포옹하다, 껴안다
og'zaki *sif.* 구두(口頭)의, 구술의, 말의, 말에 나타낸, 말에 관한, 어구[용어상]의; ~ buyruq 말에 나타난; ~ adabiyot 구전문학
og'ir aktsiya 고가주(高價株)
og'ir huquqbuzarlik 중대한 법규위반(10 년 이하의 징역)
og'ir sanoat 중공업(重工業)
og'ir shartli bitim (사기, 강박에 의한) 하자있는 의사 표시
og'ir shartli bitim 노예계약
og'irlik tasnifi 중량내역
og'zaki ko'rib chiqish yakuni 변론종결
og'zaki muhokama 구두심리
og'zaki taklif 구두청약
og'zaki tasdiq 구두확인
osh *ot.* 기름밥, 볶음밥, 필래프, 육반(肉飯)(쌀에 고기·야채를 섞어 기름에 볶은 다음 수프로 쪄서 향료를 가미한 요리).
oshiash, ko'payish 증가(增加)
oshib ketishi 초과
oshiq I *sif.* 남는, 여분의; 불필요한 (*keraksiz*) 여분의, 나머지, 잔여(殘餘), 과잉
oshiq II *sif.* 연인, 사랑하는 사람, 사랑하는, 귀여운, 가장 사랑하는; ~bolmoq 사랑하다.
oshiqlik I *ot.* 남는 것, 여분의 것; 불필요함
oshiqlik II *ot.* 연애, 사랑; 사모하는 정
oshiqmoq *fe'l.* 서두르게 하다, 재촉하다, 쾌치다; 재촉해서 가게 하다
oshiq-moshiq *ot.* 이음매, 접합부분[점, 선, 면]; 접합(법)
oshiqona *sif.* 애정을 품고 있는, 사랑하고 있는, 애정이 깊은, 애정을 나타내는, 애정이 깃들인
oshiqtirmoq *fe'l.* 서두르다; 서두르게 하다.
oshirish ↔ tushirish 과대평가

O

(↔ 과소평가)
oshirmoq *fe'l.* 증가하다, 늘다, 증대하다, 붇다; 강해지다, 증진하다
oshiqcha *sif.* 풍부한, 남는, 여분의; 불필요한
oshish ↔ tushish 성장, 증가 ↔ 하락, 감소
oshish, ko'tarilish ↔ tushish 인상, 상승 ↔ 하락, 하강
oshkora *sif.* 분명한, 명백한, 명확한, 명료한, 뚜렷한; 분명히(그것임을) 알 수 있는,
oshkora bitim 낙성계약(누구에 상관없이 계약을 맺어야 하는 계약 (소매 등)
oshkora hisobot 보고서(報告書)
oshkora savdo 공매(公賣)
oshkoralik tamoyili 공개재판의 원칙
oshlamoq *fe'l.* 가공하다, 음식을 먹이다, (가죽을) 무두질하다; terini ~ 무두질한 가죽
oshmoq *fe'l.* 늘다, 증대하다, 붇다; 강해지다, 증진하다, (크기·수량·길이 따위가) 증대하다, 커지다; 늘어[불어]나다; 강해지다.
oshna *ot.* 친구, 벗; u mening ~m 그는 나의 친구다.
oshnalik *ot.* 친구로서의 사귐, 우호; 친목, 친선, 우정, 호의, 교우관계.
oshnachilik *ot.* 친목, 친선, 우호(관계), 친교.
oshno *ot.* 아는 사람, 아는 사이, 친밀, 친숙, 친교; 친밀한 사이, 스스럼[무람]없음.
oshpaz *ot.* 쿡, 요리사, 주방장.
oshqovoq *ot. bot.* 호박(박과의 한해살이 덩굴풀. 덩굴에는 거친 털이 있고 잎은 넓은 심장형. 여름에 노란 꽃이 피며 큰 담황색 열매를 맺음. 식용함); 호박 줄기[덩굴].
oshqozon *ot.* 위(胃), 복부, 배, 위부(胃部)
oshxona 1) 식당(食堂), 레스토랑(restau- rant); 2) 부엌, 주방(廚房), 다이닝 룸(din- ing room) (*xonadonda*), (*o'quv yurtida*) 음식점; 싸구려 식당, 밥집, 반점(飯店).
oshyona *ot.* 마루; 마루방; 지면, 노면; (평탄한) 작업장, 층, 계층.
och I *sif.* 배고픈, 주린, 욕심, 갈망, 열망; qo rnim ~ 나는 배고프다.
och II *sif.* 밝은, (색이) 옅은, 연한, 엷은, 희읍스름한(*rang*)
ocharchilik *ot.* 갈망, 열망; 공복, 배고픔; 굶주림, 기아; 아사(餓死)
ocherk *ot.* 동화, 수필, (문예상의) 소론(小論), 시론(詩論); 평론, (소설 따위의) 소품, 단편; 토막극, (풍자적인) 촌극.
ochigi 혹시
ochilganlik *ot.* 열기; 개방, 열린 구멍, (들)창(窓), 구멍, 틈; 통로.
ochilish *ot.* 개방, 시작, 개시, 개막; rasmiy ~ 사무실을 개시하다.
ochilmoq *fe'l.* 열리다, 개방(開放)되다, 열어지다, 트이다, 시작(始作)되다, 개최(開催)되다, 개시(開始)되다
ochiq *sif.* (문 따위가) 열린, 열려 있는, 열어 놓은; bugun havo ~ 오늘 날씨가 맑다.
ochiq bozor operatsiyasi 중앙은행의 통화 규제 행동
ochiq bozor siyosati 개방 시장 정책
ochiq dengiz 공해
ochiq fond 공개펀드
ochiq havo bo'shlig'i 영공
ochiq hisob 인출계좌
ochiq litsenziya 공개 실시권
ochiq maydonda saqlash 야외보관(保管)
ochiq raqobatchilik 공개경쟁
ochiq savdo 공개경매
ochiq savdoni olib boruvchi vakolatli kishi, auktsionist 경매인
ochiq shartnoma 포괄 예정 보험계약(保險契約)
ochiq sud majlisidagi ish 공개사건
ochiq tanlov 공개입찰
ochiq tok generatori 직류 발전기
ochiq turdagi aktsiyadorlar jamiyati ot. 개방형 주식회사

O

ochiq unlilar 개모음
ochiq zahiralar 공개 예비비
ochiqmoq *fe'l.* 고프다, 굶주리다; 배고프다; 굶(주리)고 있다.
ochiqchasiga *rav.* 정말로, 공공연히; 내놓고; 숨김없이, 솔직하게
ochig'i *sif.* 정말의, 진실한, 사실과 틀리지않는, 진리(眞理), 참, 진실성, 진실임
ochish *ot.* 열린, 열기; 개방, 열린 구멍, (들)창(窓), 구멍, 틈; 통로
ochko'z *sif.* 욕심쟁이, 욕심 많은, 탐욕스러운, 갈망하는, 간절히 바라는, 몹시 ~하고자 하는
ochkozlik *ot.* 탐욕(貪慾), 욕심(慾心).
ochlik I *ot.* 빛남, 밝음; 휘도(輝度), 광도; 선명, 산뜻함; 총명, 영특; (표정 등의) 밝음.
ochlik II *ot.* 공복, 배고픔; 굶주림, 기아, 아사(餓死), 기근, 갈망, 열망.
ochmoq *fe'l.* 공개하다, ~을 개방하다, 공개하다; (가게 따위를) 열다, 개업하다; eshikni ~ 문을 열다
ochqich *ot.* 열쇠; 열쇠 모양의 물건; 맞쇠, 결쇠; (난문제의) 해결, 해결의 열쇠.

O

Pp

p 우즈벡 알파벳 자음 열 다섯 째 글자

pablik releyshenz 광고(PR)

pahlavon *ot.* 스포츠맨, 운동가, 경기자

pakana *sif.* 짧은(길이·거리·시간 등이), 간결한, 간단한; (키 등이) 작은, 닿지 않는, 난쟁이, 꼬마둥이; ~ odam 키가 작은 사람, 난쟁이, 꼬마둥이; ~ daraxt 소형나무

paket *ot.* (편지 따위의) 한 묶음, 한 다발, 꾸러미, 소포, 소화물, 고리.

palak *ot.* (풀·나무의) 줄기, 대, 덩굴; tarvuz palagi 수박 덩굴

pala-partish *sif.* 칠칠치 못한, 단정치 못한, (글·옷차림이) 엉성한, 변변치 않은, 되는 대로의, 무질서한, 난잡한; 난폭한, 무법의; 안녕을 해치는; 풍기를 문란케 하는.

palata *ot.* 1) 의원(議院)(상하 양원 중 한 쪽); 2) 국회 의사당; umum ~ 하원 의원; lordlar ~si 상원 의원; 3) 보호; 감독, 감시; 억류, 연금 (*kasalxonada*)

palatka *ot.* 천막, 장막(帳幕), 텐트(tent)

palaxmon *ot.* 사냥용의 새총

palag'da *sif.* 썩은, 부패한, 바짝 마른 씨(앗); (늙어서) 쭈글쭈글한 종자.

palla I *ot.* (발달·변화의) 단계, 국면, 계제(階梯), 기(期), 시기, 기간; yoshlik ~si 청년기, 사춘기, 청춘기(주로 성인기에 이르는 10대의 대부분); yoz ~sida 여름(철), 하절

palla II *ot.* 절반의 부분.

palla III *ot.* 접시저울 눈금의 중량

palma *ot. bot.* 종려나무, 야자나무

palos *ot.* ~에 손을 대다, 만져서 조사하다.

palov *ot.* 기름밥, 볶음밥, 필래프, 육반(肉飯)(쌀에 고기·야채를 섞어 기름에 볶은 다음 수프로 쪄서 향료를 가미한 요리).

palto *ot.* (양복의) 상의; 외투, 코트

pana *ot.* 피난 장소, 은신처; 차폐물, 엄호물, 대피호, 방공호.

panalamoq *fe'l.* 숨기다, 감추다; 비호[보호]하다, ~에 모자를 씌우다, ~에 뚜껑을 하다; ~에 온통 뒤바르다; ~의 표지를 붙이다

pand I *ot.* 교육, 수업, 교수, 훈육, 충고, 조언, 권고; 전문가의 의견

pand II: ~ bermoq 속이다, 기만하다, 현혹시키다; (희망을) 짓밟다, 배반하다.

pand-nasihat *sif.* 가르침, 교지(敎旨); 교직(敎職), 교의(敎義), 교훈, 충고, 조언, 권고.

panja *ot.* 손가락, 손, 팔; besh~ dayayon 완전히 깨끗하게, 명백하게.

panjara *ot.* 1) 울타리, 담; 2) (보통, 목제의) 마름모[네모] 격자(格子)(세공), 격자 울타리; (포도 등이 오를) 격자 구조물; 격자 구조의 정자.

panoh *ot.* 덮다, 차폐물, 엄호물, 대피호, 방공호; ~topmoq 방공호를 찾다

panohsiz *sif.* 숨을 곳 없는, 피난할 곳 없는; 보호[의지]할 데 없는, 집 없는.

panshaxa *ot.* 쇠스랑, 건초용 포크, 갈퀴.

papiros *ot.* 담배, 궐련; ~ chekmoq 담배피우다.

papka *ot.* 1) 종이 케이스, 종이 끼우개 (*qogoz papkasi*); 2) (손) 가방, 백, 핸드백.

paqir *ot.* 양동이, 들통, 버킷.

paqqos *rav.* 완전히, 모조리, 전

P

혀
par I *ot.* 깃털, 깃; ~ yostiq 베개 깃
par II *ot.* 증기, 스팀, 수증기; 김, 안개.
par III *ot.* 한 쌍, (두 개로 된) 한 벌, (짝진 것의) 한 짝, 같은, 동등한
parad *ot.* 관병식, 열병, 행렬, 시위행진.
paragraf *ot.* (문장의) 절(節), 항(項), 단락(略: par(a)., pl. par(a)s.), (교정 따위의) 패러그래프[참조, 단락] 부호(¶).
parallel *ot.* 평행선[면], 평행물
parametr *ot.* 변수, 파라미터
paranji *ot.* 베일, 면사포; (수녀가 쓰는) 베일
parashyut *ot.* 낙하산; ~da tashlamoq 낙하산으로 내리다
parda *ot.* 커튼, 휘장, 막, 스크린; (영화의) 영사막; quloq ~si 중이(中耳)(tympanum); 고막, 귀청; opka ~si 담(痰), 점액(粘液).
pardoz *ot.* 단장, 화장품, 미용제, 몸차림, 마무리, (그림 따위의) 끝손(질); ~ qilmoq 마무리하다
pardozlamoq *fe'l.* 화장하다, 몸단장하다.
parhez *ot.* 단식, (치료·체중 조절을 위한) 규정식; 식이 요법, 음식조리; (병원 등의) 특별식 일람표; ~ qilmoq 식이요법하다.
pari *ot.* 요정(妖精: 서양의 전설이나 신화에 많이 나오는 자연물의 정령(精靈). 아름답고 친절한 여성으로 나타나며 여러 가지 불가사의한 마력(魔力)을 지님. 님프.).
parivash *ot.* 요정과 같은, 예쁜 여자
parishon *sif.* 흩어진, 헝클어진; 봉두난발의; 단정치 못한.
parishonxotirlik *ot.* 부주의, 방심, 태만; 무뚝뚝함; 무심.
park *ot.* 공원, 유원지.
parlament *ot.* 의회(議會), 국회, 하원의원; ~ saylovlari 의회선거.
parlamentda ko'rib chiqish 국회 청문회
parlamentda o'qib chiqish 법안 심의
parlamentga oid immunitet 국회의원 면책특권(免責特權)
parma *ot.* 구멍을 뚫는 사람[물건], 송곳, 송곳, 천공기, 착암기, 드릴(기계 전체).
parmalamoq *fe'l.* (송곳 따위로) 꿰뚫다; 구멍을 뚫다.
parnik *ot.* 온실, 온상.
parokanda *sif.* 뿔뿔이 된, 따로따로 떨어진, 흐트러진, 드문드문한, 산만한. 분산하여, 흩어져, 뿔뿔이; ~ qilmoq 흩뜨리다, 흩어지게 하다, 뿔뿔이 헤어지게 하다
parol *ot.* 암호, 패스워드, 군호
parom *ot.* 나룻배, 연락선, 뗏목
parovoz *ot.* 엔진, 발동기, 기관, 증기기관.
parranda *ot.* 새, 엽조(獵鳥), (식용(食用)의) 가금(家禽); uy ~lari 새[닭]고기
parrandachilik *ot.* 새, 엽조(獵鳥), (식용(食用)의) 가금(家禽), 새(닭)고기.
parta *ot.* 책상, 데스크.
partiya *sif.* 당, 당파; 정당; ~a'zosi 정당의 구성원(멤버, 당원)
partiya tizimi 정당제도
parvardigor *ot.* 창조자; 창작가; 창설자; 작위 수여자; 새 디자인 고안자
parvarish *ot.* 돌봄, 보살핌, 보호; 관심, 바람; bolani ~qilmoq 아이 보다, 돌보다.
parvo *ot.* 주의, 유의; 주의력, 배려, 조심; ~qilmoq 주의하다, 신경 쓰다
parvona *ot.* 나방, 나비; ~bolmoq 퍼덕거리다, 날개치며 날다; 나비가 훨훨 날다
parvosiz *sif.* 근심[걱정]이 없는; 태평한.
parvoz *ot.* 날기, 비상(飛翔), 비행(飛行); ~ qilmoq 날다, 비행하다.
parvozlar ta'qiqlangan hudud 비행 금지 구역
parcha I *ot.* 조각, 단편; bir ~non 빵 한조각
parcha II 통행, 통과, (바다·하늘

P

의) 수송, 운반, 여행, 도항, 항해 (*asardan*); 초록(抄錄), 인용; 발췌; 초본
parchalanmoq *fe'l.* 흩뜨리다, 분해하다.
pas: bir~ 순간, 찰나, 단시간; bir ~dan keyin 순(식)간에
pasayish, tushish 하락
pasayish, tushish 하락, 슬럼프, 감소
pasaymoq *fe'l.* 낮추다, 내리다, 낮게 하다, 줄이다, 감소시키다, 저하시키다.
pasport *ot.* 여권, 패스포트; besh yillik ~ 5년 유효여권; muddatsiz ~ 무제한의 여권
passiv savdo qoldig'i 무역적자
passivlar umumiy miqdori 총부채액
past *ot.* 아래, 낮은 것, 내림; 하강(下降)
past sifatli yoqilg'i 저품질 연료
past undoshlar 저모음(低母音: 혀의 위치가 가장 낮게 조음(調音)되는 모음. 호기(呼氣)의 구강 통로가 가장 큰 모음. 한국어의 'ㅐ·ㅏ' 따위. 개모음(開母音).)
pastkash *ot.* 악당, 깡패, 불한당
pastkashlik *ot.* 낮음; 미천; 야비; 헐값; 원기가 없음; 미약.
pastki *sif.* 바닥, 낮은, 아래의, 하층의.
pastki qavat 아래층
pastlamoq *fe'l.* 내리다, 내려가다 [오다].
pastlatmoq *fe'l.* 낮추다, 내리다, 낮게 하다
pastlik *ot.* 구렁, 저지(低地); 열등, 의기소침, 침울, 우울
patak *ot.* 스타킹, 긴 양말.
patent berish haqidagi ma'lumot- larni chop etish 특허출원공고
patent berishda rad javobi 특허출원 거절
patent berishga talabnoma 특허출원(特許出願)
patent boji 특허료(特許料)
patent boshqarmasi apelyatsiya palatasi 특허청 항소위원회
patent egasi 특허권자
patent haqiqiyligi, sofligi 특허침해 우려 없이 사용이 가능한 상태
patent huquqi 특허권(特許權)
patent idorasi, muassasasi 특허사무소
patent olish 특허취득
patent olishga ariza berish 특허출원
patent qonuni 특허법(特許法)
patent ta'sirini tugatish 특허의 무효
patent topshirish 특허부여
patentga oid ishonchli vakilga qo'yilgan talablar 변리사 자격요건
patentga qodirlik shartlari 특허판단기준
patentli ishonchli vakillar haqidagi nizom 변리사법 시행령
patentli vakil 변리사(辨理士)
patentni o'z kuchiga saqlamoq 특허권 효력 유지
patentni yon bosish haqida shartnoma 특허 양도계약
patentning buzilishi 특허침해
patentshunos-huquqshunos 변리사
patnis *ot.* 푼주, 쟁반; 음식 접시; 거기에 담은 것, 명함 그릇(금속제).
patronaj, yordam ko'rsatish 성년인 권리능력자가 자신의 건강산의 이유로 자신의 권리와 의무를 수행할 수 없을 때 후견인을 두는 행위
patta *ot.* 표(票), 권(券), 입장[승차]권
paxmoq *fe'l.* 1) ~에게 플란넬을 입히다, 플란넬로 싸다; 플란넬로 닦다[문지르다]; 2) 테리천 옷을 입다, 3) 털북숭이의, 털이 텁수룩하다; 털[숱]이 많다(눈썹 따위)
paxsa *ot.* 찰흙 벽돌, 찰흙으로 만든 뼈
paxta *ot.* 1) 목화(木花), 솜, 면화(棉花); xom ~ 원면, 솜; ~ yigirish 면사 방적업; ~tozalash zavodi 순수 목화 제조 공장; ~ ekish 목화 재배; ~ terish

mashinasi 채면기(採綿機), 목화 따는 기계; 2) 찰싹, 콰르릉, 쾅, 짝짝(천둥·문 닫는 소리·박수 소리).
paxtakor *ot.* 목화 재배자.
paxtakorlik *ot.* 목화 재배.
paxtali *sif.* 솜의, 면화의, 목화의; 무명, 면직물; ~ chopon 무명 의복, 면직물 옷; ~ shim 무명바지
paxtalik mato 면직물(綿織物)
paxtazor *ot.* 목화밭, 면화밭
pay, badal, hissa 몫, 지분, 분배량.
paydo *sif.* (눈에) 또렷한, 보이는, 명백한, 분명한, 역연한, 곧 알 수 있는, 현재 눈에 보이는; ~ bolmoq 눈에 보이게 하다, 나타나다, 보이게 되다, 출현하다.
payhon *ot.* 짓밟음; 짓밟는 소리; ~qilmoq 짓밟다; 밟아 뭉개다; ekinlarni ~qilmoq 농작물을 짓밟다.
paypaslamoq *fe'l.* 1) 펴다, 펼치다, 전개하다, 늘이다; 매끄[반드]럽게 하다, 반반하게 하다; 2) 손으로 만져 보다.
paypoq *ot.* 양말, 스토킹; jun~ 면양말; opak~ 실크 양말
payqamoq *fe'l.* 알다, ~을 알아채다, ~을 인지하다
paysal: ~ga solmoq 미루다, 연기하다, ~을 늦추다, 지체하게 하다.
payt *ot.* (과거·현재·미래로 계속되는) 시간, 때; 시일, 세월, 시간의 경과. 순간, (~할) 때, 찰나, 즈음, 기회; kechki ~ 저녁때; qiyom ~ 하루에
payt ravishi *grama.* 시간부사(時間副詞: 동작이나 상태의 시간을 나타내는 부사; 곧, 다음·금방·먼저·일찍·자주 등)
paytava *ot.* 신발 깔창.
payvand *ot.* 1) 접붙임, 접목, 가닥을 꼬아 잇기, 이어 맞추기, 접착; (재목·레일 따위의) 첨접(添接), 겹쳐잇기; ~ qilmoq 접(接)붙이다; 2) 용접(鎔接), 땜질; 땜; elektr ~ 전기 용접.
payvandlamoq *fe'l.* 1) 접목하다, 접(接)붙이다, (피부 따위를) 이식하다, 결합시키다, 융합시키다, 결합시키다, 합쳐 잇다, (밧줄 따위를) 가닥을 풀어 꼬아 잇다; 2) 용접하다, 땜질하다, 땜하다.
payvasta *fe'l.* 어울리다, 뜨다, 짜다, 밀착시키다, 접합하다, 짜맞추다; ~qosh 밀착[접합, 결합]하다.
payshanba *ot.* 목요일(木曜日)
payg'ambar *ot.* 예언자(預言者), 선견자(先見子), 선견지인(先見之人), 선지자(先知者)
pazanda *ot.* 주방장; 요리사, 쿡, 음식을 잘하는 사람
pashsha *ot. zool.* 파리, 집파리; 날벌레
pachoq *sif.* 꾸겨진, 두들겨 맞은, 채찍으로 맞은, 채찍 벌을 받은; ~bolmoq 눌러서 뭉개다, 짓밟다, 으깨다.
pachoqlamoq *fe'l.* (금속 따위를) 두드려서 펴다, 두드려 만들다, (계속해서) 치다, 두드리다.
pedagog *ot.* 선생, 교사, 교육자, 교직자, 교육 전문가; 교육학자; 교육행정 종사자.
pedagogik *sif.* 교육의, 교육(상)의, 교육에 관한, 교육적인.
pedagogika *ot.* 교육학, 교수법; ~ instituti 교육대학, 사범대학
pensiya, nafaqa 연금
pesa *ot.* 연극; 각본, 희곡, 놀이, 유희.
peydjer *ot.* 호출기, 삐삐
peyzaj *ot.* 풍경, 경치; 조망, 전망
peshana *ot.* 이마, 앞이마, 마빡, 이마빡, 이마빼기, 마팍
peshayvon *ot.* 쪽마루, (보통, 지붕이 달린) 베란다, 툇마루, 포치, 현관, 차 대는 곳.
peshin *ot.* 정오(正午), 한낮, 낮 열 두 시, 오정(午正), 정오(亭午), 정양(正陽), 탁오(卓午), 일오(日午), 상오(上午), 오중(午中)
peshvoz *ot.* 만남, 마주침, 면회, 모임, 회합, 집회, 집합; ~ chiqmoq ~을 만나다, ~와 마주치다
pechak *ot. bot.* 메꽃속(屬)의 식

물, 나팔꽃(喇叭-: 메꽃과의 한해살이 덩굴풀. 열대 아시아 원산으로 줄기 약 2m, 잎은 심장 모양이면서 세 갈래로 갈라졌음. 여름에 남자색·백색·홍색 등의 꽃이 아침 일찍 피었다가 낮에는 오므라듦. 씨는 견우자(牽牛子)라 하여 약용함. 견우(牽牛).)
pechka *ot.* 난로(煖爐), 스토브, 풍로(風爐), 솥, 가마, 화덕, 오븐
pianino *ot.* 피아노, 양금(洋琴: 우리나라와 중국에서 쓰는 속악기(俗樂器); 사다리꼴로 된 넓적한 상자 모양의 통 위에 놋쇠의 현이 열넉 줄 있는데, 대나무로 만든 채로 침); ~ chalmoq 피아노를 연주하다
pidjak *ot.* 상의, (소매 달린 짧은) 웃옷, 재킷(남녀 구별 없이 씀); 양복저고리.
pilik *ot.* (양초·램프 따위의) 심지; 상처 구멍에 쑤셔 넣는 거즈(배농용(排膿用)).
pilla *ot.* 누에고치, (거미 따위의) 난낭(卵囊); ~qurti 누에(누에나방의 애벌레. 자벌레와 비슷한데, 대개 검은 무늬가 있음. 13개의 마디가 있으며 잠은 4회 자는데 4회까지 꺼풀을 벗고, 커서 실을 토하여 고치를 지음)
pillapoya *ot.* 단, (계단의) 한 단; 계단
pillachi *ot.* 누에알
pillachilik *ot.* 비단 옷감, 누에 쟁이
pilta *ot.* 판, 심지, 거즈.
pinak *ot.* 졸음, 기면, 잠, 수면(睡眠), 수마(睡魔); ~ka ketmoq 졸다.
pinhon *ot.* 비밀(한 일); 기밀, 비법, 비결
piramida *ot.* 피라미드, 금자탑, *mat.* 각뿔, 모뿔, 각추(角錐)
pirillamoq *fe'l.* 퍼덕거리다, 날개치며 날다, 씰룩씰룩 움직이다, 경련시키다; 깜작이다, 눈을 깜박거리다 chuchuq pirillab uchib ketdi 참새는 날개로 퍼덕거리며 날았다.
pirpiramoq *fe'l.* (추위·흥분 따위로) 와들와들(후들후들) 떨다, 전율하다.
pisand *sif.* ~의 가치가 있는, ~의 값어치가 있는, 가치, 유용성, 진가, 쓸모, 고마움
pismiq *sif.* 숨기는; 비밀주의의, 잠자코 있는, 비밀의, 은밀한, 남 모르게 하는
pista *ot.* 피스타치오(남유럽, 소아시아 원산의 옻나뭇과의 관목) (*magzi*)
pistirma *ot.* 잠복(潛伏); 매복(埋伏), 몰래 숨어 있음; ~ qurmoq 잠복하다
pistolet *ot.* 피스톨, 단총(短銃); 육혈포(六穴砲), 수총(手銃), (회전식의) 연발 권총
pivo *ot.* 맥주(麥酒), 비어(beer)
piyoda 1) 걷다; 걸어가다; (말이) 보통 걸음으로 걷다, 산책하다, 헤매다; ~ yurmoq 산책하다, 걸어가다; 2) 지나가는 사람, 통행인; 3) (체스, 장기의) 졸(卒).
piyola *ot.* 찻잔(茶盞).
piyoz *ot.* 파, 양파(백합과의 여러해살이풀. 잎은 속이 빈 원기둥형. 가을에 꽃대를 내어 끝에 많은 백색 또는 담자색의 작은 꽃을 닮. 지하의 비늘줄기는 구형 또는 편구형(扁球形)인데 널리 식용함. 페르시아가 원산지)
pishiq *sif.* 굳은, 단단한, 튼튼한, 견고한; ~ g'isht 구운벽돌
pishiqlik, chidamlilik 내구성(耐久性)
pishirmoq *fe'l.* 요리[조리]하다, 음식을 만들다. 준비하다, 채비하다
pishloq *ot.* 치즈
pishmoq *fe'l.* 1) (과일·곡물이) 익은, 여문여물다 (*ho'lmeva*); 2) 굽다, (벽돌 따위를) 구워 굳히다, 구워 말리다; 3) (기름으로) 튀기다, 프라이로 하다[가 되다]; 볶(아 조리하)다; 프라이팬으로 데우다 (*qovurilmoq*)
pichan *ot.* 건초, 마초. b) 건초용 풀
piching *ot.* 비양 거리는, 지분거림, 놀림, 끈덕지게 괴롭힘(을 당함), 귀찮게 조름[졸림] 신랄한, 통렬한, 빈정대는.
pichirlashmoq *fe'l.* 소곤거리다, 속삭이다, 작은 소리로 이야기하다, 내밀한 이야기를[밀담을] 하다, (나뭇잎·바람 따위가) 살랑살

랑 소리를 내다.
pichoq *ot.* 칼, 나이프, 찬칼; 식칼; osh ~ 식탁용 나이프.
pichoqlamoq *fe'l.* 나이프로 베다, 단도로 찌르다, 찔러 죽이다
plakatli reklama 포스터 광고
plastinka *ot.* 1) 접시, 접시 모양의 것; 2) *(grammofon)* 축음기소리판
plastmassa *ot.* 플라스틱
platforma *ot.* (정거장의) 플랫폼, 단(壇), 고대(高臺), 대지(臺地); 교단, 연단.
plash *ot.* 레인코트, 비옷, (보통 소매가 없는) 외투, 망토.
plenum *ot.* 총회, 전체 회의.
plita *ot.* 판(板), 평석(平石), 석판(石板), 접시, 접시모양의 것; gaz~ 가스스토브
plitka: elektr~ 전기스토브.
plomba: tish ~ 틀어막음, 메움, 충전(물), 채움, 충전; 충전물; tishga ~ qoymoq 한입 가득
plug *ot.* 보습, 쟁기; 쟁기 모양의 기구, 제설기(除雪機), 배장기(排障器); ~ bilan yer haydamoq 쟁기(괭이로) 갈다
plyonka *ot.* 사진, 필름, 사진의, 사진용의, 사진에 의한[관한].
plyus *ot.* 더하기부호, 플러스, ~을 더하여
poda *ot.* 짐승의 떼, 소·돼지의 떼, 무리.
podachi *ot.* 목자, 목부(牧夫), 목동, 가축지기; 소떼의 주인.
podpolkovnik *ot.* 육군[공군] 중령.
podsho *ot.* 임금, 왕, 국왕, 군주
podsholik *ot.* 왕국(王國), 왕토(王土), 왕령(王領), 제국(帝國); ~ qilmoq 다스리다, 통치[관리]하다
poezd *ot.* 기자(記者), 신문인.
pogona *ot.* 층계, 계단.
pok *sif.* 순수한, 순전한, 단순한, 맑은, 깨끗한, 청순한, 순결한, 죄짓지 않은.
pokak *ot.* 코르크, 코르크마개.
pokiza *sif.* 말쑥한, 단정한; 말끔히 정돈된; (생각 따위가) 정연한; (옷 차림 따위가) 산뜻한, 청초한; 깨끗한 것을 좋아하는
pol *ot.* 바닥, 마루; 마루방; 지면, 노면
polat *ot.* 강철(鋼鐵), 쇠, 강(鋼), 철(鐵), 스틸(steel: 0.035-1.70%의 탄소가 함유된 철; 가단성(可鍛性)이 있으며, 열처리에 의해서 강도나 인성이 높아짐)
polietilen *ot.* 폴리에틸렌(polyethy- lene: 에틸렌을 중합시켜 얻는 열가소성 수지; 내약품성(耐藥品性). 내수성(耐水性). 전기 절연성·가공성 등이 뛰어나, 그릇·포장 재료·절연체 등으로 이용됨)
polietilen idish 폴리에틸렌 포장용기
poligrafiya *ot.* 다원 기록법, 생체기록법
poliklinika *ot.* 종합병원, 종합 진료소
polisemiya (*kop ma'nolilik*) 다의어
politexnika *ot.* 공업전문학교, 공예학교, 과학기술 전문학교; 폴리테크닉(대학 수준의 종합기술 전문학교).
politsiya *ot.* 경찰, 순경, 경찰관.
poliz *ot.* 텃밭, 들(판), 벌판; 논, 밭, 목초지; qovun ~i 멜론 밭
polk *ot.* 연대(聯隊: 육군 및 해병 부대 편제의 단위의 하나; 사단의 아래, 대대의 위)
polkovnik *ot.* 육군 대령; 연대장(聯隊長).
polvon *ot.* 힘센 사람, 운동가, 경기자, 강건한[정력적인, 활발한] 사람, 레슬링.
polyak *ot.* 폴란드, 뽈스까; ~ tili 폴란드어
pomidor *ot.* 토마토
pona *ot.* 쐐기, 쐐기 모양의 것; V자형
popishak *ot.* 후투티(후투팃과의 유럽산 새).
popisa: ~qilmoq 무서워하다
popuk *ot.* 술, 귀얄, 붓, 화필; (동식물의) 터부룩한 털; 총상(總狀) 화서[꽃차례]; (옥수수의) 수염; 술; 장식술
pora I *ot.* 뇌물, 매수, 부정 이득. 뇌사(賂謝), 청전(請錢), 회뢰(賄

P

賂), 뇌유(賂遺), 인정전; ~ bermoq 뇌물을 주다.
pora II *ot.* (한 벌의 물건 중의) 일부, 부분, 부분품, (전체에서 분리된) 조각, 단편; ~qilmoq 조각을 두드리다.
pora berib og'dirish 매수, 뇌물주기
pora berish 뇌물공여
pora olmoq ↔ bermoq 뇌물을 받다 ↔ 뇌물을 주다
poraxo'rlik 뇌물수수행위
poraxo'rlik, korruptsiya 부패(腐敗)
poraxo'rlikka qarshi kurash chorasi 부패 척결 수단
poraxo'r *ot.* 뇌물을 많이 받은 사람, 수회자, 부정 이득자[공무원]
port *ot.* 항구, 배가 닿는 곳, 무역항.
port oboroti 항구의 처리 능력
port tushimlari 입항세
portdagi jamg'arishlar 항구이용료
portfel 포트폴리오(portfolio), 유가 증권 명세표, 자산 구성 (각종 금융 자산의 집합).
portlamoq *fe'l.* 폭발하다, 작렬하다; 파열하다, 타파하다, 뒤엎다.
portlatmoq *fe'l.* 폭발시키다[하다], 작렬(炸裂)시키다[하다]; 폭음을 내다; bomba ~ 폭탄을 폭파시키다.
portlovchi *sif.* 1) 폭발하기 쉬운, 폭발성의, 감정이 격하기 쉬운, 격정적인, 폭발의; ~ moddalar 폭발성 물질; 2) 파열음의
portlovchi tovush 파열음(破裂音: 자음을 발음할 때 후두 위의 발음 기관의 어느 한 부분을 막고 숨을 그친 다음, 이를 터뜨려 내는 소리; ㅂ·ㅃ·ㅍ·ㄷ·ㄸ·ㅌ·ㄱ·ㄲ·ㅋ; p, b, t, d 등의 소리. 폐쇄음. 터짐소리)
porto *ot.* 송료(送料), 우편세
porto-franko 자유 무역항
portret *ot.* 초상; 초상화; 초상[인물] 사진
posbon *ot.* 교통순경, 경찰, (열차의) 문을 여닫는 사람, 차장.
posht *ot.* 핑크
posilka *ot.* 소포, 우편.
posilka savdosi 우편주문 거래
potentsial talab 잠재수요(潛在需要)
poxol *ot.* 빈, 짚, 밀짚, 짚 한오라기; (음료용) 빨대.
poya *ot.* (풀·나무의) 줄기, 대, 꽃자루, 잎자루[꼭지], 화경(花梗), 꽃자루; 주병(珠柄)
poyabzal *ot.* 신, 구두; 단화, 장화, 신는 것(신발·양말 따위)
poyafzal *ot.* 신, 구두; 단화, 장화, 신는 것(신발·양말 따위)
poyandoz *ot.* 융단, 양탄자, 깔개, 카펫
poydevor *ot.* 초석, 기초, 기저, 토대, 기본 원리, 원칙, 기준; bino ~i 빌딩의 초석.
poyezd *ot.* 열차(列車), 기차(汽車), 전동차
poyga *ot.* 경마(競馬)
poygachi *ot.* 경마하는 사람, 경주자, 경조(競漕)자; 경마말, 경조용 보트, 레이서, 경주용 자전거[자동차·비행기·요트]; 빠르게 움직이는 동물
poylamoq *fe'l.* 1) 지켜보다, 주시하다; 관전[구경]하다; 2) 기다리다, 대기하다, 만나려고 기다리다; 3) (위험 따위에서) 보호하다, 호위하다, 방호하다, 지키다.
poytaxt *ot.* 수도; 중심지; ~shahar 수도
poytesha *ot.* 큰 목수의
pog'ona *ot.* (사닥다리의) 발을 딛는 가로장; (의자 따위의) 가로대
poshna *ot.* (신발) 굽, 힐, 뒤꿈치; (동물의) 발: (말 따위의) (뒷)굽;(동물의) 뒷발. (신발·양말의) 뒤축.
poshnalik *ot.* 뒤축이 있는, 뒷굽이 ~모양의; (싸움닭이) 쇠발톱을 단.
pocha *ot.* 정강이; 정강이뼈, 경골(脛骨) (네발 짐승의 뒷다리의) 무릎, 복사뼈 마디; 닭의 무릎, (돼지 따위의) 족(足)의 살.
pochta *ot.* 1) 기둥, 말뚝, 문기둥, 지주(支柱); 푯말; 2) 우편물,

우편.
pochcha *ot.* 의형(제); 처남, 매부, 시숙, 아내 또는 남편의 자매의 남편(따위).
pochta *ot.* 우체국, 우표업무
pochta jo'natmasi 우편 발송
pochta, aloqa bo'limi 우편
predmet *ot.* 주제(主題), 문제(問題), 제목(題目), 연제(演題), 화제(畵題).
predmet, narsa buyum 대상
press *ot.* 프레스, 저널리스트, 신문잡지 기자, 신문인; 신문잡지업자, 신문잡지 기고가
prezident *ot.* 대통령
prezident daxlsizligi 대통령 불체포 특권
prezident farmoni 대통령령
prezident farmonlari va ko'rsatmalari 대통령령 및 포고
prezidentning lavozimidan voz kechishi 대통령 탄핵
primus *ot.* 제1의 스토브
printsip, tamoyil 원칙
probka *ot.* 코르크 마개, (병·통 따위의) 마개; (관의) 막는 꼭지, 스토퍼
professor *ot.* 교수, 전문가.
profilaktika *ot.* 방역사업
progressiv soliq 누진세(累進稅)
projektor *ot.* 탐조등, 탐해등, 조명등
prokat *ot.* 세, 사용료, 임대[임차]료, 총지대, 총소작료, 총사용료; 지대[집세, 사용료]의 수입. 세주기; ~ga olmoq 세 주다
prokat, chig'irlash zavodi 압연공장
prokuratura *ot.* 검찰, 소추자, 기소자, 고발자; 검찰관.
prokuror *ot.* 검사
protsessual iqtisod tamoyili 소송경제의 원칙
proza *ot.* 산문, 평범, 단조; 단조로운 이야기[문장].
prujina *ot.* 용수철, 스프링, 태엽.
psixologiya *ot.* 심리학(心理學), 심리상태.
pudrat *ot.* 계약, 도급(都給: 어떤 공사의 완성 날짜·양·비용 따위를 미리 정하고 도맡거나 도맡아 하게 하는 일)
pudrat shartnomasi 도급계약(都給契約)
pudratchi 도급인(都給人), 도급자.
puf *ot.* 퓹(소리), (가스·증기 따위의) 분출하는 소리
pufak *ot.* 1) 풍선, 물집, 수포, 불에 데어 부푼 것 *(kuyganda)*, 2) 방광, (물고기의) 부레, 부낭, (해초의) 기포; 물집; 공기주머니.
pufakcha *ot.* 작은 풍선, 거품; 기포(氣泡)
puflamoq *fe'l.* 풍선을 불다, 숨을 내쉬다, 입김을 내뿜다
puflash *ot.* (가스·증기 따위의) 분출하는 소리; ~naychasi 유리를 불어서 만드는 제법
pul *ot.* 돈, 화폐(貨幣), 통화(通貨).
pul almashinish ustida davlat nazorati 외화 환전 통제
pul belgisi 지폐(紙幣), 종이 돈.
pul bilan ta'minlash ma'suliyati 1) 연대책임(連帶責任); 2) 보증채무(保證債務: 주채무와 동일 한 용을 지난 종속한 채 무로서 주채무를 담보하는 작용을 하는 것이다. 채권자가 보증인에게 청구를 할 때는 보증인은 먼저 주채무자에게 청구하라고 항변할 수 있고 또한, 보증인은 주채무자의 별제자력이 있는 사실 및 그 집행이 용이함을 증명하여 먼저 주채무자의 재산에 대하여 집행할 것을 항변할 수 있다)
pul birliklarining qiymat tengligi, konvertatsiya pariteti 환산가치(conversion parity)
pul bozori 금융시장(金融市場)
pul chayqovchiligi 환투기(換投機)
pul ma'suliyati 금전채무(金錢債務)
pul majburiyati bo'yicha talablarni qoplash izchilligi 금전채무변제순위
pul majburiyatini bajarmaslik uchun javobgarlik 금전채무불이행 책임
pul mavjudligi, naqdina 현금 보

P

유
pul miqdori 화폐 총액
pul miqdorining oshishi 통화량 증가
pul mukofot 금전보상
pul muomalasi 통화(通貨)
pul o'tkazmasi uchun hujjat 송금 의뢰
pul o'zgartirish, almashtirish, pul konversiyasi 통화변경
pul operatsiyasi 외환거래
pul oqimi 현금 흐름
pul qiymatini o'zgartirish, deno- minatsiya 통화단위의 액면 절하(denomination)
pul qo'yuvchi, omonatchi 예입자, 출자자
pul saqlanadigan maxsus joy 금고(金庫)
pul shaklidagi yordam 현금 보조
pulemyot *ot.* 기관총
pul-kredit siyosati 금융정책(金融政策)
pullamoq *fe'l.* 팔다, 매도[매각]하다.
pullik *ot.* 돈, 금전, 통화, 화폐; 계산 화폐
pulni o'tkazish 송금(送金)
pulni qaytarish talabi 환불요구
pulning qadrsizlanishi 화폐의 가치 하락
punkt *ot.* 점, 작은 점, 도트(i나 j의 점), 반점, 얼룩; tibbiyot ~i 시약소(施藥所); (공장·학교 등의) 의무실; (병원 따위의) 약국.
punkt, nuqta, joy, modda 지점(支店), 조항(條項)
punktuatsiya *ot.* 구두점; 구두(법); 중단.
purkamoq *fe'l.* (액체·분말 따위를) 뿌리다; 끼얹다; 흩(뿌리)다.
puxta *sif.* 안정된, 굳은, 단단한, 튼튼한, 견고한, 영속적인.
puxtalik *ot.* 견고; 견실; 확고부동.
pushmon *ot.* (행위·실패 등에 대한) 유감; 후회, 반성
pushti *sif.* 분홍, 연분홍색, 핑크색(옷), 장밋빛의; 불그레한, 홍안의
puch *sif.* 텅 빈, 빈, 공허한, 비어 있는, 속이 빈, 공동(空洞)의.
puchuq *sif.* 사자코의; 총신이 짧은(권총 등); 끝이 뾰족하지 않은; ~ burun 코가 거꾸로 된
po'k *sif.* 코르크의, (병·통 따위의) 마개; (관의) 막는 꼭지, 스토퍼.
po'lat *ot.* 강철(鋼鐵), 스틸.
po'panak *ot.* 흰가루병 병균, 노균병균(露菌病菌); 곰팡이, 사상균.
po'pisa *ot.* 으름, 위협, 협박, ~ qilmoq 으르다, 위협하다, 협박하다.
po'st *ot.* 가죽이[피부가] 얇은; 민감한; 성마른, 예민(銳敏)하다, 민예(敏銳)하다
po'stak *ot.* 양가죽, 양피지.
po'stloq *ot.* 나무껍질, 나무의 껍질. 수피(樹皮); 기나피(幾那皮); 피부.
po'sht *ot.* 감시, 망보기, 경계, 조심, 망보는 사람, 간수; 망보는 곳, 망루.
po'choq *ot.* (달걀·조개 따위의) 껍질, 조가비, 조개껍질; qovun pochogi 수박껍질.

P

Q

Qq

q 우즈벡어 알파벳 자음의 여섯 번째 글자.
qabih *sif.* (감각적으로) 더러운, 불결한; 냄새 나는, 비열한, 음험한; 못된.
qabila *ot.* 씨족(氏族), 일문(一門), 벌족(閥族), 부족, 종족, ~족.
qabilaviy *sif.* 부족의, 종족의, 씨족의; ~ urf-odatlar 부족의 관습
qabohat *ot.* 나쁜 행실, 사악한 행위.
qabr *ot.* 무덤, 분묘, 묘혈; 묘비
qabriston *ot.* 뫼, 묘지(墓地), 구원, 총지(塚地), 한림(寒林).
qabul *ot.* 1) 받아들임, 수취, 수령; 수리(受理); 수용; 2) 수납, 입장(허가); 입회, 입학; ~qilmoq 받다, 수령하다; ~ punkti 수신소
qabul qilingan kurs 종가, 폐장시 주가
qabul qilish 모집, 한 벌, 세트
qabul qilish 수용, 승인
qabulga taklif 리셉션 초대, 환영회 초대
qabulxona *ot.* 응접실(應接室), 접대실(接待室), 접빈실(接賓室)
qad *ot.* 모양, 형상, 외형, 윤곽; (사람의) 모습, (인체의) 모양.
qadah *ot.* 받침 달린 잔(금속 또는 유리제); (손잡이 없는) 술잔.
qadalmoq *fe'l.* 찔리다, 찌르다, 밀다; 밀어내다, 밀어넣다.
qadam *ot.* (한) 걸음; 1보, 1보폭 (2 $\frac{1}{2}$ ft.); ~qoymoq 조처를 취하다; ~-baqadam 한 걸음 한 걸음; 착착.
qadamoq *fe'l.* (끈·새끼로) 묶다, 매다, 잇다; 매어서[묶어서] 만들다, (뾰족한 것으로) 찌르다; 찔러 죽이다.
qadimgi *sif.* 옛날의, 고대의, 지나간, 과거의, 이미 없어진; ~ dunyo 오래됨, 고색(古色), 고아(古雅), 낡음.
qadoq *ot.* (발가락의)못, 티눈, 물집
qadr *ot.* 가격, 대가(代價); 값, 시세, 물가, 시가(市價), 값, 경제[교환] 가치; ~qilmoq 평가하다, 값을 치다.
qadrdon *sif.* 친밀한, 친한, 절친한, 가까운, 접근한, (관계가) 밀접한, 친밀한
qadrdonlik *ot.* 친구, (특히 비밀을 털어놓을 수 있는) 막역한 벗, 절친한 친구, 결합.
qadrlamoq *fe'l.* 생각하다, 평가하다, 존중하다, 소중히 하다, ~의 가치[의의 등]에 대하여 판단하다.
qadrli *sif.* 귀중한, 귀한, 소중한, 값비싼, 금전적 가치가 있는, 평가할 수 있는.
qadrlilik, likvidlik 유동성(流動性)
qadr-qimmat, baho, obro'-e'tibor 가치(價値), 존엄(尊嚴)
qadrsizlanish 가치하락, 가치 손실
qadrsizlanmoq *fe'l.* 얕보다, 낮게 평가하다
qafas *ot.* 울타리 새장, 우리.
qahqaha *ot.* 큰 웃음; 큰 웃음소리
qahr *ot.* 노염, 성, 화, 분(忿), 분통(憤痛), 성질(性質), 노기(怒氣), 심화(心火), 울화(鬱火), 걱정, 역정(逆情), 화딱지, 부아통.
qahramon *ot.* 영웅(英雄), 위인, 이상적인 인물; ~ ayol 헤로인(모르핀제; 진정제·마약)
qahramonlarcha *rav.* 영웅으로, 씩씩하게
qahramonlik *ot.* 영웅적 자질, 장렬, 의열(義烈); 영웅적 행위.
qahrlanmoq *fe'l.* 성내다, 노하다, 화내다.
qahrli *sif.* 성난, 화를 낸, 분격한, 격노한.
qahva *ot.* 커피(나무·열매·음료); 커피색, 다갈색; 한 잔의 커피.

qala *ot.* 노염, 성, 화.
qalam *ot.* 연필, 목필(木筆), 펜슬
qalam haqi 보수
qalam haqi beruvchi 인세 지불인
qalam haqi oluvchi 인세 수령인
qalamdon *ot.* 필통(筆筒), 필갑, 붓통.
qalamkash *ot.* 저자, 필자, 작가, 문필가, 필기자, 연필로 쓰는 사람.
qalampir *ot.* 고추, 후추, 후추나무
qalamtarosh *ot.* 주머니칼(옛날에는 깃펜을 깎는 데 썼음).
qalamcha *ot.* 손잡이, 핸들, 자루; 꺾꽂이
qalandar *ot.* 수행자(修行者), 신선, 도사; 은자, 속세를 버린 사람
qalashtirib yuk o'tkazmoq 대량 화물 운송, 비포장 화물 운송
qalay I *pron.* 어떻게, 어찌, 어떤 방법[식]으로; ~siz? 어떻게 지내십니까?
qalay II *ot.* 주석(금속원소; 기호 Sn; 번호 50), 함석, 주석 그릇; 양철 깡통[냄비].
qalb *ot.* 심장, 가슴, 흉부, 마음, 심정, 감정, 기분, 마음씨.
qalbaki *ot.* 위조, 가짜, 모방, 흉내; 모조, 모사(模寫); 모의.
qalbaki chek 위조수표
qalbaki pul yasovchi 화폐위조
qalbakilashtirish, soxta narsa 위조품(僞造品), 모조품(模造品).
qaldirg'och *ot.zool.* 제비, 사연(社燕), 연을(鷰鳦), 연자(燕子), 월연(越燕), 의이(鷾鴯), 현조(玄鳥), 소연.
qalin I *ot.* 신부 값(매매혼에서 남자가 신부집에 주는 돈·귀중품·식량 따위)
qalin II *sif.* 두꺼운; 두께가 ~인, 굵은.
qalinlashmoq *fe'l.* 두껍게[굵게, 진하게] 하다[되다].
qalinlik *ot.* 두께; 두꺼움; 굵음; 굵기; 짙음, 농후; 농도; 조밀; 무성, 밀생(密生).
qalliq *ot.* 약혼자, 색시, 새색시.
qallob *ot.* 사취꾼; 사기꾼, 협잡꾼; 가짜, 겉보기와 다른 사람[것], 속이한사람
qallobliq *ot.* 사취; 사기, 협잡; 가짜, 겉보기와 다른 사람[것]; ~qilmoq 기만하다, 속이다, 사취(詐取)하다, 속이다, 속여 빼앗다, 야바위치다.
qalpoq *ot.* 가장자리 없는(테 없는) 모자.
qalqimoq *fe'l.* 올라가다, 기어오르다, 오르다, 불쑥 떠오르다.
qalqon *ot.* 보호물[자], 방어물, 차폐물.
qaltiramoq *fe'l.* 떨다, 전율하다, 와들와들 떨다, (건물·땅이) 진동하다; (나무·잎·빛 등이) 흔들리다; (목소리가) 떨리다.
qaltirash *ot.* 동요, 진동(震動), 몸을 떪.
qaltis *sif.* 위험한, 위태로운; 모험적인
qal'a *ot.* 성채, 보루, 요새(지).
qamamoq *fe'l.* 둘러싸다, 에워싸다, ~에 울을 하다, 투옥하다, 가두다
qamish *ot.* 갈대, 갈대밭; 지붕의 갈대이엉.
qamishzor *ot.* 갈대 침대
qamoq *ot.* 옥(獄), 교도소, 감옥, 구치소, 체포; 구류; 억류; ~qa olmoq 체포[구속]하다.
qamoqqa olmoq 구류(수형자의 신체적 자유를 박탈하는 자유형 중 가장 경한 형벌 1 일 이상 30 일 미만으로 한다. 주로 경범죄에 과함)
qamoqqa saqlash 구금(도만 또는 증거인멸을 방지할 목적에서 피고인, 피의자를 교도소 또는 구치소에 구속하는 것)
qamoqxona *ot.* 옥(獄), 교도소, 구치소.
qamramoq *fe'l.* 둘러[에워]싸다, 포위하다, 에워[둘러]싸다.
qamchi *ot.* 채찍, 채찍으로 때리기, 매, 태형구(笞刑具: 옛날 러시아에서 가죽을 엮어 만든 매)
qamchilamoq *fe'l.* 채찍질하다; 때리다, 매질하다, 태형을 가하다.
qand *ot.* 사탕, 설탕, 단, 달콤한, 당분이 있는, 맛좋은, 맛있는.

Q

qanday *pron.* 무엇, 어떤 것[일]; 무슨(일), 얼마, 얼마나[쯤]; 어느 것, 어느 쪽(의 사람), 어느 사람, (한 무리 중의) 누구; 어떻게, 어찌, 어떤 방법[식]으로; ~ bolsa ham 어떻게든지 하여, 여하튼, 어쨌든.
qanday bo'lsa, alohida ㄴ/ㄹ/은/는/을대로
qanday bo'lsa, ~day, ~ 대로
qandaydir *pron.* 어떤 종류의~,~와 같은 것
qandayin *pron.* 어떻게, 어찌, 어떤 방법[식]으로.
qandil *ot.* 램프갓, 조명 기구의 갓.
qani I *int.* 잘, 만족히, 더할 나위 없이; 훌륭하게, 어떻게, 어찌, 어떤 방법[식]으로.
qani II *pron.* 어디에, 어디서; 어디로, 어떤 점에서; 어떤 입장[사태]에(서)[로].
qanoat *ot.* 만족(하기), 신념, 확신, 설득(력), 설득행위; ~qilmoq ~에 만족을 주다, 만족시키다.
qanoatlanarli *ot.* 만족(滿足), 흡족(洽足), 심만의족(心滿意足), 만심(滿心), 만의(滿意)
qanor *ot.* 마대, 자루, 부대, 큰 자루
qanot *ot.* 날개, 날개 모양의 부분.
qanotli *sif.* 날개 있는; 날개가 ~한
qanotsiz *sif.* 날개 없는.
qancha *pron.* (값은) 얼마입니까? (길이·시일·시간이) 얼마나, 어느 정도, 언제부터, 언제까지(*vaqtga oid*)
qanchaga 언제까지
qanchalik *sif.* (어떤 장소)까지, ~하는한(에서는); ~하는 한 멀리까지.
qaqshamoq *fe'l.* (채찍 따위로) 찰싹 소리내다; (아무를) 철썩 때리다.
qaqshatqich *sif.* 격노, 분격, 격정, 흥분 상태. 아픔
qarab *rav.* ~에 관하여, ~에 대하여
qarag'ay 소나무 qaragay 소나무
qaraganda *rav.* ~와 비교하여(보면)
qaram *sif.* 의지하고 있는, 의존하는; 도움을 받고[신세를 지고] 있는; ~bolmoq 하위에 두다; 종속시키다, 경시하다, 얕보다.
qarama-qarshi *prep* 대립, 맞섬, 대립운동.
qarama-qarshi marketing 수요억제 마케팅
qarama-qarshilik *ot.* 대조, 대비
qaramasdan *prep* ~에도 불구하고, ~을 무릅쓰고
qaramay *prep* ~에도 불구하고, ~을 무릅쓰고
qaramlik *ot.* 의지함, 의존[종속]
qaramoq *fe'l.* 1) 흘긋[언뜻] 보다, 일별하다, 대강 훑어보다; oynaga ~ 거울로 흘긋 보다; 2) ~을 보살피다[돌보다]; ~을 감독하다 (*qidirmoq*)
qaratilmoq *fe'l.* 바람직하다, 탐나다, 갖고 싶다, 조정[조절]된[끝나다, 보정(補正)된; 적응[순응]한.
qaratmoq *fe'l.* 가리키다, 지적하다, 보이다.
qaratqich *ot.* 지시, 지적, 지시자; (신호) 표시기(器), (차 따위의) 방향 지시기. ~ kelishigi 소유격, 속격.
qaratqich keishigi 관형격조사
qaratqich kelishigi 소유격조사
qarag'ay *ot.* 솔, 소나무
qarash *ot.* 조망, 전망, 경치, 예측, 전도, 견해, 견지, 관점; oz vazifa- siga vijdon bilan ~ 임무에 대한 좋은 태도를 취하다
qarashli *sif.* 예하의, 차위[하위]의; 부수[종속]하는; bu kitob menga ~ 이 책은 내 소유이다.
qarashmoq *fe'l.* 그룹을 거들다, 그룹을 돌보다.
qardosh *ot.* 1) 관계, 관련, 친척, 친족, 인척, 혈족의 사람, 혈연자; 2) 지지자, 후원자, 친절히 해주는 사람.
qarga *ot.* 까마귀
qargamoq *fe'l.* 욕하다

qari *sif.* 1) 나이 먹은, 늙은; 2) 영감의
qarimoq *fe'l.* 나이를 먹다, 늙다.
qarindosh *ot.* 형제, 관계, 관련, 친척, 친족, 인척, 혈족의 사람, 혈연자.
qarindoshchilik *ot.* 친족 관계, 혈족 관계, 친척임.
qariya *ot.* 나이 많은 사람, 노인.
qariyib *prep.* 거의, 대체로, 대략, 약, ~에 대[관]하여, ~경(에), ~(때)쯤.
qarich *ot.* 길이를 재다(20cm)
qarmoq *ot.* 낚시, (릴용) 낚싯대
qaro *sif.* 검은; 암흑의, 거무스름한.
qaror *ot.* 1) 결심, 결단, 결의, 각오, 결정(決定); ~ qabul qilmoq 결심하다; 2) 판결(判決), 판단(判斷), 판정(判定), 판별(判別).
qaror chiqarish kuni 판결일
qaror ijrosi 판결의 집행
qaror, bayonnoma 기록 (protocol)
qarorgoh *ot.* 정부의 리드 또는 고급 관리의 주택의 장소; prezident ~i 대통령의 집
qarovsiz *sif.* 남에게 호감을 못받는; 돌보는 사람이 없는, 돌보지 않는; 황폐한; ~ holda bolmoq 방치하다, 소홀히 하다
qarovsiz hayvonlar 주인없는 동물
qarsak *ot.* 박수, 박수갈채, 칭찬; gulduros ~lar 우레와 같은 박수갈채; ~chalmoq 박수 갈채하다, 성원하다
qarsilamoq *fe'l.* (손뼉을) 치다; 박수갈채하다, 찰깍[딱]하고 소리를 내다, 딱 소리를 내다, 쨍그렁[우지끈] 소리나다.
qarta *ot.* 카드, 판지(板紙), 마분지, 놀이 딱지, 지도 (*o'ynaladigan*)
qarz *ot.* 빚, 부채(負債); 채무(債務), 빌려서, 빌려줘서; ~bermoq 빌리다, 빌려주다. (이자를 받고) 빚을 주다, 대부[대출]하다; 임대(賃貸)하다; ~olmoq 빌리다, 차용(借用)하다; 돈을 꾸다
qarz berish chegarasi 대출 한도
qarz berish rad javobi 대출거절,대부거절
qarz beruvchi 고용주(雇用主)
qarz beruvchi 대주(貸主)
qarz beruvchi 임대인(賃貸人)
qarz beruvchi 채권자(債權者)
qarz beruvchi tashkilot 신용기간(러시아 연방 중앙은 행의 허가를 받아 은행업무 등을 행하는 법인)
qarz beruvchi, kreditor 채권자(債權者)
qarz haqida qaror 신용 대부 승인을 위해 필요한 정보
qarz kitobi 외상장부(특히 소매상)
qarz olish shartnomasi 소비대차계약
qarz olmoq 빌리다
qarz shartlarini bajarmaslik 임대조건 불이행, 비용미납
qarz shartlarini qayta ko'rish 채무상환 조건 재조정
qarz yuki (*tashvishi*) 부채 부담
qarz, kredit 신용, 대출, 신용대부
qarzdor *ot.* 차주(借主), 채무자(債務者)
qarzdor mulkiga jazo belgilash 채권자 재산에 대한 압류 및 매각
qarzdor to'lovni kechiktirishi 채무자 지체
qarzdor zayomshik 채무자(債務者)
qarzdorlar reytingi 채권자들의 순위
qarzdorlar ro'yxati 채권자 등록
qarzdorlar va qarz beruvchining bir shaxsligi 혼동(混同)(서로 대립하고 있는 두 개의 법률적 지위 나 권리, 의무가 동일인에게 귀속하는 것)
qarzdorlik ko'rsatgichi 부채비율
qarzdorning zararni qoplashga majburligi 손해배상책임
qarzlarni hal qilish 채무 청산
qarzlarni qoplash, to'lash 부채의 충당
qarzni bo'lib-bo'lib to'lash 채무

Q

의 분할 청산
qarzni boshqa shaxsga ko'chirish 채무이전
qarzni kechirish 채무면제
qarzni munozarasiz undirish 소송 절차 없는 청구
qarzni o'tkazish 채무자 대체
qarzni qoplash uchun zahira 부채 정산 예비비
qarzni talab qilish 외상 또는 물품대금 변제요구
qarzni tan olish 채무승인
qarzni to'lash 상환시 이자 지불
qarzni to'lash 채무 청산
qarzni to'lash majburiyati 채무입증문서
qarzni to'lay olish 신용능력(信用能力), 지불능력(支拂能力)
qarzni to'lay olish 신용도
qarzni undirish 청구, 징수
qarzni yopish 채무를 변제하다
qarg'a *ot.* 띠까마귀, 까마귀(A) 까마귓과의 새. 인가 부근에 사는데 몸 전체가 검으며, 울음소리가 흉함. 일부 농작물을 해치나 숲의 해충을 먹기도 함. 어미새에게 먹이를 물어다 주는 습관이 있음. 자오(慈烏). 한아(寒鴉). b) 몹시 까맣게 된 것을 이르는 말)
qarg'amoq *fe'l.* (까마귀가) 울다; 까악까악 울다; ~에게 잔소리하다; 날카로운[새된] 소리를 내다, 비명을 지르다.
qarshi *rav.* ~을 향하여, ~에 대해서, ~에 부딪치어, ~와 마주 대하여, ~에 대비(對比)하여, ~에 기대어서.~에 반대하여, ~에 적대하여, ~에 거슬러, ~을 배경으로 하여, ~와 대조하여.
qarshi ayblov 쌍방과실(雙方過失)
qarshi da'vo 반소
qarshi harakat, kontraktatsiya 계약서작성
qarshi ibora 수정제안
qarshi reklama 사죄광고
qarshi savdo 대응무역
qarshi ta'minot 담보(擔保)
qarshi ta'minotni taqdim qilish - предоставление встречного обеспечения 담보제공(擔保提供)
qarshi taklif 반대청약
qarshi talab hisobi 상계(相計)
qarshilik *ot.* 저항, 반항; 반대; 저항력; 방해; ~ qilmoq ~에 저항하다; 격퇴하다; 방해하다.
qasam *ot.* 맹세, 서약, (수도 생활에 들어가는, 또는 계율을 지키는) 서원(誓願); ~ichmoq 맹세하다, 선서하다.
qasam, qasamyod 선서, 서약
qasd *ot.* 의향, 의지, 목적; 의도, 미리 생각[계획]하기.
qasd qilish, tajovuz 침해
qasddan *rav.* 일부러, 계획적으로, 고의로
qasddan kasodga uchrash 고의부도, 계획적인 부도
qasddan o'ldirish 살인의 고의
qasddan qilingan harakatlar 고의행위
qasddan soxta reklama 사기광고
qasos *ot.* 보복, 복수, 앙갚음, 분풀이, 원한, 유한(遺恨), 복수심; ~ olmoq ~의 앙갚음으로, ~에게 원수를 갚다, 앙갚음[복수]하다.
qasr *ot.* 고궁(古宮), 성, 성곽(城郭), 대저택, 관(館)
qassob *ot.* 백정, 푸주한, 고깃간[정육점]주인, 도살업자.
qat'iy zaruriyat 긴급 필요품
qat *ot.* 층(層), 켜, 계층.
qat'iy bo'lmagan ish jadvali 탄력 근무제
qat'iy izoh 해상운송계약의 조건 중 하나로서 선주는 항구에서 선적 또는 운송시 얼음 또는 빙하로 상황이 안 좋을 경우 용선계약을 해제할 수 있는 권한을 표시한 단서조항
qat'iy nazorat 엄격통제
qat'iy shart 매월 말 선물 계약 청산 기한
qat'iy talab qilingan me'yorlar 강행규정(强行規定)
qat'iy tanga siyosati 긴축 통화정책
qat'iy, ishonchli, barqaror valyuta 경화(hard currency)
qatag'on *ot.* 금지, 금지령, 금제,

금령, *sif.* 금지된, 금단의, 금지령의.
qatiq *ot.* 시큼한 우유, 야쿠르트.
qatl *ot.* 살인자; 살인범
qatlam *ot.* 층(層), 켜, 지층, 단층, 유적이 있는 층; 조직의 박층(薄層) 계층, 계급
qatlamoq *fe'l.* 접다; 접어 포개다, 주름을[플리트를] 잡다.
qatlanmoq *fe'l.* 구부리다, 머리를 숙이다; 무릎을 굽히다, 움츠리다; 새가 날개를 접다
qatnamoq *fe'l.* ~에 출석하다, 종종 방문하다, ~에 늘 출입하다, ~에 항상 모이다; darslarga ~ 청강하다, 수업에 출석하다
qatnashish *ot.* 활동, 활약; 행동. 관여, 참여, 관계, 참가, (어떤 환자의) 주치의인; 대학 병원 의사인.
qatnashmoq *fe'l.* 보살피다, 돌보다, 간호하다, 위문하다, 왕진하다.
qatnashuvchi *ot.* 가입자, 관여자, 관계[참여]자, 협동자, 참가자.
qatnov *ot.* 다니다, 움직임, 운동, 활동; 운전(상태), 운전; 경영
qatnov, safar 항해, 비행, 여행
qator *ot.* 선, 줄, 라인, 열, 줄, 횡렬; (극장 따위의) 좌석의 줄; besh- inchi ~da otirmoq 다섯 줄로 앉다.
qatra *ot.* 방울, 물방울; 한 방울.
qatra-qatra 한 방울씩, 조금씩.
qattiq *sif.* 굳은, 단단한, 튼튼한, 견고한; *og'z.* 된소리('ㄲ, ㄸ, ㅃ, ㅆ, ㅉ' 등과 같이 되게 발음되는 단(單)자음), 경음(硬音)인(영어의 c, g가 [k, g]로 발음되는), (슬라브계 언어에서) 비(非)구개화음의. c)
qattiq tanglay 구개음(口蓋音: 'ㅈ·ㅉ·ㅊ'처럼 혀와 경구개 사이에서 나는 소리)
qattiq unlilar 양성모음(陽性母音: 모음 중에서 음색(音色)·어감이 밝고 산뜻한 것으로, 모음조화에서 서로 어울리는 모음; 'ㅏ'·'ㅗ' 따위). 밝은홀소리.
qattiq yoqilg'i 고체연료(固體燃料)
qattiqlashmoq *fe'l.* 굳어지다, 굳히다, 딱딱하게 하다; (금속을) 경화(硬化)하다.
qatiy *rav.* 한정적으로; 명확[명백]히; 확실히, 틀림없이; ~nazar 관계없는, 상관[고려]하지 않는.
qat'iyan *rav.* 절대로, 단호히.
qat'iyat *ot.* 정확, 정밀(in); 꼼꼼함.
qat'iylik *ot.* 정확, 정밀, 꼼꼼함
qavariq *ot.* (발가락의) 못, 티눈, 물집, 팽창; 종창(腫脹), 부어오름; 부품.
qavarchiq *ot.* 농포(膿疱), 물집, 수포, 불에 데어 부푼 것.
qavarmoq *fe'l.* 부풀다, 팽창하다; 부어오르다, 물집이 생기다.
qavat *ot.* (건물의) 층; beshinchi ~ 네(번)째의 층.
qavat dlikki 층(層), 계층(階層), 층등(層等), 계급(階級), 층위(層位).
qavimoq *fe'l.* 바느질하다, 속을 두어서 누비다[무늬지게 누비다]
qavl *ot.* 회화, 대담, 대화, 좌담.
qavm *ot.* 혈족의 사람, 혈연자, 종씨; 같은 씨족[문중]의 사람; 동향 사람.
qavrak *ot.* 다년생 풀이(잔디가) 자라다
qavs *ot.* 괄호, 모난 괄호(주로 [ ], 〔 〕, 드물게 ( ), < >, [ ]).
qay *pron.* 무엇, 어떤 것[일]; 무슨(일), 얼마, 얼마나[쯤], 어느 것, 어느 쪽(의 사람), 어느 사람, (한 무리 중의) 누구; ~vaqtda?언제?
qayd *ot.* 기록, 표, 기호, 부호(sign), 인상, 감명, 감상; ~ qilmoq 적어두다, 써놓다
qayd etilgan daromad 상환까지 일정 수익을 보장하는 유가증권
qayd qilingan almashuv kursi 중앙은행이 정하는 환율
qayd qilish, rasmiylashtirish 능기, 등록
qayerda *pron.* 어디에, 어디서; 어디로, 어떤 점에서; 어떤 입장[사태]에(서)[로].

Q

qayerdan *pron.* 어떤 곳에서, 어디에서, 어디서 오셨습니까?
qayerga *pron.* 어디, 어떤 곳; 어떤 점?
qayerlik *pron.* 무슨, 어느, 어떤 장소?,
qaygadir *rav.* 어딘가에(서), 어디론가.
qayin *ot.* 자작나무(자작나뭇과의 낙엽 활엽 교목. 높은 산 양지에 남. 높이 30m 정도. 봄에 꽃이 수상꽃차례로 피고 가을에 날개 있는 견과가 익음. 목재는 기구에, 껍질은 약용·유피용(鞣皮用)으로 씀. 백화(白樺))
qayinsingil *ot.* 형수, 계수, 동서, 시누이, 올케, 처형, 처제(따위).
qayiq *ot.* 보트, 작은 배, 단정(短艇), 어선, 범선, 모터보트; (비교적 소형의) 배, 선박, 기선; 「흔히 합성어로」 선(船), 정(艇).
qayiq ulov yo'nalishi 셔틀 서비스 노선
qayiqchi *ot.* 보트 젓는 사람; 사공; 보트 세놓는 사람.
qayirmoq *fe'l.* 되접다, 되접어서 꾸미다, 접다; 묶다, 동이다, 비틀어 구부리다, 구부려 붙이다.
qayish *ot.* 가죽 끈, 혁대, 띠, 벨트, 가죽 띠, 가죽 장정[제본]의 벨트.
qayliq *ot.* 신부, 새색시, 약혼녀.
qaymog'ini olish 신제품 고가 정책
qaymoq *ot.* 크림, 우유의 빽빽한 더껑이.
qaynamoq *fe'l.* 끓다, 비등하다.
qaynatmoq *fe'l.* 끓이다, 비등시키다.
qayni *ot.* 의형(제); 처남, 매부, 시숙, 아내 또는 남편의 자매의 남편(따위).
qaynona *ot.* 장모, 시어머니; 의붓어머니.
qaynoq *sif.* 뜨거운, 더운, 따뜻한, 온난한; 더운, 끓인, 삶은, 데친.
qayoqdan *pron.* 무슨, 어느, 어떤 장소?.
qayoqqa *pron.* ~쪽으로, ~로 향하여, ~에 면하여, ~의 쪽을 향하여.
qayrilma *sif.* 만곡(부·물(物)), 굽음, 휨, 굴곡의, 만곡(彎曲)의; 곡선의.
qayrilmoq *fe'l.* 돌다, (강·길이) 꼬불꼬불 구부러지다, 굽이치다, 굴곡하다.
qayroq *ot.* 숫돌, 회전 숫돌; 회전 연마기; 숫돌감(돌); 맷돌의 (어느) 한 짝, 타산지석(他山之石).
qaysar *sif.* 완고한, 억지센, 강퍅한, 끈질긴; 완강한(저항 따위), 고집쟁이, 고집센.
qaysarlik *ot.* 완고, 강퍅, 고집, 끈질김, 완고한 언행.
qaysi *pron.* 어느 것, 어느 쪽(의 사람), 어느 사람, (한 무리 중의) 누구.
qayta *rav.* 다시, 또, 다시[또] 한 번, 거듭, 또, 되처, 잼처, 되풀이, 재차(再次); 새로이, 새롭게; 전과 같이, 다시금, 되풀이.
qayta ishlash 처리 가공
qayta ishlash sanoati 가공업(加工業)
qayta ko'rib chiqish 재조정(再調整), 재평가(再評價)
qayta moliyalashtirish miqdori 재할인율
qayta qurish 재건(再建)
qayta sug'urta qilish 재보험(再保險)
qayta sug'urtalash haqida shart- noma 재보험계약
qayta taqsimlash 재분배(再分配)
qayta tuzish 구조조정, 재구조화
qayta, takroriy export 재수출(再輸出)
qaytadan *rav.* 다시, 또, 다시[또] 한번; ~ yozmoq 고쳐 쓰다; 다시 쓰다.
qaytadan boshlash, tiklash 갱신(更新), 재개(再改)
qaytadan qurish, tiklash 회복(回復), 부흥(復興)
qaytarib bo'lmaydigan o'zgarishlar 되돌릴 수 없는 변화
qaytariq *ot.* 되풀이, 거듭, 반복(反復), 중복(重複), 재설(再說), 재현.
qaytarmoq *fe'l.* 거듭하다, (본래

의 장소·상태·화제 따위로) 되돌아 가다, 돌아가[오]다.
qaytmas *sif.* 완고한, 고집센, 완강한, 불굴의, 다루기 어려운, 말을 안 듣는.
qaytmoq *fe'l.* 1) 되돌아가다, 돌아가[오]다; 2) (권리·요구 등을) 인정하지 않다, 거절하다, 물리치다; 주지 않다.(*o'zso'zidan*)
qaytarish *ot.* 반환, 상환, 환급
qayg'u *ot.* 걱정, 근심, 불안, 걱정거리.
qayg'udosh *ot.* 가엾게 여기다, 불쌍하게[딱하게] 생각하다.
qayg'ulanmoq *fe'l.* 걱정[근심]하다, 고민하다; 안달하다, 슬프게 하다, 비탄에 젖게 하다, ~의 마음을 아프게 하다.
qayg'uli *sif.* 슬픔에 젖은, 비탄에 잠긴.
qayg'urmoq *fe'l.* 걱정[근심]하다, 고민하다; 안달하다, 슬퍼하다, 유감으로 생각하다
qaychi *ot.* 가위, 큰 가위, 가지치는 가위, 전단기(剪斷機).
qaychilamoq *fe'l.* 가위질하다, (큰 가위 따위로) 베다, 잘라내다, 치다.
qazi *ot.* 말고기로 만든 소시지(순대)
qazib chiqarish, o'lja 채굴, 채광
qazilma *ot.* 광물, 무기물, 미네랄.
qazilma boyliklar zahirasi 광물자원
qazilma boyliklarining kadastri 광산대장
qazimoq *fe'l.* (땅 따위를) 파다, 파헤치다, (광물을) 채굴하다; (보물 따위를) 발굴하다; (감자 따위를) 캐다, 찾아내다, 발견하다, 뒤적거려 찾다, 샅샅이 찾다.
qazish *ot.* 파기; 채굴, 채광, 발굴.
qaznoq *ot.* 저장실, 광(廣), 식료품(저장)실, 찬방(饌房), 식기실.
qazo *ot.* 운명, 숙명; 운(運), 비운, 인연, 인과; ~qilmoq 멸망하다, (비명(非命)에) 죽다; 썩어 없어지다, 사라지다; 타락하다
qashimoq *fe'l.* 긁다, 할퀴다, (몸에) 할퀸 상처를 내다; (땅을) 긁어 구멍을 내다, 가려워지다, 군실거리다.
qashlamoq *fe'l.* 할퀴다, 긁다, 갉다; ~에 솔질을 하다; ~을 닦다, (말을) 손질하다.
qashalg'ich *ot.* 솔질, 긁은 것, 브러시.
qashqa *sif.* 반점, 하얀 반점(점, 얼룩)
qashdir *ot.* 스텝 지대 이리
qashshoq *sif.* 거지, 가난[빈곤]한, 거지같은, 가난한; 얼마 안 되는; 빈약한, 비천한; (지적(知的)으로) 모자라는.
qashshoflik *ot.* 가난, 빈곤, 결핍, 부족.
qashshoqlik chegarasi 빈곤선
qachon *pron.* 언제; 어떤 때에, ~할 때에, ~할 때는, ~하니[하자, 하면]; ~bo'lmasin ~할 때는 언제나, ~할 때에는 언제든지.
qachonlardir *rav* ~할 때에는 언제든지, ~할 때는 언제나, ~할 때마다, 언제 ~하더라도
qibla *ot.* 하나님의 성전을 향하여
qidirib topish 예비
qidirish *ot.* 탐색(探索), 수색, 추구
qidirmoq *fe'l.* 찾다, 뒤지다, 탐색하다, 수색하다, 추구[탐구]하다, 조사하다
qil *ot.* 털, 머리카락, 머리털; 몸의 털.
qila olmaslik 못
qila olmoq, modal fe'lining qismi: ~할 수 있다
qilasizmi ~하십니까?
qiliq *ot.* 활동, 행동, 태도, 소행, 행위, 짓.
qilish *ot.* ~하다, 함, 행함, 실행, 노력,
qilich *ot.* 검(劍), 칼, 사벨.
qilichboz *ot.* 검술가, 검객(劍客), 군인(軍人), 무인(武人), 펜싱 신수.
qilichbozlik *ot.* 펜싱(fencing), 검술(劍術)
qilmaslik *ot.* ~하지 않다, 나태;

Q

활동[활발]하지 않음, 무위(無爲); 게으름, 나태; 정지, 휴식.
qilmoq *fe'l.* 준비하다, 만들다, 제작[제조]하다; 짓다; 건설[건조, 조립]하다; ovqat~ 요리하다; sarf ~ 보내다; telefon ~ 전화하다, 전화걸다.
qiltanoq *ot.* 물고기의 뼈.
qiltiriq *sif.* 날씬한, 홀쭉한, 야윈, 마른, 수척한, 쇠약한.
qimirlamoq *fe'l.* 흔들리다, 움직이다, 이동시키다, 옮기다.
qimiz *ot.* 말젖 우유, 젖술(말 또는 낙타의 젖으로 만든 타타르 사람의 음료; 약용으로도 함)
qimmat *sif.* 비싼, 고가의, 돈이 드는, 값비싼; 사치스러운, 비용이 많이 드는.
qimmat qog'ozlar bozori haqidagi qonun 유가증권 법
qimmat qog'ozlar chiqarish 유가증권발행
qimmat qog'ozlar egasi 증권소지인
qimmat qog'ozlar portfeli 유가증권 포트폴리오
qimmat qog'ozlar ro'yxati 유가증권 등록
qimmat qog'ozlar solig'i 증권거래세
qimmatbaho *sif.* 비싼, 귀중한, 가치가 있는; ~ qogoz 지폐, 화폐.
qimmatbaho buyumlar saqlash uchun bankdagi temir quti 은행의 대여금고
qimmatbaho metall 귀금속(貴金屬)
qimmatbaho qog'ozlar ma'muriyati 유가증권관리
qimmatbaho qog'ozlar kitobi 유가증권대장
qimmatbaho qog'ozlar kursi 채권가격, 주가(株價)
qimmatbahometallar va olmoslarni qazib chiqarish 귀금속 및 금강석 채굴
qimmati past pullar siyosati ↔ qimmati baland pullar siyosati 저금리 정책 ↔ 고금리 정책
qimmatlashmoq *fe'l.* 비싸지다, 가격이 오르다, (물가·수치 따위가) 상승하다.
qimmatli *sif.* 1) 비싼, 귀중한, 가치가 있는; 2) 성실[진실]하게; 충심(衷心)으로, 진정으로, 귀여워하여; 소중하게, 값비싸게.
qimmatli qog'ozlar operatsiyasiga soliq 증권 거래세
qimmatli qog'oz egasi 보유자(保有者)
qimmatli qog'oz, kupyura 채권이나 증권 1매
qimmatli qog'ozlar 운송비 보전을 감안한 도매가격
qimmatli qog'ozlar bozori 유가증권 시장
qimor *ot.* 노름, 도박, 내기.
qin *ot.* 칼집; (연장의) 집, 덮개, 칼을 놓는 그릇, 꽂는[끼우는] 구멍, (전구 따위를 끼우는) 소켓.
qing'ir *sif.* 구부러진, 꼬부라진, 비뚤어진, 뒤둥[빙퉁]그러진; 늙어 허리가 꼬부라진.
qipiq *ot.* 톱날.
qir I *ot.* 고지, 산지, 대지(臺地), 산이 많은, 구릉성의, 기복이 있는; 작은 산 같은, 조금 높은; 스텝 지대(시베리아 등지의 수목 없는 대초원)
qir II *ot.* 흘긋 봄, 일별, 한 번 봄, 일견
qirbonlik *ot.* 제물(祭物), 제수(祭需), 제품(祭品), 천수(薦羞).
qirindi *ot.* 깎음, 면도질; 깎아냄, 대패질함.
qirish *ot.* 근절(根絶), 박멸(撲滅), 몰살(沒殺), 구제(驅除), 절멸(絶滅).
qirchillama 잘생긴
qirmiz *sif.* 빨간, 적색의; (얼굴 따위가) 불그스름한, 장밋빛의; 불그레한, 홍안의.
qirmoq *fe'l.* 1) 문지르다; 문질러[긁어, 깎아서, 닦아서] 반반하게 하다, 후리다; 문질러[스치어, 긁어] 벗기다, 비벼서[문질러] 깨끗이 하다; 2) 박멸하다, 파괴하다, 부수다, 분쇄하다; 소실(消失)시키

다.
qiroat *ot.* 낭독(朗讀), 음송, 암송; ~qilmoq 음창(吟唱) [낭송]하다
qiroatxona *ot.* 강당(講堂)
qirol *ot.* 왕, 국왕, 임금, 군주.
qirollik *ot.* 왕정(王政), 왕국, 왕토, 왕령(王領)
qirolicha *ot.* 여왕(女王), 여제(女帝).
qirov *ot.* (흰)서리, 하얀 서리.
qirq *num.* 40, 40개[명]; 40세.
qirqilmoq *fe'l.* 자르다, 베다, 잘라내다, 치다; 깎다, 가위질하다; 양의 털을 깎다.
qirqinchi *num.* 제40(의), 40번째(의); 40분의 1(의).
qirqmoq *fe'l.* 1) 가위질하다; 양의 털을 깎다, 대패질하다, 깎다; 밀다; 깎아내다; 2) ~ 와 교차하다; ~와 서로 엇갈리다.
qirqoyoq *ot.* 지네(지넷과의 절지동물의 총칭. 흙 속에 사는데 몸은 편평하고 가늘고 긺. 다수의 마디로 이루어지고 마디마디에 한 쌍의 다리가 있음. 한방에서 강장제로 씀. 오공(蜈蚣). 토충(土蟲))
qirqquloq *ot. bot.* 양치류(羊齒類), 고사리(고사릿과의 양치류. 초봄에 싹이 뿌리줄기에서 돋아나는데, 꼭대기가 꼬불꼬불하게 말리고 흰 솜 같은 털로 온통 덮임. 어린잎은 식용하고, 뿌리줄기에서 녹말을 빼냄. 궐채)
qirra *ot.* 끝머리, 테두리, 가장자리, 변두리, 모서리.
qirsillamoq *fe'l.* 사각거리다, 딱딱 소리를 내다; (도기 등에) 금이 가다; 활기차 있다.
qiruvchi *sif.* 싸우는 사람, 투사; 전투원, 무인(武人), 파괴자; 구제자(驅除者); 파괴하는 것, 호전가; 싸움을 좋아하는 사람.
qirg'in *ot.* 도살, 살인; 살육, 학살, 죽다
qirg'iz *ot.* 키르기스 사람(중앙 아시아 서부의 주민); ~ tili 키르기스어(語).
Qirgiziston *ot.* 키르기즈스탄
qirg'oq yo'nalishi 해안선
qirg'oq bo'yidagi davlat 연안국
qirg'orboyi baliq ovi 연근해 어업
qirg'ich *ot.* 문지르는[긁는, 깎는] 도구, (신발의) 흙떨이 (매트); 흙고무래, 흙손, 스크레이퍼.
qirg'oq *ot.* 바닷가, 해안지방, 해변(海邊); (바다·호수·강의) 기슭, 연안(沿岸), 해안(海岸)(*dengizniki*); 둑, 제방; (강·늪 따위의) 가, 기슭 (*daryo- niki*)
qirg'ovul *ot.* 꿩(꿩과의 새. 산과 들에 사는데, 닭과 비슷하나 꼬리가 긺. 수컷은 '장끼'라고 하며 머리는 적동 녹색, 고운 금속광택이 있으며, 목에 흰 고리무늬를 두름. 암컷은 '까투리'라 하여 수컷보다 작고 곱지도 못함. 엽조(獵鳥)임. 야계(野鷄)), 산계(山鷄), 산량(山粱), 야계(野鷄), 화충(華蟲), 원금(原禽); 제주(濟州)꿩.
qirchillama *sif.* 삶의 전성기, 성숙한; 잘 발육[발달]한; 다 익은 (술 따위)
qisilmoq *fe'l.* 죄다, 압착하다; 꽉 쥐다, 꼭 껴안다.
qisq *sif.* 압축[압착]된; (사상·문체 따위가) 간결한; 한 번 짠 양; ~ koz 사팔눈, 사시.
qisilmoq 조이다
qisir *sif.* 애를 못 낳는, 임신을 못하는, 생식력이 없는, 불임의; (알이) 무정(無精)인, 수정하지 않은; ~ sigir 불임의 소.
qisirlamoq *fe'l.* 딱딱 소리를 내다; (도기 등에) 금이 가다; 활기차 있다.
qism *ot.* 1) 일부, 부분, 세목, 부품; 몫; 배당몫, 일부분; 2) 단위, 구성[편성] 단위.
qisman *ot.* 1) 부분적인, 일부분의, 국부적인; 불완전한; 2) 나눌[분할할] 수 없는(토지·부동산 따위).
qisman bajarish 채무의 불완전이행
qisman yetkazib berish 일부인도
qismat *ot.* 운명, 숙명; 운(運), 비운.
qismlarga ajratish 고장, 파손, 해체
qismoq *fe'l.* 조이다, 압축하다, 압착하다; 단축하다, 축소하다;

qol ~ 악수; yelka ~ 어깨, 어깨 관절.
qisqa *sif.* 간결, 짧은(길이·거리·시간 등이), 간결한, 간단한; ~ gaplar 단문
qisqa inkor gap 짧은 부정문
qisqa muddatli 단기의
qisqa muddatli loyiha 단기프로젝트
qisqa muddatli majburiyatlar 단기채무
qisqa muddatli operatsiya (3년 이하의) 단기거래
qisqa muddatli savdo 공매
qisqa muddatli veksel 단기어음
qisqa xulosa, qisqa mazmun 요약
qisqa yo'l 최단거리
qisqa, yaqin holat 초과 매도 포지션
qisqarmoq *fe'l.* 짧아지다, (양·액수·정도 따위를) 줄이다; 축소하다, 한정하다.
qisqartirish *ot.* 감소, 짧게 함, 단축.
qisqartirmoq *fe'l.* 짧게 하다, ~의 치수를 줄이다.
qisqartma *ot.* 생략, 축약, 약분, 약어.
qissa *ot.* 이야기, 설화; 실화; 동화.
qistamoq *fe'l.* 1) 서두르다, 죄어치다, 재촉하다; 빠르게 하다, 촉진하다; 2) 빨리하다, 가속하다, 진척[촉진]시키다.
qisqich *ot.* 집게; 부젓가락, 도가니 집게, 뻰찌, 못뽑이, 족집게.
qisqichbaqa *ot.* 가재; 왕새우, 대하(大蝦: 보리새웃과의 하나. 몸의 길이는 30cm 안팎. 우리나라·중국·동지나해 등지에 분포함).
qitiq *ot.* 간질, 간지럼; 간지러운 느낌, 근질근질함.
qitiqlamoq *fe'l.* 간지럽다, (자극물 따위로) 근질거리다.
qit'a *ot.* 대륙, 육지, 본토.
qiya *sif.* 경사면, 비탈, *mat.* 기울기.
qiyalik *ot.* 경사, 하강, 내리기, 내리받이, 내리막 길; 내리막 경사.
qiy-chuv *ot.* 소음, 시끄러운 소리, 법석 떪, 소란. 아우성치다.
qiyin *sif.* 곤란한, 어려운, 힘드는, 난해(難解)한, 복잡한, 까다로운; 번거로운, 알기 어려운.
qiyinlashmoq *fe'l.* 어려워지다, 곤란해지다.
qiyinchlik *ot.* 곤란; 어려움; 고생(苦生), 고난, 복잡성, 착잡; 복잡한 것[일]
qiyinlik *ot.* 곤란, 어려움, 고생(苦生), 곤경
qiyma *ot.* 다진 고기 채워 넣기, 햄버거고기; goshtni ~qilmoq (요리할 조류에) 소를 넣다, ~에 채우다[채워 넣다]
qiymalamoq *fe'l.* 햄버거를 만들다, 조각조각으로 하다[되다].
qiymat *ot.* 귀중품, 가치, 가격, 원가, 유용성, 진가, 쓸모, 고마움
qiymat, qadriyat 가치(價值), 귀중품.
qiymoq *ot.* 1) 자르다; 2) (큰 가위 따위로) 베다, 잘라내다, 치다; 깎다; (낫으로) 베어 내다; 전단(剪斷)하다. (*qoyyungini*)
qiynalmoq *fe'l.* 1) 괴로워하다, 고민하다, 고생하다; 상처입다; 2) 어려움을 당하게 하다; 3) 고통으로 괴로워하다.
qiynamoq *fe'l.* 고문하다, 괴롭히다, 난처하게 하다, 걱정시키다.
qiynoq *ot.* 고생, 근심, 걱정, 고민
qiyofa *ot.* 모습, 모양, 형태, 형상.
qiyom I *ot.* 정오, 한낮
qiyom II *ot.* 잼, 단것, 맛있는 것
qiyomat *ot.* 이슬람적인 심판의 날
qiyos *ot.* 비교, 대조; ~etmoq 비교하다.
qiyosan *rav.* ~와 비교하여 (보면)
qiyosiy *sif.* 비교적, 비교의, 비교에 의한,비교적인, 비교상의; ~ daraja 비교급
qiyosiy qiymat 공정시장 가치
qiyoslamoq *fe'l.* 비교하다, 대조

하다, 비유하다, 비기다.
qiyqim *ot.* 해진 조각, 지스러기; 걸레; 끄트러기, 조각, 파편, 세편(細片)
qiyqiriq *ot.* 소음, 시끄러운 소리, 법석 떪, 소란, 아우성, 외침, 부르짖음, 큰 소리, 환호, 환성.
qiyqirmoq *fe'l.* 아우성치다, 소리치다, 외치다; 큰소리로 말하다; 소리쳐 부르다, (소리내어) 울다, 탄성을 올리다
qiyishiq *sif.* 굽은, 곡선 모양의. (꼬부라진, 비뚤어진, 뒤둥[빙퉁] 그러진; 늙어 허리가 꼬부라진, 부정직한, 마음이 비뚤어진.
qiz *ot.* 딸, 여자 자손; 며느리, 의붓딸.
qizarmoq *fe'l.* 빨개지다, 빨갛게 되다, 붉은색으로 변하다
qizdirmoq *fe'l.* 가열하다, 따뜻이 하다. 다시 데우다; (엔진 등이) 가열되다; (행위 따위가) 한층 더 열기를 띠다. 달구다
qizil *ot.* 빨강, 적색, 적열(赤熱)의; 작열의.
qizil kitob 러시아 연방 백서
qizil narx, eng baland narx 매도인 및 매수인을 모두 만족 시키는 가격 (적정가)
qizilishton *ot.* 딱따구리(딱따구릿과에 속하는 새의 총칭. 깊은 산속에 삶. 빛은 녹색·흑색 등이며 반문이 있음. 날카롭고 단단한 부리로 나무를 쪼아 구멍을 내고 그 속의 벌레를 잡아먹음.)
qizilcha *ot.* 비트(근대·사탕무 따위)
qizimoq *fe'l.* 1) (불꽃 없이) 타다, 빨갛게 타다, 백열[작열]하다, 백열광을 발하다, 더워지다, 흥분하다, 화내다; 열중하다; 2) 흥분시키다, 자극하다, 성적으로 흥분시키다.
qiziq *sif.* 흥미 있는, 재미있는, (아무에게) 흥미를 일으키게 하는.
qiziqarli *rav.* 흥미있게, 재미있게, (아무에게) 흥미를 일으키게.
qiziqish *ot.* 재미. 흥미, 관심, 감흥, 흥취
qiziqtirmoq *fe'l.* ~에 흥미를 일으키게 하다, ~의 관심을 끌다, (주의·흥미 등을) 끌다, 끌어당기다,
qiziquvchi *ot.* 열광자, 팬, ~광(狂), (영화·스포츠·특정 취미의) 팬, 열렬한 애호가, 광신자; ingliz tiliga ~ 때때로 영어에 관심이 있다.
qiziqchi *ot.* 어릿광대, 희극 배우, 코미디언; 익살꾼, 유머를 이해하는 사람.
qizitmoq *fe'l.* 다시 데우다; (엔진 등이) 가열되다; (행위 따위가) 한층 더 열기를 띠다.
qizishmoq *fe'l.* 성내다, 노하다, 화내다; 가열하다, 뜨거워지다.
qizg'anmoq *fe'l.* 슬프다, 유감스럽다, 가엾다, 딱하다.
qizg'anchiq I *sif.* 질투하는, 투기하는, 부러움, 시기, 샘, 시샘, 탐욕, 욕심.
qizganchiq II *rav.* 1) 질투심이 많은, 투기가 강한, 시샘하는, 선망하는; 2) 욕심 많은, 탐욕스러운, 갈망하는, 간절히 바라는
qizgin *sif.* 뜨거운, 더운, 열이 있는, 열병의[에 의한]; 열병이 많은, 열심[열렬]히; 따뜻이, 흥분하여, 격하여.
qizg'ish *sif.* 불그스레한, 불그레한 갈색을 띤; 댕기물떼새, 갈매기의 일종
qizg'inlik *ot.* 강도, 세기
qoahnichilik 이웃하다
qish *ot.* 겨울, 겨울철, 동계(冬季), 동절(冬節), 동기(冬期), 현명(玄冥), 동삼(冬三); ~ da 겨울에; ~in-yozin 일년 동안; ~ki 겨울 같은, 겨울처럼 추운; ~lamoq 겨울을 지내다, 동면하다 (*hayvon va qushlar haqida*); ~lik 겨울처럼 추운; ~lov 겨울 방목장; ~lovchi 겨울 방목장 일꾼.
qishloq *ot.* 시골, 지방, 마을, 촌락, 시골풍의, 전원(田園); ~ xo'jaligi 농업, 농경, 농예; ~da 시골에; ~qa 지방에; ~i 마을 사람; 시골 사람.
qishloq xo'jaligi 농업(農業), 농산업.
qichima *sif.* 가려움, 옴, 개선(疥

癬)
qichimoq *fe'l.* 가렵다, 긁다, 긁다, (가려운 데를) 계속 긁다.
qichiq *ot.* 새롱거리는, 시시덕거리는, 연애 유희적인, '불장난'적인.
qichitqi *sif.* 찌르는, 쏘는; 쑤시는 듯한(고통 따위), 날카로운; 신랄한(풍자 등); ~ o't 쐐기풀(쐐기풀과의 여러해살이풀. 산야의 숲 속에 남. 높이 약 1m, 잎은 달걀꼴. 독기 있는 털이 있어 쏘이면 몹시 아픔. 여름에 담녹색 꽃이 핌)
qichishmoq *fe'l.* 근질근질하다, 긁다, 긁다
qichqiriq *ot.* 외침, 부르짖음, 큰 소리, 환호, 환성, 고함, 우는 소리, 짖는 소리.
qichqirmoq *fe'l.* 부르짖다, 큰소리를 내다, 외치다, 소리[고함]치다, 큰소리로 이야기하다.
qobil *sif.* 1) 순순히, 순종하는, 유순한, 고분고분한, 말 잘 듣는; 2) ~할 능력이 있는
qobiliyat *ot.* 할 수 있음, 가능성; 능력, 역량, 재능.
qobiliyat, layoqat, qudrat, quvvat 능력
qobiliyatli *sif.* 1) 능력 있는, 재능 있는, 유능한, ~할 수 있는, ~해낼 수 있는; 2) (~할) 능력이 있는, ~할 수 있는; ~될 수 있는, (~이) 가능한.
qobiliyatsiz *sif.* 역부족, ~할 힘이 없는, ~을 할 수 없는, 자격[능력]이 없는, 무력한.
qobiq *ot.* 1) (*daraxtning*) 짖는 소리, 기침소리, 포성, 총성; 2) (*yerniki*) (딱딱한) 빵 껍질, (물건의) 딱딱한 외피[표면].
qodir *sif.* 유능한, 역량 있는, 능력 있는, 재능 있는; ~bolmoq ~할 능력이 있다.
qofiya *ot.* 운, 압운(押韻), 각운(脚韻).
qoida *ot.* 규칙, 규정, 법규, 조례, 법, 관습원칙; kocha harakati ~lari 교통 규칙.
qoidaga zid o'zak 불규칙 어근
qoidalar to'qnashuvi 법률의 저촉(형식상 혹은 사실상 다른 몇 개의 법이 동시에 동일한 법률관계를 지배하는 것과 같은 외관을 보이는 것으로 시간적인 저촉과 장소적 저촉이 있다. 전자를 해결하는 방법이 국제법이고, 후자를 해결하는 법 중 가장 주요한 것이 국제사법이다. 법률의 저촉이란 말은 주로 국제 사법상에서 쓰이며, 국제사법의 별칭으로 쓰이는 경우가 적지 않다. 영미에서는 이 명칭이 보편적이다).
qol *ot.* 손, 팔
qolbola *sif.* 손으로 만든
qoldiq *ot.* 1) 나머지, 잔여(殘餘), 여분; 잔류자[물], 그 밖의 사람[물건], 2) 잔존물, 유물, 자취, 유풍, 자취 *(material)*
qoldiqni yangi raqamga o'tkazish 잔액 이월(殘額 移越)
qoldirilmoq *fe'l.* 미루다, 두다, 중지하다, 일시 정지하다, 한때 멈추다, 연기하다.
qoldirmoq *fe'l.* 1) (뒤에) 남기다, 남기고[두고]가다, 놓아두다, 버리다, 버려두다; 버리고 떠나다; 2) 중지하다, 일시 정지하다, 한때 멈추다, 연기하다. (*kechiktirmoq*)
qolip *ot.* 표준(標準), 기준(基準), 규격; 규범, 모범.
qolishmoq *fe'l.* 함께 남다, 함께 남아 있다; 없어지지 않고 있다.
qolmoq *fe'l.* 남다, (장소·위치 등에) 머무르다, 체재하다; kech ~ 늦다, charchab ~ 피로하다; orqada ~ 처지다, 뒤떨어지다
qoloq *sif.* 뒤에[로]; 후방에[으로]; 뒤를 향해, 진보가 늦은, 뒤진; ~oquvchi 진보가 늦은 학생; ~ mamlakat 후진국.
qoloqlik *ot.* 뒤로, 뒤를 향한 것; 거꾸로, 퇴보, 진보가 늦은 것, 뒤진.
qomat *ot.* 몸통, 몸, 신체, 육체; 시체.
qomus *ot.* 백과사전, 전문 사전.
qon *ot.* 피, 혈액; 생피, 체액; ~yutmoq 슬픔에 젖은, 비탄에 잠긴; uning rangida ~ qolmadi 그는(그녀는) 파래지(게 하)다, 창백해지(게 하)다; uning yuragi ~ bo'ldi 그의(그녀의) 인내는 고갈되었다; ~yig'lamoq 호되게 눈물

을 줄줄 흘리며 울다; ~to'kish 방혈; 사혈(瀉血); kam ~lik 빈혈증; 생기[활력]의 결핍; ~ beruvchi 헌혈자; 급혈자
qon huquqi tamoyili 속인주의(屬人主義: 사람이 어디에 있든 본국법을 적용하여야 한다는 국제 사법의 원칙)
qonamoq *fe'l.* 출혈하다, 피를 흘리다.
qondirmoq *fe'l.* 충족하다, 만족시키다; (희망 등을) 충족시키다, 채우다; Bu baho ularning talablarini qondira olmaydi 이 표시는 그들에게 만족시킬 수 없다.
qondosh *ot.* 친형제; (혈맹의) 의형제.
qoniqarli *sif.* 만족한, 흡족한, 납득한.
qoniqarli darajada yetkazib berish 시장의 요구나 계약 조건을 충족시키는 공급
qoniqarli sifat 우수품질, 우량품질
qoniqarsiz *sif.* 마음에 차지 않는, 만족스럽지 못한, 불충분한
qoniqarsiz yetkazish 불만족스러운 공급
qoniqarsiz, yomon sifat 불량품질
qoniqish *ot.* 만족, 충족, 만족시키는 것
qoniqmoq *fe'l.* 차다, 만족을 주다.
qoniqtirmoq *fe'l.* 만족시키다; (희망 등을) 충족시키다, 채우다.
qonli *sif.* 피나는, 피를 흘리는, 유혈의, 피투성이의, 피의, 피같은, 피에 관한.
qonli qasos 피의 복수 (현재 러시아 연방의 북카프카스인들 사이에는 아직 이런 관습이 남아있다. 살해된 자의 친척은 살해자 또는 그 친척에 복수를 할 의무가 있다.)
qonmoq *fe'l.* 만족하다, 만족을 주다, 충분하다; uyquga ~ 충분히 잠을 자다, 푹 자다; diydoriga ~ 충분히 보다
qonsiz *sif.* 핏기[생기]없는, 창백한, 빈혈의; 피를 흘리지 않는; 냉혹한
qonsizlik *ot.* 핏기 없는 것, 빈혈, 창백.
qonun *ot.* 법률(法律), 법규, 법, 국법
qonun chiqarish jarayoni 입법절차
qonun chiqarish tashabbusi 법률안제출
qonun chiqaruvchi hokimiyat 입법부(立法部)
qonun chiqaruvchi organlar 입법 기관
qonun kuchi 법적 효력
qonun loyihasi 법률안
qonun loyihasini o'qish 법안심의
qonun muqobili 유추
qonun tomonidan o'rnatilgan foizli me'- yor 법정이자율
qonun va sud oldida barchaning tengligi 법 앞의 평등
qonun va sudga hurmat bilan munosa- batda bo'lish 법존중
qonunbuzar *ot.* 법률위반(의), 법파괴자.
qonunbuzarlik *ot.* 법률위반(침해)
qonunbuzarlikning oldini olish 권리침해의 예방
qonunchilik 법령(법률 보다 더 넓은 개념)
qonunchilikdagi kamchilik 법의 흠결(공백)
qonunga tegishli harakat 하부법령
qonunga to'g'ri kelmaydigan faoliyat, qonunbuzarlik 불법행위
qonuniy *sif.* 법률(상)의, 법률에 관한, 법정(法定)의, 법률이 요구[지정]하는, 합법의, 적법한, 정당한.
qonuniy huquqlarni suiiste'mol qilish 소송권남용
qonuniy jarima 법정위약금
qonuniy manfaatlar 법으로 보호받는 이익, 법적이익
qonuniy munosabat 법률관계
qonuniy tashabbus huquqi 법률안제출권

qonuniy vakil 법정 대리인
qonuniy zahiralar 법정 예비비
qonuniyat *ot.* 적법, 합법, 정당함.
qonunlashtirmoq *fe'l.* 법률상 정당하다고 인정하다, 공인하다; 적법화[합법화]하다.
qonunsiz *sif.* 불법[위법]의, 비합법적인.
qonunshunos *ot.* 법률학자
qonuniylik *ot.* 적법, 합법, 정당함.
qonuniylik tartibi 죄형법정주의
qonuniylik, qonunga muvofiylik 합법
qonunlar qarama-qarshiligi, kolli- zitsiyasi 법률의 모순
qonxo'r *sif.* 피를 마시는, 피에 굶주린, 잔인[흉악]한.
qop *ot.* 마대, 자루, 부대.
qoplamoq *fe'l.* 도금하다, 덮다, 씌우다, 싸다, 덮어 가리다, 감추다.
qoplasa bo'ladigan zarar 만회가능한 소실
qoplash usuli 보상 방법, 변제 방법
qoplash, to'lash 충당, 지출
qoplon *ot.* 표범(豹-: 고양잇과의 맹수. 숲 속이나 사바나에 사는데, 몸은 1.5m, 꼬리는 1m 정도임. 등은 담황색, 배는 순백색. 온몸에 원형·달걀꼴의 흑색 무늬가 있음. 나무에 잘 오르고 성질이 포악하여 딴 짐승을 잡아먹음; 돈점박이)
qopmoq *fe'l.* 물다, 물어뜯다; 물어 끊다
qopqon *ot.* 덫, 올가미, ~잡는 기구
qopqoq *ot.* 덮개; 뚜껑; 책의 표지.
qoq *ot.* 가뭄, 한발, 건조 상태.
qoqi *sif.* 말린, 건조한; olma ~ 말린 사과
qoqilmoq *fe'l.* 1) (실족하여) 넘어지다, 곱드러지다, 2) 실수하다, 잘못 생각하다, 실족하다; 3) 실패, 불이행, 태만, 부족, 결핍
qoqinmoq *fe'l.* 치다, 두드리다, 때리다.
qoqmoq *fe'l.* 1) (계속해서) 치다, 두드리다; (벌로) 때리다, 매질하다; 탈곡하다; 2) (기·돛 따위를) 펼치다; (상의·모포 따위를) 흔들어 말리다; (먼지 따위를) 털다, (그릇을) 흔들어 속을 비우다.
qor *ot.* 눈(雪), 강설(降雪), 적설(積雪), 새하얌, 순백; ~ yogyapti 이것은 눈이다.
qora *ot.* 흑(黑), 검은색; 검은 잉크[그림물감], 흑색 물감; 먹; ~ metall 철금속과 비(非)철금속.
qora kunga jamg'arma 비상시를 대비한 저축
qora metallar 철(鐵), 금속(金屬)
qora, yashirin, noqonuniy bozor 암시장
qoraarcha *ot.* 노간주나무(측백나뭇과의 상록 침엽 교목. 산록의 양지에 남. 높이는 10m가량, 봄에 녹갈색 꽃이 피고 달걀 모양의 동그란 열매가 가을에 익는데, 약용·식용·향료로 씀); 로뎀나무(열왕기 上 XIX:4).
qorabaliq *ot.* 송어(松魚: 연어과의 바닷물고기. 연어 비슷한데 길이는 60cm 정도이며, 등은 짙은 남색, 배는 은백색임. 산란기에 강을 거슬러 올라감. 맛이 좋음.)
qorabug'doy *ot.* 밀의 일종(가축사료)
qoradaraxt *ot.* 열매를 못 맺는 나무
qoradori *ot.* 마약(痲藥), 아편.
qorailon *ot.* 독사(毒蛇), 북살모사(殺母蛇), 검은 뱀
qorajigar *ot.* 비장(脾臟), 지라.
qorako'l *ot.* 아스트라한(러시아 Volga강 하구의 도시) 양털; ~teri 아스트라한 모조 직물
qorako'lchilik *ot.* 아스트라한의 양털
qorako'z *ot.* 검은 눈
qorakuya *ot.* 너무 검다
qoralamoq *fe'l.* 중상[비방]하다, 명예를 훼손하다.
qoralovchi *ot.* 실행자, 수행자, 소추자, 기소자, 고발자; 검찰관; jamoat ~si 검사.
qoramag'iz *ot.* (피부 등이) 거무스레한, 가무잡잡한.
qoramiq *ot.* 낟알, 곡물, 곡식, 옥수수

qoramol *ot.* 소, 축우, 가축.
qoramoy *ot.* (나무의) 진, 수지(樹脂), 송진(*suyuq*), 피치(원유·콜타르 따위를 증류시킨 뒤에 남는 검은 찌꺼기), 역청(瀝靑)물질.
Qoraqalpoq *ot.* 칼라칼팍 자치공화국; ~ tili 칼라칼팔 말(어)
qoraqarg'a *ot.* 까마귀, 갈가마귀(불길한 새로 봄); 큰까마귀
qoraqosh *ot.* 검은 눈썹
qoraquloq *ot.* 스텝지대 스라소니
qoraqurt *ot.* 스텝지대 거미
qoraquyruq *ot. zool.* 가젤
qoratuproq *ot.* 검은 오일, 원유.
qoraqush *ot.* 검은 (독)수리(새)
qoraymoq *fe'l.* 1) 검게 되다, 검게 보이다; 2) (*qiyoshda*) 볕에 그을린[탄]
qoraytirmoq *fe'l.* 검게된 원인이 되다
qoracha *sif.* 어스름한; 거무스름한.
qorgon 집
qorgoshin 철
qori *ot.* 코란의 암송자(목사)
qorin *ot.* 위(胃), 복부, 배, 위부(胃部); ~ boshligi 복강.
qorishma *ot.* 혼합, 혼화(混和); (여러 가지 커피 따위의) 조합(調合), 섞기.
qorishmoq *fe'l.* (둘 이상의 것을) 섞다; 혼합[혼화]하다.
qorishtirmoq *fe'l.* 섞이다, 혼합되다; 뒤섞이다, (색 따위가)가 한데 어우러지다[융합하다].
qorishiq tovushlar 거센소리(ㅊ·ㅋ·ㅌ·ㅍ 등과 같은 파열음. 곧, 거센 숨을 따라서 나는 소리. 격음(激音); 된소리.)
qorishiq tovushlar 격음(激音), 기음(氣音), 유기음(有氣音)
qorli *sif.* 눈의; 눈으로 덮인; 눈이 내리는, 눈처럼 흰; 깨끗한, 더럽혀지지 않은
qormoq *fe'l.* 1) 섞다, 혼합[혼화]하다; 첨가하다; 2) (가루·흙 따위를) 반죽하다; 개다; 주무르다, (근육을) 안마하다 (*loyni*)
qorong'i *sif.* 어두운, 암흑의; ~ tushmoq 어둡기 시작하다.
qorongi'lamoq *fe'l.* 어둡게 하다; 어두워지다; (빛깔이) 거뭇해지다.
qorongi'lashmoq *fe'l.* (하늘·안색이) 흐려지다, (하늘·안색·마음·희망 등을) 흐리게 하다; 침침[음울]하게 하다[해지다].
qorongi'lik *ot.* 암흑, 검음; 불명료, 깜깜함.
qorovul *ot.* 1) 경호인; 수위, 문지기, 보초, 파수꾼; 위병; 호위병, 경비원 (*qamoqda*); 2) 문지기, 수위; (아파트·빌딩 따위의) 관리인.
qotil *ot.* 살인자; 살인범
qotillik *ot.* 살인, 고살(故殺), 모살(謀殺).
qotirmoq *fe'l.* 1) 말리다. 말라붙다; non ~ 빵을 말리다; 2) (바짝) 죄다, 팽팽하게 치다, 단단하게 하다; 3) *k. m.* (*qoyillatmoq*) 완성하다; 수행하다, 완전히 하다; gapni qotiradi 그는 이미 마스터했다고 말했다; bosh ~ a) 이리저리 생각하다, 머리를 짜내다; b) ~을 받아들이다, ~을 끌어들이다.
qotishma *ot. tex.* 합금, 혼합물.
qotma *sif.* 홀쭉한, 야윈, 마른, 날씬한.
qovoq I *ot.* 호박, 호박 줄기[덩굴]; oyim ~ 식용에 적합한 호박.
qovoq II *ot.* 눈꺼풀; ~ solmoq 눈살을 찌푸리다, 얼굴을 찡그리다, 뚱한 표정을 짓다; 불쾌한 얼굴을 하다, 기분 나쁜 모양을 하다
qovun *ot.* 멜론, 참외; ~polizi 참외 밭
qovurdoq *ot.* 고기를 굽다, 불에 쬐다, 익히나, 고기를 오븐[뜨거운 재]에 굽다
qovurma *ot.* 불고기; (불고기용의) 고기, 로스트 고기(보통 쇠고기).
qovurmoq *fe'l.* 굽다, (고기를) 굽다, 불에 쬐다, 익히다, 오븐[뜨거운 재]에 굽다; (콩·커피 열매 따위를) 볶다, 덖다.
qovurg'a *ot.* (고기가 붙은) 갈비, 갈빗대, 늑골(肋骨: a) 흉곽을 구성하는 활 모양의 긴뼈; 좌우 열두 쌍임. 갈비뼈.; b) 선체(船體)의 바깥쪽을 형성하는 늑골 모양의 뼈대)

qovushmoq *fe'l.* 성교하다; 교접[교미]하다, (배우체(配偶體)가 접합하다)
qovushmoqlik *ot.* 교배[교미](기).
qovushtirmoq *fe'l.* 모으다, 소집하다; (특히, 남녀를) 맺어주다, 결합시키다; 화해시키다
qoyil *rav.* 기뻐하는, 만족하게, 마음에 든, 흡족한; 깨끗이 치른[지불한]; 납득하게; ~ qilmoq ~을 만족하게 하다.
qozi *ot.* 새끼 양
qozichoq *ot.* 양의 새끼
qozilamoq *fe'l.* 양의 새끼를 낳다.
qoziq *ot.* 말뚝, 막대기, 나무[대]못, 쐐기.
qoziqorin *ot.* 버섯, 식용버섯
qozon *ot.* 1) 구리 그릇, (도기·금속·유리 제품의) 원통형의 그릇, 단지, 항아리, 독, 병; (깊은) 냄비; 2) 보일러, 기관; 끓이는 그릇 (주전자·냄비·솥 따위)
qozonmoq *fe'l.* 이기다, (노력하여) 얻다, 획득하다, 쟁취하다, 손에 넣다, 획득하다; (버릇·기호·학력 따위를) 몸에 익히다, 습득하다, 주인 되다; galaba ~ 승리의 획득물.
qozoq *ot.* 카자흐족; ~ tili 카자흐어(튀르크어군(語群)의 하나).
qog'oz *ot.* 종이, 벽지, 용지, 낱장 인쇄물
qog'oz fabrikasi 제제공장
qog'oz kompaniya 페이퍼컴퍼니
qog'oz pul 은행권, 지폐
qog'oz pul chiqarish daromadi 유가증권 발행 수익
qog'oz pullar 지폐(紙幣), 화폐(貨幣)
qosh *ot.* 눈썹, 미모(眉毛), 각월(却月), 곡미(曲眉) 아미(蛾眉)
qoshaloq *ot.* 눈 쌍꺼풀
qoshida *prep* ~의 면전에서; ~에 직면하여. 가까이에, 곁에, 바로 가까이에; 머지않아서, 밑에서; Litsey ~kutubxona bor 그 도서관은 문화회관 가까이 있다.
qoshiga *prep* 앞에, ~쪽으로, ~로 향하여, ~에 면하여, ~의 쪽을 향하여
qoshiq *ot.* 수저, 숟가락, 스푼; bir ~ qonidan kechmoq 자비로운, 인정 많은
qochirmoq *fe'l.* 달아나다, 탈출[도망]하다; kozdan ~ (*yoki nazardan*) 시야에서 벗어나다.
qochmoq *fe'l.* 1) 도망하다; 2) 피하다, 회피하다; 3) 달아나다, 탈출[도망]하다.
qochoqlarni mehnat bilan ta'minlash 노숙자 일자리 마련
qochqor *ot.* 양의 남성
qubba *ot.* 둥근 천장; 둥근 지붕.
quda *ot.* 사돈 간, 결혼 중매인
qudrat *ot.* 힘, 능력; 생활력
qudratli *sif.* 강한, 강력한; 유력한, 우세한
quduq *ot.* 우물, 샘; 광천. 유정(油井).
qul *ot.* 노예(奴隷), 노예같이 일하는 사람; ~ qilmoq 노예로[포로로]하다, 예속시키다.
qulamoq *fe'l.* 떨어지다, 떨어지다, 낙하하다; (꽃·잎이) 지다, (머리털이) 빠지다.
qulash, tushish 붕괴(崩壞), 파괴
qulatmoq *fe'l.* 떨어지는 원인이 되다.
qulay *sif.* 1) 기분 좋은, 편한, 위안의; 고통[불안]이 없는; 2) (물건이) 편리한, 사용하기 좋은[알맞은], 편의한; ~ fursat 기회, 호기; 행운; 가망.
qulaylik *ot.* 위로, 위안, 위안이 되는 것.
qulf *ot.* 1) 자물쇠, 맹꽁이자물쇠; 2) 자물쇠를 채우고, 안전하게; 투옥되어.
qulflamoq *fe'l.* ~에 자물쇠를 채우다, 잠그다; 닫다
qullik *ot.* 노예 상태, 노예[농노]의 신분
qulluq *ot.* 감사, 사의, 치사, 사례, 고맙소; ~qilmoq ~에게 사례하다, ~에게 감사하다, ~에게 사의를 표하다.
quloq *ot.* 귀, 청각, 청력; ~solmoq 귀를 기울이다, 경청하

다.
qultum *ot.* 삼킴, 들이켜다, 삼키다, 꿀꺽 삼키다, 한 입(의 양), 한 입 가득(한 양).
qulupnay *ot.* 딸기, 양딸기.
qum *ot.* 모레, 모래알.
qumalamoq *fe'l.* 재주넘기, 공중제비
qumgon *ot.* 주전자
qumli *sif.* 모래의; 모래땅의; 모래투성이의; 모래빛(머리털)의; ~sahro 사막.
qumlik *ot.* 모래알, 모래밭, 사막; 모래펄; 모래톱.
qumsichqon *ot.* 모레 있는 쥐, 사막의 쥐.
qumg'on *ot.* (귀 모양의 손잡이와 주둥이가 있는) 물주전자
qunduz *ot.* 비버(비버과의 수변(水邊) 동물. 몸은 80cm, 꼬리는 37cm 정도로, 쥐목 중 가장 큼. 꼬리는 넓고 납작하며 귀는 작음. 헤엄을 치며 나무껍질을 주로 먹음. 모피는 귀중하게 쓰이며 수컷의 항문선(腺)은 '해리향(海狸香)'이라 하여 약용·향료용으로 씀), 해리(海狸); 비버모피
qunt *ot.* 고집, 굳은, 단호한.
qurama, marketing miks 복합 마케팅
qurb *ot.* 할 수 있는 마음, 세기, 힘, 정신력; ~im yetmaydi 나는 상태가 안 좋다.
qurbada *ot.* 개구리(개구릿과·청개구릿과·맹꽁잇과· 무당개구릿과에 속하는 동물의 총칭. 올챙이가 자란 것으로, 네 발에 물갈퀴가 있고 소리 주머니를 부풀려 소리를 냄)
qurbon *ot.* 희생, 산 제물, 제물; ~ qilmoq 희생하다, 제물로 바치다.
qurbonlik *ot.* 산 제물의 짐승.
qurg'oqchilik *ot.* 가뭄, 가물음, 천한(天旱), 한발(旱魃)
qurgoqchilik ~ka qaeshi kurash
qurib bitkazish sharti 턴키방식 공사
qurib, kalitini topshirish shartno- masi 턴키 계약
qurigan *sif.* 마르는 것, (바짝) 마른; (늙어서) 쭈글쭈글한; (감정 따위가) 고갈된. 이운, 시든; 싱싱함을 잃은 (*osimlik*); 시든, (사람·얼굴 등이) 몹시 여윈 (kishi haqida)
qurilish *ot.* 건축(술), 건조, 건설; (건조·건축·건설) 공사, 작업, 구조, 구성.
qurilish maydonini tayyorlash 건축부지 조성
qurilish pudrati 건설계약
qurilish sanoati 건축업(建築業)
qurimoq *fe'l.* 건조하다, 시들다, 이울다, 말라[시들어] 죽다 (*osimlik haqida*)
quritmoq *fe'l.* 1) 말리다, 건조시키다; 닦아내다; 2) (빚을) 청산하다, 갚다, 변제하다; (회사 따위를) 정리[해산]하다, 일소하다, 폐지하다; 끝내게 하다, 종결시키다.
qurishmoq *fe'l.* 서로 세우다, 상호 건축[건조, 건설]하다
qurmoq *fe'l.* 조립하다; 세우다, 건조[축조·건설]하다, (도로·철도 따위를) 부설하다
qurol *ot.* 1) 무기(武器), 병기(兵器), 흉기, ~ni tashlamoq 무기를 내려놓다; yadro ~lari 핵무기; 2) 도구, 공구, 연장; (실험·정밀 작업용의) 기계(器械), 기구(器具)
quroldosh *sif.* 무장한; 공구한.
qurollanmoq *fe'l.* 무장하다, 빈틈없는 태세를 취하다
qurollantirmoq *fe'l.* 무장시키다, ~에게 무기를 주다; (배를) 장갑하다.
qurolli *sif.* 무장한. 공구한
qurolsizlanmoq *fe'l.* ~의 무기를 거두다, 무장 해제하다; ~의 군비를 철폐[축소]하다; 평시 편제로 복귀하다.
qurolsizlantirilmoq *fe'l.* 무장을 해제하다; 군비를 축소[철폐]하다.
qurolsizlantirish *ot.* 무장 해제, 군비 철폐[축소].
qurolxona *ot.* 병기고, 병기 제작소, 조병창
quroq *ot.* 넝마, 지스러기; 걸레, 작은 조각; 토막, 지저깨비; 파편.
qurt *ot.* 벌레, 모충(毛蟲), 풀쐐기(나비·나방 따위의 유충). (*ipak*

qurti) 누에, 눼, 집누에, 가잠(家蠶)
qurtlamoq *fe'l.* 벌레를 먹다(가지다)
qurultoy *ot.* 협의회, (대표자·사절·위원 따위의) 회의, 회합.
qurumsoq *sif.* 물건을 너무 아끼는, 인색한; 부족한, 근소한. 구두쇠처럼.
quruq *sif.* 건조한, 마른, 물기가 없는; 건성[건식]의; ~ gap 지저귐; 캑캑 우는 소리; ~ uy 빈집; dokondan ~keldim 나는 빈손[맨손]가게로 시작했다.
quruqlik *ot.* 뭍, 육지, 땅, 토지, 지면; 소유지; ~dagi kuchlar 그라운드 세력
quruqchilik *ot.* 가뭄, 한발
qurut *ot.* 분유, 마른 우유
quruvchi *ot.* 건축(업)자, 건설자, 청부업자; 증진시키는 사람[물건].
qurg'oqchilik *ot.* 가뭄, 한발, 고갈
qurshamoq *fe'l.* 에워싸다, 둘러싸다, 포위하다; 에두르다, 에우다.
qurshov *ot.* 둘러쌈, 포위, 포위정책; 일주; ~da qolmoq 에워[둘러]싸다
qusmoq *fe'l.* 던져올리다. (창문을) 밀어 올리다, 사직하다; 포기하다.
qur'on *ot.* qoran, qur'an
qusuq *ot.* 구토(물) 게운 것.
qutb *ot.* 극(極), 극지, 북극성.
quti *ot.* 1) 상자, 궤(櫃), 통(通), 갑(匣), 상자갑, 박스(box), 케이스(case); 2) 항아리, 단지; 납골(納骨)[유골] 단지; 무덤, 묘; saylov ~si 투표함(函); 무기명[비밀] 투표
qutilmoq *fe'l.* 제거하다.
qutlamoq *fe'l.* 축하하다, ~에 축사를 하다
qutlov *ot.* 축전, 축하(祝賀), 경하(慶賀), 경축(慶祝), 하례(賀禮), 치하(致賀), 축수(祝手), 감축(感祝), 하송
qutlug': Yangi yilingiz ~ bolsin! 세배, 새해 인사, 새해 복 많이 받으세요!
qutqarish *ot.* 구조(構造), 구제(救濟); 제도(濟度).
qutqarmoq *fe'l.* 해방하다, 자유롭게 하다; 방면[석방]하다; 벗어나게 하다; 구조하다, 구하다; 보호하다. (*xavfdan*)
qutqaruv shartnomasi 해난구조계약
qutqazilmoq *fe'l.* 구하다, 구제하다
qutqazmoq *fe'l.* 도와주다, 돕다; 건지다
qutulmoq *fe'l.* 1) 자유의 몸이 되다, 석방되다; ~을 벗어나다; 2) 도망하다, 달아나다, 탈출[도망]하다.
quturmoq *fe'l.* 격노, 분격, 노함. 격분.
quvilmoq *fe'l.* 쫓아가다, 따라가다.
quvlamoq *fe'l.* 1) 뒤쫓다, 추적하다, 추격하다; 2) 몰다, 쫓다(*poda va h.k.larni*)
quvmoq *fe'l.* 찾아 헤매다, 사냥하다.
quvnamoq *fe'l.* 다행히도 ~을 갖다, ~에 있어서 잘하다
quvnoq *sif.* 명랑한, 유쾌한, 재미있는.
quvnoqlik *ot.* 흥겹게 떠들기, 환락, 재미있음, 즐거움.
quvonib *rav.* 기쁘게, 즐거이, 기꺼이.
quvonmoq *fe'l.* 기쁘다, 흥겨워하다, 명랑하게 놀다.
quvontirmoq *fe'l.* 즐겁게 하다
quvonch *ot.* 기쁨, 환희, 반가움, 유쾌함; ~ bilan 기꺼이, 기쁘게.
quvonchli *sif.* 즐거운, 기쁜, (마음을) 기쁘게 하는.
quvur *ot.* 파이프, 관(管), 도관(導管), 통(筒); gaz ~lari 가스 파이프라인.
quvurcha *ot.* 관(管)공사, 배관(配管), 해협, 골짜기; 길의 좁은 곳, 애로(隘路)
quvvat *ot.* 1) 힘, 능력; 에너지, 생활력, 위력, 용력, 출력, 기운;

2) 수용량; (최대) 수용능력. 용적, 용량; ~ga kirmoq (앗긴 것을) 되찾다; (잃은[놓친] 것을) 찾아내다, 발견하다; (매몰·잊었던 것을) 캐내다.
quvvat ko'lami 동력 필요량
quvvat tashuvchi 에너지원, 연료.
quvvatlamoq *fe'l.* 강화하다, 지탱하다, 버티다, (주의·정책 등을) 지지하다.
quvvatlanish *ot.* 강화한, 강함, 튼튼함, 기운이 나다.
quvvatli *sif.* 강한, 강력한; 유력한, 우세한
quvvatsiz *sif.* 연약한, 약한, 힘없는, 박약한, 나약한, 기력이 없는; 저능의.
quvg'in *ot.* (자의에 의한) 망명, 국외 생활[유랑], 타향살이; ~ qilmoq 추방하다, 귀양보내다, 유형에 처하다; 내쫓다.
quydirmoq *fe'l.* 따르기 시작하다, 쏟기 시작하다, 붓기 시작하다, 흘리다
quyi *sif.* 낮은(키·고도·온도·위도·평가 따위), 아래, 밑바닥; (우물 따위의) 바닥, 밑바닥 부분, 하부; (나무의) 밑둥.
quyida *rav.* 아래에[로, 에서], 밑에(서).
quyidagi *sif.* 다음의, 그 뒤에 오는.
quyma *ot.* 1) (주사위·돌·그물 따위를) 던지기, 던진 거리, 사정(射程); 2) 주조; 주물, 던지기.
quymoq *fe'l.* 따르다, 쏟다, 붓다, 흘리다yomgir chelaklab quygandek yogmoqda 잡동사니 비가 오고 있다.
quyon *ot.* 토끼, 집토끼, 산토끼, 야토; Ikki ~ning ketidan quvlasang, birini ham ushlay olmaysan (maq.) 만약 당신이 두 마리 토끼를 다 잡으려 한다면 당신은 한 마리도 못 잡을 것이다.
quyonchilik *ot.* 토끼가 뛰다, 발작하다
quyosh *ot.* 태양, 해, 햇빛, 일광; 햇볕.
quyosh *sif.* 양지바른, 밝게 비치는, 햇볕이 잘 드는.
quyoshli 대양한
quyruq *ot.* 동물의 꼬리, 후미; 솔, 귀얄. 솔질, 붓, 화필 (*tulkiniki*)
quyulmoq *fe'l.* 두껍게[굵게, 진하게] 하다[되다], 부하다 *(yoki)* 가장 굵은[두꺼운] 부분; 가장 짙은 부분.
quyum *ot.* 회오리바람, 선풍, 급격한 행동, 격렬한 감정.
quyuq *sif.* (액체 따위가) 진한, 걸쭉한, 밀도가 높은, 짙은; 농후한.
quyuq ovqat 찌개
quyuqlanish *ot.* (노력·정신 등의) 집중, 전념, 전심.
quyuqlashmoq 응결하다, 두껍게[굵게, 진하게] 하다[되다], *(yoki)* 두껍게, 깊게.
qush *ot.* 새, 엽조(獵鳥)
quchmoq *fe'l.* 얼싸안다, 껴안다, 포옹하다; beldan ~ 허리를 껴안다; bolani ~ 아이를 포옹하다.
quchoq *ot.* 꼭 껴안음, 포옹, 에워쌈, 포위
quchoqlamoq *fe'l.* 서로 껴안다, 얼싸안다, 껴안다, 포옹하다.
qo'l *ot.* 1) 손, 팔, (원숭이 따위의) 앞발; 2) 서명(하기); ~ qo'ymoq (~에) 사인[서명]하다, 기명날인하다
qo'lbola *ot.* 자가제의, 집에서[손으로] 만든.
qo'llab quvvatlanuvchi aktsiya 상환 주식(償還株式)
qo'llamoq *fe'l.* 1) 지탱하다, 버티다, (주의·정책 등을) 지지하다; 2) 쓰다, 사용[이용하다; (권총 등을) 들이대다, 소비하다
qo'llanilish *ot.* 사용, 행사, 이용(법); (식품 등의) 소비, 용도, 사용 목적; 효용, 효과.
qo'llanma *ot.* 서용 설명서, 편람, 안내.
qo'llanmoq *fe'l.* 사용하다, 활용하다, 소용되게 하다
qo'lqop *ot.* 장갑; (야구·권투용) 글러브.

qo‘ltiq I *ot.* 겨드랑이 밑; (옷의) 소매 아래쪽.
qo‘ltiq II *ot.* 만(灣), 내포, 시내, 크리크, 샛강; U dengiz qoltigiga ketmoqda 그는 작은 샛강으로 갔다.
qo‘ltiqlamoq *fe'l.* 만에서 잡다, 겨드랑이에 끼다.
qo‘ltiqtayoq *ot.* 목다리, 협장(脇杖), 버팀, 지주(支柱)
qo‘lyozma *ot.* 손으로 쓰는, 수서(手書), 원고, 사본, 필사본
qo’lga kiritilgan aktsiyalar soni 취득 주식수
qo’llaniladigan huquq 준거법
qo’llash bo’yicha yo’riq noma 사용설명서
qo’llovchi marketing 수요 유지 마케팅
qo’riqlash 피켓팅(스트라이크를 할 때에 쟁의 중인 근로자가 스트라이크를 중단시키기 위하여 다른 근로자들이 대신 취업한다거나 동료 근로자가 중 탈락자가 생겨 스트라이크 중 취업하는 것을 말고, 또 한, 고객 및 거래처의 출입을 저지하기 위하여 공장, 사업장 및 상점 등의 입구부근에 감시선 (피케팅 라인)을 치는 것을 말한다)
qo‘mita *ot.* 위원회, 위원.
qo‘mondon *ot.* 대장(大將), 지휘관, 사령관; 명령자; 지휘자, 지도자.
qo‘mondonlik *ot.* 지휘하다, ~의 지휘권을 갖다; 통솔하다; ~qilmoq 지휘권을 주다.
qo‘msamoq *ot.* ~고 싶다, 지루하다, 싫증나게 하다.
qo‘ndoq *ot.* (무기·도구 따위의) 굵은 쪽의 끝; (총의) 개머리; 나무의 밑동, 그루터기; 잎자루의 아랫부분.
qo‘nish *ot.* 상륙, 양륙, (비행기의) 착륙, 도착; samolyot-larning ~ va uchishlari 비행기의 착륙과 이륙,
qo'nmoq *fe'l.* 1) 상륙시키다, 양륙[육태질]하다; (항공기 등을) 착륙[착수, 착함]시키다; 2) 자리잡다, 살다, 정착[정주]하다.
qo'ng'ir *sif.* 다갈색의, (엷은) 갈색의; (살갗이) 볕에 그을린.
qo'ng'iroq *ot.* 벨, 종; 방울, 초인종, 벨; ~ chalmoq (종·벨·타악기 따위를) 울리다, 울려서 알리다; ~qil- moq (*telefon orqali*) 전화벨 소리.
qo‘ng’iz *ot.* 투구벌레(류), 딱정벌레(딱정벌렛과의 곤충. 길이 약 1cm, 빛은 금록색 내지 등적색, 밤에 곤충을 잡아먹음; 갑충(甲蟲)); tilla~ 반시류(半翅類)의 곤충(방귀벌레 따위)
qo‘pol *sif.* 버릇없는, 무례한, 실례의, 야비한, 상스러운; (언사 따위가) 음탕한, 추잡한; ~ xato 큰 실수, 대(大)실책.
qo‘pollik *ot.* 버릇없는, 무례한, 실례의, 교양이 없는, 야만의; 무무한, 조야한,
qo‘pormoq *fe'l.* 뒤집어엎다, 뒤집히다, 전복시키다[하다]; 멸망시키다.
qo‘poruvchilik *ot.* 딴데로 돌림, 전환; (자금의) 유용, (쟁의 중의 노동자에 의한) 공장설비·기계 따위의 파괴, 생산 방해; (피점령국측의 공작원·지하운동가에 의한) 파괴[방해]활동.
qo‘qongul *ot.* 애스터, 까실쑥부쟁이속(屬)의 식물(탱알·쑥부쟁이 따위).
qo‘qqisdan *rav.* 갑자기, 불시에, 졸지에, 돌연, 느닷없이.
qo'riq *ot.* 처녀지, 더럽혀지지 않은 땅.
qo‘riqlamoq *fe'l.* 막다, 지키다, 방어[방위]하다, (타이틀)의 방어전을 하다.
qo‘riqxona *ot.* 비축, 예비; 예비[보존]품; (석유·석탄 등의) 매장량, 광량(鑛量).
qo‘riqchi *ot.* 경호인; 수위, 문지기, 간수.
qo‘rqinch *ot.* 두려움, 무서움, 공포.
qo‘rqinchli *sif.* 무서워, 두려워, 걱정하고, 두려워하는, 겁내는, 소심한,
qo‘rqitmoq *fe'l.* 뒤집어엎다, 뒤집히다, 전복시키다[하다]; 멸망

시키다.
qo'rqmas 무서움을 모르는 사람
qo'rqmoq *fe'l.* 무서워하다
qo'poruvchilik *ot.* 딴데로 돌림, 전환; (자금의) 유용.
qo'rqoq *sif.* 겁쟁이, 무서운, 무시무시한
qo'rqoqlik *ot.* 겁, 소심, 비겁.
qo'rquv *ot.* 공포, 전율, 전율할 만한 일, 참사, 잔혹 (행위).
qo'rs *sif.* 버릇없는, 무례한, 교양이 없는.
qo'rslik *ot.* 버릇없음, 무례, 실례.
qo'riqxona *ot.* 생태계 보호지구
qo'rg'on *ot.* 1) 요새(지); 성채; 2) 무덤, 분묘, 고분.
qo'rg'oshin *ot.* 선도(先導), 지도; 솔선; 지휘, 지도자적 지위, 지시, 통솔(력)
qo'tir I *ot.* 가려움; (개·소 따위의) 옴
qo'tir II *sif.* 옴이 걸린; 누추한, 더러운
qo'ton *ot.* (작은새. 양의) 무리, 떼
qo'tos *ot. zool.* 야크(티베트·중앙 아시아산의 털이 긴 소).
qo'y *ot.* 양, 면양; ~ terisi 양가죽; ~ go'shti 양고기
qo'ya *ot.* 바위, 암석, 암반(岩盤); 암벽
qo'yali *sif.* 암석이 많은, 바위로 된, 바위 같은, 튼튼한.
qo'yilgan mablag' fondi 투자 펀드
qo'yim, kirish ruxsatnomasi 입장 허가, 통행허가
qo'yilmoq *fe'l.* 두다, 놓다; 명중시키다; 배치[배열]하다, 정돈하다
qo'yin *ot.* 가슴, 흉부, 품; ~ida 포옹하며.
qo'yishmoq *fe'l.* 놓다, 두다, 설치하다, 붙이다, 얹다, 대다; 내려놓다
qo'ymoq *fe'l.* 두다, 놓다; 명중시키다; 배치[배열]하다, 정돈하다.
qo'ychi *ot.* 양치는 사람, 목양자(牧羊者)
qo'ychilik *ot.* 양을 보다, 양치는 사람.
qo'zi *ot.* 어린 양
qo'zilamoq *fe'l.* (양이) 새끼를 낳다
qo'ziqorin *ot.* 버섯; 양송이.
qo'zichoq *ot.* 새끼 양, 양의 새끼.
qo'zg'almoq *fe'l.* 시작하다, 시작되다; 개시하다, 착수하다
qo'zg'amoq *fe'l.* 일어나다, 나타나다; (문제·사건·곤란·기회 등이) 발생하다, 생기다
qo'zg'atmoq *fe'l.* 들어 올리다, 올리다, 안아[치켜]올리다; masalani ~ 문제를 제기하다, 문제삼다; ornidan ~ ~을 옮기다, 움직이다, 이전[이동]시키다.
qo'zg'olon *ot.* 봉기, 모반, 반란, 반역, 폭동; milliy ozodlik ~i 봉기로 나라를 행방했다.
qo'zg'olonchi *ot.* 반역자, 모반자, 봉기자.
qo'zg'irchoq *ot.* 인형, 각시, 우인(偶人), 꼭두각시; ~ teatri 꼭두각시 놀음, 인형극
qo'sh *ot.* 한 쌍, (두 개로 된) 한 벌,
qo'shaloq *sif.* 두 배의, 갑절의, 이중의, 두 겹의, 겹친.
qo'sh tovush 된소리
qo'shilish *ot.* 포함, 포괄; 산입(算入), 합병
qo'shilish huquqi 결사권
qo'shilish shartnomasi 부합계약, 보통거래약관
qo'shilish va egallash 인수합병, M & A (mergers and acquisitions)
qo'shilma *ot.* 보충, 구성, 조직, 구조, 형성물. harbiy ~ 군대의 대형(隊形); kimyoviy ~ 화학의 합성[혼합]물
qo'shilmoq *fe'l.* 연결하다, 결합하다, 접하다, ~을 합병하다, 하나로 하다
qo'shimcha *ot.* 가외, 부가, 보충, 추가, 보유(補遺), 부록; 특별한
qo'shimcha *ot.* 접사(接詞), 씨가지, 가지, 접어(接語), 접착어(接着語)

qo'shimcha affidevit 재정 진술서
qo'shimcha byudjet 추가 예산
qo'shimcha qiymat solig'i 부가가치세(附加價值稅)(VAT: value-added tax)
qo'shimcha to'lov 할증금(割增金), 추가 지불, 추가비용
qo'shma fe'l 합성동사
qo'shma ot 합성명사
qo'shma ravish 합성부사
qo'shma sifat 합성형용사
qo'shma so'z 합성어
qo'shqavat *ot.* 쌍 층
qo'shuv *ot.* 플러스
qo'yilgan pullarni diversifikatsi- yasi 투자 다각화
qo'shiluv, birlashish 인수
qo'shimcha aktsiyalar chiqarilishi 신주의 발행
qo'shimcha dalillar 간접증거
qo'shimcha daromad 간접소득
qo'shimcha harajat 간접비(間接費), 제반경비, 잡비(雜費)
qo'shimcha import 간접수입
qo'shimcha ish haqi 부수입
qo'shimcha mukofot 추가할인, 보험 할증
qo'shimcha narxga soliq 부가가치세(附加價值稅)
qo'shimcha olib kirish boji 추가수입관세
qo'shimcha qarz olish 전대(轉貸), 재임대
qo'shimcha skidka 추가할인
qo'shma xarid 공동구매
qo'shin *ot.* 부대, 군대, 병력; 군대; (해·공군에 대해) 육군; 군(軍).
qo'shiq *ot.* 노래, 창가, 성악, 가곡, 단가.
qo'shma *sif.* 이음매, 접합 부분[점, 선, 면]; 접합(법); (전선 따위의) 접속; ~gap 혼합문.
qo'shmoq *fe'l.* 1) 접합하다, 이어 맞추다; 2) 결합하다, 하나로 묶다, 합하다, 접합하다, 3) 더하다, 가산하다; 증가[추가]하다, 합산[합계]하다
qo'shni *ot.* 이웃, 이웃사람, 이웃집[근처] 사람, 옆의 사람; qoni-~ 이웃 사람들; ~ mamlakatlar 이웃 나라
qo'shnichilik *ot.* 근처, 이웃, 인근
qo'shqavat *ot.* 두 배, 배; (크기·양·힘 따위가) 두 배 되는 것.
qo'shtig' *ot.* 쌍날이 있는, 쌍날을 세운
qo'shuv *ot.* 추가, 부가, 추가 사항, 부가물
qo'chqor *ot.* (거세하지 않은) 숫양

Rr

r 우즈벡 알파벳 자음 열일곱째 글자.
rad *ot.* 거절, 기각; 부인, 부정, 거부, 부결, 배격; ~etmoq (요구·제의 등을) 거절하다, 사절하다, 각하하다
rad etish, voz kechish 거절, 포기, 기각
rad qilish 거절, 포기, 사퇴
rad vasiyatnomasi 상속 포기
radiator *ot.* 라디에이터, 방열기, 난방기, (자동차·비행기의) 냉각 장치.
radio *ot.* 라디오, 라디오(방송); 라디오 방송사업; 라디오 방송국; 무선국, 무전기, 무선 전신[전화], 무선(전보); 라디오세트.; ~ orqali eshittirmoq 방송[방영]하다.
radio orqali eshittirish 라디오 방송
radioeshittirish *ot.* 라디오 방송, 무선전파
radiogramma *ot.* 무선전보
radiouzel *ot.* 방송실
radiochi *ot.* 무선송신기, 라디오 오퍼레이터
radius *ot.* (원·구의)반지름; 반지름 내의 범위
rafiqa *ot.* 아내, 부인, 처, 마누라; dostim va uning ~si 나의 친구와 그의 부인.
rahbar *ot.* 수뇌, 선도자, 지도자, 리더; (정당의) 당수; 수령, 주장, 대장; 지휘관; 직공장; 주창자.
rahbar, boshliq 대표(代表), 책임자, 관리자, 대표자(代表者), 대표인(代表人), 대표원
rahbariyat tarkibi 관리직(管理職)
rahbarlik *ot.* 지도, 지휘, 지도력; 통솔(력), 리더십, 학생[학습]지도, 가이던스, 보도(輔導); 지시.
rahm *ot.* 애정, 불쌍히 여김, 동정, 애석한 일, 유감스러운 일; ~qilmoq 동정하다.
rahmat *ot.* 감사, 보은의 마음; 사의(謝儀); ~ aytmoq 감사의 말, 고맙습니다; Katta ~! 아주 고맙습니다.
rahmatli *sif.* 죽는, 죽은, 고(故) ~; ~ xolang 당신의 죽은 아주머니.
rahmdil *sif.* 가련한, 자비로운, 동정심이 있는; 정상을 참작한, 온정적인.
rahmli *sif.* 인정 많은, 동정적인, 가엾은, 처량한, 불쌍한, 보잘 것 없는; 천한.
rahmsiz *sif.* 무자비한, 몰인정한, 냉혹한.
rahna *ot.* 갈라진 틈, 깨진 곳, 깨뜨림, 파괴; 터진 곳, 파열구; ~sol- moq 터지게 하다; 깨뜨리고 지나가다.
rahnamo *ot.* 여행안내(서), 가이드 북.
rais *ot.* 의장, 사회자, 회장, 위원장; 대표, 사장, 우두머리, 장, 수장
raislik *ot.* ~의 직[지위]; ~의 재능[소질]; ~qolmoq 의장의 직위활동을 하다
raislik qiluvchi sudya 주임 판사
raketa *ot.* 미사일, 탄도병기(彈道兵器)
raketa bazasi 미사일 기지
ramburs 변제, 상환, 배상
ramz *ot.* 표시, 상징, 표상, 기호.
randa *ot.* 대패, 대패질하는 사람; 평삭반(平削盤), 플레이너(planer).
randalamoq *fe'l.* ~에 대패질하다, 편평하게 깎다
rang *ot.* 색깔, 색, 빛깔, 색채; 채색, 색조
rangli *sif.* 색의, 빛깔의, 색채가 있는, 울긋불긋하는; ~ film 칼라필름; ~ metallar 비철금속
rangli metall 비철금속
rang-ro'y *ot.* 얼굴의 표정; Barno- ning ~i yaxshi 부르노

R

R

는 건강하게 보인다.
rangsiz *sif.* 퇴색한, 흐릿한; 무색의, (빛이) 어슴푸레한, 희미한.
ranjimoq *fe'l.* (~에) 성내다, 불쾌하게 여기다
ranjitmoq *fe'l.* 괴롭히다, 귀찮게[성가시게] 굴다, 속태우다.
rano *ot.* 라노(이름)
raport *ot.* 보고(서); 공보; 보도, 기사.
raqam *ot.* 숫자, 수사, 통계(표)
raqam, son 수, 값
raqamlamoq *fe'l.* 세다, 일일이 들다[세다], 열거[매거]하다; 세다.
raqamlangan hisob 이름이 감춰지고 번호로 소유자를 표시하는 계좌
raqib *ot.* 경쟁상대, 경쟁자, (경기·논쟁 따위의) 적, 상대; 대항자;
raqiblik *ot.* 경쟁, 경합, 겨루기; ~qilmoq 경쟁하다
raqobat *ot.* 경쟁(競爭), 경합, 대항, 맞겨룸
raqobat chiqimlari 경쟁비용 (지나친 광고 등으로 인한 비용)
raqobat haqida qonun 경쟁법 (독과점 금지법)
raqobat qog'ozi (가격, 제작, 조건 등) 비교표, 견적서
raqobatbardoshlilik 상품경쟁력
raqobatlashmoq *fe'l.* 다투다, 경쟁하다; (적·곤란 따위와) 싸우다, 논쟁하다
raqobatlilik *sif.* 경쟁의, 경쟁에 의한, 경쟁[경합]하는, (시장이) 자유 경쟁인, 독점적이 아닌, (가격·제품 등이) 경쟁할 수 있는.
raqobatni cheklash 경쟁의 제한
raqqosa *ot.* 춤추는 사람, 무희, 무용가
raqs *ot.* 댄스, 춤; ~ga tushmoq 춤추다
rasadxona *ot.* 천문[기상, 관상]대, 측후소; 관측소, 전망대; 망대, 감시소.
rashk *ot.* 질투, 부러움, 시기, 샘, 시샘; ~ qilmoq 부러워하다, 샘하다, 질투하다.
rasm I *ot.* 사진, 그림, 회화, 스케치, 사생화; 밑그림, 약도, 겨냥도, 초고
rasm II *ot.* 습관, 버릇, 습성, (사회의) 관례, 풍습
rasman *rav.* 공무상, 직책상, 공식으로, 직권에 의해, 정식으로, 공식으로; 형식적으로; 격식을 차려; 딱딱하게.
rasmiy *sif.* 공무상의, 관(官)의, 공식의, 직무상의; 공인의; ~ xizmat 시민 서비스
rasmiy chop etish (법령 등의) 공포
rasmiy hisob me'yori 중앙은행의 공식어음 할인율
rasmiy hurmat uslubi 격식체
rasmiy iltimos 신청
rasmiy tekshiruv 방식심사(특허 출원심사 방식 중 하나)
rasmiy til 공용어(公用語)
rasmiyat *ot.* 형식에 구애됨; 딱딱함; 격식을 차림; 예식; 정식, 상례, 공무상, 직책상
rasmiyatchi *ot.* 공무원, 형식주의[론]자; 딱딱한 사람
rasmiylashmoq *fe'l.* 공식(공)으로 되다.
rasmiylashtirish tushimi 등록세
rasmiylashtirmoq *fe'l.* 법률상 정당하다고 인정하다, 공인하다; 적법화[합법화]하다.
rasmiylashtiruvchi tashkilot 등기소(登記所), 증명서 발급소
rasmli *sif.* 삽화가 든, 그림[사진]이 든.
raso *sif.* 찬, 가득한; 가득 채워진, 충만한
rassom *sif.* 예술가, 미술가; 화가, 조각가.
rassom quroli 화구(畵具)
rassomlik *ot.* 예술가, 전문화가
rasvo *sif.* 창피의, 불명예의, 치욕적으로; ~bolmoq ~의 망신[명예 손상]이다.
rasvolik *ot.* 창피, 불명예, 치욕
ravish *ot. gram.* 부사(副詞: 품사의 하나. 용언 또는 다른 부사의 앞에 놓여서 그 뜻을 한정함; 활용하지 않음. '꼭·꽥꽥·빨리' 등. 어찌씨, 억씨)
ravish gap *gram.* 부사절(副詞節:

문장에서 용언을 한정하여 부사어 구실을 하는 절)
ravish kelishiklari *gram.* 부사격조사
ravishdosh *ot. gram.* 동명사(명사적 성질을 띤 동사 변화형의 일종; 동사와 명사의 기능을 겸한 품사); 동사적 중성 명사(명사로서 쓰이나 동사의 격지배를 하는 부정사)
ravishning o'rni 부사의 위치
ravishning xususuyati 부사의 특징
ravnaq *ot.* 화려한 꾸밈, (문장이) 화려함, 화려한 말; ~topmoq 화려하게 꾸며서[멋부려] 쓰다, 번영하다, (한창) 번성하게 되다
ravo *ot.* 허용할 수 있는; 지장 없을[무방한] 정도의(잘못 따위), 허용할[승인될] 수 있는; 지장 없는, 정당한; ~kormoq 허락하다, 허가하다, 인가하다.
ravon *sif.* 설득력 있는; 감동적인, 막힘[거침]이 없는, (말이) 유창한, 유려한.
ravoq *ot.* 아치, 홍예; 아치 길; 아치 문, 주랑(柱廊) 현관
ravshan *sif.* 말갛다, (색·음 따위가) 청아한, 산뜻한, 밝은, (액체가) 투명한; (색깔이) 선명한; (소리가) 맑은; kunduzgidek ~ 날이 맑은; ~yonmoq 빛이 반짝거려
ravshanlashmoq *fe'l.* 말개지다, (액체가) 맑아지다; (하늘·날씨가) 개다, (구름·안개가) 걷히다, (안색 등이) 밝아지다
rayhon *ot.* 라이헌(향미료·해열제로 쓰는 박하 비슷한 향기 높은 식물).
rayon *ot.* 지역; 지구(행정·사법·선거·교육 등을 위해 나눈)
rayosat *ot.* 지도부, 수뇌부, (옛 소련의) 최고 회의 간부회; (다른 공산주의 국가의) 상임 간부회; (비(非)정부 기관의) 이사회.
razil *sif.* 비열한, 야비한, 천한, 수치스러운
razillik *ot.* 친함, 빈약함, 비열함, 야비; 천한 행위.
razryad *ot.* 범주, 카테고리; 종류, 부류, 부문, 오성형식(悟性形式), 오성개념(悟性概念)
razryad, daraja oshishi 업데이트(upda- ting), 새롭게 하기, 경신, 최신정보
razryad, tur, turkum, daraja 부류, 등급.
rag'bat *ot.* 욕구; 원망(願望), 욕망, 식욕.
rag'batlantirmoq *fe'l.* 용기를 돋우다, 격려하다, 고무하다; 권하다.
rag'batlantirish 프로모션, 동기부여
rag'batlantiruvchi marketing 자극 마케팅
rashk *ot.* 질투, 부러움, 시기, 샘, 시샘; ~ qilmoq 시샘하다, 질투하다.
ra'no *ot.* 찔레[가시]나무, 들장미.
real ish haqini kamaytirish 실질임금 감소
real tovar 실물상품
real tovar bozori 실물 시장
real tovar uchun shartnoma 현물 계약
real zarar 실질손실
redaksiya *ot.* 편집실 (*binosi*); (*xodimlari*) 신문의 편집부.
redaktor *ot.* 편집자; (신문의) 주필, 논설위원; bosh ~i 편집장, 주필.
rediska *ot.* 정원의 무, 취무우
reduktor *ot.* 감속기
refaksiya 품질불량으로 인한 가격인하, 가격할인
referat *ot.* 1) 수필, (문예상의) 소론(小論), 시론(詩論); 평론; 2) 개괄적, 요약서, 개관, 개요, 적요, 대의; 대조표, 일람([표]); 3) 시험 문제[답안](지)
referendum *ot.* 국민[일반]투표.
referentsion kun 배당금 지불 개시일
refleks *ot.* 반사; 반사광; 그림자, 영상
reflektor *ot.* 반시물[기(器), 경]
reforma *ot.* 개혁, 개정, 개량, 교정(矯正), 감화, 수습, 구제; ~ o'tkaz- moq 개혁하다, 개정[개량]하다.

regress, orqaga ketish, inqiroz 구상(構想)
regressive soliq solish 역진과세
reimport 역수입(逆輸入), 재수입(再輸入)
reinvestitsion skidka 재투자 할인
reinvestitsiya 재투자(再投資)
reja *ot.* 계획, 기획(企劃), 플랜, 안(案), 계략, 도안, 밑그림, 설계도; ~tuzmoq 계획하다, 궁리하다, 입안하다; 꾀하다.
reja loyihasi 시안, 계획, 기획
reja tuzadigan palata 기획국
reja tuzish 계획(計劃), 설계(設計), 레이아웃(lay-out)
rejalar haqida shartlashish 의향서
rejalashtirish gorizonti, sharoiti 계획 수립기간
rejalashtirmoq 기획, 계획
rejali ta'minot 계획 공급
rejani tuzatish 계획수정
rejissyor *ot.* 감독, 연출가, 생산자, 제작자.
reklama *ot.* 광고(廣告), 선전(宣傳), (라디오, TV) 민간방송의; 광고[선전]용의; ~ bermoq 광고하다, 선전하다.
reklama agentligi 광고 대행사
reklama bo'limi boshlig'i 광고담당
reklama faoliyati dasturi 홍보프로그램
reklama maqola 광고기사
reklama solig'i 광고세
reklama varaqasi 광고 전단지
reklama xizmati 광고 서비스
rekord *ot.* 기록, 기입, 등록, 신기록, 기록(문서); jahon ~i 세계기록
rektor *ot.* 총장(總長), 종합 대학의 장; 교장, 학장, 신학교장, 수도원장.
rekuperatsiya 주식가격회복
rekurs 보증인에게 채무 상환을 요구할 채권자의 권리
rekvizit, anjomlar 기재사항
rekvizitlar 필수 기재 사항
relevantli bozor 특정재화나 서비스의 판매자 및 소비자가 활동하는 독립적인 시장(relevant market)
rels *ot.* 레일, 궤조(軌條), 철도, 선로, 궤도
remarketing 수요 회복 마케팅(remarketing)
reminlash (돈, 주식, 증권 등의) 전달, 송금, 송부
remissiya, vaqtincha zaiflashuv 세금면제
remitent (돈 혹은 수료의) 수령인(受領人: remitee)
renta sertifikati 토지임대증명
renta shartnomasi 사용대차계약
rentani oluvchi 대주(貸主)
rentani to'lovchi 차주(借主)
rentgen nuri yordamida yuklarni tekshi- rish X레이 검사
repatratsiya 해외 자본의 본국송환(reparation)
repetitsiya *ot.* 시연, 연습, 대본(臺本)읽기, 시연(試演), (극·음악 따위의) 리허설; (의식 따위의) 예행연습.
report *ot.* 결제 연기(report)
reportaj *ot.* 공보; 보도, 기사, 신문(지); 신문사(조직·기관)
reportyor *ot.* 보도 기자, 통신원, 탐방 기자, 뉴스 아나운서, 저널리스트, 신문 잡지 기자, 신문인; 신문 잡지업자, 신문 잡지 기고가.
respublika *ot.* 공화국, 공화정체.
restitutsiya *ot.* 반환, 상환
restoran *ot.* 요리점, 음식점, 레스토랑; (호텔·극장 등의) 식당
retratta 역(逆)환어음
retrotsessiya 보험리스크 일부를 재보험자에게 전가
retsenziya *ot.* (문예 작품 따위의) 비평, 비판; 논평; 평론 잡지, 평론, 비판문
retsept *ot.* 명령, 규정; 법규, 규율, 규범; ~ yozmoq 규정하다, 지시하다, 명하다
revalvatsiya ↔ devalvatsiya 평가절상(平價切上), ↔ 평가절하(平價切下)

revmatizm *ot.* 관절염, 류머티즘
revokatsiya 어음 파기, 수표 발행 취소
revolver akkreditiv ot.회전 신용장
reyting *ot.* 등급, 순위
rezina *ot.* 고무, 고무 제품.
rezinka (*ochirgich*) *ot.* 지우는 사람; 지우개; 고무[잉크, 칠판] 지우개.
richag, dastak, tayanch, vosita 지렛대, 추진 수단
Rim *ot.* 로마, (고대의) 로마 제국[시].
rimlik *ot.* 로마 사람
rioya *ot.* 적합, 일치, 관찰, 주목, 주시, 준수하다; ~ qilmoq 적합[순응]시키다; 따르게 하다; qonunda ~qilmoq 법률을 준수하다
risola *ot.* 가(假)제본책, 소책자, 팸플릿
ritorik so'roq gap 수사 의문문
rivoj *ot.* 발달, 발전; 발육, 성장, 진보, 발달, 지척, 숙달, 보급; ~topmoq 발전시키다, 발달시키다.
rivojlanish *ot.* 개발, 발전, 진보, 발달, 지척, 숙달, 보급
rivojlanayotgan iqtisod 성장단계 경제
rivojlanayotgan mamlakatlar 개발도상국
rivojlangan iqtisod 선진경제
rivojlangan mamlakatlar 선진국
rivojlanish imkoniyatlari 성장 잠재력
rivojlanish omili 진보를 위한 자극
rivojlanishni taminlovchi marketing 발전 마케팅
rivojlanmoq *fe'l.* 개발하다, 진보하다, 발달하다, 발전시키다, 발달시키다
rivojlantirish *sif.* (국가·지역 등이) 개발 도상에 있는, 발전 도상의.
rivojlantirmoq *fe'l.* 개발시키다, 발생[발육]시키다, 진화시키다.
rivoyat *ot.* 민간 설화, 민화(民話), 구비(口碑); ~qilmoq 암송하다, 이야기하다.
riyokor *ot.* 위선자(僞善者), 신성한 체하는 사람, 신앙이 깊은 체하는 사람, 경건한 체하는 사람.
riyoziyot *ot.* 수학(數學: 수량 및 공간 도형의 성질을 논하는 학문의 총칭《산수·대수학·기하학·삼각법·해석학·미분학·적분학의 총칭》.)
rizolik *ot.* 동의, 허가, 승낙, 허가, 면허, 허용, 인가
rizq *ot.* 음식, 식품, 식량; 영양물, 자양물; 음식물; 조장함; 양육; 영양 상태.
rishta *ot.* 유대, 맺음, 인연; 결속, 결합력; 관계, 관련; do'stlik ~larin 우호관계.
rogatka *ot.* (고무줄) 새총, 고무총
robot *ot.* 로봇(robot)
rohat *ot.* 만족, 즐거움, 기쁨; 유쾌.
rohatlanmoq *fe'l.* 즐기다, (즐겁게) 맛보다, 향락하다, 재미보다.
rol *ot.* 역할, 임무; ~ o'ynamoq 역(할)을 하다.
rom I: ~ bo'lmoq (동물 따위를) 길들이지다; (식물·이민 등을) 토지에 순화(馴化)시키다; ~ etmoq 길들이다, 복종시키다, 따르게 하다.
rom II *ot.* 뼈대, 창문틀; 창틀; 틀형(型)[대(臺)], 틀
rom III *ot.* 소문, 운명, 숙명; 운(運), 비운; ~ko'rmoq ~의 운수를 점치다, (점쟁이가) 점을 쳐주다.
roman *ot.* 소설, 소설문학.
roppa-rosa *rav.* 틀림없이, 바로, 꼭, 정확하게, 엄밀히, 정밀하게, 꼼꼼하게, 정확히 말해서.
Rossiya Federatsiyasi Markaziy Banki 러시아 중앙은행
Rossiyaning Butun Jahon Savdo Tashki- lotiga a'zo bo'lishi 러시아의 WTO 가입
rost *sif.* 침으로, 정직한; 진실한, 올바른, 정말의,
rostakam *sif.* 진실로, 진실의, 진짜의, 현실의, 실제의, 실재하는; 객관적인

R

R

rostdan *rav.* 참으로, 정말(이지), 실로, 실은, 실제로, 확실히.
rostlik *ot.* 진실, 정확함; 방정, 단정.
rostgo'y *sif.* 옳은 사람, 정직한; 진실한, 올바른, 정말의; (예술 표현 등) 현실[실물] 그대로의
rostgo'ylik *ot.* 정직, 성실, 실직(實直), 충실; 성의
rota *ot.* 중대, 보병[공병] 중대.
rouming (휴대전화)로밍
royal *ot.* 그랜드 피아노
royalti hisobi 로열티 계산
royalti *ot.* 로열티(royalty), 인세(印稅), 저작권 사용료
royob 일어나다
royxat *ot.* 일람표(一覽表)
royxatchi *ot.* 체크인한 사람
rozgor *ot.* 가사
rozi *sif.* 기뻐하는, 만족한, 마음에 든; ~qilmoq 만족시키다; (희망 등을) 충족시키다, 채우다.
rozilik *ot.* 동의, 허가, 승낙, (의견·감정의) 일치; ~ bermoq 동의하다, 찬성하다, 승인하다, 허가하다
rozilik berish 업데이트
rozilik, ruxsat, tasdiq, jarima 제재(sanction)
roznoma *ot.* 신문
rubob *ot.* 둥둥(북소리), 루밥 북.
rubobchi *ot.* 북치는 사람, 루밥 치는 사람
ruboiy *ot.* 4행시, 시자
ruda *ot.* 광석, 금속; temir ~si 철광석
ruh *ot.* 넋, 정신, 영(靈), 마음, (육체를 떠난) 영혼; 용기, 담력, 배짱.
ruhiy *sif.* 심리적인, 마음의, 정신의, 정신적인
ruhiy rivojlanishda orqada qolish 정신지체
ruhiy turg'unlik, azoblanish holati 디프레이션, 경기 후퇴, 경기불황
ruhiy xastalik 심신상실
ruhlantirmoq *fe'l.* ~를 고무(鼓舞)[격려]하다, 발분시키다; ~를 고무시켜 ~하게 하다
ruhoniy *ot.* 성직자, (특히 영국 국교회의) 목사; ~lar 목사, 성직자들(목사·신부·랍비 등, 영국에서는 영국 국교회의 목사)
rumin *ot.* 루마니아; ~tili 루마니아 말(어)
rumka *ot.* 포도주(특히 세리주)용 잔
rus yong'og'i *ot.* 도토리(떡갈나무·갈참나무·상수리나무 등의 참나뭇과의 나무에 열리는 열매), 가시, 곡실(槲實), 상실(橡實)
rus *ot.* 러시아; ~tili 러시아 말(어)
rusum *ot.* 습관, 관습, 풍습, 관행; rasm-~ 전통, 관습,
ruscha *sif.* 러시아의; ~cha gapirmoq 러시아어로 말하다.
ruxsat *ot.* 인정, 허가, 면허, 허용, 인가; ~bermoq 허락하다, 허가하다, 인가하다
ruxsat berilgan, litsenziyalangan 라이센스의, 실시권의
ruxsat berish tartibi 분쟁 해결 방법
ruxsat etilgan overdraft 일시적으로 한도 늘어난 당좌 대월
ruxsat, ijozat, hal qilish 허가, 허가서
ruxsatnoma *ot.* 자격증, 면허[허가]장; 증명서, 허가, 면허.
ruxsatnoma, litsenziya 라이센스, 면허
ruxsatsiz *sif.* 허락 없이, 금지하는.
ruxsatsiz foydalanish 무단 사용
ruchka *ot.* 볼펜, 펜; avto~ 만년필
ro'da *ot.* 포도나무가 싹이 트다(발아하다).
ro'mol *ot.* 숄, 어깨 걸치개, 스카프, (여성의) 머릿수건; 목도리.
ro'molcha *ot.* 손수건(-手巾)
ro'para *sif.* 정면으로 마주보는; 맞부딪치는, 맞은 편.
ro'y *ot.* 얼굴, 얼굴 모습, 표면, 외면, 외부; ~i zamin 지구의 표면.
ro'yob: ~ga chiqmoq 사실로 되

다; (예언 등이) 적중하다
ro'yxat 표, 일람표, 리스트; (상장주의) 일람표, 명단, 전상장주(全上場株), 목록(目錄: inventory), 명세서(list, specification)
ro'yxat, ko'rsatgich 회계장부(會計帳簿)
ro'yxat, ro'yxat daftari 등록, 등록부
ro'yxatdan o'tkazish, qayd qilish 기입, 등록, 등기
ro'yxatchi *ot.* 기록원, 등록[호적]계원; 등기 관리; (대학의) 사무 주임.
ro'za *din.* 루자(모슬램의 단식)
ro'znoma *ot.* 신문(지).
ro'zg'or *ot.* 가사(家事), 가정(家政), 가계(家系); 가계비(家計費); (회사 등의) 경영, 관리; 하우스키핑(문제 해결에 직접 관계하지 않는 시스템의 운용에 관한 루틴); katta ~ 큰 집; ~ tebratmoq 가족을 지키다; uy ~i 부엌세간; ~ mollari 가정용품.
ro'shonlik *ot.* 현실의 삶(생활), 만족하다, 자유; 자주 독립.

Ss

S

S 우즈벡 알파벳 자음 열여덟째 글자.
sabab *ot.* 1) 원인, 이유, 까닭, 근거, 변명, 동기; ~ bo'lmoq ~ 원인이다; 2) 으(ㄴ)탓이다, 때문, 까닭, 잘못, 원인(原因), 소치(所致)
sababli *sif.* ~이므로[하므로], ~한 이유로, ~ 때문에.
sababsiz *sif.* 까닭 없이, 우발적인, 까닭 없는, 동기 없는; 이유 없는.
sababsiz kelmaganlikni e'tirof etish qarori 실종선고
sababchi *sif.* 떳떳하지 못한, 죄를 느끼고 있는, 과실[결점]이 있는.
sabo *ot.* 살살[솔솔] 부는 바람, 산들바람, 미풍; 연풍(軟風).
saboq *ot.* 학과, 과업, 수업, 연습; 수업 시간, 학습시간.
sabr *ot.* 인내(력), 참을성; 끈기, 견디다; ~ qilmoq 참다, 진정하고 있다; Biroz sabr qiling! 잠시 동안 기다려라!
sabrli *sif.* 인내심이 강한, 끈기 좋은[있는], 잘 견디는, 근면한, 부지런한.
sabrsiz *sif.* 참을 수 없는, 성마른, 조급한, 성급한, 침착하지 못한, 가만히 있지 못하는.
sabrsizlanmoq *fe'l.* 안달하다, 열망하다, 매우 ~하고 싶어 하다, 참지 못하다.
sabrsizlik *ot.* 조급함, 성마름; 성급함, 조급함, 초조한, 참을성 없음, (하고 싶은) 안타까움, 안달하는.
sabzavot *ot.* 야채, 푸성귀, 식물성; 푸성귀, 청과류; ~ magazini 청과물상(가게)
sabzi *ot.* 당근, 홍당무, 호나복(胡蘿蔔)
sada *ot.* 느릅나무; 느릅나무 재목.
sadaf *ot.* (진주조개 속의) 진주층(層), 진주모(母), 자개.
sadaqa *ot.* 성금, 보시(布施); 의연금(義捐金), 증여(贈與), 기증, 기부, 기증품, 기부금, 자선을 위한 기부, 구호금, 자선기금; ~ bermoq 기금을 기부[증여]하다, ~에게 부여하다; ~ so'ramoq 자선을 위한 기부하다
sado *ot.* 목소리, 음성, 소리, 음, 음향, 울림; aks~ 메아리.
sadoqat *ot.* 충의, 충절, 충성, 성실, 충실, 믿을 수 있는 것,
sadoqatli *sif.* 충실한, 성실한, 믿을 수 있는, 충성스러운.
saf *ot.* 계급, 지위, 등급, 열, 선, 줄, 횡렬
saf, qator, tuzum, tuzilish 체계(體系), 제도(制度), 구조(構造)
safar I *ot.* (보통 육상의) 여행, 여정(旅程), 행정(行程) 항해; ~qilmoq (멀리 또는 외국에) 여행하다; (탈 것으로) 다니다.
safar II: bu ~ 이 시간, 이번에; yanagi ~ 다음 기회, 다른 때.
safar sayyohligi 해외여행
safarbar: ~qilmoq (군대·함대를) 동원하다; (산업·자원 따위를) 전시 체제로 바꾸다, 동원하다. 동원되다.
safarga chiqadigan xodimlar 외근직원
safarga chiqishga ruxsat 여행허가
safdosh *ot.* 동료, 상대, 친구; 반려, 같이 여행을 가는 사람
saflamoq *fe'l.* 일렬로 늘어서다; (처형하려고) (벽 따위에) 정렬시키다
saflanmoq *fe'l.* 늘어서다, 정렬하다
safo *ot.* 오락, 위안, 즐거움, 즐거운 일, 유쾌한 일, 만족(감).
safoli *sif.* 만족한, 충분한, 즐거운, 기분 좋은, 유쾌한
saforatxona *ot.* 외국 대사관 건

물.
safsar *ot.* 무지개(모양의 것), (해·달의) 무리; 무지개 색의 광채[아치·테]; 아이리스(무지개색·광채가 있는 석영[수정(水晶)]).
safsata *ot.* 수다쟁이; 떠듬거리는 어린애; 기저귀는 새, 꼬리치레
sahar *ot.* 새벽, 동틀녘; 여명, 이른 아침; ~da 새벽녘에; ~turmoq 새벽에 일어나다
saharlab *rav.* 새벽에, 새벽녘에, 여명에
sahifa *ot.* 페이지(略: p., pl. pp.), 쪽, 면; (인쇄물의) 한 장.
sahna *ot.* 스테이지, 무대, 연단, 마루, 대(臺), (연극의) 무대 장면, 장경(場景); (영화의) 세트; (무대의) 배경, 무대장치; ~ga chiqmoq 무대 위로 나오다.
sahnabop *sif.* 그림[회화·조각·식각(蝕刻)]의; 그래픽 아트의, 그려 놓은 듯한, 사실적인, 생생한(묘사 따위).; ~ asar 산문적으로 묘사
sahnalashtirmoq 무대에 올리다, 상연하다
sahnalashtirish shartnomasi 공연 계약
sahro *ot.* 사막, 황무지(荒蕪地).
sajda *ot.* 무릅꿇고 기도하다; boshini ~ga qoymoq 이슬람식으로 머리를 숙이고 허리를 굽혀서 기도하다
sakkiz *num. card.* 1) 8의 숫자[기호], Ⅷ; (카드놀이의) 8; 2) 여덟, 8; 8개[사람]; 8살; 8시.
sakkizinchi *num. ord.* 8(번)째, 제 8; 8분의 1; (달의) 8일.
sakramoq *fe'l.* 깡충깡충 뛰다, 점프하다, 껑충 뛰다, 뛰다, 도약하다, 뛰어오르다.
sakrash *ot.* 도약, 비약, 뜀, 뛰어오름, 점프
sakson *num. card.* 여든, 80; 80개(의 물건); 80의 기호.
saksoninchi *num. ord.* 여든 째, 제 80(의), 80번째(의); 80분의 1(의).
sal *rav.* 간신히, 가까스로, 겨우, 거의 ~없다, 단지, 그저, 다만; 전혀; ~ kam 한층 작은, 보다 작은, (---보다) 못한(크기·무게·가치 따위에 있어서)
salbiy tomoni 부수적인 효과, 부작용
saldo, qoldiq 순수지, 잔고 이월금
salom *ot.* 샬롬, 안녕하십니까.
salat *ot.* 생채 요리, 샐러드.
salbiy *sif.* 거절하는, 거부하는, 부정의, 부인[취소]의, 거부의, 거절적인, 나쁜; ~ obraz 부정적인 성격; ~ natija 부정적으로 거부하다
salgina *rav.* 간신히, 가까스로, 겨우, 거의 ~없다, 간신히, 가까스로. 좀, 조금, 제발.
salla *ot.* 터번(이슬람교도 남자가 머리에 감는 두건); 터번식 모자; (현대 여성·어린애의) 챙이 없는 모자의 일종.
salmoq *ot.* 총계, 총액, 액(額), 양(量); 분량, 수량.
salmoqdor *sif.* 무거운, 중량이 있는, 비중이 큰, 무게 있는, 벅찬, 견디기 어려운.
salmoqli 부피가 큰, 큰; 육중한, 무거운; ~ kosaklar 육중한 목화 덩어리.
salobat *ot.* 큼, 거대; 다대, 대량; 위대(함); 탁월, 저명; 고귀.
salobatli *sif.* 장대한, 장엄한, 장려한
salohiyat *ot.* 능력, 할 수 있는 힘, 솜씨.
salom *ot.* 1) 주목, 주의; 마음씀, 유의, 관심, 존경, 존중, 호의, 호감; 2) 인사, 안녕, 어이, 이봐(주의·응답하는 소리)
salomat *sif.* 건강한, 건장한, 튼튼한, 무사히, 탈없이, 손상 없이; ~boling (*xayar- lashganda*) 안녕; 안녕히 가[계]십시오, 고별; (*aks urganda*) 계속하다, 유지하다
salomatlik *ot.* 평안(平安), 안녕(安寧), 건강(상태), 선전; salomatligingiz qalay? 안녕하십니까(인사말)?
salomlashmoq *fe'l.* 평안하다, ~에게 인사하다; ~에게 인사장을

S

보내다.
salon *ot.* 가게, 상점; 소매점, 전문점, 거실 kimyoviy tozalash ~i 세탁소
sal-pal *rav* 약간, 조금.
salqin *sif.* 서늘[시원]한; 시원스러운, 그늘의, 그늘이 많은, 그늘진, 그늘을 이루는.
salqinlamoq *fe'l.* 시원하다, 서늘하다.
salqinlashmoq *fe'l.* 시원해지다, 그늘지다
saltanat *ot.* 통치, 지배; 통치[지배]권, 힘, 세력, 권세.
saman *sif.* 크림색의, 밝은 적갈색, 회색의, 잿빛의.
samara *ot.* 결과, 결말, 소산, 성과, 성적. 열매, 산물, 생산품; mehnat ~si 노동의 생산물.
samarali *sif.* 결실이 있는, 열매가 많이 열리는, 열매를 잘 맺는; 다산의, 비옥한; 풍작을 가져오는.
samarasiz *sif.* 결실이 없는, 쓸데없는, 무익한, 하찮은, 변변찮은.
samarali muhokama 성과가 많은 논의
samolyotlar qatnovining jadvali 항공기 운항 시간표
samuray" obligatsiyasi 사무라이 본드
samimiy *sif.* 느낌이 좋은, 호감이 가는, 다정한, 성실한, 진실한; 충심으로의; 성심성의의, 거짓 없는; ~ salomlar bilan 불비(不備), 경구(敬具)(편지의 끝맺음 말).
samimiyat *ot.* 성실, 성의, 진실, 진심.
samimiylik 성실, 성의, 진실, 진심; 순수함.
samo *ot.* 하늘, 천공, 천국, 극락.
samolyot *ot.* 비행기, 날틀, 붕익(棚翼), 에어플레인(airplane), 은익.
samon *ot.* 크림색, 옅은적갈색, 회색, 잿빛
sana *ot.* 날짜, 연월일
sanam *ot.* (사람을) 끄는 힘, 매력, 유혹
sanamoq *fe'l.* 세다, 계산하다; 세어 나가다
sanarli *sif.* 세는, 셀 수 있는, 계산할 수 있는; barmoq bilan ~ 셀 수 없이 많은
sanatoriya *ot.* 새너토리엄, (특히 병 회복기 및 결핵 환자의) 요양소.
sandal *ot.* (여성·어린이용의) 샌들, 슬리퍼
sandiq *ot.* 트렁크, 여행 가방.
sanoat *ot.* (제조) 공업, 산업; ~업(業) ogir ~ 중공업; yengil ~ 경공업.
sanoat ko'lami, masshtabi 산업 규모
sanoat mulki 산업 재산권
sanoat mulki huquqi 공업 재산권
sanoat mulki ob'ektlari 산업재산권 객체
sanoat mulkini muhofaza qilish bo'yi- cha Parij konventsiyasi 산업재산권보호에 관한 파리협약
sanoat namunasi 산업 모델
sanoat namunasi, andazasi 의장(意匠)
sanoat namunasiga patent 의장특허
sanoat namunasiga patent berish da'- vosi 의장등록출원
sanoat namunasiga ariza 의장출원
sanoat namunasining muallifi 의장특허 발명자
sanoat roboti 산업용 로봇
sanoatni tashkil qilish 산업합리화
sanoatlashtirish *ot.* 산업화(産業化), 공업화(工業化), 산업의 발달
sanoatlashtirmoq *fe'l.* 산업화되다, 공업화되다. 산업의 발달해지다
sanoq *ot.* 계산(하기), 계산(의 결과); 셈; 계산법. 헤아린; ~son 기본적인 숫자, 수사
sanoq son 기수사(基數詞)
sanoq sonlar 양수사(量數詞: 수사의 하나. 사물의 수효나 분량을 나타냄. '하나·둘·열·스물·일· 이·삼' 등. 기본 수사.
sanoqli *sif.* 계산된; 계산하는, 셈의.

sanoqsiz *sif.* 셀 수 없는, 계산할 수 없는.
sanqimoq *fe'l.* 놀고 지내다, 빈둥거리다; 빈들빈들 돌아다니다
santimetr *ot.* 센티미터(略: cm; 1미터의 100분의 1).
sanchilmoq *fe'l.* 펑크나다; 구멍이 뚫리다.
sanchiq *ot.* 복통, 배앓이; 산통(疝痛)(의).
sanchishmoq *fe'l.* (뾰족한 것으로) 꿰찌르다, 꿰다; 말뚝에 꿰찌르는 형(刑)에 처하다, 움쭉 못하게 하다.
sanchmoq *fe'l.* 꿰찌르다, 꿰뚫다, 관통하다, ~에 구멍을 내다, (구멍을) 뚫다.
san'at *ot.* 예술, 미술, 예능, 기술, 기예, 술(術), 숙달, 정통.
san'atkor *ot.* 예술가, 예술인(藝術人), 예인(藝人), 아티스트(artist)
san'atkorona *sif.* 예술가처럼, 예술의, 미술의; 미술가[예술가]의, 예술적인, 멋이 있는, 풍류 있는.
saodat *ot.* 낙, (더 없는) 행복, 천국의 기쁨; 희열
sapsar *sif.* 아이리스.
sap-sariq *sif.* 밝은 노랑.
sapchimoq *fe'l.* 깡충 뛰다, 뛰어오르다, 도약하다, 갑자기[재빨리] 일어서다.
saqich *ot.* 잇몸, 치은(齒齦).
saqlamoq *fe'l.* 보호하다, (어떤 상태·동작을)) 계속하다, 유지하다; 안전하게 지키다
saqlanish *ot.* 보존, 저장; 보호, 보관.
saqlanmoq *fe'l.* 보전하다, 유지하다, 보존하다, 보호하다, 지키다.
saqlanish muddati 유효기간, 보존기간
saqlash 보관, 저장(貯藏), 보전유지
saqlash bo'lmasi (귀중품) 보관실(소)
saqlash harajati 보관비
saqlash harajatlari 임치료, 보관료
saqlash joyi, omborxona 창고 보관소
saqlash qoidasi 보관방법
saqlash shartnomasi 임차계약
saqlash tartibi 보관방법
saqlash uchun topshirmoq 예금, 기탁
saqlashga topshirilgan veksel 담보 어음
sara *sif.* 우선 무엇보다도, 첫째로, 가장 좋은, 최선의, 최상의, 최고의
saralamoq *fe'l.* 종류로 나누다, 분류하다, 구분하다,~을 가려[골라]내다,~을 구별하다
saralanmoq *fe'l.* 선택 시키다, 선발되다; 정선되다.
saralash *ot.* 분류, 유별(類別), 범주(範疇), 분별(分別),
saranjomlik, batartiblik 정확성, 면밀함
sarf, xarajat 환어음, 수표
sariq majburiyat, kelishilgan maj- buriyat 근로자가 입사 시 노조에 가입하지 않겠다는 것을 회사와 약속하는 계약서, 동계약서를 작성하는 것은 불법행위로 무효임
saranjom *sif.* 산뜻한, 아담하고 깨끗한, 정연[말쑥, 깔끔, 단정]한.
saranjomlamoq *fe'l.* 산뜻하게 하다, 정리하다, 깨끗하게 하다.
saraton *ot.* 여름 삼 개월(6, 7, 8월).
sarbon *ot.* (사막의) 대상(隊商), 대상의 리더
sardor *ot.* 선도자, 지도자, 리더, ~장(長), 우두머리, 지배자, (종족의) 추장, 족장, 장관, 국장, 과장, 소장, 상사, 보스, 두목.
sarf *ot.* 지출; 소비; 출비, 경비, 비용, 지출액; 소비량; 소비 시간; ~qilmoq (시간·노력 따위를) 들이다, 쓰다, 소비하다; 다 써 버리다
sarflamoq *fe'l.* (돈을) 쓰다, 소비하다, 들이다, 다 써 버리다, 사용하다; (*bekorga vaqt sarflamoq*)
sarflanish *ot.* 지출, 소비, 출비, 경비, 비용, 지출액, 소비량, 소비

S

시간.
sarflanmoq *fe'l.* 쓰다, 사용[이용]하다, (권총 등을) 들이대다, 소비하다, 습관적으로 쓰다[마시다, 피우다].
sarguzasht *ot.* 모험(심), 모험담, 체험담, 기담(奇談).
sarhad *ot.* 경계선, 테두리, 가장자리; (검은 테 따위의) 테(두리), 경계, 국경 (지방); 변경, 변두리.
sari *prep.* 앞으로, 전방으로[에].
sarimsoq *ot.* 마늘; (넓은 뜻으로) 파; 마늘(백합과의 여러해살이풀. 밭에 재배하는데, 잎은 칼꼴이며, 땅속면의 둥근 비늘줄기는 갈색 껍질로 싸임. 비늘줄기는 독특한 냄새를 내며 향신료·강장제·양념으로 씀. 대산(大蒜), 호산(葫蒜))
sariq *sif.* 노란, 황색의, 살갗이 누런, (가축의) 황달의, (식물의) 위황(萎黃)병의; ~ kasalligi 간염.
sariqtikan *ot.* 노란 가시나무(가시덤불)
sariyog' *ot.* 버터, 우락(牛酪)
sarig'ilon *ot.* 노란뱀, 도마뱀; 도마뱀 가죽
sarishta *sif.* 순서 바른, 정돈된, 규율 있는, 질서를 지키는. 규칙적인; ~qilmoq 정돈하다, 정리하다.
sarishtalik *ot.* 규칙적, 질서정연, 순종함.
sarkarda *ot.* 지휘관, 육군 대령, 연대장; (미국남부) 부장, 단장, 각하(단순한 경칭).
sarlavha *ot.* 명칭, 표제, 제목, 항목, 제명(題名), 책 이름.
sarlavhali *sif.* 제목이 있는, ~에 제목을 붙이다, ~에게 명칭을 부여하다, 머리가 있는, 두부를 형성한.
sarmoya *ot.* 돈, 금전, 통화, 화폐
sarosima *sif.* 충격의, (격심한) 진동의, 쇼크의, 타격의; ~ga tushib qolmoq 뜻밖의 일을 당하다, 깜짝 놀라(당황하)다.
saroy *ot.* 저장실, 광, 곳집, 곳간, 고방(庫房), 고사(庫舍), 고(庫), 창(倉), 창고(倉庫).
sarpo *ot.* (여행 따위의) 채비, 장비; (배의) 의장(艤裝), 연장통[주머니]; 도구 한 벌; 다 갖춰 진 여행[운동] 용구
sarqit *ot.* 쓰레기, 나머지, 잔여, 찌꺼기; 자취, 흔적, 남은 자취, 형적, 표적.
sarson *sif.* 헤매는; 방랑하는, 길을 잃어; 잘못하여; 타락하여; ~bo'l- moq 길을 잃어 헤매다.
sarsongarchilik *ot.* 괴로운 호된 시련, 괴로운 고된 체험,
sarsonlik *ot.* 고난(苦難), 고생(苦生), 시련; 재난.
sartarosh *ot.* 이발사(師)(*erkaklar uchun*); 미용사; 미용원, 미장원; 이발사, 조발사. (*ayollar va erkaklar uchun*)
sartaroshxona *ot.* 조발, 이발, 결발(結髮). 이발소, 미장원
sarv *ot.* 삼(杉)나무의 일종; ~qo- mat 사람의 마음을 끄는; 매력적인, 애교 있는.
sarvar *ot.* 장(長), 우두머리, 지배자, 추장, 족장, 선도자, 지도자, 리더.
sarvarlik *ot.* 선도(先導), 지도, 솔선, 지휘, 지도자적 지위, 지시, 통솔(력); ~qilmoq 앞장서다, 솔선하다, 주도권을 잡다, ~을 좌우하다
sarxush *sif.* 취한, 술취한.
sargaymoq *fe'l.* 노랗게 물들다, 노랗게 되다; 노란 빛이 돌다.
sarg'ish *sif.* 누르스름한, 황색을 띤, 누렇게 바래다
sasimoq *fe'l.* 고약한 냄새가 나다; 코를 찌르다, (신선한 물품을) 썩게[상하게]하다.
sassiq *sif.* 나쁜 냄새, (감각적으로) 더러운, 불결한; 냄새 나는, (품위상) 더러운, 천한; ~ hid 악취, 고약한 냄새.
satang *sif.* 유행의, 유행을 따른, 당세풍의, 사교계의, 상류의, 현대식의, 스마트한.
satin *ot.* (비단·나일론 등의) 견수자(絹繻子), 공단, 새틴, 인조공단
satira *ot.* 풍자, 풍자 문학, 풍자시[문].
satirik I *ot.* 풍자시[문] 작자; 풍자가, 빈정대는 사람.

satirik II *sif.* 풍자적인, 풍자를 좋아하는, 잘 비꼬는; 풍자문을 쓰는.
savamoq *fe'l.* 구타하다, 채찍질[매질]하다, 때려눕다.
savat *ot.* 바구니, 광주리.
savash *ot.* 때리다, (몽둥이·회초리 따위로) 때려눕히다, 채찍질하다; 패배시키다.
savdo *ot.* 매매, 상업, 장사, 거래, 무역, 통상, 교역; 교섭, 교제; 영적[정신적] 교섭.
savdogar *ot.* 장사꾼, 소매상인; 점원, 손일 하는 사람, 장인(匠人); 배달원.
savdolashmoq *fe'l.* ~을 교환하다, 교역하다, 흥정을 하다; 매매 교섭을 하다.
savdo-sotiq *ot.* 매매, 상업, 장사, 거래, 무역, 교역; 소매업, 상업; 통상, 무역.
savdoyi *sif.* 미친, 미치광이의, 얼빠진 짓의, 무리한, 열중한, 열광한, 홀딱 빠진; pul savdoyisi 돈에 미친
savdo *ot.* 경매(競買, 競賣), 박매(拍賣), 조매(糶賣), 공박(公拍), 공매
savdo agenti 에이전시, 대리업. 대리점
savdo erkinligi 거래의 자유
savdo harajatlari 영업비용
savdo hududi 상업지구
savdo markasi 상표(商標: trademark)
savdo operatsiyasi (=treding) 트레이딩(trading)
savdo rivojiga yordam 무역 발전 촉진
savdo sof miqdori 순매출
savdo solig'i 판매세
savdo tartibi 입찰규정
savdo to'siqlari 무역장벽
savdo uchun yaroqlik 판매 적합성
savdo uchun yaroqsiz miqdor 상업적 판매가 불가한 량
savdo urfi 거래관행
savdo uyi 수출입
savdo uyushmasi 교역 파트너쉽
Savdo vazirligi 외교통상부
savdo yalpi miqdori 총매출
savdo, sotish 상업, 무역
savdo, sotish 판매(販賣)
savdoda yutgan shaxs 경락인(競落人)
savdodagi to'siqlar 사업상 장애요인, 무역 장벽
savdodan tushgan xususiy daro- mad 판매 순 수익
savdoga chiqarish 발매(發賣)
savdoga taklif 입찰기회 제공
savdogarlar, chayqovchilar 보따리장수
savdoni bashorat qilish 매출, 예측
savdo-sanoat palatasi 상공회의소
savdo-sotiq 경매 및 입찰의 총칭
savdo-sotiq bilan shug'ullanish 상업화
savdo-sotiq kodi 상업 코드, 거래코드
savdo-sotiq krediti 상업대출
savdo-sotiq qog'ozi 언제든지 방송할 수 있도록 준비된 특정 상품에 대한 일련의 광고 방송 (commercial papers)
savdo-sotiq registri 거래등록
savdo-sotiq siri 영업비밀
savdo-sotiq tavakkalchiligi 거래위험
savdo-sotiq, tijorat 상업, 통상, 거래
saviya *ot.* (지위·품질·정도 따위의) 표준, 수준, 표준, 기준, 규격.
saviyasiz *sif.* 주의(主義)가 없는, 절조가 없는; 부도덕한; 파렴치한, 방종한.
savlat *ot.* 중요성, 중대성, 중요한 지위
savlatli *sif.* 의지가 되는, 믿음직한; 확실한, 신뢰성 있는 (*kishi*), 중대한, 중요한, 성대한; savlatli Kishi 존경할 만한, 훌륭한; 신분이 높은.
savob *ot.* 선행(善行), 도덕상으로; 도덕적으로,

S

savod *ot.* 읽고 쓰는 능력, 읽고 쓸 줄 앎; ~chiqarmoq 읽고 쓰는 능력이 있다.
savodli *sif.* 읽고 쓸 수 있는, 학식[교양]이 있는; 문학적 소양이 있는, 박식한; siyosiy ~ kishi 정치적으로 박식한 사람
savodsiz *sif.* 무식한, 문맹의; 무학의; (언어·문학 등의) 교양이 없는, 교양 없음이 드러난(문체 따위), 소양이 없는.
savodsizlarcha *rav.* 무식하게, 문맹으로, 무학적으로, (언어·문학 등의) 교양이 없게, (특정 분야에서의) 소양이 없게, 박식이 없는 사람처럼.
savodsizlik *ot.* 문맹; 무학, 무식.
savol *ot.* 질문, 심문, 물음; ~bermoq 질문하다, ~에게 질문(을) 하다
saxiy *sif.* 후한, 푸짐한, 풍부한, 관대한, 아량 있는; 고결한; 편견 없는.
saxiylik *ot.* 관대, 아량; 고결
saxovat *ot.* 관대, 아량; 고결, 고귀.
saxovatpesha *sif.* 관대한, 아량 있는; 고결한; 편견 없는.
saylamoq *fe'l.* (투표 따위로) 선거하다, 뽑다, 선임하다 (*ovoz bermoq*)
saylanmoq *fe'l.* 당선되다, 뽑다, 선거하다.
saylanish huquqi 피선거권
saylanish, saylash 선임, 선출
saylash garovi 출마공탁금 (선거에 출마하기 의해 일정금액을 공탁하는 것)
saylash huquqi 1. 선거법, 2. 선거권
saylov kompaniyasi 선거운동
saylovga oid 선거의
sayohat cheki 여행자수표
sayohatchi ma'lumotnomasi 전화번호부
sayyohlik cheki 여행자수표
saylgoh *ot.* 공원, 유원지.
saylov *ot.* 선거, 선정; 선임, 투표.
saylovchi *ot.* 투표자, 선거인, 유권자.
sayohat *ot.* (보통 육상의) 여행, 여정(旅程), 항해, 항행, 긴 배 여행 (*suvda*); 왕복 운동, 행정(行程) (*quruqlikda*), (짧은) 여행, 출장 여행; 소풍; 유람; (짧은) 배편 여행(*sayr*); 관광여행, 만유(漫遊), 유람여행, 짧은 여행, 소풍; dunyo ~i 세계여행.
sayohatnoma *ot.* 여행 가이드.
sayohatchi *ot.* 여행자, 여객; 여행에 익숙한 사람, 항해자, 항행자; 모험적 항해자.
sayoq *sif.* 부랑[방랑]하는; 방랑성의; 무뢰한의, 부랑자의. 방황; ~it 길 잃은 개.
sayoz *sif.* 얕은, 얕은 곳, 배수량이 적은, (배의) 흘수가 낮은; ~daryo 여울, 여울목.
sayqal *ot.* 정리정돈, 말끔하게 함, 다듬질, 맨 끝손질.
sayr *ot.* 산책, (짧은) 여행, 출장 여행; 소풍; 유람; ~qilmoq 거닐다, 짧은 여행하다.
sayramoq *fe'l.* 노래하다, (새가) 울다, 지저귀다; (시냇물 따위가) 졸졸거리다, (탄알·바람 소리가) 퓽퓽[쌩쌩, 쏴아쏴아] 울리다, (주전자의 물 끓는 소리가) 부글부글[픽픽]하다; (벌레가) 윙윙 거리다
sayratmoq *fe'l.* (새가) 지저귀다
sayrash *ot.* (새의) 지저귐; 욺, 울리기
sayrgoh *ot.* 산책하는 곳, 공원, 큰 정원
sayroqi *sif.* 노래하는; 지저귀는, 많이 지저귀다; ~qush 우는 새, 명금(鳴禽).
sayyod *ot.* 사냥꾼, 탐구자, (~을) 찾아 헤매는 사람
sayyoh *ot.* 여행자, 여객; 여행에 익숙한 사람, (*obs*) (관광) 여행자, 관광객.
sayyor *sif.* 여행(용)의; 여행하는, 움직이기 쉬운, 이동성[기동성]이 있는; ~ kino 이동극장.
sayyora *ot.* 하늘의 별, 행성, 운성, 지구.
sazovor *sif.* 훌륭한, 존경할 만한, 가치 있는, 유덕한, 적당한,

(~에) 어울리는, (~하기에) 족한; daqqatga ~ 당연한 보상.
sag'ana *ot.* 무덤, 뫼, 묘(墓), 묘표(墓標), 묘비, 장려한 무덤, 영묘(靈廟), 능(陵).
sag'ir *ot.* 고아, 양친이 없는 아이, 아이; ~ va kabir 아이와 어른.
sachramoq *fe'l.* ~을 튀기다, ~에 뿌리다, 뿜어 나오다, 분출(噴出)하다.
sachratmoq *fe'l.* ~을 뿌리다, ~에 뿌리다, (~을) ~에 끼얹다, ~에 튀기다
seans *ot.* 상연, 연극, 연기 (*kinoda*)
sehr *ot.* 마법, 요술, 주술; 마력, 마술
sehrgar *ot.* 마법으로 일어난(듯한), 매혹적인, 마법[마술]의, 매혹된, 마술에 걸린.
eshrlamoq *fe'l.* 마술 부리다, ~에 마법을 걸다, 매혹하다, 황홀케 하다, ~의 마음을 호리다.
sekin *rav.* 조용히, 고요히; 수수하게; 은밀히, (*ovozga oid*) 느릿느릿, 천천히; 느리게, 완만하게; ~ gapirmoq 천천히 말하다.
sekin-asta *rav.* 조용히, 고요히; 수수하게.
sekingina *rav.* 조용히, 고요히; 수수하게; 주의 깊게; 면밀히, 신중히, 정성들여
sekinlamoq *fe'l.* 천천히 하다, 속력을 늦추다, 감속하다
sekin-sekin *rav.* 차차, 점차, 차례로.
sektor, maydon, soha 부문, 분야
sel *ot.* 홍수(洪水), 큰물, 대수(大水), 호우(豪雨), 큰비, 악수, 억수; 억수비, 장대비, 폭우(暴雨), 심우(甚雨), 다우(多雨)
seld *ot.* 셀드, 청어(靑魚: 청어과의 바닷물고기. 몸 길이 약 35cm로, 등은 암청색, 배는 은백색임. 가을에서 봄에 걸쳐 잡히며, 맛이 좋음. 생선은 '비웃', 말린 것은 '관목'이라 함)
selitra *ot.* 초석(硝石); 칠레 초석, 질산나트륨(칠레 초석으로 천연으로 산출됨).
sellofan *ot.* 셀로판(cellophane: 비스코스로 만든 투명하고 얇은 막질의 물질; 포장용으로 씀; 셀로판지(紙).
semantika *ot.* 의미론(意味論: 언어의 내용인 의미에 관하여 본질·기원·발전·변천 등을 연구하는 언어학의 한 부문. 의의학(意義學))
semasiologiya *ot.* 의미론; 어의론, 어의 발달론; 의의학
sement *ot.* 시멘트
sementlamoq *fe'l.* 시멘트를 바르다
semestr *ot.* 기간; 임기; 학기: 형기(刑期); (의회의) 회기, (법정 따위의) 개정기간.
seminar *ot.* 연수, 세미나(교수의 지도에 의한 학생 공동 연구 그룹); (대학의) 연구과, 대학원 과정; 연구실; 연구 집회; 전문가 회의.
semirmoq *fe'l.* 체중 증가하다, 살찌게 하다, 살찌다.
semirtirimoq *fe'l.* (도살하기 위하여) 살찌우다; (땅을) 기름지게 하다.
semiz *sif.* 편평한, 납작한; 평탄한, 울퉁불퉁하지 않은; ~ kitob 두꺼운 책.
sen *pron. pers.* 당신(들)은[이]; 당신(들)에게[을]; 자네(들)은[이]; 자네(들)에게[을], 너, 당신, 여(汝), 그대, 군(君)
seniki *pron. pers.* 당신의 것, 너의 것, 그대의 것, 너의, 그대의.
sentabr *ot.* 9월, 구월(九月)
sentner *ot.* 첸트너(독일 등의 중량 단위: 50kg; 옛 소련 등에선 100kg).
senzura *ot.* 검열 (계획, 제도); 검열관의 직[직권, 임기].
Seul *ot.* 서울(a) 한 나라의 중앙 정부가 있는 곳. 경도(京都). 경락(京洛). 경사(京師). 도읍. 수도. 수부; b) 우리나라의 수도 이름.)
Seul oliygohi *ot.* 서울대학교(- 大學校)
sep *ot.* 신부의 혼인 지참금.
sepkil *ot.* 주근깨, (피부의) 반점, 기미; Dostimning yuziga ~ toshgan 나의 친구의 얼굴에 주근깨가 있다.

S

S

sepmoq *fe'l.* 물보라치다, 물[흙탕]을 튀기다, 뿌리다, 흩(뿌리)다.
serbar *sif.* 폭넓은; (~만큼) 폭이 있는, 폭이 ~인, 넓은, 광대한.
serdaraxt *sif.* 나무가 우거진, 숲이 많은;
serfarzand *sif.* (땅이) 비옥한, 기름진, 다산적인. 많이 열리는; ~ onalar 아이들이 많은 어머니.
sergak *sif.* 주의 깊은, 조심스러운, 주의 깊은, 신중한, 조심하는.
sergap *sif.* 이야기하기 좋아하는, 수다스러운, 말 많은, 많이 말하는; ~ odam 이야기하는 사람.
sergo'sht *sif.* 고기의[가 많은], 근육이 우람한, 살의, 육체의; 살찐; 뚱뚱한; 살 같은; 육욕의, 많은 고기.
serhafsala *sif.* 성실하게 일하는 사람, 근면한, 부지런한, 공부하는, 주도면밀한.
serhasham *sif.* 플러시천으로 만든, 플러시천의[과 같은], 사람의 마음을 끄는; 매력적인, 애교있는, (의견·조건 등이) 관심을 끄는
serhosil *sif.* 열매가 많은, 높은 생산적인, 다산의, 수확이 많은
serjahl *sif.* 성마른, 불끈거리는, 화를 많이 내는 사람, 성급한, 성 잘 내는
serjant *ot.* 하사관, 중사, 경사(警査).
serka *ot.* 셀가, 거세한 염소.
sermazmun *sif.* 깊은, 밑바닥이 깊은, 뜻 있는, 의의(意義) 깊은, 함축성 있는, 의미 심장한, 암시적인.
sermehnat *sif.* 근무가 많다, 근면한, 부지런한; 열심인
sermulohaza *sif.* 많이 생각하는 사람, 학자다운, 학문적인. 박학한, 학식이 있는; ~ kishi 박학한 사람.
sernam *sif.* 습기가 많은, 습기 있는, 아주 축축한, 습기찬, 비가 많은.
sernoz *sif.* 과도하게 수줍어하는, 지나치게 창피해하는, 아주 많이 스스럼을 타는; 짐짓 부끄러운 체하는.
serob *sif.* 너무 많은, 많은, 윤택한, 충분한, 풍부한; Magazinda hamma narsa ~ 그 상점에는 모든 물건이 풍부하다.
serobgarchilik *ot.* 풍부, 많음; 부유, 많아지다; ~da yashamoq 풍족하게 살다.
serpul *sif.* 부자의, 부유한, 돈이 많다
serqatnov *sif.* 붐비는, 혼잡한, 꽉 찬; 만원의. 많이 다니다
serquyosh *sif.* 양지바른, 밝게 비치는, 햇볕이 잘 드는, 햇빛이 많다
sersavlat *sif.* (건물이) 튼튼한, (사람이) 체격이 좋은. 몸통이 크다
aersoqol *sif.* 긴 (턱)수염이 난, 털이 많은
sersoya *sif.* 그늘의, 그늘이 많은, 그늘진, 그림자가 있는[많은], 어둑한, 그늘이 많다
sersut *sif.* 우유를 많이 주다, 우유가 많다
sersuv *sif.* (호수, 강에) 물이 많이 있다
sertashvish *sif.* 몹시 걱정하여, 아주 염려하여, 걱정이 많다
sertifikat, guvohnoma 증명서(證明書)
sertifikatlash sharti 강제인증서
servis, xizmat 서비스, 봉사(奉仕)
serunum *sif.* 매우 생산적인, 몹시 다산의, 아주 풍요한, 열매가 많다
seryomg'ir *sif.* 비가 많은, 몹시 비오는, 아주 우천의; 비가 많이 내리는
seryog' *sif.* 기름[유질(油質)·유성(油性)·유상(油狀)]의, 기름칠한 [투성이의], 기름에 담근; (피부가) 지성(脂性)의, 기름에 전, 기름투성이의, 기름기 있는; (음식이) 기름기 많은; ~ovqat 기름기 있는 음식
serzavq *sif.* 기쁨이 많은, 사람의 마음을 끄는; 매력적인, 애교있는, 호감이 가는, 상냥한; 쾌활한.

serg'ayrat *sif.* 매우 정력적인, 원기왕성한, 아주 활동적인, 지나치게 활약[활동]하는.
sershira *sif.* 몹시 단, 아주 달콤한, 당분이 많은, 사탕이 많은, 몹시 향기로운.
seshanba *ot.* 화요일(火曜日)
sessiya *ot.* (의회·회의 등의) 개회중, 개회해 있음; (법정이) 개정중임; (거래소의) 입회. 회기, 개정 기간; imtihon ~si 시험기간
sevgi *ot.* 사랑, 애정, 호의(好意), 신의 자애, 연애.
sevikli *sif.* 사랑하는, 귀여운, 가장 사랑하는; 애용하는, 소중한.
sevimli *sif.* 친애하는, 친한 사이의, 사랑하는, 귀여운, 마음에 드는 것[사람]; 총신, 총아; 인기 있는 사람.
sevinmoq *fe'l.* 기뻐하다, 좋아하다, 만족하다, 반가워하다, 유쾌하다.
sevinch 기쁨, 즐거움, 쾌감, 만족, 환희.
sevinchli *sif.* 기쁨, 반가운, 유쾌한
sevmoq *fe'l.* 귀여워하다, 사랑하다; 사모하다, ~에 반해 있다, 애호하다, (매우) 좋아하다.
seysmologiya *ot.* 지진학(地震學)
sezgi *ot.* (시각·청각; 촉각 따위의) 감각, 오감(五感)의 하나, 관능; 감각 기관, 촉감, 감촉; 더듬음. 지각; 느낌, ~감, 깨달음.
sezgir *sif.* 미묘한, 민감한, 예민한, 느끼기 쉬운; 감수성이 강한, 날카로운, 예리한.
sezgirlik *ot.* 민감; 감수(성), 과민(성). 냄새; 향기, 향내, 미묘함 (*hayvonlarda*)
sezilarli *sif.* 중요한, 유력한, 무시할 수 없는; 존경할 만한, 훌륭한; 신분이 높은
sezilmoq *fe'l.* 아쉬워하다, 통절히 느껴지다, 느껴 알다, 지각하다.
seziy *ot. chem.* 세슘(cesium: 알칼리 금속 원소의 하나. 은백색으로 무르고 가벼움. 광전관(光電管)에 이용함. [55번:Cs:132.91])
sezmoq *fe'l.* 예감하다, ~을 느끼다, 감지하다, 지각하다, 통절히 느끼다, ~에 감동하다.
sezilarli darajadagi kamomad, etish- maslik, kamchilik 결정적 결함
sezilarli taraqqiyot 가시적 진보
sian *ot. chem.* 시안가스, 시안화수소(HCN)(시안화칼륨에 황산을 가하고 증류하여 얻는 무색 액체; 살충제나 유기물의 합성 등에 이용됨; 수용액은 청산(hydrocyanic acid)).
sianid *ot. chem.* 시안화물; 청산칼리(靑酸kali); kaliy ~ 시안화칼륨, 청산칼리; ~ kislota 청산(靑酸), 시안화수소(무색·유독한 기체; 시안화수소(HCN)의 수용액).
sidirmoq *fe'l.* 부비다, 문지르다; 문질러[긁어, 깎아서, 닦아서] 반반하게 하다, 후리다; 문질러[스치어, 긁어] 벗기다, 비벼서[문질러] 깨끗이 하다
sidq *ot.* 성실, 성의, 진실, 진심; 순수함.
sidqidil *sif.* 성실한, 진실한; 충심으로의; 성심성의의, 거짓 없는, 성실하다
sifat *ot.* 1) 질, 품질; 2) *gram.* 형용사
sifatdosh *ot. gram.* 분사(略: p., part.)
sifatli *sif.* 질 좋은, 질적으로; past ~ 질 나쁜.
sifatsiz *sif.* 질이 나쁜, 질이 떨어진(낮은)
sifat nazorati bo'yicha mutaxassis 품질관리 전문가
sifat sertifikati 품질보증서
sifat uchun javobgar rahbar 품질관리 담당
sifat, sifatlovchi so'zlar 성질관형사
sifatdagi nuqson 품질하자
sifatdosh shakllari 관형전성어미
sifatga oid davo 품질 클레임
sifati past molning qaytishi 불량품의 반품
sifatiga ko'ra molni saralash 품질에 따른 분류
sifatini ma'qullash 품질 승인
sifatlovchi so'z 지시관형사
sifatlovchi so'z qo'shimchasi 관

형사형 어미
sifatlovchi so'zlar 관형사(冠形詞: 체언 앞에 놓여서 그 체언이 가진 뜻을 꾸며 주는 품사. 활용하지 아니함; 매김씨; 관사(冠詞: 영어·독일어·프랑스 어 등에서 명사 앞에 놓여 단수·복수·성(性)·격(格) 등을 나타내는 품사))
sifatlovchi so'zning boshqa so'z turkum- laridan farqi 관형사와 다른 품사와의 구별
sifatlovchi so'zning tartibi 관형사의 순서
sifatni tekshirish bo'limi 품질 관리부
sifatning pasayishi 품질 저하
sifatning standartdan chetga chiqishi 품질의 표준 미달
sifatsiz material 불량품질 재료
sifatsizlik bilan bog'liq shikoyat 품질 불만 클레임
sigareta *ot.* 궐련, 담배(a) 가짓과의 한해살이풀. 남아메리카 원산의 재배 식물. 높이 1.5-2m가량, 잎은 가늘고 길며 끝이 뾰족한데 매우 크고 어긋나게 남. 여름에 담홍색의 꽃이 핌. 잎은 '담배'의 재료, 그 성분 속의 니코틴은 농업용 살충제로 씀. b) 담뱃잎을 말려서 만든 기호품. 남초.)
sigir *ot.* 소, 암소, 젖소.
signal *ot.* 신호, 군호; 암호 (*avtomobilda*) ~bermoq 신호를 보내다;
signalizatsiya *ot.* 신호체계, 신호장치, 신호등; temir yol ~si 철도 건널목 신호등
sihatlik *ot.* 건강, 건장, 튼튼.
sikl *ot.* 순환, 한바퀴, 주기, 순환기; ishlab chiqarish ~i 생산주기; tarix ~i 역사의 순환.
sil *ot.* 결핵(병)(略: T.B., TB), 폐결핵
silamoq *fe'l.* 귀여워하다, 쓰다듬다, 어루만지다; 주름을 펴다, 문지르다, 비비다; 마찰하다, 마사지[안마]하다.
silindr *ot.* 실린더, 둥근기둥, 원통, 원기둥, 주면체(柱面體), 기통.
siljimoq *fe'l.* 휘젓다, 뒤섞다. (뒤)흔들다, 움직이다, 이동시키다, 옮기다.
siljitmoq *fe'l.* (가구를) 뒤흔들다, 움직이다.
silkimoq *fe'l.* 흔들다, 뒤흔들다, 흔들어 움직이다, 휘두르다. 뿌리치다; bosh ~ 머리를 끄덕여 찬성하다.
silkinmoq *fe'l.* 떨어내다, 흔들리다; 진동(震動)하다; 밀어 제치다, 헤치고 나아가다
silkitmoq *fe'l.* (기·돛 따위를) 펄치다; (상의·모포 따위를) 흔들어 말리다; (먼지 따위를) 털다;(그릇을) 흔들어 속을 비우다
silliq *sif.* 매끄러운, 매끈매끈[반질반질]한, 반드러운; 평탄(平坦)[반반]한, 닦아진; 광택 있는 (*gazmol*); ~tosh 광택이 있는 돌, 둥글게 간[닦여진] 돌.
silliqlamoq *fe'l.* 매끄[반드]럽게 하기; 반반하게 하다, 쓸다; devorni ~ 벽을 닦다.
silos *ot.* 사일로(사료·곡물 등을 넣어 저장하는 원탑 모양의 건조물), 저장고; ~orasi 사일로에 저장하다
siltamoq *fe'l.* 홱 잡아당기다; 잡아채다(off); 씰룩씰룩 움직이다, 경련시키다; ~에게 고통을 주다, 휘두르다
sim *ot.* 철사, 전선, 케이블(피복(被覆) 전선·해저 전선); ~ yogoch 전신주
simfonik *sif.* 심포니(식)의, 교향악의, 교향적인; ~ orkestr 심포니 오케스트라.
simfoniya *ot.* 교향곡, 심포니
simob *ot.* 수은(水銀: 상온(常溫)에서 유일하게 액체 상태로 있는 은백색의 금속 원소; 천연으로 진사(辰沙)에서 얻어지며, 어느 금속과도 합금을 만들기 쉬움. 금의 정련·온도계·의약 등에 씀. [80번:Hg :200.6])
simon *sif.* 같은, 유사한, 비슷한, 닮은.
sina *ot.* 가슴, 흉부; 옷가슴, 가슴속(의 생각), 내심.
sinalgan *sif.* 테스트의, 시험의, 검사의, 고사의, 시험필(畢)의, 시험의 수단[방법].
sinamoq *fe'l.* (순도·성능·정도 따위를) 검사(시험, 실험)하다, 테스트하다, 조사하다.
sinash *ot.* 실험, 테스트, 시험,

검사, 고사, 시도, 시험; 시용, 시운전.
sindirilmoq *fe'l.* 부서지다, 산산조각이 나다, 깨지다.
sindirmoq *fe'l.* 깨다, 꺾어지다, ~의 뼈를 부러뜨리다, 깨뜨리다, 쪼개다, 부수다; (가지 등을) 꺾다.
sinf *ot.* 1) 학급, 반, 학년, (클래스의) 학습시간, 수업; 2) 교실(教室), 강의실.
sinfdosh *ot.* 동기, 동급생, 급우; 동창생.
sinfiy *sif.* 분류(分類), 종류, 부류, 등급; ~ kurash 버둥[허우적]거리다.
sinfsiz *sif.* (사회가) 계급차별이 없는; (개인 등이) 어느 계급에도 속하지 않는; ~ jamiyat 계급 차별 없는 사회
singari 마치 ~처럼
singdirilmoq *fe'l.* (물 따위에) 젖다, 잠기다; 흠뻑 젖다, 함빡 젖어들다; 배어들다
singdirmoq *fe'l.* 흡수하다, 빨아들이다.
singil *ot.* 여동생
singimoq *fe'l.* 빨아들이다, 흡수하다, (충격 따위를) 완화시키다, 지우다, 이해하다.
siniq *sif.* 부서진, 망그러진, 깨어진, 꺾인.
sinmoq *fe'l.* 깨지다, 깨뜨리다, 쪼개다, 부수다; (가지 등을) 꺾다; 자르다.
sinonim *ot.* 동의어, 유의어(類義語), 비슷한 말; ~sozlar 동의어의 단어, 유의어
sinov *ot.* 테스트, 시험, 검사, 고사, 수험; ~dan oʻtmoq 시험에 합격하다, 시련에 견디다.
sintaksis *ot.* 통어법[론], 구문(론), 문장른
sintaktik *sif.* 기호 통합론; ~tahlil 기호 통합론 분석
sintetik *sif.* 종합적인, 종합의, 합성의
sintez *ot.* 합성 물질, 합성[화학] 섬유.
sinus *ot.mat.* 사인, 정현(正弦) (略: sin) 사인(삼각 함수의 하나. 직각 삼각형의 한 예각의 대변과 빗변의 비를 그 각에 대해 일컫는 말; 기호는 sin;. 정현(正弦). ↔코시컨트)
sinuvchan *sif.* 빨리 깨지는, 망가뜨릴[부술, 깨뜨릴] 수 있는, 깨지기 쉬운, 무른.
sinch *ot.* 1) (건물·선박·비행기 따위의) 뼈대, 구조; (제도의) 조직, 기구, 구성, 체제; 2) 격자(格子), 래티스; 격자 모양으로 만든 것; 격자창(窓); 격자꼴 문장(紋章)
sinchiklamoq *fe'l.* 정밀하게 시험하다.
sip-siliq *sif.* 아주 부드러운, 매우 매끄러운, 아주 매끈매끈[반질반질]한, 아주 평탄(平坦)[반반]한
siqim *ot.* 한 움큼, 손에 그득, 한 줌(의 양), 소량, 소수.
siqishtirmoq *fe'l.* 압축하다, 압착하다; 단축하다, 축소하다, (말·사상 따위를) 요약하다
siqmoq *fe'l.* 억압하다, 죄다, 압착하다; 꽉 쥐다, 꼭 껴안다, 짓눌러 찌그러뜨리다, 짜다, 짜내다.
sir I *ot.* 비밀(한 일); 기밀, 비법, 비결.
sir II *ot.* 치즈, 건락(乾酪)
sira *rav.* 전혀, 일찍이 ~(한 적이) 없다, 언제나[한번도] ~(한 적이) 없다, 결코 ~하지 않다,
sirdosh *sif.* 확신하는, 자신이 있는, 자신 만만한.
sirk *ot.* 서커스, 곡마, 곡예; 곡마단.
sirka *ot.* (식)초; uzum ~si 와인식초
sirkoniy *ot.* *chem.* 지르코늄 (zirconium: 지르콘광으로 산출되는 은백색의 희유금속 원소; 무정형의 것은 흑색의 분말. 공기 중에서 발화하기 쉬움. 내식성(耐蝕性)이 강하여 원자로 재료·화학 장치의 내식 재료로 씀. [40번:Zr: 91.22])
sirkul *ot.* 컴퍼스, 나침반, 나침의.
sirlamoq *fe'l.* 아름답게 하다, 아름다워지다, 꾸미다, 장식하다.
sirli *sif.* 비밀[기밀]의; 극비의; 남에게 숨긴, 은밀한, 눈에 보이지

않는.
sirpanmoq *fe'l.* (찍) 미끄러지다, 미끄러져 넘어지다, 발을 헛디디다, 곱드러지다
sirt *ot.* 표면(表面), 외면(外面), 외부(外部), 외관(外觀), 겉보기, 외양(外樣).
sirtmoq *fe'l.* 고리를 이루다, 고리 모양이 되다; 호(弧)를 그리듯이 움직이다, 올가미밧줄(로 잡다) (야생말 따위를).
sirtqi *sif.* 외부의, 밖의; 외면의; 외계의, 표면의, 외관의; 겉의, 형식적인; ~ oqish 통신 교육(과정)
sirg'a *ot.* 이어링, 귀고리, 귀걸이.
sirg'aluvchi *sif.* 마찰로 생기는, 마찰음의.
sirg'anmoq *fe'l.* 미끄러지다, 미끄러져 가다, 미끄러져 움직이다, 흐르다; 활주하다
sirg'anchiq *sif.* 미끄러운, 반들반들한, 미끈거리는, 미끄러워 붙잡기 힘든
sitrus *ot.* 레몬의 나무, 감귤나무, 귤나무; ~ osimliklari 레몬, 밀감속(屬), 감귤류.
sivilizatsiya *ot.* 문명(文明), 문화
six *ot.* 꼬챙이, 꼬치, 구이 꼬치; 꼬챙이 모양의 것, 핀.
siydik *ot.* 소변, 오줌; ~ yoli 요로(尿路).
siylamoq *fe'l.* 존중하다, 존경하다.
siymo *ot.* (시각·거울 따위에 비친) 상(像), 모습, 모양, 꼴, 화상(畫像), 초상; 조상(彫像). 성상(聖像), 우상(偶像), 외관, 겉보기, 양상, 체면, 생김새, 풍채(風采).
siyna *ot.* 가슴; 옷가슴; dashtning ~si 황폐한 가슴
siyoh *ot.* 잉크, 먹, 먹물, 흑(黑), 검은색.
siyohdon *ot.* 잉크병, 잉크통
siyosat *ot.* 정책, 방침, 방책, 수단; tashqi ~ 외교정책.
siyosatdon *ot.* 정치가, 정당[직업] 정치가.
siyosiy *sif.* 정치의, 정치상의; ~ arbob 정당[직업] 정치가.
siypalamoq *fe'l.* 손으로 더듬다, 더듬어 찾다; (암중) 모색하다, 찾다
siypamoq *fe'l.* 쓰다듬다, 어루만지다; 주름을 펴다, 매끄[반드]럽게 하기; 반반하게 하다; (주름을) 펴다, 다리다; (땅을) 고르다; 매만지다
siyrak *sif.* 띄엄띄엄, 드문드문한, 성긴, 조밀(稠密)하지 않은; ~ tish 널리 성긴 치아; ~ daraxt 드문드문 자라는 나무
siz *pron. pers.* 당신, 당신(들)은[이]; 당신(들)에게[을]; 자네(들)은[이]; 자네(들)에게[을]; ~ni 당신; ~ga 당신을 향하여.
sigmoq *fe'l.* 자제[억제]하다; 침착하다, 조심스럽다.
sinab ko'rish, namuna olish 시험, 분석, 시도, 테스터
sinash uchun ishlab-chiqarish 시험생산
sindikat, yirik birlashma 기업연합, 신디케이트(syndicate: 생산할당이나 공동 판매 기능을 담당하는 카르텔 중앙 기관)
sinov 실험, 시험, 테스트
sinov muddati 기간(노동계약을 체결하기에 앞서 갖는 일정기간 회사에서 일을 하는 것, 러시아 노동법에 견습 기간을 3 개월을 넘을 수 없다)
sinov qatnovi 시범 운행
sinov va hatolar yo'li bilan narx bel- gilash 시행착오를 통한 가격결정을 시행
sinov, hisobga olmoq 상계, 상쇄산입
sintaksis *garm.* 통사론(統辭論)
sintaktik buyruq gap 통사적 사동문
sintaktik qo'shma so'z 통사적 합성어
sinxromarketing 계절상품
sirg'aluvchi 마찰음
sirg'aluvchi assimilyatsiya 유음동화
sirg'aluvchi undoshlar 유음(流音: 혀끝을 윗잇몸에 대었다가 떼거나 잇몸에 댄 채 날숨을 그 양옆으로 흘려보내면서 내는 소리. 한글의 'ㄹ', 영어의 'r'·'l' 등. 흐름소리.)

sistema, tizim 체계(體系), 시스템(system)
siyosat *ot.* 정책(政策)
siyosiy boshpana 정치적 망명
sichqon *ot.* 쥐, 생쥐.
skameyka *ot.* 긴 걸상, 벤치, 긴 의자.
skelet *ot.* 뼈대, 골격, 해골; 뼈만 앙상한 사람[동물].
skripka *ot.* 바이올린
skidka, arzon narx 할인가
skidka, arzonlashuv 가격하락
skidka, kamaytirilgan narx berish 할인 혜택 부여
smart-kart 스마트카드
smeta, harajatlar 예산, 추정치
soat *ot.* 1) 시계, 손목시계, (*qo'l, chontak soat*); 회중시계, 벽시계, 휴대하지 않는 시계(*stol ustida turadigan yoki osma soat*) 2) 시각, 한 시간; 한 시간 가량, 한참 동안; (수업의) 한 시간, (*vaqt manosida*); ~ ikki 두 시; ~ necha boldi? 지금 몇 시 입니까?
soat, vaqt 시간(時間)
soatsoz *ot.* 시계 제조인[수리인]. 시계 고치는 사람
sobiq *sif.* 앞의, 이전의, 사전의, 앞서의
soda *ot. kim.* 소다(특히 탄산소다. 중탄산소다의 준말); 중조(重曹); 수산화나트륨.
sodda *sif.* 단순한, 쉬운, 힘들지 않는, (말이나 설명 따위가) 평이한; (살림 따위가) 편한, 걱정이 없는.
sodda gap 평서문; 홑문장
sodda ot 단일명사; 보통명사
sodda so'z 단일어
soddalashtirilgan model 단순화 모델
soddadil *sif.* 순수한, 순진[천진]한; 티없는; 성실한, 곧은 성격의.
sodiq *sif.* 충실한, 성실한, 믿을 수 있는, (국가·군주 등에) 충성스러운, 몰두하는
sof *sif.* 순, 맑은, 청결한, 깨끗한, 더럼이 없는; 갓[잘] 씻은, 청순한, 순결한, 죄짓지 않은, (여자가) 더럽혀지지 않은, 정숙한.
sof og'irlik aktivi 순자산
sof raqobatchilik 완전 경쟁(完全競爭)
sof bortga oid konosament 무보유 선적 선하증권
sof konosament 완전선하증권 (clean B/L)
sofdil *sif.* 솔직한, 숨김없는, 명백한, 공공연한, 솔이한, 정직한, 진솔한, 현혁한.
sofdillik *ot.* 정직, 성실, 성의, 진실, 진심; 순수함, 실직(實直), 충실; 성의.
sofko'ngil *sif.* 정직한, 솔직한, 노골적인, 거리낌 없는, 공정한, 공평한, 숨김없는.
soflik *ot.* 순결, 청정, 순수, 깨끗함, 청결, 맑음, 청렴, 결백.
soha *ot.* (활동) 영역, (세력) 범위, (활동의) 분야, 활동범위, 본분, 본령(本領).
sohib *ot.* 주인; 영주, 고용주, (노예·가축 등의) 소유자, 임자; uy ~i 한 세대의 주인, 세대주, 호주.
sohil *ot.* (둑 모양의) 퇴적, 덮쳐 쌓임, 연안, 해안, 모래톱, 사주(砂洲) (*dengiz*) 바닷가, 해안(지방), 해변; (바다·호수·강의) 기슭.
sokin *rav.* 조용한, 고요한, 소리 없는, 조용히, 고요히; 수수하게; 은밀히.
soldat *ot.* (육군) 군인, 병사, 하사관.
solinmoq *fe'l.* (어떤 위치에) 놓다, 두다, 설치하다, 붙이다, 얹다, 대다; 내려놓다.
soliq *ot. tex.* 징세, 부과, 할당; 징수액; 소집, 징집; 징발; 징모병수(數), 소집 인원; ~ yig'uvchi 수세(收稅) 관리; ~ solmoq ~을 징수하다.
soliq 세금(稅金)
soliq asosi 과세표준
soliq boshpanalari 조세특혜지역
soliq deklaratsiyasi 세무신고서
soliq egasi 납세의무자
soliq himoyasi 세금피난
soliq imtiyozlari 세제혜택
soliq inspektsiyasi 세무조사

soliq manbai 세원(稅源)
soliq politsiyasi 세무공무원
soliq qiymati 세율
soliq siyosati 조세정책
soliq solinadigan daromad 과세대상소득
soliq solingan daromaddan chegirma 소득공제(所得控除)
soliq solinmaydigan minimum (소득세 면제대상의) 최저소득
soliq solish 과세(課稅)
soliq solish birligi 관세단위
soliq solish ob'ekti 과세대상
soliq ta'tillari 면세기간 (법우로 정해진 기업 및 단체들이 세금 납부 면제 기간)
soliq tartibining keskinlashuvi 세무관련 규정 엄격화, 조세규정 엄격
soliq tashvishi 조세부담
soliq tizimi 조세제도(租稅制度)
soliq to'lovchi 납세자(納稅者)
soliq to'lovchining maxsus raqami 납세자 번호
soliq tushimi 세수입(稅收入)
soliq tushimi manbayi 세원(稅源)
soliq va jamg'armalar vazirligi 러시아 연방 국세청
soliq vakili 조세목적상 거주인
soliq vakili emas 조세적상 비거주인
soliq yuki 세부담
soliq yukini kamaytirish 세부담 경감
soliq yuklamasi 조세 부담률(조세와 GDP의 비율)
soliqdan ozodlik 조세주권
soliqdan qutulish usullari 조세특혜지역
soliqdan saqlanish 조세면책특권
soliqlar o'zini olib qochmoq 절세 (합법적인 방법으로 세금의무를 줄이는 것)
soliqlarga chap berish 면세
soliqlarni undirish 세금징수
soliqni bekor qilish 세금 폐지
soliqqa oid 조세의
soliqqa tortish, soliq solish 과세
solishtirma *sif.* 비교의, 비교에 의한, 비교적인, 비교상의.
solishtirmoq *fe'l.* 비교하다, 대조하다, 비유하다, 비기다.
solmoq *fe'l.* (어떤 위치에) 놓다, 두다, 누이다, 가로 눕히다. 설치하다, 붙이다, 얹다, 대다; 내려놓다, 찌르다; o'rin~ 침대에 눕히다; shovqin ~ 소리를 내다; 떠들다; 소란 피우다, 불평(不平)하다.
solmoq, yuklamoq 부과
solnoma *ot.* 연대기(年代記), 연대기(年代記)의 편자, 연보(年報) 작자.
solig' bahosi 시장에서 유통되는 주식가치
solo-veksel 약속어음
somon *ot.* 새끼, 짚, 밀짚.
somsa *ot.* 솜사, 삼사, 파이.
son I *ot.* 수, 총수, 숫자
son II *ot.* 넓적다리, 궁둥이, 허리(골반부), 히프, 히프 둘레(치수); 고관절(股關節).
son III *garm.* 수사(數詞: 수량이나 차례를 나타내는 품사. 양(量)수사와 서(序)수사가 있음)
son sifatlovchi so'zlar 수관형사
soniya *ot.* 초(시간·각도의 단위; 기호); o'n ~dan so'ng 10초 후에.
son-sanoqsiz *sif.* 셀 수 없는, 무수한, 대단히 많은.
sop I *ot.* 손잡이, 핸들, 자루, 꼭지.
sop II: ~bolmoq 끝내다, 마치다, 완성하다, 완료하다.
sopol *ot.* 토기, 질그릇; 도기, 오지 그릇; 도토(陶土). (*idish*) 제도술(製陶術), 요업.
soppa-soga' *sif.* 건강한, 건장한, 튼튼한.
soqiy *ot.* (궁정 연회 따위에서) 술잔을 따라 올리는 사람.
soqol *ot.* (턱)수염; ~olmoq 면도하다.
soqov *sif.* 무언의, 말이 없는, 벙어리의, 말을 못하는
soqovlanmoq *fe'l.* 말을 더듬다, 떠듬적거리다, 벙어리가 되다.
soqchi *ot.* 불침번, 경계, 망을 봄, 감시; 조심; 보호.

sort *ot.* 가지, 종류, 부류, 성질, 품질, 품등
sotib bitirish, arzon sotib tugatish 세일
sotib olingan mollar hisobi 구매 물품 대금 청구서
sotib olish 사재기, 매점
sotib olish bahosi 상환액, 환매액
sotib olish fondi 감채기금(減債基金: sin- king fund)
sotib olish muddati 취득시효
sotilmaydi 비매품(非賣品)
sotilmoq *fe'l.* 팔았다, 매도[매각]했다
sotish 매상, 판매
sotish bo'limi boshlig'i 판매 담당
sotish bozorlarining tadqiqi, tovar bozorini o'rganish 시장조사
sotish *ot.* 매출, 판매, 팔기, 매각.
sotishdan tashqari operatsiyalardan tushgan daromad 영업외 수익
sotmoq *fe'l.* 팔다, 매도[매각]하다
sotqin *ot.* 매국노(奴), 배반자(背反者), 배신자(背信者); 밀고자(密告者); 유혹자.
sotuv narxidan foizlarda royyalti 판매가의 일정 비율로 지불하는 로열티
sotuvchi 매도인
sotuvchi bahosi 공급초과의 시장가격
sotuvchi bozori 판매자 중심시장
sotuvchi *ot.* 세일즈맨, 외판원, 판매원.
sotuvchini ma'suliyatdan ozod qilish 매도인의 면책
sotuvdan keyingi xizmat 애프터서비스, 구매후 서비스, 사후관리.
sovimoq *fe'l.* 차게 하다; 차지다, 시원하게 하다[해지다], 얼듯이 추워지다, 몹시 차지다; 얼어붙다.
sovliq *ot.* 양(羊), 면양, 양가죽, 양피(羊皮).
sovrin *ot.* 상품, 상, 상금, 메달, 상패, 기념패, 기장, 훈장.
sovun *ot.* 비누; atir ~ 세숫비누, 화장(용)의 비누; kir ~ 세탁비누.
sovun ko'pigi 거품
sovunlamoq *fe'l.* 비누로 씻다. 비누질을 하다; Nigora qol-betini sovunlab yuvdi. 니고라는 얼굴과 손을 비누로 씻다
sovuq *sif.* 추운, 찬, 차게 한, 서리가 내리는; 혹한의; 서리로 (뒤)덮인; Otgan hafta juda ~ boldi 지난주는 아주 추웠다.
sovuqotmoq *fe'l.* 냉정하다, 냉담하다.
sovuqqon *sif.* 침착한, 냉정한, 평정한.
sovuqqonlik *ot.* 냉담, 차가움; 침착; 냉담; 무뚝뚝함; 뻔뻔스러움.
sovurmoq *fe'l.* 퍼덕거리다, 날개치며 날다; (나비 따위가) 훨훨 날다, 흔들어 움직이다; 흔들다, 휘두르다.
sovut *ot.* 갑옷과 투구, 갑주
sovutgich *ot.* 냉각장치, 냉장고; 냉장 장치; 빙고(氷庫); 증기 응결기(凝結器).
sovutmoq *fe'l.* 냉각 시키다, 얼게 하다, 빙결시키다; 얼어붙게 하다.
sovutgichga saqlash 냉장 보관
sovutib saqlash vositalari 냉장보관 설비
sovg'a *ot.* 선물, 선사품; ~qilmoq 선물하다, 증정(여)하다, 바치다; ~에게 주다
sovchi *ot.* 결혼 중매인, 매개자, 주선인, 중매인, 중매자(中媒者), 빙인(氷人), 월하빙인(月下氷人), 매작인(媒妁人), 매자(媒子), 매작, 쌍동중매(雙童中媒), 뚜장이; 매파(媒婆), 중매장이; 중신아비, 중신애비, 중신에미, 중신어미, 마담뚜
soxta *sif.* 그릇된, 틀린, 부정확한, 잘못된; 부정(不正)한, 불법적인. (*hujjat*) 거짓[허위]의, 가장된
soxtalik *ot.* 가짜, 허위(성), 기민성; 불신; 거짓말; 잘못. 가짜 (문서·화폐 따위의) 위조; 위조죄; 위조품[문서]; 위폐.
soxta kasod, inqiroz 위장파산

soxta kelishuv 비진의 의사표시
soxta nusxa 불법복제
soxta tadbirkorlik 사업을 할 의도 없이 조세 회피, 대출 및 물질적 이익을 목석으로 영리단체를 설립하는 행위
soxtalashtirish 화폐, 주식 등의 위조품
soxtalashtirish, kontrafaktsiya 불법적사용
soxtalashtirish, qalbaki narsa 위조(僞造)
soy *ot.* 시내, 개울, 강.
soya *ot.* 그늘, 응달, 그늘진 곳 (*ko'llanka*) ~da o'tirmoq 응달에 앉다.
soyabon *ot.* (대형) 양산; (창 따위의) 차양; (여성 모자의) 챙, 렌즈 후드, 파라솔
soz *rav.* 훌륭히, 잘, 만족히, 더 할 나위 없이; 훌륭하게, 적절히, 알맞게, 바로; juda ~! 그것은 아주 잘했다.
sozanda *ot.* 음악가, 악사, 작곡가.
sog' *sif.* 건강한, 건장한, 튼튼한.
sog'ana *ot.* 장려한 무덤, 영묘(靈廟), 능(陵), 음침하고 큰 건물[방].
sog'aymoq *fe'l.* (앗긴 것을) 되찾다; (잃은[놓친] 것을) 찾아내다, 발견하다; (매몰·잊었던 것을) 캐내다.
sog'inmoq *fe'l.* 외로워하다, 고독하다.
sog'inch *ot.* 동경, 갈망, 열망, 그리움.
sog'lik *ot.* 건강(상태), 건전; viloyat ~ni saqlash bolimi 보건복지부
sog'lom *sif.* 건강한, 건장한, 튼튼한; 건강상 좋은, 위생적인, 유익한; ~bolmoq 건강이 더 좋아지다.
sog'lomlashmoq *fe'l.* 건강해지다
sog'lomlashtirish *ot.* 건강과 건강 관련 산업; Mening onam soglomlashtirish soha- sida ishlaydi 나의 어머니는 건강과 건강사업분야에서 일 하신다.
sog'lomlashtirmoq *fe'l.* ~의 건강이 좋아지다, 원기[활기]를 돋구다, 북돋다.
sog'moq *fe'l. k.m.* ~의 젖을 짜다
sog'uvchi *ot.* 낙농장에서 일하는 여자.
sog'lig'iga ko'ra ta'til 병가
sog'lomlashtirish yaxshilash 개선, 회복, 건실화, 정상화
sovg'a qilinadigan talon 상품권
sovg'a qilish, tortiq qilish 증여
sovg'a qiluvchi 증여자
soch I *ot.* 머리카락; ~olmoq 머리카락 자르다, 머리를 다듬다.
soch II *ot.* 개똥지빠귀(지빠귓과의 새. 날개 길이 13cm, 꽁지 10cm 정도, 부리는 약간 길고 끝이 굽음. 등은 흑갈색, 배는 흼. 다른 새의 울음소리를 잘 흉내 냄. 지빠귀)
sochilganlik *ot.* 방심 상태의, 멍해 있는, 얼빠진, 건성의.
sochilmoq *fe'l.* (대량으로) 흐르다, 흘러나가다[들다]; 쇄도하다, 밀어닥치다.
sochiq *ot.* 탑, 망루, 타워.
sochma *ot.* (막부(幕府)의) 쇼군(將軍).
sochmoq *fe'l.* 따르다, 쏟다, 붓다, 흘리다(*don*); (모래·꽃 따위를) 흩뿌리다, (~의 표면을) 온통 뒤덮다 (*qum*)
sochpopuk *ot.* 머리 솔, 머리 빗
spektakl *ot.* 상연, 연극, 연기; 흥행, 공연, 흥행물, 곡예.
spirt *ot.* 알코올, 주정(酒精)(음료), 술,
sport *ot.* 스포츠, 운동, 경기.
sport inshootlari 스포츠 시설
sport oyoq kiyimi 운동화
sportchi *ot.* 스포츠맨, 운동가. 운동선수.
spot *ot.* 현금거래(spot), 현물로
sruktura, tuzilish 구조(構造)
ssuda hisobi 대부 계좌
ssuda me'yori 대부 한계
ssuda shaklidagi mablag'ga stavka 대출 이자율
ssuda, qarz 대부(貸付)
ssudali mablag'lar bozori 대부 자본시장

stadion *ot.* 육상 경기장, 스타디움, 경주장
staj *ot.* 서비스 기간, 연한
stakan *ot.* 잔, 유리 기구; 컵, 글라스
stanok *ot.* 공구, 공작기계
stansiya *ot.* 정류장(停留場),정류소(停留所)
stilistika *ot.* 문체론(文體論: 구문법·어휘·억양 등 언어 표현의 개성적 특색을 특정의 작가·국어· 시대·유파를 대상으로 연구하는 학문)
stipendiya *ot.* 장학금(제도), 하사금; (특정 목적을 위한) 보조금, 조성금(연구 장학금 등)
stol *ot.* 테이블, 탁자; yozuv ~i 책상
stolba *ot.* 막대기, 장대, 기둥, 지주.
strelka *ot.* 지시하는 사람[물건]; (교사 등이 지도·흑판 따위를 짚는) 지시봉; (시계·저울 따위의) 바늘, 지침 (*soatniki*)
student *ot.* 학생(미국에서는 중학생 이상, 영국에서는 대학생).
studiya *ot.* 스튜디오, 제작실, (예술가의) 작업장, 아틀리에; (음악·댄스 등의) 연습장, (영화) 촬영소; (방송국의) 방송실; (레코드의) 녹음실
stul *ot.* 의자(椅子), 걸상, 교의(交椅)
staliy davri 선적, 또는 하역을 위한 정박 시간
standart, o'lchov, mezon 표준(標準), 기준(基準)
standartga mos kelish 표준 충족
standartlashtirilgan so'rovnoma 표준화된 설문지
stanok, dastgoh 공작기계(工作機械)
stavka, me'yor 비율(比率)
stendlardagi reklama 입간판 광고
stimul, rag'batlantiruvchi omil 자극, 동기, 인센티브
stividor harajatlar 선적비용, 하역비용
struktur islohot 구조적 개혁
struktur qayta qurish 구조 조정
strukturaviy nomutanosiblik 구조적 모순(불균형)
stsenariyga oid shartnoma 노동계약(勞動契約), 고용계약(雇傭契約)
sub'ektlar teng huquqligi 연방주체 평등
subarenda 전대차(轉貸借)
subarendaga topshirish 전대(轉貸)
subijara 재임대
subpudratchi firma 하청회사
subsidar mas'uliyat 조력 책임
subventsiya 지방정부에 대한 정부 보조금
sud *ot.* 법정(法廷), 법원(法院); 공판; Oliy Sud 연방 대법원, (많은 주(州)의) 대법원; xalq ~ 국민의 법원, 인민재판; harbiy ~ 군법회의; ~qilmoq (사건·사람을) 판가름하다, 재판하다, ~에 판결을 내리다.
sud amaliyoti 판례
sud aniqlovi 결정
sud buyrug'i 법원명령
sud chaqiruv qog'ozlari va xabarnomalari 법원의 통시 및 소환
sud chiqimlari 소송비용(인지대, 재판비용)
sud depozit 법원 공탁
sud depozit hisobi 법원공탁게
sud harajatlari bilan bog'liq masalalar bo'yicha aniqlik kiritish 소송비용액의 확정결정
sud harajatlari taqsimoti 소송비용의 분담
sud hodisasi 판례(判例)
sud ijrochisi 집행관
sud ishiga oid 소송의, 소송상의
sud ishlari yuritish huquqlari va maj- buriyatlari 소송상의 권리와 의무
sud ishlari yuritish muddatlari 소송기간
sud ishlaridagi ishtirok 공동소송
sud ishlariga oid huquqdorlik 소송인수
sud ishlarini yuritish huquqi 소

송권
sud ishlarini yuritish layoqati 소송능력
sud ishlarini yuritish qonuniyligi 당사자능력
sud jarayoni rahbari 소송지휘
sud jarayoni tartibi 소송절차(訴訟節次)
sud jarayonida ishtirok etish huquqi 재판기일 출석권
sud jarimasi 벌금형(罰金刑)
sud majlisi 재판
sud majlisi kotibi 서기관(書記官)
sud majlisi tartibi 재판절차
sud maslahatchilari 배심원(陪審員)
sud muddatlarini o'tkazib yuborish 소송기간의 도과
sud muhokamasi oshkorligi 재판의 공개
sud muhokamasining bevositaligi 간접심리주의
sud muhokanasi 재판(裁判)
sud organlari tizimi haqidagi qonunlar 법원 조직법
sud qarori 법원결정
sud qarori chiqarilishi 판결(判決)
sud qarorini qayta ko'rish huquqi 법원의 결정(선고)에 대한 불복권
sud qarorining bajarilishi shartligi 법원결정의 강제성
sud qilish huquqi 재판 관할권
sud ruhiy tekshiruvi 법원정신감정
sud tarjimoni 법정통역사
sud tarkibi raisi 재판장
sud tizimi 사법제도
sud topshiriqlari 증거조사의 촉탁
sud vakili 소송대리인
sud vakolati 소송대리
sud xabarnomalarining yetkazilishi 재판통지서 송달
sud xarajatlari 재판비용
sud xulosasi 판결
sudakti ijrosini ta'minlash 집행보전
sudda ko'rinishning to'xtatilishi 심리종결, 결심
sudda ko'rishga tegishli 보통재판
suddagi vakil 소송대리인
suddagi vakolat 소송대리
sudga kelish 법원출석
sudga murojaat qilish huquqi 소권(訴權: 법원에 소를 제기하여 심판을 구하는 당자자의 권능으로 민사분쟁이 있을 때 누구나 법원에 대하여 심판을 청구 할 수 있는 것은 국민의 중요한 기본권의 하나이다)
sudga oid, suddagi 사법의, 재판의
sudlanganlik *ot.* 유죄판결
sudralmoq *fe'l.* 말려들다, 자신에 끌려가다
sudlanuvchi *sif.* 피고인(被告人),
sudraluvchi *sif.* 비열한 인간, 엉큼한 사람
sudramoq *fe'l.* 당기다, 끌다; 끌어당기다, 당겨서 움직이다; (~까지) 이끌다; (~까지) 이르게 하다
sudxo'r *ot.* 빌려주는 측[사람]; 대금업자(貸金業者), 고리대금업자(高利貸金業者). 유가증권 수입으로 사는 사람.
sudxo'rlik 고리대금업(高利貸金業)
sudya *ot.* 1) 판사, 재판관, (토의·경기 따위의) 심판관, 심사원. 2) 중재인, 조정관; 인물·신원의 조회를 받는 사람, 신원 보증인; (축구·권투 따위의) 주심, 심판원, 레퍼리; 논문 교열자(校閱者)
sudya, qozi 판사(判事)
sudyalar mustaqilligi 판결의 독립
sudyalar mustaqilligi tamoyili 법관의 독립의 원칙
sudyani rad qilish 법관의 제청
sudyaning o'z muhofazasiga ko'ra dal- illarni baholash 법관의 자유 심증에 의한 증거력 평가
sudyaning o'z-o'ziga e'tiroz bildirishi 법관의 회피
suffiks *ot.* 접미사(接尾辭: 어떤 단어의 뒤에 붙어 뜻을 첨가하여 한 다른 단어를 이루는 말; '선생님·군것질·기웃거리다'등에서 '-님'·'-질'·'-거

리다' 따위)
suhbat *ot.* 회화, 대담, 대화, 좌담, 이야기, 지껄임, 담화, 좌담.
suhbatdosh *ot.* 대화[대담]자, 회담자, 회담하는 사람.
suhbatlashmoq *ot.* 회담하다, (~와) 이야기를 나누다, 의논하다, 상담하다
suhbat, gap 이야기, 문장, 장문.
suhbatdoshning hurmati 상대높임법
suiiste'mol 남용, 악용
sukunat *ot.* 침묵, 무언; 무소식; ~saq- lamoq 침묵을 지키다.
sukut saqlash 침묵(沈默)
sulh tuzish haqida bitim 평화계약
sulfat *sif. kim.* 아황산(亞黃酸: 이산화황의 수용액(水溶液). 황산을 가하면 분해되어 이산화황이 발생함; 환원제·표백제로 씀; 유기 합성용, 표백제); ~ kislotasi 아황산엄
suli *ot.* 귀리(볏과의 두해살이 재배식물. 높이 약 90cm. 잎은 가늘고 길. 열매는 식용 및 사료용. 연맥(燕麥)), 메귀리; 메귀리속(屬) 식물의 총칭
sulola *ot.* ~의 왕조, (어떤 분야의) 명가(名家), 명문(名文), 족속(族屬)
suluk *sif.* 아름다운, 고운, 예쁜, 풍채 좋은, (얼굴이) 잘생긴, (균형이 잡혀) 단정한.
sumalak *ot.* 수마락(밀의 맥아와 곡분을 갈아서 오랫동안 끓인 죽 정통음식의 일종)
sumka *ot.* 가방, (손)가방, 백, 핸드백, 지갑, 작은 주머니, 자물쇠 있는) 우편행낭(行囊); (외교문서 송달용) 파우치, 외교행낭.
sun'iy *sif.* 인공의, 인조의, 부자연한; 일부러 꾸민; ~ charm 인조 피혁.
supa *ot.* 식탁[테이블]보.
superdividend 초과 배당금
supirgi *ot.* 빗자루, 비, 데크브러시(자루와 털이 긴)
supra *ot.* 평상, 가루 반죽을 문지르기 위한 테이블, 빵가루반죽을 위한 탁자.
supurmoq *fe'l.* 청소하다; (먼지 따위를) 쓸다, 털다.
suq *ot.* 소원(나쁜 뜻), 갈망하는 것, 간절히 바라는 것, 몹시 ~하고자 하는 것.
suqlanmoq *fe'l.* 소원하다, 게걸스레 먹다.
suqlik *ot.* 탐욕, 욕심, 소원함.
suqmoq *fe'l.* 잠입하다, 밀다; 밀어내다, 밀어넣다, (뾰족한 것으로) 찌르다; 찔러 죽이다
suqsur *ot.* 1) (집)오리; 암오리, 암집오리; 2) 예쁜 여자, 사랑하는 사람, 귀여운 사람
surat *ot.* 사진, 꼭 닮은 것, 영상(映像).
suratkash *ot.* 예술가, 미술가; (특히) 화가, 조각가, 사진사(寫眞師), 촬영자.
suratli *sif.* 설명의, 해설의, 실례가 되는, 예증이 되는, 삽화가 든, 그림[사진]이 든.
suratxona *ot.* 사진관, 사진 촬영실.
suratcha *ot.* 사진, 작은 그림
surbet *ot.* 뻐기는, 거만한, 무례한, 거드럭거리는, 실례되는; 경시한.
surguch 칠하는 것
surgun *ot.* (자의에 의한) 망명, 국외 생활[유랑], 타향살이, (자국·마을·집으로부터의) 추방, 유형, 유배. 귀양.
surilmoq *fe'l.* 떠나다; 물러나다, 이사하다.
surkamoq *fe'l.* 문지르다, 비비다; 마찰하다, 닦다, ~의 윤을 내다, ~을 다듬다.
surma *ot.* 1) 안티몬(Antimon: 청백색 광택의 금속 원소. 보통 휘안광(輝安鑛)으로부터 얻음. 납과의 합금으로서 활자나 축(軸)받이 등으로 씀. [51번:Sb:121.75]). 2) 아이 새도.
surmoq *fe'l.* 밀어 나아가게 하다, 확장하다, 밀다, 밀치다, 밀어 움직이다.
surnay *ot.* 오보에의 형식
surnaychi *ot.* 오보에 연주자.
suron *ot.* 외치는 소리, 왁자지껄 떠듦, 소란, 소리 높은 불평[항의]; (여론의) 아우성 소리
suronli *sif.* 흥분시키는, 자극적인, 몹시 흥취를 자극하는; 오싹

오싹[조마조마]하게 하는; 활기찬; ~ janglar 요란한 전투
surp *ot.* 직물, 천 편물, 무지의 실크.
surtmoq *fe'l.* 문지르다, 비비다; 마찰하다; qolini kozlariga ~ 존경의 눈길로 전하다; moy ~ ~에 기름을 바르다, 기름을 치다
surunka *ot.* 끊임[간단]없는, 연속된, 부단한. 고정된, 확고한, 흔들리지 않는
surushtirmoq *fe'l.* 묻다, 문의하다, ~에게 질문(을) 하다, 수사하다
surg'uch *ot.* 봉인, 증인(證印)(봉랍(封蠟)·봉연(封鉛)·봉인지 등에 찍은); 인장(印章); 옥새(玉璽); 문장(紋章); 인발(주로 금속으로 됨), 보증[인증]의 표적, 보증인(印).
sur'at *ot.* 율(率), 비율(比率).
susaymoq *fe'l.* 약해지다, 무력해지다, 연약해지다; 더디게[느리게] 하다[되다]; 속력을 늦추다[이 떨어지다].
susaytirmoq *fe'l.* 더디게[느리게] 하다[되다]; 속력을 늦추다[이 떨어지다]
sust *sif.* (속도가) 느린, 더딘; 느릿느릿한, 느슨한, 가벼운, 심하지 않은; 화력이 약한
sustlashmoq *fe'l.* 느슨해지다(배·비행기가) 느릿느릿 가다, 지지부진하다;
sustlik *ot.* 느슨함, 게으른 것, 나태한(사람 등); 동작이 느림, 굼뜬; 완만함, 부진(不振)
sut *ot.* 모유(母乳), 우유(牛乳), 쇠젖, 소젖, 젖, 타락(駝酪), 낙장(酪漿), 밀크(milk); quyultirgan ~ 응축[응결]한 우유.
sut mahsulotlari 유제품(乳製品)
sutli *sif.* 우유의, 젖 같은; 유백색의; 젖의
sutchi *ot.* 낙농업, 우유 장수; 우유 배달원; 젖 짜는 남자(여자).
suv *ot.* 물(수소 2와 산소 1의 화합물로, 무색·무취·무미의 액체; 액체인 물, 고체인 얼음, 기체인 수증기의 세 형태를 가짐); ~dan quruq chiqmoq 자백 [실토]하지 않다; ~ilon 독사(북아메리카 남부산), 물뱀
suv manbalari zahiralari 수자원(水資源)
suv melioratsiyasi 수질개선
suv o'tkazmaydigan material 방수재
suv o'tkazmaydigan upakovka 방수포장
suv quvvati 수력에너지
suv ta'minoti tizimi 급수 시스템
suv uchun foiz 수도세
suv yo'li 수상교통
suvamoq *ot.* 색칠하다, ~에 회반죽을[모르타르를] 바르다, (~을) ~에 처덕처덕 두껍게 바르다
suvarak *ot.* 바퀴, 바퀴벌레(바퀫과의 곤충. 몸은 1-1.5cm의 납작한 타원형이며, 황갈색임. 전 세계적으로 분포하여 음식물과 의복에 해를 끼침. 살아 있는 화석(化石)으로 치기도 함. 향랑자(香娘子), 비렴(蜚蠊), 장랑(蜚螂), 향낭자(香娘子))
suvoq *ot.* 회반죽, 벽토; 분말 석고; 깁스
suvoqchi *ot.* 석고 기술자, 미장이
suvosti *sif.* 물 밑, 물속의[에서 쓰는], 흘수선(吃水線) 밑의; ~ osimliklar 수초, 물속의 식물; ~ kemasi 잠수함.
suvsamoq *fe'l.* 목이 마르다, 갈망하다, 강한 희망을 갖다.
suvsar *ot.* 족제비(족제빗과의 동물. 몸길이는 꼬리 끝까지 약 50cm, 쥐·닭 등을 잡아먹음. 적갈색의 털은 방한용, 꼬리털은 붓을 매는 데 씀), 흰족제비(구서(驅鼠)·토끼 사냥에 이용); 서랑(鼠狼), 유서(鼬鼠), 황서랑(黃鼠狼), 황서(黃鼠)
suvsiz *sif.* 물이 없는, 건조한, 마른, 물기가 없는; 물을 필요로 하지 않는
suvchi *ot.* 뱃사공; 노젓는 사람; 수산업으로 생계를 잇는 사람; 물의 요정; 인어; 급수[살수] 업무 종업원; (탄갱·광산의) 배수원(排水員). 물주는 사람.
suyak *ot.* 뼈, 등 뼈; 뼈 모양의 것
suyakli *sif.* 뼈의, 뼈뿐인, 골질

(骨質)의, 뼈와 같은; 뼈만 앙상한; 여윈
suyanmoq *fe'l.* 의지하다, 기대다.
suyunmoq *fe'l.* 기뻐하다, 좋아하다, 축하하다, 즐거워하다, 좋아하다.
suyunchi *ot.* 즐거운, 기쁜, 기쁘게 하는
suyuq *sif.* 액체의, 유동체의; 유동하는, 물 끼 있는, 축축한 (*ovqat*); ~-oyoq xotin 매춘부; 매음, 매춘부, 음탕한 여자.
suyuqlik *ot.* 액체, 유동체, 유체.
suzgich I *ot.* 여과기; 여과판(板), 필터, 체.
suzgich II *ot.* 국자, 뜰채, 뜨는[떠도는] 것, 부유물, 부평초, 성엣장, 부빙(浮氷).
suzma *ot.* (시어진 우유로 만드는) 연하고 흰 치즈, 우유로 만든 샐러드용 치즈.
suzmoq I *fe'l.* 거르다, 여과하다; 여과하여 제거하다, 체로 치다, 체질[조리질]하다; (*suyuqlikni suzgichdan otkazmoq*)
suzmoq II *fe'l.* 헤엄치다. 수영하다, 미끄러지듯 헤엄쳐 가다, 유영(遊泳)하다. Mening oglim daryoda suza oladi. 나의 아들은 저 강을 수영으로 건널 수 있다.
suzmoq III *fe'l.* (머리·뿔 따위로) 받다[밀치다], 들이받다; hokizga oxshab~ 황소는 머리 뿔로 들이받다.
suzuvchi kapital 부동자본
suzuvchi *ot.* 수영선수, 헤엄치는 사람.
sug'ormoq *fe'l.* 관수하다, (토지에) 물을 대다; 관개하다, ~에물을 끼얹다[뿌리다]
sug'urmoq *fe'l.* 떼어놓다; 빼내다, 뽑아내다, 뿌리째 뽑다; 근절하다 (*ildizi bilan*)
sug'urta *ot.* 보험(계약); 보험업; ~ qilmoq (보험 계약자가) ~에 보험을 들다, ~의 보험 계약을 하다.
sug'urta qilish faoliyati daromadiga soliq 보험영업수입세
sug'urta to'lovi 보험마진
sug'oriladigan xo'jalik 관개 영농
sug'orish sohasi 관개(灌漑)
sug'urta 보험(保險)
sug'urta agent 보험대리상
sug'urta agenti 보험설계사
sug'urta asosida beriladigan qarz 보험 담보 대부
sug'urta badal puli 보험료납입
sug'urta dalloli 보험중개인
sug'urta dalolati 보험증서
sug'urta daloli 보험중개인
sug'urta holati 보험금을 지불해야할 사고
sug'urta hujjati 보험증권(保險證券: policy)
sug'urta hujjati 보험증서(保險證書)
sug'urta kompaniyasi 보험회사(保險會社)
sug'urta kompaniyasi bondlari 보험증권
sug'urta miqdori 보험금액
sug'urta miqdori 보험료(保險料)
sug'urta mukofoti 보험료
sug'urta qilish 공동보험
sug'urta qiluvchi 보험 인수인, 보험업자
sug'urta qiluvchi 보험계약자
sug'urta qiluvchi shaxs 보험자(保險者)
sug'urta qiymati 보험가액(保險價額)
sug'urta sertifikati 보험증서
sug'urta shartnomasi 보험계약
sug'urta tarifi 보험요율
sug'urta tarifi, miqdori 보험납입금
sug'urta xavfi 보험상 위험
sug'urta, ehtiyot qilish 보험료
sug'urta, sug'urta qilish 보험(保險)
sug'urtachi 보험 계약자, 피보험자
sug'urtaga oid 보험의
sug'urtaga oid hodisa 보험상 사고
sug'urtalash hujjati 보험증서

sug'urtali to'lash 보험금 충당
svarka *ot.* 용접, 밀착; ~ qilmoq 용접하다, 밀착[접착]시키다
svetofor *ot.* 신호등
sviter *ot.* 스웨터, 세타
suyuq holda 액체화물을 대량으로, 탱크상태로
suyuq holda tashish 액체화물 탱크 운송
suyuqlik upakovkasi 에어졸 포장
suvli *ot.* 즙이 많은, 수분이 많은 (*o'silmlik*)
svop 스왑(swap), 환 포지션 커버 거래, 교환(交換), 교체(交替), 상환(相換).
svop" operatsiyasi 스왑(swap) 거래
svitch *ot.* 전환(*switch*)
sxema *ot.* 챠트, 표, 계획, 안
so'kmoq *fe'l.* 꾸짖다, 잔소리하다; 호통 치다, 모독하다.
so'l *ot.* 왼, 왼쪽[편], 좌측.
so'lak *ot.* 침, 타액(唾液), 입술에 물
so'lim *sif.* 즐거운, 기분 좋은, 유쾌한
so'lmoq *fe'l.* 시들다, 이울다, 말라[시들어] 죽다, 이울게 하다.
so'm *ot.* 솜(우즈벡의 화폐 단위), 루블(러시아의 화폐 단위; 기호 R, Rub; =100 kopecks).
so'na *ot.* 소·말에 꾀는) 등에, 쇠파리; 귀찮은 사람.
so'ndirmoq *fe'l.* (전류·전화 따위를) 끊다, (전등·라디오 따위를) 끄다.
so'ng *prep.* 1) 끝(of a day); (이야기 따위의) 결말, 끝맺음; 결과; 2) 마지막에, 드디어, 마침내; 3) 후에~의 속에[의]; ~속[안]에서, ~에 있어서, ~에, ~에서; darsdan ~ 수업 후에
so'nggi *rav.* 마지막, 최후로, 맨 나중[끝]에; 마지막으로, 결론으로.
so'ngra *prep.* 이후에, ~의 뒤에[뒤로], ~후에; ~지나, ~한 뒤[다음]에, 나중에.
so'nmas *sif.* (불 등을) 끌 수 없는; 억누를 수 없는, 멈출 수 없는 (노여움 등).
so'qmoq *fe'l.* 막힌 길, 막다른 골목
so'ramoq *fe'l.* 문의하다, (의문을) 묻다, 물어보다; ~냐고 묻다.
so'ri *ot.* 평상, 나무 침대.
so'rmoq *fe'l.* (젖·액체를) 빨다, 빨아들이다
so'roq *ot.* 1) 질문, 심문, 물음; 2) 의문사; 의문 대명사; 의문문; 의문부; ~ gap 의문문
so'rg'ich *ot.* 달래는 사람; 아첨꾼.
so'ta *ot.* (등나무로 만든)지팡이, 단장.
so'tak *sif.* 어리석은, 우둔한, 바보 같은
so'ymoq *fe'l.* 자르다, 베다, 절단하다.
so'z *ot.* 말, 낱말, 이야기; tub~ 어원, 어근; yasama~ 파생어; q'oshma~ 복합어; chin~ 경어, 존경어; ~ boshi 서언, 서문, 머리말.
s'yezd *ot.* (대표자·사절·위원 따위의) 회의, 회합, 의회, 국회.
so'nggi tovush 끝소리
so'roq gap 의문문
so'roq olmoshi 의문대명사
so'roq yasovchi qo'shimcha 의문형 어미
so'rov 조사, 인터뷰
so'rovnoma 설문조사
so'rovnoma varaqasini to'ldirmoq 설문지를 작성하다
so'z birikmasi 구
so'z oxirida qo'shladigan qo'shimcha ~ 입니다
so'z tugallovchi qo'shimchalar 어말어미
so'z turkumlari 품사
so'z yasalishi 조어법
so'z yasash qoidasi 파생법
so'z yasovchi qo'shimcha 접미사
so'z, leksika 어휘
so'nggi so'z huquqi 최후진술권
so'ralgan narx 매도측에서 본 주식 가격
so'roq, so'rov 심문, 질문.
so'zsiz rozilik 암묵적 동의

Tt

Tt 우즈벡어 알파벳 자음의 열아홉째 글자
taajjub *ot.* 놀람, 경악, 놀랄 만한 일[것].
taajjublanarli *sif.* 놀랄 정도의, 어처구니 없는, 굉장한, (깜짝) 놀랄 만한, 놀라운.
taajjublanmoq *fe'l.* 놀라게 하다, 깜짝 놀라게 하다, 아연케 하다, 자지러지게 하다.
taajjubli *sif.* (깜짝) 놀랄 만한, 놀라운, 놀랄만한, 불가사의한, 의외의; 눈부신.
taalluqli *ot.* 관련된, 관계, 관련
taassurot *ot.* 인상, 감명, 감상.
tabaqa *ot.* 소유지, 토지, (별장·정원 등이 있는) 사유지, (고무·차·포도 등의) 재배지.
tabaqalanish *ot.* 벗음, 탈락(脫落), 층화(層化).
tabaqalanmoq *fe'l.* 층으로 하다; 층상(層狀)으로 쌓아올리다.
tabaqalashtirilmoq *fe'l.* 구별하다, 분별[식별]하다, 분류하다.
tabaqalashtirmoq *fe'l.* 구별[식별]하다, 구별짓다, 구별[차별]하다, 식별하다
tabarruk *sif.* 존경받는, 숭배하는, 신성불가침의; 신성시되는; ~kishilar 존경받는 사람
tabassum *ot.* 미소, 웃는 얼굴; ~ qilmoq 미소짓다, 생글[방긋]거리다; 미소를 보내다
tabel *ot.* 시간표, 근무시간표.
tabelchi *ot.* 타임키퍼, (경기·작업 따위의) 시간 기록원.
tabiat *ot.* 1) 천성, 인간성, (사람·동물 따위의) 본성; 성질, 자질; ~기질의 사람; 2) 특성, 특질, 성질, 인격, 성격, 품성
tabiatan *rav.* 자연히, 자연의 힘으로, 인력을 빌리지 않고, 있는 그대로, 꾸밈없이; 무리 없이.
tabiatdan foydalannish to'lovi 환경부담금
tabiatni muhofaza qilish loyihasi 환경 친화적 디자인
tabiatshunos *ot.* 박물학자, (문학의) 자연주의자. 자연학
tabiiy *sif.* 자연의, 자연계의, 자연계에 관한, 천연의, 자연 그대로의, 인공(人工)에 의하지 않은, 가공하지 않은.
tabiiy boyliklar 천연자원(天然資源)
tabiiy gaz 천연가스
tabiiy monopoliya 자연 독점
tabiiy ofat 자연재해
tabiiy, joriy huquqlar 자연법
tablitsa, jadval 표, 차트, 스케줄
tabrik *ot.* 1) 축하, 경하, 축사; 2) 인사, 환영(의 말); (계절에 따른) 인사말; 인사장.
tabriklamoq *fe'l.* 축하하다, 경하하다.
tabriknoma *ot.* 축하장, 인사장.
tadbir *ot.* 행사, 이벤트, 활동, 행동.
tadbir *ot.* 바트
tadbirkor *ot.* 고용주(雇用主), 사용자(使用者), 실업가(實業家), 기업인, 사업가(事業家)
tadbirkor sifatida davlat ro'yxatidan o'tish 사업자등록
tadbirkorlik *ot.* 사업, 기업, 기업(企業), 실업계; erkin ~ 자유 기업
tadbirli *sif.* 실업의, 기업의,
tadqiq *ot.* (학술) 연구, 조사, 탐구, 탐색; ~ qilmoq 적용하다, 응용하다, 이용하다; (규칙을) 적용[발효]시키다
tadqiqot *ot.* 검토, 조사, 연구, 심사, 조사 보고, 연구논문; ilmiy ~ instituti 연구조사
tadqiqot markazi 연구센터
tadqiqot, tekshirish 조사, 연구
tadqiqotchi *ot.* 연구가, 탐구자

T

tadqiqotchilik *ot.* 조사하다, 연구하다.
tafakkur *ot.* 생각하기, 사색, 사고, 사려, 배려, 고려, 사고력, 지력, 판단(력), 상상력
tafovut *ot.* 구별, 차별; 다름, 차, 상위; 차이[상위]점, 구별 짓기.
tafsilot *ot.* 세부사항, 세목, 상세, 지엽(枝葉) 말절; oqituvchimning ~i quyidagicha 나의 선생님은 세밀하게 이해한다.
taft *ot.* 열, 더위, 더운 기운.
taftish I *ot.* 재조사, 재검토, 재음미, 재고(再考); 관찰, 개관(概觀); ~ qilmoq 대조[검사]하다, 점검하다.
taftish II *ot.* (기업이나 단체의) 금융 경제 활동에 대한 조사, 회계감사
taftish komissiyasi (taftishchi) 감사(監事), 감사인(監査人), 감사자, 감사관(官), 감사 담당관(監事擔當官)
taftish komissiyasining saylanishi 감사의 선임
taftish va musodara 압수 수색
tag *ot.* 밑. 밑바닥, 밑바닥 부분, 하부, 기초, 토대, 근본; 진상, 원인; 실질; 마음 속.
tagin *rav.* 혹시, 혹; 행여, 행여나, 만일, 가령, 만약(萬若), 혹야(或也), 혹자(或者), 혹여(或如), 혹시나, 억혹(抑或), 설혹(設或), 설령(設令), 설사(設使), 설약(說若)
tagsiz *sif.* 밑바닥 없는, 헤아릴 수 없는, 깊이를 알 수 없는.
tag-tomir *ot.* 근본, 기초, 기본, 근원; 뿌리, 지하경(莖), 근경(根莖), 밑동; ~i bilan yo'qotmoq 뿌리째 뽑다; 근절하다
tahdid *ot.* 공갈, 으름, 위협, 협박; ~ qilmoq 협박하다, 으르대다.
tahlil *ot.* 분석(analysis), 분해; ~ qilmoq 분석하다, 분해하다.
tahliliy, tahlilchi *ot.* 분석가
tahorat *ot.* 이슬람 기도전의 자기의 엉덩이, 살 등을 씻는 식전 관습; ~ qilmoq 이슬람의 기도전 씻는 관습을 행하다
tahqirlamoq *fe'l.* 업신여기다, ~에 난폭한 짓을 하다, 폭행[학대]하다; ~에게 모욕을 주다.
tahrir *ot.* 편집, 교정; ~qilmoq (책 따위의) 편집을 하다; (원고를) 손질하다, 교정보다
tahrir qilingan qiymat 실제가치
tahrir, tuzatish 수정
tahrirchi *ot.* 편집하는 사람, 편집자; (신문의) 주필, 논설위원; (신문·잡지의) 각부의 책임자, 부장, 편집 발행인
tahririyat *ot.* 제작실, 편집자[주필]의 지위[직, 임기, 기능, 권위, 수완]; ~ hayati 편집 스텝.
tahsil *ot.* 교육, 훈육, 훈도; 양성; ~ kormoq 교육하다, 양육하다.
tajang *sif.* 변덕스러운, 조절되지 못한.
tajovuz *ot.* 공격, 침략, 침범, 침해
tajovuzkor *ot.* 침해한 사람, 공격[침략]자; 침략국.
tajovuzkorlik *ot.* 공격, 침략, 침범
tajriba *ot.* 경험, 체험, 견문, 경력; 경험내용
tajribakor *sif.* 실험의; 실험용의; 실험에 의거한, 경험상의, 경험에 의거한.
tajribali *sif.* 경험 있는[많은], 숙련된, 노련한; 체험된.
tajribasiz *sif.* (실제) 경험이 없는.
taka *ot.* 염소(솟과의 가축. 양 비슷한데 흔히 뿔이 있고, 수놈은 턱 밑에 긴 수염이 있음. 식성이 좋아 강건함. 고기 및 털은 양(羊)만 못 하나 젖은 자양이 많음)
takabbur *sif.* 거만한, 오만한, 거만한, 건방진, 도도한, 불손한.
takabburlik *ot.* 거만, 오만, 거만, 건방, 도도, 불손.
takalluf *ot.* 형식에 구애됨; 딱딱함, 격식을 차림; 예식; 정식, 상례, 정식 절차.
takasaltang *sif.* 근심[걱정]이 없는; 태평한; 마음 편한, 낙천적인; 되는 대로의, 운에 내맡기는.
takid *ot.* 반복, 번복(飜覆), 되풀

이.
takidlamoq *fe'l.* 반복하다
takidlanmoq *fe'l.* 반복시키다
taklif I *ot.* 초대, 안내, 권유; ~etmoq 초청하다, 초대하다; ~etilmoq 초청시키다.
taklif II 오퍼, 제안, 공급, 주식매도 요청가
taklif etuvchi 청약의 상대방
taklif gap 청유문
taklif gap qo'shimchasi 청유형 어미
taklif javobsizligi 청약의 구속력
taklif va talab 수요공급
taklifni ard etish 청약에 대한 거절
taklifnoma 초대장, 안내장
taklifnoma, taklif qilish 초대 권유
takomillashmoq *fe'l.* (자원·기술·토지 따위를) 개발하다, (댁지를) 조성하다, (자질·지능 따위를) 계발(啓發)하다, 신장시키다.
takomillashtirish *ot.* 개선, 개량, 발전, 진화, (국가·지역 등이) 개발 도상에 있는, 발전 도상의.
takomillashtirmoq *fe'l.* 완성하다; 수행하다, 완전히 하다; 개선[개량]하다, 발전[진전]하다, 발달[발육]하다
takror *ot.* 1) 거듭, 되풀이, 반복; 재설(再說), 재현; *rav.* 2) 되풀이하여, 몇 번이고, 재삼 재사.
takroriy *sif.* 되풀이된, 종종 있는.
takrorlamoq *fe'l.* 되풀이하다, 반복하다.
takrorlanish *ot.* 거듭, 되풀이, 반복; 재설(再說), 재현.
takrorlanmoq *fe'l.* 거듭하다, 반복하다
taksi *ot.* 택시, 영업하는 자동차.
taktika *ot.* 병법, 용병학, 전술(학).
talab *ot.* 요구, 청구, 요구 사항, 필요 사항
talab darajasida bajarish 합당한 이행
talab qilingan miqdorni to'liq to'lash 압류금액의 완전변제
talab qiluvchiga qimmat qog'ozlar 무기명증권
talab va taklif orasidagi tafovut 수요와 공급의 불일치(不一致)
talab, so'rov, ehtiyoj 수요(需要), 판로.
talaba *ot.* 학생
talabdan voz kechish 권리 양도
talabgor *sif.* 욕구(欲求), 원망(願望), 욕망, 빠져 있는; ~이 없는.
talablar o'zgarishi, arizani o'zgar- tirish 출원변경
talablar yig'indisi 청구금액
talablarda yon bosish chegarasi 채권의 양도가능성
talabni o'rganish 수요 조사
talabning pasayishi 수요 감소
talabnoma I *ot.* 수요, 수요액[량].
talabnoma II *ot.* 신청서, 청원서, 양식서
talabnoma berish 양식 제출
talabnomani chaqirib olish 출원의 취하
talabchan *sif.* 엄한, 강요하는; 착취적인, 가혹한; 쓰라린, 힘든(일 등).
talabchanlik *ot.* 주장, 강조, 고집; 강요, 강요, 강탈; 부당한 요구.
talaffuz *ot.* 발음, 발음하는 법; ~ qilmoq 발음하다, 소리 내어 읽다.
talamoq *fe'l.* 훔치다, 몰래 빼앗다, 절취하다, (아이를) 채가다; 꾀어내다, 유괴하다.
talanmqo *fe'l.* 약탈[강탈]하다.
talant *ot.* (타고난) 재능, 적성 재주; 재간, 수완, 솜씨.
talantli *sif.* 재주 있는, 타고난[천부의] 재능이 있는.
talay *rav.* 다량(多量)의, 많은, 다수
talashmoq *fe'l.* 싸우다, 다투다, 티격나다, 불화하게 되다.
talim *ot.* 교육(教育), 교수(教授), 육영(育英); 청아(菁莪), 양성(養成), 사보(師保)
talimot *ot.* 법령(法令), 영(令); 법률(法律), 명령(命令), 영갑(令

甲), 정령(政令), 전령(典令), 액트(act)
talofat *ot.* 재난, 잃음, 분실, 상실, 손실, 손해; 손실물[액, 량].
talon I *ot.* 약탈, 강탈, 약탈물
talon II *ot.* 쿠폰, 수표(手票), 영수증(領收證), 인수증(引受證).
talonchi *ot.* 약탈자, 강탈자.
talonchilik *ot.* 강도
talon-toroj *ot.* 노략질, 강도(행위), 약탈
taloq I *ot. anat.* 비장(脾臟), 지라
taloq II *ot.* 이혼(離婚), 이연(離緣); 별거(別居); ~qilmoq 이혼하다, 떠나다
talpinmoq *fe'l.* 퍼덕거리다, 날개치며 날다; (나비 따위가) 훨훨 날다.
taltaymoq *fe'l.* 귀여워하다
tam *ot.* 음식 맛
tamaddi *ot.* (황급히 서두르는) 가벼운 식사; 맛, 풍미; 한입; 소량; ~ qilmoq 식사를 하다.
tamaki *ot.* 담배, 살담배.
tamaki monopoliyasi, yakka hukmronligi 담배 전매
tamba *ot.* 장애물(障碍物), 문의 쐐기.
tambalamoq *fe'l.* 쉬잇하여 가라앉히다[제지하다
tamin *fe'l.* 후원하다, 원조(援助)하다, 조원(助援), 추곡(推轂), 조력(助力)하다
taminlamoq *fe'l.* 공급하다
taminlanmoq *fe'l.* 보태다
taminlash *fe'l.* 확보되다
taminot *ot.* 보증(保證), 보(保) 보장(保障) 담보(擔保), 현보(顯保)
tamir *fe'l.* 고치다, 수리하다, 수선하다
tamli *sif.* 맛이 있는
tamoil *ot.* 기울기, 기욺; (고개를) 숙임, 끄떡임, 인사; 구배, 경사, 물매; 사면(斜面).
tamom *ot.* 끝, (이야기 따위의) 결말, 끝맺음; ~bolmoq 끝내다, 마치다, 완성하다, 완료하다.
tamoman *rav.* 완전히, 철저히, 완벽하게, 전혀, 전부, 매우, 굉장하게, 무지무지하게.
tamomiyla *rav.* 충분히, 완전히; 전혀.
tamomlamoq *fe'l.* 끝내다, 마치다, 완성하다, 완료하다, ~에게 학위를 주다, 졸업시키다, 배출하다.
tamomlanmoq *fe'l.* ~를 끝내다, ~에 종지부를 찍다, ~을 폐하다[죽이다].
tamomlash *ot.* 성취, 완성, 완결, 마무리, 끝, 마지막, 종국; 마지막 장면.
tamosho *ot.* 광경, 미관, 장관, 기관(奇觀), 관람, 경치, 풍경; ~qilmoq 관찰하다.
tamoshobin *ot.* 관람자, 보는 사람; 구경꾼; 검사관, 감독(관)
tamoyil *ot.* 원칙, 법칙, 규칙
tamoyil jihatidan 거래를 위임한 사람
tamsiz *sif.* 맛이 없는
tamg'a *ot.* 상표, 상품의 이름, 브랜드; 품질, (소유주·품종 따위를 표시하는) 소인(燒印)(용 인두); 낙인(옛날 죄인에게 찍은); 오명, 인장; fabrika ~si (등록) 상표; 사람[사물]을 상징하는 특징[특성, 습성], 트레이드마크.
tamgalamoq *fe'l.* 찍다, ~에 소인을 찍다; ~에 상표를 붙이다, ~에 낙인을 찍다, (~이란) 오명을 씌우다.
tan I *ot.* 몸, 신체(身體), 육체(肉體), 시체, 송장.
tan II *ot.* 몫; 배당몫, 일부분, 일부, 부분; ~ bermoq 승낙하다, 시인하다; ~olmoq 알아보다, 보고 곧 알다, 알아[생각해]내다; 인지하다.
tana I *ot.* 몸, 신체, 육체, 시체, 송장; (사물의) 주요부; 본체; (군대 등의) 주력, 본대(本隊); (편지·연설·법문 따위의) 본문, 주문(主文); (악기의) 공명부(共鳴部).
tana II *ot.* 몫; 배당몫, 일부분, 일부, 부분.
tanaffus *ot.* 휴식, (장소적인) 간격, 거리; (시간적인) 간격, 사이, 틈; (발작 등의) 휴지기(休止期)

on daqiqalik ~ 십분간 휴식.
tanazzul *ot.* 지위를 내림, 격하, 강직(降職). 좌천; 강등; 하강; 타락; 퇴화, 쇠약, 퇴보, 타락, (국가·귀족 계급 등의) 몰락; iqtisodiy ~ 경제의 퇴보
tanbeh *ot.* 경고, 주의, 주목; 비난, 힐책.
tanbur *ot.* 두 줄 현 악기
tang I *sif.* 폭이 좁은. 단단한, 단단히 맨, 탄탄한, 단단해서 움직이지[풀리지] 않는, 팽팽히 켕긴, 바짝 죈, 부족한, 빠듯한.
tang II: ~bolmoq ~할 수 없는 처지에 있다, 어려운 처지에 있다.
tanga *ot.* 코인, (낱낱의) 경화(硬貨), 화폐, 동전(銅錢); ~ boliq 시끄럽게 잔소리하다; 흠을 잡다; 쓸데없는 넋두리하다; ~ chaqa 작은 변화, 잔돈.
tanga-chaqa va medalar haqidagi fan, ularni yig'ish, numizmatika 화폐학
tanglay *ot.* 구개(口蓋), 입천장; qattiq ~ 경구개(硬口蓋: 입천장 앞쪽의 단단한 부분); yumshoq ~ 연구개(軟口蓋: 입천장의 일부; 경구개 뒤쪽의 연한 곳인데, 점막 밑에 횡문근(橫紋筋)이 있어 코로 음식물이 들어감을 막고 뒤 끝 중앙에 목젖이 있음)
tanglay oldi tovushlari 설단음, 혀끝소리
tanglik *ot.* 난국, 견고, 죄임; 긴장; 갑갑함; 금융 핍박.
tangri *ot.* 하나님, (일신교, 특히 기독교의) 신(神), 하느님, 조물주(造物主), 천주(天主)
tanho *sif.* 다만 홀로[혼자서], 고독한; 혼자 힘으로 나가는[행동하는, 살아가는].
tanho egalikka qarshi qonun 독과점금지에 관한 법령
tanholik *ot.* 쓸쓸함, 적막; 외로움, 고립.
tanilgan *sif.* 유명한, 이름난, 잘 알려진, (이름이) 알려진; 이미 알고 있는.
tanilmoq *fe'l.* 유명해지다, 알려지다
tanimoq *fe'l.* 인정하다, 승인하다, 용인하다, 자인(自認)하다, 고백하다.
taniqli *sif.* 유명한, 이름이 통하는, 잘 알려진; 주지의, 잘 알고 있는, 친밀한.
tanishmoq *fe'l.* (아무를) 소개하다, (가수·배우 등을) 데뷔시키다; 대면시키다.
tanish *sif.* ~을 아는, ~와 아는 사이인
tanishish *ot.* 아는 사람, 아는 사이,
tanishlik *ot.* 지식, 익히 앎, 면식, 친면
tanitmoq *fe'l.* ~을 알(고 있)다, 정통하(고 있)다, ~와 아는 사이이다[가 되다]
tanishtirish *ot.* 개론, 입문(서), 서언, 서문, 머리말.
tanishtirmoq *fe'l.* 받아들이다, (처음으로) 수입하다, 이입하다, 전래(傳來)시키다
tank *ot.* (물)탱크, 수조(水槽); 유조(油槽); 연료 용기; 가스탱크; (비행기의) 보조 연료 탱크.
tankchi *ot.* (공장의) 탱크 담당; (수족관의) 수조 담당, 탱크 관리자.
tanlamoq *fe'l.* 고르다, 선택하다, 선정하다, 선발하다, 발췌하다, 뽑다.
tanlangan *sif.* 뽑힌, 선택된, (특히) 고급의, 정선된, 질이 좋은.
tanlash *ot.* 선발, 선택, 정선, 선정, 선택하기, 선택권, 선택의 자유[여지], 선발된 사람[것], 발췌, 정선물.
tanlash huquqi 선거권(選擧權)
tanlash loyihasi 디자인 시안
tanlash, saralash 선택, 선별, 선정, 정선
tanlov *ot.* 선거; 선정; 선임, 표결, 투표.
tanlov, konkurs 경쟁, 컨테스트
tanlovga oid ishlab chiqarish 청산절차
tanlovga oid kreditor (담보권을 갖지 못한) 일반 채권자
tannarx *ot.* 가격, 원가(原價), 대가.

T

tannoz *sif.* 새롱거리는, 농탕치는, '불장난'의, 들뜬, 경박한.
tanovul *ot.* 참가[참여], 함께; ~qilmoq ~참가[참여]하다, 함께 하다
tanqid *ot.* 비평, 비판(문); 평론; ~qilmoq 비평하다; adabiy ~ 문학비평; qattiq ~ 날카로운 비평; o'z'-o'z'zini ~ 자아비평.
tanqidiy *sif.* 비평의, 평론의; 비판적인.
tanqidchi *ot.* 비평가, 평론가, 감정가.
tanqis *sif.* (~이) 모자라는(in); 불충분한; 결함이 있는; 머리가 모자라는, 멍청한.
tanqislik *ot.* 적자, 부족, 결핍; 동남, 없음; oqsil ~ 단백질의 부족.
tansiq *sif.* 드물게, 좀처럼 ~하지 않는
tantana *ot.* 1) 송축일, 축제일, (축제의) 향연., 축하; 축전, 의식; ~ bilan 엄숙하게, 근엄하게; ~qilmoq (식을 올려) 경축하다; (의식·제전을) 거행하다; 2) 화려, 장관(壯觀), 장대, 장엄(한 아름다움), 장려, 훌륭함; zo'r ~ bilan 훌륭하게, 멋지게; 당당하게; 3) 승리감, 성공의 기쁨, 의기양양한 표정, 환희; ~qilmoq 승리를 거두다, 이기다, 이겨내다.
tantanali *sif.* 엄숙한, 근엄한, 장엄한, 장중한, 의식에 맞는; 종교상의, 신성한; 격식 차린.
tantiq *sif.* 깨지기 쉬운, 망쳐놓는, 결딴내는, 못쓰게 만드는, 손상하는.
tant'em 경영진, 주주총회 대표진에 주는 이익배당
taom *ot.* 음식, 식사, 식사 시간; 한 끼(분), 한 접시(의 요리); (접시에 담은) 음식물; milliy ~lar 한 접시의 음식
tap:~tormoq 부끄러이 여기다, 수줍어하다
tap-tayyor 완전히 준비된, 완비된.
taqa *ot.* 말의 편자, U 자형의 물건.
taqalmoq *fe'l.* 1) 충돌되다, (의견·이해 등이) 일치하지 않다, 상충[저촉]되다; 2) 훨씬 후방에[으로]가다; 먼 옛날로 가다; 3) 장래를 내다보고 말하다[쓰다, 생각하다]
taqamoq *fe'l.* 의지하다, 신뢰하다
taqachil *ot.* 편자공(工); (말의) 수의(獸醫)
taqdim *ot.* 추천[소개]장, 소개서, 추천서
taqdir *ot.* 운명, 숙명; 운(運), 비운, 제비뽑기, 추첨; ~etmoq 평가하다, 가치를 검토하다; ~의 값을 구하다; ~etilmoq 귀중하다, 소중하다.
taqdirlamoq *fe'l.* 평가하다, 값을 치다.
taqillamoq *fe'l.* 톡톡 두드리다; 두드려 (~을 어떤 상태)로 하다
taqillatmoq *fe'l.* 노크하다, 치다, 두드리다
taqilmoq *fe'l.* 매어져 있다, 첨부[부속]하다
taqiq *ot.* 금기, 금지, 금단; ~qilmoq 금하다, 허락하지 않다.
taqdirlash *ot.* 보상, 사례금.
taqib *ot.* 공포; ~ qilmoq 공포시키다
taqiqlamoq *fe'l.* 금기하다, 금지하다, 금하다, 허락하지 않다.
taqiqlanmoq *fe'l.* (~을) 금지하다, 허용치 않다; (~의) 사용[출입]을 금하다.
taqlid ravishi 상징부사
taqlidiy ravish 의성부사(擬聲副詞: 사물의 소리를 본뜬 부사. '졸졸·땡땡땡·철썩철썩' 등.
taqlidiy so'zlar 의성어(擬聲語: 사물의 소리를 흉내 낸 말; '탕탕·멍멍' 따위. 소리흉내말.
taqmoq *fe'l.* 붙이다, 달다; 바르다, 묶다, 동이다, 붙들어매다; quloqlarga isirga ~ 귀고리를 귀에 걸다; bilakuzuk ~ 팔찌를 차다.
taqqoslamoq *fe'l.* 비교하다, 대조하다.
taqriz *ot.* (문예 작품 따위의) 비평, 비판; 평론, 비판문, 재조사, 재검토, 재음미, 재고(再考); 관찰,

개관(概觀); ~ yozmoq 비판문을 쓰다.
taqsim *ot.* 분할; 분배; 구획, 배당; 분열; ~qilmoq 나누다, 분할하다, 쪼개다.
taqsimlamoq *fe'l.* 분배하다, 나누다, 분할하다, 쪼개다.
taqsimlash, bo'lish 분배(分配), 분포(分布), 할당(割當)
taqsimlash, taqsimot 분배, 분할, 분담
taqsir *ot.* 훌륭한 사람, 높이 평가되는 사람, 나이 많은 사람을 부릴 때 사용함.
taqchil *sif.* 부족한, 부족하여, 결핍하여.
taqchillik *ot.* 부족(不足), 결핍(缺乏), 작다; ~ paytida 시간의 부족
taqvimiy izchillik 일자순
taqvimiy rejalashtirish 일성계획(schedu- ling)
tara, o'raladigan qog'oz, quti, qop, idish 포장(包裝), 싸개
taraddud *ot.* 준비; 예비 조사, 예습 (시간)
taraddudlanmoq *fe'l.* 준비하다, 채비하다, ~을 미리 마련하다; ~을 미리 조사하다, 예습하다; Akam Londondga borish uchun ~da 나의 형은 런던을 갈 준비한다.
taraf *ot.* 1) 옆, 쪽, 측, 측면, 면(앞뒤·좌우·상하·안팎); 2) 시골, 교외, 지방, 전원.
tarafdor *ot.* 지지자; 원조자, 옹호자, 찬성자, 후원자, 패트런; 시중드는 사람; 부양자; tinchlik ~lari 평화의지지 챔피온.
tarafkash *ot.* 경쟁자 또는 경쟁 중의 지지자 중의 한사람.
tarafma-taraf *sif.* 마주 보고 있는, 맞은편의, ~에 면하고 있는, 역(逆)의, 정반대의, 서로 용납하지 않는, 적대하는.
taralmoq I *fe'l.* 빗질 시키다
taralmoq II *fe'l.* 흩뜨리다, 흩어지게 하다, 뿔뿔이 헤어지게 하다, 해산시키다; 분산시키다; (적 따위를) 쫓아 버리다, 패주시키다
taramoq *fe'l.* 머리를 빗질하다, 머리치장을 하다. (*sartaroshxonada*)
tarang *sif.* 폭이 좁은, (공간·장소가) 좁아서 답답한, 옹색한, (줄 따위가) 팽팽히 켕긴, 바짝 죈; ~qilmoq (바짝) 죄다, 팽팽하게 치다, 단단하게 하다.
tarannum *ot.* 음악, 악곡, 멜로디, 선율, 가곡, 가락, 곡조; ~ qilmoq 노래하다.
taraq *ot.* 갑자기 나는 요란한 소리(쨍그랑·와르르), 떠듦, 소음, (쾅쾅·쟁쟁하는) 시끄러운 소리; ~etmoq 소리 지다
taraqlamoq *fe'l.* 강하게 소리 지다, ~을 세게 치다[때리다, 짓밟다].
taraqqiy: ~etmoq 발전시키다, 발달시키다
taraqqiyot *ot.* 진보, 발달, 발전; 발육, 성장, (자원·기술 따위의) 개발; 계발(啓發).
taraq-turuq *ot.* 떠듦, 소음, (쾅쾅·쟁쟁하는) 시끄러운 소리.
taratmoq I *fe'l.* 자신의 머리를 손질하다. 머리를 빗질하다.
taratmoq II *fe'l.* 흩뜨리다, 흩어지게 하다, 뿔뿔이 헤어지게 하다, 해산시키다; 분산시키다; (적 따위를) 쫓아 버리다, 패주시키다
tarasha *ot.* 깎음, 문지름, 긁음, 할퀴기; 깎는[문지르는, 켜는] 소리.
tarashlamoq *fe'l.* ~을 정돈하다, 손질하다; (잔디·울타리 등을) 치다, 깎아 다듬다, ~의 끝을 자르다[깎다].
tarbiya I *ot.* 교육, 훈육, 훈도; 양성, 훈련, 트레이닝, 단련, 교련, 조교(調教), 연습; 양성; jismoniy ~ 육체의 훈련.
tarbiya II *ot.* 돌봄, 보살핌, 보호; 간호, 관심, 바람; ~qilmoq 교육하다, 훈육하다; 육성하다
tarbiya koloniyasi 소년원(少年院)
tarbiyalamoq *fe'l.* 훈련하다, 교육하다, 훈육하다, 육성하다.
tarbiyalash *ot.* 훈련(訓練), 트레

T

이닝, 단련, 교련, 조교(調敎), 연습, 교육, 훈육, 훈도
tarbiyali *sif.* 교육받은, 교양 있는, 숙련된; 지식[경험]에 기초한, 근거가 있는.
tarbiyaviy *sif.* 교육(상)의, 교육에 관한, 교육적인.
tarbiyachi *ot.* 선생님, 교육자, 교직자, 교육 전문가; 교육학자; 교육행정 종사자.
tarelka *ot.* 접시, 접시 모양의 것.
tariq *ot.* 기장(볏과의 한해살이풀. 수수와 비슷한 곡류로 이삭은 가을에 익음. 열매는 담황색이고 떡·술·빵·과자 등의 원료 및 가축의 사료임. 나서(穤黍))
tarix *ot.* 역사(歷史), 사실(史實), (역)사학, 사서; Ozbekiston ~i 우즈베키스탄의 역사
tarixiy *sif.* 사적, 역사(상)의, (역)사적인, 사학의; 역사[사실(史實)]에 기인하는;
tarixiy talqin 역사학적 법해석
tarixli *sif.* 역사적인, 날짜가 있는[붙은]; 케케묵은, 구식의.
tarixchi *ot.* 역사가, 사학자, 사학전공자; 연대기 편자.; harbiy ~ 군의 역사가
tarjima *ot.* 번역, 통역
tarjimai hol *ot.* 전기(傳記), 일대기, ~전; 전기 문학.
tarjimon *ot.* 통역사, 역자, 번역자; 통역; 번역기.
tark *ot.* 포기; 유기; 자포자기, 방종; 위부(委付); ~etmoq (뒤에) 남기다, 남기고[두고]가다, 놓아두다.
tarkib *ot.* 구성(構成), 조립; 조직; 합성, 혼합; 성분.
tarkibiy *sif.* 구성하고 있는, 성분을 이루는
tarkibiy o'gitlar 혼합비료(混合肥料)
tarmashmoq *fe'l.* (산 따위에) 오르다, 등반하다; 기어오르는 사람; 등산가.
tarmoq *fe'l.* 가지를 내다[뻗다], (길·철도·강 등이) 갈라지다; 연결망, 네트워크
tarmoq, soha 지점, 산업, 영역
tarnov *ot.* (처마의) 낙수홈통(물받이), (광산 등의) 배수구; (길가의) 하수도, 시궁, 수로; (빗물 따위로 저절로 파인) 도랑; (흐르는 물·녹은 초가) 흐른 자국; ~을 통(通)하여[지나서, 빠져], ~을 꿰뚫어, (문·경로 따위)를 통하여, ~에서, ~으로.
tarona *ot.* 곡, 곡조, 멜로디; 가곡; 주(主)선율; 분명한 선율. 연가
taroq *ot.* 빗, 빗질하는 기구, 소면기(梳綿機)
tarovat *ot.* 새로움, 신선함, 발랄; 상쾌; 생생함, 만족감; 기쁨, 열심, 열중.
tarozi *ot.* 눈금, 저울눈; 척도; 자, 저울.
tarozibon 대금업자, 전당포(주인).
tarozida tortib sotish 무게(중량) 기준판매
tarqalishmoq *fe'l.* 만연해지다, 펴다, 펼치다, 전개하다, 늘이다.
tarqalmoq *fe'l.* 만연하다, 퍼지다, (기 따위가) 펼쳐지다, (꽃 따위가) 피다; (나무가) 가지를 번다.
tarqamoq *fe'l.* 번지다, 벌이다, 늘어놓다, 진열하다, 흩뜨리다, 흩어지게 하다, 뿔뿔이 헤어지게 하다, 해산시키다; 분산시키다
tarqatmoq *fe'l.* 1) 몰아내다, 흩뜨리다, 흩어지게 하다, 뿔뿔이 헤어지게 하다, 해산시키다; 분산시키다; (적 따위를) 쫓아 버리다 *(olomonni)*; 2) 뿔뿔이 흩어버리다, 쫓아버리다, 흩뿌리다, (씨 따위를) 뿌리다; 3) 분배하다, 배포하다, 도르다, 배급하다.
tarqatuvchi *ot.* 분배[배포, 배달]자; 도매상인, 배급업자, 판매 대리점
tarqoq *sif.* 여기저기에, 뿔뿔이 된, 따로따로 떨어진, 흐트러진, 드문드문한, 산만한, 분산하여, 흩어져, 뿔뿔이 *(xalq)*
tarqoqlik *ot.* 방심 상태, 멍해 있는, 얼빠진, 건성, 여기저기, 성긴, 드문드문, 무질서, 어지러움, 혼

란.
tarsaki *ot.* 넓적한 것으로 한번 침, 손바닥으로 (뺨을) 때림, 철썩 (때리기), 얼굴을 때리다. ~tushirmoq 얼굴을 찰싹 때리다.
tarsakilamoq *fe'l.* 얼굴을 찰싹 때리다.
tarsillamoq *fe'l.* 바스락 소리를 내다, 서두르다, 신속히 시작하다.
tartib I *ot.* 규율, (집회 등의) 규칙; 준법; (정치·사회적) 질서, 치안; 2)
tartib II *ot.* 순서(順序), 서열, 방법, 절차, 예정표, 안건, 의사일정, 의제, (의회·군대 등의) 일정.
tartib sonlar 서수사(序數詞: 차례를 나타내는 수사《첫째·둘째 따위》 차례 셈씨, 순서수사(順序數詞).
tartibbuzarlik *ot.* (약속·법률·도덕 따위를) 어김, 위반, 불이행, 침해.
tartibbuzarlik uchun javobgarlik 질서 위반에 대한 책임
tartibga solish 서열화
tartibga solish, aniq belgilash 법규화
tartibga solish, hal qilish 문제 해결, 조정
tartibli *sif.* 가지런하게, 규칙 바르게, 바르고 순서 있게; 정식으로; 균형 있게.
tartibsiz *sif.* 무질서하게, 무질서한, 난잡한; 난폭한, 무법의; 안녕을 해치는; 풍기를 문란케 하는.
tartibsizlik *ot.* 해체, 분해, 분열; 혼란(混亂), 무질서(無秩序)
tarvuz *ot.* 수박(박과의 한해살이 덩굴풀. 아프리카 원산으로 여름에 연한 누런색 꽃이 핌. 열매는 둥글고 크며 무게는 5-6kg까지 나가고, 속살은 맛이 달고 물이 많음)
tarz *ot.* 매너, 태도, 거동, 모양, 습관, 풍습, 버릇; 풍, 식, 언제나 하는 [특유한] 식[방식].
tarz holi 성상부사어(성상부사는 용언의 내용을 실질적으로 꾸미는 것으로 그 수식내용에 따라 시간부사(비가 사주 온다)·처소부사(멀리 달아났다)·상태부사(열심히 공부한다)·정도부사(키가 매우 크다) 등으로 구분된다.)
targ'ib *ot.* (주의·신념의) 선전, 선전활동, 선전주의, 주장. 주지(周知)(의 상태), 널리 알려짐, ~etilmoq 선전[공표, 광고]하다.
targ'ibot *ot.* 선동(煽動), (주의·신념의) 선전; 선전 활동; (선전하는) 주의, 주장.
targ'etlash *ot.* 구체적인 목표 수립과 공략
targ'ibotchi *ot.* 선전자; 전도사, 선교사. 정치 평론가[기자], 선전 담당원.
tarif *ot.* 서술; ~ qilmoq 서술하다.
tarif imtiyozi 관세 특혜
tarif, qat'iy baholar majmui 세율, 요금
tariflamoq *fe'l.* 명시하다
tariflar srukturasi 요율 구조
tariflarni hisoblash bazasi 요율 산정 기준
tasalli *ot.* 위로, 달래는 듯한, 마음을 진정시키는; 누그러뜨리는; ~bermoq 진실(의), 사실(의); ~topmoq 안심시키다; 잘 달래다
tasarruf *ot.* 보호, 호위, 보관, 소유자임[자격], 소유권.
tasavvur *ot.* 생각, 관념, 심상(心豫), 개념, 의견; 의향; ~qilmoq 마음에 그리다; 가정하다, 상상하다.
tasavvur, taqdimoq 제시, 프레젠테이션
tasbeh *ot.* 주판; 원주두(圓柱頭)의 관판(冠板), 대접받침.
tasdiq *ot.* 1) 승낙, 확인, 인가; 비준, 확증 (*qarorni*); 2) 단언, 주장; (자기 개인의) 언설(言說), 성명, 성명서 (*fikrni*)
tasdiq gap 긍정문
tasdiq so'roq gap 판정의문
tasdiqlamoq *fe'l.* 승낙하다, 확실히 하다, 확증하다, ~이 옳음[정확함]을 증명하다.
tasdiqlangan akkreditiv 확인 신용장
tasdiqlangan kapital 수권자본
tasdiqlangan nusxa 공증사본
tasdiqlangan o'lchov 승인 기준
tasdiqlangan to'xtash joyi 금지 구역

T

tasdiqlangan, o'rnatilgan kurs 고정환율(固定換率)
tasdiqlanmoq *fe'l.* 정하여지다, 일정하게 되다, 규정되어지다.
tasdiqlatmoq *fe'l.* 확인 시키다
tasdiqlovchi hujjat 합법화
tasdiqlovchi yorliq 비준서(批准書)
tasdiqxati 확인서
taskin *ot.* 달래는 듯한, 마음을 진정시키는; 누그러뜨리는; ~ topmoq 마음의 평화를 찾다.
taslim *ot.* 항복(降伏), 굴복(屈伏), 함락(陷落), ~bolmoq 굴복하다
taslim bo'lish, kapitulyatsiya 항복(降伏)
taslimchilik *sif.* 투항하는, 항복하는, 굴복하는, 함락되는.
tasma *ot.* 벨트, 띠, 벨트, 가죽 띠, 혁대
tasnifiy guvohnoma 자격 증명
tasniflash 명세서, 내역서, 분류, 유형화
tasodif *ot.* 우연(성); 우연한 사태; 우연한 기회, 운좋음, 사정, 입장, 상태, 상황.
tasodif, mos kelish 일치
tasodifan *rav.* 우연히, 뜻밖에; 문득, 때때로; 부수적으로.
tasodifiy *sif.* 우발적, 우연한, 우발적인, 뜻밖의; 고의가 아닌.
tasodifiy o'zgarish 환율변동
tasodifiy xaridor 뜨내기손님
tasvir *ot.* 기술, 묘사, 서술, (연필·펜·크레용·목탄 따위로 그린) 그림, 도화; 선화(線畵), 스케치, 데생.
tasviriy *sif.* 그래픽의, 기술적인; 묘사적인; 설명적인; 도형(묘사)의. ~ san'at 모방 예술(그림이나 조각 따위).
tasviriy reklama 그래픽 광고, 디스플레이 광고
tasviriy so'z 상징어
tasvirlamoq *fe'l.* 묘사하다, (줄[선]을) 긋다; (도면 따위를) 그리다, 베끼다; ~의 그림을 그리다; (~에게 ~을) 그려주다
tasvirlovchi 그리는 사람
tatbiq *ot.* 적용, 응용; 응용법; 응용성, 실용성; ~qilmoq 적용하다, 응용하다, 이용하다; amalda ~ qilmoq ~을 실행하다, ~을 실행에 옮기다.
tatil *ot.* 방학(放學)
tatimoq *fe'l.* 1) ~의 맛을 보다, 시식하다; 2) 족하다, 충분하다.
tavakkal *ot.* 위험; 모험; 위험성[도], 손상[손해]의 염려. 기회를 잡아서; ~ qilmoq 위험에 내맡기다, 위태롭게 하다.
tavakkal mablag', kapital-risk 벤처 캐피탈(capital-risk), 회수 실패 가능성이 높은 채권
tavakkalchi *ot.* 무모한 사람, 물불을 안 가리는 사람.
tavakkalchilik va investitsiya ka- folati 투자 위험보증
tavakkalchilik, xavf 위험부담, 리스크(risk)
tavakkalchilikka asoslangan loyiha 벤처 프로젝트
tavakkalchilikning o'tishi 위험의 이전
tavba *ot.* 회개, 후회, 양심의 가책, 유감; ~qilmoq 후회하다; 유감으로 생각하다.
tavsiya *ot.* 추천, 추천[소개]장, 권하다, 천거; ~qilmoq 추천[천거]하다; ~etmoq 추천하게하다, 천거하게 하다.
tavsiyanoma *ot.* 추천서, 권한 편지
tax *ot.* 주름(살), 접은 금, 접은 자리, 플리트, 주름 모양의 것.
taxallus *ot.* 가명, 펜네임, 필명, 아호, 별명, 익명, 호(號), 칭호, 호칭(呼稱) *(adabiy)*
taxlamoq *fe'l.* 싸다, 꾸리다, 묶다, 포장하다, 자리 잡다 *(narsalarni joylamoq)* 패킹하다, 짐꾸리다, 포장하다
taxlit *ot.* 모양, 형상, 외형, 윤곽; (사람의) 모습, (인체의) 모양.
taxmin *ot.* 상상, 추측, 추찰(推察); 가정, 억측, 가설; ~qilmoq 가정하다, 상상하다. *(o'ylab ko'rmoq)* 추측[짐작]하다; ~인가 하고 생각하다.

taxmin holati shakli 예시형
taxmin imkoniyati 예측 기간
taxminga asoslangan faraz 추정
taxminiy ko'rsatma 지정한 수준과 비슷한 금액으로 유가 증권 거래를 해달라는 고객의 주문
taxminiy smeta 대강의 예산
taxminiy son 근사 값
taxmminan *rav.* 거의, 대략, 대강, 얼추, 긴밀하게, 밀접하게; 친밀하게.
taxminiy *sif.* 근사한, 대체[대략]의. 변두리
taxminlamoq *fe'l.* 예기하다, 가정[상상]하다, 추측[생각]하다.
taxt I *ot.* 왕관, (승리의) 화관, 영관.
taxt II *sif.* 준비된, 준비가 된, (언제든지 ~할) 채비를 갖춘; 각오가 되어 있는
taxta *ot.* 1) 널, 판자(엄밀하게 말하면 너비 4.5인치 이상, 두께 2.5인치 이하), 나무, 목재, 두꺼운 판자; 2) (재목의) 등널, 평판(平板); hurmat ~si 수상자 일람, 우등생 명부; ~ yog'och 마루청[널]
tayanmoq *fe'l.* 1) 지탱하다, 버티다, (주의·정책 등을) 지지하다; 2) ~의 기초[근거]를 형성하다, ~에 근거하다
tayanch *ot.* 버팀, 지지, 유지, 원조, 후원, 고무, 옹호; 찬성.
tayanchiq *ot.* 지지자; 원조자, 옹호자, 찬성자, 후원자, 패트런; 시중드는 사람.
tayin *sif.* 1) (일이) 확실한, 신뢰할 수 있는, 반드시 일어나는; (지식·기술이) 정확한 2) (이름이) 알려진; 이미 알고 있는.
tayinlamoq *fe'l.* 지명하다, 임명[선정]하다, 지정하다; talabalarga sti- pendiya ~ 그 학생에게 장학금을 수여하다
tayinlanmoq *fe'l.* 임명되다, 지명되다
tayinli *sif.* (어떤) 일정한, 어떤 정해진, 정해진, (이름이) 알려진; 이미 알고 있는
tayming 주식매수 혹은 매입의 적기
taymshit 근무시간표
tayoq *ot.* (등나무로 만든)지팡이, 단장, 막대기, 나무토막, 잘라낸 나뭇가지.
tayoqlamoq *fe'l.* (계속해서) 치다, 두드리다; (벌로) 때리다, 매질하다; 탈곡하다.
tayyor *sif.* 준비된, 준비가 된, (언제든지 ~할) 채비를 갖춘; 각오가 되어 있는
tayyor mahsulot 완제품
tayyorgarlik *ot.* 1) 준비; 예비조사, 예습 (시간), 마음의 태세, 각오; 2) 준비, 채비; 용이; 신속; 쾌락(快諾); 자진해서 함.
tayyorgarlik, tayyorlash 준비, 훈련, 양성
tayyorlamoq *fe'l.* 대비하다, 준비하다, 채비하다, ~을 미리 마련하다, ~을 미리 조사하다, 예습하다.
tayyorlash *ot.* 1) 마련, 준비; 예비 조사, 예습 (시간), 마음의 태세, 각오; 2) 준비[채비]를 갖추다
tayyorlash texnologiyasi 생산기술
tayyorlov *sif.* 준비의, 예비의, 준비하는
tag;in *rav.* 다시, 또, 다시[또] 한번.
tashabbus *ot.* 발의, 발기, 선창. 기업, 창의, 진취적 기상, 솔선하는 정신, 독창력, 기업심. ~ ko'rsatmoq 솔선하다
tashabbuskor *ot.* 창시자, 수창자(首唱者)
tashabbuschi *ot.* 창시자, 수창자, 발기인
tashakkur *ot.* 감사, 보은의 마음; 사의(謝儀); ~aytmoq 감사하다, 사의를 표하다.
tashakkurnoma *ot.* 감사장(感謝狀)
tashimoq *fe'l.* 나르다, 운반히다, 실어 보내다, 당기다, 끌다; 끌어 당기다, 당겨서 움직이다
tashish uchun hisob-kitob 운송대금 청구서

T

tashkil: 설치~qilmoq 조직하다, 편제[편성]하다; ~bolmoq 형성하다, 구성하다
tashkil qilish 합리화
tashkiliy *sif.* 설립의, 조직(상)의, 기관의.
tashkilot *ot.* 조직(화), 구성, 편제, 편성.
tashkilotchi *ot.* 조직자, 창시자. 위원
tashkilotchilik *ot.* 조직체, 단체, 조합.
tashkilotlar daromadiga solinadi- gan soliq 이윤 (소득)세
tashkilotlar marketingi 조직마케팅
tashkilotlar mulkiga soliq 법인재산세(法人 財産稅)
tashlab yuborish 방출, 배출
tashlamoq *fe'l.* 집어던지다, 세게 던지다, 내버리다 *(she'riyatda)* 돌을 던지다(*suyak*)
tashlandi *sif.* 거절하는, 사절하는, 각하의.
tashlandiq *ot.* 버림받은 것[사람], 거부된 물건[사람], 불합격품[자], 파치.
tashlanmoq *fe'l.* (내)던지다, 팽개치다, 내동댕이치다; 떨구어 버리다; 포기하다, 버리다; (옷을) 벗어버리다.
tashna *sif.* 목마른; 술을 하고 싶어하는, 술을 좋아하는, 갈망하는, 절망하는, 목이 마르는; ~bolmoq 목이 마르다
tashnalik *ot.* 목이 마른, 갈증, 목마름, 갈망, 열망; ~ni qondirmoq 갈증을 풀다, 갈망하다, 강한 희망을 갖다.
tashqari *ot.* 1) 바깥쪽, 외면; 2) 외면, 외부; 외견, 외관
tashqariga *rav.* 바깥쪽에[으로, 에서], 밖에, 밖으로 향하여; 외면에, 외견상(은).
tashqi *sif.* 1) 외부의, 밖의; 외면의; 외계의, 밖의, 외부[외면]의; 2) 표면(상)의, 외면의; ~ko'rinish 외부의, 바깥쪽의; 3) 외국의, 외국산의; 외국풍[외래]의; ~ siyosat 외교정책; ~savdo 무역; ~ ishlar vaziri 외무부 장관
Tashqi Aloqa Vazirligi 대외경제관계부
tashqi ayditor 사위검사인
tashqi boshqaruv 법정관리
tashqi boshqaruvchi 사외 이사
tashqi bozor 해외시장
tashqi iqtisodiy faoliyat balansi 대외무역활동수지
tashqi ma'no 외연적 의미
tashqi savdo boji 대외 무역세
tashqi savdo defitsiti 대외무역적자
tashqi savdo faoliyati 교역활동
tashqi savdo kelishuvi 해외무역거래
tashqi savdo shartnomasi 해외무역 계약
tashqi savdo-sotiq balansi 무역수지(貿易收支)
tashqi zayom 대외 부채
tashqisavdo shartnomasi 해외무역 계약
tashrif *ot.* 방문; 구경, 견학; 문병; 참예; (손님으로서의) 체류; ~buy- urmoq 방문하다; (~의) 집에 머물다.
tashrifnoma *ot.* 명함
tashuvchi *ot.* 운송인
tashviq *ot.* 용기를 돋움, 격려; 장려, 촉진, 조장; 자극, 증진, 진흥, 선동; ~qilmoq 용기를 돋우다, 격려하다, 고무하다; 권하다.
tashviqot *ot.* 선전, 선전 활동; (선전하는) 주의, 주장; ~yurgizmoq 선전하다; 선교 [전도]하다.
tashviqotchi *ot.* 선전자; 전도사, 선교사. 선전하는 사람
tashvish I *ot.* 관심, 바람, 고생, 근심, 걱정, 고민, 불안, 염원, 열망.
tashvish II *ot.* 혼동, 혼란(상태), 분규; 착잡, 당황, 얼떨떨함.
tashvishlanmoq *fe'l.* 걱정하다, 괴로워하다, 고민하다, 고생하다; 상처입다
ta'b *ot.* 특성, 특질, 성질.

T

ta'bir *ot.* (사상·감정의) 표현, 표시, 표현법, 말씨, 어법, 말투, 어구, 표정.
ta'birlamoq *fe'l.* (어떤 특정한 표현으로) 말하다; 말로 표현하다, 진술하다.
ta'kid *ot.* 강조; (윤곽 따위를) 두드러지게 하기, 강세(법), 강세, 악센트.
ta'kidlamoq *fe'l.* ~에 강세를 두다, (어구를) 힘주어 말하다; 강조하다; 역설하다.
ta'kidlanmoq *fe'l.* 강조되다; 역설되다, ~에 강세를 두게 하다, (어구를) 힘주어 말하다.
ta'lim *ot.* 교육, 수업, 교수, 훈육, 훈도; 공부, 면학(勉學), 학습; ~ tarbiya 교육, 훈육, 훈련, 트레이닝, 단련, 교련, 조교(調敎), 연습; 양성.
ta'lim tizimi islohoti 교육제도 개선
ta'limot *ot.* 교육, 훈육, 훈도, 교수법.
ta'm *ot.* (독특한) 맛, 풍미, 향미.
ta'ma *ot.* 탐욕, 욕심; ~ qilmoq 욕심 부리다, (남의 것을) 몹시 탐내다, 바라다, 선망하다.
ta'min *ot.* 예비, 준비, 설비, 공급, 지급; 지급량(量); ~ etmoq ~에게 보증하다, ~에게 보장하다
ta'minlamoq *fe'l.* ~에 공급[지급, 배급, 배달, 조달]하다
ta'minlanmoq *fe'l.* 공급하다, 지급하다; 배급하다; 배달하다.
ta'min choralarini bekor qilish haqida ariza berish 보존처분취소신청
ta'minlamagan obligatsiya 무담보 채권(債券) (naked bond)
ta'minlash *ot.* 보존, 보증, 보장, 준비된, 필요 물품이 공급된; 예비의.
ta'minlash choralari 보존처분
ta'minlovchi, yetkazib beruvchi 공급자, 납품업자
ta'minlovchi, yetkazib beruvchi 납품업자
ta'minot 보장 제공, 보증, 담보(물); 보증서(상품의 내용연수(耐用年數) 따위의); Shahar iktimoiy ~ bo'limi 사회 안전보장의 시청
ta'minot, ta'minlash 공급(供給), 제공(提供), 조달(調達)
ta'mir *ot.* 수리, 수선, 수리 상태.
ta'mir harajatlari 수리비 견적
ta'mir ustaxonasi 수리점, 정비센터
ta'mirlamoq *fe'l.* 고정[고착]시키다, 붙이다, 붙박다.
ta'mli *sif.* 풍미[맛] 있는.
ta'msiz *sif.* 풍미[맛] 없는, 취미 없는, 멋없는; 품위 없는, 비속한; 감식력이 없는.
ta'msiz, didsiz mahsulot 규격화 제품
ta'na *ot.* 경멸, 멸시, 비웃음, 냉소, 비난; ~ qilmoq (아무를) 비난하다, 나무라다, 꾸짖다
ta'qib *ot.* 1) (*orqasidan quvish*) 추적, 추격; 추구, 속행, 수행, 종사; 2) (*quvg'in*) 희생시키다, 희생으로 바치다; 속이다; 고통을 주다, 괴롭히다, (특히 종교상의) 박해(迫害), 성가시게[끈질기게] 졸라댐, 괴롭힘; 3) (*ko'zatish*) 지칠줄 모르는, 끈질긴, 물리지 않는; ~ qilmoq 뒤쫓다, 추적하다, 추격하다; dushmanni ~ qilmoq 적을 추격하다.
ta'qiqlash 엠바고, 무역제재
ta'rif *ot.* (윤곽·한계 따위의) 한정; 명확, 기술, 묘사, 서술; ~ qilmoq 묘사하다, 기술하다, 말하다, 말로 설명하다.
ta'rif darajasi 임금등급, 요율체계
ta'riflamoq *fe'l.* 묘사하다, 기술하다, 말하다, 말로 설명하다.
ta'riflash 명세, 기록, 목록.
ta'sir *ot.* 효과; (법률 등의) 효력; 영향; (약 등의) 효능; ~ etmoq (변화 등을) 가져오다, 초래하다; ~ko'rsatmoq 영향력을 발휘하다.
ta'sirlanmoq *fe'l.* ~에 영향을 미치다.
ta'sirli *sif.* 유효한, 효력이 있는, 효과적인, 인상적인, 눈에 띄는.
ta'sirchan *sif.* 유효하게; 효과적으로; 유력하게; 실제상.

T

ta'sis: *ot.* 확립, 설치[설립], 개설[창립], (제도·법률 등을) 제정; ~ etmoq 확립하다, 설치[설립]하다, 개설[창립]하다, (제도·법률 등을) 제정하다.
ta'sis bitimi 설립계약서
ta'sis daromadi 회사 설립이익
ta'sis etish, muassasa 기관(사회, 문화 활동 등을 위해 설립된 비영리 기관)
ta'sis etuvchi 설립의
ta'sis hujjatlari 설립문서
ta'sis majlisi 창립총회
ta'sischilar aktsiyasi 발기인주
ta'til *ot.* 휴가(학기말이나 회사 따위의), 긴 휴가, 휴가철; 휴가 여행(특히 피서·피한 따위의)
ta'zim *ot.* 절, 경례, 몸을 굽힘. 존경, 경의
ta'zir *ot.* 비난, 질책; 책망, 꾸지람; 회개
ta'ziya *ot.* 애도(哀悼), 애상(哀傷), 애척(哀戚), 비도(悲悼); ~ bildirmoq ~에게 애도의 뜻을 표하다.
teatr *ot.* 연극, 극장, 야외극장.
tebramoq *fe'l.* 흔들다, 뒤흔들다.
tebranmoq *fe'l.* 흔들리다; 진동하다; 흔들[비틀]거리다, 비틀거리다, 비틀거리며 나아가다
tebranuvchi foiz 변동 이율
tebratmoq *fe'l.* 흔들어 움직이다, 진동시키다, 흔들리다, 흔들거리다; 진동하다.
tegirmon *ot.* 맷돌, 제분기(바람·물·증기에 의한); 분쇄기, 물방앗간, 풍차칸, 제분소, 공장, 제작[제조]소, 제재소, 양곡기(揚穀機).
tegirmonchi *ot.* 방앗간 주인, 물방앗간 주인; 제분업자. 방아를 찌른 사람
tegishli *ot.* 필요한 것, 필수품, 적합, 적당; 적부; 어울림; ~에 관하여, ~에 대하여; ~ xulosa chiqarmoq 결말에 도달하다.
tegishli bo'lmagan javobgarni almashtirish 피고의 결정
tegmoq *fe'l.* ~에 닿다, 접촉하다,~에 도착하다, ~에 도달하다, ~에 이르다; ~에까지 이르다[미치다]; ~에 명중하다, ~와 연락이 되다, ~의 마음을 움직이다.
tejamkor *sif.* 경제적인 사람, 경제상[학]의 사람; 실속 있는 자, 검약 자, 검소한 자, 절약하는 사람, 알뜰한 사람; 저축심이 있는 자
tejamkorlik, iqtisod qilish 저축(貯蓄), 검약(儉約)
tejamkorlikning tashqi ta'sirotida yomonlashuvi 대외적 요인의 채산성 악화
tejamli *sif.* 경제적인, 경제상[학]의; 실속 있는, 검약한, 검소한, 절약하는, 알뜰한; 저축심이 있는.
tejamoq *fe'l.* 저축하다, 모으다, (~을) 경제적으로 쓰다, 절약하다; (노동력·시간·돈 따위를) 사용하다.
tejash tartibi 긴축 정책
tek *sif.* 고요한, 조용한(quiet), 온화한, 바람이[파도가] 잔잔한, 침착한, 냉정한.
tekin *sif.* 자유롭게; 속박 없이, 공짜로, 무료로; ~ishchi kuchi 노동의 자유
tekin daromad 기계 장비의 단기 임대
tekinga *rav.* 무료[공짜]로, 거저, 자유로이; 마음대로, 거리낌 없이, 마음 가벼이.
tekinxo'r *ot.* 공짜 식사[음식], 기식자, 식객(食客)
tekis *sif.* 매끄러운, 매끈매끈[반질반질]한, 반드러운; 평탄(平坦)[반반]한, 판판한, 평탄한, 트인; ~ yol 평탄한 도로(길)
tekislamoq *fe'l.* 매끄[반드]럽게 하다, 반반하게 하다; (주름을) 펴다, 다리다; (땅을) 고르다; 매만지다
tekislanmoq *fe'l.* 평평[반반]하게 하다, 고르다, 펴다, 수평하게 하다, 평평하게 하다, 고르다.
tekislik *ot.* 평면, 평지, 평야, 평원, 광야
tekshirish *ot.* 감사, 조사, 검사, 심사, 확인, 조회, 관리, 통제, 다잡음, 단속, 감독권
tekshirmoq *fe'l.* 감사하다, ~이 진실임을 증명[입증, 실증, 확증]

하다, 지배하다; 통제[관리]하다, 감독하다; daf'tar ~ 정정[교정, 보정]을 행하다.
tekst (서문·부록 등에 대하여) 본문, (요약·번역에 대하여) 원문
tekshiruv *ot.* 검사, 조사
tekshiruv belgilash haqida rasmiy ilti- mos 전문가 감정신청
tekshiruv haqida hisobot 감정보고서
tekshiruv varaqasi 체크 리스트
tekshiruv, taftish 검사, 조사
telba *sif.* 격노한; 거칠어지는, 미친 듯이 날뛰는; 맹렬한; 쑤시고 아픈; 터무니없는.
telba-tersak *sif.* 무감각의[한]; 인사불성의, 몰상식한, 어리석은, 분별[상식] 없는
telba-teskari *sif.* 하찮은 것, 부질없는 생각, 어리석은 짓.
teleboshqarish *ot.* 원격제어(遠隔制御) [조작]; 원격 제어 장치, 리모컨.
teledastur 프로그램, 텔레비전 방송.
telefaks *ot.* 팩시밀리, 모사전송(기)
telefon *ot.* 전화; ~da gaplashmoq 전화로 말하다, 전화를 걸다.
telefon ma'lumotnomasi 여행안내
telefon-avtomat 공중전화
telegraf *ot.* 전문, 전신, 전보; 전신기
telegramma *ot.* 전보(電報), 전신(電信). 전물; shoshilinch ~ 속달[지급]편으로 보내다, 급송하다; ~ yubormoq 전보를 치다.
telekompaniya *ot.* 텔레비전 방송국
telekor'satuv *ot.* 텔레비전 방송(방영; 방송[방영] 프로)
teleskop *ot.* 망원경; 원통상(狀) 확대 광학기계(기관지경·방광경 등).
telemoshabin *ot.* TV 시청자, 관람자(觀覽者)
televideniya abonenti 케이블 TV
televideniye *ot.* 텔레비전 (*techno- logy*)
televizion *ot.* 텔레비전(略: TV); 텔레비전 수상
televizor *ot.* 텔레비전 수상기
telpak *ot.* 우즈벡 털모자
tema *ot.* 화제, 토픽, 논제, 제목, 이야깃거리; 표제.
temir *ot.* 철(금속 원소; 기호 Fe; 번호 26)닻; ~ yol 철로, 철길.
temir quti, po'lat sandiq 금고(金庫)
temirchi *ot.* 대장장이; 편자공
temp, tezlik, jadallik 속도(速度)
tendentsiya, rag'bat, yo'nalish 경향(傾向), 추이(椎栮)
tender 입찰, 입찰신청
teng *sif.* 같은, 동등한, 동일 수준[수평], 같은 높이, 동위(同位), 동격(同格), 동등(同等); 평균 높이; ~ kelmoq 동등하다
teng bog'lovchi qo'shimchasi 대등적 연결어미
teng bog'lovchili qo'shma gap 대등하게 이어진 문장
teng huquqlilik 평등, 동등, 동일.
teng imkoniyatlar tamoyili 기회균등 법칙
teng qiymatli qoplash 등가보상
teng soliq solish 모든 납세자가 단일 세금을 납부하는 것
tengdosh *sif.* 동갑(同甲), 동갑내기, 동년(同年), 연갑(年甲), 동경(同更), 갑장(甲長), 동령(同齡), 붕배(朋輩), 동년배(同年輩), 동치(同齒).
tenglama *ot.* 같게 함, 균등화; 평균, 균분; 방정식; 반응식; kvadrat ~ 2차 방정식
tenglamoq *fe'l.* 1) 같게 하다; 평등[동등]하게 하다; 한결같이 하다, 균등히 분배하다; 평준화하다; 2) 춘분(春分)
tenglik *ot.* 같음; 동등; 대등; 평등; 균등, 한결같음; *mat.* 상등(相等) (관계); 등식.
tenglik kafolati 선물거래 커브링
tennis *ot.* 정구, 테니스; ~ oyna- moq 정구 치다, 테니스를

치다
tennischi *ot.* 정구선수, 테니스 치는 사람
tentak *sif.* 미련한, 어리석은, 바보같은
tentiramoq *fe'l.* 구경하다, 헤매다, (걸어서) 돌아다니다, 어슬렁거리다, 방랑[유랑]하다, ~을 돌아다니다, 방랑[배회]하다, (건들건들) 거닐다, 방랑[배회]하다 (*piyoda*)
teorema *ot. mat.* 정리(定理), 일반원리, 공리(公理), 증명할 수 있는 일반원리, 법칙; ~ni isbotlash 일반원리로 증명하다.
teoriya, nazariya 이론(理論)
tepa *ot.* 언덕, 작은 산, 구릉, 작은 언덕, 조금 높은 곳; 톱, 정상, 꼭대기, 절정, 끝.
tepalik *ot.* 고개, 고갯길, 흙더미, 가산(假山), 톱, 정상, 꼭대기, 절정, 끝.
tepki *ot.* 차기, 걷어차기; ~yemoq 차다, 걷어차다
tepkilamoq *fe'l.* 박차다, 모욕하다, ~에게 무례한 짓을 하다; 해치다
tepkili *sif.* 분별없는, 경솔한; 성급한
tepmoq *fe'l.* 차다, 걷어차다; koptokni ~ 볼을 차다, 공을 차자
tep-tekis *sif.* 아주 매끄러운, 매우 매끈매끈[반질반질]한, 매우 반드러운; 아주 평탄(平坦)[반반]한
ter *ot.* 진땀, 땀, 발한(작용); ~ga botmoq 땀으로 덮혀 있다; ~ to'qmoq 땀[식은땀]을 흘리다, 땀이 배다.
terak *ot.* 포플러, 미루나무(버드나뭇과의 낙엽 활엽 교목. 강변·밭둑에 심는데, 줄기는 곧고 높이 30m가량 됨. 은백양.)
teran *sif.* 깊은, 깊이[길이]가 있는.
teranlashmoq *fe'l.* 깊게 하다, 깊어지다; 진하게 하다, 짙어지다, 어둠[인상 등]이 깊어지다.
tergamoq *fe'l.* 조사[연구, 심사]하다.
tergov *ot.* 조사, 연구, 심사.
tergovchi *ot.* 연구자, 조사자, 심사자.
teri *ot.* (사람의) 피부, 가죽, 짐승의 가죽; qattiq xom~ 생가죽; ~ kasalliklari 가죽 드레스
terilmoq *fe'l.* 모여지다, 그러모으다, 모으다, 거두어들이다.
terim *ot.* 수확, 추수, 수확기; 초가을; 수확물; ~ mashinasi 변변찮은, 쓸모없는.
terimchi *ot.* 채면기(採綿機); 목화따는 사람
terish 배열함
terish, yig'ish 조립(組立)
terlamoq *fe'l.* 땀을 흘리다
terma *sif.* 결합된, 결합[연합, 화합]한; ~ jamoa 연합팀
termilmoq *fe'l.* 응시하다, 빤히 보다
termin *ot.* 술어, 용어, 전문어.
terminologiya *ot.* 술어학, 용어법[론].
termometr *ot.* 온도계, 한란계; 체온계
termoq *fe'l.* 모으다, 수집하다; paxta ~ 목화를 따다(뜯다, 채집하다).
termos *ot.* 보온병, 이중병(二重瓶), 듀어병
termulmoq *fe'l.* 지켜보다, 응시하다, 빤히 보다, 말똥말똥 보다, 노려보다.
terroristni yashirish 테러범 은닉
terrorizm *ot.* 테러리즘, 공포정치; 테러[폭력] 행위; 폭력주의.
teskari *sif.* 거꾸로, 반대의, 거꾸로의, 상하 전도된, 역의
teskari bozor 역조시장 (*inverted market*)
teskari kuch 소급효
teskari talab huquqi 구상권
teskari tartibda 역순(逆順)으로
testli sinov 시험 테스트(proof test)
tetik *sif.* 건강한, 건장한, 튼튼한, 건전한, 정상적인; 상하지[썩지] 않은.
tetiklik *ot.* 왕성, 건전; 안전; 건

강; 정당; 완전; 견실. 위생, 보건, 건강법.
tevarak *ot.* (*atrof*) 근처, 이웃, 인근; 주변(의 지역), (도시의) 근교, 교외(郊外). (*joy*)
texnik *sif.* 기술적, (과학) 기술의, 전문의.
texnik ko'rik 자동차 성능 검사
texnik ko'rsatma 기술 설명서
texnik me'yor 기술규격
texnik muammolar 기술적 어려움
texnik tarkib 유지 보수
texnik tasnif 기술 내역, 스펙
texnik to'siqlar 기술 장벽
texnik ustunlik 기술적 우위
texnika *ot.* 과학기술, 공예(학), 테크놀로지, (전문)기술(技術: technique), 테크닉
texnikaviy *sif.* 기술적, (과학) 기술의.
texnikum *ot.* 기술학교
texnologiya *ot.* 공업[과학] 기술, 공예(학).
texnologiya, uslub 응용과학, (공업) 기술(技術: technology)
texnologiyalarni yetkazish haqida shart- noma 기술 이전 계약
tez *sif.* 빠른, 잽싼, 민첩한; ~da 이윽고, 곧, 이내; ~ boling! 빨리!
tez buziladigan mahsulotlar 쉽게 변질되는 제품
tez eskiradigan jihoz 마모 속도가 빠른 설비
tez yordam 응급구조
tez yurar kema 쾌속선
tez, birinchi yordam 응급처치
tezak *ot.* (연료용의) 마른 짐승의 배설물, 마른장작, 마른 소똥.
tezis *ot.* 명제, 논제, 주제; 제목
tezkor moliyalashtirish 일정기간 동안 상품이나 유가증권의 가격을 정해두는 계약
tezkor to'lanadigan 거래 시점에 완불하는 조건에서의 환율 혹은 주가
tezkor to'lovli operatsiya 거래 완료와 동시에 대금 결제가 이루어지는 거래
tezkor yetkazish 신속배달
tezkor, muddatli xizmat ko'rsatish 긴급 서비스
tezkorlik *ot.* 능률, 능력, 유능, 유효성[도].
tezlamoq *fe'l.* 빨리하다, 가속하다, 진척[촉진]시키다
tezlatmoq *fe'l.* 촉구하다, 빨라지다, 속력이 더해지다
tezlashtirish *ot.* 가속; 촉진, 속행
tezlik *ot.* 급히, 빠름, 신속, 빠르기.
tesha *ot.* 호미, 괭이.
teshik *ot.* 구멍, 갈라진 금, 금, 틈; (옷 따위의) 터진[째진] 구멍; 패인 곳, 구덩이
teshmoq *fe'l.* 뚫다, ~에 구멍을 뚫다; (*o'q haqida*) (돈 따위를) ~에 많이 들이다. ~을 크게 줄이다.
tibbiy *ot.* 의사(醫師); 의과대학 학생; *sif.* 의학의, 의술[의료]의; ~ umassasa 병원, 메디칼 센터
tibbiy muassasa 의료 기관
tibbiy sug'urta hujjati 의료보험 카드
tibbiyot I *ot.* 의학, 의술; 내과(치료)
tibbiyot II *sif.* 의학의, 의술[의료]의, 의약
tibbiyot sug'urtasi 의료보험(醫療保險)
tig *ot.* 날카로운 것
tig'iz payt 러시아워(rush hour), 혼잡한 시간, 출퇴근 혼잡시간
tigli 날카롭게
tijorat *ot.* 매매, 상업, 장사, 거래, 무역, 교역, 실업; ~ banki 시중[상업] 은행.
tijorat 일시적 선박 임대계약
tijorat banki 상업은행, 시중은행
tijorat safari 셔틀운행
tijorat sektori 영리분야
tijorat tashkiloti 영리단체
tijorat vakili 증권회사 등과 기타 전문적 지식을 가지고 제 3 자를 위해 거래를 하는 법인 또는 개인 사업자

tijorat vekseli 상업어음
tijoratchi *ot.* 실업가, 경영자, 상인; 사무가, 실무가, 사업가.
tijoratga oid hisob me'yori 어음할인율
tijoriy ko'rsatgich 기업 등록부
tijoriy samolyot 전세기(傳貰機)
tijoriy sir 영업비밀
tijoriy xizmatlar 상업 서비스
tijoriy, savdo-sotiqqa oid 영리의, 영업상
tik *sif.* 가파른, 깎아지른 듯한, 급경사진, 험한, 가파름, 험준함.
tikan *ot.* (식물의) 가시; (동물의) 가시털, 극모(棘毛); ~siz gul bolmas 그곳에 있는 장미는 가시가 없다.
tikanak *ot.* 부서진[쪼개진] 조각; 지저깨비; (나무·대나무 따위의) 가시, 파편.
tikanli *sif.* 가시가 많은, 바늘투성이의; 따끔따끔 아픈, 욱신욱신 쑤시는; 성가신; 과민한, 성마른, 가시 있는; ~ ot 엉겅퀴
tiker 주식시황 표시기
tikilmoq *fe'l.* 지켜보다, 응시하다, 황홀히 쳐다보다.
tikka *sif.* 곧은, 일직선의; 수직의, 곧추 선, 직립의, 똑바로 선; ~ yoldan bormoq 앞을 향하여 똑바로 서있다.
tikkasiga *sif.* 똑바로, 직접, 곧, 즉시, 이내, 머지않아, 이윽고.
tiklamoq *fe'l.* 조립하다, 건설[구축]하다, 세우다, 똑바로 세우다.
tiklanmoq *fe'l.* 직립하다, 세워지다.
tiklash 회복
tiklash ta'miri 리노베이션, 재계발
tikmoq *fe'l.* 바느질하다; 궤매어 꾸미다; ~에 자수하다, 궤매다, 깁다; 궤매어 붙이다[달다], 박다.
tiktirmoq *fe'l.* 바느질하다; 재봉틀로 박다. buyurtma berib ~ 주문으로 바느질 하다.
tikuv *sif.* 재봉(裁縫); 재봉업; 바느질; 봉제(縫製); ~ mashinasi 기계 미싱(재봉)
tikuvchi *ot.* 재봉사, (주로 남성복의) 재단사, 양재사, 침모, 여자재봉사 *(ayol)*
til *ot.* 언어(言語), 말, 말소리, 말씀, 어언(語言), 랭귀지(language) chet ~i 외국어; ingliz ~i 영어; ona ~i 모국어, 원어
til *ot.* 혀; (동물의 식용) 혓바닥
til biriktirish 음모
til oldi undoshlari 전설모음((前舌母音: 전설면과 경구개 사이에서 조음되는 모음. 기본 모음 i·e·ɛ·a 및 평순 모음 i·e·ɛ가 원순으로 조음되는 'y'·'ø'·'œ' 등.)
til orqa undoshlari 후설모음(喉舌母音: 혀의 뒤쪽과 연구개(軟口蓋) 사이에서 조음(調音)되는 모음; 한국어의 'ㅜ·ㅗ' 따위)
til uchi tovushi 혀끝소리
tilak *ot.* 소원, 소망, 바람
tilamoq *fe'l.* 1) 원하다, 바라다; 2) (먹고 입을 것·돈·허가·은혜 따위를) 빌다, 구하다
tilanmoq *fe'l.* 청하다, 빌다; 구걸[비럭직]하다, (~에게) 부탁하다, 간청하다.
tilanchi *ot.* 거지, 가난뱅이
tilchi *ot.* 어문학자
tilga oid tsenz 언어검열
tilim *ot.* (빵·햄 따위의) 얇은 조각, (베어낸) 한 조각; (현미경 검사용의 조직·암석 등의) 박편, 썬 조각; bir ~ qovun 멜론의 한 조각
tilimlamoq *fe'l.* 얇게 베다[썰다]; 저미다, 베어[잘라]내다; 긁어[깎아] 내다
tilla *ot.* 황금(黃金), 금(金: 황색의 광택이 있는 금속 원소. 연성(延性)·전성(展性)이 풍부하고 산(酸)에 닿아도 녹지 않으며, 자연 유리(遊離) 상태로 남; 귀금속으로 화폐·장식품 따위에 씀. [79번:Au:196.97].)
tillasimon *sif.* 금빛의, 금처럼 귀중한.
tilmoq *fe'l.* 자르다, 톱으로 켜다[자르다], 베어 가르다, 베다.
tilning ko'rsatkichi 언어의 지시설
tilovat *ot.* 코란경을 읽다, 기도하다
tilsim *ot.* 비밀, 마법, 마술, 주술

(呪術)
tilsimot *ot.* 마법, 마술, 요술, 주술.
tilsiz *sif.* 말을 못하는, 벙어리의, 말을 하지 않는, 잠자코 있는.
tilxat *ot.* 영수증, 수령(受領), 영수, 받음.
tilxat, qayd qilish 인수증(引受證), 허가증(許可證), 영수증(領收證)
tilyog'lamalik *ot.* 위선자, 사기, 속임; 현혹시키는 것; 가짜
tilshunos *ot.* 어학자, 언어학자; 여러 외국어에 능한 사람
tilshunoslik *ot.* 어학, 언어학; umumiy ~ 일반 언어학
tilchi *ot.* 언어 전문가.
timdalamoq *fe'l.* 할퀴다, 긁다; (몸에) 할퀸 상처를 내다; (가려운 곳을) 긁다; (땅을) 긁어 구멍을 내다.
timsoh *ot.* 악어, 악어가죽.
timsol *ot.* 모양, 모범, 본보기.
tinglamoq *fe'l.* 듣다, ~이 들리다, 귀를 기울이다, 경청하다.
tinglovchi *ot.* 듣는 사람, 경청자, 시청자; kurs ~si 청강생, 수강생.
tinglovchilsr *ot.* 청중; 관객, (라디오·텔레비전의) 청취[시청]자; 독자(층).
tinim *ot.* 고요, 고요함, 정적, 잔잔함, 평온.
tiniq *sif.* 맑은, 투명한, 갠, 깨끗한, 청순한, 순결한; ~ osmon 맑은 하늘
tintuv 수색
tinch *sif.* 평온한, 온화한; 조용한; 편안한; 온건한. 고요한, 소리 없는; Tinch okeani 평온한 태평양 바다.
tinch bozor 세계시장
tinch kelishuv 화해(和解)
tinchimoq *fe'l.* (분노·흥분을) 진정시키다; 달래다; 가라앉히다, (사람·생물을) 안정시키다.
tinchlik *ot.* 평화, 태평; ~ tarafdorlari 평화를 시지하다.
tinchlik uchun etarli mablag' 최저 생계비
tinchliksevar *sif.* 평화를 좋아하는
tip *ot.* 형(型), 타입, 유형
tipirchilamoq *fe'l.* 흔들다, 뒤흔들다, 흔들어 움직이다, 휘두르다, 떨다, 전율하다, 와들와들 떨다
tipirlamoq *fe'l.* 가슴이 고동치다, 두근거리다, 맥박치다.
tipografiya *ot.* 인쇄소, 출판사, 활판 인쇄, 활판술; 조판; 인쇄의 체재, 타이포그래피
tipratikan *ot.* 고슴도치, 고슴돛, 호저(豪豬), 휘(彙), 자위(刺蝟: 고슴도칫과의 동물. 몸통은 30 cm 정도이고, 꼬리는 3cm가량임. 몸빛은 암갈색인데, 주둥이는 뾰족하고 귀는 작으며 머리와 등에 가시가 빽빽이 남. 적을 만나면 밤송이같이 몸을 웅크림)
tip-tinch *ot. sif.* 평화로운, 태평한; 평화적인; 평화를 애호하는(국민 따위), 평온한, 온화한; 조용한; 편안한; 온건한.
tiqilinch *sif.* 분비는, 붐비는, 혼잡한, 꽉 찬, 꽉 들어참, 혼잡, 잡담
tiqilmoq *fe'l.* 막히다, 밀다; 밀어내다, 밀어넣다, 쑤셔넣다, (꽉) 채워 넣다.
tiqin *ot.* 낟알, 알 곡물, 곡류, 곡식
tiqmoq *fe'l.* 밀다, 넣다, (손·막대기 따위의 끝으로) 찌르다, 콕콕 찌르다.
tir *ot.* 표적이 있는 사격장, (실내) 사격 연습장 *(usti ochiq joy)*
tiraj *ot.* 발행부수(發行部數), (초판·재판의) 판(版), 간행; (같은 판의) 전발행 부수.
tiraj, adad 부수, 도서 판수
tirik *ot.* 받침대, 지주(支柱), 버팀목.
tirgovuch *ot.* 지지자, 후원자, 의지(가 되는 사람).
tiriklik *ot.* 생명, 생존, 삶, 생(生), 생활.
tirikchilik *ot.* 생존, 생활; 존재양식, 생활방식; ~ qilmoq 생존하다, 존속하다
tirikchilik hisobi 생활비
tiriklayin 생기, 활기(活氣), 생채(生彩)
tirilmoq *fe'l.* 부활하다, 소생하게

하다; (~의 의식을) 회복시키다; 기운나게 하다.
tirinka *ot.* 손으로 짠 편물; (기계로 짠) 그 모조품; 트리코, 골지게 짠 피륙의 일종.
tirishmoq *fe'l.* 노력하다, 시도하다, 꾀하다, 해보다, (가능한지 어떤지) ~해보다
tirishqoq *sif.* 부지런히, 근면한, 부지런한, 공부하는, 애쓴, 공들인.
tirishqoqlik *ot.* 근면, 부지런함; 노력.
tirjaymoq *fe'l.* (이를 드러내고) 씩 웃다 싱글거리다; 이빨을 드러내다
tirkamoq *fe'l.* 더하다, 가산하다; 증가[추가]하다; 합산[합계]하다, 결합하다.
tirmalamoq *fe'l.* 할퀴다, 긁다; (몸에) 할퀸 상처를 내다; (가려운 곳을) 긁다; (땅을) 긁어 구멍을 내다.
tirmashmoq *fe'l.* 오르다, 기어오르다.
tirnamoq *fe'l.* 긁다, 갉다, (가려운 데를) 계속 긁다.
tirnoq *ot.* 손톱, 발톱 *(parrandada)*
tirrancha *ot.* (애칭으로서) 개구쟁이, 장난꾸러기, 장난 잘하는 아이.
tirsak *ot.* 오금, 팔꿈치; 팔꿈치 모양의 것
tirtiq *ot.* 상처 자국, 흉터.
titan *ot.* 티탄, 티타늄(은백색의 단단한 금속 원소. 암석·흙 속에 널리 분포함. 가열하면 강한 빛을 내면서 타며, 거의 모든 비금속 원소와 화합함. 철·알루미늄의 대용으로 중시됨. [22번:Ti:47.90]).
titilamoq *fe'l.* 발을 질질 끌다, 지척거리다; 발을 끌다
titramoq *fe'l.* (추위·흥분 따위로) 와들와들(후들후들) 떨다
titratmoq *fe'l.* 떨다, 전율하다, 와들와들 떨다(with); (건물·땅이) 진동하다; (나무·잎·빛 등이) 흔들리다; (목소리가) 떨리다
titroq *ot.* 떨림, 전율, 동요; 진동(震動); 흔듦; 몸을 떪
titroq undoshlar 설전음(舌顫音: 혀끝을 윗잇몸에 굴리어 내는 소리《'사람'·'구름'의 'ㄹ' 소리 같은 것》)
tivit *ot.* 괴깔; 미모(微毛); 잔털, 솜털; ~ ro'mol 솜털 모양의 스카프.
tiyin *ot.* 동전, (낱낱의) 경화(硬貨), 화폐
tiymoq *fe'l.* 억제하다, 제지[방지]하다, 금[제한]하다.
tiz *ot.* 무릎, 무릎 관절; (의복의) 무릎 부분; ~ chokmoq 무릎을 꿇다, 순종하다.
tizza *ot.* 무릎, 무릅 관절; (특히 말·개 따위의) 완골(腕骨); (새의) 경골(脛骨), 정강이뼈.
tig' *ot.* 칼붙이의 날, 도신(刀身), 무기, 병기, 흉기; pichoqning ~i 나이프의 날.
tig'li *sif.* 잎이 있는; 날이 있는; ikki ~ o'tkir qilich 양날이 있는 검(칼)
tish *ot.* 이, 의치(義齒), 틀니; oziq ~ 어금니, 대구치(大臼齒); qoziq ~ 송곳니.
tishlamoq *fe'l.* 묾, 한번 깨묾, 한 입 물다.
tishli *sif.* 이가 있는; 톱니 모양의; 이가 ~인; tilla ~ odam 황금이의 사나이.
to *prep.* ~까지, ~이 되기까지, ~에 이르기까지 줄곧, ~까지 ~않다, ~에 이르러(서) 비로소 (~하다).
tob I *ot.* 건강(상태), 준비, 채비, 인내, 감내, 준비[각오](가 되어 있음); Bolamni hech narsaga ~i yoq 나의 어린이는 아무것도 원하지 않는다.
tob II *ot.* 순간, 찰나, 단시간, ~때, 기회, 즉시의, 즉각의; shu ~gacha men hech kasal bolmaganman 나는 지금까지 결코 병들지 않았다.
tobe *sif.* 지배를 받는, 복종하는, 종속하는, 예하의, 차위[하위]의; 부수[종속]하는; 종속의; ~ qilmoq 하위에 두다; 종속시키다
tobe morfemalar 의존 형태소
tobe otlar 의존명사(依存名詞: 독립하지 못하고 수식어 밑에서 형식상

으로만 쓰이는 명사《것·데·바·체·원·마리 따위》. 형식 명사. ↔자립(自立) 명사.)
toblamoq *fe'l.* 가열하다, 따뜻이 하다.
tobora 더욱 더, 점점, 시간이 지나도록
tobut *ot.* 프라이팬.
toifa *ot.* 종교(상)의, 종교적인
toifa daraja 급(給), 비행기의 좌석
toj *ot.* 관, 왕관, 화관, 화환 *(she'riyatda)*
tojik *ot.* 타지크; ~ tili 타지크어(말)
tojikcha *sif.* 타지크의, 타지크의 말
tojixo'roz *ot.* (닭의) 볏, 맨드라미; (어릿광대의) 깔때기 모자.
tok *ot.* 덩굴, 덩굴풀, 덩굴식물, 포도나무
tokarlik stanogi 선반기(旋盤機)
tokihmoq 떨어지다
tokzor *ot.* 포도원[밭], 덩굴 정원
tokcha *ot.* 선반, 시렁
tol *ot.* 버드나무(수목·재목); maj- nun~ 수양버들
tola *ot.* 실, 바느질 실, 꼰실, 무명실, 섬유; kimyoviy ~ 합성섬유, 합성[화학] 섬유.
tolali *sif.* 섬유(질)의, 섬유성[상]의, 섬유가 많은; 강한, 강인한.
tolamoq *fe'l.* 피로하게 하다; 싫증나게[물리게] 하다, 피로하다, 피로해지다, 지치다
tolqon *ot.* 곡분, 밀가루; 분말, 가루.
tom I *ot.* 지붕, 지붕 모양의 것.
tom II *ot.* 책, 서적, (책의) 권(卷)(略: v, vol(s).)).
toma *ot.* 물방울, 빗방울
tomir *ot.* 근육(筋肉), 힘줄, 건(腱); qon ~ 정맥(靜脈), 심줄
tomizmoq *fe'l.* 누설되다, 새다, 새어나오다
tomizg'i *ot.* 발효되다
tomizg'ich *ot.* 약물을 떨어뜨리는 것, 약물 떨어뜨리는 사람[물건]; (안약 따위의) 점적기(點滴器).
tommoq *fe'l.* 새다, 똑똑 떨어뜨리다, 흘리다, (물건이) 떨어지다, 낙하하다
tomon *ot.* 방향, 방위; 방면, 전망, 국면, 정세, (문제 따위의) 측면, (관찰)면, 관점; ong ~ida 우측면위에
tomon, taraf 계약 당사자, 일방
tomon, yo'nalish ~는 길이다
tomonlama *rav.* 방향으로, 측(側)[면, 변]이 있는.
tomonlar 당사자
tomonlar teng huquqligi 당사자 평등
tomonlar tengligi, paritet 평가 가치, 환율
tomoq *ot.* 목, 목구멍, 인후(咽喉); 숨통, 식도(食道), 기관.
tomorqa *ot.* 뜰, 마당, 정원, 원예장
tomosha *ot.* 관광, 상연, 연극, 연기; 흥행, 공연, 흥행물, 곡예, 구경거리, 연극, 쇼.
tomoshabin *ot.* 관람자, 구경꾼, 관객, 관찰자, 목격자.
tomoshagoh *ot.* 상연무대, 연극무대
tomchi *ot.* 낙숫물, 빗방울.
tomchilamoq *fe'l.* 듣게 하다, 똑똑 떨어뜨리다, 흘리다.
tomchilab oqmoq *fe'l.* 그치지 않고 똑똑 떨어짐; 낙숫물이 떨어지다
ton *ot.* 전통의복, 의복, 옷, 의상.
tong *ot.* 새벽, 동틀녘; 여명.
tongotar *ot.* 새벽, 동틀녘 여명, 동쪽, 동방
tonmoq *fe'l.* 부인하다, 거절하다, 거부하다, 물리치다.
tonna *ot.* 톤(1ton =20 hundredweight); 영톤, 적재톤 (long[gross]~, shipping ~) (1ton =2240 1bs. ≒1016.1kg); 미톤, 소(小)톤(short [net] ~)(1ton=2000 1bs, ≒907.2kg); 미터톤(metric ~)(1ton = 1000kg), 용적톤(measurement [freight] ~)(석재(石材)는 16입방 피트, 나무는 40입방 피트, 소금은 42 bushels 따위).
toopilmaga egalik qilish huquqini olish 유실물에 대한소

유권취득
topilma (유실물) 습득
topilmoq *fe'l.* ~의 기초를 두다[세우다]; ~의 근거를 두다
topish *ot.* 찾다, 발견, 발견 물, 습득물
topishmoq *fe'l.* 수수께끼, 알아맞히기
topqir *sif.* 꾀바른, 기략이 풍부한, 책략이 있는; 자력[자원]이 풍부한.
topshirilish *ot.* 인도, 교부; 출하, 납품; (재산 등의) 명도(明渡), 산출고[물]; 수확(량), 농작물.
topshirilmoq *fe'l.* 제출하다, 생기게 하다, 산출(産出)하다
topshiriq *ot.* (일정한 기간에 완수해야 할) 일, 임무; 작업, 사업; 과업.
topshiriq, hujjat 위임, 의뢰
topshiriqsiz o'zga manfaati uchun harakat, faoliyat yuritish 사무관리
topshirish *ot.* 인도, 교부; 출하, 납품, 발행, 지급, 공급, 배달; 전달, ~편(便)
topshirish shartnomasi 위임계약 (당사자의 일방이 법률 행위나 그 밖의 사무의 처리를 상대방에게 위탁하고 상대방이 이를 승낙함으로써 성립하는 계약)
topshirish, berish 인도, 대여(貸與)
topshirmoq *fe'l.* 배달[송달]하다, 인도하다, 교부하다
topshiruv *ot.* 산출고[물];수확(량), 농작물.
top-toza *sif.* 아주 청결한, 매우 깨끗한
toq *sif.* 홀수의, 기수의.
toq raqam, son *ot* 홀수(一數)[—쑤] 둘로 나누어서 나머지가 생기는 수 《1·3·5·7·9 따위》. 기수(奇數). ↔짝수.)
toqat *ot.* 인내, 인내력, 참을성, 끈기; ~ qilmoq 인내하다.
toqatli *rav.* 참을성[끈기] 있게.
toqatsozlik *ot.* 성마름; 성급함, 조급함, 초조, 참을성 없음. 참을성의 부족.
tor I *sif.* 좁은, 비좁은, 답답한, 꽉 끼는; (문체가) 비비 꼬인, (필적이) 알아보기 어려운 (*joy*); 폭이 좁은, 마음[도량]이 좁은, 편협한 (*ko'cha*); 작은, 소형의, 비좁은 (*uy, xona*); 단단한, 단단히 맨, 탄탄한, 단단해서 움직이지[풀리지] 않는, (줄 따위가) 팽팽히 켕긴, 바짝 죈 (*kiyim*); ~ kelmoq 죄이다, 팽팽하게 되다, 단단해지다; 핍박하다
tor II *ot.* 끈, 줄, 실, 노끈, 두 줄 현악기.
torli *sif.* 현이 있는, 현악기에 의한.
torlik *ot.* 좁다, 골짜기; 길의 좁은 곳, 애로(隘路), 좁음, 협소; 궁핍; 도량이 좁음.
tor-mor: ~etish 눌러 터뜨리는, 분쇄하는, 박살내는, 압도적[궤멸적]인.
tormoz *ot.* 브레이크, 제동기, 바퀴 멈추개.
제동, 억제.
torozu *ot.* 저울, 무게를 다는 사람; 계량기
tort *ot.* 케이크, 양과자
tortburchak 사각
tortilmoq *fe'l.* (새의) 털을 뜯다, (생가죽의) 털을 뽑다, 당기다, 끌다; 끌어당기다, 당겨서 움직이다.
tortinmoq *fe'l.* 피하다, 비키다, 소심하다
tortinchoq *fe'l.* 뛰며 물러나다; 뒷걸음치다, 주춤하다; 겁내다, 꽁무니 빼다, 자신 없다, 사양하다, 수줍어하다, 머뭇거리다, 내성적이다.
tortiq *ot.* 선물, 선사품; ~ qilmoq 선물하다, 증정하다, 바치다; ~에게 주다
tortiq qilinadigan 수증자
tortiq qilish 이전, 양도, 기부
tortiq qilish shartnomasi 증여계약
tortish *ot.* 경쟁, 경기, 경연, 콘테스트, 겨루기, 논쟁, 논전.
tortish kuchi 인력, 견인력
tortishmoq *fe'l.* 겨루다, 경쟁하다; 서로 맞서다, 필적하다, 어깨를 겨루다.

tortishuv *ot.* 논의, 논증; 논거; 논법
tortma *ot.* 미끄러지는 성분, 변화하는 구성 요소[부분]
tortmoq *fe'l.* 1) 끌다, 당기다, 끌어당기다; 끌어당겨서 ~하다; 2) ~을 (~로) 무겁게 하다, ~에 무게를 가하다.
tortta 네 개
torva 자루, 쌕
tosatdan 갑자기
tosin 큰 나무
tosiq 장애물
tosiqsiz 방해 없이
tosmoq I 방해하다
tosmoq II 장애하다
tosqin 거침없다
tosqinchi 방해하는 사람
tosqinlik 방해자; ~qilmoq 방해하다
totli *sif.* 맛이 있는, 풍미[맛]있는.
totmoq *fe'l.* 먹고 보다, ~의 맛을 보다, 시식하다, ~의 맛을 느끼다[알다].
totuv *sif.* 잔잔한, 친한, 우호적인, 친절한, 상냥한, 붙임성 있는.
tovar almashuvi 물물 교환
tovar arbitraji 상품 차익 거래
tovar ayirboshlash sinovi 상계거래(trade -in allowance)
tovar aylanishi 교역, 유통
tovar belgilari haqidagi qonun 상표법(商標法)
tovar belgisi 상표(商標)
tovar belgisi ahamiyati 상표의 우선일
tovar belgisi arizasiga ko'ra tek- shiruv 상표출원심사
tovar belgisi dalolati 상표증
tovar belgisi sohibi 상표권자
tovar belgisidan voz kechish 상표의 양도
tovar belgisini qayd etish 상표등록
tovar belgisini rasmiylashtirishga ariza 상표등록출원
tovar birjasi 상품시장, 상품거래소
tovar birjasi 전 세계 대량 도매
tovar denpingi 상품덤핑
tovar haqida ma'lumot 제품정보
tovar haqini bo'lib-bo'lib to'lash 할부 지불, 분할 납입.
tovar hayotiy kamayishi bosqichi 제품수명의 하강 단계
tovar hayotiy o'sish bosqichi 제품 수명 주기의 상승 단계
tovar musodarasi haqidagi da'vo 물품반환의 소
tovar nuqsonlarini beg'araz tuza- tish 물품의 무상하자보수
tovar nuqsonlarini yo'qotishga ketgan harajatlar 물품하자 보수비용
tovar oqimi 물류
tovar raqobatdoshligini baholash 물품의 경쟁력평가
tovar rasmiylashtirilishning bekor qilini- shi belgisi 상표등록취소
tovar sifati 삼품품질
tovar sifatini tekshirish 품질검사
tovar taqsimoti tarmog'i 상품유통 경로
tovar to'lovi, haqi 물품비용의 지불
tovar umri 제품 수명 주기
tovar va transport vositalarining tekshi- ruvi (세관의) 물품 및 운송수단 검사
tovar vekseli 상품어음, 진성어음(trade bill)
tovar yasalgan joylarni nomlash haqidagi qonun 원산지 표시법
tovar yetkazib berish davriyligi 물품인도기간
tovar zahirasi 부품(部品), 부속
tovar, mol 상품(商品)
tovardagi nuqson, kamchilik 제품 결함
tovardan judo bo'lish 물품의 멸실
tovarga oldinda to'lov 선지급
tovarlar defitsiti 상품부족
tovarlar kelib chiqish joylarini nomlash 원산지 표시

tovarlar, xizmatlar va moliyaviy vositalar erkin harakati 상품, 서비스 및 자본 이동의 자유
tovar-mol fondi 상품펀드
tovar-molni hisoblash 재고조사
tovarni almashtirganda narxidagi farqni qoplash 상품 교환시 차액의 보상
tovarni kreditga sotish 신용판매
tovarni ma'suliyatli saqlash 물품의 의무보존
tovarni noraso yetkazish 물품의 불완전인도
tovarni o'tkazadigan shaxslar 세관에서 물품의 소유자 또는 매수인 등을 말함.
tovarni olib sotish 환매
tovarni topshirish 물품의 인도
tovarni transportirovka qilish chiqimlari 물품운송비
tovarni yetkazib bermaslik 물품의 수량부족 및 인도 지체
tovarning bojxona qimmatini belgilash uslubi 물품관세결정방식
tovarning tasodifiy halokati xavfi 위험부담
tovarning zarar ko'rishi 물품의 훼손
tovba *ot.* 참회, 후회, 양심의 가책, 유감
tovlamachi *ot.* 악한, 불량배, 깡패, 사기꾼; 개구쟁이, 장난꾸러기.
tovlamoq *fe'l.* 속이다, 기만하다, 현혹시키다; (희망을)짓밟다, 배반하다.
tovlanmoq *fe'l.* 빛나게[번쩍이게] 하다
tovon I *ot.* 뒤꿈치; (동물의) 발: (말 따위의) (뒷)굽, 발끝.
tovon II *ot.* 배상, 변상, 벌충, 보상[배상금], 보수; 보답.
tovon, pul to'lab qaytarib olish 매점, 재구매, 매수
tovoq I *ot.* 큰 사발, 대접, 탕기(湯器), 보시기, 큰 (술)잔.
tovoq II *ot.* 종이 접시
tovuq *ot.* 암탉; ~go'shti 닭고기, 새고기.
tovus *ot.* 공작(孔雀: 꿩과의 새. 인도 원산. 수컷은 머리 위에 10cm쯤 되는 털이 있고, 꽁지는 길며 아름다운데, 이것을 펴면 오색 부채처럼 찬란함. 암컷은 수컷보다 작고 꼬리가 짧으며 무늬가 없음.)
tovush *ot.* 소리, 음, 음향, 울림. 볼륨
tovush almashinuvi 교체
tovushning cho'ziqligi 소리의 길이
toxtamoq *fe'l.* 멈추다
toxtash *ot.* 멈추는
toxtatmoq *fe'l.* 정지시키다
toxtovsiz *sif.* 정지 없이, 멈춤 없이
toy I 결혼식 *(uylanish)*
toy II *ot.* 망아지, 말의 새끼
toy III *ot.* 짐짝, (운반용의) 곤포(梱包), 꾸러미, 보따리, 포장한 짐[묶음], 팩, 포장 용기; 륙색, 배낭; 접은 낙하산
toyboshi *ot.* 잔치 시작
toydirmoq *fe'l.* 가득차하다
toyloq *ot.* 조랑말
toymoq *fe'l.* 미끄러지다
toyona *ot.* 결혼선물
toy-tomosha 피로연
toyxona *ot.* 잔 치장
toycha *ot.* 작은 말, 조랑말
toza *sif.* 청결한, 깨끗한, 더럼이 없는; 갓[잘] 씻은, 신선한.
tozalamoq *fe'l.* 깨끗하게 하다[되다], 정결[말끔]히 하다, 청소하다; 세탁하다.
tozalanmoq *fe'l.* 곡식을) 도리깨질하다; 타작[탈곡]하다; (사안을) 철저히 검토하다, (몽둥이 따위로) 때리다.
tozalash, yig'ishtirish 수확(收穫), 소득(所得), 소출(所出)
tozallish *ot.* 싱싱한, 청소; (옷 따위의) 손질, 세탁, 클리닝.
tozalik *ot.* 청소함, 청결(함); 깔끔함; 깨끗함을 좋아함
tozdirmoq *fe'l.* 청소하다, 청결하다.
tozi *ot.* 사냥개.
tog' *ot.* 산, 산악, 산맥.

tog'a *ot.* 아저씨, 백부, 숙부; 외삼촌; 고모부, 이모부.
tog'avachcha *ot.* 사촌, 종(從)형제[자매], 재종, 삼종; 친척, 일가.
tog'li *sif.* 산이 많은, 산지의, 산더미 같은,
tog'lik *ot.* 산악지역, 산이 많은 지역
tog'ora *ot.* 물동이, 수반; 대야; 세면기[대]
tosh *ot.* 돌, 돌맹이; ~yurak 냉담한,무정한
tosh moyi 석유(石油)
toshbaqa *ot.* (육상·민물 종류의) 거북, 바다거북 (*dengiz toshbaqasi*)
toshbosma *ot.* 리소그래피, 석판 인쇄(술)
toshko'mir *ot.* 석탄(石炭: 태고 때의 식물질이 땅속 깊이 묻히어 오랫동안의 지압·지열로 분해되어 생긴 함수 탄소 물질의 화석 연료. 탄화 정도에 따라 역청탄(瀝靑炭)·토탄(土炭)·갈탄(褐炭)·흑탄(黑炭)·무연탄으로 나눔. [준말]탄.)
toshloq *sif.* 돌로 만들어진, 돌의; 돌 같은; 돌이 많은(땅·길), 암석이 많은, 바위로 된.
toshmoq *fe'l.* 뜨다; 떠(돌아) 다니다, 표류하다, 가득하다
toshqin *ot.* 홍수, 큰물, 범람, 쇄도, 다량. 가득; suv ~i 홍수 나다, 물이 넘치다.
traktor *ot.* 트랙터, 견인(자동)차
tramvay *ot.* 전차, 시가전차(市街電車), 궤도 전차; ~ toxtaydigan joy 전차가 서다
transkriosiya *ot.* 필사(筆寫), 전사; 베낀 것, 사본, 등본.
transmilliy korxona 다국적 기업
transport *ot.* 수송, 운송; temir yo'l ~i 철도 수송(운송)
transport hujjati 화물 위탁증서
transport solig'i 운송세
transport tatshish haqida shart- noma 운송계약
transport xavfiga qarshi sug'urta 교통상해보험
tranzit port 기항(寄港)
tranzit porti 중계항
tranzit yo'lovchi 통과여객
tranzit, bir joydan 통과(通過)
trasport egalaridan soliq 교통수단 보유세
trassant *ot.* 어음 발행인, 어음 지불인, 어음 수취인
trast *ot.* 기업합동, 트러스트
tratta *ot.* 환어음
trener *ot.* 훈련자, 코치, 길들이는 사람; 조마사, 조교사(調敎師); (경기 등의) 지도자, 트레이너
trest, idora 트러스트, 기업합동
trigonometriya *ot. mat.* 삼각법
trikotaj *ot.* 뜨개천, 뜨개질한 옷, 뜨개 것
trolleybus *ot.* 트롤리버스, 무궤도 버스.
truba *ot.* 파이프, 관(管), 도관(導管), 통(筒), 굴뚝(집·기관차·기선·공장 따위의). 피리, 관악기; 파이프 오르간의 관, 나팔, 트럼펫.
trubka *ot.* 관, (악기의) 부는 구멍; (대롱·파이프 따위의) 입에 무는 부분, (물)부리; (전화의) 송화구; telefon ~si 전화 송화구
tsedent 권리양도자
tsement *ot.* 시멘트, 양회.
tsement kukuni 시멘트 가루
tsement sanoati 시멘트 산업
tsenzura, nazorat 검열
tub *ot.* 밑, 밑바닥; (우물 따위의) 바닥; 강[바다] 바닥; 골짜기의 밑바닥; (광산)의 맨 밑바닥층.
tub o'zgarishlar 근본적 변화
tuban *sif.* 낮은(키·고도·온도·위도·평가 따위). 해로운, 잘 되지 않은, 불량한, 불충분한.
tubanlik *ot.* 밑바닥; (우물 따위의) 바닥; 강[바다] 바닥; 골짜기의 밑바닥; (광산)의 맨 밑바닥층; 기초, 토대.
tubdan *rav.* 절대적으로, 무조건(으로); 단호히, 완전히, 철저히, 완벽하게, 전혀, 전부; 매우, 굉장하게, 무지무지하게.
tufayli *prep.* ~한[의] 이유로, ~때문에, ~로 인하여, ~이 원인으로.
tufli *ot.* 신, 구두, 단화

(uydakiyiladigan)
tugma *ot.* 단추, 커프스 버튼
tugmacha *ot.* 작은 버튼
tugmoq *fe'l.* 매다, 묶다, 동이다, 포박하다
tugruqxona *ot.* 산부인과 병원
tugun *ot.* 매듭, 고; (외과수술의 봉합사(縫合絲)의) 결절(結節).
tugunchak *ot.* 작은 매듭, 묶음, 묶은 것
tugyon *ot.* 싸움, 다툼.
tuhfa *ot.* 선물
tuhmat *ot.* 모함, 중상, 비방, 비난.
tuhmatchi *ot.* 모함 하는 사람, 헐뜯는 사람, 중상자, 비방자.
tuhum *ot.* 달걀, 알, 계란.
tuk *ot.* (머리털의) 숱(털); (볏짚 따위의) 작은 단; (머리칼 따위의) 작은 다발; ~ chiqarmoq 나뭇잎의 한 동; ~li ari 뒝벌.
tul *ot.* 미망인; 홀어미, 과부, 생과부 (*ayol*) 홀아비 (*erkak*)
tulki *ot.* 여우, 수여우, 교활한 사람.
tulkilik *ot.* 교활한, 음흉한, 비열한, 계략을 쓰는.
tulpor *ot.* 말(특히 승마용의), 군마(軍馬).
tuman *ot.* (짙은) 안개; 농무(濃霧)의 기간; 연무(煙霧), 혼미(混迷), 당황; (*quyuq*) (엷은) 안개, 놀, 연무, (눈의) 흐릿함, (거울 따위의) 흐림.
tuman, hudud 지역, 지구
tumbochka I *ot.* 침대 곁에 두는 탁자, 작은 장
tumbochka II *ot.* 서투른 사람, 바꾸어 놓은 아이(옛날, 못생기거나 불구인 아이를 낳으면 요마(妖魔)가 바꿔치기한 아이라고 하였음); 기형[저능]아; 백치, 바보; 멍청이.
tumor *ot.* 호부(護符), 부적.
tumov *ot.* 독감(毒感); ~bolmoq 독감에 걸리다.
tumshuq *ot.* (육식조(鳥)의 부리, (동물의) 입·코 부분, 부리, 주둥이, (돼지·개·악어 등의) 삐죽한 코, 주둥이.
tun *ot.* 밤, 야간, 저녁(때); ~da 해질 무렵에; 밤중(에) (특히 6시부터 12시까지).
tunamoq *fe'l.* 잠자다, 자다, 잠들다.
tunash *fe'l.* 자고 있는 장소, 여관, 숙박소
tungi *sif.* 밤에, 밤의, 밤에 일어나는, 밤에 활동하는, 밤마다의; 밤 같은; 밤 특유의; ~ smena 밤에 이동하다, 자리를 옮기다
tungi saqlash 은행의 야간 현금 보관 금고
tunnel *ot.* 터널, 굴; 지하도, 광산의 갱도
tunuka *ot.* 철판; oq ~ 주석 접시; ruh ~ 아연 철판(생철 따위); ~ tom 양철 지붕.
tup: besh ~ olma 사과나무 다섯 그루
tuplamoq *fe'l.* (침·음식·피 따위를) 뱉다, 토해내다, (포화 따위를) 뿜어내다.
tuproq *ot.* 흙, 토양, 토질, 땅, 국토, 나라
tuproq huquqi tamoyili 속지주의(屬地主義: 한 영토 안에 있는 사람은 누구나 국적에 관계없이 그 나라의 법률을 따라야 한다는 주의)
tuqqan *sif.* 타고난, 선천적인, ~으로 태어난, ~태생의.
tur I *ot.* 종류, 부류
tur II *ot.* 경기대회, 선수권 대회; 승자 진출전, 토너먼트.
turar joy 소재지, 주거용 집 혹은 방
turar-joy 주거, 거주, 주택
turar-joyni ijaraga olish shartnomasi 주택임대차 계약
turdosh *sif.* 같은, 유사, 상사, 비슷함.
turist *ot.* (관광) 여행자, 관광객
turizm, sayyohlik sohasi 관광(觀光), 유람(遊覽), 시찰, 구경
turk *ot.* 터키; ~ tili 터키어
turkistonlik *ot.* 투르크스탄 사람, 투르키스탄의 주민(중앙아시아의 광대한 지방).
turkiy *sif.* 터키의; 터키 사람[어]의; 튀르크어(군)의.
turkiyzabon 튀르크어(군)(의) 말

로하다
turkman *ot.* 투르크멘 사람; ~ tili 투르크멘 어(말)
turkum *ot.* 떼; 그룹, 집단(集團), 단체. 부분; soz ~lari 연설의 부분
turkumiy ko'tarilish 주기적 상승
turkshunos *ot.* 터키학자
turkshunoslik *ot.* 터키학문, 터키론(論)
turlamoq *fe'l.* (아래로) 기울다, 내리막이 되다; (해가) 져가다; (인생 따위) 끝에 다가서다, 쇠퇴하다.
turlanish *ot.* 곡용(曲用: 체언에 격조사(格助詞)가 붙어 어형(語形)이 바뀌는 일. 격변화(格變化), 첨용(添用), 조사변화(助辭變化))
turli *sif.* 가지가지의, 여러 가지의, 가지각색의, 서로 다른, 상이한.
turlicha *sif.* 다르게, 같지 않게; 그렇지 않게, 가지가지로, 여러 가지로, 가지각색으로
turli-tuman *sif.* 다 각각 다른 종류.
turma *ot.* 옥(獄), 교도소, 감옥; 구치소; ~da 교도소 안에, 수감중이다.
turmoq *fe'l.* 1) 서다, 일어서다, 기립하다; 2) 살다, 살아 있다, 생존하다; 오래 살다
turmush *ot.* 생명; 생존, 삶, 생(生)
turmush sharoitining yaxshilanishi 생활수준 개선
turna *ot.* 두루미, 학, 왜가리.
turnik *ot.* (체조용) 철봉, 철봉대
turnir *ot.* 경기대회, 선수권 대회; 승자 진출전, 토너먼트; shaxmat ~i 체스 토너먼트, 서양 장기경기 대회.
turp *ot. bot.* 양고추냉이
turq *ot.* 얼굴의 표정, 안면의 표정; 외관, 겉보기, 양상, 체면, 생김새, 풍채(風采); ~i sovuq odam 비우호적으로 보이는 사람, 불친절하게 보이는 사람.
turtki *ot.* 강타, 구타; 타격, 충돌, 톡 치는 것, 때리다, 치다
turtmoq *fe'l.* 밀다, 밀(치)다, 떠밀다, 밀고 나아가다, 냅다 밀다, 밀어제치다
turuvchi *ot.* 거주자, 주민.
turg'un *ot.* 영구불변의 것, 영구함, 일정함
turg'unlik *ot.* 앉아서 일하는 사람, 늘 앉아 있는 사람.
turg'unlik 정체, 침체, 부진
turg'unlik 불경기(不景氣)
turg'unlik+ infilatsiya 스태그플레이션(stag -flation: 불황 중에도 물가가 계속 오르는 현상, 생산저하와 실업)
turshak *ot.* 말린 살구
tus *ot.* 색, 빛깔, 색채; 채색, 색조.
tuslamoq *fe'l.* 교미[교접]하다; 접합하다.
tuslanmoq *fe'l. gram.* (동사)활용[변화]시키다, (동사) 활용[변화]하다,
tustovuq *ot.* 꿩(꿩과의 새. 산과 들에 사는데, 닭과 비슷하나 꼬리가 길. 수컷은 '장끼'라고 하며 머리는 적동녹색, 고운 금속광택이 있으며, 목에 흰 고리무늬를 두름. 암컷은 '까투리'라 하여 수컷보다 작고 곱지도 못함. 엽조(獵鳥)임. 야계(野鷄), 산계(山鷄), 산량(山粱), 화충(華蟲), 원금(原禽); 제주(濟州)꿩.)
tut *ot. bot.* 뽕나무; 오디, 오디나무, 상목(桑木); 짙은 자주색; ~zor 뽕, 오디; ~ daraxti 뽕나무, 오디나무.
tutashmoq *fe'l.* 잇다, 연결[접속]하다.
tutashtirilmoq *fe'l.* 이어진다, 연락[연고, 관계] 갖고 있다.
tutashtirmoq *fe'l.* 결합하다, 연결하다, 접합하다
tutilish *ot.* (해·달의) 식(蝕); (별의) 엄폐; quyosh ~i 일식, 빛의 상실[소멸]; oy ~i 월식.
tutilmoq *fe'l.* (물속에) 잠긴 나무에 얹히다[부딪치다]; 장애가 되다; 붙들다, (붙)잡다, 쥐다, 쫓아가서 잡다.
tutmoq *fe'l.* 붙들려고 하다, (붙)잡으려고 하다, 급히 붙들다; baliq ~ 낚시질하다, 고기를 낚다, 고기잡이하다.

tutqanoq *fe'l.* 간질(癎疾), 간질병, 간기(癎氣), 간증(癎症), 전간(癲癎), 지랄병.
tutqich *ot.* 손잡이, 핸들, 자루, 잡은 것; telefon ~ini kotarmoq 송수화기를 잡다
tutqunlik *ot.* 잡힌, 사로잡힘, 사로잡힌 몸[기간], 감금; 속박.
tutun *ot.* 연기; 매연; 연깃빛, 흐린 잿빛, 엷은 청색, 증기, 가스, 연무; (자극성의) 발연(發煙); 향기, 훈연(燻煙).
tuturuq *ot.* 신빙성, 확실성, 신뢰성.
tutzor *ot.* 뽕나무 작은 숲, 뽕나무 밭.
tuvak *ot.* (도기·금속·유리 제품의) 원통형의 그릇, 단지, 항아리, 독, 병, 화분; gul~ 화병, 꽃병; bolalar tuvagi 병, 화분.
tuxum *ot.* 달걀, 계란
tuya *ot.* 낙타(駱駝), 약대, 탁타, 타마(駝馬); ikki orkachli ~ 쌍봉낙타; nor ~ 단봉낙타.
tuyakash *ot.* 낙타 모는 사람
tuyaqush *ot.* 타조(駝鳥: 타조과의 새. 사막·황무지에 사는데, 키가 2-2.5m, 체중 약 136kg로 현생(現生)의 새 중 가장 큼. 수컷은 흑색, 암컷은 회갈색인데, 머리가 작고 눈이 크며 다리·목이 길고 발가락이 두 개임. 날개는 작아 날지 못하나 썩 잘 달림 《시속 90km》.)
tuyoq *ot.* 발굽; (굽 있는 동물의) 발
tuyulmoq *fe'l.* ~으로 보이다, ~(인 것) 같다, ~(인 것으)로 생각되다; bu ish menga oson bolib tuyuldi 이 일은 나에게는 쉬운 것처럼 느껴진다.
tuyg'u *ot.* 분별력, 센스, 사려, 감각, 지각,판단력.
tuz *ot.* 소금, 식염; ~i past 소금 조금
tuzalish *ot.* 회복, 복구, 경기회복, (병의) 쾌유(회복), 되찾음, 만회.
tuzalmas *sif.* 낫지 않는, 불치의; 교정할[고칠] 수 없는; 구제[선도]하기 어려운.
tuzalmoq *fe'l.* 병에서 회복하다
tuzatilgan materiallar 보정서
tuzatish *ot.* 수정, 개량, 정정, (틀린 것을) 바로잡기; 첨삭; 교정(校正).
tuzatish *ot.* 정정, 수정, (틀린 것을) 바로잡기; 첨삭; 교정(校正).
tuzatish, yaxshilanish 수정, 조정, 첨삭
tuzatmoq *fe'l.* 바로잡다, 고치다, 정정하다; 첨삭하다; 교정하다; xatolarni ~ 실수를 바로 잡다.
tuzilish *ot.* 구조, 구성, 조립(組立), 조직, 체계; 사회구조.
tuzilma *ot.* 조직(화), 구성, 편제, 편성, 기구, 체제; harbiy ~lar 군대의 구성.
tuzish *ot.* 배열, 배치, 정리, 정돈, (색의) 배합, 꾸밈.
tuzish, tashkil qilish 작성, 수립
tuzlamoq *fe'l.* ~에 소금을 치다[뿌리다]; ~에 소금을 쳐서 간을 맞추다; 절이다; 소금으로 처리하다.
tuzli *sif.* 짠, 소금기가 있는.
tuzmoq *fe'l.* (단체 따위를) 조직하다, 편제[편성]하다; 구성하다.
tuzoq *ot.* (특히 용수철 식의) 올가미, 함정; 덫, ~잡는 기구, (비유) 함정, 계략; 매복; ~ga ilinmoq 함정에 빠지다.
tuzsiz *sif.* 소금기 없이, 염분기 없이
tuzuk *sif.* 좋은, 우량한; 훌륭한; 질이 좋은, 잘, 만족히, 더할 나위 없이; 훌륭하게.
tuzum *ot.* 체계, 계통, 시스템.
tug'allamoq *fe'l.* 끝내다, 마치다, 완성하다, 완료하다, 끝마치다, 종말을 고하다.
tug'allanish aspekti 완료상태
tug'allanish shakli 완료형
tug'allovchi qo'shimcha 종결어미
tug'allovchi qo'shimchalar 선어말어미
tug'amoq *fe'l.* 그치다, ~을 (뛰어) 넘다.
tug'atish komissiyasi 청산인(淸算人), 청산위원회
tug'atish, barham berish 해산

(解散), 청산
tug'atish, likvidatsiya 청산(淸算)
tug'atishga oid 청산의
tug'atmoq *fe'l.* 끝내다, 마무르다, 만들어 내다; 다듬다, ~의 마지막 손질을 하다.
tug'atuvchi 1) 보험 손해가 발생했을 때 사고 발생 이유 및 손해액을 평가하는 사람. 2) 청산인
tug'atuvchi, likvidator 청산인(淸算人)
tug'dirmoq *fe'l.* ~을 낳다; ~을 생겨나게 하다; ~의 원인이 되다.
tug'ilgan *fe'l.* 태어나다; ~kun 생일
tug'ilgan joy 생산지, 광물의 산지
tug'ilmoq *fe'l.* 1) 태어나다, ~을 생겨나게 하다; 2) 나타나다, 보이게 되다, 출현하다.
tug'ishgan *sif.* 자기 자신의, ~자신의 것, ~자신의 소유물[입장, 책임], 자신의 가족; ~lar 친척, 친족, 인척
tug'ishganlik *ot.* 친족[혈족]관계, 친척임.
tug'ilish *ot.* 출생률
tug'ilishning qisqarishi 출생률 하락
tug'ish uchun ta'til 출산휴가
tug'ma *sif.* 출생의, (성질따위가) 타고난, 생득의, 천부의, 선천적인; 내재적(內在的)인, 본질적인.
tug'moq *fe'l.* ~을 낳다; ~을 생겨나게 하다; ~의 원인이 되다.
tug'ruqxona *ot.* 산원(産院), 조산원(助産員)
tug'yon *ot.* 동요; 흥분; 소동; 소요; 폭동.
tush I *ot.* 꿈, (비몽사몽간의) 잠; ~ kormoq 꿈꾸다, 꿈에 보다.
tush II *ot.* 정오(의), 한낮(의); ~dan keyin 오후에
tush III *ot.* 먹, 인디언 잉크.
tushib qolish 탈락
tushim *ot.* 들어감, 수입, 소득.
tushim, to'plash, to'planish, maj- lis, yig'in 수수료, 수집
tushim, yig'im, yig'ish 사용료(使用料), 수수료 수집

tushirilmoq *fe'l.* 내려가다, 낮아지다; 하향하다; 줄다; 싸지다, 하락하다.
tushirmoq *fe'l.* 낮추다, 내리다, 낮게 하다
tushish, kamayish, pasayish 하락, 감소
tushki *ot.* 정오(의), 한낮(의).
tushkunlik (아래로) 기울다, 내리막이 되다; (해가) 져가다; (인생 따위) 끝에 다가서다, (힘·건강 등이) 쇠하다, 감퇴하다, 조락하다.
tushlik 정오, 한낮, 점심 식사
tushlikdan so'ng 오후
tushlikka tanaffus 점심시간
tushmoq *fe'l.* 1) 내리다, 내려가다[오다]; 2) taksiga ~ 택시 잡다; yiqilib ~ 아래로 떨어지다.
tushum kelishigi 목적격조사
tushum: ~ kelishigi 대격(對格), 격(格)
tushunarli *sif.* 이해가 되는, 이해할 수 있는, 알기 쉬운, 명료한.
tushunmoq *fe'l.* (뜻·원인·성질·내용 따위를) 이해하다, 알아듣다; (기술·학문·법률 따위에) 정통하다.
tushunca *ot.* 생각, 관념, 심상(心像), 개념.
tuslamoq *fe'l.* ~의 말을 알아듣다.
tuslanish, tuslash 활용
to'da *ot.* 1) 쌓아올린 것, 퇴적, 더미, 덩어리, 2) 떼; 그룹, 집단(集團), 단체; 3) (작은새·양 따위의) 무리, 떼 (*qush*); 얕은 곳, 여울목; 모래톱 (*baliq*); 등, 자등 (*it, bo'ri*)
to'dalamoq *fe'l.* 모이다, 그러모으다, 모으다, 거두어들이다.
to'dalashmoq *fe'l.* 모이다, 회합하다; 모으다. 의논[상담]하다; 의견이 일치하다; 협조하다.
to'fon *ot.* 폭풍, 태풍, 허리케인, 싹쓸바람(초속 32.7m 이상)
to‘garak *ot.* 원, 원주, 싸이클; 환(環), 고리; ingliz tili togaragi 영어 싸이클
to‘gavachcha 사촌
to‘kilmoq *fe'l.* 따르다, 쏟다, 붓

다, 흘리다
to'kin *sif.* 많은, 윤택한, 충분한, 풍부한; ~hosil 대수확, 풍작.
tokin-sochin *rav.* 풍부하게; 충분히; 농후하게; 값지게, 고가로; 강렬히; 화려하게.
to'kmoq *fe'l.* 흐르다, 흘러나오다; (세월이) 물 흐르듯 지나가다, 흘러가다; obrosini ~ ~의 밑을 파다, ~의 밑에 갱도를 파다.
to'la *sif.* 찬, 가득한; 가득 채워진, 충만한, 가득 밀어닥친.
to'lamoq *fe'l.* (빚 따위를) 갚다, 상환하다, 청산하다, 지불하다.
to'lash *ot.* 지불, 납부, 납입, 청산
to'lash agenti 주주 총회에서 선임된 은행 혹은 금융기관
to'lash hisobi 결제 계좌
to'lash sanani 지불기일
to'lash usuli 지불방법
to'lashga oid topshiriq 지불 의뢰
to'lashga qodirlik 지불능력(支拂能力)
to'la-to'kis *sif.* 풍부한, 많은
to'lay olmaslik 지불불능
toldirilmoq *fe'l.* 그득 차다, 넘치다, 충만해지다, 그득[뿌듯]해지다
toldirmoq *fe'l.* 가득하게 하다, 채우다; ~에 (잔뜩) 채워 넣다; ~에 내용을 채우다[채워 넣다].
to'ldiruvchi *ot.* 목적어; vositasiz ~ 직접 목적어; vositali ~ 간접목적어.
to'ldiruvchi kelishik 보격조사
to'ldirilmagan chek 백지수표
to'ldirish, boyish 보충(補充)
to'liq *sif.* 찬, 가득한; 가득 채워진, 충만한
to'liq bo'lmagan ish vaqti 불충분한 노동 시간
to'liq hamkorlik 무제한 파트너쉽
to'liqsiz *ot.* 불완전[불충분]한, 불비한, 미완성의.
to'liqsiz ish haftasi ishlaydigan xodim 시간제 직원, 아르바이트
to'liqsiz ish kunida band ishchi 파트타임 직원
to'lmoq *fe'l.* (약속·의무 따위를) 이행하다, 다하다, 완수하다, 완료하다, 성취하다.
to'lov balansi 국제수지
to'lov domilitsiysi 어음 지불장소
to'lovning aktsept shakli 인수불(payment by acceptance)
to'lov 지불, 요금, 임금, 지불금액
to'lov bitimi 국가간의 결제 절차 합의
to'lov hisobi 결제계좌
to'lov hujjatlari 대금 청구서
to'lov muddati 지불 기한
to'lov muddatini o'tishi 결제(지불)지연
to'lov orderi 배달주문
to'lov tartibi 지불절차
to'lov, haq to'lash 결제, 청산, 계산, 평가
to'lov, to'lash 비용
to'lovlarga moratoriy 지불 유예
to'lqin 파도
to'lqinlanmoq *fe'l.* 파도치다
to'mtoq *sif.* 1) 무딘, 날 없는 (*pichoq*); 2) (*kishi*) 둔감한, 우둔한, 투미한, 굼뜬.
to'n *ot.* (남녀가 같이 쓰는) 길고 품이 넓은 겉옷; 긴 원피스의 여자 옷; 긴 아동복
to'nka *ot.* (나무의) 그루터기, (부러진 이의) 뿌리, 작은 나무
to'nkarmoq *fe'l.* 거꾸로 하다, 역으로 하다, 뒤집다
to'ntarilish *ot.* 혁명; 변혁, 전복, 타도, 붕괴; davlat ~i 뒤집어엎다, 뒤집히다, 전복시키다.
to'ntarmoq *fe'l.* 거꾸로 하다, 역으로 하다, 뒤집다
to'ng'iz *ot.* 돼지, 돼지 같은 녀석, 욕심꾸러기, 불결한사람
to'ng'ich *ot.* 맨 처음 태어난 (아이); 장남[장녀](의)
to'p I *ot.* 공, 볼; futbol ~i 축구공
to'p II *ot.* 그룹, 무리, 단체.
to'planadigan aktsiya 누적적우선주(우선주식에 대하여 당해 연도의 이익으로써 소정의 배당을 살 수 없는 경우에는 그 부족액을 차기 영업연도의 이익으로써 누적적으로 배당하는 주식)

to'plangan balans 연결 대차대조표
to'plangan mol-mulkning eruxotin o'rta- sida bo'lish haqidagi ish 부부공동 재산분할 소송
to'planish, mustahkamlanish, kon- solidatsiya (단기채의) 장기화, 결합 재무재표 작성
to'palon *ot.* 큰 소동, 혼잡. 붐비다
to'plam *ot.* 선발, 선택, 정선, 선정. 모임
to'plamoq *fe'l.* 모으다, 수집하다
to'planish *ot.* 모임, (사교·종교 등의 특별한 목적의) 집회, 회합, 조회.
to'planmoq *fe'l.* 모여들다, 그러모으다, 모으다, 거두어들이다.
to'plash *ot.* 저축, 그러모음; 수확, 집적
to'polon *ot.* 큰 소동, 혼잡, 큰 소음.
to'polonchi *ot.* 민중 선동가
to'pon *ot.* 왕겨; 여물(사료).
to'ppa-to'g'ri 똑바르게, 정확하게, 엄밀히, 정밀하게, 꼼꼼하게.
to'pponcha *ot.* 피스톨, 권총.
to'q *sif.* 만족한, 흡족한; 깨끗이 치른[지불한]; 납득한; o'g'limning qorni ~emas 나의 아들은 만족하지 않다.
to'qay *ot.* 베어 낸 작은 나뭇가지; (관목의) 숲, 총림.
to'qim *ot.* 길마, 말의 안장.
to'qima *ot.* 조립, (직물·바구니 따위를) 짜다, 뜨다, 엮다, 겯다, 치다; (거미가 집을) 얽다.
to'qimachi *ot.* (베)짜는 사람, 직공(織工).
to'qimachilik *ot.* 천을[베를] 짜다, 짜지다; ~kombinati 직조기.
to'qimoq *fe'l.* (직물·바구니 따위를) 짜다, 뜨다, 엮나, 뜨개질하다.
to'qilgan savat 소쿠리, 광주리
to'qlik *ot.* 물림, 포만, 포식, 만끽, 많음, 과다, 밀집 상태, 인구의 조밀도.
to'qmoq *fe'l.* 나무메; 타구봉; 탁악기용 작은 망치.
to'qmoqlamoq *fe'l.* 헤머로 치다, 나무메로 치다.
to'qnash *ot.* 충돌; (의견·이해 의) 불일치
to'qnashmoq *fe'l.* 충돌하다, (의견·이해 등이) 일치하지 않다, 상충[저촉]되다
to'qnashuv *ot.* 충돌, 불일치, 부딪힘
to'qqiz *ot.* 아홉, 9, 9의 숫자[기호](9, ix, IX), 9세; 9시; 9명.
to'qqizinchi *num.* 아홉 째, 제 9, 9번; (월일의) 9일; 제 9의, 아홉째의, 9분의 1의.
to'qson 90, 90개. 90의 기호(xc, XC).
to'quvchi *ot.* (베)짜는 사람, 직공(織工).
to'qimachilik fabrikasi 방직공장
to'qnashish huquqi 저촉법(국제사법의 별칭)
to'r *ot.* 그물뜨기; 그물 세공[제품]; 투망, 그물질. (*vagonda narsalar uchun*); sim ~ 철망, 그물망, 어망 (*baliq titadigan tor*)
to'rt *num. card.* 사(4); 네 개[사람]; 네 살, 네 시;
to'rt M M기업 활동에 대한 필요한 원료, 노동력, 기계, 현금.
to'rtburchak *ot.* 정사각형; 사각의 것[면].
to'rtta *num.* 4의, 4개의; 4살의.
to'rva *ot.* 자루, 부대; 한 자루분(량)
to'rg'ay *ot.* 종다리(종다릿과의 새. 참새보다 좀 큰데, 등 쪽은 적갈색 바탕에 흑갈색 반문이 있고, 배 쪽은 흼. 뒤발가락의 발톱이 썩 긺. 봄하늘에 높이 수직으로 비행하며 고운 소리로 욺.)
to'satdan *rav* 갑자기, 불시에, 졸지에, 돌연, 느닷없이
to'sin *ot.* 대들보. 대량
to'siq *ot.* 빗장, 가로장; 창살
to'siq, g'ov 장애, 장벽, 곤란
to'siqsiz *sif.* 자유로운; 속박 없는.
to'smoq I *fe'l.* (길 따위를) 막다; 차단하다, 방해하다.
to'smoq II *fe'l.* 용변기를 갖고

있다
to'siqin 반대, 반항; 방해, 대립; 대항, 적대
to'siqinlik *ot.* 장애물, 방해자, 사고; ~ qilmoq ~로부터 방해하다
to'siqinchi *ot.* 도둑, 강도; 약탈자.
to'ti *ot.* 앵무새.
to'xtamoq *fe'l.* 멈추다, 정지시키다, 세우다
to'xtatmoq *fe'l.* 막다, 방해하다, 중단하다; 그만두게 하다.
to'xtash *ot.* 멈춤, 중지, 휴지(休止), 끝
to'xtash joyi 스탠드 주차장
to'xtatib qo'yish, vaqtincha to'xtash 지연, 딜레이, 정지
to'xtatish, bas qilish 중단, 취소
to'xtatish, tugatish, bekor qilish 해지, 소멸(消滅), 소망(消亡), 소실(消失), 멸진(滅盡
to'xtovsiz *ot.* 잇따라, 연속적[계속적]으로, 간단[끊임]없이
to'y *ot.* 혼례, 결혼식
to'yboshi *ot.* 사회자, 의전(儀典) 장관.
to'ydirmoq *fe'l.* ~을 맛있게 먹다; ~을 즐기며 맛보다.
to'ymoq *fe'l.* 1) (*to'yib yemoq*) 충분히 먹다, 만족하게 먹다; 2) 물리다, 싫증나다.
to'yona *ot.* 결혼선물, 예단.
to'y-tomosha *ot.* 축연(祝宴), 잔치, 향연, 축하; 축전, 의식.
to'yona *ot.* 신혼첫날밤 방, 허니문 룸.
to'zdirmoq *fe'l.* 뿔뿔이 흩어버리다, 쫓아버리다, 흩뿌리다, (씨 따위를) 뿌리다.
to'zimoq *fe'l.* 흩어지다, 헤어지다, 해산하다; 흩어져 없어지다
to'zmoq *fe'l.* 흩뜨리다, 흩어지게 하다, 뿔뿔이 헤어지게 하다; 해산시키다; 분산시키다; (적 따위를) 쫓아 버리다, 패주시키다
to'zon *ot.* 먼지, 티끌, 가루 분말.
to'g'ri fe'llarning tuslanishi 규칙동사로 간주되는 활용
to'g'ri ifoda 직접적 표현
to'g'ri tuslanish 규칙활용
to'g'on *ot.* 둑, 어살, 댐, 제방; 도랑, 해자, 수로; 둑길; (비유) 방벽(防壁), 방어 수단; 장벽, 장애물.
to'g'onoq *fe'l.* 울타리, 방벽; 요새; 관문.
to'g'ora 큰 그릇
to'g'ramoq *fe'l.* 자르다, 얇게 베다[썰다]; 저미다, 베어[잘라]내다; 긁어[깎아] 내다; piyoz~ 양파를 자르다.
to'g'ri *sif.* 맞다, 옳은, 정확한, 정당한; 예절에 맞는, 품행 방정한; 의당한, 온당[적당]한.
to'g'rida *prep.* ~에 대[관]하여, ~경(에), ~(때)쯤, ~의 근처[부근]에
to'g'rilamoq *fe'l.* 바르게 하다, 바로잡다, 고치다, 정정하다; 첨삭하다; 교정하다
to'g'rilik 1) 정확함; 방정, 단정; 2) 정직, 성실, 실직(實直), 충실; 성의
to'g'risida *prep.* 1) 대해서, ~에 대[관]하여, ~경(에), ~(때)쯤, ~의 근처[부근]에; 2) 마주 보고 있는, 맞은편의, ~에 면하고 있는
to'sh *ot.* 흉곽, 가슴, 흉부, 품, 가슴속(의 생각), 내심, 속, 내부, 중앙.
to'shak *ot.* 매트리스
to'shalmoq *fe'l.* 놓이다, 펴다, 펼치다, 전개하다, 늘이다
to'shamoq *fe'l.* 놓다, 펼치다, 전개시키다.
to'g'ri soliq 직접세
to'g'ridan-to'g'ri efir 생방송
to'la ma'nodagi birlashma 합명회사

Uu

U 우즈벡어 알파벳 자음의 스물째 글자.
u *pron.* 그, 그이, 그녀, 그것.
uddaburon *sif.* 유능한, 역량 있는, 능숙[능란]한, 교묘한, 숙련된.
uddalamoq *fe'l* (손으로) 다루다, 움직이다; (탈 것 따위를) 조종[운전]하다. 대처하다, 극복하다.
udum *ot.* (종교적) 의식, 예배식; 제식, 의례, 예법(사교상의) 형식, 예의
ufq *rav.* 수평선(水平線), 지평선(地平線), 시계(視界), 시야(視野).
ufq, imkoniyat 시계(視界), 시야(視野).
uglerod *fiz.* 탄소(炭素: 탄소족 원소의 하나. 무정형(無定形) 탄소·다이아몬드·흑연(黑鉛)의 세 동소체(同素體)가 있음. 천연으로는 탄산염(炭酸塩)으로서 수성암(水成岩)에, 이산화탄소로서 대기·해양 속에, 각종 유기물로 생물체 안에 널리 존재함. 산화물의 환원, 금속 정련 등에 씀. [6번: C:12.011], 카본); ~li birikma 탄소 합성[혼합]물, 카본 콤파운드
ugra *ot.* 라면, 달걀을 넣은 국수의 일종.
uh *int.* 오오, 아, 어허, 앗, 아아, 여봐(놀람·공포·찬탄(讚嘆)·비탄·고통·간망(懇望)·부를 때 따위의 감정을 나타냄).
uhlamoq *fe'l* 한숨 쉬다[짓다], 탄식하다, 한탄[슬퍼]하다, 그리워 찾다, 그리워 한탄하다
uka *ot.* 동생(同生), 아우, 영제, 가제(家弟), 약제(弱弟), 사제(舍弟).
ukol *ot.* 주입; 주사(액); 관장(灌腸)(약); ~ qilmoq 주사하다, 주입하다.
ukrain *ot.* 우크라이나 사람; 우크라이나 말; ~ tili 우크라이나 말(언어)
ukrop *ot.* 회향풀(의 씨)
ulama *sif.* 연결, 이어진, 연락[연고, 관계] 있는, 접붙이기; ~qilmoq 접목하다, 접(接)붙이다.
ulamoq *fe'l* 결합하다, 접합하다, 잇다, 연결[접속]하다.
ular *pron.* 그들; 그들은[이]; 그것들, 그것들은[이]; ~ning 그들의, 저 사람들의; 그것들의; ~ni 그들을[에게]; 그것들을[에게]; ~da bor 그들이 가지고 있다; ~dan 그들로부터; ~bilan rmef과 함께; ~ haqida 그들에 관해서.
ulashmoq *fe'l* 분배하다, 배포하다, 도르다, 배급하다
ulashtirmoq *fe'l* 분배하다, 배포하다, 도르다, 배급하다
ulfat *ot.* 동료, 상대, 벗, 친구; 반려
ulfatchilik *ot.* 친구로서의 사귐, 친목, 친선, 우정, 우호; 호의.
ulgurji *sif.* 도매의, 대규모의, 대대적인.
ulgurji do'kon 도매점(都賣店)
ulgurji markaz 도매거래센터
ulgurji savdogar 도매상(都賣商)
ulgurmoq *fe'l* 도달하다, 뒤쫓아 미치다, (뒤진 일·수면 부족 등을) 되찾다
ulkan *sif.* 높은, 높이가 ~인[되는], 키 큰
uloq I *sif.* (옷 따위를 깁는) 헝겊 조각, 깁는 헝겊; 천 조각.
uloq II *ot.* 새끼 염소
uloqtirmoq *fe'l* (내)던지다, 팽개치다.
ulov *ot.* 목축(업), 축산(말, 소, 낙타)
ultimatum, qat'iy talab 최후통첩
ulug' *sif.* 큰, 거대한, 광대한, 위대한 Ulug' Vatan urushi 위대한 애국적인 전쟁
ulug'lamoq *fe'l* ~을 확대[확장]하다, ~의 힘[세력·부 등]을 증대[증강]하다, 강화하다; ~의 지위[명예]를 높이다.
ulug'vor *sif.* 웅대한, 광대한, 장대한, 장엄한, 위엄 있는, 당당한.

ulush *ot.* 몫, 배당몫, 일부분, 할당, 분담, 부담; 출자(비율)
ulush, hissa 지분(持分), 배당몫.
ulushdagi mas'uliyat 채무자가 다수인 경우 채무 분할 몫
ulushiy ishtirok sertifikati 출자 참여증명
ulushiy mol-mulk 소유권 지분
ulushiy mulk 공유 (공동소유의 한 형태로 소유자들이 지분이 성해져 잇는 것)
ulushni musodara qilish 지분양도
ulg'aymoq *fe'l* 성인이 되다, 성장하여 ~이 되다; 어른처럼 행동하다, 생기다; 다 성장하다, (사건 등이) 일어나다, 발생하다.
umid *ot.* 희망(希望), 기대; 가망; ~qilmoq 바라다, 희망을 갖다, 기대하다
umidsizlanmoq *fe'l* 소망 없다, 희망을 잃다, 가망 없다, 희망을 상실하다.
umidvor *ot.* 희망이 있는, 전망이 밝은, 전도 유망한, 희망을 안고 있는; 희망에 차 있는, 기대에 부푼; ~bolmoq 희망을 갖다, 기대하다(*biror narsaga*), 의지하다, 신뢰하다 (*birovdan*)
ummat *ot.* 이슬람[마호메트]교의 사회(공동 사회, 공동체)
umr *ot.* 생명(生命), 생존, 삶, 생(生), 나이, 연령; ~ otkazmoq 자신의 삶을 보낸다.
umrbod *ot.* 평생 동안, 일생동안, 일평생.
umrbodlik daromad 종신연금
umrdosh *ot.* 배우자(配偶者), 부부
umrni sug'urta qilish 생명보험
umrning uzoqligi 수명(壽命)
umum *ot.* 일반 대중, 공중, 국민; 일반사회
umuman *sif.* 일반적으로, 대체로, 개괄[일반]적으로, 보통; ~aytganda 일반적으로 널리 말해서
umumiy *sif.* 일반적인, 전반에 걸치는, 전체적[총체적]인, 보편적인.
umumiy holat 총칙
umumiy ishonch qog'ozi 총괄위임, 변호사에 전권위임
umumiy kasallanish (업무와 무관한) 일반적 질병
umumiy ma'no 사회적 의미
umumiy mulk 공동소유
umumiy mulk 공동소유(共同所有)
umumiy ovqatlanish 대중 급식, 공동 급식
umumiy ravishlar 일반부사
umumiy so'roq gap 일반 의문문
umumiy talabni to'xtatib turish 총수요억제
umumiy yig'ilish 총회
umumiy yuridiktsiya sudi 일반법원
umumiy yurisdiktsiya federal sudi 일반법원(一般法院), 지방법원(地方法院)
umumiy-foydalanish ombori 범용 창고
umumlashmoq *fe'l* 일반적으로 되다, 보통이 되다, 공공적으로 되다.
umumlashtirmoq *fe'l* 일반화[보편화]하다; (일반에게) 보급시키다.
umummatbuot *ot.* 일반대중 발표(공표), 일반대중 출판[간행]물, 보통 신문
umumtalim *ot.* 일반대중 교육, 보통교육
umumxalq *sif.* 보통국민의, 공중의, 일반 국민의, 공공의, 공공에 속하는.
umurtqa *ot. fiziol.* 척추골(脊椎骨), 추골(推骨); 척추(脊椎), 등뼈
un *ot.* 밀가루, 곡분, 분말, 가루.
unamoq *fe'l* 동의하다, 찬성하다, 승인하다, 허가하다
unaqa *sif.* 그렇게, 고렇게, 그러하게; 그토록, 간대로, 그만큼, 그다지
unashmoq *fe'l* ~와 일치[합의]하다; ~에 따라서 하다
unashtirilmoq *fe'l* 약혼하다, 약혼시키다
unashtirmoq *fe'l* 아들, 딸의 약

속 동의하다
uncha og'ir bo'lmagan jinoyat 2년 이하의 징역에 처하는 범죄
unda 그럴 경우에, 게다가, 더구나,
unda(*y bo'lsa*) 그러면
undalma *ot.* 호소, 호소하여 동의를 구함, 간청, 간원, 제언(提言), 청원, 요청.
undamoq *fe'l* 설득하다, 호소하다, 간청하다, 간원(청원, 요청)하다.
undan 그(그녀)에서, 그(그녀)에서(로부터, 로); Botir ~ kitob oldi 바티르는 그(그녀)로부터 책을 받았다; ~ keyin 그 뒤에.
unday *sif.* 그러한, 그런, 그[이]와 같은.
unday emas 그러한 것이 아닙니다.
undirish 징수(徵收)
undosh 자음(子音: 발음할 때, 혀·이·구강·입술 등의 발음 기관에 의해 호흡이 제한되어 나는 소리《성대의 진동을 수반하는 유성 자음과 그렇지 않은 무성 자음으로 대별함》)
undosh gap 피동문
undoshi 설측음(舌側音), 측음; 혀옆소리
undoshlar assimilyatsiyasi 자음동화(子音同化: 윗말의 종성(終聲)과 아랫말의 초성(初聲)의 음이 서로 만나서 동화(同化)하여 그 음가(音價)가 변하여 발음되는 일《대체로 'ㄱ·ㅋ'이 'ㄴ·ㅁ' 위에서 'ㅇ'으로, 'ㄷ·ㅌ·ㅅ·ㅊ·ㅈ'은 'ㄴ·ㅁ' 위에서 'ㅁ'으로, 'ㄴ'은 'ㄹ' 위에서 'ㄹ'로, 'ㄺ·ㄻ'과 같은 겹받침은 자음 위에서 둘째 받침인 'ㄱ·ㅁ'으로 변하여 발음됨. 곧, '독립'이 '동닙'으로, '떡메'가 '떵메'로, '신라'가 '실라' 등으로 변하는 현상》. 닿소리 이어바뀜. 자음 접변.)
undoshlarning qisqarishi 자음축약
undoshlarning tushib qolishi 자음탈락(子音脫落) 발음을 부드럽게 하기 위하여, 어느 자음 하나를 줄이는 현상; 솔나무→소나무, 종용히→조용히, 간난→가난, 출렴→추렴 따위)
undov *ot.* (여론 따위에의) 호소, 호소하여 동의를 구함, 간청, 간원, 매력, 사람의 마음을 움직이는 힘, 상고, 항소, 상고; 상소 청구[권, 사건]
undov *ot. gram.* 감탄사(感歎詞: 감동·응답·부름· 놀람 따위의 느낌을 나타내는 품사. 감동사. 간투사(間投詞). 느낌씨.); 감탄문; 느낌표; ~belgisi 감탄부호, 느낌표(!); ~gap 감탄문
undov gap 사동문, 사동사(使動詞: 행동의 주체가 남으로 하여금 어떤 동작을 행하게 함을 나타내는 동사《놀리다·먹이다 등》. 사역 동사. 하임움직씨.
undov haqida ma'lumot 감탄사의 형성
undov qo'shimchasi 감탄형 어미
undovning xususiyatlari 감탄사의 특징
uniki *pron.* 그녀의 것, 그의 것; Bu qalam ~ emas 이 책은 그녀의 것이 아니다.
univermag *ot.* 백화점(百貨店)
universal *ot.* 전체, 전반, 보편적[일반적]인 것, 만능; ~ magazin 일반 상점.
universal qonuniy vorisligi 권리의 포괄승계(包括承繼)
universam *ot.* 슈퍼마켓
universitet *ot.* 대학교, 대학(교)(종합 대학; 미국에서는 대학원이 설치되어 있는 대학))
unli I *sif.* 모음(성)의; 모음을 포함하는; 모음이 많은, 모음변화를 하는,모음자(母音字)
unli II *ot.* 모음(母音: 성대의 진동을 받은 소리가 입술·코·목구멍의 장애에 의한 마찰을 받지 않고 나오는 유성음《곧 ㅏ·ㅑ·ㅓ·ㅕ·ㅗ·ㅛ·ㅜ· ㅠ·ㅡ·ㅣ 등》. 홀소리. ↔자음(子音).)
unlilar ohangdoshligi 모음조화(母音調和: 모음 동화의 하나. 두 음절 이상으로 된 단어에서, 뒤의 모음이 앞 모음의 영향을 받아 그와 가깝거나 같은 소리로 되는 언어 현상《'보아라·부어라·촐랑촐랑·출렁출렁' 따위》)
unlilarga o'xshashib (*aralashib*) ketishi 모음동화(母音同化: 모음과 모음이 서로 접수할 때에 서로 닮게 되는 변화. 모음조화가 대표적인 예임.)
unlilarning qisqarishi 모음축약
unlilarning tushib qolishi 모음탈

락
unumdor *sif.* 생산적인, 열매가 많이 열리는, 열매를 잘 맺는; 다산의, 비옥한; 풍작을 가져오는, 결실이 풍부한, 효과적인;
unumdorlik *ot.* 생산적인 것, 다산, 풍작.
unumli *sif.* 풍부한, 열매가 많이 열리는, 열매를 잘 맺는; 다산의, 비옥한; 풍작을 가져오는
unutmoq *fe'l.* 잊어버리다, 잊다, 망각하다, 생각이 안 나다.
unvon *ot.* 표제, 제목, 타이틀, 이름, 성명; (물건의) 명칭; faxriy ~ 명예직; qahramon ~i 영웅의 타이틀
unchalik *ot.* 그만큼 많이, 총액만큼, 숫자 정도로 그런.
upa *ot.* 분말 제품, 분; 가루약, 얼굴의 파우더; ~ qutisi 파우더 케이스.
upa-elik *ot.* 분가루, 화장품(化粧品), 미용제.
uqalamoq *fe'l.* 마사지[안마]하다, 풀어주다
uqmoq *fe'l.* (뜻·원인·성질·내용 따위를) 이해하다, 알아듣다, 깨닫다, 알다; 알아주다
uqtirmoq *fe'l.* 설명[해석, 해명, 변명]하다.
uqubat *ot.* 심한 고통, 고뇌, 고민.
ura *int.* 브라보, 만세, 후레이.
uran *ot.* 우라늄(방사성 원소의 하나. 외관은 철 비슷함. 방사능이 강해서 원자력의 발생에 이용됨. 라듐의 모체. 우란. [92번: U:238.029])~ qazish 우라늄 광석 추출
urf *ot.* 문화, 관습, 풍습, 관행
urf-odat *ot.* 전통관습, 관행
urilmoq *fe'l.* 때리다, 치다; 공 따위를 치다
urinish 노력, 수고, 진력(盡力), 기도, 시도
urinmoq *fe'l.* 해보다, 시도하다; (가능한지 어떤지) ~해보다
urinchoq *fe'l.* 근면한, 부지런한, 공부하는, 애쓴, 공들인.
urish *ot.* 때림; 매질; 타도; musht ~i 타격, 펀치, 주먹으로 치기, 때리기.
urishib *sif.* 서로 싸우는; 적대하는.
urishmoq *fe'l.* 서로 싸우다, 적대시하다, 서로양립하지 않는다, 서로 티격나다, 서로서로가 불화하게 되다
urish *sif.* 싸움, 반목, 호전적인, 도전적인, 싸움 잘하는.
urishtirmoq *fe'l.* (문제·사태 따위를) 혼란케 하다, 번거롭게 하다; (분쟁에) 관련시키다, 끌려들게 하다, (사건 따위에) 휩쓸어 넣다; (아무를) 불화케 하다, 다투게 하다
urmoq *fe'l.* 치다, 두드리다, (벌로) 때리다, 매질하다; jinoyatga qo'l ~ 범죄에 휘감기다, 범죄에 휘감겨 난처하다
ur-sur 싸우다, 전투하다, 서로 치고 받다, (논쟁·소송 따위로) 다투다, 쌈하다; (우열을)겨루다
urug' *ot.* 1) 씨(앗), 종자, 열매; 2) 부족, 종족, ---족; 족(族), 유(類).
urug'-aymoq *ot.* 혈족의 사람, 혈연자, 혈족[친척]의 남자.
urug'dosh *ot.* 성(姓), 혈족[친척]의 남자.
urug'lik *ot.* 1) 씨(앗), 종자, 열매, 2) *fiziol.* 정소(精巢), 고환(睾丸), 유전
urug'chilik *ot.* 씨(앗) 배양, 수정하다
urush *ot.* 전쟁, 전투.
urushqoq *ot.* 호전적인, 싸움을 잘하는.
urushuvchi *ot.* 싸움중, 전쟁의 수행, 교전
urg'ochi *ot.* 암(컷·놈)의, 암컷; ~ yolbars 암범; 잔인한 여자.
urg'u *ot.* 1) 강세, 악센트, 강음, 양음(揚音); Ozbek tilida ~ oxirgi boginga tushadi 우즈벡어의 악센트는 마지막 음절을 내린다; 2) 악센트 부호(악센트 부호(발음의 억양·곡절 표시의 ´`^; 시간·각도의 분초 표시의′″; 피트·인치 표시의 ′″; 변수(變數) 표시의 등)
urg'uli *sif.* 악센트의, 강세; 강음, 양음(揚音); ~ bogin 악센트 음절

urg‘usiz *sif.* 악센트가 없는, 강세 없는; 약음; ~bo'g'in 악센트 없는 음절.
urinchoq 부지런한
urunish *ot.* 싸움, 다툼
urushmoq *fe'l.* 싸우다, 다투다
uskuna *ot.* 도구, 공구, 연장, 장비, 설비, 비품; 의장(艤裝)(품)
uskunalamoq *fe'l.* (~에 필요물을) 갖추다, ~에 설비하다, 장비하다, (배를) 의장(艤裝)하다.
uslub *ot.* 방법, 조직적 방법, 방식
ust *rav.* 톱, 정상, 꼭대기, 절정, 끝. 표면, 외면, 외부; ~iga ~의 위에; ~ida 위쪽에[으로]; 위에[로]; stol ~ida 테이블위에; ~tidan 위로부터
usta *ot.* 기술자, 숙달자, 전문가, 숙련가, 달인, 명인; badiiy soz ~lari 명필가; sport ~si 스포츠의 달인
ustabuzarmon 순종하지 않는 사람, 반항자. 좋지 않는 기술자
ustalik *ot.* 숙련, 노련, 교묘, 능숙함, 솜씨
ustama to'lov 추가 가격 인상
ustama xaq 임금인상, 보너스
ustama-ust ortish, uyum 비포장 상태의 대량화물
ustara *ot.* 면도칼, 전기면도기
ustaxona *ot.* 작업실, 일터, 작업장, 직장 rassom ~si 예술가의 작업실.
ust-bosh *ot.* 옷, 입성, 옷가지, 의복(衣服), 의상(衣裳), 피복(被服), 의류(衣類)
ustki *sif.* 위쪽의, (둘 중) 위편의, 상부의; (비교적) 높은[위쪽의]; ~ kiyim 집 밖의, 야외의
ustma-ust *sif.* 차례차례, 잇따라, 연속하여
ustod *ot.* 선생, 교사, 교수자, 설교사.
ustoz *ot.* 선생님, 교수님, 설교자, 강사
ustun I *ot.* 기둥, 말뚝, 문기둥, 지주(支柱); 푯말. 원주, 기둥 모양의 물건.
ustun II *ot.* 윗사람, 좌상, 상관, 선배, 뛰어난 사람, 상수, 우월한 사람; ~kelmoq 이기다, 승리하다.
ustunlik *ot.* 우월, 우위, 탁월, 우수, 우세
ustuvor *sif.* 가장 중요한, 최대한 의의 있는; ~ yo‘nalish (시간·순서가) 앞[먼저]임
ustuxon *ot.* 뼈; 뼈 모양의 것(상아·고래의 수염 따위).
usul *ot.* 방법, (특정한) 방식; 수단, 방법; 행동; 방침, 순서, (진행·처리의) 절차
usul, yo’l, ravish, tarz 방법, 방수(方手), 수단(手段), 조치(措置), 방식(方式), 방안(方案), 법방(法方), 법식(法式), 노우-하우 (know-how)
uvada *ot.* 넝마, 지스러기; 걸레.
uvalamoq I *fe'l.* (개·이리 따위가) 짖다, 멀리서 짖다, 바람이 윙윙거리다, (사람이) 울부짖다, 악쓰다, 조소하다.
uvalamoq II *fe'l.* 빻다, 부수다, 가루로 만들다, (맷돌로) 타다, 갈다; 가루로 만들다, 으깨다; 깨물어 으스러뜨리다; 갈아서 ~을 만들다
uvat *ot.* 경계(선(線)), 범위, 구역, 제한.
uvatmoq *fe'l.* 눌러서 뭉개다, 짓밟다, 으깨다, 빻다, 부수다, 가루로 만들다.
uvimoq *fe'l.* 함빡 젖어들게 하다; 배어들다
uvlamoq *fe'l.* (짐승 따위가) 으르렁거리다, 포효하다, (개·이리 등) 짖다, 멀리서 짖다.
uvol *sif.* (도덕적·윤리적으로) 그릇된, 부정의, 올바르지 못한, 나쁜, 죄, 죄악.
uvoq *ot.* 어허 참, 거참(놀람·실망을 나타냄).
uxhlik *num.* 셋
uxlamoq *fe'l.* 잠자다. 잠을 자다
uxlatmoq *fe'l.* 잠들게 하다, 잠은 자서 ~하게 하다.
uy 1) 집, 가옥, 주택, 저택, 아파트, 공동 주택한 채; 2) 가정, 가정생활; 내 집, 자택, 가족; otam

~da 가정의 바깥; yoq Onang ~dami? 가정의 안에 있습니까?
uy egasi 콘도미니엄 등과 같은 집합건물의 공동소유자
uya *ot.* 보금자리, 둥우리, 둥지; borilar ~ si 굴(여우·토끼 따위의)
uyali telefon 휴대전화
uyalmoq *fe'l.* 부끄러워하다, 수줍어하다, (말이 놀라서) 뛰며 물러나다; 뒷걸음치다, 주춤하다
uyaltirmoq *fe'l.* 혼동하다, 헛갈리게 하다, 잘못 알다.
uyat *ot.* 부끄럼, 부끄러워하는 마음, 수치심, 수치, 창피, 치욕, 불명예; ~ga qolmoq 부끄러워하다; sizga ~ uyatli 부끄럼을[수치를] 좀 알아라, 부끄럽지도 않으냐, 아이 보기 싫어, 꼴도 보기 싫다
uyatli *sif.* 부끄러운, 치욕의, 창피스러운, 면목 없는.
uyatsiz *sif.* 부끄러움을 모르는, 파렴치한, 뻔뻔스러운; 추잡한, 음란한.
uyatchan *sif.* 부끄러워하는, 당혹[당황]하게 하는, 난처케 하는, 쩔쩔매게 하는.
uyda ishlovchi 가내 수공업자
uydirma *sif.* 소문, 풍문, 세평, 풍설, 거짓
uydirmachi *ot.* 거짓말쟁이, 위조자, 곡필(曲筆) [곡해]자.
uyishma *ot.* 조직(화), 구성, 편제, 편성, 기구, 체제, 조직체, 단체, 조합.
uy-joy daxlsizligi 주거불가침권
uy-joy fondi 주택기금
uy-joy huquqi 주거권
uy-joy ijarasi bo'yicha shartnoma 주택 전대차계약
uy-joy ijarasi shartnomasi 주택 임대차 계약(住宅 賃貸借 契約)
uy-joy inshootlari 주거용 건축물
uy-joy komunal islohot 주거환경 개선
uy-joy mulkdorlar shirkati 아파트 소유자조합
uy-joy qurilishini qisqartirish 주택건설 감소
uy-joy qurish uchun mablag' ajratish 주택 건설 투자
uy-joy ta'minoti 주택 제공
uy-joy uchun yordam puli 주거비 지원
uy-joy yetishmovchiligi 주택부족
uy-joyga egalik 주택소유
uy-joyni ijaraga oluvchi 주택임대인
uylanish *ot.* 결혼, 결혼식, 혼례
uylanmoq *fe'l.* ~와 결혼하다.
uylantirmoq *fe'l.* 결혼시키다, 시집[장가] 보내다
uyqu *ot.* 잠, 선잠, 겉잠; ~ni buzmoq 선잠자다, 잠자는 것을 방해하다.
uyqusiramoq *fe'l.* 졸다, 꾸벅꾸벅 졸다, 겉잠 들다, 졸리다
uyqusiz *sif.* 잠 못 자는, 잠들[안면할] 수 없는; 불면증의; 쉬지 않는, 끊임없는.
uyqusizlik *ot.* 잠 못 자는 것, 잠들[안면할] 수 없는 것; 불면증.
uy-ro'zg'or 가계 경영
uysiz *sif.* 집 없는, 임자 없는.
uyum *ot.* 쌓아올린 것, 퇴적, 더미, 덩어리
uyushiq *sif.* 1) 하나가 된, 결합된, 맺어진, 합병한, 연합한; 2) 동종[동질, 균질]의; 동원(同原)의, 순일(純一)의; 동차(同次)의
uyushma *ot.* 결합, 합일, 합동, 병합, 합체, 융합, 연합, 관련, 제휴, 조직체, 단체, 조합.
uyushma huquqi 회사법
uyushma, korporatsiya 기업
uyushmaga tushimlar 입사(入社)
uyushmalar daromad solig'i 법인세(法人稅)
uyushmani qayta tuzish 기업 구조 조정
uyushmoq *fe'l.* 조직하다, 결합하다, 연결하다, 접합하다, 그러모으다, 모으다.
uyushqoqlik *ot.* 조직체, 단체, 조합, 점착(粘着), 결합; 단결, 유대
uyushtirilmoq *fe'l.* (단체 따위를) 조직하다, 편제[편성]하다; 구성하다.

uyushtirish *ot.* 접합, 합류; 접합[합류]점.
uyushtirmoq *fe'l.* 결합하다, 하나로 묶다, 합하다, 접합하다, 합병하다, 합동시키다
uyg'onich *ot.* 소생, 재생, 부활; ~ davri 문예 부흥, 르네상스
uyg'onmoq *fe'l.* (잠에서) 깨우다, 일으키다, 자각시키다, 일깨우다.
uyg'oq *sif.* 깨어서; 자지 않고, (~을) 알아채고, (~을) 자각하고; ~bolmoq 깨우다, 눈뜨게 하다.
uyg'otmoq *fe'l.* 잠깨다, 일어나다
uzangi *ot.* 등자(鐙子)
uzatish, berish 제출, 제시
uzatmoq *fe'l.* 1) 넘겨주다, 건네주다, 돌리다, 나아가다; tuzni uzatib uyboring giz ~ 책을 나에게 넘겨주었다; 2) qiz ~ 결혼시키다, 시집[장가] 보내다
uzaymoq *fe'l.* 길게 하다, 늘이다.
uzaytirmoq *fe'l.* 길어지다, 늘어나다.
uzil-kesil *rav.* 굳게, 단단히, 견고하게; 단호하게, 결정적으로, 결정하게, 의심할 여지가 없게; 확고하게.
uzilmoq *fe'l.* ~을 못보다.
uzish *ot.* 채집[취득] (물, 양), 잡아뜯음.
uzish, tolash 지불, 청산(淸算)
uzish, uzilish, darz, nomuvofiqlik 단절, 격차
uzluksiz *sif.* 끊임[간단]없는, 연속된, 부단한, (시간·공간적으로) 연속[계속]적인, 끊이지 않는, 부단한, 잇단
uzmoq *fe'l.* 떼어내다, 따다, 뜯다, 채집하다, ~의 깃털[털]을 뜯다; (과실을) 따다.
uzoq 멀리(에), 아득히, 먼 곳으로, 멀리; Uzoq Sharq 멀리동쪽; ~ o'ylamoq (장래에 대한) 심려를 주다; ~da 1) 먼 곳에, 저 멀리; 2) 먼 곳에서, 멀리(에)서; ~dagi 먼 곳에, 저 멀리; ~dan 멀리서.
uzoq muddat foydalanaladigan mollar 내구재(耐久財)
uzoq muddatli fond 장기펀드
uzoq muddatli hisob stavkasi 장기로 보장되는 주가 혹은 환율
uzoq muddatli majburiyat 장기채무
uzoq muddatli omonat 장기 저축
uzoq muddatli shartnoma 장기계약(통상 2년 이상)
uzoq muddatli to'lov ko'rsatmasi 은행이 정기적으로 계좌의 일정 금액을 제3자에게 지불해 달라는 고객의 지시(임대료, 집세 등)
uzoqlashmoq *fe'l.* 없애다, 사라지다, 자태를 감추다, 없어지다, 소실되다, 소멸되다.
uzoqlik *ot.* 원거리, 먼 데; (그림 등의) 원경(遠景), 거리, 간격.
uzr *ot.* 변명, 해명; 사죄, 사과, 변호; ~ soramoq ~의 일로 사죄하다; ~a ~의 위에; ~li 근거가 확실한.
uzrli sabab 상당한 이유
uzuk *ot.* 반지; 귀걸이, 코고리, 팔찌
uzum *ot.* 포도, 포도나무; bir bosh uzum 포도송이; yovvoyi 야생포도
uzumzor *ot.* 포도원
uzumchilik *ot.* 포도 심다, 포도재배
uzun *sif.* (공간적으로) 긴, 길이가 긴.
uzun inkor gap 긴 부정문
uzun, uzoq holat 초과 매입 포지션
uzunlik *ot.* 1) 길이, 장단; 세로; 키; 2) 경도(經度), 경선(略: lon(g).)
uzviy *sif.* 유기체[물]의; 유기의; 탄소 함유
ushatmoq *fe'l.* 깨뜨리다, 쪼개다, 부수다
ushbu *pron.* 앞에 말한, 전술[전기]한.
ushlab qolish, chegirma 차감, 공제
ushlamoq *fe'l.* 잡다, 붙잡다, 움켜쥐다; 끌어안다, 붙들다, (붙)잡다, 쥐다.

ushlanish 계약 이행지연
ushlatmoq *fe'l.* ~의 원인이 되다; 일으키다, ~로 하여금 ~하게 하다.
ushoq *ot.* 빵 부스러기
ushshoq I *ot.* 아름다운 곡조의 타입.
ushshoq II *sif.* 작은, 조그마한.
uch I *rav* 최고의, 첫째의, 가장 위의; 끝머리, 테두리, 가장자리, 변두리, 모서리; til ~i 혀의 끝; Tilimning uchida turibdi 내 혀의 끝위에 정확하게 있다.
uch II 세, 3, 3개, 3인.
uch karra qayd etish 중재합의
uch ta 세 개, 3개
uchburchak *ot.* 세모, 삼각형; 삼각형의 물건; 삼각자, 트라이앵글.
uchinchi *rav.* 셋째로, 세 번째로; 3등으로.
uchinchi shaxs 제 3자
uchinchi shaxs foydasiga bo'lgan shart- noma 제 3 자를 위한계약
uchinchi shaxs foydasiga shartnoma 제 3자에게 유리한 합의
uchinchi shaxslar manfaatlari 제 3 자의 이익
uchirilmoq *fe'l* 날아가 버리다, 날아가다.
uchirma *ot.* 겨우 부등깃이 난 새새끼, 햇병아리; 풋내기, 애송이.
uchirmoq *fe'l* 발진(發進)시키다; (보트를) 물 위에 띄우다; (비행기를) 날리다; (로켓·수뢰 등을) 발사하다; (글라이더를) 활공[이륙]시키다
uchish *ot.* 낢, 비행; 항공술; 비행기 여행; 질주; samolyot qonishi va ~i 비행기의 이착륙.
uchlamchi sud 중재원
uchlamchi yig'in 중재수수료
uchmoq *fe'l* 날카롭게 하다; 뾰족하게 하다, 깎다, 갈다.
uchlik *ot.* 트리오, 삼중주(곡, 단(團)); 삼중창(곡, 단), 3인조, 세 개 한 벌, 세 개 한 쌍, 세 폭짜리.
uchovlon *ot.* 세 명으로, 3인조, 세 개 한 벌, 세 개 한 쌍, 세 폭짜리.
uchqun *ot.* 불꽃, 불똥, 작은 불
uchqur *sif.* 빠른, 고속의, 급속한, 재빠른, 날쌘, 빨리 날다.
uchramoq *fe'l* 만나다, ~와 우연히 만나다, 마주치다, 조우하다.
uchratmoq *fe'l* ~을 만나다, ~와 마주치다, ~와 스쳐 지나가다, ~와 얼굴을 대하다
uchrashuv *ot.* 약속, 만남, 마주침, 모임, 회합(會合), 집회(集會), 집합(集合), 면회(面會), (*qabul*)
uchta *rav.* 3의, 3개[인]의.
uchun *prep* ~을 위해[위한]; ~(에)게는, ~을 향하여; (열차 따위가) ~행(行)의; ~에 가기 위해[위한]; ~에 입장하기 위해[위한]
uchuq *ot.* 물집, 수포, 불에 데어 부푼 것
uchuvchi *ot.* 비행사(飛行士), (비행기·우주선 등의) 조종사(操縱士), 수로 안내인, 도선사(導船士), kosmonavt ~ 우주 비행사, 우주여행가, 우주선 승무원, 우주인.

Vv

v 우즈벡어 알파벳 자음 스물한 번째 글자.
va *b.* ~와 ~, ~ 및 ~, ~이나 ~; 그리고, ~또(한); 그 외에, 그 밖에, 달리, 그 위에, 그렇지 않으면; yer ~ osmon 지구와 하늘
va bog'lovchisi ~와/~과
va, hamda 그리고, 그리하고, 그리하여; 또; 및; ~와
vabo *ot. tib.* 콜레라(cholera), 호열자(虎列剌: 콜레라균이 소장의 상피(上皮)를 침범해서 일어나는 격렬한 급성 법정 전염병; 열이 몹시 나며 구토와 설사가 심함. 사망률이 높음. 괴질(怪疾), 호역(虎疫))
vaboli *sif.* 콜레라(성)의, 유사 콜레라의.
vachmanlik xizmati 감수보존(선박 등이 압류 되었을 때 압류 기간 동안 선박의 유지 및 보존 업무를 말함)
vafo *ot.* 충성된, 충실한, 성실한, 믿을 수 있는; ~qilmoq 충실하다
vafodor *ot.* 신실한, 정확함; 방정, 단정, 헌신; 전심, 전념, 강한 애착, 헌신적인 애정, 열애; ~do'st 정확한 친구.
vafodorlik *ot.* 충의, 충절, 충성, 성실, 충실, (부부간의) 정절. 믿음.
vafoli *sif.* 충실한, 성실한, 믿을 수 있는, (국가·군주 등에) 충성스러운, 정직한.
vafosiz *sif.* 신뢰할 수 없는, 의지할 수 없는, 믿어지지 않는, 불충한, 불성실한.
vafosizlik *ot.* 불충, 불성심, 불충실.
vafot *ot.* 죽음, 사세(死世), 사망, 사몰(死沒); ~etmoq 소멸하다, 죽다; 쇠퇴하다
vagon *ot.* 차, 탈 것, 대형의 탈 것; 4두 4륜 대형 마차; (철도가 생기기 전의) 역마차; ~restoran 식당차; yumshoq ~ 우등석, 침대차, qattiq ~ 보통석
vagonsozlik *ot.* 차량제조자
vahima *ot.* 두려움, 무서움, 공포, 겁먹음; 당황, 낭패. ~ solmoq 두려움의 원인; ~da bolmoq 공포에 휩싸이다; ~ga tushmoq 당황하(게 하)다.
vahimall *sif.* 무서운, 가공할, 소름끼치는, 굉장한, 두려운, 무시무시한.
vahimasiz *sif.* 두려워[무서워] 하지 않는, 놀라지 않는.
vahimachi *ot.* 공황을 일으키는 사람, 인심을 소란케 하는 (사람); 군걱정하는 (사람).
vahiy *ot.* 폭로; (비밀의) 누설, (비밀의) 샘, 발각, 천계(天啓), 묵시, 계시(啓示), 계시된 것, 신탁(神託).
vahshiy *sif.* 야만의, 미개한; 미개인의.
vahshiylik *ot.* 잔인, 무자비; 야만적 행위
vahshiyona *sif.* 야만스레, 난폭하게, 흉악한, 잔학한; 아주 지독한[무서운, 지겨운].
vaj *ot.* 핑계, 원인, 이유, 까닭, 변명, 근거, 동기; ~topmoq ~의[~할] 이유가 있다, ~하는 것은 옳다[마땅하다]; shu ~dan 이러한 이유가 있어서, 어떤 이유로.
vajlashmoq *fe'l.* 논하다, 논의하다
vajohat *ot.* 얼굴, 모양, 외견, 외관, 겉보기, 양상, 체면, 생김새, 풍채(風采), 태도; ~i buzuq 그녀는 잘 보이지 않는다.
vajsiz *sif.* 우발적인, 까닭 없는, 근거 없는, 사실무근한; 기초가 없는.
vakil *ot.* 대표자, 대행자, 대리인; ~bolmoq 대표가 되다; ~lar 대표단, 파견 위원단.
vakolat *ot.* 권위, 권력, 위신, 권한, 권능, 직권; ~bermoq ~에게 권한을 주다, 위임하다; ~ qogozi

수권서(授權書), 허가서.
vakolat beruvchi 위탁자(委託者)
vakolat qog'ozi bilan pul olish, inkasso 수금
vakolat tartibi 대리제도
vakolat, vakolatxona 대리(代理), 대표사무소
vakolatga muddatdan oldin barham berish 조기 해임
vakolatli bank 전권 은행
vakolatli shaxs, ishonchli shaxs 수임자
vakolatli vakil 전권대표
vakolatni suiiste'mol qilish 권한 남용
vakolatnoma *ot.* 위임권[장]. 허가증, 증서.
vakolatxona *ot.* 영사의 직[임기, 관구]; 영사관; savdo ~si 대표단, 파견 위원단.
vakolatxona boshlig'i 대표 사무소 소장
vakumli upakovka 진공포장
vakuum *ot.* 진공, 진공도(度), 공허, 공백; ~ nasosi 진공 펌퍼.
vakuumli *sif.* 진공의, 공백의.
val'vatsiya 외환 가치 결정, 가격사정
val *ot.* (창·망치 따위의) 자루, 손잡이, 화살대, 롤러, 녹로(轆轤); (지도 등의) 축, 권축(卷軸); 굴림대, 산륜(散輪).
valdiramoq *fe'l.* (뜻도 없이) 재잘재잘 지껄이다.
valentli *sif.* 원자가(原子價: 원자 또는 원자단이 수소 원자(화학 당량 1) 몇 개와 직접 또는 간접으로 화합할 수 있는가를 나타내는 수(數))
valentlik *ot.* 결합가(동사 등이 문장 구성상 의무적으로 필요로 하는 요소의 수).
vali *ot.* 바리, 신성한 장소[것]; 신성불가침의 곳[물건, 사람].
valorizatsiya 물가 안정책, 상품 가격 혹은 유가증권시가 인상 (valorization)
vals *ot.* 왈츠(춤, 그 곡), 원무곡 (圓舞曲)
valyuta *ot.* 통화, 화폐(경화·지폐를 포함); 통화 유통액; *sif.* 화폐의, 금전(상)의.
valyuta 'savati' 통화 바스켓 (cur- rency basket)
valyuta alamshinuvi 화폐의 태환성
valyuta arbitraji 환차익 거래
valyuta birjasi 외환거래소
valyuta bozori 외환시장
valyuta dempingi 외환덤핑
valyuta dileri 외환딜러
valyuta f'yucherlari 외환선물
valyuta hisobi 외환 계좌
valyuta interventsiyasi, bosqini 외환 시장개입
valyuta izohi 통화조항
valyuta kliringi 외환 클리어링, 외환부채청산
valyuta kotirovkasi, aylanishi 환율, 교 환 시세, 시가
valyuta kursi 환율(換率)
valyuta manipulyatsiyasi 환조작 (換操作)
valyuta nazorati haqida qonun 통화관리법
valyuta operatsiyasi 환거래
valyuta optsiyasi 환옵션
valyuta oqib kelishi 외화 유입
valyuta pozitsiyasi, o'rni, vasiyati 환포지션
valyuta ta'minoti 화폐 안전성 (currency security)
valyuta tengligi 환 평가
valyuta zahirasi 외환 보유고
valyuta, pul birligi 외화, 단위화폐
valyutadagi boylik qimmati 통화가치
valyutaga oid cheklov 외화 거래제한
vanerik *ot.* 성병
vanna *ot.* 목욕, 입욕(入浴). 목욕통(桶), 목욕탕 quyosh ~si 일광욕; balchiq ~ 진흙 욕, 흙탕 목욕(류머티즘 따위에 유효); ~ qabul qilmoq 목욕하다.
vang'illamoq *ot.* (공기·물 따위의) 휙[쉭]하는 소리, 윙(총알 따위가 공중을 나는 소리), 윙(하고 날기, 달리기), (자동차, 버스의) 달리는 소리.

vaqt *ot.* (과거·현재·미래로 계속되는) 시간, 때; 시일, 세월, 시간의 경과, (소요)시간, 쓸 수 있는 시간, 틈, 여가; qisqa ~ ichida 잠시 동안의 시간; oz~ida 때를 맞춰, 머지않아, 조만간; ketish ~i boldi 그 시간에 가다; u ~da 때때로; shu ~gacha 지금까지; ~ni yaxshi otkazmoq 좋은 시간을 가지다
vaqt ifodasi 시간표현
vaqt o'tganlikni hisobga olmaslik 시효의 불원용
vaqtdagi uzilish 시차
vaqti belgilanmagan ish kuni 규정 외 노동
vaqtida, davomida 동안
vaqtincha *rav.* 일시적으로, 임시로
vaqtincha ijara 정기용선
vaqtincha ijara to'lovi 정기용선료
vaqtincha mehnatga layoqatsizlik 일시적 노동 불가능 상태
vaqtincha yetishmovchilik, tanqislik 일시적 부족
vaqtinchalik mehnatga layoqatsizlikka beriladigan moddiy yordam 일시적 노동 상실에 대한 수당, 보조금
vaqtli *sif.* 일시의, 잠깐 동안의, 순간의, 덧없는. 임시의, 당장의, 임시변통의.
vaqtli ishchilar 임시직원
vaqtxushlik *ot.* 흥겹게 떠들기, 환락, 재미있음, 즐거움, 위안, 오락(물), 놀이.
varaq *ot.* 1) 잎, 나뭇잎, 풀잎; 2) ~장[매]; 한 장의 종이, (책 종이의) 한 장; yigirma ~ 20 장; tarix varag'i 역사의 한페이지.
varaqa 목록(目錄), 리스트
varaqa *ot.* 시트, 낱장으로 된 인쇄물; 전단광고; (신문 따위 속에 끼어 넣는) 간단한 인쇄물, 리플릿; (가철한) 팸플릿, 작은 책자, 시사 논문[논평], 소논문. kasallik ~si 의학의 인쇄물.
varaqlamoq *fe'l.* 페이지를 넘기다.
variant *ot.* 변체, 변형, 별형, 이형(異形), ~판(版), ~화(化); (사본의) 이문(異文); (철자·발음의) 이형(異形); 전화(轉化)
varrak *ot.* 연(鳶)
varrant 보증서(保證書), 창하증권, 창고증권, 배당금 지불증서
vasf *ot.* 기술, 묘사, 서술
vasiy *ot.* 1) 감시인, 관리인, 보관인, 보관자; 보호자; 2) 후견인(後見人: 한정 치산자 및 14 세 이상 18 세 미만의 미성년자에 대한)
vasiyat *ot.* 유언(장), 유서; ~qilmoq 유서를 남기다.
vasiyat ijrosi 유언의 집행
vasiyat qilgan kishi 유언자
vasiyat qilingan mol-mulk 상속재산(相續財産)
vasiyatning rad etilishi 상속의 포기
vasiyatnoma *ot.* 유서, 유언장
vasiyatnoma turi 유언의 형태
vasiyatnomani bekor qilish 유언의 철화
vasiyatnomani ochish vaqti 상속개시일
vasiylik *ot.* 후견인의 임무[지위]; 보호, 수호, 보호, 보호 감독, 후견; ~ qilmoq 보호하다
vasiylik *ot.* 후견(한정치산자, 금치산자 및 14 세 미만의 미성년자에 대한)
vasiylikdagi shaxs 피후견인
vasl *ot.* (특정한 장소·때에) 만날 약속; 약속에 의한 회합(장소), 모임, 회합, 집회, 집합
vassalom 충분한; ~하기에 족한, 할 만큼의, 충분(한 양(量)·수), 많음.
vasvasa *ot.* 유혹, 유혹함[됨], 유혹물, 마음을 끄는 것; ~qilmoq ~의 마음을 끌다, 유혹하다, 부추기다; ~ga solmoq ~할 기분이 나게 하다, 꾀다; ~ga tushib qolmoq ~하고 싶어지다
vatan *ot.* 1) 고향, 고국, 모국, 조국; ~ni soginish 향수병; 2) 집, 주거, 주소
vatanda ishlab chiqarilgan 국내산

vatandosh *ot.* 같은 고향, 같은 나라의, 나라를 같이하는.
vatangado *ot.* 유랑, 방랑, 어슬렁어슬렁 걸어다님, 피난자, 난민, 망명자, 도피자.
vatanparvar *ot.* 조국애, 애국자, 우국지사.
vatanparvarlik *ot.* 애국심(愛國心), 나라사랑
vatt *ot.* 와트(전기 공학에서 쓰는 공률(工率)의 단위. 1볼트의 전위차를 가진 두 점 사이를 1암페어의 전류가 흐를 때 소비되는 일의 양을 1와트라 하며, 1와트는 1/746마력에 상당; 기호:W)
vattmetr *ot.* 전력계, 와트미터
vayron *sif.* 멸망한, 파멸된; 몰락[파산]한; 시든, 해를 입은; ~ qilmoq 파괴하다, 부수다, 분쇄하다; 소실(消失)시키다
vayrona *ot.* 폐허, 옛터, 파멸, 멸망, 파산, 몰락; ~ga aylantirmoq 파괴하다, 부수다, 분쇄하다; 소실(消失)시키다.
vayronagarchilik *ot.* 파멸, 멸망; 파멸의 원인, 파산, 몰락; 황폐
vaysamoq *fe'l.* 말하다, (뜻도 없이) 재잘재잘 지껄이다, (새가) 지저귀다; (원숭이가) 캑캑 울다.
vaysaqi *ot.* 1) 많이 말하는 사람, 이야기하는 사람; 말하는 새; (서커스 등에서의) 여리꾼; 2) 수다쟁이; 미식조(美飾鳥)류; 3) 잡담, 한담, 세상 이야기; 남의 소문 이야기, 험담, 뒷공론; (신문의) 가십, 만필(漫筆)
vaza *ot.* 꽃병, 항아리, 병, 단지; gul~si 꽃병, 화분; meva~si 과일 항아리
vazelin *ot.* 바셀린(Vaseline: 중유를 냉각할 때에 분리되는 연질(軟質)의 고형유(固形油)로, 무색 또는 담황색임《감마제(減磨劑)·녹 방지제· 화약·포마드·연고 등에 씀;상표명》); 젤리, 한천, 우무; 석유
vazifa *ot.* 1) 문제, 의문; 2) (일정한 기간에 완수해야 할) 일, 임무; 작업, 사업; 과업. 업무; asosiy ~ 주요한, 주된; 3) 의무, 본분; 의리.
vazir *ot.* 장관, 대신, 각료
vazirlik *ot.* 내각(內閣).
vazirlik harakatlari 부통령
vaziyat *ot.* 사태, 상태, 형세, 국면, 형편.
vaziyat, holat 상황(狀況: situation)
vaziyat, tomon, ahvol, holat 경우, 상황
vazmin *sif.* 무거운, 중량이 있는, 비중이 큰, 굳은, 단단한, 견고한, 딱딱한.
vazminlashmoq *fe'l.* 무거워하다
vazminlik *ot.* 무거움, 무게, 중량, 체중.
vazn *ot.* 치수, 분량; 크기, 무게, 길이, 말수(斗數); 도량 단위(미터·인치·그램·쿼터 따위); 도량법; barmoq ~ '손가락' 우즈벡 서사시인의 박자, 음조
vaznsiz (*yengil*) *sif.* 빛, 광선; 햇빛; 낮, 대낮; 새벽, 밝음, 광명, 광휘, 빛남
vaznsizlik *ot.* 무게가 없는 것, 극히 가벼운 것, 평가[계량]할 수 없는 것; 헤아릴 수 없는 것.
va'da *ot.* 약속, 계약, 약정(約定), 약조(約條), 권약(卷約); 언약(言約); ~ bermoq 약속하다, 약속 맺다, 시매기다
vadalashmoq *fe'l.* 약속하다, 약정하다; 준다는 약속을 하다, 마음속에 기약하다, 기대하다.
vegetativ *sif.* 생장하는, 생장력이 있는. (생식 기능에 대하여) 생장[영양]기능에 관한; 식물을 생장시키는 힘이 있는.
vegetatsiya *ot.* 식물, 초목; 한 지방(특유)의 식물, (식물의) 생장, 발육
veksel *iqt* 어음, 약속 어음
veksel beruvchi 어음발행인
veksel blanki 환어음 서식(bill of ex- change from)
veksel bo'yicha avalist 어음 보증인
veksel hisobi 어음 할인
veksel norozilik 부도 어음
veksel oboroti 어음 회전율
veksel, qarz tilxati 어음
vekseldor 어음소지인

V

vekseldor, veksel oluvchi 어음 소지자, 어음 소지인
veksellar hisobi 약속 어음 할인
veksellarni qayta hisoblash 어음 재할인
vekselni to'lash uchun qabul qilish 어음으로 대금 수납
vekselning qabul qilinmasligi 어음부도
velodrom *ot.* 자전가 경주로, 사이클 트랙
velosiped *ot.* 자전거; ~ minmoq 자전거를 타다
velosipedchi *ot.* 자전거 선수, 자전거를 타는 사람.
vena *ot.* 정맥(靜脈), 심줄, 혈관.
venchur firmasi 벤처기업
venchur kapitali 벤처자본
venchurli moliyalashtirish 벤처기업 융자
venerik *sif.* 성적 쾌락의; 정욕[색정]의; 성욕을 자극하는; 성교에서 오는; 성병에 걸린; 성병 치료의.
venger *ot.* 헝가리 사람; ~ tili 헝가리 말.
Vengriya *ot.* 헝가리
vengriyalik *ot.* 헝가리 사람
venial narhi 정상 판 매가
ventilyator *ot.* 통풍기, 송풍기, 환기팬.
vergul *ot.* 쉼표, 콤마(,); nuqtali ~ 세미콜론(;) 가로 쓰는 글의 구두점의 하나. 부호 ';'.
verifikatsiya 확인, 검증
vermishel *ot.* 밀국수, 버미첼리 (spaghetti 보다 가는 국수류).
verstak *ot.* 작업대
vertikal *sif.* 수직의, 연직의, 곧추선, 세로의; ~ chiziq 수직선, 연직(鉛直)선.
vertolyot *ot.* 헬리콥터, 잠자리비행기, 헬기
veterinar *ot.* 수의사(獸醫師)
veterinariya *sif.* 수의학
veto, taqiqlash *ot.* 비토(veto), 거부권(拒否權)
videomagnitofon *ot.* 영화관, 극장, 비디오 테이프식 녹화기.
vidolashmoq *fe'l.* 안녕이라고 말하다.
vidjon *ot.* 양심(良心), 도의심(道義心), 도덕관념(道德觀念); ~ erkinligi 양심의 자유; sof ~ 떳떳한 마음
vijdonan *rav.* 정직하게, 거짓 없이; (초조·곤혹·불신·혐오를 나타내어) 정직하게 말해서, 정말로; ~ gapirganda 정직하게 말하다
vijdonli *sif.* 양심적인, 성실한, 정직한.
vijdonli ega, sohib 선의점유자
vijdonlilik *ot.* 양심, 성실, 정직.
vijdonsiz *sif.* 비양심적인, 부정직한, 불성실한, 눈 속이는, 부정한.
vijdonsiz raqobat 불공정 경쟁
vijdonsiz, insofsiz, noxalol 악의의, 불공정한
vijdonsizlik *ot.* 부정직, 불성실; 부정(행위), 사기; 거짓말.
vijirlamoq *fe'l.* (새가) 지저귀다, 찍찍[짹짹] 울다, 재잘재잘 지껄이다, 킥킥 웃다.
vijiillamoq *fe'l.* 쉿하고 꾸짖다[제지하다, 야유하다], 지글지글 소리가 나도록 굽다[뜨겁게 하다].
viktorina *ot.* 문답놀이, 퀴즈게임, 질문, 간단한 테스트
vilka *ot.* 포크, 삼지창, 갈퀴, 쇠스랑.
viloyat *ot.* 지방, 지역.
vindiktsiya 불법점유물 반화청구
vindiktsiyali da'vo 불법점유물 반환청구의소
vino *ot.* 포도주, 와인, 과실주.
vinobop *sif.* (맛·색 따위가) 포도주와 같은; 포도주에 취한, 포도주의; 포도주의 성질[맛, 빛깔]을 가진; 포도주에 취한.
vint *ot.* 나사, 나사못, 나사 볼트.
vintli *rav.* 나선형으로
vintsimon *sif.* 나선형의, 나선[나사] 모양의; 소용돌이선(線)의, 와선(渦線)의.
viqor 자존심, 자존; 자부(심), 자만(심)
virus *ot.* *tib.* 바이러스(초현미경적인 미생물로서 식물에 기생하는 것은 구조가 단순하고 동물에 기생하는 것은 다소 복잡함. 핵단백질(核蛋白質)을

V

주요 성분으로 하는데, 증식 능력이 있으며 사람에게 인플루엔자·천연두·소아마비 등을 일으키게 함. 여과성(濾過性) 병원체.)
visol *ot.* 만남, 모임, 회합, 집회, 집합
vitamin *ot.* 비타민(동물체의 주 영양소 외에 동물의 정상적인 발육과 영양을 돕고 성장 및 건강 유지에 필요 불가결한 유기물의 총칭; [[A·B1·B2·B6·B12·C·D·E·K·L·M·P]] 등이 있음)
vitrina *ot.* 진열장(陳列欌), 쇼케이스.
vitse-konsul 부영사
vitse-president 부대통령, 부통령.
viza berishni rad qilish 비자 발급 거부
vizasiz kirish (mamlakat hududi- ga) 무비자 입국
vizillmoq *fe'l.* 휘파람을 불다; ~을 울리다; ~로 신호하다.
vizillamoq *fe'l.* (뱀. 증기. 거위. 불. 따위가) 쉿 소리를 내다.
voajab *rab.* 놀라리만큼, 기막힐 정도로.
vodiy *ot.* 골짜기, 계곡(溪谷), (큰 강의) 유역(流域); 계곡과 같은 분지. 오아시스(사막 가운데의 녹지).
vodorod *ot.* 수소(水素: 무색·무미·무취의 가연성이 높은, 모든 물질 가운데 가장 가벼운 기체 원소. 대기권의 상층부 및 동식물체에 널리 존재하며, 인공적으로는 물을 전기 분해하거나 아연에 묽은 황산을 작용시켜 만듦. [1번:H:1.0079]), ~bombasi 수소폭탄.
vogzal *ot.* 터미널, 정거장, 스테이션.
voh *und.s.* 오!, 제기랄!, 에이!, 흥! (항의·혐오 따위를 나타냄), 앗, 어, 아(놀람·기쁨·공포 등의 강한 감정). 아야, 아이쿠.
voha *ot.* 동네, 오아시스(사막 가운데서 물이 솟고 수목이 자라는 곳; 취락(聚落)의 형성과 대상(隊商)의 휴식에 긴요).
vokal *sif.* 목소리의, 음성의[에 관한]; 목소리를 내는; 성악의.
vokzal *ot.* 정거장, 역, 정류장; 역사(驛舍).
voleybol *ot.* 배구(排球)
voleybolchi *ot.* 배구선수
volfram *ot.* 텅스텐(tungsten), 중석(重石), 볼프람(wolfram)
volida *ot.* 어머님, 어머니, 엄마
volt *ot.* 볼트(전위차·전압 및 기전력의 실용 단위《1볼트는 1옴의 전기 저항을 갖는 도체에 1암페어의 전류를 통했을 때 그 도체의 양쪽 끝에 생기는 전위차임. 약호 V》.)
voltmetr *ot.* 전압계.
voqe: ~bolmoq 일어나다, 생기다.
voqea *ot.* 사건, 대사건, 사변.
voqea joyini ko'zdan kechirish 현장검증
voqea, hodisa 우연한사고
voqean *rav.* 참으로, 정말(이지), 실로, 실은, 실제로, 확실히.
voqelik *ot.* 진실, 진실성; 본성, 사실.
voqif 숙달한, 정통한, 조예가 깊은, 알다
voris *ot.* 상속인, 법정 상속인, 후계자; ~ ayol 상속녀
vosita *ot.* 수단, 방법(方法), 방식; ishlab chiqarish ~lari 생산의 수단
vosita kelishigi 조격조사
vosita, mablag' 자금 설비
vositachi 도구지
vositachi 위탁매매인 (위탁자에게 위임을 반아 자기의 이름으로, 그러나 위탁자의 이익과 위탁자의 비용으로 업무를 처리)
vositachi 중개인(仲介人)
vositachilik 대리점(代理店), 에이전시(agency).
vositachilik 도구지하다
vositachilik bilan shug'ullanuvchi tashqi savdo firmalari 대외 무역 중개회사
vositachilik haqi (중개) 수수료
vositachilik savdo 위탁 판매
vositachilik xizmati 중개 서비스
vositachilik xizmatlari 커미션 서비스
vositali *sif.* 간접(화법)의; ~to'ldi- ruvchi 간접목적어
vositali orttirma 간접사동

vositasiz *sif.* 직접의.
vositasiz to'ldiruvchi 목적어
vostachi *ot.* 조정자(調停者), 매개자(媒介者); 중재인(仲裁人); (하느님과 사람 사이의) 중보자(仲保者)(예수그리스도).
vostachi, komissioner 중개인(仲介人), 브로커(broker), 중매상(仲買商), 중개상인(仲介商人), 거간군
vostachilik *ot.* 중개(仲介); 조정, 중재, 화해.
vovillamoq *fe'l.* (개·여우 따위가) 짖다, 멍멍하다; birovga vovillab bermoq ~에게 큰 소리[야단]치다.
vostro hisobi 타행계정
voy *int.* 아아!(고통·놀라움·연민·한탄·혐오·기쁨 등을 나타냄), 오오, 아, 어허, 앗, 아아, 여봐(놀람·공포·찬탄(讚嘆)·비탄·고통·간망(懇望)·부를 때 따위의 감정을 나타냄).
voya *ot.* (과일·곡물이) 익은, 여문, 성숙한, 숙성한; ~ga yetmoq 여물다
voyaga etmagan 14 세 이하의 미성년자
voyaga etmaganlar mehnati va sog'liqni muhofaza qilish 미성년자의 노동과 건강의 보호
voyaga yetmagan 미성년자
voyaga yetmagan eruxotin 미성년 부부
voyaga yetmagan, 14 yoshga to'- lmagan 14 세 미만의 청소년
voyaga yetmaganlar jinoiy javob- garligi 미성년자의 형사상 책임
voyaga yetmaganlarning ishga yaroqliligi 14세미만 미성년자의 행위능력
voyvoylamoq *fe'l.* 소리 내어 울다, 슬퍼하다, 비탄하다; 애도하다, 애석해 하다.
voz: ~kechmoq (부탁·요구·명령 등을) 거절하다, 거부하다, 물리치다
voz kechishga oid bay puli 스마트 머니(smart money)
voz kechishga oid, voz kechish 대물변제(代物辨濟)
vujud *ot.* 1) (신의) 창조물, 피조물, 존재; 생존; 생명; 2) 본질, 진수, 정수; 핵심, 요체; 3) 존재, 실재, 현존, 생존, 생활; ~ga kelmoq 생기다, 태어나다, 성립하다; ~ga keltirmoq 모양 짓다, 형체를 이루다, 만들다.
vujudli 굵직하고 튼튼한, 건강한 체격을 한, 다부진; 터무니없이 큰, 큼직한.
vulgar 야비한, 저속한, (교양·취미 따위가) 야비한, 속된, 비천한; ~ soz 비어(卑語); ~ ibora 저속한 표현.
vulgarizator 보급시키다, 평이하게 하다; 속화하다, 속악하게 하다, 상스럽게 하다.
vulgarizm 상스러운, 야비, 문법적으로 파격적인 어법[표현]; 상말, 야비한[외설한] 말.
vulkan *ot.* 화산; (화산 같은) 폭발력이 있는 것; 분화구; harakat ~dagi 활화산(活火山); o'chgan ~ 사화산(死火山), 휴화산.
vulqon 화산의; 화산성의; 화산작용에 의한, 화성(火成)의; 화산이 있는[많은].
vyorstka *ot.* 1) (세금·벌 따위를) 과(課)하기, 부과, 과세; 부과물, 세(금); 부담, 짐; 2) 모양, 형상, 외형, 윤곽; (사람의) 모습, (인체의) 모양.
vzvod *ot.* (보병·공병·경관대의) 소대; 일조(一組), 일단(一團), 분대, 반(斑), 반(半) 소대; (포병의) 소대; 기병 중대.

V

Xx

x 우즈벡어 알파벳 자음의 스물둘째 글자.
xaaafa *sif.* 슬픈, 슬픔에 잠긴, 불행한, 불운한; 비참한, 기분이 나쁜; ~ qilmoq (감각적으로) 불쾌하게 하다, ~에 거스르다.
xabar *ot.* 1) 뉴스(프로), 보도; (신문의) 기사(記事); 2) 정보(情報); (정보·지식의) 통지, 전달; 보고, 보도, 소식, 교시(敎示); ~ bermoq ~에게 알리다, ~에게 고(告)하다, ~에게 보고[통지]하다.
xabar, yo'l, aloqa 교통, 보도, 보고서
xabarchi *ot.* 아나운서, 소식을 전하는 사람, 통지자; (특히 범죄의) 밀고자, 고발인; (경찰에 정보를 파는) 직업적 정보 제공자.
xabarchi, kuryer 파발꾼, 문서전달담당
xabardor *ot.* 정보[소식]통의, 소식에 밝은; 정보에 근거한, 숙달한, 정통한, 조예가 깊은 (*biladigan*)
xabarlamoq *fe'l.* ~에게 알리다, ~에게 고(告)하다, ~에게 보고[통지]하다.
xabarlashmoq *fe'l.* 통신하다, 서로각자에게 알리다(전하다)
xabarni etkazishda kechiktirilish yoki xato qilish 통신 전달상의 지연 또는 오류
xabarnoma qilish 통지서, 통고
xabarnoma, avizo 통지, 통지문서
xabarnoma, xabar qilish, ogohlantirish 통지, 고지
xafagarchilik *ot.* 슬픈, 비애.
xafalashmoq *fe'l.* 슬프게 하다, 성나게 하다; 기분을 상하게 하다; ~의 감정[정의감]을 해치다
xafalik *ot.* 성가심, 불쾌감; 괴로움, 곤혹; 곤란한 것[사람], 골칫거리, 기분 상함; 화남, 기분을 상하게 하는 것, 불쾌한 것
xalal *ot.* 장애(물), 방해(물); ~ bermoq 방해하다, 훼방하다.
xalal, to'siq, muammo 장애, 방해, 고장
xalaqit *ot.* 방해, 장애; 장애물, 방해자, 사고; ~ bermoq 방해하다.
xalat *ot.* 가운, 화장옷, 실내복 (*ish xalati*) (*shifokorlar xalati*) 의사가운, 실험실가운.
xalk *ot.* 1) 국민; ozbek ~i 우즈벡 국민; ~ sozi 국민의 세계; 2) 인구, 주민수.
xalol bo'lmagan reklama 불공정광고
xalos *ot.* 구출, 구조(救助); 석방, 해방; ~ qilmoq ~을 면하다[벗어나다]
xaloskor *ot.* 구세주(救世主), 구조자, 구원자.
xaloyiq *ot.* 국민, 인구, 주민수.
xalqaro 국제의
xalqaro bahslarni tinch yo'l bilan hal qilish tamoyili 국제분쟁의 평화적 해결의 원칙
xalqaro bitim kirish qismi (계약서 등의) 전문
xalqaro bitimni bekor deb e'lon qilish 국제조약의 폐기
xalqaro bitimning haqiqiy emasligi 국제계약의 무효
xalqaro fuqarolik sudi 국제민사소송
xalqaro havo huquqi 국제항 공법
xalqaro hisoblar 국제결제
xalqaro hisoblash tartibi 국제결제의 형태
xalqaro huquq 국제법
xalqaro huquq asoslari 국제법의 법원
xalqaro huquq nazariyasi 국제법의 기본원칙
xalqaro huquqbuzarlik 극제법위반

xalqaro huquqning qat'iy talab qilingan me'yori 국재법상 강행 규정
xalqaro ikkitomonlama bitim 국제양자간 계약
xalqaro iqtisodiy huquq 국제경제법(國際經濟法)
xalqaro jinoiy tribunal 국제형사재판소
xalqaro jinoyat 국제범죄(國際犯罪)
xalqaro jinoyat adliyasi 국제형사 재판
xalqaro jinoyat huquqi 국제형법
xalqaro ko'ptomonlama kelishuv 국제다자간계약
Xalqaro Mehnat Tashkiloti XMT 국제노동기구(國際勞動機構)(ILO: International Labor Organization)
xalqaro muzokaralar 국제협상
xalqaro odat 국제관행
xalqaro sanktsiyalar 국제법상 제재
xalqaro savdo sertifikati 국제무역증서 (수입허가서와 유사)
xalqaro savdo sudi 국제상사중재
xalqaro savdolar 국제입찰
xalqaro shartnoma tasdiqlanishi 국제조약의 비준
xalqaro shartnoma tuzmoq 국제계약의 체결
xalqaro shartnoma yangiligi 국제 계약의 경개
xalqaro *sif.* 국제의, 국제(상)의, 국제적인, 만국의; ~ahvol 국제적인 정세; ~xotinqizlar kuni 세계 여성의 날.
xalqaro tashkilotlar 국제기구
xalqaro tijorat arbitraji 국제상사중재
xalqaro tijorat hakamlar sudi 국제상사중재법원
xalqaro to'lovlar 국가간 지불
xalqaro tortishuv, munozara, bahs 국제분쟁
xalqaro tovar bitimlari 국제물품협정
xalqaro tovar oldi-sotdisi (savdo) shar- tnomasi 국제물품 매매계약
xalqaro tribunal 국제 재판소
Xalqaro Valyuta Fondi XVF 국제통화기금(國際通貨基金: IMF: Inter- national Monetary Fund)
xalqaro vasiylik 국제 보호
xalqaro xizmatchilar 국제기구직원
xalqaro xususiy huquq 국제사법
xalqlar o'zligini anglash tamoyili 민족자결의 원칙
xalqparvarlik *ot.* 민족애, 인간성, 인도주의, 인문[인본]주의
xalta *ot.* (손)가방, 백, 핸드백, 쇼핑백, 마대, 자루, 부대 (*to'rva*)
xam *sif.* 활; 활의 사수, (악기의) 활; 활로 한 번 켜기, 활 모양의 것[곡선], 만곡
xamir *ot.* 반죽, 굽지 않는 빵, 가루 반죽; 반죽 덩어리(도토(陶土) 따위).
xamirturush *ot.* 효소, 이스트, 효모(酵母), 누룩; 이스트균.
xarajat 비용(費用), 경비, 지출비용
xarajat *ot.* 지출; 소비; 출비, 경비, 비용, 지출액; 소비량; 소비시간; ~ qilmoq 소비하다, 지출하다
xarakter *ot.* 1) 특성, 특질, 성질, 인격, 성격, 품성; 2) 기질, 천성, 성질
xarakteristika *ot.* 특성, 특질, 성질, 인격, 성격, 품성.
xarakterli *sif.* 특색을 이루는, 특질의, 독자적인, 특유의, 특징적.
xari *ot.* 서까래, 장신, 들보, 서; 연목(椽木), 옥연(屋椽), 빔.
xarid ↔ sotuv 구매 ↔ 판매
xarid 구매, 사들임. 구입.
xarid *ot.* 쇼핑, 물건사기, 장보기;~ qilmoq 물건사다, 쇼핑하다.
xarid qilish imtiyozli huquqi 우선매수 청구권
xarid qilish qobiliyati (화폐의) 구매력(購買力)
xarid talabini rag'batlantirish 소비 수요 진작
xaridor 구매자(購買者), 매수인

xaridor aytgan narx 공급이 수요를 초과하는 상태에서의 시장가격
xaridor *ot.* 구매자, 사는 사람, 사는 쪽, 소비자; 바이어, (회사의) 구매원.
xaridorgir mahsulot 상품
xaridorlar bozori 구매자 중심시장
xarita 지도
xarita *ot.* 지도(地圖), 천체도(天體圖), 도해(圖解); 설명도
xarj *ot.* 요금, (돈·시간 등을) 들임, 소비함; 지출(持出), 비용(費用), 출비; ~ puli 지출비용; ~ qilmoq (돈을) 쓰다, 소비하다
xarob *sif.* 멸망한, 파멸된; 몰락[파산]한; 시든, 해를 입은, 오래된; ~ etmoq 파괴하다; 파멸[황폐]시키다; 못쓰게 하다.
xaroba *ot.* 파멸; 파산, 몰락; 황폐; 타락.
xarobalashmoq *fe'l.* 파멸하다, 파산하다
xarobalik *ot.* 파멸(破滅), 파산(破散), 몰락(沒落), 황폐
xarsang *(tosh) ot.* 바위, 큰 돌, 바윗돌, 암석(岩石), 숭대(崇臺).
xartum *ot.* (코끼리의) 코.
xarxasha *ot.* 떠들기 좋아하는; 성가신, 까다로운, 성가시게 잔소리하는; (아픔·기침 등이) 붙어 떨어지지 않는, 눅어지지 않는; 양심을 아프게 하는, 괴롭히는; ~ qilmoq 법도[도리]에 어긋난 짓하다(*bola haqida*)
xas *ot.* 건초, 마초. 건초용 풀
xashak *ot.* 마른풀, 건초, 마초. 건초용 풀
xasim *ot* 적, 원수; 적수, 경쟁상대.
xasis *ot.* 욕심 많은, 탐욕스러운, 갈망하는
xasislik *ot.* 탐욕, 욕심
xaskash *ot.* 갈퀴; 고무래(꼴의 부지깽이); (도박장의) 판돈 거두어들이는 도구.
xasta *sif.* 병의, 병에 걸린.
xastalik *ot.* 병, 불쾌; 발병, 병들다

xat *ot.* 편지, 서한(書翰); 근황(近況) 보고, ~통신; ochiq ~ 우편엽서, (*gazetalardagi*) buyurtma~ 등기 우편물; uymaloq~ 순환우편
xatar *ot.* 구조, 구출, 구제.
xatarli *sif.* 위험한, 위태로운
xatlamoq I *fe'l.* (재산·상품 따위를) 목록에 기입하다; 목록을 만들다, 리스트를 만들다.
xatlamoq II *fe'l.* 깡충 뛰다, 뛰어오르다, 도약하다, 갑자기[재빨리] 일어서다. 낙하산으로 뛰어내리다.
xatna *ot.* 할례(남자의 성기 끝 살가죽을 조금 베어 내는 풍습; 고래로 여러 종족들 사이에 널리 행하여졌으며, 유대교에서는 지금도 생후 8일째 되는 남아에게 종교적 의례로서 이것을 행하고 있음); 포경 수술, 고래잡는 것.
xato *ot.* 잘못, 실수, 틀림, 다름, 어긋남, 어김; ~qilmoq 실수하다, 잘못하다
xato qilmoq 틀리다
xato, nojo'ya ish 과실(過失)
xatoli *sif.* 오해한, 잘못된, 틀린, 잘못 생각하고 있는, 오해하고 있는.
xatolik *ot.* 오해, 잘못, 실수, 틀림, 다름, 어긋남, 어김.
xatosiz *sif.* 결점[과실] 없는; 흠(잡을 데) 없는, 완전무결한, 오해없는.
xatti-harakat *ot.* 노력, 행위, 소위(所爲)
xattot *ot.* 달필가, 서예가.
xavf *ot.* 으름, 위협, 협박, 위험(상태), 위난; ~ ostida qolmoq 위험에 처해지다
xavflanmoq *fe'l.* 두려워하다, 무서워하다.
xavfli *sif.* 위험한, 위태로운, 위독한; ~ maydon 위험한 행동, 위태로운 행위
xavfli yuk 위험성 화물
xavfsiramoq *fe'l.* 걱정하다, 두려워하다, 무서워하다.
xavfsiz *sif.* 안전한, 위험(성)이 없는, 피해입을[가해할] 걱정이 없는.
xavfsizlik *ot.* 안전하게, 무사히, 위험없이; ~ komiteti 안전위원회

X

xavotir *ot.* 근심, 걱정스러운, 불안한, 염려되는; ~ bolmoq 불안하다, 걱정하다
xavotirlanmoq *fe'l.* 걱정[근심]하다, 고민하다; 안달하다.
xavotirli *sif.* 난처한, 딱한, 걱정[근심]스러운, 곤란한[귀찮은] 듯한.
xavotirlik *ot.* 위험한, 걱정[근심], 고민.
xavotirsiz *sif.* 근심 없이, 안전한, 위험(성)이 없는, 피해입을[가해할] 걱정이 없는.
xavsizlik mezoni 안전기준(安全基準)
xaxolamoq *fe'l.* 웃다, 홍소하다; xoxolab kulmoq 크게 웃다.
xayol *ot.* 1) 상상, 생각, 관념, 심상(心豫), 개념; 2) 희망, 꿈; ~surmoq 꿈꾸다, 꿈에 보다; ~ga keltirmoq 추측하다, 짐작하다.
xayolchan *sif.* 꿈 많은; 환상[공상]에 잠기는, 상상하는 (*oychan*)
xayolchanlik *ot.* 황홀한 기분, 꿈결 같음; 몽상, 환상.
xayoliy *sif.* 상상의, 가상의
xayolparast 몽상가, 상상가, 꿈꾸는 사람
xayolsiramoq *fe'l.* 상상하다,꿈꾸다
xayr *int.* 안녕, 안녕히 가십시오.
xayr-ehson 기부
xayrixoh *ot.* 남의 행복을 비는 사람, 호의를 보이는 사람; 지지자; 독지가
xayrixohlik *ot.* 동의, 호의, 찬성, 동감, 공명; ~ qilmoq 동의하다
xayriya 자선 사업
xayriya faoliyati 자선활동
xayriya markazi 자선 센터
xayriya uyushmasi 자선단체
xayriyat *rav.* 하나님의 은총, 신의 은총.
xayrlashmoq *fe'l.* 안녕 인사하다
xayrlashuv *ot.* 안녕! 인사함
xayrli *sif.* 친절한, 상냥[다정]힌, 인정 있는, 동정심이 많은, 좋은.
xayr-sanaqa *ot.* 적선, 보시(布施); 의연금; 자선 (행위).
xazina *ot.* 보배, 재보, 금은, 보물, 귀중품(집합적 또는 개별적인).
xazina, dafina 매장물
xazinachi *ot.* 회계원, 출납관[원], 회계 담당자; 보물[보고] 관리자.
xazon *ot.* 잎이 떨어짐, 마른 잎
xej 헤지(hedge), 연계 매매, 딴 상거래로 한쪽 손실을 막기.
xejali bitim 해지거래
xejer 헤제 거래 담당자
xejerlash 헤지 거래를 하자는 것
xesh *ot.* 친척, 친족, 인척.
xesh-aqrobolar *ot.* 친척들, 친족들, 인척
xijil *sif.* 미친 듯 날뛰는, 광란의; 필사적인
xijolat *ot.* 혼돈, 혼란(상태), 분규; 착잡, 당황, 얼떨떨함; ~bolmoq 혼동하다, 헛갈리게 하다; ~da qolmoq 당황하다[하게 하다]; 혼란되어 있다[시키다]
xil *ot.* 종류(種類), 부류(部類), 성질, 품질(品質), 품등(品等)
xil'at *ot.* 부인, 부정; 반박, 반대.
xillamoq *fe'l.* 종류로 나누다, 분류하다, 구분하다.
xilma-xil *sif.* 가지가지의, 여러 가지의, 가지각색의.
xilof *ot.* (의견·사상·이해(利害) 등의) 충돌, 대립, 불일치, 쟁의; 알력, 마찰; (마음의) 갈등, 대항, 적대; 마주 봄, 대치(對置).
xilvat *sif.* 격리된; 은퇴한; 인가에서 멀리 떨어진, 한적한.~ joy (방 따위의) 구석, 모퉁이, 외진 곳, 벽지(僻地)
ximik *ot.* 화학자. 화학문전문가
ximikat *sif.* 화학의, 화학상의; 화학용의; 화학 약품에 의한; 화학적인; zaharli ~lar 유독한 화학약품.
xina *ot.* 헤너(부처꽃과(科)에 속하는 관); 헤너 물감(머리를 붉게 물들이는); 적갈색.
xipcha *ot.* (인품 등이) 기품 있는, 품위 있는, 우아한, 세련된.
xira *sif.* (빛이) 어둑한, 어스레한
xiralanmoq *fe'l.* (~을) 어둑하게

X

하다, 흐리게 하다.
xiralashmoq *fe'l.* 어둑해지다, (눈이) 흐려지다, 침침해지다.
xiralik *ot.* 어스름, 불명료; ~qilmoq ~을 괴롭히다, ~을 귀찮게 하다, 성가시게 하다; ~bilan 골치 아픈, 귀찮은; 다루기 힘든
xirgoyi *ot.* 읊조림; (작은 소리로 노래하는) 감상적인 유행가; ~ qilmoq 작은 소리로 노래하다[중얼대다], 읊조리다
xirillamoq *fe'l.* 코를 골다, 코골며 (시간을) 보내다
xirmon *ot.* 타작, 탈곡장.
xislat *ot.* 질, 품질, 성질, 특성, 속성
xitob *ot.* 외침, 절규, 감탄. 외치는 소리; 세찬 항의[불만]의 소리; ~ qilmoq (법률에) 호소하다; 간원하다. (소송을) 상급법원에 이송하다.
xitobnoma *ot.* 주석서(書); 논평, 비평
xitoy *ot.* 중국, 중국(산)의.
xitoy sanoq sonlari 한자어 기수사
xitoy tartib sonlari 한자어 서수사
xitoy tili 중국어
xitoylik *ot.* 중국사람, 중국인, 중국어
xivich *ot.* 잔가지, 가는 가지, 작은 가지, 애가지, 지팡이, 회초리
xiyla *rav.* 오히려, 어느쪽인가 하면; 그보다는 ~한 쪽이 낫다, ~해야 한다, 어느 정도, 다소, 조금, 꽤, 어지간히, 상당히.
xiyobon *ot.* 조망(眺望), 전망; 경치
xiyonat *ot.* 배반, 반역; 변절; 반역[불신] 행위; ~ qilmoq 변절하다, 배반하다.
xiyonatchi *ot.* 배반자, 반역자, 배신 사람
xiyonatkor *ot.* 배반자, 반역자, 역적.
xiyonatkorlik *ot.* 배반, 반역; 변절; 반역[불신] 행위.
xiyonatkorona *sif.* 불충(不忠)한, 배반하는
xizmat 업무, 부서, 서비스
xizmat bajarish 직무저작
xizmat binosi, xonasi 사무실(事務室), 업무시설
xizmat ko'rsatish 서비스
xizmat ko'rsatish bo'limi 서비스부
xizmat ko'rsatish darajasi 서비스표
xizmat ko'rsatish me'yorlari haqi- da qonun 서비스 표법
xizmat lavozimini suiiste'mol qilish 직권남용
xizmat muddati tugashiga ko'ra haq to'lash 퇴직정산
xizmat muddatini uzaytirish 서비스 기간 연장
xizmat *ot.* 봉사, 수고, 공헌, 이바지, 일, 작업, 노동; ~ korsatgan 존경[존중]하다
xizmat safari, 업무 출장
xizmat safari, komandirovka 파견, 출장 용무, 출장 명령서
xizmat siri 직무상 비밀
xizmat tartibida 공식통로를 거쳐
xizmatchi kasbi 사무직
xizmatchi *ot.* 1) 고용인, 사용인, 종업원; 2) (제복을 입은) 종복(從僕), 하인, 마부.
xizmatchi, xodim 사무원, 행정근무자, 직원, 사원
xizmatkor *ot.* 공무원, 고용인, 종업원
xizmatlar nomenklaturasi 서비스 범위
xlor *ot.* 염소 가스, 클로르(비금속 원소; 기호 Cl; 번호 17).
xo'jalik *ot.* 1) 가족, 세대, 집안, 일족; 친족, 일가친척; xalq ~ligi 국민 경제; uy ~ligi 가계비, 하우스 키핑; 2) yakka ~ 개개의, 각개(各個)의
xo'jasizlik *sif.* 잘못 취급[관리], 실수.
xo'jayin *ot.* 주인, 영주, 고용주, 소유자, 임자, 장(長); 가장(家長); 선장; 교장.
xo'mraymoq *sif. fe'l.* 눈살을 찌

푸리다, 얼굴을 찡그리다, 뚱한 표정을 짓다; 불쾌한 얼굴을 하다, 기분 나쁜 모양을 하다
xo'p *sif.* 그럼, 협정한, 약속한; (모두) 동의한, 의견이 일치한, O.K. 동감한, 승낙한
xo'r *sif.* 망신스러운, 창피, 불명예, 치욕; 망신거리; ~ qilmoq 욕보이다, 창피를 주다, 굴욕을 주다, 굴복시키다.
xo'rlamoq *fe'l.* 망신을 주다, 욕보이다, 창피를 주다, 굴욕을 주다, 굴복시키다.
xo'rlanmoq *fe'l.* 망신시키다
xo'rlik 창피줌; 굴욕, 수치, 굴종, 면목없음
xo'rsinmoq *fe'l.* 사모하다, 그리워 찾다, 그리워 한탄하다.
xo'sh *int.* 그런데, 글쎄(요), 그러면, 그때엔, 그건; ~ nima gap? 그런데 무엇이 무엇입니까?
xo'tik *ot.* (말·나귀 따위의) 새끼.
xo'jayin 소유자, 주인
xo'jalik 경제, 경영, 농경
xo'jalik bahslari 경제 관계 당사자들 사이의 이견
xo'jalik jamoalari, tashkilotlari 회사(영리단체인 주식회사, 유한책임회사 및 무한책임회사 등이 이에 해당된다.)
xo'jalik mexanizmini o'zgartirish 경제 구조 개혁
xo'jalik shartnomasi 경제적 권리 의무에 대한 합의
xo'jalik turlari faoliyati bo'yicha hisob- lash 경제활동에 따른 결산
xo'jalik yuritish huquqi 용익물권
xo'jayinlik qilayotgan kishilar 경제 주체
xoda *ot.* 통나무, (제재용의) 원목, 기둥.
xodim *ot.* 함께 일하는 사람, 협력자, 동료; ilmiy ~ 과학 연구에 종사하는 일꾼
xodimlar 직원(職員), 인력(人力)
xohish *ot.* 바라다, 욕구(欲求), 구하다, 요망, 원하다, 희망; oz~i bilan 자유의사로, 자발적으로, 임의로; ~iga qaramay 다시 희망하다, 다시 바라다.
xohlamoq *fe'l.* 원하다, 바라다, 희망하다, ~하고 싶다(고 생각하다); ~해 주기를 바라다; Nimani xohlaysiz? 당신은 무엇을 원하십니까?
xoin *ot.* 배반자, 반역자; vatan ~i 반역하다, 적과 함께하다, 배반하다.
xoinlik *ot.* 배반, 배신, 반역, 변절, 반역[불신] 행위; ~ qilmoq 배반[배신]하다; (조국·친구 등을) 팔다
xoinona *sif.* 배반하는, 불충한; 딴 마음 있는; 반역(죄)의.
xok *ot.* 먼지, 티끌, 유골; 주검, 유해
xokandoz *ot.* 쓰레받기.
xokkey *ot.* 하키, 아이스하키, 필드하키.
xol *ot.* 특징, 모반(母斑: 선천적인 원인으로 피부에 나타난 갈색·흑색의 반문; 주근깨·점 등)
xola *ot.* 아주머니(이모, 백모, 숙모, 고모)
xolavachcha *ot.* 사촌, 종(從)형제[자매], 재종, 삼종; 친척, 일가.
xolding 지주회사(持株會社) 소유의 회사
xolding kompaniyasi 지주회사
xolding uyushmasi 홀딩 컴퍼니
xoldor *sif.* 모반(母斑)의; 특징 있는.
xolilik *ot.* 고립, 고독, 격리, 분리 교통차단
xolis *sif.* 편견이 없는, 선입관이 없는, 편파적이 아닌, 공평한, 객관적인.
xolislik 공정성
xolisona *rav* 객관적으로, 편견 없게
xom ashyo 원료(原料)
xom ashyo tayyorlovchi sanoat 채굴산업
xom neft 원유(原油)
xom *sif.* 녹색의, 초록의, 싱싱하게 푸른, 가공하지 않은, 원료 그대로의, 다듬지 않은; ~ ashyo 가공되지 않은 고기.

X

xomak *ot.* 익지 않은 멜론, 생것의 멜론
xomaki loyiha 대강의 계획안
xomaki reja 계획안
xomaki *sif.* 거친, 거칠거칠한, 껄껄한.
xomaki yozilgan narsa 개요, 시안
xomcho' t *ot.* 평가, 견적, 개산(概算), 보고서; ~qilmoq 어림잡다, 견적하다, 산정하다; 판단[추단]하다; 통계적으로 예측하다.
xomtok *ot.* 접붙이기, 접목 가지; ~qilmoq 접목하다, 접(接)붙이다
xomush *sif.* 슬픈, 슬픔에 잠긴; ~bolmoq 슬프하다.
xom-xatala *ot.* 생[날]것의, 설구워진, 설익은, 가공하지 않은, 원료 그대로의, 다듬지 않은
xomxayol *ot.* 몽상가, 상상가.
xon *ot.* 왕, 칸, 임금.
xona ijaraga oluvchi 아파트 세입자
xona *ot.* 방, (빈) 장소, 공간, 여지(餘地)
xonadon *ot.* 가족, 가정, 집안, 일족, 세대; 한 집안; 친족, 일가친척.
xonaki *sif.* 자가제의, 집에서[손으로] 만든
xonanda *ot.* 가수, 암송자, 음창자; 낭영집(朗咏集), 연설자, 강연자, 변사; 웅변가.
xonavayron *sif.* 황폐시키는, 파괴적인, 참화를 가져오는, 파괴하는, 부수는, 분쇄하는; 소실(消失)시키는, 빈민굴; ~ qilmoq 파괴하다, 부수다, 분쇄하다; 소실(消失)시키다; ~ qilinmoq 파괴되다; 부서지다.
xonim *ot.* 부인, 여주인, 주부.
xoni-moni *ot.* 가족 전부의, 모든 가족
xonish *ot.* 노래하기, 창가; 노랫소리; 지저귐; 욺, 울리기; 귀울림, 이명(耳鳴); 울리는 소리.
xonlik 칸의 영토[영민], 한국(汗國); 칸의 지위[권위]; xiva ~gi 히바의 한국(1512- 1920)
xontaxta *ot.* 식탁, 낮은 식탁.
xonumon *ot.* 소유물, 소지품; 재산
xor *sif.* (신분 등이) 천한, 비천한, 시시한, 변변찮은; ~bolmoq ~에 기대다[의지하다].
xoreografiya *ot.* (무용·발레의) 안무(법); 안무 기술법; 스테이지 댄스; 무용술.
xorijiy davlat fuqaroligi 외국국적
xorijiy *sif.* 외국의, 외국산의; 외국풍[외래]의, 외국에 있어서의, 재외의.
xorijiy, chet elga oid 외국의
xorlik *ot.* 천재; 재해, 재난, 참사; 흉사, 큰 불행; ~da o'lgan 에집트 젊은 청년이 천재지변으로 죽었다.
xoroz *sif.* 수탉, 웅계(雄鷄)
xor-zor *sif.* 천하게; 겸손하게; 낮은 소리로; 싼값으로; ~ qilmoq (인품·품질·가치 따위를) 떨어뜨리다, 저하시키다
xor-zorlik *sif.* ~을 필요로 하다, ~이 필요하다
xos *ot.* 독특한, 고유의, 달리 없는, 독자의, 특유한, 특수한, 일정한, 특정한.
xosiyat *ot.* 특별, 특수, 독특, 특유.
xosiyatlli *sif.* 확신하는, 자신 있는, 단정적인, 명확한, 의문의 여지없는.
xossa *ot.* 재산, 자산, 소유물
xotima *ot.* 끝, 결말, 끝맺음; 결과.
xotin *ot.* 1) 부인; er-xotin 남자와 여자; suyuq oyoq ~매춘부, 음탕한 여자; 2) 아내, 부인, 처, 마누라
xotin-qizlar *ot.* 여자, 여성, 부인; 계집, 아녀자.
xotinsiz *ot.* 미혼[독신] 남자
xotira *ot.* 기억, 기억력, 기억, 회상, 추상; ~kuni 추억의 날
xotirjam *sif.* 고요한, 조용한, 온화한, 바람이[파도가] 잔잔한; ~bol- moq 고요해지다.
xotirot *ot.* 추억, (낱낱의)회상. 추도(追悼)

X

xrestomatiya *ot.* 독본, 리더, 독자; 독서가
xristian *ot.* 기독교도; 그리스도의 가르침을 지키는 사람; ~ dini 기독교 신앙, 기독교적 정신[주의, 사상]; 기독교(基督教: 예수 그리스도의 인격과 교훈을 중심으로 하는 종교; 구교(舊教) 그리스 정교회(正教會). 신교(新教)를 통틀어 일컬으며, 우리나라에서는 특히 신교를 기독교라고도 함. 천주교·예수교.)
xrom *ot.* 1) 무드질한 송아지가죽; 2) (*ilm*) 크롬, 크로뮴(금속 원소; 기호 Cr; 번호 24).
xronika *ot.* (***gazeta, radio, telev.***) (단편의) 뉴스 영화, 최신의 뉴스.
xrustal *ot.* 수정(水晶), 크리스탈.
xudbin *sif.* 이기주의자; 자기 본위의 사람, 자부심이 강한 사람.
xudbinlik *ot.* 이기적, 이기주의, 자기본위
xudo *ot.* (일신교, 특히 기독교의) 신, 하느님, 조물주(造物主), 천주(天主); 주, 예수 그리스도, 주 하나님; 알라(이슬람교의 유일신); ~ ko'rsatmasin! 결코 그런 일 없도록!; 그럴 리가 있나!, 당치 않다.
xudojo'y *ot.* 천국과 같은, 신성한, 거룩한, 성스러운, 천래의, 지상(至上)의
xudosiz *ot.* 무신론자(無神論者), 무신앙자.
xudoy *int.* 오 하느님!; xudoyi qilmoq 신의 제물.
xufiya *sif.* 비밀로 몰래, 비밀[기밀]의, 극비의; 남에게 숨긴, 은밀한.
xufton *ot.* 취침 전까지 5번 기도.
xullas *rav.* 요약하면, 간략하게, 간단히, 곧, 이내, 즉시, 머지않아.
xulosa 체결, 결정 (서)
xulosa *ot.* 결론, 끝맺는 말; (전제로부터의) 귀결. 요약, 개요, 대략; 적요(서), 일람. ~ chiqarmoq 용해하다, 녹이다; ~ qilmoq 요약하다; ~ga kelmoq 마치다, 끝내다, ~에 결말을 짓다, 종결하다.
xulq *ot.* 천성, 인간성, (사람·동물 따위의) 본성; 성질, 자질; ~ 기질의 사람; ~-avtor 행위, 행동.
xum *ot.* (정도·규모·범위 등이) 큰, 넓은, 광범위한, 항아리, 주전자, 병; ~ kalla 미련한, 어리석은; ~bosh 바보 같은 사람, 어리석은 자; ~don 가마, 노(爐); 건조로(爐)[실].
xumcha *ot.* 작은 병, 작은 주전자(항아리)
xumor *ot.* 바라다, 욕구(欲求)하다, 구하다.
xumpar *sif.* 바보, 빈들[핀들]거리는 사람, 게으름뱅이
xun *ot.* 피, 혈액; 생피; ~ to'kmoq 출혈하다, 피를 흘리다.
xunasa *sif.* 자웅 동체[동주]의.
xunob *sif.* 참을 수 없는, 성마른, 조급한, 성급한, 침착하지 못한, 가만히 있지 못하는; ~bolmoq 참지 못하다; ~qilmoq 신경 과민하게 만들다.
xunrezlik *ot.* 유혈(의 참사), 살해; 학살; ~ qilmoq 학살을 저지르다.
xunuk *sif.* 분명한, 명백한; 똑똑히 보이는[들리는]; 평이한, 간단한, 알기 쉬운; ~ ishlar 날림 일; ~ xabar 불쾌한 소식.
xurillamoq *fe'l.* 코골다, 코를 골다
xurjun *ot.* 안장, 말 등 안장을 놓는 등 부분
xurma *ot.* 토기 항아리, 질그릇 주전자; 도기그릇, 오지그릇; 도토(陶土); ~cha 작은 질그릇 항아리.
xurmo *ot.* 감, 감나무(감나뭇과의 낙엽 활엽 교목. 높이 10m가량, 초여름에 담황색 꽃이 핌. 과실은 식용, 나무는 조각·가구재로 쓰임.).
xurofot *ot.* 편견, 선입관; 치우친 생각, 편애, 상상, 추측, 추찰(推察); diniy ~larga qarshi kurashmoq *fe'l.* 종교상 편견에 대항하여 분투하다; ~chi 편견자.
xurrak *ot.* 코골; ~tortmoq 코를 골다.
xurram *sif.* 행복한, 기쁜, 반가운, 유쾌한; ~lik 행복; 행운.

X

xursand *sif.* 행운의, 운 좋은, 경사스러운; ~bolmoq 행복해지다; ~qilmoq 행복하게하다; ~lik 행복, 행운; ~chilik 행복, 운좋은.
xursandman 반갑습니다
xuruj *ot.* 급습, 습격; ~ qilmoq 급습하다; 쳐들어가다.
xush *sif.* 좋은, 우량한; 훌륭한; 질이 좋은, 고급의; uning vaqti ~ 그는 행복하다; ~ kelibsiz 환영, 환대; ~ qoling 행복.
xushbaxt *sif.* 기쁨, 환희
xushbo'y *sif.* 아름다운 향기, 향기높은, 향기로운; 방향족(芳香族)의; ~hid 향기, 방향
xushchaqchaq *sif.* 다정한, 명랑한, 유쾌한, 재미있는, 즐거운 생각[경험], 재미있는 경험, 즐거움.
xushchaqchaqlik *sif.* 흥겹게 떠들기, 환락, 재미있음, 즐거움.
xushfe'l *sif.* 친절한, 마음씨 좋은.
xushhid *sif.* 좋은향수, 향기높은, 향기로운
xushhol *sif.* 좋은 마음가짐, 상황이 좋다
xushmanzara *sif.* 아름다운 경치, 경치의; 경치가 좋은.
xushmuomala *sif.* 예의바른, 정중한, 부드러운; ~ oquvchi 예의바른 학생.
xushnud *sif.* 기뻐하는, 만족한, 마음에 든.
xushomad *ot.* 아양, 아첨, 치렛말, 빌붙음; ~ qilmoq 아양떨다.
xushomadgo'y *sif.* 아양피우는, 아첨하는, 비굴한, 사대주의적인.
xushomadgo'ylik *sif.* 아양 떨다, 빌붙는, 아부[아첨]하는, 발림말하는.
xushovoz *sif.* 좋은 소리
xushro'y *sif.* 아름다운, 말쑥한, 매력 있는
xushtabiyat *sif.* 아름다운 자연, (마음씨가) 착한[고운], 온후한, 친절한
xushtor *ot.* 사랑, 애정, 호의; ~ bolmoq 사랑하다.
xushvaqt *sif.* 기쁨, 환희, 기쁨의 상태.
xushxabar *ot.* 좋은 소식, 좋은 기운, 호기
xushxat *ot.* 좋은 편지, 좋은 서법, 훌륭한 필법; 좋은 습자; 좋은 필적; 능서(能書).
xusumat *sif.* 증오, 적의; 불화, 반목, 적개심; ~ qilmoq 적개심을 보여주다.
xusus *sif.* 특별한, 특유의, 특수한.
xususan *rav.* 특히, 각별히; 현저히
xususida *preposition.* ~에 대해서, ~에 관하여, ~에 대하여
xususiy ishlarga o'z boshimcha aralashuvga yo'l qo'ymaslik tamoyili, qoidasi 사생활의자의적인 간섭 방지 원칙
xususiy korxona 사기업(私企業)
xususiy mablag' ajratish 개인 자본 투자
xususiy mol-mulk 재산
xususiy *sif.* 사적인, 일개인의, 개인에 속하는, 개인전용의; ~ korxona 개인전용의 기획; ~ mulk 사적인 재산; ~ va umumiy masalalar 사회공공의 문제; ~lash 배타[독점]하다
xususiyat *sif.* 특색, 특수성; 특권.
xususiylashtirish 사유화

Yy

y 우즈벡어 알파벳 자음의 스물셋째 글자
yadro *ot.* 1) (과실의) 인(仁), 심(心); (쌀·보리 따위의) 낟알, (문제 따위의) 요점, 핵심, 중핵(中核), 심수(心髓)(of); 가장 중요한 부분; 2) 핵(核)(가전자(價電子)를 제거한 원자), 심; 중심, 핵심; ~ quroli 핵무기.
yag'ir *sif.* 물집, 수포, 불에 데어 부푼 것.
yagana: ~ qilmoq 가늘어지다; 야위다; 약해지다; 엷게[희박하게] 되다; 성기어지다, 적어지다.
yaganalamoq *fe'l.* 솎아내다, 가늘어지다; 야위다; 약해지다; 엷게[희박하게] 되다; 성기어지다, 적어지다
yagona ijtimoiy soliq 통합사회보장세
yagona iqtisodiy hudud 단일경제구역
yagona iqtisodiy hududni saqlash 단일경제권 유지
yagona *rav.* 1) 오직, 겨우, 단지; ~만[뿐]; 2) 혼자서, 단 하나의, 단 한 개의, 단지 홀로의.
yahudiy *ot.* 유대인의; 유대인 같은, 유대인 특유의, 유내인풍[식]의.
yakdil *sif.* 만장[전원] 일치의, 이의 없는, 합의의, 동의(同意)의.
yakdillik *ot.* 영리하다
yakka boshqaruvli korxona 개인기업(회사가 개인 또는한 가족의 소유에 있는 회사)
yakka *sif.* 1) 다만 홀로[혼자서], 고독한; 혼자 힘으로 나가는[행동하는, 살아가는]; 2) 개개(箇箇)의, 각개(各個)의, 일개인의, 개인적인
yakka tadbirkor 개인시입자
yakka tartibda imorat soluvchi 건축업자(建築業者)
yakka tartibda ishni ko'rib chiq- uvchi sudya 단독판사
yakka tartibda ko'rib chiqish 단독 심리
yakka, tanho fuqarolik 단일국적
yakkaboshchilik 단독책임제
yakkalanmoq *fe'l.* 홀로하다, 잘라서 떼어 놓다, 분리하다, 가르다.
yakkalik *ot.* 쓸쓸함, 적막; 외로움, 고립. 외로운, 고독한, 외톨의, 짝이 없는.
yakkama-yakka 1대 1의; 한 쌍이 되는, 상관적인, 대조적인, 대접전(大接戰)(의), 접근전(의); *mat.* (집합론의) 1 대 1의(대응).
yaksar 한 번, 일회, 한 차례.
yakshanba *ot.* 일요일(日曜日), 일요(日曜); 주일(主日), 주일날, 공일(空日), 공일날, 성기(星期), 온공일, 선데이(sunday)
yakson: ~bolmoq 파괴하다, 부수다, 분쇄하다; 소실(消失)시키다; ~ qilmoq 죽이다, ~의 목숨을 빼앗다; 멸망[절멸]시키다; (해충 따위를) 구제(驅除)하다.
yaksonlamoq *fe'l.* (관례·제도 등을) 폐지[철폐]하다; 완전히 파괴하다.
yaktak *ot.* 여름햇살의 옷
yakun 결과, 총계, 총액
yakun *ot.* 총계, 총액, 총수, 합계.
yakunlamoq *fc'l.* 일반화[보편화]하다; (일반에게) 보급시키다.
yakunlovchi *sif.* 최종적인, 확정적인, 결정적인, 확실한, 단호한, 마지막의, 최종의, 최후의: 종국의, 궁극적인; ~ so'z (*nutq*) 마지막의 말, 유언.
yalamoq *fe'l.* (불길 따위가) 급속히 번지다; 너울거리다, 출렁이다.
yalang *sif.* 벌거벗은, 알몸의, 가리지 않은, 드러낸, (일·이야기가) 사실 그대로의, 적나라한. ~ oyoq 발을[정강이를] 드러낸[내

놓고]; 양말을 안 신은[신고].
yalang'och *sif.* 벌거벗은, 알몸의, 가리지 않은, 드러낸.
yalang'ochlamoq *fe'l.* 벌거벗기다; 드러내다; 떼어내다, (비밀·마음 등을) 털어놓다, 폭로하다.
yalanglik *ot.* 평지(平地), 평야(平野), 평원, 광야.
yalinmoq *fe'l.* (먹고 입을 것·돈·허가·은혜 따위를) 빌다, 구하다, ~에게 간절히 바라다, 구걸[비럭직]하다.
yalla *ot.* 노래 부르기; 노랫소리
yallachi *ot.* 노래하는 사람, 가수, 성악가.
yallig' 불길, 불꽃, 화염, 백열(상태), 작열, 염열(炎熱), 정염, 정열; 격정.
yallig'lamoq *fe'l.* 타오르다, 불꽃을 일으키다, 빛나다, 번쩍거리다; 밝게 빛나다.
yallig'lanish *ot.* 점화, 발화, 연소; (감정의) 불타오름, 격노, 염증; o'pkaning ~i 폐렴
yallig'lanmoq *fe'l.* ~에 불을 붙이다, 불태우다, 붉게 물들이다.
yalmog'iz *ot.* 괴물; 요괴, 마녀.
yalpaymoq *fe'l.* 손발을 쭉 뻗다, 큰대자로 드러눕다; 축 늘어지다.
yalpi 총생산량, 총산출량
yalpi daromad 총수익, 매출 이익
yalpi ichki mahsuloti 국내총생산(GDP: gross domestic product)
yalpi ishlab-chiqarish 대량생산(大量生産)
yalpi mahsulot 총생산량
yalpi milliy mahsuloti 국민총생산(GNP: gross national product)
yalpi *sif.* 1) 아주, 완전히; 공유(公有)의, 공공의, 공중의; 2) 전체의, 합계의, 총계의
yalpi tushimlar 총수입(總收入)
yalpi xarajatlar 총비용
yalpiz *ot.* 박하(薄荷); 박하가 든 사탕; yovvoyi ~ 야생박하의 일종.
yalqov *ot.* 게으름뱅이
yalqovlanmoq *fe'l.* 놀고 지내다, 빈둥거리다; 빈들빈들 돌아다니다
yalqovlik *ot.* 놀고 지냄, 빈둥[핀둥]거림; ~ qilmoq (시간을) 빈둥거리며 보내다, 빈둥거리며 지내다
yalt: ~etmoq 번쩍이다, 빛나다; 확 발화하다[불붙다], 타오르다.
yaltiramoq *fe'l.* 빛나다, 번쩍이다, 비치다; (흥분·기쁨으로 얼굴이) 밝다.
yaltiroq *sif.* 빛나는, 번쩍이는; 화려한; 뛰어난, 반짝 띄는.
yamamoq *fe'l.* 고치다, 수리[수선, 수복]하다, 개선하다.
yamlamoq *fe'l.* 꿀떡굴떡[꿀꺽꿀꺽] 마시다; 삼켜버리다.
yamoq *ot.* 부스러기, 작은 조각, 파편.
yam-yashil *sif.* 연두색, 연록색, 밝은 녹색
yana *rav.* 1) 또(또한), 그 외에, 그 밖에, 달리, 그 위에, 그렇지 않으면; 2) 다음의, 이번의, 내(來)[오는]~: 그 다음의, 다음[이듬, 이튿]~
yanada *rav.* 다시, 또, 다시[또] 한번
yanagi *sif.* 다음의, 그 뒤에 오는, 다음에; ~ safar 다음 시간에.
yanchmoq *fe'l.* (곡식을) 도리깨질하다; 타작[탈곡]하다; (사안을) 철저히 검토하다
yanga *ot.* 형수, 계수, 동서, 시누이, 올케, 처형, 처제(따위)
yangi aktsiya 신주
yangi kadrlar kelishi 신규인력유입
yangi kreditor 신채권자(채권양수인)
yangi mahsulotni ishlab chiqish 신제품 개발
yangi mijozlar jalb qilish 신규 고객 유인
yangi mol namunasi 시제품
yangi qonun, qoida 신법
yangi *sif.* 1) 새로운; 새로 나타난[만들어진], 신(新)발견의, 신발명의; ~ bino 새 빌딩; 2) 신선한; (공기가) 맑은, (시원하고) 상

쾌한; (빛깔이) 선명한; (기억이) 생생한, 생기 있는, 기운찬, 건강한, 윤기 흐르는.
yangi texnologiyalardan foydalanish 신기술 도입
yangicha *sif.* 새로운 패션, 최신 형의; ~ turmush qurmoq 새로운 삶을 시작하다.
yangidan baholash, ortiqcha baholash 재평가, 과대평가
yangidan *rav.* 다시, 또, 다시 [또] 한번.
yangilamoq *fe'l.* 1) 새롭게 하다, 갱생[신생]시키다, 부활[재흥]하다; 2) 바꾸다, 변경하다, 고치다, 갈다.
yangilashuvchi fond 리볼빙 펀드
yangilik 경개(채무의 중요한 부분을 변경함으로써 신(新)채무를 성립시킴과 동시에 구(舊)채무를 소멸 시키는 계약)
yangilik *ot.* 1) 뉴스, 새소식; 2) 새로운 것; 색다른 것[일], 새로운 경험.
yangilik uchun royyalti 노하우에 대한 로열티
yangilik, innovatsiya 신기술 투자, 혁신
yangilik, yangi 신제품(新製品), 최신 발전 동향
yanglish *ot.* 잘못, 실수, 틀림, 과실, 실책, 죄, 에러; siz ~asiz 당신의 실수.
yanglishish 오해, 기만
yanglishmoq *fe'l.* 잘 못되다, 실수하게하다
yangramoq *fe'l.* ~을 소리나게 하다, 울리다, 불다.
ya'ni, deyarli 즉
ya'ni ~을 말하다, 이야기하다, 할 말 있다.
yanki obligatsiyasi 양키본드
yanoq *ot.* 빰, 볼, 양볼; ~suyagi 광대뼈
yantoq *ot.* 낙타 가시털, 극모(棘毛).
yanvar *ot.* 1월, 일월(一月), 정월
yapaloq *sif.* (두드려) 펴다; 반반[편평]하게 하다[해지다].
yapaloqlamoq *fe'l.* 편평하게 펴다; 편평[납작]해지다.
yapoloqqush *ot.* 올빼미, 계효(鷄鴞), 산효(山鴞), 야묘(夜猫), 치효(鴟鴞), 토효(土鴞), 효치(梟鴟), 훈호.
yapon *ot.* 일본인, 일본말; ~ tili 일본어
yapon tili 일본어
yaponcha *sif.* 일본의; 일본인[말]의.
yaponiya 일본
yaproq *ot.* 잎, 나뭇잎, 풀잎, 군엽; so'nggi ~ 마지막 잎
yap-yangi *sif.* 아주 새로운,
yaqin qarindoshlarning jinsiy aloqada bo'lishi 근친상간
yaqin *sif.* 1) 가까운, 가까이의; 가까운 쪽의; ~ kelajakda 머지않아, 가까운 장래에; 2) 다음의, 이번의, 내(來)[오는]~: 그 다음의, 다음[이듬, 이튿]~
yaqinda *rav.* 얼마 전에, 요즈음, 최근, 작금; 바로 얼마전.
yaqindagi *rav.* ~의 부근에[의].
yaqindan *rav.* 밀접하여, 바싹, 접근하여.
yaqinlashmoq *fe'l.* 다가가다, ~에 가까이 가다, ~에 접근하다.
yaqinlik *ot.* 가까이, 접근하여, 인접하여, 가까움, 접근; 근친; 친함, 친밀
yaqqol *rav.* 똑똑히, 분명히; 밝게(빛나는), 의심할 여지없이, 확실히
yaqqollik *ot.* 맑음, 밝음; 분명함, 명료, 명확; 무장애; 결백.
yara *ot.* 상처, 부상, 위해, 손해; ~qilmoq 상처를 입히다; (감정을) 해치다.
yaralamoq *fe'l.* (총·화살을) 쏘다, 발사하다, 찌르다, 찌르며 덤비다.
yaralanmoq *fe'l.* 다치다, 상처 입다, 부상당하다.
yaramas *ot.* 잘 되지 않은, 불량한, 불충분한, 건강하지 않은, 불건전한.
yaraqlamoq *fe'l.* 빛나게[번쩍이게] 하다; 비추다, 번쩍이다, 빛나다; 미광을 발하다; 잠깐 보이다

Y

[나타나다].
yarasha *rav.* ~에 따라서, ~에 응해서[일치하여, 부합하는, 일치하는, 조화하는.
yarashmoq I *fe'l.* 화해하다; 강화하다
yarashmoq II *fe'l.* ~에 맞다, ~에 적합하다, ~에 어울리다, 적합하게 하다, 일치시키다, 꼭맞다.
yarashtirmoq *fe'l.* 조정하다; 조화시키다, 일치시키다, 화해시키다, 사화시키다.
yaratish *ot.* 창조; 창작; 창설.
yaratmoq *fe'l.* 창조하다; 창시[창작]하다
yaratuvchi *ot.* 창조자; 창작가; 창설자.
yarim *ot.* 반, 절반, 2분의 1; ~kecha 한밤중, 밤12시; ~ orol 반도; hozir soat ikki ~ 그것은 2개를 지난 지금.
yarim unlilar 반모음
yarim yopiq unlilar 반폐모음
yarimfabrikat 반제품(半製品)
yarimlatmoq *fe'l.* (수량·크기·정도·중요성 따위를) 줄이다, 감소시키다, 작게 하다.
yarimo'tkzgich 반도체(半導體: semicon- ductor)
yarimta *sif.* 절반의, 2분의 1의
yarim-yorti *rav.* 그저 그만하게, 그럭저럭, 무턱대고, 함부로, 무모하게, 되는 대로.
yarmarka *ot.* (정기적으로 열리는) 장, 정기시(市), 장, 장날, 시장, 백화점
yarmarka, bozor 정기적으로 열리는 박람회, 전시회
yarog' *ot.* 무기, 병기, 흉기.
yaroqli *sif.* 훌륭한, 존경할 만한, 가치 있는, 유덕한.
yaroqli, ishga layoqatli 행위능력자
yaroqlik 적합성, 가용성, 행위능력
yaroqlik muddati 유효기간
yaroqlik *ot.* 훌륭한, 존경, 공경(恭敬).
yaroqliligi cheklangan 한정치산자
yaroqlilik 유효성, 적합성
yaroqsiz *sif.* 가치 없는, 하잘 것 없는, 쓸모없는, 시시한, 무익한; 품행이 나쁜.
yaroqsizlik *ot.* 부적당한 것, 적임이 아닌 것, 적합하지 않은 것, 어울리지 않는 것.
yaroqsizlilik *ot.* 부적당한 것, 적임(適任)이 아닌 것.
yarqiramoq *fe'l.* 번쩍이다, 빛나다; 확 발화하다[불붙다], 타오르다.
yasalmoq *fe'l.* 배열하다, 정리하다.
yasama fe'l 파생동사
yasama ot 파생명사
yasama ravish 파생부사
yasama *sif.* 자가제의, 집에서[손으로] 만든, 인조의, 인공의.
yasama sifat 파생 형용사
yasama so'z 파생어
yasama, soxta kelishuv 허위표시
yasamoq *fe'l.* 1) 만들다, 제작[제조]하다; 짓다; 건설[건조, 조립]하다; 창조하다; 2) 생산하다, 제작하다.
yasanmoq *fe'l.* ~을 장식하다, 꾸미다
yasantirmoq *fe'l.* 꾸미다, 장식하다
yasatig'liq *sif.* 화려하게 꾸민, 장식한
yasatilmoq *fe'l.* (방 안에) 칠을 하다, 도배하다, 꾸미게 하다, 장식시키다.
yasatmoq 꾸미다
yasatmoq *fe'l.* 꾸미다, 장식하다, (방 안에) 칠을 하다, 도배하다; dasturxon ~ 식탁을 꾸미다.
yashamoq *fe'l.* 살다, 존재하다, 실재하다, 현존하다.
yashash huquqi 생명권
yashil *ot.* 녹색, 초록색.
yashin *ot.* 채광(採光); 조명(법); 무대 조명
yashirin *sif.* 숨은, 숨겨진, 숨긴, 비밀의.
yashirincha mol o'tkazish, kont- rabanda 밀수(密輸:

Y

contraband), 밀매(密賣)
yashirincha *rav.* 비밀로, 몰래.
yashirincha, boj to'lamasdan mol o'tkazish 밀무역
yashirinmoq *fe'l.* 숨다, 잠복하다
yashirmoq *fe'l.* (사실 등을) 꾸미다, 숨기다; (의도·감정 따위를) 감추다, 속이다.
yashnamoq *fe'l.* 꽃을 피우다, 개화하다, 번영하다, (한창) 번성하게 되다; 발달하여 ~이 되다, (이윽고) ~으로 되다
yashnash *ot.* 1) 무성한, 번영하는, 융성[성대]한; 2) 개화(開花), 만발(滿發); 개화기.
yashovchi *ot.* 주민, 거주자
yasmiq *ot.* 렌즈콩, 편두(扁豆).
yasovchi *ot.* 만드는 사람, 제작자, 제조업자, 메이커.
yasovul *ot.* 지키는 사람, 기마 보초(파수꾼); 기마 위병; 기마 호위병, 기마 근위병.
yassi *sif.* 편평한, 납작한; 평탄한, 울퉁불퉁하지 않은, 평평[반반]한.
yassilamoq *fe'l.* 평평[반반]하게 하다, 고르다, 펴다
yassilanmoq *fe'l.* 편평하게 해지다; 편평[납작]해지다
yaxlit *sif.* 1) 안전한, 위험(성)이 없는, 완선한, (*qo'lurilmagan, tegizil- magan*); 2) 파손되지 않은, 완전한, 방해되지 않은, 계속되는, 중단되지 않는.
yaxlitlik *ot.* 성실, 정직, 고결, 청렴.
yaxmalak *ot.* 스케이트장(場), 롤러스케이트장.
yaxna *sif.* 추운, 찬, 차게 한, 냉정한, 냉담한, (마음 따위가) 찬.
yaxob *ot.* 한파, 겨울의 범람.
yaxshi 좋은, 잘, 우량한; 훌륭한; 질이 좋은, 고급의; ~qoling 안녕!; ~ kormoq 좋아하다, 마음에 들다; ~lamoq 보다 좋게 만들다, ~보다 나게 만들다; ~lab 아주, 전적으로, 참으로.
yaxshi, qulay muhit 호의적인 분위기
yaxshilanish 향상, 개선
yaxshilanmoq *fe'l.* 좋아지다, 호전(好轉)하다, 개선되다.
yaxshilash *ot.* 개량, 개선, 개량한 곳, 개선점; 개량[개선]한 것.
yaxshilik *ot.* 친절, 온정; 친절한 행위; (기후 따위의) 온화.
yaxshilikcha *rav.* 친절하게, 상냥하게. 좋은 것으로.
yaylov *ot.* 여름목장, 여름 방목장; 목초지
yayov *sif.* 걸어서, 도보로; ~ yurmoq 걷다; 걸어가다; 걸음으로 걷다, 산책하다.
yayramoq *fe'l.* 즐기다, (즐겁게) 맛보다, 향락하다, 재미보다.
yayratmoq *fe'l.* 즐겁게 하다, 위로하다
yechilmoq *fe'l.* 1) 열리다, 풀리다, (매듭 따위를) 풀다, 늦추다; (단추 따위를) 끄르다, 풀다; (옷 따위를) 벗기다; 2) 회전하다, 선회(旋回)하다; (~을 축으로) 자전하다.
yechim *ot.* 풀다, 해명, 해결, 명백.
yechinmoq *fe'l.* 옷을 벗다, (겉껍질 따위를) 벗기다, 까다; 떼어내다, 발기다.
yechintirmoq *fe'l.* ~의 옷을 벗기다, ~의 장식을 떼어버리다.
yechmoq *fe'l.* 1) (밧줄·매듭 따위를) 풀다, 끄르다; 해방하다, 석방하다; 2) (문제·곤란 따위를) 풀다, 해결하다, 해소하다.
yedirmoq *fe'l.* 먹을 것을 주다, 음식을 먹이다; bolaga ovqat ~ 어린애에게 먹을 것을 주다
yefreytor *ot.* 병사, 병졸, 하사 근무 병장
yegil-yelpi *sif.* 쉬운, 힘들지 않는, (말이나 설명 따위가) 평이한; (살림 따위가) 편한, 걱정이 없는.
yegulik *sif.* 식용에 적합한, 식용의, 먹는것
yel *ot.* 바람, 산들바람, 미풍; 연풍(軟風); 초속 1.6-13.8m의 바람.
yelib-uygurmoq *fe'l.* 빠르게 행동하다, 재빨리 옮기다, 신속히 행동하다.

Y

yelim *ot.* 1) 풀, 아교, 접착제, 고무질(質), 점성(粘性) 고무(수피(樹皮)에서 분비하는 액체로 점성이 강하며 말려서 고체화함; resin(수지)과 달라서 알코올에는 녹지 않으나 물에는 녹음) duradgorlik ~i 목공풀; orik ~i 구멍을 뚫음; 보링; 보링 작업; 3) 수액(樹液), (식물의) 액즙, (나무의) 진, 수지(樹脂), 송진; o'rik ~i 살구 쥬스.
yelimlamoq *fe'l.* 아교[접착제]로 붙이다, 교착시키다; 고착[접착]시키다, 꼭 붙이다
yelin *ot.* (소·염소 따위의) 젖통, 소 가슴
yelka *ot.* 1) 어깨, 어깨 관절; 2) 팔, 상지(上肢); (포유동물의) 앞발, 전지(前肢); 3) (성직자가) 어깨에 걸쳐 입는 옷; ~ suyagi 상완[상박](골); 상완[상박]부.
yelkadosh *ot.* 전우(戰友), 군우(軍友).
yelkan *ot.* 돛; 배의 돛; kema ~i 돛단배, 범선.
yelkanli *sif.* 돛단배, 범선
yelmoq *fe'l.* 돌진하다, 맥진[쇄도]하다, 힘차게 ~하다.
yelpig'ich *ot.* 부채; 선풍기, 송풍기.
yelpimoq *fe'l.* 부채로 부치다, ~에 조용히[살살] 불어주다, 바람에 날리다.
yelpitmoq *fe'l.* (방 등에) 공기를 유통시키다, 환기하다, 신선한 공기로 정화하다[원기를 돋구다].
yelqanot *sif.* 빨리 나는.
yem *ot.* 낟알, 곡물, 곡류, 알곡, 마초, 꼴, (가축의) 사료; ~ bermoq (가축에) 꼴을 주다
yemak *ot.* 식품, 식량; 영양물, 식사, 식사 시간; 한 끼(분); kechki ~ 만찬, 저녁 식사
yemakxona *ot.* 식당(가정·호텔의 정식 식사의), 대식당(정찬용)
yemirilmoq *fe'l.* 1) 파괴하다; 파멸[황폐]시키다; 못쓰게 하다; 2) (물결·흐름이) 떠내려 보내다, 씻어 내리다, 휩쓸어가다
yemirmoq *fe'l.* 1) 파괴하다, 부수다, 분쇄하다; 소실(消失)시키다; 2) (계획 따위를) 헛되게 하다, 실패하게 하다.
yemiruvchi *sif.* 파괴적인, 파괴주의적인; 파멸적인.
yemish *ot.* 음식, 식사, 한 끼(분)
yemishlik *ot.* 1) 식품, 식량; 영양물; 2) 완고, 강퍅, 고집, 끈질김; 완고한 언행.
yemlamoq *fe'l.* (도살하기 위하여) 살찌우다; (땅을) 기름지게 하다; yemlab boqish 살찌다, 비옥해지다.
yemoq *fe'l.* 섭취하다, 먹다, 마시다, 흡수하다; sovuq ~ 얼다, 동결[빙결]하다; gam ~ 뒤를 둘러보다.
yem-xashak *ot.* 먹이, 꼴, 마초, 말[소]먹이; ~ ekinlari 마초, 꼴, (가축의) 사료
yeng *ot.* 1) 소매, 소맷자락; ~ shimarib ishga kirishmoq 소맷자락을 걷어 올리고 일을 했다; 2) 가지, 분지(分枝); 가지 모양의 것; 3) 집, 가옥, 주택, 저택.
yengib bo'lmas kuch 불가항력
yengil avtomobil 승용차
yengil *sif.* 가벼운, 경량의, 경쾌한, 민첩한, 재빠른, 용이하게, 쉽사리; ~ ish 가볍고 간단한 작업;~ avto- mobil 자동차; ~ taletika 필드 및 트랙 육상경기; ~ qilmoq 밝게 하다, 비추다.
yengilashmoq *fe'l.* (~을) 가볍게 내려놓다; 가볍게 내리다, 속력을 늦추다.
yengilashtirmoq *fe'l.* 가볍게 하다, (손)쉽게 하다, (짐을) 가볍게 하다(덜다)
yengilik *ot.* 밝음; 밝기; 빛깔이 엷음[옅음, 연함].
yengillamoq *fe'l.* 축소하다; 작아지다, 줄다; 감소[저하]하다.
yengillanmoq *fe'l.* (부족한 점을 고쳐) 개량하다, 개선하다; 향상시키다
yengillatmoq *fe'l.* (손)쉽게 하다, (짐을) 가볍게 하다; (배 따위의 짐을) 덜다.
yengilmas *sif.* 정복할 수 없는, 무적의; 극복할 수 없는.
yengilmoq *fe'l.* 정복하다, 공략하

Y

다
yengiltak *sif.* 머리가 어찔어찔한, 몽롱해진. 경솔한, 들뜬; 하찮은, 보잘 것 없는, 시시한; 바보 같은; ~ xotin 요염한 여자, 교태를 부리는 여자.
yengiltaklik *ot.* 가벼움, 민첩, 기민; ~ bilan 가볍게, 살짝, 가만히.
yengli *sif.* 소매 있는, 소맷자락; uzun ~ koylak 긴 소맷자락 있는 옷
yenglik *ot.* 팔찌, 팔장식, 완장
yengmoq *fe'l.* 이기다, 쟁취[획득]하다.
yer egaligi 토지소유지
yer haqidagi huquq 토지법
yer haqidagi kodeks 토지법전
yer hosildorligi 토지 생산성
yer kadastri 토지대장
yer kodeksi 토지법
yer maydonidan doimiy foydalanish huquqi 토지항구이용권(법인 및 개인)
yer maydonidan foydalanish hu- quqi 토지이용권
yer maydonini umrbod meros olish huquqi 토지영구사용권(개인)
yer maydonlari chayqovchiligi 땅 투기
yer mulki 토지 소유권
yer osti 광물 자원, 지하자원
yer osti boyliklaridan foydalanish to'lovi 자원이용료
yer osti qazish ishlari gaz kon- larini qazish ishlari 가스 생산지 개발
yer *ot.* 1) 지구, 대지, (암석에 대하여) 흙, 땅, (각종) 토양, 토질; 장소; ~ shari 지구의(儀), 천체의(儀); ~ olchovi 측량사[기사]; ~qimirlash 전율, 떨림.
yer rentasi 토지임차료, 지대(地帶)
yer ro'yxati 토지대장(土地臺帳)
yer shari 지구(地球)
yer solig'i 토지세
yer usti bekati 지상관제 센터
yerdagi aloqa 육상교통
yerdan foydalanish 토지이용
yerga egalik huquqi 토지소유권
yerga haq to'lash 토지비용(토지세, 임대비용, 매입비용등)
yerga oid 토지의
yerlarni tubdan yaxshilash, me- lioratsiya 개선
yerli *sif.* 지주의, 토지 소유의.
yerlik *ot.* 주민, 거주자.
yerni ijaraga berish 토지임대
yerosti boyliklari haqida qonun 자원법
yerosti *sif.* 지하의, 지중의, 땅속; ~ yo'l 터널, 굴; 지하도.
yersiz *sif.* 토지가 없는, 땅[부동산]을 소유하지 않은; 육지가 없는.
yersizlik *ot.* 토지의 부족.
yerto'la *ot.* 참호, 호, 지하 엄폐호, 지하호; 방공[대피]호, 지하실, 땅광, 움.
yeryong'oq *ot.* 땅콩, 낙화생(落花生), 남경두(南京豆), 호콩(胡-), 피넛(peanut).
yetakchi 순서상 첫 번째라는 표시(First Bill of Exchange)
yetakchi *ot.* 지도, 선도, 지휘, 통솔.
yetakchilik *ot.* 지도, 지휘(력), 지도(력); 통솔(력), 리더십.
yetar 충분한; ~하기에 족한, 할 만큼의; siz uchun shu ham ~ 당신에게 충분하다.
yetarli darajada yuk ortmaslik 적재미달
yetarli *sif.* 충분한, 족한
yetar-yetmas 거의, 대체로, 대략, 약; besh tonnaga ~ nok terdik 우리는 대략 서양배 5톤을 다듬었다.
yetilmoq *fe'l.* 익다, 원숙하다, 곪다.
yetim *ot.* 고아, 양친이 없는 아이, 어버이 없는 것; ~ bo'lib qolmoq 고아가 되다.
yetimlik *ot.* 고아의 신세[몸], 고아임; 고아원, 고아(孤兒)
yetimvachcha *ot.* 고아, 양친이 없는 아이; (드물게) 부모 중 한 쪽이 없는 아이; (비유) 보호[편

의]를 박탈당한 사람.
yetishmoq *fe'l.* 도달하다, (목적·소원을) 달성하다, ~에 달하다; (명성·부귀 따위를) 획득하다, 손에 넣다.
yetishmovchilik *ot.* 결점, 단점, 모자라는 점, 결핍, 부족, 결함; 약점; 흠, 결손.
yetishmovchilik, tanqislik 부족
yetishtirish 재배, 경작
yetishtirmoq *fe'l.* 기르다; 사육[재배]하다; 육성하다.
yetkazib berish 배달, 운송, 송달, 인도
yetkazib berish muddatini uzaytirish 인도일 연기
yetkazib berish roziligi 공급합의
yetkazib berish shartnomasini bajarishga bir tomon bosh tortishi 인도인 행위 일방적 거절
yetkazib berish, ta'minot 공급(供給), 배달
yetkazib bermaslik 인도불이행
yetkazilgan yukni olish 인도의 수령
yetkazilgan zarar to'lovi 손해배상, 비용보전
yetkazilgan zararni qoplash 손해배상
yetkazilgan ziyon to'lovi 손해배상
yetkazish muddatining o'zgarishi 인도일 변경
yetkazish oralig'i 공급간격
yetkazish *ot.* 인도, 교부; 출하, 납품; (재산 등의) 명도(明渡), 배달; 전달, ~편(便)
yetkazishni kechiktirishi 인도지체
yetkazmoq *fe'l.* 수출하다, 인도하다, 교부하다, (물품·편지를) 배달[송달]하다, 필요품을 주다, 공급[지급]하다; chet elga mahsulotlarni yetkazib bermoq 외국으로 상품을 수출하다.
yetmish *num.* 70, 일흔; 일흔 살.
yetmishinchi *num.* 제 70의, 일흔째; 70분의 1.
yetmoq *fe'l.* 와락 붙잡다, 움켜쥐다, 잡아채다, 강탈하다
yetti *num.* 일곱, 7, 일곱 개[사람]; 일곱 살, 일곱시; ~ o'lchab bir kes 실행하기 전에 잘 생각하라; 유비무환; ~ yillik 7년
yettilik *ot.* 7 명의 그룹, 7인조 그룹.
yettinchi *num.* 제 7, 일곱 번째, (달의) 7일; 제7의, 일곱(번)째의; 7분의 1의.
yettita *num.* 일곱, 7, 일곱 개[사람]; 일곱 살; 일곱의, 일곱 개[사람]의; 일곱 살인
yettov *num.* 일곱 사람; ~imiz ham 우리의 모두 일곱
yetuk *sif.* 익은, 성숙한; 잘 발육[발달]한; 다 익은(술 따위); ~ tilshunos 유명한 언어학자, 외국어에 능한 사람
yetuklik *ot.* 성숙; 원숙; 기회가 무르익음; 곪음. ~ attestati 졸업증명서
yevrobozor 유로시장
yevroharakat 유로주식
Yevropa *ot.* 구라파(歐羅巴), 구주(歐洲), 유럽(육대주의 하나. 동쪽으로 우랄 산맥을 경계로 아시아 대륙과 접하고 있으며 나머지 삼면이 지중해·대서양·북극해와 면하고 있는 거대한 반도 모양의 대륙. 유럽 주.)
yevropacha *rav.* 구라파로, 유럽의 습관, (풍습, 버릇; 풍, 식); ~ kiyim 유럽풍의 옷
yevropalik *ot.* 유럽사람, 구라파사람
yeyilmoq *fe'l.* 지우다, 훔쳐[씻어] 내다; 말살[삭제]하다; (추억·인상 따위를) 지워 버리다[없애다]
yeyimlik *ot.* 식품, 음식, 먹는 것.
yeyishli *sif.* 맛이 있는, 맛있는, 맛좋은; 향기로운; ~ zamburuq 식용에 적합한 버섯, 식용의 양송이.
yig'i *ot.* 울; 삼출(滲出), 흐느낌, 목메어 울기; ~dan to'xtamoq 울음을 그치다; ~dan to'xtatmoq 흐느낌을 그치다
yig'ilish *ot.* 모임, 회합, 집회, 집

합.
yig'ilishmoq *fe'l.* 그러모으다, 모으다, 거두어들이다.
yig'ilmoq *fe'l.* 모으다; 모이다.
yig'im *ot.* 수확, 소출, 소득.
yig'in *ot.* 회담, 협의, 의논, 회의, 협의회.
yig'iq *sif.* 모은, 모인, 빽빽하게 찬, 밀집한
yig'ish *ot.* 집합, 소집, 설치, 설비, 가설
yig'ishtirish *ot.* 정돈하다, 말끔하게 치우다, 깨끗하게 하다, 청소하다
yig'ishtirmoq *fe'l.* 그러모으다, 모으다, 거두어들이다. 모으다, 수집하다.
yig'i-sigi *ot.* 고함, 환성; 우는 소리, 짖는 소리, 울음소리; 흐느껴 욺; 함석 따위를 말 때 나는 소리.
yig'lamoq *fe'l.* 1) 눈물을 흘리다, 울다, 비탄[슬퍼]하다; okirib ~ 고함치다, 소리지르다, 외치다; 2) 불평하다, 우는 소리하다, 한탄하다
yig'latmoq *fe'l.* 울리다, 울게하다.
yig'loq *sif.* 울보, 겁쟁이, 우는 소리를 늘어놓는 사람; ~ bola 우는 아이.
yig'ma 1) 접는, 접을 수 있는, ~ stul 접는 의자; 2) 접는 식의; ~ uy 제조하다; 조립하다; (부품을) 규격대로 만들다
yig'moq *fe'l.* 1) 그러모으다, 모으다, 거두어들이다; 2) ~을 옮기다, 움직이다, 이전[이동]시키다; 3) (조금씩) 모으다, (재산 따위를) 축적하다; (악의 따위를) 부풀리다.
yig'uv *ot.* 수집, 채집, 모은
yig'uvchi *ot.* 수집가, 채집가, 모은 사람 soliq ~ 수세(收稅) 관리
yig'im vaqtida hosilning nobud bo'lishi 수확 과정에서의 농작물 손실
yig'ish yo'nalishi 조립 라인
yig'lish 모임, 회(會), 회합(會合), 집회(集會), 회취(會聚), 미팅 (meeting)
yig'lish, majlis, kengash 회의 모임
yig'ma mablag' 자본금, 자본
yig'ma mablag'dagi ulush 출자 지분
yigirma *num.* 20; 20개[사람]; 20개 한 벌의 것; 20의; 20개[사람]의.
yigirmanchi *num.* 제 20; 스무번째의 것[사람]; 20분의 1; (달의) 20일, 제 20의; 20분의 1의; ~ asr 20세기; ~ bet 20페이지, 이십 쪽; ~raqam 20번
yigiruv *sif.* 방적(의), 방적업(의).
yigiruvchi *ot.* 실 잣는 사람, 방적공; 방적기, 짜는 사람
yigit *ot.* 젊음, 원기; 혈기; 젊은이, 청년.
yigitcha *ot.* 젊은이, 청년, 풋내기, 애송이.
yigitchilik *ot.* 젊음, 발랄함, 청년.
yigitlik *ot.* 젊은, 발랄한, 청년의; 젊은이 특유의.
yil *ot.* 연(年), 해(1월 1일에 시작하여 12월 31일에 끝남); bu ~ 올해, 금년; oquv ~i 학년; o'tgan ~i 지난해, 작년; kelasi ~ 내년, 다음해; ~ bo'yi 일년내내, 한해동안
yilbay *rav.* 매년, 해마다, 1년에 한번.
yildirim *sif.* 번개의; 재빠른, 전광석화의; 전격적인.
yilg'un *ot.* 위성류(渭城柳) 관목 (수풀.덤풀)
yilgi *sif.* 일년의, 일넌에 설진, 일년마다의, 예년의; 1년 1회의. o'tgan ~ 지난해의; har ~ 일년마다의.
yillab *sif.* 여러 해 동안
yillik balans 연간 대차 대조표
yillik balansni tuzish 연간 결산 작성
yillik hisoblash 연말결산하디
yillik hisobot 연말결산보고서, 연간 보고서
yillik hisobot, = ma'lumot 연간 결산

Y

yillik moliyaviy hisobot 연말결산
yillik *sif.* 기념일의, 기념제의; 매년의, 일년의, 일년에 걸친, 일년마다의, 예년의; 1년 1회의.
yillik to'lov 연봉(年俸)
yillik tovar aylanishi 연간 매출
yillikhisobot va hisob balanslarini tas- diqlash 재무제표의 승인
yilnoma *ot.* 연대기(年代記); 역사
yilqi *ot.* 호스헤드(말머리꼴의 두레박, 우물식 유정(油井)의 상부구조).
yilqibon *ot.* 호스헤드(말머리꼴의 두레박, 우물식 유정(油井)의 상부구조).
yilqiboqar *ot.* 대가리를[끝을] 자르는 사람
yilqichi *ot.* 말의 종축(種畜), 말 번식하는 동물[식물]
yilqichilik *ot.* 말의 번식(양식(養殖)), 말의 품종 개량, 육종.
yilt: ~etmo 번쩍이다, 빛나다; 확 발화하다[불붙다], 타오르다.
yiltiramoq *fe'l.* 빛나게[번쩍이게] 하다; 비추다; 번쩍번쩍하다, 빛나다.
yiltirash *ot.* 반짝임, 번뜩임, 섬광, 깜박임, 어렴풋한 빛, (새벽 따위의) 미광(微光); 번득 비침.
yilt-yilt: ~ qilmoq 반짝반짝 빛나다, 반짝이다.
yiqilish *ot.* 높은데서 아래로 떨어지다.
yiqilmoq *fe'l.* 1) 떨어지다, 낙하하다; (꽃·잎이) 지다, (머리털이) 빠지다; 2) (건물·지붕 따위가) 무너지다, 붕괴하다, 내려앉다; (풍선·타이어 따위가) 찌부러지다, 터지다.
yiqitmoq *fe'l.* 뒤집어 엎다, 타도하다, 무너뜨리다; 헐다, 파괴하다; (정부 따위를) 전복시키다, (제도 등을) 폐지하다.
yiqorilik *ot.* 높이, 키, 고도, 표고, 고지, 산
yirik miqdorda savdo qilish 옵션거래
yirik shirkat 대기업
yirik *sif.* 큰, 넓은; ~ sanoat 대사업, 대규모의 산업.
yiriklamoq *fe'l.* 크게 하다, 확대[증대]하다; (건물 등을) 넓히다, (책을) 증보하다.
yiriklashish 거대화
yiring *ot.* 고름, 농(膿), 농액(膿液), 농즙
yiringlamoq *fe'l.* 곪다, 화농(化膿)하다
yiringlash *ot.* 화농(化膿), 궤양; 진무름.
yiringli *sif.* 고름의, 화농성(化膿性)의, 곪은, 썩는, 상하는.
yiroq *sif.* 먼, 떨어진, 먼 곳의; 인가에서 떨어진, 외딴
yiroqlashmoq *fe'l.* 물러가다, 칩거하다.
yiroqlik *ot.* 먼, 먼 곳, 외딴, 원거리, 먼 데; (그림 등의) 원경(遠景).
yirqichlarcha *rav.* 약탈하는; 약탈을 목적으로[일로] 삼는; 약탈[착취]로 살아가는
yirtiq *sif.* 찢어진, 잡아 찢는, 쥐어뜯는; ~ botinka 찢어진 구두.
yirtiq-yamoq *ot.* 누더기 옷, 너무 찢어진, 넝마, 지스러기.
yirtmoq *fe'l.* 찢다, 째다, 잡아 뜯다, 비틀어 뜯다; ko'ylagini ~ 자신의 의복을 찢다; xatni ~ 종이를 잘게 찢다.
yirtqich *sif.* 육식수(肉食獸)[조(鳥)], 맹수[맹금]. 약탈자; 육식동물; ~ qush 육식조; ~ hayvon 육식동물.
yirtqichlik *ot.* 야생동물, 강탈하는 것; 욕심 많은 것, 탐욕[게걸]스러운 것.
yo *cj.* 혹은, 또는, ~이나~ ~ 또는 ~, ~거나[든가] 또는 ~거나[든가]
yoboruvchi 발신인
yod I *ot.* 기억, 회상, 추상; 기억력; ~ga olmoq 생각해내다, 상기하다; ~dan bilmqo
yod II *ot.* 요오드(할로겐족 원소의 하나. 금속 광택이 있는 암자색의 비늘 모양의 결정체. 성질은 염소 및 브롬과 비슷함. 요오드화물로서, 바닷말류(類)나 해산 동물에 들어 있음. 각종

물감·소독· 의약 등에 널리 씀. 옥소(沃素), 옥도(沃度) [53번: I: 126.9045]).
yodgor *ot.* 기념비, 기념 건조물, 기념탑, (역사적) 기념물, 유적.
yodgorlik *ot.* 기억, 기억력, 회상, 추억.
yodlamoq *fe'l.* 외우다, 기억하다, 암기하다; 명심하다.
yodlash *ot.* 외움, 암기, 기억, 명심.
yodli *sif.* 요오드의, 옥소의, 옥도의; ~ eritma 요오드의 용해.
yog' *ot.* 버터, 지방, 비계, 지방질; (요리용) 기름; hayvonlar ~i 동물지방.
yog'du 빛, 광선, 광속, (전자총에서 가늘게 발사되는 것 같은) 전자류(流); oy~si 달빛.
yog'ilmoq *fe'l.* 내리다, 떨어지다, 낙하하다; (꽃·잎이) 지다, (머리털이) 빠지다.
yog'ingarchilik *ot.* 나쁜 상태; 악성(惡性); 불운, 반칙, 파울.
yog'ish *ot.* 오다, 비 내리다
yog'lamoq *fe'l.* 기름 바르다, ~에 기름을 바르다[치다].
yog'li *sif.* 지방이 많은, 기름이 오른; ~ ovqat 기름투성이의, 기름기 많이 있는; 기름기 풍부한.
yog'moq *fe'l.* 내리다, 떨어지다, 낙하하다; (꽃·잎이) 지다; qor yog'yapti 눈이 내리다
yog'och *ot.* 나무, 목재, 무판 tol ~ 버드나무(수목·재목)
yog'ochsoz *ot.* 가구 제조업, 목공업.
yog'simon *sif.* 름[유질(油質)·유성(油性)·유상(油狀)]이, 기름칠한[투성이의], 기름에 담근; (피부가) 지성(脂性)의.
yog'och-qog'oz mahsulot 임업 및 제지업 생산품
yoki *cj.* 혹은, 또는, ~이나~ ~ 또는 ~, ~거나[든가] 또는 ~거나[든가]
yol *ot.* (사자 말 따위의) 갈기; (갈기 같은) 머리털.
yolchimoq *fe'l.* 충분히 가지고 있다.
yolg'iz, = o'zi 혼자
yolg'iz *sif.* 유일한, ~만[뿐]의, 단지, 그저, 다만; 전혀
yolg'izlik *ot.* 고독(孤獨), 홀로 삶; 외로움.
yolg'on *sif.* 거짓말, 거짓, 진실이 아님, 허위; ~ gapirmoq 거짓말을 하다.
yolg'onchi *ot.* (악의 없는) 거짓말쟁이
yolg'onchilik *ot.* 허위(성), 기만성; 불신; 거짓말; 잘못.
yolg'ondakam 허위(성), 기만성; 불신; 거짓말; 잘못.
yolg'onlik *ot.* 허위(성), 기만성; 불신; 거짓말; 잘못.
yolg'on ko'rsatma 허위진술
yolg'on, aldov, aldash 사기, 기만
yollamoq *fe'l.* 고용하다, 신병[새 회원]을 들이다[모집하다], 신병[신회원]으로 보충하다[만들다].
yollanma *sif.* 채용하는, 고용하는, 모집하는 (*sotqin*) ~ ishchi 임금근로자 고용
yollash 고용, 임대
yollash bo'limining mudiri 고용 담당 매니저
yollash shartnomasi 용선계약
yollash, ijaraga olish 중간 정도 기간에 걸친 자산 임대
yollovchi 부동산 중개인
yolvormoq *fe'l.* 원하다, 간청[부탁]하다.
yomg'ir 비(雨)
yomg'ir *ot.* 비, 강우(强雨), 우천(雨天); 빗물; ~ yog'moq 비가 오다; kuchli ~ 억수, 호우; momaq- aldiroqli ~ 천둥을 수반한 일시적 폭풍우, (심한) 뇌우(雷雨); to'xtab- to'xtab yog'adigan ~ 이따금씩의, 때때로의, 임시의, 예비의; ~ maydalab yog'yapti 이슬비, 보슬비, 가랑비; ~ suvi 빗물
yomg'irli *sif.* 비오는, 우천의; 비가 많이 내리는, 비올 듯한, 우기(雨氣)[비]를 품은; ~ fast 장마철, 우기; ~bulut 비구름
yomg'irposh *ot.* 말불버섯, (민들레의) 깃 모양의 씨.

Y

yomg'irsiz *sif.* 비가 안 내리는, 건조하기 쉬운, 맑은.
yomg'irsizlik *ot.* 가뭄, 한발, 건조.
yomon *ot.* 나쁨, 흉함, 좋지 않음, 불량함
yomon nom qozonish 낮은 지명도
yomon *sif.* 나쁜, 사악한, 흉악한; ~ xabar 나쁜 소식, 불행한 소식.
yomonlamoq *fe'l.* 나쁘다, (지위·특권·재능·호의 등을) 남용하다, 오용하다, 악용하다.
yomonlashish 악화(惡化)
yomonlashmoq *fe'l.* 나쁘게 하다; 열등하게 하다, (가치를) 저하시키다; 타락시키다; mamlakatlar o'rtasidagi aloqa yomonlashib qoldi 나라의 관계가 나쁘게 되었다
yomonlik *ot.* 해(害), 해악, 손해, 손상
yomonlovchi *ot.* 중상, 비방; 구두(口頭) 비난, 명예 훼손, 나쁜 사람.
yon 옆, 곁, 가; 양쪽, 양쪽곁; 측(側), 옆쪽, 옆면, 측면(側面), 옆댕이
yon bosish 양보, 감가, 양도
yon daftarcha 수첩
yon *sif.* 쪽, 측, 측면, 면(앞뒤·좌우·상하·안팎); ~idan 옆길, 인도, 보도.
yonar *sif.* 타기 쉬운, 가연성의, 연소성의; 격하기 쉬운; ~ tog 화산 같은 폭발력이 있는 것
yon-atrof *ot.* (주위) 환경, 주위의 상황.
yonbag'ir *ot.* (경사지, 경사면, 비탈; 스키장; tog ~i 산의 경사면.
yonbosh *ot.* 산중턱; 사면, 비탈; binoning o'ng ~i 빌딩의 우측 옆.
yonboshlamoq *fe'l.* 옆으로 눕다
yondamala 옆길, 인도, 보도.
yondamasiga *rav.* 45도 각도로, 비스듬히(기울어); 부정하게; 완곡하게, 간접으로, 에둘러서.
yondatmoq *fe'l.* 접근하다, 다가오다.
yondirilmoq *fe'l.* 불태우다, ~에 불을 지르다; 흥분시키다, 격하게 하다.
yondirmoq *fe'l.* 다 써 버리다; 소비하다, 소모하다, 불태우다; yondirib yubormoq 난로 따위가) 타오르다, 달아오르다
yondmoq *fe'l.* 나란히 (서) 있는.
yondosh *sif.* 접근한, 인접한, 부근의.
yong'in *ot.* 화재, 불 화염; 연소(燃燒); ~ni o'chirmoq (빛·불 따위를) 끄다; 화재를 소화시키다, 진화하다.
yong'oq *ot.* 1) 견과(호두·개암·밤 따위); 2) 호두나무; ~ magzi 호두열매
yong'indan sug'urta qilish 화재보험(火災保險)
yong'indan yetgan zarar 화재피해
yonilg'i quyish shahobchasi 주유소
yonilg'i *ot.* 연료; 신탄(薪炭), 장작, 가연물, 인화성 물질; ~ qorishmasi 혼합가스.
yoniq *sif.* 불타는(듯한), 열렬한; 뜨거운; 강렬한.
yonma-yon (공간·시간적으로) 가까이, 접근하여, 인접하여.
yonmoq I *fe'l.* (불·연료가) 타다; (물건이) (불)타다, 눋다; 타 죽다.
yonmoq II *fe'l.* (본래의 장소·상태·화제 따위로) 되돌아가다, 돌아가[오]다.
yonoq *ot.* 뺨, 볼, 양볼; ~ suyagi 광대뼈
yonuvchan *sif.* 뜨거운, 더운, 열렬한; 불타는 (듯한); 격렬한.
yopilish 마감, 영업종료
yopilmoq I *fe'l.* (눈을) 감다, (문·가게 따위를) 닫다, (우산을) 접다; (책을) 덮다; (통로·입구·구멍 따위를) 막다, 차단하다, 메우다; (가게·사무소를) 폐쇄하다, 휴업하다; derezani yoping 창문을 닫다.
yopilmoq II *fe'l.* 굽다, (벽돌 따위를) 구워 굳히다, 구워 말리다;

Y

yangi yopilgan non 빵을 굽다.
yopinchiq ot. (보통 소매가 없는) 외투, 망토, 덮는 것, 가면.
yopinmoq fe'l. 닫히다, (눈을) 감다, (문·가게 따위를) 닫다, 접다; (책을) 덮다
yopintirmoq fe'l. 1) 덮다, 씌우다, 싸다, 덮어 가리다, 감추다; 2) 숨기다, 감추다; 비호[보호]하다.
yopiq 비공개의
yopiq aktsiyadorlik jamiyati 비공개회사
yopiq fond 참여자 수가 제한된 펀드
yopiq I sif. 닫은, 닫힌, 밀폐한; 폐쇄한; 비공개의; 배타적인; 업무를 정지한; 교통을 차단한; ~ majlis 모임의 폐쇄(차단); ~ derazalar 창문을 닫다; ~ eshiklar 문을 닫다; ~ xona 방을 폐쇄.
yopiq II ot. 말에 입히는 옷, 말의 덮게.
yopiq kim oshdi savdosi 비공개경매
yopiq obuna o'tkazilishi 주식비공개모집
yopiq ovoz berish 비밀투표
yopiq sud majlisi 비공개재판
yopiq sud majlisidagi ish 비공개사건
yopiq sud majlislarida muhokama qilish 비공개심리
yopiq tanlov 비공개입찰
yopiq tizim 폐쇄 시스템
yopiq turdagi aktsiyadorlar jami- yati ot. 폐쇄형 주식회사
yopiq turdagi iqtisod 폐쇄 경제
yopiq turdagi nominativ aktsiya ot. 폐쇄형 기명주
yopiq unlilar 폐모음
yopiq, o'zgarmaydigan, aylanmay- digan, muomalada bo'lmagan val- yuta 교환불가능통화, 역내통화.
yopiqli sif. 감춰진, 덮인, 차폐된; 지붕[뚜껑]이 있는; 모자를 쓴.
yopishmoq fe'l. 1) 달라붙다, 들러붙다, 점착[부착, 유착]하다; 2) 접하다, ~에 인접[이웃]하다.
yopishqoq sif. 붙은, 끈적[끈끈]한, 들러붙는, 점착성의; ~ malham 반창고; ~ bola 문제 아이.
yopishqoqlik ot. 끈적[끈끈]한 것, 들러붙는 것, 점착성
yopishtirmoq fe'l. 아교[접착제]로 붙이다, 교착시키다; 고착[접착]시키다, 꼭 붙이다, 붙이다; marka ~ 우표를 붙이다.
yopmoq I fe'l. 닫다, (점포·공장 따위를) 일시 폐쇄하다, 폐점[휴업]하다; eshikni ~ 문을 닫다; majlisni ~ 모임을 해지하다.
yopmoq II fe'l. (빵 따위를 직접 불에 대지 않고) 굽다, 구워 말리다; non ~ 빵을 굽다
yoppasiga rav. 모두 다, 전부(全部), 모조리; ~ ish tashlash 총파업
yoppa-yolg'iz 오직, 겨우, 단지; ~만[뿐]
yopqich ot. 숄, 어깨 걸치개, 덮개, 씌우개, 장막, 포장, 휘장; ot ~i 말에 입히는 옷.
yoq 없다
yoqa I ot. 칼라, 깃, 접어 젖힌 깃.
yoqa II ot. 둑, 제방; (강·늪 따위의)가, 기슭, (둑 모양의) 퇴적, 덮쳐 쌓임.
yoqalab rav. ~을 따라, ~을 끼고, ~와 나란히, (~의) 곁[옆]에[을]; (~에) 가로[옆으로] 대어; (~의) 뱃전에. daryo ~ ketmoq 강을 끼고 지나다.
yoqalamoq fe'l. 1) 움켜잡다; 잡아채다; 붙잡다, (기회 따위를) 놓치지 않고 잡다; 2) ~을 따라 가다, ~을 끼고 가다.
yoqalashmoq fe'l. 싸우다, 드잡이하다, 난투하다, 허둥대다, 갈팡질팡하다.
yoqilg'i shahobchasi 주유소
yoqilg'i, benzin 휘발유, 벤진
yoqilg'i ot. 연료; 신탄(薪炭), 장작.
yoqilg'i 연료(燃料)
yoqilmoq fe'l. 1) 점등(點燈)하

Y

다, 불을 붙이다; 2) 밝게 하다, 밝아지다.
yoqimli *sif.* 사람의 마음을 끄는; 매력적인, 애교있는.
yoqimlilik *fe'l.* 매혹하다, 호리다, 황홀하게 하다; 기쁘게 하다.
yoqimsiz *sif.* 불쾌한, 기분 나쁜, 싫은.
yoqimtoy *sif.* 예쁜, 귀여운, 잘 생긴, 미모의, 아름다운(얼굴 따위).
yoqlama *sif.* 측(側)[면, 변]이 있는; bir ~ 한쪽으로 치우친, 불공평한; ikki~ 양옆으로
yoqlamoq *fe'l.* 막다, 지키다, 방어[방위]하다, (타이틀)의 방어전을 하다.
yoqli: bir ~qilmoq ~을 결심〔결의〕하다.
yoqmoq I *fe'l.* 불을 붙이다
yoqmoq II *fe'l.* ~의, 마음에 들다, 기쁘게 하다, 만족시키다
yoqtirmoq *fe'l.* 좋아지다, 사랑하다; 사모하다, ~에 반해 있다.
yoqut I 루비; 홍옥(紅玉); (손목시계의) 보석, 사파이어, 청옥(青玉).
yoqut II *ot.* 야쿠트 사람(동부 시베리아의 터키 인종의 일파); ~ tili 야쿠트어(語).
yor *ot.* 연인, 애인.
yor-birodarlar *ot.* 벗, 친구.
yordam *ot.* 도움, 원조, 구조; 조력, 거듦; tibbiyot ~i (*emergency*) 응급 치료[처치]; texnik ~ 기술원조.
yordam puli 보조금, 조성금
yordam puli, subsidiya 보조금
yordam, ko'mak 도움, 지원, 원조
yordamchi 보좌역
yordamchi bo'lim 지원부서
yordamchi bog'lovchi qo'shimch- alar 보조용언
yordamchi fe'l 보조 동사
yordamchi *fe'l.* 도움이, 조수, 보좌역, 보조자, 보조물; direktor ~si 사장 보좌관; kapitan ~si 상대.
yordamchi fe'li ~ 하다 (동사류)
yordamchi fe'llar 조동사(助動詞), 도움 움직씨, 보조동사(補助動詞: 독립하여 쓰이지 못하고 본동사(本動詞)의 뒤에 붙어 그 풀이를 보조하는 동사)
yordamchi materiallar 장식재, 보조재
yordamchi qo'shimchalar 보조사(補助詞: 격(格)과는 아무 관계없이 체언·부사·활용 어미 뒤에 붙어서 다만 그 성분에 어떤 뜻을 더하여 돕는 조사. '당신부터가', '그 사람부터를'에서 '가'·'를' 따위. 보조 조사. 특수 조사.)
yordamchi sanoat 부업
yordamchi sifatlar 보조형용사
yordamlashmoq *fe'l.* 도와주다, 원조하다, 돕다, ~을 거들다.
yorilmoq *fe'l.* 쪼개다, 찢다; (둘로) 쪼개어 가르다; 분열시키다; ~에 금을 내다, 떼어놓다.
yorinqich *ot.* 발광체(특히, 태양·달 따위); (인공의) 조명등; (비유) 선각자, 지도자, 유명인, 기라성(綺羅星); osmon ~lari 천체
yoriq *ot.* 틈, 쪼개(지)기, 찢(어지)기, 쪼개진[갈라진] 금[틈]; 흠.
yorishmoq I *fe'l.* 밝아지다, (물·공기 등을) 맑게 하다, 깨끗이 하다, (하늘을) 맑게 하다.
yorishmoq II *fe'l.* (세로로) 쪼개지다, 갈라지다, 찢어지다.
yoritilmoq *fe'l.* 반짝이게 하다, 빛내다.
yoritish *ot.* 조명(법), 조명도, 밝음, 광명, 광휘, 빛남.
yoritmoq *fe'l.* 조명하다, 밝게 하다, 비추다; ~에 등불을 밝히다.
yorliq 라벨, 스티커, 태그
yorliq 중앙은행의 단기 채권(3개월~4년)
yorliq *ot.* 라벨, 레테르, 딱지, 쪽지, 꼬리표, 부전(附箋); (표본 따위의) 분류 표시.
yorma 1) 탄[간] 귀리[밀]; 2) 알갱이로 이루어진; 과립상(顆粒狀)의; bugdoy~si 금이 간, 깨진; (맷돌 등에) 탄(보리 따위).
yormoq *fe'l.* 1) 팍팍 찍다, 자르다, 빼개다, 잘게[잚게] 자르다,

Y

잘라 만들다(도끼·식칼 따위로); (고기·야채 따위를) 저미다, 썰다; otin~ 나무를 찍다; 2) (숨겨졌던 것을) 드러내다; 알리다, 누설하다, 폭로하다, 들추어내다.

yorqin *sif.* 빛, 광선; 햇빛; 낮, 대낮; 새벽; ~ misol 빛나는, 번쩍이는; 화려한; 뛰어난, 반짝 띄는; ~ kun 쾌청한 날씨.

yorqinlashmoq *fe'l.* 밝아지다, 반짝이다, 빛나다.

yorqinlik *ot.* 빛남, 밝음; 휘도(輝度), 광도; 선명, 산뜻함; 총명, 영특; 표정 등의 밝음.

yorug‘ *sif.* 발광체, 광원; 태양, 천체. 등불, 불빛; 횃불; 등대; oy ~ida 달밤에; ~ xona 밝은 방; yuzi ~odam 죄에서 자유로운 사람

yorug‘lashmoq *fe'l.* 밝아지다, 반짝이다, 빛니다.

yorug‘lik *ot.* 광선, 밝음, 광명, 광휘, 빛남 ; ~ tolqinlari 파장; kunduzgi ~ 일광; (암흑에 대하여) 밝음, 낮; 새벽.

yosh I 나이, 연령; u mendan uch ~ kichik 그는 나보다 세 살 어리다; otam o‘ttiz sakkiz ~da 나의 아버지는 38세이다; u necha ~da? 그는 몇 살입니까?; ~i qaytgan kishi 그는 노인이다; Otamning ~i elliklarga borib qolgan 나의 아버지는 약 50세이다; o’ttiz ~lar chamasidagi kishi 그 남자는 약 30이다; ~ini yashab, oshini oshagan kishi 그는 오래 산다, 그는 아주노인이다; u hali ~ 그는 아직 젊다; ~gina qiz 젊은 소녀; ~ chog‘imda 내가 젊었을때; u mendan ~ 그는 나보다 어리다; sen mendan kora ~roqsan 당신은 나보다 어리다; kolxozchi ~lar 젊은 농부

yosh II *ot.* 눈물, 비애, 비탄, 눈물방울; uning kozlarida ~ keldi 그의 눈에서 눈물방울이 떨어지다; ~ tokmoq 그녀의 눈물.

yosharmoq *fe'l.* 젊어지다, 젊어지게하다.

yoshartirmoq *fe'l.* 도로 젊어지게 하다, 활기 띠게 하다.

yoshga nisbatan cheklov 나이제한

yoshga oid tuzilish 연령 구조

yoshiga ko’ra cheklash 나이 제한

yoshlamoq: *fe'l.* kozini ~ 눈물을 흘리다, 울다, 비탄[슬퍼]하다

yoshli I 나이, 년령, 살, 세; uch ~ bola 세살된 어린이

yoshli II *sif.* 눈물 어린(눈 따위); 눈물이 헤픈; 눈물을 자아내는, 슬픈(소식 따위)

yoshlik *ot.* 청년기, 청년 시절, 청춘기; 초기의 시대.

yostiq *ot.* 베개; 베개가 되는 물건(쿠션 따위); bir ~qa bosh qo‘- ymoq 결혼하다.

yostiqcha *ot.* 쿠션, 방석; (쿠션) 베개.

yot *sif.* 1) 그 외에, 그 밖에, 달리, 그 위에; ~ unsur 요소, 성분; 2) 외국의, 이국(異國)의, 낯선, 눈에 익지 않은

yotiq *sif.* 수평의, 평평한, 가로의; yotig'i bilan 부드럽게; 상냥하게, 너그럽게, 관대히; ~ chiziq 수평의, 평평한, 가로의.

yotishmoq *fe'l.* ~에 가까이 가다, ~에 접근하다.

yotlik *ot.* 1) 모르는[낯선] 사람; 2) 멀리하다, 소원(疎遠)케 하다, 이간하다, 불화(不和)케 하다

yotmoq *fe'l.* (사람·동물 따위가) 눕다, 드러[가로]눕다, 누워 있다; 엎드리다, 자다; kasalxonada ~ 입원하다.

yotoq *ot.* 침대, 침실

yotoqxona *ot.* 호스텔; 숙박소

yotqizmoq *fe'l.* 누이다, 가로 눕히다.

yov *ot.* 원수, 적(敵), 적대자, 경쟁[대항]자

yovg‘on *sif.* 고기 또는 지방 없이 요리할 수 있는(요리하여 먹을 수 있는 (것))

yovgarchilik *ot.* 증오, 적의; 불화, 반목

yovlamoq *fe'l.* 싸우다, 다투다,

Y

티격나다, 불화하게 되다.
yovlashmoq *fe'l.* (적·사람의 신체·주의·언동 따위를) 공격하다, 습격하다; 비난하다.
yovon *ot.* 들(판), 벌판; 논, 밭, 목초지.
yovuxlik *ot.* (적극적인) 악의, 해할 마음, 적의(敵意); 원한.
yovuz *sif.* 악한, 사악한; 부정(不正)의, 불의(不義)의; 악의 있는.
yovuzlarcha *sif.* 야만스레, 난폭하게.
yovvoyi *sif.* 야생의, 자생(自生)의, 야만의, 미개한; 미개인의; ~ it 야생의 개, 들개; ~ uzum 야생 포도.
yovvoyilashmoq *fe'l.* (동물이) 사나운, 길들지 않은, (잡초 등이) 무성한, 우거진.
yovvoyilik *ot.* 야생; 황폐; 난폭, 무모; 방탕; 황야, 황야, 황무지, 사막, 미개지.
yoy *ot.* 활, (악기의) 활; ~ qurmoq (악기의) 현(絃), (활의) 시위.
yoyandoz *ot.* 활잡이, 궁술가
yoyilmoq *fe'l.* 펼치다, 펴다, 전개하다, 늘이다
yoyiq *sif.* 펼친, 퍼져 있는, 퍼진, 평면의; sodda ~ gap 간단한 문장.
yoyish *ot.* 펼친, 퍼짐, 전개, 확장.
yoyish stanogi 압연기
yoymoq *fe'l.* 1) 펴다, 펼치다, 전개하다, 늘이다; 2) 매달다, 걸다, 늘어뜨리다, 내리다
yoysimon *sif.* 아치형의, 활[반달] 모양의; 홍예가 있는.
yoz *ot.* 여름, 여름철; otgan ~ 지난여름.
yozgi *sif.* 여름에, 여름(철)의, 여름철에 알맞은; 여름 같은; ~ istirohat 여름철의 방학.
yozib bergan kishilarga chek bo'yicha to'lovni to'xtatib qo'yish 개인수표 지불 정지
yozilmoq *fe'l.* 1) (글자·말·책·악보 등을) 쓰다, 기록하다, ~이라고 쓰다; ~에 써 넣다; 2) 기록부, (출생·선적 등의) 등록[등기]부; to'garakka ~ 원의 순환(循環)
yozishma *ot.* 복사(의), 등사(의).
yozishmalar maxfiyligi 서신교환의 비밀(헌법상 보장되는 권리 중 하나)
yozishmoq *fe'l.* 부합[일치]하다, 조화하다
yozlik *sif.* 여름(철)의, 여름철에 알맞은; 여름 같은.
yozma *sif.* 서면의, 서류상으로
yozma dalillar 서증
yozma iltimosnoma 서면신청
yozma kelishuv 서면동의
yozma *sif.* 문자로 쓴[된], 필기의, 서면으로 된, 성문의; ~ ish 답안지를 작성하다; ~ ravishda 쓴, 씌어 있는; 서면으로, 써서
yozmish 제비; 제비뽑기, 추첨; 제비를 뽑아 배당[당첨]된 물건, 당첨.
yozmoq I *fe'l.* 쓰다, 기록하다, ~이라고 쓰다; ~에 써 넣다; yozib olmoq 기록부, (출생·선적 등의) 등록[등기]부.
yozmoq II *fe'l.* 펴다, 펼치다, 전개하다, 늘이다
yozuv 기입, 공식문서
yozuv *ot.* 손으로 쓴 글, 자체(字體); ~ mashinasi 타이프라이터, 타자기.
yozuv stoli 책상
yozuvchi *ot.* 시인, 저자, 작가, 저술가.
yozuv-chizuv *ot.* 쓰기, 씀, 집필, 저술.
yubiley *ot.* 희년(禧年), 요벨[안식]의 해; 기념일, 기념제; 주년제, 주기(周忌), 기일.
yubilyar *ot.* 영웅의 기념일
yubka *ot.* 희문(戱文); 짧은 희극 가벼운 풍자[농담]; 빈정댐, 비웃음.
yuborilmoq *fe'l.* 발송했다, 보냈다.
yuborish *ot.* 보내다; 발송; 송신[송전].
yuborish, jo'natma 우편 발송
yubormoq *fe'l.* 1) 보내다, (편지·

사자 등을) 급송하다; 급파[특파]하다; 파병하다; 2) xato otkazib~ 실수하다, 잘못 생각하다.; 3) (*pochta orqali*) 이멜, 우편, 통신
yuboruvchi *ot.* 발송인(發送人), 발송자, 보내는 사람
yugoslav *ot.* 유고슬라비아
yugurdak *ot.* 도와주는 사람, 사용인, 고용인, 하인, 시중드는 사람, 간호사, 수행원.
yugurish *ot.* 달리기, 경주, 달리는, 달리면서 하는; 경주(용)의.
yugurmoq *fe'l.* 달리다, 뛰다
yugurtirilmoq *fe'l.* 달리게 시키다
yugur-yugur 혼잡, 북적댐, 활기 넘치는 북적거림.
yuk 여객 수화물, 화물
yuk aylanishi, oboroti 화물 이동량
yuk deklaratsiyasi 화물신고서
yuk jo'natuvchi 송하인
yuk ko'tara olishlik imkoniyati 화물적재 용량
yuk ko'tarish qobiliyati, tonnaj 선박의 적재통수
yuk kvitantsiyasi 화물 수령증
yuk kvitantsiyasi, hujjati 화물 수취증
yuk miqdori 화물내역
yuk og'irligi 화물중량
yuk ortish porti 선적항
yuk *ot.* 적하(積荷), (특히 무거운) 짐
yuk qabul qiluvchi 화물 수취인
yuk tashish 항공화물
yuk tashish hisobi 교통비(交通費)
yuk tashish uchun foiz 운임
yuk tashishning oshishi 교통량 증가
yuk tashuvchi ma'suliyati 운송인의 책임
yuk tekshiruvi 짐 검사
yuk tushirish 하역, 짐내림
yuk tushirish porti 하역항, 양하항
yuk uchun bojxona deklaratsiyasi (*huj- jatlari*) 세관화물신고서
yuk yuboruvchisi 화물발송인(發送人)
yukka qo'shib yuborilgan hujjat 송장, 화물 인도서
yuklama *ot.* 미립자, 분자, 극히 작은 조각
yuklamoq *fe'l.* (짐을) 싣다, (사람을) 태우다; (탈것이 승객·짐을) 태우다, 싣다.
yuklar ortiladigan joy 선적 작업장
yuklarni sug'urtalash 적하보험
yuklash uchun ruxsat 선적(船積)
yuklashdagi kamchiliklar 선적오차
yuklatilmoq *fe'l.* 가득 싣다
yuklov, yuklama 부담
yukni atshish haqida shartnoma 화물운송 계약
yukni berishga bojxona ijozati 화물 통관
yukni bojsiz olib kirishga ruxsat 면세수입 허가
yukni bojxonadan o'tkazish 화물의 세관 통과
yukni olib kirish uchun boj to'lovi 수입관세
yukni ortib bo'lmoq 화물 선적, 발송
yukni qabul qiluvchi 수하인(受荷人)
yukni tushirish 하역, 화물발송
yukni tushirish tartibi 하역절차
yukni yetkazib berish joyi va muddati 인도의 장소 및 시기
yukning maksimal og'irligi 화물 최대중량
yuksak *sif.* 높여진, 높은; 숭고[고결]한, 고상한.
yuksaklik *ot.* 높다, 높이, 키; 고도, 표고.
yuksalish *ot.* (지위·신분 따위의) 고위, 높음, 고귀; 탁월
yuksalmoq *fe'l.* 일어서다, 일어나다.
yuksaltirmoq *fe'l.* 발전시키다, 발달시키다
yularcha 몇 백이나; 많이.

yulduz *ot.* 별, 항성(亢星)
yulduzli *sif.* 별이 많은, 별빛이 밝은 밤의, 별처럼 빛나는; 별을 총총히 박은; 별 모양의; ~ kecha 별빛이 밝은 밤
yulg'ich *ot.* 착복, 유용, 횡령(죄), 좀도둑.
yulmoq *fe'l.* 1) 끌어내다, 떼어놓다; 빼내다, 뽑아내다; 2) 할퀴다, 긁다; (몸에) 할퀸 상처를 내다; (가려운 곳을) 긁다; (땅을) 긁어 구멍을 내다.
yum *ot.* 흪; 흐느낌, 목메어 울기
yumalamoq *fe'l.* (공·바퀴 따위가) 구르다, 굴러가다, 회전(回轉)하다.
yumalatmoq *fe'l.* 굴려 가다, 실어나르다; 탈것[산륜(散輪), 굴림대]로 옮기다.
yumaloq *sif.* 둥근, 원형의; 구상(球狀)[원통형, 반원형, 호상(弧狀)]의; ~ stol 원형 테이블, 둥근 탁자.
yumdalamoq *fe'l.* 할퀴다, 긁다; (몸에) 할퀸 상처를 내다; (가려운 곳을) 긁다; (땅을) 긁어 구멍을 내다.
yumilmoq *fe'l.* (문 따위가) 닫히다; (꽃이) 오므라들다; 중지하다, (사무소 따위가) 폐쇄하다, 폐점하다; (극장이) 휴관하다; (적·밤·어둠 따위가) 다가오다, 몰려[밀려] 오다
yummoq *fe'l.* (눈을) 감다, (문·가게 따위를) 닫다; (우산을) 접다; (책을) 덮다; (통로·입구·구멍 따위를) 막다, 차단하다, 메우다; (가게·사무소를) 폐쇄하다, 폐점[휴업]하다.
yumshamoq *fe'l.* 부드럽게[연하게]하다.
yumshatilish, yumshoq talaffuz etish 구개음화
yumshatmoq *fe'l.* 부드러워지다, 유연해지다, (마음이) 누그러지다, 나약해지다, 온화해지다; 연해져[약해져] ~이 되다.
yumshoq *sif.* 부드러운, 유연한, 폭신한, 매끄러운, 보들보들한, 촉감이 좋은.
yumshoq tanglay 연구개음(軟口蓋音: 연구개와 혀의 뒷부분에서 내는 자음 또는 반모음; ㄱ·ㄲ·ㅇ· ㅋ 등. 여린입천장소리. ↔경구개음)
yumshoq unlilar 음성모음(陰性母音: 발음이 어둡고 어감이 큰 모음. 우리 말의 'ㅓ·ㅕ·ㅔ·ㅖ·ㅜ· ㅠ·ㅝ·ㅞ·ㅟ·ㅡ·ㅢ' 등)
yumshoqlik *ot.* 부드러운[연한] 물건[부분]; 부드러움; 연함.
yumuq *sif.* 닫힌, 밀폐한; 폐쇄한; 비공개의; 배타적인; 업무를 정지한; 교통을 차단한.
yumush *ot.* 일, 작업, 노동; 공부, 연구; 노력; (해야 하는) 일, 업무, 과업.
yum-yum: ~ yig'lamoq 눈물을 줄줄 흘리며 울다, 대성통곡하다.
yung *ot.* 양털, 울(산양·알파카의 털도 포함) (*material*); 털, 머리카락, 머리털; 몸의 털; 한 오라기의 털 (*molniki*).
yunoncha *ot.* 그리스(사람), 그리스어, 그리스식. 그리스풍.
yupanchiq *ot.* 위로, 위안, 위안이 되는 것
yupatmoq *fe'l.* (분노·흥분을) 진정시키다; 달래다; 가라앉히다, (사람·생물 감정을) 안정시키다, 달래다, 위로하다; 진정시키다, 가라앉히다. (*bolani*)
yupqa *sif.* 얇은, 가는, 굵지 않은
yupqalik *ot.* 희박; 가늚; 야윔; 빈약; 박약.
yuqmoq *fe'l.* 달라붙다, 들러붙다.
yuqori 1) 위쪽의, (둘 중) 위편의, 상부의; (비교적) 높은[위쪽의]; ~dagi 전술한, 상기(上記)의; 2) 높은, 높이가 ~인[되는]; 3) 손위의, 연상의 (*lavozim*)
yuqori darajada qulay shart-sharoitlar 최대로 유리한 조건
yuqori darajada qulay vaziyat 호황(好況)
yuqori darajali o'zgaruvchan 가치가 늘 급하게 변하는 유가
yuqori e'tiborga ega 높은 지명도
yuqori foydalilik tamoyili 한계수익의 법칙
yuqori malakali 고도로 숙련된

yuqori malakali kadrlar 고도로 숙련된 인력
yuqori marka 유명 브렌드
yuqori nuqta, shift (대부) 최대 한계
yuqori qavat 위층
yuqori samarali istiqbol 장미빛 전망
yuqori sifatli 고품질의
yuqori sifatli mahsulot 고품질 제품
yuqori sud 상급법원
yuqori texnologiyali mahsulot 하이테크 제품
yuqori tezlikda olib o'tish 특송 서비스
yuqori unlilar 고모음
yuqorilamoq *fe'l.* (산 따위에) 오르다, 등반하다, (연기 따위가) 오르다; (해·달이) 떠오르다; (막이) 오르다.
yuqtirmoq *fe'l.* 1) (손발, 인격, 명성 따위를) 더럽히다; 2) ~에 감염시키다; ~에 병균을 전염시키다.
yuqumli *sif.* 전염하는, 접촉 감염성의, 전염질의.
yuqumsiz *sif.* 비전염의, 비감염의.
yurak *ot.* 심장, 가슴, 흉부, 마음
yurakli *sif.* 용감한; 훌륭한, 화려한; 멋진
yuraksiz *rav.* 겁 많은, 비겁한; 두려워하는, 겁내어, 비겁하게.
yurgizmoq *fe'l.* 움직이다, 이동시키다, 옮기다, ~을 바람에 쐬다, 통풍하다. *(soatni buramoq)*
yuridik shaxs 법인(法人: 자연인이 아니고 법률상으로 인격을 인정받아서 권리 능력을 부여받은 주체. 공법인(公法人)과 재단 법인·사단 법인 같은 사법인(私法人)의 두 종류가 있음. 무형인(無形人). ↔자연인.)
yuridik shaxs a'zosi 법인기관
yuridik shaxs ishga yaroqliligi 법인의 행위능력
yuridik shaxs makoni 법인소재지
yuridik shaxslar yagona davlat ro'yxati 법인등기부
yuridik shaxsni yo'q qilish 법인해산
yuridik *sif.* 재판상의, 사법상의; 법원의; 법률상의; 재판관 직무의, 판사직의.
yuridik, huquqiy 법적인
yurish *ot.* 1) 움직이다, 이동시키다, 옮기다.; 2) 가다, 걷기, 보행; 산책
y u r i s p r u d e n t s i y a , huquqshunoslik 법학
yurist *ot.* 법률가; 변호사
yurmoq *fe'l.* 걷다; 걸어가다, 산책하다, 헤매다 (*piyoda*)
yurt *ot.* 고국, 모국, 조국.
yurtdosh *ot.* 같은 시대 사람, 동국인, 동포, 동향인; 한 지방의 주민[출신자].
Yustitsiya vazirligi, Adliya vazir- ligi 법무부(法務部)
yutilmoq *fe'l.* 들이켜다, 삼키다, 꿀꺽 삼키다, 먹어 치우다, (써)없애다, 다 써버리다
yutinmoq *fe'l.* 삼키다, 마시다, 들이켜다
yutish 흡수, 합병
yutmoq *fe'l.* 먹어 치우다, (써)없애다, 다 써버리다
yutqizish *ot.* 잃음, 분실, 상실, 손실, 손해; 손실물[액, 량]
yutqizmoq *fe'l.* 잃다, 분실하다, 상실하다
yutuq *ot.* 1) 성취, 달성, 업적, 위업, 공로; 2) 상품, 상, 상금.
yutuqli: ~ zayom 복권 뽑기; 추첨; 운.
yuvilmoq *fe'l.* 씻다; ~의 얼굴[손, 발]을 씻다; 빨다, 세탁하다, (상처 따위를) 정결하게[깨끗이] 하다; (죄 따위를) 씻어 깨끗이 하다; 정화[숙청]하다.
yuvinmoq *fe'l.* 얼굴(과 손)을 씻다, 목욕하다
yuvintirmoq *fe'l.* 얼굴(과 손)을 씻어주다; 목욕시켜주다
yuvmoq *fe'l.* 씻다, 깨끗하게 하다[되다], 정결[말끔]히 하다, 청소하다; 세탁하다; (이·신을) 닦다.
yuvosh *sif.* 고요한, 조용한, 온화한, 바람이[파도가] 잔잔한.
yuvundi *ot.* 씻은 물, 씻는 물.

yuvundixo'r *ot.* 사용인, 고용인, 하인, (제복을 입은) 종복(從僕), 아첨꾼.
yuvuqsiz *sif.* 말끔하지 않은, 단정치 못한, 게으른; 흐트러진, 너저분한, 어수선한, 난잡한.
yuz I *ot.* 얼굴, 얼굴 모습, 얼굴 표정; ~ tuzilishi (이목구비 따위) 얼굴의 생김새; aytishga ~i chidamaydi 그가 말하는 것은 난처하게 하는 것이다
yuz II *num.* 백, 100, 100개; 100명; 100살, 100의, 100개의.
yuza *ot.* 표면, 외면, 외부, 면(面); ~ga chiqarmoq (*yoki keltirmoq*) (소망·계획 따위를) 실현하다, 현실화하다.
yuzaga kelish 발생(發生)
yuzaki *rav.* 성장하고, 야회복으로, 형식적인, 표면적인, 외견상의, 겉수작뿐인.
yuzasidan *prep.* ~에 관하여, ~에 대하여.
yuzbermoq *fe'l.* 일어나다, 생기다.
yuzboshi *ot.* 장(長), 두령, 대위, 백부장, 중대장, 선장, 함장, 정장(艇長), (배의 각부서의) 장(長); (민간 항공기의) 기장(機長).
yuzinchi *num.* 100번째(의), 100분의 1(의)
yuzlab 몇 백이나; 100에 대해, 100분의.
yuzlanmoq *fe'l.* 전회하다, 선회하다; (진로·방침·정세 등의) 180도 전환, 전향.
yuzlashmoq *fe'l.* 정면으로 마주보다; 맞부딪치다.
yuzli 얼굴, 얼굴 모습, 얼굴[면]을 가진; 표면을 덮은 [긁어낸]; oq ~ 하얀 얼굴.
yuzma-yuz 정면으로 마주보는; 맞부딪치는, 정면으로 맞서서; 직면하여; ~qilmoq ~에 직면하다, ~와 마주 대하다; ~와 만나다
yuzsiz 뻔뻔스러운, 철면피의, 염치없는; 건방진, 뻐기는, 거만한, 무례한.
yuzsizlik *ot.* 뻔뻔스러움, 후안(厚顔), 몰염치; 건방짐, 건방진 언동.
yuzta *num.* 100의 양(量), 100개의 량.
yuztalik *num.* 100의, 100개의, 수백의.
yuztutmoq *fe'l.* ~에 면하다, ~을 향하다
외어서 알다, 암기하여 알다.
yo'l *ot.* 길, 도로, 통로, 진로; 가도, 공도; 가(街); katta ~ 고속도로; temir ~ 기차 길, 철도; tohs ~ 조행도로; ~ haqi 운임, 찻삯, 뱃삯; 통행료; taraqqiyot ~i 발전의 행로
yo'l, yo'nalish 길, 통로(通路), 통행로(通行路); 도로(道路), 항로(航路), 길거리, 가두(街頭), 가도(街道), 가로(街路), 로드(road), 루트(route), 진로; 가도, 공도; ~ 가(街);
yo'la: bir ~ 동시에; 일제히
yo'lak *ot.* 통로, 샛길; 수로, 항로; 출입구, 복도, 회랑(回廊)
yo'lamoq *fe'l.* ~에 가까이 가다, ~에 접근하다.
yo'lbars *ot.* 범, 호랑이.
yo'lboshchi 1) 선도자, 지도자, 리더; 2) 장(長), 두령, 지도자; 3) 장(長), 우두머리, 지배자.
yo'lboshchilik *ot.* 안내, 인도; ~ qilmoq 이끌다, 인도[안내]하다, 데리고 가다.
yo'l belgisi 교통표지
yo'l harakati tirbandligi 교통체증
yo'l harakatini avtomatlashtirilgan bosh-qarish tizimi 운송 처리 시스템 자동화
yo'ldosh *ot.* 1) 떼, 일단(의 사람들), 모인 사람들; 친구, 동아리; 2) 종자(從者); 붙어 다니는 사람, 식객. 위성; 인공위성
yo'liqish *ot.* 모임, 회합, 집회, 집합
yo'liqmoq *fe'l.* ~을 만나다, ~와 마주치다; kasalga ~ 감염되다.
yo'lka *ot.* 1) 포장 도로, (특히 포장한) 인도(人道), 보도(步道); 2) 길, 작은 길, 보도(步道); 경주로; 통로

yo‘llamoq *fe'l.* 1) ~의 키를 잡다, 조종하다, (바다·하늘을) 항행하다, (배·비행기를) 조종[운전]하다; 2) 미리[앞서] 보내다
yo‘llanma *ot.* 1) 허락하다, 허가하다, 인가하다; turmushga ~ 인생의 출발; 2) 부르다, ~를 소리내어 부르다, 불러일으키다
yo‘lli *sif.* 줄무늬가 있는
yo‘lovchi *ot.* 1) 여행객, 지나가는 사람, 통행인; 2) 승객, 여객, 선객.
yo‘lto’sar *ot.* 자객, 살인 청부업자; 흉악범, 흉한(兇漢), 산적, 노상강도, 도둑; 악당(한)
yo‘lto’sarlik *ot.* 잔인한 살인강도.
yo‘l-yol *sif.* 줄무늬 있는, 줄무늬가 있는.
yo‘l boji 도로 통행료, 통행세
yo‘l cheki 여행자 수표
yo‘l cheklari 여행자 수표책
yo‘l harakati qoidasi 도로 교통 수칙
yo‘l solig’i 도로세, 도로이용료
yo‘l, katta yo‘l 길, 루트, 경로(經路), 통로(通路), 통행로(通行路); 도로(道路), 항로(航路), 길거리, 가두(街頭), 가도(街道), 가로(街路), 로드(road), 루트(route)
yo’lovchi tashish haqida shartnoma 승객운송계약
yo‘lchi *ot.* 도로 건축(업)자, 건설자.
yo’q qilish kvotasi huquqi 잔여재산분배청구권
yo’qlab olinguncha 요구불
yo’qotish, ayrilish 손실, 결핍(缺乏)
yo’riqnoma 매뉴얼, 설명서
yo‘nalish *ot.* 방향, 경향, 풍조, 추세; mahalliy ~ 지역의 경향.
yo‘naltirish *ot.* 방향, 방위; 방면, (행동) 방침; 경향.
yo‘naltirmoq *fe'l.* (사람·물건·말·눈·주의·노력 등을) (똑바로) 돌리다, 향하게 하다
yo’nalish *ot.* 선, 노선(line)
yo‘g’on *sif.* 1) 두꺼운; 두께가 ~인; 2) 거친, 껄껄한, 우락부락한, 난폭한; 무뚝뚝한, 퉁명스러운; (소리·목소리가) 굵고 탁한, 몹시 거친
yo‘g’onlashmoq *fe'l.* 두껍다, 살찌다
yo‘g’onlik *ot.* 두께; 두꺼움; 굵음; 굵기; 짙음, 농후; 농도; 조밀; 무성, 밀생(密生).
yo‘q 없다, ~이 아니고[아니라]; ~아닌[않은], 거절, 부인(否認); menda ~ 나는 없다; u bu yerda ~ 그는 여기 없다.
yo‘qchilik *ot.* 결핍, 부족; 불완전; 비열; 불모(不毛); 허약, 병약.
yo‘qlama *ot.* 확인, 조회; 입증, 증명; 실증, (특히 군비(軍備)관리 협정 준수 확인을 위한) 검증, 증거, 근거.
yo‘qlamoq *fe'l.* 매달다, 걸다, 존경[존중]하다, ~을 보살피다[돌보다]; ~을 감독하다; kasalni yoqlab bormoq 병자를 보살피다
yo‘qlik *ot.* 부재, 결석, 결근, 없다; mening yoqligimda 방심, 들뜸
yo‘qlovchi *ot.* 방문자, 내객; 손님, 체류 손님; 관광객. 호출인; 초청인; 소집자.
yo‘qolish *ot.* 소실, 소멸(消滅)
yo‘qotish *ot.* 1) 잃음, 분실, 상실; 2) 면제, 방면, 석방(의 선언); (의무·약속의) 면제, 구제.
yo‘qotmoq *fe'l.* 없어지다, 분실하다, 상실하다, 소실(消失)시키다, 파괴하다.
yo‘rg‘a 측대보(側對步)(말이 같은 쪽 앞뒷발을 동시에 들어 걷는 걸음); 느리게 걷는 걸음(길이); ~ ot (고른 보조로 천천히) 걷는 사람; 보측자; 보조(步調) 조정자; 측대보로 걷고 있는 말
yo‘rg‘ak *ot.* 1) 마름모무늬(의 삼베); 2) 기저귀; 월경대; 마름모무늬가 있는 타월[냅킨](삼 또는 무명제).
yo‘rg‘alamoq *fe'l.* (말이) 측대보로 걷나; (사람이) 천천히 걷다.
yo‘sin *ot.* 방식; 수단, 방법; 행동; 방침, ~투; shu ~da 이런 방식.

yo‘tal *ot.* 기침, 헛기침; ~ dori 기침약

yo‘talmoq *fe'l.* 기침하다, 기침을 하다

yo‘ymoq *fe'l.* 펴다, 펼치다, 전개하다, 늘이다, 누이다, 깔다.

Zz

z 우즈벡어 알파벳 자음의 스물넷째 글자
za'far *ot.* 사프란.
zabardast *sif.* 힘이 센, ~ 이 한; ~ yigit 씩씩한, 강인한, 힘센 남자
zabastovka *ot.* 타격, 스트라이크, 파업, (노동) 쟁의. ~qilmoq 파업하다, 파업에 들어가다, 파업중이다 ~harakati 쟁의 운동
zabon *ot.* (사람의 발성 기관으로서의) 혀, 언어 능력: 말, 이야기, 담화, 수다, 말씨, 말투 (특정민족.지역.나라의) 언어, 국어, 방언; shirin ~ 말솜씨가 좋은, 온화하게 말하는, 설득력이 있는, 아첨을 잘하는, otash ~ 타오르는; 타는 듯한
zabt *ot.* 점령, 정복, 획득, 강탈; 점유; ~ etmoq,qilmoq ~ 정복하다, 공략하다; ~ bilan ~ 화나게 하다, 속타게 되다, 성나게 되다, 짜증나게 하다; ~ etmoq 점령되다
zaburmasal *ot.* 속담(俗談), 격언(格言)
zachot *ot.* 합격점수, ~ topshirmoq 시험을 치르다; ~qo`ymoq 합격점수를 받다(주다).
zadatka *ot. so'zl.* (은행) 예금; 공탁금, 적립금, 보증금, 계약금, 착수금; 증거금, 선금: bermoq ~ 선금을 치르다, 선불하다, 미리 치르다
zafar *ot.* 승리, 전승, 승전, 대성공; 성공한 예, 개가, 업적, 위업; ~topmoq, qozonmoq 승리를 거두다, 이기다, 이겨내다
zafarnoma *ot.* 승리의 기록(연대기)
zag'izg'on *ot.* 까치, 희작(喜鵲: 까마귓과의 새. 인가·촌락 부근에 사는데 머리에서 등까지 흑색, 가슴·배는 흼. 높은 나무 위에 마른 나뭇가지로 둥지를 지음)
zagotovka *tex.* 반제품(半製品), ~chi 상품의 중간제조자, 반제품 제조자
zags *ot.* 신분등록사무소, 등기소, 등록소
zahamt chekmoq *fe'l.* 수고하다, 고생하다, 애써[힘써] 일하다, 고민하다, 괴로워하다
zahar *ot.* 1) 독, 독물, 독약; tutun 증기, 가스, 연무; (자극성의) 발연; ~bermoq 독살[독해]하다; 2) 담즙, 쓸개즙, ~ day, dek 쓴 것, 쓴 맛; ~odam 매서운, 신랄한, 표독스런 사람
zaharlamoq *fe'l.* 독살[독해(毒害)]하다, ~에 독을 넣다[바르다], ongini zaharlamoq ~마음에 해독을 끼치다.
zaharlanmoq *fe'l.* 음독 자살하다
zaharli *sif.* 유독한. 유해한, 독이 있는, ~ til *k.m.* 심하게 비꼬다, 독설을 퍼붓다; ~ gaz 독가스
zahira *ot.* 예비비(豫備費)
zahira fondi *ot.* 법정준비금(회사가 순재산액으로 부터 자본액을 공제한 금액 중 일부를 장래 생길지도 모르는 필요에 대비하기 위하여 회사에 적립해 주는 금액)
zahira fondi *ot.* 예비펀드
zahira hajmi 판매와 재고의 비율 관계
zahira likvidi 유동성예비비(豫備費)
zahira miqdori 재고 유지
zahira, g'amlab olmoq 재고량, 저장물
zahiradagi mablag'larni to'xtatish 재고로 인한 자금 경색
zahiralar to'ldirilishi davriyligi 재고 보충 사이클
zahiralar to'lishi 보유량 비축
zahiraviy kredit 'stend-bay' (rezerbv krediti) 스탠드바이 크레디트(stand-by credit)
zahmat *ot.* 수고, 힘드는 일, 노고, 고생, 신고; ~ chekmay, rohat yo'q 수고가 없으면 이득도

없다.
zahmatkash 임금 노동자; 고생하는 사람.
zahoti *ot.* 순간, 찰나, 단시간; shu ~ 그 순간에, 즉시, 즉각, 하자마자; ko'zi yumilgan ~ 눈을 감자마자…
zaif *sif.* 약한, 무력한, 연약한, 박약한, ~ odam 약한 사람; ~iqtisod (주식·물가가) 떨어질 듯한, 저조한. ~ asar (작품) 내용이 빈약한
zaiflanmoq *fe'l.* 약해지다. 퇴화하다.
zaiflik *ot.* 약함, 미약, 가냘픔; 허약.
zajigalka *ot.* 라이터, 점등[점화]기, 불을 켜는 사람, 점등부(點燈夫).
zakaz = buyurtma I, II
zakot *din.* zyakot
zakovat *ot.* 날카로운 것, 지혜, 예민, ~li 날카로운, 모난, 뾰족한, 예민한
zakuska *so'zl.* 식욕 돋우는 음식, 식전의 음료[술]; 전채(前菜); 식욕 촉진약; yaxna ~ lar 가벼운 식사, 간식
zal *ot.* 홀, 집회장, 오락실, (빈) 장소, 공간, 여지(餘地); 기회; 여유; tomosha ~i 청중[관객]석, 방청석, 강당, 큰 강의실; 공회당; qiroat- xona ~i 독서실
zamazka *ot.* 퍼티(창유리 따위의 접합제)
zambarak *ot.* a) 대포, 평사포(곡사포) 및 박격포와 구별하여; 총, 소총; 엽총; ~총; 권총, 연발 권총; b) 대포의 발사(예포·축포·조포·호포(號砲) 등). c) *sport.* 출발 신호용 총, 스타트.
zambil *ot.* 들것. (들것 식의) 운반기, (2바퀴) 손수레.
zamburug' *ot.* 양송이, 버섯(담자균류(擔子菌類)에 속하는 고등균류의 총칭. 주로 그늘이나 썩은 나무에서 자라며 포자로 번식함. 대부분이 우산 모양이며, 무독한 것은 식용함《송이·석이·밤버섯 등》. 균심(菌蕈).)
zamin *ot.* 지구 .흙, 땅, (각종) 토양, 토지, 대지; ~ hozirlamoq ~의 ~를 두다. ~의 기초를 두다 (세우다)
zamon turlari 시제의 종류
zamon *ot.* 시대, 연대, bir ~ 언젠가, 어느날, bir zamonlarda 꽤 오래 전에, qadim zamonlarda 오랜 옛날에, 옛날의, 고대의, yaqin ~da 최근, 작금; 바로 얼마 전에. (*kelajak haqida*) 머지않아, 가까운 장래에. har zamonda ~ (*kamdan-kam*) 드물게, 좀처럼 ~하지 않는, 가끔; ko`rgan ~ 보자마자, oxir ~ *din.* 최후의 심판일, 세계의 마지막 날; 판결일, 운명이 정해지는 날. (*grammatik*) (동사의) 시제, 시칭; hozirgi, o`tgan, kelasi 현재, 과거, 미래의 시제.
zamona *ot.* 햇수, 연대, 시대 (*vaqt oralig`i*) 연대, 기간, ~ olimlari 동시대의, 동연대의; (그) 당시의 학자들; ~ ketishi ~의 경과 중에, ~동안에; ~ ning zayli bilan ~이란 운명이었다.
zamonaviy texnika 현대기술
zamonaviy *sif.* 최신의, 최근의, 현대[최신]식의, 현대적인, 첨단적인.
zamonaviylashtirish loyihasi 현대화 프로젝트, 재개발 프로젝트
zamondosh *sif.* (~과) 동시대의, 동연대의,; (그) 당시의. ~(와)같은 시대의 (사람); Navoi zamondoshlari 나보이와 같은 시대의 사람**zamzam = zemzem**;
zang *ot.* (금속의) 녹; temirni ~bosdi 철이 녹슬었다, ~bosgan 녹슬어[썩어] 버리다
zang *ot. tib.* 괴혈병(壞血病: 비타민 C의 결핍으로 일어나는 병; 빈혈·쇠약 및 잇몸 출혈 따위의 증상이 나타남).
zanglamoq *fe'l.* 녹나다, 부식하다; (머리 따위가) 둔해지다, 쓸모없이 되다.
zangor(i) *ot.* 하늘색, 담청색, 남빛, 푸른빛 안료; 푸른 하늘, 창공, 푸른빛의, 하늘빛의, 남빛의; ~osmon 푸른 하늘; ~ipak 푸른 비단; ~ekran 텔레비전, *so'zl.*

Z

T.V.
zanjabil *ot. bot.* 생강(生薑: 생강과의 여러해살이풀. 높이 30-60cm, 잎은 어긋나며 피침형, 보통 꽃이 안 피나 따뜻한 곳에서는 황록색의 잔 꽃이 핌. 뿌리줄기는 향신료·건위제로 씀. 생; 새앙; 새양); ~ moyi 생강 기름.
zanjir *ot.* 1) 사슬, 속박; 구속, 구금; 족쇄; soat ~i 회중시계의 쇠줄; eshik ~i 문사슬; itni ~a bog'lamoq 개를 사슬로 매다; ~dan qo'yib yubormoq ~을 사슬에서 풀어 주다, 속박을 풀다, 해방하다; ~ga solmoq 차고를 채우다; 속박[구속]하다; 2) *el. fiz.* elektr ~ 전기회로; 3) *k.m.* (*rishta*) 묶는[매는] 것; 끈, 띠, 새끼; qullik ~i 노예의 사슬.
zanjirband *ot.* 사슬로 맨; ~qilmoq 사슬로 잇다.
zanjirlamoq *fe'l.* ~에 자물쇠를 채우다, 잠그다; ~eshikni 문에 자물쇠를 채우다
zapal *ot. tex.* 퓨즈, 도화선(導火線).
zapravka *ot.* ~에 연료를 보급하는 곳.
zar *ot.* 입힌[바른] 금, 금박, 금가루, 금니; ~ qog'oz 금박; ~do`ppi ~금실로 자수를 한 모자; ~qoplamoq ~에 금[금박]을 입히다, ~을 금도금하다; 금빛으로 칠하다.
zarar = ziyon *ot.* 손해(損害), 손실(損失), 결손(缺損), 손상(損傷); ~ topmoq 손해를[손상을] 입다; ~keltirmoq/ yetkazmoq ~에 손해를 입히다; ~ ko'rmoq/qilmoq 큰 손해를 보다, o'z-o'ziga 자기 자신에게 손해를 주다.
zarafshon *ot.* 금빛나게 비추다.
zarang *ot.* 단풍나무 재목.
zarar etkazilgan joy qonuni 손해발행지법
zarar etkazuvchi *ot.* 가해자(加害者)
zarar o'rnini to'ldiruvchi chora *ot.* 보상적 조치
zarar, etishmaslik, kamyob, defit- sit 적자(deficit), 부족(액) 결손, 불리한 입장[조건]
zarar, yo'qotish, talofat 상실, 손실, 낭비
zararkunanda *ot.* 1) *q.x.* 유해물; 해충, 기생; 2) (*odam haqida*) 파괴[방해] 활동가.
zararli *sif.* 해로운, 해가 되는, (*sog'liq uchun*) 건강에 좋지 않은, 유해한.
zararni qoplash *fe'l.* 손해를 보전하다, 보상하다
zararni qoplash bitimi 보상 거래
zararni qoplashni talab qilish huquqi 손해배상 청구권
zararsiz *sif.* 해가 없는, 무해한; ~dori 무해의 약제.
zararsizlantirilmoq *fe'l.* 해가 없게 하다.
zararsizlantirmoq *fe'l.* 해를 입지 않도록 하다.
zarb *ot.* 한번 치기[찌르기], 일격, 치기, 타; ~ yemoq 멍이 들다.
zarba (바람이) 불다, (*oyoq bilan*) 차기, 걷어차기; (*musht bilan*) 주먹으로 치기, 때리기. erkin ~ (*futbolda*) (공을) 골에 차 넣다; qaqshatqich ~ 녹아웃의, 통렬한(펀치); ~ bermoq 치다, 때리다; ~ni qay- tarmoq 받아넘기다.
zarbof 금실로 무늬를 넣어 짜는 것; ~ to'n 금실로 무늬를 넣어 짠 긴 옷.
zarbxona 조폐국(造幣局)
zarda 1) (*o't, safro*) 담즙, 쓸개즙, 쓸개, 담낭; 2) (*jig`ildon qaynashi*) 가슴앓이; 3) *k.m.* (*jahl*) ~ qilmoq 화를 내다, 짜증나다;
zardo`z 금실로 무늬를 넣어 짜는 사람; ~ lik 자수, 수(놓기)
zardob 1) (*qatiqdan ajralib chiqadigan suyuqlik*) 유장(乳漿: 젖에서 단백질과 지방을 빼고 남은 성분.); 2) (*yaradan chiqadigan suyuqlik*) 농장(膿漿), 피와 같은 액체; 3) *tib.* 장액(漿液); 혈청; 유장(乳漿), 림프액.

zardoli *ot.* 살구, 육행(肉杏); (*daraxt*) 살구나무(장미과의 낙엽 활엽 교목, 높이 5-7m, 초봄에 연분홍 다섯잎꽃이 피고, 둥근 핵과가 여름에 익음); ~qiyom 살구 잼.
zargar *ot.* 금세공인, 은장이;
zarli *ot.* 금으로 자수한 .
zarra *ot.* 미립자, 분자, 극히 작은 조각. zaryadlangan ~lar 하전 입자.
zarracha = zarra *sif.* (*inkor gapda*) 티끌 하나 없이; ~ shubha yo`q 의심이라 티끌만큼도 없다; uning gapida ~haqiqat yo'q 그의 말의 진실이 티끌만큼도 없다
zarur *sif.* 필요한, 없어서는 안 될; ~ hujjatlar 필요한 문서들; ~ Institutga borishishim 대학교에 가야 합니다; ~ish 긴급한, 절박한, 매우 위급한 일.
zarurat *ot.* 필요, 필요성; bunga ~yo`q 필요가 없다.
zaruriy himoyaning oshirib yuborilishi 과잉방위(過剩防衛: 정당방위로서 허용되는 한도를 넘어서 상대편에게 피해를 입히는 행위)
zaruriy muhofaza *ot.* 정당방위(正當防衛: 급박하고 부당한 침해에 대해, 자기 또는 타인의 권리를 방어하기 위하여 부득이 행하는 가해 행위), 긴급방위(緊急防衛),정당방어(正當防禦)
zaruriy narsalar 필요적 기재사항
zaruriyat *ot.* 필수품, 필요
zaryad = zarur; ~at = zarurat
zaryad *harb. fiz.* 장약, 장전, 충전, 전하; portlovchi ~ 폭파 장약; ~ elektr 전하; ~ manfiy 음전하.
zaryadka *ot.* 1) *fiz.* 장진, 충전기, 충전; 전하; (총의) 장전; akkumu- lyatorni ~ qilish 축전지를 충전하다; 2) *sport.* 매일 아침 체조 운동;~ qilmoq 체조를 하다.
zaryadlamoq 충전하다, 전지를 충전하다;
zastava 전초(前硝), 전초 부대[지점], 전진기지; chegara ~si 경계초, 초계기.
zavod *ot.* 공장, 제작소, 제조소; avtomobil ~i 자동차 공장; vino tayyorlash ~i 증류주 양조장; harbiy ~ 군수 공장; g`isht ~i 벽돌 공장; ko`n ~i 무두질 공장; taxta ~i제재소, 목재소, 대형 제재(製材)톱; traktor ~i 트랙터 공장; metallurgiya ~i 야금 공장; neftni qayta ishlash ~i 정유 공장; pivo ~i (맥주) 양조장; samolyot ishlab chiqarish ~i 항공기 공장; sovungarlik ~i 비누 공장; shakar ~i 설탕 공장; oyna ~i 유리 제조공장; chinni ~i 도자기 공장; kimyo ~ 제약 공장; paxta tozalash ~i 방적 공장; moy ~i 착유[제유] 공장;
zavol *ot.* 1) 부패, 부식, 호기적, 감쇠, 쇠미, 쇠약, 쇠퇴, 노후화. ~ga yuz tutmoq 썩다, 부패하다; 쇠미하다. 2) (*zarar*) 손해, 손상.
zavq *ot.* 1) (*rohat*) 기쁨, 즐거움, 쾌감, 만족, ~ olmoq, qilmoq, surmoq 즐기다, (즐겁게) 맛보다, 향락하다, 재미보다; ~bilan eshitmoq 기꺼이, 쾌히 듣다; 2) (*ishtiyoq*) 열심, 열중, 열광, 의욕, 열의; ishga ~ bilan kirishmoq (어떤 일에 대한) 정열을 ,열의를 느끼다[나타내다].
zavqbaxsh *sif.* (사물이) 즐거운, 기분 좋은, 유쾌한.
zavqlanmoq ~을 기뻐하다, ~을 즐기다.
zavqli 열광적인열성적인, 열렬한.
zax *ot.* 습기, 축축한, 습기찬.
zaxira *ot.* 비축(備蓄), 예비; 예비[보존]품; ko`mir ~lari 석탄 의 매장량, o`q-dorilar ~lari 탄약의 매장량, ~qilmoq 저축[저장]하다, ~을 사들이다. ~을 비축해 두다.
zaxiralar mavjudligi 재고 보유
zaxkash (*yerlar*) 늪지대로 변한 땅.
zaxlamoq 축축해지다; 늪으로 만들다.
zaxm *ot.* 1) 부상, 상처, 2) 애탐, 애태움, 화냄, 괴로움, 고민; 3)

tib. 매독.
zayom *ot.* 1) 부채(負債), 채무(債務); 2) 대부(貸付), 대여(돈·물건의). 대부금, 융자; 공채, 차관, davlat ichki yutuq ~i 내국 할증금이 붙은 공채; ~ egasi 공채증서 보유자, 채권자, 저당권자.
zayom chiptasiga ega kishi 유가증권 보유자(有價證券 保有者)
zayom konversiyasi, almashtirish *ot.* 채권 전환
zayomdagi mablag'lar 차입자금
zaytun *ot.* 올리브, 올리브(나무); ~yog`i/ moyi 올리브 오일(유).
zachot *so,zl.* 테스트, 시험, 검사, 고사; ~ topshirmoq 시험을 통과하다.
za'far *ot.bot.* 사프란; 그 꽃의 암술머리(과자 따위의 착색 향미료); 사프란색, 샛노랑
zebo *sif.* 아름다운, 고운, 예쁜(여자).
zebra *zool.* 얼룩말, 화마(花馬), 반마(斑馬: 말과의 짐승. 아프리카 동남부에 분포함. 말 비슷한데 조금 작고, 백색 또는 담황색 바탕에 흑색 줄무늬가 있음. 초원에 떼 지어 살며, 사나워 길들이기 어려움; 털빛이 얼룩얼룩한 말)
zeb-ziynat buyumlari 사치품
zeb-ziynat 꾸밈; 장식품
zefir *ot.* 1) 서풍; 2) *bot.* 양아욱(아욱과의 여러해살이풀. 남아프리카 원산. 높이 30-50cm, 줄기는 튼튼하고 다육질, 잎은 심장형 달걀꼴로 가장자리에 둔한 톱니 모양을 이룸. 여름에 적색·장미색·백색 등의 꽃이 핌. 관상용. 제라늄).
zehn *ot.* 1) 지성, 이지(감정·의지에 대하여). 사고방식, 견해; 심적 경향[특질], 기질; ~ solmoq 숙고하다, 두루 생각하다, 고찰하다: 2) (*fahm*) 기지, 재치, 꾀바름, 위트; ~itez,o`tkir 재치 있는 사람, 재사
zehnsiz *sif.* 이해가 더딘, 머리가 둔한.
zenit *ot.* 1) 천정; 2) (*harb*) 대공 화기, 대공 포화. ~to`pi 고사포.
zerikarli 지루한, 따분한, 싫증나는; 장황한; 끈덕진; dars ~edi 그 강의는 몹시 지루했다.
zerikmoq *fe'l.* 지루하다, 따분하다, 싫증나다; bundan zerikdim 나는 그것에 싫증이 났다.
zeriktirmoq *fe'l.* 지루하게[따분하게, 싫증나게] 하다, 곤란하게 하다; Uning oxiri ~yuq hikoyasi juda zeriktirdi 그의 끝없는 긴 얘기에 진절머리가 난다.
zero *rav.* 왜냐하면, ~이므로[하므로], ~한 이유로, ~ 때문에.
zich *ot.* 밀집[밀생]한; 조밀한. 꽉 찬. klubda odam ~edi 클럽 안에 사람들을 잔뜩 몰아넣다; bu eshik ~ yopilmaydi 이 문을 꼭 닫을 수 없다; ~ aholi 인구 조밀.
zichlamoq *fe'l.* 1) 응축하다, 압축[축합] 하다; 농축하다. 2) (*tex*) 싸다, 꾸리다, 묶다, 포장하다; ~에[을] 채우다, 넣다.
zid *ot.* (*bir-biriga xilof*) 모순된, 양립치 않는, 자가 당착의; 반항적인; (*qarama- qarshi*) bir-biriga ~ ma'lumotlar 서로 모순되는 정보; ~ fikr 반대 의견; 3) ~ bo'lmoq ~에 원한을 품다.
ziddiyat *ot.* 1) 부정; 반박, 반대, 모순, 당착; 2) 악의, 원한, 유한, 증오, 적의.
ziddiyatni hal qilish *ot.* 분쟁 해결
zidlovchi:~bog'lovchi *gram* 반의 접속사
zig'ir *ot.* 아마(아마과의 한해살이풀. 중앙아시아 원산. 높이 1m 안팎. 잎은 어긋나며 피침형(披針形). 늦봄에 벽자색의 다섯잎꽃이 피고, 삭과(蒴果)는 둥글며 황갈색 씨가 열 개 들어 있음. 껍질은 섬유로, 씨는 기름을 짜는 데 씀.); tolasi ~ 아마섬유; moyi ~ 아마 오일.
zikr *ot.* 언급(言及), 진술(眞術), 이름을 듦; ~ qilmoq 말하다, ~에 언급하다, 얘기로 꺼내다, (~의 이름을) 들다; yuqorida— etilgan/ qilingan 앞서 말한, 전술한, 상술한, 위에 말한, 전기의.
zil *ot.* 1) ichdan ketmoq a) 과실, 범죄, (청소년의) 비행; b)

(*qattiq xijolat tort- moq*) 곤란한 처지에 있다; 2) (juda og`ir) 무거운, 중량이 있는;
zilol *ot.* 맑은, 깨끗한; chashma ~ 샘물, 원천; ~ havo 맑게 갠 날씨.
zilzila *ot.* 지진(地震).
zim: ~ bo'lib ketmoq 사라지다, 자태를 감추다; 없어지다, 소실되다, 소멸되다; 실종하다;
zimiston *sif.* 어두운, 암흑의;
zimma *ot.* 의무(義務), 책임(責任); ~ siga olmoq 책임을 지다; ~ siga yuklamoq 아무에게 의무를 지우다.
zina *ot.* 1) (계단의) 한 단; ~ bilan yuqori chiqmoq [위층]으로 가다; ~dan tushmoq 아래층에[으로, 에서]; 계단을 내려가서. 2) (*zinaning poyasi*) 걸음걸이, 발소리; 3) (*bosqich*) 단계, 계제.
zindon *ot.* 토굴 감옥, 지하 감옥; ~ qilmoq/ga solmoq 지하 감옥에 가두다.
zinhor 절대 안 되다. ~ birovga og`iz ochma! 아무에게 절대 입을 열지 마!
zino 간통, 불의: ~qilmoq ~와 간통하다.
zip: ~etib 빠르게, 급히; 곧.
ziq *fe'l.* 괴롭히다; 고생시키다; ~vaqtim 시간이 없다.
ziqna 인색한, 쩨제하게 구는; 빈약한, 불충분한, 근소한. ~lik 인색한, 탐욕스러운.
zira *ot.* 캐러웨이, 커민.
zirapcha *ot.* 가시, 침(針), 극침(棘針), 바늘, 자극(刺棘), 경자(莖刺); ~qo'limga ~ kirdi 손가락에 가시가 박이다; ~ni olib tashlamoq 가시를 빼다.
ziravorlar *ot.* 양념, 조미료(調味料); 고명; 양념감, 양념거리
zirh *ot.* 기갑 부대, 갑옷과 투구, 갑주; ~ lamoq 갑주를 입히다; 장갑하다;
zirillamoq *fe'l.* 1) 떨다, 전율하다, 와들와들 떨다; (건물·땅이) 진동하다; (나무·잎·빛 등이) 흔들리다;2) (*hayiqmoq*) 무섭다. 두려워하다.
zirillatmoq *fe'l.* 떨게 하다, 무섭게 하다.
zirk *ot.* 매자나무속의 식물.
zirqiramoq *fe'l.* 1) (*og`rimoq*) 아프다, 쑤시다; o`ng qo`lim zirqirab og`riyapti 오른쪽 팔이 너무 아프다. 2) (*bezor qilmoq*) 피로하게 하다; 싫증
ziynat *ot.* 장식(裝飾), 꾸밈새, 치레, 장식물(裝飾物); ~bermoq 장식하다. o'ziga ~ bermoq (보석)으로 몸치장을 하다; hayot ~i 사치, 호사, 즐거움, 쾌락, 유쾌.
ziynatli *sif.* 1) 장식한, 2) (*hashamatli*) 빛나는, 훌륭한, 장한. 화려한, 호사한. ~ bino 화려한 건물.
ziyo *ot.* 1) (*yog`du*) 빛남; ~ bermoq 빛나게[번쩍이게] 하다; 비추다; 2) (*ma'rifat*) 정련, 정제, 순화, 세련, 고상, 우아, 품위 있음.
ziyod *sif.* ~이 이상의, 여분의, 덧붙인; ~ yig`ilishga mingdan ~odam keldi 회의에 천 명 이상 사람이 왔다; ~ haddan 과도한, 과대한, 과다한. 지나친, 심한, 엄청난; 무절제한.
ziyoda *sif.* 1) (*ortiqcha*) ~이 이상의, haddan ~ shoshma-shosharlik 급함, 급속, 신속, 성급, 서두름, 허둥댐; 경솔. 2) (*yaxshiroq*) 보다 좋은, ~보다 나은, 보다 많은 [큰].; kutganimdan ham ~roq bo'ldi 생각 보다 더 많았다.
ziyofat *ot.* 대접, 환대; (식사에의) 초대. 연회, 주연, 파티, 축연, 잔치, 향연; ~ qilmoq 대접[환대]하다; 식사에 초대하다; ~elchi sharafiga 대사님을 위해 축연을 베풀다.
ziyoli *sif.* 지적인, 지력의, 지능적인, 지능[지력]을 요하는, 두뇌를 쓰는; Uzbek ~lari 우즈벡 지식계급, 인텔리겐치아.
ziyon *ot.* 손해, 손상; ~ ko`rmoq 손해를 보다. ~ yetkazmoq/keltirmoq ~에 손해

Z

를 입히다; 손상시키다; mayli, ~i yo`q 좋다, 괜찮다.
ziyonchi *ot.* 파괴[방해] 활동가.
ziyonli *sif.* 1) 해로운, 해가 되는. 2) (*savdo*) 이익 없는, 수지 안 맞는, 손해되는; 무익한, 헛된, 불리한.
ziyonsiz *sif.* 1) 해가 없는, 무해한, 악의 없는, 순진한. 2) 수입액이 지출액과 맞먹는; 이익도 손해도 없는.
ziyonsizlik jadvali 손익 분기표
ziyonsizlik, zarar ko'rmaslik 손익 분기점
ziyorat *ot.* 순례; ~ qilmoq 순례를 하다.
ziyoratchi *ot.* 성지, 참배자, 순례자.
ziyoratgoh mol *ot.* 관광지
ziyoratgoh *ot.* 성소, 성지, 신성한 장소.
ziyrak(*fahmi o'tkir*) 머리가 좋은, 영리한; 민첩한, 기지가 있는; ~bola 영리한 아이2) (*sezgir*) 주의 깊은, 신중한, 조심하는, 조심스러운, 방심하지 않는, 경계하는.
zmeyevik *ot.* (*tex*) 코일. (미국 속어) 전기장치, (특히) 축전기, 발전기.
znachok *ot.* 표, 기호, 부호; 표지, 마크; 각인; 2) (*kiyim ustida taqish uchun*) 상표, 기장, 표장.
zolim *ot.* 전제 군주, 독재자; 폭군.
zomin *sif.* 유죄의, ~의 죄를 범한.
zona *ot.* (한대·열대 따위의) 대, 지대, 지역; 지구.
zond *ot.* (*tib*) 소식자, 탐침
zontik ~soyabon 우산.
zoologiya *ot. zool.* 동물학(動物學).
zoopark: hayvonlar bog'i 동물원.
zor *ot.* 1) (*yig'i*) 흐느낌, 목메어 울기. (*nola*) 불평, 찡찡거림, 우는소리; 불평거리, 고충. ~yig`lamoq 흐느껴 울다, 흐느끼다; ~ qaqshamoq 고함치다, 소리지르다, 외치다; 2) ~bo`lmoq ~을 필요로 하다, ~이 필요하다. (*qattiq istamoq*) 열망하는, 간절히 바라는. 간절히 하고 싶어하는; 3) (*iltimos*) 요구, 요망, 의뢰, 소망.
zorillamoq *fe'l.* ~에게 (간)청하다, 졸라대다; ~에게 부탁하다, 빌다, 구하다.
zorlik 필요, 소용, 결핍, 부족.
zot *ot.* 1) (*urug`*) 친족, 친척, 일가. 혈연관계, 동족혈통, 씨족; (*kelib chiqishi*) 일족, 가문; kishilik ~i 인류, 인간, 사람; erkak ~i남성; 2) (*hayvonlar haqida*) 종류, 종족, 품종; 3) (*shaxs*) ~ulug`zot 훌륭한 사람; ~i oliylari 각하; 4) (*qart*) 카드놀이의 으뜸패.
zotan *sif.* 1) (*aslida*) 사실은, 사실상; 2) (*kirish so`zi*) 정확히 말하면; 본래.
zotdor 가계, 계통, 혈통; 가문, 문벌; 명문; (*it haqida*) 순종의; ~mol 순종의 소.
zovur *ot.* 도랑; 개천, 해자, 호, 배수, 방수; 유출.
zoye *rav.* 무위로, 무익하게, 헛되이; ~ bo`lmoq/ketmoq 헛되이 하다, 낭비하다.
zubr *ot. zool.* 들소의 일종.
zud *rav.* 빠르게, 급히; 곧; ~qaytmoq 급히 돌아오다.
zudlik: ~bilan 곧, 바로, 즉시
zulm *ot.* 격렬함, 맹렬함. 폭력, 난폭; 폭행, 강간; ~qilmoq/etmoq 압박하다, 억압하다, 학대하다. 에 중압감을 주다, 괴롭히다, 답답하게 하다. ~tortmoq/chekmoq/ko`rmoq 괴롭다.
zulmat *ot.* 1) (*zimziyo*) 암흑, 검음; 불명료. 2) (*nodonlik*) 무지; 미개; 맹목
zulmkor *ot.* 압제자, 박해자.
zum *sif.* 즉시의, 즉각의; ~bir ~da 순(식)간에. ~bir (*gina*) 잠깐[잠시] 동안, 당장 그때만.
zumrad *ot.* 에메랄드, 취옥.
zumrasha *sif.* 장난을 좋아하는, 장난기가 있는 아이, 개구쟁이;

zuvala *ot.* 굽지 않는 빵, 가루 반죽; 반죽 덩어리; ~qilmoq/yasamoq 반죽하다.
zo'r *ot.* 1) (*quvvat*) 세기, 힘. 체력. 세력; 권력, 실력; 완력; 병력; 2) (*kuchli*) agregat 강한 총수; ~ dori 강한 치료약; ~bo`lmoq 강하다, 강력하다. ~ chiqmoq 이기다; 3) (*harakat,urinish*) 노력, 수고, 진력; ~ bermoq 노력하다, 애쓰다; ~ berib inkor qilmoq 완고하게; 완강히 거절하다. 4) (*ulkan*) 거대한; 막대한. 매우 큰; ~ bino 거대한 건물; a) ~ bilan (*qiinchilik bilan*) 애써서, 고생하여, 간신히; b) (*maj- buran*) 우격다짐으로, 강제력으로.
zo'raki *sif.* 긴장한, 긴장된. 부자연한, 일부러 꾸민; ~tabassum 거짓[억지] 웃음.
zo'ravon *ot.* 위반자, 위배자, 침해자; 모독자; 능욕자.
zo'ravonlik *ot.* 위반, 위배. 방해; 침해, 모독; 폭행, 강간.
zo'riqmoq *fe'l.* 무리를 하다; 지나치게 긴장[노력]하다.
zo'rlamoq *fe'l.* 1) (*majburlamoq*) ~에게 강제하다, 우격으로 ~시키다, 억지로 ~시키다; 2) (*nomusiga tegmoq*) ~에게 폭력을 가하다; (여자에게) 폭행하다.
zo'rlash, nomusiga tegish 강간죄(強姦罪)
zo'bit *ot.* 장교(將校), 사관.
zo'dagon *ot.* 귀족(貴族); 귀족적인 사람; 귀족 정치론자.
zog`ora; ~non 가루로 만든 빵; ~ baliq 잉어(과의 물고기).
zo'rg'a *rav.* 간신히, 겨우; ~ qadam bosmoq 겨우 걷다.

O‘o‘

o‘ 우즈벡 알파벳 스물다섯 째 글자.
o‘gay 내 것이 아닌, 친족이 아닌: ~bola 의붓자식; ~aka 배다른 형제, 이복형제; ~ona 의붓어머니, 계모, 서모; ~ota 의붓아버지, 계부; ~ o‘g‘il 의붓아들[자식]; ~qiz 의붓딸.
o‘girilmoq *fe'l.* (눈·얼굴·등을) ~으로 돌리다; (어떤 방향으로) 향하게 하다.
o‘girilmoq *fe'l.* (성질·외관 따위가) 변(화)하다, 변전(變轉)하다, (변하여) ~이 되다, ~으로 전직하다; (종교적으로) 생활 방식을 바꾸다, 개종하다; 변절하다
o‘git *ot.* 충고, 가르침, 교훈, 훈계; 격언.
o‘jar *sif.* (*odam haqida*) 완고한, 억지센, 강퍅한, 끈질긴; 완강한, 고집 센. 2) (*asov*) 제어할 수 없는, 처치 곤란한, 제멋대로의, 방종한; ~daryo (바람·물결 등의) 거칠게 몰아침, 거칢.
o‘jarlik *ot.* 완고, 완강, 강퍅; 고집, 끈질김; 완고한 언행, (해악·병 따위의) 뿌리 깊음, 고치기 힘듦.
o‘kinmoq *fe'l.* 한탄[개탄]하다, 애도하다; 유감으로 여기다, 뉘우치다, 후회하다.
o‘kinch *ot.* 유감; 후회. 애도, 슬픔, 낙담.
o‘kinchli *sif.* 성가신, 귀찮은, 지겨운.
o‘kirmoq *fe'l.* 1) (*yig‘lamoq*) 울부짖다, 악쓰다, 조소하다. 2) (*baqir- moq*) 고함치다, 소리 지르다, 대갈하다;(*hayvon haqida*) (짐승 따위가) 으르렁거리다, 포효하다
o‘ksik *sif.* 슬픈, 쓸쓸한; 음울한, 우울증; (*qayg‘u*) (깊은) 슬픔, 비탄, 비통.
o‘ksinmoq *fe'l.* (*xafa bo‘lmoq*) 화가 나다, 성나다.
o‘ksitmoq *fe'l.* 성나게 하다; 기분을 상하게 하다; ~의 감정[정의감]을 해치다; ko'nglini ~ 성나게 하다; 기분을 상하게 하다; ~의 감정[정의감]을 해치다
o‘laksa *sif.* 반(半)죽은, 거의 죽은, 빈사의; 아주 지친, 기진한.
o‘lan I *ot.* (식물의) 생장, 발육; 식물, 초목; 한 지방(특유)의 식물
o‘lan II *ot.* 결혼 행진곡; ~aytmoq 결혼축하곡을 부른다.
o‘larmon *sif.* 탐내는, 탐욕스러운; 열망하는, 고집이 센, 완강한, 집요한, 참을성이 강한
o‘lat *ot.* 유행병, 전염병; (사상·전염병 따위의) 유행, 악역(惡疫); 페스트
o‘ldirmoq *fe'l.* 1) 죽이다, 살해하다; 2) (*buzmoq*) 망쳐놓다, 결딴내다, 못쓰게 만들다, 손상하다; ~ ishtahani 식욕을 잃다[잃게 하다]. ~ ohak 생석회.
o‘lguday *rav.* 치명적으로; 숙명적으로, 불가피하게; 불운하게도. 죽을 수 밖에 없는 운명으로, 죽은 것 같은
o‘lguncha *rav.* (병 따위가) 치명적으로, 생사에 관계된; 사투(死鬪)의; 영원한 죽음을 초래하는, 죽음에 이르는, 용서받을 수 없는
o‘lik 1) (*jasad*) 시체, 송장; 2) (*jonsiz*) 생명이 없는; 생물이 살지 않는.
o‘lim 죽음, 사망; ~topmoq 빈사상태에 이르러, 죽다. ~ to‘shagi 죽음의 자리; 임종. ~ jazosi 사형.
o‘lim holatiga sug‘urta 종신보험증서(終身保險證書)
o‘lim holatlari ko‘rsatgichi 사망률(死亡率)
o‘lim jazosi *ot.* 사형(死刑), 극형(極刑), 생명형(生命刑), 대살(代殺), 대명(代命); 물고(物故)
o‘lgan deb e'lon qilsih 사망 선

O

고
ilimtik *ot.* 사육(死肉), 썩은 고기; 불결한[썩은] 물건, 오물.
o'lja *ot.* 1) (*tortib olingan narsa*) 노획물, 전리품; 약탈품, (사업 등의) 이득; 2) (*ovda*) 사냥물, (*baliqch- iniki*) 낚을 것. (*yirtqichniki*) 먹이. 포획; 포식.
o'lka *ot.* 지방, 지역, 지구, 지대, 국토, 나라, 국가.
o'lkashunos *ot.* 지방행정학자.
o'lkashunoslik *ot.* 지방행정연구, 지역연구; ~ muzeyi 지역 민간전승 박물관.
o'lmas *sif.* 죽지 않는, 불후의, 영원한.
o'lmoq *fe'l.* 죽다; 세상을 버리다.(떠나다),눈감다, 하늘나라가다, 사망하다, 돌아가다, 숨이 멎다, 목숨이 끊어지다, 소전하다, 천국가다; och- likdan o'lmoq 아사하다, 굶어 죽다. o'z ajali bilan 천수를 다하다, 자연사하다. o'lay agar! 절대로 죽지 않다.
o'lchash uchun asbob 무게측정기구
o'lchagich *ot.* 계(량)기, 자; 줄치는 기구.
o'lcham *ot.* (길이·폭·두께의) 치수.
o'lchamoq *fe'l.* 1) 재다, 계량[측정, 측량]하다, ~의 치수를 재다; 2) (몸에 맞는지 옷·모자·신발 따위를) 입어 보다[써 보다, 신어 보다](*kiyimni*); (*maqol*) etti o'lchab bir kes 실행하기 전에 잘 생각하라; 유비무환. birovning temperaturasini ~ 아무의 체온을 재다.
o'lchash *ot.* 측정(의), 측량(용(用)의).
o'lchov *ot.* 치수, 분량; 크기, 무게, 길이, 말수(斗數), 도량 단위 (미터·인치·그램·쿼터 따위); 도량법; ~ini olmoq ~의 크기를 재려고하다
o'ch 1) (*qasos*) 보복, 복수, 앙갚음, 분풀이; ~olmoq ~에게 원수를 갚다, 앙갚음[복수]하다; oluvchi 복수자, 보복자; 2) (*chanqoq*) 열망하는, 간절히 바라는, bilimga ~odam 지식욕에 불타는 사람; pulga ~odam 돈을 탐내는 사람.
o'chakishmoq ~와 싸우고 있다, ~와 사이가 좋지 않다.
o'chirmoq 1) (*olovni*) (빛·불 따위를) 끄다; (화재를) 소화시키다, 진화하다. (라디오·전등 따위를) 끄다: 2) (*yozilgan narsani*) ~을 지우게 하다, 3) (*tashkilotdan*) 못 들어오게 하다, 배척하다, 제외[배제]하다; Ovozingni o'chir! 입닥쳐!.
o'chmoq 1) (*olov haqida*) 꺼지다. 2) (*yozuv haqida*) (글자 따위를) 지우다, 말살하다; (*rang haqida*) (*mato,bo`yoq*) 흐릿해지다, 희미[아련]해지다; (색이) 바래다. (*yuz haqida*) 창백해지다. (*unitilmoq*) (추억·인상 따위를) 지워 버리다[없애다.
o'choq 노, 난로; 노변. 노상, 노의 바닥돌; madaniyat ~i (문화·문명의) 중심 지역.
o'marmoq *fe'l.* 와락 붙잡다, 움켜쥐다, 잡아채다, 강탈하다.
o'n *ot. num.* (수의) 10; 10의 기호(x, X); ~ bir 열하나; ~ birinchi 열한 번 째; ~ ikki 열둘; ~ ikkiinchi 열두 번째; ~uch 열셋; ~inchi 열세 번째; ~to'rt (*besh va sh.k*) 열넷; ~inchi 열네 번째; ~ikkiinchi bet 12페이지, 12쪽.
o'naqay *sif.* 오른 손잡이, 오른손잡이 사람, 우측 잡이.
o'ng 1) (*chapning teskarisi*) 오른쪽의, 우측의; ~qo`l 오른손; ~ cho'ntak 오른손의 호주머니; ~ga, ~qo'lga 오른 손으로; u mening ~ qo'lim *k.m.* 그는 나의 심복(믿을 수 있는 사람) 이다. 2) (*kostyum, palto. ning usti*) 바깥쪽의, 외면의; 외부의, 밖의; 표면상의, 외곽만의, 겉모양의; 3) (*siyosat*) 우익(수); 우파, 보수파. ~ partiya 우익(수)의; 우파[보수파]의 정당; 4) (*qulay*) 편리한, 사용하기 좋은[알맞은], 편의한;

O

bu yo`l menga ~roq 이 길은 나에게 더 편리하다. ish o'ngidan kelmoq 성공하다. 5) (*tushning teskarisi*) 진실, 진실성; 본성. 사실, 현실(성). tushi ~dan keldi 꿈에 본 것이 실현되었다. 6) ko'z ~ da (바로) 눈앞[면전]에서. ~ ko'z o'ngi- ga keltirmoq ~눈에 선하다.

o'nglamoq *fe'l.* 바로잡다, 고치다, 정정하다; 첨삭하다; 교정하다, 개정[수정]하다.

o'nglanmoq *fe'l.* 개정[수정]하다; (악습 등을) 교정하다, 고치다, (부족한 점을 고쳐) 개량하다, 개선하다; 향상시키다

o'nglik *ot.* 위로, 위안, 위안이 되는 것, 편리, 편의; (개인적인 편리한) 형편, 편익.

o'ninchi *num.* 10번째, 제10번째의. 10분의 1의. ~ yanvar 1월 10 일;

o'nli *sif.* 십진법의.

o'nta *ot.* (수의) 10; 10의 기호(x, X); ~ kitob 열권의 책.

o'ng'ay *sif.* 1) 쉬운, 힘들지 않는, (말이나 설명 따위가) 평이한; (살림 따위가) 편한, 걱정이 없는; 2) 알맞은; 편리한, 간편한, 능숙한, 솜씨 좋은. 곁에, 바로 가까이에, 가까이 있는 *(foydalanish uchun)*

o'ngaylik *ot.* 편안, 안락, 편함, 편안한, 용이, 쉬움.

o'nqir *ot.* 깊은 구멍; (가로·포장도로 등에 생긴) 둥근 웅덩이.

o'nqir-cho`nqir 울퉁불퉁한 땅; (밖의) 잡초 따위가 우거진 곳. 거친 것;

o'pirilish *ot.* 깨지 하다

o'pirilmoq *fe'l.* (건물·지붕 따위가) 무너지다, 붕괴하다, 내려앉다; ~ ko'prik 다리가 무너지다.

o'pirmoq *fe'l.* 1) 파괴하다. ~ devorni 벽을 파괴하다; 2) (*o'marmoq*) 움켜잡다; 잡아채다; 붙잡다, 훔치다.

o'pish *ot.* 키스, 입맞춤. ~moq (~에) 키스하다, (~에) 입 맞추다.

o'pka I *ot.* (*anatomiya*) 폐, 허파; 폐낭.

o'pka II *ot.* 비난, 질책, 비난의 대상[말]; 치욕의 근원[원인], 불명예, 치욕, 격노, 격분; ~qilmoq 성나게 하다; 기분을 상하게 하다; ~의 감정[정의감]을 해치다

o'pkalamoq *fe'l.* (~의 행위[말]) 때문에 아무에게 성을 내다

o'pmoq *fe'l.* (~에) 키스하다, (~에) 입맞추다. ~labidan(*yuzidan*) 아무의 입[볼]에 키스(를) 하다; ~onasi o'pmagan 무구한, 청정한, 순결한.

o'q *ot.* 1) (*kamonniki*) 화살, 화살 모양의 것, 화살표(→); 2) (*qo'l quroliniki*) 탄알, 권총탄, 소총[기관총]탄. (*patron*) 탄약통, 약포; 카트리지. 3) (*snaryad*) 투사물, 사출물; ~ uzoqdantovushi eshitildi 멀리서 총성이 들리다. ~ uzmoq (총·화살을) 쏘다, 발사하다. ~ga tutmoq 을 저격하다. 4) 굴대, 축, 축선; 지축; (좌표의) 축; yer ~i 지축; 5) (*g`ildirakniki*) (차륜의) 굴대, 축, 차축. 6) (*tex*) (물레의) 가락(실을 자아 감는 토리 구실을 하는 막대기); (방적 기계의) 방추; 굴대, (공작 기계의) 주축.

o'qchi *ot.* 소총병; 라이플총 명사수; ~lar batalyoni 소총소대, 라이플총 대대.

o'qariq *ot.* 주된 운하; 주된 수로

o'qdon 1) (*kamon o'qlari uchun*) 화살통, 전동(箭筒); 2) (*patron uchun*) 탄띠.

o'q-dori *ot.* 탄약; 병기, 무기.

o'qigan *ot.* 학식[교양]이 있는. ~ odam 교육받은 사람.

o'qimishli *sif.* 교육받은, 교양 있는, 숙련된; 지식[경험]에 기초한, 근거가 있는; 교양 있는, 충분히 교육받은.

o'qimoq *fe'l.* 1) (*yozilgan narsani*) (책· 편지 따위를) 읽다. tovush chi- qarib ~ 소리내어 읽다. ~ ichida 묵독하다. 2) ~ ma'ruza ~에게 강의[강연]하다. ~ doklad 논문을 발표하다. 3) (*bilim olmoq*) 배우다, 공부하다;

O

~ universitetda 대학교에서 공부하다; ~ maktabda 학교에서 공부하다, 다니다. ~ nomoz (신에게) 기원하다, 기도하다. ~la`nat 저주하다, 악담[모독]하다. ~ she`r 시를 암송하다; birovning fikrini 아무의 마음을 들여다보다.

o'qish 1) (*yozilgan narsani*) 읽기; kitobi ~ 독서 책; 2) (*bilim olish*) 학문, 학식, 연구. ~ qurollari 보조교재, 교구; ~ga kirmoq 대학교에 입학하다; ~she`r 암송;

o'qitmoq *fe'l.* 1) (*o`qishga bermoq*) 읽으려고 주다. ~ xatni kimga o`qitding? 누구에게 편지를 읽어 달라고 했어? 2) (*bilim bermoq*) 가르치다, 교수하다, 교육하다, 훈육하다. 3) (*aql o`rgatmoq*) (아무를) 훈계하다, 타이르다, 깨우치다; 충고하다, (아무에게) 권고하다.

o'qituvchi *ot.* (*oily o'quv yurtlarda*) 선생, 교사, 교수자. 강연자; (대학의) 강사.

o'qituvchilik *ot.* 교육, 수업, 교수, 훈육, 가르침, 교지(教旨); 교직(教職); ~qilmoq 가르치다, 교수하다, 교육하다, 훈육하다.

o'qish *ot.* 읽기, 독서; 낭독.

o'qishlik *ot.* 공부, 면학(勉學), 학습.

o`qlamoq *fe'l.* 총에 장전하다, (총이) 장전되다.

o`qli *sif.* 탄약을 잰, 장전한(총).

o`qlog`i *ot.* 밀방망이.

o`qraymoq *fe'l.* ~을 지그시 보다, 응시하다, 빤히 보다, 말똥말똥 보다, 노려보다, 지켜보다, 황홀히 쳐다보다.

o`quv *sif.* (*maktabniki*) 교육(상)의, 교육에 관한. ~yili 학년(도). ~re- jasi 커리큘럼, 교육[교과] 과정; 이수 과정. ~yurti 교육 기관.(대학교).

o`quvchi *ot.* 1) (*kitobxon, gazet- xon*) 독자; 독서가; 2) (*maktabda*) 학생(초등학생· 중학생); 제자.

o'qyoy *ot.* 활, 궁(弓), 활의 사수

o'ra *ot.* (땅의) 구덩이, 구멍, 갱(坑); 지하실, 땅광, 지하 온실, 움.

o'ralmoq *fe'l.* 1) (*tang`ilmoq*) 감기어 붙다, 휘감기다; ro'mol bo- shiga o'raglan edi ~ 숄을 머리에 감겨 있었다. 2) (*qoplanmoq*) 싸이다. ~qog'ozga o'raglan narsa 종으로 싸인 것; 3) (*burkanmoq*) (외투·목도리 따위로) 몸을 감아 싸이다. 4) (*qurshalmoq*) ~에 둘러싸이다; ~shahar chiroyli o'rmon bilan o'raglan 도시는 아름다운 숲으로 둘러싸여 있다. 5) (*chuvalmoq*) ~에 말려들다, 빠지다: butazorda ~ 덤불에 걸리다.

o'ralashmoq *fe'l.* 1) (*birov bilan, biror joyda*) 우물쭈물하다; 서성대다; 주저하다, 망설이다; 2) (*yer ustida*) 땅 위에 뒹굴다. 방해하다, (동작·진보를) 훼방하다; 3) (*oyoq ostida yotmoq*) 발밑에 눕다, 놓여 있다.

o'ram *ot.* 1) 묶음, 묶은 것, 꾸러미(로 만든 것).사리, 소용돌이; qog'oz ~i 종이(서류) 한 묶음; ~ip ~i 실타래; spiralning ~i 소용돌이선; 2) 뾰족탑; (탑의) 뾰족한 꼭대기, 원추형[원뿔 모양]의 것, (산의) 정상; 뾰족한 우듬지.

o'ram, quti, upakovka *ot.* 포장

o'ramoq *fe'l.* 1) (*tang`imoq*) 감다, ~ boshiga ro`mol 숄을 머리에 감다. 2) (*qoplamoq*) 싸다, 포장하다. ~ qog`ozga xarid qilgan narsani 산 것을 종으로 싸다, 포장하다. 3) (*issiq narsaga*) 따뜻하게 하거나 감추기 위해) 싸다, 감싸다. 4) (*qur- shamoq*) 에워싸다, 둘러싸다; 포위하다; 에두르다, 에우다. bolalar o'qituvchini o'rab olishdi 학생들이 선생님을 에워쌌다.

o'rda *ot.* 유목민의 무리; 유랑민의 떼; 대집단, 군중, 대군(大群), 동물의 이동군(群).

o'rdak *ot.* (집)오리; 암오리, 암

O

집오리; erkagi ~ 수오리, 오리의 숫컷.
o'rganilmoq *fe'l.* 1) ~을 배우다, 익히다, 가르침을 받다; 공부하다, 연습하다; 2) ~에 익숙해지다
o'rganish *ot.* 1) 공부, 면학, 학습. 2) 습관, 버릇; bu unga ~bo'lib qoldi ~하는 버릇이 들었다.
o'rganmoq *fe'l.* 1) (*ma`lumot olmoq*) 배우다, 공부하다. 연구하다, 고찰하다; (지도 등을) 조사하다; 숙독하다. ~gitara chalishni 기타 치는 것을 배우다. 2) (*odat qilib olmoq*) 몸에 익히다, 익숙하다, 습관이 들다. barvaqt turishga 일찍 일어나는 습관을 들이다. ~odamga o`rgangan maymun 사람에게 길든 원숭이.
o'rgatmoq *fe'l.* 1) 가르치다, 교육하다; 훈련하다, 양성하다; 2) 가르치다, 교수하다, 교육하다, 훈육하다. 3) 길들이다, 복종시키다, 따르게 하다(*qo'lga*)
o'rgatmoq *fe'l.* 1) (*bilim bermoq*) 가르치다, 교수하다, 교육하다, 훈육하다. ~aql 설교하다, 잔소리하다; 2) (*odatlantirmoq*) 익숙케 하다, 습관이 들게 하다; 3) (*qo'lga, odamga*) (동물 따위를) 길들이다; (식물·이민 등을) 토지에 순화시키다; 가정에 익숙케 하다;
o'rgatuvchi *ot.* 1) 교사, 선생, 교관; 2) (*aytib turuvchi*) 격려[고무]자.
o'gilmoq *fe'l.* ~하여 기뻐하다; 기꺼이 ~하다, ~을 기뻐하다
o'roq *ot.* 낫, 작은 낫; ~ va bolg`a 낫과 망치; ~ bel (자루가 긴) 큰 낫.
o'rin ko'rsatuvchi olmosh 지시대명사
o'rin ravishi 장소부사
o'rin va chiqish kelishigi 처격조사
o'rindosh 대체품, 대용물
o'rmon kadastri 삼림대장
o'rnini to'ldirish 보상, 보전, 배상
o'rta hurmat munosabati 하오체
o'rta tovush 가운뎃소리
o'rta unli 중모음
o'rtacha daromad 평균임금
o'rtacha kurs 평균 환율, 매매평균가
o'rta-kichik shirkat 중소기업
o'rtamuddatli kredit operatsiyasi 중기(3~5년의 상환기간) 대출거래
o'talik *ot.* 중앙, 한가운데; 중간(부분); 중도, 중앙지역.
o'rgimchak *ot. zool.* 거미, 거미류에 속하는 절지동물; ~ini/uyasi 거미집[줄].
o'rik *ot.* 살구(나무). 살구빛.
o'rilmoq *fe'l.* 섞어 짜다, 짜맞추다; 얽히게 하다. 섞어 짜다, 섞이다, 얽히다.
o'rim *ot.* 1) 수확, 추수, 수확기; 초가을; 수확물; ~ikkinchi 그루갈이, 두 번째 베는 풀; 2) 건초 만들기, 움직이는 일.
o'rim-yig`im 수확.
o'rin *ot.* 1) (*joy*) 장소, 곳; (특정의 목적을 위한) 장소; ~장(場), (*teatr va sh.k.da*) 좌석, 자리, 위치; (극장 따위의) 지정석, 예약석; (*yotoq, paroxod, poezdda*) 침대(기선·기차·여객기 따위의), 층; (배의) 투묘지; ~bo`sh (자리가) 비어 있는, 공석 중인, 결원으로 된; ~ qalbdanolmoq 명심하다, 새겨두다; o'rnini bosmoq ~을 대신하다, 대리하다o`rnida ko'rmoq ~라고 생각하다, 간주하다. ~ o'rnidan turmoq 일어나다; sizning o'rningizda bo'lsam 내가 당신의 처지에 있다면,~ish o'rni 일자리; birinchi o`rinda bo`lmoq (*musobaqada*) 남을 앞지르다, 리드하다. (~에서) 수위를 점하다; birinchi ~ni egallamoq/ yutmoq/ qo'lga kiritmoq 일등을 하다; 2) (*lavozim*) 지위, 신분; 높은 지위; 관직, 공직; ~o'rnidan olmoq 해임하다, 해고하다; 3) (*to'shak*) 침대; ~ solmoq (*yig`moq*) 잠자리를 깔다[개다]
o'rinbosar *ot.* 1) 조수, 보좌역,

보조자, 보조물, (*yordamchi*) 대리인, 대리역, 부관, 대표자; rais ~i 부의장; vazir ~i 부총리; 2) (*kelajakda ishni davom ettiruvchi shaxs*) 상속[계승]자; 후계[후임]자.
oʻrin-bosh *ot.* 침대, 침상, 와상(臥床), 와탑(臥榻), 광상(匡床); 잠자리; (*jihozlar*) 침구(담요·시트 따위).
oʻrindiq *ot.* 자리, 좌석; 걸상(의자·벤치 따위); (의자 따위의) 앉는 부분.
oʻrin strategiyasi 틈새전략
oʻrin, vaziyat, holat 외환 포지션
oʻrindoshlik *ot.* 겸업, 겸직
oʻrindoshlik asosida ishlash 겸임으로 일하다, 겸업하다
oʻrinli *sif.* 1) (*oʻringa ega*) (자동차·비행기의) ~인승. 4인승; 2) (*vazi- yatga mos*) 적합한, 적절[적당]한; ~misol 적절한 예.
oʻrinlik *sif.* (~에) 위치[자리]를 차지하다, 존재하다.
oʻrinsiz 1) (*vaziyatga mos emas*) 부적당한, 온당치 않은; 2) (*asossiz*) 근거 없는, 사실무근한; 기초가 없는; 3) (*maqsadga muvofiq emas*) 전연[거의] 헛되이; 헛되이 하다, 낭비하다.
oʻrkach (등허리) 군살, (낙타 따위의) 혹.
oʻrmalamoq *fe'l.* 기다, 포복하다. 살금살금 걷다, 몰래 다가서다, 네발로 기다; o`rmalab chiqmoq 기어오르다.
oʻrmon *ot.* 숲, 수풀, 산림, 나무, 목재; ~ ninabargli 침엽수; ~ qalin 울창한 숲. ~ xoʻjaligi 임학, 임업; 산림 관리; 삼림지.
oʻrmoq III *fe'l.* 1) (*soch haqida*) (머리를) 땋다[땋아 늘어뜨리다], 짜다; 꼰 끈으로 꾸미다; 2) (*bug`doy…*) (농작물을) 베어들이다, 거둬들이다. (~의) 작물을 수확하다.
oʻrmon zahiralaridan foydalanish to'lovlari 산림 이용료
oʻrmondan foydalanish 삼림자원이용
oʻrnak boʼladigan hodisa 선례
oʻrnatish, baholash 설립(設立), 확립(確立), 결정(決定)
oʻrnak *ot.* 견본, 표본; ~ olmoq ~를 본받다. ~koʻrsatmoq ~에게 좋은 모범을 보이다
oʻrnashmoq *fe'l.* 1) (*joylashmoq*) ~의 위치를 ~에 정하다; 2) (*uyjoy qilmoq*) 자리잡다, 정주하다.
oʻrnatmoq *fe'l.* 1) (*tex*) 설치하다, 비치하다, 가설하다, 설비하다, 장치하다; ~ uyda issiqlik pechkasini 집에 난방설비를 설치하다; 2) (*qurmoq*) 세우다, 똑바로 세우다; 짓다, 조립하다. 3) (*tashkil qilmoq*) 확립하다, 설치[설립]하다, 개설[창립]하다; ~ diplomatik aloqalarni 외교 관계를 설립하다; nazorat ~ (규칙·관례를) 제정하다; 실시하다.
oʻrniga *rav.* ~의 대신으로, ~하지 않고, ~ 하기는커녕; pul oʻrniga nasihat berdi 돈 대신에 충고를 해 주었다; ~jahl o`rniga menga rahmat aytdi 성내기는커녕 나에게 감사했다.
oʻroqchi *ot.* 풀 베는 사람[기계], (정원의) 잔디 깎는 기계
Oʻrta Osiyo *ot.* 중앙아시아(범위가 명확히 규정되어 있지 않기 때문에 정의하기에 따라 동투르키스탄(중국 신장웨이우얼 자치구[新疆維吾爾自治區]), 서투르키스탄(우즈베키스탄·키르기스스탄·타지키스탄·투르크메니스탄), 카자흐 초원, 중가리아 초원, 티베트, 몽골, 아프가니스탄 북부, 이란 동부, 남러시아 초원 등 강물이 외해(外海)로 흘러들어가지 않는 '내륙아시아'를 의미하기도 하고, 경우에 따라서는 동서 투르키스탄의 오아시스 정착지대만을 가리키기도 한다. 한국에서는 일반적으로 동서 투르키스탄과 그 북쪽에 이어진 카자흐스탄 및 중가리아 초원 일대를 총칭해 중앙아시아라고 한다. 면적 3,994,000㎢, 인구 53,612,000(1993)
oʻrta *sif.* 1) (*markaz*) 한가운데의, 중간의, 중앙의; shaharning ~i 도시 센터, 시내; ~ asrlar 중세(시대); yoshdagi odam 중년

[노년]; ~ma'- lumot(*maktab*) 중등 교육의 (학교의); ~ga solmoq 제안[제언, 주장]하다: 앞으로 나아가게 하다; ~ yangi nazariyani 새로운 설을 제창하다; ~ga tushmoq (*aralashmoq*) 중재하다, ~의 중개인이 되다. ~ga qo'ymoq (*muammoni*) (문제 따위를) 꺼내다, 제기하다; ~da(*shu orada*) 이럭저럭 하는 동안에, 그 사이에; yaqin/ shu ~da a) (*vaqt haqida*) 금명간에; b) (*joy haqida*) ~이 부근[근처]에; 3) (*o`rtacha*) 좋지도 나쁘지도 않은, 보통의, 평범한; 4) (*orasida*) ~의 사이에(서); ~ gap mizda 우리끼리만의이야기이지만, 이것은 비밀인데.

o'rtacha II *sif.* 1) 중위[중등, 중간]의, 보통의; vazminlikdagi kura- shchi 평균 체중인 사람(의); (레슬링 선수; 씨름꾼; 격투하는 사람); ~ishlab chiqarish 평균 산출;(생산) daromad 평균 소득, 벌이; 임금; 이득; (투자에서 생기는) 배당소득, 이자소득. ~ olganda 평균하여, 대체로; 2) (*yaxshi ham emas yomon ham emas*) ~baho 평균 점수; ~ishlar qalay? 어떻게 지내세요?; ~ha, bo'ladi(*o'rtacha*) 그저 그렇다.

o'rtayashar *sif.* 중년의; 중년다운.

o'rtoq (*oshna*) 동지, 벗, 단짝, 전우, 친구; 동료; o'g'limning ~lari 아들의 친구들; ~larcha 동지의[에 걸맞는]; ~lik 동지로서의 교제, 동료 관계, 우애, 우정; 2) (*murojaat*) (호칭) (여보게) 자네.

o'rtoqlarcha *sif.* 친구처럼.

o'rtoqlashmoq *fe'l.* 아무와) 친해지다, 친구가 되다.

o'rtoqlik 친구로서의 사귐, 우호; 친목, 친선. 우정, 우호; 호의.

o'rmalovchi *sif.* (길·장소 따위를) 밟는, 걷는, 가는, 지나가는.

o'rmonshunos *ot.* 삼림학 전문가, 산림에 사는 사람; 임정관.

o'rmonshunoslik *ot.* 숲, 산림, 삼림, 임학, 임업; 산림 관리; 삼림지.

o'rmoq I *fe'l.* 섞어 짜(이)다, 짜넣다; 뒤섞(이)다.

o'rmoq II *fe'l.* (풀·보리 따위를) 베다, 베어내다, (들 따위의) 풀을 베다.

o'rnashtirmoq *fe'l.* 1) (어떤 위치에) 놓다, 두다, 설치하다, 붙이다, 얹다, 대다; 내려놓다; 2) 지위(일; 일자리)를 찾다.

o'rnatish *ot.* 확립, 설치[설립], 개설[창립], (제도·법률 등을) 제정; tinchlik ~ 평화의 확립; do'stlik ~ 우정의 확립.

o'rtacha *rav.* 평균으로, 보통으로, 중위[중등, 중간]으로.

o'rtancha *sif.* 중앙(中央)의, 중류의, 중등의, 보통의, 한가운데의, 중간의.

o'rtasida I *prep.* ~의 사이에[의, 를, 에서]. ~의 가운데에.

o'rta nav 중등품

o'rta og'irlikdagi jinoyat 5 년 이하의 징역에 처하는 범죄

o'rtacha ish haqi 평균임금

o'rtacha maosh saqlanish sharti bilan har yillik ta'til 유급휴가

o'rtacha oylik ehtiyoj 월평균 필요량

o'rta-kichik korxona 중소기업(中小企業)

o'rtoq *ot.* 조합원(組合員)

o'sha 그, 저 쪽의, 저; ~ kitob 저 쪽의 저 책; ~vaqt 그 때; ~ kuni 그날.

o'shancha 정도[만큼]; ~ 만큼의; (~와) 같은 양[액수]만큼; bu erda 50 dollar uyda ham ~bor 여기 50 달러 있고 집에도 그만큼 더 있다.

o'simlik *ot.* 식물, (수목에 대한) 풀; bir yillik ~ 일년생 식물; ~ ko`p yillik 다년생 식물; ~ moyi 식물성 기름.

o'sma I *ot.* 증대, 증가, 증진, 신장; 경제 성장, 가치 증대, 자라는 것

o'sma II *ot.* (속)눈썹에 칠하는

물감, 마스카라.
o'simta *ot.* 1) (*bot*) 싹, 눈, 움, 봉오리가 벌어짐, 종자의 발아; 싹처럼 자라는 것; 2)(*anat*) appendix 충수
o'sish *ot.* 성장, 발육; 생성 (*rivojlanish*) 발전, 발달.
o'sish darajasining pasayishi 성장률 하락
o'sish suratining pasayishi 성장률 감소
o'smaydigan, to'planmaydigan dividend 비누적적배당 (우선주식에 대하여 당해 연도의 이익으로서 배당을 할 수 없는 경우 그 부족액을 차기 영업연도의 이익으로서 누적적으로 배당을 하지 않는 것임)
o'smir *ot.* 10대의 소년[소녀], 틴에이저(13-19 살까지의); 청춘(기)의; 미숙한, 풋내나는; ~lik 청년기, 사춘기, 청춘기.
o'smoq *fe'l.* 1) 성장하다, 자라다; (식물이) 무성해지다; 나다; 싹트다; sog`lom bo'lib 건강하게 자라다; ~tug`ilib o'sgan shahrim 이곳은 내가 태어나고 자란 도시이다. Xurmo issiq mamlakatlarda o'sadi ~ 감은 더운 지방에서 자란다. 2) (*rivojlanmoq*) 발달하다, 발전하다; ~ sanoatning o'sish sur`ati 산업의 발달; aholi ~ 인구의 증가. 3) (*kamolotga etmoq*) 전진하다, 진척하다, 진보하다, 발달하다.
o'spirin *ot.* 젊은, 어린, 청춘남녀, 젊은이들; ~lik 사춘기 직전의 (어린이)
o'spirinlik *ot.* 청년기(青年期), 사춘기(思春期), 청춘기(靑春期).
o'stirlmoq *fe'l.* (~방향으로) 향하다, 가다, 도달하다
o'stirmoq *fe'l.* 1) (*birovni*) 기르다, 사육하다, 키우다, 성장시키다; ~ bolani 아이를 기르다, 키우다. 2) (*biror narsani*) 키우다, 돋아나게 하다, 재배하다; ~ gul 꽃을 키우다. ~ soqol (수염을) 기르다.
o'suvchan *sif.* 급속히 성장하는.
o't *ot.* I (*alanga*) 1) (*olov*) 불 화염; 연소; ~ yoqmoq ~에 불을 붙이다, 태우다, 지피다; ~tushmoq 화재가 나서, 불타는 (중에); ~ o'chirmoq (빛·불 따위를) 끄다; (화재를) 소화시키다, 진화하다; ~ o'chirish komandasi 소방대. 2) *harb (otish)* 사격, 발사; 총사냥; ~ochmoq 사격을 개시하다, 포문을 열다; 시작하다; ~ ochish nuqtasi 포좌, 포상, 총좌; 3) *k.m.* 열정, 열의, 열성; 충성; 작열; ishq ~i 정열적인 사랑.
o't *ot.* II (*o'simlik*) 풀, 풀의 잎 [줄기],초본; ~ yovvoyi/begona 잡초; 해초; ~ o`simliklar 목초; dorivor ~ lar 약초;
o't *ot.* III (*safro*) 담즙; 쓸개즙, 충영, (식물의) 혹; ~pufagi/xaltasi *anat* 쓸개, 담낭; ~toshi 담석; ~im yorildi 너무 놀랐다!.
o'ta 과도한, 과격한, 극단의; 실로, 매우.
o'taketgan *sif.* 1) 극단(적)으로, 극도로; 2) (감정·병이) 뿌리 깊은, 완강한, 지병의; 3) 과도한, 과대한, 과다한.
o'tamoq I *fe'l.* (*begona o'tlarni yulmoq*) 잡초를 뽑다, 제초하다; 방해꾼을 제거하다; daladan begona o'tlarni 뜰안의 풀을 뜯다; (*bajar- moq*) (일을) 완료하다, 성취하다. 실행하다, (의무 따위를) 다하다: bu buyruqni tez ~kerak 이 명령은 곧 실행되어야 한다; ~ amalaliyot 연습하다, 실습하다.
o'tamoq II *fe'l.* (약속·의무 따위를) 이행하다, 다하다, 완수하다, (일을) 완료하다, 성취하다, (기한을) 만료하다, 마치다, (조건에) 적합하다, 맞다.
o'tgan *sif.* 지나간, 과거의, 이미 없어진; ~yili 작년, 지난해; ~ zamon (*gramm*) 과거시제; ~ kunlar 과거사; ~yoz 지난여름.
o'tibtushmoq *fe'l.* (남을) 능가하다; mendan o'tdi ~ 실수하다, 잘못 생각하다; bundan tishi

o‘tmaydi 그 일을 할 수 없다.
o‘tilmoq *fe'l.* 여행에 익숙하다; 견문이 넓다; ~ yo‘l 여행 길.
o‘timli *sif.* 타동(사)의; ~fe'llar 타동사(他動詞: 동사의 작용이 주어에만 그치지 않고 다른 사물에 영향을 미치도록 하거나, 대상이 되는 목적어가 있어야 비로소 움직임을 나타낼 수 있는 말).
o‘timsiz *sif.* 자동(사)의; ~fe'llar 자동사(自動詞: 동작·작용이 주어(主語) 자신에만 그치고 딴 사물에는 미치지 않는 동사. '새가 날다', '바람이 불다'에서의 '날다', '불다' 따위)
o‘tin *ot.* 장작, 땔나무; shox ~ 베어 낸 작은 나뭇가지.
o‘tinmoq *fe'l.* (먹고 입을 것·돈·허가·은혜 따위를) 빌다, 구하다. 구걸[비럭질]하다. (~에게) 원하다, 부탁하다, 간청하다.
o‘tirish *ot.* 모임, 회, 파티, (의회·회의 등의) 개회중, 개회해 있음; (법정이) 개정중임; (거래소의) 입회; ~ qilmoq 모여서 파티를 열다; ~ qilib bermoq 파티를 개최하다.
o‘tirishmoq *fe'l.* 함께 앉다, 동석하다.
o‘tirmoq *fe'l.* 1) (*qushlar haqida*) (새가) 횃대에 앉다; (사람이) 앉다, 자리를 차지하다; ~ kresloda 안락의자에 앉다; ~ bekor (*hech narsa qilmasdan*) 아무일도 하지 않다. ~ o`tirib ishlamoq 앉아서 일하다. ~ o`tirib qolmoq (*og`ir sharoitda*) 궁지에 빠지다, 막히다; ~ o‘tirib turing 잠깐만 앉으십시오; ~ o‘- tiring! 앉으세요! 2) (*biror tran- sportga*) 타다; ~ poezdga 기차를 타다; 3) (*chang haqida*) 가라앉다; ~ yomg`r bilan chang 비로 먼지가 가라앉았다; 4) (*bino haqida —cho`kmoq*) (건물·지반 따위가) 내려앉다, 주저앉다, 함몰[침하]하다; 5) (*turmada*) 투옥하다, 수용하다, 감금하나다; 구속하나, 묶나; 6) (*kiyim haqida*) 어울리다; ~ yomon 어울리지 않다; 6) (*mato haqida*) (천 따위가) 오그라들다; ~ didiga 취향에 맞다.
o‘tish *ot.* 통과, 경과; ~joyi 교차(점), 건널목, 십자로
o‘tkazilmoq *fe'l.* 인도하다, 안내하다, 호송하다,
o‘tkazish *ot.* 운송, 적재
o‘tkazuvchi *sif.* 전도(성)의, 전도력이 있는.
o‘tkazmoq *fe'l.* 1) (*orqali, orasi- dan, ichidan*) (철도가) 통과하다; go‘shtni myasorubkadan ~ 고기를 다지다, 잘게 썰다 (고기를 다지는 기계로); elakdan ~ 밀가루를 체로 치다; suzib ~ 거르다, 여과하다; 여과하여 제거하다; 2) (*qog`oz haqida*) 흡수하다, 빨아들이다; suv ~ (물 따위를) 통과시키다, 통하게 하다; suv o`tkazmaslik (물을 통하지 않음, 스며들게 하지 않음. 3) (*yo‘l bermoq*) 양보하다, 양도하다; (*ichkariga*) 들이다; uni ichkariga quy 그를 안에 들여보내라; (*tash- qariga*) 외출을 허락하다; 해방[방면, 면제]하다; 4) (*tashlab ketmoq*) 빠뜨리다, 빼다; bitta harf 한 자 빠뜨리다; 5) (*majlis ,darsni*) (수업에) 나가지 못하다, 결석하다. (*qulay fursatni*) (기회 등을) 놓치다. 6) (*sport*) gol o`tkazib yubormoq 득점하다; 7) (*qurmoq, ta`minlamoq*) 세우다, 건축[건조, 건설]하다, (도로·철도 따위를) 부설하다 temir yo`l ~ 철도를 부설하다; telefon ~ 전화를 설치하다; 8) (*olib bormoq*) 성취하다, 실행하다 지휘하다; islo- hotlar ~ 개혁하다, 개정[개량]하다; dars ~ (수업 등을) 행하다; majlis ~ (모임 등을) 열다, 개최하다; (*rais bo‘lmoq*) 사회를 보다; 9) (*vaqtni, hayotni*) (노력·시간·말 따위를) 들이다, 소비하다, (때를)보내다, 지내다; vaqtni o`tkazish uchun 시간을 보내기 위해서; 10) *fiz* (*o‘tkazgich bo‘lmoq*) (열·전기·음파 등을) 전도하다; 11) (*qo‘ymoq*) sinovdan

~ 시험[음미]하다; muhokamadan ~ 토론[논의]하다, tekshirishdan ~ 검토하다; 12) (*chizmoq*) (줄[선]을) 긋다; 13) (*pulni bank orqali*) 보내다, 우송하다, 송금하다, 지급하다; 14) (*sinfdan sinfga*) 이동시키다, 옮기다; 15) (*boshqa tizimga*) 전환하다, 전화시키다, 바꾸다; 화학 변화시키다; 16) (*sotmoq*) 팔다; ~ molni 물건을 팔다; 17): ta`sirini ~ ~에 영향을 미치다. (사람·행동 등을) 좌우하다, 움직이다; boshdan ~ 경험[체험]하다; (위험 따위에) 부닥치다; zulm ~ 압박하다, 억압하다, 학대하다; ro`yxatdan ~ 기록[기입]하다; 등록[등기]하다; ko'z oldiga ~ 눈에 선하다.

o'tkinchi *sif.* 일시적인, 덧없는, 무상한; dunyo ~ 무상한 인생.

o'tkir *sif.* (*turli ma`noda*) 날카로운, 모난, 뾰족한, 모진, 살을 에는 듯한(아픔·괴로움 등); ~ pichoq 날카로운 칼; ~ og`riq 격통; ~bur- chak 예각; ~aql 이해가 빠르다, 예민한; ~til 바른말 하는, 말이 신랄한, 독설을 내뱉는. ~uning tili 그는 말이 신랄한 사람이다; ~ hid 날카로운 후각; ~ sous 매운 소스.

o'tkirlamoq *fe'l.* 날카롭게 하다; 뾰족하게 하다, 깎다, 갈다. ~ pich- oqni 칼을 갈다. ~ qalamni 연필을 뾰족하게 깎다.

o'tkirlanmoq *fe'l.* 날카롭게 하다; 뾰족하게 하다, 깎다, 갈다.

o'tkirlik *ot.* 날카로운 것, 모난, 예리한

o'tlamoq I *sif.* 풀을 뜯어먹(게하)다; 방목하다; (가축이 목초를) 먹다

o'tlamoq II *fe'l.* (사람을) 모으다, ~의 무리를 지키다[이끌다].

o'tlatmoq *fe'l.* (떼지어) 모이다[이동하다], 떼짓다; 풀을 뜯어먹다; 방목하다; (가축이 목초를) 먹다.

o'tli *sif.* 풀이 무성한; 풀 같은; 녹색의.

o'tloq *ot.* 1) (*o'tzor*) 풀밭, 목초지; 2) (*boqish uchun*) 목장, 방목장; 목초지.

o'tmas *sif.* 1) (*pichoq,qalam haqi- da*) 무딘, 날 없는; (*shakl haqida*) 둔각; ~ bo`lib qolmoq 무디게, 날이 안들게, 둔감하게 되다; 2) (*aqliy qobiliyat haqida*) 둔감한, 어리석은; uning zehni ~ 그는 이해가 더딘, 머리가 둔한 사람이다.

o'tmashanmoq *fe'l.* 무디어지다, 날 없어지다, 둔감해지다, 어리석다.

o'tmish *ot.* 과거; shonli ~ 장려한, 거룩한; 화려한 과거; ~ uzoq 먼 과거.

o'tmoq *fe'l.* 1) (~을) 지나다, 빠져나가다, 관통하다; (전화 따위가) 통하다. (강·바다·다리 따위를) 건너다; ~ ostononadan ~네의 문지방을 넘다, ~의 집으로 들어가다. 2) (*teshikdan*) 꿰뚫다, 관통하다, 침입하다. (*suv haqida*) 거르다, 여과하다, 스며나오게 하다; ~ suv o'tmaydigan plashch 레인코트, 비옷; 3) (*vaqt haqida*) 시간이 지나가다, 경과하다. (*bilinmay*) 어느덧 지나가다; ~ o'tgan yil (*kuni*) 작년(그저께); 3) (*tamom bo'lmoq*) ~ uning kasali o'tdi 그는 회복되었다. (질병 따위에서); ~ o'tgan ishga salovot 과거를 묻지 말자; 5) (*boshqa holatga*) 변하다, 바뀌다, 변화하다; ~ o'tish davri 과도기; 6) (*oshmoq*) 앞지르다; (추적을) 벗어나다; ~보다 낫다, 능가[초월]하다, 웃돌다; (*yugurib*) ~ 보다 빨리 달리다; 7) (*javob bermoq*) ~ imtihondan 시험을 합격하다; 8) (*boshqa tomonga*) dushman tomoniga 적군에 넘어가다[붙다]; 9) (*sotilmoq*) ~tez o'tadigan 팔기에 적합한; (값이) 적당한; 잘 먹히는, 수요가 많은 상품; 10) (*ta`sir qilmoq*) ~에 영향을 미치다; ~pichog`im o'tmaydi 칼은 무뎠다. 11) (*kechirmoq*) (사람·죄를) 용서하

다; ~bir qoshiq qonidan 너그러이 봐주다; 12) (*o'rganmoq*) 공부하다, 배우다; fizikani ~ 물리학을 배우다. 13): ko`z oldidan ~ 출두하다; ~ xayoldan 나타나다; (생각 따위가) 머리에 떠오르다 14) (*aytib*) 말하다, ~에 언급하다, 얘기로 꺼내다; (*voqea haqida*) 일어나다, 생기다. ~ yorib ~을 헤치고 나아가다; (구멍 따위를) 뚫다; ~ kirib ~를 방문하다: ~ esiga solib ~에게 생각나게 하다; ~ to'xtalib ~을 곰곰[깊이] 생각하다. ~을 길게 논하다[쓰다], ~을 강조하다. ~ ko'z yumib 무시하다; ~ olamdan 세상을 떠나다;

o'toq—qilmoq *fe'l.* ~에서 잡초를 뽑다;

o'tqazmoq *fe'l.* 1) 앉히다; 2) (*ekmoq*) 심다, (씨를) 뿌리다.

o'troq *ot.* 잡초, 풀, 해초; ~qilmoq ~에서 잡초를 뽑다.

o'tov *ot.* 휴대용의 텐트, 들고 다닐 수 있는 텐트, 운반할 수 있는 천막

o'tqazilmoq *fe'l.* 놓다, 앉히다; 설비하다, 걸상[좌석]이 ~인,

o'tqazish *ot. tex.* 기초 바닥층; 일단의 공장 시설의 설계. 착석; 좌석(수), 수용(력); (극장 등의) 좌석 배치.

o'tqazmoq *fe'l.* 1) (건물이) ~명분의 좌석을 갖다; (건물에) 좌석을 마련하다; 2) 놓다, 앉히다; 설비하다; (사람을) 배치하다

o'ttiz *num.* 30; 30개[인]; 30세; 30의 기호(XXX); 30의, 30개[인]의; 30세의.

o'ttizinchi *num.* 제30(의), 30번째(의); 30분의 1(의); (달의) 30일(略: 30th).

o'ttizta *num.* 30의, 30개[인]의; 30세의; ~ kitob 삼십 권의 책.

o'txona *ot.* 노(爐); 아궁이, 화덕. 난방로.

o'tzor *ot.* 풀밭, 목초지, 강변의 낮은 풀밭.

o'ta kambag'allik 극도의 빈곤.

o'tgan zamon 과거시제

o'tgan zamon davom fe`li 과거진행형

o'tgan zamon taxmin shakli 과거예시형

o'timli fe'l *ot.* 타동사(他動詞: 동사의 작용이 주어에만 그치지 않고 다른 사물에 영향을 미치도록 하거나, 대상이 되는 목적어가 있어야 비로소 움직임을 나타낼 수 있는 말. [준말] 타동)

o'timsiz fe'l *ot.* 자동사(自動詞: 동작·작용이 주어(主語) 자신에만 그치고 딴 사물에는 미치지 않는 동사. '새가 날다', '바람이 불다'에서의 '날다', '불다' 따위)

o'tish *ot.* (기한) 만료

o'tkazish *ot.* 이전, 명의개서

o't qo'yish, yong'in *ot.* 방화

o'ta kuchli infilyatsiya 초인플레이션

o'ta og'ir jinoyat 중죄 (10년 이상의 징역)

o'ta zarurlikning oshib ketishi 과잉피난

o'tgan vaqt uzoqligi, muddat 시효(時效)

o'tkaziladigan yozuv 배서(背書)

o'tkaziluvchi va oddiy veksel haqida qonun 어음법

o'tkazish *ot.* 통과, 통과증

o'tkazish dalolati (권리의무) 양도증서

o'tkazish qoldig'i *ot.* 이월금

o'tuvchi iqtisod *ot.* 전환기 경제

o'xshamoq *fe'l.* 비슷하다, ~와 닮다, ~와 공통점이 있다.

o'xshatish *ot.* 동화, 비교, 대조 (of A with B), 유사, 필적(of A to B); 필적하는 것.

o'xshamoq *fe'l.* 1) ~와 닮다, ~와 공통점이 있다. u otasiga o'xshaydi ~ 그는 아버지와 닮았다. 2) (*tenglashmoq*) 비유하다, 비기다. ~ uyquni o'limga 잠을 죽음에 비기다. 3) (*chamasi,shekilli*) ~ 할 것 같다; ~ yomg`ir yog`adiganga o'xshaydi 비가 올 것 같다.

o'xshash *sif.* 1) ~와 닮은, ~와 같은. 같은, 비슷한; ~ shunga 아마 ~일 것 같은; 2) (*mat*) 닮은꼴

의, 상사의.
o'xshashlik *ot.* 유사(성), 닮음; ~ ukasi bilan hech qanday ~ yo`q 동생과는 아주 딴판이다.
o'xshatish 유사, 비슷함, 닮음; 유추, 비론; 유비, 등비; 상사.
o'xshatmoq *fe'l.* 1) (*tenglashtirmoq*) 비교되다, 필적하다, 에 유사하다. ~에 비유하다, 견주다; 2) (*o'xshash qilmoq*) ~와 같이 보이다. 3) (*taqlid qilmoq*) 모방하다, 흉내내다; 따르다, 본받다;
o'y *ot.* 생각하기, 사색, 사고, 사고력, 지력, 판단력, 상상력; ~ga botmoq/ tolmoq 생각에 잠겨 있다.
o'yilmoq *fe'l.* 새기다, 파다, ~에 조각하다
o'ychan 생각에 잠긴, 생각이 깊은, 신중한; 상상이 풍부한.
o'yin *ot.* 1) 놀이, 게임, 유희. 장난, 경기, 시합, 승부; bolalar ~i 어린이들의 놀이; ~ oimpiya ~lari 올림픽 대회; 2) (*raqs*) 댄스, 춤; 댄스곡; ga tushmoq ~ 춤추다; ~ qilmoq ~에게 장난을 하다; ~을 속이다
o'yingoh *ot.* 육상 경기장, 스타디움.
o'yinqaroq *sif.* 쾌활한; 놀기 좋아하는, 농담 좋아하는. 놀이를 좋아하는
o'yinchi *ot.* 1) 노는 사람; 경기자, 선수; 2) (*raqschi*) 춤추는 사람; 무희, 댄서; 무용가.
o'yinchi *sport.* 투수
o'yinchoq *ot.* 장난감, 완구.
o'yinlar nazariyasi *ot.* 게임이론
o'yinlardan keladigan daromad solig'i 오락 사업세
o'yin-kulgi *sif.* 흥겹게 떠들기, 환락. 유쾌, 쾌활, 명랑.
o'yiq *ot.* 우묵한 곳; 계곡, 분지; 구멍, 도랑; (통나무·바위의) 공동(空洞).
o'ylamoq *fe'l.* 1) 생각하다, 생각나다, 마음에 그리다, 상상하다; ~ o'ylab ko`rmoq생각해 보다, ~ o'ylab chiqarmoq 발명하다, 고안[창안]하다; (이야기 따위를) 상상력으로 만들다; 창작하다. ~ o'ylab topmoq 마주치다, 우연히 발견하다[생각나다] ~ o'ylab qolmoq 생각에 잠기다. (*ikkilanmoq*) 주저하다, 망설이다, 결단을 못 내리다. 2) (*hisoblamoq*) ~라고 여기다, ~ 라고 생각하다, ~라고 믿다. (*kutmoq, taxmin qilmoq*) 기대[예기, 예상]하다; 기다리다; ~men o'ylagandek bo'lib chiqdi 예기한 대로 되었다. 3) (*g`am yemoq*) 걱정하다; 4) (*rejalashtirmoq*) ~할 작정이다, ~하려고 생각하다.
o'ylanmoq *fe'l.* 숙고하다, 깊이 생각하다
o'ylantirmoq *fe'l.* (~에 대해서) 다시 생각하다, (~을) 숙고하다, (~을) 검토하다
o'ylatmoq *fe'l.* 걱정하다, 배려하다, 마음에 두다.
o'yma *sif.* 1) (*naqsh haqida*) 새겨 넣은[새겨 만든].새긴; ~ naqsh 번개무늬 장식[세공]; 2) (*bosma*) ~에 날인한, ~에 도장을 찍은.
o'ymakor *ot.* 1) 조각사; 조판공; 2) dar- boza ~ 나무를 새겨 만든 대문.
o'ymakorlik *ot.* 조각(술), 조각물.
o'ymoq *fe'l.* 1) 속이 비게 하다; 도려내다, 에다, 둥근 끌로 파다; 끌로 깎다, 끌로 파다[새기다]; ~ iskana bilan yog`och 끌로 나무를 새기다; 2) (*qazimoq*) (땅 따위를) 파다, 파헤치다; (구멍·무덤을) 파다. 3) (*naqsh haqida*) 새기다, 파다, ~에 조각하다; 4) (*chimchilamoq*) 꼬집다, (두 손가락으로) 집다; 5) (*ko'zni*) (눈알 따위를) 도려내다; 6) (*kislota haqida*) 부식[침식]하다
o'ynab-kulib *sif.* 즐겁게, 명랑하게, 유쾌하게, 흥겹게.
o'ynamoq *fe'l.* 1) 놀다, (~의) 놀이를 하다, 게임하다; ~ bekinmachoq 숨바꼭질하다; ~ tennis 테니스를 하다; 2) (*raqsga tushmoq*) 춤추다; 3)

O

(*tovlanmoq*) 비치다, 번쩍이다; ~rol 연극을 상연하다, 배역을 맡아하다, 한 가지 역을 떠맡다; ~ Gamletni 햄릿 역을 맡아 하다; ~ musobaqa 겨루다, 경쟁하다; 서로 맞서다; birovning nog`orasiga ~ 피리를 불다; 날카로운 소리를 내다.
o'ynatmoq *fe'l.* 놀게 하다, (~의) 놀이를 하게하다.
o'ynoqi *sif.* 쾌활한; 놀기 좋아하는, 농담 좋아하는.
o'ychan *sif.* 많이 생각하는, 생각에 잠기는, 생각이 깊은, 신중한; 상상이 풍부한.
o'ynash *ot.* 연인, 사랑하는 사람, 정인, 애인; (*ayol haqida*) 정부, 첩.
o'ynashmoq *fe'l.* 장난치다; (~을) 가지고 놀다.
o'z 1) (*o'zlik darajada*) a) (*men*) 나,(저)의 자신, 나 자신, 내 자신; ~ biz 우리; b) (*sen*) 당신 자신을[에게]; *siz* 당신 자신(이); c) (*u*) 그 자신을[에게], 그 자신(이), 그녀는, 그녀 자신을[에게], 그녀 자신; 그 자신을[에게], 그 자체를[에], 바로 그것(마저), ~조차; ular 그들 자신에게; ~ yakka (*bir o'zi, yo'lg`iz*) 혼자, 다만 홀로; ~ini bilmay yotmoq 의식 없이 누워 있다; ~ o'zini bosmoq 참다, 자제하다; ~ni ko'rsatmoq 사람 앞에 모습을 보이다, 나타나다, ~ni tutmoq 점잖게[얌전히] 굴다; ~ini kamtarin 위엄 있게 거동[행동]하다, 겸손하다; ~ini yo'qotib qo'ymoq 억측[상상]에 빠지다; ~ini bilmaslikka olmoq모르는 척하다; ~o'zini biror holatga solmoq ~을 가장하다, (짐짓) ~ 체하다[시늉하다]; 2) (*o'zlik olmoshi*) ~kitobim 나의 책; ~ botirligini ko'rsatmoq 용기를 과시하다; ~bu nima ~i? ~i ~nima gap?도대체 무슨 일이냐?; shuning ~i ~kifoya 그것만 충분하다; ~ga to'q 유복한, ~이 풍요한; 순경에 있는. ~ida yo'q xursand ~에 미칠 듯이 기뻐 날뛰다.
o'zak *ot.* 뿌리, 지하경(莖), 근경(根莖), 기초, 기부, 저부; 토대; 핵심; 정수; (*gramm*) 어간(語幹: 동사·형용사 등 용언의 활용에서 변하지 않는 부분; '먹다'·'믿다'의 '먹'·'믿' 등).
o'zan *ot.* 해협; 수로(하천·항만 따위의 물이 깊은 부분); 강바닥, 액체를 통하는 도관.
o'zaro 서로의, 상호관계가 있는; ~ aloqa/ bog`lanish 상호의 교통, 교제, 상호 연락; (*bog`liqlik*) 상호 관계, 상관; ~gap 마주앉아 이야기하다; ~ yordam 상호 부조. ~ kurashuvlar 서로 죽이는, 다 같이 쓰러지는; 치명적인, 살인적인; ~ urush 대격전. ~ suhbat 대화, 회담, 문답; ~ ta`sir 상호 작용[영향], 교호 작용; ~ kelishmoq 합의를 보다; 협정이 성립하다.
O'zbek *ot.* 우즈베키스탄, 우즈벡; ~ men ~man 나는 우즈벡 사람이다; ~ xalqi 우즈벡 민족, 우즈벡 사람; ~ tili 우즈벡어(말); o'zbekcha ~ ashula 우즈벡 노래; (*yozil- gan*) ~ xat 우즈벡어로 쓴 편지; ~ gapir- moq 우즈벡 말을 하다.
o'zbilarmon *sif.* (무엇이나) 아는 체하는, 아는 체하는 사람; (남의 의견·조언 등에) 콧방귀 뀌는 사람; ~lik 자신 있는; 자기만족
o'zboshimcha *sif.* 억지, 제멋대로임; 방자함; 완고, 아집; ~lik 불순종; 불복종; 불효; ~ qilmoq 외고집으로 행동하다, 제멋대로 행동하다
o'zga *rav* 1) (*begona*) 모르는 [낯선] 사람, 외국인; 재류외인; 따돌림받는 사람; 우주인; 2) (*boshqa*) 다른, 상이한, 딴.
o'zgalik *ot.* 변화; 변경, 변천; 색다른[새로운] 것.
o'zgarish *ot.* 1) 변화; 변경, 변천; 색다른[새로운] 것. (*siyosat, qarashda*) 방향 전환, 회전; (의견·태도의) 표변, 전향. ~lar kiritmoq 바꿔 ~으로 하다; ~을

O

변경하다 2) (*islohot*) 개혁, 개정, 개량.
o'zgarishsiz *sif.* 불변의, 변하지 않은, 본래 그대로의.
o'zgarmas *ot.* 변화하지 않는, 불변의; 일정한; 항구적인, 부단한; ~ qoida 불변의 법칙;
o'zgarmoq *fe'l.* 바꾸다, 변경하다, 고치다, 갈다. ko'rinishi ~ di 모습이 바뀌었다.
o'zgartirganlik *ot.* 변하다, 바뀌다, 변화하다, 바뀌어 ~이 되다.
o'zgartirmoq *fe'l.* 바꾸다, 바꾸어 놓다[넣다], 변경하다, 고치다, 갈다.
o'zgartish *ot.* 재편, 개조;
o'zgartiuvchi *ot.* 수정[완화, 변경]하는 사람[물건].
o'zgaruvchan *sif.* 변하기 쉬운; 변덕스러운, 마음이 잘 변하는. ~havo 불안정한 날씨; 교호의; 교류의.
o'zgaruvchanlik *ot.* 변하기 쉬움; 변덕.
o'zgaruvchi *sif.* 변하기 쉬운, 일정치 않은, 변덕스러운; ~ kapital 유동 자본; ~ xarakter 변덕스런 성격; (*mat*) ~ miqdor 변량.
o'zgacha *rav* 다르게, 같지 않게; 그렇지 않게, 달리
o'ziyurar *sif.* 자력 추진의; 자주식(自走式)의; ~ kombayn 자력 추진의 콤바인
o'zicha *rav.* 1) (*o'zgarishsiz*) 본래 그대로 두다; 2) (*ichida*) ~ o'yla- moq 마음속으로 생각하다, 마음속으로 중얼거리다, 혼잣말하다. 3) (*shunchaki*) 아무 이유 없이;
o'zlashtirmoq *fe'l.* (지식·문화 등을) (제것으로) 받아들이다, 흡수하다. (문화적으로) 동화[일치, 순응]시키다; 전진[숙달]하다, 진보하다. ~ yangi yerlarni 토지를 개발시키다.
o'zlashtirish *ot.* 1) 전진, 진행, 진보, 발달, 지척, 숙달, 보급; 2) 주인, 영주, 고용주; (노예·가축 등의) 소유자, 임자; bosh yerlarni ~ 사용하지 않는 땅의 (재)개발, 간척.
o'zlashtirma: ~ gap 간접 화법
o'zlashtirmoq *fe'l.* 지배[정복]하다, ~의 주인이 되다.
o'zmoq *fe'l.* (*o'zib ketmoq*) 앞서다, 능가하다; 앞지르다, 유리한 지위로[입장으로] 향하다.
o'zaro ishonch 상호 신뢰(양해)
o'zaro oldisotdi va investitsiya faollashuvi ot. 상호 무역 투자 활성화
o'zaro ta'sir *ot.* 상호작용
o'zgarib turish, tebranish *ot.* 진동, 변동
o'zgarish *ot.* 변화(變化)
o'zgarmas gap bo'laklari *ot.* 체언(體言: 명사·대명사·수사를 총칭하는 문법상 분류의 하나. 조사의 도움을 받아 문장의 주어로 쓰이며, 활용을 하지 않음. 임자씨, 몸말)
o'zgaruvchan tok generatori 교류발전기
o'ziga xizmat ko'rsatish do'koni 셀프 서비스 상점
o'zlik nisbati *ot.* 능동(能動)
o'zlik olmoshi *ot.* 재귀 대명사(再歸代名詞: 대명사의 한 가지. 유럽 어 등의 문법에서, 재귀 동사·타동사·전치사의 목적어로 쓰이는 대명사. 한국어에서는 '자기·저' 등의 대명사를 가리키는 경우가 있음)
o'g'il *ot.* 아들, 자식; 사위, 의붓아들; 수양아들, 양자, 남자의 자손.
o'z harajatlarini o'zi qoplash 독립채산제
o'z joniga qasd qilishgacha olib boorish 위험, 냉대 및 인간적 존엄을 떨어
o'z mablag'i bilan chiqimni qop- lash 부채의 자기자본 충당비율(cover ratio)
o'z nomzodiga e'tiroz bildirish haqidagi bayonot 회피 신청
o'z vaqtida bajarilishi 적시성
o'zaro almashadigan qadriyatlar 상호교환가치
o'zaro bog'liq huquqlar 저작인접권
o'zaro foydali kelishuv 상호 이익이 되는 거래

o'zaro sug'urta *ot.* 상호보험
o'zaro yon bosish *ot.* 상호양보
o'zboshimcha qurilish 무허가 건축물
o'zga sharoitga taklif aktsepti 변경을 가한 승낙
o'zgartirish *ot.* 개혁(改革), 혁신(革新), 개신(改新), 교혁(矯革), 혁정(革正), 혁제
o'zgartirish, konversiya (국공사채의) 차환, 발행조건의 변경
o'zgartirish, o'zgarish *ot.* 변경(變更), 변강(邊疆), 변계(邊界), 변방(邊方), 변새(變塞), 변수(變數), 변지(邊地), 변국(邊國), 변우(邊隅), 새방(塞方)
o'zgaruvchan valyuta kursi tizimi 변동 환율제
o'zgaruvchan, aylanishdagi valyuta 교환가능 통화
o'z-o'zida aylanish *ot.* 윤작, 돌려짓기
o'z-o'zini boshqarish 지방의
o'z-o'zini boshqaruvchi korxona 시영회사
o'z-o'zini moliyalashtirish 자본투입(self- financing)
o'z-o'zini ta'minlay oladigan iqtisod 자급자족 경제
o'g'ir *ot.* 절구; 막자사발; 유발(乳鉢)
o'g'irlamoq *fe'l.* 훔치다, 몰래 빼앗다, 절취하다, 도둑질 하다 (*kishini*)
o'g'irlanmoq *fe'l.* 훔치게 하다, 도둑질하게하다.
o'g'irlik *ot.* 훔침, 절도.
o'g'it *ot.* 거름, 비료; ~ bermoq 거름주다.
o'g'itlamoq *fe'l.* 비료 치다, 거름 주다.
o'g'lon *ot.* 젊은이, 청년, 소년
o'g'ri *ot.* 도둑, 도적, 좀도둑; 절도범(사람)
o'g'rilik *ot.* 훔침, 절도; ~ qilmoq 훔치다; 도둑질하다
o'g'irlash, talash, talonchilik 절도죄
o'g'rilik, talonchilik, o'g'irlash 절도
o'sha *ot.* 저, 그, 그, 저 쪽의, 저; Qani ~ kitoblar? 그 책은 어디에 있습니까?
o'ch *ot.* 복수, 원수 갚기, 앙갚음; ~olmoq 복수를 하다, 원수를 갚다.
o'chakishmoq *fe'l.* 천덕꾸러기가 되다.
o'chirish *ot.* (빛·불 따위를) 끄다; (화재를) 소화시키다; o't ~ jamoasi 소방서
o'chirmoq *fe'l.* 스위치, 개폐기; chiroqni ~ 전기스위치를 끄다.
o'chiruvchi: ot ~ 소방관
o'choq *ot.* 화로, 노(爐), 난로(煖爐).

G‘g‘

g' 우즈벡 알파벳 자음의 스물여섯째 글자
g‘ajimoq *fe'l.* 씹다, ~을 쏠다, 갉다; 물다, 물어 끊다, 쏠아 ~을 만들다.
g‘alaba *ot.* 승리, 전승, 승전; ~ qozonmoq 승리하다
g‘aladon *ot.* 부엌, 반침, 벽장, 찬장, 찬방; 식료품(저장)실, 찬방(饌房), 식기실.
g‘alati *sif.* 이상한, 보통이 아닌, 여느 때와 다른, 유별난, 색다른, 진기한, 생소한.
g‘alatilik *ot.* 흔하지 않은 것, 보기 드문 것, 진귀, 유별, 보통이 아닌 것, 비범.
g‘alla *ot.* 낟알, 곡물, 곡류, 곡식; yirik ~ 곡식이 익다.
g‘allachilik *ot.* 곡물 재배자, 농부, 곡물이 자라는 식물.
g‘allakor *ot.* 농부, 곡식 심는 사람
g‘altak *ot.* 1) 얼레, 보빈, 실톳; 2) 코일, 사리, 소용돌이, (밧줄·철사 등의) 감은 것; 그 한 사리; 피임 링; 곱슬털; 나관(螺管).
g‘alva *ot.* 추문, 스캔들, 의옥(疑獄), 독직[부정] 사건[행위], 불명예, 창피, 수치; ~ to'polon 소란, 소동; 소음
g‘alvir *ot.* (고운) 체(가루를 치거나 액체를 밭아내는 데 쓰는 기구; 얇은 나무로 쳇바퀴를 만들고 쳇불을 메었음); 조리
g‘am *ot.* (깊은) 슬픔, 비애, 비통, 비탄; (잃은 것에 대한) 아쉬움, 애석; ~ chekmoq 슬프게 하다, 비탄에 젖게 하다, ~의 마음을 아프게 하다.
g‘amgin *sif.* 슬픈, 비탄에 잠긴, 슬픈 듯한, 슬픔을 나타낸; ~ ashula 슬픈 노래
g‘amlamoq *fe'l.* 모으다, 수집하다
g‘amli *sif.* 고생한, 슬퍼하는, 비탄에 잠긴, 비통해 하는.
g‘amxona *ot.* 슬픔의 장소, 비애의 공간
g‘amxo'r *ot.* 주의 깊은, 조심스러운, 생각이 깊은, 신중한; 상상이 풍부한.
g‘amxo'rlik *ot.* 걱정, 근심, 불안, 주의, 조심; ~ qilmoq 걱정하다
g‘anim *ot.* 적(敵), 원수(怨讐), 적수(敵讎), 경쟁상대.
g‘aram *ot.* 쌓아올린 것, 퇴적, 더미, 덩어리; beda ~i 건초[짚·곡물 따위]의 가리(보통, 풀로 이엉을 해 씌운 것); 장작더미; ~ qilmoq 겹쳐 쌓다, 쌓아올리다
g‘aramlamoq *fe'l.* 쌓아올리다, 산처럼 쌓다; 축적하다.
g‘araz *ot.* 자기의 이익[권익]; 사리사욕; 사리 추구; ~ qilmoq 이기적으로 행동하다, 이기주의로 행동하다.
g‘arb *ot.* 서쪽, 서(西); 서녘, 서방(西方), 서편(西便), 서부(西部), 서변(西邊), 서수(西陲), 서향(西向), 하늬쪽; 금구(金丘)
g‘arbiy *ot.* 서쪽의 [으로부터의, 에서의, 에 있는]. 서쪽으로
g‘arib *ot.* 가난한, 가난해진; 힘을 잃은, 동식물의 종류[수]가 적은 (지역)
g‘arlik *ot.* 매춘, 매음, 추업(醜業); 절개를 팖; 타락; 퇴폐; 악용.
g‘arq *sif.* 가라앉은; 물속의, 물밑의; 움푹 들어간, 내려앉은; 파묻힌, 땅속의; ~bol- moq 붕괴하다
g‘arch *ot.* 삐걱(거리는) 소리, 우두둑우두둑 부서지는 소리; 짓밟아 부숨, 또 그 소리; ~ etmoq 우두둑[어쩍] 깨물다; 우지끈[우지직] 부수다; (얼어붙은 눈 위 등을) 저벅저벅 밟다, 삐걱삐걱하(게 하)다; 삐걱삐걱 소리를 내며 움직이다.
g‘avg'o *ot.* 소음, 시끄러운 소리, 법석 떪, 소란; ~ qilmoq 시끄럽게 하다

G

g'avgoli *sif.* 1) 떠들썩한, 시끄러운; 2) 소문이 나쁜; 명예롭지 못한, 수치스러운, 괘씸한; 중상적인, 욕을 하는.
g'avgosiz *sif.* 조용한, 고요한, 소리 없는, 정숙한, 얌전한, 말수가 없는, 온화한, 평온
g'ayrat *ot.* 정력, 활기, 원기, 에너지, 노력
g'ayratli *sif.* 열심인, 정력적인, 원기 왕성한, 활동적인.
g'ayritabiiy *ot.* 부자연한, 자연법칙에 반(反)하는, 이상한, 변태적인, 기괴한, 일부러 꾸민 듯한, 짐짓 뺀, 무리한; ~ hodisa
g'azab *ot.* 노여움, 노염, 성, 화; ~ qilmoq 노하게 하다, 분격시키다.
g'azabkor *sif.* 성난, 격노한, 화가 치민; 광포한, 무서운.
g'azablanmoq *fe'l.* 분노하다, 화내다.
g'azabli *sif.* 성난, 화를 낸, 분노한, 격노한, 화가 치민; 광포한, 무서운, 노하게 하다, 분격시키다.
g'azal *ot.* 1) 시인(사랑에 관하여); 2) 이교도와 싸우는 이슬람 용사; (이교도와의 싸움에서 무훈을 세운) 승리의 용사(터키의 명예 칭호).
g'azna chiptasi 정부 발행 채권, 불환지폐
g'azna, xazina 공금, 재산, 자본
g'aznachi 회계사, 출납계원
g'aznachilik majburiyatlar 국채
g'ichirlamoq *fe'l.* 움직이다
g'ijim *ot.* 구김살, (피부·천 따위의) 주름[구김](살); 쪼그랑 할멈; ~ qilmoq ~에 주름을 잡다, 주름(살)이 지다.
g'ijimlamoq *fe'l.* 구기다, ~에 주름을 잡다, 주름(살)이 지다; koylagini ~ 주름이 잘 가는
g'ijimlanmoq *fe'l.* 구겨지다, 쭈글쭈글하게 되다; 찌부러지다.
g'ijjak *ot.* ghijjak (3줄의 현이 있는 바이올린 같은 악기)
g'ijjakchi *ot.* ghijjak 연주자.
g'ilay *sif.* 모들뜨기[내사시]의, 사팔눈의
g'ildirak *ot.* 타이어, 수레바퀴(자동차 또는 왜건의); tarix g'ildiragi 역사의 과정.
g'ildiramoq *fe'l.* (공·바퀴 따위가) 구르다, 굴러가다, 회전(回轉)하다.
g'ildiratmoq *fe'l.* 굴려가다, 실어나르다; 탈것[산륜(散輪), 굴림대]로 옮기다; aravani ~ 바퀴를 장착하다
g'ilof *ot.* 덮개; 뚜껑; 책의 표지
g'irrom *sif.* 공정치 못한, 공명정대하지 못한, 부정한, 부정직한
g'irt *rav.* 충분히, 완전히, 꼬박~, 철저히, 완벽하게, 전혀, 전부; 매우, 굉장하게, 무지무지하게; ~ mast 곤드레만드레 취하여
g'iybat *ot.* 잡담, 한담, 세상 이야기; 남의 소문 이야기, 험담, 뒷공론; (신문의) 가십, 만필(漫筆); ~ qilmoq 잡담[한담]하다; (남의 일을) 수군거리다; 가십 기사를 쓰다.
g'iybatchi *ot.* 수다쟁이, 비방하는 사람
g'isht *ot.* 벽돌(한 개); pishiq ~ 구운벽돌.
g'odaymoq *fe'l.* 삐걱삐걱하(게 하)다; 삐걱삐걱 소리를 내며 움직이다.
g'olib *ot.* 이긴, 승리자, 우승자; (경마의) 이긴 말, 수상자[작품], 입상[입선]자, 전승자, 정복자; sport ~i 승리자
g'or *ot.* 굴, 동굴; (지하의) 술곳간.
g'ora *ot.* 안 익은 과일
g'ov *ot.* 울타리, 담, 장애물(障碍物), 장벽(障壁), 장애(물), 방해(妨害); ***(daraxt ekib qilingan)***
g'oya *ot.* 생각, 관념(觀念), 심상(心豫), 개념(槪念)
g'oyatda *sif.* 극단(적)으로, 극도로, 아주.
g'oyaviy *sif.* 1) 관념학의; 공론의; 관념 형태의, 이데올로기의; 2) 고상한, 고결한
g'oyib *ot.* 눈에 보이지 않는 것, 소멸, 소실; ~ bolmoq 사라지다, 자태를 감추다; 없어지다, 소실되

G

다, 소멸되다; 실종하다
g'oz *ot.* 거위(오릿과의 새. 기러기의 변종으로 몸빛이 희고 목이 길며, 헤엄을 잘 치는데 날지 못함. 밤눈이 밝아서 개 대신 기름. 가안(家雁). 백아(白鵞), 당안(唐雁), 서안(舒雁), 아조(鵝鳥))
g'oza *ot.* 목화(木花: 아욱과의 한해살이풀. 밭에 재배하는데 높이 60cm 정도, 가을에 담황색 또는 백색의 다섯잎꽃이 핌. 씨에 붙은 면화는 피륙이나 실의 원료가 되고 씨에서 기름을 짜냄. 목면)명, 미영; 면화(綿花), 목면(木綿.木棉), 겁패(劫貝), 고종(古終), 길패(吉貝), 양화(涼花), 초면(草棉), 재래면(在來棉)
g'ubor *ot.* 먼지, 티끌:(일어나는) 먼지, 사진(沙塵); (광산에서의) 진폐증(塵肺症)
g'uj *rav.* 1) 밀접하여, 바싹, 접근하여, 면밀히, 주도하게; 엄밀히; 2) 슬픔, 비애, 비통, 비탄, (잃은 것에 대한) 아쉬움, 애석.
g'uncha *ot.* 싹, 눈; 봉오리; 발아(기).
g'urbat *ot.* 회향병(懷鄕病); 향수병에 걸린.고독, 향수, 멀리함; 소격(疏隔), 이간, (자기) 소외
g'urra *ot.* 상처, 충돌; (부딪칠 때의) 탕[딱] 하는 소리, 발을 절기
g'urrak *ot.* 던지기; 부딪침, 충돌; 충돌하는 소리.
g'urur *ot.* 자랑, 자존심, 긍지, 프라이드; 득의; 만족, 자만심, 오만, 거만, 우쭐해함
g'ururlanmoq *fe'l.* 거만하다, 잘난 체하다, 뽐내다.
g'ussa *ot.* 슬픔, 비애, 비통, 비탄, (잃은 것에 대한) 아쉬움, 애석.
g'uvullamoq *fe'l.* (개·이리 따위가) 짖다, 멀리서 짖다, 바람이 윙윙거리다, (사람이) 울부짖다, 악쓰다, 조소하다.
g'alamis, ig'vogar 교사범
g'arazli kelishuv, manfaatli bitim 쌍무계약
g'o'daymoq *fe'l.* 자랑하다, 떠벌리다, ~을 자랑하다, 큰소리치다, (자랑거리를) 가지다, (~을) 자랑으로 삼다.
g'o'la *ot.* (나무·돌·금속 따위의) 큰 덩이, 큰 토막; (나무의) 그루터기, (부러진 이의) 뿌리, (손이나 발의) 잘리고 남은 부분, (연필·붓 따위의) 토막, 쓰다 남은 몽당이, (담배의) 꽁초, (잎을 따낸) 밑동 줄기.
g'o'r *sif.* 녹색의, 초록의, 싱싱하게 푸른; 푸른 잎으로 덮인, 익지 않은, 생것의; 시기상조의; 나이가 덜 찬, 젊은.
g'o'ra *ot.* 안 익은 과일, 아직 퍼런, 익지 않은; 생(生) (담베·목재 등); 아직 조리[건조, 저장]하지 않은; (가죽이) 무두질을 않은; 미가공(未加工)의.
g'o'za *ot.* 목화나무, 케이폭수(樹)
g'o'zapoya *ot.* 목화 줄기, 목화대(잎자루)

G

Sh

sh 우즈벡 알파벳 자음의 스물일곱째 글자
shabada *ot.* 산들바람, 미풍(微風); 연풍(軟風); 초속 1.6-13.8m의 바람; oqshom ~si 저녁 바람.
shabadalamoq *fe'l.* 야외 운동을 하다, 산책하다, 신선한 공기로 정화하다[원기를 돋구다].
shabadalatmoq *fe'l.* (방 등에) 공기를 유통시키다, 환기하다. 산들바람이 분다.
shabko'r *sif.* 밤눈이 어두운, 야맹증의.
shablon *ot.* 모범, 형(型), 양식; (양복·주물 따위의) 본, 원형(原型), 모형, (수지(樹脂) 등의) 형판(型板), 본뜨는 자.
shabnam *ot.* 이슬; (눈물·땀 등의) 방울; 상쾌함; 신선한 맛, 싱싱함; ~li kuz tunlari 가을 저녁에 이슬이 내린다.
shaddod *ot.* 폭군, 압제자; 전제군주.
shaffof *sif.* 맑은, 투명한, (천이) 비쳐 보이는; ~ osmon 맑은 하늘; ~ suv 맑은 물.
shafqat *ot.* 불쌍히 여김, 동정, 자비, 애석한 일, 유감스러운 일; ~ qilmoq 불쌍히 여기다, 애석하게 여기다, 동정을 느끼다
shafqatsiz *sif.* 무자비한, 몰인정한, 냉혹한.자비 없이; ~ ezuvchi 잔혹[잔인]한; 무자비한, 참혹한, 비참한; (말에) 가시[독기]가 있는.
shafqatsizlik *ot.* 무정, 무자비, 인정머리 없는 것, 잔인, 자비 없다; ~ qilmoq 무자비하다, 무정하다.
shaftoli *ot.* 복숭아, 복숭아나무.
shaftolizor *ot.* 복숭아 과수원
shahar *ot.* 도시, 도회, 읍.
shaharlik *ot.* 도시에 사는, 도회지 사람; 읍민, 같은 읍내 사람.
shaharcha *ot.* 작은 도시
shahid *ot.* 순교자(殉教者); (주의·운동 따위의) 순난자(殉難者), 희생자.
shahidlik *ot.* 순교, 순난(殉難), 순사(殉死); 수난, 고통, 고난.
shahlo *sif.* (정도·규모·범위 등이) 큰, 넓은, 광범위한; (상대적으로) 큰 쪽[종류]의, 대 ~; 여성의 검고 아름다운 눈.
shahodatnoma *ot.* 증명서, (사람·물건의) 신원[정체]의 확인[인정]서; 동일하다는 증명 [확인, 감정]서, 졸업장; nikoh ~ 혼인 증명서.
shahvat *ot.* 육욕, 색욕(色慾), 관능적인 욕구; ~ga berilmoq 성적 충동을 주다
shahvatparast *ot.* 색정광(色情狂); 섹스 친구; ~ erkak 계집질하다.
shahvatparastlik *ot.* 연애 유희자(남자).
shahvoniy *sif.* 관능적인, 관능의 만족을 구하는; 호색(好色)의, 육욕의; 육감적인; ~ hisga berilmoq 성적 충동을 주다.
shahzoda *ot.* 왕자, 황태자, 동궁.
shak *ot.* 의심, 의혹, 회의, 불신, 불확실함, 의심스러움; ~ keltirmoq 의심하다, (진실성·가능성 따위에) 의혹을 품다, ~을 미심쩍게 여기다; ~-shubhasiz 의심스럽게; 수상쩍게.
shakar *ot.* 그래뉴당(糖). 설탕; ~qamish 사탕수수.
shakarob *ot.* 생채 요리, 샐러드, 샐러드용 생야채, (물·흙탕 따위를) 튀기다
shakarpalak *ot.* 향기로운 멜론의 종류
shakkok *rav.* 혐의, 의심(쩍음), 의심, 의혹, 회의, 불신.
shakl *ot.* 모양, 형상, 외형, 윤곽; (사람의) 모습, (인체의) 모양, 형태.
shaklan *rav.* 배치로, 지형(地形)

으로; (전체의) 형태로, 윤곽으로
shakllanish *ot.* 모양을[형태를] 이룸, 구체화, 실현.
shakllanmoq *fe'l.* 모양을[형태를] 이루다, 구체화하다, 실현하다
shaklsiz *sif.* 모양 없는; 모양이 확실[일정]치 않은, 무정형의.
shal 1) *sif.* 마비된, 무력한, 무효의; 2) *fe'l.* 마비시키다, 불수가 되게 하다, 활동 불능이 되게 하다, 무력[무효]케 하다
shaldirama *ot.* 와삭와삭[바스락바스락] 소리나는, 옷 스치는 소리가 나는; (미국구어) 활동적인, 분투적인; ~ qogoz (나뭇잎·종이 등을 맞비비는 듯한) 와스스[와삭와삭, 바스락] 소리 내게 하다; ~ yongoq 우두둑우두둑 부서지는 소리; 짓밟아 부숨, 또 그 소리; ~ soy 수다쟁이 (여자).
shaldiramoq *fe'l.* 첨벙첨벙[철벅철벅] 소리를 내며 ~하다[가다]; 철벅철벅 소리내며 나아가다
shaldiroq *sif.* 와삭와삭[바스락바스락] 소리나는, 옷 스치는 소리가 나는; ~ pul 바삭바삭 나는 소리 돈, 빳빳한 새 돈.
shaldir-shuldur *sif.* 용솟음쳐[쏟아져] 나오는 물의 소리.
shallaqi *sif.* 날카로운[새된] 소리, 부르짖음; 비명; ~ xotin 비명 지르는 여성.
shalola *ot.* 폭포, 시냇물.
shaloq *colloq.* (가구 등이) 망그러질 듯한, 닳아 해진, 입어서 낡은, 누더기의; ogzi ~ 입정 사나운, 잡스러운 말을 쓰는.
shalpangquloq *sif.* 느슨한 눈, 야무지지 못한 눈,
shalpaymoq *fe'l.* 수그러지다, 숙어지다. 구부러지다; 휘다, 부드럽게 하다; Issiqdan barglar ~ qoldi 열 때문에 나뭇잎이 시들다
shalpillamoq *fe'l.* 튀(어오르)다, 튀기다, 물보라치다, 물[흙탕]을 튀기다.
sham *ot.* (양)초, 양초 비슷한 것; mum ~ 가열하는 양초
shama I 1) (*choyniki*) 차 잎사귀; 차 찌끼; 2) 물을 너무 탄 차, 맛없는 (술·수프 등); 연한 차; ~ni tok! 찌끼를 따르지 마!
shama II (*kinoya*) 풍자, 비꼬기, 빈정댐, 빗댐. 비꼬는 말, 빈정거리는 언동; ~qilib gapirmoq 빈정거리며 말하다; nozik ~ qilmoq 변죽 울리다, 암시를 주다.
shamdon *ot.* 촛대; katta ~ 양초제조인 [장수]; 상인; 잡화상.
shamol *ot.* 바람; 강풍; (공기의) 강한 흐름[움직임], 산들바람.
shamollamoq *fe'l.* 감기 걸리다, 냉기를 느끼다, 한기를 느끼다.
shamollatmoq *fe'l.* 바람이 불다, (방 등에) 공기를 유통시키다, 환기하다, 신선한 공기로 정화하다 [원기를 돋구다].
shamollash *ot. med.* 냉기, 오한, 한기, 감기, 고뿔, 감모(感冒), 한질(寒疾), 운감(運感), 촉감(觸感), 촉상(觸傷), 풍한(風寒), 감환(感患), 인플루엔자(influenza)
shamshir *ot.* 검(劍), 칼, 사벨, 사브르, 기병도(刀).
shanba *ot.* 토요일(土曜日), 주말
shanbalik *ot.* 자발적으로 자유롭게 일하는 날, 휴무일.
shapaloq *ot.* 손등; ~ bilan urmoq 넓적한 것으로 한번 침.
shapaloqlamoq *fe'l.* 찰싹 때리다. 손바닥으로 때리다.
shapka *ot.* (양태 없는) 모자; 제모; 두건
shaqildoq *ot.* 덜걱덜걱[우르르] 소리나는 장난감; chaqalogning ~i 유아들이 재잘거림; 아이들이 떠들썩함.
shaqillamoq *fe'l.* 뗑그렁 소리내다, 쩽그렁[뗑그렁] 울리다; 뗑그렁 울다; 뗑그렁 소리를 내며 움직이다[달리다].
shaqillatmoq *fe'l.* 드르륵, 덜걱덜걱의 원인이 되다(일으키다).
shaqirlamoq *fe'l.* 덜걱덜걱[우르르] 소리나다[내다].
shar *ot.* 풍선, 공, 구(球), 볼; 구체(球體), 구(球), 구형, 구면; havo ~i 기구; 풍선; (형세를 보기 위한) 시험 기구.
sharaf *ot.* 명예, 영예; 영광; ~i

uchun ~에게 경의를 표하여; ~을 축하하여; bayram ~iga 축(제)일을 축하하다
sharaflamoq *fe'l.* 존경[존중]하다, ~에게 경의를 표하다, (신을) 찬미하다, 찬송하다, ~에 영광을 더하다, ~에 하늘의 영광을 주다.
sharafli *sif.* 명예 있는, 명예로운; 명예를 손상치 않는, 존경할 만한; ~ mehnat 충실한(성실한) 근로자; ~vazifa 책임 있는 시민
sharaqlamoq *fe'l.* 우두둑[어쩍] 깨물게 하다; 우지끈[우지직] 부수게 하다
sharbat *ot.* (과일·채소·고기 의) 주스, 즙, 액.
sharf *ot.* 스카프, 목도리, 머플러.
shaffoflik, tiniqlik *ot.* 투명성(透明性)
shahar dumasi *ot.* 시의회(市議會)
shahar yo'ldoshlar qurilishi 위성도시건설
shakl 형태(形態), 생김새, 모습, 모양(模樣), 형체(形體)
sharob monopoliyasi 주류 전매권(專賣權)
sharoit, ahvol 조건, 상황
sharh *ot.* 주석서(書); 논평(論評), 비평; ~ lab bermoq 주석을 닮; 논평[해설]함.
sharhchi *ot.* 주석자, 설명한 사람
shariat *ot.* 이슬람 종교(상)의 법률
sharillamoq *fe'l.* 졸졸 소리내다, (냇물 따위가) 졸졸 소리내(며 흐르)다
sharm *ot.* 겸손, 조심성; 겸양, 수줍음; 정숙, 얌전함.
sharmanda *sif.* 창피한, 불명예스러운, 치욕적인, 망신거리, ~ bolmoq 창피하다.
sharmandalarcha *rav.* 비위를 거슬러; 면목을 잃어.
sharmandalik *ot.* 창피, 불명예, 치욕
sharm-hayo *ot.* 부끄림, 부끄러워하는 마음, 수치심, 수치, 창피, 치욕, 불명예.
sharmisor *sif.* 불명예스러운, 부끄러운, 치욕의, 창피스러운, 면목 없는.
sharob *ot.* 포도주, 과실주. 술
sahrofat *ot.* 명예, 영예; 영광, 고귀(성), 숭고, 고결함, 기품; ~ bilan ~의 덕택에, ~의 결과, ~때문에
sharoit *ot.* 상황, 조건; 필요조건
sahrpa *ot.* (형체·소리 따위가) 불분명한, 희미한, (소리가) 약한, (목소리가) 가냘픈
sharq *ot.* 동쪽, 동방; Uzoq ~ 동쪽방향으로; Yaqin ~ 동방가까이; Orta~ 중앙아시아
sharqiramoq *fe'l.* (물 따위가) 꼴딱꼴딱[콸콸] 흐르다; 콸콸[꾸르륵]거리다; (사람이) 목구멍으로 꼴록꼴록 소리를 내다(기쁠 때 따위).
sharqiy *sif.* 동(쪽)의; 동(쪽)으로의; 동(쪽)으로부터의. 동양(제국)의, 동양풍의
sharqshunos *ot.* 동양학자, 동양(어)통.
sharqshunoslik *ot.* 동방(동양)학의 연구
sahrros *rav.* 1) (호우 등이 지난 후) 갑자기 밀어닥치는 홍수; 2) 매끈하게, 반드럽게, 평탄하게, 유창하게, 술술; 구변 좋게; ~ quyib chiqqan yomg'ir 억수, 호우; ~ oqimoq 유창하게, 줄줄, 술술, 거침없이.
shart *ot.* 1) 기간; 임기; 학기; 형기(刑期); (의회의) 회기, (법정 따위의) 개정기간; 권리의 존속기간; 임대차의 기간; kelishingiz ~ 당신이 오는 동안그것은 필요한 것이다; 2) *gramm.* 조건 어구, 조건문[절], 조건법.
shartli *rav.* 조건부로; 잠정적으로, 가정적으로, 제한이 있게; ~ belgi 조건적 사인.
shartnoma *ot.* 조약, 협정, 맹약; 조약문서; tinchlik ~si 평화 조약
shartsiz *sif.* 무조건의, 무제한의, 절대석인,조건 없이; ~ refleks 자연반사
shart, sharoit 조건
shartlari o'zgartirilgan

marketing 전환 마케팅
shartlashayotgan dalillar 협약국
shartlashuv, bitim, kelishuv 합의
shartli ayblov 집행유예
shartli hudud 계약이 미치는 지역적 범위
shartli majburiyatlar 우발 채무
shartli-belgilangan garov 계약시점에 수량이 정 해지지 않은 담보
shartnoma 합의, 계약, 협정
shartnoma asosi 계약 조건
shartnoma asosida belgilangan tarif 협정요율
shartnoma bajarilgan hudud qonuni 계약이행지법
shartnoma bajarilishini kechiktiri- lishi 지연(遲延), 지체(遲滯)
shartnoma bo'yicha munozara 계약을 둘러싼 분쟁
shartnoma haqiqiyligi muddati 계약 유효 기간
shartnoma kuchi 계약의
shartnoma majburiyatlarini baj armaslikka solingan jarima 계약상 불이익에 따른 제재
shartnoma moddasi 계약조항
shartnoma muddatining o'tib ketishi 계약기간 만료
shartnoma shartlariga nomuvofiqlik 계약 조건 위배
shartnoma shartlarini buzganlik uchun jarima 계약조건으로 인한 벌금
shartnoma tuzilgan hudud qonuni 계약채결 지법
shartnoma tuzish haqidagi taklif, oferta 오퍼(offer)
shartnoma tuzish taklifi 청약(請約)
shartnoma, bitim, kelishuv 협정
shartnoma, kontsessiya 영업허가
shartnomada ko'rsatilgan narx 계약자(契約者)
shartnomadagi qiymat 수출입 계약가격
shartnomadagi tomonlar 계약의 일방 당사자
shartnomadan voz kechish 계약파기
shartnomaga oid intizom 적합한 계약이행
shartnomaga oid ma'suliyat 계약이행책임
shartnomaga oid sudda ko'rishishi 합의관할
shartnomaga qo'shimcha, ilova 계약의 보충
shartnomalar savdosi 계약 입찰
shartnomani bekor qilish 계약의 해제
shartnomani bekor qilish haqida aytish huquqi 계약해제권
shartnomani bekor qilish haqidagi ariza, bayonot 계약해제의 의사표시
shartnomani jiddiy buzilishi 중대한 계약위반
shartnomani o'zgartirish 계약의 변경
shartnomani o'zgartirish yoki bekor qilish 계약의 변경 또는 소면
shartnomani qaytadan tiklash 계약 갱신
shartnomani tugatish 계약의 해지
shartnomaning bajarilmasligi 계약불이행
shartnomaning buzilishi 계약위반
shartnomaning haqiqiyligi 계약자체 효력
shartnomaning taxminiy shartlari 전형계약
shartnomaning valyuta sharti 계약의 통화 조건
shartoma intizomi 계약 내용 준수
shart-sharoit 전제, 선결조건
shartsiz moliyalashtirish 무조건 융자
shartsiz veksel 무조건 승낙(unconditio- ned acceptance)
shatak kema 예인선
shatak, ko'mak, yordam 견인선

shatakchi traktor 견인차
shataklash, yordamlashish 견인, 예인
shartta *rav.* 똑바로, 직접, 곧, 즉시, 이내, 머지않아, 이윽고, 바로.
sharshara *ot.* 폭포, (작은) 폭포, (계단 모양의) 분기(分岐) 폭포, 단폭(段瀑); (정원의) 인공 폭포; 폭포 모양의 레이스 장식.
shatak *ot.* 예인선, 터그보트. 끄는 배; ~ka olmoq 밧줄로 끌다, (배를) 예인하다, 예항하다; (배를) 끌다, 예인선으로 끌다.
shatalamoq *fe'l.* (소 또는 말이) 차다, 걷어차다.
shatranj *ot.* 체스 또는 장기 게임
shavkat *ot.* 존엄, 위엄; 존엄성; 품위, 기품; 체면, 긍지.
shavkatli *sif.* 용감한, 용맹한, 씩씩한.
shavla *ot.* 삽라(음식), 포리지, 고기 죽.
shavq *ot.* 즐거움, 기쁨; 유쾌, 향략; 향유, 향수(享受). 동기; musiqaga bo'lgan ~ 음악의 기초를 두다[세우다]
shavqlanmoq *fe'l.* ~하여 기뻐하다; 기꺼이 ~하다
shaxdam *sif.* 굳은, 단단한, 튼튼한, 견고한, 안정된; 견고한, 한결같은, 착실한, 절도 있는, 규율 바른; ~ qalam 착실한 보조[걸음]
shaxmat *ot.* 체스, 서양장기(게임); ~ musobaqasi 체스 경기: ~ taxtasi 체스판; ~ oynamoq 체스를 두다
shaxs *ot.* 사람(개인으로서의), 인간, (경멸적) 놈, 녀석.
shaxsan *rav.* 나 개인적으로(는), 자기로서는; ~ otamning o'zi javobgar 나의 아버지는 그의 자신으로써 책임을 지다.
shaxsiy *sif.* 개인의, 자기만의, 나의, 일신상의, (특정) 개인을 위한 (*xususiy*)
shaxsiyat *ot.* 개성, 성격, 인격, 인물, (특히) 매력 있는 성격.
shaxs obro'si, qadr-qimmati 개인의 존엄
shaxsiy afzal ko'rish 개인적 기호(취향)
shaxsiy daxlsizlik 사생활불가침
shaxsiy foydalanish 개인적인 사용
shaxsiy hayot daxlsizligi 사생활불가침
shaxsiy qonun 본국법
shaxsiy sug'urta 사보험
shaxslarning mol-mulkiga soliq 재산세(財産稅)
shaxta, kon 광산(鑛山), 탄광
shaxta 나의 것; 나의 소유물, 나의 가족들[편지, 책임]; (영국구어) 내 마실 것[술]. 공장; toshkomir ~si 탄갱
shaxtyor *ot.* 광부, 갱부; 광산업자; ~ lampasi 광부의 랜턴.
shay *sif.* 준비가 된, (언제든지 ~할) 채비를 갖춘; 각오가 되어 있는; ~ bolib turmoq ~할 준비[각오]가 되어 있다:
shaydo *sif.* 사랑, 애정, 연애, 열애; ~ bolmoq 사랑하고 있다, 사모하다, ~에 반해 있다.
shayka *ot.* 악당, 갱단, 패거리, 폭력단.
shaylamoq *fe'l.* 준비[채비]를 갖추다
shaylanmoq *fe'l.* 채비하다, 준비하다, 대비하다; safarga ~ 여행 준비를 하다
shayton *ot.* 악마, 마귀, 악귀; 악령; 사탄
shaytonlamoq *fe'l.* 지랄병을 하다, 간질을 하다.
shaytonlik *ot.* 교활, 음흉, 비열, ~ qilmoq 교활한 짓을 하다; 간악하다, 비열하다
shag'al *ot.* (물흐름의 작용으로 둥글게 된) 조약돌, 자갈, 밸러스트; 사력층(砂礫層) (특히 사금(砂金)을 함유하는 지층); ~ yotqizmoq 자갈을 (펴다)흩뿌리다
shashka *ot.* 1) 체커(서양장기의 일종); 2) 도안, 밑그림, 설계도, 초안; ~ oynamoq 1) 체커를 두다; 2) ~의 밑그림을 그리다
shashmaqom *ot.* shashmaqom (여섯(부분·요소로) 이루어져 있는 동양 음악)

sha‘n *ot.* 명예, 영예, 존엄, 위엄; 존엄성.
shekilli *rav.* 명백히, 일견하여, 외관상으로는, 언뜻 보기에, 아마도.
shekilli, aftidan ㄴ/ㄹ/은/는/을 모양이다
shelf 대륙붕(大陸棚: 대륙이나 큰 섬 주위의 바다 깊이가 평균 200m까지의 완만한 경사면)
sher *ot.* 1) 사자, 라이온; 2) 용감한 사람; 대담무쌍한 사람, 호담(豪膽)한 사람.
sherik 공동소송인(共同訴訟人)
sherik *ot.* 협동자, 한동아리, 패거리. 동료, 상대, 친구, 반려자.
sheva *ot.* 방언, 지방 사투리.
she‘r *ot.* 운문, 시(詩)
she‘riy *sif.* 시의, 시적인; ~ asarlar 시적으로 쓰다.
she‘riyat *ot.* 시, 시가, 운문.
sherxonlik *ot.* 시 낭독; ~ qilmoq 시 낭독 동아리를 만들다.
shibbalamoq *fe'l.* (발파공을) 진흙·모래 따위로 틀어막다; (담뱃대에) 담배를 재다; 다져 굳히다, 리벳을[대갈못을] 박다
shiddat *ot.* 강렬, 격렬, 강한, 힘, 세력, 에너지, 기세; ~ bilan (빛·온도 따위가) 격렬하게, 심하게, 맹렬하게.
shiddatli *sif.* 강한, 강대한, 유력한; (신경·감정이) 긴장한; 긴박[절박]한, 긴장시키는(상황·극 등); ~ shamol 강한 바람.
shifer *ot.* 슬레이트, 슬레이트 지붕; 점판암(粘板岩); ~ yopilgan tom 지붕을 슬레이트로 덥다, 지붕을 슬레이트로 이다
shifo *ot.* 치유, 회복; ~ topmoq (병이나 환자를) 치료하다, 고치다, (병·상처·마음의 아픔 등을) 고치다, 낫게 하다
shifobaxsh *sif.* 치료의; 낫게 하는, 회복시키는; 치료용의; 치료력이 있는; ~ suvlar 위생적인 물; ~ havo 건강에 좋은, 위생적인; ~ balchiq 치료용의 머드 팩.
shifokor *ot.* 약; 의사, 치료자; ~ talaba 의료학생, 의대생.
shifolamoq *fe'l.* (병·상처·마음의 아픔 등을) 고치다, 낫게 하다
shifolanmoq *fe'l.* 치료하다.
shifoxona *ot.* 병원, 진료소, 진찰실; sil ~si 시약소(施藥所); (공장·학교 등의) 의무실; (병원 따위의) 약국.
shifr *ot.* 암호표, 암호(문), 부호; 암호 해독서, (*kutubxonada*) (도서관 장서의) 서가(書架) 번호; ~ bilan yozilgan telegramma 암호 전보; kutubxona ~i 도서관 코드.
shijoat *ot.* 대담무쌍, 호담(豪膽), 용기, 용감(성), 용맹;
shikast *ot.* (사고 등에 의한) 상해, 상처, 위해, 손상, 손해. ~ yemoq 상처 내다, ~을 다치게 하다
shikoyat arizasini berish 항소(抗訴: 상소(上訴) 방법의 하나. 하급 법원에서 받은 제일심(第一審)의 판결에 불복할 때, 직접 상급 법원에 그 판결의 취소·변경을 위하여 법률상 또는 사실상의 복심(覆審)을 청구하는 일.)
shikoyat etuvchi 항소인(抗訴人)
shikoyat *ot.* 불평, 찡찡거림, 우는소리; ~ qilmoq ~에 관하여 하소연하다, ~을 고소하다.
shikoyat qilgan tomon 이의를 제기한 당사자
shikoyat qilish, arz qilish 이의 신청
shikoyat, (tovar sifatsizligiga) 클레임(claim: 무역 등 상품 거래에서, 상품의 수량·품질·포장 등에 위약(違約)이 있을 경우, 매주(賣主)에게 손해 배상의 청구나 이의를 제기하는 일. 구상(求償).
shikoyat, arz 이의, 민법상 타인의 행위에 대하여 반대 또는 불복의 의사를 표시하는 뜻으로 사용된다.
shikoyat, norozilik 손해배상 요구, 클레임(claim), 구상(求償)
shikoyatchi *ot.* 불평가, 투덜대는 사람
shikoyatga oid ariza 항소(抗訴)
shikoyatnoma *ot.* 불만의 리스트, 불평의 씨, 찡찡거림, 우는소리;

Sh

불평거리, 고충.
shildiramoq *fe'l.* 1) 불평을 하다, 투덜대다; 2) ~에 잔물결[파문]을 일으키다; 졸졸 소리내다, 속삭이다.
shilliq I *sif.* 점액(성)의; 끈적끈적한; 점액을 분비하는; ~ parda 점막(粘膜).
shilliq II *sif. zool.* 달팽이, 달팽이 관, 나선(螺旋); 나선형의 것, 귀바퀴; ~ qurt 소용돌이 장식(이오니아식·코린트식 기둥머리의)
shilmoq *fe'l.* (겉껍질 따위를) 벗기다, 까다; 떼어내다, 발기다, (나무·짐승 따위의) 껍질[가죽]을 벗기다.
shilpiq *sif. tib.* 트라코마, 트라홈, 과립성 결막염.
shilqim *sif. tib.* 골치 아픈, 귀찮은; 다루기 힘든.
shilqimlik *ot.* 고생, 근심, 걱정, 고민, 두통[고생]거리, 성가신 놈.
shilta *sif.* 젖은, 축축한; 진흙, 진창, 습지(濕地), 늪, 진창, 진창눈; 진창(길)
shim 바지
shim *ot.* 바지, 팬츠.
shimarmoq *fe'l.* 둘둘 말다, 동그래지다, 똘똘 뭉쳐[말려] 졸아들다; yeng ~ 소매를 걷어붙이다
shimirmoq *fe'l.* 꿀떡굴떡[꿀꺽꿀꺽] 마시다; 삼켜버리다, 폭음하다.
shimmoq *fe'l.* 페쇄하다, 흡수하다, 빨아들이다.
shimol *ot.* 북쪽, 북, 북방(N, N.)
shimoliy *sif.* 북쪽의, 북방에 있는; 북향의; ~ qutb 북극(極), 북극성
shimollik *ot.* 북국[북부] 사람.
shimpanze *ot.* 침팬지(chimpanzee: 유인원과의 원숭이로 서아프리카산(産). 키 1.5m가량, 털은 흑갈색, 주로 과실을 먹음. 유인원 중 가장 지능이 높고 사람에 길들어 곡예도 잘함)
shina *ot.* 타이어, 바퀴. rezina ~ 고무 다이어, 고무바퀴.
shinam *sif.* 아늑한, 포근한, 아담한, 안락한; 기분 좋은. 편안함; ~ uy 아늑한 방(집)
shinel *ot.* (군인의 두꺼운) 외투, 방한외투; askar ~i 군용의 외투, 톱코트, 토퍼
shingil *ot.* (과실·꽃 따위의) 송이, 다발, 한덩어리; ikki ~ uzum 포도 두 송이
shinni *ot.* 시럽; 당밀(糖蜜), 주스, 즙, 액; uzum ~si 포도 주스; tut ~si 뽕(오디) 즙
shior *ot.* (정당·단체 따위의) 슬로건, 표어; (상품의) 선전 문구, 모토, 표어, 좌우명.
ship *ot.* 천정, 천장(널)
shippak *ot.* (여성·어린이용의) 샌들, 실내화, 슬리퍼
shiqillatmoq *fe'l.* 우르르 울리다, 덜커덕덜커덕 소리가 나다.
shira I *ot.* (과일·채소·고기 따위의) 주스, 즙, 액, 수액(樹液), (식물의) 액즙, 체액.
shira II *ot.* 진디물, 이; (새·물고기·식물 등의) 기생충.
shirador *ot.* 즙이 많은, 수분이 많은, 즙[수분]이 많은; 다즙의, 다장(多漿)의; ~ ot 목초에 수분이 많은.
shiravor *ot.* 사탕, 사탕절임, 당화(糖化)한; 설탕절임한, 설탕조림의; 설탕을 뿌린.
shirguruch *ot.* 쌀죽, 포리지.
shirillamoq *fe'l.* (어린이 따위가) 떠듬거리며 말하다; 쓸데없는 말을 하다, (물이) 졸졸 소리내다.
shirin *sif.* 단, 달콤한, 당분이 있는, 맛좋은, 맛있는, 향기로운; ~ tarvuz 달콤한 멜론의 즙; ~ shorva 수프, 고깃국(물).
shirinlik *ot.* 단맛, 달콤함, 맛있음, 맛좋음.
shirkat 회사, 기업
shirkat *ot.* 회사, 상사, 상회, 조합.
shirkatdan chiqish 퇴사
shirmoy: ~ non 빵, 데커레이션 케이크
shish *ot.* 증대; 팽창, 종창(腫脹), 종기; 종양(腫瘍); 돌출부; ~ qaytdi 그 종기가 가라 앉았다.
shisha *ot.* 1) 유리; 유리 모양의 물건; 판유리; 2) 병 (*butilka*)

Sh

shishirmoq *fe'l.* 부풀다, 불룩해지다.
shishmoq *fe'l.* 부풀리다, 팽창시키다; 부어오르게 하다.
shitirlamoq *fe'l.* (나뭇잎이나 비단 등이) 와삭[바스락]거리다.
shitirlash *ot.* 살랑[와삭, 바스락]거리는 소리; 나뭇잎의 살랑거림
shitob *ot.* 기민, 민속; 급속, 신속; 성급, 조급; ~ bilan 빠르게, 재빨리, 신속히, 곧.
shivir *ot.* 속삭임, 귀엣말; 졸졸[와삭와삭하는] 소리; 소문, 풍설; 고자질, 험담.
shivirlab *rav.* 속삭이는(듯한); 귀엣말의; 와삭와삭하는 소리로.
shivirlamoq *fe'l.* 속삭이다, 작은 소리로 이야기하다; 내밀한 이야기를[밀담을] 하다; (나뭇잎·바람 따위가) 살랑살랑 소리를 내다
shivir-shivir *ot.* 빈번한 방문[출입], 속삭임; 소문; 와삭와삭하는 소리; sinfxonada ~ kuchaydi 교실 안에서 와삭와삭하는 소리가 격렬[강렬]하게 하다
shiypon *ot.* 대피호, 방공호.
shkaf *ot.* 찬장, 작은 장, 벽장 (*idish tovoq uchun*) (*kiyim uchun*) 조리대(調理臺); 찬장; 화장대, 경대; 찬장이 붙은 조리대.
shlang *ot.* 호스; ~ bilan suv sepmoq 호스로 물을 뿌리다; otochirish ~i 소방호스
shlyapa *ot.* 모자, 보닛(턱 밑에서 끈을 매는 여자·어린이용의 챙 없는 모자) (*ayollarniki*)
shnur *ot.* 1) 끈, 줄, 실, 노끈, 새끼; 2) 신발 레이스
shod *ot.* 기쁜, 반가운, 유쾌한, 즐거운; ~ yashamoq 행복하게, 즐겁게 살다.
shodiyona *ot.* 기쁜, 즐거운, 행복에 가득 찬; bayram ~si 휴일의 활기.
shodlanmoq *fe'l.* 기쁘게 하다, 좋아하다
shodlik *ot.* 기쁨, 환희, 행복.
shodon *sif.* 행운의, 운 좋은, 경사스러운.
shogird *ot.* 계시, 도제(徒弟); 수습(공); 초심자; 실습생, 학생
shogirdlik *ot.* 도제 제도, 도제의 신분, 계시살이; 도제[수습] 기간
shoh *ot.* (이란의) 왕(칭호), 왕, 국왕, 군주 (*shahmatda*); ~ asarlar 걸출한 문학 작품
shohid *ot.* 증인, 목격자; ~ bolmoq 증언하다; 입증하다
shohlik *ot.* 왕국, 왕토, 왕령(王領)
shohona *sif.* 국왕의, 제왕의; 국왕다운; 장엄한, 당당한; ~uy 현대식의 집, 스마트한 집
shoir *ot.* 시인; 가인(歌人), 옛 Celt족의 음영(吟詠)[방랑]시인; (서정)시인.
shoira *ot.* 여류 시인
shoirlik *ot.* 서정시체(體)[조, 풍]
shoirona *sif.* 시의, 시적인, 시의 소재가 되는, 시인 같은; ~ ibora 시적인 표현; ~ sozlar 시적인 말
shok bilan davolash 충격요법
shok, ruhiy kuchli ta'sir 충격(衝擊)
shokolad *ot.* 초콜릿(코코아 가루에 향료·버터·설탕 등을 넣고 굳혀서 만든 과자)
shol I *ot.* 숄, 어깨 걸치개, 스카프.
shol II *ot.* (완전) 마비, 불수(不隨); 중풍, 활동불능(의 상태), 무(기)력; (교통·거래 등의) 마비 상태, 정체.
shol II *ot.* 두꺼운 양털 직물
sholcha *ot.* 플로어 매트(의자 바퀴에 의해 카펫이 훼손되는 것을 막기 위해 까는 매트), (방 안 여기저기에 깔아 놓는) 작은 융단
sholg'om *ot.* 무, 순무(십자화과의 한해살이풀 또는 두해살이풀. 무의 하나로 뿌리가 큼. 봄에 노란 꽃이 피고, 잎과 뿌리는 중요한 채소가 됨.)
sholi *ot.* 벼(볏과 벼속의 한해살이 풀. 논·밭 등에 심는데, 높이 1-1.5m, 줄기는 속이 비고 마디가 있음. 꽃은 첫가을에 피고, 열매는 가을에 익는데, 이것을 찧은 것이 쌀. 아시아인의 주식 곡물임), 나록(羅祿), 정조(正租), 답곡(畓穀)
sholikorlik *ot.* 큰 논, 벼 경작.~ qishlogi 벼가 자라는 마을.

Sh

sholilinch pochta 속달우편
sholipoya *ot.* 변 논.
shom *ot.* 저녁 무렵, 땅거미, 황혼, 어스름.
shon *ot.* 명예, 영예; 영광, 경의 존경.
shona *ot.* 싹, 눈; 봉오리; 발아(기).
shonalamoq *fe'l.* 봉오리를 갖(게 하)다; 발아하다[시키다], 발육하기[자라기] 시작하다; 젊다, 장래가 있다.
shonalash *ot.* 발아; 싹틈; 아접(芽椄).
shonli *sif.* 영광스러운, 명예[영예]로운, 영광에 넘치는, 이름 높은.
shoshilinch jo'natma 빠른우편
shoshilinch *sif.* 긴급한, 절박한, 매우 위급한, 쾌치는, 재촉하는, 졸라대는, 강요하는.
shoshilmoq *fe'l.* 서두르게 하다, 재촉하다, 쾌치다; 재촉해서 가게 하다, 재촉하여 ~를 내보내다.
shoshiltirmoq *fe'l.* 서두르다, 죄어치다, 재촉하다; 빠르게 하다, 촉진하다.
shoshirmoq *fe'l.* 심하게 움직이다, 흔들어대다, 쑤석거리다, 동요시키다
shoshmasdan *rav.* 서둘러, 다급하게, 허둥지둥, 서둘다.
shoshmoq *fe'l.* 서두르다, 조급하게 굴다, 덤비다.
shoshqaloq *sif.* 급한, 바삐 서두는, 황급한. 조급한, 경솔한, 성마른; ~ odamlar 바쁜 듯한 사람; 분잡한 사람
shoshqaloqlik *ot.* 긴급, 절박, 화급.
shosse *ot.* 공도(公道), 간선도로, 큰길, 한길, 하이웨이, 대도, 탄탄대로.
shosupa *ot.* 신작로
shoti *ot.* 사닥다리.
shotland *ot. sif.* 스코틀랜드의, 스코틀랜ㄷ 사람[말]의.
shotlandiyalik *ot.* 스코틀랜드 사람; ~ ayol 스코틀랜드 여자
shovillamoq *fe'l.* 우르르 울리다, 덜커덕덜커덕 소리가 나다.
shovqin *ot.* 소음, 시끄러운 소리, 법석 떪, 소란. 잡음; ~ solmoq 소리를 내다; 떠들다; 소란 피우다, 불평(不平)하다.
shovqinlamoq *fe'l.* 소리를 내다; 떠들다; 소란 피우다, 불평(不平) 하다
shov-shuv *ot.* 떠듦, 소음, (쾅쾅·쟁쟁하는) 시끄러운 소리.
shov-shuvli talab 투기성 수요
shox I *ot.* 가지, 분지(分枝); 가지 모양의 것(사슴뿔 따위), 큰 가지
shox II *ot.* (소·양·코뿔소 등의) 뿔, 사슴뿔
shoxdor *ot.* 뿔 있는; 뿔 모양의.
shoxlamoq *fe'l.* 가지가 나다; 분파하다, 분기하다; 그물눈처럼 갈라지다, 작게구분되다
shoxli *ot.* 뿔 있는; 뿔 모양의; ~ mollar 소, 축우.
shoxobcha *ot.* 파생물, 분파; 지맥(支脈); 지류(支流); 지선(支線); 분가(分家); 분관(分館); 지부, 지국, 지점, 출장소, 분과(分科), 분과(分課), 부문.
shoyi *ot.* 비단; 명주실, 생사; 깁, 견직물
shpris *ot.* 주사기(注射器); 세척기(洗滌器); 관장기(灌腸器)
shtab *ot.* 참모부, 막료, 부원, (사무국) 직원, 사원, 간부
shtanga *ot.* 막대기;방망이; 쇠지레. 금석봉 ~ ko'tarmoq 들어올리다, 올리다, 안아[치켜]올리다
shtat *ot.* 국가, 나라; 국토.
shtatsiz ishchi 비정규직근로자
shtatsiz ishchi, xodim 비정규직 근로자
shtatsiz ishchilar 비정규 직원
shtatsiz *ot.* 국적[나라] 없는[상실한]; 자유 논객[기고가], 무소속 기자(記者); (특별 계약 없는) 자유 작가[배우]; ~ muxbir 자유로운 입장에 있는 사람, 프리렌스; ~ lektor 파트타임의, 정시제(定時制)의, 비상근의, 아르바이트.
shtatsiz, faxriy konsul 명예영사

shturmanlik tilxati 본원수취증 (Mate Receipt)
shu *ot.* 저것, 이것, 이 물건[사람, 일]
shu bilan birga, va, hamda 그러면서
shu kunlarda *rav.* 요즈음
shu sababdan 그러니까
shubha *ot.* 의심, 의혹, 회의, 불신; ~ qilmoq 의심하다; ~ yog 틀림없이, 확실히; ~ tug‘dirmoq 뜨오를까 의심하다.
shu'ba firma; shu'ba korxona 자회사(子會社)
shubhasiz dalil 다툼 없는 사실
shubhalanmoq *fe'l.* 의혹하다, 의심하다, (진실성·가능성 따위에) 의혹을 품다, ~을 미심쩍게 여기다, ~의 신빙성을 의심하다.
shubhali *sif.* 의심[의혹]을 품고 있는, 확신을 못 하는; (마음이) 정해지지 않은, 의심스러운, 의문의 여지가 있는; 확정되지 않은; U ~ nazar bilan ortogiga qaradi 그녀는 그녀의 친구를 의심의 눈으로 보았다
shubhasiz *sif.* 의심할 바 없는, 논의할 여지없는, 확실한; 나무랄[험잡을] 데 없는.
shudgor *ot.* 들(판), 벌판; 논, 밭, 목초지, 경작지(耕作地), 농경지(農耕地)
shudgorlamoq *fe'l.* (쟁기·괭이로) 갈다; 경작하다; ~에 두둑을 만들다; 갈아 일구다, 쟁기로 갈아 젖히다.
shuhrat *ot.* 영광, 명예, 영예, 명성, 성망.
shuhratparast *ot.* 헛된, 보람 없는, 무익한, 쓸데없는, 공허한, 하찮은, 시시한 허울[허식]만의, 자만심이 강한, 젠체하는, 우쭐한.
shukur *ot.* 감사, 사의, 치사, 사례.
shum *sif.* 1) 악한, 사악한; 부정(不正)의, 불의(不義)의; 악의 있는; 2) 장난을 좋아하는, 장난기가 있는, 장난의, 장난꾸러기의, 말을 듣지 않는.
shumlik *ot.* 악, 사악, 해악; 재해,
shumtol *ot.* 버드나무 제품(특히 크리켓의 배트 등); 수양버들(垂楊-: 버드나뭇과의 작은 낙엽 활엽 교목. 가지가 가늘고 길게 늘어지며, 잎은 선상 피침형임. 봄에 노란 수꽃과 원기둥꼴의 이삭 모양을 한 암꽃이 핌)
shunaqa *col.* 그와 같은 사람[물건]; ~와 같은, ~하리만큼, ~할 정도로 그런
shunday 그러한, 그런, 그[이]와 같은, 그렇게; ~ qilib 이렇게 행동하다, 이런 식으로 행동하다
shundoq *colloq.* ~와 같이[처럼], ~와 마찬가지로, ~답게; 이를테면 ~같은
shunda ham 그래도
shuning uchun 그래서
shuningdek *ot.* 똑같이, 마찬가지로, 또한, 게다가 또; xuddi ~ 저것과 똑 같이.
shunqor *ot.* (독)수리, 매, 송골매.
shuncha *ot.* 그[이]와 같이, 그[이]렇게, 이 [그]대로, 그만큼의; 그쯤[그 정도]의 [까지].
shunchaki *ot.* 그런데, 여담이지만; ~ gap 가치 없는 회화, 하잘것 없는 대담, ~ artist 평범한 예술가
shunchalik *rav.* 이렇게, 이런 식으로, 따라서, 그래서, 그런 까닭에; ~ingliztiliga ishqivozligini bilmas- dim 나는 당신이 영어를 좋아하는지 모른다.
shug‘ullanmoq *fe'l.* ~으로 분주하다.
shved *ot.* 스웨덴 사람; ~ tili 스웨덴 말; *sif.* 스웨덴의; 스웨덴식[풍]의; 스웨덴 사람[말]의.
shveyatsariyalik *ot.* 스위스 사람.
sho‘ng'imoq *fe'l.* (물속에 머리부터) 뛰어들다; (물속으로) 잠기다; (잠수함 등이) 급히 잠수하다.
sho‘r *sif.* 짠, 소금기가 있는; ~ peshana 불행한 운명; ~i qursin 나는 슬프다; ~ bosishi 염분이 있는 땅.
sho‘ ra *ot.* 명아주·비름 등의 잡

초.
sho'rli I *sif.* 소금의; 염분이 있는; 염성(塩性)의, 짠; ~ yerlarni yuvish 염분을 씻어내다.
sho'rli II *sif.* 슬픈, 통탄할, 비통한; 괴로운, 고통스러운, 쓰라린.
sho'rlik *ot.* 소금을 너무 가지다, 싱겁다.
sho'rva *ot.* 국, (살코기·물고기의) 묽은 수프; 고깃국.
sho'x*ot.* *sif.* 쾌활한; 놀기 좋아하는, 농담 좋아하는.
sho'xlik *ot.* 장난, 짓궂음, 장난꾸러기; ~ qilmoq 장난을 좋아하는, 장난기가 있는.

Ch

ch 우즈벡 알파벳 자음의 스물여덟째 글자
chakak *ot.* 턱, (아래위 턱뼈·이를 포함한) 입 부분, 악골(顎骨), 턱뼈, 위턱.
chakalak *ot.* (인도 등지의) 정글, 총림(지), 밀림습지(대).
chakana *sif.* 소매(小賣)(의); ~ savdo 여러 가지 종목의 소매
chakana *ot.* 소매(小賣), 산매(散賣).
chakana do'kon 소매점(小賣店)
chakana savdo 소매로
chakana savdo shartnomasi 소매계약
chakana va ko'tara narx orasidagi farq 소매가와 도매가의 차이
chakka I *ot.* 관자놀이, 이마.
chakka II *ot.* 새는 곳[구멍], 누출구, 낙하; 강하; 하락; ~ o'tmoq 새다, 새어나오다; tomdan ~ o'tyapti 지붕이 새다.
chakki *sif.* 부적절한; 무관계한, 잘못 짚은, 당치 않은, 부적당한, 온당치 않은; ~ gap 부적절한 대화; ~ qilmoq 부적당한 행동
chakmon *ot.* 의복(옷, 의상)의 타입.
chala *sif.* 완성의, 다 되지 않은; (페인트 등의) 마무리를[겉칠을] 다하지 않은.
chalajon *sif.* 거의 죽은, 아직 죽지 않는
chalasavod *sif.* 무지한, 무학의, 무식한, 반문맹의 (사람), 읽고 쓰는 능력이 불충분한 (사람).
chalinmoq *fe'l.* *mus.* 연주하다, (악기가) 울리다, 곡을 연주하다
chalishmoq *fe'l.* 함께 (악기가) 울리다, 곡을 연주하다
chalkash *sif.* 섞인, 혼성의, 잡다한
chalma *ot.* chalma; 동물과 짚의 혼합연료
chalmoq *fe'l.* *mus.* 악기를 연주하다 hushtak ~ 휘파람을 불다; ~을 울리다; ~로 신호하다.
chalpak *ot.* 팬케이크(밀가루에 달걀을 섞어 프라이팬에 얇게 구운 것).
chalqa *ot.* 등, 신체 뒷면, 배면(背面)
chalg'imoq *fe'l.* (휴식·일·생각 중인 사람을) 방해하다; ~에게 폐를 끼치다, ~의 마음을 어지럽게 하다; 불안하게 하다.
chalg'itmoq *fe'l.* (마음·주의 등을) 빗가게 하다, 흩뜨리다, (딴데로) 돌리다, 미혹케 하다, 괴롭히다.
chama *ot.* 의견, 판단, 평가, 이해; ~ qilmoq 어림잡다, 견적하다, 산정하다; 판단[추산]하다
chamadon *ot.* 여행가방, 슈트케이스.
chamalamoq *fe'l.* 가정하다, 상상하다.
chaman *ot.* 꽃, 화초, 꽃밭, 꽃으로 뒤덮인; 꽃으로 꾸며진; 꽃무늬의
chamanzor *ot.* 화원, 꽃밭, 꽃동산, 방원(芳園), 화전(花田).
chamasi *rav.* 외관상으로는, 언뜻 보기에, 명백히, 일견하여, 추측한.
chambarchast *sif.* 친밀한, 친한, 절친한, 아주 바싹, 접근하여; ~ boglanib ketmoq 아주 조밀하게 뜨다.
chana *ot.* 썰매(말·개·순록에게 끌게 하는 사람·짐 운반용)
chang I *ot.* 먼지, 티끌, 가루, 분말; ~ bosmoq 더럽히다, 먼지투성이로 만들다; ~ yo'llar 청소를 하다.
chang II *ot.* (발톱 있는 동물의) 발, (고양이·매 따위의) 발톱, (게·새우 따위의) 집게발; ~ solmoq (꼭) 잡다, 단단히 쥐다; 붙들다, 부여잡다

chang III *ot.* 음악악기
changak *ot.* 1) 갈고리, 훅; 걸쇠; 'ㄱ'자 꼴 의 것; (수화기를 거는) 걸이 부분; 2) 호크, 멈춤쇠; 경첩(의 고정부); (문을 벽에 매어 놓는) 쇠장식; 3) 낚싯바늘; 올가미; 교묘한 서두(의 문구).
changal *ot.* 1) (고양이·매 따위의) 발톱, (게·새우 따위의) 집게발; 2) 발톱 모양의 것(장도리의 노루발 따위); 3) (경멸적) 사람의 손; (악인 따위의) 마수; 4) (기중기 따위의) 거는 도구, 갈고랑쇠.
changallamoq *fe'l.* 붙잡다, 움켜쥐다; 끌어안다, 주먹으로 붙잡다.
changalzor *ot.* 수풀, 덤불, 총림, 잡목 숲; 복잡하게 얽힌 것.
changimoq *fe'l.* ~의 먼지를 떨다; 청소하다.
changitmoq *fe'l.* 더럽히다, 먼지투성이로 만들다, 먼지투성이가 되다.
chanoq *ot.* 1) (목화·아마 등의) 둥근 꼬투리; 2) 공, 구(球), 볼; 공 같은 것.
chanqamoq *fe'l.* 목마르게 하다, 갈망하다.
chanqoq *ot.* 목마름, 갈증(渴症), 갈급증(渴急症), 조갈(燥渴)
chanqov *ot.* 목마른, 마른, 건조한, 목이 마르는. 갈증, 갈망하는, 절망하는
chanqovbosdi *sif.* 갈증을 푸는 것, 음료. 목마르는; ~ ichimliklar 청량 음료.
chang'i *ot.* 스키; ~ uchuvchi 스키를 타는 사람, 스키어.
chap *ot.* 왼쪽[편], 좌측; ~ga 좌측통행; ~ bermoq (적·공격 등을 교묘히) 피하다, 비키다, 면하다, 벗어나다.
chap tomonli harakat 좌측통행
chapak *ot.* 박수갈채; 칭찬; ~ chalmoq 박수 갈채하다, 성원하다.
chapaqay *sif.* 왼손잡이의; 왼손으로의; 왼손용의.
chapimoq *fe'l.* ~에 회반죽을[모르타르를] 바르다, 바르다; 문대다, 매대기치다.
chaplamoq *fe'l.* (~을) ~에 처덕처덕 두껍게 바르다, (~을) ~에 온통 발라 붙이다
chaplashmoq *fe'l.* 휘갈겨[흘려] 쓰다; (벽 등에) 낙서하다.
chappa *sif.* 반대의, 거꾸로의, 상하 전도된, 역의, 반환, 되돌림, 반송(返送).
chaqa I *ot.* 동전(銅錢), 페니, 1 페니의 청동화(青銅貨)(영국의 구화 단위로, 종래 1/12shilling =1/240 pound로 略: d; 1971년 2월부터 1/100 pound로 되어 shilling은 폐지됨; 略: p [píː])
chaqa II *ot.* 작은 상처, 가벼운 상처.
chaqaloq *ot.* 신생아, 애기, 갓난아기, 신산아(新産兒), 초생아(初生兒).
chaqimchi *sif.* 중상, 비방; 매국노(奴); 배반자, 배신자; 밀고자; 유혹자.
chaqimchilik *sif.* 중상, 비방; 구두(口頭) 비난, 명예 훼손; ~ qilmoq 비방하다, 중상하다
chaqirib olish *ot.* 리콜(recall: 소환·해임·결함 상품의 회수)
chaqirib olish haqidagi xabar 취소 통지
chaqirilmoq *fe'l.* 초청하다, 초대하다.
chaqirim *ot.* 1) 목소리가 닿는 거리; 가까운 거리. 2) 큰소리를 내다, 외치다, 소리[고함]치다, 큰소리로 이야기하다
chaqiriq *ot.* 호출, (여론 따위에의) 호소, 호소하여 동의를 구함, 간청, 간원. *(shior)*
chaqirmoq *fe'l.* 소리쳐 부르다, 외치다, 청하다, 요청하다, 부탁하다.
chaqirtirmoq *fe'l.* 부르는 원인이 되다; 외치는 원인을 일으키다.
chaqiruv yorlig'i 소환장
chaqriqsiz akkreditiv ot. 취소불능 신용장
chaqmoq I *fe'l.* 번개가 치다; ~ tosh 부싯돌; 라이터 돌; ~ chiqdi 번개
chaqmoq II *fe'l.* 금가다, 쪼개지다, 깨뜨리다, 쪼개다, 부수다

(*yong'- oqni*)
chaqmoq III *fe'l.* (침·가시를 가진 동식물이) 쏘다, 찌르다; 침이 [가시가] 있다. Qo'limni ari ~ oldi 장수말벌이 나의 손을 쏘다.
chaqmoqli *sif.* 번개의; 재빠른, 전광석화의; 전격적인. 섬광 있는
chaqnamoq *fe'l.* 불꽃을 튀기다, 번쩍이다, 번득이다.
chaqqon *sif.* 능숙한, 교묘한 솜씨 좋은, 재빠른, 민첩한; ~ bo'l 빠르게 해!, 급히 해!
chaqqonlik *ot.* 재빠른 것, 민첩함, 교묘함, 솜씨 좋음, 기민함, 빈틈없는 것.
chaqchaq *sif.* 명랑한, 유쾌한, 재미있는, 떠들썩한, 웃으며 떠드는; ~ qilmoq 명랑하다, 유쾌하다.
charaqlamoq *fe'l.* 반짝반짝 빛나다, 반짝이다, 빛나다, 번쩍이다, 비치다.
charm *ot.* 1) 무두질한 가죽, 가죽, 가죽제품; 2) 발바닥; (말)굽바닥; 신바닥; 구두의 창(가죽); tag ~ 구두창을 대다[갈다].
charos *sif.* 포도의 종류
charog'on *sif.* (반짝반짝) 빛나는, 광채나는; 화창한; 맑은.
chars *ot.* 파편, 조각, 파열, 폭발, 작열; ~ etmoq 폭발하다, 파열하다.
charter 용선계약(傭船契約)
charvi *ot.* 살찐, 비대한, 지방이 많은, 기름이 오른, (고기·요리 따위가) 기름기가 많은, 엉덩이의 기름
charx *ot.* 물레, 스핀, 방차(紡車), 낙거(絡車), 방거(紡車), 취자거(取子車); ~ urmoq (물레의) 가락(실을 자아 감는 토리 구실을 하는 막대기); (방적 기계의) 방추(紡錐); 굴대, (공작 기계의) 주축(主軸)
charxlamoq *fe'l.* 회전 숫돌로 날카롭게 하다; 연마 공장을 돌리다.
charxpalak *ot.* 물레방아, 물레바퀴; 양수차. 물방아, 수차(水車), 수대(水碓)
charchaganlik *sif.* 피로함, 지침, 다 써버림, 소모, 고갈.
cahrchamoq *fe'l.* 지쳤다, 피곤하다; 싫증나다; 싫어지다; Qattiq ishla- shdan juda charchadim 나는 열심히 일하여 아주 피곤하다.
chatish *sif.* 먼 친척의, 먼 친족의.
chatishmoq *fe'l.* 관계시키다, 관련시키다, 관련시켜서 설명하다
chatishtirish *fe'l.* 번식, 양식(養殖); 부화; 양육, 사육. 품종개량.
chatishtirmoq *fe'l.* 마들다(품종을) 개량하다, 만들어내다; 번식시키다, (동물을) 기르다.
cahtoq *sif. colloq.* 당황한; 혼란한, 헛갈리는; 지리멸렬한, 복잡한, 착잡한; (문제가) 어려운; ~ qilmoq 복잡하게 하다, 까다롭게 하다.
chatoqlik *sif.* 혼동된, 혼란(상태), 분규
chavandoz *ot.* 타는 사람, 승마자, 기수; 마술가; 말 키우는 사람.
chayir *sif.* 실의, 끈의; 섬유질의; 줄이 많은; (고기가) 힘줄투성이의; 끈적끈적한, 실오리처럼 늘어나는; (사람이) 체격이 늠름한
chayqovchi *ot.* 투기꾼
chayqovchilik *ot* 투기적 거래
chayqovchilik faoliyati (olib sotarlik) 투기행동
cahyla *ot.* 오두막, 오막살이집, 군인 막사
chaymoq *fe'l.* 헹구다, 가시다, 씻어내다; ogiz ~ 양치질하다
chaynamoq *fe'l.* 깊이 생각하다, (심사) 숙고하다, 곰곰이 생각하다, 생각에 잠기다.
chayon *ot. zool.* 전갈(全蠍: 전갈과의 절지동물. 햇빛을 꺼려 마른 먼지·가랑잎 속에 삶. 길이 약 6cm, 몸은 머리 가슴부와 배로 나뉘며, 배는 가늘고 긺. 등은 푸른빛을 띤 갈색, 배는 누른데 배 끝에 독침이 있어 독이 극렬함. 입 가까이에 집게가 있으며, 다리는 네 쌍임) 채미충(蠆尾蟲), 채충(蠆蟲)
chayqalmoq *fe'l.* 1) 노를 젓다; 조용히 젓다.; 2) 얕은 물속에서 철벅거리(며 놀)다; 철벅철벅 (흙

Ch

탕)물을 튀기다
chayqamoq *fe'l.* 흔들어 움직이다, 진동시키다. 움직이다; boshni ~ (부정·거절·의심·실망·비난 따위의 표시로서) 머리를 가로 젓다; (승낙·동의·찬성 등의 표시로) 고개를 끄덕이다.
chayqatmoq *fe'l.* 물보라 치다, 물[흙탕]을 튀기다, 파도[물결]치다, 파동[기복]하다.
chayqov *fe'l.* 팔다, 매도[매각]하다
chayqovchi *ot.* 1) 부당 이득자; 모리배, 간상(奸商); 2) 금속 거울, 반사경; 검경(檢鏡)(자궁·입·코·질 등의); (날개의) 아롱진 색점(色點).
chayqovchilik *ot.* 부당 이득[폭리] 행
chashma *ot.* 샘, 샘물, 광천(鑛泉); 광천지.
chegara 한도, 상한선
chegara *ot.* 국경, 국경 지방, 변경, 경계선, 테두리; ~ soqchilari 국경 수비, 경계감시인; ~ qo'ymoq 경계선 확립; ~dan o'tmoq 교차로를 경계하다
chegarachi *ot.* 국경경계, 국경지방 감시
chegaradagi savdo, = qirg'oqboyi savdo 접경교역
chegaradan mol o'tkazish vaqti 상품의 국경 통과 시점
chegaradosh *rav.* 경계를 설정하기위하여; 이웃의, 인접[근접]해 있는, 가깝게.
chegaraga yetkazildi 국경인도조건
chegaralamoq *fe'l.* 제한[한정]하다; (어떤 수량 등으로) 제한하다.
chegaralangan ma'suliyatli 한정책임, 유한 책임
chegaralanmoq *fe'l.* 접경하다, 접하다, 거의 ~이라고 말할 수 있다, 근사하다
chegirma 1) (*maoshdan*) 뺌, 공제; 차감액, 공제액; 추론; 2) (*narxdan*) 감소, 절감; 축사(縮寫); 축도(縮圖).
chegirmalarni qayta baholash 비용 과대평가
chehra *ot.* 얼굴, 낯, 안면(顔面), 용안(龍顔), 이목구비(耳目口鼻); ochiq ~ 숨기지 않는, 거리낌없는, 무간(無間)한, 친절한, 너그러운.
chek I *ot.* 한계(선), 한도, 극한.
chek II *ot.* 운명, 숙명; 운(運), 비운, 제비뽑기; ~ tashlamoq 운명에 맡기다.
chek III *ot.* 수표, 전표(錢票)
chek daftarchasi 수표책
chekinish *fe'l.* 물러가다, 후퇴하다, 퇴각하다, 움쑥 들어가다, 움푹해지다.
chekinmoq *fe'l.* 철회하다; 취소하다, 물러나다, 퇴출하다.
chekka *rav.* 가장자리, 언저리, 끝머리, 테두리, 가장자리, 변두리, 모서리
cheklamoq *fe'l.* 제한[한정]하다; 금지하다, 제지하다.
cheklamoq, lokallashtirish 현지화
cheklangan ma'suliyat 제한책임(예를 들어 주주가 출자금에 한해 책임을 지는 것)
cheklangan mulkiy huquq 제한물권
cheklangan shakl yasovchi qo'sh- imcha 한정적 접사
cheklangan vakolat, kart-blansh 백지 위임장(carte blanche)
cheklanmagan ma'suliyat 무한책임
cheklanmoq *fe'l.* 한정되다, 유한하다, 제한하다, 한정하다.
cheklash 규제(規制), 규정(規定), 통제(統制), 제한(制限)
cheklov, cheklash 제한(制限), 한정(限定), 한제(限制); 제약(制約)
chekmoq I *fe'l.* 1) 당기다, 끌다; 끌어당기다, 당겨서 움직이다; 2) 담배를 피우다, 흡연하다; ...ga imzo ~ 한숨 쉬다[짓다], 탄식하다, 한탄[슬퍼]하다
chekmoq II *fe'l.* 견디다, 인내하다, 참다, 견디다; azob ~ 고통을

Ch

참다; g‘am ~ 슬픔을 참다
chekmoq III *fe'l.* 연기를 내다; 잘 타지 않고 연기를 내뿜다, 내다.
cheksiz *sif.* 무한한, 끝없는(넓이·양 등이).
cherkov tasdiqlangan nikoh 교회 결혼(혁명 이전 러시아는 교회에서 하는 결혼만 법적효력이 있었으나, 1917 년 10월 혁명으로 폐지되었고, 현재에는 загс(작스) 에서 한 결혼만이 인정된다.)
chelak *ot.* 버킷, 양동이, 두레박.
chempion *ot.* 선수권 보유자, 챔피언
chempionat *ot.* 선수권, 우승, 우승자의 명예, 선수권대회; jahon ~i 세계챔피온 대회
cherkov *ot.* 교회(당), 성당
chertmoq *fe'l.* 손가락으로 튀기다; 튀겨 날리다; 촉진시키다, 기운을 돋우다, 자극하다.
chet *rav.* 끝머리, 테두리, 가장자리, 변두리, 모서리; ~da qolmoq 쓸모[소용] 없는, 무익한, 헛되다
chetlamoq *fe'l.* ~을 옮기다, 움직이다, 이전[이동]시키다; chetlab o‘tmoq 달아나다, 도망하다, 내빼다, 피하다.
chetlatilgan *fe'l.* 제쳐 놓다, 챙겨두다. 그만두다
chetlashtirilmoq *fe'l.* ~을 떼어 놓다.
chetlashtirmoq *fe'l.* ~의 사이를 나쁘게 하다, 이간하다; 멀리하다, 떼다, ~의 애정에 찬물을 끼얹다.
chet el *ot.* 외국; mening akam tez-tez chet elga borib turadi. 우리 형은 자주 외국에 다니십니다.
chet el bo'limi 해외지점
chet el bozorlarini o’rganish, tekshirish 해외시장 수요조사
chet el fuqarolari 외국인(外國人)
chet el investitsiyalari 외국인 투자
chet el investori 외국 투자자
chet el majburiyati 해외 채권자에 대한 채무
chet el raqobatiga qarshi siyosat 보호정책(保護政策)
chet el valyutasi bilan operatsiya 외환업무(外換業務)
chet el valyutasi pul birligi 외국환(外國換)
chet el valyutasida to’lash 외환결제
chet el zayom 외자부채
chet eldan kelgan 외국산(外國産)
chet ellik investorlar 외국인 투자가
chet ellik o'quvchi 외국 학생
chet ellik shaxslar 외국법인 및 외국인
chet, chekka 변방, 경계, 테두리
chetdan (mol) keltirish 수입, 수입품
chetdan mol keltirish, import 수입
chetdan mol keltirishga boj to’- lovi 수입관세(輸入關稅)
chetga chiqish, qaytarmoq 편차, 차이
chetga mol chiqarish 수출, 반출
chetga mol sotish hissasi, eksport kvotasi 수출쿼터
chevar *ot.* 재봉사, 양재사, 양장점.
chevara *ot.* 증손자, 증손
chex *ot.* 체코 공화국, 체코사람; ~ tili 체코어, 체코말.
chechak I *ot.* 꽃, 화초, 화훼(花卉); ~ otmoq 꽃을 피우다.
chechak II *ot.* 천연두(天然痘), 두창(痘瘡), 두병(痘病), 포창(疱瘡), 역신(疫神), 역질(疫疾), 역환(疫患), 천행두(天行痘), 호역(戶疫), 시두(時痘), 별성마마(別星媽媽), 백세창(百世瘡), 손님, 마마; ~ka qarshi emlamoq 천연두 백신[예방] 주사를 놓다; qora ~ 천연두(여과성 바이러스 때문에 일어나며 피부에 발진이 나서 나은 뒤에도 마맛자국이 남는 병.)
chechan *sif.* 능숙[능란]한, 교묘한, 숙련된; gapga ~ 웅변의, 잘 말하는
chidam *sif.* 인내, 감내. 인내력, 지구력.

Ch

chidamli *sif.* 오래 견디는, 튼튼한; 영속성이 있는, 내구력이 있는.
chidamoq *fe'l.* 견디다, 인내하다, 참다
chidamlilik, uzoq umr ko'rish 내구성
chigal *sif.* 당황한; 혼란한, 헷갈리는; 지리 멸렬한, 복잡한; ~ masala 복잡한 문제
chigallashmoq *fe'l.* 복잡해지다, 엉키게 하다, 얽히게 하다
chigirtka *ot.* 메뚜기, 황충, 여치, 누리.
chigit *ot.* 목화씨, 면실(綿實).
childirma *ot.* 탬버린(금속 또는 목제의 테 한쪽 면에 가죽을 대고 둘레에 작은 방울을 단 타악기의 하나. 손에 들고 가죽을 치며, 흔들어 방울을 울림. 가장자리에 방울이 달린 작은 북).
chilim *ot.* 수연통(水煙筒)(물을 통하여 담배를 빨게 된 장치).
chim *ot.* 토탄(土炭) 뗏장, 떼, 잔디, 떼, 사초(莎草), 초모(草茅); ~ bosmoq 잔디를 깔다
chimdilamoq *fe'l.* 꼬집다, 비틀다, 꼬집(어 잡아 당기)다, (두 손가락으로) 집다, (사이에) 끼다, 물다, 끼워 으깨다.
chimildiq *ot.* 새색시의 방
chimirmoq *fe'l.* 눈썹을 뜨다, 사람들을 놀래다, 사람들의 경멸[비난]을 초래하다.
chimchilamoq *fe'l.* 꼬집다, (두 손가락으로) 집다
chin *sif.* 진실성, 진실임. 정말의, 진실한, 사실과 틀리지 않는; ~dan aytganda 진실되게 말하다.
chinakam *sif.* 진실의, 진짜의, 현실의, 실제의, 실재하는; ~ ulug odam 진실로 위대한사람이다.
chindan *sif.* 실제(로)는, 사실은, 정말로; ~ aytganda 정직하게 말하다.
chiniqmoq *fe'l.* 조절되다; 완화되다.
chiniqtirmoq *fe'l.* 부드럽게 하다, 진정시키다, 누르다, 경감하다.
chinni *ot.* 도자기(陶瓷器), 자기(磁器), 자기제품
chinoq *ot.* 귀를 벤(가축),머리를 짧게 깎은
chinor *ot.* 플라타너스(platanus: 버즘나뭇과에 속하는 버즘나무, 양버즘나무, 단풍버즘나무의 총칭. 북아메리카 원산. 높이는 30m가량. 봄철에 담황록색 꽃이 피고 과실은 구형으로 3-4개가 긴 꼭지에 달려 가을에 익음. 가로수 또는 관상용으로 심음.)
chinqiriq *ot.* (개 따위의) 캥캥 짖는[우는] 소리, 소리침, 비명.
chinqirmoq *fe'l.* (고통·공포 따위로) 끽끽[깩깩] 울다, 비명을 지르다. *(bola haqida)*
chipor *sif.* 반점이 있는, 얼룩덜룩한; 더럽혀진
chipqon *ot. med.* 농포(膿疱), 부스럼, 종기, 절양(癤瘍)
chipta *ot.* 표(票), 권(劵), 입장권, 승차권; temir yo'l ~si 기차표; tramvay ~si 전차표; kirish ~si 입장표
chipta kassasi 매표구(賣票口), 매표창구
chiqarilayotgan aktsiyalarga ochiq obuna o'tkazish 주식공모
chiqarilayotgan qarorlar musta- qilligi 판결의 독립
chiqarilgan sana 발행일(發行日)
chiqarilmoq *fe'l.* 생산하다, 제작하다.
chiqarish 발행
chiqarish *fe'l.* (용매 사용 등으로 정분(精分) 따위를) 추출하다, 증류해서 추출하다, 짜내다, 달여내다, (금속·광물·광석을) 추출[채취]하다.
chiqarmoq *fe'l.* 1) 수출하다, 꺼내다, 끄집어내다, 공제하다, 제외하다; xulosa ~ 추리[추론, 추단(推斷)]하다; 2) 인쇄하다; 출판[간행]하다, 발표하다.
chiqim ↔ kirim 지출, 경비 ↔ 수입(주로 정기적인), 소득
chiqim harajat *ot.* 비용(費用), 옴니암니, 경비(經費), 입비(入費), 자금(資金), 소비(所費), 실비(實費), 코스트(cost), 비발, 용비(用費), 소요액(所要額), 소모비(所耗費)
chiqim *ot.* 지출; 소비; 출비, 경

Ch

비, 비용, 지출액; 소비량; 소비시간.
chiqimni qoplay olish davri 비용회수 기간
chiqindi obligatsiyalar 부실채권
chiqindi *ot.* 불결, 오염, 환경 파괴, 공해, 오염 물질, 쓰레기; Neft ~qlari 석유폐기물
chiqindidan foydalanish, yo'qotish 재활용
chiqindilar ko'milgan hudud 쓰레기하치장
chiqindilarni qayta ishlash tizimi 쓰레기 처리 시스템
chiqish *ot.* 출구, 해고, 퇴직
chiqish *fe'l.* 나가다, 떠나다, 배출구, 출구; 배수구; 하구(河口); ~ kelishigi (*gram*) 탈격(奪格: '~에서'의 뜻으로 동작의 수단·원인·장소·때 따위를 나타내는 라틴어 명사의 격(格). 영어의 from, by, at, in 따위로 만드는 부사구에 해당함).
chiqishmoq *fe'l.* 외출하다, (벌이 따위로 외국에) 나가다
chiqit *ot.* 폐물, 쓰레기, (산업) 폐기물, 찌꺼기 솜[털], 인쇄폐기물.
chiqmoq *fe'l.* 나가다, 떠나다.
chiqqanlik *fe'l.* 발하다, 발포하다, 발표하다, 공표하다.
chir: ~ aylanmoq *fe'l.* 빙빙돌다, 회전하다; 선회하다, 곡선을 그리며 가다; 급히 방향을 바꾸다[돌아보다].
chiranmoq *fe'l.* 노력하다, 애쓰다., 잡아당기다, 꽉 죄다. 긴장시키다, (귀를) 쫑그리다, (목소리를) 짜내다.
chirik *ot.* 썩은, 부패한
chirillamoq *fe'l.* 짹짹[찍찍] 울다[지저귀다].
chriminal militsiya 형사(刑事)
chirimoq *fe'l.* 썩다, 썩어 없어지다, 부패하다; 말라죽다, 시들다; chirigan ip 썩은 새끼, 끈
chiritmoq *fe'l.* 망쳐놓다, 결딴내다, 못쓰게 만들다, 손상하다
chirmamoq *fe'l.* 뒤틀다, 비틀(어 돌리)다.
chirmanda *ot. mus.* 탬버린 같은 악기
chirmashmoq *fe'l.* 둘러싸다, 감다, 얽다
chiroq *ot.* 등불, 램프, 남포. 전등
chiroqpoya *ot.* 램프대, 램프스탠드.
chiroy *ot.* 아름다움, 미; 미모, 아름다운 것, 훌륭한 것; 미인, 매력, 애교.
chiroyli *sif.* 아름다운, 고운, 예쁜
chirqillamoq *fe'l.* 짹짹[찍찍] 울다[지저귀다], (새된 음성으로) 이야기하다
chirqiramoq *fe'l.* (새가) 지저귀다, 찍찍[짹짹] 울다; chaqaloq chir- qirab yiglab yubordi 아이가 잠에서 깨어나서 울다
chirs *sif.* 놀랄 만한, 두려운. 몹시 빠른[빠르게], 맹렬한[하게]; ~ etmoq 빠르게 지나는 소리.
chirsillamoq *fe'l.* 딱딱 소리를 내다; (도기 등에) 금이 가다; 활기차 있다; ~lab yonib turgan olov 불이 활활 타다.
chit *ot.* 사라사; 캘리코, 옥양목
chittak *ot.* 박샛과의 작은 새.
chivin *ot.* 모기, 피를 빨아 먹는 작은 곤충, 각다귀, 파리.
chiyabo'ri *ot.* 늑대, 이리, 붉은 늑대.
chiyillamoq *fe'l.* 짹짹[찍찍] 울다[지저귀다], 휘파람을 불다; ~을 울리다, 멍멍하다
chiziq *ot.* 선, 줄, 라인.
chizma *ot.* 도안, 밑그림, 설계도. 스케치
chizmakash *ot.* 기초자, 입안자; 데생(에 뛰어난) 화가; 도안공, 제도가[공].
chizmalashlik *ot.* 제도공[기안자]의 기술[솜씨].
chizmoq *fe'l.* 그리다, 줄[선]을 긋다, 제도하다, ~에 선을 긋다.
chizg'ich *ot.* 자, 부기봉(棒); 괘선(ruled lines)을 긋는 사람[기구].
chiziq, chegara 선(線), 줄, 금.
chodir *ot.* 텐트, 천막.
chodir, do'kon 노점

chok *ot.* 1) (천 따위의) 솔기, (판자 따위의) 맞춘 곳, 이음매; 2) 봉합; 봉합선; 봉합사(絲), 꿰매어 맞춤, 접합함; 3) 이음매, 접합 부분[점, 선, 면]; 접합(법); (전선 따위의) 접속; ~ etmoq 쪼개다, 째다, 찢다

chol *ot.* 나이 든 남자, 노인, 나이 먹은, 늙은, 늙은이, 늙으신네, 노객(老客), 노리(老羸), 노한(老漢), 노부(老夫), 쇠옹(衰翁).

choldevor *sif.* 낡은 벽(담, 외벽, 내벽)

cholmoq *fe'l.* 치다, 두드리다, 때리다.

cholg'u *ot.* 악기(樂器)

chop *fe'l.* 인쇄, 인쇄물, 출판물; ~etilmoq 인쇄하다; 출판[간행]하다, 발표[공표]하다

chopar *ot. hist.* 급사(急使), 특사; 밀사, 스파이; 밀수꾼.

chopag'on *sif.* 빨리 달리는, 경마말; ~ ot 경주마, 경마말

chopiq *ot.* (자루가 긴) 괭이; (괭이형(形)의) 제초기, (모르타르·회반죽용(用)의) 괭이

chopmoq I *fe'l.* (사람·말이) 달리다, 뛰다.

chopmoq II *fe'l.* (땅 따위를) 파다, 파헤치다; (구멍·무덤을) 파다; yer ~ 구멍을 파다; yog'och ~ 뿌리째 뽑다.

chopon *ot.* 외투, 의복, (남녀가 같이 쓰는) 길고 품이 넓은 겉옷; 긴 원피스의 여자 옷; 긴 아동복

chopqi *ot.* 자르는 사람[물건]; 도끼; 고기 자르는 큰 식칼, 얇게 베는 사람.

chopqillamoq *fe'l.* 신속히 달리다, 즉각 뛰다, 빨리 달리다.

chopqir *sif.* 빨리 달리는, 신속히 달리다.

choptirmoq *fe'l.* 성교하다; 교접[교미]하다

chorak *ot.* 4분의 1. 1/4, 4등분

chorasiz *sif.* 스스로 어떻게도 할 수 없는, 무력한, 소용에 닿지 않는, 도움이 없는; ~ chol 도움이 없는 노인.

chordana *sif.* 다리를 포갠; 책상다리를 한; ~ qurib o'tirmoq 다리를 포개 앉다; 책상다리로 앉다.

choriq *ot.* (여성·어린이용의) 샌들, (고대 그리스·로마 사람의) 짚신 모양의 신발.

chorlamoq *fe'l.* 소환하다, 호출하다

chor-nochor *sif.* 내키지 않는, 마지못해 하는, 본의가 아닌; 반항적인, 말을 듣지 않은; ~ kun kechirmoq 겨우 살아가다.

chorpoya *ot.* 네 발의[가진]. 양축가

chorqirra *sif.* 4각의, 네 사람이 하는.

chorraha *ot.* 십자로, 네거리; 기로, 교차 도로; 갈림[골목]길(간선 도로와 교차되는).

chorsi *ot.* 네거리에 생긴 취락; 집회소; 들르는 곳, 광장.

chorva *ot.* 소, 축우(畜牛), 축산(畜産)

chorvador *ot.* 축산농가, 축산 사육자.

chorvachilik *ot.* 가축 양육[사육]자; 가축 품종 개량가, 가축 육종가

chorshanba *ot.* 수요일(水曜日), 수(水)

chot *ot. anat.* 샅, 고간(股間), 서혜(鼠蹊), 사타구니

choy *ot.* 차, (홍)차, 티; ko'k ~ 녹차; qora (*pamil*) ~ 강한 차, 진한 차; ~ idishi 차탕관, 차관(茶罐)

choynak *ot.* 찻병, 찻주전자, 주전자

choyxona *ot.* (동양의) 찻집, 다방.

choyxonachi *ot.* 찻집 감시원, 출석자

choyshab *ot.* 시트, (침구 따위의) 커버, 홑이불, 얇은 담요.

choychaqa *ot.* 용돈, 팁, 행하, 사례금.

chog' I *ot.* 순간, 찰나, 단시간; shu ~da 이 순간.

chog' II *sif.* (모양·규모가) 작은; (작고) 귀여운, (양·수(數)·정도·기

Ch

간 등이) 얼마 안 되는, 적은, 거의 없는.
chog III *ot.* 명랑, 유쾌, 즐거운, 쾌활한
choshgoh *ot.* 정오(의), 한낮(의).
chochiq *ot. colloq.* 타월, 세수수건.
chulg'amoq *fe'l.* (강·길이) 꼬불꼬불 구부러지다, 굽이치다, 굴곡하다, 감다, 돌리다
chulg'anmoq *fe'l.* 둘러싸다, 감싸다, 싸다; 포장하다
chumak *ot.* (주전자 따위의) 주둥이; 물꼭지; (고래의) 분수공(噴水孔), 관(管), 홈통; 분수, 분출, (수도·통 등의) 마개, 주동이.
chumoli *ot.* 개미, 곽공충(郭公蟲); qizil ~ 붉은 개미; qanotli ~ 날개 있는 개미.
chumchuq *ot.* 참새, 새; 빈작(賓雀), 와작(瓦雀), 의인작(依人雀), 황작(黃雀).
chunki (왜냐하면) ~이므로[하므로], ~한 이유로, ~ 때문에, ~로 판단하면, ~로 보아[보니], (~이 ~한[하는]) 것과 같이, ~대로, (~와) 마찬가지로.
chunon *sif.* 이것만은, 여기까지는, 대단히, 매우, 몹시, 무척.
chunonchi *ot.* 예를 들면.
chuqur *ot.* 깊이, 깊음; 심도, (땅의) 구덩이, 구멍, 갱(坑); ~ qazimoq 구멍을 파다.
chuqurlashtirmoq *fe'l.* 깊게 하다, 깊어지다; ozbilimlarini ~ 자신의 지식을 깊게하다
chuqurlik *sif.* 깊은; 철저한.
churq: *sif.* ~ etmay 아무 말을 하지 않고
chuvalamoq *fe'l.* 엉클어지게 하다, 얽히게 하다, (물고기·낚싯줄 따위를) 릴로 끌어 올리다[끌어당기다]
chuv-chuvlamoq *fe'l.* 와글와글 떠들다, 시끄럽게 굴다, 시끄럽게 말하다, 와글와글 떠들다; 고함쳐 ~에게 ~하게 하다.
chuchuk *sif.* 단, 달콤한, 당분이 있는, 감미로운, 유쾌한; ~suv 마시기에 알맞은 물
chuchvara *ot.* 고기반죽 푸딩, 고기 경단
chokmoq *fe'l.* 1) (무거운 것이) 가라앉다, 침몰하다, 붕과 하다, 떨어지다, 낙하하다 (*tiz cho'kmoq*); 2) 물에 빠뜨리다, 익사시키다. (*narsa haqida*)
cho'ktirmoq *fe'l.* 담그다, 적시다, 살짝 담그다; tuyani ~ 무릎을 꿇다
cho'l *ot.* 평지, 평야, 평원, 광야, 스텝지대; Mirza ~ 헝가리 스텝지대
cho'lbaqa *ot.* 두꺼비, 나흘마, 섬여, 풍계(風鷄), 사막 개구리.
cho'loq *sif.* 절름발이의, 절룩거리는. 절뚝발이, 지체부자유; ~ qush 절룩거리는 새
cho'loqlanmoq *fe'l.* 절름발이[불구]로 만들다[가 되다], 불완전[불충분]하게 하다[되다].
cho'lpon *ot.* 금성, 태백성, 샛별, 개밥바라기, 장경성, 장경, 태백(太白), 태백성(太白星), 혼중성(昏中星); 샛별, 계명성(啓明星), 명성(明星); 비너스(venus)
cho'mich *ot.* 국자, (설탕·밀가루 따위를 퍼내는) 삽; 주걱, 큰 숟가락, 구기; (주조용의) 쇳물 바가지.
cho'milmoq *fe'l.* 수영하다; 목욕시키다; (물·목욕물 따위에) 잠그다, 담그다; 적시다; 씻다. dushda ~ 소나기가 오다; 좍좍[세차게] 내리다, 샤워를 하다; hammomda ~ 공중목욕탕에서 목욕하다.
cho'ntak puli *ot.* 용돈
cho'pon *ot.* 양치는 사람, 목양자(牧羊者), 목자, 목부(牧夫), 목동, 가축지기; 소떼의 주인; 목자자리
cho'pchak *ot.* 1) 동화, 이야기, 설화; 2) 수수께끼, 퍼즐, 알아맞히기, 퀴즈. 난(難) 문제; 수수께끼 같은 사람[물건].
cho'qimoq *fe'l.* (부리로) 쪼다, 쪼아먹다, 주워먹다, (짐승·물고기 등이) 조금씩 물어뜯다[갉아 먹다].
cho'qinmoq *fe'l.* 열십자를 그리

다.
cho'qqi *ot.* (뾰족한) 끝, 첨단, 정상, 꼭대기, 절정.
cho'ri *ot.* 1) 노예, 사용인, 고용인, 하인; 2) 노예같이 일하는 사람, 헌신하는 사람
cho'rilik *ot.* 잡일 하녀, 허드렛일 하녀
cho'rt: ~ kesmoq 절단하다, 관계를 끊다, 절교하다, 끄다, 끊다.
cho'rtan *ot.* 창꼬치; ~ baliq 물고기 꼬치
cho'tir *sif.* 마맛자국의[이 있는], 얽은, 그런 구멍이 난(얼굴·월면(月面) 등).
cho'tka *ot.* 솔, 귀얄, 솔질, 붓, 화필, 브러시; pol ~ 비, 데크브러시(자루와 털이 긴).; tish ~si 치솔
cho'tkalamoq *fe'l.* ~에 솔질을 하다; 털다; ~을 닦다, (벽에) 칠하다.
cho'tlamoq *fe'l.* 계산하다, 산정하다, 추계하다.
cho'yan *ot.* 주철, 무쇠
cho'zilmoq *fe'l.* 늘어지다, 미루다, 연기하다, ~을 늦추다, 지체하게 하다.
cho'ziq *sif.* 한껏 뻗친 [펼친], 늘어진, 연속[계속]적인, 끊이지 않는, 부단한, 잇단; ~ yuz 길게 널어지다
cho'zmoq *fe'l.* 뻗다, 뻗치다, 늘이다, 펴다, 잡아당기다.
cho'ziq tovush 긴소리
cho'zish, muddatini uzaytirish 연장, 유예
cho'g' *ot.* 타다 남은 것, 깜부기불, 여신(餘燼); laxcha ~ 타다남은 것에서 연기 나다; ~day 백열의, 작열하는; 새빨갛게 달아 오른; (하늘 따위가) 빨갛게 타오르는.
cho'chimoq *fe'l.* 흔들다, 뒤흔들다, 흔들어 움직이다, 흔들리다, 떨다, 전율하다, 와들와들 떨다
cho'chqa *ot.* 돼지; yovvoyi ~ 멧돼지; ~ boquvchi 돼지 농장주.
cho'chqachilik *ot.* 돼지 농업, 돼지 농장 경영; 돼지 사육, 돼지 양식(養殖).

부 록

Iqtisodiy so‘z va iboralar
경제 용어

Yuridik terminlar
법률 용어

Iqtisodiy so‘z va iboralar 경제 용어

a‘zo 구성원, 조직원
a‘zolik 멤버십
aaqliy, ratsional foydalanish 이성적(합리적) 사용
abadiy annuitet 종신연금
abandon *ot.* 재산권포기
abonement mijoz 구독, 가입, 이용권(subscription)
abonent (a’zo) 가입자, 예약자
adaptatsiya, moslashuv, ko’nikuv 조정
addendum 부록(supplement)
adekvatlik, aynanlik, tenglik, moslik 적당함, 타당
adolatli bitim 공정한 거래
adolatli bozor bahosi 조정 가치
adolatli soliqqa tortish 공정과세
adresant, yuboruvchi 발신인
adresat, oluvchi 수신인
affidevit 선서진술
afzal ko’rish 선호
afzallik, ustunlik 우위, 이점
agent, vakil 에이전트, 대리인
agentlar 중개망
agentlik operatiyasi 에이전트 활동
agentlik shartnomasi 에이전트계약
agentlik, vakolatxona 에이전시, 대리점
agrar mahsulot 농업 생산물
agrar qarzlar qayta ko’rilishi 농가부채조정
agrosanoat 농업
aholi jinsligi ko’rsatgichi 인구밀도
aholi tarkibi 인구구성
aholi yoshiga ko’ra guruhlarga bo’lish 연령별 인구 분포
aholi zich joylashgan hudud ↔ aholi siyrak joylashgan hudud 인구밀집지역 ↔ 인구희박지역
aholining tabiiy o'sish ko’rsatgichi 인구의 자연 성장 비율
ahvol yomonlashuvi 경기 침체
ahvol, holat, boylik,moldunyo 상태
ahvol, vaziyat, konyuktura (jamiyat hayotida biror sohada yuz bergan vaziyat) fara 경기
ahvolning yaxshilanishi 경기회복
ajiotaj, narxlarga sun’iy ta‘sir 붐(boom) 벼락경기
ajoyib ishchi 필수 인력, 핵심 인력
ajoyib mahsulot 일류제품
ajratilmas juz‘iy qismlar 일체형 액세서리
akkreditiv 신용장, 엘시(L/C)
akkreditiv bo‘yicha pul o‘tkazish 양도 가능 신용장
aksessuar, juz’iy qism 액세서리, 부속품
akt (harakat, voqea, hodisa) 증명서, 법규(규정) 행동
aktiv, faol (balansning daromad yoziladgan qismi) 자산 ↔부채
aktiv, oson qo‘lga kiritiladigan daromadlar 유동 자산(流動資産)
aktivlar umumiy miqdori 총자산액
aktsept krediti 인수신용장(acceptance credit)
aktsept, rozilik 인수(acceptance)
aktsioner,aktsiyador(hissador) 주주
aktsiya (daromaddan hissa olish huquqini beruvchi qimmatbaho qog‘oz) harakat. 주, 주식(株式)
aktsiya daromadi me’yori 주식액면가와 시장가의 비율(比率)
aktsiya daromadliligi 주가와 주식수익의 비율
aktsiya indeksi 주가 지표
aktsiya oboroti 주식 거래량
aktsiya olishga sertifikat 해외 기업의 주식 인수증명
aktsiya paketi 주식보유량
aktsiya paketi nazorati 경영권행사가 불가능한 정도의 지분
aktsiya ro‘yxati 주식목록
aktsiyadagi kapitali 주식액면가자본
aktsiyador huquqi 주주의 권리
aktsiyadorlar jamiyati boshqaruvi a‘zosi 주식회사이사
aktsiyadorlar majlisi 주주총회
aktsiyadorlar oldidagi ma‘suliyat (기업의) 주주에 대한 책임
aktsiyadorlar yig‘ilishi 주주총회
aktsiyadorlik (hissadorlik) jamiyati 주식회사(株式會社)
aktsiyadorlik jamiyati ro‘yxati 주식회사 등록부
aktsiyadorlik uyushmasini boshqarish 주식회사 경영
aktsiyadorlilik mablag‘i 주식 자본
aktsiyaga obuna bo‘lish 주식청약
aktsiyalar chayqovchiligi 주식투기
aktsiyalar portfeli 주식 포트폴리오
aktsiyalarni bo'lish 주식분할
aktsiyalarni qayta guruhlarga ajratish 자본과 주식 관계조정
aktsiz 소비세, 간접세(excise)
aliyenatsiya 양도, 증여
almashinadigan qiymat 전환가격
almashinuv 환전, 상호교환

almashtirish 대체
almashuv 교환가능성
alohida guruh 주식분할
alohida ishchilar malakasi, ixtisosligi 노동자의 능력
alohida shaxslar marketingi 개인 마케팅
alohidalash iqtisodi 고립경제
aloqa tarmog'i 통신망
Aloqa yo'llari vazirligi 철도청
aloqa yo'llarining o'tkazuvchanlik quvvati 운하처리능력
alternativa, muqobil ikki yo'ldan biri 대안(alternative)
alyans, birlashma ittifoq 동맹, 연합(alliance)
amaldor shaxs poraxo'rligi, korruptsiyasi 공직자의 부패
amalga oshiraolishning tasdig'i 실현가능성
amalga oshirish 현실화, 판매, 소비
amaliyot 관행(慣行)
amortizatsiya 감가상각(減價償却), 분할 상환(分割償還)
anderrayter 증권 인수인
aniq muddatda tizimi 재고 최소화를 특징으로 하는 생산 원료 공급 및 관리 체계
anjuman, konferentsiya 컨퍼런스, 회의(會議: conference), 회담, 협의
anketa, ma'lumotnoma, so'rovnoma 설문지
annuitet 연금(annuity)
antidemping boji 반덤핑 관세
antidemping choralari 반덤핑 조치
antidempingli bojlar joriy qilish 반덤핑 관세 적용
antikvar do'kon 골동품 상점
antitsipatsiya(oldindan aytish) 예측
aql egalarining chetga ketishi 두뇌유출, 아이디어 유출.
aqliy hujum 브레인 스토밍
aqliy markaz 두뇌 센터, 싱크 탱크
aqliy mehnat 정신노동(精神勞動)
aqliy mulk 지적 소유권(所有權)
aqliy mulk huquqini ta'minlash 지적재산권 보호
AQShning moliya vazirligi obligatsiyalari 19 79년 달러 가치하락을 막기 위해 정부가 발행한 채권
arbitrajchi 차익을 취하는 거래업자
arzon ishchi kuchi 저가의 노동력 유입
arzon kuch 값싼 인력
arzon qilish 가격인하
arzonchilik 염가, 물가하락
arzonlashgan aktsiya 할인주
arzonlashtirib sotish 할인 판매
asbob, jihoz, anjom 도구, 장비
asl baho sharti 채무의 가치를 실물가치, 금이나 안정적인 화폐 등과 연결시키는 계약조건
asl bahosi 순가치
asliyat 진본, 진짜, 진품(眞品)
asos mablag' 기본 자본
asos material 원재료
asosiy fondlar 자본자산
asosiy foyda qobiliyati 기준수익률
asosiy mablag'lar 고정자산
asosiy mablag'ga sarf qilish 고정자본투자(固定資本投資)
asosiy xaridor 주요 고객
asosiy yo'l, magistral 주요 도로, 파이프라인
asosiy yuklar porti 일반화물 처리항구
asosiy, bazis narhi 기준 가격
asossiz talab 근거 없는 요구
assortiment, navlar 선별복합세트
atsept krediti 인수 신용장(印綬 信用狀), 신용장애에 의한 기한부 어음
attestatsiya, baho berish, tavsiya etmoq 평가, 증명서
attraktsion (o'yin-kulgu qurilmalari) bog'i 놀이 공원
audit 회계 감사, 결산서(決算書)
auditor 회계 감사인(auditor)
auditorlik firmalari 회계법인(會計法人), 회계사 사무소
auditorlik tekshiruvi 회계감사
auktsion, kim oshdi savdosi, ochiq savdo 경매(auction)
autrayt operatsiyasi 거래시점 이전에 환율이 정해져 있는 외환 거래
aval 어음 보증
avalist (어음) 보증인(保證人)
avans bilan ta'minlangan mablag' 선투자금
avantaj 이익(利益), 유익, 이득.
avia ishlab chiqarish 항공기생산
avia yo'nalishlar tarmog'i 항공노선 네트워크
aviamagistral, aviayo'nalish 항공로
aviasalon (-aerosalon) 에어쇼(air show)
aviasozlik sanoati, samolyotsozlik 항공 산업
aviatashish 항공운송, 항공 교통
aviatsiya 항공(aviation)
aviatsiya ombori 격납고(格納庫)
aviayuk 항공화물
avista 소지인에게 지불 (avista)
avtobaza 차량기지
avtobus yo'nalishi 버스 노선

avtomashinalarga yoqilg'i quyush shahob- chasi 주유소, 급유소(給油所), 가솔린 스탠드, 서비스 스테이션 (service station)
avtomashinani ta'mirga chaqirib olish 자동차 리콜 수리
avtomat 자동판매기
avtomatik boshqaruv tizimi 자동통제 시스템
avtomatika 자동화 기술
avtomatizatsiyalash 자동화
avtomatlashgan rouming 자동 로밍
avtomatlashtirilgan ishlabchiqarish 자동화된 생산
avtomatlashtirilgan jihoz 자동화 설비(自動化 設備)
avtomobil 자동차(自動車)
avtomobil egasi 자동차 소유자
avtomobil haydovchilarning yo'l solig'i 도로세(道路稅)
avtomobil haydovchisi 운전자, 운전사
avtomobil sanoati 자동차 산업
avtomobil to'xtash joyi 주차장
avtomobil yo'li 자동차 도로
avtomobil zavodi, avtozavod 자동차 생산 공장
avtomobillar ijarasi 자동차대여, 렌트카
avtomobilni kiritish uchun litsenziya avtomobil kiritilishi 자동차 수입 허가증
avtomobil-samosval, ag'darma mashina 덤프트럭
avtomobilsozlik sanoati 자동차산업
avtomobil-tsisterna 탱크로리
avtonomiya 자치권, 자율성
avtosalon 모터쇼(motorshow)
avtostrada, katta yo'l 자동차 도로
avtotransport vositalariga ega bo'ish solig'i 차량 취득세
avtovokzal 버스 터미널
avuar 예금, 자산
axlat tashuvchi mashina 쓰레기차
aylanib turish 순환, 회전
aylanishdagi, muomaladagi mablag' 유통자금(流通資金)
aylanma mablag',kapital 유동자본
aylanma qatnov 일주여행
aylanma yo'l 우회로(迂廻路)
azaliy xaridor 단골손님
ba'zi xossalar bo'yicha o'xshashliklar, kon- vergentsiya 부합, 수렴
badal puli 불입, 납부
badal puli bilan to'lash 분할 지불
badal, tovon, o'rnini to'ldirish, kompen- satsiya 보상, 배상
baho belgilovchi komissiya 가격상정위원회(價格詳定委員會)
baho, narx, qiymat 가격, 가치
baholash, kotirovka 가격표, 견적서
bahosi belgilanmagan aktsiya 비상장주(非上場株)
bahs, tortishuv, talashish 경쟁(競爭), 싸움, 논쟁(論爭)
bajarilgan ish tartibi, jarayon 절차, 과정, 차례(次例), 순서(順序), 방법.
bajarish 실행, 집행, 완성
bajarmaslik 불이행
balans 대차대조표, 균형
balans chiqarish 대차대조표 작성
balans hisoboti 대차대조표(貸借對照表: balance sheet)
balans narhi, bahosi 균형가격(均衡價格: book value)
balansdagi zararlar 순손실, 회계상 손실(balance loss)
balansdan tashqari hisoblar 난외계정(off- balance account)
baliq oviga cheklash 어획제한
baliq tutish, ov 어획, 수렵
baliqchilik 어업(漁業)
baliqchilik melioratsiyasi 어장보호
bandlik 고용(雇傭)
bandlik davlat fondi 국가고용기금
bandlik ko'rsatgichi 고용지수
bank 은행(銀行: bank)
bank avtomati 은행 무인 인출기
bank bo'limi 은행지점
bank cheki 은행수표
bank daftarchasi 통장
bank dipoziti 은행 예치금
bank domitsiliysi 은행 주소
bank faoliyatiga soliq 은행 영업세
bank hisobi 입출금 계좌
bank kafolati 은행보증
bank krediti 은행 신용도
bank logotipi 은행로고
bank mijozining guvohnomasi 계좌주에 대한 정보, 계좌번호 등을 나타내는 은행의 고객 증명서
bank nizomi 은행정관
bank operatsiyalari va kelishuvlari 은행거래
bank pul o'tkazuvi 은행송금
bank qarzi, zayomi 은행 대부
bank siri bo'yicha bitim 은행거래비밀 보호 협약
bank ssudasi 은행대부
bank ssudasi, bank beradigan qarz 은행대부금
bank vekseli 은행어음
bank xizmatchisi 은행원

bank zaxira 은행 지불 준비금
bank-korrespondent 중개은행
banklar yiriklashuvi 은행 합병
bankning vositachilik haqqi 위탁 은행
banknotlar, qog'oz pullar 은행권(銀行券), 지폐(紙幣)
bankomat, qog'oz pul olinadigan avtomat 현금 자동 지급기
bankrot e'lon qilmoq 파산 선고를 하다
bankrot, sinish, kasod 파산자(破産者) (ban- krupt)
bar'yer, to'siq 장벽(barrier)
baravar to'lovlar 부대비용
barbod bo'lish, inqiroz, kasod 와해, 파산, 실패, 파탄
bargli o'rmon 활엽수림
barter almashinuv 물물교환
barter bitimi 바터 거래
barter, ayirboshlash 물물교환 바터
bashorat qilish modeli 예측 모델
bashorat, tashhis 예측, 예보
baxtsiz hodisalardan shaxsiy sug'urta 개인 상해보험(傷害保險)
bay puli, bo'ynak 선금, 예치금
bayonnoma 각서, 송장, 정관
baza 기초, 창고, 베이스
bazis, asos 기반, 기초, 바탕, 밑.
bechoraholllar, yo'qsillar 저소득층(低所得層), 빈민층(貧民層)
beg'araz yordam 무상지원
beg'araz, bepul 무상의
begonalashuv 소유권 이전
bekat, stantsiya, shahobcha 시설(施設), 기지
bekor qilish 무효화, 취소
bekor qilish 취소, 파기
belgi 표시, 부호
belgilangan foiz 이자율, 금리(金利)
belgilangan to'lov 운송이전대금 선납조건
belgili xizmat muddatini o'tash 근속연수, 연공
benefitsiar 수익자, 수령인.
bepul aktsiya ot. 보너스 주식
bepul foydalanish 무료사용
bepul sinov 시식용 샘풀
beqaror iqtisod 취약한 경제
berish, taqdim qilish 부여, 위임
bessa 주가 하락, 시가하락
betakror direktor 전무(專務: executive director)
bevosita harajat 직접 생산 비용
bevosita harajatlar 직접비용
bevosita sotish 직접 판매
bezgak 열풍, 광기

bid 입찰, 매긴 값(bid).
bildirishsiz ishonch qog'ozi 사전 고지 없는 권리 위임
bilimdon mutaxassis 유능한 전문가
bill, qonun loyihasi 계산서, 청구서, 어음.
bilvosita chiqimlar 간접비용
bilvosita import 간접수입
bilvosita soliq 간접세(間接稅)
bilvosita xarajat 간접비용
bino, imorat, uy, xona 거주지(居住地), 아파트, 사용 공간
bir kungagina haqiqiy 단 하루 동안 유효
bir marotabalik kupon 1회용 쿠폰
bir martalik upakovka 1회용 포장
bir tomonlama qatnov 편도여행
bir xil narx 균일가
birdamlik burchi 연대채무
birdamlik kafolati 연대 보증인
birdamlik, hamjihatlik mas'uliyati 연대 책임, 공동 책임
birinchi ipoteka 제 1순위저당
birinchi kvartal 1 사분기
birinchi safar (배, 비행기의) 처녀 출항
birinchi zaruriy buyumlar 필수품
birinchi(oliy, katta) bank 은행컨소시엄의 대표은행
birinchilik, ustunlik, eng muhim 우선순위(優先順位)
birja 교환, 거래소
birja aylanasi 거래소내 증권거래장소
birja byulleteni 시황 보고서(exchange bulletin)
birja firmasi 증권회사(證券會社)
birja kengashi, maslahati 증권거래위원회 (stock-exchange board)
birja konyukturasi indeksi 경기지표(景氣指標)
birja kurslari manipulyatsiyasi 주가조작
birja mukofoti 주식매매 차익
birja muomalasi 주식 거래 시가 (stock- exchange quotation)
birja narhi 주식거래가
birja narxi 주식시장가격
birja oboroti (takroriy aylanishi) 거래량(去來量)
birja operatsiyasi 주식거래
birja sarosimasi, (vahimasi) birja sinishi 주식시장공황
birja shov-shuvi 주식시장 붐
birja sinish darajasi 거래소 내 선물거래장소
birja tahlili 거래소 분석
birja tovari 거래상품

birjada baho belgilovchi komissiyasi 상장위원회
birjadagi joy 거래소의 출입증
birjadagi kursning tushishi 주가 하락
birjadagi likvidlik 주식 거래 유동성
birjadagi savdoni to'xtatish (주식) 거래정지
birjadan tashqari bozor 장외거래 시장
birka, yorliq 라벨, 태그, 가격표
birlashgan burch 연결부채
birlashma bitimi 카르텔 협약(Kartell 協約)
birlashma, konglomerat 재벌
birlashma, kontsern 콘체른, 기업그룹
birlashma, uyushma 연합, 협회
birlik 단위
biror kornaning qarzlari, passiv 부채(負債), 빚, 채무(債務), 채금(債金)
biror narsaga qarshi jarima joriy qilish ~를 대상으로 취하다
biror narsaning ro'yxati, kadastr 토지대장(土地臺帳), 토지 평가표
biror ziyon yetkazilganda yuzaga keladigan majburiyatlar 가해 행위로 인한 책임
bitim bayonnomasi 합의 각서
bitim krediti 컨소시움 대부
blank 서식, 용지
blank vekseli 기한어음
blankdagi ishonch qog'ozi 백지 위임(白紙委任)
blanko-veksel 백지어음
blokada, qamal, uzib qo'yish 봉쇄(封鎖), 엠바고(blockade)
blokadani boshqarmoq 봉쇄하다
BMT Xalqaro Sudi 유엔 국제재판소
bo'g'im-bo'g'im tuzilish 분할, 구분
bo'lib-bo'lib to'lash 분할납부, 기간연장
bo'lib-bo'lib to'lash 할부 지불
bo'lim 부서, 지점
bo'limlar, filiallar tarmog'i 지점망
bo'lish, bo'linma 세분, 소구분, 부서
bo'nak (avans) to'lovi 선불 지금
bo'nak to'lovi 선금(先金), 선불금
bo'nak, avans 선불, 선불금
bo'lim 부분, 역할
bog'dorchilik 원예
bog'lama tovar 번들상품
bog'langan ko'rsatma 한 주식을 매도한 돈으로 다른 주식을 매입하는 등 두 가지 거래 활동을 하루 동안에 하도록 하는 지시
boj to'lamaydigan do'kon 면세점
boj to'lovi 세금
bojxona 세관
bojxona bitimi 관세 협약
bojxona daromadi 관세 수입
bojxona imtiyozi 세금특혜
bojxona ombori 세관창고
bojxona qoidalarining buzilishi 관세법 위반
bojxona siyosati 관세정책(關稅政策
bojxona tarifi 관세율(關稅率)
bojxona tushimlari 세관 지불금
bojxonadan o'tish boji 관세
bond, davlat zayomi chiptasi 회사채, 본드(bond)
bonifikatsiya 배상(賠償), 할인(割引), 할증(割增) (bonification)
bonus, rag'bat 상여금(賞與金), 보너스(bonus)
bosh maqola 사설
boshi berk ko'cha, muammo 막다른 길, 교착상태
boshlang'ich kurs 시작가, 주식시장 개장시 주가
boshlang'ich mablag' 초기 투자
boshliq, ish boshqaruvchi 매니저
boshqa davlatlarda ko'chmas mulkka ega bo'lish 해외 부동산 취득
boshqa ishga o'tkazish 직무 변경, 전근(轉勤), 근무처를 옮김
boshqa tilga tarjima qilish (o'tkazish) 번역(飜譯), 수역, 트랜슬레이션(translation)
boshqaga ishonmoq 위임받은 전권 제3자에게 넘김(assignment)
boshqarish, tartibga solish 규제, 조정
boshqaruv 경영, 관청
boshqaruv tajribasidan foydalanish 관리경험활용
boshqaruv tresti 홀딩 트러스트
boshqaruvchi, boshliq 매니저, 관리자(管理者)
boshqaruvning yangi uslubiga o'tish 새로운 경영방식 도입
bosim 압박, 압착, 압력
bosma dastgoh 인쇄기(印刷機)
bosqich, davr, stadiya 단계
boykot, aloqani uzmoq 불매운동 (boycott)
boylik, hazina 가치 축적
bozor 시장(교환이 일어나는 사회경제적 관계의 총칭)
bozor ahvolini bashorat qilish 시장 경기 예측
bozor infrastrukturasi 시장의 기본구조

bozor iqtisodiga oʻtish 시장경제의 전환
bozor koʻlami 시장 규모
bozor likvidi 시장 유동성
bozor muvozanati 시장 균형
bozor oʻrni, mavqei 틈새시장
bozor sarosimasi 시장의 열광상태
bozor segmentatsiyasi 시장분할
bozor shaffofligi 시장의 투명성
bozor tadqiqoti 시장 조사
bozor vositalari 시장의 뒷받침
bozordagi doʻkon, chodiri 시장 노점상
bozordagi ustunlik holati 시장 독점 지위, 시장 지배 상황
bozorga oid boʻlmagan 현금화가 안 되는
bozorga oid boʻlmagan garov 시장 현실 화가 어려운 담보
bozorga oid garov 시장현실화가 쉬운 담보
bozorlar uchun kurash 시장 쟁탈전
bozorni boshqarish 시장규제
bozorni mustahkamlash 시장 강화
bozorning hazm qilish qudrati 시장의 수용능력
brend, korxona belgisi 상표(商標), 브랜드
broker, birja dalloli 중개인, 브로커
brokeridj 중개업, 거간
brutto daromadi 총수입
brutto foizi 세전에 계산되는 이자율
brutto, idish bilan birgalikdagi ogʻirlik 총체, 총계, 총액
brutto-daromad 총수입
budjet yili 예산년도, 회계년도
bum, sun'iy shov-shuv 붐(boom), 벼락 경기
bumerang hodisasi 부메랑 효과
burch 빚, 부채
Butun Jahon Savdo Tashkiloti 세계 무역기구(World Trade Organization)
butunjahon bozori 세계 박람회
butunlay bandlik 완전고용
buyruq 주문
buyumlar nazorati 생산관리
buyum-mahsulot nomlari, nomenklaturasi 제품 범위
buyurmalar tushishi darajasi 수주 수준
buyurtma 주문(注文), 맞춤
buyurtma berish 발주
buyurtma bo'limi 발주부서
buyurtma olish 수주
buyurtma pochta 등기우편
buyurtma qabul qilish 수주(受注)
buyurtmachi 주문자(注文者)
buyurtmalar hisoblash nazorati sxemasi 수주 관리 흐름도
buyurtmali joʻnatma yuborish 등기 우편
buyurtmani talab qilish 주문의 요구 사항
buzilganlik 결함, 오류
byudjet 예산(budget), 예산안
byudjet defitsiti 예산 적자
byudjet jarayoni 예산 수립과정
byudjet kamchiligini qoplash 예산적자충당
byudjet mablagʻdan foydalanish 예산사용
byudjet siyosati 예산정책(豫算政策)
byudjet tushumlari 예산 수입
byudjet tuzumi 예산 기구(豫算機構)
byudjet yuklamasi 예산 부담률(예산과 GDP의 비율)
byudjetning daromadli qismi 예산의 수입부분
byurokratik rasmiyatchilik munosabat 관료적 태도
byurokratizm, rasmiyatchilik, qog'ozbozlik 관료주의(官僚主義)
byutjet sistemasi 예산제도
chakana 소매
chakana doʻkon 소매점(小賣店)
chakana savdo 소매로
chakana va koʻtara narx orasidagi farq 소매가와 도매가의 차이
chap tomonli harakat 좌측통행
chaqirib olish 리콜
chaqriqsiz akkreditiv 취소불능 신용장
chayqovchi 투기꾼
chayqovchilik 투기적 거래
chayqovchilik faoliyati (olib sotarlik) 투기행동
chegara 한도, 상한선
chegaradagi savdo, = qirgʻoqboyi savdo 접경교역
chegaradan mol oʻtkazish vaqti 상품의 국경 통과 시첨
chegaralangan maʻsuliyatli 한정 책임, 유한 책임
chegirma 공제, 차감
chegirmalarni qayta baholash 비용과대평가
chek 수표, 전표(錢票)
chek daftarchasi 수표책
cheklamoq, lokallashtirish 현지화
cheklangan vakolat, kart-blansh 백지 위임장(carte blanche)
cheklash 규제, 제한
chet el boʻlimi 해외지점

chet el bozorlarini o‘rganish, tekshirish 해외시장 수요조사
chet el investitsiyalari 외국인 투자
chet el investori 외국 투자자
chet el majburiyati 해외채권자에 대한채무
chet el raqobatiga qarshi siyosat 보호정책
chet el valyutasi pul birligi 외국환
chet el valyutasida to’lash 외환결제
chet el zayom 외자부채
chet eldan kelgan 외국산(外國産)
chetdan (mol) keltirish 수입,수입품
chetdan mol keltirish, import 수입
chetdan mol keltirishga boj to‘lovi 수입관세(輸入關稅)
chetga chiqish, qaytarmoq 거절, 편차(偏差), 차이(差異)
chetga mol chiqarish 수출, 반출
chetga mol sotish hissasi, eksport kvotasi 수출쿼터
chidamlilik, uzoq umr ko'rish 내구성(耐久性)
chipta kassasi 매표구(賣票口)
chiqim ↔ kirim 지출, 경비 ↔ 수입(주로 정기적인), 소득
chiqimni qoplay olish davri 비용회수 기간
chiqindidan foydalanish, yo‘qotish 재활용
chiqindilar ko’milgan hudud 쓰레기 하치장
chiqindilarni qayta ishlash tizimi 쓰레기 처리 시스템
chiqish 출구, 해고, 퇴직
chiziq, chegara 선(線), 줄, 금.
cho'ntak puli 용돈
cho‘zish, muddatini uzaytirish 연장, 유예
chodir, do‘kon 노점
chora 수단, 조치
chorvachilik 축산업
chorvachilik 축산업, 목축
da’vogar cheki 무기명 수표
dala ishlari 현장 작업
dala sinovi 현장시험
dalil 논거 이유
dallol 오퍼상, 무역상(貿易商)
dallol, makler 브로커, 딜러
dallolga ko‘rsatilgan yoki yaxshiroq narx bo‘yicha kelishuvga buyruq berish 지정가격 이상으로 거래해 달라는(브로거에 대한) 주문
dalollik haqi, kurtaj 중개인 수수료
dam olish 비번(非番), 휴가(休嘉)
dam olish kunlari 휴일(休日)
daraja, saviya 수준
daromad 벌이, 임금(賃金), 삯, 삯돈, 삯전, 보수(報酬), 노임(勞賃), 공임(工賃), 수입(收入), 이익(利益)
daromad bo‘yicha harajat 임대비
daromad maksimizatsiyasi 이윤 극대화
daromad matritsasi 수입 구성
daromad ortidan quvish 이윤 추구
daromad solig’ining me’yori 소득세율
daromad, etarlilik, to‘qchilik 충분, 풍족
daromad, renta 임대료(賃貸料), 이자(利子), 보험료(保險料)
daromadda ishtirok etish tizimi 이윤 공유시스템
daromaddagi tafovutlar 소득 차이
daromadga veksel 무기명 어음
daromadlar smetasi 예상 수입
daromadlarga sertifikat 액면가가 없고 다만 이윤이나(회사 청산시) 자본을 받도록 해주는 주식
daromadlarni qayta taqsimlash 소득 재분배
daromadli operatsiya 수익활동, 매수가격한 가격보다 비싸게 주식을 파는 시장행동
daromadlilik 수익성(收益性)
daromadlilik ko’rsatgichi 소득지표
daromadni amalga oshirish 이익 실현(利益 實現)
daromadni taqsimlash 배당금 분배
dastur 프로그램, 계획
dasturni amalga oshirish 계획실현
dato-veksel 백지어음
davlat banki 국영 은행(國營銀行)
davlat boji 국가부과 벌칙금
davlat boji 인지세(印紙稅)
davlat byudjeti 국가 예산
davlat g'aznasi 국고
davlat korxonalari ro‘yxati 기업의 국가 등록
davlat korxonasi 국영기업
davlat monopoliyaga qarshi tashkilotlar 반독점 기관
davlat nafaqasi oluvchi 정부 보조금 수령인
davlat solig'i 국세(國稅)
davlat soliq xizmati 조세기관
davlat tushimi 수입인지(收入印紙)
davlat va munitsipal korxonalarni xusu- siylashtirish 국영 혹은 시영 기업의 민영화
davlat xizmatchilari kasaba uyushmasi 공무원 노조
davlatlararo bitim 국가간 협약
davlatlararo krediti 국가간 차관

davo, shikoyat 항의, 클레임
davogarga bo'lgan aktsiya 무기명 주식, 소지인 주식
davomiylik, uzoqlik 기간
davr 기간(期間)
davr, davriylik, turkum 주기(週期), 순환, 사이클
davriy ishsizlik 주기적 실업
davriy matbuot 정기 간행물
davriy tushish 주기적 감소
debet moddasi 부채계정
debitor qarzdorlik 판매외상대금
debitor-foiz 채무자가 지불하는이자
debt (=qarz) 부채(負債:debt)
dehqon ho'jaligi 농촌경제
deklaratsiya 선언, 선포
dekort 가격 할인
dekret(xomilador ayollarga beriladigan ta'til) 출산휴가(出産休暇)
delegatsiya 대표단(代表團)
delkredere 지급보증(支給保證)
demeredj 체선료(滯船料)
demografik segmentatsiya인구분포
demografiya, aholishunoslik 인구학
demonetizatsiya 폐화조치
demonstratsiya, namoyish 전시(展示), 데모 (demonstration)
demping narx 덤핑가격
dempingga qarshi qo'llangan tartiblar 반덤핑 절차 도입
dempingga qarshi siyosat 반덤핑 정책(antidumping 政策)
dempingga qarshi tartib 반덤핑 규제(antidumping 規制)
dengiz kemalari uchun to'xtash joyi 해양 터미널
dengizdan olib o'tish shartnomasi 선박 운송 협약
depo (paravoz va vagonlar turadigan va remont qilinadigan joy) 창고(倉庫), 저장소(depot)
deport (<=> kontango) 수도 (受渡) 유예(금·날변), 역일변(逆日邊), 백워데이션 (back wardation, deport)
depozit (депозит) 예금, 예치금
depozit bamki 예금은행
depozit muassasasi 예금 기관
depozitariy 수탁자(受託者), 예탁 결제원
depozitlarni sug'urta qilish예금보험
depozitli sertifikat 예입 증명
depozitli valyuta 예입외화
depozitor (=deponent), pul qo'ygan shaxs 예금자(預金者), 기탁자
deregulyarizatsiya 규제완화, 규제 폐지(deregulation)
detallar ro'yxati 상세목록
devalvatsiya (qog'oz pulning bekor qilinishi va qiymati tushishi) 평가절하(平價切下)
devalvatsiyaga qarshi sharoit 환차손을 피하기 위해 상거래 계약에서 두 화폐의 환율을 정해두는 조건
deviza 외환거래
diler 딜러(dealer), 무역업자
dilyutsiya (주식 따위의) 실질적인 가치 저하(dilution)
direktor 회사 중역(director)
direktor, boshliq yordamchisi 부대표
direktorlar kengashi 임원회의
diskont (=arzonlashtirish) 어음할인
diskont siyosat 은행 어음할인 정책
diskontirovka koeffitsienti 할인계수
diskriminatsiya 차별(差別)
dispach (신속한 운송, 하역을 이유로) 화물주가 항구에 지불하는 사례금 (dispatch)
dispasha (보험)해손 정산서
distribyuter 계좌 자동이체 장치
diversifikatsiya 분산(分散), 다각화 (diversification)
divident 배당금
do'kon 상점(商店)
do'kon joylashuvi 매장위치
do'kon rejasini tuzish 상점의 공간설계
do'stlik vekseli 융통어음
do'stona qabul 우호적 접객
doimiy ishsizlik 만성적 실업
doimiy stend 상설 스탠드
doimiy xaridorlar uchun skidka 단골 고객할인
doimiy, barqaror xolding 주식회사의 정책 방향을 결정하고 실현하는데 통제력을 행사할 정도의 주식보유
domilitsiy 주소(住所), 어음 지불 장소(domicile)
don 곡물(穀物), 곡식(穀食)
don ekinlari 경작 곡물, 곡류
donasining bahosi 개당가격
dori-darmon sanoati 제약업
dotatsiya mablag' 보조자본
Dou-Djons indeksi 다우존스지수
dvigatel 엔진, 모터
effekli talab 적정수요
efir 방송(放送)
efirga chiqish 방송에 출연하다
ega shirkat 홀딩 컴퍼니
egalik qilish 소유
egallangan lavozimiga loyiqlik 직무적합성
egallash 취득, 획득
EHM dasturlar va ma'lumotlar ba-

zasi uchun huquq himoyasi 컴퓨터 프로그램 및 데이터베이스 권리보호
EHM elektron hisoblash mashinasi 전자계산기(電子計算機), 컴퓨터
ehtimollik 확률, 가능성
ehtiyoj, zarurat, talab 요구, 필요
ehtiyot qismlari 여유 부품
ehtiyot shart xarid 재고확보
ekologik toza ishlab-chiqarish 환경 친화적 생산
ekologik toza texnologiya 환경 친화적 기술, 친환경적 기술.
eks-dividend 배당락
eksport 수출(輸出)
eksport banki 수출은행
eksport diversifikatsiyasi 수출 다각화, 다변화(多變化)
eksport qiluvchi 수출업체, 수출국
eksport tavakkalchiligining kafolati 수출위험보증
ekvivalent, muqobil 등가(等價)
elastiklik, egiluvchanlik 유연성
electron texnika 전자기술(電子技術
elektr quvvati 전압(電壓)
elektr quvvati qog'oz pul chiqarish, emis- siya 발행(發行)
elektr quvvatiga belgilangan narx 전기요금(電氣料金)
elektr tashuvchilar bahosi 에너지 가격
elektron hisoblagich 전자계기
elektron pochta 전자우편
emission prospekt 신주 발행 공고
emission yetakchi 액면가와 반환가의 차이
emissionniy, qog'oz pul chiqaradigan bank 발권은행
emissiya qiymati 발행가격
eng muhim ehtiyojlar 필수적 요구, 절박한 필요
eng past darajaga tushishi 기록적으로 낮은 수준까지 하락
eng qisqa yo'l 최단 경로
eng qulay munosabat 최혜국 대우
eng so'nggi mahsulot 최종 생산물
eng tig'iz vaqt 가장 바쁜 시간
eng yangi mahsulot 최신 제품
eng yangi texnika 최신기술
engil sanoat 경공업(輕工業)
erishilgan mavqe 경력(經歷), 이력
erishuv 달성, 완수
erkin bozor 자유경쟁시장
erkin kasb egasi bo'lgan ishchi 프리랜서(freelancer)
erkin kurs 자유 환율, 시장 환율
erkin savdo doirasi 자유 무역지대
erkin tadbirkorlik doirasi (세제, 임대, 관세, 환, 비자, 근로 조건 등으로 특혜가 주어지는) 자유기업활동지역
eskirgan mollarni sotib tugatish 재고 떨이 판매
eskirgan texnika 낙후기술(落後技術
eskirish 마모(磨耗),마멸(摩滅)
eskirish oqibatida olingan zarar 노후화로 인한 손실
eskirish va amortizatsiyaga qarshi zahira 감가상각 예비비
etarli darajada qoniqish hissi 합당한 배려
etkazib berishning kechiktirilishi 납품지연
export faktoringi 수출 채권매매
extiyot qism 생산물 재고
f'yucher 선물(先物: futures)
f'yucher bitimi 선물거래
f'yucherli optsion 선물 옵션
f'yuchersli bozor 선물시장
fabrika, korxona 경공업 공장
faks orqali axborot yuborish 팩스 통신
faktor operatsiyasi 금융, 팩토링
faktoring 수금 대리업, 채권 매수업, 채권매매 취급업무(factoring)
fakturaga oid narxi 청구가격
falokat vaqtidagi chiqish 비상구
falokat, buzilish, avariya 파손, 조난, 사고
falokatda yordam xizmati 응급 서비스
fan-texnika jihatidan ishlash 연구개발 프로젝트
faol savdo qoldig'i 무역흑자
faoliyat 활동, 행동
faoliyat sohasi 업무범위
faollashuv 활성화(活性化)
faollik 적극성(積極性)
farq 차이, 마진
farqlar, tafovut 차이, 차별점
favqulodda dastur 비상계획
favqulodda holat 천재지변 상황
federal fond 연방기금
Federal Zahira Tizimi 미국의 연방준비위원회(FRB, Federal Reserve Board.)
fidutsial operatsiya 유가 증권 위탁
filial, bo'lim 지점(支店), 지사(支社)
filmlar ijarasi 영화대여
firibgarlik 사기, 협잡
firma haqida tasavvur 회사 소개, 기업 이미지
firma ichidagi transfert narxlar 이전가격, 사내대체 가격
firma likvidi 기업 유동성
firma qarzlarini daromad bilan

uzish 주식을 통한 회사 부채청산
firma xodimi 회사원(會社員)
firma, korxona, uyushma 회사(會社), 기업(企業: company(생략 Co.))
firmalarni xodimlari soniga ko'ra tartibga solish 고용 직원 수를 기준으로 한 회사 순위
firmalarni yillik daromadiga ko'ra muayyan tartibga solish 연매출을 기준으로 한 회사 순위
foiz 이자(利子)
foizlar hisoblash formulasi 이자율 계산 공식
foizli arbitraj 이자율 차익 거래
foizli kapital 원리금(元利金)
foizli me'yorning kamayishi 이자율 하락
foizli qarz krediti 이자 ~% 조건의 대부
fond birjasi 증권거래소
fond, zahira, jamg'arma 기금, 자금, 펀드
fondlar ma'muriyati 기금 관리
formula 공식(公式)
formulyar, dartar 서식, 양식
foyda 이익, 수익, 이자
foyda dilyutsiyasi 주당 이익 희석
foydalanilgan issiqlikni yo'q qilish 폐열 재활용
foydalanish 사용, 이용, 점유
foydalilik 수익성(收益性), 채산성
foydalilik chegarasi 한계 수익
foydalilik kamayishi nazariyasi 한계 효용 체감이론
foydalilik maksimumlashuvi 유용성 극대화
foydani qo'ldan boy bermoq 상실이익
franchayzing프랜차이징(franchising)
franchayzingli korxona 프랜차이즈 기업(franchising 企業)
franko-narx 유가종금
franshiza (보험의) 면책률
funktsiya, vazifa, xizmat 기능, 임무
fuqaro aviatsiyasi 민간항공(民間航空)(Civil Aviation)
fuqaro oboroti 민간부문 거래량
fuqarolar uchun mo'ljallangan mahsulot 민수품(民需品)
fyuchers operatsiyasi 선물 거래
fyuchers shartnomasi 선물 계약
g'azna chiptasi 정부 발행 채권, 불환지폐
g'azna, xazina 공금, 재산, 자본
g'aznachi 회계사, 출납계원
g'aznachilik majburiyatlar 국채
gamburg uslubi 함부르크 방식(이자 계산법)
garov 저당, 담보, 증거, 증표
garov haqida shartnoma 담보계약
garov krediti 유가증권 담보 대출
garov xati 저당증서, 담보증서
garovni amalga oshirish 담보 현실화
gaz 가스(gas), 와사(瓦斯)
gaz ta'minoti 가스공급
gazeta obunachisi 신문 구독자
gazeta tiraji 신문부수
gazetadagi moliya bo'limi 신문의 금융면
gazetaga obuna bo'lish 신문구독
generator 발전기(generator)
genetik farq 유전적 차이
gidroelektrstantsiya 수력 발전소
giyohvand moddalar kontrabandasi 마약 밀수
global tarmoq 글로벌 네트워크
globallashuv 세계화(世界化)
gonorar, qalam haqi 보수, 사례
gullabyashnayotgan 번영하는 경제
gumashta, buyurtma to'plovchi vakil, kom- mivoyajor 영업사원(營業社員), 외판사원, 세일즈 맨.
gumashtariy shartnoma 은행의 교류협정
guvohlar xabari, axboroti 현장보고, 1차보고
guvohlik, guvohnoma 증명, 증명서
guvohnoma, mandat 명령서(命令書), 위임장(委任狀), 위탁(委託)
guvohnoma, ruxsatnoma 확인서(確認書), 증명서(證明書)
hajm 용량, 수용력, 적재량
hajm, miqdor, og'irlik 다량, 다수, 질량, 크기
hajm, o'lcham, miqdor 크기, 사이즈(size), 크기. 치수. 척도(尺度)
hajm, tashqi o'lcham 전체크기
hakamlar sudi 차익거래(arbitrage trading)
halqaro tovarlar kim oshdi savdosi 국제상품경매
haq to'lash (돈)불입,(서류)기입
haqi to'langan mehnat 유급 노동
haqi to'lanmagan mehnat 무급노동
haqiqiy ho'jayin 실소유자
haqiqiy qiymati 실제가치
haqiqiylik 유효, 효력
har oylik to'lash 월별 지급
har yillik tadbir 연간 행사
harajatlar hisobi 비용계산
harajatlar kamayishi 비용감축
harajatlar ro'yxat 비용명세
harajatlar smetasi 지출 예산

harajatlar taqsimoti 비용분담
harajatli byudjet 적자 예산
harakat 운동, 흐름
harakat boshqaruvi 교통정리
harakat yo'nalishi 관람객 이동 방향
harakatchanlik 유연성, 이동성
harakatlanuvchi mol-mulk garovi 동산 담보물
harbiy maqsadda foydalaniladigan mah- sulot 군수품(軍需品)
harbiy-sanoat majmuasi 군수산업체
havfsizlik texnikasi va ishlab chiqarish sanitariyasi bo'yicha qoidalar 산업안전 및 위생 원칙
havo transporti 항공수송
havo yo'llari kompaniyasi 항공사
havo yo'llari yuk hujjati /aviana-kladnoy 항공화물 운송 장(air bill, freight bill)
havo yo'li 항공교통
havo yo'nalishi 항공로, 항공노선
haydovchilik guvohnomasi운전면허
hayot darajasining oshishi 생활수준 향상
hayotiy davriylik, umr 라이프 사이클(life cycle)
himoya 보호, 방어
himoya layoqati 특허등록 가능성
himoyalangan aktsiya 배당 거취 주
hisob 계산(計算), 정산(定算), 계좌, 계정, 청구서
hisob birligi 계산단위
hisob me'yori marjasi 은행의 예대 마진
hisob, buxgalter balansi 재무제표(財務諸表), 대차대조표(貸借對照表)
hisobchi 경리, 회계사
hisobchi, hisoblagich 계량기, 계기, 카운터
hisobdagi vositalar 운전 자금에서 일시적으로 빼낸 자금
hisobdan chiqarish 삭제, 상각 처리
hisobdan naqd pul olish 계좌 현금 인출
hisobga oid daromad 장부상 이익
hisobga oid yozuvi 회계 계정
hisob-kitob qilish 결산하다
hisoblash 결산, 정산, 계산, 어음할인
hisoblash foizi 어음 할인
hisoblash palatasi (증권)결제 보증 및 관리 기관
hisoblash shakli 회계(결산)방식
hisobni ochish formulyari 계좌 개설 신청서 양식
hisobot 보고서(報告書)
hisobxona 회계, 경리
hisobxona daromadi 회계 장부상의 이익(book profit)
hissa, ulush, kvota 할당량(割當量), 쿼터(quota)
hizmat ko'rsatish belgisi서비스마크
ho'jaligni tiklash 경제 회복
holat, ahvol 상황
homiy 스폰서(sponsor)
homiylik boji 보호관세
hosil 수확
hudud 부지, 용지
hujjat 서류
hujjatlar rekvizitlari 서류의 필수 기재사항
hujjatlarni olishda tilxat 서류접수증
hujjatlarni qalbakilashtirish문서위조
hujjatlarni qalbakilashtirish서류위조
hujum bitimi 선물거래
hunarmandchilik mahsuloti 예술 공예품
hunarmandchilk mahsuloti 수공품
huquq 권리(權利), 법(法)
huquqni suiste'mol qilish 권리 남용
huquqni tasdiqlash, legitimatsiya 확인서, 권리의 법적확인
hususiy mablag' ko'payishi 자기자본 증가
hususiy molmulk 사유재산(私有財產
ichki bozor 국내시장
ichki iste'mol 국내 소비
ichki zayom 대내부채
idora qilish hujjatlari, axborotnoma 통지서(通知書), 계산서
idora qilish, boshqarish 수행 관리
idora, kontora 사무소
idora, tashkilot, muassasa 사무실, 사무소
ifloslantiruvchi moddalarni tashlab yuborish 공해물질 배출
ijara 대여, 임대(賃貸)
ijara haqqi 임대차, 임대료
ijara muassasasi 임대 회사
ijara pudrati 임대계약
ijarachi 임차인
ijaraga 대여로
ijaraga 임대차로
ijaraga bermoq, topshirmoq 임대하다
ijaraga beruvchi 임대인
ijaraga olingan bino 임대거주
ijaraga olingan korxona 리스회사
ijaraga olmoq ↔ bermoq 임대하다 ↔ 임차하다
ijaraga olmoq 임차하다
ijarani undirish 임대료징수
ijodiy uyushma 예술인 협회, 창작자 협회
ijozat, kirish imkoniyati 통과, 입장,

접근
ijozatni tanlash modeli 의사결정 모델
ijtimoiy imtiyoz 사회적 특혜
ijtimoiy sug'urta사회보험(社會保險)
ijtimoiy ta'minot 사회보장(社會保障)
ijtimoiy tuzum 사회구조(社會構造)
ijtimoiy vositalar 사회적 지지, 사회적 바탕
ijtimoiy-iqtisodiy vaziyat 사회 경제 상황
ikki baravar optsion 이중옵션
ikki baravar soliqqa tortish 이중과세(二重過歲)
ikki marotaba qayd uslubiga ko'ra hisob tizimi 복식부기에 따른 회계시스템
ikki sahifada reklama 양면 광고
ikki tartibli valyuta bozori 고정 환율과 자유 환율이 모두 존재하는 시장
ikkilamchi bank sektori 제2 금융권
ikkilamchi bozor ↔ birlamchi bozor 채권유통시장 ↔ 채권발행시장
ikkilamchi ipoteka 후취저당
ikkilamchi mablag'lardan foydalanish 자원 재활용
ildiz 부본(副本)
ilm-fan mahsuloti 기술 집약제품
ilmiy tadqiqot ishlari rahbari 연구개발 담당
imkoniyat 잠재력, 가능성
import kvotasi, hissasi, ulushi 수입쿼터
import ustidan nazoratni bekor qilish 수입 규제 철폐
import va eksport o'rtasidagi nomuvofiqlik 수출과 수입의 불균형
importni to'xtatish bo'yicha choralar 수입 억제 수단
importning exportdan oshishi 수입의 수출초과
imtiyoz 특혜(特惠)
imtiyozlardan mahrum qilish 특권박탈
imtiyozlarni bekor qilish 특혜파기
imtiyozli aktsiya 우선주(優先株)
imtiyozli daraja 특혜수준
imtiyozli stavka 우대 이율
imzo, obuna 서명
imzoni qalbakilashtirish 서명위조
inaudit 회계감리회사
indeks 지표, 지수
indeksatsiya 지수 결정 메커니즘, 지수연동
indekslangan zayom 지표 연동부채
individual turar joy qurilishi 개인의 주택 건설
indosamment 어음배서, 보증
indossant (=jirrant) 어음 배서인
indossat 배서 양수인
indossatsiya 어음 양도절차
infilyatsiya tempi 인플레율
infilyatsiyaga qarshi siyosat 인플레이션 억제 정책
inflyatsiya (qog'oz pullarning ortiq darajada chiqarilishi natijasida qadrsizlanishi) 인플레이션
inflyatsiya imkoniyatlari 인플레이션 가능성
infrastruktura 기반시설, 인프라스트럭처
inkassali operatsiyalardan tashqari 수금활동을 제외하고
inkoterms 무역조건의 해석 에 대한 규칙
insayder 내부자
inshoot 건축, 시설
insofsiz raqobat 불공정 경쟁, 부당경쟁
insofsiz savdo amaliyoti 불공정 무역 관행
insoniy ehtiyojlar 인력수요
institutsion investorlar 기관 투자자
interventsiya, aralashuv, bosqin 간섭, 관여
intervyu 인터뷰
intizom 규율, 규정
intizom mas'uliyat 노동자 사용에 관한 의무 준수
investition faoliyat 투자행동
investitsion banki 투자 은행
investitsion boyliklar 투자가치
investitsion faoliyat 투자활동
investitsion kutish 투자 기대
investitsion ma'lumotnoma 투자 안내서
investitsion siyosat 투자정책
investitsion soliq krediti 일정 기준을 충족하는 기업에 세금 납부 기한 연기
investitsiya 투자
investitsiya faolligining kamayishi 투자활동 급감
investitsiya fondi 투자 기금
investitsiya fondining nizomi 투자재단 정관
investitsiya instituti 투자기관
investitsiyalar o'z-o'zini qoplash muddati 투자 회수 기간
investor 투자자(投資者)
investorlar guvohnomasi 투자 증명
investrlar klubi 투자자 클럽
investsitsiya bo'yicha maslahat 투자 자문

ipak mato 견직물(絹織物)
ipoteka 저당권(抵當權)
ipoteka banki 대부은행
ipoteka garovi 부동산 담보
ipoteka haqida shartnoma 저당권 계약
ipoteka krediti 부동산 담보 대출
ipoteka qarzi 부동산 담보 대부
ipoteka sertifikati 담보증명
ipoteka zayomi 담보 채무
ipotekadan holi bo‘lgan obyekt 담보로 잡히지 않은 대상물
iqtisod 경제
iqtisodiy blokada 경제 봉사
iqtisodiy jarimalar 경제적 제재
iqtisodiy mo‘jiza 경제 기적
iqtisodiy mustaqillika erishuv 경제 자립달성
iqtisodiy o‘sish tezligi 경제 성장률
iqtisodiy rivoj uchun sharoit 경제성장의 선결조건
iqtisodiy sinish 파산(破散)
iqtisodiy tayanchlar 경제적지지
iqtisodiy toifa bo’lmasi 이코노미 클래스
iqtisodiy turg'unlik 경제 침체, 경기부진
iqtisodiy tuzum 경제 구조
Iqtisodiyot vazirligi 경제부
iqtisodiyotni yaxshilash 경제 회복
iqtisodiyotning, inqirozi, qulashi 경제붕괴
iqtisodni sog‘lomlashtirish istiqboli 경제회복 전망
irrigatsiya kanali 관개수로(灌漑水路
ish amaliyoti 비즈니스 관행
ish bilan bandlik ta‘minoti 고용보장
ish bo‘yicha muhokama 비즈니스 토론
ish haqi miqdori 임금 산정 단계
ish joyida o'qitish 현장교육(OJT: on-the- job training, 직장내 훈련)
ish ketma-ketligi 업무순서
ish ko‘pligi 노동 강도
ish kuni 근무일
ish o‘rinlariga talab 구직수요
ish olib borishga doir shartnoma 업무 진행협약
ish qobiliyati, ishga layoqat 업무능력
ish sifati 노동력의 질
ish tartibi 업무 순서
ish tartibi 작업규칙, 근무규칙
ish tartibi, belgilangan vaqt 규칙, 스케줄, 시한
ish tashlash 파업
ish turi 직업 유형
ish vaqti 노동시간
ish vaqtidan tashqari ishlash 시간외 근무, 초과노동, 잔업(殘業)
ish vaqtining qisqargan davomiyligi 노동시간 감축
ish yili 근무년수
ish yuzasidagi muzokaralar 사업상 논의
ish yuzasidan sodir bo‘lgan baxtsiz hodisa 업무상 재해
ish, faoliyat, ishlash 노동, 일, 근무
ishbilarmonlar toifa bo‘lmasi, biznes daraja 비즈니스 클래스
ishbilarmonlik doiralari raislari 기업인 대표단
ishchi 직원, 일꾼, 사원
ishchi kasbi 노동직, 노무직
ishchi kuchi 인력(人力)
ishchi kuchi harakatchanligi 노력의 이동성
ishchi kuchi yollash bo‘yicha to‘lov hisobi 고용비용
ishchi kuchiga ehtiyoj 인력수요
ishchi yollash 직원 고용
ishchi, xodim, xizmatkor 노동자
ishdagi tajriba 비즈니스경험
ishdagi tanaffus 작업중 휴식
ishdan bo‘shatilganda beriladigan nafaqa 퇴직금(退 職金), 해직수당
ishdan bo‘shatilganlik haqida xabar 해고 통지
ishdan bo‘shatilish 면직 해고, 해고
ishdan chetlatish 일시적인 면직
ishdan chiqish, eskirish jadalligi 마모율(磨耗率)
ishga aloqador, ishbilarmon 상업의
ishga kirish 취직
ishga kirish-birinchi ta‘til 선입 선출법(FIFO)
ishga qabul qilish 고용
ishga qabul qilishdagi sinov 채용시험
ishga sababli kelmaslik 강제휴업, 조업중단
ishga sababsiz kelmaslik 결근, 무단부재
ishga taklif 업무 초빙
ishlab bo‘lingan vaqt 실제 근무시간
ishlab chiqarilayotgan mahsulot sifatiga javobgarlik 제조물 배상책임(products liabi- lity)
ishlab chiqarish 개발, 설계, 계획
ishlab chiqarish 생산, 신제품 출시, 산출(産出), 화폐발행, 출판
ishlab chiqarish hajmi 생산능력범위
ishlab chiqarish harajati 생산비
ishlab chiqarish harajatlari keltirib

chiqar- gan pulning qadrsizlanishi 생산비용상승으로인한 인플레이션
ishlab chiqarish imkoniyatlarini ishga solish 생산능력가동정도
ishlab chiqarish ko‘lami, masshtabi 생산범위
ishlab chiqarish lobbisi 산업로비
ishlab chiqarish markasi 생산자 브랜드
ishlab chiqarish mollari 생산재
ishlab chiqarish quvvatining qisqarishi 생산력감소
ishlab chiqarish zahirasi 상품재고
ishlab chiqarishdagi zaruriyat 필수 생산 요소
ishlab chiqarishni baholash mezoni 생산성 평가 기준
ishlab chiqarishni jarayonini takomillashti- rish 생산공정 개선
ishlab chiqarishning diversifikatsiyasi 생산 다각화
ishlab-chiqarish 생산(生産)
ishlab-chiqarish jarayonini boshqarish 생산과정관리
ishlab-chiqarish kuchlari 생산력
ishlab-chiqaruvchi shirkat제조업체
ishlashga ruxsat berilgan yosh chegarasi 정년
ishlov berish 가공, 처리, 경작
ishni vaqtincha to‘xtatish 일시적 조업중단
ishonarli hodisa 설득력있는 선례
ishonch 신뢰
ishonch qog‘ozi 위임장
ishonch yorlig’i 신임장
ishonchli vakil 대리인, 피위탁인
ishonchnoma 확인, 진위확인
ishsizlarga moddiy yordam 실업수당(失業手當)
ishsizlik 실업(失業)
ishsizlikka sug‘urta 실업보험
ishtrok etishdan voz kechish 참여거부
ish-xona 업무공간
isitish 난방
isitish tarmog‘i 난방연결망
islohot 개혁, 개선(改善)
isrofgarona iste‘mol 낭비(浪費)
issiqlik quvvati 열에너지
iste'molchilarni himoya qilishga qaratilgan harakat 소비자 보호운동
iste‘foga chiqish 퇴직
iste‘foga chiqish haqida arizamaktub 사직서, 퇴직서
iste‘mol bozori 소비 시장
iste‘mol narxlari monitoringi 소비자 가격 모니터링
iste‘mol qilish 소비(消費)
iste‘mol rejasi 소비계획
iste‘molchi 소비자(消費者)
iste‘molchi krediti 소비자 대출
iste‘molchilar jamiyati 소비자 단체
iste‘molchilar uyushmasi 소비자 연합, 소비조합
iste‘molchilik qiymati 소비자 가치
iste‘molchilik quvvati 구매력(購買力)
istiqbol 전망, 가능성(可能性)
ittifoq, uyushma 연합, 협회
ixtiro 발명(發明)
ixtiro huquqini tasdiqlovchi hujjat, patent 특허(特許)
ixtiro patenti 발명특허(發明特許)
jadal amalga oshirish 일용품의 대대적인 판매/현실화
jadallik 강도, 세기, 율
jadval 스케줄, 시간표
jadval tuzish 일정 계획
jahon bozoridagi narx 세계 시장에서 거래되는 상품가격
jalb qilish, tortish 사용, 유인, 전용
jamg'arma obligatsiyasi 미국의 3~5년 저축 채권
jamg’arma 저축(貯蓄)
jamlangan ko‘rsatma 다수의 은행 업무를 한꺼번에 의뢰하는 고객의 주문
jamoa belgisi 단체상표(collective trademark)
jamoa shartnomasi 단체 계약
jamoat birlashmalari mulki 사회단체 자산
jamoat burchi 공공 채무, 공공 부채
jamoat farovonligi funktsiyasi 복지기능
jamoat ishlari 공공사업(公共事業)
jarima 벌금(罰金)
jarima 연체이자(延滯利子), 연체료(延滯料), 추가금
jarima 위약금, 해약금(解約金)
jarima solish 벌금부과
javobgarlik sohasi 책임범위
jazo tarifi 벌금
jentelmentlarcha kelishuv 신사협정
jihoz 설비(設備), 장치(裝置), 기계
jinoiylashuv, kriminalizatsiya 범죄화
jiro 지로 거래(giro)
jirohisob-kitobi 지로결제
jismoniy mehnat 육체노동
jismoniy shaxs 자연인(自然人)
jismoniy shaxslardan daromad solig'i 개인 소득세
jo’nash joyi 출발점
jo’natish porti ↔ qabul qiluvchi port 출발항구 ↔ 도착항구
jon boshidan olinadigan o‘lpon 인두

세(人頭稅)
jonlantirish 활황 랠리
joriy hisob 당좌예금, 당좌계정
joriy hisobdan ko‘chirma 재무제표 요약
joy, o‘rin 틈새(niche)
joylashish bayonoti 상장 희망 기업에 대한 안내문
joylashtirish, o‘rnashish 배치 배분
juft son 짝수
jun mato 모직물(毛織物)
kadrlar 인력(人力)
kadrlar bo'limi 인사과, 인사팀
kadrlar bo'limi 인사부
kadrlar tanlovi 인력 선발
kadrlar to’lishi 인력보충
kadrlar yetishmovchiligi 인력부족
kadrlar zahirasi 인적자원
kadrlarni qabul qilish 인력채용
kadrlarni qisqartirish 인력축소
kadrlarni tayyorlash 직원 교육(간부양성)
kafil 보증인(保證人: guarantor)‘
kafil, kafolat 보증(保證)
kafolat 보증, 보장, 담보
kafolat davri 보증 기간
kafolat haqidagi shartnoma mod-dasi 계약의 보증 관련 부분
kafolat haqiqiyligi muddati보증기간
kafolat krediti 보증대출, 담보대출
kafolat, muddatining o‘tib ketishi 보증기간 만료
kafolatlangan maosh minimumi 최소보장 임금
kafolatlangan ta‘mir 보증 수리
kafolatlanmagan kredit 무보증 대출, 무담보 대출
kafolatli kredit 보증채권(保證債權) (guaran- tee credit)
kafolatli majburiyat 보증서류(保證書類) (guarantee obligation)
kafolatli marja 담보 가치와 대부의 차이
kafolatli shartnoma 보증 계약
kafolatli xizmat ko‘rsatish 보증 서비스
kalitini berishgacha 턴키(turn key), (건설.플랜트 수출 계약 등에서) 완성품 인도[턴키] 방식
kam haq to‘lanadigan ishchi 저임 노동자
kam ta‘minlangan oilalarga moddiy yordam 빈곤가구 보조금
kamayish 소모, 고갈, 감소
kamayish, chiqib ketish 유출(流出)
kamaytirish, pasaytirish 감소
kambag‘al 빈민, 저소득자
kambag‘allarga xayriya 불우 이웃을 위한 기부
kambag‘allik 빈곤;
kambag‘allik chegarasi 극빈
kambio 어음, 채무인정 서류
kambizm 외환거래 전략중 하나, 환(換)이론(업무:cambism)
kamchiqimlilik modeli 비용 최소화 모델
kamera, xona, bo‘lma 방, 실.
kamomad 결함, 부족, 부족분(不足分
kamsituvchi amaliyot 차별적 관행
kanal 경로, 채널
kapednot 최고가 정해져 있는 유가증권(capped notes)
kapital, mablag‘, boylik 자본
kapitalistik iqtisod 자본주의 경제
kapitalizatsiya me‘yori 자본화율
kapitalizm 자본주의(資本主義)
kapitallashuv 자본화, (수입·재산의) 자본평가, 주식 자본(주의 총수) (capitalization)
kapitalning aktivlarga munosabati 자본 비율
kapitalning aylanib turishi 자본회전
kapitalning bozordagi o‘zgarishlarga adap- tatiyasi, moslashuvi 시장변화에 따른 자본조정
kargo 카고, 수송화물
kartel, birlashma 카르텔, 기업연합
karton idish 카톤 팩 포장
karton quti 카드보드지 상자, 카톤팩
kasaba uyushmasi 노동조합
kasaba uyushmasi a‘zosi 노조원
kasaba uyushmasi harakati노조운동
kasallanish 질병(疾病), 병(病)
kasallik varaqasi 병원 진료카드
kasb 직업(職業)
kasbiy harakatchanlik 직업 이동성
kasbiy kasal 직업병(職業病)
kasbiy layoqat 직업 적합성
kasbiy ma‘lumot 직업교육
kasbiy xulosa 이력서(履歷書)
kasblar ro‘yxati 직무내용 소개
kash uslubida kelishuv 현금지불거래
kashflou 현금흐름, 캐시플로우 (cashflow)
kasodga uchrash jarayoni 파산절차
kassa 현금출납소, 금고
kassa boni, kredit qarzdorlari 은행 채권의 한 형태
kassaga oid bitim 현금거래
katta sakkizlik G8, 선진 8개국(미,영,프,독,이,일,캐,러)

katta, keng ko‘cha; qisqa bayon 광고지, 안내문, 설명서(說明書)
kavering 충당, 포괄, 커버링
kechiktirilgan, ikkinchi darajali aktsiya 후배주, 후취주
kechiktirish 기한 초과
kechiktirish uchun jarima 지연에 따른 제재
keksalik sug‘urtasi 연금보험(年金保險)
keksalikda nafaqa bilan ta‘minlash dasturi 노년 연금 보장제도
kelib chiqish sertifikati 원산지증명
kelib chiqishi haqida guvohnoma 원산지 증명
kelib chiqishi, asli 원천, 산지
kelishilgan jarimalar 계약에 의한 제재
kelishilgan narx 계약가격
kelishuv 거래 계약
kelishuv bayonnomasi 양해각서(諒解覺書: MOU)
kelishuv, konventsiya 협약(協約)
kema 선박, 화물선
kema to‘xtatish joyi, port 항구
kemada erkin 본선인도조건(FOB: free on board.)
kemada erkin harakat 선측인도조건(F.A.S., FAS, f.a.s.: free alongside ship)
kemalar bog‘lab qo‘yiladigan joy 선착장(船着場), 도크, 계류장, 정박지,
kemalar to‘xtash joyi 도크, 선착장
kemani borib-kelishga kiralash 왕복운송
kemani ijaraga beradigan kishi 용선계약에서 하물 운송을 책임을 지는 측
kemani ijaraga olish 용선(傭船)
kemani ijaraga oluvchi 용선 계약에서 화물을 맡기는 측
kemani kiraga olish 화물수송(貨物輸送), 수송비용
kemasozlik 조선(造船)
kemasozlik korxonasi, verf‘ 조선소(造船所)
kemasozlik sanoati 조선업(造船業)
kemasozlik zavodi 조선소(造船所), 선박을 건조·개조, 수리
keng bozor 광역시장
keng iste‘mol buyumlari 일용품
keng iste‘mol mollari 소비재
keng iste‘mol mollari 일용품
keskin ko‘payish 급격한 증가
keskin muhit 억압적인 분위기
keskinlashuv, qat‘iylashuv 강화, 엄격화
ketma-ketlik, izchillik 우선순위, 순서(順序)
keyinchalik narxni soxtalashtirish bilan bog‘liq kelishuv 프리미엄만 지불하고 가격은 나중에 결정되는 거래
keyinga qoldirilmaydigan choralar 즉각적 조치
kichik korxona 소기업
kichik metrajli uy 소형 아파트
kim oshdi savdosi ishtirokchisi, auktsioner 경매 참가자
kim oshdi savdosi tushimi 경매참여비
kimnidir foydasiga ko‘rsatma 유가증권에 쓰인 수혜자 표시
kimoshdi savdosi 경매
kimyoviy o‘gitlar화학비료(化學肥料)
kimyoviy sanoat 화학산업
kirgizish 투입, 도입, 실시
kirim, daromad 매출, 매상
kirim, debet (<=> kredit) 부채, (부기의) 차변(↔ 채권, 대변)
kirim-chiqim hisobi 손익계산서, 손익계정
kirish joyi 조착점
kirish uchun to‘lov 입장료(入場料)
kitob bozori 도서 박람회, 도서전시회
kitob do‘koni 서점(書店), 책방
klauzuala 조건, 조항
klika 동료, 도당
kliring 어음 교환, 청산
ko‘cha harakati 도로 교통(량)
ko‘chama-ko‘cha tashib yurib sotish 방문판매
ko‘chirilgan, ko’chiruvchi 금이나 외환이 한국가에서 다른 국가로 옮겨지는 것, 혹은 기명 유가증권에 대한 권리이전
ko‘chirish 계좌이체
ko‘chirma 발췌, 요약(要約)
ko‘chmas mulk 부동산(不動産)
ko‘chmas mulk ro’yxati 부동산등록
ko‘chmas mulk savdosi bo'yicha agent 부동산 거래 중개인
ko‘lam, masshtab 규모 범위
ko‘mir koni 석탄광
ko‘ngilli zahiralar 자발적 예비비
ko‘p maqsadli tizim 다목적 시스템
ko‘p tarmoqli qishloq xo’jaligi 다각화된 영농
ko‘payish tomonga harakat ↔ kamayish tomonga harakat 상향조정↔ 하향 조정
ko‘rgazma 전시회(展示會), 진열
ko‘rgazma 진열장, 쇼윈도우
ko‘rgazma binosi 전시장(展示場), 쇼

룸(showroom)
ko'rgazma stendi 전시 스탠드
ko'rgazmaga ruxsatnoma 전시장 입장 카드
ko'rik 검사, 점검(點檢)
ko'rsatgich 비율, 율, 단계
ko'rsatgich 지표, 지수, 수치, 율, 비율
ko'rsatgich, koeffitsient 계수, 비율, 요소
ko'rsatgich, ma'lumotnoma 매뉴얼, 설명서(說明書), 인덱서
ko'rsatma 설명, 표시
ko'tarilish, oqib kelishi 유입(流入)
ko'tarish, ko'tarilish 상승, 향상, 고양
kodeks 법률
koll 콜(call)
kollizitsiya me'yori 분쟁 해결 규칙
kollizitsiya, to'qnashuv 충돌, 분쟁
komissiya, tashkilot 위원회, 중개비(comission), 위탁계약
komitent 위탁자
kompaniyalar qo'shilishi 기업합병
kompensatsion badal bitimi 배상 협약
kompleks taklif 패키지 제안서
kompleks yetkazib berish 종합 조달, 종합 공급
kompozitsion foiz 복합 이자
kompyuter tarmog'i 컴퓨터네트워크
kompyuterda loyihalashtirish 컴퓨터를 사용한 설계(CAD: computer-aided design)
kompyuterdagi ma'lumotlarni ishlab tayyor- lash 컴퓨터 데이터 처리
konosament 선하증권(船荷證券), 선적증권(B/L)
konsalting 컨설팅(consulting), 전문적 조언을 주는
konsensus 합의(consensus)
konservalangan mahsulotlar 저장 식품
konsignant 위탁자(委託者)
konsignator 위탁판매인
konsignatsiya 위탁, 위탁판매
konsignatsiyali savdo 위임판매, 위탁판매
konsyumerizm 소비자 중심주의, 컨슈머리즘(consumerism), 소비주의, 소비자보호운동
kontango 콘탱고(contango), 지급 유예금, 이월 일변(移越日邊), 순일변(順日邊).
konteyner bazasi 컨테이너 기지
konteyner porti 컨테이너 항
konteynerlarning o'lchami 컨테이너 크기, 용량
kontragent 계약상대방
kontsession shartnoma 양허계약, 이권계약
kontsessiyachi 허가 보유자
konversiyaga moyillik 상거래 중 화폐가 바뀔경우 이를 감당해내는 능력
konyuktura tahlili bo'yicha mutaxassis 경기분석 전문가
konyukturani jonlantirish 경기 회복
kopirayt 저작권(著作權)
korner 매점(賣店), corner.
korporatsiya daromadiga soliq 기업소득세
korxona 회사(會社)
korxona daromadlari, aktivi 기업자산
korxona faoliyati davri 기업 활동 주기
korxona iqtisodiy faoliyatini tekshirish 기업 감사
korxona mehnat jamoasi 사내 노동조합
korxona passivi 회사부채
korxona rahbari 기업 대표
korxona va tashkilot daromadiga soliq 법인 소득세(法人 所得稅)
korxona yopilishi munosabati bilan sotib tugatish 폐업 세일
korxonadagi mehnat munosabatlari 노동계약을 바탕으로한 노동자들의 관계
korxonalar moliyaviy faoliyati ravshanligi 기업회계의 투명성
korxonalar mol-mulkiga soliq 기업자산세
korxonalardan daromad solig'i 기업소득세
korxonalarning birlashishi 기업합병
korxonaning inqirozi, kasodi, nochorligi 기업파산 상태
korxonaning ta'sis hujjatlari 회사설립서류
k o r x o n a n i n g tugatilishivaqaytatuzilishi 회사청산 및 재조직
kosiblik 가내수공업
kredit bo'yicha zarar 채무자의 변재능력 상실로 인한 채권자의 손해
kredit kafolati 신용보증(信用保證)
kredit kartochkasi 신용카드
kredit limiti 신용대부 한계(credit line)
kredit ochilishi haqida xabarnoma 신용대부개설통지
kredit rollover 기간 연장 대출
kredit siyosati 대출 정책

kredit yo'nalishi, liniyasi 대출한도
kreditdagi vositachi 대출 중개인
kredit-kafolat 신용보증
kreditlarni boshqaruvchi 신용조사 담당
kreditlarni sug'urta qilish 보증보험
kredit-lombard 롬바르드 대출 (lombard credit), 금융업자 대출
kreditni to'lay olish reytingi 신용등급
kreditni to'xtatib qo'yish 신용거래 봉사
kreditor qarzdorlik 매입외상대금
kreditor-foiz 채권자가 받는 이자
kredit-revolver 회전 신용 보증
kuch 힘, 파워
kuchsiz, ishonchsiz valyuta 연화 (soft currency)
kulisye 무면허 주식 중개인
kunbay haq to'lash 일당, 일급(日給
kundalik axlatlarni qayta ishlash 쓰레기 처리, 쓰레기 재활용
kupon 쿠폰(coupon)
kurortga oid tushim 요양지세, 휴가지세
kurs 환율(換率)
kurs bo'yicha hisoblangan ekvivalent - to'lash kuniga 등가액
kurs bo'yicha zarar 주가하락으로 인한 매매 차손
kurs o'zgarishi yetkazgan zarar 환율변화로 인한 손실
kursdagi farq 상장 차액
kursdagi farq 환차
kursga oid kirim 환차익
kursning pasayishi 환율하락
kutilgan daromadlilik 기대 수익률
kutish 기대, 예상
kutish vaqti ko'rsatgichi 대기시간, 지수
kutish xonasi 대기실(待機室)
kutish zali 대합실, 대기실
kvartal 사분기, 1/4년
kvazi-pullar 유사화폐
kvitantsiya (pul yoki biror boshqa qimmat- baho narsa qabul qilinganligi to'g'risida berilgan rasmiy hujjat 영수증
kvotalash 쿼터 할당
kvotani bekor qilsh 쿼터, 취소
laborotoriya jihozi 실험실 설비
lag 지연, 지체
lavozim oshishi 연공 승진
leveraj ta'siri 자렛대 효과(leverage effect)
LIBOR 리보금리, 은행간의 대부금리 (London Inter-Bank Offered Rate LIBOR: (런던 은행간 거래 금리; 국제 금융 거래의 기준이 되는 금리임)
likvid operatsiyalarini o'tkazishning oltin qoidasi 유동성 거래의 황금율, 부채와 자산의 조화 원칙
likvid yetishmovchiligi 유동성 부족
likvidar portfeli 현금 포트폴리오
likvidlar (naqd pullar) ma'muriyati 유동성 관리
likvidlikni afzal ko'rish 유동성 선호
listing ↔ delisting 거래 시장에 증권 상장 ↔ 상장폐지
litsenziar 면허 발급자
litsenzion bitim 사용권 계약, 라이센스계약
litsenzion mukofot 로열티, 사용권 보상
litsenzion savdo-sotiq 사용권 거래
litsenziya 허가증(許可證), 면허(免許), 인가(認可), 라이센스(license)
litsenziya oluvchi 피면허인
litsenziyaga ega bo'lish 면허취득
litsenziyani ro'yxatdan o'tkazish 면허등록
lixtovka 본격 접안에 앞서 이루어지는 일부 하역
lizing 리스, 장기장비 대여
lobbi 로비(lobby), 원외단
lobbi harakati 로비활동
logistika 물류, 로지스틱스
logotip 로고(logo, logotype)
lokal bozor 지역시장
loro 은행이 거래 상대 은행에 개설한 계좌(loro)
loro hisobi 두 은행간의거래에 제 3의 은행이 개입될 경우
lotoreya 복권(福券: lottery)
lotoreyadan yutish 복권 당 첨액
loyiha 프로젝트, 계획, 청사진(靑寫眞), 초안(草案)
loyiha idorasi 설계 사무소
loyihalash uchun ruxsat 설계 의뢰
loyihalashtirish 디자인, 엔지니어링, 설계(設計)
loyihani amalga oshirish 프로젝트 실현
ma'lumot 정보(imformation)
ma'lumot almashinuvi 정보교환
ma'lumot berish xizmatlari 정보제공 서비스
ma'lumot beruvchi idora 안내소
ma'lumot to'plash 정보 수집
ma'lumot to'plash tizimi 정보 수집 시스템
ma'lumot uchun qiymat 시중가격, 시세
ma'lumot, hisobot 요약, 정리

ma'lumotlar bazasi 데이터베이스
ma'lumotlarni qayta ishlash markazi 데이터 처리센터
ma'lumotnoma 안내서
ma'mur ot. 경영자, 관리자
ma'muriy chiqimlar 경상 지출
ma'muriy depozitga qo'ymoq 관리 대상예금
ma'muriy iqtisod 통제경제(統制經濟
ma'muriy javobgarlik 경영책임
ma'muriy to'siq 행정적 장벽
ma'muriy xodimlar 행정직원
ma'muriy yordam 행정적 지원
ma'muriyat 관리, 관리기 관, 경영진
ma'muriyat va kasaba yushmasi o'rtasi- dagi munosabat 노사관계
ma'muriyatga ishonch qog'ozi 유가증권 관리위임
ma'murlar harakati aktsiyasi 경영진 보유주
ma'naviy eskirish 도덕적 해이
ma'naviy qadriyatlar 정신적 가치
ma'qul kelmaslik sharti bilan kelishuv 위약금을 지불하면 거래 파기가 가능한 조건
ma'qullash 승인, 인가
ma'qullik, muvofiqlik 허용 가능성, 수용 가능성
ma'suliyat sug'urtasi 책임 보험
ma'suliyati cheklangan uyushma - ma'suliyati cheklanmagan uyushma 유한책임 파트너 쉽
mablag' ajratish 자금할당, 배분
mablag' ajratish 자본투자
mablag' eksporti 자본수출
mablag' holati 은행의 현금 자산 상태, 은행 준비금에 대한 지출 준비
mablag' kamayishi 감자
mablag' kamayishi 자본유출
mablag' kirimlariga sarf qilish 자본투자
mablag' mavjudligi 자금 보유
mablag' oqib kelishi 자본유입
mablag' sarflash samarasi 투자의 효율성
mablag' sarflash uchun sabab 자본투자자
mablag' shakllanishi 자본 형성
mablag', pul qo'yish 동봉물, 투자, 예금
mablag'ga oid loyiha 자본 집중 프로젝트
mablag'langan baho 자본화 가치
mablag'lar bozori 자본시장
mablag'larning ovropabozorlari 유로 자본시장
mablag'ni xalqaro bozorda joylashtirish 여러 나라 시장에의 주식 분산 투자
mahallani sog'lomlashtirish, yaxshilash 지역보건상황 개선
mahfiy kelishuv 막후거래
mahfiy parda ortidagi muzokaralar 막후 협상, 비밀 협상
mahfiylik 직업상 비밀 유지
mahrum qilish 박탈
mahsuldorlik, hosildorlik 생산성
mahsulot 생산품(生産品), 생산제품, 제조품, 제품, 수공품
mahsulot bekamu-ko'stligi 제품 한 벌, 일체, 세트
mahsulot ishlab chiqarish matritsasi 생산품 구성
mahsulot ishlab chiqarishni to'xtatish 제품 생산 중단
mahsulot markasi 제품 브랜드
mahsulot narxini belgilash 제품가격 결정
mahsulot sifati 생산품질(生産品質)
mahsulot tannarxi 생산 원가
mahsulot taqdimoti 상품 소개, 제품 소개
mahsulot yaroqsizligi 불량품
mahsulot yetkazib berishning umumiy shartlari 수출 상품 공급의 일반 조건
mahsulotni individuallashtirish 상품 차별화
maishiy anjom 가정용품
maishiy shovqin o'lchovi 생활 소음 측정
maishiy texnika 가정용 가전제품
maishiy va sanoat chiqindilarini yo'qotish 가정 및 산업 폐기물 재활용
maishiy xizmat ustaxonasi 생활 서비스점
majbur shaxs 관료, 공무원, 임원.
majburiy mehnat 강제 노동
majburiy mehnat mashaqqatlari 경영(운영)의 어려움
majburiy ulush 법정상속재산
majburiyat 의무, 채무(債務)
majburiyatlar bajarilmaganligi oqibatida yetkazilgan ziyon 의무불이행으로 인한 손실
majburiyatlarni bajarish 의무이행
majburiyatni bajarmaslik의무불이행
makroiqtisodiy vaziyat거시경세상황
makromarketing 매크로 마케팅(macromarketing)
maksimizatsiya 최대화, 극대화
malaka haqida hujjat 자격증명
malaka, ixtisos 자격, 능력

malakasi oz ishchi 저숙련 노동자
malakasiz ishchi, xizmatchi 비숙련 노동자
manba, boylik, resurs 자원(資源: natural resources)
manfaatlar kelishi 이자소득
manfaatlar mos kelishi 이해관계의 일치
manfiy foiz 계좌의 현금에 대해 은행이 부과하는 이자, 은행 예탁이자
manko 중량미달, 결산부족분
mansab attestatsiyasi 직무 평가
maosh hisobi 월급지불계좌
maosh hisobidan bo'nak, avans 선불임금
maosh miqdorining oshishini vaqtincha to'xtash 임금 인상 동결
maosh, oylik, oklad 봉급(俸給)
maoshdagi farq 임금격차(차이)
maoshdan olingan soliqlar 급여에서 세금공제
maqola, modda 기사, 제정, 계약서 조항
maqsad haqida bayonot 의향 각서
maqsadlar daraxti 목표수형도
maqsadli marketing 표적 마케팅
maqsadlik 합목적성
marja 마진, 판매 수익, 이문
marka 브랜드, 라벨, 모델
markaz 센터(center)
markaziy bank 중앙은행
markaziy bankdagi hisob 은행이나 기업이 중앙은행에 개설한 계좌
marketing 마케팅, 시장조사.
marketing bo'yicha yig'lish 마케팅 회의
marketing funktsiyasi 마케팅 기능
marketing kontseptsiyasi, nazariyasi 마케팅 개념
marketing strategiyasi 마케팅 전략
marketing tadqiqotlari 마케팅 조사
marketing tamoyili 마케팅 원칙
marketing xarajati 마케팅 비용
marketing xizmati 마케팅 부서
marketing xizmati 마케팅 부서
martaba, daraja, unvon 담보등급(rank)
mas'uliyat 책임(責任), 의무
mashaqqat 곤란, 어려움
mashina qismi 기계부품
mashinalar to'xtash joyi 주차장
mashinasozlik sanoati 기계제조업
maslahat berish xizmatlari 컨설팅 서비스
maslahat xizmatlarini taqdim qilish 컨설팅 서비스 제공
maslahat, konsul'tatsiya 컨설팅, 자문(諮問)
maslahatchi-huquqshunos 기업의 법무 담당 직원
maslahatchilik faoliyati 자문활동
masofaga haq to'lash 원거리운송
masofaviy boshqaruv 원격조정
matbuot vositalaridagi reklama 대중 매체 광고
matbuot xabari 언론보도
material 재료(材料)
material oqimi 물류
matnli reklama 문안 광고
mato 직물(織物)
matritsa, qolip 매트릭스, 구성.
mavjudlik 보유 가능성
mavsumiy skidka 계절할인
mavsumiy ustama xaq 성수기 가격 인상
mavzudan chetga chiqish 주제에서 벗어남
maxsus amalga oshirish 독점적 거래 관행
maxsus boj 특별세(特別稅)
maxsus jihozlangan bino 전시관, 진열관
maxsus quti, konteyner 컨테이너
maxsus taxta 스텐드, 부스
maxsus zayom 개인 대상으로 한 소액대부
mayda pullar 잔돈
mazmun, tarkib, miqdor 유지, 내역, 봉급, 할당
me'yor, chegara, limit 한계(限界)
me'yordagi ish vaqti 정상근무시간
medio 주식거래의 지불기간
mehmonxona eshik egasi 접객 담당, 리셉셔니스트(receptionist)
mehnat 노동, 근로, 직업
mehnat bilan ta'minlash 구직과 구인 관계
mehnat birjasi 직업센터
mehnat daftarchasi 노동수첩
mehnat haqida qonunlar kodeksi 노동법
mehnat haqqining minimum miqdori 최저 임금
mehnat ixtisosligi 업무 능력, 직무상 필요 능력
mehnat musobaqasi 노동 분쟁
mehnat staji 업무 경력
mehnat taqsimoti 분업
mehnat taqsimoti 분업
mehnat unumdorligi 노동 생산성
Mehnat Vazirligi 노동부(勞動部)
mehnatda olingan jarohat 업무상 재해
mehnatga layoqat 노동 능력

mehnatga layoqatsiz 노동이 불가능한 건강 상태
mehnatni muhofaza qilish 노동보호
mehnatni tejovchi texnik taraqqiyot 기술적 진보
mena, pul maydalash 교환(交換), 교역(交易), 바터
menedjer 매니저, 관리자
menejment 매니지먼트, 관리
merchadayzing 머천다이징
meros bo'lib qolgan mol-mulk solig'i 상속세(相續稅)
metal quyish zavodi 주물공장
metall 금속(金屬)
metall sanoati 금속공업
metall, mahsulot, buyum 금속가공
metallurgiya 야금술, 야금학
mezon 기준(基準: criteria)
mijoz 고객, 사건 의뢰인
mikromarketing 마이크로 마케팅(micro-marketing)
miks-fond 혼합펀드(moxed fund)
milliy sanoat taraqqiyotining eng muhim xususiyatlari 국가 경제 발전의 일차적과제
mineral o'gitlar 유기 비료
minimal zahiralar 최소 예비비
minimum 최소(最小)
minimum harajatlar tamoyili 최소비용 원칙
mintaqalararo iqtisodiy hamkorlik faollashuvi 지역간 경제 협력 강화
mintaqaviy bozor 지역 시장
miqdor 수량
miqdor ko'rsatmasi 수량 표시
miqdor, jami, mablag', summa 총액
mo'l hosil 풍작
mo'lchilik, ortiqchalik 잉여, 과잉, 풍부
mo'ljallangan iste'mol 예상 소비
moddiy bo'lmagan/nomoddiy daromadlar 무형 자산(無形財産: 저작권. 특허권. 광업권. 상표권. 어업권 등)
moddiy javobgarlik haqida shartnoma 물질적 책임 계약
moddiy yordam 금전적 도움
moddiy zahira 원료 재고
model, andaza, qolip, nusxa 모델, 안, 본보기
mol belgisini qayd qilish 상표등록
Moliya vazirligi 재정부
moliya xolding uyushmasi 금융홀딩컴퍼니
moliyalashtirish 자금 융통, 융자, 파이낸싱
moliyalashtirish manbalarini topishdagi qiyinchiliklar 재원 마련의 어려움
moliyani yaxshilash 재정 개선
moliyaviy ahvol 재정상태
moliyaviy ahvolni yaxshilash 재정(금융)상황 건실화
moliyaviy chiqim; oziq-ovqatga harajat 금융비용, 장기 채무에 대한 이자식비
moliyaviy intizom 재정 규율
moliyaviy javobgar shaxs 물적 책임자
moliyaviy konsortsium 금융 컨소시움
moliyaviy lizing 금융 리스(financial leasing)
moliyaviy mas'uliyat 물질적 책임
moliyaviy sektor 금융부문
moliyaviy tahlil 재정분석
moliyaviy veksel 금융어음(finance bill)
mol-mulk 동산(動產)
mol-mulk 재산(財產), 자산, 소유물
mol-mulk huquqi 재산권
mol-mulk ijarasi 재산의 일시임대
mol-mulk kamomadi 재산 부족
mol-mulk ro'yxati 자산목록
mol-mulk shakli 자산 소유형태
mol-mulk talashish 소유권 분쟁
mol-mulkka asossiz ega bo'lish 재산부당취득
mol-mulkka etkazilgan zarar 재산손실
mol-mulkni bo'lish 재산분할
mol-mulkni hisobga olish 자산 차압
mol-mulkni qayta olib chiqsih majburiyati (세관에서 발행하는) 반환 보장 서류
mol-mulkni sug'urta qilish 재산보험
mol-mulkni yo'q qilish yoki unga ziyon yetkazish 재산피해
molni arzon sotish 덤핑(dumping)
molni chayqovchidan sotib olish 매점매석(買占賣惜)
molni yetkazib berish muddatini kechik- tirilishi 납기 연장
monitoring, ahvol nazorati모니터링
monopol faoliyat, tanho boshqaruv 반독점 조치에 대한대항 행위
monopol qiymat 독점가격
monopoliya qonunchiligi 전매금지법
monopoliya, tanho egalik 독점권(獨占權), 독점(獨占)
monopoliyaga asoslangan byuro 전매국(專賣局)
monopoliyaga qarshi siyosat 반독점 정책

monopoliyalar tomonidan kichik korxona- larning yutilishi 독점 기업의 소기업 합병
monopsoniya 수요독점(monopsony)
montaj ishlarining davom etishi 건립(설치)기간
moratoriy, to'lov muddatini uzaytirish 모나토리움, 유예(moratorium)
moratoriyni uzaytirish 모라토리움 연장
mos ↔ mos emas (요구나 기준을) 충족하는
motivatsion(asoslangan, dalilli) ta- hlil 동기분석(motiveation analysis)
moviy fishkalar, soqqalar 우량주, 블루칩(bluechip)
muallif 작가, 저자, 작성자
mualliflik huquqi 저작권
mualliflik huquqini himoya qilish bo'yicha kelishuv 저작권 보호협약
mualliflik huquqini topshirish 저작권 양도
mualliflik qalam haqi 저작권료,인세
mualliflik shartnomasi 저작권 계약
muassasa 기관
muassasaning valyuta fondi 회사의 외환자금
muassasaning valyuta hisobi 기업의 외환 계정
muddat 기간
muddati kechiktirilgan to'lovlar 지연지불
muddati o'tgan yetkazish 지연배달
muddatida qoplash sharti bo'lma- gan savdo 외환매도, 판매시점에 미보유 상태 주식
muddatidan o'tib ketgan veksel 지급 기한이 지난어음, 비불어음
muddatidan oldin to'xtatish 조기 중단
muddatli omonat 정기예금
muddatli sotish 선물매도
muddatni uzaytirish 기간 연장
muddatsiz depozit 당좌예금
muddatsiz foydalanish 무기한 사용
mudir 책임자(責任者)
mudofa sanoatini o'zgartirish 군수산업전환
mufassal ro'yxat 부품목록
muhandislik xizmati 엔지니어링 서비스
muhim farq 근본적 차이
muhim qism 핵심부분
muhit, sharoit, vaziyat 분위기, 기류
muhokama 논의, 토론
muhr, matbuot 인쇄(印刷), 도장, 신문, 간행물(刊行物)
muhtojlikda yashamoq 빈곤선 이하의 생활을 하다
mukofot 보너스, 상여금
mukofot aktsiyasi 업적주(業績株)(performa- nce share)
mukofot, rag'bat 프리미엄(premium), 차익(差益), 웃돈, 할증금(割增金), 액면초과금(額面超過金)
mulkchilar tomonidan mulkning qo'shilishi 자산 합병
mulkchilik huquqi himoyasi 소유권 보호
multimediya dasturi 멀티미디어 프로그램
mumkin bo'lgan sharoitlar 수용 가능한 조건
munitsipal mulk 시유 재산
munosabat 관계, 태도
munosabatdorlik, korrelyatsiya 상관관계
muntazam qatnovchi kema 정기운항선
muntazam yig'ilish 정례모임, 정규모임
muomala davri 유통기간
muomala xarajatlari 유통비(流通費)
muomaladagi pul miqdorini kamaytirish, deflyatsiya 디플레이션
muomaladagi tangalar 유통 동전
muqobil almashtiruv 등가교환
muqobil xaridlar 맞구매
muqobil yoqilg'i 대체 연료
murakkab foizlar 복리이자
murakkab garov 복잡한 담보
murosasozlik, liberalizatsiya 자유화
mush'um istiqbol 음울한 전망
mushtarak faoliyat 협력행동
mustahkam daromad 기타소득
mustahkamlash 강화
mutaxassis 전문가(專門家)
mutlaq ustunlik 절대 우위(絶對優位)
mutualli bank 상호은행
muvaqqat bitim, konsortsium 컨소시움(consortium)
muvaqqat foiz 보유 시점부터 청산일까지의 주식이익
muvaqqat hisob 임시계좌
muvaqqat qadriyatlar 시간 평가치
muvaqqat sertifikat 임시 증명
muvaqqat xodimlar 임시 직원
muvofiqlik sertifikati 적합성 증명
muvofiqlik, loyiqlik, mos kelish 적합성
muvozanat 평형, 균형
muvozanat holati 평형상태
muvozanatli rivojlanish 균형 발전

muxandis 기사(技師)
muxandislik 엔지니어링
muxbir, gumashta 통신원,거래처
muzlatgich kamerasi, bo'lmasi 냉각실
muzlatilgan mablag'lar 동결자본
muzlatilgan oziq-ovqat mahsulotlari 냉동제품(식품)
muzlatish, to'xtatish 동결
muzokara 협상, 토론, 논의
muzyorar toifasidagi kema 쇄빙선
nafaqa 연금(年金)
nafaqa fondi 연금기금
nafaqa hisoblashda mehnat staji 연금 산정에서 인정되는 근무경력
namlik etkazgan zarar 습기로 인한 손실
namoyish 공개(公開), 데몬스트레이션, 전시(展示)
namuna 샘플, 모델, 형태, 복사본
namuna va tajriba 샘플
naqd pul bilan (to'lov) 현금지불
naqd pul bilan to'lash 현금결제
naqd pul ko'rsatgichi 현금자산비율
naqd pulga ehtiyoj 현금 수요
naqd pulga xarid qilish 현금 구매
naqd pullar, likvidlar 현금 보유량
naqd pulsiz to'lash 계좌 결제, 비현금 결제
naqd to'lash sharti 완불 시에만 유가증권이 매입자에게 넘어간다는 조건
naqd to'lov uchun skidka 현금결제 할인
naqdlik, naqdina 현금(現金)
narsa, buyum, predmet 대상 물건
narx chegarasi 가격한계선
narxga oid davo 가격 플레임
narxga oid ustunlik 가격 우위
narxi arzonlashgan tovarlar do'koni 할인점
narxi ko'rsatilmagan namuna 견본(見本), 비매품(非賣品)
narxlar arzonlashuvi 가격하락
narxlar bo'yicha muzokaralar 가격 협상
narxlar limiti 가격 등락 허용범위
narxlar o'zgarishiga tuzatish 가격 변화에 따른 조정
narxlar soyaboni 선두기업이 정한 일정 수준의 가격유지.
narxlarning nazorati 가격 관리
narxni hisobdan chiqarish 벌금 감면
narxni tushirish 가격하락
narxning o'zgarib turish meyori 가격변동 허용 범위
narxning o'zgarib turishi 가격등락
narxning tushishi, qulashi 가격파괴
nashriyot, nashr 출판, 발행
nav, tur 스타일, 품질, 등급
navbatdagi ipoteka (= kichik ipoteka) 후속순위저당
nayrang, manipulyatsiya 조작, 조종, 농간
nazorat 통제, 감시, 감독, 관리
neft koni 유전(油田)
neft o'tkazish, quvur 송유관
neft quyish porti 원유 소송항
neft sanoati 석유업(石油業)
neft savdosi jinoiylashuvi 석유업계의 범죄화
neft, yoqilg'i 석유(石油)
neft-gaz konlari qazish tenderi 석유가스 개발 입찰
neftni qayta ishlash 정유
netto 순(純: net)
netto daromadi 순수입
netto foizi 세후 이자
netto foizlar qoldig'i (은행의)채무자와 채권자에 대한 이율 차이
netto-aktivlar 순자산
netto-daromad 순수입
nikoh va oila kodeksi가족법(家族法
ninabargli o'rmon 침엽수림
nisbiy ustunlik 비교우위
nizom 정관(定款)
nizomli zahira 정관이 정한 예비비
nochorlik, qarz to'lashga qurbi yetmaydigan 파산(破散), 무능력
nogiron, majruh 장애인
nogironlik, majruhlik 장애
nolli oshish 제로 성장
nolli rag'batga ega optsion 제로 프리미엄 옵션
nomenklatura, nomlar 유형, 종류
nominal bahosiz aktsiya 무액면주식
nominal bo'yicha 액면가로
nominal foiz 명목 이자(율)
nominal ishtirok 명목상 참여, 대리 참여
nominal, baho 액면가, 정가(定價)
nominaldan past 액면가 이하
nominativ aktsiya 기명주
nomukammal raqobatchilik 불완전 경쟁(不完全 競爭)
nomutanosiblik 불균형
nomuvofiqlik 불균형(不均衡), 부적합, 불일치(不一致)
noqonuniy iqtisod 지하경제
norma, me'yor 규준(規準), 율(率)
normal bozor 정상시장(normal market)
norozilik, e'tiroz 어음, 수표 등에 대한 지불 거부(protest)

nostro hisobi 자행계정
notarial idora, kontora 공증 사무소
notarial kelishuv 공증 거래
notarius 공증(公證)
notifikatsiya 고지(告知), 통고
notijorat korxona 비영리 기업
nou-xau, yangilik 영업 비밀, 노하우 (know- how), 비결
NSY narx, sugʻurta, yollash 운임, 보험료 포함 인도 조건, CIF(cost, insurance and freight) 조건
nufuzli 공고한지명도
numeriko 유통되는 총화폐량
nuqson 결함, 부족(defect)
nuqson, illat 결함(defect)
nuqson, kamchilik 오차, 오류, 과실
nuqsonli mahsulot 불량품(不良品)
nurli reklama 전광판광고
nusxa, dublikat 사본, 부본(副本)
nusxa, kopiya 복사본
oʻg'irlik 절취, 절도
oʻgit 비료(肥料)
oʻlchash uchun asbob 무게측정 기구
oʻlchov 측정, 측량(測量), 계측(計測), 측도(測度)
oʻlgan deb eʻlon qilsih 사망 선고
oʻlim holatiga sugʻurta 종신보험증서
oʻlim holatlari koʼrsatgichi 사망률
oʻqitish 교육 훈련
oʻram, quti, upakovka 포장
oʻrin strategiyasi 틈새전략
oʻrin, vaziyat, holat 외환 포지션
oʻrindosh 대체품, 대용물
oʻrindoshlik 겸업, 겸직
oʻrindoshlik asosida ishlash 겸임으로 일하다
oʻrmon 숲, 삼림(森林)
oʻrmon kadastri 삼림대장
oʻrmondan foydalanish삼림자원이용
oʻrnak boʻladigan hodisa 선례
oʻrnatish, baholash 설립(設立), 확립(確立), 결정(決定)
oʻrnini to'ldirish 보상, 보전, 배상
oʻrta nav 중등품
oʻrtacha daromad 평균임금
oʻrtacha kurs 평균환율, 매매평균가
oʻrtacha oylik ehtiyoj 월평균 필요량
oʻrta-kichik korxona 중소기업(中小企業)
oʻrta-kichik shirkat 중소기업
oʻrtamuddatli kredit operatsiyasi 중기(3~5년의 상환기간) 대출거래
oʻsish darajasining pasayishi 성장률하락
oʻsish suratining pasayishi 성장률감소
oʻta kambag'allik 극도의 빈곤.
oʻtish (기한) 만료
oʻtish 전환(轉換)
oʻtkazish 이전, 명의개서
oʻtkazish 통과, 통과증
oʻtkazish qoldigʼi 이월금
oʻtuvchi iqtisod 전환기 경제
oʻyinlar nazariyasi 게임이론
oʻz harajatlarini oʼzi qoplash 독립채산제(獨立採算制)
oʻz mablagʼi bilan chiqimni qoplash 부채의 자기자본 충당 비율(cover ratio)
oʻz vaqtida bajarilishi 적시성
oʻzaro almashadigan qadriyatlar 상호교환가치
oʻzaro foydali kelishuv 상호 이익이 되는 거래
oʻzaro ishonch 상호 신뢰(양해)
oʻzaro oldisotdi va investitsiya faollashuvi 상호 무역 투자 활성화
oʻzaro taʻsir 상호작용(相互作用)
oʻzaro yon bosish 상호양보
oʻzgarib turish, tebranish 진동,변동
oʻzgarish 변화(變化)
oʻzgartirish 개혁
oʻzgartirish, konversiya (국공사채의) 차환, 발행조건의 변경
oʻzgaruvchan tok generatori 교류발전기
oʻzgaruvchan valyuta kursi tizimi 변동 환율제
oʻzgaruvchan, aylanishdagi valyuta 교환 가능 통화
oʻziga xizmat koʻrsatish doʻkoni 셀프 서비스 상점
oʻz-oʻzida aylanish 윤작, 돌려짓기
oʻz-oʻzini boshqaruvchi korxona 시영회사
oʻz-oʻzini moliyalashtirish 자본투입(self- financing)
oʻz-oʻzini taʼminlay oladigan iqtisod 자급자족 경제
ob-havoni aytish 일기예보
obligatsiya, davlat zayomi 채권, 증권, 국고채권(國庫債券)
oborot, aylanish, muamala 순환, 처리능력, 일정기간 내 상업 활동의 총량
obroʻ, eʻtibor 명성, 지명도
obroʻ-e'tibor, nufuz 권위
obuna 약정, 서약, 주식 발행시 매입을 약정한 자
obuna meʻyordan oshib ketishi 주식공모 한도 초과
obuna vaqti 신규 발행 주식 청약 기간, 구독기간
obuna varaqasi 약정 명단

ochilish 시작, 개시, 개막
ochiq bozor operatsiyasi 중앙은행의 통화 규제 행동
ochiq bozor siyosati 개방시장 정책
ochiq fond 공개펀드
ochiq hisob 인출계좌
ochiq maydonda saqlash 야외 보관
ochiq raqobatchilik 공개경쟁
ochiq savdoni olib boruvchi vakolatli kishi, auktsionist 경매인
ochiq shartnoma 포괄예정 보험계약
ochiq tok generatori 직류 발전기
ochiq turdagi aktsiyadorlar jamiyati 개방형 주식회사
ochiq zahiralar 공개 예비비
oddiy aktsiya 보통주
oddiy foizlar 단리
oddiy obligatsiya 일반주식
ofis jihozlari 사무 집기
ofset kelishuv 상쇄거래, 상계거래
ofshor moliya markazi 오프쇼어 금융센터
og'ir aktsiya 고가주(高價株)
og'ir sanoat 중공업(重工業)
og'ir shartli bitim 노예계약
og'ir yuk uchun qo'shimcha to'lov 화물중량초과로 인한 초과 비용
og'ir yuk, tashvish, og'ir vazifa 짐, 부담
og'irlik miqdori 무게를 기준으로 한 량
og'irlik tasnifi 중량내역
og'zaki tasdiq 구두확인
oila soni 가족 크기
oilaviy ahvol 가족상황, 결혼 상태
oily nav 최고급품
oldindan ogohlantirish 사전 통고
oldindan olingan soliq 선공제 세금, 선불금 형식의 세금
oldindan to'lash 선불
oldi-sotdi 매매(賣買)
olib o'tuvchi, tashuvchi 운송인 (carrier)
olib o'tish 운수, 운송, 수송
olib o'tkazish 연기, 연장
olib tashlash 출금, 투자금 회수
olib tashlash, bekor qilish 철폐, 자율화, 인출
olib-sotish kasalligi 투기 열풍
olib-sotish narxi 환매가격
oligopoliya 과점(寡占)
oligopsoniya 수요과점
olingan buyurtmalar ro'yxati 수주목록
olish, qabul qilish 수령
olishga qarz tilxati 받을어음 (receivable bill)
olmoq ↔ topshirmoq 빌리다 ↔ 빌려주다
oltin 황금(黃金)
oltin hazinasi 인플레이션으로 인한 가치 하락을 방지하기 위한 금괴, 금화, 귀금속 등의 형태로 금을 축적하는 것
oltin lingot 표준금괴 (12.5kg)
oltin optsion 금 옵션
oltin paritet, tingligi 금평가
oltin shart 금이나 금에 상응하는 가치로 변제한다는 계약조건
oltin shov-shuvi 골드러시
oltin zahirasi 금 보유고
oluvchi 수령인(受領人)
ombor qaydnomasi 보간증
ombor-mehmonxona 임대 창고 공간의 용적
omborxona 창고
omborxona varranti 원료나 반제품을 근거로 발행된 유가 증권
omborxonada saqlaganlik uchun soliq 창고 보관료
ommabop 인기 있는
ommabop o'lcham 일반 사이즈
ommaboplik 인기
ommaviy marketingi 대중 마케팅
ommaviy yuklar tashish uchun kema 대형화물운반선
omonat banki 저축은행
omonat daftarchasi 예금 통장
omonat guvohnomasi 예입 증명
omonat hisob 저축계좌
omonat, pul qo'yish 예입, 예금
omonatlar bo'yicha foizlarni to'lash 예금 이자 지불
omonatlarni qayta baholash 예금액 재평가
omonatlilik, beqarorlik 불안정성
omonatni oluvchi 예금 수령인
omonatni qabul qilish 예금 수납
onkol qarz 초단기대부
ope 주식교환 공고, 주식 매각 공고
operativ lizing 운용리스(금융외의 리스: operativeleasing)
operativ smeta 운영예산
operatorlar 딜러, 주식 중개인, 거래 중개인
operatsiya 사무, 업무, 거래
optatsiya qilingan obligatsiya 옵션채권
optsion 선택권(選擇權), 일정량의 주식구매의사를 나타내는 쿠폰
optsionga oid birja 옵션거래
optsiyonlar sotish 거래의 자유
oq fil 비용이 잠재적 수익을 넘어서는 증권거래, 성가신 물건, 무용지물

(whíte e´ lephant)
oq yig‘ish 컴퓨터 조립
oqim 유입, 흐름
oraliq balans 임시(잠정) 대차대조표
oraliq daromad 중간 정산 이익
oraliq hisob 임시계좌
oranjereya 온실(溫室)
order, yozma buyruq, farmon 전표(錢票), 거래내용의 지시문서
or-nomus, vijdon so‘zi 채무자의 청산 준비 상황을 뜻하는 국제용어
ortiqcha 여분, 과잉, 초과
ortiqcha ishlab chiqarish 과잉 생산
ortiqcha iste‘mol 과소비
ortiqcha og’irlik 초과중량
oshiash, ko‘payish 증가(增加)
oshib ketishi 초과
oshirish ↔ tushirish 과대평가 (↔ 과소평가)
oshish ↔ tushish 성장(成長), 증가 ↔ 하락, 감소
oshish, ko‘tarilish ↔ tushish 인상, 상승 ↔ 하락, 하강
ostimativ baho 상대 가치
ostona, chegara 경계
ot kuchi 마력(馬力)
ov qilish, kosiblik 수렵(狩獵), 어로(漁撈), 어업(漁業), 채취(採取)
ovchilikka oid, hunarmandchilik solig‘i 영업세(營業稅)
overdraft 당좌대월(當座貸越)
oylik haqining oshishi natijasida pulning qadrsizlanishi 임금 상승으로 인한 인플레이션
oylik maosh 봉급수당
oz hosil 흉작
oziq-ovqat 식료품(食料品)
oziq-ovqat sanoati 식품산업
oziq-ovqat sohasi tarmog'i식품산업
oziq-ovqat yetishmasligi, oz ovqatlanish 영양 부족(營養不足)
oziq-ovqat, ozuqa 영양 식사
ozuqa qiymati 영양적 가치
pablik releyshenz 광고(PR)
paket 한 묶음, 한 다발
parametr 변수, 파라미터
partiya 거래단위, 상품판매단위(lot)
pasayish, tushish 하락, 슬럼프,감소
passiv savdo qoldig‘i 무역적자
passivlar umumiy miqdori 총부채액
past sifatli yoqilg‘i 저품질 연료
patent haqiqiyligi, sofligi 특허 침해 우려 없이 사용이 가능한 상태
patent huquqi 특허권(特許權)
patent idorasi, muassasasi 특허사무소
patentni o‘z kuchiga saqlamoq 특허권 효력 유지
patentshunos-huquqshunos 변리사
paxtalik mato 면직물(綿織物)
pay, badal, hissa 몫, 지분, 분배량.
peydjer 호출기, 삐삐
pishiqlik, chidamlilik 내구성(耐久性)
plakatli reklama 포스터 광고
po‘lat 강철(鋼鐵)
pochta jo’natmasi 우편 발송
pochta, aloqa bo‘limi 우편
polietilen idish 폴리에틸렌 포장용기
pora 뇌물(賂物)
pora berib og‘dirish 매수, 뇌물주기
pora olmoq ↔ bermoq 뇌물을 받다 ↔ 뇌물을 주다
poraxo‘rlik 뇌물수수행위
poraxo‘rlik, korruptsiya 부패(腐敗)
poraxo‘rlikka qarshi kurash cho-rasi 부패 척결 수단
port oboroti 항구의 처리 능력
port tushimlari 입항세
portfel 포트폴리오(portfolio)
porto 송료(送料), 우편세
porto-franko 자유 무역항
posilka savdosi 우편주문 거래
potentsial talab 잠재수요(潛在需要)
progressiv soliq 누진세(累進稅)
prokat, chig’irlash zavodi 압연공장
pudrat 계약
pul 돈, 화폐(貨幣)
pul almashinish ustida davlat na-zorati 외화 환전 통제
pul belgisi 지폐(紙幣)
pul birliklarining qiymat tengligi, konver- tatsiya pariteti 환산가치(conversion parity)
pul bozori 금융시장
pul chayqovchiligi 환투기
pul mavjudligi, naqdina 현금 보유
pul miqdori 화폐 총액
pul miqdorining oshishi 통화량증가
pul muomalasi 통화(通貨)
pul o‘tkazmasi uchun hujjat 송금 의뢰
pul o‘zgartirish, almashtirish, pul konver- siyasi 통화변경
pul operatsiyasi 외환거래
pul oqimi 현금 흐름
pul qiymatini o‘zgartirish, denomin- atsiya 통화 단위의 액면절하 (denomi- nation)
pul qo‘yuvchi, omonatchi 예입자, 출자자
pul saqlanadigan maxsus joy 금고
pul shaklidagi yordam 현금 보조
pul-kredit siyosati 금융정책
pulni o't̃kazish 송금(送金)

pulni qaytarish talabi 환불요구
pulning qadrsizlanishi 화폐의 가치 하락
punkt, nuqta, joy, modda 지점,조항
qabul 수납, 고용, 가입
qabul qilingan kurs 종가(終價), 폐장 시주가
qabul qilish 수용, 승인
qabulga taklif 리셉션 초대, 환영회 초대
qadrlilik, likvidlik 유동성(流動性)
qadrsizlanish 가치하락, 가치 손실
qalam haqi beruvchi 인세 지불인
qalam haqi oluvchi 인세 수령인
qalashtirib yuk o'tkazmoq 대량화물 운송, 비포장 화물 운송
qalbaki chek 위조수표
qalbakilashtirish, soxta narsa 위조, 모조, 위조품
qarama-qarshi marketing 수요 억제 마케팅
qaror, bayonnoma 기록(protocol)
qarshi harakat, kontraktatsiya 계약 서작성
qarshi ibora 수정제안
qarshi savdo 대응무역
qarz 채무(債務), 빌려서, 빌려줘서
qarz berish chegarasi 대출 한도
qarz berish rad javobi 대출거절, 대부 거절
qarz beruvchi 고용주(雇用主)
qarz beruvchi, kreditor 채권자
qarz haqida qaror 신용 대부 승인을 위해 필요한 정보
qarz olmoq 빌리다
qarz shartlarini bajarmaslik 임대조건 불이행, 비용미납
qarz shartlarini qayta ko'rish 채무 상환 조건 재조정
qarz yuki (tashvishi) 부채 부담
qarz, kredit 신용, 대출, 신용대부
qarzdor 채무자(債務者)
qarzdor mulkiga jazo belgilash 채권자 재산에 대한 압류 및 매각
qarzdor zayomshik 채무자(債務者)
qarzdorlar reytingi 채권자들의 순위
qarzdorlar ro'yxati 채권자 등록
qarzdorlik ko'rsatgichi 부채비율
qarzlarni hal qilish 채무 청산
qarzni bo'lib-bo'lib to'lash 채무의 분할 청산
qarzni munozarasiz undirish 소송 절차 없는 청구
qarzni o'tkazish 채무자 대체
qarzni qoplash uchun zahira 부채 정산 예비비
qarzni to'lash 상환시 이자 지불
qarzni to'lash 채무 청산
qarzni to'lash majburiyati 채무 입증 문서
qarzni to'lay olish 신용능력(信用能力), 지불능력(支拂能力)
qarzni undirish 청구, 징수
qarzni yopish 채무를 변제하다
qashshoq 거지
qashshoqlik 빈곤(貧困)
qashshoqlik chegarasi 빈곤선
qat'iy bo'lmagan ish jadvali 탄력 근무제
qat'iy nazorat 엄격통제
qat'iy shart 매월 말 선물 계약 청산 기한
qat'iy tanga siyosati 긴축 통화 정책
qat'iy zaruriyat 긴급 필요품
qat'iy, ishonchli, barqaror valyuta 경화(hard currency)
qatnov, safar 항해, 비행, 여행
qattiq yoqilg'i 고체연료
qayd etilgan daromad 상환까지 일정 수익을 보장하는 유가증권
qayd qilingan almashuv kursi 중앙은행이 정하는 환율
qayiq ulov yo'nalishi 셔틀 서비스 노선
qaymog'ini olish 신제품 고가 정책
qayta ishlash 처리 가공
qayta ishlash sanoati 가공업
qayta ko'rib chiqish 재조정, 재평가
qayta qurish 재건
qayta taqsimlash 재분배
qayta tuzish 구조조정, 재구조화
qayta, takroriy export 재수출
qaytadan boshlash, tiklash 갱신(更新), 재개(再改)
qaytadan qurish, tiklash 회복, 부흥
qaytarib bo'lmaydigan o'zgarishlar 되돌릴 수 없는 변화
qaytarish 반환, 상환, 환급
qazib chiqarish, o'lja 채굴, 채광
qazilma boyliklar zahirasi 광물자원
qazilma boyliklarining kadastri 광산대장
qimmat qog'ozlar chiqarish 유가증권 발행
qimmat qog'ozlar portfeli 유가 증권 포트폴리오
qimmat qog'ozlar ro'yxati 유가증권 등록
qimmatbaho buyumlar saqlash uchun bankdagi temir quti 은행의 대여금고
qimmatbaho metall 귀금속(貴金屬)
qimmatbaho qog'ozlar kitobi 유가증권대장

qimmatbaho qog‘ozlar kursi 채권가격, 주가
qimmatbaho qog‘ozlar ma'muriyati 유가증권관리
qimmatbahometallar va olmoslarni qazib chiqarish 귀금속 및 금강석 채굴
qimmati past pullar siyosati ↔ qimmati baland pullar siyosati 저금리 정책 ↔ 고금리 정책
qimmatli qog‘oz egasi 보유자
qimmatli qog‘oz, kupyura 채권이나 증권 1매
qimmatli qog‘ozlar 운송비 보전을 감안한 도매가격
qimmatli qog‘ozlar bozori 유가증권시장
qimmatli qog‘ozlar operatsiyasiga soliq 증권 거래세
qirg'oq yo‘nalishi 해안선(海岸線)
qirg’orboyi baliq ovi 연근해 어업
qishloq xo‘jaligi 농업(農業)
qism 부분(部分), 세목, 부품
qismlarga ajratish 고장, 파손, 해체
qisqa muddatli loyiha 단기프로젝트
qisqa muddatli operatsiya (3년 이하의) 단기거래
qisqa muddatli savdo 공매
qisqa xulosa, qisqa mazmun 요약
qisqa yo‘l 최단거리
qisqa, yaqin holat 초과 매도 포지션
qisqartirish 감소, 단축
qiymat, qadriyat 가치(價值)
qiyosiy qiymat 공정 시장 가치
qizg‘inlik 강도, 세기
qo'shimcha byudjet 추가 예산
qo‘llab quvvatlanuvchi aktsiya 상환주식(償還株式)
qo‘llovchi marketing 수요 유지 마케팅
qo‘riqxona 생태계 보호지구
qo‘shilish 합병
qo‘shilish va egallash 인수합병, M & A (mergers and acquisitions)
qo‘shimcha affidevit 재정 진술서
qo‘shimcha harajat 간접비, 제반경비, 잡비(雜費)
qo‘shimcha ish haqi 부수입
qo‘shimcha qarz olish 전대(轉貸), 재임대
qo‘shimcha qiymat solig‘i 부가가치세(附加價值稅)(VAT: value-added tax)
qo‘shimcha skidka 추가할인
qo‘shimcha to'lov 추가지불, 추가비용
qo‘shimcha to‘lov 할증금(割增金), 추가 지불
qo‘shimcha to’lov 추가비용
qo‘shma hisob 공동계좌
qo‘shma korxona 합작기업
qo‘shma xarid 공동구매
qo‘yilgan mablag’ fondi 투자 펀드
qo‘yilgan pullarni diversifikatsiyasi 투자 다각화
qo‘yim, kirish ruxsatnomasi 입장 허가, 통행허가
qobiliyat, layoqat, qudrat, quvvat 능력, 용량
qochoqlarni mehnat bilan ta‘minlash 노숙자 일자리 마련
qog‘oz 낱장 인쇄물
qog‘oz fabrikasi 제제공장
qog‘oz pul 은행권, 지폐
qog‘oz pul chiqarish daromadi 유가증권 발행 수익
qoida 규칙, 법, 관습원칙
qoldiqni yangi raqamga o‘tkazish 잔액 이월
qoniqarli darajada yetkazib berish 시장의 요구나 계약 조건을 충족시키는 공급
qoniqarli sifat 우수품질, 우량품질
qoniqarsiz yetkazish 불만족스러운 공급
qoniqarsiz, yomon sifat 불량품질
qoniqish 만족, 충족
qonun tomonidan o‘rnatilgan foizli me‘yor 법정이자율
qonuniy zahiralar 법정 예비비
qonuniylik 합법화, 공인
qonunlar qarama-qarshiligi, kollizitsiyasi 법률의 모순
qoplasa bo‘ladigan zarar 만회 가능한 소실
qoplash usuli 보상 방법, 변제 방법
qoplash, to‘lash 충당, 지출
qora kunga jamg‘arma 비상시를 대비한 저축
qora metallar 철(鐵), 금속(金屬)
qora, yashirin, noqonuniy bozor 암시장
qulash, tushish 붕괴(崩壞), 파괴
qurama, marketing miks 복합 마케팅
qurg‘oqchilik 가뭄, 가물음, 천한(天旱), 한발(旱魃)
qurib bitkazish sharti 턴키방식 공사
qurilish 건설, 건축
qurilish maydonini tayyorlash 건축부지 조성
qurilish pudrati 건설계약
qurilish sanoati 건축업(建築業)
quti 포장상자

quvvat 에너지
quvvat 위력, 용력, 출력 (capacity)
quvvat ko‘lami 동력 필요량
quvvat tashuvchi 에너지원, 연료.
rad qilish 거절, 포기, 사퇴
rad vasiyatnomasi 상속 포기
radio orqali eshittirish 라디오 방신
rag‘batlantirish 프로모션, 동기부여(動機賦與)
rag’batlantiruvchi marketing 자극마케팅
rahbar, boshliq 책임자, 대표자, 관리자
rahbariyat tarkibi 관리직
rais 대표, 사장
raketa bazasi 미사일 기지
ramburs 변제, 상환, 배상
rangli metall 비철금속
raqam, son 수, 값
raqamlangan hisob 이름이 감춰지고 번호로 소유자를 표시하는 계좌
raqib 경쟁상대
raqobat 경쟁(競爭)
raqobat qog‘ozi (가격, 제작, 조건 등) 비교표, 견적표
raqobatbardoshlilik 상품경쟁력
rasmiy hisob me‘yori 중앙은행의 공식어음 할인율
razryad, daraja oshishi 업데이트(updating), 새롭게 하기, 경신, 최신정보
razryad, tur, turkum, daraja 부류, 등급, 종류
real ish haqini kamaytirish 실질임금 감소
real tovar 실물상품
real tovar bozori 실물시장
real tovar uchun shartnoma 현물계약
refaksiya 품질불량으로 인한 가격 인하(할인)
referentsion kun 배당금 지불 개시일
reimport 역수입, 재수입
reinvestitsion skidka 재투자 할인
reinvestitsiya 재투자(再投資)
reja 계획(計劃), 기획(企劃)
reja loyihasi 시안
reja tuzadigan palata 기획국
reja tuzish 계획(計劃),설계, 레이아웃(lay-out)
rejalashtirish gorizonti, sharoiti 세획 수립기간
rejalashtirmoq 기획, 계획
rejali ta‘minot 계획 공급
rejani tuzatish 계획수정
reklama 광고(廣告)
reklama bo‘limi boshlig‘i 광고 담당
reklama faoliyati dasturi 홍보 프로그램
reklama maqola 광고기사
reklama varaqasi 광고 전단지
reklama xizmati 광고 서비스
rekuperatsiya 주식가격회복
rekurs 보증인에게 채무 상환을 요구할 채권자의 권리
rekvizitlar 필수 기재 사항
relevantli bozor 특정재화나 서비스의 판매자 및 소비자가 활동하는 독립적인 시장(relevant market)
remarketing 수요회복마케팅(remar-keting)
reminlash (돈, 주식, 증권 등의) 전달, 송금, 송부
remissiya, vaqtincha zaiflashuv 세금면제
remitent (돈 혹은 수료의) 수령인(受領人: remitee)
renta sertifikati 토지임대증명
rentgen nuri yordamida yuklarni tekshirish X레이 검사
repatratsiya 해외 자본의 본국 송환(repa- ration)
report 결제 연기(report)
restitutsiya 반환, 상환
retratta 역(逆)환어음
retrotsessiya 보험리스크 일부를 재보험자에게 전가
revalvatsiya ↔ devalvatsiya 평가절상(平價切上),↔평가절하(平價切下)
revokatsiya 어음 파기, 수표 발행 취소
revolver akkreditiv 회전 신용장
reyting 등급, 순위
richag, dastak, tayanch, vosita 지렛대, 추진 수단
rivojlanayotgan iqtisod 성장단계 경제
rivojlanayotgan mamlakatlar 개발도상국(開發途上國)
rivojlangan iqtisod 선진경제
rivojlangan mamlakatlar 선진국
rivojlanish 발전(發展), 발달, 진보.
rivojlanish imkoniyatlari 성장 잠재력
rivojlanish omili 진보를 위한 자극
rivojlanishni taminlovchi marketing 발전 마케팅
ro‘yxat 목록(目錄: inventory), 명세서(list, specification), 명단
ro‘yxat, ro‘yxat daftari 등록, 등록명부, 등록장부.
ro‘yxatdan o‘tkazish, qayd qilish 기입, 등록, 등기

ro'yxat, ko'rsatgich 등록, 등록부, 회계장부(會計帳簿)
robot 로봇(robot)
Rossiya Federatsiyasi Markaziy Banki 러시아 중앙은행
Rossiyaning Butun Jahon Savdo Tash- kilotiga a'zo bo'lishi 러시아의 WTO 가입
rouming (휴대전화)로밍
royalti hisobi 로열티 계산
royyalti 로열티(royalty), 인세(印稅), 저작권 사용료
rozilik berish 업데이트
rozilik, ruxsat, tasdiq, jarima 제재(sanction)
ruhiy turg'unlik, azoblanish holati 디프레이션, 경기 후퇴, 경기불황
ruxsat berish tartibi 분쟁 해결방법
ruxsat etilgan overdraft 일시적으로 한도 늘어난 당좌 대월
ruxsat, ijozat, hal qilish 허가(서)
ruxsatsiz foydalanish 무단 사용
saf, qator, tuzum, tuzilish 체계, 제도, 구조
safar 여행(旅行)
safarga chiqadigan xodimlar 외근직원
safarga chiqishga ruxsat 여행 허가
sahnalashtirish shartnomasi 공연 계약
salbiy tomoni 부수적인 효과(效果), 부작용(副作用)
saldo, qoldiq 순수지, 잔고 이월금
samarali muhokama 성과가 많은 논의
samolyotlar qatnovining jadvali 항공기 운항 시간표
samuray obligatsiyasi 사무라이 본드
sanoat 산업(産業)
sanoat ko'lami, masshtabi 산업규모
sanoat mulki 산업재산권
sanoat namunasi 산업 모델
sanoat roboti 산업용 로봇
sanoatni tashkil qilish 산업합리화
saqlanish muddati 유효기간(有效期間), 보존기간
saqlash 보관, 저장(貯藏), 보전유지
saqlash bo'lmasi (귀중품)보관실(소)
saqlash harajati 보관비
saqlash joyi, omborxona 창고 보관소
saqlash qoidasi 보관방법
saqlash tartibi 보관방법
saqlash uchun topshirmoq 예금, 기탁
saqlashga topshirilgan veksel 담보어음
saralash 분류(分類)
saranjomlik, batartiblik 정확성, 면밀함
sarf, xarajat 환어음, 수표
savdo 경매, 공매
savdo erkinligi 거래의 자유
savdo hududi 상업지구
savdo markasi 상표(商標: trade-mark)
savdo operatsiyasi (=treding) 트레이딩(trading)
savdo rivojiga yordam 무역 발전 촉진
savdo sof miqdori 순매출
savdo tartibi 입찰규정
savdo uchun yaroqlik 판매 적합성
savdo uchun yaroqsiz miqdor 상업적 판매가 불가한 량
savdo urfi 거래관행
savdo uyi 수출입
savdo uyushmasi 교역 파트너 쉽
Savdo vazirligi 외교통상부
savdo yalpi miqdori 총매출
savdo, sotish 상업, 무역
savdo, sotish 판매(販賣)
savdodagi to'siqlar 사업상 장애 요인, 무역 장벽
savdodan tushgan xususiy daromad 판매 순 수익
savdoga chiqarish 발매
savdoga taklif 입찰기회 제공
savdogarlar, chayqovchilar 보따리장수
savdoni bashorat qilish 매출, 예측
savdo-sanoat palatasi 상공회의소
savdo-sotiq bilan shug'ullanish 상업화
savdo-sotiq kodi 상업 코드, 거래코드
savdo-sotiq krediti 상업대출
savdo-sotiq qog'ozi 언제든지 방송할 수 있도록 준비된 특정 상품에 대한 일련의 광고 방송(commercial papers)
savdo-sotiq registri 거래등록
savdo-sotiq siri 영업비밀
savdo-sotiq tavakkalchiligi거래위험
savdo-sotiq, tijorat 상업, 통상,거래
sayohatchi ma'lumotnomasi 전화번호부
sektor, maydon, soha 부문, 분야
sertifikat, guvohnoma 증명서
servis, xizmat 서비스, 봉사(奉仕)
sezilarli darajadagi kamomad, etishm- aslik, kamchilik 결정적 결함
sezilarli taraqqiyot 가시적 진보

sfera, soha, doirasi 범위, 영역
shaffoflik, tiniqlik 투명성
shahar yo'ldoshlar qurilishi 위성도시 건설
shakl 형태(形態), 생김새, 모습, 모양(模樣),형체(形體)
sharoit, shart, ahvol 조건, 상황
shartlari o'zgartirilgan marketing 전환 마케팅
shartli hudud 계약이 미치는 지역적 범위
shartli majburiyatlar 우발 채무
shartli-belgilangan garov 계약시점에 수량이 정 해지지 않은 담보
shartnoma 합의, 계약, 협정
shartnoma asosi 계약 조건
shartnoma bajarilishini kechiktirilishi 지연, 지체
shartnoma bo'yicha munozara 계약을 둘러싼 분쟁
shartnoma haqiqiyligi muddati 계약 유효 기간
shartnoma majburiyatlarini bajarmaslikka solingan jarima 계약상 불이익에 따른 제재
shartnoma moddasi 계약조항
shartnoma muddatining o'tib ketishi 계약기간 만료
shartnoma shartlariga nomuvofiqlik 계약 조건 위배
shartnoma shartlarini buzganlik uchun jarima 계약조건으로 인한 벌금
shartnoma tuzish haqidagi taklif, oferta 오퍼(offer)
shartnoma, kontsessiya 영업허가
shartnomadagi qiymat 수출입 계약가격
shartnomadagi tomonlar 계약 일방당사자
shartnomadan voz kechish 계약파기
shartnomalar savdosi 계약 입찰
shartnomani qaytadan tiklash 계약갱신
shartnomaning valyuta sharti 계약의 통화 조건
shartoma intizomi 계약 내용 준수
shart-sharoit 전제, 선결조건
shartsiz moliyalashtirish 무조건 융자
shartsiz veksel 무조건 승낙(unconditioned acceptance)
shatak kema 예인선
shatak, ko'mak, yordam 견인선
shatakchi traktor 견인차
shataklash, yordamlashish 견인(牽引), 예인(曳引)
shaxs 사람, 개인(個人)
shaxsiy afzal ko'rish 개인적 기호(취향)
shaxsiy foydalanish 개인적인 사용
shaxslarning mol-mulkiga soliq 재산세(財産稅)
shaxta, kon 광산(鑛山), 탄광
shelf 대륙붕(大陸棚)
shikoyat qilgan tomon 이의를 제기한 당사자
shikoyat, norozilik 손해배상 요구, 클레임(claim), 구상(求償)
shior 슬로건
shirkat 회사, 기업
shok bilan davolash 충격요법
shok, ruhiy kuchli ta'sir 충격(衝擊)
sholilinch pochta 속달우편
shoshilinch jo'natma 빠른우편
shov-shuvli talab 투기성 수요
shtatsiz ishchilar 비정규 직원
shu'ba firma 자회사
shu'ba korxona 자회사(子會社)
sifat 질(質), 성질, 품질(品質)
sifat nazorati bo'yicha mutaxassis 품질관리 전문가
sifat uchun javobgar rahbar 품질관리 담당
sifatdagi nuqson 품질하자
sifatga oid davo 품질 클레임
sifatiga ko'ra molni saralash 품질에 따른 분류
sifatini ma'qullash 품질 승인
sifatni tekshirish bo'limi 품질 관리부
sifatning pasayishi 품질 저하
sifatning standartdan chetga chiqishi 품질의 표준 미달
sifatsiz material 불량품질 재료
sifatsizlik bilan bog'liq shikoyat 품질 불만 클레임
sinab ko'rish, namuna olish 시험, 분석, 시도, 테스터
sinash uchun ishlab-chiqarish 시험생산
sindikat, yirik birlashma 기업연합, 신디케이트(syndicate)
sinov 실험, 시험, 테스트
sinov qatnovi 시범운행
sinov va hatolar yo'li bilan narx belgilash 시행착오를 통한 가격결정을 시행
sinov, hisobga olmoq 상계,상쇄산입
sinxromarketing 계절상품
sistema, tizim 체계(體系), 시스템(system)
siyosat 정책(政策)
skidka, arzon narx 할인가

skidka, arzonlashuv 가격하락
skidka, kamaytirilgan narx berish 할인 혜택 부여
smart-kart 스마트카드
smeta, harajatlar 예산, 추정치
so‘ralgan narx 매도측에서 본 주식가격
so‘rov 조사, 인터뷰
so‘rovnoma 설문조사
so‘rovnoma varaqasini to'ldirmoq 설문지를 작성하다
soat, vaqt 시간(時間)
soddalashtirilgan model 단순화모델
sof konosament 완전선하증권(clean B/L)
sof og‘irlik aktivi 순자산
sof raqobatchilik 완전경쟁(完全競爭
sog‘lig‘iga ko‘ra ta‘til 병가
sog‘lomlashtirish yaxshilash 개선, 회복, 건실화, 정상화
solig‘ bahosi 시장에서 유통되는 주식가치
soliq 세금(稅金)
soliq himoyasi 세금피난
soliq solinadigan daromad 과세 대상 소득
soliq solingan daromaddan chegirma 소득공제(所得控除)
soliq tartibining keskinlashuvi 세무 관련 규정 엄격화
soliq tizimi 조세제도
soliq to'lovchi 납세자
soliq to’lovchining maxsus raqami 납세자 번호
soliq tushimi 세수입
soliq tushimi manbayi 세원(稅源)
soliq yuki 세부담
soliq yukini kamaytirish 세부담 경감
soliq yuklamasi 조세 부담률(조세와 GDP의비율)
soliqlarni undirish 세금징수
soliqni bekor qilish 세금 폐지
soliqqa tortish, soliq solish 과세
solmoq, yuklamoq 부과
sotib bitirish, arzon sotib tugatish 세일
sotib olingan mollar hisobi 구매물품 대금 청구서
sotib olish 사재기, 매점
sotib olish bahosi 상환액, 환매액
sotib olish fondi 감채기금(減債基金: sinking fund)
sotilmaydi 비매품(非賣品)
sotish 매상, 판매
sotish bo’limi boshlig’i 판매 담당
sotuv narxidan foizlarda royyalti 판매가의 일정 비율로 지불하는 로열티
sotuvchi bahosi 공급초과 시장가격
sotuvchi bozori 판매자 중심시장
sotuvdan keyingi xizmat 애프터서비스, 구매후 서비스
sovg‘a qilinadigan talon 상품권
sovun ko‘pigi 거품
sovutgichga saqlash 냉장 보관
sovutib saqlash vositalari 냉장 보관 설비
soxta nusxa 불법복제
soxtalashtirish 화폐, 동전, 주식 등의 위조품
soxtalashtirish, kontrafaktsiya 불법사용
sport inshootlari 스포츠 시설
spot 현금거래(spot), 현물로
sruktura, tuzilish 구조
ssuda hisobi 대부계좌
ssuda me‘yori 대부 한계
ssuda shaklidagi mablag’ga stavka 대출 이자율
ssuda, qarz 대부(貸付)
ssudali mablag‘lar bozori 대부자본시장
staliy davri 선적, 도는 하역을 위한 정박 시간
standart, o‘lchov, mezon 표준,기준
standartga mos kelish 표준 충족
standartlashtirilgan so‘rovnoma 표준화된 설문지
stanok, dastgoh 공작기계(工作機械)
stavka, me‘yor 비율(比率)
stendlardagi reklama 입간판 광고
stimul, rag‘batlantiruvchi omil 자극, 동기, 인센티브
stividor harajatlar 선적비용(船積費用), 하역비용(下役費用)
struktur islohot 구조적 개혁
struktur qayta qurish 구조 조정
strukturaviy nomutanosiblik 구조적 모순(불균형)
stsenariyga oid shartnoma 노동계약, 고용계약
subarendaga topshirish 재임대, 전대
subijara 재임대
subpudratchi firma 하청회사
subsidar mas‘uliyat 조력 책임
subventsiya 지방정부에 대한 정부보조금
sudxo‘r 유가증권 수입으로 사는 사람
sudxo‘rlik 고리 대금업
sug‘oriladigan xo’jalik 관개영농
sug‘orish sohasi 관개(灌漑)
sug‘urta 보험(保險)

sug‘urta agenti 보험설계사
sug‘urta asosida beriladigan qarz 보험 담보 대부
sug‘urta dalloli 보험중개인
sug‘urta holati 보험금을 지불해야 할 사고
sug‘urta hujjati 보험증권(保險證券) (policy)
sug‘urta hujjati 보험증서
sug‘urta miqdori 보험료
sug‘urta qilish faoliyati daromadiga soliq 보험영업수입세
sug‘urta qiluvchi 보험 인수인, 보험업자
sug‘urta tarifi, miqdori 보험납입금
sug‘urta to'lovi 보험마진
sug‘urta, ehtiyot qilish 보험료
sug‘urtachi 보험 계약자, 피보험자
sug‘urtali to’lash 보험금 충당
superdividend 초과 배당금
sut mahsulotlari 유제품(乳製品)
suv manbalari zahiralari 수자원
suv melioratsiyasi 수질개선
suv o‘tkazmaydigan material방수재
suv o‘tkazmaydigan upakovka 방수포장(防水包裝)
suv quvvati 수력에너지
suv ta’minoti tizimi 급수 시스템
suv uchun foiz 수도세
suv yo‘li 수상교통
suyuq holda 액체화물을 대량으로, 탱크상태로
suyuq holda tashish 액체 화물 탱크 운송
suyuqlik upakovkasi 에어졸 포장
suzuvchi kapital 부동자본
svitch 전환(switch)
svop 스왑(swap), 환포지션 커버 거래, 교환
svop operatsiyasi 스왑(swap) 거래
sxema 차트, 표, 계획, 안
ta‘lim tizimi islohoti 교육제도 개선
ta‘minlamagan obligatsiya 무담보 채권(naked bond)
ta‘minlovchi, yetkazib beruvchi 공급자, 납품업자
ta‘minot 보장 제공
ta‘minot, ta’minlash 공급
ta‘mir 수리, 수선
ta‘mir harajatlari 수리비 견적
ta‘mir ustaxonasi 수리점, 정비센터
ta‘msiz, didsiz mahsulot 규격화 세품
ta‘qiqlash 엠바고, 무역제재
ta‘rif darajasi 임금등급, 요율체계
ta‘riflash 명세, 기록
ta‘sis daromadi 회사 설립이익
ta‘sischilar aktsiyasi 발기인주식
ta‘til 휴가
tabiatdan foydalannish to‘lovi 환경부담금
tabiatni muhofaza qilish loyihasi 환경 친화적 디자인
tabiiy boyliklar 천연자원(天然資源)
tabiiy gaz 천연가스
tabiiy monopoliya 자연 독점
tabiiy ofat 자연재해
tablitsa, jadval 표, 차트, 스케줄
tadbir 행사, 이벤트
tadbirkor 기업인
tadbirkorlik 기업(企業), 사업
tadqiqot markazi 연구센터
tadqiqot, tekshirish 조사, 연구
taftish (기업이나 단체의) 금융 경제 활동에 대한 조사
taftish va musodara 압수수색
tahlil 분석(analysis), 분해
tahliliy, tahlilchi 분석가
tahrir qilingan qiymat 실제가치
tahrir, tuzatish 수정
tajriba 경험(經驗)
tajribali 경험많은, 숙련된
taklif 오퍼, 제안, 공급, 주식매도 요청가
taklif va talab 수요공급
taklifnoma, taklif qilish 초대 권유
takomillashtirish 개선, 개량, 발전
talab 요구(要求)
talab darajasida bajarish 합당한 이행
talab va taklif orasidagi tafovut 수요와 공급의 불일치(不一致)
talab, so‘rov, ehtiyoj 요
talabni o‘rganish 수요 조사
talabning pasayishi 수요 감소
talabnoma 신청서
talabnoma berish 양식 제출
talon 수표, 영수증, 인수증, 토큰, 쿠폰
tamaki monopoliyasi, yakka hukmronligi 담배 전매
tamoyil 원칙, 법칙
tamoyil jihatidan 거래를 위임한 사람
tanaffus 휴식(休息)
tanga 동전(銅錢)
tanga-chaqa va medalar haqidagi fan, ularni yig’ish, numizmatika 화폐학
tanlash loyihasi 디자인 시인
tanlash, saralash 선택, 선별
tanlov, konkurs 경쟁, 컨테스트
tannarx 원가(原價)
tant‘em 경영진, 주주총회 대표진에 주는 이익배당

taqdirlash 보상, 사례금
taqiq 금지
taqsimlash, bo'lish 분배(分配), 분포(分布), 할당(割當)
taqsimot 분할, 분담
taqvimiy izchillik 일자순
taqvimiy rejalashtirish 일정계획(scheduling)
tara, o'raladigan qog'oz, quti, qop, idish 포장(包裝), 싸개
taraqqiyot 진보
targetlash 구체적인 목표 수립과 공략
tarif imtiyozi 관세 특혜
tarif, qat'iy baholar majmui 세율, 요금
tariflar srukturasi 요율 구조
tariflarni hisoblash bazasi 요율 산정 기준
tarkib 구성(構成)
tarkibiy o'gitlar 혼합비료(混合肥料)
tarmoq 연결망, 네트워크
tarmoq, soha 지점, 산업, 영역
tarozida tortib sotish 무게(중량) 기준 판매
tartib 순서(順序), 서열, 방법, 절차
tartibbuzarlik uchun javobgarlik 질서 위반에 대한 책임
tartibga solish 서열화
tartibga solish, aniq belgilash 법규화
tartibga solish, hal qilish 문제 해결, 조정
tasavvur, taqdimoq 제시, 프레젠테이션
tasdiq 확인, 확증
tasdiqlangan akkreditiv 확인 신용장
tasdiqlangan kapital 수권자본
tasdiqlangan o'lchov 승인 기준
tasdiqlangan to'xtash joyi 주차금지구역
tasdiqlangan, o'rnatilgan kurs 고정환율(固定換率)
tasdiqxati 확인서
tashish uchun hisob-kitob 운송대금청구서
tashkil qilish 합리화
tashkilotlar marketingi 조직 마케팅
tashlab yuborish 방출, 배출
Tashqi Aloqa Vazirligi 대외경제 관계부
tashqi bozor 해외시장
tashqi iqtisodiy faoliyat balansi 대외무역활동수지
tashqi savdo boji 대외 무역 세
tashqi savdo defitsiti 대외무역적자
tashqi savdo faoliyati 교역활동
tashqi savdo kelishuvi 해외무역거래
tashqi savdo shartnomasi 해외무역계약
tashqi savdo-sotiq balansi 무역 수지(貿易收支)
tashqi zayom 대외 부채
tashqisavdo shartnomasi 해외 무역계약
tashrifnoma 명함
tasnifiy guvohnoma 자격 증명
tasniflash 명세서, 내역서
tasniflash 분류, 유형화
tasodif, mos kelish 일치
tasodifiy o'zgarish 환율변동
tasodifiy xaridor 뜨내기 손님
tasviriy reklama 그래픽 광고, 디스플레이 광고
tavakkal mablag', kapital-risk 벤처캐피탈(capital-risk), 회수 실패 가능성이 높은 채권
tavakkalchilik va investitsiya kafolati 투자위험보증
tavakkalchilik, xavf 위험부담, 리스크(risk)
tavakkalchilikka asoslangan loyiha 벤처 프로젝트
taxallus 익명, 필명
taxmin imkoniyati 예측 기간
taxminiy ko'rsatma 지정한 수준과 비슷한 금액으로 유가 증권 거래를 해달라는 고객의 주문
taxminiy smeta 대강의 예산
taxminiy son 근사값
tayming 주식매수 혹은 매입의 적기
taymshit 근무시간표
tayyor mahsulot 완제품
tayyorgarlik, tayyorlash 준비, 훈련, 양성
tayyorlash texnologiyasi 생산기술
tebranuvchi foiz 변동 이율
tejamkorlik, iqtisod qilish 저축, 검약
tejamkorlikning tashqi ta'sirotida yomon- lashuvi 대외적 요인으로 인한 채산성 악화
tejash tartibi 긴축 정책
tekin daromad 기계장비 단기 임대
tekshiruv varaqasi 체크 리스트
tekshiruv, taftish 검사, 조사
telefon 전화
telefon ma'lumotnomasi 여행안내
telefon-avtomat 공중전화
televideniya abonenti 케이블 TV
temir quti, po'lat sandiq 금고(金庫)
temp, tezlik, jadallik 속도(速度), 율
tendentsiya, rag'bat, yo'nalish 경향, 추이

tender 입찰, 입찰신청
teng imkoniyatlar tamoyili 기회균등의 법칙
tenglik kafolati 선물거래 커브링
teoriya, nazariya 이론(理論)
terish, yig'ish 조립(組立)
teskari bozor 역조시장 (inverted market)
teskari tartibda 역순(逆順)으로
testli sinov 시험 테스트(proof test)
texnik ko'rik 자동차 성능 검사
texnik ko'rsatma 기술 설명서
texnik me'yor 기술규격
texnik muammolar 기술적 어려움
texnik tarkib 유지 보수
texnik tasnif 기술 내역, 스펙
texnik ustunlik 기술적 우위
texnika (전문)기술(技術: technique)
texnologiya, uslub (공업) 기술(技術: technology)
texnologiyalarni yetkazish haqida shart- noma 기술 이전 계약
tez buziladigan mahsulotlar 쉽게 변질되는 제품
tez eskiradigan jihoz 마모 속도가 빠른 설비
tez yordam 응급구조
tez yurar kema 쾌속선
tez, birinchi yordam 응급처치
tezkor moliyalashtirish 일정기간 동안 상품이나 유가증권의 가격을 정해두는 계약
tezkor to'lanadigan 거래 시점에 완불하는 조건에서의 환율 혹은 주가
tezkor to'lovli operatsiya 거래 완료와 동시에 대금 결제가 이루어지는 거래
tezkor yetkazish 신속배달
tezkor, muddatli xizmat ko'rsatish 긴급 서비스
tibbiy muassasa 의료 기관
tibbiy sug'urta hujjati 의료보험카드
tibbiyot sug'urtasi 의료보험
tig'iz payt 러시아워(rush hour), 출퇴근 혼잡시간
tijorat 일시적 선박 임대계약
tijorat banki 상업은행
tijorat safari 셔틀운행
tijorat sektori 영리분야
tijoratga oid hisob me'yori 어음 할인율
tijoriy ko'rsatgich 기업 등록부
tijoriy samolyot 전세기(傳貰機)
tijoriy xizmatlar 상업 서비스
tiker 주식시황 표시기
tiklash ta'miri 리노베이션, 재계발
tilxat, qayd qilish 인수증(引受證), 허가증(許可證), 영수증(領收證)
tinch bozor 세계시장
tinchlik uchun etarli mablag' 최저 생계비
tiraj, adad 부수, 도서 판수
tirikchilik hisobi 생활비
to'g'ridan-to'g'ri efir 생방송(生放送
to'lash 지불
to'lash 지불, 청산
to'lash agenti 주주 총회에서 선임된 은행 혹은 금융기관
to'lash hisobi 결제 계좌
to'lash usuli 지불방법
to'lashga oid topshiriq 지불 의뢰
to'lashga qodirlik 지불능력
to'ldirilmagan chek 백지수표
to'ldirish, boyish 보충(補充)
to'liq bo'lmagan ish vaqti 불충분한 노동 시간
to'liq hamkorlik 무제한 파트너 쉽
to'liqsiz ish haftasi ishlaydigan xodim 시간제 직원, 아르바이트
to'liqsiz ish kunida band ishchi 파트타임 직원
to'lov 지불, 비불금액
to'lov 지불, 요금, 임금
to'lov balansi 국제수지
to'lov bitimi 국가간 결제 절차 합의
to'lov domilitsiysi 어음 지불장소
to'lov hisobi 결제계좌
to'lov hujjatlari 대금 청구서
to'lov muddati 지불 기한
to'lov muddatini o'tishi 결제(지불)지연
to'lov orderi 배달주문
to'lov tartibi 지불절차
to'lov, haq to'lash 결제, 청산, 계산, 평가
to'lovlarga moratoriy 지불 유예
to'lovning aktsept shakli 인수불(payment by acceptance)
to'plangan balans 연결 대차대조표
to'qimachilik fabrikasi 방직공장
to'rt M M 기업 활동에 대한 필요한 원료, 노동력, 기계, 현금.
to'siq, g'ov 장애, 장벽,곤란
to'xtash joyi 스탠드 주차장
to'xtatib qo'yish, vaqtincha to'x-tash 지연, 딜레이, 정지
to'planish, mustahkamlanish, kon-solidatsiya (단기채의) 장기화, 결합 재무재표 작성
to'xtatish, bas qilish 중단, 취소
tog'kon sanoati 광산업(鑛産業)
toifa, daraja 급(給), 비행기의 좌석
tokarlik stanogi 선반기(旋盤機)
tomon, taraf 계약 당사자, 일방

tomonlar tengligi, paritet 평가가치, 환율(換率)
topshiriq, hujjat 위임, 의뢰
topshirish 교부, 발행, 지급,공급
topshirish 전달
topshirish, berish 인도, 대여(貸與)
toq raqam, son 홀수
tortiq qilish 이전, 양도, 기부
tortish kuchi 인력, 견인력
tosh moyi 석유(石油)
toshko'mir 석탄(石炭)
tovar almashuvi 물물 교환
tovar arbitraji 상품 차익 거래
tovar ayirboshlash sinovi 상계 거래 (trade-in allowance)
tovar aylanishi 교역, 유통
tovar belgisi 상표(商標)
tovar birjasi 상품거래소
tovar birjasi 전세게 대량 도매
tovar denpingi 상품덤핑
tovar haqida ma'lumot 제품정보
tovar hayotiy kamayishi bosqichi 제품수명의 하강 단계
tovar hayotiy o'sish bosqichi 제품 수명 주기의 상승 단계
tovar oqimi 물류
tovar sifati 삼품품질
tovar taqsimoti tarmog'i 상품 유통 경로
tovar umri 제품 수명 주기
tovar vekseli 상품어음, 진성어음 (trade bill)
tovar zahirasi 부품, 부속
tovar, mol 상품(商品)
tovardagi nuqson, kamchilik 제품 결함
tovarlar defitsiti 상품부족
tovar-mol fondi 상품펀드
tovar-molni hisoblash 재고조사
tovon, pul to'lab qaytarib olish 매점, 재구매, 매수
tozalash, yig'ishtirish 수확(收穫), 소득(所得), 소출(所出)
transmilliy korxona 다국적 기업
transport hujjati 화물 위탁증서
transport xavfiga qarshi sug'urta 교통상해보험
tranzit port 기항(寄港)
tranzit porti 중계항
tranzit yo'lovchi 통과여객
tranzit, bir joydan 통과(通過)
trasport egalaridan soliq 교통수단 보유세
trassant 어음 발행인
trassat 어음 지불인
trast 기업합동, 트러스트
trest, idora 트러스트, 기업합동
tsedent 권리양도자
tsement 시멘트
tsement kukuni 시멘트 가루
tsement sanoati 시멘트 산업
tub o'zgarishlar 근본적 변화
tug'ilgan joy 생산지, 광물의 산지
tug'ilishning qisqarishi 출생률 하락
tugatish komissiyasi 청산 위원회
tugatish, likvidatsiya 청산(清算)
tugatuvchi, likvidator 청산인(清算人
tuman, hudud 지역, 지구
tungi saqlash 은행의 야간 현금 보관 금고
turar-joy 주거, 거주, 소재지(所在地); 주택(住宅), 주거용 집 혹은 방
turar-joyni ijaraga olish shartnomasi 주택임대차 계약
turg'unlik = infilatsiya 스태그플레이션(stag- flation: 불황 중에도 물가가 계속 오르는 현상, 생산저하와 실업)
turg'unlik 불경기(不景氣)
turg'unlik 정체, 침체, 부진
turizm, sayyohlik sohasi 관광(觀光), 유람(遊覽), 시찰(視察), 구경
turkumiy ko'tarilish 주기적 상승
turmush sharoitining yaxshilanishi 생활수준 개선
tushim 들어감, 수입, 소득
tushim, to'plash, to'planish, majlis, yig'in 수수료, 수집
tushish, kamayish, pasayish 하락, 감소
tushlikka tanaffus 점심시간
tuzatish, yaxshilanish 수정, 개량, 교정, 조정
tuzish, tashkil qilish 작성, 수립
uchinchi shaxs 제 3자
uchinchi shaxs foydasiga shartnoma 제 3자에게 유리한 합의
ufq, imkoniyat 시계, 사태, 수준
ulgurji do'kon 도매점(都賣店)
ulgurji markaz 도매거래센터
ulgurji savdogar 도매상(都賣商)
ulush 몫, 지분
ulushdagi mas'uliyat 채무자가 다수인 경우 채무 분할 몫
ulushiy ishtirok sertifikati 출자참여증명
ulushiy mol-mulk 소유권 지분
umrbodlik daromad 종신연금
umrni sug'urta qilish 생명보험
umrning uzoqligi 수명(壽命)
umumiy ishonch qog'ozi 총괄위임, 변호사에 전권위임
umumiy kasallanish 일반적 질병
umumiy mulk 공동소유(共同所有)
umumiy ovqatlanish 대중 급식, 공동

급식
umumiy talabni to'xtatib turish 총수요억제
umumiy-foydalanish ombori 범용창고
undirish 징수(徵收)
univermag 백화점(百貨店)
universam 슈퍼마켓
unumdorlik 생산성(生産性)
urf-odat 관행
ushlab qolish, chegirma 차감, 공제
ushlanish 계약이행지연
ustama to'lov 추가 가격 인상
ustama xaq 상여금, 보너스
ustama-ust ortish, uyum 비포장 상태의 대량화물
ustaxona 작업실
ustunlik 우월성, 우위
usul, yo'l, ravish, tarz 방법, 수단
uy 아파트, 공동 주택한 채
uyali telefon 휴대전화
uyda ishlovchi 가내 수공업자
uy-joy inshootlari 주거용 건축물
uy-joy komunal islohot 주거환경 개선
uy-joy qurilishini qisqartirish 주택건설 감소
uy-joy qurish uchun mablag' ajratish 주택 건설 투자
uy-joy ta'minoti 주택 제공
uy-joy uchun yordam puli 주거비지원
uy-joy yetishmovchiligi 주택부족
uy-joyga egalik 주택소유
uy-joyni ijaraga oluvchi주택임대인
uy-ro'zg'or 가계 경영
uyushma 연합, 조합
uyushma 협력관계, 파트너 쉽
uyushma, korporatsiya 기업
uyushmaga tushimlar 입사(入社)
uyushmani qayta tuzish 기업 구조조정
uzatish, berish 세출, 세시
uzish, tolash 지불, 청산(淸算)
uzish, uzilish, darz, nomuvofiqlik 단절, 격차
uzoq muddat foydalanaladigan mollar 내구재(耐久財)
uzoq muddatli fond 장기펀드
uzoq muddatli hisob stavkasi 장기로 보장되는 주가 혹은 환율
uzoq muddatli to'lov ko'rsatmasi 은행이 정기적으로 계좌의 일정 금액을 제3자에게 지불해 달라는 고객의 지시(임대료, 집세 등)
uzun, uzoq holat 초과 매입 포지션
vakolat qog'ozi bilan pul olish, inkasso 수금
vakolatli bank 전권 은행
vakumli upakovka 진공포장
val'vatsiya 외환가치 결정, 가격사정
valorizatsiya 물가 안정책, 상품가격, 유가증권시가 인상(valorization)
valyuta "savati" 통화 바스켓 (currency basket)
valyuta alamshinuvi 화폐의 태환성
valyuta arbitraji 환차익 거래
valyuta birjasi 외환거래소
valyuta bozori 외환 시장
valyuta bozori 외환시장
valyuta dempingi 외환덤핑
valyuta dileri 외환딜러
valyuta f'yucherlari 외환선물
valyuta hisobi 외환 계좌
valyuta interventsiyasi, bosqini 외환 시장개입
valyuta izohi 통화조항
valyuta kliringi 외환 클리어링, 외환부채청산
valyuta kotirovkasi, aylanishi 환율, 교환 시세, 시가
valyuta kursi 환율(換率)
valyuta manipulyatsiyasi 환조작
valyuta operatsiyasi 환거래
valyuta optsiyasi 환옵션
valyuta oqib kelishi 외화 유입
valyuta pozitsiyasi, o'rni, vasiyati 환포지션
valyuta ta'minoti 화폐 안전성 (currency security)
valyuta tengligi 환 평가
valyuta zahirasi 외환 보유고
valyuta zahirasi 외환보유고
valyuta, pul birligi 외화, 단위화폐
valyutadagi boylik qimmati 통화가치
valyutaga oid cheklov 외화 거래제한
vaqtdagi uzilish 시차
vaqti belgilanmagan ish kuni 규정외 노동
vaqtincha mehnatga layoqatsizlik 일시적 노동 불가능상태
vaqtincha yetishmovchilik, tanqislik 일시적 부족
vaqtinchalik mehnatga layoqatsizlikka beriladigan moddiy yordam 일시적 노동 상실에 대한 수당, 보조금
vaqtli ishchilar 임시직원
varaqa 목록(目錄), 리스트
varrant 보증서, 창하증권, 배당금 지불증서
vasiy 후견인(後見人)

vasiyat qilingan mol-mulk 상속재산(相續財産)
vasiyatnoma 유서, 유언
vasiylik 후견(後見), 보호(保護)
vatanda ishlab chiqarilgan 국내산
vaziyat, holat 상황(狀況: situation)
vaziyat, tomon, ahvol, holat 경우, 상황
veksel blanki 환어음 서식(bill of exchange from)
veksel bo'yicha avalist 어음 보증인
veksel hisobi 어음 할인
veksel norozilik 부도 어음
veksel oboroti 어음 회전율
veksel, qarz tilxati 어음
vekseldor, veksel oluvchi 어음 소지자, 어음 소지인
veksellarni qayta hisoblash 어음 할인
vekselni to'lash uchun qabul qilish 어음으로 대금 수납
vekselning qabul qilinmasligi 어음부도
venchur firmasi 벤처기업
venchur kapitali 벤처자본
venchurli moliyalashtirish 벤처기업 융자
venial narhi 정상 판매가
verifikatsiya 확인, 검증
veto, taqiqlash 비토(veto), 거부권
viza berishni rad qilish 비자 발급 거부
vogzal 터미널
vosita, mablag' 자금 설비
vositachi 중개인(仲介人)
vositachilik 대리점(代理店),에이전시(agency).
vositachilik bilan shug'ullanuvchi tashqi savdo firmalari 대외 무역 중개회사
vositachilik savdo 위탁 판매
vositachilik xizmati 중개 서비스
vositachilik xizmatlari 커미션서비스
vostachi, komissioner 중개인(仲介人), 브로커(broker), 중매상(仲買商), 중개상인(仲介商人), 거간군(居間-)
vostro hisobi 타행계정
voz kechishga oid bay puli 스마트 머니(smart money)
xabar, yo'l, aloqa 보도, 보고서
xabarchi, kuryer 파발꾼, 문서전달담당
xabarnoma qilish 통지서, 통고
xabarnoma, avizo 통지, 통지문서
xabarnoma, xabar qilish, ogohlantirish 통지, 고지
xalal, to'siq, muammo 장애, 방해, 고장
Xalqaro Mehnat Tashkiloti XMT 국제노동기구(國際勞動機構)(ILO: International Labor Organization)
xalqaro tashkilotlar 국제기구
xalqaro to'lovlar 국가간 지불
Xalqaro Valyuta Fondi XVF 국제통화기금(國際通貨基金: IMF: Interna-tional Monetary Fund)
xarajat 비용(費用), 경비, 비용지출
xarid ↔ sotuv 구매 ↔ 판매
xarid 구매, 사들임. 구입.
xarid qilish qobiliyati (화폐의) 구매력(購買力)
xarid talabini rag'batlantirish 소비 수요 진작
xaridor 구매자(購買者)
xaridor aytgan narx 공급이 수요를 초과하는 상태에서의 시장가격
xaridorgir mahsulot 상품
xaridorlar bozori 구매자 중심시장
xato, nojo'ya ish 과실(過失)
xavsizlik mezoni 안전기준(安全基準
xayr-ehson 기부
xayriya 자선 사업
xayriya faoliyati 자선활동
xayriya markazi 자선 센터
xej 헤지(hedge), 연계 매매, 딴 상거래로 한쪽 손실을 막기.
xejali bitim 해지거래
xejer 헤제 거래 담당자
xejerlash 헤지 거래를 하자는 것
xizmat 업무, 부서.
xizmat binosi, xonasi 사무실(事務室), 업무시설
xizmat ko'rsatish 서비스
xizmat ko'rsatish bo'limi 서비스부
xizmat muddati tugashiga ko'ra haq to'lash 퇴직정산
xizmat muddatini uzaytirish 서비스 기간 연장
xizmat safari, 업무 출장
xizmat safari, komandirovka 파견, 출장 용무, 출장 명령서
xizmat tartibida 공식통로를 거쳐
xizmatchi kasbi 사무직
xizmatchi, xodim 사무원, 행정근무자, 직원, 사원
xizmatlar nomenklaturasi 서비스 범위
xo'jalik 경제, 경영, 농경
xo'jalik bahslari 경제 관계 당사자들 사이의 이견
xo'jalik mexanizmini o'zgartirish 경제 구조 개혁
xo'jalik shartnomasi 경제적 권리 의무에 대한 합의

xo'jalik turlari faoliyati bo'yicha hisoblash 경제활동에 따른 결산
xo'jayin 소유자, 주인
xo'jayinlik qilayotgan kishilar 경제주체
xodimlar 직원(職員), 인력(人力)
xolding 지주회사(持株會社) 소유의 회사(holding)
xolding uyushmasi 홀딩 컴퍼니
xom ashyo 원료(原料)
xom ashyo tayyorlovchi sanoat 채굴산업
xom neft 원유(原油)
xomaki loyiha 대강의 계획안
xomaki reja 계획안
xomaki yozilgan narsa 개요, 시안
xususiy korxona 사기업(私企業)
xususiy mablag' ajratish 개인 자본 투자
xususiy mol-mulk 재산
xususiylashtirish 사유화
yagona iqtisodiy hududni saqlash 단일경제권 유지
yakkaboshchilik 단독책임제
yakun 결과, 총계, 총액
yalpi 총생산량, 총산출량
yalpi daromad 총수익, 매출 이익
yalpi ichki mahsuloti 국내총생산 (GDP: gross domestic product)
yalpi ishlab-chiqarish 대량생산(大量生産)
yalpi mahsulot 총생산량
yalpi milliy mahsuloti 국민총생산 (GNP: gross national product)
yalpi tushimlar 총수입(總收入)
yalpi xarajatlar 총비용(總費用)
yangi kadrlar kelishi 신규 인력유입
yangi mahsulotni ishlab chiqish 신제품 개발
yangi mijozlar jalb qilish 신규 고객유인
yangi mol namunasi 시제품
yangi texnologiyalardan foydalanish 신기술 도입
yangidan baholash, ortiqcha baholash 재평가, 과대평가
yangilashuvchi fond 리볼빙 펀드
yangilik uchun royyalti 노하우에 대한 로열티
yangilik, innovatsiya 신기술 투자, 혁신
yangilik, yangi 신제품(新製品), 최신 발전 동향
yanglishish 오해, 기만
yanki obligatsiyasi 양키본드
yarimfabrikat 반제품(半製品)
yarimo'tkzgich 반도체(半導體: semiconduc- tor)
yarmarka, bozor 정기적으로 열리는 박람회, 전시회
yaroqlik 적합성, 가용성; 행위능력
yaroqlilik 유효성, 적합성
yashirincha mol o'tkazish, kontrabanda 밀수(密輸: contraband), 밀매(密賣)
yaxshi, qulay muhit 호의적인 분위기
yaxshilanish 향상, 개선
yengib bo'lmas kuch 불가항력
yengil avtomobil 승용차
yer egaligi 토지소유지
yer hosildorligi 토지 생산성
yer kadastri 토지대장
yer kodeksi 토지법
yer maydonlari chayqovchiligi 땅 투기, 부동산 투기.
yer mulki 토지 소유권
yer osti 광물 자원
yer osti qazish ishlari gaz konlarini qazish ishlari 생산지 가스 개발
yer rentasi 지대
yer ro'yxati 토지대장
yer usti bekati (위성) 지상관제 센터
yerdagi aloqa 육상교통
yerdan foydalanish 토지이용
yerga haq to'lash 토지비용(토지세, 임대비용, 매입비용등)
yerlarni tubdan yaxshilash, melioratsiya 개선
yerni ijaraga berish 토지임대(賃貸)
yetakchi 순서상 첫 번째라는 표시 (First Bill of Exchange)
yetishmovchilik, tanqislik 부족
yetishtirish 재배, 경작
yetkazib berish 배달, 운송
yetkazib berish roziligi 공급합의
yetkazib berish, ta'minot 공급,배달
yetkazilgan zarar to'lovi 손해 배상, 비용보전
yetkazilgan ziyon to'lovi 손해배상
yetkazish oralig'i 공급간격
yevrobozor 유로시장
yevroharakat 유로주식
yig'ilish 모임, 미팅
yig'im vaqtida hosilning nobud bo'lishi 수확 과정에서 농작물 손실
yig'ish yo'nalishi 조립 라인
yig'lish 모임, 회(會), 회합(會合), 집회(集會), 회취(會聚), 미팅(meeting)
yig'lish, majlis, kengash 회의 모임
yillik balans 연간 대차 대조표
yillik balansni tuzish 연간결산 작성
yillik hisoblash 연말결산

yillik hisobot 연간 보고서
yillik hisobot, ma'lumot 연간 결산
yillik to'lov 연봉(年俸)
yillik tovar aylanishi 연간 매출
yirik miqdorda savdo qilish 옵션거래
yirik shirkat 대기업
yiriklashish 거대화
yo'l 길, 방법(方法), 수단, 방식.
yo'l belgisi 교통표지
yo'l boji (дорожная пошлина) 도로통행료
yo'l cheklari 여행자 수표
yo'l harakati qoidasi 도로 교통수칙
yo'l harakati tirbandligi 교통체증
yo'l harakatini avtomatlashtirilgan bosh- qarish tizimi 운송 처리 시스템 자동화
yo'l solig'i 도로이용료(사용료)
yo'l, katta yo'l 길, 루트, 경로(經路)
yo'nalish 루트, 경로
yo'nalish 선, 노선(line)
yo'qlab olinguncha 요구불
yo'qotish, ayrilish 손실, 결핍(缺乏)
yo'riqnoma 매뉴얼, 설명서
yog'och-qog'oz mahsulot 임업 및 제지업 생산품
yollash 고용, 임대
yollash bo'limining mudiri 고용담당 매니저
yollash, ijaraga olish 중간 정도 기간에 걸친 자산 임대
yollovchi 임대인, 고용주
yomon nom qozonish 낮은 지명도
yomonlashish 악화(惡化)
yon bosish 양보, 감가, 양도
yong'indan sug'urta qilish 화재보험
yong'indan yetgan zarar 화재피해
yonilg'i quyish shahobchasi 주유소
yopilish 마감, 영업종료
yopiq fond 참여자 수가 제한된 펀드
yopiq tizim 폐쇄 시스템
yopiq turdagi aktsiyadorlar jamiyati 폐쇄형 주식회사
yopiq turdagi iqtisod 폐쇄 경제
yopiq turdagi nominativ aktsiya 폐쇄형 기명주
yopiq, o'zgarmaydigan, aylanmaydigan, mu- omalada bo'lmagan valyuta 교환불가능 통화, 역내통화.
yoqilg'i 연료(燃料)
yoqilg'i shahobchasi 주유소
yoqilg'i, benzin 휘발유, 벤진
yordam 지원, 원조, 조력, 공조.
yordam puli 보조금, 조성금
yordam puli, subsidiya 보조금
yordam, ko'mak 도움, 지원, 원조
yordamchi 보좌역
yordamchi bo'lim 지원부서
yordamchi materiallar 장식재, 보조재
yordamchi sanoat 부업
yorliq I 라벨, 스티커, 태그
yorliq II 중앙은행의 단기 채권(3개월~4년)
yoshga nisbatan cheklov 나이제한
yoshga oid tuzilish 연령 구조
yoshiga ko'ra cheklash 나이 제한
yoyish stanogi 압연기
yozib bergan kishilarga chek bo'yicha to'lovni to'xtatib qo'yish 개인수표 지불 정지
yozuv 기입, 공식문서
yuborish, jo'natma 우편 발송
yuk 여객 수화물
yuk aylanishi, oboroti 화물 이동량
yuk ko'tara olishlik imkoniyati 화물 적재 용량
yuk kvitantsiyasi 화물 수령증
yuk miqdori 화물내역
yuk og'irligi 화물중량
yuk qabul qiluvchi 화물 수취인
yuk tashish 항공화물
yuk tashish hisobi 교통비(交通費)
yuk tashish uchun foiz 운임
yuk tashishning oshishi 교통량 증가
yuk tekshiruvi 짐 검사
yuk tushirish 하역, 짐내림
yuk yuboruvchisi 화물발송인
yukka qo'shib yuborilgan hujjat 송장, 화물 인도서
yuklar ortiladigan joy 선적 작업장
yuklash uchun ruxsat 선적(船積)
yuklashdagi kamchiliklar 선적오차
yuklov, yuklama 부담
yukni berishga bojxona ijozati 화물 통관
yukni bojsiz olib kirishga ruxsat 면세수입 허가
yukni bojxonadan o'tkazish 화물의 세관 통과
yukni ortib bo'lmoq 화물선적 발송
yukni tushirish 하역, 부담 경감
yukni tushirish tartibi 하역절차
yukning maksimal og'irligi 화물 최대중량
yuqori darajada qulay shartsha- roitlar 최대로 유리한 조건
yuqori darajada qulay vaziyat 호황
yuqori darajali o'zgaruvchan 가치가 늘 급하게 변하는 유가
yuqori e'tiborga ega 높은 지명도
yuqori foydalilik tamoyili 한계수익

의 법칙
yuqori malakali 고도로 숙련된
yuqori malakali kadrlar 고도로 숙련된 인력
yuqori marka 유명 브렌드
yuqori nuqta, shift 대부의 최대한계
yuqori samarali istiqbol 장미빛 전망
yuqori sifatli 고품질의
yuqori sifatli mahsulot 고품질 제품
yuqori texnologiyali mahsulot 하이테크 제품
yuqori tezlikda olib o‘tish 특송 서비스
yuridik shaxs 법인(法人)
yutish 흡수, 합병
zahira 예비비(豫備費)
zahira fondi 예비펀드
zahira hajmi 판매와 재고의 비율관계
zahira likvidi 유동성 예비비(豫備費)
zahira miqdori 재고 유지
zahira, g‘amlab olmoq 재고량, 저장물
zahiradagi mablag‘larni to‘xtatish 재고로 인한 자금 경색
zahiralar to‘ldirilishi davriyligi 재고 보충 사이클
zahiralar to‘lishi 보유량 비축
zahiraviy kredit 'stend-bay' (=rezerbv krediti) 스탠드바이 그레디트(stand-by credit)
zamonaviy texnika 현대기술
zamonaviylashtirish loyihasi 현대화 프로젝트, 재개발 프로젝트
zarar o‘rnini to‘ldiruvchi chora 보상적 조치
zarar, etishmaslik, kamyob, defit-sit 적자(deficit)
zarar, yo‘qotish, talofat 상실, 손실, 낭비
zarar, ziyon 손해, 손실, 결손
zararni qoplash 손해를 보전하다, 보상하다
zararni qoplash bitimi 보상 거래
zarbxona 조폐국
zaruriyat 필수품, 필요
zavod 공장
zaxiralar mavjudligi 재고 보유
zayom 부채(負債), 채무(債務)
zayom chiptasiga ega kishi 유가증권보유자
zayom konversiyasi, almashtirish 채권전환
zayomdagi mablag‘lar 차입자금
zeb-ziynat buyumlari 사치품
ziddiyatni hal qilish 분쟁 해결
ziyonsizlik jadvali 손익 분기표
ziyonsizlik, zarar ko‘rmaslik 손익분기점(損益分岐點)
200 millik baliqchilik hududi 200해리 어업수역

Yuridik terminlar **법률용어**

adliya 재판(裁判)
advokat xizmatidan foydalanish huquqi 변호인의 조력을 받을권리
advokat xizmatlari 변호사의 법률서비스
advokat, oqlovchi 변호사
advokatlar kollegiyasi (guruhi) 변호사 협회
advokatlar uyushmasi 변호사 협회
advokatura 변호사 사무실
aeroportga oid tushimlar 공항세, 공항이용료
affidavit 진술서(증인이 법원에 출석할 수 없을 경우 어떤 사실관계에 대해공증사무소에서 공증을 받은 서면진술)
agent 에이전시(통상 브로커, 딜러, 중개인 및 위탁 매매인 등이 에이전시로 불린다)
agentlik bitimi 에이전시 계약
agentlik mukofoti 에이전시 수수료
agentlik shartnomasi 에이전시계약
ahloq tuzatish, davolash muassasasi 치료감호기관
ajratilmaydigan huquq 양도할 수 없는 권리
akademik erkinliklar 학문의 자유
akkreditiv 신용장
akt, harakat, dalolatnoma 법규, 규정, 문서
aktsenp haqida xabarnoma 승낙의통지
aktsept 승낙
aktsept muddatini belgilovchi taklif 승낙기간을 정한 계약의 청약
aktsept uchun muddat belgilamay-digan taklif 승낙기간을 정하지 아니한 계약의 청약
aktseptchi 환, 어음의 인수인
aktseptdan voz kechish 승낙의 거절
aktseptli veksel 인수 어음
aktseptni chaqirib olish 승낙의 철회
aktsiodor, hissador 주주(株主)
aktsiodorlar jamiyati 주식회사
aktsiodorlar ro'yxati 주주명부
aktsiya toifasi 주식의 종류
aktsiyadorlar konversiyasi 주식전환
aktsiyadorlar umumiy yig'ilishda ovozga qo'yish 주주총회 투표
aktsiyadorlar umumiy yig'ilishi 주주총회
aktsiyadorlar umumiy yig'ilishi bayoni 주주총회 의사록
aktsiyadorlarni chaqirish tartibi 주주소집절차
aktsiyadorlik jamiyatlari haqidagi qonun 주식회사법
aktsiyalar savdosi 주식매매
aktsiyalar control paketi 지배주
aktsiyalar sertifikati 주식증서
aktsiyalar sertifikati chiqarilmayotgani haqida dalolat 주권 미발행 증서
aktsiyalar to'planishi 주식의 병합(주식의 분할권 반대로 수 개의 주식을 합하여 종래보다 소수의 주식으로 함으로써 발행 주식 총수를 감소시키는 것)
aktsiyalar tortiq qilish 주식증여
aktsiyalarga ega bo'lish 주식취득
aktsiyalarga obuna 주식모집
aktsiyalarni almashtirish 주식교환
aktsiyalarni davlat hisobiga o'tkazish 주식양도
aktsiyalarni meros olish 주식상속
aktsiz ostidagi molar 소비세 대상품목
aldov, zo'ravonlik va tahdid ta'sirida tuzilgan bitim 사기, 강박에 의한 의사표시
aliment majburiyatlari 부양의무
alimentlar 양육비
almashtirish, pul maydalash 교환
almashuv shartnomasi 교환계약
alohida huquq 독점적 권리, 배타적권리
alohida iqtisodiy hudud 배타적 경제수역
alohida litsenziya egasi 전용 실시권자
alohida mol-mulk 독립된 재산
alohida sudda ko'rishga tegishli 특별 재판적
alohida talabnoma 독립출원
alohida turdagi molar (xizmatlar)ga aktsiz markalar 소비세
aloqa mahfiyligi 통실의 비밀(헌법상 보장되는 권리 중 하나)
amaldan foydalanish 직권남용
amaldor, mansabdor 공무원
amaliyot 관행
amortizatsiya muddati 감가상각기간
amortizatsiya, yumshatish 감가상각
amortizatsiyalangan mulk 감가상각된 재산
amortizatsiyani nomuntazam hiso-blash uslubi 복수감가상각
anglash 책임능력
anglashilmovchilik ta'sirida tuzilgan bitimlar 착오에 의한 의사표시
anglashilmovchilik, anglamaslik 책임

무능력
anglosakson huquqi 영미법
aniq harakatlar 사실행위
aniqlash, ta'riflash, tavsif 결정(법원이 원칙적으로 절차상의 문제에 대하여 구두변론에 의거하지 않고 이유를 명하여 하는 재판이며 종국전 재판의 원칙적 형식이다. 명령은 법관이행하는재판이며 법원이 행하는 재판이 아니다. 그 예로는 보석을 허가 또는 기각하는 결정, 구석의 취소에 관한 결정 등이 있다. 결정에 대한 불복신청은 항고에 의하는 것이 원칙이다)
antimonopol siyosat 독과점금지 정책
antimopnopol, tanho egalikka qarshi 독점금지의
apelyatsion bosqich 항소심(抗訴審)
apelyatsiya sudi 항소법원
aqliy mulk 지적 재산권
aqliy mulk huquqi 지적재산권
aralash ayb tamoyili 과실상계 원칙
aralashmaslik tamoyili 불간섭의 원칙
arbitraj bitimi 중재조항
arbitraj boshqaruvchisi 중재법원이 지정한 파산관재인
arbitraj chiqimlari 중재비용
arbitraj hakamlari 중재배심원
arbitraj kelishuvi 중재협정
arbitraj komissiyasi 중재위원회
arbitraj qarori 중재판정
arbitraj qo'mitasi 중재위원회
arbitraj sud huquqi 중재소송법
arbitraj sudi 중재법원
ariza, bayonot 신청
ariza, talabnoma, da'vo 신청, 출원
artel 카르텔(Kartell: 동일 산업 부문의 기업이 자유 경쟁을 피하고 시장을 독점하여 이윤의 증대를 꾀할 목적으로 상품의 가격, 생산량 등에 대하여 협정을 맺는 것. 또는 그런 독점 형태. 기업 연합.)
arzimagan bitim 무효인 거래
ashyoviy dalillar 물적 증거, 물증
asosiy bitim 연방차원에서 노사관계를 규율하는 협정서
asosiy qarzdor 주채무자
asosiy, bosh, eng muhim 주요한
asosiy, muhim buyum, narsa 주물
asossiz boyish 부당이득
asrab olingan bola huquqlari 입양아의 권리
atayin ishtirok etish 고의의 공동
attestatsiya 자격부여
audit 감사
auditor 감사인
auditorlik faoliyati 감사업무
auditorlik hisoboti 감사보고서
auditorlik tekshiruvi 감사
auditorlik xulosasi 감사의견서
avallashtirilgan veksel 보증어음
avf etish tartibi 사면제도
avf qilish, kechirish 특별사면(特別赦免: 사면의 한 가지. 형의 선고를 받은 특정 범인에 대해 형의 집행이 면제되거나 유죄 선고의 효력이 상실되게 하는 조치. 특사(特赦)
avfi umumiy 일반사면(一般赦免: 사면의 한 가지. 범죄의 종류를 지정하여 이에 해당하는 모든 죄인에게 형을 사면하는 일. 형의 선고 효력과 공소권이 소멸됨)
aviatsiya sug'urtachilarning xalqaro ittifoqi 국제항공보험자협회
avtonom hudud 자치관구
avtonomiya, muxtoriyat 자치
axloqiy zarar to'lovi 정신적 손해배상, 위자료
axloqiy zararni qoplash huquqi 정신적 손해배상 청구권
ayb qo'yish 기소
ayb, xato 과실
ayblanuvchi 피고인
ayblov 고소, 기소
ayblov hukmi 유죄판결
ayblov hukmini chiqarish 유죄판결
ayblovchi, prokuror 검사
ayblovchi, qoralovchi 고소인
aybsiz javobgarlik 무과실 책임
aybsizlik prezuptsiyasi 무죄추정의 원칙
ayirboshlash bitimi 바토무역
ayollar mehnati muhofazasi 여성노동의 보호
badal predmeti, garovga qo'yilgan narsa 담보물
badal puli 출자금, 납입금
badal puli qiymati 출자액
badal to'lovi 납입(納入)
badal to'lovi huquqi 담보권(擔保權)
badal, hissa 출자
bahosini to'lash majburiyati 대금지급의무
bahs sababi 계쟁물(係爭物: 소송 당사자 사이의 계쟁의 목적물
bahslashuvchi tomonlar 분쟁 당사자
bahsli huquq munosabati tabiatini aniqlash 쟁점정리
bahsli huquqlar 다툼 있는 권리
bahsli kelishuvlar 하자있는 의사표시
bajarib bo'lmaslik 이행불능(履行不能)
bajarishdagi sherik 공동정범(共同正犯)

bajaruvdagi kichiktirish uchun badal to'lashni talab qilish huquqi 이행지 손해 배상 청구권
baliqchilik erkinligi 어업의 자유
band emaslik 실직(失職)
bandargohga yetkazildi, boj to'landi 부두인도조건
bank 은행(銀行)
bank foizining hisob me'yori 은행이율
bank hisobi 은행계좌
bank huquqi 은행법
banklar haqida qonun 은행법
banklar vakolatli operatsiyasi 은행의 신탁업무
bankrot, kasod, sinish 파산(破産: 1. 재산을 모두 잃어버리고 망함; 2. 채무자가 그 채무를 완제할 수 없는 상태에 빠졌을 때, 그 채무자의 총재산을 모든 채권자에게 공평히 변제할 것을 목적으로 하는 재판 절차).
barter, ayirboshlash 바터(barter: 물물교환)
bayon bo'yicha sifat 물품에 첨부된 기재 사항을 바탕으로 품질을 정하는 계약조건
bayonnoma, bayonot 의사록
bechorahol, singan 파산자(破産者)
bechorahollik, sinish 파산
beg'araz kelishuv 편무계약(片務契約: 당사자의 한쪽만이 채무를 부담하는 계약; 증여. 현상 광고 따위가 있음)
begona noqonuniy egadan mulkni talab qilib olish 타인의 불법점유에 대한 반환청구
begonalashish, musodara qilish 양도(매매에 의한 소유권 이전 또는 증여 등)
bekor deb e'lon qilish (계약의) 폐기
bekor qilish huquqi 해제권(解除權)
belgilangan sana 약정일
benefitsiar 수취인(受取人)
berbout-charter 나용선
berbout-charterli to'lov 나용선류
bikameralizm 양원제(兩院制)
bildirish, xabarnoma 통지(通知)
bilvosita, qo'shimcha 간접의
bir aktsiyaning sotuv qiymati 1주당 발행가
bir fuqarolik tamoyili 단일국적의 원칙
bir muddatli sug'urta badali 보험료 일시납입
bir tomonlama kelishuv 단독행위, 일방적 의사표시
bir tomonlama shartnoma 편무계약
bir xil molar 동종물
birgalikdagi javobgarlik 연대채무(連帶債務: 두 사람 이상이 연대하여 책임을 지는 채무; 채무자 중 한 사람이 변제하면 다른 사람의 채무도 소멸됨)
birgalikdagi qarzdorlik 연대채무자
birinchi bosqich 제 1 심
birinchi bosqich sudi 1 심법원
birinchi bosqich sudlari qarorini bekor qilish 1 심판결의 파기
birjalar haqida qonun 증권거래소법
birovning mulkidan foydalanish huquqi 용익물권
bitim bir qismining haqiqiy emasligi 법률행위의 일부무효
bitim erkinligi tamoyili 계약자유 원칙
bitim shakli 형태(形態)
bitim tuzilgan joy huquqlari 행위지법
bitimlar 법률행위, 의사표시, 거래
bitimlar haqiqiy emasligi 법률행위의 무효
bitimlar notarial tasdig'i 법률행위의 공증
bitimlarni davlat ro'yxatiga kiritmoq 법률행위의 등기
BMT bosh kotibi 유엔 사무총장
bo'lib-bo'lib to'lash 할부(割賦)
bo'linadigan narsa, buyumlar 가분물
bo'linmas narsalar 불가분물
bo'nak, bay puli 계약금, (경매) 보증금
bo'zish 철거
bodmereyli veksel 어음 선박담보
boj to'lovisiz yuk olib kirish 무관세 반입
boji to'lab yetkazildi 관세지급 인도조건
boji to'lanmay yetkazildi 관세미지급 인도조건
bojsiz savdo do'koni 면세점
bojxona 세관
bojxona badal boji 보복관세(수입품이 수출국에서 보조금을 받았을 경우, 동종의 자국 상품의 경쟁력 저하가 우려될 때 수업입품에 부과하는 관세)
bojxona dalloli 통관대행업자
bojxona dalloli sifatida faoliyat yuritish uchun litsenziya 세관 통관업자 자격증
bojxona deklaratsiyasi 세관신고
bojxona himoyasi 보호관세
bojxona hududida tovarni qayta ishlash litsenziyasi 관세구역 내 상품가공 자격증
bojxona hududidan tashqarida molni qayta ishlash litsenziyasi 관세구역

외 상품가공 자격증
bojxona ilova hujjati 통관서류
bojxona ko'rigi 세관검사
bojxona kodeksi 관세법전
bojxona konventsiyasi 관세협정
bojxona nazorati hududi 관세지역
bojxona nazoratidan xolis hudud 자유 관세 지역
bojxona ombori 세관창고
bojxona siyosati 관세정책
bojxona tarifi 관세율(關稅率)
bojxona tavtishi 통관
bojxona to'lovi 관세
bojxona to'sig'i 관세장벽
bojxona yig'inlari 세관이용료
bojxona yuk tashovchisi sifatida faoliyat ko'rsatish uchun litsenziya 관세운송업자 자격증
bojxonaning 세관의, 관세의
bolalikka oluvchi 양부모
boquvchisini yo'qotgan holatiga ko'ra nafaqa 부양자상실연금
bosh direktor 대표이사
bosh konsul 총영사
bosh prokuror 검찰총장
bosh, asosiy 전체적인, 총체적인
bosh, asosiy litsenziya 수출입허가증(통상 1년 기간으로 주어짐)
boshliq, xo'jayin, sardor 모회사, 에이전시 계약에서 에이전시를 고용한 자
boshqa davlatga topshirish 본국송환
boshqaruv organlari 이사
boshqaruv shakli 통치형태
boshqaruv xarajatlari 운영비
boy berilgan daromad 상실이익
bozorda hukmron holat 시장에서의 지배적 지위
bozordagi hukmron vaziyat 시장에서의 지배적 지위
bozordagi hukmron vaziyatdan foydalanish 시장에서 지배적인 지위의 남용
bozorga kirishni cheklash 시장접근 제한
bozorni taqsimlash 시장분할
butun kemani yollash 전부용선
buyruq yoki farmoyish ijrosi 정당행위(사회상규에 위배되지 아니하여 국가적, 사회적으로 정당시되는 행위)
buyum, narsa joylashgan joy qonuni 물건 소재지법
buyurtmachi 주문자
buzilgan huquqlarni tiklashni ta'minlash tartibi 침해된 권리의 원상회복 보장원칙
buzilgan huquqni mahsulot bilan tiklash 침해된 권리의 원상회복
buzilgan huquqni tiklash tamoyili 침해된 권리의 원상회복 원칙
byudjet 예산(豫算)
byudjet yetishmasligi 적자예상
byudjet yili 예산년도
cabinet, xona, vazirlar kabineti 내각
chakana savdo shartnomasi 소매계약
chaqirib olish haqidagi xabar 취소의 통지
chaqiruv yorlig'i 소환장
charter 용선계약
chegaraga yetkazildi 국경인도조건
chek 수표
cheklangan ma'suliyat 제한책임(예를 들어 주주가 출자금에 한해 책임을 지는 것)
cheklangan mulkiy huquq 제한물권
cheklanmagan ma'suliyat 무한책임
cheklov, cheklash 제한
cherkov tasdiqlangan nikoh 교회 결혼(혁명 이전 러시아는 교회에서 하는 결혼만 법적효력이 있었으나, 1917 년 10월 혁명으로 폐지되었고, 현재에는 загс(작스) 에서 한 결혼만이 인정된다.)
chet el fuqarolari 외국인
chet el investitsiyalari 외국인 투자
chet el valyutasi bilan operatsiya 외환업무
chet ellik investorlar 외국인 투자가
chet ellik shaxslar 외국법인 및 외국인
chet, chekka 변방, 경계, 테두리
chiqarilayotgan aktsiyalarga ochiq obuna o'tkazish 주식공모
chiqarilayotgan qarorlar mustaqilligi 판결의 독립
chiqarilgan sana 발행일
chiqarish 발행
chiqim harajat 비용
chiqindi obligatsiyalar 부실채권
criminal militsiya 형사
da'vo arizasi 소장
da'vo arizasining qaytarilishi 소장각하
da'vo asosini o'zgartirish 소의 변경(청구원인의 변경)
da'vo hujjatlarini o'zgartirish, tuzatish 출원서류의 보정
da'vo muddati mobaynidagi uzilish 소멸시효중단
da'vo muddati o'tganligi 시효(時效: 일정한 사실상태가 일전 기간 계속되어 온 경우에, 그 사실상태가 진정한 권리관계와 합치하는가 여부를 불문하

고 법률상 그 사실 상태에 대응하는 법률을 인정하여 주는 제도)
da'vo muddati o'tganligini qo'llash 시효의 원용
da'vo muddati o'tishini to'xtatish 소멸시효 정지
da'vo muddatini o'tganligi 소멸시효 기간
da'vo predmeti 소송물
da'vo predmetini o'zgartirish 소의 변경
da'vo qilish 소의 제기
da'vo qilish kuni 소제기일
da'vo qiluvchi, arizachi 신청인, 출원인 (특허)
da'vo qiymati 소가
da'vo ta'minoti haqida ariza 보존처분신청
da'vo talablari 청구
da'vo talablari hajmini o'zgartirish 청구금액의 변경
da'vo talablari hajmining kamayishi 청구의 감축
da'vo talablari hajmining oshishi 청구의 확장
da'vo talablari miqdori 청구범위
da'vodan voz kechish 청구의 포기
da'vodan voz kechishda sud harajat- larining taqsimlanishi 소를 취하한 경우의 소송비용 분담
da'vogar 원고
da'vogar tomonidan da'vo arizasini ishni sudda ko'rilguncha chaqirib olishi 소의 취하
da'voni qisman qondirish 일부승소
da'voni ta'minlashdan voz kechishni aniqlash 보존처분기각결정
da'voni ta'minlashni aniqlash 보존처분결정
da'voni tan olish 청구의 인낙
dalillar 논거
dalillar etishmasligi 증거불충분
dalillar ta'minoti haqida bayonot 증거보존신청
dalillar ta'minoti tartibi 증거보존절차
dalillar tadqiqi va ularni ko'zdan kechirish 증거조사
dalillarni baholash 증거능력평가
dalillarni ta'minlash 증거보존
dalillarni talab qilib olish 증거신청
dalillarni taqdim etish 증거제출
dallol 브로커(통상 에이전시 계약을 맺고 활동함)
dallol 중개인 (거래를 중개해 주고 매도인 및 매수인으로부터 중개료를 받는자)
dalolatnoma daftarlari 동사무소에 있는 개인 신상에 관한기록부(출생, 혼인, 입안, 개명, 사망 등의 내용이 기록되어있음)
dam olish kuni, ish kuni emas 공휴일
dam olish puli 퇴직금
darajalangan tariff 차등교육
daromad solig'i 소득세
daromad taqsimoti 이익분배
daromadni taqsimlashda ishtirok etish huquqi 이익배당청구권
dastlabki kreditor 구채권자(채권 양도인)
dastlabki narx (경매의) 최저가
dastlabki tashuvchi 제 1 운송인
davlat bayrami 국경일
davlat bayrog'i 국기
davlat bilan tuziladigan shartnoma 이권양도계약 (국가가 외국자본을 끌들이기 위해 천원 등의 개발권을 유상으로 넘겨주는 계약)
davlat boji to'lashdan ozod bo'lish 소송구조
davlat bojini bo'lib-bo'lib to'lash 인지대 분할납입
davlat bojini to'lashni kechiktirish 인지대 지급유예
davlat bojining qaytarilishi 인지대 반환
davlat bojining qo'shimcha to'lovi 인지대 추가납입
davlat chegarasi 국경
davlat chegarasi chizig'i 국경선
davlat chegarasining daxlsizligi tamoyili 국경불가침의 원칙
davlat dini 국교
davlat Dumasi 국가두마
Davlat Dumasi tomonidan prezidentga ayblov e'lon qilish 국가두마의 대통령 소추
davlat ehtiyoji uchun yerni musodara qilish 토지수용
davlat gerbi 국장
davlat hududi 영토
davlat huquqiy butunligi tamoyili 국가의 영토 완전성의 원칙
davlat ishlari boshqaruvi 국정운영
davlat korxonasi 국영기업 (국가기관이 직접 관할하는 기업)
davlat madhiyasi 국가
davlat mulki 국유
davlat mulki huquqi 국가소유권
davlat mustaqilligi 국가주권
davlat mustaqilligi haqida deklaratsiya 주권선언
davlat mustaqilligini hurmat qilish

tamoyili 국가주권존중의 원칙
davlat nafaqa sug'urtasi 국가연금보험
davlat nafaqalari 국가보조금
davlat nafaqasi 국민연금
davlat obligatsiyasi 국채
davlat organlari garovi 행정처분
davlat patent muassasasi 러시아 연방 특허청
davlat qoralovchisi, ayblovchisi 고소인 (검사)
davlat ro'yxatidagi mol-mulkka egalik huquqi 등기를 요하는 재산권
davlat ro'yxatidagi raqam 등기번호
davlat ro'yxatidan o'tish 등기
davlat soliq xizmati 국세청
davlat standart 국가표준
davlat sug'urtasi 공보험
davlat tili 국어
davlat tuzumi 국가의 형태계약의
davlat xizmatchisi 공무원
davlat yig'imi 인지세
davlat, davlatga oid 국가의
davlatga hiyonatda ayblash 반역죄
davlatga xiyonat 반역
davlatlar mustaqillikdagi tengligi tamoyili 국가주권 평등의 원칙
davlatlar qonuniy vorisligi 국가의 권리승계
davlatning ichki qarzi 국가의 대내부채(국내의 기업 및 민간인들에게 진 국가의 부채)
davlatning kasodga uchrashi 국가의 집울 유예
davlatning tashqi qarzi 국가 대외부채
davriy sug'urta badali 보험료전기납입
daxlsizlik 불가침
debitor qarzni talab qilish 채권추심
debitor, qarzdor 채무자
debitorlik qarzi 채무
demping 덤핑
dempingga qarshi bojxona boj to'lovi 반덤핑 관세
dengiz hodisalaridan sug'urta 해상보험
dengiz huquqlari bo'yicha xalqaro tribunal 국재해상법 재판소
dengiz kemasining milliy tegishliligi 선박 국적
dengiz komissiyasi va hakamlik sudi 해상중재위원회
dengiz osti hududlaridan foydalanish to'lovi 해저이용료
dengiz sug'urtasi shartnomasi 해상보험계약
dengizda yuk tashish 해상운송
dengizda yuk tashish shartnomasi 해상화물운송계약
dengizga oid 해상의, 해양의
dengizga oid huquq 해상법
dengizning davlat qirg'og'iga yaqin qismi 영해
depozit 공탁
depozitga qarzni to'lash bilan majburiyatlarni bajarish 공탁에 의한 채무이행
depozitli bank 예금은행
depozitli sertifikat 예금증서
depozitni qaytarish 해방공탁
deputatlar daxlsizligi 국가두마의원 불체포특권
deputatlik daxlsizligi (국회의원) 불체포 특권
diplomat, ustomon kishi 외교관
diplomatik agent 외교사절
diplomatik muhofaza 외교적 보호
diplomatik shaxsiy daxlsizligi 외교관 면책특권
diplomatik vakolatxona 외교대표부
diplomatlarning xalqaro muhofazasi 외교관의 국제적 보호
dok (port)dagi yig'ishlar 부두 이용료
domitsil 거주지, 법인 소재지
dublikat, asl bilan teng nusxa 원본이 하나 박에 없는 경우 만들어 지는 것
e'tiqod erkinligi 신앙의 자유
e'tirozga javob qaytarish muddatining kechiktirilishi (소송에서) 공격방어의 실기
e'tirozlar haqida bayonot 기피 신청
egalik 점유
egalik huquqini olish 소유권 취득
egallash, olish 취득
egasiz ko'chmas buyum 무주부동산
egasiz mol-mulk 무주재산
egasiz narsalar 부수물(無主物)
egiluvchan, o'zgaruvchan tarif 탄력세(수입품과 국산품의 가격을 비슷하게 맞추기 위해 적용 되는 관세율)
ehtimolli ov miqdori 허용 어획량
ehtiyotsizlik 과실, 부주의
ekologik halokat hududi 환경재해지역
ekspeditor, molni keltirish va jo'natish bilan shug'ullanuvchi 운송업자
ekspeditorlik firmasi 운송업자
ekspertiza dalolatnomasi 검정보고서
ekspertiza, tekshiruv 전문가 감정, (특허 등의) 심사

eksport subsidiyasi 수출보조금
eksport va import solig'i 수출 및 수입세
eksport-import banki 수출입은행
elektron pullar 전자화폐
eng kam rivojlangan mamlakatlar 후진국 (국민 1인당 연평균소득이 미화 100달러 이하의 나라)
eng yuqori narx 최고가
erkak va ayollar teng huquqligi 남녀평등
erkin boj hududi 자유 관세 지역
erkin harakatlanish huquqi 자유로운 거주 이전권
erkin savdo hududi 자유무역지역
erkin tadbirkorlik hududi 자유기업지대
erkinlik cheklovi 자유의 제한
ertaroq berilgan ariza 선출원
er-xotin qo'shma mulki 부부공동 재상
er-xotin umumiy mulki 부부공동소유
er-xotinlar kelishuvi 부부간의 거래
er-xotinlarning mol-mulkka oid huquq va majburiyatlari 부부의 재산상 권리와 의무
etkazib berish sanasi 인도일
etkazib berish shartnomasi 공급계약
export xavfi kafolati 수출위험보증 (수출시 발생하는 위험을 국가 또는 은행이 보중 하는 것)
f'yuchers 선물거래
f'yuchers birjasi 선물 시장
f'yuchers bozori 선물 시장
f'yuchers operatsiyasi 선물 거래
f'yuchers shartnomasi 선물 계약
falokat 사고
faol, daromad, aktiv 사신
farzandlar huquqlari va burchlari 자녀의 권리와 의무
farzandlikka olish 입양
favqulodda ekologik vaziyat hududi 비상환경재해지역
favqulodda holat 비상사태
favqulodda holat 불가항력
faxriy fuqarolik 명예시민권
federal 연방의
federal ahamiyatli shahar 연방특별시
federal byudjet 연방 예산
federal kengash 연방의회
federal kolliziya huquqi 연방 저촉법
federal konstitutsiyaga asoslangan qonun 연방 헌법적 법률 (연방 헌법적 법률 러시아 연방 헌법이 정한 사항에 관하여 제정이 되어 있고, 연방 법률 보다 상위법이다)
federal qonun 연방법률
federal soliqlar 연방 정부세
federatsiya kengashi a'zosi 연방 소비에트 의원(상원의원)
fikr va vijdon erkinligi 사상과 양심의 자유
fikschyurnot 선박용선계약 확인 예비서류
filial 지사
filial rahbari 지사장
firma nomlanishi 상호
FOB 본선인도조건(FOB)
foizlar 이자
Fond 재단
foydali egalik qilish 보험수익자
foydali model muallifi 실용신안 발명자
foydali model patentga loyiqligi shartlari 실용신안의 특허성 판단기준
foydali model, foydali nusxa 실용신안
foydali modelga dalolat 실용 신안증
foydali modellarga talabnoma 실용신안출원
franchayzing 프렌차이즈, 독점 판매권, 총판권
fuqaro 시민
fuqaro huquqlari 민사상의 권리(인간의 가장 기본적이고 중요한 권리)
fuqaro konstitutsiyaviy burchlari, vazifalari 국민의 헌법상 의무
fuqaro majburiyatlari 국민의 의무
fuqaro muhofazasi 자구행위, 자력구제(自力救濟: 권리자가 국가 권력에 의하지 않고, 자력으로 그 권리를 실현하는 일; 정당방위·긴급 피난 따위)
fuqaro yashash joyi 거주지(居住地)
fuqaroligi bo'lmagan shaxs 무국적자
fuqaroligi bo'lmagan shaxslar 무국적자
fuqarolik (biror davlatning) 국적
fuqarolik da'vogari 원고
fuqarolik haqida qonun 국적법
fuqarolik holati aktlarini ro'yxat qilish tashkiloti 동사무소 (주민등록을 작성하는 것)
fuqarolik holatiga oid harakatlar 호적부(출생, 사망, 혼인, 이혼, 개명 등 기입)
fuqarolik holatlari aktlarini qayd etish 주민등록
fuqarolik huquni tiklash 국적회복
fuqarolik huquqi 민법
fuqarolik huquqi ob'ektlari 권리의 객체
fuqarolik huquqlari himoyasi 민사상

권리의 보호
fuqarolik huquqlari va burchlarining yuzaga kelishi 민사상 권리와의무의 발생
fuqarolik huquqlari va burchlarining yu- zaga kelishi, o'zgartirilishi hamda barham berilishi 권리와 의무 발생, 변경 및 소멸의
fuqarolik huquqlarini sudda himoyalash tamoyili 민사상 권리의 법적 보호의 원칙
fuqarolik huquqlarini suiiste'mol qilish 민사상권리의 남용
fuqarolik huquqlarini to'liqsiz amalga oshirish tamoyili 민사상권리의 자유로운 실현 원칙
fuqarolik ishi, (sudda) 민사사건
fuqarolik kodeksi, qununlar majmuasi 민법전
fuqarolik ma'suliyati 민사책임
fuqarolik nikohi, qonuniy nikoh 사실혼
fuqarolik qonunlarining asosiy tamoyillari 민사법의 기본원칙
fuqarolik qonunlarining qat'iy talab qilingan me'yorlari 민사상의 강행규정
fuqarolik sud jarayoni 민사소송
fuqarolik sudi 민사소송
fuqarolik sudi huquqi 민사소송법
fuqarolik, fuqarolikka oid 민사상의
fuqarolikka oid qonunchilik 민사법
fuqarolikni bekor qilish 국적상실
fuqarolikni olish va tugatilishi 국적의 취득 및 상실
fuqarolikning konstitutsiyaviy tamoyillari 평등한 국적의 헌법적 원칙
fuqaroni ishga layoqasiz deb tan olish xulosasi 금치산선고
fuqaroni ishga layoqati cheklangani haqidagi xulosa 한정치산선고
fuqaroni ishga layoqatsiz deb tan olish 금치산 선고
fuqaroni o'lgan deb e'lon qilish 사망선고
fuqaroviy huquqdorlik 민사상 권리능력
fuqaroviy javobgar, aybdor 피고
fuqaroviy munosabatlar ishtirokchilar tengligi tamoyili 민사관계당사자간의 평등의 원칙
fuqaroviy munosabatlar ishtirokchilarining tengligi 민사주체의 평등
fuqaroviy sud huquqdorligi 민사소송상 권리능력
fuqaroviy sud jarayoniga layoqat 민사소송상 행위능력
g'alamis, ig'vogar 교사범
g'arazli kelishuv, manfaatli bitim 쌍무계약
garov huquqi 담보권
garov puli haqida shartnoma 담보계약
garov puli, tovon 매입
garov pulini hibsga olish 공탁금 가압류
garovga qo'yilgan mulk 담보물
garovga qo'yilgan mulkni pullash 담보물의 매각
garovga qo'yilgan narsa, pul 공탁금, 담보
garovga qo'yuvchi 피담보권자
garovni ushlab turuvchi 담보권자
giyohvand moddalar noqonuniy savdosi 마약밀무역
giyohvand moddalar savdosi 마약밀매
gubernator 주지사
guberniya 주
gumashta, buyurtma to'plovchi vakil 외판원
gumondor, shubha ostiga olingan 피의자
gunohni engillatuvchi omillar 형의 경감사유
guvoh 증인
guvohlarni chaqirish haqida ariza berish 증인신청
guvohlarni so'roq qilish 증인 신문
guvohlik 증명, 증명서
guvohlik ko'rsatmalarini berish majburiyatidan ozod bo'lish 증언 의무면제
guvohlik ko'rsatmasi 증언
guvohnoma, vakolat 대표의 적법성을 증명하는 문서, 위임장
hakam 중재인
hakamlar sudi 중재
hakamlar sudi raisi 중재법원장
halollik, vijdonlik 신의성실
hamjihatlik tamoyili 만장일치의 원칙
hammualliflik 공저
haqi to'lanadigan har yillik ta'til 유급연차휴가
haqiqiy bo'lmagan bitim 무효인 거래
haqiqiy emas 무효
haqiqiy narx, baho 실거래가
haqiqiy umumiy istak, iroda 진의
har qanday huquqbuzarliklarga barham berish talabi 방해제거청구
har yillik 매년의
har yillik asosiy ta'til 연차휴가
harajatlar ro'yxati, smeta 견적

harakatsizlik, chora ko'rmaslik 무작위
harbiy holat tartibi 계엄
harbiy jinoyatchi 전범
harbiy jinoyatlar 전쟁범죄
harbiy xizmat 병역의무
havo transportining milliy tegishliligi 항공기 국적
havo yo'lidan tashish shartnomasi 항공운송 계약서
havodan yuk tashish 항공운송
havoga oid sug'urta 항공보험
hayotga qarshi og'ir jinoyatlar 생명에 대한 중범죄
hayotni sug'urta qilish 생명보험
hibs 가압류, 체포
himoya, muhofaza 보호, 수호
himoyachi 변호인 신청인, 출원인 (특허)
himoyaviy izoh 보호조항(계약서를 작성할 때 상호 위험을 줄이기 위해 개별 규정이 나 조항 등을 변경할 수 있게 해 놓은 조항)
hisob balansi 대차대조표
Hisob palatasi 회계감사원
hisob shakli 결제형태
hisobdagi mablag'ni hibsga olish 예금 가압류
hisobga oid 회계의
hisobga olinmaslik hodisasi 상계가 허용되지 않는 경우
hisob-kitoblar bilan tanishib chiqish huquqi 회계장부 열람권
hisobning ikkitalik tizimi 이중장부
hisobxona daftarlari 회계장부
hisobxona hisoboti 회계보고서
hokimiyat bo'linishi nazariyasi 권력분립이론
homiladorlik, tug'ish, bola parvarishi bo'yicha nafaqa 임신, 출산 및 육아 보조금
homiladorlikka ko'ra ta'til 임신휴가
hudud 지대, 지역
hududiy dengizning boshlanish joyi 영해기선
hududiy sudga tegishlilik 토지관할
hududiy ustunlik 영토고권
hujjatsiz qimmatli qog'ozlar 비설정증권
hujum qilmaslik tamoyili 불가침 원칙
hukm, hukmnoma 선고
hukumat iste'fosi 정부의 해산
hukumat qarori 정부령(政府領)
hukumat raisi 국무총리
hukumatga ishonmaslik 정부불신임
hukumatlararo 정부간의
hukumatlararo konferentsiya 정부간 회의
hukumatlararo qarzlar 정부간 차관
huquq (huquqlar) 권리, 법
huquq asosi 법원
huquq buzilishi 침해된 권리
huquq falsafasi 법철학
huquq muqobili 조리
huquq qonunchiligi 법적권리
huquq tarixiy maktabi 역사법학파
huquqdorlik 권리능력
huquqga oid atama 법률용어
huquqiy 법적인
huquqiy akt 법규명령
huquqiy asoslangan ish 권리, 의무의 발생, 변경 및 소멸을 의식하고 한 행동은 아니지만 결과적으로 법률변동을 가져온 행위
huquqiy harakat 적법행위
huquqiy harakat, akt 법령
huquqiy harakatlar 법률행위
huquqiy holat 법적지위
huquqiy ko'mak 법적조력
huquqiy kuch 법적효력
huquqiy ma'suliyat 법적책임(法的責任)
huquqiy majburiyat 법적의무
huquqiy manzil 법인의 등기법상의 주소지
huquqiy muhofaza 법적보호
huquqiy shaxs 법인
huquqiy tartib 법질서
huquqiy tartib va axloq asoslariga zid kelishuvlar 반사회질서의 법률행위
huquqiy voris 권리계승자
huquqiy vorislik 권리계승
huquqiy-me'yoriy harakat 법령
huquqni bekor qilish 권리의 소멸
huquqni boshqarish uslubi 법적해결방식
huquqni suiiste'mol qilish 권리남용
huquqni suiiste'mol qilish holatlariga yo'l qo'ymaslik 권리남용의 방지
huquqning depozitiv me'yorlari 임의규정
huquqning ta'qiq me'yorlari 금지규정
huquqshunos 법적인
ichki audit 사내감사
ichki ishlarga aralashmaslik tamoyili 내정 불간섭의 원칙
ichki suvlar (davlat chegarasidagi) 내수
identifikatsiyalangan mol 불특정물
idishi bilan og'irlik 총중량

idishsiz, sof og'irligi 순중량
idora ixtiyoridagi hakamlar sudi 관할중재법원
idora qaramog'idagi (재판)관할
ig'vogarlik, fitna 교사
ijara 임대
ijara haqqi 임대료
ijara shartnomasi 임대차계약
ijarachi 임차인
ijaraga beruvchi 임대인
ijobiy huquq 실정법
ijro etish, bajarish 이행, 집행
ijro etuvchi hokimiyat 행정부
ijro hujjati 집행문
ijro qog'ozini berishga ariza 집행명령서 교부신청
ijro varaqasi 집행명령문
ijroiy ishlab chiqarish haqidagi qonun 집행법
ijtimoiy nafaqa 사회연금
ijtimoiy nafaqalar 사회보조금
ijtimoiy qonunchilik 러시아 연방특별법
ijtimoiy ta'minot 사회보장
ikki baravar 이중의
ikki baravar boj tarifi 이중관세요율
ikki davlat fuqarosi bo'lish 이중국적
ikki kara soliq solish 이중과세
ikki kara sug'urta qilish 이중보험
ikki palatali tizim 양원제
ikki taraflama kelishish 상호합의
ikki tomonlama xalqaro bitim 양자간 국제계약
ikki tomonning aybi 쌍방과실
ikkilamchi ipoteka 이중담보 (하나의 부동산에 담보가 2 개 있는 것)
ikkilamchi shikoyat 이중제소
ikkitalik yozuv, qayd etish 이중기입
ilg'or soliq belgilash 누진과세
ilg'or veksel 환어음
iltimos huquqi 이의 신청권
immunitet 면책특권
imorat pasporti (hujjati) 건물대장
impichment 탄핵
import boji 수입관세
import depoziti 수입보증금
import kvotasi (me'yori) 수입쿼터
import litsenziyasi 수입허가증
import qilingan 수입의
import qilingan infilyatsiya 수입 인플레이션 (외화가 지나치게 많이 유입되거나, 수입물품에 대한 가격이 높아짐으로써 생기는 인플레이션)
imtiyoz 특혜
imtiyozli huquq 우선권
indamas, kamgap 암흑의
individual (shaxsiy) narsa 특정물
indossament 어음의 배서
indossant 어음의 배서인
indossat 배수양수인
inkoterms 인코텀스(incoterms, 국제무역 용어집)
insofli xaridor 선의취득자
insofsiz sohib 악의의 점유자
inson huquqlari 인권
inson huquqlari bo'yicha komitet 인권위원회
inson huquqlari bo'yicha parlament vakili 국회인권위원
inson huquqlari himoyasi 인권보호
inson huquqlari umumiy deklaratsiyasi 세계인권선언
inson huquqlarini hurmat qilish tamoyili 인권존중의 원칙
inson huquqlarini umum qadrlash tamoyili 인권존중의 원칙
inson huquqlarining konstitutsiyaga asoslangan kafolati 인권의 헌법적 보장
inson qadrini kamsitish 인산의 존엄성
insonning madaniy huquqlari 인간이 문화를 향유할 권리 (창작 활동 포함). 1948 년 인권선언 제 27 조에 규정되어 있다.
institute, tartib 제도
interventsiya, bosqinchilik, aralashish 개입, 간섭
interventsiyaga oid izoh 인플레이션 약정 (인플레이션의 경우 임금 및 가격을 조정한다는 약정)
intsest 근친상간
investitsiya qilayotgan kompaniyasi 투자회사
investitsiyaga oid bahslar, tortishuvlar 투자분쟁
investitsiyalar xavfi kafolati 투자위위험보증 (국가부분의 해위 투자의 위험을 국가가 보증해 주는 것)
ipoteka (ko'chmas mulk garovga qo'yiladigan qarz) 담보
ipoteka qarzi 부동산담보대출
iroda, istak ifodasi 의사표시
iroda, istak mustaqilligi, iroda erkinligi 사적 자치
irqiy va milliy ustunlik 인종적, 민족적 우월성
isbot majburiyligi 입증책임
isbot, dalil 증거
isbotdan ozod qilish 입증책임면제
isbotlash 입증
isbotlash tashvishi 입증책임
ish 케이스(건)
ish beruvchi,ishga oluvchi 사용자

ish haqi, maosh 임금
ish haqidan chegirma 임금압류
ish muomalasi odati 상관습
ish vaqti 노동시간
ish vaqtining davomiyligi 근로시간
ish, hatti-harakat, faoliyat 행위
ishbilarmonlik obro'si 사업적 명성
ishchi kuchi ko'chishi 노동력이동
ishchi, xodim xizmatchi 근로자, 종업원
ishchilar soni qisqarishiga ko'ra
ishdan bo'shatilish 정리해고
ishda bir necha da'vogarlar yoki javobgarlar ishtiroki 다수당사자 소송
ishda tiklanish 복직
ishdan bo'shash, ishdan bo'shatilish 해고
ishga joylashtirish 취업
ishga layoqatlilik 행위능력
ishga qabul qilishdagi sinash 인턴 (형법) 유예기간, (노동법) 실습
ishlab chiqarish harajatlari 생산비
ishni bamaslahat ko'rib chiqish 합의체 심리
ishni boshqa sudga o'tkazish 사건의 이송
ishni ko'rib chiqish bilan bog'liq chiqimlar 재판비용 (재판비용에는 인지대도 포함된다)
ishni ko'rish (sudda) kuni 변론 기일
ishni muhokama qilish 사건심리
ishni sudda muhokama qilishga tayyorlash 재판준비절차
ishni sudda ochiqcha ko'rilish 공개심리
ishonch asosidagi shirkat 합자회사
ishonch qog'ozi 위임장
ishonch qog'ozi beruvchi shaxs 위임자 (위임의 경우), 위탁자 (신탁의 경우)
ishonch qog'ozining bekor qilinishi 대리권의 소멸
ishonch yorlig'i 신임장
ishonchli boshqaruv 위탁관리
ishonchli boshqaruvchi 수탁자, 위탁관리인
ishonchli mulk 신탁재산
ishonchsiz reklama 허위광고
ishonchsiz vakil 기피인물
ishonib topshirish 복대리
ishtirokchi 사원, 유한회사의 사원
ishtirokchilar umumiy yig'ilishi 사원총회
ism huquqi 성명권
ismi yozilgan, birovga atalgan 기명의
ismni o'zgartirish 개명
issiq pullar 핫머니
iste'mol solig'i 소비세
iste'molchi ishtirokidagi shartnoma 소비자계약
iste'molchilar huquqini himoya qilish haqida qonun 소비자보호법
iste'molchilar huquqini muhofaza qilish 소비자권리보호
iste'molchilar huquqlarni himoya qilish 소비자권리보호
iste'molchilarni aldash 소비자 기만
ixtiro patentga loyiqligi shartlari 발명의 특허성 판단기준
ixtiro qilinganlik haqidagi ariza tekshiruvi 발명출원심사
ixtiro uchun patent 발명특허
ixtiro uchun patentga ariza berish 발명특허출원
ixtiro, kashfiyot 발명
ixtirochi 특허발명 발명자
ixtirolar federal fondi 러시아 연방 발명기금
izzat, obro', nomus, shon 명예
jabrlanuvchi - потерпевший 피해자
jahon sudi, tinchlantiruvchi sud 시군법원(법원 중 가장 낮은 등급의 법원)
jamg'arma mablag'ga badal 자본금 납입
jamg'arma mablag'idan ulush talab qilish 지분의 압류
jamiyat manfaatlari 공공의 이익
jamiyat mulki 저작권 보호기간이 종료됨으로써 사회적으로 자유롭게 이용할 수 있는 저작물
jamiyat nizomidagi mablag'ga hissa qo'shish majburiyati 자본출자의무
jamiyat ta'sischilari 발기인
jamiyatni boshqaruv organlari vakolati 회사이사의 권한
jamoa belgisi 단체표장
jamoa belgisi huquqi 단체 표장권
jamoa havfsizligi 집단안보
jarima 벌금
jarima 위약금
jarimani to'lash 위약금의 지불
javob cheklovlar 보복제한 (대응 제한)
javobgar 피고
jazo 처벌
jazo muddatini o'tashdan muddatdan oldin shartli ozod etish 가석방
jazoga hukm etilgan 법범죄
jazoni belgilash 형의 적용

jazoni og'irlashtiruchi holatlar 형벌 가중사유
jazoni yumshatish 형의 경감
jazoni yumshatuvchi holatlar 형벌감경사유
jazoning asosiy turlari 주형 (독립하여 그 형만을 선고할 수 있는 것)
jazoning qo'shimcha turlari 부가형 (물수 등과 같이 주형에 부가 하여서만 선고 할 수있는 것)
jentelmenlik kelishuvi 신사협정
jiddiy kamchilik 중대한 하자
jihoz, ashyo, mansublik, tegishlilik 종물, 부속물
jinoiy 형사상의
jinoiy daromadlarni qonunlashtirish 불법자금의 합법화
jinoiy ehtiyotsizlik 미필적 고의
jinoiy ish 형사사건
jinoiy ish qo'zg'ashni rad etish 불기소처분
jinoiy ishlarning sirtdan ko'rib chiqilishi 궐석재판(구속 피고인이 출정을 거부할 경우 피고인의 출석 없이 재판을 하는 것, 러시아 연방헌법 제 123 조 제 2 항에 의거 형사사건의 결석 재판은 영방 법률에 규정된 경우를 제외하고는 허용되지 아니한다)
jinoiy javobgarlik 형사상 책임
jinoiy sud jarayoni 형사소송
jinoiy tajovuz 범죄기도
jinoyat 범죄
jinoyat asosiy sababi 범행동기
jinoyat kodeksi 형법전(刑法典)
jinoyat sodir etilgan joy 범행 장소
jinoyat tarkibi 범죄의 구성요건
jinoyatchilik 범죄의 성립
jinoyatchini topshirish 범죄인 인도
jinoyatda sherik 종범
jinoyatdan ko'ngilli voz kechish 중지법
jinoyatga aralashish 공법
jinoyatga sheriklar 공범자
jinoyatga tayyorgarlik 착수의 실행
jinoyatlar oldini olish 범죄예방
jinoyatlar takroriyligi 재범
jinoyatni qilgan kishi 정범
jinoyatshunoslik 범죄학
jinsiy aloqa 간음
jinsiy xususiyatga ega zo'ravonlik harakatlari 성폭력
jismoniy majburlash 신체적 강압
jismoniy mashaqqatlar 신체적 고통
jismoniy shaxs 자연인
jismoniy shaxslar daromad solig'i 개인소득세
jismoniy shaxslar mulkiga soliq 개인재산세
joriy narx 시가
joy 장소
joylash, o'rash, upakovka 포장
juda ham keraklik 긴급 피난
juda qulay tuzum 최혜국대우
kafil 보증인
kafil, kafolat beruvchi shaxs 어음보증인
kafillik 보증인
kafillik, kafolat 보증
kafolat 보증
kafolat muddati 보증기간
kafolat shartnomasi 보증계약
kafolat xati 보증서
kafolatli kredit 피담보채권
kafolatli majburiyatlar 의무보증
kafolatli sug'urta 보증보험
kartel, birlashma 카르텔
kasbiy ittifoq 노조
kasbiy kasallik 직업병
kashfiyot mualliflgi 발명자권
kasodga uchraganda tanlangan boshqa- ruvchi 파산관재인
kasodga uchrash haqida qonun 파산법
kasodga uchrash jarayoni 차산절차
kassatsiya arizasi, shikoyat 상고
kassatsiya bosqichi 상고심
kassatsiya sudi 상고법원
kassatsiyaga oid, shikoyatga oid 상고의
katta huquqiy kuchga ega huquqiy-me'yoriy harakat 상위법령
kechikkan aktsept 지연된 승낙
kechiktirib olingan aktsept 연착된 승낙
kechiktirilgan foizlar 연체이자
kechiktirish 지체
keksalik nafaqasi 노인 연금
kelishilgan boj 합의관세
kelishilgan narx, baho 협정가
kelishilgan tarif 합의관세요율
kelishuv erkinligi 계약자유의 원칙
kema egasi 선주
kema egasining ma'suliyati 선주의 책임
kema harakati erkinligi 항해의 자유
kema identifikatsiyasi 선박증명서
kema jo'nagan joy 선박의 출발지
kema kapitani 선장
kema millati 선박의 국적
kema yuborilgan joy 선박의 도착지
kemada yuk tashish 용선
kemada yuk tashish bitimi 용선계약
kemada yuk tashish bozori 용선시장

kemada yuk tashish narxi 용선료
kemadan yetkazildi 착선인도조건
kemalar sug'urtasi 선박보험
kemalarni rasmiylashtirish 선박등기
kemani hibsga olish 선박가압류
kemani kiraga oladigan shaxs 용선자
kemaning bo'linmalaridan bir qismini yollash 일부용선
kemaning noqonuniy manzili 선박불법가압류
kemasozlik 소송
kim oshdi savdo 경매
kim oshdi savdo mollari 경매물건
kim oshdi savdo tadbirlari 경매규칙
kim oshdi savdosi g'olibi 경락인
kim oshdi savdosidagi baho 경매가
kim oshdi savdosini o'tkazuvchi kishi 경매인
kinosamentni topshirish 선하증권 발행
kirim-chiqim hisobi 손익계산서
ko'chirib bo'ladigan mol-mulk 동산
ko'chmas buyumlar 부동산
ko'chmas mulk solig'i 부동산세
ko'chmas mulkni rasmiylashtirish haqida qonun 부동산등기법
ko'chmas mulkni sotish shartnomasi 부동산 매매계약
ko'ngilli sug'urta 자발적 보험(의무보험의 반대)
ko'p fuqarolilik 다국적(多國籍)
ko'p sonli jinoyatlar 누범(累犯)
ko'p tomonlama kelishuv 합동행위
ko'p tomonlama xalqaro bitim 다자간 국제계약
ko'p tomonli 다자간의
ko'p tomonli shartnoma 다자간 계약
ko'pchilik ovoz 다수결
ko'rsatma berishni rad etish 진술거부
kodeks, qonunlar majmui 법전
kollegial tarkibda ishni ko'rib chiqish 합의체 심리
komissiya kelishuvi 위탁계약(법률행위 또는 사실행위를 타인에게 의뢰하는 것, 위임, 준위임, 주선, 운송, 신탁, 어음 등 여러 가지 법률관계의 기초를 이룬다)
komitet, qo'mita 위탁자
kommand birlashmasi 합자회사
kommandachilar 유한책임사원
konkurs, tanlov 경매
konosament 선하증권
konstitutsion huquq va erkinlikka daxl qilish ustidan shikoyat 헌법소원
konstitutsiya belgilangan ma'suliyat 헌법상책임 (헌법위반에 관해 국가 고위공무원이나 국가기관이 책임을 지는 것)
konstitutsiya qoidalarini buzish 헌법위반
konstitutsiya tuzumining himoyasi 헌법체제의 수호
konstitutsiyaga asoslangan adliya 헌법재판
konstitutsiyaga asoslangan monarxiya 입헌군주제
konstitutsiyaga asoslangan shikoyat 헌법소원
konstitutsiyaga asoslangan sud 헌법재판소
konstitutsiyaga asoslangan tuzum 헌법 체제
konstitutsiyaga oid 헌법의, 헌법상의
konstitutsiyaviy huquq va erkinlikning cheklanishi 헌법상 권리와 의무의 제한
kontinent huquq 대륙법(大陸法)
kontragent 계약상대방
konversiyalanadigan aktsiyalar 전환주식
konversiyalanadigan obligatsiyalar 전환사채
korxonani sotish shartnomasi 기업매각계약
kreditga oid 신용의
kreditni noqonuniy olish 불법대출
kreditor kechiktirishi 채권자 지체
kreditorlar talablarini qondirish 채권자 만족, 채무변제
kreditorlar yig'ilishi 채권자회의
kreditorlarga pul to'lash 채권변제
kriminalistik texnika 범죄기술
kroslangan chek 횡선수표.
kuch ishlatmaslik qoidasi 무력불사용의 원칙
kuch namoyishi 무력시위
kuch va kuch bilan tahdid qilishni ta'qiqlash tamoyili 무력사용금지의원칙
layoqatsiz 금치산자, 행위무능력자
likvidatsiya balansi 청산계산서
likvidatsiya dividentlari 청산배당
litsenziya asosida kelishuv 라이센스 계약
litsenziya asosidagi tizim 물품수출입의 국가허가 제도
litsenziya beruvchi 실시권자
litsenziya oluvchi 실시권 허용자
litsenziyaga oid shartnoma 실리권 합의, 라이센스 계약
litsenziyalash 라이센스 교부, 면허장,

허가장 교부
litsenziyali mukofot 로열티
litsenziyali passport 라이센스 관련 서류
litsenziyali savdo 노하우, 기술 및 특허권에 관한 국제무역
litsenziyali to'lovlar 라이센스 이용료
litsenziyaning bozor narxi 실시료의 시장가격
lokaut, ishchilarni ommaviy ishdan bo'shatish 근로자의 파업 및 지나친 임금요구에 맞서 대량해고 또는 직장폐쇄 또는 조직변경 등의 조치를 사업주가 취하는 것
lombard bahosi 중앙은행이 시중은행에 유가증권을 담보로 돈을 빌려줄 때 적용되는 공식이율
lombard qarzi 동산 및 은행에 저당된 유가증권을 담보로 금전을 빌리는 것
lombard ro'yxati 전당포에서 자금을 빌릴 때 러시아 은행에서 담보로 받는 국채의 종류
lombard, garovxona 전당포
lombardga oid 전당포의
longlashgan veksel 연기어음
ma'lum mansabga ega bo'lish huquqidan mahrum qilish 자격정지
ma'lum muddatga ozodlikdan mahrum bo'lish 유기 징역
ma'lum niyat 확정적 고의
ma'muriy 행정의
ma'muriy akt 행정명령
ma'muriy hudud 행정구역
ma'muriy huquq 행정법
ma'muriy huquq 행정재판관할권
ma'muriy huquqbuzarlik 행정법규 위반
ma'muriy jarayon 행정절차
ma'muriy jarima (행정상 부과되는) 벌금
ma'muriy ma'suliyat 행정상 책임
ma'muriy sud 행정법원
ma'muriy sud jarayoni 행정소송
ma'naviy zarar 정신적 손해
ma'qullash, quvvatlash 추인
ma'suliyat sug'urtasi 책임보험
ma'suliyat, javobgarlik 책임
ma'suliyatdan ozod qilish 면책
ma'suliyatdan xalos qiluvchi holatlar 면책사유
ma'suliyatsizlik tufayli yetkazilgan ziyonni qoplash 채무불이행에 기한 손해배상
mablag' ko'chib o'tishi 자본이동
mablag' sarflash 투자
mablag' sarflovchi 투자가
mablag'dan daromadga soliq 자본세
mahalliy 지방의
mahalliy boshqaruv 지방자치
mahalliy byudjet 지방예산
mahalliy litsenzion yig'inlar 시정부 허가수수료
mahalliy o'z-o'zini boshqaruv harakatlari 조례
mahalliy referendum 주민투표
mahalliy soliq va yig'inlar 지방세 및 징수금
mahkumlarni topshirish 범죄자 인도
mahrum bo'lish 상실, 취소
mahsulot havsizligi 제조물 안전
mahsulot, samara, natija 과실
mahsulotlardan iborat mulk 현물
mahsulotli soliq 현물세
mahsulotni bo'lish bitimi 생산물분할 협정
majburijatni etarli darajada bajarmaslik 채무불완적이행
majburiy alohida bo'lmagan litsenziya 비배타적 강제실시권
majburiy bajarish 상제집행
majburiy ijro uchun ijro varaqasi 강제집행명령문
majburiy mehnat 강재노역
majburiy sug'urta 의무보험
majburiyat 의무
majburiyat huquqi 채권법
majburiyat huquqining umumiy qismi 채권총칙
majburiyat, va'da 채무
majburiyatlar ijrosi 의무의 이행
majburiyatlar ijrosini ta'minlash 채무이행보전
majburiyatlar to'xtatilishi 채무소멸
majburiyatlarni bajarish orqali tugatish 이행에 의한 재무소멸
majburiyatlarni bajarish, ijro etish 채무의 이행
majburiyatlarni bajarmaslik haqida rad javobi 의무이행의 거절
majburiyatlarni bo'lib-bo'lib bajarish 채무의 불완전이행
majburiyatlarni hisob qilish bilan tugatish 상게에 의한 채무소멸
majburiyatlarni mahsulot bilan bajarish 원상의무이행
majburiyatlarni mahsulotlar bilan bajarishga hukm qilinish 원상복귀명령
majburiyatlarni qarshi bajarish 동시이행
majburiyatlarni tugatish 채무의 소멸
majburiyatni bajarishni talab qilish huquqi 의무이행 청구권
majburiyatni bajarmaslik

javobgarligi 채무불이행 책임
majburiyatning bajarilmasligi 채무불이행
majburiyatning muddatdan oldin bajarilishi 채무조기이행
major tanlash tizimi 다수대표제 (한 선거구에서 다수 득표자만을 당선자로 하는 제도)
malakali huquqshunos yordamini olish huquqi 법률구조를 받을 권리
mamlakatni himoyalash burchi 국가수호의무
manbaa, asos 근원, 원천
manfaatdor shaxs 이해 당사자
mansabni suiste'mol qilish, mansabga oid jinoyat (권력 남용, 뇌물 공여 및 수뢰 등의) 공무원이 행한 범죄
markaziy bank raisi 중앙은행총재
marketing harajatlari 마케팅 비용
mastlik holati 환각상태
maxfiy kelishuv 담합
maxfiy kelishuv 밀약
maxfiy ma'lumot 기밀
maxsus huquqlardan mahrum bo'lish (사냥, 무기소지, 운송수단에 대한 면허) 등의 취소
maxsus idoraga mansublik 특별관할
maxsus litsenziya 전용실시권
maxsus, alohida, favqulodda 배타적인, 특별한
mayda bezorilik 행정법규위반행위, 경범죄
mehnat arbitraji 노동중재
mehnat daftarchasi 근로자평정서
mehnat haqidagi qonunlar kodeksi 러시아 영방 노동법전
mehnat haqining eng kam miqdori 노동최저임금
mehnat huquqi 노동법
mehnat majburiyati 노동의무
mehnat musobaqalari huquqi 노동쟁의권
mehnat shartnomasi 근로계약
mehnat shartnomasini bekor qilish 근로계약의 해지
mehnatga oid 노동의, 근로의
mehnatga oid bahslar bo'yicha komissiya 노동분쟁위원회
mehnatga oid huquq manbasi 노동법의 법원
memorandum, bayonnoma 의정서 (위교), 의향서 (무역)
meros 상속(相續)
meros huquqi 상속권(相續權)
meros olish izchilligi 상속순위
meros olishdagi vasiy 유언 집행인
meros qoldiruvchi 피상속인
meros va tortiq qilingan mulkka soli- nadigan soliq 상속증여세
merosdagi lozim bo'lgan ulush 유류분 (일정한 상속인을 위하여 법률상 마땅히 유보해 두지 않으면 안되는 유산의 일정 부분)
merosdan voz kechish 상속의 포기
merosiy mol-mulk 상속재산
merosni e'lon qilish joyi 상속개시지
merosni qabul qilish 상속의 승인
merosxo'r 상속인
merosxo'rlik huquqi 상속권
merosxo'rlik, meros olish 상속
migratsiya, ko'chish 이주
mihim narsa va buyum 주물과 종물
mijozlar talablarini yig'ish 고객설문조사
milliy davlat 민족국가
milliy tegishlilik 국적
milliy teng huquqlik 민족평등
milliy xususiyatni yo'qotmoq 사유화
milliylashtirish 국유화
mintaqaviy litsenziyali jamg'armalar 주정부허가수수료
mintaqaviy soliqlar 주정부세
miting, namoyish 정치집회
moddiy ma'suliyat 물적 책임
moldagi kamomad 물품의 하자
moliyalashtirish manbai 재원
moliyaviy ijara (lizing) 리스
moliyaviy ijara (lizing) shartnomasi 리스계약
moliyaviy yil 회계연도
mol-mulk 재산
mol-mulk daxlsizligi 소유권 불가침
mol-mulk huquqi 소유권
mol-mulk musodarasi 몰수, 범죄와 관계있는 일정한 물건을 박탈하여 국고에 귀속시키는 처분.
mol-mulk ro'yxati 압류재산목록
mol-mulk solig'i 재산세
mol-mulk sug'urtasi 재산보험
mol-mulkka etkazilgan zarar 재산상 손실
mol-mulkka oid 재산의
mol-mulkka oid bo'lmagan huquq 비재산권
mol-mulkka oid huquqlar 재산권
mol-mulkni baholash 재산평가
mol-mulkni bo'lish 재산의 분할
mol-mulkni davlat hisobiga o'tishi 재산의 양도
mol-mulkni hibsga olish 재산가압류
mol-mulkni hisobga olib, ro'yxat qilish 재산목록
mol-mulkni ishonchli boshqaruv

shartnomasi 신탁계약
mol-mulkni pullash 재산의 매각
mol-mulkni qiymatini to'lash sharti bilan davlat ixtiyoriga olish 징발 (국적 비상상황에서 사회의 이익을 위해 필요하다고 판단될시 국가기관의 결정에 의해 재산에 대한 비용을 지불하고 소유자로부터 재산을 징발하는 것)
molni alohida-alohida yetkazish 분할이행계약
monopolistic birlashma 재벌, 컨글로메릿
muallif 저자, 발명자
muallif axloqiy huquqlari 저작인격권
mualliflar mulkiy huquqi 저작재산권
mualliflarning shaxsiy nomulkiy huquqlari 저작인권
mualliflik haqidagi qonun 저작권법
mualliflik huquqi 저작권
mualliflik huquqi 저작권, 발명자권
mualliflik shartnomasi 저작권계약
muddat hisobining boshlanishi 기산
muddatdan oldin ozod etish 가석방
muddatli veksel 정기불 어음
muddatni hisoblash 기간의 산입
muhokama qilish 심리
muhokama qilish, sudda ishni ko'rish 심리
mukofot olish huquqi 보상권
mukofot, mukofotlash 보수, 보상
mulk daxlsizligi tartibi 소유권불가침의 원칙
mulk huquqini topshirish 소유권양도
mulk huquqining o'zgaga o'tishi 소유권이전
mulk jo'natilgan joy qonuni 목적지법
mulk qismiga chegirma 일부재산의 압류
mulk tarzidagi omonat 현물출자
mulkdor 소유권자
mulkdorlik huquqi 물권
mulkdorlik huquqi tugatilishi 소유권의 소멸
mulkiy badalni to'lash majburiyati 재산출자의무
mulkiy qarz 물적담보대출
mulkka egalik huquqidan voz kechish 소유권의 포기
mulkka oid omonatlar haqida shartnoma 현물출자계약
mulkni davlat ehtiyojlari uchun majburiy musodara qilish 국가의 재산 강제수용
mulkni davlat hisobiga musodara qilish 재산의 국고귀속 (=몰수)
munitsipal korxona 지방자치단체 기업
munitsipal mahalliy jamg'arma 지방세
munitsipal obligatsiyalar 지방채
munitsipalitetga qarashli mulk 지방자치단체 소유
muntazam ustama uslubi 단수감가상각
muomala harajatlari 유통비
muqobil 선택의, 대체의
muqobil bo'yicha fuqaro qonunlarini tadbiq etish 민법의 준용 (유추적용)
muqobil fuqarolik xizmati 대체복무
muqobil majburiyatlar 선택채무
muqobil maqsad, ikkilamchi bir yo'l 택일적 고의
muqobilni tadbiq etish 유추해석
murdani ko'zdan kechirish 부검
murosaga keltirish choralari 조건절차
murosaga keltiruvchi kelishuvda sud ha- rajatlarining taqsimlanishi 화해한 경우의 소송비용 분담
murosaga keltiruvchi sud'ya 시군법원 판사
musobaqa printsipi 당사자주의(當事者主義: 형사 소송법상, 법원이 소송의 주도권을 당사자에게 주는 소송 형식)
musodara, talab 압류
mustaqillik 독립
mustaqillik 주권
mustaqillik huquqi 주권적 권리
musulmon huquqlari 이슬람법
mutanosib saylov tizimi 비례대표제 (당의존재를 전제로 하고, 정당의 득표수에 비례하여 의원을 선출하는 선거제도. 다수 대표제와 소수대표제의 결점을 보완하기 위한 장치로서 자유주의적 대의제로부터 정당 국가적 장치로 발달하면서 비례대표제가 많이 채용되고 있다)
mutanosib soliq belgilash 비례과세
mutlaq 절대적인
mutlaq hukumronlik 절대군주정
mutlaq huquq 절대적 권리
mutlaq ko'pchilik 절대적 다수대표제 (프랑스 등 채택)
muvaqqat ishchilar 계약직 노동자
muxtor viloyat, hudud 자치주
nafaqa ta'minoti 연금보장
namoyish 시위
namoyish, olg'a yursh 행진
namuna bo'yicha sifat 물품의 견본을 선정해서 물품의 품질을 정하는 계약조건
namunaviy bitim 전형계약

Napoleon kodeksi 나폴레옹 법전
narsani olib qolish 물건의 압류
narsani topganda mukofot 유실물 습득자에 대한 보상
narxni to'lash 대금지급
narxni to'lashni kechiktirish 대금지급 연체
nazorat 재심
nazorat kengashi, direktorlar kengashi 이사
nazoratdagi uyushma 타회사가 대주주로 되어 있어 그 지배를 받는 회사
nihoyasiga yetkazilgan jinoyat 기수
nihoyasiga yetmagan jinoyat 미수
nikoh 혼인
nikoh shartnomasi 혼인계약서(혼인당사자들이 혼인 과 이혼 시 부부의 재산상의 권리와 의무를 규정한 문서)
nikohdan o'tish 혼인
nisbatan ko'pchilik 상대적 다수대표제
nisbiy huquq 상대적 권리
niyat, qasd, g'araz 고의
nizom 정관
nizomdagi mablag' hajmining o'zgarishi 자본의 변경
nizomdagi mablag' kamayishi 자본의 감소(감자)
nizomdagi mablag' oshishi 자본의 증가 (증자)
nizomdagi maqsad 설립목적
nizomning o'zgarishi 정관의 변경
noaniq niyat, fikr 불확정적 고의
nogironlik nafaqasi 장애인연금
noma'lum sababga ko'ra kelmagan 실종자(失踪者)
noma'lum sababga ko'ra kelmaslik 실종(失踪)
nomoddiy boyliklar 인격권
noqonuniy 불법의
noqonuniy bank faoliyati 은행의 불법행위
noqonuniy davolash 불법의료행위
noqonuniy hibsga olish 불법억류
noqonuniy mol chiqarish 불법반출
noqonuniy ovchilik 밀렵
noqonuniy tadbirkorlik 불법영업
noqonuniy xatti-harakatlar 불법행위
norozilik huquqi 파업권
notarial guvohnomadan asosiz bosh tortish 공증의 부당한 회피
notarial tasdiq 공증
notariat 공증사무소
notarius 공증인
notarius depoziti 공증사무소 공탁
notarius tasdiqlagan ishonch qog'ozi 공증위임장
notarius tasdiqlagan ishonch qog'ozi 공증위임장
notavon, e'tibori yo'q odam 미효
notijorat mollari 비영리목적의 물품(세관을 통과할 때 관세를 물지 않는 물품)
notijorat tashkilot 비영리단체
nuqsonlarni yo'q qilish 하자보수
o'g'irlash, talash, talonchilik 절도죄
o'g'rilik, talonchilik, o'g'irlash 절도
o'lim 사망
o'lim jazosi 사형
o'rmon zahiralaridan foydalanish to'lovlari 산림이용료
o'rta og'irlikdagi jinoyat 5 년 이하의 징역에 처하는 범죄
o'rtacha ish haqi 평균임금
o'rtacha maosh saqlanish sharti bilan har yillik ta'til 유급휴가
o'rtoq 조합원
o'smaydigan, to'planmaydigan divid- end 비누적적배당(우선주식에 대하여 당해 연도의 이익으로서 배당을 할 수 없는 경우 그 부족액을 차기 영업연도의 이익으로서 누적적으로 배당을 하지 않는 것)
o't qo'yish, yong'in 방화
o'ta kuchli infilyatsiya 초인플레이션
o'ta og'ir jinoyat 중죄(10년 이상 징역)
o'ta zarurlikning oshib ketishi 과잉피난(過剩避難)
o'tgan vaqt uzoqligi, muddat 시효
o'tkaziladigan yozuv 배서
o'tkaziluvchi va oddiy veksel haqida qonun 어음법
o'tkazish dalolati (권리의무) 양도증서
o'yinlardan keladigan daromad solig'i 오락사업세
o'z joniga qasd qilishgacha olib boorish 위험, 냉대 및 인간적 존엄을 떨어
o'z nomzodiga e'tiroz bildirish haqidagi bayonot 회피 신청
o'zaro bog'liq huquqlar 저작인접권
o'zaro sug'urta 상호보험
o'zboshimcha qurilish 무허가 건축물
o'zga sharoitga taklif aktsepti 변경을 가한 승낙
o'zgartirish, o'zgarish 변경
o'z-o'zini boshqarish 지방의
ob'ekt 대상, 객체
ob'ektlar qayd etilgan mamlakat qonuni 국적소속국법
obligatsiyaga oid sertifikat 채권증서
obunachi-aktsiyador 공무주주 (일반

모집을 통해 주주가 된 자)
ochiq 공개의
ochiq dengiz 공해
ochiq havo bo'shlig'i 영공
ochiq litsenziya 공개 실시권
ochiq savdo 공개경매
ochiq sud majlisidagi ish 공개사건
ochiq tanlov 공개입찰
odat 관습
odatiy aktsiyalar 보통주
odatiy huquq 관습법
oddiy 정박
oddiy aktsiya 보통주(의결주)
oddiy birlashma 조합
oddiy shirkat shartnomasi 조합계약 (법인 설립 없이 각 조합원들이 출자를 해서 성립)
oddiy veksel 약속어음
oferenta 청약자
oferta taklif 청약의 유인
ofertani bekor qilish haqidagi xabar 청약철회의 통지
og'ir huquqbuzarlik 중대한 법규위반 (10 년 이하의 징역)
og'ir shartli bitim (사기, 강박에 의한) 하자있는 의사 표시
og'zaki ko'rib chiqish yakuni 변론종결
og'zaki muhokama 구두심리
og'zaki taklif 구두청약
ogohlantiruvchi belgi 경고표시
oilaviy huquq 가족법
oilaviy kodeks 가족법전
Oily arbitraj sudi 최고중재법원
oily sud 러시아 연방 대법원
ojiz holat, ojizlik 항거불능의 상태
oldin foydalanish huquqi 선사용권
oldindan ta'minlash choralari 가처분
oldindan taxmin qilingan bitim buzilishi 이행기전 계약위반
oldi-sotdi shartnomasi 매매계약
olib chiqiladigan mukofot 수출보조금
olib chiqish boj to'lovi 수출관세
Oliy patent palatasi 러시아 연방 대법원 특허부
oluvchi, qabul qiluvchi 수취인
oluvchining nomi yozilgan aktsiya 기명주
oluvchining nomi yozilgan chek 기명수표
oluvchining nomi yozilgan obligatsiya 기명채권
oluvchining nomi yozilgan qimmat qog'oz 기명증권
omborda saqlash shartnomasi 창고임차계약
ombudsmen 옴부즈맨
ommaviy axborot erkinligi 언론매체의 자유
omonatchi 유한책임사원
omonatni hibsga olish 예금가압류
opponent, muholif 상대방
oraliq tugatish balansi 중간청산계산서
original sug'urtachi 원보험 계약자
oshkora bitim 낙성계약 (누구에 상관없이 계약을 맺어야 하는 계약 (소매 등)
oshkora hisobot 보고서
oshkora savdo 공매
oshkoralik tamoyili 공개재판의 원칙
ota-onalik huquqidan mahrum bo'lish 친권상실
ota-onalik huquqlarining cheklanishi 친권의 제한
ovoz beradigan aktsiyalar 의결권주
oxirgi bahosi 청산배당액
ozod bo'lish 해방, 면제
ozodlik, emansipatsiya 16세 이하의 미성년자가 부모, 후견인의 동의 또는 법원의 결정으로 행위능력자로 인정되는 것
ozodlik, erkinlik 자유
ozodlikdan mahrum etish 징역
ozodlikdan umrbod mahrum etish 무기징역
parlamentda ko'rib chiqish 국회청문회
parlamentda o'qib chiqish 법안심의
parlamentga oid immunitet 국회의원 면책특권
partiya tizimi 정당제도
parvozlar ta'qiqlangan hudud 비행금지구역
patent berish haqidagi ma'lumotlarni chop etish 특허출원공고
patent berishda rad javobi 특허출원 거절
patent berishga talabnoma 특허출원
patent boji 특허료
patent boshqarmasi apelyatsiya palatasi 특허청 항소위원회
patent egasi 특허권자
patent huquqi 특허권
patent olish 특허취득
patent olishga ariza berish 특허출원
patent qonuni 특허법
patent ta'sirini tugatish 특허의 무효
patent topshirish 특허부여
patentga oid ishonchli vakilga qo'yilgan talablar 변리사 자격요건
patentga qodirlik shartlari 특허성 판

단기준
patentli ishonchli vakillar haqidagi nizom 변리사법 시행령
patentli vakil 변리사
patentni yon bosish haqida shartnoma 특허양도계약
patentning buzilishi 특허침해
patronaj, yordam ko'rsatish 성년인 권리능력자가 자신의 건강 산의 이유로 자신의 권리와 의무를 수행할 수 없을 때 후견인을 두는 행위
pensiya, nafaqa 연금
pora berish 뇌물공여
port 항구
portdagi jamg'arishlar 항구이용료
predmet, narsa buyum 대상
prezident daxlsizligi 대통령 불체포특권
prezident farmoni 대통령령
prezident farmonlari va ko'rsatmalari 대통령령 및 포고
prezidentning lavozimidan voz kechishi 대통령 탄핵
printsip, tamoyil 원칙
prokuratura 검찰
protsessual iqtisod tamoyili 소송경제의 원칙
pudrat 도급
pudrat shartnomasi 도급계약
pudratchi 도급인
pul bilan ta'minlash ma'suliyati 1. 연대책임 2. 보증채무(주채무와 동일한 용을 지난 종속한 채 무로서 주채무를 담보하는 작용을 하는 것이다. 채권자가 보증인에게 청구를 할 때는 보증인은 먼저 주채무자에게 청구하라고 항변할 수 있고 또한, 보증인은 주채무자의 별제자력이 있는 사실 및 그 집행이 용이함을 증명하여 먼저 주채무자의 재산에 대하여 집행할 것을 항변할 수 있다)
pul ma'suliyati 금전채무
pul majburiyati bo'yicha talablarni qoplash izchilligi 금전채무변제순위
pul majburiyatini bajarmaslik uchun javobgarlik 금전채무불이행 책임
pul mukofot 금전보상
qadr-qimmat, baho, obro'-e'tibor 가치, 존엄
qalam haqi 보수
qalbaki pul yasovchi 화폐위조
qamoqqa olmoq 구류(수형자의 신체적 자유를 박탈하는 자유형 중 가장 경한 형벌 1 일 이상 30 일 미만으로 한다. 주로 경범죄에 과함)
qamoqqa saqlash 구금(도만 또는 증거인멸을 방지할 목적에서 피고인, 피의자를 교도소 또는 구치소에 구속하는 것)
qaror 판결
qaror chiqarish kuni 판결일
qaror ijrosi 판결의 집행
qarovsiz hayvonlar 주인 없는 동물
qarshi ayblov 쌍방과실
qarshi da'vo 반소
qarshi reklama 사죄광고
qarshi ta'minot 담보
qarshi ta'minotni taqdim qilish 담보제공
qarshi taklif 반대청약
qarshi talab hisobi 상계
qarz beruvchi 대주
qarz beruvchi 임대인
qarz beruvchi 채권자
qarz beruvchi tashkilot 신용기간(러시아 연방 중앙은 행의 허가를 받아 은행업무 등을 행하는 법인)
qarz kitobi 외상장부(특히 소매상)
qarz olish shartnomasi 소비대차계약
qarzdor 차주
qarzdor 채무자
qarzdor to'lovni kechiktirishi 채무자지체
qarzdorlar va qarz beruvchining bir shaxsligi 혼동 (서로 대립하고 있는 두 개의 법률적 지위나권리, 의무가 동일인에게 귀속하는 것
qarzdorning zararni qoplashga majburligi 손해배상책임
qarzlarni qoplash, to'lash 부채의 충당
qarzni boshqa shaxsga ko'chirish 채무이전
qarzni kechirish 채무면제
qarzni talab qilish 외상 또는 물품대금 변제요구
qarzni tan olish 채무승인
qarzni to'lay olish 신용도
qasam, qasamyod 선서
qasd qilish, tajovuz 침해
qasddan kasodga uchrash 고의부도
qasddan kasodga uchrash 고의 부도
qasddan o'ldirish 살인의 고의
qasddan qilingan harakatlar 고의행위
qasddan soxta reklama 사기광고
qat'iy izoh 해상운송계약의 조건 중 하나로서 선주는 항구에서 선적 또는 운송시 얼음 또는 빙하로 상황이 안 좋을 경우 용선계약을 해제할 수 있는 권한을 표시한 단서조항
qat'iy talab qilingan me'yorlar 강행규정(強行規定)
qayd qilish, rasmiylashtirish 등기,

등록
qayta moliyalashtirish miqdori 재할인율
qayta sug'urta qilish 재보험
qayta sug'urtalash haqida shartnoma 재보험계약
qidirib topish 예비
qimmat qog'ozlar bozori haqidagi qonun 유가증권법
qimmat qog'ozlar chiqarilishi 유가증권 발행
qimmat qog'ozlar egasi 증권소지인
qimmat qog'ozlar solig'i 증권거래세
qirg'oq bo'yidagi davlat 연안국
qisman bajarish 채무의 불완전이행
qisman yetkazib berish 일부인도
qisqa muddatli 단기의
qisqa muddatli majburiyatlar 단기채무
qisqa muddatli veksel 단기어음
qizil kitob 러시아 연방 백서
qizil narx, eng baland narx 매도인 및 매수인을 모두 만족 시키는 가격 (적정가)
qo'lga kiritilgan aktsiyalar soni 취득 주식수
qo'llaniladigan huquq 준거법
qo'llash bo'yicha yo'riqnoma 사용설명서
qo'riqlash 피켓팅 (스트라이크를 할 때에 쟁의 중인 근로자가 스트라이크를 중단시키기 위하여 다른 근로자들이 대신 취업한다거나 동료 근로자가 중 탈락자가 생겨 스트라이크 중 취업하는 것을 말고, 또 한, 고객 및 거래처의 출입을 저지하기 위하여 공장, 사업장 및 상점 등의 입구부근에 감시선 (피케팅 라인)을 치는 것을 말한다)
qo'shilish huquqi 결사권
qo'shilish shartnomasi 부합계약, 보통거래약관
qo'shiluv, birlashish 인수
qo'shimcha aktsiyalar chiqarilishi 신주의 발행
qo'shimcha dalillar 간접증거
qo'shimcha daromad 간접소득
qo'shimcha import 간접수입
qo'shimcha mukofot 추가할인, 보험할증
qo'shimcha narxga soliq 부가가치세
qo'shimcha olib kirish boji 추가수입관세
qo'shimcha soliqlar 간접세
qo'shimcha tekshiruv 보충 검정
qo'shimcha, ilova 계약의 보충
qo'shma faoliyat haqida shartnoma 합작계약
qo'shma mulk 공동소유
qog'oz kompaniya 페이퍼컴퍼니
qog'oz pullar 지폐
qoidalar to'qnashuvi 법률의 저촉(형식상 혹은 사실상 다른 몇 개의 법이 동시에 동일한 법률관계를 지배하는 것과 같은 외관을 보이는 것으로 시간적인 저촉과 장소적 저촉이 있다. 전자를 해결하는 방법이 국제법이고, 후자를 해결하는 법 중 가장 주요한 것이 국제사법이다. 법률의 저촉이란 말은 주로 국제 사법상에서 쓰이며, 국제사법의 별칭으로 쓰이는 경우가 적지 않다. 영미에서는 이 명칭이 보편적이다.
qonli qasos 피의 복수 (현재 러시아 연방의 북카프카스인들 사이에는 아직 이런 관습이 남아있다. 살해된 자의 친척은 살해자 또는 그 친척에 복수를 할 의무가 있다.)
qonun 법률(法律)
qonun chiqarish jarayoni 입법절차
qonun chiqarish tashabbusi 법률안제출
qonun chiqaruvchi hokimiyat 입법부
qonun chiqaruvchi organlar 입법기관
qonun kuchi 법적 효력
qonun loyihasi 법률안
qonun loyihasini o'qish 법안심의
qonun muqobili 유추
qonun va sud oldida barchaning tengligi 법 앞의 평등
qonun va sudga hurmat bilan munosabatda bo'lish 법존중
qonunbuzarlikning oldini olish 권리침해의 예방
qonunchilik 법령(법률 보다 더 넓은 개념)
qonunchilikdagi kamchilik 법의 흠결(공백)
qonunga tegishli harakat 하부법령
qonunga to'g'ri kelmaydigan faoliyat, qonunbuzarlik 불법행위
qonuniy huquqlarni suiiste'mol qilish 소송권남용
qonuniy jarima 법정위약금
qonuniy manfaatlar 법으로 보호 받는 이익, 법적이익
qonuniy munosabat 법률관계
qonuniy tashabbus huquqi 법률안제출권
qonuniy vakil 법정 대리인
qonuniylik 정통성
qonuniylik tartibi 죄형법정주의
qonuniylik, qonunga muvofiylik 합법

qonunlashtirmoq 1. 합법화 2. (영사) 인증
qurib, kalitini topshirish shartnomasi 턴키 계약
qutqaruv shartnomasi 해난구조계약
rad etish, voz kechish 거절, 포기
rahbar, boshliq 대표
rais 장, 수장
raislik qiluvchi sudya 주심 판사
raqobat chiqimlari 경쟁비용 (지나친 광고 등으로 인한 비용)
raqobat haqida qonun 경쟁법(독과점 금지법)
raqobatni cheklash 경쟁의 제한
rasmiy chop etish (법령 등의) 공포
rasmiy iltimos 신청
rasmiy tekshiruv 방식심사 (특허출원 심사 방식 중 하나)
rasmiy til 공용어
rasmiylashtirish tushimi 등록세
rasmiylashtiruvchi tashkilot 등기소
real zarar 실질손실
referat 요약서
regress, orqaga ketish, inqiroz 구상
regressive soliq solish 역진과세
rejalar haqida shartlashish 의향서
reklama 광고
reklama agentligi 광고 대행사
reklama solig'i 광고세
rekvizit, anjomlar 기재사항
renta shartnomasi 사용대차계약
rentani oluvchi 대주
rentani to'lovchi 차주
ruhiy rivojlanishda orqada qolish 정신지체
ruhiy xastalik 심신상실
ruxsat berilgan, litsenziyalangan 라이센스의, 실시권의
ruxsatnoma, litsenziya 라이센스, 면허
sababsiz kelmaganlikni e'tirof etish qarori 실종선고
safar sayyohligi 해외여행
sana 일자, 날짜, 날, 시일
sanoat mulki 산업재산권
sanoat mulki huquqi 산업재산권
sanoat mulki ob'ektlari 산업재산권 객체
sanoat mulkini muhofaza qilish bo'yicha Parij konventsiyasi 산업재산권보호에 관한 파리협약
sanoat namunasi, andazasi 의장
sanoat namunasiga patent 의장특허
sanoat namunasiga patent berish da'vosi 의장등록출원
sanoat namunasining muallifi 의장발명자
sanost namunasiga ariza 의장출원
saqlash harajatlari 임치료, 보관료
saqlash shartnomasi 임차계약
sariq majburiyat, kelishilgan majburiyat 근로자가 입사 시 노조에 가입하지 않겠다는 것을 회사와 약속하는 계약서, 동계약서를 작성하는 것은 불법행위로 무효임
savdo agenti 에이전시, 대리업, 대리점
savdo harajatlari 영업비용
savdo solig'i 판매세
savdo to'siqlari 무역장벽
savdoda yutgan shaxs 경락인
savdo-sanoat palatasi 상공회의소
savdo-sotiq 경매 및 입찰의 총칭
savdo-sotiq 매매
saylanish huquqi 피선거권
saylanish, saylash 선임, 선출
saylash garovi 출마공탁금 (선거에 출마하기 의해 일정금액을 공탁하는 것)
saylash huquqi 1. 선거법, 2. 선거권
saylov kompaniyasi 선거운동
saylovga oid 선거의
sayohat cheki 여행자수표
sayyohlik cheki 여행자수표
sertifikatlash sharti 강제인증서
shahar dumasi 시의회
shakl 형태, 방식
sharob monopoliyasi 주류 전매권
shartlashayotgan dalillar 협약국
shartlashuv, bitim, kelishuv 합의
shartli ayblov 집행유예
shartnoma 계약
shartnoma asosida belgilangan tarif 협정요율
shartnoma bajarilgan hudud qonuni 계약이행지법
shartnoma kuchi 계약의
shartnoma tuzilgan hudud qonuni 계약채결 지법
shartnoma tuzish taklifi 청약
shartnoma, bitim, kelishuv 협정
shartnomada ko'rsatilgan narx 계약자
shartnomaga oid intizom 적합한 계약이행
shartnomaga oid ma'suliyat 계약이행책임
shartnomaga oid sudda ko'rishishi 합의관할
shartnomaga qo'shimcha, ilova 계약의 보충
shartnomani bekor qilish 계약의 해제
shartnomani bekor qilish haqida

aytish huquqi 계약해제권
shartnomani bekor qilish haqidagi ariza, bayonot 계약해제의 의사표시
shartnomani jiddiy buzilishi 중대한 계약위반
shartnomani o'zgartirish 계약의 변경
shartnomani o'zgartirish yoki bekor qilish 계약의 변경 또는 소멸
shartnomani tugatish 계약의 해지
shartnomaning bajarilmasligi 계약불이행
shartnomaning buzilishi 계약위반
shartnomaning haqiqiyligi 계약자체의 효력
shartnomaning taxminiy shartlari 전형 계약
shaxs obro'si, qadr-qimmati 개인의 존엄
shaxsiy daxlsizlik 사생활불가침
shaxsiy hayot daxlsizligi 사생활 불가침
shaxsiy qonun 본국법
shaxsiy sug'urta 사보험
sherik 공동소송인
shikoyat arizasini berish 항소(抗訴)
shikoyat etuvchi 항소인(抗訴人)
shikoyat qilish, arz qilish 이의신청
shikoyat, (tovar sifatsizligiga) 클레임(claim: 무역 등 상품 거래에서, 상품의 수량·품질·포장 등에 위약(違約)이 있을 경우, 매주(賣主)에게 손해 배상의 청구나 이의를 제기하는 일. 구상(求償).
shikoyat, arz 이의, 민법상 타인의 행위에 대하여 반대 또는 불복의 의사를 표시하는 뜻으로 사용된다.
shikoyatga oid ariza 항소(抗訴)
shirkatdan chiqish 퇴사
shtatsiz ishchi 비정규직근로자
shtatsiz ishchi, xodim 비정규직 근로자
shtatsiz, faxriy konsul 명예영사
shturmanlik tilxati 본원수취증 (Mate Receipt)
shubhasiz dalil 다툼 없는 사실
sifat sertifikati 품질보증서
sifati past molning qaytishi 불량품의 반품
sinov muddati 기간 (노동 계약을 체결하기에 앞서 갖는 일정기간 회사에서 일을 하는 것, 러시아 노동법에 견습 기간을 3 개월을 넘을 수 없다)
siyosiy boshpana 정치적 망명
so'nggi so'z huquqi 최후진술권
so'roq, so'rov 심문, 질문.
so'zsiz rozilik 암묵적 동의
sof bortga oid konosament 무보유선적 선하증권
soliq 세금
soliq asosi 과세표준
soliq boshpanalari 조세특혜지역
soliq deklaratsiyasi 세무신고서
soliq egasi 납세의무자
soliq imtiyozlari 세제혜택
soliq inspektsiyasi 세무조사
soliq manbai 세원
soliq politsiyasi 세무공무원
soliq qiymati 세율
soliq siyosati 조세정책
soliq solinadigan daromad 과세대상소득
soliq solinmaydigan minimum (소득세 면제대상의) 최저소득
soliq solish 과세
soliq solish birligi 관세단위
soliq solish ob'ekti 과세대상
soliq ta'tillari 면세기간 (법우로 정해진 기업 및 단체들이 세금 납부 면제기긴)
soliq tashvishi 조세부담
soliq tizimi 조세제도
soliq to'lovchi 납세자
soliq va jamg'armalar vazirligi 러시아 연방 국세청
soliq vakili 조세목적상 거주인
soliq vakili emas 조세적상 비거주인
soliqdan ozodlik 조세주권
soliqdan qutulish usullari 조세특혜지역
soliqdan saqlanish 조세면책특권
soliqlar o'zini olib qochmoq 절세(합법적인 방법으로 세금의무를 줄이는 것)
soliqlarga chap berish 면세
soliqqa oid 조세의
solo-veksel 약속어음
sotib olish muddati 취득시효
sotish bozorlarining tadqiqi, tovar bozorini o'rganish 시장조사
sotishdan tashqari operatsiyalardan tush- gan daromad 영업외 수익
sotuvchi 매도인
sotuvchini ma'suliyatdan ozod qilish 매도인의 면책
sovg'a qilish, tortiq qilish 증여
sovg'a qiluvchi 증여자
soxta kasod, inqiroz 위장파산
soxta kelishuv 비진의 의사표시
soxta tadbirkorlik 사업을 할 의도 없이 조세 회피, 대출 및 물질적 이익을 목석으로 영리단체를 설립하는 행위
soxtalashtirish, qalbaki narsa 위조
sub'ektlar teng huquqligi 연방주체의

평등
subarenda 전대차(轉貸借)
sud 법원(法院)
sud amaliyoti 판례
sud aniqlovi 결정
sud buyrug'i 법원명령
sud chaqiruv qog'ozlari va xabar-nomalari 법원의 통시 및 소환
sud chiqimlari 소송비용 (인지대, 재판비용)
sud depozit 법원 공탁
sud depozit hisobi 법원공탁게
sud harajatlari bilan bog'liq masalalar bo'yicha aniqlik kiritish 소송비용액의 확정결정
sud harajatlari taqsimoti 소송비용의 분담
sud hodisasi 판례
sud ijrochisi 집행관
sud ishiga oid 소송의, 소송상의
sud ishlari yuritish huquqlari va majbu- riyatlari 소송상의 권리와 의무
sud ishlari yuritish muddatlari 소송기간
sud ishlaridagi ishtirok 공동소송
sud ishlariga oid huquqdorlik 소송인수
sud ishlarini yuritish huquqi 소송권
sud ishlarini yuritish layoqati 소송능력
sud ishlarini yuritish qonuniyligi 당사자능력
sud jarayoni rahbari 소송지휘
sud jarayoni tartibi 소송절차
sud jarayonida ishtirok etish huquqi 재판기일 출석권
sud jarimasi 벌금형
sud majlisi 재판
sud majlisi kotibi 서기관
sud majlisi tartibi 재판절차
sud maslahatchilari 배심원
sud muddatlarini o'tkazib yuborish 소송기간의 도과
sud muhokamasi oshkorligi 재판의 공개
sud muhokamasining bevositaligi 간접심리주의
sud muhokanasi 재판
sud organlari tizimi haqidagi qonunlar 법원조직법
sud qarori 법원결정
sud qarori chiqarilishi 판결
sud qarorini qayta ko'rish huquqi 법원의 결정(선고)에 대한 불복권
sud qarorining bajarilishi shartligi 법원결정의 강제성
sud qilish huquqi 재판 관할권
sud ruhiy tekshiruvi 법원정신감정
sud tarjimoni 법정통역사
sud tarkibi raisi 재판장
sud tizimi 사법제도
sud topshiriqlari 증거조사의 촉탁
sud vakili 소송대리인
sud vakolati 소송대리
sud xabarnomalarining yetkazilishi 재판통지서 송달
sud xarajatlari 재판비용
sud xulosasi 판결
sudakti ijrosini ta'minlash 집행보전
sudda ko'rinishning to'xtatilishi 심리종결, 결심
sudda ko'rishga tegishli 보통재판
suddagi vakil 소송대리인
suddagi vakolat 소송대리
sudga kelish 법원출석
sudga murojaat qilish huquqi 소권(訴權: 법원에 소를 제기하여 심판을 구하는 당자자의 권능으로 민사분쟁이 있을 때 누구나 법원에 대하여 심판을 청구 할 수 있는 것은 국민의 중요한 기본권의 하나이다)
sudga oid, suddagi 사법의, 재판의
sudlanganlik 유죄팔결
sudlanuvchi 피고인(被告人)
sudya, qozi 판사(判事)
sudyalar mustaqilligi 판결의 독립
sudyalar mustaqilligi tamoyili 법관의 독립의 원칙
sudyani rad qilish 법관의 제척
sudyaning o'z muhofazasiga ko'ra dalillarni baholash 법관의 자유심증에 의한 증거력 평가
sudyaning o'z-o'ziga e'tiroz bildirishi 법관의 회피
sug'urta agent 보험대리상
sug'urta badal puli 보험료납입
sug'urta dalolati 보험증서
sug'urta daloli 보험중개인
sug'urta kompaniyasi bondlari 보험증권
sug'urta kompaniyasi 보험회사
sug'urta miqdori 보험금액
sug'urta mukofoti 보험료
sug'urta qilish 공동보험
sug'urta qiluvchi 보험계약자
sug'urta qiluvchi shaxs 보험자
sug'urta qiymati 보험가액
sug'urta sertifikati 보험증서
sug'urta shartnomasi 보험계약
sug'urta shartnomasi 보험계약
sug'urta tarifi 보험요율
sug'urta xavfi 보험상 위험
sug'urta, sug'urta qilish 보험

sug'urtaga oid 보험의
sug'urtaga oid hodisa 보험상 사고
sug'urtalash hujjati 보험증서
suiiste'mol 남용, 악용
sukut saqlash 침묵
sulh tuzish haqida bitim 평화계약
ta'min choralarini bekor qilish haqida ariza berish 보존처분취소신청
ta'minlash 보존
ta'minlash choralari 보존처분
ta'minlovchi, yetkazib beruvchi 납품업자
ta'sis bitimi 설립계약서
ta'sis etish, muassasa 기관 (사회, 문화 활동 등을 위해 설립된 비영리 기관)
ta'sis etuvchi 설립의
ta'sis hujjatlari 설립문서
ta'sis majlisi 창립총회
tabiiy, joriy huquqlar 자연법
tadbirkor sifatida davlat ro'yxatidan o'tish 사업자등록
taftish komissiyasi (taftishchi) 감사
taftish komissiyasining saylanishi 감사의 선임
taklif etuvchi 청약의 상대방
taklif javobsizligi 청약의 구속력
taklifni ard etish 청약에 대한 거절
talab qilingan miqdorni to'liq to'lash 압류금액의 완전변제
talab qiluvchiga qimmat qog'ozlar 무기명증권
talabdan voz kechish 권리 양도
talablar o'zgarishi, arizani o'zgartirish 출원변경
talablar yig'indisi 청구금액
talablarda yon bosish chegarasi 채권의 양도가능성
talabnomani chaqirib olish 출원의 취하
talonchilik 강도
tanho cgalikka qarshi qonun 독과점금지에 관한 법령
tanlash huquqi 선거권
tanlovga oid ishlab chiqarish 청산절차
tanlovga oid kreditor (담보권을 갖지 못한) 일반 채권자
taqsimlash, taqsimot 분배, 분담
tarbiya koloniyasi 소년원
targ'ibot 선전
targ'ibot 선동
tarixiy talqin 역사학적 법해석
tartib 절차
tasdiqlangan nusxa 공증사본
tasdiqlovchi hujjat 합법화
tasdiqlovchi yorliq 비준서
tashkilotlar daromadiga solinadigan soliq 이윤 (소득)세
tashkilotlar mulkiga soliq 법인재산세
tashqi ayditor 사위검사인
tashqi boshqaruv 법정관리
tashqi boshqaruvchi 사외 이사
tashuvchi 운송인
taslim bo'lish, kapitulyatsiya 항복
tavakkalchilikning o'tishi 위험의 이전
taxallus 가명
taxminga asoslangan faraz 추정
tegishli bo'lmagan javobgarni almashtirish 피고의 경정
tekshiruv belgilash haqida rasmiy iltimos 전문가 감정신청
tekshiruv haqida hisobot 감정보고서
tender 입찰
teng huquqlilik 평등
teng qiymatli qoplash 등가보상
teng soliq solish 모든 납세사가 난일세금을 납부하는 것
tenglik 평등
terroristni yashirish 테러범 은닉
teskari kuch 소급효
teskari talab huquqi 구상권
texnik to'siqlar 기술장벽
tijorat banki 시중은행
tijorat tashkiloti 영리단체
tijorat vakili 증권회사 등과 기타 전문적 지식을 가지고 제 3 자를 위해 거래를 하는 법인 또는 개인 사업자
tijorat vekseli 상업어음
tijoriy sir 영업비밀
tijoriy, savdo-sotiqqa oid 영리의, 영업상의
tiklash 회복
til biriktirish 음모
tilga oid tsenz 언어검열
tinch kelishuv 화해
tintuv 수색
to'g'ri soliq 직접세
to'la ma'nodagi birlashma 합명회사
to'lash sanani 지불기일
to'lay olmaslik 지불불능
to'lov, to'lash 비용
to'planadigan aktsiya 누적적 우선주 (우선주식에 대하여 당해 연도의 이익으로써 소정의 배당을 살 수 없는 경우에는 그 부족액을 차기 영업연도의 이익으로써 누적적으로 배당하는 주식)
to'plangan mol-mulkning eru-xotin o'rtasida bo'lish haqidagi ish 부부공동 재산분할소송

to'qnashish huquqi 저촉법(국제사법의 별칭)
to'xtatish, tugatish, bekor qilish 해지, 소멸
tomonlar 당사자
tomonlar teng huquqligi 당사자평등
toopilmaga egalik qilish huquqini olish 유실물에 대한소유권취득
topilma (유실물) 습득
topshiriqsiz o'zga manfaati uchun harakat, faoliyat yuritish 사무관리
topshirish 발행, 부여, 인도
topshirish shartnomasi 위임계약 (당사자의 일방이 법률 행위나 그 밖의 사무의 처리를 상대방에게 위탁하고 상대방이 이를 승낙함으로써 성립하는 계약)
tortiq qilinadigan 수증자
tortiq qilish shartnomasi 증여계약
tovar belgilari haqidagi qonun 상표법
tovar belgisi 상표
tovar belgisi ahamiyati 상표의 우선일
tovar belgisi arizasiga ko'ra tekshiruv 상표출원심사
tovar belgisi dalolati 상표증
tovar belgisi sohibi 상표권자
tovar belgisidan voz kechish 상표의 양도
tovar belgisini qayd etish 상표등록
tovar belgisini rasmiylashtirishga ariza 상표등록출원
tovar birjasi 상품시장
tovar haqini bo'lib-bo'lib to'lash 할부지불
tovar musodarasi haqidagi da'vo 물품반환의 소
tovar nuqsonlarini beg'araz tuzatish 물품의 무상하자보수
tovar nuqsonlarini yo'qotishga ketgan harajatlar 물품하자 보수비용
tovar raqobatdoshligini baholash 물품의 경쟁력평가
tovar rasmiylashtirilishning bekor qilinishi belgisi 상표등록취소
tovar sifatini tekshirish 품질검사
tovar to'lovi, haqi 물품비용의 지불
tovar va transport vositalarining tekshiruvi (세관의) 물품 및 운송수단 검사
tovar yasalgan joylarni nomlash haqidagi qonun 원산지표시법
tovar yetkazib berish davriyligi 물품인도기간
tovardan judo bo'lish 물품의 멸실
tovarga oldinda to'lov 선지급
tovarlar kelib chiqish joylarini nomlash 원산지 표시
tovarlar, xizmatlar va moliyaviy vositalar erkin harakati 상품, 서비스 및 자본 이동의 자유
tovarni almashtirganda narxidagi farqni qoplash 상품 교환시 차액의 보상
tovarni kreditga sotish 신용판매
tovarni ma'suliyatli saqlash 물품의 의무보존
tovarni noraso yetkazish 물품의 불완전인도
tovarni o'tkazadigan shaxslar 세관에서 물품의 소유자 또는 매수인 등을 말함.
tovarni olib sotish 환매
tovarni topshirish 물품의 인도
tovarni transportirovka qilish chiqimlari 물품운송비
tovarni yetkazib bermaslik 물품의 수량부족 및 인도 지체
tovarning bojxona qimmatini belgilash uslubi 물품관세결정방식
tovarning tasodifiy halokati xavfi 위험부담
tovarning zarar ko'rishi 물품의 훼손
transport solig'i 운송세
transport tatshish haqida shartnoma 운송계약
trassant 어음발행인
trassat 어음수취인
tratta 환어음
tsenzura, nazorat 검열
tug'ilish 출생
tug'ish uchun ta'til 출산휴가
tugatish komissiyasi 청산인, 청산위원회
tugatish, barham berish 해산, 청산
tugatishga oid 청산의
tugatuvchi 1. 보험 손해가 발생했을 때 사고 발생 이유 및 손해액을 평가하는 사람. 2. 청산인
tushim, yig'im, yig'ish 사용료, 수수료, 수집
tuzatilgan materiallar 보정서
uch karra qayd etish 중재합의
uchinchi shaxs 제 3 자
uchinchi shaxs foydasiga bo'lgan shartnoma 제 3 자를 위한계약
uchinchi shaxslar manfaatlari 제 3 자의 이익
uchlamchi sud 중재원
uchlamchi yig'in 중재수수료
ultimatum, qat'iy talab 최후통첩
ulush, hissa 지분
ulushiy mulk 공유 (공동소유의 한 형

태로 소유자들이 지분이 성해져 잇는 것)
ulushni musodara qilish 지분양도
umumiy holat 총칙
umumiy mulk 공동소유
umumiy yig'ilish 총회
umumiy yuridiktsiya sudi 일반법원
umumiy yurisdiktsiya federal sudi 일반법원
uncha og'ir bo'lmagan jinoyat 2년 이하의 징역에 처하는 범죄
universal qonuniy vorisligi 권리의 포괄승계
uy egasi 콘도미니엄 등과 같은 집합 건물의 공동소유자
uy-joy daxlsizligi 주거불가침권
uy-joy fondi 주택기금
uy-joy huquqi 주거권
uy-joy ijarasi bo'yicha shartnoma 주택전대차계약
uy-joy ijarasi shartnomasi 주택임대차계약
uy-joy mulkdorlar shirkati 아파트 소유자조합
uyushma huquqi 회사법
uyushmalar daromad solig'i 법인세
uzoq muddatli majburiyat 장기 채무
uzoq muddatli omonat 장기 저축
uzoq muddatli shartnoma 장기 계약 (통상 2년 이상)
uzrli sabab 상당한 이유
vachmanlik xizmati 감수보존(선박 등이 압류 되었을 때 압류 기간 동안 선박의 유지 및 보존 업무를 말함)
vakil 대리인, 대표자
vakolat 권한
vakolat beruvchi 위탁자
vakolat tartibi 대리제도
vakolat, vakolatxona 대리, 대표사무소
vakolatga muddatdan oldin barham berish 조기 해임
vakolatli shaxs, ishonchli shaxs 수임자
vakolatli vakil 전권대표
vakolatni suiiste'mol qilish 권한남용
vakolatnoma 수탁자
vakolatxona boshlig'i 대표사무소소장
valyuta birjasi 외환시장
valyuta nazorati haqida qonun 통화관리법
vaqt o'tganlikni hisobga olmaslik 시효의 불원용
vaqtincha ijara 정기용선
vaqtincha ijara to'lovi 정기용선료
vasiy 후견인
vasiy 후견인 (한정 치산자 및 14 세 이상18 세 미만의 미성년자에 대한)
vasiyat 유언
vasiyat ijrosi 유언의 집행
vasiyat qilgan kishi 유언자
vasiyatning rad etilishi 상속의 포기
vasiyatnoma turi 유언의 형태
vasiyatnomani bekor qilish 유언의 철화
vasiyatnomani ochish vaqti 상속개시일
vasiylik 후견 (금치산자 및 14 세 미만의 미성년자에 대한)
vasiylik 후견
vasiylikdagi shaxs 피후견인
vazirlik 내각
vazirlik harakatlari 부령
veksel 어음
veksel beruvchi 어음발행인
vekseldor 어음소지인
veksellar hisobi 어음할인
venchur firmasi 벤처기업
vijdonli ega, sohib 선의점유자
vijdonsiz raqobat 불공정 경쟁
vijdonsiz, insofsiz, noxalol 악의의, 불공정한
vindiktsiya 불법점유물 반화청구
vindiktsiyali da'vo 불법점유물 반환청구의소
vitse-konsul 부영사
vizasiz kirish (mamlakat hududiga) 무비자 입국
voqea joyini ko'zdan kechirish 현장검증
voqea, hodisa 우연한사고
vositachi 위탁매매인 (위탁자에게 위임을 반아 자기의 이름으로, 그러나 위탁자의 이익과 위탁자의 비용으로 업무를 처리)
vositachilik haqi (중개) 수수료
voyaga etmagan 14 세 이하의 미성년자
voyaga etmaganlar mehnati va sog'liqni muhofaza qilish 미성년자의 노동과 건강의 보호
voyaga yetmagan 미성년자
voyaga yetmagan eru-xotin 미성년부부
voyaga yetmagan, 14 yoshga to'lmagan 14 세 미만의 청소년
voyaga yetmaganlar jinoiy javobgarligi 미성년자의 형사상 책임
voyaga yetmaganlarning ishga yaroqliligi 14세미만 미성년자의 행위능력
voz kechishga oid, voz kechish 대물변제

xabarni etkazishda kechiktirilish yoki xato qilish 통신 전달상의 지연 또는 오류
xalol bo'lmagan reklama 불공정 광고
xalqaro 국제의
xalqaro bahslarni tinch yo'l bilan hal qilish tamoyili 국제분쟁의 평화적 해결의 원칙
xalqaro bitim kirish qismi (계약서 등의) 전문
xalqaro bitimni bekor deb e'lon qilish 국제조약의 폐기
xalqaro bitimning haqiqiy emasligi 국제계약의 무효
xalqaro fuqarolik sudi 국제민사소송
xalqaro havo huquqi 국제항 공법
xalqaro hisoblar 국제결제
xalqaro hisoblash tartibi 국제결제의 형태
xalqaro huquq 국제법
xalqaro huquq asoslari 국제법의 법원
xalqaro huquq nazariyasi 국제법의 기본원칙
xalqaro huquqbuzarlik 극제법 위반
xalqaro huquqning qat'iy talab qilingan me'yori 국재법상 강행규정
xalqaro ikkitomonlama bitim 국제양자간 계약
xalqaro iqtisodiy huquq 국제경제법
xalqaro jinoiy tribunal 국제형사재판소
xalqaro jinoyat 국제범죄
xalqaro jinoyat adliyasi 국제형사 재판
xalqaro jinoyat huquqi 국제형법
xalqaro ko'ptomonlama kelishuv 국제다자간계약
xalqaro muzokaralar 국제협상
xalqaro odat 국제관행
xalqaro sanktsiyalar 국제법상 제재
xalqaro savdo sertifikati 국제무역증서 (수입허가서와 유사)
xalqaro savdo sudi 국제상사중재
xalqaro savdolar 국제입찰
xalqaro shartnoma tasdiqlanishi 국제조약의 비준
xalqaro shartnoma tuzmoq 국제계약의 체결
xalqaro shartnoma yangiligi 국제계약의 경개
xalqaro tijorat arbitraji 국제상사중재
xalqaro tijorat hakamlar sudi 국제상사중재법원
xalqaro tortishuv, munozara, bahs 국제분쟁
xalqaro tovar bitimlari 국제물품협정
xalqaro tovar oldi-sotdisi (savdo) shartnomasi 국제물품매매계약
xalqaro tribunal 국제 재판소
xalqaro vasiylik 국제 보호
xalqaro xizmatchilar 국제기구 직원
xalqaro xususiy huquq 국제사법
xalqlar o'zligini anglash tamoyili 민족자결의 원칙
xarid qilish imtiyozli huquqi 우선매수청구권
xaridor 매수인
xavfli yuk 위험성 화물
xayriya faoliyati 자선활동
xayriya uyushmasi 자선단체
xazina, dafina 매장물
xizmat bajarish 직무저작
xizmat ko'rsatish darajasi 서비스표
xizmat ko'rsatish me'yorlari haqida qonun 서비스 표법
xizmat lavozimini suiiste'mol qilish 직권남용
xizmat siri 직무상 비밀
xo'jalik jamoalari, tashkilotlari 회사 (영리단체인 주식회사, 유한책임회사 및 무한책임회사 등이 이에 해당된다.)
xo'jalik yuritish huquqi 용익물권
xolding kompaniyasi 지주회사
xolislik 공정성
xona ijaraga oluvchi 아파트 세입자
xorijiy davlat fuqaroligi 외국국적
xorijiy, chet elga oid 외국의
xulosa 체결, 결정 (서)
xususiy ishlarga o'z boshimcha aralashuvga yo'l qo'ymaslik tamoyili, qoidasi 사생활의자의적인 간섭 방지 원칙
yagona ijtimoiy soliq 통합사회보장세
yagona iqtisodiy hudud 단일경제구역
yakka boshqaruvli korxona 개인기업 (회사가 개인 또는한 가족의 소유에 있는 회사)
yakka tadbirkor 개인시입자
yakka tartibda imorat soluvchi 건축업자
yakka tartibda ishni ko'rib chiquvchi sudya 단독판사
yakka tartibda ko'rib chiqish 단독심리
yakka, tanho fuqarolik 단일국적
yangi aktsiya 신주
yangi kreditor 신채권자 (채권양수인)
yangi qonun, qoida 신법
yangilik 경개 (채무의 중요한 부분을 변경함으로써 신채무를 성립시킴과 동시에 구채무를 소멸 시키는 계약)

yaqin qarindoshlarning jinsiy aloqada bo'lishi 근친상간
yaroqli, ishga layoqatli 행위능력자
yaroqlik muddati 유효기간
yaroqliligi cheklangan 한정치산자
yasama, soxta kelishuv 허위표시
yashash huquqi 생명권
yashirincha, boj to'lamasdan mol o'tkazish 밀무역
yengib bo'lmas kuch 불가항력
yer haqidagi huquq 토지법
yer haqidagi kodeks 토지법전
yer maydonidan doimiy foydalanish huquqi 토지항구이용권 (법인 및 개인)
yer maydonidan foydalanish huquqi 토지이용권
yer maydonini umrbod meros olish huquqi 토지영구사용권 (개인)
yer osti boyliklaridan foydalanish to'lovi 자원이용료
yer rentasi 토지임차료
yer solig'i 토지세
yerga egalik huquqi 토지소유권
yerga oid 토지의
yerosti boyliklari haqida qonun 자원법
yetarli darajada yuk ortmaslik 적재미달
yetkazib berish 인도
yetkazib berish 배달, 송달
yetkazib berish muddatini uzaytirish 인도일 연기
yetkazib berish shartnomasini bajarishga bir tomon bosh tortishi 인도인 행위 일방적 거절
yetkazib bermaslik 인도불이행
yetkazilgan yukni olish 인도의 수령
yetkazilgan zararni qoplash 손해배상
yetkazish muddatining o'zgarishi 인도일 변경
yetkazishni kechiktirishi 인도 지체
yig'ma mablag' 자본
yig'ma mablag' 자본금
yig'ma mablag'dagi ulush 출자 지분
yillik hisobot 연말결산
yillik moliyaviy hisobot 연말결산
yillikhisobot va hisob balanslarini tas- diqlash 재무제표의 승인
yo'l boji 통행세
yo'l cheki 여행자 수표
yo'l solig'i 도로세
yo'lovchi tashish haqida shartnoma 승객운송계약
yo'q qilish kvotasi huquqi 잔여재산분배청구권
yoboruvchi 발신인
yolg'on ko'rsatma 허위진술
yolg'on, aldov, aldash 사기, 기만
yollash shartnomasi 용선계약
yollovchi 임차인
yollovchi, yollagan 용병
yopiq 비공개의
yopiq aktsiyadorlik jamiyati 비공개회사
yopiq kim oshdi savdosi 비공개경매
yopiq obuna o'tkazilishi 주식비공개모집
yopiq ovoz berish 비밀투표
yopiq sud majlisi 비공개재판
yopiq sud majlisidagi ish 비공개사건
yopiq sud majlislarida muhokama qilish 비공개심리
yopiq tanlov 비공개입찰
yozishmalar maxfiyligi 서신교환의 비밀 (헌법상 보장되는 권리 중 하나)
yozma 서면의
yozma dalillar 서증
yozma iltimosnoma 서면신청
yozma kelishuv 서면동의
yuboruvchi 발송인
yuk 화물
yuk deklaratsiyasi 화물신고서
yuk jo'natuvchi 송하인
yuk ko'tarish qobiliyati, tonnaj 선박의 적재통수
yuk kvitantsiyasi, hujjati 화물 수취증
yuk ortish porti 선적항
yuk tashuvchi ma'suliyati 운송인의 책임
yuk tushirish porti 하역항, 양하항
yuk uchun bojxona deklaratsiyasi (huj- jatlari) 세관화물신고서
yuklarni sug'urtalash 적하보험
yukni atshish haqida shartnoma 화물운송 계약
yukni olib kirish uchun boj to'lovi 수입관세
yukni qabul qiluvchi 수하인
yukni tushirish 화물발송
yukni yetkazib berish joyi va muddati 인도의 장소 및 시기
yuqori sud 상급법원
yuridik shaxs a'zosi 법인기관
yuridik shaxs ishga yaroqliligi 법인의 행위능력
yuridik shaxs makoni 법인소재지
yuridik shaxslar yagona davlat ro'yxati 법인등기부
yuridik shaxsni yo'q qilish 법인해산
yuridik, huquqiy 법적인
yurisprudentsiya, huquqshunoslik 법

학
Yustitsiya vazirligi, Adliya vazirligi 법무부
yuzaga kelish 발생
zahira fondi 법정준비금 (회사가 순재산액으로 부터 자본액을 공제한 금액중 일부를 장래 생길지도 모르는 필요에 대비하기 위하여 회사에 적립해 주는 금액)
zarar etkazilgan joy qonuni 손해발행지법
zarar etkazuvchi 가해자
zarar, ziyon 손해
zararni qoplashni talab qilish huquqi 손해배상 청구권
zaruriy himoyaning oshirib yuborilishi 과잉방위
zaruriy muhofaza 정당방위
zaruriy narsalar 절대적 기재사항
zaruriy narsalar 필요적 기재사항
zo'rlash, nomusiga tegish 강간죄(强姦罪)
"qon huquqi" tamoyili 속인주의(屬人主義: 사람이 어디에 있든 본국법을 적용하여야 한다는 국제 사법의 원칙)
"tuproq huquqi" tamoyili 속지주의(屬地主義: 한 영토 안에 있는 사람은 누구나 국적에 관계없이 그 나라의 법률을 따라야 한다는 주의